Romanitas – Christianitas

Untersuchungen zur Geschichte und Literatur der römischen Kaiserzeit

Johannes Stark

ROMANITAS – CHRISTIANITAS

Untersuchungen zur Geschichte und Literatur
der römischen Kaiserzeit

Johannes Straub zum 70. Geburtstag
am 18. Oktober 1982 gewidmet

Herausgegeben von
Gerhard Wirth
unter Mitwirkung von
Karl-Heinz Schwarte und Johannes Heinrichs

Walter de Gruyter · Berlin · New York
1982

Gedruckt mit Unterstützung
der Gerda-Henkel-Stiftung, Düsseldorf.

CIP-Kurztitelaufnahme der Deutschen Bibliothek

Romanitas — **Christianitas** : Unters. zur Geschichte u. Literatur
d. röm. Kaiserzeit ; Johannes Straub zum 70. Geburtstag am 18.
Oktober 1982 gewidmet / hrsg. von Gerhard Wirth unter Mitw.
von Karl-Heinz Schwarte u. Johannes Heinrichs. — Berlin :
de Gruyter, 1982. —
    ISBN 3–11–008551–8
NE: Wirth, Gerhard [Hrsg.]; Straub, Johannes: Festschrift

Satz: Hermann Hagedorn, Berlin · Druck: Union-Presse Hass & Co., Berlin
Einband: Lüderitz & Bauer, Berlin

Inhaltsverzeichnis

Lieber Herr Straub!

Als ein ehrendes Geschenk zur Vollendung Ihres 70. Lebensjahres widmen Ihnen Autoren, Herausgeber und Verlag diesen Band.

In der „Bonner Festgabe" anläßlich Ihres 65. Geburtstages konnten Ihre Universitätskollegen, Ihre Schüler und der große Kreis Bonner Altertumsfreunde dem hochgeschätzten Gelehrten, dem inspirierenden Lehrer und dem verdienstvollen Vorsitzenden des Vereins von Altertumsfreunden im Rheinland Dank, Verehrung und Zuneigung sichtbar bekunden. Unerfüllt blieb damals wegen materieller Zwänge der von vielen gehegte Wunsch, ebenso wie die unmittelbare Ausstrahlung und Resonanz Ihres akademischen Wirkens auch das internationale Ansehen Ihrer Forscherpersönlichkeit und Ihrer wissenschaftlichen Leistung dauerhaft zu manifestieren. Die nun dedizierte Geburtstagsgabe soll die frühere ergänzen, und beide gemeinsam mögen Ihnen ein Zeichen dafür sein, wie sehr Sie selbst und Ihr Wirken et intra et extra muros hochgeschätzt sind.

Die hier vereinigten Abhandlungen gelten der römischen Kaiserzeit als der Epoche, zu deren Erforschung Sie Entscheidendes beigesteuert haben. Daß für Sie das klassische Altertum eine wesentliche Einheit bildet, die jede einseitige Reduzierung auf griechische oder römische Ursachen verbietet, wissen nicht allein die Hörer Ihrer begeisterten Vorlesungen über Griechische Geschichte. Wenn sich gleichwohl Ihre publizierten Forschungsarbeiten fast ausnahmslos in den Rahmen des kaiserzeitlichen und spätantiken Rom einfügen, dann kann die Ursache dafür nicht eine kurzgreifende Spezialisierung sein, sondern am ehesten vielleicht das Bewußtsein einer besonderen Affinität zur Spätantike als der Epoche, in der imperiale Gestaltungskraft, römische Religiosität und christlicher Glaube sich zu einer Geschichtsmächtigkeit zusammengefunden haben, welche die Antike überdauert hat.

Niemals ein Freund geschichtstheoretischer Abstraktion, haben Sie die — obzwar nur selten ausdrücklich formulierte — Überzeugung festgehalten, daß Geschichte nicht einfach im Sinne naiver Faktengläubigkeit zurückgeholt werden kann, daß wir Vergangenheit nur „im farbigen Abglanz haben", in Monumenten und partikulären Dokumenten weniger als in der zeitgenössischen Reflexion über Bedingungen, Ursachen, Wirkungen und Bedeutung des erlebten Geschehens. Geschichte als Ergebnis menschlichen Handelns wird deshalb in Ihrer Sicht vornehmlich rekonstruierbar, insoweit das Erleben dieser Geschichte literarischen Ausdruck gefunden hat und in dieser Form zu uns gelangt ist.

Der Grund hierfür wurde in der glücklichen Konstellation der Berliner Altertumswissenschaft der frühen dreißiger Jahre gelegt, als Sie dort Alte Geschichte und Klassische Philologie studierten.

Daß der Historiker die Philologie nur in seine Dienste nehmen kann, wenn er selbst in hohem Grade Philologe ist, haben Sie durch die Edition des letzten Bandes der Acta Conciliorum Oecumenicorum bewiesen, mit der Sie die Nachfolge von Eduard Schwartz angetreten und sein Werk vollendet haben.

Die vielfältigen Neuansätze, die Sie durch Ihre Arbeiten zu Augustin, zur Geschichte Constantins oder die Interpretation etwa eines Ammian der Erforschung und Erkenntnis besonders der Spätantike gegeben haben, brauchen an dieser Stelle nicht eigens hervorgehoben werden. Unlösbar mit Ihrem Namen verbunden ist die Erforschung der Historia Augusta. Sie selbst haben oft und mit vollem Recht diesen Teil Ihres Schaffens als Ihr eigentliches Lebenswerk bezeichnet. Es ist Ihr Verdienst, daß die Bemühung um diese änigmatische und doch unentbehrliche Biographiensammlung vor nunmehr 20 Jahren wieder in Gang gekommen ist und daß dieser Impuls, von der internationalen Forschung aufgegriffen, besonders dank Ihres unermüdlichen Eintretens für eine jährliche Abfolge des Bonner Historia-Augusta-Colloquiums ungebrochen ist. Ihre eigenen Arbeiten zur Historia Augusta sind nicht nur eine Wendemarke in der Forschungsgeschichte, sondern zugleich eine erneute Bestätigung Ihrer Kunst, Geschichte aus den literarischen Reflexionen der erlebenden Zeitgenossen wiedererstehen zu lassen.

Im Blick auf die Mitte all' Ihres wissenschaftlichen Bemühens vereinigen sich alle, die am Zustandekommen dieses Bandes beteiligt sind, in der Hoffnung, daß eine Sammlung Ihnen gewidmeter „Untersuchungen zur Geschichte und Literatur der römischen Kaiserzeit" Ihr Interesse finden und Sie erfreuen möge. Damit verbunden sind alle guten Wünsche für viele weitere Jahre in ungeschmälerter Gesundheit und ungetrübter Schaffensfreude, in heiterer Zufriedenheit und glücklichem Befinden der großen und besonders der kleinen und kleinsten Lebensbereiche.

Bonn, zum 18. Oktober 1982

Gerhard Wirth

Corpus Imperii

Überlegungen zum Reichsgedanken der Römer

von Dietmar Kienast, Düsseldorf

Johannes Straub hat sich immer wieder mit dem Imperium Romanum und der Regeneratio imperii beschäftigt[1]. So seien ihm die folgenden Überlegungen zu einem Aspekt des römischen Reichsgedankens gewidmet, die ihren Ausgangspunkt von einigen an sich lange bekannten antiken Aussagen nehmen und versuchen, diese in einen größeren Zusammenhang einzuordnen.

In einem grundlegenden Aufsatz hat J. Vogt schon vor vier Jahrzehnten erkannt, daß man von einem römischen ‚Reich' erst in der Kaiserzeit sprechen kann. Denn „wir betrachten als wesenhaft für das Reich das Dasein einer weitausgreifenden politischen Macht, die in einem großen Raum für viele Völker die Fragen der Herrschaft und des Dienstes dauerhaft regelt. In diesem Ordnungsgefüge muß ein geistiges Band wirksam sein, ein einheitliches Ziel sichtbar werden. Über die Regelung des materiellen Getriebes hinaus müssen die Glieder vom Ganzen her die Geborgenheit ihres Lebens gewinnen und den Sinn ihrer Opfer empfangen. So erweist sich das Reich als Einheit von Macht und Geist in einem weltweiten Raum[2]."

---

[1] J. Straub, Vom Herrscherideal in der Spätantike, Stuttgart 1939 (ND Darmstadt 1964), 71 ff.; Heidnische Geschichtsapologetik in der christlichen Spätantike, Bonn 1963, 149 ff.; Regeneratio Imperii, Darmstadt 1972, 1 ff. und 271 ff., Imperium-Pax-Libertas, Wiss. Beilage zum Jahresbericht 1975/6 des Kronenberg-Gymnasiums Aschaffenburg.

[2] J. Vogt, Vom Reichsgedanken der Römer, Leipzig 1942, 5 f. Vgl. auch H. D. Meyer, Cicero und das Reich, Diss. Köln 1957, 248 f.

VOGT hat auch schon betont, daß in republikanischer Zeit die Bewohner der außeritalischen Länder Rom gegenüber Fremde blieben. Denn „diese Gebiete wurden zu Untertanenländern, zu Provinzen gemacht: ihre Bewohner blieben Staatsfremde, sie waren zu jährlichem Tribut verpflichtet und wurden durch römische Magistrate regiert. Hier galt ausschließlich die Herrschaft der Römer, der Dienst der Untertanen[3]." Allerdings waren die Bürger der Provinzialgemeinden nach römischer Auffassung in aller Regel keine Untertanen *(subiecti)*, sondern abhängige Bündner *(socii)* Roms, die freilich die römische Oberherrschaft anzuerkennen hatten[4]. Insofern hat VOGT recht, wenn er an der zitierten Stelle fortfährt: „Die Funktion Roms bestand wesentlich in der Machtübung, in der Befehlserteilung, römisch ausgedrückt im *imperium*. Daher wurde auch dieses Wort, das ursprünglich die Befehlsgewalt des römischen Magistrats bedeutete, zum Ausdruck der römischen Machtstellung und schließlich zur Bezeichnung des Herrschaftsraums selbst." W. SUERBAUM konnte denn auch feststellen, daß Cicero die „Verwendung von *imperium populi Romani* für die Herrschgewalt des römischen Volkes über andere Gebiete ganz geläufig" war und es „von dieser abstrakten Sphäre der ‚Herrschgewalt' nur ein kleiner Schritt zu der konkreten Auffassung von *imperium* als Herrschaftsgebiet" gewesen sei[5]. Häufig könne man bei Cicero nicht zwischen den beiden Bedeutungsschattierungen Herrschgewalt und Herrschaftsgebiet unterscheiden. SUERBAUM hat seine Untersuchung auf die Schrift De re publica beschränkt und findet in ihr nur eine Stelle, an der *imperium* mit Sicherheit das Herrschaftsgebiet bezeichnet. In Ciceros Reden lassen sich aber weitere Stellen finden, an denen *imperium* den Herrschaftsraum bezeichnet[6]. Allerdings darf man an diesen Stellen nicht mit SUERBAUM das Herrschaftsgebiet schon mit dem Reich im Sinne der Definition VOGTs gleichsetzen. Denn „... fehlt leider! nur das geistige Band". Das lehren auch die wenigen Stellen, an denen *imperium* in Verbindung mit *salus* gebraucht wird. So betont Cicero, die Catilinarier hätten *contra salutem urbis atque imperii* gehandelt, während er selbst sich pro *salute huiusce urbis atque imperii*

---

[3] J. VOGT a. O. 9.
[4] Vgl. dazu D. KIENAST, ZSR 85, 1968, 330 ff.
[5] W. SUERBAUM, Vom antiken zum frühmittelalterlichen Staatsbegriff, Münster[3] 1977, 54 ff.
[6] Vgl. z. B. Cic. Verr. 5, 150: *amplitudo imperii*. Cic. Cat. 3, 26. Balb. 13. Milon. 98 Phil. 13, 14. Prov. Cons. 29 (vgl. 33): *fines imperii*. Cic. Balb. 39: *termini imperii*.

eingesetzt habe[7]. Gemeint ist an beiden Stellen, daß die Catilinarier mit der Zerstörung der *urbs* auch das *imperium* vernichtet hätten, ihre Pläne waren ‚gegen das Heil Roms und seiner Herrschaft' gerichtet. Wenn an anderer Stelle gesagt wird, C. Marius sei geboren *ad salutem huius imperii*, er sei *conservator huius imperii*[8], so ist damit nur gemeint, daß Marius durch seine militärischen Erfolge die römische Herrschaft erhalten konnte. Eine besondere Verpflichtung gegenüber dem Heile derer, die unter Roms Herrschaft standen, soll offenbar an keiner dieser Stellen zum Ausdruck gebracht werden[9].

Anders steht es möglicherweise mit einer berühmten Wendung Caesars. Dieser hatte bekanntlich im Bürgerkrieg den Metellus Scipio zur Vermittlung zwischen sich und Pompeius aufgefordert und hinzugefügt: *quod si fecisset, quietem Italiae, pacem provinciarum, salutem imperii uni omnis acceptam relaturos*[10]. Der Ausdruck *salus imperii* steht jedoch im Werk Caesars isoliert und gewinnt sein Relief erst vor dem Hintergrund verschiedener Maßnahmen Caesars, die in der Tat auf eine neue Politik gegenüber dem Imperium hindeuten.

Wenn andererseits Cicero davon spricht, daß der römische Herrschaftsbereich vor Sulla *patrocinium orbis terrae verius quam imperium poterat nominari*[11], so zeigt gerade diese Wendung, daß für ihn *imperium* ganz im Sinne von Herrschaft, nicht aber von einem Reich verstanden wurde. Der auch von Cicero immer wieder propagierte Gedanke der römischen Weltherrschaft vertrug sich im übrigen schlecht mit der Konzeption eines Reiches als eines Ordnungsgefüges in dem von VOGT definierten Sinn. Das Gleiche gilt auch für die berühmten Verse Vergils[12]:

> *tu regere imperio populos, Romane, memento —*
> *hae tibi erunt artes — pacique imponere morem*
> *parcere subiectis et debellare superbos.*

Mit einem gewissen Recht bemerkt F. VITTINGHOFF dazu: „Die Vergilverse machen wie so viele andere Aussagen bewußt, daß das römische Imperium nicht in einem tieferen Sinn als ‚Reich', als eine organische Einheit, in der die einzelnen Glieder nur aus dem Sinnzusammenhang

---

[7] Cic. Cat. 3, 20. Arch. 28.
[8] Cic. Sest. 50.
[9] Zur Vorstellung der *salus Asiae* s. unten.
[10] Caes. Bell. civ. 3, 57, 4. Vgl. W. SUERBAUM, a. O. 280 A. 3.
[11] Cic. de off. 2, 27.
[12] Aen. 6, 851 ff. Vgl. den ähnlichen Gedanken bei Livius (33, 33, 5), dazu J. STRAUB, Regeneratio Imperii 13 f.

einer größeren Ordnung leben, begriffen wird ... Die Republik und der augusteische Staat besitzen darum wohl eine Rom-, aber noch keine Reichsidee. Augustus aber hat den Grund dafür bereitet, daß in Jahrhunderten ein einheitliches ‚Reich' erstehen konnte[13]."

Aber wenn es auch in augusteischer Zeit noch keinen „Reichsgedanken" gab, so vollzog sich damals doch ein Wandel in der Auffassung vom Imperium, der uns sowohl in der augusteischen Politik wie in verschiedenen literarischen Äußerungen noch faßbar ist.

In diesem Zusammenhang verdient besonders eine Stelle Suetons wohl eine größere Aufmerksamkeit, als ihr bisher zuteil wurde. Der Biograph berichtet von Augustus: *reges socios ... nec aliter universos quam membra partisque imperii curae habuit*[14]. Ob diese Formulierung von Sueton selbst stammt oder auf eine Vorlage zurückgeht, muß wohl offenbleiben. Daß Suetons Worte die Auffassung des Augustus korrekt wiedergeben, steht jedoch außer allem Zweifel. Augustus hat in der Tat die Klientelstaaten als Teile seines Herrschaftsbereichs betrachtet und die *reges socii* entsprechend behandelt. Noch in der späten Republik galten die Klientelkönigreiche als Staaten, die nicht zum Imperium gehörten[15]. Oktavian konnte in seiner Propaganda gegen Antonius dann auch mit dem Argument operieren, dieser habe römisches Provinzialland an fremde Herrscher verschenkt[16]. Nach der Besiegung des Antonius übernahm der Prinzeps aber teilweise dessen Politik. So suchte er die verwandtschaftlichen Bindungen der Klientelkönige untereinander zu stärken und diese dadurch als gesellschaftliche Gruppe zugleich fester an seine Person zu binden. Dem gleichen Zweck diente es, wenn die Söhne der Klientelfürsten in Rom erzogen wurden[17]. Die Klientelkönige, die jetzt zumeist echte Klienten des Augustus waren und das römische Bürgerrecht besaßen, hatten im übrigen nicht nur ihre Außenpolitik mit Rom abzu-

---

[13] F. Vittinghoff, Augustus, Göttingen 1959, 75.

[14] Suet. Aug. 48.

[15] Nach Appian, Bell. civ. 5, 43, führte Antonius in Alexandria das Leben eines *privatus* ὡς ἐν ἀλλοτρίᾳ τε ἀρχῇ καὶ βασιλευούσῃ πόλει. Vgl. ferner Dio 50, 6, 5; 53, 129. Cicero unterscheidet zwischen *provinciae, liberi populi* und *reges*: De leg. agr. 2, 98; Sest. 64; und öfter.

[16] Ein Nachklang dieser Propaganda findet sich noch bei Augustus, RgdA 27: *Provincias omnis, quae trans Hadrianum mare vergunt ad Orientem, Cyrenasque, iam ex parte magna regibus ea possidentibus ... reciperavi.* Zu den Schenkungen an Kleopatra s. Plut. Anton. 36. Dio 49, 32, 3 ff.

[17] Suet. Aug. 48. Vgl. D. Kienast, Augustus, Darmstadt 1982, 260.

stimmen[18]. König Herodes konnte z. B. den Juden gegenüber behaupten, die Errichtung von Kaisertempeln und seine übrige Bautätigkeit seien auf Weisung erfolgt[19]. Selbst das freie Verfügungsrecht über ihre Länder war den Klientelfürsten versagt. Das Testament des Herodes bedurfte, um gültig zu sein, der Bestätigung durch den Prinzeps[20]. Nach außen hin aber äußerte sich die Zugehörigkeit der Klientelkönige zum Reich des Augustus vor allem darin, daß sie ihre Städte nach dem Kaiser oder seinen Angehörigen benannten und daß sie neben ihrem eigenen Bildnis regelmäßig das Porträt des Augustus auf ihre Münzen setzten[21]. Die Klientelkönigreiche waren also in der Tat Teile des *imperium* geworden.

Der zitierte Satz Suetons bezeichnet die *reges socii* aber nun nicht bloß als *partes*, sondern auch als *membra imperii*. Das Imperium wird also als ein Organismus betrachtet, zu dessen Gliedern auch die Klientelstaaten gehören. Welche Rolle die Vorstellung vom Staat als Organismus im römischen Denken gespielt hat, konnte J. BÉRANGER an einer Fülle von Beispielen zeigen[22]. Seine Ausführungen lassen sich aber vielleicht noch ergänzen und präzisieren. Die schon bei Platon[23] begegnende Vorstellung vom Staatsorganismus war bereits den Römern der Republik ganz geläufig. So findet man in der Schrift De inventione schon die Wendung vom *corpus civitatis*[24]. Die Auffassung von der *res publica* als eines Organismus begegnet dann, wie U. KNOCHE zeigen konnte, bei Cicero in immer neuen Wendungen[25]. Auch sein Gegenspieler Catilina griff das Bild auf und variierte es, indem er von den *duo corpora civitatis* sprach[26]. Und auch Antonius wendete später das Bild gegen Cicero

---

[18] Vgl. dazu nur die Reaktion des Augustus auf den Nabatäerfeldzug des Herodes im Jahre 10 v. Chr.: Joseph. Ant. Jud. 16, 9, 3 § 289 ff.; und 10, 8 § 341 ff.

[19] Joseph. Ant. Jud. 15, 9, 5 § 328 ff.

[20] Joseph. Bell. Jud. 1, 33, 8 § 668 ff. Ant. Jud. 17, 8, 1 § 188 ff.

[21] Suet. Aug. 60. Vgl. D. KIENAST, Augustus 410.

[22] J. BÉRANGER, Recherches sur l'aspect idéologique du principat, Basel 1953, 218 ff., der die Wendung unter dem Gesichtspunkt der ,l'idée de l'unité' behandelt. Vgl. auch H. BERTHOLD, in: Antiquitas Greaeco-Romana ae Tempora Nostra, Prag 1968, 100 f.

[23] Platon, rep. 5 p. 564 b. Vgl. Aristoteles bei Stobaios 4, 1, 144 p. 90 (Hense), der eine Stelle aus einer Rede des Demosthenes zitiert, wonach die Gesetze die Seele der Polis seien. Schon im 5. Jahrhundert v. Chr. war aber die Vorstellung von der Polis als von einem Organismus ganz geläufig, vgl. dazu W. NESTLE, Klio 21, 1927, 354 f.

[24] De invent. 2, 168.

[25] U. KNOCHE, Gymnasium 29, 1952, 327 f. (= in: Vom Selbstverständnis der Römer, Gymnasium Beiheft 2, Heidelberg 1962, 152 f.).

[26] Cic. Mur. 51.

an, wenn er von den *unius corporis duas acies lanista Cicerone dimi-*
cantis sprach[27].

Bei Cicero findet sich die Wendung *corpus rei publicae* an zwei Stellen. Im Hinblick auf sein Vorgehen gegen die Catilinarier sagt der Redner in der am 3. Februar 43 v. Chr. gehaltenen achten Philippischen
Rede[28]: *In corpore si quod eiusmodi est, quod reliquo corpori noceat, id*
uri secarique patimur, ut membrum aliquod potius quam totum corpus
intereat. Sic in rei publicae corpore, ut totum salvum sit, quidquid est
pestiferum amputetur.

Diese Stelle bezieht sich also eindeutig auf den römischen Staat als die
Gesamtheit der römischen Bürger[29]. Das Gleiche gilt für die zweite Stelle,
an der Cicero von *corpus rei publicae* spricht. In der in den letzten
Monaten des Jahres 44 v. Chr. abgefaßten Schrift De officiis führt
Cicero aus[30]: *Omnino qui rei publicae praefuturi sunt, duo Platonis*
praecepta teneant, unum, ut utilitatem civium sic tueantur, ut, quaecum-
que agunt, ad eam referant obliti commodorum suorum, alterum, ut
totum corpus rei publicae curent, ne, dum partem aliquam tuentur, reli-
quas deserant. Ut enim tutela sic procuratio rei publicae ad eorum utili-
tatem, qui commissi sunt, non ad eorum, quibus commissa est, gerenda est.

Auch aus diesem Text geht eindeutig hervor, daß Cicero unter *corpus*
rei publicae die Gesamtheit der *cives* versteht. Ihnen hat der Staatslenker
seine Sorge und seinen Schutz zuzuwenden. An das Imperium hat Cicero,
als er diese Sätze schrieb, jedenfalls nicht gedacht. Räumlich war vielmehr für Cicero die Vorstellung der *res publica* eng mit der Stadt Rom
verbunden[31]. Aber der Begriff der *res publica* war doch der Erweiterung
fähig. Am 16. Februar 49 schrieb Cicero seinem Freund Atticus aus For-
miae, er habe einen Brief von Pompeius erhalten: *erat in extremo ipsius*
manu: „tu censeo Luceriam venias; nusquam eris tutius." id ego in eam
partem accepi, haec oppida atque oram maritimam illum pro relicto
habere, nec sum miratus eum, qui caput ipsum reliquisset, reliquis mem-
bris non parcere[32]. Hier wird also die Vorstellung vom Körper der *res*

---

[27] Cic. Phil. 13, 40.
[28] Cic. Phil. 8, 15 f.
[29] Zu dieser Bedeutung von *res publica* vgl. Cic. Phil. 2, 54.
[30] Cic. De off. 1, 85. Vgl. Platon, rep. 4, 420 b. Dazu J. Béranger a. O. 224.
[31] Vgl. dazu H. D. Meyer, Cicero und das Reich 3 ff. und 54 ff.; H. P. Kohns, Gymnasium 77, 1970, 329 ff.; und H. Braunert, Monumentum Chiloniense, Amsterdam
1975, 39 ff.
[32] Cic. Att. 8, 1, 1. Vgl. Florus 2, 6 (3, 18) 1.

publica (das Wort fällt im nächsten Paragraphen des Briefes) dahin
variiert, daß die Stadt Rom deren Haupt und die italischen Städte ihre
Glieder seien[32a].

Als Cicero den ersten Brief an seinen Bruder Quintus schrieb, war aber
für ihn auch die Provinzialverwaltung eine *pars rei publicae*[33]. Im gleichen Brief überträgt Cicero den Gedanken Platons von der Philosophen-
herrschaft auf die Statthalterschaft des Quintus, die verlängert worden
sein soll *ad salutem Asiae*. Quintus wird ermahnt, *ut medeare incommo-
dis hominum, provideas saluti, ut te parentem Asiae et dici et haberi
velis*[34]. Hier taucht also der Gedanke vom Heile zwar nicht des gesamten ,Reiches', aber doch wenigstens der Provinz Asia auf (wobei die
Anknüpfung an die griechische Soter-Vorstellung deutlich genug ist)[35].
Aber Cicero relativiert diesen Gedanken im gleichen Brief, wenn er
schreibt, ihm schiene *non magna varietas esse negotiorum in admini-
stranda Asia, sed ea tota iurisdictione maxime sustineri*[36]. Von Ver-
pflichtungen des Statthalters gegenüber den Griechen Kleinasiens, die
über die Ausübung der Rechtsprechung hinausgegangen wären, scheint
Cicero nichts zu wissen. Im übrigen läßt Cicero keinen Zweifel daran,
daß die *socii* der Provinz Asia der römischen Herrschaft unterworfen
waren: *simul et illud Asia cogitet, nullam ab se neque belli externi neque
domesticarum discordiarum calamitatem afuturam fuisse, si hoc imperio*

[32a] Cic. Cat. 1, 27 und ähnlich 4, 24 erstreckt sich *res publica* auf *cuncta Italia*. Auch
Fam. 5, 2, 1 versteht Cicero unter *res publica* ganz Italien. Vgl. H. D. MEYER a. O.
24 mit Anm. 3.

[33] Cic. Q. fr. 1, 1, 4. Vgl. Cic. Fam. 2, 12 (11), 1, vom 4. April 50 v. Chr., wo Cicero
aus Kilikien schreibt: *mirum me desiderium tenet urbis . . . satietas autem provinciae . . . quia totum negotium non est dignum viribus nostris, qui maiora onera in
re publica sustinere et possim et soleam.* Die Provinzialverwaltung gehört demnach
immerhin zu den *onera in re publica*, wenn auch nach Cicero zu den *minora*. — Zu
dem Brief an Quintus Cicero s. H. D. MEYER, Cicero und das Reich 103 ff. mit der
älteren Literatur.

[34] Cic. Q. fr. 29 ff. Der Gedanke der *salus sociorum* begegnet auch in den Paragraphen 2 und 13.

[35] Vgl. nur Cic. pro Flacco 60: *Mithridatem dominum, illum patrem, illum conserva-
torem Asiae, illum Euhium, Nysium, Bacchum, Liberum nominabant.* Später heißt
es von Kleopatra, als sie im J. 41 v. Chr. den Antonius in Tarsos aufsuchte, ὡς ἡ
Ἀφροδίτη κωμάζοι παρὰ τὸν Διόνυσον ἐπ' ἀγαθῷ τῆς Ἀσίας (Plut. Ant. 26, 5). —
Zur Verbindung von Retter- und Vaterbegriff s. A. ALFÖLDI, Der Vater des Vaterlandes im römischen Denken, Darmstadt 1971, 46 ff. Vgl. allg. M. FALTNER, Ideale
der römischen Provinzverwaltung nach Cicero und Plinius dem Jüngeren, Diss. München 1955, 97 ff.

[36] Cic. Q. fr. 1, 1, 20.

non teneretur; id autem imperium cum retineri sine vectigalibus nullo modo possit, aequo animo parte aliqua suorum fructuum pacem sibi sempiternam redimat atque otium[37]. Hier wird also *imperium* durchaus als Herrschaft verstanden, die wegen ihrer den Frieden sichernden Funktion von den Griechen ertragen werden muß und für die die Griechen ihren Preis zahlen müssen. Der Brief an Quintus wurde Ende 60 oder Anfang 59 v. Chr. geschrieben und sollte diesen über die Tatsache hinwegtrösten, daß ihm gegen seinen und seines Bruders Willen das Proconsulat der Provinz Asia auf ein drittes Jahr erstreckt wurde[38]. Die Aussagen Ciceros müssen von dieser Situation her verstanden werden und dürfen nicht ohne weiteres verallgemeinert werden. Wenn Cicero seinem Bruder zuliebe dessen Provinzialverwaltung als eine *pars rei publicae* bezeichnet, so bestand doch für ihn noch im Jahre 43 v. Chr. das *corpus rei publicae* nur aus der römischen Bürgerschaft, wie die oben angeführte Stelle aus der achten Philippischen Rede beweist.

Nur auf die römischen Bürger bezieht sich auch die Wendung *membra rei publicae* bei Paterculus, der im Anschluß an die Darstellung der *restitutio rei publicae* durch Augustus schreibt: *Sepultis, ut praediximus, bellis civilibus coalescentibusque rei publicae membris, et coaluere quae tam longa armorum series laceraverat. Dalmatia, annos viginti et ducentos rebellis, ad certam confessionem pacata est imperii. Alpes ... perdomitae. Hispaniae ... pacatae. ... Has igitur provincias tam diffusas ... ad eam pacem ... perduxit Caesar Augustus, ut quae maximis bellis numquam vacaverant, eae ... postea etiam latrociniis vacarent*[39].

---

[37] Cic. Q. fr. 1, 1, 34.

[38] Vgl. M. GELZER, Cicero, Wiesbaden 1969, 122 ff.

[39] Vell. Pat. 2, 90, 1 ff. Zum Gebrauch von *coalescere* in diesem Zusammenhang vgl. Tac. hist. 4, 74, 3: *octingentorum annorum fortuna disciplinaque compages haec coaluit, quae convelli sine exitio convellentium non potest.* Dazu s. Livius 1, 8, 1 ... *vocata ... ad concilium multitudine, quae coalescere in populi unius corpus nulla re praeterquam legibus poterat, iura dedit* (Romulus). S. auch Tac. ann. 11, 24, 2 f. *(oratio Claudii): neque enim ignoro ... Etruria Lucaniaque et omni Italia in senatum accitos, postremo ipsam ad Alpes promotam, ut non modo singuli viritim, sed terrae, gentes in nomen nostrum coalescerent.* Das Bild vom Zusammenwachsen ist hier also auf die Einheit Italiens beschränkt. Es heißt dann bei Tacitus weiter: *tunc ... floruimus, ... cum specie deductarum per orbem terrae legionum additis provincialium validissimis fesso imperio subventum est. Imperium* meint an dieser Stelle also die Herrschaft und nicht etwa das Reich (zur Wendung *fesso imperio* vgl. auch Sil. Ital. Pun. 4, 709). Was W. SUERBAUM, Vom antiken zum frühmittelalterlichen Staatsbegriff 101 mit Anm. 71, zu dieser Stelle schreibt, ist unklar und in sich widersprüchlich.

Leider ist das in diesem Zusammenhang wichtige Wort *coaluere*
emendiert. Doch wird diese Emendation durch das folgende *laceraverat*
gestützt, das zeigt, daß Velleius Paterculus die Vorstellung eines organischen Körpers mit seinen Gliedern von der römischen *res publica* im
engeren Sinne auch auf das Imperium erstreckte. Allerdings ist dieses
Imperium hier noch ganz im Sinne von Herrschaft verstanden. Die
Tätigkeit des Augustus beschränkte sich in der Sicht des Velleius auf die
Herstellung und Sicherung des Friedens, den schon Cicero in dem Brief
an seinen Bruder Quintus als Folge der römischen Herrschaft bezeichnet
hatte. Dennoch ist es sicher kein Zufall, daß Velleius Paterculus gerade
im Anschluß an seinen Bericht von der *restitutio rei publicae* die Vorstellung vom Staatsorganismus auch auf die Provinzen des Imperium
überträgt. Denn offenbar wurde im Jahre 27 v. Chr. die Übernahme des
imperium proconsulare durch Augustus mit dessen allgemeiner *cura et
tutela rei publicae* motiviert. Der Bericht des Cassius Dio über jenen
Vorgang[40] hat allerdings verschiedene Interpretationen erfahren. Nach
Dio übernahm Augustus τὴν μὲν φροντίδα τήν τε προστασίαν τῶν κοινῶν
πᾶσαν ὡς καὶ ἐπιμελείας δεομένων und übergab dann die schwächeren Provinzen dem Senat, während er für sich Militärprovinzen behielt. Das
hat bekanntlich A. v. PREMERSTEIN zur Annahme eines staatsrechtlich
definierten Schutzauftrages für den Prinzeps geführt[41]. Davon kann aber
wohl keine Rede sein. Zuerst hat Oktavian außerdem alle Provinzen
dem Senat zur Verfügung gestellt. Erst auf dessen Drängen hin erklärte
er sich bereit, einige noch unbefriedete Provinzen zu übernehmen, bis sie
befriedet seien, längstens aber für 10 Jahre. Hinter dieser Regelung steht
die Konzeption von dem Imperium als einem Ganzen, das insgesamt in
den Genuß der *pax Augusta* kommen sollte. Wenn also der Prinzeps die
Übernahme der noch unbefriedeten Provinzen mit der *cura et tutela rei
publicae* rechtfertigte, so verstand er offenbar in diesem Falle *res publica*
in jenem weiteren Sinne, in dem das Wort schon Cicero in dem Brief
an seinen Bruder Quintus verstanden hatte[41a].

---

[40] Dio 53, 12, 1.
[41] A. v. PREMERSTEIN, Vom Wesen und Werden des Prinzipats, München 1937, 117 ff.
Dagegen mit Recht schon J. BÉRANGER (o. Anm. 22) 203 ff.
[41a] Man kann daher auch H. BRAUNERT, Monumentum Chiloniense 37 ff. und Chiron 4,
1974, 343 ff., nicht folgen, wenn er die von Augustus in den Res Gestae (34) verkündete Rückgabe der *res publica* allein „auf die *urbs* und ihre traditionellen Institutionen" beziehen möchte. Eine solche Interpretation verkennt den Inhalt der Neu-
regelung des Jahres 27 v. Chr. ebenso wie deren ideologische Rechtfertigung.

Daß diese Überlegungen richtig sind, lehrt der Bericht des Tacitus über die Vorgänge beim Regierungsantritt des Tiberius, in dem offenbar Material aus den *acta senatus* verarbeitet ist[42]. *Dixit forte Tiberius,* heißt es da, *se ut non toti rei publicae parem, ita quaecumque pars sibi mandaretur, eius tutelam suscepturum.* Darauf stellte Asinius Gallus die Frage *quam partem rei publicae mandari tibi velis,* und erläuterte seine Äußerung später so: *non idcirco interrogatum ..., ut divideret quae separari nequirent, sed ut sua confessione argueretur, unum esse rei publicae corpus atque unius animo regendum. addidit laudem de Augusto,* heißt es weiter, *Tiberiumque ipsum victoriarum suarum quaeque in toga per tot annos egregie fecisset admonuit.* Im ferneren Verlauf der Debatte fragte dann der Consular Haterius den Kaiser: *quo usque patieris, Caesar, non adesse caput rei publicae?* Aus dem Kontext geht eindeutig hervor, daß *res publica* hier den gesamten römischen Herrschaftsbereich meint, der als ein organisches Ganzes gesehen wird. Mit *caput rei publicae* muß daher auch Haterius die monarchische Spitze des ganzen *imperium,* nicht bloß das Haupt der römischen *civitas* bezeichnen.

Wenn aber der gesamte Herrschaftsbereich Roms als ein organisches Ganzes gesehen werden konnte, dann mußte für *corpus rei publicae* auch *corpus imperii* eintreten können. Vielleicht ist es kein Zufall, daß diese Wendung zuerst von dem verbannten Ovid gebraucht wurde, der im fernen Tomi am Ende der damaligen Welt, aber doch noch innerhalb der Grenzen des römischen Imperium sein Leben fristete.

Der Gedanke der Friedenssicherung steht auch für Ovid im Vordergrund, wenn er an die Aufgaben des Augustus denkt. Dessen Sorgen sind allerdings groß:

> *utque deos caelumque simul sublime tuenti*
> *non vacat exiguis rebus adesse Iovi*
> *de te pendentem sic dum circumspicis orbem*
> *effugiunt curas inferiora tuas*[43].
> *nunc tibi Pannonia est, nunc Illyris ora domanda*
> *Raetica nunc praebent Thraciaque arma metum*
> . . .
> *denique, ut tanto, quantum non extitit umquam*

---

[42] Tac. ann. 1, 12, 1 ff. Zur Benutzung der *acta senatus* s. R. SYME, Tacitus I, Oxford 1958, 278 ff.

[43] Ovid, Trist. 2, 215 ff.

corpore pars nulla est, quae labet, imperii.
urbs quoque te et legum lassat tutela tuarum
et morum, similes quos cupis esse tuis[44].

Wenn hier Ovid von *corpus imperii* spricht, so darf man diese Wendung wohl getrost als „Reichskörper" übersetzen. Es ist bezeichnend, daß diese Wendung bei Ovid in einem Zusammenhang auftaucht, in dem von den *curae* des *princeps* die Rede ist, der hier übrigens *imperii princips* genannt wird[45]. Auch Sueton sagt von den Klientelkönigen ja, daß ihnen Augustus als *membra partesque imperii* seine *cura* angedeihen ließ. Wenn Cicero in De officiis noch schrieb, daß der Staatslenker alle Bürger, *totum corpus rei publicae,* in seine *cura* und in seine *tutela* einbeziehen sollte, so wird jetzt diese *cura et tutela* auf das ganze *imperium* erstreckt, weil der ganze Herrschaftsbereich des römischen Volkes zur *res publica* geworden war.

Man kann, wenn man so will, in dieser Erstreckung des Begriffes der *res publica* auf den ganzen Herrschaftsbereich des römischen Volkes einen Ausdruck für die Verstaatlichung des Imperium sehen. Denn in der Tat entsprach ja jener Ausweitung des *res-publica*-Begriffes in der Realität der das ganze Reich überspannende kaiserliche Beamtenapparat und die für das ganze Reich gültigen Kaisergesetze, die aus der „hegemonialen" Herrschaft Roms den römischen „Welt"-Staat werden ließen. Gerade die Gesetzgebung erscheint denn auch schon unter Augustus neben der Friedenssicherung und neben der Bautätigkeit im Reich als Gegenstand der kaiserlichen *cura*[46].

Die zuerst von Ovid gebrauchte Wendung vom *corpus imperii* begegnet dann wieder in Senecas Fürstenspiegel, in dem der junge Nero aufgefordert wird: *tradetur ista animi tui mansuetudo diffundeturque paulatim per omne imperii corpus, et cuncta in similitudinem tuam formabuntur. A capite bona valetudo. inde omnia vegeta sunt atque erecta aut languore demissa, prout animus eorum vivit aut marcet. Erunt cives, erunt socii digni hac bonitate, et in totum orbem recti mores revertentur*[47].

---

[44] Ovid, Trist. 2, 225 ff.
[45] Ovid, Trist. 2, 219.
[46] Vgl. FIRA I² Nr. 68 (Kyrene-Edikte) 2. 79 f. und 77 f. Zur Bautätigkeit als Gegenstand kaiserlicher *cura* s. Vitruv I praef. 2 f. und ILS Nr. 97. Vgl. allgemein J. BÉRANGER, Récherches 186 ff., und M. HAUSER, Der römische Begriff *cura*, Winterthur 1954, 36 ff. Dazu jetzt A. PALMA, Le ‚curae' pubbliche, Neapel 1980, 69 ff.
[47] Seneca, De clem. 2, 2, 1. vgl. 1, 5, 1.

Die *cura morum*, die Ovid noch in enger Auslegung der augusteischen Politik auf die *urbs* beschränkt hatte, wird nun von Seneca auf das ganze Reich bezogen. Die *boni mores* sind allerdings für ihn nicht die Folge entsprechender Gesetze, sondern die Folge der *bonitas* und der *mansuetudo animi* des Prinzeps selbst. Von ihm als dem Haupt hängt das Gedeihen des Reichskörpers ab.

Es ist möglicherweise eine Reaktion auf diese ganz auf den Prinzeps orientierte Sicht, wenn Senecas Neffe Lucan in seinem Epos über den Bürgerkrieg die Senatoren als *cruor imperii* bezeichnet, gegen die Caesar bei Pharsalos zu wüten befahl[48]:

> *scit cruor imperii qui sit, quae viscera rerum*
> *unde petat Romam, libertas ultima mundi*
> *quo steterit ferienda loco.*

Der Senat erscheint also hier als Repräsentant Roms, als Hort der *libertas* und als diejenige Institution, die das Reich zusammenhält, wobei Lucan das ciceronische Bild vom *sanguis* bzw. von den *viscera rei publicae* auf das Imperium überträgt[49]. Daß allerdings schon Caesar zum *caput orbis* geworden war, wußte auch Lucan. Läßt er doch nach Caesars vergeblichem Versuch, auf einem kleinen Boot die stürmische Adria zu überqueren, die Soldaten ihrem Führer vorwerfen:

> *cum tot in hac anima populorum vita salusque*
> *pendeat et tantus caput hoc sibi fecerit orbis,*
> *saevitia est voluisse mori*[50].

So wundert es nicht, daß später Florus die Wendung vom *corpus imperii* wieder aufgreift und den Augustus lobt, *qui sapientia sua atque sollertia perculsum undique ac perturbatum ordinavit imperii corpus, quod haud dubie numquam coire et consentire potuisset, nisi unius praesidis nutu quasi anima et mente regeretur*[51].

Wenn J. VOGT und F. VITTINGHOFF unter „Reich" eine organische Einheit verstehen, „in der die einzelnen Glieder nur aus dem Sinnzusammenhang einer größeren Ordnung leben", so kommt die Vorstellung

---

[48] Lucan, Bell. civ. 7, 579.
[49] Cic. Pison. 28. Dom. 124. Cluent. 146.
[50] Lucan, Bell. civ. 5, 685 ff.
[51] Florus 2, 14 [4, 3] 5. — Das Bild vom Reichskörper begegnet auch an der bekannten Stelle bei Curtius Rufus 10, 9, 1—6, wo die Lage beim Tode Alexanders offenbar mit der Situation nach der Ermordung des Caligula verglichen wird. Doch kann auf das umstrittene Datierungsproblem hier nicht weiter eingegangen werden.

vom *corpus imperii* bei Seneca und Florus jener Definition zumindestens recht nahe.

Auch bei Tacitus begegnet die Wendung *corpus imperii*. Anläßlich der Adoption Pisos läßt der Historiker den Kaiser Galba sagen[52]: *Si immensum imperii corpus stare ac librari sine rectore posset, dignus eram a quo res publica inciperet: nunc eo necessitatis iam pridem ventum est, ut nec mea senectus conferre plus populo Romano posset quam bonum successorem, nec tua plus iuventa* (sc. *Pisonis*) *quam bonum principem.*

Res publica bezeichnet hier selbstverständlich den alten Freistaat der sich selbst regierenden Bürgerschaft. Die Erstreckung des Begriffs *res publica* auf das ganze *imperium* ist hier zurückgenommen zu Gunsten der engeren Bedeutung, wie sie bei Cicero üblich war. Die Stelle besagt nicht bloß, daß es für Tacitus unter den Principes keine *res publica* gab, sondern auch, daß die Notwendigkeit der Reichslenkung eine *restitutio rei publicae* verhinderte, weil andernfalls das Reich Schaden nehmen würde. Dem *corpus imperii* wurde damit im Munde Galbas ein höherer Rang eingeräumt als der *res publica.* Der Gedanke, daß das *imperium* einer monarchischen Spitze bedurfte, begegnet schon unter Caesar und war in augusteischer Zeit ganz geläufig. Aber Reich und Republik in dieser Weise in einen Gegensatz zueinander zu stellen vermochte erst eine Generation, der das Bild vom Reichskörper eine geläufige Vorstellung geworden war. Die Äußerung des Tacitus fällt denn auch nicht zufällig in eine Zeit, als sich das politische Schwergewicht aus Rom und Italien in die Provinzen zu verlagern begann.

Die Auffassung vom römischen Reich als einem lebendigen Organismus kollidierte nun allerdings mit der spätrepublikanischen Vorstellung von der römischen Weltherrschaft, der Herrschaft über den *orbis terrarum,* die gerade in augusteischer Zeit ihre für die ganze Folgezeit gültige Ausformung erhielt und der auch Augustus in seinen Res Gestae Rechnung trug[53]. Diesem Gedanken der Herrschaft über die gesamte Oikumene

---

[52] Tacit. Hist. 1, 16, 1.
[53] Vgl. allg. zum römischen Weltherrschaftsgedanken J. Vogt, Orbis Romanus, in: Orbis. Ausgewählte Schriften zur Geschichte des Altertums, Freiburg—Basel—Wien 1960, 151 ff. M. Gelzer, Kleine Schriften 2, Wiesbaden 1963, 3 ff. R. Werner, ANRW I 1, 1972, 528 ff. — Zur Gleichsetzung von *imperium* und *orbis terrarum* bei Tacitus s. W. Suerbaum (o. Anm. 5) 102 mit Anm. 73. — Zum Weltherrschaftsgedanken in den Res Gestae s. A. Heuss, Monumentum Chiloniense, Amsterdam 1975, 70 ff.

entsprach es auch, daß die vom Kaiser Beherrschten unter dem stoischen Begriff des *genus humanum* zusammengefaßt werden konnten[54]. Die Vorstellung vom *imperium sine fine*, von der Herrschaft ohne Grenzen in Raum und Zeit, welche Jupiter selbst den Römern verliehen habe[55], ließ sich aber nicht vereinen mit der Konzeption eines Reiches mit festen Grenzen, innerhalb derer allen Teilen ihre ganz bestimmten Funktionen zugewiesen waren[56]. Die Weltherrschaftsideologie enthielt allerdings die Tendenz, diesen Gegensatz zu verschleiern, so daß es zu Überschneidungen zwischen dem Weltherrschaftsgedanken und dem Reichsgedanken kam und das Imperium sehr bald als Weltreich vorgestellt wurde[57]. Dennoch zeigen die oben zitierten Stellen sehr deutlich, daß es sich bei dem Weltherrschafts- und dem Reichsgedanken um getrennte Vorstellungen handelt. Theoretisch konnte der Kaiser durch immer neue Eroberungen die römische Herrschaft bis ans Ende der Welt ausdehnen. Seine *cura* aber konnte er nur den *membra partesque imperii* zuwenden[58].

[54] So z. B. V. EHRENBERG - A. H. M. JONES, Documents illustrating the Reigns of Augustus and Tiberius, Oxford[3] 1976, Nr. 98 a. Ovid, Metam. 15, 758 f. Vgl. Horaz, carm. 1, 12, 49 ff. Dazu die reiche Materialsammlung von U. (SCHILLINGER-) HÄFELE, Historische Untersuchungen zum Panegyricus des jüngeren Plinius, Diss. Freiburg i. Br. 1958, 133 ff. — Besonders interessant ist Plinius, n. h. 16, 8: *Dedit hanc Augustus coronam (rostratam) Agrippae, sed civicam a genere humano accepit ipse.* In einer Äußerung wie dieser beginnen sich schon lange vor der *Constitutio Antoniniana* die Grenzen zwischen Bürgern und Reichsangehörigen zu verwischen.

[55] Verg. Aen. 1, 278 f.

[56] Diese Vorstellung entsprach seit Augustus der Realität und fand ihre klassische Formulierung durch Tacitus (ann. 1, 9, 5): *mari Oceano aut amnibus longinquis saeptum imperium; legiones, provincias, classes, cuncta inter se conexa.* Aber schon der Formel für die Schließung des Janusbogens lag die Vorstellung eines räumlich begrenzten Herrschaftsbereiches zu Grunde: *cum per totum imperium populi Romani terra marique esset parta victoriis pax* (RgdA 13). Erinnert sei auch an das umstrittene *consilium coercendi intra terminos imperii* (Tac. ann. 1, 11, 4. Dazu D. KIENAST, Augustus 307 mit Anm. 205 f.).

[57] Dem mußte noch entgegenkommen, daß in den philosophischen Vorstellungen des Altertums auch der Kosmos als Organismus gedacht werden konnte, s. J. BÉRANGER a. O. (Anm. 22) 226 f. und W. NESTLE, Klio 21, 1927, 356 ff. — Die Überschneidungen von Reichsgedanken und Weltherrschaftsgedanken zeigen sich in Wendungen wie *pater orbis, caput orbis* u. a. für den Kaiser (vgl. auch die folgende Anmerkung). In der modernen Forschung hat das leider vielfach dazu geführt, daß man von einem augusteischen „Reichsgedanken" sprach, wo man in Wahrheit den Weltherrschaftsgedanken meinte. Vgl. z. B. U. KNOCHE, Das neue Bild der Antike II, Leipzig 1942, 213 und R. WERNER, ANRW I 1, 1972, 525.

[58] Dennoch kann Ovid, Ex Ponto 2, 8, 25, den Prinzeps bezeichnen als *terrarum dominum quem sua cura facit.* Auch hier werden also die Grenzen zwischen der Herrschaft über das Reich und der Weltherrschaft verwischt. — Vgl. schon Verg. Georg. 1, 24.

Es lag allerdings nicht bloß am Einfluß der Weltherrschaftsideologie, daß sich die Formel vom Reichskörper nicht als entwicklungsfähig erwies. Denn diese Formel diente vor allem dazu, die Herrschaft des Prinzeps zu rechtfertigen[58a]. Die Vorstellung vom *corpus rei publicae* bzw. *corpus imperii* war auf dessen Haupt hin konzipiert. Und tatsächlich beruhte ja die Einheit des Imperiums vor allem auf dem Kaiser, wie schon nach außen in vielen Einzelheiten zum Ausdruck kam. Es genügt dafür, an den Herrscherkult, an die zahlreichen Augustusstädte in den Provinzen, an die Münzprägung mit dem Bilde des Kaisers oder an die unzähligen Meilensteine mit seinem Namen an den Straßen des Reiches zu erinnern. Lucans Bild von den Senatoren als dem „Herzblut des Reiches" konnte sich denn auch schon deswegen nicht durchsetzen, weil es den Realitäten in keiner Weise entsprach[59]. Denn nicht der Senat, sondern der Kaiser war es, der das Reich zusammenhielt.

Auch unter den Augusti aber bestand das Imperium weiterhin aus Bürgern und Bündnern, aus Römern, Griechen und Barbaren. Die Teilhabe am römischen Bürgerrecht oder das Stadtbürgerrecht einer Polis waren wichtiger als die allgemeine Reichszugehörigkeit[60]. So standen sich z. B. für den Redner Aristides Römer und Griechen noch im 2. Jahr-

---

[58a] Es war denn auch eine bewußte Umkehrung der offiziellen Kaiserideologie, wenn Tacitus im Hinblick auf Otho und Vitellius schreibt (Hist. 1, 50, 1): *tum duos omnium mortalium impudentia ignavia luxuria deterrimos velut ad perdendum imperium fataliter electos non senatus modo et eques, quis aliqua pars et cura rei publicae, sed volgus quoque palam maerere.* Statt des einen *caput imperii* sind zum Verhängnis des Reiches *duos omnium mortalium deterrimos* gewählt worden, die sich durch ihre Laster hervortun statt sich, wie es von einem *princeps* gefordert wird, durch Tugenden auszuzeichnen. Statt *laetitia* herrscht deshalb *maestitia*. Auch die *cura rei publicae* wird in dieser Schilderung folgerichtig nicht mehr von den unwürdigen Augusti, sondern von Senat und Ritterschaft wahrgenommen.

[59] Erst in der sog. *Institutio Traiani* wird das Bild wieder aufgegriffen: *princeps vero capitis in re publica obtinet locum ... Cordis locum senatus obtinet, a quo bonorum operum et malorum procedunt initia. Oculorum, aurium et linguae officia sibi vindicant iudices et praesides provinciarum. Officiales et milites manibus coaptantur.* etc. (Text nach J. Béranger, Recherches 235 f.). Aber schon die schulmäßige Durchführung des Vergleichs von Körper und Staat zeigt den geringen Wert der Schrift. Die *Epistula ad Traianum de institutione principis* gilt denn auch als eine „von cluniacensischem Geist berührte Fälschung" des Mittelalters. Vgl. W. Christ - W. Schmid - O. Stählin, Geschichte der Griechischen Literatur II 1, München[6] 1920 ND 1959, 488, 1 und 516 f. — Zum Gedanken vgl. die von E. Kantorowicz, The King's Two Bodies, Princeton 1957, 208 Anm. 42, angeführte Parallele.

[60] Vgl. dazu die wichtigen Ausführungen von D. Nörr, Imperium und Polis in der hohen Prinzipatszeit, München 1966, 94 ff.

hundert durchaus als Herrscher und Beherrschte gegenüber[61]. Und nur weil für diese die Möglichkeit bestand, durch die Aufnahme ins römische Bürgerrecht zur Teilhabe an der Herrschaft zu gelangen, konnten auch sie als Angehörige des Weltstaats Rom gelten[62]. Nur die Christen verstanden sich selbst wohl gerade weil sie außerhalb der damaligen Gesellschaft standen, als *membra imperii*, wie uns Tertullian bezeugt[63]. Es ist daher verständlich, daß sich auch in der Kaiserzeit ein prägnanter Begriff der Reichsangehörigkeit nicht entwickeln konnte. Vielleicht wäre dies angesichts der Bedrohung des Imperium in der Spätantike anders geworden. Aber damals bestand für einen solchen Begriff keine Notwendigkeit mehr, da durch die *constitutio Antoniniana* alle Reichsangehörigen zu römischen Bürgern geworden waren.

Das Bild vom Reichskörper allerdings, das der neuen imperialen Konzeption des ersten Augustus seine Entstehung verdankte, wurde in der ausgehenden Antike zur Formel unter der noch einmal die Einheit des von Zerfall und Spaltung bedrohten Reiches beschworen wurde. Es begegnet bei Constantin dem Großen ebenso wie bei Symmachus, bei Augustin und Orosius[64]. Und noch König Theoderich kann in einem Schreiben an den oströmischen Kaiser Anastasius um 508 n. Chr. er-

---

[61] Ael. Aristid., Εἰς Ῥώμην 31.

[62] Ael. Aristid. a. O. 60. Dazu J. BLEICKEN, Der Preis des Aelius Aristides auf das römische Weltreich, Göttingen 1966, 244 ff. — Die Ausführungen des Aristides beziehen sich allerdings vor allem auf die Verhältnisse im griechischen Osten. Im Westen mag das Zusammengehörigkeitsgefühl vor allem in den stärker romanisierten Provinzen Spaniens und der Narbonensis schon im 2. Jahrhundert stärker gewesen sein. [Vgl. dazu J. STRAUB, Würzb. Jb. NF 6 a (Festschrift H. Erbse) 230]. Dennoch bleibt es bezeichnend genug, daß Tacitus im Jahre 70 n. Chr. den Cerealis erklären läßt (Hist. 4, 74, 1): *nos . . . iure victoriae id solum vobis addidimus, quo pacem tueremur; nam neque quies gentium sine armis neque arma sine stipendiis neque stipendia sine tributis haberi queunt.* So hatte schon Cicero in dem Schreiben an seinen Bruder Quintus die römische Herrschaft gerechtfertigt. Wenn Cerealis in seiner Rede fortfährt: *cetera in communi sita sunt: ipsi plerumque legionibus nostris praesidetis, ipsi has aliasque provincias regitis; nihil separatum clausumve,* so richten sich diese Worte an die mit dem römischen Bürgerrecht ausgezeichneten Gallier und sind im Jahre 70 eine gewaltige Übertreibung. Wenn es dann weiter heißt: *proinde pacem et urbem, quam victi victoresque eodem iure obtinemus, amate colite* (a. O. § 3), so zeigt sich, daß auch für Cerealis (und d. h. für Tacitus) ebenso wie für Aristides nicht die Zugehörigkeit zum Imperium an sich, sondern die damit gegebene Möglichkeit, das römische Bürgerrecht und damit die Teilhabe an der Herrschaft zu erlangen, das Wesentliche war.

[63] Tert. Apolog. 31, 3.

[64] Constantin bei Euseb., Vita Const. 2, 19, 1; 65, 1; 69, 1. Symmachus, Orat. 4, 6 (anno 376). Augustin, De civ. Dei 3, 1. Oros. 5, 22, 7. 7, 22, 9. Jordanis, Getica

klären .. *pati vos non credimus inter utrasque res publicas, quarum semper unum corpus sub antiquis principibus fuisse declaratur, aliquid discordiae permanere*[65]. Auch im römischen Reich des Mittelalters lebte die Vorstellung vom Reichskörper fort. Sie begegnet noch unter dem Stauferkaiser Friedrich II., von dem der Dominikaner Bartholomaeus in einem Brief im Jahre 1241 in Anlehnung an den bekannten Gedanken Senecas schrieb: *ipse ... versus Romam iter suum direxit intendens in mundi capite potentie et etiam clementie sue signa relinquere, ut virtus a capite in membra diffundatur*[66].

172 p. 102, 24 (MOMMSEN). Vgl. ebda. 145 p. 96, 5 (MOMMSEN), wo die Wendung im Hinblick auf die gotischen Truppen im Imperium gebraucht wird. Claudian (In Rufinum 2, 238 f.) spricht vom *non dissociabile corpus* im Hinblick auf die vereinigten west- und oströmischen Truppen unter Stilicho. Dieser erscheint bei Claudian (De laud. Stilich. 3, 129) als ‚restaurateur de l'unite‘ (BÉRANGER): *capitique errantia membra reponit.*

[65] Cassiod. Varia 1, 1, 4 p. 10, 22 (MOMMSEN). Dazu W. SUERBAUM a. O. 250 f. — Auch in einem Edikt Athalarichs vom Jahre 527 (Cassiod. Varia 9, 2, 1 p. 262) begegnet das Bild vom Staatskörper — übrigens wieder in Verbindung mit der *cura* des Herrschers: *Qui rei publicae statum et generale cupit stare fastigium, ad universa debet esse sollicitus, quia non est salus in corpore, nisi quam et membra potuerint optinere, iniuria unius loci compago tota concutitur et tanta convenientiae vis est, ut unum vulnus ubique credas accipi, quando illa coeperit condolere. res publica siquidem non est unius civitatis cura, sed totius regni provisa custodia: quapropter si quid ex ipsa minuitur, in origine dispendia sentiuntur. minus enim habere necesse est, cui aliquid perit. et ideo diversarum civitatium pervigil nos cura sollicitat, ne permissa longius mala possint gravare palatia.*

[66] J. F. BÖRNER, Regesta imperii V 3209. Zitiert nach E. KANTOROWICZ, Kaiser Friedrich der Zweite. Ergänzungsband, Berlin 1931, 183. — Vgl. auch die Mediatio principum vom Jahre 1232, wo es heißt: *Tronus imperialis, cui velut capiti membra coniungimur, sic nostris insedet humeris et nostra compage firmatur, ut et imperium quadam excellenti magestate premineat et noster ab eo refulgeat principatus* (Mon. Germ. Hist. Legum Sectio IV. Constitutiones II Nr. 170 p. 210, 15). Ähnlich sagt Friedrich II. in der Constitutio in favorem principum des gleichen Jahres (a. O. Nr. 171 p. 211, 31) von den Fürsten: *in quibus velut honorabilibus membris insidet caput.* Hier liegt aber offenbar nicht die Vorstellung vom Staatskörper zugrunde. Das Vorbild scheint vielmehr ein Gesetz der Kaiser Arcadius und Honorius vom 4. September 397 (Cod. Theod. 9, 14, 3 = Cod. Just. 9, 8, 5) zu sein, in dem die Mitglieder des kaiserlichen *consistorium* und die Senatoren als *pars corporis nostri* bezeichnet werden. — Eine große Rolle spielte im späten Mittelalter die Vorstellung vom *corpus rei publicae mysticum*. Dazu s. E. H. KANTOROWICZ, The King's Two Bodies, Princeton 1957, 193 ff. (Den Hinweis auf dieses wichtige Werk verdanke ich meinem Kollegen R. HIESTAND.)

"Crisis Theories" and the Beginning of the Principate[1]

by E. BADIAN, Cambridge (Mass.)

This study is not another exercise in speculation about the causes of the decline of the Roman Republic and the development of the Principate. It has the far more limited purpose of looking at the well-known events of 27 and 23 BC, which between them may be said to have laid the constitutional foundation of the Principate, and at a persistent

[1] This study began as a paper at a panel I organized in 1978, to commemorate the bimillenary of the beginning of the Roman Empire. It seemed a necessary act of *pietas*, since the Decline and Fall of that Empire had evoked exorbitant commemoration two years earlier. I had planned to arrange for publication of the four papers delivered at the panel as a short volume, but this proved impossible, since one of the participants would not agree to publication. I am happy, now, to have this opportunity of dedicating my own contribution as a small token of admiring appreciation to one of the most outstanding contemporary scholars in the study of the Roman Empire.

My thanks are due to Professors Chester G. STARR and Susan M. TREGGIARI, at the time respectively President and Secretary of the Association of Ancient Historians, for sponsoring the panel on behalf of the Association at the Annual Meeting of the American Institute of Archaeology and the American Philological Association at Vancouver in December 1978, and above all to the Canadian Humanities and Social Sciences Research Council for making its presentation possible by a generous subsidy. A version of this paper was read to the Ancient History Seminar of the Free University of Berlin in June 1980, and I should like to thank Professor Dr. H. GALSTERER and his colleagues both for the invitation and for stimulating discussion. The present version was written during a semester as a Visiting Member at the Institute for Advanced Study in Princeton, which passed all too quickly in varied scholarly activity. It was carefully read and improved by Professor A. B. BOSWORTH while we had the pleasure of welcoming him at Harvard as a Visiting Professor. All responsibility for the contents and presentation, of course, remains my own.

modern tradition that sees each of those constitutional settlements as a response to a particular crisis, but for which (so it is claimed, either explicitly or by the implication of the argument) the settlements would not have come about.

The crisis theory of the settlement of 27 was first developed by that great historian Hermann DESSAU[2], who for the first time (as late as 1906) noted the connection between Livy's strange aporia (IV 20) over the office of A. Cornelius Cossus when he won and dedicated the *spolia opima*—a difficulty caused, as Livy stresses, by Augustus' discovery of an inscribed linen corslet in a ruined temple—and Augustus' refusal to allow M. Crassus to dedicate *spolia opima* (or indeed to be saluted *imperator*) after killing an enemy commander in battle in his province of Macedonia. DESSAU finished by making the settlement of 27 a result of that particular incident. This interpretation made its way unimpaired into such respectable standard works as CAH X, where M. P. CHARLES-WORTH (p. 125), while granting that Octavian would sooner or later have had to do something ("How long this might have continued cannot be said"), continues: ". . . but an incident arising out of the victorious campaigns of Crassus almost certainly forced him to declare himself [sic]." He tells the story of the *spolia* and concludes: "This occurrence and the negotiations in connection with it revealed clearly that some form of settlement was pressing." There follows (p. 126) the restoration of the Republic to Senate and People. Similarly, though with the emphasis properly on the imperatorial salutation, SYME, Rom. Rev. 309: "In robbing Crassus of the title *imperator* Octavianus raised . . . the delicate question of his own standing in public law . . . a new regulation was required[3]."

Let this suffice for 27. Interpretation of the events of 23 provides a precise parallel. Again we are presented with a crisis (indeed, again it happens to be a Macedonian one!), for a start. A governor called M. Primus (his *nomen* is unknown) was put on trial for having gone beyond the borders of his province of Macedonia in order to start a war. This, of course, had been a crime ever since the second century[4] and had

---

[2] Hermes 41 (1906) 142—51.

[3] SYME has since modified his view: see Roman Papers (1979) I 421. On the matter of the salutation—not as simple as it has been taken to be—see further Appendix.

[4] See Cic. Pis. 50: *cum plurimae leges ueteres tum lex Cornelia maiestatis, Iulia de pecuniis repetundis plenissime uetat.* When Cicero spoke, a prosecution could obviously be launched under either law. The procedure would, in outline, be the same.

for some time been subsumed under that of *maiestas,* duly tried by
a *quaestio* under a praetor[5]. Primus claimed that he had had orders from
Augustus and/or from Marcellus[6]. Augustus turned up in court unasked
and denied on oath that he had given any such orders. When asked by
defence counsel who had summoned him to give evidence, he replied:
"The *res publica.*" (For this, Dio adds, he was praised by right-thinking
men and given a legal privilege, not very clearly expressed[7].) Primus
was convicted, though—despite Augustus' intervention—not by many
votes. We do not know what happened to him. (Perhaps he went into
exile, as executions tend to be stressed in the sources.) After this (we are
not told precisely when) his defence counsel Licinius Murena was
involved in a conspiracy against Augustus by an evil character named
Fannius Caepio; though Dio shows some doubt as to Murena's actual
involvement. The doubt is not shared by other sources, some of which
give the conspirator a praenomen (Lucius) and the cognomen Varro[8].
The men chose not to appear for trial, were convicted in absence and
later (we do not know how much later) executed. Augustus allowed
sacrifices to be offered "as for a victory" (Dio).

Now, the whole story is told by Dio under the year 22. In view of his
known habits of composition, this must mean that he thought of it as
either all happening in that year or coming to a climax then; there is no
possibility that he can have thought of it as all happening before 22.
Of course, Dio may be wrong. He is sometimes misled by hasty reading
of sources. In the matter of conspiracies, in particular, his record can be
impugned. He conflicts with Velleius over the conspiracy of Egnatius
(in fact, he has no such conspiracy) and with Seneca over that of Cinna

---

[5] This point was first developed by M. SWAN, HSCP 71 (1966) 235—47, among other
useful points, some of them discussed below.

[6] Clearly Augustus' nephew and son-in-law, though this has been denied. (For clear
refutation of the denial, see D. L. STOCKTON [cit. n. 15 below] 35—37.)

[7] Dio (LIV 3, 3) cites it as τὴν βουλὴν ἀθροίζειν ὁσάκις ἂν ἐθελήσῃ. This right as
such, however, was obviously inherent in his *tribunicia potestas,* already received
and, like so many constitutional details, inaccurately reported by Dio (LIII 32, 5;
contrast his second thoughts ibid. 6). We cannot be quite sure what the additional
right was, but it is most easily explained as some dispensation from procedural
formalities on the lines of ILS 244, lines 7—9.

[8] For the various forms in which the name of the conspirator is given, see G. V.
SUMNER, HSCP 82 (1978) 192. In view of some modern speculations, it must be
stressed that Dio's doubt concerns only Murena's actual involvement, not his personal identity with the alleged conspirator. (STOCKTON, op. cit. 21 n. 14 does not
get it quite right.)

Magnus. On Cinna, his date of AD 4 is usually thought to be wrong[9], though Seneca's main reference is so full of mistakes in names, dates, ages and even the sequence of other conspiracies that it would be hazardous to believe him. On Egnatius, he is demonstrably wrong, though Velleius' rhetorical zeal has misled him too into error[10]. But in each case Dio makes it clear by the phrases he uses to connect the episode concerned with the rest of his narrative that he certainly thought he was putting it in its chronological place; and in the case of Egnatius he is clearly quite unaware of his error: he has not transposed for deliberate (e. g. artistic) purposes. It is hard to see how the error over Egnatius arose. (Perhaps he found a phrase like, e. g., "in the year after Augustus laid down his powers" in his source and applied it to 26 instead of 22, the correct year.) But in the case of the elaborate trial scene and consequent conspiracy that we are concerned with, no suggestion occurs to account for accidental transposition. Indeed, the most plausible interpretation

[9] But see D. C. A. SHOTTER, Latomus 33 (1974) 606—15, making a case for Dio's date, on the grounds that it more easily explains both the conspiracy as such and Livia's part in securing Cinna's pardon. However, Livia's participation is unlikely to be historically true (at least, in anything like the form in which we have it) and the stage of romantic-propagandist elaboration in which we find the story in both authors, taken together with the disagreement over the date, suggests that, whatever the truth of the affair, it had become detached from its actual date before it reached our immediate sources.

[10] Velleius' time-table of *continuatio* of aedileship and praetorship and attempted *continuatio* of the consulship cannot be accepted, if we believe (and why should we not?) in the authenticity of Egnatius' praetorian abdication edict, which Dio presents in (for him) unusually accurate form: this demands a period as *priuatus* after the praetorship, since the *scelus* (the conspiracy) is dated by Velleius straight after Egnatius' rejection as a candidate, i. e. still in 19. (See the discussion of his chronology, below.) Velleius is therefore guilty of rhetorical exaggeration in his allegation of *continuatio*—at least once, and possibly even both times. (For a table of modern chronologies, see Ph. BARDOT, Latomus 32 (1973) 609 ff. BARDOT's own is quite unacceptable and his historical interpretations collapse with it.) Dio, however, not only fails to mention the consular candidacy or the conspiracy (all he knows is that Augustus, at some time after the praetorian edict, taught Egnatius a sharp lesson—which, even if we regard the allegation of conspiracy as fabricated, shows no real knowledge), but seems to have had another source that put the aedileship in 22. Under 26, which he seems to give as the year of Egnatius' aedileship, he reports that, to counter his demagogic use of a fire-brigade, Augustus instituted an official aedilician one; the institution is repeated, without any mention of Egnatius or any other cause, under 22. (See LIII 24, 6; LIV 2, 4.) This suggests, as the true time-table, that Egnatius' aedileship should be put in 22, the praetorship in 21 or 20 (according to whether we believe Velleius' rhetoric or not), and the consular candidacy in 19, whether for that year or for 18.

of the privilege he was given after the trial implies the previous existence of the settlement of 23[11]. And what chiefly deserves to be stressed is that, in this case, he actually agrees with Velleius, whose sources on these matters are obviously quite different.

Velleius, in fact, is the only other source that dates the affair. He first refers to it (II 91, 2) in a non-chronological setting. He goes on to describe (as *neque multo post*) the turbulent career and eventual conspiracy of M. Egnatius Rufus (91, 3—4) and then spreads himself on the *praeclarum factum* of the consul C. Sentius Saturninus in resisting Egnatius, and in particular his attempt to stand for a consulship in 19 BC (92). After this he dilates upon the death of Marcellus and dates it—approximately, though with surprising elaboration—by means of the two conspiracies he has mentioned (93, 1):

> *ante triennium fere quam Egnatianum scelus erumperet,*
> *circa Murenae Caepionisque coniurationis tempus, abhinc*
> *annos L, M. Marcellus ... decessit.*

It is generally agreed that, unless we assume a multiplicity of errors in his chronological references, even on matters that he knew well, Velleius' dating passages were written in AD 29 and 30 and he was not altogether consistent in dealing with parts of years[12]. Since 30 is impossible here, fifty years before 29 would get us precisely to 22 BC, with parts of 23 and 21 included.

Now, the death of Marcellus occurred late in 23, apparently between the *ludi Romani* (Prop. III 18, 19 f.) in mid-September[13] and the end of the year. This is well within the fifty-year figure given by Velleius. On the other hand, the conspiracy of Egnatius (which is what *scelus erumperet* must refer to) should follow, not only his failure to become a consular candidate, but Augustus' return to Rome, since it was said to be a conspiracy against his life. That was in October 19[14], so that three years before this gets us to late 22: if the word *triennium* is to have a proper meaning, it should be some time after mid-October 23 (the year 21 need not be considered); and the later, the more plausible.

---

[11] See n. 7 above.

[12] See I. LANA's survey, Velleio Patercolo o della Propaganda (1952) 295—9; cf. SUMNER, op. cit. (n. 8) 284 ff.—rightly pointing out that we must allow for corruption.

[13] On these games, see WISSOWA, RKR² 453 f. Propertius' term *ludi magni* must be taken as referring to them, since it had become a technical term for those games.

[14] October 12, 19: see Insc. It. XIII 2, 519.

Since Marcellus' death in any case took place after mid-September (and, unless he died very suddenly, some time after that), a date at the very end of 23 is in any case indicated. On Velleius' dating, the conspiracy that occurred "around" that time must belong to the end of 23 or the beginning of 22. Were it not for Dio, there would be no way of deciding. But since Dio explicitly puts it in 22 (after the trial of Primus, itself dated to 22), and this is compatible with Velleius' very careful (though, as we saw, approximate) dating, from a different source, it is reasonable to say that our only two sources that in fact give a date lead us clearly to 22. What, then, has a conspiracy of 22 to do with a crisis that occurred about the middle of 23? Or rather, in what way can the former be regarded as the cause of the latter?

The puzzled question is justified. But it is a fact—true, though strange to the unprejudiced observer—that the question of such a causal link, debated for decades, became a favourite topic of discussion in a professional journal in the 1960s; and we have recently been reminded in the same journal that the view asserting such a connection emerged totally victorious and now holds the field; and that although an article in a different journal established an important part of the truth, which made that view untenable for any serious purpose. The fact that this careful and scholarly article has been largely ignored, and that the "crisis" view has prevailed, shows how deeply rooted is the attachment to "conspiratorial" interpretations of history among scholars, and particularly among historians of antiquity. Since what is involved is nothing less than alternative models of Augustus' character and behaviour, and since both in 27 and in 23 we are asked to see the constitutional foundations of the Principate as due to a series of tumultuary reactions to unforeseen and unforeseeable events, the whole topic demands renewed attention; though I hope I shall be excused from going into all the details of all the structures built by modern scholarship[15].

---

[15] The following articles appeared in Historia in the 60s: K. M. T. ATKINSON, 9 (1960) 440—73; D. L. STOCKTON, 14 (1965) 18—40; R. A. BAUMAN, 15 (1966) 420—31; S. JAMESON, 18 (1969) 204—29. Cf. also W. SCHMITTHENNER, 11 (1962) 78, in a survey of A. Varro Murena's career: he identifies the consul of 23 with the conspirator of 23 [sic], without discussion, and suggests he was "nach Augustus' Rückkehr aus Spanien v i e l l e i c h t w i d e r d e s s e n W i l l e n [my emphasis] zum Konsul für 23 [gewählt]". B. LEVICK, G & R² 22 (1975) 156, refers to STOCKTON and to JAMESON as allowing her to take the date of the trial (as early 23) for

I

No one, of course, ought to deny that Augustus, like all great men, was sometimes lucky—e. g. in the death of the two consuls of 43 BC, which left him in command of a large army, so conveniently that he was (rather half-heartedly) suspected of being responsible for the two deaths. Nor should we deny that he was quick to seize his chance when he saw it. But this has nothing to do with the settlement of 27. The ceremony of January 13, 27, was the culmination of a process that, as Augustus clearly tells us, had started in 28: *in consulatu sexto et septimo* (RG 34, 1) he restored the Republic to the free disposal of Senate and People; and he saw no break in the development of that restoration. Scrutiny reveals not only that he should be believed, but that the process started even earlier—in fact, in the very year of his return from the East. Even while he was approaching the city in 29, the temple of Janus was closed on receipt of a despatch from him; and he triumphed in mid-August[16]. And it is precisely at this point that Dio rightly puts the germ of the restoration of the Republic: it is here that he inserts the great constitutional debate that fills Book LII, after which Augustus opts to establish a monarchy (LII 41) and, with the beginning of his sixth consulship in 28 (LIII 1), proceeds to restore Republican usage by giving his colleague Agrippa the proper *fasces*. In the course of 28 the illegal actions and exactions of the Triumvirate and of the time of war that followed were wound up, to be cancelled as from the end of the year[17]. The Senate was purged and made fit to receive the Republic back. It is after all this and more, in the next consulship of Augustus and Agrippa, that Dio (again quite properly) puts the great speech of

granted: "Dio's (apparent) setting of it in 22 B. C. is a mistake, or misleading. It was one link in the chain of events that led to the constitutional change of mid 23 (as Dio's own account suggests)." For this last notion she refers to Dio LIV 3, 3 (see n. 7 above), without discussing its meaning or its relevance. L. J. DALY, Historia 27 (1978) 83—94, accepts JAMESON as established truth. Neither he nor JAMESON is aware of the (now) basic article by M. SWAN (cit. n. 5 above).

[16] Dio LI 20, 4; Insc. It. XIII 1,570 (August 13—15). For convenience I am using the name "Augustus" throughout.

[17] Dio LIII 2, 3 and 5, often overlooked. The actions thus rescinded presumably included various abnormal privileges conferred on Augustus during the period concerned. It thus becomes nugatory, i. a., to speculate on the earlier grant of tribunician privileges to him, at least in its supposed relation to the one of 23. Failure to see the relevance of Dio's report to a well-known passage in Propertius has been responsible for a great deal of historical fiction. (But this cannot be pursued here.)

January 13, 27 (LIII 3 f.). There is no sign of any crisis, or of a hasty reaction to one. The whole process is orderly and planned, as indeed is the settlement itself. Augustus retains the consulship, with a large consular *prouincia*[18], at the request of Senate and People, and the Republic resumes its accustomed functioning. Dio, though he did not understand the Republican constitution or that of the Augustan settlement (as his accounts of both make clear), fully understood Augustus' plan and purpose, as indeed Book LII, in its own way, shows. His account—the only coherent one we have—is confirmed by the general statement of the Res Gestae, and we have nothing to contradict it. How, then, does the affair of Crassus fit into this?

. The only answer must be: "Not at all." Crassus was fighting in Macedonia in 29 and through most of 28. Dio devotes five chapters (LI 23, 2—27) to his remarkable achievements, and he tells us explicitly that they took a long time[19]. One need only read his account to believe it. As is often his practice, he has collected all the campaigns under 29, in order to tell a complete and coherent story. Dio was not an annalist, bound by Roman conventions of ordering a historical narrative. Now,

[18] I use this (factually correct) formulation, even though it has rightly been pointed out that it is not Dio's. The constitutional details of the "restored Republic" (as of the original Republic) were, on the whole, meaningless to late imperial sources. Dio was accustomed to the concepts and terminology of his own time. More serious (because they ought to know better) is the error frequently made by modern scholars in describing the *imperium* and *prouincia* of Augustus, at this point, as "proconsular". We have no reason to think that, under the *mos maiorum* of the Republic, it would make any sense to speak of a consul as having both his (regular) consular *imperium* and "proconsular" *imperium* as well—i. e., to be both a real consul and a substitute for a consul (*"pro consule"*) at the same time. *Proconsulare imperium*, both as a phrase and as a concept, is unknown and unimaginable in the Republic. The proconsul's *imperium* was consular, even though he held his *prouincia* as a substitute for a consul.

[19] LI 27, 2: ταῦτα μὲν ἐν χρόνῳ ἐγένετο. Dio notes the winter of 29—28 at 25, 1. It is after that that by far the greater and more extensive part of the fighting takes place. The campaign of 28 begins (25, 3) with the attack on the Bastarnae, develops into a punitive expedition against the Maedi and Serdi, and leads to what appears to be the occupation of the rest of Thrace. (The Odrysae are the only tribe treated as friendly.) It continues with an attack on a Getic tribe, which develops into a major campaign involving other tribes and leads to the capture of Genucla on the Danube; and it ends with fighting against the Moesi and the Artacii. These actions could certainly not have taken less than a very full campaigning season, ending late in autumn 28. Although Dio does not mention another winter (hence we must assume that Crassus was back by January of 27), it is quite possible that action continued into the winter of 28: that, of course, would in part depend on the actual weather.

we know that Crassus triumphed on July 4, 27, "when a convenient interval had elapsed". Unfortunately we have no idea of what interval did elapse in his case, nor of whether it was an appropriate or an excessive one. There is no really precise evidence on the dates of return and the intervals between those dates and the respective triumphs in the cases of the other *triumphatores* of this period; but what we do know does not mark out the case of M. Crassus as at all exceptional[20]. The facts we have about his campaigns give us reason to posit a return at the very end of 28 at the earliest: the year 28, in fact, was very tightly filled. Again, we have no good reason to believe that the question of the *spolia opima* came up before preparations for the triumph began. That matter is more difficult to evaluate. But the ancient rite had not been celebrated for nearly two centuries; we have no reason to think that anyone (not even M. Crassus) would immediately have raised the issue or thought of it in 29, when the deed occurred. We cannot tell precisely when Augustus announced his discovery of the ancient corslet. The restoration of the temple of Juppiter Feretrius was begun (as we happen to know: Nepos, Att. 20, 3) at the suggestion of Atticus, i. e. before his death early in 32 (ibid, 22, 3). The corslet must have been discovered before or during the repairs, not after their completion, as Livy's wording at IV 20, 7 *(refecit,* not *refecerat)* seems to show; hence in fact before he left for the campaign of Actium, for the new temple cannot have taken more than a year or two to build and must have been well

---

[20] For the triumph, see Insc. It. XIII 1, 345. The quotation is from SYME, RR 309. Of other tenures by *triumphatores* at this time, only the sequence in Citerior is secure. (See G. ALFÖLDY, Fasti Hispanienses [1969] 4.) C. Calvisius Sabinus, proconsul 30—29, triumphed on May 26, 28; Sex. Appuleius (the last governor before Augustus took over, no doubt fairly early in 27), proconsul 28—27, on January 26, 26. (See Insc. It. XIII 1, 345; 570—1. T. Statilius Taurus, proconsul 29—28, did not triumph, though he earned an imperatorial salutation [cf. Appendix].) Nothing suggests that these men, in high favour with Augustus, waited less long than M. Crassus. Of other tenures, that of Messalla Corvinus has long been a subject of dispute; but SCHMITTHENNER (op. cit., n. 15 above, 81—5) is probably right in putting his Gallic command just before his Gallic triumph, i. e. after his service with Augustus in the East. C. Carrinas, who triumphed July 14, 28, must have been his predecessor, since his own triumph is dated September 25, 27 (see Insc. It. cit.). SCHMITTHENNER would put Messalla in 28—27 and suggests he may even have remained for a time as Augustus' legate. But it is easier to assign Carrinas to 30—29 (thus, e.g., PIR² C 447, following GANTER) and Messalla to 29—28, in view of the Spanish parallels. However, we have no certain facts except for Citerior.

finished by the time he returned from the East. His announcement therefore in any case postdates the actual discovery; Augustus only "remembered" the relevance of what he had seen when the occasion arose.
However, Livy's addition to his earlier text, embodying the announcement, must certainly be dated after January 16, 27, since he gives
Augustus the name then acquired. And the nature of the addition seems
too hasty to make it likely that Livy waited two years after (say) an
announcement in 29 before correcting his text[21]. It may be suggested
that the whole issue was raised during the preparations for the triumph,
perhaps precisely in order to test the genuineness of the return to a *res
publica.*

II

No crisis need be invoked (and none can be) to explain the settlement
of 28—27, which was, as both Augustus and Dio describe it, an orderly
progression towards a predetermined end. The case of Crassus was
a nuisance and a distraction. But it did not deflect Augustus from his
next planned move. He took up his responsibilities in person, showing
proper care for his *prouincia,* and departed from Rome soon after the
triumph of M. Crassus, if not before. By late 27 we find him in Gaul,
from 26 through early 24 in Spain. SYME has observed that, as a con-
sequence of the settlement of 27, he, as consul every year, "possessed
a voice in the direction of senatorial debate". SYME knew very well that,
in appearance, Augustus conspicuously refrained from exercising that
right and using that voice, leaving the Senate free by his absence. But
the paradox is deliberate. Our main sources have nothing to say about
events in Rome: evidently it was a very quiet time. Agrippa was busy
putting up his great buildings, very much present, but (of course) not
in any official position of authority (cf. Dio LIII 27); Maecenas had
no standing at all. We do, however, have a chance glimpse of how
business of any importance had to be transacted, and it seems to justify
SYME's paradox.

---

[21] It would take us too far, here, to investigate the conjectural chronology of the
composition of Livy's first pentad and of its presumed revision. See (in principle)
T. J. LUCE, TAPA 96 (1965) 209 ff. I have not referred to the forfeiture of Crassus'
imperatorial salutation, as reported in Dio and accepted in all modern works; see
Appendix for reasons that seem to me to make Dio's account highly suspect.

In 25 the Senate, presided over by the consul C. Norbanus Flaccus, discussed a treaty with Mytilene[22]. The documents are fragmentary, and we cannot follow all the details. But it appears that a letter was written to Augustus in Spain, and at least one of the Mytilenaean envoys, the poet Crinagoras, went to Tarraco to see Augustus in person. (Quite probably the other envoy, Potamon, also did.) The Senate clearly did not take a decision on a matter of international relations on its own responsibility.

In 24, Augustus was very ill. He could not attend the *feriae Latinae*; what is more, he could not be present at his daughter's wedding to Marcellus[23]. On his long-delayed approach to Rome, the Senate voted various extravagant honours, which (if Dio has got them right) he presumably did not accept. It also voted privileges in access to office for Marcellus and Tiberius, as a result of which Marcellus was elected aedile and Tiberius quaestor for 23[24]. For 23, Augustus was elected consul again, with A. Terentius Varro Murena as his colleague. And this is where we return to the "crisis" of 23.

III

A. Terentius Varro Murena appears as Augustus' colleague as ordinary consul for 23 in the Capitoline Fasti—and nowhere else. He is replaced by Cn. Calpurnius Piso as suffect, but unfortunately a lacuna conceals the reason, i.e. what in fact happened to Varro Murena. No other source mentions him. They all start the year with Cn. Piso as ordinary consul[25]. This, inevitably, has intrigued modern scholars, and it is the origin of the "crisis theory" of the events of 23. That theory may be summarised as follows: Dio has misplaced his story by a year; Velleius' concurrent testimony is too vague to be decisive; we may therefore ignore the only precisely dated accounts and rewrite history as it ought to have happened. The trial of Primus, followed by the conspiracy of Varro Murena and Fannius Caepio, was in 23, and this Murena is identical with the vanishing consul, who in fact disappeared

---

[22] See SHERK, RDGE 26, with commentary.
[23] Insc. It. XIII 1,150—1; cf. Dio LIII 27, 5.
[24] Dio LIII 28.
[25] See the conspectus of the evidence in Insc. It. XIII 1, 514—5.

from the fasti because he was convicted and suffered *damnatio memoriae*. The stage is now set for the real coup de théâtre: it was, of course, some time in 23 that Augustus abdicated his consulship and received *tribunicia potestas* and *proconsulare imperium (maius)* in exchange; that action, which marks the foundation of the Principate as we know it, was due to the impact of the conspiracy of Caepio and Murena and the fear it inspired in Augustus. "From a constitutional crisis, in itself of no great moment, arose grave consequences for the Caesarian party and for the Roman state[26]." Or, as the proponent of the view that seems to hold the field (see above) puts it: "There is much that is attractive here and perhaps we should think hard before committing ourselves to an alternative view ...[27]." The author of these words, thinking hard enough, inevitably succeeds in saving the theory; but only, it seems, by misinterpreting the clear meaning of Dio and by elaborate and far from convincing source criticism. It should be obvious that it will not do, in principle, to attach oneself to a theory which one finds "attractive" on a priori grounds and to interpret the evidence in the light of that parti pris. Even so, there is one thing that the scholar concerned in the end has to give up: the identity of the "lost" ordinary consul Varro Murena with the conspirator simply cannot be maintained. This, in fact, did not need elaborate investigation to establish: it had already been proved, in the simplest possible way, in an article not known to her[28]. For the elaborate procedure of a *maiestas* trial took

---

[26] Syme, RR 333.

[27] Historia 18 (1969) 205. She believes that the arrangement of 23 would not be sufficiently motivated unless this incident preceded it.

[28] Swan, art. cit. (n. 5 above). If Swan's arguments on the Fasti are accepted, it would *prima facie* follow that anyone wanting to identify the conspirator with the consul would have to put the conspiracy in 24—which is so unacceptable that it has not (to my knowledge) been suggested. One could try, alternatively, to follow R. Hanslik (RhM 96 [1953] 282—7), who proposed that the consul A. Varro Murena was removed from office, but not punished in any other way (he suggests *mag. motus* for the lacuna in the Fasti—but this, almost certainly wrong, as we have seen, is not essential to his case, as one could put the removal before he took office); that, in revenge, he then defended Primus and later conspired against Augustus in 22. This valiant effort founders on various improbabilities. First, it is difficult to see how a consul (or consul designate) could be removed from office and not further punished: what conceivable crime would evoke this particular retribution? (That he was persuaded to resign voluntarily is made impossible, as far as I can see, by the EST that survives after the lacuna.) Moreover, Sumner (cit. n. 8 above) has clearly shown (p. 192) that the conspirator has the *praenomen* Lucius, whereas the consul is Aulus. (One could attempt to overcome this by emendation, but such action

at least three months, quite probably even longer; and the conspiracy, of course, can only have come at some interval after the trial. Therefore, even if we ignore the sources and put the trial in 23, the consul could not have been removed from office until the middle of that year; and that simply fails to account for the facts, both the basic epigraphical ones and (as we shall soon see) others.

Moreover, with the dismissal of the mysterious consul from the whole plot, the "conspiracy theory" as such surely becomes markedly less "attractive". After all, it was the mystery of that consul that originally led to its elaboration, and to the decision to abandon the concordant dating of the only precise sources. On the other hand, the question is now simplified: did the Primus trial and the conspiracy of Caepio and Murena precede and in part motivate Augustus' settlement of 23, or did they follow it and were they in fact irrelevant to it? Even if they preceded, there is now little reason why they should have been a major cause of it. For the consul Murena—no longer a conspirator, but departing the scene (and perhaps this life) some months before the conspiracy—is at once succeeded by Cn. Calpurnius Piso, who (on the 23 dating) must actually be already in office at the time of the conspiracy. Now Piso was "a Republican of independent and recalcitrant temper" (SYME) and his "acceptance sealed his acquiescence in the new dispensation". The evidence for this is clear in Tacitus (Ann. II 43, 2): a follower of Brutus and Cassius, he was pardoned, but he refused to stand for any office *donec ultro ambiretur delatum ab Augusto consulatum accipere.* So, on our revised standard interpretation, this arch-Republican had already made his peace with the régime by the time of the conspiracy; and it surely follows that the conspiracy cannot have caused a major crisis[29].

seems neither needed nor profitable.) Finally, it is worth mentioning that Velleius assures us that the conspirator, before he got involved in the conspiracy, *potuit uideri bonus:* i. e., he was presumably an *amicus* of Augustus. For a further twist, also less than plausible, see next note.

[29] JAMESON has no good reason for persisting in the arbitrary alteration of the date provided by the sources, after abandoning the identification of the lost consul with the conspirator. If Piso was already consul at the time the conspiracy occurred (whatever its date), it is reduced to a purely personal matter and cannot be regarded as evidence for resentment among the old *nobilitas.* So the game of explaining the sources away is not worth the candle.

It could be suggested, as a variation on HANSLIK's idea (see last note), that Aulus was, on some pretext, removed as consul designate—perhaps in order to enable

There was, of course, a real crisis in 23, as distinct from one excogitated by scholars. Augustus fell seriously ill, and only the cold compresses of Antonius Musa saved his life[30]. When he thought he was about to die, he handed his official papers to his colleague Piso—who (once more) is by now safely attested in office. We do not know precisely when this occurred[31]. But let us now return to inspecting the developments that it interrupted.

IV

23 BC, just like 28, was the year after Augustus' return to Rome from a long period *militiae*. As we have seen, the *res publica* had not functioned particularly well in the hands of the Senate and People. Indeed, it had proved impossible to reach serious decisions. An absent consul with such overpowering *auctoritas* that political processes were paralysed without him was, if anything, worse than a present one actively exercising his power. The result was surely foreseeable: there was too much that might remind people of Rome twenty years earlier, in the absence of the Deified Caesar; and the implications of the analogy cannot have been lost on Caesar's son. It was imperative to make a further concession

---

Augustus to persuade Piso to become consul in a crucial year; and that this is why his brother Lucius, out of *pietas*, first defended Primus and then conspired against Augustus. This model, though it does not upset the chronology, seems to me unacceptable, even if we do not go to the extreme of SCHMITTHENNER (see n. 15 above) in believing that Aulus was elected consul against Augustus' wishes in the first place. I cannot see Cn. Calpurnius Piso co-operating in such a scheme and stepping into an unjustly disgraced fellow noble's shoes—or if he had done so, retaining (as he clearly did) both his political usefulness to Augustus and his reputation for posterity. Above all, it is difficult to believe that our literary sources would be totally unaware of such flamboyant events.

[30] Dio LIII 30; Suet. Aug. 81, 1.

[31] On the date of the abdication, see further below. JAMESON goes to the length of hinting that the illness was psychosomatic—a suggestion popular among doctors for diseases they cannot diagnose. But Augustus' ailment is described as affecting the liver (Suet. Aug. 81, 1); and although any "diagnosis" of an illness decsribed in ancient sources is hazardous, even Roman physicians should surely be believed to that extent. JAMESON also overlooks the serious illness that affected Augustus in 24 (see above) and that, again, should not be dissociated from the attack he suffered in Spain in 25 (Dio LIII 25, 7): the series most obviously suggests a chronic hepatitis, either picked up in Spain or (if we ascribe some of his earlier bouts of illness to it) perhaps going back even further.

to Republican sentiment, to gain the allegiance of those who had been implacable enemies. The obvious and striking way to do it was to make the consulship accessible to them on normal conditions once more: it was their birthright and they expected it. No credible interpretation of the events of 23 can be based on the premiss that Augustus did not know this, and that he had expected to remain consul in perpetuity.

The settlement of 23, like the settlement of 28—27, was carefully prepared, and the signs of advance planning cannot be missed. Marcellus was aedile, Tiberius quaestor. That much had been accepted, of what the Senate had offered. On his return in 24, Augustus distributed 400 HS per person to the Roman People[32]. During 23, so he tells us, he distributed twelve *frumentationes* to the People at his own expense; no fewer than 250,000 people received that bounty[33]. And it can be shown that he used young Tiberius as his personal quaestor for the purpose[34]. Clearly, something important was in the wind, and it had begun with Augustus' return. At this point, of course, we should dearly like to know precisely who the consul A. Terentius Varro Murena was, and how he fitted into the scheme. That is perhaps a much more important question than what happened to him after his election: his choice cannot have been left to chance. Unfortunately, we simply do not know, except negatively: he was not the later conspirator[35]. Speculation on this point is, at present, unprofitable[36]. However, he was not destined to have any

---

[32] Dio LIII 28.

[33] RG 15, 1—presumably at the rate of one distribution a month.

[34] See Mnemosyne[4] 27 (1974) 160 ff. It will be obvious that I do not now believe that Tiberius did all the other things that he is said by Suetonius (Tib. 8) to have done *inter haec* actually during his quaestorship. For discussion and a possible time-table, see LEVICK, CQ[2] 21 (1971) 478 f. (incidentally putting the prosecution of Caepio "*after* 23" [author's italics]). If his official authority to investigate the *ergastula* was based on his quaestorship, it is possible that the office was prorogued for the completion of the task. But he certainly ought to have been *priuatus* when prosecuting before a *quaestio*.

[35] See n. 28 (above) and text; SUMNER, loc. cit. (n. 8 above). SUMNER shows that the conspirator is most easily regarded as a brother of the consul. He identifies the latter (as most scholars have done) with the conqueror of the Salassi. (See his stemma p. 194, with notes p. 195.) His identification and stemma, though speculative, fit in more smoothly with the evidence than any other proposed. He is wrong in contradicting the scholiasts on Hor. Odes II 2,5 f.: we must not underestimate our ignorance of family connections in the Roman aristocracy. But this in no way damages his case on the stemma.

[36] SUMNER (very creditably, in view of his purpose) refrains from political speculation. But in view of the elaborate staging of the events of 23 that demonstrably began in

part to play, whatever the plan had been. As has been shown by Swan, he must have died before assuming office, still in 24[37]. That *damnatio memoriae* cannot be the reason for his disappearance should in any case have been obvious. For if there was one record totally under Augustus' control, it was surely the Capitoline Fasti; yet that is the only place where memory of Varro Murena survives[38]. The conclusion, surely, must be that his disappearance was specially regretted by the Princeps, and that unusual care was taken to perpetuate his memory with scrupulous attention, in the one place where it really mattered to the Roman upper class.

24, it is as difficult to avoid as it is to answer the question of how A. Varro fitted into it all. It can, of course, be held that he did not: that he was an irrelevance, indeed a nuisance. But see n. 29 above for arguments against the implications of such a view.

[37] Swan, art. cit. (n. 5 above), showed that there is not a single attested instance of a consul's being prosecuted or deposed while in office; moreover, that the chronographic picture for 23 closely resembles that for 65, where we happen to know that the consuls elected for that year were in fact prosecuted and convicted and never assumed the office. It must surely follow from this (as he suggests) that Varro disappeared in 24, for whatever reason—most probably natural death, since we hear no more of him. Although it cannot be totally excluded that he survived until (say) the first day of 23 to assume his office, it seems more likely that the proud Cn. Piso would have been successfully wooed with an ordinary than with a suffect consulship. (See below.) As for theories of grossly arbitrary action by Augustus, they seem unlikely for historical and are inadmissible for methodological reasons. First, it seems unlikely that a unique fact (the conviction and/or deposition of a consul in office) was what we happen to have lost in the lacuna in the Fasti: proper method, in such cases, demands the hypothesis of an ordinary and precedented supplement. Next, it is highly improbable that Piso would have co-operated in such arbitrary action or that our sources, precisely about the time of the events of 23, would have failed to pick up and transmit any hint of it. (Cf. n. 29 above.) Susan Treggiari (Phoenix 27 [1973] 255 with n. 43) is one example of many who lightly express such theories without much discussion: she approves of the Stockton - Jameson thesis in a few words and comments on Swan's argument as follows; "Swan's proof that the Capitoline Fasti, unlike the rest, mention consuls-designate who died or were disqualified before entering office, does not to my mind demolish the possibility that Murena was removed from office by a despot and suffered *damnatio memoriae*." There is no evidence that she had properly considered the methodological problems glossed over with mere emotive language, problems that this study has tried to set out and discuss. Her own prosopographical arguments in that article are gravely affected by her failure to do so. As for *damnatio memoriae*, that is a particularly unfortunate suggestion (see next note): it can only be hoped that it will at last disappear from this debate.

[38] As Atkinson pointed out long ago (art. cit. [n. 15 above] 468), we need only compare the totally different source picture in a well-known case of real *damnatio memoriae*, that of M. Antonius: it has left its mark precisely in the Capitoline Fasti (as one would expect) and not elsewhere.

Whatever the part that Varro Murena had not been able to play, it is also clear that Augustus wooed and captured Cn. Piso—presumably during 24, so as to persuade him to accept the consulship at the beginning of 23. The very fact that he appears as *ordinarius* in practically the whole of our evidence surely suggests what consideration of his character and personality would in any case make likely enough: that what he accepted was a consulship that did indeed start at the beginning of the year, and that (notwithstanding the *pietas* shown in the Capitoline Fasti) he was not offered (and, presumably, would not readily have accepted) a mere suffect place, even though he replaced the man who had originally been destined for the post. It also means, of course, that Augustus must have revealed to his intended colleague the plans he was preparing for 23 and had already set in motion, and that Piso found them acceptable.

It was at this point that the real and unforeseen crisis struck; and it almost destroyed his plans, and with them perhaps the structure he had been building. But as often, Augustus was able (through good fortune and the ability to choose the right course at the right time) to turn the threat of disaster into a further foundation of success. On his death-bed, he kept perfect faith. He gave the state papers to his colleague Piso and his ring to M. Agrippa—who, as all the sources (including the debate in Dio LII) show, had certainly cultivated a reputation for attachment to the old *res publica*, which, precisely in a *nouus homo* (we can readily think of other instances), was both expected and credible. There could have been no better demonstration to the *nobiles* that Augustus shared their views and their concern. There was, as we are explicitly told, nothing for Marcellus.

Had he died, there might well have been civil war. But as we have seen, his recovery meant that his plans were now assured of total success. He could now proceed to resign the consulship, to be succeeded by L. Sestius Albanianus Quirinalis, another staunch Republican, though no *nobilis*[39]. Whether this, like his actual resignation, had been arranged before, we cannot know; but it is quite probable. For it was the approval of Cn. Piso that mattered, not that of the son of a minor senator: Sestius would undoubtedly be prepared to follow that *auctoritas*. Dio tells us that, after his recovery, Augustus offered to read his will in the Senate,

---

[39] Dio LIII 32, 4; Insc. It. XIII 1, 514—5; cf. Syme, RR 335. For Sestius' correct name, see D. R. Shackleton Bailey, Two Studies in Roman Nomenclature (1976) 6 f.

to show that he had not bequeathed his ἀρχή to anyone[40]. This must not be accepted as it stands, for Augustus had no ἀρχή to bequeath. The only office he held (as he rightly implies in the Res Gestae) was the consulship; and there was no need for a public recitation of his will to demonstrate that it had not been bequeathed to anyone. It could not be. Dio's reason for the offer was supplied by himself, or possibly by a predecessor already thinking in terms of the status of Princeps as it had evolved over generations. The reason was, no doubt, simply to show that he had not made any bequests that might be considered improper. One did not have far to look for a precedent, and a contrast. It was only ten years since the testament of M. Antonius had been read out in public, with the intended effect[41]. This time, needless to say, the Senate refused even to listen. To do so would have been tactless, with no balancing profit.

It was, as we all know, at this point (whenever precisely it was) that Augustus received, in exchange for his consulship and its *imperium*, the twin pillars of what was to be the status of Princeps: the tribunician power and the proconsular *imperium*, defined as *maius* with respect to that of other proconsuls[42]. That his *consulare imperium* had, up to this point, secured him this superiority is certain: we know that interested lawyers could thus define it, and that Augustus thus regarded it[43].

At the end of that eventful year—probably just before the end—Marcellus died. It was pointed out long ago by an observant scholar[44] that this well-known fact helps to support Dio's date for the trial of

---

[40] Dio LIII 31, 1: ὅτι οὐδένα τῆς ἀρχῆς διάδοχον καταλελοιπὼς ἦν. It is a striking example of how Dio, like any modern historian, mingles "facts" with his own interpretation—an aspect of his method that is often forgotten.

[41] Dio L 3, 3 ff.; Plut. Ant. 58, 4 ff.; cf. SYME, RR 282.

[42] Dio LIII 32, 5 f. et al. The date is not known with precision: see Mnemosyne[4] 27 (1974) 166, with n. 22.

[43] The basic statement of the legal position is Cicero's (Phil. 4, 9): *omnes . . . in consulis iure et imperio debent esse prouinciae.* (I am not suggesting that this was accepted doctrine—merely that it could be said, for a particular purpose.) That Augustus acted on this principle is now clear from SHERK, RDGE 61 (Cyme).

[44] HANSLIK, art. cit. (n. 28 above) 285. If alive and well, Marcellus could not have avoided appearing in court—and, if necessary, lying. Of course, it is (strictly) possible that Marcellus was dying and not dead; which would put the trial at the very end of 23 (a date not excluded by Dio). But that hardly matters: it is the conspiracy that has been the subject of discussion and that is dated in the sources to 22. The trial can merely be said to have most probably been in the same year, after Marcellus death.

M. Primus—even if there were solid reasons to doubt it in the first place. For his attorney claimed that Augustus or Marcellus had given him authority for his action: he presumably changed his plea when Augustus denied it for his part under oath. Yet we hear of no denial by Marcellus. The reason can only be that he was already dead. One could attribute responsibility to him without, at least, fear of another open denial. Whether Primus (or his counsel) was telling the truth, we shall never know; though we must not forget that the *uicta causa* should no more be credited with a monopoly of truth than the *uictrix causa*. What might at this point be noted is an odd remark by Pliny (VII 149), in a catalogue of Augustus' misfortunes: between frequent serious illnesses and the shame of Agrippa's "relegation" he mentions *suspecta Marcelli uota*. We know nothing that will explain the phrase; and it may, of course, be no more securely based than the relegation of Agrippa. On the other hand, it is possible that Augustus had in fact found out more about his young nephew than, after the man's death, he cared to make public. Rumours, at least, must have been current, and recorded, since Pliny knew them a century later. Perhaps Varro Murena knew more than he could say in court. Even Velleius, only a generation later, was puzzled at his subsequent part in the conspiracy when he had apparently been loyal to the Princeps before—a man who *sine hoc facinore potuit uideri bonus*[45]. There were certainly some who seem to have thought Marcellus' early death another stroke of luck for Augustus.

V

We need not pursue the course of events in detail. The year 23, of course, turned out to be the beginning of the Principate, the year from which Augustus began the count of his tribunician power[46]. In fact, it was not quite the end of the beginning. There is much to be said for K. M. T.

---

[45] ATKINSON showed that he had governed Syria. Velleius' words are not to be lightly dismissed (cf. n. 28 above): they are likely to be more than vacuous praise. LEVICK (art. cit. [n. 15 above]) presumes throughout that Augustus was not telling the truth, or at least not the whole truth. That is certainly possible. But she does not consider Pliny's words about Marcellus; and (of course) she dates the trial (and apparently the conspiracy) to 23, which invalidates a fair part of her argument.

[46] That this practice only gradually developed has been shown by W. K. LACEY, JRS 69 (1979) 28 ff.

ATKINSON'S suggestion that historians should count the Principate from 18, which does seem to mark a major break. After 23, at any rate, the events that followed 27 are repeated, with a significant difference. Augustus again leaves Rome to see to his *prouincia*; but this time, especially in Agrippa's absence, there are riots, disorders, demagogy, recalling the worst and final days of the old Republic. Augustus himself had to be implored to cope with it—and those unauthorised were not permitted to[47]. It was a fitting, perhaps a necessary, tailpiece to 23. Having shown his good faith and his honourable intentions towards those who admired the old *res publica*, he now had to show them that they could not govern it without him. The prolonged failure to deal decisively with the disorders is significant. Perhaps it was also an answer to those who, a few years earlier, had felt uncomfortable (as some presumably did) at being ruled by an absent consul. At any rate, after his ceremonial return in 18 Augustus at last embarked on his major programmes, and perhaps he now accepted full consular *imperium*[48]. When he next left for his *prouincia*, in 16, there were no more riots, even though Agrippa too was away[49].

How far ahead each particular step was planned, we simply do not know. It would be absurd to suggest that, as early as (say) 29 BC, Augustus foresaw the shape that the Principate was to take; though (let me repeat) no more absurd than the view, apparently held in high honour in responsible scholarly circles, that he founded the Principate by lurching from crisis to crisis, with all the main decisions merely *ad hoc* responses to emergencies. There were indeed crises: chief of them his persistent ill health; perhaps others we can merely glimpse (e. g., possibly Marcellus' ambitions). There were also inconvenient distractions, such as the ambition of M. Crassus and the recalcitrance of M. Primus

---

[47] See RE, s. v. Iulius, 349—50, 352; SYME, RR 371. Agrippa, said to have been sent back to cope with the disorders, rather strikingly (in view of his usual competence and of Augustus' full support) failed to do so. (See Dio LIV 6, 6.) Nor (it seems) were the consuls—even a strong consul like Sentius Saturninus—more effective.

[48] This (in slightly different form, and with a date of 19) is suggested by A. H. M. JONES, JRS 41 (1951) 118.

[49] On Augustus' tour of inspection in Gaul and Spain, see RE, loc. cit. 356—7. T. Statilius Taurus, appointed *praefectus urbi* (Dio LIV 19, 6; Tac. Ann. VI 11, 3), had no difficulty in keeping order, unlike Agrippa a little earlier (see n. 47)—it is to be conjectured that this was not solely due to his official standing. Nor was he impeded by his advanced old age (Tacitus)—a phrase that Tacitus, with his experience of the friends of Nerva, would not use lightly.

and his noble advocate. Perhaps the death of his destined colleague for 23 is to be counted among them: as we have seen, it was remembered with striking *pietas*. But Augustus was indeed lucky and skilful. The crises and the distractions either passed harmlessly or were even turned to advantage.

What the evidence does suggest (and it is only common sense to accept it) is, first, that Augustus, quite soon after Actium, knew the general type of solution he would have to find—one in which there was room for a *res publica* and for his preeminence within it; and, equally important, that he planned some way ahead and was not at any time distracted from the general aim by the unexpected events that were bound to interfere and that scholarly ingenuity has too often made into the actual causes of what they disturbed. It is clear that in 29 (if not earlier) he foresaw, and was planning for, the Ides of January of 27. And he must also have known at quite an early stage that that solution was an interim one. As we have seen: it would be unreasonable to imagine that, with his father's fate before his eyes, he hoped to become *consul perpetuus*. Perhaps, at that stage, the next step was not clear and his absence was in part meant to give him time to think. We cannot tell. However, by the time he came back from Spain in 24, it is surely quite clear from all the evidence that he had carefully worked out the settlement of 23; and it is not unreasonable to suggest that he could, in general terms, foresee the chain of events that would follow, right down to his return in 19. His planning, I am suggesting, moves in long and deliberate stretches, not in jerky responses. And this should not seem unreasonable. It could hardly be seriously claimed that it was only a series of reactions to chance emergencies that had, before 31, enabled him to build up both overwhelming force and an overwhelming moral position against M. Antonius.

APPENDIX: *M. CRASSUS IMP.*

In the course of his description of M. Crassus' distinguished campaigns in his province, Dio informs us that he did not take the title of *imperator*, which was taken only by Augustus (LI 25, 2). The report seems never to have been challenged, even though it is *prima facie* contradicted by a document, ILS 8810, which attests the use of the title by the Athenians on the base of an honorary statue. Indeed, had it not been for Dio's explicit statement, that would have sufficed to guarantee his acquisition of the title—the more so as the Athenians, of course, were in an area closely connected with his Macedonian *prouincia*, at least under the traditional Republic, and are likely to have been well informed on the achievements of commanders there. In fact, Dio's positive statement that Crassus did not take the title is adequately disproved by the inscription, and the usual explanation (advanced in modern works without discussion) has been that Augustus deprived him of it. In other words, although the first part of Dio's statement is demonstrably inaccurate, the second (in slightly amended form) should be believed.

It is difficult to see on what legal grounds a commander who was later allowed to triumph would be deprived of an imperatorial acclamation. SYME, among other scholars, has firmly insisted on the connection between the two (Phoenix 33 [1979] 310). The Athenian base, certainly, implies that Crassus not only accepted the title, but kept it for some time: long enough, at any rate, for the statue to be voted, after the news had reached Athens; for it to be commissioned; and presumably even for it to be executed. The inscription on the base could have been changed during the whole of this process, if the news had turned out to be incorrect, or even superseded. (Indeed, if Dio is right, one wonders that, in a place as prominent as Athens, the error was allowed to remain on display in a public place.) Dio's credibility should, at any rate, not be taken for granted without investigation.

The evidence on Augustus' imperatorial salutations at this period is set out by MOMMSEN, Res Gestae Divi Augusti[2] (1883) 12. (Nothing significant has been added since.) Two unimpeachable inscriptions (ILS 80—81) attest the fact that he was called *imp. VI* and *imp. VII* in the course of 29, the latter known only after his reelection as *cos.* 28. *VI* is ascribed by Orosius to Actium, and there is no reason to doubt it. *VII* is not specifically assigned to any event in particular: it has been connected with the forfeiture of M. Crassus' acclamation by deduction from Dio, as the date would obviously fit. However, it should at once be noted that this implies that Crassus forfeited the acclamation in the course of 29, which the Athenian evidence makes difficult (though admittedly not impossible) to believe: as we have seen, the Athenians cannot have had any such information for a considerable time. So the suspicion arises that Dio, even inconspicuously "improved" to fit the known facts, may simply be wrong. Perhaps he (or his immediate source) is passing off a deduction as a fact: he (or his source) may have concluded from the affair of the *spolia opima,* which he knew (24, 4), that the salutation could not have been granted, especially if (as seems likely) there was a record of Augustus' actual salutations at this time, but without specific mention of occasions. (See below.) It is worth noting that he (or his source, once more) makes the statement regarding Crassus' salutation in explicit contradiction of another tradition (ὥς γέ τινές φασιν), which gave Crassus his salutation. We have no very good reason, a priori, to believe that one of these traditions was better than the other, merely because one (not quite in accord with the facts we happen to know) has survived for us to see in full.

T. D. BARNES, in an article investigating Augustus' later imperatorial salutations, has shown (JRS 64 [1974] 21) that we must reject Dio's statement that M. Vinicius gave up a salutation he had earned to Augustus. (BARNES did not investigate the seventh salutation, but accepted the standard interpretation of it.) This, in connection with the facts we have already noted, legitimises serious doubt regarding Dio's statement on the salutation of Crassus.

BARNES arrived at his conclusion by showing that in fact another salutation should be substituted for the one that Dio claims was ceded by Vinicius. Is the case of Crassus parallel in this respect? It would be tempting to connect the seventh salutation with the occasion when special honours were offered to Augustus on receipt of the news of his agreement with the Parthians (in 29, according to Dio LI 20, 1—3), under which he received a son of Phraates as a "hostage". One might adduce, too, the coins with legend ASIA RECEPTA, on which Augustus chose, unusually, to display, of all his titles, only IMP. VII—and one would compare the later coins inscribed SIGNIS RECEPTIS or ARMENIA CAPTA, with IMP. IX, where the connection is obvious and integral. However, doubt is thrown on the dating of the negotiations by the different date in Justin XLII 5, 6, who (though not always accurate in his dates) does give a coherent and consecutive account of negotiations with the Parthians, leading up (slightly inaccurately, but acceptably) to the return of the *signa* to Augustus in Syria. And the coins may, after all, merely celebrate the conquest of Asia after Actium. (However, it should be noted that this would leave the pointless obverse legend a unique oddity, contrasting with the other legend we have quoted.)

Perhaps it is better to abandon this particular trail and follow another. A more obvious candidate offers for the seventh salutation—a major victory unknown to Dio, and won by a man who certainly had (and, with all his arrogance, would claim) no right to an imperatorial salutation. The great inscription of Cornelius Gallus (IGRR I 1293 = OGIS 654) is dated, in the Egyptian text, to April 15, 29. (For a translation of that text see, most conveniently, J.-P. BOUCHER, Caius Cornelius Gallus [1966] 39 f.) It would provide a suitable occasion for Augustus to be hailed *imperator*.

Whatever the precise occasion, I believe that Dio's story (as he admits, not in all the sources he consulted) that M. Crassus did not adopt the title of *imperator*, but that Augustus alone took it must be abandoned, just like his story concerning the imperatorial salutation of M. Vinicius. A final reflection may clinch the argument. It appears to have been in 29, the very year when we are told M. Crassus was deprived of his title, that a governor in Spain who (later) did not even triumph was allowed to keep his: T. Statilius Taurus seems to have earned and kept a third salutation, which henceforth appears on Italian monuments. (See HÜBNER ad CIL II 3556, accepted ILS 893 a.) The difference in social standing between the two men would have made the contrast all the more heinous: not to be lightly posited, just after Augustus' return and triumph, at a time when restoration of the Republic was already beginning to take shape in his planning.

Note sur les *amici principis*

par J. GAUDEMET, Paris

Dans un livre devenu classique consacré au *Concilium principis,* John CROOK a donné une liste d'*amici principis* d'Auguste à Alexandre Sévère[1] qui reprend en l'amplifiant celle publiée il y a un siècle par Ludwig FRIEDLÄNDER[2]. Notre propos n'est pas de chercher à compléter cet inventaire, mais, en l'utilisant, de préciser quelque peu la nature de cette fraction de l'élite dirigeante aux premiers siècles de l'Empire[3].

Celle-ci repose moins sur des considérations d'ordre affectif que sur l'utilisation d'usages, répandus dans la haute société romaine à la fin de la République, pour répondre aux exigences du gouvernement de l'Empire. A l'exemple d'Alexandre qui, n'ayant pas eu le loisir de mettre sur pieds des services de gouvernement et d'administration avec un personnel spécialisé, des fonctions précises et une hiérarchie d'emplois, avait eu recours à l'aide de ses « compagnons », les monarques hellénistiques, et tout spécialement les Ptolémées en Egypte, s'étaient entourés d'amis

---

[1] John CROOK, Concilium principis, Cambridge 1955. Le « Prosopographical Index », qui compte 360 numéros (pp. 148—190), dépasse le seul relevé des *amici.*

[2] Darstellungen aus der Sittengeschichte Roms in der Zeit von August bis zum Ausgang der Antonine (6ᵉ éd., Leipzig, 1888) T. 1, 205—220.

[3] En dehors du tableau qu'en donne FRIEDLÄNDER (repris par Ch. VOGEL dans sa « traduction libre » de ce livre sous le Titre « Mœurs romaines du règne d'Auguste à la fin des Antonins, T. I [Paris, 1865] 128—151) et quelques pages que CROOK consacre à l'origine de cet usage et au rôle des *amici* auprès du prince (21—30), on ne peut guère faire état que de l'article de G. HUMBERT, Amici Augusti, dans le Dict. des Antiquités grecques et romaines de DAREMBERG et SAGLIO.

(φίλοι, ἑταιροί) auxquels, selon les besoins des services et les aptitudes de chacun, ils confiaient des tâches militaires, diplomatiques ou administratives.

A Rome même, les hommes politiques du dernier siècle de la République eurent parfois recours à des « amis » pour soutenir leurs entreprises. C. Gracchus et Livius Drusus sont présentés par Sénèque comme ayant introduit à Rome cette pratique qui avait été auparavant « celle des rois »[4].

A la suite de FRIEDLÄNDER, les historiens se sont surtout attachés aux aspects réglementaires d'un usage qui ne relève cependant que fort peu du droit. On a, en particulier, en utilisant un passage de Suétone[5], insisté sur une répartition des *amici* en trois classes, ou trois *cohortes*. La première, où l'on comptait surtout des sénateurs, mais qui n'était pas interdite aux chevaliers ou à de jeunes favoris, groupait les *primi* ou *intimi amici* constituant une *cohors primae admissionis*. La troisième, plus composite, réunissait ceux que l'empereur aimait accueillir surtout en raison de leurs talents (littéraires), de leur esprit ou de leur sagesse. Parfois d'origine modeste, souvent étrangère (grecs), ils n'étaient pas toujours mêlés à la vie politique.

Mais ces classifications dépassent souvent les réalités de l'époque. La terminologie elle-même n'est pas ferme et, si le qualificatif d'« ami » de l'empereur a valeur officielle, il n'est pas régulièrement mentionné à propos de ses bénéficiaires. Suétone parle des *amici principis* à propos de César[6], de Tibère[7], de Titus qui s'est choisi des amis dont les qualités dans le gouvernement de l'Empire furent telles qu'ils restèrent auprès de ses successeurs[8]. Il signale la présence de Cn. Domitius, le père de Néron, dans la *cohors amicorum* du jeune Caius César, et le qualifie de *comes*[9]. Les *comites* sont en effet parmi les *amici* ceux qui accompagnent

---

[4] De benef., VI, 34.
[5] Tibère 46. Le texte signale simplement que voulant, dans un cas très exceptionnel, donner une gratification à ses *amici*, Tibère en distingua trois classes (inégalement rétribuées), dont la dernière d'ailleurs *non amicorum sed graecorum* (ou *gratorum*) appelabat.
[6] Divus Iulius, 52, 4.
[7] Tib. 55, 1 : *veteres amicos et familiares*, rapprochement qui tend à faire résulter l'« amitié » de relations fréquentes plus que d'une qualification officielle.
[8] Titus, 7, 4.
[9] Nero, 5, 1.

le prince dans ses voyages ou ses campagnes militaires[10]. C'est à leur propos que Suétone, pour illustrer l'esprit parcimonieux de Tibère, rapporte que cet empereur n'accordait pas de salaire aux « compagnons de ses voyages et de ses expéditions se contenant de subvenir à leurs besoins en cours de route »[11].

Au titre d'*amicus* (ou de *comes*) fait place parfois une périphrase descriptive de la relation personnelle, telle qu'être *in amicitia principis*[12].

Amitié sur laquelle il y aurait beaucoup à dire et qui, on le verra, ne fut pas toujours très fidèle, soit de la part des princes soit de la part de ses « amis ». En moraliste, Sénèque, qui fut *amicus* de Néron[13], en disait les faiblesses. Evoquant C. Gracchus et Livius Drusus, mais songeant sans doute aux princes de son temps, il notait *habuerunt ... amicos primos habuerunt secundos, numquam veros*[14].

Sûr ou non, le recours aux *amici* compte dans l'exercice du pouvoir suprême sous le Haut-Empire. Il est, en fait, lié à tout régime de pouvoir personnel, le maître tout puissant choisissant librement ses proches collaborateurs, ceux à qui il confie la sécurité de sa personne, les hautes responsabilités administratives, la conduite des opérations militaires. L'histoire comparative en donne de multiples exemples, de l'Orient ancien jusqu'à nos jours. L'équivoque du régime augustéen, qui persiste après lui, ne pouvait que développer cette pratique. Maîtres de l'Empire, Auguste et ses premiers successeurs, comme déjà César, ne disposaient pas d'un personnel d'administration. Ils durent « l'inventer », en prenant autour d'eux. La tradition romaine de la clientèle, l'exemple des meneurs du jeu politique au dernier siècle de la République, peut-être celui, plus lointain, mais connue, des dynastes hellénistiques, firent la fortune des « amis ».

Tacite, qui connut « de l'intérieur » cet usage, le présente comme un véritable système de gouvernement, lorsqu'il prête à Helvidius Priscus

---

[10] Cf. par exemple Tacite, Ann. 1, 47 ; 2, 65. Thrasylle, l'astrologue, est *comes* de Tibère du vivant d'Auguste (Suétone, Aug. 98, 2). Des membres de la famille impériale, aussi bien que des empereurs, peuvent donc avoir « amis » et « compagnons de route », ce qui confirme qu'il s'agit là d'un usage social utilisé dans le cadre de la vie politique, plus que d'un titre officiel donné à certains agents du prince.

[11] Tib. 46, 1.

[12] Tacite Ann. 3, 30, 6 à propos de Sallustius Crispus auprès d'Auguste et de Tibère.

[13] Tacite, Ann. 14, 53—54 (en 54, 1 Sénèque se qualifie deux fois d'*amicus* du prince).

[14] De benef. 6, 34, 2.

dans un discours célèbre au Sénat, lors de l'avènement de Vespasien, cette formule : *Nullum maius boni imperii instrumentum quam bonos amicos esse*[15]. Et, si l'on en croit l'Histoire Auguste, Trajan aurait trouvé quelques mérites au gouvernement de Domitien en observant : *Domitianum pessimum fuisse amicos autem bonos habuisse.* Mieux vaut peut-être que les vices n'atteignent qu'une seule personne — fut-elle celle de l'empereur — et que le vaste éventail des agents du prince soit composé d'hommes de bien[16].

Ce sont quelques aspects de ce mécanisme que l'on voudrait évoquer ici en précisant ce que fut ce groupe et quel en fut le rôle.

I

La liste des *amici principis* fournie par CROOK donne 326 noms, échelonnés sur deux siècles et demi. « Echantillonage » suffisant pour légitimer notre enquête.

On rappellera d'abord leur répartition par règne.

Dynastie julio-claudienne :		170
Auguste	55	
Tibère	42	
Caligula	11	
Claude	38	
Néron	24	
Dynastie flavienne[17]		64
Nerva		10
Trajan		35
Hadrien		33
Antonin		14
Marc Aurèle		32
Commode		18
Septime Sévère		18
Caracalla		21
Alexandre Sévère		16
		431

[15] Hist. 4, 7, 7.
[16] Alex. 65, 5.
[17] Sur les familiers de Vespasien, cf. John NICOLS, Vespasian and the partes flavianae, Historia Einzelschriften 28 (1978).

Ce chiffre de 431 dépasse celui des personnages recensés (326), car nombre d'entre eux ont été *amici* de plusieurs empereurs[18].

Mais on ne saurait attacher une valeur déterminante au nombre d'*amici* relevé pour chaque règne. Celui-ci est en effet fonction d'une documentation dont l'ampleur et la valeur varient selon les périodes. Aux hasards des découvertes épigraphiques s'ajoute la plus ou moins grande richesse des sources littéraires. Dion Cassius, Tacite, Suétone, l'Histoire Auguste fournissent l'essentiel de notre information. Il n'est pas nécessaire d'insister sur l'inégale qualité de ces sources. La durée des règnes de son côté n'est pas sans incidence sur le nombre des *amici* de chaque empereur[19]. Il n'en demeure pas moins que l'« ouverture » dépendait du bon vouloir et du caractère du prince. On retiendra à cet égard les 55 *amici* connus pour Auguste, les 42 de Tibère, les 33 d'Hadrien, les 32 de Marc-Aurèle. Sans doute s'agit-il de princes dont le règne voisine ou dépasse vingt années (41 pour Auguste). Mais pour les dix-neuf années du règne de Trajan on ne connaît que 10 *amici*, alors que l'on en relève 38 pour Claude, qui ne règne que treize ans. Il semble donc que certains empereurs se soient montrés plus enclins que d'autres à accorder leur « amitié ».

Une autre donnée statistique n'est pas moins importante : la persistance de la qualité « d'ami » auprès de plusieurs empereurs successifs. Les « remous » et les crises qu'a connus l'histoire politique du Haut-Empire, les rivalités et les haines qui s'affichent au grand jour dans l'entourage des princes, donnent à ces continuités une valeur particulière[20].

On peut, en utilisant la liste de Crook, dresser le tableau suivant d'*amici* de plusieurs empereurs successifs.

17   d'Auguste et Tibère (dont un pour Auguste, Tibère, Caligula et Claude[21])

17   des Flaviens

14   de Trajan et Hadrien (dont un le fut également d'Antonin[22])

---

[18] 41 pour Auguste, 23 pour Tibère et Antonin, 21 pour Hadrien, 19 pour Marc-Aurèle, 2 pour Titus ou Nerva.

[19] Cf. infra.

[20] Cf. déjà Crook, op. cit. 29.

[21] Il s'agit de C. Turranius, cinquième préfet d'Egypte de 7 à 4 av. J. C.. Tacite (Ann. 11, 31, 1) le montre auprès de Claude comme *rei frumentariae praefectum* en 49, cf. Stein, Real Encycl., VII A 2, Turranius 5.

[22] Sextus Erucius Clarus, préfet de la Ville, consul ordinaire en 146.

9 de Septime Sévère et Caracalla (dont un le fut d'Alexandre Sévère, de Maximin et de Gordien III[23]).

7 de Caligula et Claude (dont un le fut encore de Néron[24] et un autre se retrouve *amicus* de Vespasien avant que celui-ci n'accède au pouvoir[25])

7 de Néron et Vespasien (dont deux le furent également des Flaviens[26] et un autre[27] de Nerva et Trajan)

7 de Marc Aurèle et Commode

6 de Claude et Néron (dont un le fut aussi des Flaviens[28])

6 de Nerva et Trajan (dont un fut également *amicus* d'Hadrien[29])

5 d'Hadrien et Antonin

5 d'Antonin et de Marc Aurèle

4 de Tibère et Caligula, dont le juriste sabinien, C. Cassius Longinus[30] qui fut aussi *amicus* de Claude et de Néron, et M. Licinius Crassus Frugi, qu'on retrouve encore dans les *amici* de Claude[31].

Ainsi près du tiers des *amici* connus bénéficia des faveurs d'au moins deux empereurs et souvent de plus. Fait plus remarquable, cette conti-

---

[23] Il s'agit du célèbre juriste Herennius Modestinus. Il fut préfet des vigiles entre 226 et 244 (il eut à connaître du procès des *fullones,* CIL VI, 266 = ARANGIO-RUIZ, Fontes iuris romani anteiustiniani, III, Negotia, 1943, 510—513). On le retrouvera enseignant le droit au fils de Maximien le Thrace (H. A. Vita Maxim. 27, 5) et Gordien III le cite dans un rescrit de 239 (CJ. 3, 42, 5).

[24] Vitellius, le futur empereur.

[25] Cn. Sentius Saturninus (Tacite, Hist. 4, 7). Il fut consul en 41 avec Caligula.

[26] M. Cocceius Nerva, le futur empereur, et Montanus (cf. Juvénal, Sat. IV).

[27] A. Didius Gallus Fabricius (Tacite, Ann. 14, 50).

[28] M. Acilius Glabrio Aviola, consul en 54, proconsul d'Asie (65—66) *curator aquarum* (74—97) cité à propos du conseil de Domitien (Juvénal Sat. IV, 94).

[29] Marcus Annius Verus, le grand père de Marc Aurèle, consul en 97, 121 et 126, préfet de la Ville.

[30] Son père avait été consul suffect en 11 av. J. C. et sa mère était la fille de Q. Aelius Tubero et la petite fille de Servius Sulpicius Rufus. Son frère aîné fut consul en 30. Marié à une (Iunia) Lepida, de la famille des Iunii Silani, consul suffect en 30, proconsul d'Asie en 40—41, Cassius appartenait à la classe dirigeante du début de l'Empire.

[31] Membre de la grande famille des Calpurni Pisones, consul en 27, compagnon de Claude en Bretagne (Suétone, Claude 17, 3). Son fils épousa la fille de Claude. Lui-même fut exécuté sur ordre de Néron (Tacite, Hist. I, 48) et ses fils exilés (cf. GROAG, RE. XIII[1], Licinius 73 et R. SYME, Piso Frugi and Crassus Frugi, Journ. of Rom. St. 1960 = Roman Papers [1979] II 498—509). Sur Naevius Sertorius Macro, préfet du prétoire de Tibère (auquel il fut infidèle à la fin de sa vie) puis de Caligula, qui le contraignit au suicide cf. infra, p. 58.

nuité se poursuit souvent d'une dynastie à une autre, malgré les ruptures qui accompagnaient souvent de tels changements.

C'est ainsi que M. Acilius (Glabrio) Aviola bénéficia de l'amitié de Claude, de Néron, fut envoyé en Pannonie, sans doute par Galba, et Othon puis Vitellius l'y maintinrent. Il devra à Vespasien, en 74, la *cura aquarum,* puis un second consulat. Tib. Plautius Silvanus Aelianus fut *comes* de Claude en Bretagne, puis, sous Néron, proconsul d'Asie en 55/56, gouverneur de Mésie, d'où, malgré ses victoires, il fut .rappelé en 67. Avec Vespasien, la faveur impériale lui vaut le gouvernement de Tarraconnaise (70—73), un second consulat, en 74, avec Domitien, et finalement la préfecture de la Ville[32].

Le consulaire Rubrius Gallus, à qui Néron avait confié en 68 une armée contre Vindex et Galba, rejoint le parti des Flaviens dès que la nouvelle de la révolte de Vespasien est connue en Occident. L'appui qu'il donne à T. Flavius Sabinus, le frère de Vespasien, dans ses négociations pour tenter de faire accepter le coup de force[33] lui vaut en 70 le gouvernement de Mésie. Juvénal, qui dénonce sa basse origine et le tient pour une canaille, le fait figurer au conseil de Domitien qui délibéra sur le turbot géant[34].

Le futur empereur Nerva fut *amicus* de Néron et des Flaviens. A. Didius Gallus Fabricius est « ami » de Néron, des Flaviens, de Nerva et de Trajan. Frontin qui, sous le règne de Vespasien, avait exercé des commandements militaires[35] gère le consulat[36], puis poursuit, comme gouverneur, la conquête de la Bretagne. Il est, sous Domitien, proconsul d'Asie, sous Nerva, *curator aquarum* (en 97), enfin deux fois consul avec l'empereur Trajan. On peut encore citer parmi les « amis » de Vespasien, qui l'avaient été de Néron, Clodius Eprius Marcellus[37] ; L. Julius Vestinus, préfet d'Egypte sous Néron et membre du *concilium* de Titus ; Q. Vibius Crispus, *curator aquarum* en 68, proconsul d'Afrique sous Vespasien.

---

[32] J. Nicols, Vespasian a. the partes flavianae (cité supra) 33—34.

[33] Dion Cassius, 63, 27.

[34] Sat. 4, 104—106.

[35] En 70 contre Cerialis révolté, puis en Germanie.

[36] Probablement en 73.

[37] Délateur célèbre sous Néron. Tacite (Dialogue des Orateurs, 8) dit ses talents oratoires qui lui valurent la richesse et les faveurs de Vespasien. Dans les Histoires (4, 6—8), il rapporte une joute oratoire au Sénat entre « le délateur de Thrasea » et Helvidius Priscus sur le mode de désignation de la délégation qui irait féliciter Vespasien de son accession au pouvoir.

Au contraire, avec les Sévères, le renouvellement de l'entourage fut total. Parmi leurs *amici*, on n'en retrouve aucun qui ait cette qualité sous les Antonins.

Il est aussi des cas où l'avènement d'un nouvel empereur signe l'arrêt de mort d'*amici* de son prédécesseur. C'est ainsi qu'A. Cornelius Palma Frontonianus, *amicus* de Trajan, consul en 99 et en 109, conquérant de l'Arabie Pétrée fut, avec trois autres consulaires, condamné et exécuté pour conspiration au début du règne d'Hadrien[38].

Aucune règle, aucune tradition ne liaient l'empereur dans le choix de ses *amici*. Si l'on y rencontre des sénateurs ou d'illustres chevaliers, on relève aussi la présence de personnes de petite condition, qui ne furent pas appelées à la gestion de charges officielles importantes[39].

Néanmoins les grandes familles romaines tiennent parmi les *amici* une place de choix : une vingtaine de *Iulii*, seize *Cornelii*, dont trois *Lentuli* et deux *Scipiones*. Six *Cornelii* furent *amici* d'Auguste et de Tibère[40]. Les *Claudii* comptent au moins dix *amici principis*. Parmi eux, Ti. Claudius Pompeianus, qui épousa une fille de Marc Aurèle et Claudius Tacitus, *amicus* d'Aurélien avant de devenir empereur lui-même. On compte au moins sept *Licinii*, cinq *Aelii*, autant d'*Aemilii*, et parmi eux deux *Aemilii Lepidi*, dont l'un paraissait à Auguste digne de lui succéder[41] ; cinq *Fabii*, dont M. Fabius Quintilianus, le célèbre rhéteur, *amicus* des Flaviens et tuteur de Domitien ; autant de *Valerii*.

Plus étroits que les liens gentilices sont ceux d'une proche parenté. Nombreux sont les pères, fils, ou petits fils, *amici* d'un même empereur ou de deux empereurs successifs. Cn. Calpurnius Piso, ancien Pompéien, consul en 23 av. JC., fut *amicus* d'Auguste. Son fils (consul en 7 av. JC.) le fut d'Auguste et de Tibère[42], comme L. Calpurnius Piso, le consul de 15 av. JC. futur préfet de la Ville[43]. L. Domitius Ahenobarbus, consul en 16 av. JC., chargé en 8—7 d'un grand commandement en Germanie, fut *amicus* d'Auguste et son fils Gnaeus, le père de Néron, gendre de

---

[38] cf. infra, p. 59.

[39] Certains cependant accèdent à de hautes fonctions, tel Crispinus, un égyptien d'origine modeste, *amicus* de Domitien, qui fut préfet du prétoire.

[40] P. Cornelius Dolabella, consul en 10; C. Cornelius Gallus, le premier préfet d'Egypte ; Cn. Cornelius Lentulus l'Augure, consul en 14 av. JC. ; Cossus Cornelius Lentulus, consul en 1 av. JC. ; Cn. Cornelius Lentulus Gaetulicus, consul en 26 ; P. Cornelius Scipio, consul en 16 av. J. C.

[41] Tacite, Ann. I, 13, 2.

[42] Tacite, Ann. III, 12, 2 ; 16, 7.

[43] Prosop. Imp. Romani (2e ed.) 286, 287, 289.

Germanicus par son mariage avec Agrippine, compta parmi les « amis » de Tibère.

Les liens étroits, qu'entretient avec le cour impériale la très aristocratique famille des Nerva, lui valurent de compter de nombreux *amici principis*. Lucius et Marcus Cocceius Nerva, deux frères, furent *amici* d'Auguste, le fils de Marcus, *Nerva filius*, le juriste, le fut de Tibère[44] et son fils fut *amicus* de Néron et des Flaviens avant d'accéder à l'Empire.

Chez les *Fabii*, deux frères, Africanus Fabius Maximus et Paullus Fabius Maximus (respectivement consuls en 10 et en 11 av. JC.) comptent parmi les *amici* d'Auguste[45]. Le fils du second (consul en 34) fut *amicus* de Claude.

L. Gaius Strabo, *princeps equestris ordinis*, préfet du prétoire sous Auguste et Tibère, puis préfet d'Egypte, fut *amicus* des deux empereurs. Parmi ses trois fils, tous consulaires et dont l'un fut le redoutable Séjan, Lucius Gaius Tubero, consul en 18 avec Germanicus, compte au nombre des *amici* de Tibère[46]. Le petit-fils de M. Vinicius (le consul de 19 av. JC., *amicus* d'Auguste[47]), qui avait commandé successivement en Pannonie (14—13) puis en Germanie (1—4 ap. JC.), M. Vinicius (*cos.* 30 et 45), marié à Julia Livilla, la plus jeune fille de Germanicus, et qui faillit obtenir l'Empire après l'assassinat de Caligula, fut *comes* de Claude, avant d'être, en 46, l'une des victimes de Messaline[48].

C. Sentius Saturninus, consul en 19 av. JC., proconsul d'Afrique, gouverneur de Syrie, et, sur la fin de sa vie, commandant de l'armée du Rhin fut *amicus* d'Auguste[49]. L'un de ses fils, Gaius, ami d'Auguste et de Tibère[50], fut consul en 4 av. JC. ; un autre, Gnaeus, *comes* de Germanicus et gouverneur de Syrie. Le fils de ce dernier, qui s'appellait aussi Gnaeus, consul en 41 avec Caligula, fut *amicus* de Caligula, de Claude, qu'il accompagna en Bretagne, et de Vespasien[51].

---

[44] Sur les deux Marcus Cocceius Nerva, cf. W. KUNKEL, Herkunft und soziale Stellung der römischen Juristen (Weimar, 1952) 120 et 130.

[45] Par son mariage avec Marcia, fille de L. Marcius Philippus, le second était lié avec la famille d'Auguste (cf. R. E. Fabius 102 et VI², 1785).

[46] R. E. Seius 15 et 17. Lucius Seius Tubero appartenait aux *intimi Caesaris amici*.

[47] Suétone Div. Aug. 71, 2.

[48] R. HANSLIK, R. E. Vinicius 6 et 7.

[49] Une cousine de son père, Scribonia, avait épousé Octave en 40 (Suétone, Aug. 62, 2). Sur ses ascendants, cf. R. SYME, The Stemma of the Sentii Saturnini, Historia 1964 = Roman Papers II, 606—612.

[50] Josèphe, Ant. juives XVIII, 83.

[51] GROAG, R. E., Sentius 9, 10, 12.

Le très riche L. Volusius Saturninus[52], consul en 12 av. JC., plus tard gouverneur de Syrie, fut *amicus* d'Auguste et de Tibère et son fils dut à sa rare longivité d'être tour à tour *amicus* d'Auguste, de Tibère et de Claude[53].

Si nous sommes sans doute mieux informé des *amici* d'Auguste[54] et des liens de parenté qui existaient entre eux, on en connaît également des exemples pour des *amici* d'empereurs ultérieurs.

Le frère du futur empereur Vespasien, lui-même *amicus* de Claude, T. Flavius Sabinus, dut à la confiance de Néron d'occuper pendant de longues années la préfecture de la Ville[55]. Il exerçait encore cette charge sous Vitellius. Abandonnant celui-ci pour son frère, il fut massacré par les prétoriens (décembre 69)[56]. Son fils T. Flavius Sabinus, cousin de Titus et de Domitien fut consul en 82 avec ce dernier qui le fit exécuter en 84.

Hérode Agrippa et son fils étaient *amici* de Claude et c'est peut-être un petit-fils de Valerius Asiaticus, *amicus* de Caligula, et deux fois consul, que M. Lollius Paullinus D. Valerius Asiaticus Saturninus, consul en 94 et 125, préfet de la Ville, *amicus* de Trajan et d'Hadrien.

Les deux M. Acilius Glabrio, le père et le fils, sont cités par Juvénal[57] à propos du conseil convoqué par Domitien, de même que L. et M. Julius Vestinus, sans doute père et fils, comptent au nombre des *amici* de Néron.

Deux frères, Cn. Domitius Tullus et Cn. Domitius Lucanus, sont *amici* des Flaviens[58] et de Trajan.

Parmi les *amici* de l'*optimus princeps* figurent P. Calvisius Ruso Iulius Frontinus et son fils P. Calvisius Tullus Ruso, le grand père de Marc-Aurèle ; L. Iulius Ursus et L. Ursus Servianus, probablement son fils, beau frère d'Hadrien, qui, malgré son grand âge, espérait l'Empire ; ou encore deux frères, L. Neratius Marcellus et L. Neratius Priscus, le célèbre juriste, membre du *consilium*[59].

---

[52] Tacite, Ann. III, 30.

[53] Il mourut en 56 à 93 ans.

[54] On a vu plus haut que nous en connaissons au moins 55, plus que pour aucun autre empereur.

[55] Tacite, Hist. III, 75 cf. J. NICOLS, op. cit. 26—30.

[56] Tacite, Hist. III, 74—75.

[57] Sat. 4, 94—96.

[58] John NICOLS, op. cit. 173.

[59] Dig. 37, 12, 5; cf. W. KUNKEL, Herkunft u. soziale Stellung der röm. Juristen (Weimar, 1952) 144—145; R. SYME, The Jurist Neratius Priscus, Hermes 1958 = Roman Papers I (1979) 339—352.

Les Ummidii Quadrati, riche famille italienne, occupent sous les Antonins de hautes fonctions. L'un d'eux, consul en 118 est l'ami d'Hadrien. Un autre est marié par Antonin à Annia Cornificia Faustina, sœur du jeune Marc-Aurèle (v. 136—138). Leur fils M. Ummidius Quadratus sera consul en 167[60].

Deux frères, Sextus Quintilius Condianus et Sextus Quintilius Valerius Maximus, *amici* d'Antonin et de Marc-Aurèle, furent ensemble consuls en 151, gouverneurs d'Achaïe, commandants de légions engagées sur le Danube en 177—178 et finalement exécutés en 182 à la suite d'une conspiration contre Commode.

Au total, d'Auguste à Commode ce sont au moins quelques 25 fils ou petits-fils d'*amici principis* qui obtiennent la même faveur que leur père ou aïeul et une dizaine de couples de frères figurent par les *amici* d'un même prince.

Est-ce à dire que le cercle dans lequel les empereurs prenaient leurs « amis » ait été particulièrement étroit ? On a déjà répondu négativement à cette question. Si les grandes familles de l'aristocratie sénatoriale ou de rang équestre sont souvent appelées, il est des *amici* d'origine modeste. T. Claudius le smyrniote, un affranchi de Tibère, fit sa carrière sous Claude et fut *a rationibus* de Néron à Domitien. Un égyptien de petite origine, Crispinus[61], fut *amicus* de Domitien et s'éleva jusqu'au rang de préfet du prétoire.

II

Plus importantes peut-être que cette origine sociale sont les fonctions que les *amici* sont appelés à remplir. Il est malaisé de savoir si le qualificatif vint récompenser des services ou si les *amici* fournissaient une réserve d'agents pour des tâches très diverses. Peut-être est-ce là un faux problème. L'honneur du qualificatif et la charge de hautes fonctions administratives, politiques, militaires attestent l'un et l'autre que l'homme avait été « distingué » par le prince.

C'est cette place des *amici*, dans un gouvernement où la faveur du prince tient lieu de règlement, qu'il faut maintenant évoquer.

---

[60] Sur cette famille, cf. R. Syme, The Ummidii, Historia, 1968 = Roman Papers II, 659—693.

[61] Juvénal (Sat. 4, 1—34) dénonce les vices de ce « bouffon drapé de pourpre » qui « jadis s'habillait de papyrus natal ».

Au sommet, l'accession à l'Empire. Au moins une dizaine d'empereurs avaient été *amici* de certains de leurs prédécesseurs : Galba, *amicus* de Claude ; Othon, ami de Néron ; Vitellius, *amicus* de Caligula, Claude et Néron ; Vespasien, *amicus* de Claude et *comes* de Néron ; Nerva, *amicus* de Néron, puis des Flaviens ; Hadrien, *amicus* et *comes* de Trajan ; Pescenius Niger, *amicus* de Commode[62] ; Balbin, *amicus* de Caracalla, avec qui il fut consul en 213 ; Pupien, *amicus* d'Alexandre Sévère ; Macrin, *amicus* de Caracalla ; Dèce, *amicus* d'Alexandre Sévère, de Maximin et de Philippe. D'autres échouèrent et payèrent de leur vie une tentative avortée[63].

Sans accéder eux-même à l'Empire, des *amici principis* préparent la voie à leurs enfants. Cn. Domitius Ahenobarbus, *amicus* de Tibère, fut le père de Néron. Antonin était le petit-fils par sa mère d'Arrius Antoninus, *amicus* des Flaviens, de Nerva et de Trajan et par son père de T. Aurelius Fulvius, lui aussi *amicus* des Flaviens. Les grands-pères de Marc-Aurèle, Marius Annius Verus[64] et P. Calvissius Tullus Ruso, furent l'un et l'autre *amici* de Trajan et d'Hadrien. Proches des candidats au pouvoir, occupant souvent des postes clefs à la tête des légions provinciales ou dans les grandes préfectures romaines, les *amici* ne répugnent pas toujours à s'engager dans la lutte pour le pouvoir et parfois la suscitent.

Macron, l'homme de confiance de Tibère vieillissant, servit auprès de lui la cause de Caligula. Mais c'est surtout lors de la prise du pouvoir par Vespasien que le rôle des *amici*, chefs d'armées pour la plupart, se révéla décisif. C. Licinius Mucianus, à qui Néron avait confié le gouvernement de Syrie, et qui ne voulut pas lui-même de l'Empire, intervint auprès de Vespasien, son collègue de Judée pour qu'il franchisse le pas. En Egypte, le préfet, Tib. Julius Alexander, le premier, faisait proclamer le nouvel empereur (1er juillet 69). M. Julius Agrippa (le fils) et sa sœur Bérénice, liés de longue date avec la famille impériale[65], appuyaient Vespasien. M. Antonius Primus, légat d'une des deux légions de Pan-

---

[62] H. A. Pescennius Niger, 6, 8 . . . *inter Commodi amicissimos* . . .

[63] Pedanius Fuscus Salinator, *amicus* et parent d'Hadrien. Il tenta de la supplanter en 136 et fut exécuté.

[64] Beau-père d'Antonin, il fut trois fois consul et se vit confier la préfecture de la Ville.

[65] Son père, petit-fils d'Hérode le Grand, avait été élevé avec le fils de Tibère et lui-même avec Drusus à la cour de Claude (Josèphe, Ant. juives 18, 6, 1 et 6, 6 ; 19, 9, 2).

nonie, qui devait jouer dans cette guerre un rôle déterminant[66], entraîne l'armée du Danube vers l'Italie du Nord et triomphe de Vitellius à Crémone (octobre 69). A Rome même où Caecina Alienus abandonne Vitellius pour se rallier à Vespasien[67], le frère de ce dernier, T. Flavius Sabinus, préfet de la Ville de Vitellius, tente, sans succès, d'obtenir l'abdication de son maître. Après la mort de Vitellius, Mucianus impose à Rome le gouvernement nouveau, avant même que Vespasien ne regagne la capitale. Usant de persuasion et non plus de la force, l'espagnol L. Licinius Sura, ami de Nerva, conseille à ce dernier de choisir pour successeur son compatriote, Trajan, et il introduira Hadrien parmi les familiers de la maison impériale.

Sans atteindre à l'Empire ou en être tout proches, nombres d'*amici* restent dans son orbite par les liens de la parenté ou de l'alliance. Auguste marie Agrippa, en qui il voit un éventuel successeur, à sa fille Julie. Paullus Fabius Maximus, *amicus* d'Auguste, était le gendre de L. Marcius Philippus, demi-frère de l'empereur. M. Viricius, *amicus* de Claude, épousa la sœur de Germanicus. P. Plautius Pulcher, *comes* de Drusus, était beau-frère de Claude, comme le fut L. Iunius Silanus, *comes* de l'empereur en Bretagne avec M. Licinius Crassus Frugi dont le fils avait épousé la fille de Claude.

Q. Petillius Cerialis Caesius Rufus, consul (II) en 74, était probablement l'époux de Domitilla, fille de Vespasien, qui le tenait pour son ami[68]. Le beau-frère de Titus[69], M. Arrecinus Clemens, dont le père, préfet du prétoire de Caligula, avait été mêlé au complot qui aboutit à la mort de l'empereur, fut lui-même préfet du prétoire en 70, et deux fois consul. *Amicus* de Domitien[70], il perdit sa faveur et fut exécuté sur ordre de l'empereur peu après 85[71]. T. Flavius Sabinus, gendre de Titus, fut consul en 82. Pedanius Fuscus (Salinator), *amicus* d'Hadrien en était le parent, ce qui n'empêcha pas l'empereur de le faire exécuter en 136 pour avoir comploté contre lui[72].

---

[66] Tacite (Hist. II, 86) dénonce les tares du personnage mais reconnaît qu'il était *pace pessimus bello non spernendus*. Sur son rôle décisif dans la conférence de Poetorio, Tacite, Hist. III, 2 et 3; cf. NICOLS, op. cit. 76, 80, 98—99, 123, 135, 138, 141—145.

[67] Tacite, Hist. III, 13.

[68] John NICOLS, op. cit. 31.

[69] Il était le frère d'Arrecina Tertulla, première femme de Titus.

[70] Tacite, Hist. IV, 68.

[71] Suétone, Domitien, 11, 1.

[72] GROAG, RE. Pedanius 4.

Mais c'est sans doute avec Marc-Aurèle que l'on trouve le plus d'*amici* dans la famille impériale. Au moins six, dont quatre parmi ses gendres : L. Antistius Burrus, époux de Vibia Aurelia Sabina ; T. Claudius Pompeianus, époux de Lucilla ; M. Petronius Sura Mamertinus[73] et M. Peducaeus Plautius Quintillus[74], époux de deux autres filles. Ummidius Quadratus, *amicus* d'Antonin, avait épousé la sœur de Marc-Aurèle et T. Pomponius Proculus Vitrasius Pollio, *comes* de Septime Sévère, préfet du prétoire, consul (II) en 203 avec Geta, fut le beau-père de Caracalla.

Quant aux fonctions confiées aux *amici* elles répondent à la diversité de leurs talents.

Chefs militaires et commandants de la flotte comme Agrippa[75], compagnons du prince dans ses expéditions ou ses voyages[76] ou commandants des troupes aux confins de l'Empire[77].

Mais on compte aussi parmi les *amici* des poètes[78], des rhéteurs[79], des

---

[73] W. HOFFMANN, R. E. Petronius, 71. Le nom de sa femme est incertain.

[74] HANSLIK, R. E. Plautius, 54. Le nom de sa femme n'est pas certain.

[75] Consul en 37, 28, 27 av. J. C., époux de Julie, associé au pouvoir d'Auguste, à qui il devait succéder.

[76] Par exemple M. Vinicius (cos. 19 av.) en Germanie et sur le Danube (R. SYME, Missing Persons III, Historia 1962 = Roman Papers II, 532) ; Cn. Pompeius Magnus, L. Junius Silanus, M. Licinius Crassus Frugi, *comites* de Claude en Bretagne ; Frontin, *comes* de Domitien en 70 dans la guerre contre Cerialis, puis en 83; C. Julius Quadratus Bassus et surtout l'alter ego du prince et son chef d'état-major, L. Licinius Sura, *comites* de Trajan dans la guerre contre les Daces.

[77] Comme L. Domitius Ahenobarbus (cos. 16 av.), *amicus* d'Auguste, celui des chefs romains qui pénétra le plus profondément en Germanie et qui dédia un autel à Auguste sur les rives de l'Elbe ; M. Vinicius, général d'Auguste en Pannonie et sur le Rhin ; M. Aurelius Lepidus (cos. 6), *amicus* d'Auguste et de Tibère ; Aulus Plautius (cos. 29), commandant de l'expédition de Bretagne (43—47) ; Cornelius Fuscus, préfet du prétoire sous Domitien, membre de son *consilium*, victime de Décébale en Dacie (86—87) ; Q. Cornelius Palma Frontinianus (cos. 99 et 109), *amicus* de Trajan, qui conquit l'Arabie (105—106) ; M. Laberius Maximus, commandant en chef dans la première guerre de Dacie, consul en 103 ; Lucius Quietus, lui aussi engagé en Dacie, puis contre les Parthes et contre les Juifs révoltés ; Q. Sossius Senecio, *amicus* de Trajan (H. A., Hadr. 4, 2), qui commanda dans la guerre de Dacie ; Q. Marcius Turbo, préfet du prétoire d'Hadrien (119) engagé en Egypte et en Cyrénaïque contre les Juifs révoltés, puis en Mauritanie et sur le Danube (R. SYME, The wrong Marcius Turbo, Journ. of Rom. St. 1962 = Roman Papers II, 541—544) ; Cn. Iulius Verus, chef de l'expédition contre les Parthes (163—166).

[78] Le Gaulois Cornelius Gallus, qui servit dans l'armée d'Octave lors de la guerre d'Egypte et qui fut le premier à administrer le pays (R. SYME, The origin of Cornelius Gallus, Roman Papers, I [1979] 47—54) ou L. Varius Rufus, autre ami de Néron ; Ti. Catius Asconius Silius Italicus, *amicus* de Vitellius et des Flaviens.

médecins[80], une vingtaine de juristes et parmi les plus grands[81], des philosophes en particulier dans l'entourage d'Auguste[82], des historiens[83]. Sur les 326 *amici*, qui figurent dans la liste établie par CROOK, 141 ont été consul, certains deux ou trois fois ; 58 furent appelés au gouvernement des provinces, 13 se sont vus confier la préfecture d'Egypte. On relève également 18 préfets du prétoire et autant de préfets de la Ville. Cela sur une période de deux siècles et demi. Marque de bienveillance à l'égard de ceux que l'on tient pour « amis », surtout lorsqu'il s'agit de l'antique magistrature suprême de l'âge républicain. Mais aussi appel aux aptitudes et témoignage de confiance, lorsqu'il s'agit de gouvernements provinciaux, de la préfecture d'Egypte et plus encore du préfet du prétoire ou du préfet de la Ville qui, chargés de l'ordre public et de la sécurité du prince, peuvent retourner contre lui les armes dont ils disposent.

*   *

*

Dans ce règne du pouvoir personnel, où la vie des sujets dépend trop souvent de l'humeur du prince, où les luttes pour le pouvoir déclanchent des révolutions de palais, les *amici principis,* par leur situation, parfois leurs entreprises, ne furent pas à l'abri des vengeances impériales. Auguste accepta avec résignation l'infidélité ou les insolences de certains de ses amis[84]. Tout au plus leur retire-t-il son amitié. Il leur ferma sa porte, ainsi qu'aurait pu le faire un simple particulier, sans pour autant interdire à ceux qui lui demeuraient fidèles de continuer à accueillir l'exclu[85].

---

[79] Antonius Polemo, le Smyrniote, *comes* d'Hadrien ; Quintillien ; M. Palfurius Sura, *amicus* de Domitien.

[80] M. Antonius Asclepiades, médecin d'Auguste ; L. Gellius Maximus, médecin de Caracalla.

[81] Trebatius Testa, *amicus* de César et d'Auguste ; Masurius Sabinus, *amicus* de Tibère, de Claude et de Néron ; Celse, Pegasus et Coelius Sabinus (Dig. 1, 2, 2, 53), *amici* de Vespasien ; L. Neratius Priscus, Ariston, *amici* de Trajan ; Julien, *amicus* d'Hadrien et d'Antonin ; Q. Servilius Scaevola, Tarrutenius Paternus et Volusius Maecianus, *amici* de Marc Aurèle ; Papinien, Paul, Ulpien, Modestin, Cn. Licinius Rufinus, élève de Paul, Menander, Tryphoninus.

[82] Athenodorus, Areaus *comes* d'Auguste ; mais aussi Sénèque auprès de Néron ou Q. Iunius Rusticus, *amicus* de Marc-Aurèle, son maître en stoïcisme.

[83] Timagènes, qui avait écrit des *res gestae* d'Auguste, mais qui les brûla quand l'empereur lui retira son amitié (Sénèque, de ira, 3, 23, 4—8) ; LAQUEUR, R. E., Timagenes, 2) ; Marius Maximus, (cos. 199 et 223), *amicus* de Macrin.

[84] Suétone, Aug. 66.

[85] Ainsi pour Timagènes, à qui Auguste *domo sua interdixit* et cependant *nullum illi*

Ce « retrait de l'amitié » *(dirimere amicitiam)*, sanction normale de l'infidélité, que marque au grand jour l'interdiction de franchir le seuil de la maison *(interdicere domo)*, n'était que l'introduction dans le monde politique d'une pratique suivie par les simples citoyens[86].

Mais, parcequ'il était plus puissant, l'empereur pouvait élargir la zone interdite. C'est ainsi que Cornelius Gallus, le premier préfet d'Egypte, vit son ingratitude et sa méchanceté sanctionnée par une interdiction *domo et provinciis suis*[87].

C'est aussi du retrait de son amitié et de l'interdiction de sa maison que Tibère menace Pison, soupçonné du meurtre de Germanicus. Mais il précise bien qu'il ne s'agit là que de sanctionner le chagrin qui lui a été causé, le deuil familial. Quant au crime, il le laisse à la juridiction du Sénat[88].

Limité dans ses effets immédiats, le retrait de l'amitié risquait d'entrainer des conséquences funestes. Rejeté par le prince, l'ancien « ami » sera souvent abandonné de tous, mis au ban de la classe dirigeante, parfois poursuivi par un délateur qui exploite les griefs impériaux. Cette sanction sociale, l'éventualité d'une condamnation qui emportait privation de sépulture et confiscation des biens, acculèrent parfois au suicide. Ainsi de Cornelius Gallus, sous Auguste[89] ou de Pomponius Labeo sous Tibère[90]. La clémence, dont Auguste fit preuve à l'égard d'amis infidèles, ne se retrouve pas chez ses successeurs. Soit que l'infidélité allat jusqu'à une trahison qui méritait sa peine, soit que l'humeur des princes les ait trop facilement conduit au châtiment suprême.

De Tibère à Caracalla, une trentaine d'entre eux furent massacrés, exécutés ou contraints au suicide, sans qu'il y eut toujours preuve évidente d'un complot contre le prince régnant. A suivre Suétone, deux ou trois des *amici ac familiares* de Tibère eurent la vie sauve. Séjan, son

---

limen praeclusa Caesaris domus abstulit (Sénèque, de ira, 3, 23, 5). Asinius Pollio, protecteur des écrivains et soucieux de marquer son indépendance d'esprit, avait recueilli l'historien, mais proposa à l'empereur de le renvoyer. Auguste s'y opposa (ibid. § 8).

[86] R. S. ROGERS, The emperors displeasure: « *amicitiam renuntiare* », Transactions a. Proceedings of the American Philological Ass. 90 (1959) 224—237.

[87] Suétone, Aug. 66, 3.

[88] Tacite, Ann. 3, 12, 4 . . . *odero seponamque a domo mea et privatas inimicitias non vi principis ulciscar.*

[89] Suétone, Aug. 64, 4, selon qui Auguste aurait déploré cette mort conséquence d'une colère dont il ne put empêcher les suites.

[90] Tacite, Ann. 6, 35 (29) 1—3.

préfet du prétoire, consul en 31 avec l'empereur, est exécuté cette même année[91] et avec lui deux autres *amici* du prince, Vescularius Flaccus[92] et Iulius Maximus[93]. Sertorius Macro, successeur de Séjan à la préfecture du prétoire et homme de confiance de l'empereur, aurait, selon certains, haté la mort de l'empereur pour assurer le trône à Caligula[94]. Préfet du prétoire de ce dernier, il n'en fut pas moins contraint de se donner la mort[95]. De même Sextus Vistilius, ancien *amicus* de Tibère[96]. Un autre « ami » de Tibère, Cn. Cornelius Lentulus Gaetulicus[97], consul en 26, est exécuté en 39 pour avoir conspiré contre Caligula.

Claude n'épargne pas d'anciens *amici*, liés parfois de fort près à la famille impériale : C. Appius Iunius Silanus, qu'il fit exécuter en 42, à la suite des dénonciations calomnieuses de Messaline et du tout puissant Narcisse[98] ; M. Tarquitius Priscus, protégé d'Agrippine, membre du conseil de Claude, chassé du Sénat pour ses délations, puis condamné pour concussion[99] ; M. Licinius Crassus Frugi, exécuté en 47 ; M. Vinicius, marié à Julie, la fille de Germanicus, consul en 30 et en 45, exécuté en 47 ; L. Iunius Silanus, fiancé à la plus jeune fille de l'empereur, disgracié en 48 et contraint au suicide[100], etc. Sous Néron, c'est un *amicus* du futur empereur Vespasien[101], Barea Soranus, consul en 52, puis proconsul d'Asie, qui, en 66, est contraint au suicide en raison de ses liens avec l'opposition, et Sénèque, impliqué dans la conspiration de Pison, est forcé de s'ouvrir les veines (65). Vespasien, qui comptait T. Clodius Eprius Marcellus parmi ses proches conseillers[102] et lui. avait donné le consulat en 74, trahi par ce dernier à la fin de son règne, le fit juger par le Sénat. Eprius qui avait dit un jour au Sénat qu'il savait ce que valait l'amitié de Néron et qu'il la redoutait autant que d'autres crai-

---

[91] Tib. 55, 1—2.
[92] Suétone, Tibère, 55.
[93] Tacite, Ann. 2, 18, 1.
[94] Cf. Tacite, Ann. 6, 56 ; Suétone, Tib. 73 ; Caligula 12, 4 et 26, 1 ; Dion Cassius, 58, 28.
[95] STEIN, RE. Naevius 21.
[96] Tacite, Ann. 6, 15 (9), 2—4.
[97] Ibid. 6, 36 (30), 7.
[98] Suétone, Claude, 27, 6 ; 29, 2 ; 37, 3—4.
[99] Tacite, Ann. 12, 59 et 14, 46.
[100] Suétone, Claude, 29, 2.
[101] Tacite, Hist. 4, 7.
[102] Tacite, Dial. 8, 3.

gnaient l'exil[103], fut contraint au suicide (en 79). Domitien n'épargne pas davantage ses proches collaborateurs[104]. Il fait exécuter l'un de ses familiers qui lui servait d'espion[105], M. Arrecinus Clemens, le beau frère de Titus, qui avait été préfet du prétoire et deux fois consul, et T. Flavius Sabinus, le frère aîné de Vespasien qui avait été consul en 82 avec lui. M. Acilius Glabrio qu'il avait appelé à son conseil et qui fut consul en 91 avec Trajan, est exilé la même année et exécuté en 95. Sous le règne de l'*optimus princeps*, un « ami » de l'empereur, M. Laberius Maximus, qui s'était illustré dans la première guerre de Dacie (ce qui lui avait valu un second consulat en 103), est banni pour avoir comploté contre le prince.

L'année qui suit l'avènement d'Hadrien, en 118, le Sénat fit exécuter pour conspiration contre le nouvel empereur quatre consulaires, *amici* de Trajan, C. Avidius Nigrinus, A. Cornelius Palma Frontonianus (consul en 99 et en 109), Lusius Quietus, qui s'était illustré dans la première guerre de Dacie et L. Publilius Celsus, proche collaborateur de Trajan et consul en 113[106]. En 136, le beau frère d'Hadrien, L. Iulius Ursus Servianus, que l'empereur avait auparavant particulièrement honoré[107], est exécuté, malgrè ses 90 ans, en même temps que Pedanius Fuscus, autre ami du prince qui, à 18 ans, faisait figure de successeur possible[108]. L. Antistius Burrus, beau-frère de Commode, accusé par le favori de Commode, Cléandre, de complot contre l'empereur, avec qui il avait été consul en 181, est exécuté. De même que deux frères Sex. Quintilius Condianus et Sex. Quintilius Valerius Maximus, exécutés sur ordre de Commode en 182[109]. Un autre ami du prince, M. Aurelius Verianus Dionysius, préfet d'Egypte en 188 et simple préfet de l'annone l'année suivante, sera lui aussi victime de Commode.

T. Flavius Sulpicianus, « ami » et beau-père de Pertinax, dont il fut préfet de la Ville[110] et qui s'était proposé pour lui succéder, fut exécuté sur ordre de Septime Sévère. Un gendre de Marc-Aurèle, M. Peducaeus

---

[103] Tacite, Hist. 4, 8, 5.
[104] C'est à propos de Domitien que Juvénal (Sat. 4, 75) parle du *pallor amicitiae*.
[105] Suétone, Domitien 11, 1.
[106] Dion Cassius 69, 2, H. A. Hadrian. 4, 3 ; 7, 1 et 2.
[107] Ibid. 8, 11.
[108] Dion Cassius, 69, 2, H. A. Hadr. 23 et 25.
[109] Cf. supra.
[110] Dion Cassius, 73, 11—13.

Plautius Quintillus, consul en 177 avec Commode, est lui aussi, vers 205, victime de Septime Sévère. Aelius Antipater, qui avait été *amicus* de Caracalla et de Geta, est contraint au suicide par le premier pour avoir réprouvé le meurtre du second.

Cette liste ne se veut pas exhaustive. Elle suffit à fournir un nouvel éclairage des *amici principis,* parents des empereurs, mais parfois leurs rivaux, collaborateurs dévoués, mais aussi comploteurs, gratifiés des faveurs du prince, mais parfois leurs victimes. Les quelques notes ici réunies montrent la précarité des équipes gouvernantes. L'accès aux honneurs et aux fonctions importantes dépend de la volonté impériale, comme aussi la condamnation suprême. Dans le choix des hommes, les grandes familles sont avantagées, sans bénéficier d'un monopole, et les liens de parenté servent les carrières. Si l'accession au pouvoir d'un nouvel empereur ne compromet pas toujours la situation de ceux qu'avait remarqués son prédécesseur[111], elle ne va pas sans risque de perdre une place quand ce n'est pas la vie.

On peut incriminer la cruauté de certains empereurs ou simplement leur versalité, dénoncer l'ingratitude de certains *amici* qui ne répugnent pas à comploter contre celui qui les a distingués. L'explication psycho-logique n'est pas à écarter. Mais elle ne suffit pas. L'arbitraire ou les aléas qui marquent le choix des *amici,* leurs tâches, leur sort ultime tiennent à l'essence même du régime impérial, à l'équivoque de ses ori-gines, dont les séquelles se feront longtemps sentir. Faute de règles pré-cises, des usages se sont peu à peu instaurés, qui esquissent des profils de carrière. Mais le caractère « domestique » du Principat d'Auguste laisse au prince une grande liberté. Combinée avec sa toute-puissance, elle explique la vie incertaine des *amici principis.*

[111] Supra.

La città nel mondo antico: realtà e idea

di Lellia Cracco Ruggini, Torino

Ai fini di questa ricerca è irrilevante tentare di partire da una definizione del concetto di città sulla base di moderni fattori di analisi: mi sembra, anzi, un rituale da sfuggire[1]. Le centinaia di variabili che le indagini geografiche e sociologiche (sempre più sofisticate) fanno oggi emergere, risultano infatti per la maggior parte assenti dalle realtà urbane dell'età preindustriale; e fra tante proposte finisce quindi col salvarsi soltanto un denominatore comune affatto generico, perciò poco significante[2].

Su di un piano generalissimo, possiamo poi dare per scontata l'esistenza della «città antica» (greco-romana, orientale e — si viene oggi a dire — anche medievale-mediterranea) in quanto categoria tipologicamente unitaria. Alla demolizione (o correzione) di tanti aspetti parti-

---

[1] Cfr. R. Turner, The Great Cultural Traditions, New York 1941, 2 voll.; L. Mumford, The City in History, London & New York 1961; B. J. L. Berry (ed.), City Classification Handbook, New York 1972; M. Hammond, The City in the Ancient World, Cambridge Mass. 1972, pp. 6 sgg. (ove si ripropone il problema definitorio), con ampia rassegna bibliografica alle pp. 388—549.

[2] Cfr. M. I. Finley, The Ancient City: From Fustel de Coulanges to Max Weber and Beyond, «Comparative Studies in Society and History» 19, 1977, pp. 305—327, che particolarmente insiste su «the unbridgeable divide in the history of cities created by the Industrial Revolution», sottolineando come le discussioni sulla problematica della cultura urbana tendano, di fatto, a incentrarsi sul sistema culturale caratteristico della società industriale: cfr. ad esempio M. Castells, Structures sociales et processus d'urbanisation: analyse comparative intersociétale, «Annales (É. S. C.)» 25, 1970, pp. 1155—1199 e spec. 1157; H. Lefebvre, La revolution urbaine, Paris 1970 (spec. il cap. iniziale e p. 67).

colari, nel corso dell'annosa polemica fra «primitivisti» e «modernisti»,
sembra infatti sopravvivere tuttoggi non intaccata nella sostanza l'intui-
zione weberiana (variamente sviluppata poi, per àmbiti cronologici
diversi, da Johannes HASENBROECK, Karl POLANYI, Moses FINLEY e, per
il Medioevo, ultimamente da Philip JONES), che ravvisa una peculiarità
qualificante della città antica nel suo carattere economicamente omo-
geneo rispetto allo spazio agrario che la circonda, nella compenetrazione
e nella sostanziale valenza d'interessi fra ceti urbani e rurali: nel mondo
antico — ebbe a riconoscere anche Marx nei Grundrisse — la città
costituisce una totalità economica con il suo territorio, e la cittadinanza
urbana si risolve, sempre dal punto di vista economico, nel semplice
fatto che l'agricoltore risiede in città[3]. E'certamente su questa base che
lo storico può spiegare la singolare fissità degli elementi «canonici» in
cui si è stilizzata l'idea di città dall'età greca al Milleduecento secondo
una tradizione all'apparenza pietrificata, che di recente è stata messa in
luce da C. Joachim CLASSEN in una rassegna di *descriptiones* e *laudes
urbium* da Platone a Bonvesin della Riva e a Johannes von Jandun[4].

All'interno di tali permanenze di fondo, peraltro, è possibile riconoscere flussi e riflussi non certo casuali, alternanze di filoni diversi
della tradizione, che meritano di venire spiegati nelle motivazioni profonde del loro nascere, cancellarsi e ricomparire. Soprattutto sembra
importante confrontare per quanto possibile il concetto e l'idea di città

---

[3] Sulle convergenze e le incompatibilità fra Karl Marx e Max Weber cfr. spec.
R. ASHCRAFT, Marx and Weber on Liberalism as Bourgeois Ideology, «Comparative Studies in Society and History» 14, 1972, pp. 130—168; FINLEY, The Ancient
City cit., spec. p. 309. Sulla città «feudale» mediterranea nel Medioevo, cfr.
Ph. JONES, La storia economica, Dalla caduta dell'Impero Romano al secolo XIV,
in Storia d'Italia, II, Torino, Einaudi, 1974, pp. 1467—1810 (con considerazioni
di M. NOBILI, L'equazione città antica-città comunale ed il «mancato sviluppo
italiano» nel saggio di Philip Jones, «Società e Storia» 10, 1980, pp. 891—907).

[4] Cfr. C. J. CLASSEN, Die Stadt im Spiegel der Descriptiones und Laudes urbium in
der antiken und mittelalterlichen Literatur bis zum Ende des zwölften Jahrhunderts,
Beitr. zur Altertumswiss. hrsg. von C. J. CLASSEN, A. HEUSS, K. NICKAU, W. RICHTER
und P. ZANKER, 2, Hildesheim & New York 1980, spec. pp. 65—68, ove l'Autore
fa il bilancio conclusivo di queste permanenze letterarie di fondo, da probo filologo
lasciando allo storico il compito di offrirne una spiegazione («. . . so ergeben sich
für den Historiker weitere Fragen, nämlich warum man so lange an den antiken
Traditionen festhält und welche Faktoren schließlich einen Wandel herbeiführen»).
Sul rapporto fra realtà storica e ideologia urbana nel Medioevo cfr. ora G. CRACCO,
La «cura animarum» nella cultura laica del tardo Medioevo (lo specchio delle «laudes civitatum»), in Pievi e parrocchie in Italia nel Basso Medioevo (secoli XIII—
XV), Atti del VI Convegno di Storia della Chiesa (in corso di pubblicazione).

che ebbero gli antichi — nelle loro costanti e nelle loro variabili — con i dati concreti di scavo utili per ricostruire singole fisionomie e realtà urbane, sebbene sia spesso arduo identificare archeologicamente la durata di certe continuità e stabilire la cronologia di certe cesure nelle funzionalità monumentali[5]. Si tratta, di fatto, di coordinate di un discorso unitario, ove le connessioni fra topografia urbana e strutture sociali non possono che costituire il riscontro e la verifica al mutarsi (o al permanere) di certe mentalità e posizioni culturali. Un caso per esempio come quello di Sufetula nella Byzacena (oggi Sbeitla in Tunisia) illustrato da Noël Duval — e del resto riscontrabile anche in altre località della regione e altrove[6] —, ove la riconquista bizantina del VI secolo si accompagnò a opere di ricostruzione e rifacimento di basiliche in una misura che non può in alcun caso spiegarsi con un proporzionale accrescimento demico (ché, anzi, a quest'epoca o poco più tardi gli abitanti presero a costruire sovrapponendosi alle principali arterie di transito della città romana), presuppone la spinta di forze sociali politicamente e culturalmente riorientate rispetto al più recente passato, tali da spiegare il sostituirsi massiccio degli spazi religiosi a quelli tradizionali della città romana e pagana, nella vita sociale delle masse cittadine e nei loro vari cerimoniali.

[5] Cfr. in generale Sally C. Humphreys, Archaeology and Economic and Social History of Classical Greece, «La Par. del Pass.» 116, 1967, pp. 374—400 e spec. 390 = tr. it. in Ead., Saggi antropologici sulla Grecia antica, Il Mondo Antico 8, Bologna 1980, pp. 215—259; D. A. Bullough, Urban Change in Early Medieval Italy: The Example of Pavia, «Papers of the Br. School at Rome» 34, 1966, p. 82—130.

[6] Cfr. N. Duval, Observations sur l'urbanisme tardif de Sufetula, Tunisie, «Cahiers de Tunisie» 12, 1964, pp. 88—103; Id., L'architecture chrétienne de la Byzacène, «M. É. F. R. A.» 84, 1972, pp. 1127—1169 e spec. 1132; osservazioni interessanti in Averil Cameron, Late Antiquity, The Total View, «Past & Present» 88, 1980, pp. 129—125 e spec. 133. Io penso che il fenomeno vada studiato alla luce della particolare politica edilizia giustinianea, illustrata sia dall'archeologia sia dal De aedificiis di Procopio (per cui vd. oltre, n. 55). Sulle trasformazioni urbane nei centri della Gallia meridionale, cfr. spec. P.-A. Février, Le developpement urbain en Provence de l'époque romaine à la fin du XIVe siècle (Archéologie et histoire urbaine), Bibl. des Éc. fr. d'Athènes et de Rome 202, Paris 1964. Per l'Africa, cfr. il recente inventario archeologico a tappeto — base soddisfacente per un bilancio consuntivo ben fondato in riferimento al IV—V secolo — di C. Lepellay, Les cités de l'Afrique romaine au bas-empire, I (La permanence d'une civilisation municipale) e II (Notices d'histoire municipale), Paris 1979 e 1981, e spec. II, pp. 308—312 (per Sufetula, che ancora nel IV secolo conobbe notevoli restauri e nuove costruzioni di monumenti pubblici — terme, fontane, ecc. —, ma sempre nell'ordito monumentale della città antica).

In certi casi, sorprende il vistoso décalage fra la testimonianza letteraria — che per esempio proclama la morte di un centro cittadino
oppure la sua irreversibile rovina — e le risultanze archeologiche, che
proprio per la medesima epoca ne attestano la vivace sopravvivenza
attraverso continuità insediative e funzionalità di cospicuo rilievo, per
esempio di carattere difensivo e militare. Mi è capitato di studiare alcuni
casi del genere pochi anni or sono, in una ricerca sulla nascita e morte
delle città italiche fra tarda Antichità e alto Medioevo[7]; ma, certo,
l'esemplificazione potrebbe moltiplicarsi. La suggestione interessante che
sembra emergere dal confronto tra fonte letteraria e riscontro topogra-
fico-archeologico, in tali casi, sta non già nella frettolosa constatazione
di un contrasto fra la situazione concretamente documentata e la generi-
cità del topos letterario (il tema rettorico del fato che tutto travolge — i
popoli e le città come gli individui —, caro ai viaggiatori, agli storici e
ai poeti, da Erodoto a Properzio, a Giovanni Villani)[8], bensì nella possibilità di rapportare il lamento per la «morte» di questa o quella città in
un dato autore all'idea di città che questi — e la sua epoca, e il suo
ambiente — ne ebbero: per cui il venire meno o l'attenuarsi di deter-
minate realtà o funzionalità urbane finiva con l'equivalere al *funus*
della città stessa (cioè della sua essenza qualificante) nel giudizio d'una
certa mentalità cittadina.

Secondo Girolamo e i suoi amici e corrispondenti, ad esempio, nel
374 d. C. Vercelli era ormai *civitas olim potens, nunc raro habitatore
semiruta*[9]. Eppure noi sappiamo da fonti epigrafiche — e Girolamo
stesso lo conferma, marginalmente — che la città era allora un nodo
importante per l'acquartieramento di truppe orientali e di cavalleria
armena, in quanto centro di rinnovata rilevanza strategica sulle vie che

---

[7] Cfr. Lellia Cracco Ruggini, G. Cracco, Changing Fortunes of the Italian City
from Late Antiquity to Early Middle Ages, «R. F. I. C.» 105, 1977, p. 448—475 e
spec. 448—461.

[8] Cfr. fonti spec. in G. Schnayder, De urbibus emortuis antiquorum observationes
quae fuerint, in Charisteria Thaddaeo Sinko, Warszava & Wrocław 1951, spec.
pp. 295—304; Cracco Ruggini, Changing Fortunes cit., pp. 448—449, con nn.
relative. Per Properzio (IV, 10, vv. 27 sgg.), cfr. spec. A. La Penna, L'integrazione
difficile, Un profilo di Properzio, P. B. E., Torino 1977, pp. 190—191. Sulla poesia
delle rovine in Festo Avieno e specialmente in Rutilio Namaziano cfr. D. Gagliardi,
Aspetti della poesia latina tardoantica, Linee evolutive e culturali dell'ultima poesia
pagana dai «novelli» a R. Namaziano, Palermo 1972, pp. 125—145.

[9] Cfr. Hieron., Ep. I, 3, a Innocenzo, C.S.E.L. 54, p. 2; Cracco Ruggini, Changing Fortunes cit., pp. 449—453, con fonti e bibliografia ivi.

congiungevano Milano — allora sede imperiale — alle Gallie e al *limes* renano; e da Ambrogio di Milano, alcuni anni più tardi (396 d. C.), veniamo a conoscere i feroci contrasti d'interesse che lacerarono clero e popolo in occasione della successione del vescovo Limenio, cui molti, nel fiorente corpo cittadino *(plena congregatio)* pretendevano allora di sostituire un potente candidato laico, proprietario terriero e potenziale patrono della comunità anche sul piano degli interessi municipali concreti[10]. A Girolamo evidentemente — critico impietoso della barbarizzazione dell'esercito (i piedi d'argilla che avrebbero provocato il crollo dell'impero, scriverà nel suo Commento a Daniele verso il 407)[11] —, la città di Vercelli, in balìa dei militari e al tempo stesso degli ariani a livello d'amministrazione sia ecclesiastica sia statale, appariva offuscata nel suo splendore di *urbs,* identificato con il suo volto civile, cattolico e ortodosso.

Fra il 387 e il 394 anche Ambrogio di Milano, in una lettera all'amico Faustino per la morte della sorella, applicando a situazioni attuali una regola epidittica generale codificata da Menandro di Laodicea circa un secolo prima, intessé una circostanziata trenodia delle *civitates, urbes* e *castella* lungo la *Via Aemilia, semirutarum urbium cadavera* disseminati ai piedi dell'Appennino da Bologna fino a Piacenza[12]: centri che in quegli anni erano senza dubbio interessati da una crisi economico-fiscale regionale, ma che soprattutto, agli occhi di un aristocratico romano tradizionalista come Ambrogio, apparivano ormai avviati ad accentuare la loro funzionalità strategica e militare di efficienti *oppida* e *castra.* Così infatti — e non come *civitates* — tali agglomerati vengono insistentemente definiti dalle fonti tardive a partire da Ammiano Marcellino; e in questo senso pure l'evidenza archeologica, purtroppo tenue e risalente a vecchi sondaggi, sembra confermarne la persistente vitalità[13]. «Cadaveri» abbandonati al degrado dovevano dunque essere, in

---

[10] Cfr. C. I. L. V, 6726 = L. BRUZZA, Iscrizioni antiche vercellesi, Roma 1874, nr. 101, pp. 178—182 *(schola Armeniorum prima equitum seniorum);* I. G. XIV, 2279 = BRUZZA, nr. 116, pp. 262—266; AMBR., Ep. 63, P. L. 16, coll. 1188—1220.

[11] Cfr. HIERON., Comm. in Dan. I, Visio 2, C. C., Ser. Lat. 75 A, pp. 794—795; Émilienne DEMOUGEOT, Saint Jérôme, les oracles sibyllins et Stilicon, «R. É. A.» 54, 1952, pp. 83—92; Lellia CRACCO RUGGINI, «De morte persecutorum» e polemica antibarbarica nella storiografia pagana e cristiana, «Riv. di St. e Lett. Rel.» 4, 1968, pp. 433—447.

[12] Cfr. AMBR., Ep. 39, 3, C. S. E. L. 82, pp. 67—68.

[13] Cfr. Lellia RUGGINI, Economia e società nell' «Italia Annonaria», Rapporti fra agricoltura e commercio dal IV al VI secolo d. C., Milano 1961, pp. 60—61; Lellia

tali città soprattutto, quei complessi monumentali che della vita «civile» erano considerati la proiezione architettonica più caratterizzante.

*   *
*

Nell'idea di città secondo i parametri mentali del mondo romano confluiscono (con effetti talvolta singolari) vari modelli, mutuati da tradizioni lontanissime o addirittura contrastanti[14].

Un ruolo negativo ebbe il modello ascetico e morale, assai diffuso e per tempo incanalato nella matrice cinico-stoica: esso esaltava il *rus* contrapponendolo alla città corrotta e corruttrice, trasferendo i termini di relazione fra la città e la natura selvaggia (o il deserto) sul piano dell'ascesi filosofica, della virtù e del peccato. Orazio conobbe la «tentazione del deserto»[15]; Dione di Prusa, in quella sorta di favola pastorale che è l'orazione VII, esaltò la vita primordiale e genuina del cacciatore sui monti sperduti dell'Eubea[16]; il neopitagorico Apollonio (nell'interpretazione filostratea del III secolo ineunte) ripudiò le blandizie e le

---

CRACCO RUGGINI, Ambrogio di fronte alla compagine sociale del suo tempo, in Ambrosius episcopus, Atti del Congr. Int. di St. Ambrosiani, Milano 1976, pp. 230—265; EAD., Changing Fortunes cit., pp. 454 sgg.; vd. inoltre alcuni utili riferimenti di carattere archeologico in Maria BOLLINI, Semirutarum urbium cadavera, «Riv. st. dell'ant.» 1, 1971, pp. 163—176. Sulla tendenza a spostarsi sempre più a sud della linea di demarcazione fra regioni annonarie e regioni urbicarie nella seconda metà del IV secolo, in rapporto all'accresciuta importanza politica e militare delle prime, cfr. RUGGINI, Economia a società cit., pp. 1—4, n. 1; A. CHASTAGNOL, L'administration du diocèse italien au bas-empire, «Historia» 12, 1963, pp. 348—379.

[14] Cfr. Lellia CRACCO RUGGINI, Universalità e campanilismo, centro e periferia, città e deserto nelle «Storie Ecclesiastiche», in La storiografia ecclesiastica nella tarda antichità (Centro di cult. sc. E. Majorana, Erice-Trapani 3—8 dicembre 1978), Messina 1980, pp. 159—194 e spec. 188 sgg.; vd. pure Évelyne PATLAGEAN, Ancienne hagiographie byzantine et histoire sociale, «Annales (É. S. C.)» 23, 1968, pp. 106—126 = tr. it. in Agiografia altomedioevale, Testi a c. di Sofia BOESCH GAJANO, Bologna 1976, pp. 191—213.

[15] Cfr. P. GROS, Horace et la tentation du «désert» (Note sur Epist. I, 11, v. 7 à 10), in Mél. offerts à P. Boyancé, Coll. de l'Éc. Fr. de Rome 22, Roma 1974, pp. 367—374.

[16] Cfr. D. REUTER, Untersuchungen zum Euboikos des Dios von Prusa, Diss. Leipzig 1932, pp. 51—56 (con abbondante esemplificazione di topoi antichi a lode della vita rustica e della πενία); P. A. BRUNT, Aspects of the Social Thought of Dio Chrysostom and the Stoics, «Proc. of the Cambridge Phil. Soc.», N. S. 14, 1973, pp. 9—34; P. DESIDERI, Dione di Prusa, Un intellettuale greco nell'impero romano, Firenze 1978, pp. 223—228 (sulla orazione VII di Dione, Euboico o Cacciatore; vd. pure C. P. JONES, The Roman World of Dio Chrysostom, Cambridge Mass. 1978, pp. 71—83 e 181—184).

sofisticazioni del vivere civile e si spinse nelle solitudini del deserto etiope e della remota valle del Gange per conoscere i gimnosifisti e i Bramani, i filosofi perfetti, che alla αὐτάρχεια e alla demistificante *libertas* nei confronti di ogni autorità e gerarchia (già proprie dei cinici «straccioni») aggiungevano i carismi di una superiore teosofia[17].

Al vero saggio Apollonio-Filostrato contrappone il tiranno, bestia selvaggia e feroce travestita da «animale politico», «che abita nel cuore della città»[18]. Qui siamo di fronte a un motivo di derivazione aristotelica: il preciso, deliberato capovolgimento del tema (altrettanto radicato nella tradizione classica, benché nutrito anche di elementi orientali) della città come simbolo di civiltà, di «vivere umano» per eccellenza,

[17] Cfr. Lellia CRACCO RUGGINI, Sulla cristianizzazione della cultura pagana: il mito greco e latino di Alessandro dall'età antonina al Medioevo, «Athenaeum», n. s. 43, 1965, pp. 3—80 (sulle diatribe cinico-stoiche del II secolo d. C. che esaltano e idealizzano gli asceti bramani dell'India); EAD., Leggenda e realtà degli Etiopi nella cultura tardoimperiale, in Atti del IV Congr. Int. di St. Etiopici (Roma, Acc. Naz. dei Lincei, 10—15 aprile 1972), I, Probl. attuali di Sc. e Cultura Quad. 191, Roma 1974, pp. 141—193 (su Apollonio).

[18] «... ma di questa fiera, che la gente chiama tiranno, ignoro quante teste abbia, nè se le sue unghie siano artigli e zanne i denti. Eppure si dice che esso sia un animale politico e che abiti nel cuore delle città; ma di tanto è più feroce delle fiere dei monti e delle selve, quanto i leoni e i leopardi a trattarli con dolcezza si lasciano talvolta addomesticare e mutano natura, mentre il tiranno quando è blandito diventa ancora più crudele e divora ogni cosa ...» (a proposito di Nerone: già in ARIST., Pol. VII, 10—11, 1330 a sgg., nella descrizione della città ideale s'incontra l'osservazione che le città fortificate su alture dominanti costituiscono la struttura urbanistica più congeniale alla oligarchia o alla monarchia): cfr. PHILOSTR., V. A. IV, 38, tr. it. a c. di D. DEL CORNO, Vita di Apollonio di Tiana, Milano 1978, pp. 210—212; M. MAZZA, L'intellettuale come ideologo: Flavio Filostrato ed uno «speculum principis» del III secolo d. C., in Il comportamento dell'intellettuale nella società antica, Atti delle Settime Giornate Filologiche Genovesi 1979, Genova 1980, pp. 33—66 e spec. 56 sgg. Occorre peraltro rilevare che l'idea del tiranno come essere bestiale e solitario (θηρίον), in contrapposizione all'uomo biologicamente ζῷον, cioè essere animato, risale alla classificazione aristotelica che concatenava in progressione discendente uomini / esseri infraumani (schiavi barbari e ζῷα, cioè animali domestici o addomesticabili, capaci di vivere in collettività) / bestie selvagge (θηρία o ἄγρια, incapaci di vita collettiva) / cose inanimate. Su tutto ciò, cfr. J. MODRZEJEWSKI, Ulpien et la nature des animaux, in La filosofia greca e il diritto romano (Roma, Acc. Naz. dei Lincei, 14—17 aprile 1973), Probl. attuali di Sc. e Cultura Quad. 221, I, Roma 1976, pp. 177—199 e spec. 180 sgg. (il quale, per una più approfondita analisi dello schema aristotelico in tutte le sue implicazioni, rimanda a A. HOULOU, Aux origines de la monarchie hellénistique: La lettre d'Aristote à Alexandre sur la politique envers les cités, Paris 1974 [polyc.], pp. 193—195, contributo che qui segnalo pur non essendo riuscita a prenderne visione).

area di sicurezza contrapposta alle solitudini abitate soltanto da animali feroci, da predoni, da forze demoniache in agguato, la cui aggressione — estranea a qualsivoglia valutazione morale — appare costantemente perpetrata al di fuori dello spazio urbano. Della funzione sociale e culturale di questo spazio le piazze, le terme, gli acquedotti, le scuole, le strade, gli edifici monumentali rappresentano, per così dire, la «trascrizione stenografica» (è un'espressione di Moses FINLEY)[19]. Per Pausania, ad esempio, Panopeo nella Focide non meritava né il nome né la funzione di città essendo sprovvista di un ginnasio, di un teatro, di un mercato, di una sorgente e di fontane[20]. Fra il 324/326 e il 331 d. C. un testo epigrafico ha preservato la richiesta di Orkistos nella Frigia, che aveva perduto il rango di *civitas* fra il 237 e il 324 divenendo κώμη dipendente da Nacolia (per calo demografico o altre ragioni): l'*oppidum* pretendeva ora da Costantino la reintegrazione nel *nomen et dignitas* di città dal momento che vantava un foro adorno di statue, *lavacra* pubblici e privati, mulini idraulici, fontane, abitanti danarosi, una buona rete viaria[21]. Accanto agli elementi urbanistici fin qui enumerati, quando i tempi si fanno insicuri la presenza di mura — già simbolo di civiltà «cittadina» contrapposta alla barbarie nell'unificazione e nel rinnovamento urbanistico promossi da Roma — acquista uno speciale rilievo in quanto garanzia di una sicurezza, senza la quale la città non appare neppure degna di tal nome, *civitas ruralis* dirà Cassiodoro (cui farà eco in Oriente anche Procopio), vale a dire spazio esposto a ogni assalto esterno alla medesima stregua delle campagne[22].

---

[19] Cfr. M. FINLEY, The Ancient Economy, Berkeley & Los Angeles 1973, cap. 5; fonti in CRACCO RUGGINI, CRACCO, Changing Fortunes cit., spec. pp. 457—471.

[20] Cfr. PAUS., X, 4, 1; FINLEY, The Ancient City cit.

[21] Cfr. M. A. M. A. VII, nr. 305; l'inscrizione è stata ripubblicata, tradotta e ristudiata esaustivamente da A. CHASTAGNOL, L'inscription constantinienne d'Orcistus, «M. É. F. R. A.» 93, 1981, pp. 381—416.

[22] Per Cassiodoro e Procopio, vd. oltre, n. 55. Sull'immagine dell'Italia personificata e adorna di corona turrita (a mura di città) — espressione di quella fisionomia unitaria che Roma aveva saputo ottenere soprattutto attraverso la massiccia opera di municipalizzazione nel I secolo a. C. —, immagine che compare, forse per la prima volta, sulla Gemma Augustea e poi nell'iconografia monetale a partire da Traiano, cfr. Lellia CRACCO RUGGINI, G. CRACCO, L'eredità di Roma, in Storia d'Italia, V, Torino, Einaudi, 1973, pp. 3—45 e spec. 14 con n. 5 e 23 con nn. 3—5. Sulla politica romana di urbanizzazione come strumento di unificazione civile, cfr. spec. E. GABBA, Urbanizzazione e rinnovamenti urbanistici nell'Italia centro-meridionale del I secolo a. C., «St. Class. e Or.» 21, 1972, pp. 73—112. Sulla valorizzazione delle mura come elemento difensivo nel tardo impero, cfr. ad esempio LI-

In uno studio del '72 sul mito della città ideale nel Rinascimento, R. LE MOLLÉ ha fatto luce appunto sulle sopravvivenze visualizzate di questo concetto classico nell'arte del Medioevo e del Rinascimento, ove la città si è fatta «segno» in senso sociologico, articolazione simbolica ricorrente dello «spazio sicuro» in opposizione allo spazio esterno alle mura, che è invece sfondo immancabile di tutti i martirî, le sentenze capitali, le uccisioni, le torture, gli assalti dei nemici, dei draghi, dei mostri, dei diavoli[23]. Ovviamente, i precedenti letterari potrebbero moltiplicarsi, da Tacito (che contrappone i *fera animalia* agli animali domestici, come simboli della differenza fra i Germani — bellicosi e nomadi — e i Romani che vivono in città murate)[24]; al Digesto (ove la distinzione fra animali domestici e bestie selvagge in rapporto alle eventuali responsabilità per danni dei loro padroni si rifà a schemi di derivazione aristotelica)[25]; a Cassiodoro, che nell'esortare in nome di Teoderico i *possessores* e *curiales* dei Bruttii a frequentare le *civitates*, rinunciando a ritrarsi nella *rusticitas* fra i coloni delle proprie terre, celebra gli elementi costitutivi della vita urbana (*liberales scholae, fora, balnea*) e contrappone la vita associata sia dell'uomo sia degli animali più miti

BAN., Or. XI (lodi di Antiochia), ove elemento panegirico di spicco — accanto alla positura, le comunicazioni facili, la popolosità, la ricchezza culturale, i monumenti antichi e moderni (§§ 203 sgg.) — diventa la capacità di difesa contro gli assalti nemici: un elemento del resto sottolineato per Antiochia, sempre nel IV secolo avanzato, anche da AUSON., Ordo nob. urb. 4—5 *(infidis opponitur aemula Persis)*; cfr. inoltre AUSON., Ordo nob. urb. 9 (Aquileia), 13 (Tarragona), 18 (Tolosa), 20 (Bordeaux); ISID., Etymol. XV, 2, P. L. 82, coll. 536—541; R. RE-BUFFAT, Enceintes urbaines et insécurité en Maurétanie Tingitane, «M. É. F. R. A.» 86, 1974, pp. 501—522 (che, per il II secolo d. C., esclude un rapporto fra construzione di mura e minacce esterne nella regione, e sottolinea piuttosto la funzione esornativa).

[23] Cfr. R. LE MOLLÉ, Le mythe de la ville idéale à l'époque de la Renaissance italienne, «Ann. Sc. Norm. Sup. di Pisa», ser. III, 2, 1, 1972, pp. 275—310 e spec. 278 sgg. Sui modelli letterari (già antichi) di siffatta articolazione simbolica, cfr. CRACCO RUGGINI, Changing Fortunes cit., p. 460 con n. 1.

[24] Cfr. TAC., Hist. IV, 64—65: nel 69 d. C. i Tenteri mandano un'ambasceria ai cittadini di Colonia che si era ribellata a Roma, congratulandosi con essi per il ritorno alle tradizioni etniche *(redisse vos in corpus nomenque Germaniae)* e chiedendo di abbattere le mura cittadine in quanto simbolo della loro schiavitù a Roma *(munimenta servitii)*; ma gli Agrippinesi rifiutano di demolire le loro mura, garanzia di difesa e ormai parte della tradizione patria, pur celebrando la riconquistata libertà.

[25] Cfr. spec. MODRZEJEWSKI, Ulpien cit., e partic. pp. 188 sgg. (a proposito di un passo del libro XVIII ad Edictum di Ulpiano, in Dig. 9, 1, 1); vd. pure n. 18.

a quella solitaria degli animali da preda, che amano isolarsi negli *agri* e nelle *silvae*[26].

Su questo ramo del tutto pagano della tradizione, con il diffondersi del giudaismo ma soprattutto del cristianesimo, venne poi a innestarsi un altro «modello» urbano fondamentalmente negativo, quello di derivazione scritturale vetero- e neotestamentaria: in esso la città, contrapposta agli spazi extraurbani, svolge quasi sempre un ruolo distruttivo, ostile. Il primo fondatore di città — precursore a un tempo delle tecniche e dell'arte ingannatrice della parola — fu Caino; Babele, Sodoma e Gomorra ricorrono come emblemi di corruzione e di confusione; nel deserto si scandì invece l'epopea nomade del popolo eletto, e più tardi risonò l'annuncio del Battista; le aretalogie dei Sinottici non toccano le grandi città della Palestina, e Gerusalemme compare come città ormai guasta e votata alla distruzione, teatro della catastrofe finale, della Passione. La «Gerusalemme celeste» della tradizione cristiana non è che la proiezione «utopica» di un ideale che l'uomo non potrà mai realizzare[27].

Si trattava, in sostanza, di relitti di culture pre-agricole: elaborati in ambienti diversi, non tutti di eguale antichità, essi si combinarono in varie alchimie e dosaggi nell'universo mentale dell'uomo romano, affiorando puntualmente nelle ricorrenti critiche alla civiltà urbana[28] e sot-

---

[26] Cfr. CASS., Var. VIII, 31 (527 d. C.), M. G. H., A. A. XII, pp. 259—260; su Cassiodoro e la sua opera, cfr. da ultimo J. O'DONNEL, Cassiodorus, Berkeley 1979, con rec. di G. W. BOWERSOCK, «The American Scholar», autumn 1981, pp. 546—552.

[27] Cfr. spec. Gen. 4, 17—24 (Caino fonda Henok; cfr. A. EHRENZWEIG, Kain und Lamech, «Z. A. T. W.» 35, 1915, pp. 1—11, che ha accostato Caino e Romolo come protagonisti di leggende rituali eziologiche destinate a spiegare i sacrifici umani, in connessione con la fondazione di città); Ibid. 11, 1—9 (episodio della torre di Babele, nel contesto della costruzione di una città); Ibid. 13, 13 (Sodoma); utile rassegna di passi biblici in merito da ultimo in E. JACOB, Appreciation positive et négative de la ville dans les anciennes traditions d'Israel, «Ktema» 2, 1977, pp. 17—23.

[28] Fra gli innumerevoli passi di storici, filosofi, poeti autori di satire e di epigrammi, cfr. ad esempio SEN., Epp. 56 e 80; ID., Cons. Helv. VI, 2—3; PHILO, Quod omnis probus liber sit, 76 (critiche degli Esseni alla vita cittadina); LUCIAN., Nigrin. 15 sgg. (per cui vd. J. PALM, Rom, Römertum und Imperium in der griechischen Literatur der Kaiserzeit, Lund 1959, pp. 44—56; A. N. SHERWIN-WHITE, Racial Prejudice in Imperial Rome, Cambridge Un. Press 1967, pp. 62 sgg.; Lellia CRACCO RUGGINI, Pregiudizi razziali, ostilità politica e culturale, intolleranza religiosa nell'impero romano, «Athenaeum», n. s. 46, 1968, pp. 139—152 e spec. 144; vari paralleli in J. BOMPAIRE, Lucien écrivain, Paris 1958, pp. 499—513); per Dione di Prusa vd. sopra, n. 16; per Marziale, cfr. R. HOFMANN, Aufgliederung der The-

terraneamente alimentando le spinte anacoretiche sia degli eroi dell'ascesi aristocratica pagana (si pensi alle Vitae Sophistarum di Eunapio a fine IV secolo, e al neoplatonico Edesio che abbandona i suoi successi di retore rinomato in Asia per ritirarsi nelle aspre solitudini della Cappadocia), sia dei monaci cristiani d'Egitto, Siria, Palestina, Asia Minore, emuli (vincenti) dei ϑεῖοι ἄνδρες del paganesimo. Se ne leggeranno gli esiti tardivi ancora nelle critiche alla vita urbana *(urbanitas)* del cardinale-eremita Pier Damiani nell'XI secolo[29]. In Occidente, tuttavia (Italia, Gallia, ecc.), il monachesimo non fu quasi mai fuga dalle città ma, al contrario, si configurò funzionalmente alle città[30].

Merita osservare che le critiche alla vita urbana, così come il grande successo dell'anacoresi a tutti i livelli della società, coincidono con una fase di sviluppo ancora pieno del fenomeno cittadino; rappresentano, anzi, l'alternativa compensatrice e di rottura nei confronti di una *civi-*

men Martials, «Wiss. Zeitschr. der Un. Leipzig», Gesell. u. sprachwiss. R. 6, 1956—1957, pp. 433—474 e spec. 452 con n. 80; per Ammiano Marcellino, cfr. A. DEMANDT, Zeitkritik und Geschichtsbild im Werk Ammians, Diss. phil., Marburg 1963, Bonn 1965, pp. 14—21, e H. P. KOHNS, Die Zeitkritik in den Romexkursen des Ammianus Marcellinus, Zu Anm. Marc. 14, 6, 3—26; 28, 4, 6—35, «Chiron» 51, 1975, pp. 485—491; per Girolamo, cfr. F. PASCHOUD, Roma Aeterna, Études sur le patriotisme romain dans l'Occident Latin à l'époque des grandes invasions, Bibliotheca Helvetica Romana 7, Neuchâtel 1967, pp. 212—213; CLASSEN, Die Stadt cit., pp. 15 e 81—82 (n. 93).

[29] Cfr. EUN., V. S. VI, 4, 1—7, ed. G. GIANGRANDE, Roma 1956, p. 24; Lellia CRACCO RUGGINI, Sofisti greci nell'impero romano, «Athenaeum», n. s. 49, 1971, pp. 402—425 e spec. 412 con n. 36 bis; EAD., Imperatori romani e uomini divini (I—VI secolo d. C.), in Lellia CRACCO RUGGINI, M. MAZZA, P. BROWN, Governanti e intellettuali, popolo di Roma e popolo di Dio, Torino 1982; EAD., I vescovi e il dinamismo sociale nel mondo cittadino di Basilio di Cesarea, in Basilio di Cesarea, la sua età e il basilianesimo in Sicilia, nel XVI centenario (Messina, 3—6 dicembre 1979), Messina 1982, pp. 97—124; P. BROWN, Sorcery, Demons, and the Rise of Christianity: From Late Antiquity Into the Middle Ages (1970), in ID., Religion and Society in the Age of Saint Augustine, London 1972, pp. 119—146; ID., The Rise and Function of the Holy Man in Late Antiquity, «J. R. S.» 61, 1971, pp. 80—101; M. MEES, Pilgerschaft und Heimatlosigkeit, Das frühe Christentum Ostsyriens, «Augustinianum» 19, 1979, pp. 53—73. Sulle critiche di Pier Damiani (1007—1072) alla infida celebrazione della *paupertas* nelle città, e alle *artes liberales* in esse coltivate in quanto madri (attraverso la dialettica) di tutte le eresie, cfr. E. WERNER, Stadt und Geistesleben im Hochmittelalter, 11. bis 13. Jahrhundert, Weimar 1980, pp. 41 sgg.

[30] Cfr. FÉVRIER, Le developpement urbain cit., spec. pp. 440 sgg.; CRACCO RUGGINI, Imperatori e uomini divini cit.; EAD., I caratteri originali del cristianesimo in Sicilia (III—X secolo), in La Sicilia rupestre nel contesto delle civiltà mediterranee, Sesto Conv. di Studio, Catania-Pantalica-Ispica, 8—12 settembre 1981 (attualmente in stampa).

litas tesa a livellarsi e a irrigidirsi nell'autocompiacimento e nell'auto-conservazione; e fanno particolare riferimento negativo alle megalopoli sovraffollate di proletari sottoccupati, sradicati e riottosi, che l'inesausto impegno evergetico dei ceti dirigenti stentava a tenere a freno[31]. Soltanto in seguito (VI secolo), di pari passo con la contrazione della vita urbana sia nell'area romano-barbarica sia in quella bizantina (sebbene con motivazioni diverse), si ha l'impressione che gli esiti si diversificassero radicalmente: in Occidente sfociando in un'accentuata conversione della santità e dei carismi verso le campagne, il nuovo «spazio sicuro» dall'imperversare dei barbari divenuti dominatori politici; in Oriente raccogliendo invece questi nuovi elementi di forza precipuamente entro gli spazi urbani e suburbani, a loro rivitalizzante sostegno[32].

Il rifiuto della *civilitas* imperniata sulla città, nelle varie espressioni intellettuali e nelle manifestazioni concrete, rappresenta un aspetto — certo il più vistoso — del cedimento, direi quasi dell'«esplosione» del quadro urbano tradizionale. Ma vi furono anche rimescolamenti degli

[31] Cfr. spec. Lellia CRACCO RUGGINI, Nuclei immigrati e forze indigene in tre grandi centri commerciali dell'impero, in Roman Seaborne Commerce, Studies in Archaeology and History, ed. by J. H. D'ARMS, E. C. KOPFF, Memoirs of the Am. Ac. in Rome 36, Roma 1980, pp. 55—76 (con ulteriore bibliografia ivi); in particolare per la città di Roma, cfr. P. BROWN, The Cult of Saints, Its Rise and Function in Latin Christianity, Un. of Chicago Press 1981, spec. pp. 23 sgg. (cap. 2); ID., Dalla *plebs Romana* alla *plebs Dei*: Aspetti della cristianizzazione di Roma, in CRACCO RUGGINI, MAZZA, BROWN, Governanti e intellettuali cit.; per il mondo bizantino, cfr. Évelyne PATLAGEAN, Pauvreté economique et pauvreté sociale à Byzance, 4e—7e siècles, Paris 1977, spec. pp. 181—196 (De la générosité antique à la charité chrétienne).

[32] Cfr. CRACCO RUGGINI, Universalità e campanilismo cit., spec. pp. 191 sgg.; EAD., I caratteri originali cit.; G. CRACCO, Chiesa e cristianità rurale nell'Italia di Gregorio Magno, in Medioevo rurale, Sulle tracce della civiltà contadina, a. c. di V. FUMAGALLI e Gabriella ROSSETTI, Bologna 1980, pp. 361—379. Sulle città italiche nel VI secolo come centri fortificati di acquartieramenti militari, cfr. ad esempio PROC., De b. G. II, 16 e 20; III, 11 (su Fermo, divenuta base strategica bizantina; quivi papa Gregorio Magno, alcuni decenni più tardi, si studiò di mantenere ben salda la preminenza e il controllo del clero cittadino sulle strutture ecclesiastiche suburbane e agresti: ad esempio vietando la presenza di *presbyteri cardinales* in oratorî suburbani fondati da privati su loro proprietà, come quello dedicato al beato martire Sabino dal *notarius* della Chiesa di Fermo Valerianus sul *fundus Visianus*: cfr. GREG., Reg. Epp. IX, 58, del 598, a Passivus, vescovo *Firmianae civitatis*).

schemi tràditi — vuoi di mentalità, vuoi di morfologia urbana — più sottili da percepire correttamente, però più duraturi e determinanti.

Occorre rifarsi all'ideologia classica della città, quella in positivo che finora abbiamo soltanto sfiorato, a contrappunto dei «momenti negativi». La città, s'è detto, costituì un tutto rispetto al territorio circostante, fu un coagulo di vita sociale intrinseco alla stessa nascita e allo sviluppo della vita agricola: non per caso Strabone, alle soglie dell'impero, prevedeva che i barbari da poco sottomessi a Roma in Occidente e a Settentrione si sarebbero civilizzati non appena si fossero dedicati all'agricoltura, approdando q u i n d i alla vita urbana[33]. Al termine della parabola di Roma Cassiodoro, più esplicitamente, parla delle *civitates* dell'Italia meridionale come blocchi unitari di *agri* e di *foci patrii*, ove *coloni* e *rustici* — divisi nelle sedi dalle residenze dei *potentes* — *vivunt ... epulis urbanorum*[34]. Lo studio recente di André CHASTAGNOL sul culto imperiale a Rennes (il solo capoluogo di *civitas*, finora, ove tale organizzazione emerga con sufficiente chiarezza dall'epigrafia locale) ha mostrato a sua volta come esso, pur avendo sede nel centro urbano, fosse scandito in rapporto al territorio, associandosi alle divinità indigene protettrici di ogni *pagus*[35].

Peraltro, l'idea che gli antichi ebbero di città fino alle soglie dell'età bizantina fu fondamentalmente p o l i t i c a. La πόλις era nata come spazio pubblico retto dalla legge (umana e divina), ed era stata quindi sentita fin da principio nella sua istituzionalità come «cosa pubblica», proprietà comune del corpo sociale; la sua funzionalità economica era l'assorbimento della popolazione eccedente, che le attività agricole non bastavano a sostenere[36]. In un'ottica siffatta, il cittadino inclinò a con-

---

[33] Cfr. STRAB., IV, 1, 5, che FINLEY, The Ancient City cit., pp. 308—309, cita a illuminante riprova del fatto che «no ancient author considered the relationship between the urban and the rural sector in terms of acquisition, production and exchange of goods»; più in generale SHERWIN WHITE, Racial Prejudice cit. pp. 3—18; CRACCO RUGGINI, Pregiudizi razziali cit., pp. 139—140.

[34] Cfr. CASS., Var. VIII, 31 (527 d. C.).

[35] Cfr. A. CHASTAGNOL, L'organisation du culte impérial dans la cité des *Riedones* à la lumière des inscriptions de Rennes, in Anne-Marie ROUANET-LIESENFELT, La civilisation des *Riedones*, Brest 1980, pp. 187—199.

[36] Cfr. D. LANZA, M. VEGETTI, C. CAIANI, F. SIRCANA, Forme materiali e ideologie del mondo antico, 1, Napoli 1977, pp. 13—27 (D. LANZA, M. VEGETTI, L'ideologia della città); vd. pure L. R. MENAGER, Naissance de la Cité et formation du concept de «classe», in Terre et paysans dépendants dans les sociétés antiques (avec le concours du Centre de Rech. d'hist. anc. de Besançon), Ed. du C. N. R. S., Paris 1979, pp. 133—138.

cepire se stesso come un rentier della città; e pretese che essa trasformasse i suoi strumenti politici in mezzi di finanziamento per i consumi, attraverso tributi, ecc. Ciò non fu men vero per Roma capitale e poi per Costantinopoli (l'*altera Roma*) che per gli imperi di Atene e di Sparta: ancora nell'avanzato IV secolo d. C., per esempio, le distribuzioni annonarie urbane erano reclamate dalla plebe di Roma non già a titolo assistenziale (come lo stato, realisticamente, cominciò poi a definirle nel VI secolo)[37], bensì come privilegio politico gelosamente controllato, spettante ai soli *cives domo Roma* (si pensi alle ripetute estradizioni di *peregrini* nel corso di carestie o di crisi d'approvvigionamento, durante la seconda metà del IV secolo)[38]. Racconta Ammiano Marcellino che Lampadio — l'orgoglioso prefetto urbano del 365 – 366 — quando, infastidito dalla plebe tumultuante con sempre nuove richieste, volle sfidarla con un gesto sprezzante ed eccezionale ma al tempo stesso degno della propria *liberalitas,* fece chiamare gli *egentes* del Vaticano (cioè i veri «poveri» di Roma) e distribuì loro molte ricchezze[39]. Il «lavoro» del cittadino si identificava insomma (per lo meno in linea di principio) con la politica, attribuendo quindi ad essa quel ruolo strutturale che in altri sistemi è rivestito dalle forze di produzione[40]; e anche durante l'impero il proletariato urbano rimase convinto — probabilmente con ragione — di svolgere un suo ruolo determinante sia pure a livello clientelare, attraverso quel peculiare rapporto sempre in bilico fra asservimento e rivolta, parassitismo e sommossa, che caratterizzò la simbiosi

[37] Cfr. Nov. Iust., del 539 d. C.; PATLAGEAN, Pauvreté économique cit., pp. 185 sgg.

[38] Cfr. D. VAN BERCHEM, Les distributions de blé et d'argent à la plèbe romaine sous l'empire, Genève 1939; RUGGINI, Economia e società cit., spec. pp. 152 sgg.; H. P. KOHNS, Versorgungskrisen und Hungerrevolten im spätantiken Rom, Antiquitas, R. 1., 6, Bonn 1961, passim; sulla ideologia dell'Urbe e della sua plebe in Simmaco, Ammiano Marcellino e la Historia Augusta, cfr. pure D. VERA, La polemica contro l'abuso imperiale del trionfo: rapporti fra ideologia, economia e propaganda nel Basso Impero, «Riv. St. dell'Ant.» 10, 1980, pp. 89—132.

[39] Cfr. AMM. MARC., XXVII, 3, 5—7 (ove, con *plebs, plebs infima,* si indica il proletariato di Roma, spesso tumultuante; con *egentes* i poveri del Vaticano; con *pauperes* la popolazione attiva di basso rango, alla quale venivano per esempio requisite partite di ferro, bronzo e piombo per le costruzioni pubbliche di Roma); interessanti osservazioni sull'episodio di Lampadio in BROWN, Dalla *plebs Romana* alla *plebs Dei* cit.

[40] Cfr. CRACCO RUGGINI, Nuclei immigrati cit.; vd. pure EAD., La vita associativa nelle città dell'Oriente greco: tradizioni locali e influenze romane, in Assimilation et résistance à la culture gréco-romaine dans le monde ancien, Travaux du VIe Congrès Int. d'Ét. Class. (Madrid, Septembre 1974), Paris & Bucureşti 1976, pp. 463—491.

fra mob e ceti dirigenti sino alle soglie dell'età industriale[41]. Per questo la responsabilità economica del mantenimento dei *cives* si andò trasferendo a parziale carico dell'evergetismo municipale (in forme talvolta quasi istituzionalizzate, di «doni obbligatori»)[42]. Erano ormai le aristocrazie locali a gestire la Lokalpolitik, di respiro sempre più corto ma da esse caparbiamente e lungamente difesa come proprio privilegio e monopolio, secondo gerarchie che tendevano a escludere ogni elemento estraneo alla «piccola patria»[43]. Sennonché, all'interno della permanente concezione politica di fondo della città, il rapporto fra questa e l'uomo, il cittadino, attraverso i secoli aveva conosciuto mutamenti radicali. Nel mondo greco arcaico l'individuo era stato considerato e fatto oggetto d'analisi soltanto in quanto omologo alla città (nel senso di comunità). Saggio era considerato colui che riproduceva con felice equilibrio la εὔνοια politica nel governo della propria anima; e Platone aveva teorizzato la specularità fra πόλις e individuo, fra l'articolazione ternaria dell'anima e le tre regole del comportamento individuale e collettivo[44]. Ma una volta mutato alla πόλις il suo carattere di autosufficienza, l'individuo aveva finito col distaccarsene, con il costituire, per così dire, una società a se stesso. Logorata, nel IV secolo a. C., la coesione del corpo sociale della πόλις, sopravvenuta la sua crisi, la città era andata adeguandosi all'uomo e non più viceversa: dall'uomo come micropolis si passò così all'idea della città come individuo, com'esso soggetta a cicli biologici e a fatalità non controllabili[45].

[41] Cfr. spec. E. J. Hobsbawn, Primitive Rebels, Studies in Archaic Forms of Social Movement in the 19th and 20th Centuries, Manchester 1959 = tr. it. I ribelli, P. B. E., Torino 1966, spec. pp. 138—160 (cap. 7).

[42] Cfr. C. Th. XIV, 16, 1, del 409 d. C. (riguardante la città di Costantinopoli); per Roma, attraverso soprattutto l'epistolario di Simmaco e il De officiis di Ambrogio, cfr. Ruggini, Economia e società cit., passim; Ead., Ambrogio e la compagine sociale cit.

[43] Cfr. Cracco Ruggini, Nuclei immigrati cit.; Ead., Les structures de la société et de l'économie lyonnaises au IIe siècle, par rapport à la politique locale et impériale, in Les martyrs de Lyon (177), Lyon 20—23 Septembre 1977, Coll. Int. du C. N. R. S. 575, Paris 1978, pp. 65—92 + prospetto sinottico (sui meccanismi della mobilità sociale e politica nell'àmbito municipale di Lione).

[44] Cfr. spec. PLAT., Resp. 434 C—436 A; F. Sircana, Le figure platoniche della scrittura e della moneta, in Forme materiali cit., pp. 105—117.

[45] Cfr. fonti citt. in Schnayder, De urbibus emortuis cit., pp. 295—304. Ancora per le città della Lybia travolte dall'occupazione vandala, cfr. THEODORETH., Ep. 22 a Eusebio vescovo di Ancyra (... οὐ μόνον τινὲς τῶν ἀνθρώπων τῆς εὐκληρίας ἐκπίπτουσιν, ἀλλὰ καὶ πόλεις καὶ ἔθνη τὴν εὐπραξίαν ἀποβάλλουσι καὶ εἰς ἐσχάτην μεταπίπτουσι δυσχληρίαν ...).

L'emergere di forme economiche mercantilistiche aveva avviato un processo di privatizzazione delle ricchezze monetarie fuori dagli àmbiti politici tradizionali dell'economia agraria (e proprio per questo Aristotele — che mantenne la città al centro della sua ideologia — si sforzò di occultare la formazione di tali nuovi sistemi di potere, che ne minacciavano lo spazio politico)[46]. Di pari passo, si delineò una concezione della città (Atene nella fattispecie) estrapolata dal suo contesto territoriale suburbano, ristretta al proprio nucleo politico, sociale e culturale: è questa l'idea che soggiace alla identificazione della πόλις ateniese con gli uomini imbarcati sulle 200 triremi già in Erodoto, in riferimento a Salamina[47]; è poi anche l'idea di Atene come «isola» tutta protesa verso il mare, decisa a disinteressarsi οἰκιῶν καὶ γῆς, nel discorso che Tucidide mette in bocca a Pericle: sono infatti gli uomini che fanno una città, non le mura o i vascelli vuoti di uomini, ribadisce Nicia nell'allocuzione agli Ateniesi[48].

Al di là delle vicende di Atene in quanto πόλις (che qui poco interessano), i passi ora citati sono importanti per vedere come la metafora antichissima dell'eroe (più tardi dell'oplita) πύργος e τοῖχος della propria città — metafora già presente in Omero, Callino e Alceo, poi discesa come topos fino a Livio, Elio Aristide, Libanio, all'elogio di Costanzo, e del resto presente in tutta la pubblicistica e aneddotica laconizzanti su Sparta ἀτείχιστος[49] — potesse venire sussunta in accezioni

---

[46] Cfr. D. LANZA, M. VEGETTI, Conclusione, in Forme materiali cit., pp. 111 sgg.

[47] Cfr. HEROD., VIII, 61.

[48] Cfr. TUC., I, 143, 5—144, 4 (εἰ γὰρ ἦμεν νησιῶται ...; Pericle soggiunge che non dalle case e dalle terre dipendono gli uomini, ma esse dagli uomini: οὐ γὰρ τάδε τοὺς ἄνδρας, ἀλλ' οἱ ἄνδρες ταῦτα κτῶνται); VII, 77, 7 (ἄνδρες γὰρ πόλις, καὶ οὐ τείχη οὐδὲ νῆες ἀνδρῶν κεναί ...); O. LONGO, Atene fra polis e territorio, In margine a Tucidide, I, 143, 5, «St. It. di Filol. Cl.» 46, 1974, pp. 5—21; ID., La polis, le mura, le navi (Tucidide, VII, 77, 7), «Quad. di St.» 1, 1975, pp. 87—113.

[49] Cfr. Il., O, v. 736; CALL. I, vv. 17—21; ALC. 112, 10 L.-P.; LIV., XXI, 41, 15; ARISTID., Or. XLVI, 206 (= II, 273 D); ID., Or. XLII, 535 (= I, 791 D); ID., Or. XLIII, 555 (= I, 821); LIBAN., Or. XXXV, 11; C. FORSTER SMITH, What constitues a State?, «C. J.» 2, 1907, pp. 299—302; H. LL. HUDSON-WILLIAMS, Thukidides, Isocrates and Rhetorical Composition, «C. Q.» 42, 1948, pp. 76—81; O. LONGO, Ad Alceo 112, 10 L.-P.: per la storia di un topos, «Boll. dell'Ist. di Filol. Gr.» 1, 1974, pp. 211—227. Su Sparta, cfr. ad esempio PLUT., Apopht. Lac. 228 E (Licurgo) e 217 E (Antalcida); ID., Ibid., Ages. 55 (= Mor. 212 E); SEN., Suas. II, 4; VAL. MAX. III, 7. Da Plutarco questa aneddotica laconizzante sarebbe arrivata a Machiavelli, Shakespeare, G. B. Vico: cfr. LONGO, Ad Alceo cit., n. 37. Sul topos dell'uomo «muro» (cioè difesa per eccellenza) della propria città, da Omero a Ennio, a Virgilio, cfr. pure A. RONCONI, Interpreti latini di Virgilio,

e contesti affatto diversi: privilegiare l'elemento umano significò infatti per lo più riaffermare la sopravvivenza di una città anche quando eventi avversi minacciavano o travolgevano quelle strutture monumentali che si era soliti identificare come elementi costitutivi essenziali della realtà urbana, quasi trascrizione visualizzata della stessa idea politica di città. Vi fece ricorso ancora Agostino, per proclamare la sopravvivenza di Roma come città di uomini — di uomini che credono in Cristo —, dopo che la razzia alariciana del 410 aveva sfregiato il venerando ὀμφαλός dell'ecumene suscitando turbamento in tutto l'impero[50].

Siamo in un momento delicato nella vicenda della cristianizzazione: il *populus christianus* ancora si identifica sostanzialmente con la città, si riconosce in essa. Il culto cristiano «trionfa nelle grandi città», scrive il poeta galloromano Severus Sanctus Endelechius, probabilmente dopo il 386[51]; e il termine *paganus* in Occidente, sempre in questi medesimi decenni, acquista definitivamente il suo significato religioso, dopo avere per lungo tempo indicato, più genericamente, «colui che è tagliato fuori (o è alla periferia) rispetto a ciò che conta», e quindi — con mutazione semantica significativa — tutto quanto è «paesano», «agreste»[52].

Torino 1973, p. 23, e considerazioni generali interessanti ora in C. AMPOLO, La politica in Grecia, Un. Laterza, Roma & Bari 1981, pp. 81 sgg.; in particolare per l'iscrizione metrica a Costanzo, vd. oltre, n. 56.

[50] Cfr. AUGUSTIN., Sermo 81, 9, P. L. 38, coll. 499—506 *Ecce, inquit, christianis temporibus Roma perit. forte Roma non perit; forte flagellata est, non interempta . . . forte Roma non perit, si Romani non pereant. non enim peribunt, si deum laudabunt; peribunt, si blasphemabunt. Roma enim quid est, nisi Romani?* Cfr. pure ID., De urbis exc. Sermo, spec. II—III e VI, 6, C. C., Ser. Lat. 46, pp. 251 sgg. e 258 (*An putatis, fratres, civitatem in parietibus et non in civibus deputandam?*); ID., Sermo 105, P. L. 38, coll. 621—622; ID., Sermo 296, 5—8, coll. 1355—1357.

[51] *Signum quod perhibent esse crucis Dei, / magnis qui colitur solus in urbibus, / Christus, perpetui gloria numinis, / cuius Filius unicus, / hoc signum mediis frontibus additum / cunctarum pecudum certa salus fuit.* Nel suo poema bucolico, il poeta galloromano (il quale fu probabilmente titolare a Roma di una cattedra ufficiale di retorica) esalta Cristo risanatore di animali, in seguito a guarigioni miracolose di greggi cui era stato apposto il segno della croce sulla fronte, probabilmente nel corso della epizoozia del 386 in Gallia: un episodio celebrato appunto dal poeta come una novità, segno del radicarsi anche nelle campagne del culto cristiano, sinallora vittorioso soprattutto nelle grandi città. Su Severus Sanctus Endelechius, cfr. da ultimo J. FONTAINE, Naissance de la poésie dans l'Occident chrétien, Esquisse d'une histoire de la poésie latine chrétienne du IIIe au VI siècle, Paris 1981, p. 95.

[52] Cfr. spec. Émilienne DEMOUGEOT, Remarques sur l'emploi de *paganus*, in St. in on. di A. Calderini e R. Paribeni, Milano 1956, I, pp. 337—350; EAD., *Paganus*

Anche in Oriente, i vescovi del IV secolo si adoperano attivamente per consolidare la propria autorità politica (base indispensabile per l'affermazione di quella spirituale, in una età di roventi lotte ereticali) cercando l'appoggio dei ceti che strumentalmente più contano in città, cioè del δῆμος attivo degli artigiani, dei βάναυσοι; e trascurano invece la χώρα, anche in regioni tutte strutturate sul latifondo come per esempio la Cappadocia[53]. Pure i loro oppositori eretici inseguirono consensi cittadini, in mancanza di meglio tra le frange emarginate e infime dell'ὄχλος proletario urbano; e solo in qualche caso vengono indotti dalle persecuzioni a prendere piede nelle campagne[54]. Ancora al tempo di Giustiniano, nel mondo bizantino, il potente impulso impresso dall'imperatore all'attività edilizia in tutto l'impero — specialmente nei settori dell'architettura difensiva, militare e sacra — si limitò ai centri urbani, e fu avvertito dai contemporanei come coronamento e trascrizione dell'attività politica: tanto che Procopio, alquanto bizzarramente, ne considerò l'accurata descrizione nel De aedificiis come un completamento della narrazione storica[55]. In tale contesto — come già in quello della grecità sino al tempo di Aristotele e poi della romanità premuta dalla *barbaries* germanica nelle zone renane al tempo di Tacito — le mura

---

Mithra et Tertullien, in Studia Patristica, III, Berlin 1961, pp. 354—365; Lellia CRACCO RUGGINI, Il paganesimo romano tra religione e politica (384—394 d. C.): per una reinterpretazione del «Carmen contra paganos», Mem. Acc. Naz. dei Lincei, Cl. di Sc. Mor., St. e Filol. 23, 1, Roma 1979, p. 46 con n. 120 (ulteriore bibliografia ivi).

[53] Cfr. CRACCO RUGGINI, I vescovi e il dinamismo sociale cit. (con fonti ivi).

[54] Cfr. EAD., Ibid.

[55] Cfr. PROC., De aedif., Introd. al l. I, ove l'autore afferma di avere spesso riflettuto sui benefici assicurati da coloro che, attraverso la storia, hanno lottato contro il tempo e la sua usura, non soltanto con le loro imprese belliche ma anche con quelle edilizie: buon ultimo Giustiniano, di cui Procopio si dispone appunto a descrivere per città e per regioni, in sei libri, l'attività di costruttore, dopo averne narrato altrove (cioè nei libri sulle Guerre) le glorie belliche. Cfr. inoltre ID., Ibid. IV, 11 su Velluro nel Chersoneso, κώμη dell'interno, che per ricchezza e popolosità era da tempo pari a una città (... πλούτου μὲν δυνάμει καὶ πολυανθρωπίᾳ ἴσα καὶ πόλις), ma che l'assenza di mura aveva lasciato in balìa delle razzie barbare alla stessa stregua dei campi aperti (un concetto, questo, che troviamo anche in Cassiodoro, quando definisce Squillace *civitas ruralis* in quanto priva di mura: cfr. CASS., Var. XII, 15, del 535; RUGGINI, Economia e società cit., p. 317), finché Giustiniano non aveva provveduto a renderla degna di se stessa, facendone erigere le mura. Cfr. in generale O. VEH, Zur Geschichtsschreibung und Weltauffassung des Prokop von Caesarea, Wiss. Beil. zum Jahresbericht 1950/1951 des Gymnas. Chr.-E. Bayreuth (I. Teil), p. 21.

ridiventavano elemento qualificante e decisivo nella definizione di una città: un motivo particolarmente presente in tutte le fonti dall'avanzato IV secolo in avanti, siano esse Ausonio, Libanio, il celebre elogio in versi di Costanzo nell'iscrizione di Albenga, ovvero Cassiodoro[56].

Nel IV/V secolo — e ancora nel VI nel mondo bizantino — è dunque nelle città che si lotta per ciò che conta. I vescovi tendono pertanto a sostituirsi a tutti gli effetti ai patroni cittadini laici. E in questo patronato (che si estende alla tutela fiscale, alle distribuzioni di vettovaglie in tempo di carestia, alle intercessioni personali presso le autorità e la corte imperiali) un ruolo di particolare rilievo riveste l'attività edilizia (edifici sacri, conventi, santuari, nosocomi, xenodochii, ma anche officine artigianali, subordinatamente alle finalità religiose e pastorali): ne abbiamo testimonianze ad esempio per Basilio di Cesarea, Gregorio di Nissa e il vescovo omeusiano di Cizico Eleusio in Oriente, per Ambrogio di Milano, Damaso a Roma e molti altri presuli in Occidente. Il vescovo viene ora esaltato dalle iscrizioni per la sua μεγαλοψυχία di edificatore benemerito (φιλοχτίστης), proprio come l'evergeta-patrono del passato; gli «spazi cristiani» si vanno sostituendo a quelli degli edifici pagani, alle basiliche, ai teatri, ai bagni (già del resto nell'ultima parte del regno di Costantino gli abitanti di Orkistos avevano reclamato il diritto del loro centro a divenire da *vicus civitas,* in ragione tanto dei cospicui monumenti cittadini quanto del fatto che *omnes / [i]bidem sectatores*

---

[56] Sulla rilevanza delle fortificazioni, ancora nella città ideale aristotelica, cfr. ARIST., Pol. VII, 10—11, 1330 a sgg.; sul topos del cittadino «bastione» della propria città, vd. n. 49; per le altre fonti, vd. nn. 22, 24, 55. Sull'iscrizione metrica di Albenga in onore del generale Costanzo (divenuto imperatore dopo le nozze con Galla Placidia), il quale aveva riorganizzato la vita romana nelle Gallie e nella Liguria dilaniate dai barbari, e in particolare aveva restauranto gli edifici e il porto di Albenga rinnovando il volto urbanistico della città e dotandola di nuove mura, cfr. C. I. L. V, 7781 = I. L. S. 735. Nell'ultimo distico, l'allusione alle mura ricostruite si fonde con il topos ben noto dell'eroe vero «bastione» della patria (vd. n. 49; a quanto pare, la medesima metafora ritorna, sempre ad uso panegirico, anche in un'iscrizione metrica inedita segnalatami da E. Frézouls dell'Università di Strasburgo — che qui ringrazio —, ove la città siriaca di Cyrrhos ringrazia Giustiniano per avere ricostruito le sue mura, e al tempo stesso esalta l'imperatore come il migliore «bastione» di difesa della patria): . . . / *et rabidos contra fluctus gentes nefandas / Constanti murum nominis opposuit.* Su Albenga e le sue vicende urbanistiche, cfr. spec. N. Lamboglia, Liguria romana, Studi storico-topografici, Alassio 1939, I, pp. 126—127; Id., Albenga romana e medioevale, Bordighera 1957, pp. 16—17 e 82; Février, Le developpement urbain cit., p. 77.

sanctissimae religi/onis habitare dicantur)[57]. Ma in questo rapporto «clientelare» fra vescovi e cittadini qualcosa appare mutato rispetto alla tradizione; anzi, qualcosa era forse già mutato nel rapporto fra i patroni cittadini laici e le loro clientele per lo meno dal tempo di Dione di Prusa, per lo meno in alcune città di provincia (ove i concreti interessi locali più facilmente tendevano a travolgere l'ottica politica tradizionale). La clientela degli evergeti — strettamente politica — si avviava infatti, a poco a poco, a farsi economica. Le aristocrazie cittadine e poi, soprattutto, i vescovi scoprirono che era importante utilizzare tutte le forze, bisognose ma vive, della comunità urbana, che spesso erano proprio quelle politicamente estromesse. Già se ne rese conto Dione Crisostomo perorando nell'orazione XXXIII la causa dei «linaioli» di Tarso, esclusi dalla cittadinanza greca locale in quanto immigrati dalla campagna cilicia circostante, e tuttavia ossatura portante della principale produzione artigianale della città[58]: il sogno politico di Dione nella maturità (forse utopico e comunque allora osteggiato dalle aristocrazie locali greche, però precorritore) fu infatti quello di potenziare le strutture cittadine grazie anche all'apporto dell'elemento indigeno di provenienza regionale. Era una strada che in Occidente, per esempio in Gallia, già percorrevano alcune fiorenti comunità cittadine (per esempio Lione), e che in seguito le gerarchie cristiane avrebbero fatta propria.

Il problema che varrebbe la pena di porsi, e che andrebbe localmente verificato caso per caso sistematicamente, sarebbe questo: quanti e quali furono i mutamenti nella fisionomia architettonica urbana in rapporto a una mutata concezione della comunità, nella collocazione delle aree «pubbliche» del vivere sociale, nel plasmarsi di singoli quartieri e monumenti in relazione alla graduale metamorfosi nella qualità sociale delle clientele urbane, allo spostamento degli equilibri politici sul piano economico e sociale, ai nuovi, massicci interventi della Chiesa nelle funzioni degli spazi pubblici? La topografia religiosa, fra il IV e il VI secolo, in molti centri urbani registrò uno scorrimento dalle aree destinate al culto imperiale verso quartieri — sempre più estesi — di culto cristiano. Questi ultimi erano destinati, col tempo, ad assorbire quasi

---

[57] Cfr. ll. 39—42 dell'iscrizione di Orkistos, e CHASTAGNOL, L'inscription cit., p. 386. Per l'attività edilizia dei vescovi cappadoci, cfr. CRACCO RUGGINI, I vescovi e il dinamismo sociale cit.; più in generale PATLAGEAN, Pauvreté économique cit., pp. 197 e 208.

[58] Cfr. CRACCO RUGGINI, Nuclei immigrati cit., pp. 60—64, con nn. 36—70.

tutte le manifestazioni della vita pubblica, portando dunque all'identificazione del «popolo cristiano» con i «cittadini»: un'entità che si sarebbe contrapposta come blocco unitario ai «barbari», agli eretici, agli incolti[59].

Movetur Urbs sedibus suis, già annotava Girolamo nel IV secolo avanzato, osservando compiaciuto l'abbandono dei templi capitolini per le *memoriae Apostolorum* e per le tombe suburbane dei martiri (che, magari, a loro volta si sovrapponevano ad aree cultuali più antiche)[60]. Ma quali furono i tempi di rimescolamenti siffatti nelle varie città? Fonti letterarie, «assaggi» fortuiti a livello monumentale e topografico (per esempio a Roma, e poi in svariate città provinciali, soprattutto nella Gallia meridionale e nell'Africa settentrionale), alcune interessanti analisi morfologiche delle trame urbane attraverso la fotointerpretazione (per le città della Francia settentrionale) lasciano intravvedere che questi mutamenti dovettero essere importanti, ma ricchi di variabili. Soltanto un più ampio riscontro archeologico-topografico — condotto secondo le giuste prospettive — potrà dunque fornire risposte soddisfacenti città per città, regione per regione[61].

---

[59] Cfr. ad esempio PRUD., Contra Symm. I, vv. 449—460: *Sint haec barbaricis gentilia numina pagis . . . / at te (= Roma), quae domitis leges ac iura dedisti / gentibus, instituens, magnus qua tenditur orbis, / armorum morumque feros mansuescere ritus, / indignum ac miserum est in religione tenenda / hoc sapere, inmanes populi de more ferino / quod sapiunt, nullaque rudes ratione sequuntur;* cfr. R. CACITTI, *Subdita Christo servit Roma deo:* osservazioni sulla teologia politica di Prudenzio, «Aevum» 46, 1972, pp. 402—435 e spec. 412.

[60] Cfr. HIERON., Ep. 107, 1, ad Laetam, C. S. E. L. 55, p. 291: *auratum squalet Capitolium, fuligine et aranearum telis omnia Romae templa cooperta sunt, movetur urbs sedibus suis et inundans populus ante delubra semiruta currit ad martyrum tumulos . . .;* su questo passo, cfr. anche le penetranti osservazioni di BROWN, Dalla *plebs Romana* cit. Sul sostituirsi ad esempio a Roma, verso l'età giulianea, del cimitero cristiano *ad Ursum Pileatum* a un'area già sacra alla Dea Syria, probabilmente nelle proprietà della *clarissima femina* Candida, lungo la Via Portuense, cfr. R. PALMER, The Topography and Social History of Rome's Transtevere (Southern Sector), «P. A. Ph. S.» 125, 1981, pp. 368—397 e spec. 393 sgg. Più in generale sulla distribuzione delle chiese e dei *tituli* cristiani di Roma nel IV secolo cfr. R. KRAUTHEIMER, Roma, Profilo di una città, 312—1308, Roma 1981 (tr. dall'ed. ingl. Princeton Un. Press, 1980), pp. 29 sgg.

[61] Vd. n. 6. Di grande merito e interesse appare la serie di analisi morfologiche delle trame urbane antiche attraverso la foto-interpretazione realizzata per città della Francia settentrionale (Rouen, Orléans, Besançon, Bourges, Reims, Tours), per fascicoli: cfr. Photo-interprétation, 80, 5 e 80, 6, Paris 1980. Il prossimo congresso di Archeologia Cristiana (1985), che verterà sulla cristianizzazione degli spazi urbani, dovrebbe fornire elementi importanti per allargare e approfondire la ricerca nel senso che qui si augura.

De la valeur des papyrus comme source d'histoire

par WILLY PEREMANS, Leuven

L'importance des papyrus dans les études d'histoire ancienne a été soulignée maintes fois[1]. Ils augmentent le nombre des sources disponibles et permettent de combler parfois les lacunes de la documentation littéraire et épigraphique. Ils complètent, au moins en ce qui concerne l'Egypte, notre connaissance de l'administration, de l'armée, de la justice, du notariat, des cultes, bref de la vie publique dans son ensemble. Et bien que, dans le champ de l'évolution politique, la papyrologie « a moins l'allure d'une moissonneuse que d'une glaneuse »[2], elle fournit des renseignements intéressants sur des empereurs romains, des usurpateurs, des préfets d'Egypte, le sénat d'Oxyrhynche, etc. Ainsi, récemment, on a trouvé la première mention du deuxième consulat de l'usurpateur Basiliscus en 476 p. C.[3].

Les papyrus nous renseignent abondamment sur la vie journalière de

---

[1] Voir par ex. H. I. BELL, The Historical Value of Greek Papyri, JEA 6 (1920), p. 234—246 : « This then », écrit-il (p. 237), « is the first advantage I would claim for papyrological study, that it tends to correct the necessary false focus in which history is presented to us. » Cf. aussi W. SCHUBART, Papyruskunde, in A. GERCKE - E. NORDEN, Einleitung in die Altertumswissenschaft, Berlin 1927³, chap. 9, p. 56—59 : « Geschichtliche Bedeutung der Urkunden. »

[2] P. JOUGUET, L'histoire politique et la papyrologie, in Papyri und Altertumswissenschaft (Münch. Beitr. z. Papyrusf. u. antiken Rechtsg. 19), 1934, p. 62—101. Voir p. 100.

[3] P. Köln (Kölner Papyri), Papyrologica Coloniensia, vol. VII, 1980, n° 152. Voir l'aperçu bibliographique de A. K. BOWMAN, Papyri and Roman Imperial History, 1960—1975, JRS 66 (1976), p. 153—173, surtout p. 153—160.

l'homme de la rue, son travail et ses peines, ses obligations envers l'état, sa famille, ses distractions et autres aspects de la vie privée, dont les sources littéraires et les inscriptions ne parlent guère.

Notons aussi que les papyrus contribuent à mieux faire saisir l'élément oriental dans l'histoire gréco-romaine[4] et que, parfois, leurs données numériques permettent d'établir des statistiques[5].

Mais cette documentation précieuse est d'un accès difficile. Déjà, au début du siècle, U. Wilcken craignant que la papyrologie ne devienne une science secrète aux yeux des non-initiés publia son « Generalregister der griechischen und lateinischen Papyrusurkunden aus Ägypten »[6].

Après lui de nombreux savants qui partageaient sa crainte ont montré la voie qui permet aux usagers d'accéder aux sources papyrologiques. A notre tour, nous avons, M. E. Van 't Dack et moi-même, essayé de faciliter l'heuristique des textes sur papyrus en indiquant les éditions, corrections et archives de reproductions photographiques, les listes et catalogues, les corpora spéciaux[7]. Dans le même exposé, nous avons abordé la critique des textes sur papyrus, un problème difficile, qui mérite d'être repris dans les pages suivantes.

Dans le but de préciser la valeur des papyrus comme source d'histoire, nous nous proposons de souligner quelques aspects particuliers de ces textes, à savoir leur caractère à la fois direct, fragmentaire et analytique. Notre étude ne traitera nullement de façon exhaustive ni les qualités ni les défauts des papyrus. Elle ne veut qu'amorcer un paragraphe d'un futur manuel de critique historique, appliquée aux sources de l'histoire gréco-romaine et qui rendrait de grands services aux étudiants en histoire ancienne.

---

[4] La chronique consacrée par J. Modrezejewski à l'Egypte gréco-romaine et au monde hellénistique dans la Revue historique de Droit français et étranger (RHD) mentionne également les documents démotiques et coptes. Voir e. a. l'étude de W. Clarysse, signalée RHD 58 (1980), p. 497.

[5] Les papyrus permettent d'aborder les problèmes suivants, indiqués par Claire Preaux dans Akten XIII. Internat. Papyr. Kongr. (Münch. Beitr. 66), 1974, p. 14 : « fluctuations et déplacement intérieur de la population ; structure démographique par classes d'âge et type de développement (pour l'époque romaine) ; rapports économiques et fiscaux des villes et des villages (surtout à l'époque romaine). » Cf. E. G. Turner, Greek Papyri. An Introduction, Oxford 1968, p. 131, p. 141.

[6] Archiv f. Papyrusf. 1 (1901) ; voir récemment J. J. Wilkes, JRS 65 (1975), p. 187 ; W. Schuller, Griech. Geschichte, München 1980, p. 158.

[7] La papyrologie et l'histoire ancienne. L'heuristique et la critique des textes sur papyrus, in Actes XVe Congrès internat. Papyr., IVe partie, p. 7—25 (Papyr. Bruxellensia 19, 1979).

Dans la mesure du possible nous aurons soin de situer nos remarques dans le cadre de l'histoire de l'empire romain, le champ de travail préféré du professeur J. STRAUB.

* *
*

Le caractère direct des papyrus se présente sous un double aspect : ces textes sont en rapport immédiat d'une part avec les faits qu'ils exposent, de l'autre avec les personnes qui les lisent.

Il serait facile de montrer le rapport direct entre la source et les faits[8], en prenant des exemples dans les témoignages de la vie quotidienne : des contrats de mariage, des actes de divorce, des plaintes de toute sorte[9].

Nous préférons cependant nous baser sur des documents plus ou moins officiels, se rapportant à la vie politique, militaire ou diplomatique, parce que ces derniers textes offrent parfois la possibilité d'établir une comparaison entre les papyrus et les sources littéraires, en même temps qu'ils permettent de mieux saisir la distinction entre une pièce originale et une copie.

Parmi les documents que nous avons choisis, deux concernent Auguste, le troisième Germanicus. Aux funérailles d'Agrippa, mort entre le 19 et le 24 mars 12 av. J.-C., l'oraison funèbre fut prononcée par Auguste. Le texte original rédigé en latin est perdu, mais un fragment de la traduction grecque de ce discours fut retrouvé sur papyrus et publié par L. KOENEN[10]. Un autre document, édité par E. G. TURNER, contient une partie du rapport officiel de l'audience accordée par Auguste à des ambassadeurs alexandrins venus à Rome. Les faits se passent, selon l'éditeur, entre le 1er janvier et le 29 août 13 ap. J.-C.[11].

---

[8] Voir en général H. I. MARROU, De la connaissance historique, Paris 1962⁴, p. 122—145 : « Du document au passé » ; W. SCHUBART, Papyruskunde, p. 27—68, surtout p. 32.

[9] Voir A. S. HUNT - C. C. EDGAR, Select Papyri I. Non-literary Papyri, Private Affairs, London 1952 ; O. MONTEVECCHI, La papirologia, Torino 1973, p. 194—233 : « Atti tra privati ».

[10] L. KOENEN, Die ‹ Laudatio funebris › für Agrippa auf einem neuen Papyrus, ZPE 5 (1970), p. 217—283. Le texte a fait l'objet de nombreux commentaires. Voir ANRW II, 1 (1974), p. 865 ; Chiron 7 (1977), p. 219—238 ; ZPE 41 (1981) p. 67—69.

[11] The Oxyrhynchus Papyri, vol. XXV, London 1959, n° 2435 verso. Pour d'autres ambassades reçues par l'empereur, voir O. MONTEVECCHI, Aegyptus 50 (1970), p. 9 sq. Pour PSI X 1160, le célèbre papyrus de la βουλή, cf. H. MUSURILLO, The Acts of the Pagan Martyrs, Oxford 1954, p. 83—92.

Le recto du même papyrus se rapporte au voyage que fit Germanicus en Egypte (janvier—mars 19 ap. J.-C.) et dont le dossier se compose de témoignages d'auteurs, de trois papyrus et d'un ostracon[12].

Ce dernier exemple est tout indiqué pour esquisser une brève comparaison entre une source littéraire et un papyrus. Ils se distinguent tout d'abord par la nature des renseignements qu'ils fournissent. Tacite fait un choix parmi les sources dont il dispose et donne une synthèse des événements, mais il ne mentionne pas les faits précis exposés dans le papyrus. En a-t-il eu connaissance ? C'est loin d'être certain. Quoiqu'il en soit, le papyrus complète le récit de l'historien. D'autre part, sa véracité n'est pas mise en doute par un soupçon de propagande qui l'entacherait[13]. Elle est d'ailleurs soutenue par sa contemporanéité. Bien qu'il soit impossible de fixer la date précise de la rédaction du papyrus, il est évident que sous ce rapport, il l'emporte sur le texte de Tacite[14].

Le verso du même papyrus date, d'après les indices paléographiques, de la première moitié du 1er siècle ap. J.-C., mais il est exclu de mesurer exactement le temps écoulé entre les faits et leur consignation par écrit.

Quant à l'oraison funèbre d'Agrippa, l'éditeur est d'avis qu'il faut situer le texte dont nous disposons quelques mois après les faits[15].

Mais il n'y a pas que la date qui détermine le caractère direct d'un papyrus. Il faut voir également si le texte que nous avons sous les yeux est une pièce originale[16] ou bien une copie[17], un duplicat[18] ou une traduc-

---

[12] Voir D. G. WEINGÄRTNER. Die Ägyptenreise des Germanicus, Bonn 1969 (Papyr. Texte und Abhandlungen, 11) ; A. K. BOWMAN, JRS 66 (1976), p. 157. ID., ibid. pour la présence d'empereurs en Egypte : Vespasien, Titus, Hadrien, et autres.

[13] Cf. D. G. WEINGÄRTNER, ibid., p. 78 n. 73.

[14] Cf. ID., ibid., p. 3 pour le témoignage de Flave-Josèphe.

[15] L. KOENEN, o. l., p. 224 sq.

[16] L. MITTEIS, Chrest. 75 l. 4 ; PSI VIII 871 ; G. CAVALLO, Aegyptus 45 (1965), p. 216—249 ; J. W. B. BARNS, A Letter of Severus Alexander, JEA 52 (1966), p. 141—146. E. G. TURNER, Greek Papyri, p. 138 renvoie à C. B. WELLES, P. Dura 128 ; F. ZUCKER, SB Berlin Akad. 1910, p. 710 sq.

[17] U. WILCKEN, Zu den Edikten, Sav. Zeitschr. 42 (1921), p. 124 ; W. SCHUBART, Papyruskunde, p. 48 ; A. S. HUNT, P. Oxy. XVII (1927), n° 2104 ; A. M. HARMON, Yale Class. Stud. 4 (1934), p. 135—234 ; U. WILCKEN, Archiv f. Papyrusf. 11 (1935), p. 305 ; W. L. WESTERMANN, Class. Phil. 36 (1941), p. 21—29 ; E. G. TURNER, Greek Papyri, p. 128 ; Anna SWIDEREK, Proceed. XIV Congr. Papyrol. 1975, p. 293—298.

[18] L. MITTEIS, Chrest. 87 ; P. JOUGUET, REG 33 (1920), p. 375 ; H. FRISK, Bankakten, p. 74 sq. ; PSI XI 1183 ; N. LEWIS, CE 50 (1975), p. 202—206 ; G. GERACI - O. MONTEVECCHI, Duplicati nei P. Med., Aegyptus 55 (1975), p. 263—266.

tion[19]. En effet, ces différentes catégories de documents sont des sources directes à un degré différent.

On a plus de chances de trouver des originaux dans les écrits de la vie privée que dans ceux du monde officiel. Un contrat de mariage est normalement une pièce originale tandis que le fragment de l'oraison funèbre d'Agrippa, mentionné ci-dessus, est une copie de la traduction en grec du texte latin rédigé par Auguste.

Notons en passant que cette distinction entre original et copie fait partie de la critique d'originalité au même titre que les formules stéréotypées des lettres et le schéma des requêtes qui reste toujours identique. Mais cette subdivision de la critique historique retient surtout dans les papyrus les idées qui reviennent à des siècles d'intervalle dans les plaintes des habitants[20] aussi bien que dans les proclamations royales[21].

Le caractère direct des papyrus ne sera absolu que lorsque le texte et le fait s'identifient, comme c'est le cas dans les *libelli libellaticorum*[22]. Au cours de la persécution des chrétiens sous le règne de Dèce, en 250 ap. J.-C., des personnages officiels attestent avoir vu un tel présenter des offrandes aux dieux et ils le confirment par écrit. Le texte qu'ils délivrent est une sorte de sauf-conduit pour le porteur. Ces *libelli* constituent donc la forme parfaite du rapport direct entre la source papyrologique et les faits.

* * *

Le second aspect du caractère direct des papyrus n'est pas moins important. Tandis que les auteurs anciens nous sont parvenus à travers

[19] La lettre de Claude aux Alexandrins, CPJ II (1960), n° 153 ; Le Gnomon de l'Idiologue, BGU V 1 (1919), 2 (1934) Introd. p. 7. Pour ces deux textes E. G. TURNER est d'avis qu'ils sont « probably casual survivors from the contents of a provincial functionary, not part of an organized archival system » (Greek Papyri, p. 137). Voir également W. SCHUBART, Papyruskunde, p. 46. J. E. POWELL, The Rendel Harris Papyri, n° 67 l. 11; J. MODRZEJEWSKI, RHD 56 (1978), p. 519 sur P. Giss. 40 ; A. K. BOWMAN, JRS 66 (1976), p. 154 et n. 10. Voir aussi notre étude : Les Ἑρμηνεῖς dans l'Egypte gréco-romaine, conférence faite en 1978 à Trèves, au symposium Das römisch-byzantinische Ägypten (à paraître).

[20] V. MARTIN, Les papyrus et l'histoire administrative de l'Egypte gréco-romaine, in Papyri und Altertumswiss. (voir note 2), p. 102—165 ; voir p. 130 sq.

[21] Claire PRÉAUX, Sur le déclin de l'Empire au 3e siècle de notre ère. A propos du P. Fayum 20, CE 16 (1941), p. 123—131.

[22] P. Mich. III 157 (250 ap. J.-C.) ; M. DAVID - B. A. VAN GRONINGEN, Papyrological Primer, Leiden 1965[4], n° 67. Voir aussi H. I. MARROU, De la Connaissance historique, p. 124.

des intermédiaires nombreux et souvent inconnus, les documents sur papyrus grecs et latins se présentent à nos yeux exactement tels qu'ils furent écrits à partir du 4ᵉ s. av. J.-C. Ce contact direct influence nécessairement la façon d'appliquer certaines règles de la critique historique.

Tout d'abord la critique textuelle, dont les règles sont bien établies pour les textes littéraires, prend un aspect différent lorsqu'il s'agit de papyrus[23]. « Pour les classiques grecs et latins, nous ne possédons ni autographes, ni copies, qui furent comparées avec l'original. Nous n'avons que des copies qui dérivent de la version originale par l'intermédiaire d'un nombre inconnu de copistes et qui ne méritent donc qu'une confiance limitée ou douteuse. La critique textuelle se propose d'établir un texte qui se rapproche dans la mesure du possible de l'original[24]. »

Dans les papyrus documentaires, qu'ils soient des pièces originales, des copies, des duplicata ou des traductions[25], l'objet de la critique textuelle reste le même que dans les sources littéraires puisqu'il consiste à reconstituer le texte original. Seulement dans les papyrus les lectures erronées proviennent du caractère fragmentaire de nombreux textes, ainsi que des fautes commises dans le déchiffrement des documents.

Pour reconstituer le texte original, on pourra profiter, heureusement, de la perspicacité et de l'expérience de maîtres éminents, tels U. WILCKEN, W. SCHUBART, H. C. YOUTIE et autres papyrologues[26].

Dans les phases suivantes de la critique historique, les papyrus offrent des possibilités particulières et avantageuses.

Ainsi pour établir la date d'un papyrus non daté[27] on pourra se servir d'indices paléographiques. Prenons comme exemple le fragment de

---

[23] La critique textuelle appliquée aux inscriptions a été étudiée par R. G. KENT, The Textual Criticism of Inscriptions, Philadelphia 1926. Voir L. ROBERT, Epigraphie, in L'Histoire et ses Méthodes (Encyclopédie de la Pléiade), Paris 1961, p. 453—497, surtout p. 477 sqq. ; J. et L. ROBERT, Bulletin épigraphique, dans la REG.

[24] P. MAAS, Textkritik, Leipzig 1950 (2ᵉ éd. du texte paru dans l'Einleitung de GERCKE - NORDEN I, 1927).

[25] Voir notes 16, 17, 18, 19.

[26] W. SCHUBART, Herstellung schadhafter Texte, in Archiv f. Papyrusf. 20 (1970), p. 5—14 ; H. C. YOUTIE, The Textual Criticism of Documentary Papyri. Prolegomena, London 1974. Faut-il rappeler les Referate de U. WILCKEN dans l'Archiv f. Papyrusf.?

[27] Heureusement un très grand nombre de papyrus est daté d'une façon précise et sous ce rapport la papyrologie l'emporte sur les auteurs, les inscriptions et les monnaies. Comme moyens de datation on connaît les années régnales, les consulats,

l'Evangile de St. Jean conservé à la John Rylands Library : « deux débris de 8,9 × 5,8 cm et de 6,4 × 6 cm ne portant que quelques mots d'écriture » écrit M. Hombert[28] et il ajoute : « la valeur du nouveau texte résulte de sa date et seules des considérations paléographiques permettent de fixer celle-ci ». Le fragment en question se situe dans la première moitié du 2ᵉ s. ap. J.-C.

Le grand nombre de textes dont l'écriture aide effectivement à fixer la date d'un document mais qu'il nous est impossible d'énumérer en ce moment, ne doit pas nous faire croire pour autant que la paléographie constitue un critère infaillible de datation. Ainsi le PSI XI 1183 se compose de deux fragments de papyrus qui, bien qu'écrits à la même période, celle de l'empereur Claude, présentent deux types d'écriture entièrement différents[29].

La paléographie peut également contribuer à retrouver soit l'auteur d'un texte[30] soit le lieu d'origine d'un document[31].

Quant aux autres éléments qui forment l'aspect extérieur du papyrus, il nous est impossible, dans ce bref exposé, de montrer dans quelle mesure ils peuvent aider à mieux comprendre le texte. Contentons-nous donc de les signaler simplement : le milieu dont provient le document[32],

---

les post consulatum, les indictions, les ères de la Kratêsis Augusti, d'Elusa, de Dioclétien, d'Oxyrhynche. L'étude des calendriers fait de constants progrès. Voir E. Van 't Dack, Les papyrus et la chronologie officielle de l'histoire romaine, AncSoc 6 (1975), p. 129—141 ; J. Schwartz, Chronologie du IIIᵉ s. p. C., ZPE 24 (1977), p. 167—177 ; R. S. Bagnall - K. A. Worp, The Chronological Systems of Byzantine Egypt, 1978 (Studia Amstel. VIII) ; cf. J. Modrzejewski in RHD 57 (1979), p. 465 sq.

[28] CE 11 (1936), p. 553 ; voir J. Van Haelst, Catalogue des papyrus littéraires juifs et chrétiens, Paris 1976, n° 462. Voir W. Schubart, Papyruskunde, p. 50.

[29] De ce point de vue on peut comparer la papyrologie à l'épigraphie. Voir F. Mayence, Une inscription funéraire d'Apamée, Le Muséon 59 (1946), p. 421—424 (Mélanges L. Th. Lefort).

[30] Voir par ex. W. Kunkel, Archiv f. Papyrusf. 8 (1927), p. 172—215 ; P. Berl. Möller 11 (= SB 7348) ; H. Frisk, Aegyptus 10 (1930), p. 87—95 ; U. Wilcken, Archiv f. Papyrusf. 9 (1930), p. 247 ; P. Petaus, p. 34 sq. ; J. W. B. Barns, JEA 52 (1966), p. 141—146.

[31] U. von Wilamowitz - F. Zucker, SB Preuss. Akad. 1911, 38, p. 794 sq.; U. Wilcken, Grundzüge, p. xxxvii et Chrest., p. 184 ; ID., Archiv f. Papyrusf. 6 (1920), p. 286 sq. ; A .S. Hunt, Raccolta Lumbroso (1925), p. 265—272 ; W. Schubart, Papyruskunde, p. 50 ; U. Wilcken, Archiv f. Papyrusf. 8 (1927), p. 308 ; ID., Hermes 63 (1928), p. 48 sq. ; E. G. Turner, Greek Papyri, p. 42—53 et p. 88—96 ; P. Petaus 25, introd.

[32] Par ex. de momies, P. Tebt. III 1, p. xv.

la forme extérieure du papyrus, par ex. les sceaux[33], son format et sa qualité[34], l'encre employée[35], la direction de l'écriture[36], la distinction entre recto et verso[37]. Arrêtons-nous, pour finir, un instant aux addenda et corrigenda qui permettent d'assister à la genèse d'un texte, tout en soulevant parfois de nouveaux problèmes.

Dans CPJ II 151[38] un certain Helenos, fils de Tryphon, se plaint auprès du préfet C. Turranius d'être soumis à la taxe de la *laographia*. Le brouillon de la lettre que nous possédons et qui évidemment n'a pas été envoyé au préfet[39] fut corrigé à la l. 2 : le terme Ἀλεξανδρεύς est biffé à cet endroit et remplacé par Ἰουδαίου τῶν ἀπὸ Ἀλεξανδρε(ίας), ce qui signifie que Helenos, présenté d'abord comme citoyen de la ville d'Alexandrie, n'aurait pas été en possession du droit de cité.

Ce papyrus tout en étant direct nous laisse dans le doute quant à l'interprétation de la version finale du document en question. A cette occasion E. G. TURNER nous prévient qu'il faut se garder de tirer des conclusions de nature historique, religieuse ou juridique d'un papyrus, « unless its context can be established by parallels, its reconstruction assured and its bona fides guaranteed »[40].

* *
*

Cet avertissement peut servir de transition à l'étude d'une autre particularité de la documentation papyrologique, à savoir de son caractère fragmentaire. Celui-ci concerne aussi bien la discipline papyrologique dans son ensemble que de nombreux textes pris isolément.

---

[33] L. WENGER, Signum, in RE II A (1923), col. 2383 sq. ; E. G. TURNER, Greek Papyri, p. 139 ; P. Bouriant 25 (4e s. ap. J.-C.), introd.

[34] Pline, N. H. XIII 74—76 et 78—80 ; H. L. PINNER, The World of Books in Classical Antiquity, Leiden 1948, p. 14 ; W. SCHUBART, Einführung in die Papyruskunde, p. 38—39.

[35] P. Strassb. 39. Pour l'emploi de l'encre rouge cf. U. WILCKEN, Grundzüge p. xxxiii ; ID., Chrest. 458, introd. ; W. SCHUBART, Einführung in die Papyruskunde, p. 44 ; ID., Raccolta Lumbroso, p. 57.

[36] Suét., César 56. La direction de l'écriture est toujours indiquée dans B. A. VAN GRONINGEN, A Family Archive from Tebtunis, 1950.

[37] H. KORTENBEUTEL, Ein Kodizill eines römischen Kaisers. Abh. Preuss. Akad. Wiss. 1939, Phil.-hist. Kl. 13, Berlin 1940 ; E. G. TURNER, The Terms Recto and Verso. The Anatomy of the Papyrus Roll, Bruxelles 1978 (Papyr. Brux. 16).

[38] CPJ II (1960), ed. V. TSCHERIKOWER, A. FUKS, H. STERN ; le texte est daté de 5—4 av. J.-C.

[39] E. G. TURNER Greek Papyri, p. 128.

[40] ID., ibid.

La papyrologie nous procure une documentation incomplète : elle nous renseigne principalement sur les aspects de la vie dans la vallée du Nil que nous avons énumérés au début de cette étude, mais elle ne parle ni des lettres, ni des beaux-arts, ni des décisions politiques prises en haut lieu, ni des événements qui se passent dans le bassin de la Mer Egée, en Occident ou ailleurs au delà des frontières de l'Egypte. Nous aurons l'occasion de signaler des exceptions à la règle, mais n'est-il pas pour le moins étonnant qu'il faut attendre le règne de l'empereur Dèce (249—251 ap. J.-C.) pour retrouver dans les papyrus documentaires les premières traces du christianisme[41] ? Or la religion nouvelle, représentée par des personnalités éminentes comme Clément d'Alexandrie (ca. 150—215 ap. J.-C.) et Origène (ca. 185—255 ap. J.-C.), avait déjà connu les horreurs de la persécution avant le milieu du 3e s. ap. J.-C.

On remarquera que les auteurs anciens, qu'on serait tenté d'opposer aux papyrus, ne donnent pas non plus une idée complète du passé gréco-romain, dont ils ne décrivent, le plus souvent, que l'aspect militaire, politique et diplomatique. A quelques rares exceptions près, ils négligent l'évolution économique et sociale de l'antiquité classique et la vie journalière de l'homme de la rue. On est heureux de constater que les différentes catégories de sources se complètent.

Le caractère fragmentaire de la documentation papyrologique s'explique surtout par l'origine de ces textes. Ils proviennent presque exclusivement de l'Egypte, plus exactement de certaines régions du pays à l'exclusion du Delta et de divers centres, parmi lesquels malheureusement Alexandrie ne figure pas. Cette origine rurale détermine en grande partie le contenu des papyrus : dans la plupart des cas ils parlent de la vie pratique de la population, qui se manifeste dans des faits d'ordre individuel ou local, et limité dans le temps[42].

---

[41] Pour le christianisme en Egypte, voir la bibliographie de Orsolina MONTEVECCHI, La papirologia, p. 294 sq. Ajoutez R. VON HAEHLING, Die Religionszugehörigkeit der hohen Amtsträger des römischen Reiches seit Constantins I. Alleinherrschaft bis zum Ende der theodosianischen Dynastie (324—450 bzw. 455 n. C.), Bonn 1978 (Antiquitas, Reihe 3, Band 23). SB VI 9084.

[42] Claire PREAUX, La Place des Papyrus dans les Sources de l'Histoire hellénistique, in Akten XIII. Intern. Papyr. Kongr. (Münch. Beitr. 66, 1974), p. 1 ; W. SCHUBART, Papyruskunde, p. 33, p. 49. Nous aggravons l'aspect fragmentaire de la documentation papyrologique en utilisant dans nos travaux surtout des textes grecs pour écrire l'histoire d'un pays dont la population est égyptienne dans sa très grande majorité. Heureusement les études démotiques sont en constant progrès.

Heureusement nous retrouvons dans nos textes un point de vue plus général dans les nombreuses indications chronologiques, qui nous renseignent sur le début d'un règne, les cognomina des vainqueurs, le statut d'un co-régent, etc.[43]. Sous ce rapport les papyrus de la période romaine se distinguent favorablement de ceux de la période ptolémaïque.

En outre certains papyrus ont conservé des textes dont l'importance dépasse les frontières de l'Egypte et s'étend à tout l'Empire romain. Nous songeons ici au célèbre P. Giss. 40 qui contient le décret de Caracalla sur la citoyenneté romaine.

Ce même papyrus peut servir d'exemple dans l'étude des textes fragmentaires isolés, qui se subdivisent en groupes d'après leur état de conservation. Pour certains d'entre eux on se contente d'une description, sans même essayer de reconstituer le document[44]. D'autres, moins gravement atteints, obligent cependant des restaurateurs comme H. IBSCHER[45], A. et M. FACKELMANN[46], H. HARRAUER[47] et autres à déployer tous leurs talents pour récupérer des textes à première vue définitivement perdus, soit par la faute de l'homme, soit par les forces de la nature.

Il ne s'agit pas seulement de combler des lacunes ; il faut dans certains cas reconstruire des pièces originales en assemblant des fragments distincts[48]. Parmi les textes fragmentaires importants[49], prenons le P. Giss. 40, cité plus haut, un des papyrus les plus intéressants que l'Egypte nous ait légués. Il contient, pense-t-on, l'édit de Caracalla, accordant la citoyenneté romaine à tous les habitants de l'Empire, χωρὶς τῶν [δε]δειτικίων. Ce texte éveille d'autant plus l'attention qu'il s'écarte de la

---

[43] Voir notre étude signalée à la n. 7, p. 23 sq. Cf. A. K. BOWMAN, JRS 66 (1976), p. 155 sq.

[44] Cf. P. Tebt. D'autre part J. G. KEENAN (ZPE 17, 1975, p. 237—250) demande qu'on ne néglige aucune donnée des papyrus et qu'on tienne compte des « bits and patches of the papyri » (p. 250).

[45] W. SCHUBART, Gnomon 15 (1943), p. 286 sq. ; K. PREISENDANZ, Papyrusfunde und Papyrusforschung, Leipzig 1933, p. 176 sq.

[46] A. FACKELMANN, The Restoration of the Herculaneum Papyri and other recent Finds, BICS 17 (1970), p. 144 - 149 ; M. FACKELMANN, Ein neuer Weg zur Wiederherstellung von Papyrus-Kodices. Die Restaurierung des Wiener Hilarius, ZPE 13 (1974), p. 184—194.

[47] Cf. Alice ZIMMERMANN - H. HARRAUER, Das Ablösen der Malerei von Mumienkartonage, in Maltechnik, Restauro 85 (1979), p. 315—319 (avec bibliographie).

[48] H. A. SANDERS, Latin Papyri 434 ; Claire PREAUX, CE 30 (1940), p. 297—298 ; P. Petaus 9, 23, 43, 91 ; P. Hibeh II 216.

[49] P. Hibeh II 215 ; P. Oxy. XLVI (1978) 3271, 3285, 3296, 3301, 3302, 3303 ; XLVII (1980) 3340, 3341, 3344.

version des mêmes faits donnée par Dion Cassius[50]. En effet cet auteur
ne signale pas l'exception au détriment des déditices. Mais le papyrus
est tellement fragmentaire à l'endroit névralgique que certains savants
se permettent d'abandonner l'interprétation généralement admise. Dans
un mémoire récent[51], Hartmut WOLFF propose de remplacer, à la l. 8,
la restitution capitale π[ολιτ]είαν 'Ρωμαίων par le terme ‹ megaleia ›, la
grandeur, la majesté des Romains, bouleversant ainsi complètement
l'interprétation acceptée jusqu'ici du célèbre document.

D'autres textes, plus ou moins officiels et par le fait même intéressants, ont donné lieu, par suite de leur caractère fragmentaire, à des
interprétations très divergentes. Résumons brièvement la discussion qui
s'est engagée autour d'un papyrus publié par J. W. B. BARNS et dont il
a déjà été question plus haut : l'éditeur crut avoir sous les yeux des fragments d'un écrit d'Alexandre Sévère destiné aux magistrats d'une cité
d'Egypte[52]. Mais pour J. R. REA il s'agit plutôt d'une lettre envoyée à
Rome par Maximinus après la mort d'Alexandre Sévère[53] tandis que
selon P. J. PARSONS ce papyrus conserve une partie de la proclamation
de Vaballathus aux Alexandrins en 270 ap. J.-C.[54]. De son côté A. K.
BOWMAN formula l'hypothèse que nous nous trouvons devant une lettre
de l'usurpateur Avidius Cassius[55] et J. SPIESS[56] attribua le texte à Pescennius Niger. Ce qui donne cinq interprétations différentes d'un même
papyrus.

La discussion autour de cet écrit montre que dans ce cas, comme dans
beaucoup d'autres, il est extrêmement difficile et souvent impossible de
retrouver avec certitude l'auteur d'un texte. Par le fait même, il faut
renoncer à déterminer l'autorité du document dans la mesure où elle se
base sur la compétence et la sincérité de son auteur.

---

[50] 78. 9. 5.
[51] Die Constitutio Antoniniana und Papyrus Gissensis 40, Diss. Köln 1976, 2 vol., I
p. 185. L'hypothèse de WOLFF est rejetée par J. MODRZEJEWSKI, RHD 1976, p. 453.
[52] Voir note 16.
[53] A Letter of Severus Alexander ?, CE 42 (1967), p. 391—396.
[54] A Proclamation of Vaballathus, CE 42 (1967), p. 397—401.
[55] JRS 60 (1970), p. 20—26.
[56] Avidius Cassius und der Aufstand des Jahres 175, Diss. München 1975, p. 54 n. 1.
Pour d'autres exemples voir PSI VII 870 étudié par J. R. REA, in Akten XIII
Intern. Papyr. Kongr. 1974, p. 357—366 ; M. TREU, Chiron 3 (1973), p. 221—233 ;
G. M. PARASSOGLOU, CE 49 (1974), p. 332—341 ; N. LEWIS, CE 50 (1975), p.
202—206 ; J. D. THOMAS, AncSoc 7 (1976), p. 301—308 ; T. D. BARNES, ZPE 21
(1976), p. 279—281 ; P. Mich. inv. 3627 ed. J. D. THOMAS et W. CLARYSSE in
AncSoc 8 (1977), p. 195—207.

Ajoutons que le problème se pose même lorsqu'on connaît le nom d'un personnage en vue, d'un empereur par exemple, qui expédie une missive. Car souvent il ne fait que prêter son nom en laissant rédiger le texte par un subordonné[57].

Les mêmes difficultés, causées par l'état fragmentaire du document et l'identification de l'auteur, se font jour dans la masse des papyrus écrits par des personnes entièrement inconnues.

Les lacunes qui déparent le texte pourront être comblées si le document s'insère dans une série de textes parallèles, utilisant les mêmes formules[58] ou si on dispose soit d'une copie soit d'une traduction qui complète le papyrus en question[59].

Quant à l'auteur, il faudra, dans ce cas renoncer à l'identifier. On pourra, tout au plus, essayer de s'en rapprocher en cherchant à déterminer les fonctions qu'il assume, sa situation sociale, sa nationalité, sa conviction religieuse.

Une remarque finale sur les fragments de papyrus : ils se distinguent très nettement de ces extraits d'auteurs qu'on appelle aussi des fragments et qu'on a réunis dans de nombreuses collections[60]. Les premiers, disparates et incohérents, doivent leur existence au hasard des trouvailles, tandis que les fragments d'auteurs ont survécu par la volonté d'écrivains postérieurs qui s'en servirent dans leurs écrits. Les fragments littéraires sont plutôt des extraits, disions-nous, qui rendent parfaitement l'idée qu'on voulait transmettre à la postérité.

* *
*

Si l'interprétation des papyrus est parfois sérieusement entravée par leur état fragmentaire, elle ne l'est pas moins par leur caractère analytique. D'autre part ce dernier distingue, lui aussi, les papyrus des sources littéraires. En exposant par exemple le déroulement d'un conflit, les auteurs indiquent les causes et les conséquences des événements. Ils soulignent l'évolution de l'histoire et impriment à leur exposé la marque de la synthèse.

---

[57] W. Schubart, Archiv f. Papyrusf. 14 (1941), p. 44—59.
[58] Voir e. a. P. Petaus 13, p. 99, 1. 17—21 comm. ; 1. 18—19 comm. ; P. Köln III n. 150 introd. : « Die Urkunde folgt den üblichen Formen der Mietverträge aus dem Oxyrhynchites. » Pour les contrats voir O. Montevecchi, La Papirologia, p. 104 sqq. : « Atti tra privati » ; E. G. Turner, Greek Papyri, p. 130.
[59] Voir notes 16, 17, 18, 19.
[60] Voir J. A. Nairn - B. H. Blackwell, Classical Hand-List, Oxford 1953[3], p. 3—7.

Les papyrus au contraire présentent « des faits enregistrés dans des documents inspirés par la vie pratique au lieu d'un récit élaboré par la pensée d'un écrivain »[61]. Ceux qui les écrivirent, ne s'adressèrent pas, comme les auteurs ou les inscriptions, au grand public ou à la postérité, mais à des correspondants suffisamment informés de la situation courante. Pour cette raison, ils négligèrent le contexte qui nous aurait permis de saisir le sens exact et complet du document. Ils nous ont laissé des bribes d'information, des instantanés, extraits d'un film qui n'existe plus. Ils n'ont jamais pensé que, vingt siècles plus tard, ils seraient cités comme témoins à la barre de l'histoire.

Le caractère analytique des papyrus est aggravé par leur nombre restreint. En effet, un nombre plus élevé de documents, qui aurait servi de complément aux papyrus que nous lisons, aurait contribué à reconstituer le milieu, dont la connaissance nous serait tellement précieuse.

Il est aggravé aussi par le milieu social dans lequel se situent la plupart des sources papyrologiques puisque les personnes qui redigèrent ces textes sont souvent d'humble origine et par conséquent moins bien connues.

Le caractère analytique constitue pour les papyrus un défaut tellement grave qu'il faut essayer de le neutraliser dans toute la mesure du possible. « In isolation each text is an antiquarian curiosity » écrit E. G. TURNER[62]. Pour intégrer le papyrus dans un ensemble cohérent et pour lui rendre, au moins en partie, sa valeur primitive, on peut se servir de différents moyens. On essaiera surtout de rennstituer les archives qui ont existé dans l'antiquité et de pousser les recherches prosopographiques.

Mlle O. MONTEVECCHI a consigné les résultats des travaux consacrés à l'étude des archives dans les papyrus[63]. Sa liste ne signale pas moins de 77 restes d'archives pour les époques romaine et byzantine.

Il y en a qui proviennent de milieux plus ou moins officiels : de la βιβλιοθήκη δημοσίων λόγων de Théadelphie (n° 42) ; d'une βιβλιοθήκη homologue de Karanis (n° 43) ; de Petaus, le comogrammate (n° 48), « le scribe, qui ne savait pas écrire »[64] ; de la βουλή d'Oxyrhynchus (n° 63), etc.

---

[61] P. JOUGUET, L'Histoire politique et la Papyrologie, p. 72 ; W. SCHUBART, Papyruskunde, p. 32 sq.
[62] E. G. TURNER, Greek Papyri, p. 129 ; W. SCHUBART, Papyruskunde, p. 46, p. 49 sq. ; Orsolina MONTEVECCHI, Nerone a una polis e ai 6475, Aegyptus 50 (1970), p. 5—33.
[63] La Papirologia, p. 245—261 ; E. G. TURNER, Greek Papyri, p. 78, 128, 131, 137.
[64] H. C. YOUTIE, CE 41 (1966), p. 127.

Dans le domaine religieux, nous notons les archives de la prêtresse Segathis de Soknopaiunesos (n° 37) ; celles du temple de Soknobraisis à Bacchias (n° 46) ; des nekrotaphoi de la Grande Oase (n° 53) ; de Theophane, un avocat de Hermoupolis Magna (300—350 ap. J.-C. ; n° 68) dont les archives illustrent la suprême résistance au christianisme[65].

Il y a des archives de militaires, comme Claudius Tiberianus (n° 32), C. Iulius Agrippinus (n° 36), un commandant de l'armée romaine d'Egypte (n° 45) et autres.

Dans la vie privée nous citons « les archives de Sarapion et de ses fils. Une exploitation agricole aux environs de Hermoupolis Magna (de 90 à 133 p. C.) » (n° 31). En reconstituant ce dossier, J. SCHWARTZ nous introduit dans une famille de propriétaires terriens, nous renseignant sur leur statut social et sur le degré d'hellénisation qu'ils ont atteint. Ailleurs nous suivons les traces d'une famille à travers des générations successives (n° 50). Un autre milieu familial également distingué est celui de Σαραπίων ὁ καὶ Ἀπολλωνιανός, stratège de l'Arsinoïte, μέρις Θεμίστου καὶ Πολέμωνος et de ses fils (n° 51)[66]. Malheureusement les archives royales et diplomatiques font défaut[67].

La reconstruction d'archives est souvent facilitée par des recherches prosopographiques. Celles-ci sont tellement en honneur à notre époque qu'au congrès de la Fédération internationale des études classiques (FIEC), tenu à Bonn en 1969, on leur consacrait toute une section intitulée « Prosopographische Interpretation der römischen Geschichte ». Deux exposés concernaient directement l'histoire de l'Empire romain : W. DEN BOER, Die prosopographische Methode in der modernen Historiographie der hohen römischen Kaiserzeit[68] et A. CHASTAGNOL, La prosopographie, méthode de recherche sur l'histoire du Bas-Empire[69].

On connaît les grandes entreprises de la recherche prosopographique relatives à l'Empire romain : la Prosopographia Imperii Romani saec.

---

[65] R. REMONDON, BIFAO 51 (1952), p. 63—78.
[66] G. BASTIANINI, La Carriera di Sarapion alias Apollonianus, Aegyptus 49 (1969), p. 148—182.
[67] Claire PREAUX, Akten XIII. Intern. Papyr. Kongr., p. 3 ; W. SCHUBART, Papyruskunde, p. 47 : « Diese Willensäußerungen des Staates und seiner Vertreter erscheinen in den Papyri oft nur mittelbar, nämlich innerhalb eines Schriftstückes ganz anderer Art, indem einzelne Stellen zur Begründung von Ansprüchen angeführt werden. »
[68] Mnemosyne 22 (1969), p. 268—280.
[69] Annales ESC 5 (1970), p. 1229—1235.

I. II. III, iteratis curis ed. E. Groag et A. Stein, en est arrivée, dans une nouvelle édition, due à Leiva Petersen, au vol. V. 1 Lysanias, 1970[70] ; Quant à A. H. M. Jones — J. R. Martindale — J. Morris, The Prosopography of the Later Roman Empire (A. D. 260—641), le premier volume (260—395) a paru à Cambridge en 1971, le deuxième (395—527) en 1980. Furent également publiés les Addenda et corrigenda du premier volume[71]. La Prosopographie chrétienne du Bas-Empire, annoncée par H. I. Marrou dès 1952[72], et placée sous le patronage de l'Académie des Inscriptions et Belles-Lettres, n'a pas encore paru à notre connaissance. Le Bulletin d'information et de liaison n° 6 (1981) de l'Association internationale d'Etudes patristiques[73] signale la Prosopographie de l'Afrique chrétienne (305—533), dir. A. Mandouze (à paraître) ainsi que la Prosopographie de l'Italie chrétienne, dir. Ch. Pietri (en préparation).

Dans ces ouvrages et ces études, la papyrologie ne joue pas un rôle de premier plan. Elle aurait été sans doute exploitée dans une plus large mesure si le regretté A. Tomsin avait pu réaliser son projet d'une prosopographie de l'Egypte romaine[74].

Cependant les papyrus contribuent, d'une façon non négligeable, à faire revivre d'éminentes personnalités. Ainsi J. Schwartz consacra une monographie excellente, basée en partie sur les papyrus, au célèbre usurpateur de l'époque de Dioclétien, L. Domitius Domitianus[75]. Le cas d'Avidius Cassius, qui se révolta contre Marc-Aurèle, est un peu spécial en ce sens que les sources littéraires sont en désaccord entre elles sur le rôle joué par Faustina au cours de l'insurrection. Les papyrus permettent, il est vrai, de mieux connaître le développement chronologique des événements[76], mais leur contribution n'est pas essentielle, puisqu'ils ne

---

[70] L. Petersen, Einige Aspekte zur Prosopographie der Prinzipatszeit, ZPE 43 (1981), p. 281—284.

[71] Historia 29 (1980), p. 474—497.

[72] Actes 2e Congr. intern, épigr. grecque et latine, Paris 1953, p. 91.

[73] Brepols, Turnhout (Belgique).

[74] Atti XI Congr. Internaz. Papirol. Milano, 1966, p. 195—208. Cf. A. Stein, Papyrusforschung und Prosopographia Imperii Romani, Atti IV Congr. Internaz. Pap. Milano, 1936, p. 209—215.

[75] Pap. Bruxellensia 12 (1975) ; cf. A. K. Bowman, JRS 66 (1976), p. 159.

[76] R. Remondon, CE 26 (1951), p. 364—377. Comparez J. Schwartz, Note sur le séjour de Caracalla en Egypte, CE 34 (1959), p. 120—123. Ces papyrus sont passés sous silence dans les Histoires générales.

tranchent pas le problème posé dans les textes d'auteurs et qu'ils n'indiquent d'aucune façon qu'il s'agit dans ce cas d'une révolte de l'Orient contre l'Occident[77].

Ailleurs ils se distinguent plus clairement des auteurs en présentant de l'empereur Claude un portrait plus intelligent que les sources littéraires[78].

Il est évident que la reconstitution d'archives et les recherches prosopographiques n'épuisent pas toutes les possibilités de neutraliser le caractère analytique des papyrus. Un examen attentif des P. Oxy. XL 2892—2922 a permis à Claire PRÉAUX de trouver dans ces textes « un témoignage de la grande proportion d'illettrés parmi la classe sociale supérieure et qui est associée par les liturgies aux fonctions administratives, dans une cité de l'importance d'Oxyrhynchus. Je compte douze personnes qui ne savent pas écrire sur dix-sept dont les signatures sont conservées. » Elle ajoute : « Cela nous avertit de ne pas croire que la population de cette ville participait à la culture que la bibliothèque du stratège, qui nous a valu tant de papyrus littéraires, permet de supposer dans le chef de celui-ci »[79].

Mais ni les archives, ni les prosopographies, ni l'étude intelligente et approfondie des textes ne suffisent à éliminer les conséquences néfastes du catactère analytique des papyrus. Heureusement celui-ci ne constitue qu'un seul aspect de ces documents qui favorisent de façon remarquable les études d'histoire ancienne.

Les publications de papyrus, qui se suivent régulièrement, apportent toujours des données nouvelles, parfois fort importantes, qui aident à mieux comprendre l'antiquité. A condition de saisir la valeur exacte de ces documents, en tenant compte de leurs qualités et de leurs défauts.

---

[77] A. BALDINI, Latomus 37 (1978), p. 655.

[78] U. WILCKEN, Atti IV Congr. Internaz. Papirol. Milano, 1936, p. 108—109. La même différence se constate encore ailleurs ; voir Claire PREAUX, Akten XIII. Intern. Papyr. Kongr., p. 4.

[79] CE 48 (1973), p. 387. Dans ce même ordre d'idées, il faut citer certaines pages de E. G. TURNER, Greek Papyri, e. a. p. 132 sq., 139 sq., 146—148.

Deus Caesar

Augustus in den Gedichten des Properz

von Werner Eisenhut, Berlin

Als ausgemacht gilt, daß im I. Buch des Properz noch keine Zustimmung zu Person und Politik des Augustus zu spüren sei, daß vielmehr im Schlußgedicht dieses Buches, I 22, Kritik unverkennbar sei. Dieses Buch habe Properz den Zugang zu Maecenas und damit zu Augustus geöffnet, und von da an habe er zu den Verehrern des Augustus gehört; das werde in der Elegie, die er dem II. Buch vorangestellt habe, von ihm selbst deutlich gemacht. Wohlmeinende fügen hinzu, daß Properz durch persönliche Anschauung und durch bessere Einsicht in die politischen Verhältnisse und Notwendigkeiten zu seinem revidierten Urteil gekommen sei und vergleichen damit die Haltung des Horaz.

Diese Revision seines Urteils müßte Properz in kurzer Frist vorgenommen haben, denn das I. Buch ist frühestens 29/28 (Enk[1]), spätestens 28 erschienen. Die Gedichte des II. Buches sind zwischen 28 und 26/25 entstanden. Erschienen ist dieses Buch 26/25[2]; eines der frühesten Gedichte ist II 1[3].

Man beschuldigt damit, gewollt oder ungewollt, Properz der Charakterschwäche: Kaum ist er in den Kreis des Maecenas aufgenommen und genießt die Vorteile, geht er mit fliegenden Fahnen zu Augustus über. Und da stellt er noch gleich nach dem angeblich kritischen Schlußepi-

---

[1] „extremo anno 29 aut ineunte anno 28", P. J. Enk, Sex. Propertii elegiarum liber I, pars prior, Leiden 1946, S. 17.

[2] „aut ultimo anno 26 aut ineunte anno 25 emissus est", Enk a. O. 18.

[3] Walter Wili, Die literarischen Beziehungen des Properz zu Horaz, Festschr. für E. Tièche, Bern 1947, S. 184.

gramm von Buch I eine laudatio auf Augustus an die Spitze des II. Buches[4], und was für eine laudatio! Sehen wir also näher zu:

Sicher kann man *Perusina patriae sepulcra* (I 22, 3) schwerlich sagen, wenn man auf der Seite der Sieger dieses Kampfes steht und deren Ziele bejaht. Aber das bedeutet keineswegs die[1] Zustimmung für die andere Seite, für Octavians Gegner. Diese Partei ist ausgerechnet die des Antonius, und man wird Properz nicht vorwerfen wollen, er habe diese als die sehr viel bessere gehalten. Im Gegenteil, Antonius und sein Anhang mußten ihm vom römischen Standpunkt aus nicht einmal als Patrioten erscheinen (wie das dann in IV 6 deutlich wird), denn unter *patria* und *Roma* verstand Properz nicht einen Vielvölkerstaat sondern eben Rom[5]. Aus dem vorletzten Gedicht des I. Buches, I 21, wird man nicht deshalb Sympathie oder Antipathie für einen der beiden Gegner, Antonius oder Octavian, herauslesen können, weil ein durch Mörderhand dem Tod Geweihter spricht, der vorher der Schlacht entkommen war, in welchem Verhältnis der Dichter selbst zu dem Verwundeten auch gestanden haben mag. Der politischen Haltung nach müßte Properz ohnehin eher zu Octavian neigen als zu Antonius, denn römisch ohne Einschränkung war stets Octavian, nicht Antonius. Republikanisch waren beide nicht — ob Properz es je gewesen ist, darüber findet sich keine Äußerung.

Die beiden Kontrahenten waren i. J. 41/40 noch Verbündete gewesen, auch bei der „größten Besitzumwälzung, die Italien je erlebt hat"[6], bei der Properz wenigstens einen Teil seines ererbten Besitzes verlor. Obwohl mehr als ein Jahrzehnt inzwischen vergangen ist, ist ihm die Erinnerung daran nie entschwunden; noch im Einleitungsgedicht des IV. Buches vom Jahre 16 denkt er daran (Vs. 128—130). Den sich aus der Entzweiung zwischen Antonius und Octavian entwickelnden sog. Perusinischen Krieg, diesen „grauenhaften", den „schrecklichsten aller

---

[4] Es tut nichts zur Sache, wenn Buch I als Monobiblos gesondert im Umlauf gewesen sein sollte. Als nächstes dichterisches Produkt, auf das man nach dem Erfolg des Bisherigen gespannt sein konnte, erscheint Buch II, an dessen Spitze die laudatio auf Augustus gelesen wurde.

[5] Das geht aus allen seinen Äußerungen hervor. *Roma* ist bei ihm nie etwas anderes als die Stadt. *patria* ist entweder neutral „Heimat, Vaterstadt" oder aber konkret die Stadt Rom. Interessant ist in diesem Zusammenhang carm. III 13: Vs. 59/60 *patria Roma*, dann in einem Vergleich 64/65 *patria* = Heimatstadt = Troja (näml. für Kassandra).

[6] Ernst KORNEMANN, Römische Geschichte, 4. Aufl. bearbeitet von Hermann BENGTSON, II Stuttgart 1954, S. 95.

römischen Bürgerkriege"[7] mußten die Menschen, die von der Enteignung betroffen waren, als besonders unselig empfinden. So ist verständlich, daß Properz von *Perusina patriae sepulcra* spricht. Er kritisiert damit Augustus zu Gunsten des Antonius so wenig wie in dem Ausdruck *civilia busta Philippos*, II 1, 28, eine Bevorzugung einer der beiden Parteien liegt. Bürgerkrieg ist immer schrecklich, und dieser war besonders schlimm, so lange andauernd, daß man die pax ersehnen und dann preisen mußte. Die augusteischen Dichter sprechen eine beredte Sprache. Das I. Buch des Properz ist zwei oder drei Jahre nach Aktium erschienen, zur gleichen Zeit begann Vergil bereits seine Aeneis, von der Properz bereits im Schlußgedicht des II. Buches behaupten konnte: *Actia Vergilium custodis litora Phoebi | Caesaris et fortis dicere posse ratis, | qui nunc Aeneae Troiani suscitat arma | iactaque Lavinis moenia litoribus. | cedite Romani scriptores, cedite Grai! | nescio quid maius nascitur Iliade* (II 34, 61—66). Über den Inhalt der Aeneis wußte man also schon Bescheid[8]. Unmöglich konnte Properz die ;Segnungen der pax Augusta ignorieren; ich meine, keinem Zeitgenossen wäre es eingefallen, in I 22 eine Kritik an Augustus zu sehen.

Würde dem Ausdruck *patriae sepulcra* die erhebliche Kritik an Augustus anhaften, an die man gemeinhin glaubt, so müßte die Kritik in II 1, 29 mindestens ebenso so stark sein: *eversosque focos antiquae gentis Etruscae*. Aber dies wird als Großtat des Augustus gepriesen, mitten unter anderen hervorragenden Taten! Hier wird daran erinnert, daß Perusia, eines der alten *capita Etruriae populorum* (Liv. IX 37, 12) völlig zerstört wurde, und zwar durch die Truppen des (späteren) Augustus[9]! Properz sieht allenthalben das Unglück des Bürgerkrieges. Aktium aber stellt er, damit der Parole des Augustus folgend, nicht als Schlacht im Bürgerkrieg dar. Diesem Kampf hat er später im IV. Buch ein Denkmal geradezu religiöser Verklärung gesetzt[10].

---

[7] KORNEMANN a. O.

[8] Ob sich Properz die Einbeziehung der Schlacht von Aktium so vorgestellt hat, wie sie in der Aeneis erfolgte, kann dahingestellt bleiben.

[9] Perusia wurde später von Augustus wiederaufgebaut.

[10] Vgl. dazu auch unten. Ausführlicher EISENHUT, Hermes 84, 1956, 121 ff. = Properz, Wege der Forschung, Darmstadt 1975, 302 ff. Hier sei auf eine religionsgeschichtlich wichtige Tatsache hingewiesen: Im Epos Vergils, in der Schildbeschreibung VIII 698 ff., kämpfen die ägyptischen Götter gegen die römischen: *omnigenumque deum monstra et latrator Anubis | contra Neptunum et Venerem contraque Minervam | tela tenent.* Auch Properz sagt einmal, als er im III. Buch den Sieg von Aktium feiert, III 11, 41 (vielleicht im Anschluß an die teilweise schon bekannte Aeneis?)

Damit wird auch ein Licht auf die sog. recusatio geworfen. Properz lehnt aus den Gründen ab, ein Epos zu schreiben, die er in II 1 in die Form bringt: Wenn ich dazu imstande wäre, ein Epos zu dichten, würde ich nicht die üblichen Epenstoffe wählen, sondern die Taten des Augustus würde ich preisen, mit denen Deine Taten, Maecenas, immer verbunden sind. In der Aufzählung der Taten liegt aber bereits eine Huldigung, anders als dies von Maecenas und Augustus erhofft wurde, sondern wie es dem Elegiendichter angemessen ist. Der „römische Kallimachos", wie sich später Properz sogar selbst nennt (IV 1, 64)[11], steht im Banne der Kunstanschauungen des Kallimachos. Man braucht nur an das βροντᾶν οὐκ ἐμόν, ἀλλὰ Διός oder an das berühmte μέγα βιβλίον, μέγα κακόν[12] zu denken, um sich die Richtung zu vergegenwärtigen, die diese Kunsttheorie verfolgte. Das kleinere, um so ausgefeiltere Gedicht entsprach Theorie und Praxis des Kallimachos, „die von Kallimachos im Aitienprolog verwendeten Adjektiva λεπτός (λεπταλέος), μελιχρός (γλυκύς), οὐ παχύς (μέγας) (sind) stilistische Kennzeichen einer bestimmten Kunstrichtung"[13]. Der „Stilkampf" der Augusteer steht allerdings unter anderen Voraussetzungen; er ist im wesentlichen „abwehrend-apologe-

ausa (näml. Kleopatra) *Iovi nostro latrantem opponere Anubim,* jedoch in einer ganzen Reihe von Ungeheuerlichkeiten, die Kleopatra angeblich gewollt hat, wie *Romamque tubam crepitanti pellere sistro* (Vs. 43) oder *foedaque Tarpeio conopia tendere saxo* usw. Immerhin kämpfen da nicht ägyptische gegen römische Götter, Kleopatra will nur angeblich alles Ägyptische über alles Römische stellen. In der später verfaßten und erschienenen Elegie IV 6 (die Entstehungszeit sogar nach Vergils Tod darf als sicher gelten) ist die Einheit des Götterhimmels gewahrt, so wie das epische Tradition ist. Diese Tatsache wäre zusammen mit anderen in einem größeren Zusammenhang (also der sog. interpretatio Romana, weitergeführt in der interpretatio christiana z. B. von heidnischen Festen) einer gesonderten Untersuchung wert.

[11] Auf die alte Streitfrage, in welchem Verhältnis Hor. epist. II 2, 100 *quis nisi Callimachus* zu Prop. IV 1, 64 *Umbria Romani patria Callimachi* steht, kann hier nicht näher eingegangen werden. Der Zusammenhang bei Horaz spricht nicht gerade dafür, daß dieser Properz im Auge hatte: *discedo Alcaeus puncto illius; ille meo quis? / quis nisi Callimachus? si plus adposcere visus, / fit Mimnermus et optivo cognomine crescit* (epist. II 2, 99—101). Wollte er mit diesen Versen Properz als Romanus Callimachus verspotten, hätte er sich durch das *si p l u s adposcere visus, fit Mimnermus* um ein gut Teil der Pointe gebracht. Wie dem auch sei, ob Properz einen Spitznamen stolz selbst aufnahm (Hor. epist. II 2 ist wahrscheinlich früher als Prop. IV 1) oder ob er im IV. Buch bereits so stolz war, sich selbst an die Seite des Kallimachos zu stellen, macht für die Selbsteinschätzung des Properz keinen Unterschied. Bekräftigt wird auf jeden Fall die Nachfolge des Kallimachos.

[12] Aitia Frg. I 20. Frg. 465 (indirekt überliefert: s. R. PFEIFFER I 353).

[13] Hannelore REINSCH-WERNER, Callimachus Hesiodicus, Diss. Berlin 1976, S. 9.

tisch; er richtet sich kaum mehr gegen literarische Gegner"[14]. Bekanntlich tritt „in den beiden wohl frühesten stilkritischen Apologien des Properz", II 1 und II 10, Philitas noch nicht auf, „obwohl II 1 sich schon auf Kallimachos beruft und II 10 in verschiedenen Bildern und Prägungen kallimacheisch ist. Properz hat den Philitas erst nachträglich... beigezogen, als er daran ging, seine Verteidigungsposition (gegen das Ansinnen, ein Epos zum Preise des Augustus zu schreiben) ... auszubauen und zu sichern[15]." Er tat dies bereits in der Schlußelegie des II. Buches, Vs. 31/32, und hier ebenso zusammen mit Kallimachos wie im ersten Vers des III. Buches[16].

Ausdrücklich, expressis verbis, lehnt Properz ab, ein Epos zum Ruhme des Kaisers zu schreiben außer in II 1 noch in III 9. In dieser Elegie behauptet Properz, seine Kraft sei für ein Epos zu gering (*non sunt apta meae grandia vela rati. turpe est, quod nequeas, capiti committere pondus*, Vs 4—5). Mit ähnlicher Begründung hatte schon Horaz es abgelehnt, ein rühmendes Epos zu dichten, carm. I 6, denn schmälern nur würde er den Ruhm des Augustus und den Agrippas, wenn er sich mit seinen schwachen Kräften an einen solchen Stoff wagte. Aber des Properz Selbstachtung ist jetzt schon so weit gediehen, daß er nicht mehr die bloße Schwäche zur Entschuldigung heranzieht, sondern darauf hinweist, daß sich nicht alles für jeden ziemt (*omnia non pariter rerum sunt omnibus apta*, Vs. 7). Neben diesen direkten Antworten auf Bitten des Maecenas gibt es feinere Formen der recusatio: In III 3 tadelt Apollo selbst den Dichter, der sich an ein Epos machen wollte und weist ihn auf seine Berufung hin: *mollia sunt parvis prata tenenda rotis* (Vs. 18). Maecenas mußte sich da an Vergils recusatio in der 6. Ekloge erinnern, wo ebenfalls Apoll eingegriffen hatte: *pastorem ... oportet ... deductum dicere carmen* (Vs. 4—5)[17]. Was einem Vergil (und einem Horaz) recht ist, muß auch einem Properz billig sein. Demgegenüber ist das Gedicht, das jetzt an erster Stelle von Buch III steht, ein Zeugnis des Stolzes auf

---

[14] Walter WIMMEL, Hermes 86, 1958, 348.
[15] W. WIMMEL a. O. 349, 1. — II 10 entstand wohl erst „zwischen 26 und Anfang 24", Walter WIMMEL, Kallimachos in Rom, Hermes Einzelschr. 16, 1960, 193. Auch andere Dichter mußten sich dagegen wehren, ein Epos zu dichten, ohne sich jedoch auf Kallimachos berufen zu können. Die erste für uns faßbare Äußerung stammt von Vergil, ecl. 6. Vgl. auch Gustav RIEDNER, Typische Äußerungen der römischen Dichter über ihre Begabung, ihren Beruf und ihre Werke, Diss. Erlangen 1903, 21 ff.
[16] Im ersten Buch erscheinen weder Kallimachos noch Philitas.
[17] Ich möchte nicht so weit gehen zu behaupten, Properz habe damit unterschwellig

die eigene Form des Dichtens. Es ist möglich, der Anschein spricht
dafür, daß III 3 von dem neu verfaßten Gedicht verdrängt und an die
dritte Stelle verwiesen wurde, mit Zwischenstellung einer kleinen Elegie.
(Wie oft in der augusteischen Dichtung werden paarweise zusammen-
gehörende Gedichte durch ein anderes getrennt.)

Dem Selbstbewußtsein des Dichters, wie es sich im IV. Buch dokumentiert, steht am nächsten die Elegie III 1. So läßt sich ein Fortschritt
beobachten von III 2, in dem vom Wert des Properzischen Dichtens so
gesprochen wird, als handle es sich um ein niedriges Genos, über III 1 zu
IV 1. In diesem letztgenannten ist Properz der „römische Kallimachos",
aber auch hier weist ihn Apollo, durch den Mund des Astrologen, auf
seine wirkliche Begabung und Aufgabe hin. Trotz der Worte des Astrologen *at tu finge elegos, fallax opus: haec tua castra, / scribat ut
exemplo cetera turba tuo* hat er in der Nachfolge des Kallimachos ein
Feld gefunden, das einer höheren dichterischen Berufung entspricht: Er
kann Elegien dichten zum Ruhme Roms und des Kaisers, Elegien, die
wie die des Kallimachos Aitia sind: *causas aperire.* Kein Wort mehr von
Ablehnung. Ohne seine bisherige Dichtungsweise zu verleugnen, hat er
ihm Gemäßes gefunden; das kann er besser einsetzen, als wenn er sich
an einer epischen Dichtung versuchte.

Dies genügt wohl, um deutlich werden zu lassen, daß mit der Ablehnung eines Epos nicht die Ablehnung der Person oder Politik des
Augustus einhergehen muß. Nehmen wir noch die positiven Zeugnisse
hinzu, so können keine Zweifel mehr bestehen.

Vorher ist jedoch noch ein Punkt zu berühren, auf den manchmal
hingewiesen wird, wenn nach kritischen Stimmen der augusteischen
Dichter, speziell des Properz, geforscht wird: Man glaubt eine solche,
allerdings vom Standpunkt des erotischen Dichters verständliche, Kritik
in II 7 zu erkennen. Selbst wenn das zuträfe, ließe sich antworten, man
kann eine Regierung bejahen, ohne jedes einzelne Gesetz zu be-
grüßen. Aber es ist bezeichnend, daß Properz keine Elegie gedichtet hat,
die das erlassene Gesetz bedauert, sondern daß er nur über die Aufhebung jubelt: *gavisa es certe sublatam, Cynthia, legem.* Die Erinnerung
an die jetzt unnötig gewordene frühere Trauer erweckt geradezu ein

___

eine Möglichkeit auch für sich selbst angedeutet: Trotz der früheren Ablehnung
war die Aeneis im Entstehen, und Properz wußte das: II 34, 66. Apollo ist selbstverständlich die höchste Instanz, so auch Prop. IV 1, 73. Zum „Motiv des warnen-
den und verbietenden Apoll" vgl. W. Wimmel, Kallimachos a. O. 135 ff.

Glücksgefühl[18]. Was sollte das Gesetz bei mir auch nützen, sagt Properz, *nullus de nostro sanguine miles erit ... hic erit et patrio sanguine pluris amor.* Nicht einmal das Gesetz selbst, nur dessen Nutzlosigkeit, zumindest in seinem speziellen Fall, wird von ihm kritisiert. Der Individualismus in Rom ist spätestens seit den Neoterikern nicht nur bei den großen Herren erwacht. Das Selbstbewußtsein des Dichters, das Wissen um den eigenen Wert und Sinn seines Dichtens ist im II. Buch bereits deutlich.

Mit dem III. Buch kommt keine Wende; im Gegenteil, Properz bestätigt und bekräftigt sowohl sein Bekenntnis zu seiner Kunstanschauung und zu seinen Vorbildern als auch sein Bekenntnis zu Augustus, und dieses in besonders hervorstechender Weise. Das III. Buch beginnt mit den Namen Kallimachos und Philitas, sie sind die Kronzeugen für das Dichten des Properz; daß er die beiden Namen an die Spitze des Buches stellt, zeigt doch wohl an, daß er selbst glaubt, jetzt den poetischen Ansprüchen, die man an ihn stellen konnte, ganz gerecht zu werden. Da in diesem ersten Gedicht des III. Buches bereits das Thema „Kallimachos und Philitas in Rom" anklingt, wird das Verhältnis des Properz zu Augustus fast zum Verhältnis der römischen Dichtkunst, als deren Vertreter sich Properz fühlen durfte, zum Kaiser. Da überrascht nun Properz — in Rom wird es Erstaunen, wenn nicht Verblüffung ausgelöst haben — mit den eindeutigen Worten *deus Caesar,* III 4, 1[19]. Augustus als Gott,

---

[18] Für dieses Gesetz und seine Aufhebung ist Properz der einzige direkte Zeuge. Es stammt wohl, wie BUTLER-BARBER bemerken, aus dem Jahre 28, während des 6. Konsulats des Augustus, in dem er eine rege gesetzgeberische Tätigkeit entfaltete, wie aus Tac. ann. III 28 hervorgeht. Daß Gesetze de maritandis ordinibus — um ein solches muß es sich handeln — nur schwer durchzusetzen waren, zeigt Suet. Aug. 34. Über die Ehegesetze schon Paul JÖRS, Über das Verhältnis der lex Iulia de maritandis ordinibus zur lex Iulia Papia Poppaea, Diss. Bonn 1882, und Die Ehegesetze des Augustus, Festschr. zu Mommsens 50. Dr.-Jubiläum 1893, 1 ff. Zu Properz und über vermutliche spätere Hinweise auf das Gesetz S. 4 ff. Vgl. auch MOMMSEN, Ges. Schr. VIII 592. Das erste wirklich durchgeführte Ehegesetz ist das vom Jahre 18 ante, das letzte vom Jahre 9 post (wobei diese lex Papia Poppaea wohl nur Wiederaufnahmen und Ergänzungen brachte). Grundsätzlich gleich müssen die Bestimmungen in dem von Properz gemeinten Gesetz gewesen sein: Ein Mann aus dem ordo senatorius oder aus dem ordo equester durfte keine meretrix — wie Cynthia — heiraten, und Männer zwischen 25 und 60 Jahren, Frauen zwischen 20 und 50 müssen bei Androhung erheblicher Nachteile verheiratet sein.

[19] Da weder *deus Caesar* noch *Caesar deus* metrisch in den Anfang eines Hexameters gehen, bedient sich Properz der gleichen Hilfe wie Vergil, er setzt sogar das gleiche Wort an die Spitze: *arma deus Caesar.* Sicher erinnern nicht nur wir uns an den ersten Vers der Aeneis und an das *arma,* das für den Inhalt des Epos ja ohne Bedeutung ist. Jeder weiß und wußte, daß das Wichtige kommt: Wie *virum* in der Aeneis, so *deus* bei Properz.

als seiender, gegenwärtiger Gott, nicht etwa als ein Mensch, der einmal
Gott werden wird! Als solcher hatte er bisher, wenn überhaupt, gegol-
ten[20].

Horaz[21] nämlich sagte noch III 3, verfaßt wohl nicht lange nach dem
16. Januar 27[22], dem Tag, an dem der Name Augustus offiziell wurde,
Augustus werde dereinst unter die Götter aufgenommen werden, so wie
die Dioskuren und Herakles, wie Bacchus[23] und Romulus-Quirinus auf
Grund ihrer Verdienste auf Erden[24] unter die Götter versetzt wurden.
In dem etwas später verfaßten Gedicht carm. III 5, 1 ff.[25] heißt es,
Augustus werde als irdischer Gegenpol zum himmlischen Juppiter gelten,
wenn er Briten und Perser dem Reich anfüge: *Caelo tonantem credidimus
Iovem | regnare; praesens divus habebitur | Augustus adiectis Britan-
nis | imperio gravibusque Persis.*

Am nächsten in der Göttlichpreisung des Augustus steht der Properz-
Elegie III 4 das viel spätere carm. IV 5 des Horaz. Dieses Horaz-Ge-
dicht ist als „ὕμνος κλητικός ... zu denken"[26]; es gibt der Hoffnung auf
baldige Rückkehr des Augustus, der in der Heimat dringend gebraucht
werde, Ausdruck: *divis orte bonis* (Vs. 1) ... *hinc ad vina redit laetus
et alteris | te mensis adhibet deum* (Vs. 31 f.) ... *et Laribus tuum | miscet
numen, ut Graecia Castoris | et magni memor Herculis* (Vs. 34—36).
Das Gedicht kann „frühestens im Jahre 15, wahrscheinlich erst 14 oder
Anfang 13 verfaßt"[27] sein. Man geht sicher nicht fehl, wenn man immer

---

[20] „Bekanntlich hat Augustus in den westlichen Provinzen des Reichs den offiziellen
Kaiserkult in eine feste Form gebracht" (Ernst HOHL, Neue Jahrbücher 1943, 23),
nämlich so, daß der Kaiser als Person nicht im Westen, geschweige denn in Rom
selbst als Gott auf Erden verehrt werden sollte. Tiberius und Claudius sind dem
gefolgt. Vgl. auch Kurt LATTE, Röm. Religionsgeschichte, München 1960, S. 306;
Anm. 2 und 3 mit Lit.

[21] Zu Horaz vgl. Dag NORBERG, La divinité d'Auguste dans la poésie d'Horace,
Eranos 44, 1946, 389 ff.

[22] Richard HEINZE, Der Zyklus der Römeroden, Neue Jahrbch. 5, 1929, 685. NORBERG
a. O. 391 f.

[23] „Von einer Himmelfahrt des Dionysos weiß der griechische Mythos nichts, so wenig
wie überhaupt von einer Vergöttlichung des immer als Gott gedachten; erst die
philosophische Spekulation hat den Sohn der irdischen Mutter dem Herakles usw.
gleichgestellt", KIESSLING-HEINZE z. St.

[24] Vs. 13: „*merentem* sc. vehi, d. h. deum fieri", KIESSLING-HEINZE z. St.

[25] „Aus v. 3 ergibt sich, daß das Gedicht verfaßt ist nach der Erhebung Oktavians
zum Augustus im Januar 27 und vor dem endgültigen Verzicht auf den Feldzug
gegen die Britannier im Jahre 26", KIESSLING-HEINZE S. 282.

[26] KIESSLING-HEINZE S. 413.

[27] KIESSLING-HEINZE S. 414.

noch eine gewisse Zurückhaltung des Horaz zu spüren meint, da Augustus
nicht zu den großen Göttern sondern zu den Laren, den Schützern des
Heimes — so ist Augustus Schützer der Heimat — gestellt wird. Die
Neugestaltung des Kultes der Lares compitales, zwischen denen der
Genius des Kaiser verehrt wird, erfolgt erst nach der Rückkehr des
Augustus, nachweisbar ab 12 ante[28]. Und dazu weckt die Nennung des
Herakles und der Dioskuren die Erinnerung daran, daß sie für ihre
Taten auf Erden der Gemeinschaft der Götter teilhaftig wurden, wie das
in carm. III 3 ausgeführt war. Properz sagte dagegen in der schon Jahre,
vielleicht ein Jahrzehnt früher entstandenen[29] Elegie III 4 ohne Um-
schweife[30] *deus Caesar. deus* steht ebenso in seiner vollen Bedeutung wie
im ersten Vers der nächsten Elegie *pacis Amor deus est.* Properz hat die
Anordnung des III. Buches zweifellos selbst getroffen.

Noch zweimal erscheint Augustus uneingeschränkt als Gott: Einmal
noch im III. Buch, III 11, 65 f., und da mit recht kräftigen Worten: Da
Götter Rom gründeten und jetzt bewahren und beschützen, hat Rom
nicht Menschen, nicht Götter zu fürchten, nicht einmal Juppiter selbst,
solange Caesar lebt: *vix timeat salvo Caesare Roma Iovem.* Als Gott soll
er daher angerufen werden, heißt es dann am Ende der Elegie Vs. 71/72:
at tu ... navita ... Caesaris in toto sis memor Ionio. Wie eben der
Götteranruf der Seeleute üblich ist.

Dann noch einmal im IV. Buch wird Augustus ohne Einschränkung
deus genannt, in der Cornelia-Elegie Vs. 58—60: (beim Totengericht)
defensa et gemitu Caesaris ossa mea ... et lacrimas vidimus ire deo.

Auffallend ist: Jedesmal, wenn Properz den Augustus Gott nennt,
nennt er ihn Caesar, obwohl er sonst den Namen Augustus nicht meidet,

---

[28] Vgl. Kurt LATTE, Röm. Religionsgeschichte, München 1960, 306 f. Zum Augustus-
Kult s. die bei Stefan WEINSTOCK, The Journ. of Rom. Stud. 51, 1961, 215 (zu
LATTE 306, 3) zitierte Lit.

[29] Das III. Buch wurde 22 oder 21 herausgegeben. Die Abwesenheit des Augustus in
den Jahren 16—13 und die Neuordnung des Larenkultes erlebte Properz nicht
mehr.

[30] Stellt man Horaz und Properz nebeneinander, wird man des öfteren bei Horaz die
größere Zurückhaltung beobachten. (An einem sprachlichen Ausdruck versuchte ich
das zu zeigen in: Gedenkschrift für Georg Rohde = Aparchai 4, 1961, 91 ff.) Vielleicht tragen solche und ähnliche Beobachtungen dazu bei, die Frage zu klären,
warum sich diese beiden Dichter des Maecenas-Kreises offensichtlich aus dem Weg
gingen, so daß aus den Gedichten des einen die Existenz des anderen nicht zu erschließen wäre. Über die Versuche, die literarischen Beziehungen zwischen Horaz
und Properz aufzuhellen, s. die Lit., die in der gen. Gedenkschr. Rohde S. 102 f.
zitiert ist.

und zwar wendet er Augustus immer da an, wo er an menschliche Taten des Kaisers erinnert. Auffällig in der Elegie III 11: Hier steht Vs. 50 zunächst nur, Augustus hat die *mulier* besiegt, *et longum Augusto salva precare diem.* Erst am Ende der Elegie wird die Person des Augustus ins Göttliche erhoben, so als erinnere sich der Dichter, daß das ja alles Werk eines Gottes sein müsse: Denn Götter sind Gründer und Bewahrer Roms.

Ganz auffällig ist die Benennung Augustus/Caesar in der 6. Elegie des IV. Buches: Diese Elegie ist eine besondere, eine kultische Opfergabe des Dichters an den Gott. Die Eingangsverse stimmen auf diese poetische Situation, den kultischen Bereich, ein[31]. Der erste Halbvers *sacra facit vates*[32] sagt, worum es geht, dann wird das Bild des Opfers eindringlich vor Augen gestellt. Die Spende ist das Lied, das sich aus der *tibia,* dem Instrument der Elegie, auf den Altar ergießt. Wem gilt die Opfergabe? Apollo, dessen Tempel geweiht wird oder Augustus, dessen Identität

---

[31] EISENHUT, Die Einleitungsverse der Elegie IV 6 des Properz, Hermes 84, 1956, 121 ff. = Wege der Forschung 237, 1975, 302 ff. Der unglückliche, höchstens paläographisch vertretbare Einfall SCALIGERS, das überlieferte *cera* durch *serta* zu ersetzen, ist offenbar nicht auszurotten und feiert stets aufs neue fröhliche Urständ (so in der neuen Teubneriana von HANSLIK, der — beeinflußt durch die Autorität BARBERS? — die frühere Ausgabe von SCHUSTER-DORNSEIFF hier zum Falschen änderte). Man wollte etwas „Pflanzliches", das als Gegensatz mit den *Philiteis corymbis* wetteifern könne. Aber der Efeu des Philitas etwa ein ungeordnetes Durcheinander (des Philitas!)? Das wäre nämlich die Entsprechung oder der Gegensatz zu den wohlgefügten *serta.* Aber wenn schon „Kränze": Die Dichterkränze in Rom waren eben gerade aus Efeu! (Belegstellen und Lit. in der eben genannten Abhandlung S. 125, 5. Hier nur eine Stelle aus Properz selbst, II 5, 25 f.: *rusticus haec aliquis tam turpia proelia querat, / cuius non hederae circuiere caput.* Wohl wird bei der Konjektur *serta* wenigstens niemand an Horaz carm. III 30, 16, wiederaufgenommen carm. IV 2, 9, denken, denn der Lorbeer an diesen Stellen bezeichnet den Triumphator oder den Sieger im delphischen Wettkampf wie carm. IV 3, 6/7; s. auch KIESSLING-HEINZE zu carm. III 30.) Die Erklärer des *cera* sind alle von LACHMANN abhängig: „Illam vero *ceram* cum tabulam ceratam esse SCALIGER non intellegeret, Serta coni. Sed iure alterum LACHM. defendit", stellte schon HERTZBERG fest. Bei ROTHSTEIN liest sich das so: „Die Wachstafel, auf der der Dichter seine Einfälle niederschreibt, vertritt hier den Begriff der Dichtung selbst." Damit aber machen es die Verteidiger des *cera* ihren Kritikern leicht. *cera* meint nämlich nicht die Wachstafel, auf der die römischen Dichter (etwa im Gegensatz zu den griechischen?) ihre „Einfälle niederschrieben", sondern *cera* ist ein Begriff aus dem römischen Kult, gerade hier passend, wo es sich um eine poetische Opfergabe handelt: s. Verf. a. O. 124 ff.

[32] Da die Formel *favete linguis* (Cic. div. II 83. Hor. carm. III 1, 2. Sen. vita beata 26, 7. Plin. n. h. XXVIII 1. Serv. Aen. V 71) in dieser Gestalt wegen des Creticus auf keine Weise im Hexameter unterzubringen ist, haben sich die Dichter auf verschiedene Weise geholfen: s. Verg. Aen. V 71. Tib. II 1, 1 und 2, 2. Ov. am. III 2, 43 und 13, 29. fast. I 71 f.

hier mit der des Apollo verschmilzt[33]? Bei der Themenangabe des Aitions heißt es zunächst *Musa, Palatini referemus Apollinis aedem* und unmittelbar darauf *Caesaris in nomen ducuntur carmina; Caesar.* Sogar die beiden Pentameter, die zum Thema selbst nichts aussagen, sind — absichtsvoll — von fast parallelem Inhalt: *res es, Calliope, digna favore tuo* und *(Caesar) dum canitur, quaeso, Iuppiter ipse vaces* (Vs. 12—14). Apollo und Caesar/Augustus sind die zwei Erscheinungsformen des Göttlichen.

Wie oben schon bemerkt: Wo es um die Göttlichkeit des Apollo/ Augustus[34] geht, steht Caesar, bei der folgenden Erwähnung des äußeren Vorgangs der Schlacht Augustus (Vs. 23. 29. 38. 81).

Hier stellt sich die Frage: Ist etwa die Verteilung der Benennungen Augustus—Caesar bedeutungsloser Zufall, bei einem Dichter, der anerkanntermaßen so bewußt gedichtet hat, der seine Worte gewählt hat wie kaum ein anderer? Augustus ist nicht der Name eines Gottes; auch die späteren Augusti und Augustae wurden nicht mit der Verleihung dieses Namens zu Göttern. „Augustus" ist bestenfalls ein „Götterepitheton"[35]. Der Kaiser ist unter einem Aspekt der ‚erhabene', menschliche Taten vollbringende Augustus, unter anderem Aspekt existenter Gott.

Die Elegie IV 6 ist die denkbar größte Huldigung, nicht an einen vergöttlichten Menschen Augustus, sondern an den Gott, die irdische Erscheinung eines Gottes. Ist der Kaiser aber Gott, dann — und das ist typisch Properzisch[36] — kommt ihm das Opfer des Dichters zu.

---

[33] Zum folgenden ausführlicher die Anm. 31 zitierte Abhandlung.

[34] Augustus verstand sich, oder wurde so verstanden, als Inkarnation Apollos, und er tat vieles, um so gesehen zu werden. So spielte er beim Lectisternium der Zwölf Götter im Jahre 40 die Rolle Apollons; auf Terrasigillata-Gefäßen erscheint er häufig als Apollon (A. Oxé, Bonner Jahrbch. 138, 1933, 81 ff.); in der Bibliothek des Palatinischen Tempels, dessen Aition den Inhalt der Elegie IV 6 bildet, hatte sich Augustus eine Statue errichten lassen *habitu ac statu Apollinis* (Ps.-Acro zu Hor. epist. I 3, 17; ähnlich Serv. ecl. 4, 10: s. die gen. Abh.). Der Gegensatz zu Dionysos/Antonius ist offensichtlich. Daß Apollo geradezu zum Gott der neuen Aera gemacht wurde, ist häufig dargelegt worden.

[35] LATTE a. O. 324 f. Vgl. Thes. l. L. II 1379 ff., insbes. 1393 ff.

[36] Properz ist nicht nur in seinen Metaphern konsequent, denkt sie gewissermaßen zu Ende, nimmt sie wörtlich, er hat auch dem als Gott vorgestellten Augustus das gegeben, was einem Gotte zukommt und das er als Dichter zu geben sich verpflichtet fühlte.

Das Concilium Deorum im
I. Metamorphosenbuch Ovids

von Hans Herter, Bonn

Um seine Metamorphosen zu einem *carmen perpetuum* zu gestalten, hat sich Ovid viel Mühe gegeben, aber er war souverän genug, manche Schwierigkeit, die das Zeitprinzip mit sich brachte, schlechtweg zu ignorieren[1]. Besonders intrikat war die Aufgabe im ersten Buche und verlangte auch eigene Erfindung[2]. Am bequemsten war es für ihn, die alte Sage von den Weltaltern an die Erschaffung des Menschen anzuschließen und so mit dem eisernen, nach ihm vierten Geschlecht in den absoluten Sündenzustand überzuleiten, der schon immer die Sintflut begründet hatte. Er blieb dabei in einer weit zurückliegenden Vergangenheit, aber dann wurde der Einfluß der hesiodeischen Schilderung so stark, daß sich das Präsens einschlich. Das Tempus steht allerdings strenggenommen im Sinne eines Praesens historicum, denn mit der Flucht der *virgo Astraea* kommt es schon wieder zum Perfekt, das daran erinnert, daß alles in der Vergangenheit liegt. Wer die Schilderung der Verderbnis des eisernen Geschlechts trotzdem auf die Gegenwart bezieht, müßte eigentlich annehmen, daß von den Eisernen einige nach der Sintflut in unverbesserlichem Zustand zurückgeblieben wären[3]. Ovid hat sich aber auch ermöglicht, den Gigantenkampf in seine Weltgeschichte einzubringen,

---

[1] Vgl. P. Grimal, in: Ovidiana, Paris 1958, 245 ff.
[2] Über die Sagen des 1. Buches habe ich bereits in zwei Robert Schilling und Alexander Turyn gewidmeten Aufsätzen gehandelt, die noch nicht erschienen sind; heute soll das Concilium deorum im Mittelpunkt stehen.
[3] Vgl. F..Stoessl, Ovid, Dichter und Mensch, Berl. 1959, 35.

und zwar mit Hilfe einer Sage, nach der sich aus der vom Blute der Riesen getränkten Erde in einer Art von Urzeugung ein Geschlecht von Menschen bildete, das nicht weniger verbrecherisch als das eiserne Geschlecht war und so ebenfalls Bestrafung forderte. Diese Sage mag von Ovid selber erfunden sein, aber die Klitterung mit der Sintflut liegt klar zutage⁴. Doch der Dichter nutzt noch eine dritte Tradition aus, wonach die Flut durch die Übeltaten des Lycaon — oder seiner Söhne, wenn der Vater in gutem Licht bleiben sollte — veranlaßt war⁵; es bleibt bei dieser Kombination Ovids undeutlich, ob der Frevler zu den Eisernen oder zu den Blutentsprossenen gehört hat. Jedenfalls hatte Ovid die ἔνιοι für sich, die Lycaon zu einem Antediluvianer gemacht hatten (Apollod. bibl. 3, 99). Schwierigkeiten in der Chronologie, die sich daraus ergaben, scherten den Dichter nicht, so wenn er sich darüber hinwegsetzt, wie Prometheus lange vor der Sintflut Deucalions Vater oder Callisto lange danach Lycaons Tochter sein konnte. Fühlbarer wird es, daß das böse Verhalten des Fürsten sein Gegenbild in der Frömmigkeit seines Volkes hat, umgekehrt wie im Falle von Philemon und Baucis. Iupiter macht selber in gewisser Weise darauf aufmerksam: *occidit una domus, sed non domus una perire digna fuit; qua terra patet, fera regnat Erinys* (V. 240 ff.). Aber man hat gar nicht den Eindruck, daß alle Menschen den Tod verdienten, und auch die Rettung Deucalions und Pyrrhas erscheint als Bevorzugung, die Iupiter erst zuließ, als sie sich mit ihrem Floß selber gerettet hatten. Ohne solche Unstimmigkeiten wären Sagen, die unter ganz verschiedenen Bedingungen gewachsen waren, nicht zu vereinbaren gewesen, und Ovid hat sich denn auch davon nicht anfechten lassen.

Er hat es nun bei diesen drei Motivationen der Sintflut nicht belassen, sondern den bösen Lycaon noch mit einer weiteren Untat belastet: es ist nicht nur die *mensa Lycaonia*, die festverwurzelt im Kultus desLykaion, alten Schlages ist, und höchstens in der Identifikation des Opfers mit einem Molosser einen eigenen Akzent erhält⁶, sondern zudem ein An-

---

⁴ STOESSL 25 f.
⁵ Das Belegmaterial eingehend besprochen von Guil. VOLLGRAFF, De Ovidi mythopoeia, Diss. Berl. 1901, 5 ff., der besonders an eine mythographische Quelle Ovids denkt. Zu den mythischen Verhältnissen, die ich hier außer acht lassen muß, s. namentlich M. SCHUSTER, Wien. Stud. 48, 1930, 151 f., W. SALE, Rhein. Mus. 105, 1962, 122 ff., und G. PICCALUGA, Lykaon, Roma 1968.
⁶ VOLLGRAFF, Ovid und Nikander 1, Gron. 1909, 96 ff. suchte später auf Nikander

schlag auf Iupiters Leben, der ganz extreme Rache herausfordert. Ovid
hat dieses Motiv wohl selber erfunden, um die Gelegenheit zu einer
Parallelisierung mit einem gescheiterten Attentat auf den Kaiser Augustus zu finden[7]. Man streitet sich darum, ob nicht vielleicht Caesars Ermordung gemeint ist, aber da diese erfolgreich gewesen ist, eignet sie sich
weniger, an dieser Stelle als Zeichen göttlicher Macht so hervorgehoben
zu werden. Der Dichter läßt den Vorgang immerhin in wohltätigem
Dunkel, denn die beiden Ereignisse, das mythische und das historische,
hätten sich, wenn überhaupt, wohl nicht genau zur Deckung bringen
lassen. Nun schaltet bei dem Dichter der omnipotente Gott nicht so frei
und spontan, wie es naiver Sage entsprochen hätte, sondern es wird eine
Götterversammlung eingeführt, der Iupiter den Fall vorträgt; sie ist wie
eine Senatssitzung stilisiert, die dem Herrscher auch wirklich Vollmacht
erteilt, und die Empörung des Gremiums wird mit dem Entsetzen verglichen, das den Erdkreis bei der neuerlichen Missetat ergriffen hatte,
oder genauer: der alte Frevel wird mit dem neuen verglichen[8]. Diese
Huldigung an den Kaiser mitten in der Erzählung ist ein arger Verstoß
schon rein formal gegen die epische Objektivität, aber V. 175 ff., wo die
Wohnstätte der Götter als Palatium des Himmels bezeichnet wird, ist
noch ärger, weil hier ein unverhülltes „Ich" dem Autor entschlüpft. Die
Ergebenheitsbezeugung war ihm den Kunstfehler wert.

Die Beurteilung des Concilium deorum mit allem Drum und Dran
ist nun in jüngerer Zeit ein Argument im Streite um den Charakter des
gesamten Werkes geworden; es erscheint daher nicht unnötig, sich zu ver-
gewissern, wie es in Wirklichkeit darum steht. Das Motiv der Götterversammlung, ein regelmäßiges Requisit epischer Erzählung, gestattet
es dem Dichter, die *ira deorum* als einen hervorstechenden Zug der gesamten Metamorphosen gleich von vornherein ins Spiel zu bringen und
dem höchsten Gotte wie in Ilias und Odyssee die Gelegenheit zur ersten,
verantwortlichen Rede zu geben[9]. Obwohl das Concilium schon O. Rib-

---

als Quelle zurückzukommen, worin ihm J. Ziehen gefolgt ist (Woch. klass. Phil.
1910, 185), auch S. Jannaccone, La letteratura grecolatina delle metamorfosi,
Mess./Fir. 1953, 100 ff. Ovid vernachlässigt die Söhne und so auch den nach ihm
noch gar nicht geborenen Arcas; V. 218 gehört *Arcados* natürlich zu *tyranni*, so daß
ein Anachronismus höchstens in der Bezeichnung der Gegend Arcadia liegt
(Ad. Ebert, Der Anachronismus in Ovids Metamorphosen, Progr. Ansb. 1888, 33).
[7] Vollgraff, Myth. 18 ff.
[8] W. Ludwig, Struktur und Einheit der Metamorphosen Ovids, Berl. 1965, 18.
[9] F. Bömer in seinem Kommentar I Heid. 1969, 74.

BECK „wie eine Parodie" erschienen war[10], hat man die Szene doch zunächst weiter so genommen, wie sie dasteht, besonders R. HEINZE[11], der darin die epische Würde der Gottheit gewahrt fand und die reichlichen Hindeutungen auf Augustus und sein Rom so erklärt: „Ovid meint den Olymp zu ehren, wenn er ihn dem Palatin angleicht." Man übersehe nicht, daß der Kritiker vorsichtig genug ist, an dieser wie an andern Stellen Unterschieden des modernen Geschmacks vom antiken Raum zu lassen, wie das auch F. BÖMER und andere getan haben; eine fühlbare Distanzierung bedeutet es auch, wenn z. B. R. R. LAMACCHIA bemängelt, daß dem Ovid das Pathos nicht immer gelinge, und die aktuellen Beziehungen als mehr äußerlich und rhetorisch empfindet[12]. E. DOBLHOFER hat an Stelle der mittlerweile etwas obsolet gewordenen Rhetorik mit dem Stichwort Urbanitas Ovids Humor in weitestem Umfang herausgestellt, aber doch gemeint, daß er in unserer Partie Augustus gegenüber den Schein ehrfürchtigen Ernstes immerhin sorgfältig gewahrt habe[13]. Im Gegensatz dazu hat V. BUCHHEIT das akut-politische Moment in einem seiner Zeit entsprechenden Ernste sehr extensiv genommen und das ganze Werk für ein augusteisches Epos erklärt, das vom 1. Buche an *ad tua tempora, Caesar*, führt[14]. Brooks OTIS hatte anfangs und noch in der ersten Auflage seines Buchs die Pythagorasrede mit der Helenusprophezeiung der Größe Roms 15, 436 ff. für den Höhepunkt gehalten, mit dem die Dichtung in die Verherrlichung des Kaisers auslaufe; was dazwischen liege, erscheine demgegenüber irrelevant und vertrage nicht den totalen Symbolismus, den ihm BUCHHEIT zuerkannte[15]. Auch U. FLEISCHER hielt daran fest, daß Ovid dem Herrscher eine distanzierte echte Huldigung darbringe, wie er sie im Eingang in dieser Form unterlassen hatte[16], und L. ALFONSI rühmte den providentiellen Plan, mit dem Ovid vorgehe „dal disordine cosmico all' uomo e dal disordine umano all'armonia dell' impero augusteo, unica certezza tra tante realtà periture"[17]. Aber V. PÖSCHL spürte in der Lycaonepisode eine hilaritas

---

[10] Geschichte der Römischen Dichtung 2², Stuttg. 1900, 279.
[11] Ovids elegische Erzählung, Ber. Verh. Sächs. Akad. 71, 1919, 7, 11 ff = Vom Geist des Römertums³, Darmst. 1960, 315.
[12] At. e Roma N. S. 14, 1969, fasc. 2/3, 19 f., vgl. BÖMER 82.
[13] Philol. 104, 1960, 69 ff.
[14] Herm. 94, 1966, 80 ff.
[15] Proc. Am. Philol. Ass. 69, 1938, 228 ff. Ovid as an epic poet, Cambr. 1966, 295 ff.
[16] Ant. Abendl. 6, 1957, 36 f.
[17] Ovidiana 265 ff.

quaedam submaligna und stellte damit die Seriosität des Concilium deorum wie auch Iupiters selber in Frage, obschon er Ovid keine Feindschaft gegen Augustus zusprach[18]. OTIS hingegen ist in der Neuauflage seines Buches[19] von seiner vormaligen Ansicht energisch abgerückt und hat aus dem Augusteismus einen komischen oder grotesken Anti-Augusteismus gemacht, der eine Wendung um 180 Grad in der Forschung bedeutet hätte, wenn sein Urheber nicht eingeschärft hätte, daß einige Partien nach wie vor ernst zu nehmen seien. Diese Einschränkung gilt theoretisch auch für G. K. GALINSKY, der im übrigen auf eine perpetua festivitas bei Ovid aus ist, die sich in Bitonalität oder gar Polytonalität auslebt, aber Augustus noch ungeschoren läßt[20], und erst recht bei O. St. DUE, für den die beiden Tendenzen geradezu amalgamiert sind und eine totale ambiguity herbeiführen[21]; auch A. W. J. HOLLEMAN tendiert nach dieser Richtung, setzt aber wieder den Anti-Augusteismus in die Rechnung ein[22]. Sehr weitgehend ist auch Ch. SEGAL[23], der die Verwandlungsgeschichten nach ihrem moralischen Habitus und somit nach ihrem Wert für die kaiserliche Sittenreform beurteilt: da erweisen sich fast alle als inakzeptabel und ziehen vornehmlich das Römische nach sich, also auch die grotesquerie der Aesculapiusgeschichte, die Pythagorasrede (wenn auch nicht vollständig) und jede Verbeugung vor dem Monarchen. So werden die Metamorphosen nachgerade zu einer Sammlung von Spasserei, und so ist die heutige Kritik überhaupt orientiert, ganz besonders wenn sie zum Concilium deorum Stellung nimmt[24]. Wie wenig feste Punkte da auszumachen sind, wird dem Beobachter dieser Szene vor

---

[18] Acta Conventus omnium gentium Ovidianis studiis fovendis Tomis 1972 habiti, Bucur. 1976, 507 ff. = Kleine Schriften, Heid. 1979, 302 ff.

[19] Cambr. 1970, 350 f., vgl. VII ff. Widerstand gegen Augustus s. zuletzt R. A. BAUMAN, Rhein. Mus. 124, 1981, 179 f.

[20] Ovid's Metamorphoses, Oxf. 1975.

[21] Changing forms, Kop. 1974. The sublime ridiculously sublime and the ridiculous sublimely ridiculous (S. 75) — als ob es nichts dazwischen gäbe!

[22] Latomus 28, 1, 1969, 42 ff. Historia 20, 1971, 3, 458 ff. 22, 1973, 260 ff. Acta Tomis 1972, 350 f.

[23] Am. Journ. Philol. 90, 1969, 257 ff. (vgl. Landscape in Ovid's Metamorphoses, Wiesb. 1969, 93 f.).

[24] Mit argwöhnischen Augen verfolgt Sven LUNDSTROEM, Ovids Metamorphosen und die Politik des Kaisers, Acta Univ. Upsaliensis, Studia latina Ups. 12, 1980, alle Stellen, die sich auf Augustus beziehen oder bezogen worden sind oder bezogen werden könnten, als Äußerungen der Kritik oder leichten Ironie; soweit das überhaupt Beachtung erheischt, kommt es nur für das 15. Buch in Frage und braucht im übrigen hier nicht berücksichtigt zu werden.

allem klar, wenn er sich an solche Gelehrte halten will, die, wie etwa
M. v. ALBRECHT[25], sich zurückhaltend äußern, erst recht wenn er solchen
Forschern folgt, die ein grundsätzliches Veto eingelegt haben, wie vor
allem F. BÖMER[26].

Bleiben wir unsererseits heute bei dem Nächstliegenden und vielleicht
Verführerischsten, so ist es der Eindruck, den das Concilium deorum mit
seinem römischen Kolorit erweckt. Es scheint irgendwie verspielt[27], aber
wenn man Ovid nicht, wie es so oft geschieht, in voller Einsamkeit
isoliert, hat man nur die alte Anschauungsweise vor sich, die sich die
göttlichen Verhältnisse nach Analogie der menschlichen vorstellt. Man
vergleiche etwa beim Autor π. κόσμ. 398 a ff.[28], wie die Rolle des Welten-
lenkers mit der des Großkönigs illustriert wird: die Parallelisierung ist
in ihrer betulichen Schilderungsfreude weder despektierlich noch komisch
gemeint, wenn sie auch nicht so spritzig wirkt, wie es bei dem Römer
der Fall ist. War seinerzeit der Perser der einzige überragende Herrscher,
so in Ovids Tagen der Princeps. BUCHHEIT hat mit reichem Belegmaterial
aufgewiesen, daß der Vergleich des Kaisers mit Iupiter bis hin zu aus-
geprägter Identifikation in Literatur und Kunst zeitgemäß war und
nichts Übertriebenes an sich hatte. Daß sich Ovid allein gegen die politische Neuordnung gewandt und diese Absicht irgendwie versteckt angedeutet hätte, ist von vornherein unwahrscheinlich[29]. Wie er mit dem
altvertrauten Iliasmotiv des gewaltigen Nickens des Götterkönigs
scherzend umgegangen ist, hat E. REITZENSTEIN an am. 3, 1 gezeigt und
mit der aufrichtigen Unmutsäußerung unserer Stelle (V. 178 ff.) ver-

---

[25] Anzeiger Alt. 25, 1972, 272, 2. Auch nach GALINSKY sind die Metamorphosen weder
für noch gegen Augustus (S. 43. 210 ff.). J.-M. FRÉCAUT, L'esprit et l'humour chez
Ovide, Grenoble 1972, 12, 15. Wer dem Dichter in die Seele zu blicken vermag,
kann natürlich, wie BÖMER, von „innerer Emigration" bei ihm sprechen. Zurückhaltend auch R. SYME, History in Ovid, Oxf. 1978, 189 ff. Der Anti-Augusteismus
unbeweisbar nach W. M. CLARKE, Class. Journ. 72, 1976/7, 322. Eine gewisse hämisch-
spottende Obstruktion spürt schon Paul BECKER, Ovid und der Prinzipat, masch.
Diss. Köln 1952.

[26] Gymn. 82, 1975, 484 f., und mehrfach im Komm., so 9, 269 f.

[27] GALINSKY 29. 170. 190 f. E. J. BERNBECK, Beobachtungen zur Darstellungsart in
Ovids Metamorphosen, Münch. 1967, 92 f.

[28] Parallelen gibt W. CAPELLE, Neue Jahrb. 15, 1905, 28, 6. Einen Hof des Zeus finden
wir auch bei Themist. or. 15, 193 D. Augustus wird mit Iupiter oft gleichgesetzt, so
von T. F. HIGHAM, Class. Quart. 48, 1934, 109, 2. H. FRÄNKEL, Ovid, Berk. 1945,
751. DOBLHOFER pass. R. HÄUSSLER, Das historische Epos 2, Heid. 1978, 78.

[29] R. EINBERGER, Behandlung gleicher Motive bei Horaz und Ovid, masch. Diss. Heid.
1960, glaubt, daß Ovid den richtigen Iupiter meinte, aber er werde später auch nichts
gegen die Beziehung auf Augustus gehabt haben.

glichen[30]. Ovid war eine unpolitische Natur, und wenn er dem Princeps längst im stillen abhold gewesen sein sollte, dann nur weil ihm die Sittenreform nicht imponierte. Man kann aber die Schilderung des Eisernen Geschlechts schwerlich als Anspielung auf den Mißerfolg dieser Reform lesen[31], denn sie deckt sich viel eher mit dem Verfall der Bürgerkriegszeit, wie er dem Horaz c. 3, 6 doch noch die Zuversicht auf eine Wendung zum Bessern ließ. Sieht man genauer zu, so zeigt sich die Verderbnis der Eisernen gerade nicht in Ehebrüchen, worauf Ovid hätte verfallen müssen, wenn er ein verschlüsseltes Bild seiner eigenen Zeit hätte liefern wollen[32]; sollte V. 147 f. auf Geschehnisse und Verhältnisse im Kaiserhof anwendbar gewesen sein[33], so mußte man schon recht argwöhnisch lesen, um dies zu entdecken. Ovid klagt nach Hesiods Vorbild einfach in dunkelsten Tönen, wie er nicht anders konnte, nachdem er an der tiefsten Stufe der Abfolge der Zeitalter angelangt war, aber er kommt gar nicht in die Gegenwart, denn von den Eisernen war ja ebensowenig jemand übrig geblieben wie von den Blutgeborenen, so daß ihre Verbrechen die postdiluviale Menschheit nicht mehr belasteten[34]. Erst V. 414 f. wird ein Fazit für alle Zukunft gezogen, aber eben im Hinblick auf unsere Abkunft von den Steinen Deucalions und Pyrrhas, und daß wir deswegen hart sind, ist noch nicht einmal abschätzig gemeint und überdies eine harmlose Entlehnung von Vergil. Würde man mit V. 148 aufhören zu lesen, dann bliebe allerdings die Geschichte im ungestörten Flusse der Geschehnisse ohne die Deucalionflut, und wir hätten einen Superhesiod; aber man darf nun einmal keine Partie in den Metamorphosen für sich nehmen.

Wegen dieses seines großen Werkes hätte Augustus Ovid nie und nimmer verbannt[35]: das sollten sich diejenigen, die gar zu gerne hinter den Vorhang blicken wollen, ruhig aus dem Kopfe schlagen[36]. Nir-

---

[30] Rhein. Mus. 84, 1935, 81 ff.
[31] Ovid macht sich in seiner Liebespoesie über die Ehegesetzgebung immer wieder lustig (W. STROH, Gymn. 86, 1979, 323 ff., auch BECKER 97 ff.)
[32] So BUCHHEIT 101 ff.
[33] W. KRAUS, PW 18, 2, 1945. Vgl. M. BOILLAT, Les Métamorphoses d'Ovide, Bern/ Frankf. 1976, 60 f.
[34] Das wird viel zu wenig beachtet, z. B. nicht von SEGAL 262 ff. und DUE 72 f.
[35] Anders SEGAL 260 ff. und natürlich LUNDSTROEM, auch HOLLEMAN.
[36] HERTER, in: Kulturwissenschaften, Festgabe W. Perpeet, Bonn 1980, 227 f., 95. Es wäre auch sehr unangebracht gewesen, andern die Herausgabe des verdächtigen Werkes zuzumuten (KRAUS 1949). Natürlich spricht auch Ovid selber nicht von den Metamorphosen als Ursache seines Exils (GALINSKY 214).

gends spricht der Dichter von den Metamorphosen als einer Ursache
seines Exils, und trist. 2, 555 ff. äußert er sogar die Hoffnung, der Kaiser
würde sich durch die Lektüre umstimmen lassen, aber das war wohl zu
viel verlangt, — wer weiß, ob Augustus je einen Blick hineingeworfen
hat, und wenn, war es mehr als fraglich, ob es etwas genützt hätte. Vor
diesem entscheidenden Zeugnis sucht SEGAL seinen Anti-Augusteismus
zu retten durch die Einlassung, viele Autoren täuschten sich selber über
den echten Charakter ihrer Werke hinweg, aber den wahren Grund der
Verbannung muß man sowieso anderswo suchen: Augustus ging es um
Wichtigeres und Peinlicheres als um ein paar leichte Erotika, und die
waren, als sie erschienen, unbeanstandet durchgegangen. Die ars, die
Ovid angibt, war, wie C. MARCHESI[37] sagt, nur ein pubblico pretesto
gewesen, für Ovid übrigens ebenso wie für den Kaiser.

Konzentrieren wir uns nun auf das erste Buch im besonderen, so
kommt die maiestas Iupiters bzw. des Kaisers nicht in Frage. Es wäre
fehl am Platze, zu argwöhnen, daß Iupiter, wenn er im Concilium den
Kaiser deckt, nun immer wieder sozusagen eine Chiffre für den Princeps
sein müßte[38]. Gewiß wird er später schon bei seinem Abenteuer mit Io
nicht gerade geschont, aber so weit ist der unbefangene Leser ja noch gar
nicht vorgedrungen. Nicht anders steht es mit Apollo: bei den modernen
Interpreten.leidet seine Autorität unter seinem Mißerfolg bei Daphne;
aber deshalb dürfen wir nicht alles und jedes in dieser Partie ins Lächer-
liche ziehen, insbesondere nicht V. 560 ff. die Vorausschau auf die künftige Rolle des Lorbeers in Rom und namentlich nicht seine Aufstellung
vor der kaiserlichen Pforte. Sucht man dahinter eine herabsetzende Absicht, so müßte man für den auf gleicher Linie genannten Triumphallor-
beer das gleiche gelten lassen, eine Folgerung, die nicht leicht jemand
wird ziehen wollen: es ist unausdenkbar, daß Ovid in seiner angeblichen
Böswilligkeit gegenüber Augustus auch Unterpfänder der Größe Roms
in ein so schiefes Licht gebracht hätte. Ich wundere mich, daß noch
niemand an der Verherrlichung der Isis in der Person Ios Anstoß genommen hat, der Ägypterin, die doch dem amtlichen Rom ein Dorn im Auge

---

[37] Storia della letteratura latina 1, 534 ff. v. ALBRECHT in: Das römische Epos, hrsg.
von E. BURCK, Darmst. 1979, 122. Umgekehrt E. J. KENNEY, Class. Rev. 19, 1969,
296.
[38] Man mag auch an Hes. fr. 198 Rz. denken (M. TREU, Rhein. Mus. 100, 1957, 173).
Ein Non plus ultra bei COLEMAN, Class. Rev. 81, 1967, 50: the deified Aeneas, Romulus, and Caesar, by being included in the same poem (!) with Lycaon, Daphne, and
the rest are reduced to the same level.

war. Gewiß spricht Ovid nur von ihrem heimischen Kult, der mit der Verehrung des Apis (= Epaphos) verbunden war, und so ist es ähnlich wieder 9, 773 ff.; daß ihre huldreiche Hilfe bis nach Kreta reicht, hat er offenbar unbedenklich gefunden.

Nun wird die Sucht, Anspielungen auf Augustus zu entdecken und dann zu glauben, daß durch sie der Princeps hinterrücks lächerlich gemacht werden sollte, in der uns speziell beschäftigenden Partie immerhin soweit fundiert, als das Concilium zweifelsfrei mit römischen Zügen durchsetzt ist[39]. Zunächst gibt sich die Szene noch ganz himmlisch, wenn die Wohnungen der großen Götter, die auf den Ruf zur Versammlung herbeieilen, an der Milchstraße liegen, die zur Wohnung des Himmelsherrschers führt. Dann aber folgt die Bemerkung, daß die *plebs* der Götter anderswo wohnt, und nun ist es soweit, daß der Regierungspalast mit dem *Palatium* gleichgesetzt wird. Diese Stelle ist oft notiert[40], auch wenn der Verstoß gegen die epische Objektivität, den der Dichter sich hier erlaubt, nicht hervorgehoben wird. H. DESSAU[41] war m. W. in neuerer Zeit der einzige, der die beabsichtigte Parallelisierung mit dem Senat bestritt, obwohl dessen Sitzungen oft im Apollontempel auf dem Palatin stattfanden[42]. Aber es ist in der Tat nicht so, daß die Reminiszenz in rein römischer Umgebung säße, ist doch die Milchstraße als Götterweg bereits bei Pindar belegt[43]; was an römischer Terminologie sich zeigt, *magnus* (V. 170), *regalis domus* (171), *atria celebrantur* (172 ff.) und *penates* (174), ist wenig auffällig. Allerdings gibt Ovid nicht seiner Neigung nach, Phantasiestädte auszumalen — am eindrucksvollsten die Totenstadt 4, 432 ff. — und so bleibt, was er diesmal angibt, doch verhältnismäßig nahe bei der Wirklichkeit der urbs. Aber ist das alles nun Ironie und so denn auch das Concilium als solches? Es gibt Parallelen bei

---

[39] W. H. FRIEDRICH, Festschr. F. Dornseiff, Leipz. 1953, 109 (= Ovid hrsg. von v. ALBRECHT und E. ZINN, Wege der Forschung 92, Darmst. 1968, 382). K. BÜCHNER, Humanitas Romana, Heid. 1954, 203 ff. Römische Anspielungen werden auch vermutet, wo nichts notwendig darauf hinweist; z. B. sieht BUCHHEIT 92 ff. im Gigantenkampf Augustus' Siege über östliche Völker verbildlicht, und K. PRESTON, Class. Phil. 14, 1919, 178, hält V. 192 ff. für eine geistreiche Travestie zugunsten der Bundesgenossen, die ohne Bürgerrecht doch Schutz beanspruchen können (vgl. Cic. Manil. 6, 1—5). G. MAURACH, Gymn. 86, 1979, 131 ff., sucht schon hinter dem Weltschöpfer der Kosmogonie den Augustus.

[40] v. ALBRECHT, Aufstieg II 31, 4, 2335. EBERT 23.

[41] Geschichte der römischen Kaiserzeit 1, Berl. 1924, 531, 1.

[42] BÖMER zu V. 177/181.

[43] Pind. fr. 52 SNELL, s. BÖMER zu V. 169. Vgl. EBERT 17.

Vergil, und daß zum mindesten Aen. 10, 1 ff. eingewirkt hat, wird man
nicht bestreiten können. Ich will nicht erraten, wieweit Lucilius, dem
BERNBECK 92 f., 21 immerhin eine Anmerkung gönnt, oder gar dessen
Vorgänger das Motiv getrieben haben, und ich will auch den Concilia
der Späteren für diesmal aus dem Wege gehen. Grundsätzlich ist zu bedenken, daß Ovid nicht so allein für sich steht, daß er nur aus sich selber
verstanden werden könnte, und das gilt nun auch für einen Einfall, den
DOBLHOFER 71 ff. besonders lustig findet im Gefolge von O. WEINREICH[44].

Der Rangunterschied zwischen den Göttern ist als solcher nichts Besonderes und in den Metamorphosen auch sonst ausgenutzt: Ovid
brauchte nur an die Scheidung der *divi maiorum* und *minorum gentium*
anzuknüpfen, um im Rahmen römischer Vorstellungen leicht zu der
Klassifizierung von Nobilität und plebs unter den Göttern zu kommen[45].
Schon Cicero hatte nat. deor. 3, 39 von den neuen Göttern als *novi et
adscripticii cives* einigermaßen spöttisch gesprochen. Gehen wir nun aber
zu den Griechen zurück, die nicht so fern liegen, wie BÖMER zu V. 167
glaubt, und das um so weniger, als Ovid nicht so unabhängig von Vorbildern gewesen ist, wie HEINZE 11 meinte. Einen Rangunterschied in
der Götterwelt finden wir zum ersten Male in der Literatur Il. 20, 1 ff.,
und dort haben wir die entscheidende Quelle des römischen Dichters. Hier
ist es Zeus um das Eingreifen der Götter in den Kampf zu tun, und in
einem so wichtigen Fall will er möglichst sicher gehen und lädt daher zur
Versammlung nicht bloß die großen Götter, die von Rechtswegen dazu-
gehören, sondern auch die kleinen, von denen die Flüsse und die Nymphen von Hainen, Flüssen und Wiesen genannt werden. Homer hat
seiner Einbildungskraft freien Lauf gelassen und die Liberalität der
olympischen Geschäftsordnung sich gefallen lassen, obwohl er mit den
außerordentlichen Teilnehmern am Götterrate nichts Besonderes anzu-
fangen wußte. Immerhin sorgte er dafür, daß die Einberufenen auch
tatsächlich erschienen; ob man freilich den kurzen Satz Ovids *plebs habi-
tat diversa locis* mit F. DELLA CORTE[46] so pressen darf, daß man mit der

---

[44] Senecas Apocolocyntosis, Berl. 1923, 85. Vgl. KRAUS 1946. E. HEHRLEIN, Die pa-
thetische Darstellung in Ovids Metamorphosen, masch. Diss. Heid. 1960, 52. BERN-
BECK 92 f. FRÉCAUT 117. 242 f.
[45] EBERT 23. A. G. LEE, Komm. zu Buch I, Cambr. 1953, zu V. 143. BÖMER zu V. 172 ff.
H. J. HAEGE, Terminologie und Typologie des Verwandlungsvorgangs in den Metamorphosen Ovids, Göpp. 1976, 257 f.
[46] Le Metamorfosi di Ovidio libri I—V, Genov. o. J., 60.

Anwesenheit der *minores* in der Sitzung rechnen könnte, lassen wir lieber dahingestellt. Aber Ovid war angeregt, den minderen Göttern doch eine Funktion zu geben: als Iupiter in der ersten von den zwei Reden, die er ihn in der Versammlung halten läßt, die unumgängliche Notwendigkeit der Vernichtung des Menschengeschlechts zu begründen hat, ist der eigentlich maßgebliche und wirklich stichhaltige Grund der, daß die *semidei* vor solchen Frevlern geschützt werden müssen, wie sie Iupiter am eigenen Leib erfahren hat (V. 192 ff.). Nun ist nicht gesagt, daß diese fürsorgebedürftigen Wesen mit der *plebs* identisch wären, denn ihre Wohnsitze stimmen nicht: die *plebs* haust, so darf man annehmen, immerhin noch im *caelum,* die Bedrohten dagegen auf der Erde[47]. Aber wenn nicht in diesem Punkte, so wirkt das homerische Vorbild in der Auswahl der *divi minores*: die Flüsse hat Ovid weggelassen, vielleicht weil sie bei der Auslösung des Diluviums recht kräftig auftreten und überdies nachher zum Kondolenzbesuch bei Vater Peneus sich versammeln sollten, doch wenn er neben die Nymphen einen Dreierverein setzt, nämlich die ihm sonst geläufigen *Fauni, Satyri* und *Silvani,* so ist unverkennbar, daß er noch im Banne Homers sich bewegt. Bömer findet die ganze Stelle mit Heinze „ungewollt komisch", mit Recht, denn es hat wirklich eine gewisse Komik, daß die große Flut letztlich aus Rücksicht auf die Geringsten unter den Unsterblichen in Gang gesetzt wird; aber diese Komik ist eben ungewollt, und so mag jeder der modernen Leser zusehen, wieweit er sich für sein Teil heiteren Momenten anheimgeben will, sofern er nur ernst läßt, was ernst ist; im übrigen sollte man nicht vergessen, daß mit den Aktualitäten zunächst und vor allem eine Vergegenwärtigung des Mythos beabsichtigt und erreicht ist[48].

Jedenfalls bleibt im Rahmen des Conciliums die maiestas Iupiters unangetastet, und nichts weist darauf hin, daß mit Iupiter auch Augustus getroffen sein sollte. Auch die Fortsetzung der Szene bietet keinen Anhalt für die Annahme ironischer Absichten des Dichters. Wenn z. B. Iupiter anfangs mit Feuer und dann aber mit Wasser vorgehen will, so läßt sich das überhaupt nicht von Ovid allein her beurteilen, sondern nur von griechischen Vorgängen aus, wie ich es bereits früher dargelegt habe[49].

---

[47] Vgl. Lee z. d. St. Mag man den Ausdruck *plebs* an manchen Stellen leicht komisch finden, Ib. 81 f. ist er es nicht. Alle Klassen von Gottheiten erscheinen auch bei Lukian. Iup. trag. 6 f.
[48] Vgl. v. Albrecht, Aufstieg 2337. 2341.
[49] In der Festschrift für Schilling.

Da werden einmal mehr die Zusammenhänge fühlbar, in denen Ovid
steht. Es ist so, daß die mythische Erzählung durchaus die Priorität
hat und Anspielungen und Pointen extra rem nur eingeflochten sind,
wenn es dem Dichter so einfiel; was sich derart an Hindeutungen auf die
Gegenwart einfindet, geht aber nicht einfach auf Augustus als Person,
sondern auch auf das von ihm repräsentierte Rom. Wer also den Herrn
angetastet findet, muß das auch für Rom einräumen.

Es läßt sich nicht vermeiden, einen Blick auf den Schluß der Metamorphosen zu werfen, wo diese Motivik zur vollen Entfaltung kommt[50]!
Ovid versichert, daß das eben zu Ende gebrachte Werk nicht Feuer noch
Eisen noch die Zeit wird vernichten können, leitet diese gewohnte Reihe
zerstörerischer Gewalten mit *Iovis ira* ein (15, 871). Es liegt sehr nahe,
darunter die wandelbare Gunst des Kaisers zu verstehen[51], und so hat
man sich mit dem Passus abzufinden gesucht, so gut es ging, und hat vor
allem daran gedacht, daß der Gedanke wie noch einige andere Stellen
nachträglich eingefügt sein könnte; es ist, auf Augustus bezogen, „one
sharp clarion note of defiance", wie FRÄNKEL 111 empfindet, aber so
entspricht es dem Ton, der in den Verbannungsgedichten gelegentlich
vernehmlich wird[52], steht aber in den Metamorphosen völlig allein da.
Aber es muß beachtet werden, daß nur von Iupiter gesprochen wird,
so daß man nicht unbedingt gezwungen ist, Augustus dahinter zu suchen.
Es bleibt durchaus möglich, mit Ruth EINBERGER, die im ganzen über das
Schlußwort einsichtig gehandelt hat, neben den Naturmächten auch
Iupiter als Gott und nichts weiter zu nehmen und als Herrn von Wind
und Wetter zu verstehen. Solange das nicht auszuschließen ist[53], bleibt

---

[50] Zum Epilog s. EINBERGER 3 ff. (17 ff.). v. ALBRECHT, Arcadia 6, 1971, 16 ff. H.
DÖRRIE, Altspr. Unt. 4, 2, 1959, 115 f. Eine versteckte Pointe gegen Augustus
nimmt S. LUNDSTROEM, Hum. Vetenskaps-Samfundet i Uppsala, Årsbok 1967/68,
26 ff., V. 799 ff. an, indem er vermutet, daß V. 795 das Gespenst des von Augustus
ermordeten Caesarion gemeint sein könne (sic), und indem die stets neu verwen-
dungsfähige (?) Wolke der Venus Caesar auf eine Stufe mit Paris und Aeneas
bringe, bei dessen Rettung die Göttin auch keine ruhmvolle Rolle gespielt habe. Es
wird einem noch nachträglich bange um Vergil, der es wagte, ein ganzes Epos um
den windigen Schützling der Stammutter der gens Iulia zu schreiben. Auch
C. MOULTON, Class. World 67, 1973/4, 4 ff., sucht übrigens bereits der Rede der
Venus einen anti-augusteischen Sinn abzugewinnen.
[51] SEGAL 291 ff. u. so schon viele vorher.
[52] KRAUS 1946. FRÄNKEL 111. MARG, Atti del Conv. internaz. Ovidiano Sulmona
1958 (Roma 1959) 2, 353 f. J. EBERLE, Stunden mit Ovid, Zür. - Stuttg. 1953, 42.
R. MARACHE, Ovidiana 412 ff.
[53] Trotz der Parallele trist. 3, 11, 61 ff.

die Beziehung auf Augustus unsicher und kann auf keinen Fall die Stimmungslage der ganzen Schlußpartie bestimmen.

Mag mein Leib an dem Tage, an dem es sein soll, sein Ende finden, so heißt es in den letzten Versen des Gedichts, mit meinem besseren Teile werde ich über den Sternen dahinfahren und mein Name wird unsterblich sein, *quaque patet domitis Romana potentia terris, ore legar populi.* Ovids Unsterblichkeitshoffnung ist an den Bestand Roms geknüpft: wie steht es bei ihm also mit der Vorstellung von der urbs aeterna? Nachdem Pythagoras in seiner kurz vorangegangenen Rede ausgeführt hat, daß alles sich wandelt und nichts bestehen bleibt, fragt man sich unwillkürlich, ob denn anders als alle andern Städte allein Rom Anspruch auf Dauer machen kann. Ovid zieht, so scheint es, keine Konsequenz, weder im positiven noch im negativen Sinne, und so ist man sich unter den Kritikern uneinig[54], ja, man hat es gar als Überheblichkeit ausgelegt, daß er sein eigenes Fortleben an Stelle desjenigen Roms betone mit der Versicherung, sein Werk sei ewig, Rom aber nicht. Welch ein Mißverständnis! Sollte Ovid wirklich das Sakrileg begangen und an dem Bestande der ewigen Stadt gezweifelt haben? Kann man, wenn man V. 877 f. liest, mit SEGAL 290 sagen „*Romana potentia* is only the frame and the vehicle for the poet's *fama*"? Nun wohl, wenn dies Vehikel zusammenbräche, wie wäre es dann mit des Dichters Ruhm bestellt, der doch nach den beiden letzten Versen durch alle Jahrhunderte dauern soll? Erinnern wir uns an das stolze Gedicht, mit dem Horaz vorläufig Abschied von seiner Odenpoesie nahm (c. 3, 30): seine Dichtung wird währen, solange der Pontifex mit der schweigenden Vestalin zum Kapitol hinaufsteigt. Noch niemand hat, so hoffe ich, dieses „solang" als Einschränkung verstanden, als ob Horaz gemeint hätte, eines Tages könne der Pontifex mit der Vestalin nicht mehr diesen ihren Weg machen und sein Werk damit in Gefahr kommen, zu vergehen. Es ist vielmehr eine Prophezeiung ἐκ τοῦ ἀδυνάτου, die ihre Sicherheit aus einem allgemein bekannten Faktum bezieht: „solang die Flüsse ins Meer fließen" — und wie sollten sie es einmal nicht mehr tun! — „so lang . . .". Auch Ovid macht das Geschick seines Werkes von demjenigen Roms abhängig, nur variiert er sein Vorbild, indem er das Adynaton ins Räumliche um-

---

[54] Für Ewigkeit Roms DUE 66 f. 163. Dagegen MARG, Gnom. 21, 1949, 56. ANDERSON, Transact. Am. Philol. Ass. 94, 1963, 27. COLEMAN, Class. Quart. 65, 1971, 473, 3. OTIS 373 f. GALINSKY 43 ff., der geradezu meint, Ovid ersetzte die Romidee durch die Unsterblichkeit seiner Poesie.

setzt: wenn die römische Macht zunichte würde, hätte seine Dichtung
keinen Wirkungsraum mehr, aber diese Vorstellung auszudenken, wäre
sinnlos, denn Stadt und Reich stehen fest für alle Zeit. Wer stolzer ist,
Horaz oder Ovid, mag erforschen, wem daran liegt; von Ironie lassen
sich beide nicht ankränkeln.

Das augusteische Thema, angeschlagen im ersten Buch, entfaltet sich
im letzten, aber es bleibt mit Philosophie verbunden, und zwar durch
das Medium der Pythagorasrede. Nachdem der Weise viele Städte aufgezählt hat, die einst berühmt waren, aber herabgekommen oder unter-
gegangen sind, kommt V. 431 ff. der im Zug befindliche Aufstieg Roms
ins Blickfeld, und an die Katastrophe Trojas setzt sich die Weissagung
an, mit der Helenus den Aeneas tröstet und sogar prophezeit, daß
Augustus dereinst Rom zur Herrin der Welt machen wird. Vergil hat
dem Aeneas in der Nacht der Schrecken eine solche Vision nicht gewährt,
sondern selbst ermutigende Zeichen im Zwielicht der Ungewißheit gelassen; Ovid jedoch muß zuversichtlicher wirken, um jedem Fehlschluß
aus der generellen Vergänglichkeit vorzubeugen, aber er tut es, indem
er Augustus als den erscheinen läßt, der das Schicksal endgültig wenden
wird. Mit der pax Augusta ist ein Schlußpunkt erreicht, über den damals
kein Römer hinauszudenken brauchte; wie ein zeitgenössischer Leser das
nicht ernst genommen haben sollte, ist schlechterdings nicht abzusehen.
Wer hier doch an eine anti-augusteische Tendenz glaubt, muß mit
Augustus auch Rom zu einem Objekt der Ironie Ovids machen, und
nicht genug damit, die ganze Pythagorasrede verliert so ihren Sinn, und
so kommt es denn, daß sie für R. COLEMAN[55] Satire oder für SEGAL
278 ff. Komödie wird; kein Wunder, daß auch GALINSKY 104 ff. wenig
Verständnis dafür aufbringt.

Andere Kritiker haben die Rede mit Fug ernst genommen und sogar
für den Höhepunkt des ganzen Epos erklärt, wogegen M. Marjorie
CRUMP nur den mehr als dürftigen Einwand zu machen hatte, sie
scheine no particular interest or purpose zu haben[56]. ALFONSI betrachtet
sie weniger vom politischen als vom philosophischen Gesichtswinkel aus
als Erfüllung des Ganzen mit dem Ziele der Roma aeterna[57]. Der
prophetische Ton der Rede[58] ist also ganz strikt zu nehmen, auch in

[55] Class. Rev. 81, 1967, 48 f.
[56] The epyllion from Theocritus to Ovid, Oxf. 1931, 211, 1.
[57] Ovidiana 265 ff. Zur Kritik W. SCHETTER, At. e Roma N. S. V 4, 1960, 198 ff.
[58] R. CRAHAY u. J. HUBAUX, Ovidiana 284 f.

dem ruhigeren Fahrwasser der Philosophie. ALFONSI glaubt somit an ein inquadramento, das die Rede mit der Kosmogonie verbinde[59]; ob jedoch die Metamorphosen auf diese Weise ein philosophisches Werk werden, wird man sich fragen müssen. Pythagoras eignet sich wenig zur Vollendung der Linie, die mit der ganz anders orientierten Weltentstehung begonnen hat. Wen hätte Ovid denn auch in dieser letzten römischen Periode auftreten lassen können, und als Zuhörer war in Altrom schwerlich ein Geeigneterer auszudenken als Numa. So hat er sich, wahrscheinlich im vollen Bewußtsein des horrenden Anachronismus[60] nicht gescheut, die beiden zusammenzubringen, wie ja die Volksphantasie jederzeit gerne zwei herausragende Männer zueinander in Beziehung setzt, die in Wirklichkeit nichts miteinander zu tun hatten. Mit Pythagoras aber war der Vegetarismus gegeben, der, wie OTIS betont, die beste Möglichkeit eröffnete, ihn zum Reden zu bringen und ihm dabei auch das in den Mund zu legen, woran ihm sonst lag. An diesem Punkte vermeinte nun SEGAL Anlaß zu haben, am Ernste Ovids zu zweifeln, denn der Vegetarismus hat natürlich im damaligen Rom manchen Spötter auf den Plan gerufen und auch den damit zusammenhängenden Seelenwanderungsglauben mitgezogen, doch beide Erscheinungen fanden auch ernste Beachtung, und die pythagoreische Philosophie erlebte überhaupt eine blühende Renaissance; SEGALS Instanzen lassen sich durch manche Gegeninstanzen ausgleichen. Daß Ovid ein Vegetarianer war, traut ihm allerdings niemand zu[61], und auch seine Invektive gegen die Tötung der Tiere ist wohl nur nachempfunden[62]: das Thema der Theorie der Verwandlungen ist das Entscheidende. Ich kann dem an dieser Stelle nicht weiter nachgehen; genug, daß das pythagoreische und so auch das politische Moment in den Büchern, die die Hauptmasse der Metamorphosen bilden, viel zu wenig, auch wenn man es nicht gerade zahlenmäßig fest-

---

[59] Auch Sc. MARIOTTI, Belfagor 12, 1957, 625, glaubt, daß die Anspielung auf Augustus in I als Pendant zum Schluß komponiert sei. A. D. LITTLE, Prudentia 8, 1976, 19 ff. Mnem. 25, 1972, 389 ff., schätzt in seiner Polemik gegen die antiaugusteische Tendenz den Schluß als afterthought wohl zu gering ein.

[60] KRAUS 1948. SCHMIDT, Übergangstechnik 78, 1. LITTLE, Herm. 98, 1970, 341, 1. F. MATHY, Wie Ovid in den Metamorphosen die Episoden in die Haupthandlung einführt, Jahresber. Gymn. Reichenberg 1931, 31, vergleicht Siegfried und Dietrich von Bern.

[61] G. B. RIDDEHOUGH, Phoenix 13, 1959, 202. J. HAUSSLEITER, Der Vegetarismus in der Antike, Berl. 1935, 391 f.

[62] K. SEGL, Die Pythagorasrede, masch. Diss. Salzburg 1970.

legt, zum Vorschein kommt, als daß es das Band hergeben könnte, das das Ganze zusammenhält. Wenn Ovid schon eine Weltgeschichte schreiben wollte in zeitlicher Abfolge, so mußte er bei der Gegenwart enden, und diese hieß Augustus: wie anders hätte er ihn denn eigentlich behandeln sollen, als er es im Stil der Zeit gemacht hat. Er hat zu wenig getan, um ein Programm vorzulegen, aber zuviel, um die politische Verbrämung bloß als ein afterthought erscheinen zu lassen: wir müssen jeden Fall einzeln untersuchen, um nicht in Vermutungen uns zu verlieren und den verläßlichen Boden des Textes aufzugeben. In der Hoffnung, dies an einem schwierigeren Beispiel gezeigt zu haben, glaube ich diese Zeilen dem Historiker widmen zu dürfen, der den Quellen so viel und nur so viel abzugewinnen gewohnt ist, wie sie tatsächlich hergeben.

Deux études sur Manilius

par François Paschoud, Genève

Malgré leur ampleur et la date de leur rédaction tout au début de l'époque impériale, les Astronomica de Manilius n'ont guère bénéficié d'une attention privilégiée de la part des latinistes ; la technicité du sujet et la difficulté d'établir un texte médiocrement transmis expliquent assez le relatif abandon dans lequel ce poète a été laissé. La célèbre édition de Housman, qui reprit le flambeau des mains de Scaliger et de Bentley et consacra trente ans de sa vie à Manilius, n'a guère modifié cette situation : bien que fort développé, son commentaire est souvent elliptique, et reste muet sur de nombreux points qui ne paraissaient pas problématiques à son savant auteur ; il a du reste pris lui-même soin de définir les limites de son travail[1]. C'est donc à juste titre qu'on a pu dire que le Manilius de Housman aurait mérité, comme d'autres de ses éditions, la mention editorum in usum[2]. A cela s'ajoute le fait que le latin de Housman n'est parfois pas beaucoup plus limpide que le poète qu'il

---

[1] Cf. la préface de son editio maior du livre 1 des Astronomica (London 1903), p. LXXII : « This commentary is designed to treat of two matters only : what Manilius wrote, and what he meant. From the illustration of his phraseology and vocabulary, as distinct from the elucidation of his language, I have purposely abstained ». Housman publia successivement les quatre autres livres, le dernier en 1930 ; en 1932 enfin, il publia à Cambridge une editio minor qui donne le dernier état de sa pensée sur Manilius.

[2] E. Bickel, dans son compte rendu des deux éditions de Housman, Gnomon 9, 1933, p. 254—269, p. 255.

explique[3]. On sera donc reconnaissant à G. P. GOOLD d'avoir eu le courage de proposer une traduction anglaise de Manilius et d'avoir conçu son édition comme un « cicérone » à celle de HOUSMAN[4]. Cependant, malgré sa grande utilité, ce livre, limité par les règles de la collection Lœb, ne pouvait pas faire plus que faciliter l'accès à Manilius, et poser en termes plus clairs d'innombrables questions qui restent à résoudre.

Outre les parties techniques qui ne sont vraiment accessibles qu'aux spécialistes de l'astronomie antique, les Astronomica comprennent un certain nombre de passages ornementaux que tout amateur de poésie latine peut lire avec plaisir. C'est à quelques observations sur deux de ces développements que je voudrais consacrer les pages qui suivent. Puisse le Maître qu'honore ce volume — tel Alexandre Sévère lisant les poètes après avoir accompli sa tâche d'empereur[5] — y trouver quelque délassement.

1. Andromède et Persée

Au fur et à mesure qu'il avance dans la rédaction de son poème, Manilius est plus attentif à orner son exposé technique de parties moins austères. Ainsi, au l. 4, il décrit les caractères des natifs des différents signes du zodiaque et, en introduction à la géographie zodiacale, il insère une description du monde. Quant au l. 5, l'essentiel de ce qui en reste est consacré à définir l'influence du lever des constellations non-zodiacales sur le caractère des enfants qui naissent à ce moment. Plus de trente constellations sont mentionnées et, si Manilius ne leur consacre parfois que quelques vers, il réserve à Andromède un long développement, le plus étendu de tous. En 5, 538—539, il fournit la date du lever de cette constellation, et en 5, 619—630, il décrit le caractère de ceux qui naissent à cette date. Entre ces deux groupes de vers, en 5, 540—618, le poète raconte l'histoire d'Andromède et de Persée. Cette digression est unique dans les Astronomica par son contenu narratif et son ampleur,

---

[3] C'est ce qu'a justement relevé G. P. GOOLD, Aduersaria Maniliana, Phoenix 13, 1959, p. 93—112, p. 95.
[4] Cf. p. VIII de cette édition, Cambridge (Mass.) - London 1977 (Loeb Classical Library no. 469).
[5] HA Alex. 30, 1—2.

et forme la partie la plus accessible et la plus connue du poème — ce
qui ne signifie nullement qu'on l'ait beaucoup étudiée !

Les divers épisodes de l'histoire de Persée constituent l'un des thèmes
les plus populaires de la mythologie grecque : ils ont été représentés par
un grand nombre d'œuvres d'art de types divers et ont inspiré maintes
fois les poètes ; cela est notamment le cas pour l'aventure de Persée avec
Andromède, qui nous intéresse plus spécialement ici[6]. En grec, elle est
le thème de tragédies de Sophocle, d'Euripide (parodiée par Aristophane
dans les Thesmophories), de Phrynichos et de Lycophron, ainsi que d'un
épyllion hellénistique[7] ; en latin, Livius Andronicus, Ennius et Accius
ont écrit chacun une Andromède, et Ovide narre en détail l'histoire de
Persée dans ses Métamorphoses[8] ; les astronomes, scholiastes et mytho-
graphes précisent maints détails[9]. Il convient cependant de faire remarquer d'emblée que la plupart de ces œuvres ne sont connues que par des
fragments, même parfois par la seule mention du titre (Phrynichos, Lycophron), et que les seuls récits détaillés conservés de l'histoire d'Andromède
et de Persée sont ceux d'Ovide et de Manilius. On a évidemment beaucoup
étudié cette abondante tradition littéraire et iconographique, et notamment les liens qui peuvent exister entre les tragédies perdues d'Euripide
et d'Ennius d'une part et Ovide de l'autre ; on ne peut cependant qu'être
frappé par le fait que dans cette riche littérature, Manilius est, ou bien
complètement omis, ou bien réduit à la portion congrue[10]. A ma con-

---

[6] Sur la tradition iconographique de l'histoire d'Andromède et de Persée, on consul-
tera notamment l'ouvrage classique de L. SÉCHAN, Etudes sur la tragédie grecque
dans ses rapports avec la céramique, Paris 1926, p. 148—155 et 256—273 ; la
synthèse de L. ROCCHETTI dans l'Enciclopedia dell'Arte Antica, I 362—364 (1958),
et l'étude détaillée assez récente de K. M. PHILLIPS, Perseus and Andromeda, AJA
72, 1968, p. 1—23, plus de nombreuses planches. Je remercie mon ami Jean-Marc
MORET et mon collègue José DÖRIG qui m'ont conduit dans le maquis, pour moi
peu familier, de la bibliographie archéologique.

[7] Pour les tragédies, cf. par exemple St. RADT, Tragicorum Graecorum Fragmenta IV
(Göttingen 1977), p. 157 ; l'épyllion a été conservé par un papyrus de Chicago
publié par I. U. POWELL, Collectanea Alexandrina, Oxford 1925, p. 85—86 et 89 ;
il ne subsiste de ce poème que 24 vers ; des plus complets, il reste un peu plus de
la moitié, des plus mutilés 4 ou 5 lettres ; ces lambeaux sont assez décevants et ne
donnent pas grand chose, mais le nom d'Andromède y apparaît deux fois.

[8] 4, 604—803 et 5, 1—249.

[9] Cf. RADT (cité supra n. 7) p. 156, à quoi il faut ajouter Apollodore, bibl. 2, 4, 3 et
Hygin, fab. 64.

[10] C'est ce que fait observer, preuves à l'appui, E. FLORES, Contributi di filologia
maniliana, Napoli, 1966, p. 18. Si j'étais un mauvais esprit, je suggérerais que le
fait qu'il n'y avait pas, jusqu'à l'édtion de GOOLD (citée supra n. 4), de traduction

naissance, la digression du livre 5 des Astronomica n'a été étudiée récemment pour elle-même que par FLORES[11] et VOSS[12]. Si FLORES en reste à des remarques ponctuelles et disparates, VOSS fournit une étude substantielle et dense qui pour la première fois pose et en partie résoud les problèmes littéraires et esthétiques que soulève la digression de Manilius. C'est à partir des considérations et conclusions à mon avis correctes de Voss que je voudrais développer quelques observations nouvelles.

La question qu'on se pose en premier est évidemment celle-ci : quels liens existe-t-il, d'une part entre Ovide et Manilius, d'autre part entre les deux récits conservés et la tradition aussi bien littéraire qu'iconographique antérieure ? Pour Ovide, on admet depuis longtemps et à juste titre qu'il s'inspire en tout cas partiellement de la tragédie d'Euripide[13], une pièce qui eut d'emblée grand succès et qui resta si durablement célèbre qu'on la représenta jusque sous l'Empire[14]. En ce qui concerne Manilius, VOSS consacre une partie de son article à examiner ses sources, montre la complexité du problème, fait quelques prudentes hypothèses et conclut sagement que la réponse est hors de notre portée[15]. Sur ce point, je pense qu'on peut pousser plus loin l'analyse.

Sans entrer dans des discussions chronologiques portant du reste sur d'étroites fourchettes, on peut admettre que les Métamorphoses ont commencé à circuler vers l'an 8 de notre ère[16] et que Manilius a rédigé la fin de son poème durant les premières années du règne de Tibère[17].

---

aisément accessible de Manilius dans quelque langue moderne que ce soit, n'est pas totalement étranger à cette déréliction qu'on observe dans des études bien plus nombreuses que celles que cite FLORES.

[11] Op. cit. supra n. 10, p. 17—34.

[12] B. R. Voss, Die Andromeda-Episode des Manilius, Hermes 100, 1972, p. 413—434.

[13] Cf. par exemple K. ZIEGLER, Das Spiegelmotiv im Gorgomythus, ARW 24, 1926, p. 1—18, p. 9—13 ; F. BÖMER, commentaire aux Métamorphoses d'Ovide, vol. II, Heidelberg 1976, p. 198 ; ces deux auteurs réfutent de manière convaincante des opinions antérieurement exprimées qu'Ovide serait indépendant d'Euripide. Les problèmes des sources de l'histoire de Persée n'est pas abordé dans le livre de G. LAFAYE, Les métamorphoses d'Ovide et leurs modèles grecs. Paris 1904.

[14] Cf. Eunape, hist. frg. 54.

[15] Op. cit. supra n. 12, p. 423—429 ; il parle de la « unlösbare Quellenfrage » (p. 429).

[16] Cf. par exemple E. MARTINI, Einleitung zu Ovid, Darmstadt 1970 (réimpr. d'un ouvrage paru d'abord en 1933) p. 36 ; RE XVIII 2, 1948, 47—1950, 21 (s. u. Ouidius, W. KRAUS, 1942), et le témoignage du poète lui-même, OV. trist. 1, 7, 15—26.

[17] La discussion sur la chronologie exacte de la date de rédaction des Astronomica est un hochet avec lequel jouent périodiquement des philologues en quête de sujet. Les données du problème sont réunies dans SCHANZ-HOSIUS, Geschichte der römi-

Ainsi il s'est écoulé quelque dix ans, ou même moins, entre le moment où Manilius a pu connaître les Métamorphoses et celui où il a composé son récit de l'histoire d'Andromède et Persée. Il est évident dans ces conditions que, quelles que fussent ses accointances avec d'éventuels modèles plus anciens, c'était avant tout le précédent du grand poète si proche dans le temps qui s'imposait à lui. Une lecture même superficielle de Manilius montre du reste qu'il a fortement subi l'influence de l'esthétique et de la diction ovidiennes, et un examen attentif le confirme[18]. C'est donc à juste titre que Voss a pu écrire : « Ein erzählerisches Vorbild ... hat er (Manilius) unzweifelhaft bei Ovid gefunden », et plus loin : « Es liegt auf der Hand, daß die Einseitigkeit Ovids ... zur ergänzend-abwandelnden Nachahmung reizen mußte »[19]. Cependant une comparaison rapide des deux récits révèle peu de ressemblances. De fait, en y regardant de plus près, il me semble qu'Ovide est sans cesse présent dans Manilius, mais de manière paradoxale, et comme en négatif : piqué au jeu de l'émulation, l'auteur des Astronomica a voulu narrer la même histoire de manière totalement différente tout en rendant hommage à son illustre prédécesseur. C'est ce que je voudrais essayer de montrer.

Certaines dissemblances proviennent évidemment du contexte dans lequel s'insèrent les deux récits. Ovide raconte l'ensemble de l'histoire de Persée, qui est chez lui le personnage principal ; avant son aventure avec Andromède, le poète narre ses démêlés avec Atlas ; après cet épisode, il met dans la bouche de Persée le récit de son combat avec la Méduse et conclut avec sa lutte contre Phinée, l'ancien fiancé d'Andromède. Manilius pour sa part, puisqu'il parle de la constellation d'Andromède, met tout naturellement la jeune femme au centre de son récit, et laisse de côté les aventures de Persée qui précèdent et suivent la délivrance de l'héroïne. De ces contextes différents découlent des entrées en matière et des conclusions dissemblables. Ovide, met. 4, 663—669, conduit Persée du pays d'Atlas en Ethiopie par quelques vers de tran-

---

schen Literatur II⁴, München 1935, p. 442—443, et résumées par GOOLD (cité supra n. 4) p. XII. Les uns pensent que les livres 1—2 ont été écrits sous Auguste, les livres 4—5 sous Tibère, les autres que toute l'œuvre est postérieure à 14. Quoi qu'il en soit, il est peu probable qu'il se soit écoulé plus de quinze ans entre la parution des Métamorphoses et la rédaction du livre 5 des Astronomica.

[18] Cf. par exemple E. MÜLLER, Zur Charakteristik des Manilius, Philologus 62, 1903, p. 64—86, plus spécialement p. 64—66 et 85—86, ainsi que les diverses études citées par SCHANZ-HOSIUS (cité supra n. 17) p. 445.

[19] Op. cit. supra n. 12, p. 424 (les deux citations).

sition ; en 4, 741—764, une fois Persée purifié après le combat avec le monstre, il insère la métamorphose d'algues en corail par le regard de la Méduse, narre les actions de grâce de Persée et décrit les préparatifs du repas au cours duquel le héros contera comment il s'est emparé de la tête de la Méduse. Quant à Manilius, il entre en matière sans détours et, le combat fini et Andromède délivrée, conclut en trois vers (5, 616—618) mentionnant le catastérisme, par quoi il en revient après sa digression à l'exposé astrologique. Par conséquent, une comparaison des deux récits doit se limiter à OV. met. 4, 670—740 et MANIL. 5, 540—615, soit des sections d'ampleur voisine (71 et 76 v.).

Arrivé à ce point, il est judicieux que je juxtapose l'analyse des deux récits :

OV.	MANIL.
670—671 : Andromède innocente a été enchaînée sur l'ordre d'Ammon.	540—552 : Cause des malheurs d'Andromède ; on la „pare pour le sacrifice, on la conduit sur le rivage et on l'enchaîne à un rocher.
672—677 : Persée aperçoit la jeune fille et en tombe aussitôt amoureux ; en incise, 673 b—675 a, brève description d'Andromède.	553—566 : Description de la jeune fille enchaînée ; des alcyons, la mer et une Néréide la prennent en pitié ; une brise la rafraîchit et fait retentir plaintivement les rochers.
678—688 a : Persée interroge la jeune fille (discours direct) ; elle se tait d'abord ; sa réponse est ensuite résumée par le poète.	567—579 a : Apparition de Persée ; il aperçoit la jeune fille et en tombe aussitôt amoureux ; ayant appris la cause de ses malheurs, il décide de la sauver et de l'épouser, et va se mettre d'accord avec les parents (qui ne sont pas présents).
688 b—690 : Apparition du monstre.	
691—694 : Effroi de la jeune fille et plainte de ses parents.	
695—705 : Persée se présente et promet de sauver la jeune fille si on la lui donne en mariage (discours direct) ; les parents acceptent (le poète résume leur réponse en 2 v.).	579 b—592 b : Apparition du monstre, et description de son approche ; impressions de la nature et d'Andromède à ce spectacle.
706—710 : Description du monstre qui s'approche (avec deux comparaisons).	592 b—611 : Description du combat ; en incise, 605—607, impressions d'Andromède.

711—734 : Description du combat (avec deux comparaisons).
735—740 : Joie des spectateurs et des parents ; délivrance d'Andromède ; Persée se purifie.

612—615 : Persée se purifie et délivre sa fiancée.

Dans la mise en œuvre globale déjà, de notables différences entre ces deux récits sautent aux yeux. Ovide introduit dans le sien certains ornements typiques de la diction épique, discours en style direct (678 b—681 a ; 695 b—703) et comparaisons (706 b—707 ; 709 b—710 ; 714—717 ; 722 b—723), que Manilius évite ; ce dernier utilise des éléments de coloration élégiaque qu'on ne trouve pas chez Ovide : compassion de la nature (558—564 ; 585 b—586), description pathétique des sentiments d'Andromède (587—592 a ; 605—607)[20]. La structure du récit d'Ovide est assez complexe : il entre in medias res, lorsque la jeune fille est déjà enchaînée, et Persée en tombe aussitôt amoureux ; de très brefs renseignements expliquant cette situation initiale sont fournis ultérieurement : description d'Andromède (673 b—675 a), raison de son châtiment (687—688 a). Après l'apparition du monstre (688 b—690), il y a un temps mort durant lequel Persée négocie avec les parents de la jeune fille ; le kétos attend sagement la conclusion de l'accord pour s'approcher (706—710). Le récit de Manilius en revanche se déroule de manière absolument linéaire et logique, tout en ménageant un rallentando initial prolongé grâce auquel l'apparition du monstre est retardée au maximum[21].

Ainsi les deux récits sont différents par la manière dont ils commencent et finissent, par l'identité du personnage principal, par leur structure et leur chronologie, par les moyens littéraires mis en œuvre. Si nous procédons maintenant à une analyse détaillée, nous constaterons qu'ils divergent aussi presque systématiquement dans le détail. Manilius étant au centre de cette étude, c'est son récit que nous suivrons pour cet examen.

---

[20] Sur la tonalité épique du récit d'Ovide, et la tonalité épico-élégiaque de celui de Manilius, cf. les importantes remarques de Voss (cité supra n. 12) p. 430—434, ainsi que FLORES (cité supra n. 10) p. 29—31.
[21] C'est ce qu'a observé Voss (cité supra n. 12) p. 418, dans le cadre d'un intéressant développement sur la structure et les proportions de la digression de Manilius (p. 413—420).

Premier mouvement (540—552): Les v. 540—544 évoquent les événements qui motivent le sacrifice d'Andromède, et correspondent aux v. 686 b—688 a d'Ovide. Ni l'un ni l'autre des deux poètes n'est entièrement explicite, car tous deux recourent à la technique alexandrine de l'allusion, qui contraint le lecteur ignorant à recourir à un dictionnaire de mythologie; on peut cependant noter que Manilius est moins sibyllin qu'Ovide. Ce dernier situe géographiquement l'action au préalable (669), puis fait allusion à cette donnée (686 b); Manilius ne dit rien à ce sujet. La seule autre donnée fournie par Ovide est ensuite une allusion à l'orgueil arrogant qu'inspirait à la mère d'Andromède (non nommée) sa beauté. Manilius a consacré le développement qui précède à la constellation de Cassiopée (504—537), mais sans faire plus qu'une allusion au personnage mythologique (516—521) ni rien dire de ses relations avec Andromède. Dans la digression que nous étudions, il ne mentionne pas l'orgueil de la mère, mais la faute des parents, et ajoute une série de détails qui manquent chez Ovide. Les v. 545—552 décrivent comment Andromède a été enchaînée, et n'ont pas d'équivalent chez Ovide, puisque chez lui, la jeune fille apparaît d'emblée enchaînée aux yeux de Persée (672—673 b); il convient cependant de relever un parallélisme dans l'expression entre Ovide 672 et Manilius 550: ... *duras ... bracchia cautes*, à la même place dans le vers; en aucun autre passage de la digression, Manilius ne se rapproche davantage d'Ovide[22]. A cette exception près, Manilius n'a donc absolument rien de commun avec Ovide dans ce premier mouvement. Certains éléments qu'il met en œuvre appellent des remarques. Le début (540—544) est d'un style narratif simple, mises à part les bizarreries d'expression de 542, au texte douteux, et pour lequel les corrections proposées par HOUSMAN ne sont pas entièrement convaincantes[23]. Manilius présente ensuite le sacrifice

---

[22] Ce parallélisme a déjà été signalé par FLORES (cité supra n. 10) p. 29.

[23] Les mss. donnent pour ce v. le texte suivant: *incubuit pontus, timuit naufragia tellus*; HOUSMAN suggère ... *fluitauit naufraga tellus* dans son apparat, et GOOLD introduit cette leçon dans son texte; cf. Voss (cité supra n. 12) p. 413 n. 7, qui cite pour *naufraga tellus* le parallèle ENNOD. carm. 1, 5, 35. Si l'expression *naufraga tellus* peut à la rigueur être comprise (cf. les exemples cités dans l'Oxford Latin Dictionary p. 1160 sous le sens « causing shipwreck »; l'adj. peut qualifier *mare* ou *unda*), je vois mal comment *tellus* peut être le sujet du verbe *fluito*, quel que soit le sens qu'on lui donne. La métrique exclut *naufragia*, et HOUSMAN condamne *timuit*: .... « neque ... apparet quid ·timuerit tellus iam naufragium passa ». La logique de Manilius n'est pas forcément celle de HOUSMAN; de plus, si l'on adopte *naufraga*, il me semble que cela ne peut être que dans le sens « qui cause des nau-

d'Andromède comme un mariage avec la mort : la jeune fille est parée comme pour ses épousailles ; c'est ainsi qu'Andromède apparaît chez Euripide[24] et sur de nombreux documents figurés[25]. Voss, sans exclure un recours direct de Manilius à Euripide, évoque aussi la possibilité d'une utilisation d'Ennius[26], que des observations de JOCELYN invitent à considérer comme peu vraisemblable[27]. La fin du groupe de vers ici considéré présente — comme d'autres passages de la digression — une accumulation un peu fatigante de figures : antithèses (545—546 *publica ... priuatis* ; 550 *mollia ... duras*)[28], allitérations (548 *uirginis ... uiuae ... funere funus*), pour se conclure par l'insolite groupe verbal *cruce uirginea*, qui a parfois été interprété d'une manière assez inattendue[29]. Il me semble donc que les v. 545—552 développent un motif emprunté à Euripide et constituent une *exornatio* originale de Manilius, qui se révèle ici l'imitateur trop fidèle des procédés chers aux rhéteurs et à Ovide.

Deuxième mouvement (553—566). La narration s'arrête pour laisser place à une description d'Andromède enchaînée. L'évocation parallèle d'Ovide (673 b—675 a) est beaucoup plus brève, et n'intervient qu'entre parenthèses : il mentionne les cheveux qui bougent au vent et les larmes qui coulent, seuls éléments qui font comprendre à Persée qu'il n'est pas en présence d'une statue. Le motif de la statue est emprunté par Ovide à Euripide[30], mais évidemment laissé de côté par Manilius, qui

---

frages » ; *timuit* n'est donc pas exclu ; HOUSMAN suggère aussi *stupuit,* qui irait assez bien.

[24] Frg. 122 NAUCK[2] (= ARISTOPH. Thesm. 1034—1035).

[25] Cf. SÉCHAN (cité supra n. 6) p. 266 ; PHILLIPS (cité supra n. 6) p. 6 ; Voss (cité supra n. 12) p. 424 et 426.

[26] Op cit. supra n. 12 p. 424 et 426—427.

[27] Cf. son édition commentée des fragments tragiques d'Ennius, Cambridge 1969, p. 262. Seuls Varron, Priscien (?), Festus et Nonius transmettent des fragments de l'Andromède d'Ennius ; CIC. fin. 2, 105 traduit lui-même EVR. Andr. frg. 133 NAUCK[2] ; JOCELYN en conclut qu'il n'y a pas de preuve que l'Andromède d'Ennius ait été connue hors des rangs des lexicographes postérieurement au 2e s. av. J.-C.

[28] L'antithèse *mollia . . . duras* est un topos élégiaque : cf. MÜLLER (cité supra n. 18) p. 86.

[29] A propos de *cruce uirginea,* HOUSMAN écrit dans son commentaire : « qui ridere uolet, legat FAYUM eiusque uerba mutuatum WAGENINGENUM ». Voici, pour ceux qui veulent rire, la note de FAYUS : « cruce uirginea : intacta, inusitata, noua ; et quo in genere crucis nemo hactenus pependerat affixus. Metaphora est dicta a puellis illibatis et intactis ». La croix est évidemment dite virginale parce qu'une vierge y est suspendue. FAYUS est l'auteur de l'édition « in usum Delphini » parue en 1679.

[30] Frg. 125 NAUCK[2].

---

ne parle pas non plus de larmes ; il est en revanche question chez lui des cheveux, qui se sont défaits, mais qui sont présentés dans leur immobilité finale :

OV.   MANIL.

673—674 : *leuis   aura   capillos*   557 : *effusi scapulis haesere capilli.* *mouerat.*

Manilius enchaîne en décrivant les oiseaux, la mer, une Néréide et le vent prenant pitié de la jeune fille ; tout cela manque chez Ovide. Dans ce second mouvement, le seul élément commun entre les deux poètes est constitué par les cheveux, décrits cependant de manière opposée ; Manilius continue donc ici à prendre le maximum de distance possible par rapport à Ovide. Mais simultanément, il lui emprunte des idées recueillies en d'autres passages : celle qu'Andromède conserve un aspect modeste et décent malgré l'épreuve qu'elle endure, et celle que ses peines l'embellissent[31]. A ce propos, il évoque sa nuque blanche (554) ; il suit donc la tradition qui refuse de voir en Andromède une négresse, bien qu'elle soit la fille du roi des Ethiopiens ; cette tradition, qu'on retrouve dans des ecphraseis de l'Antiquité tardive[32], remonte peut-être à Euripide[33] ; ici Manilius diverge à nouveau d'Ovide, qui évoque à deux reprises en d'autres passages une beauté exotique : *Andromede patriae fusca colore suae*[34], *nec suus Andromedae color est obiectus*[35], qui aurait pu dire comme la fiancée du Cantique des cantiques *nigra sum, sed formosa*[36]. Pourtant, on ne sait pour quel motif, sa tenue perd sa belle ordonnance : son vêtement glisse de ses épaules et de ses bras, sa coiffure se défait ; Lucien précisera : καλλίστην… καθειμένην τὰς κόμας, ἡμίγυμνον πολὺ ἔνερθεν τῶν μαστῶν[37]. Dans les représentations figurées, Andromède est en général entièrement habillée, plus rarement et plus tardivement

---

[31] Cf. Voss (cité supra n. 12) p. 425.

[32] Achille Tatios, Clitophon et Leucippe 3, 7, 4 ; Philostrate, imag. 1, 29 ; quant à Héliodore, Aethiop. 4, 8, il raconte l'histoire d'une malheureuse reine éthiopienne, celle-ci noire, qui accoucha d'une fille blanche pour avoir regardé, au moment de la conception, une peinture représentant Andromède toute nue et évidemment blanche.

[33] Cf. MÜLLER (cité supra n. 18) p. 56—57 ; SÉCHAN (cité supra n. 6) p. 226.

[34] Epist. 15 (Sappho), 36.

[35] Ars 2, 643. On peut cependant relever ici que l'expression *niuea ceruice reclinis* doit être un écho ovidien : met. 10, 272 *niuea ceruice iuuencae* ; 10, 558 *posita ceruice reclinis* (signalé par Voss [cité supra n. 12] p. 425).

[36] 1, 4.

[37] Dial. mar. 14, 3.

complètement nue[38] ; dans un type iconographique représenté notamment par une célèbre fresque de la Maison des Dioscures à Pompéi, où l'on voit Persée aidant Andromède déjà libérée à descendre du rocher, et dont on admet en général qu'elle dérive d'une œuvre du célèbre peintre athénien Nikias, la jeune fille a le sein droit dénudé, mais son vêtement n'est nullement en désordre et sa coiffure est irréprochable[39]. L'Andromède de Manilius et de Lucien, dans son appareil en même temps pathétique et galant, n'a donc pas d'équivalent iconographique, et n'est pas non plus attestée dans d'autres textes. Voss fait une confusion quand il affirme que se sont conservées des peintures « auf denen Andromeda halb entblößt mit gelöstem Haar dargestellt ist »[40] ; il pense évidemment au type présentant Persée et Andromède, assis le plus souvent demi-nus l'un à côté de l'autre sur un rocher, devant un plan d'eau où se reflète la tête de la Gorgone que Persée montre ainsi à sa compagne[41] ; il s'agit là d'une autre scène où les deux personnages paraissent comme amants, et qui fixe donc un moment postérieur au combat et à la délivrance d'Andromède. La situation décrite par Manilius et Lucien est bien sans parallèle littéraire ou iconographique conservé. Il n'est guère vraisemblable que Lucien se soit inspiré de Manilius ; je crois qu'ils ont introduit indépendamment l'un de l'autre le même détail piquant d'une beauté éplorée d'autant plus émouvante qu'elle est à moitié nue ; c'est là un motif traditionnel, qui apparaît par exemple chez Catulle décrivant Ariane abandonnée par Thesée[42] ; Ovide aime à présenter des jeunes femmes dans des situations difficiles les cheveux défaits et partiellement dénudées : ainsi apparaît la nymphe Daphné fuyant Apollon[43], et Clytie abandonnée par le soleil est présentée de manière assez semblable[44]. Les

---

[38] Cf. PHILLIPS (cité supra n. 6) p. 9 et 13, pl. 8 fig. 20 et pl. 14 fig. 42.

[39] Cf. PHILLIPS (cité supra n. 6) p. 5—6 et pl. 4 fig. 7.

[40] Op. cit. supra n. 12, p. 427 et n. 6.

[41] Cf. ROCCHETTI (cité supra n. 6) p. 362—363 ; PHILLIPS (cité supra n. 6) p. 5 n. 36. On trouvera la reproduction de deux peintures appartenant à ce type dans W. KLEIN, Zum Grundproblem der pompejanischen Wandmalerei, JÖEAI 13, 1910, p. 123—149, p. 132—135, fig. 63 et 65. Voss a du reste été induit en erreur par une affirmation trop générale de ROCCHETTI (« Perseo e Andromeda seminudi ») ; la peinture reproduite par KLEIN fig. 65 correspond à cette description, tandis que sur celle de la fig. 63, Persée est entièrement nu, et Andromède entièrement vêtue.

[42] 64, 63—70 ; cf. Voss (cité supra n. 12) p. 428.

[43] Met 1, 525—530.

[44] Met. 4, 261 ; ici ce n'est pas la jeune femme qui est nue, mais la terre sur laquelle elle est assise : *sedit humo nuda nudis incompta capillis* ; mais ne pourrait-on pas lire, au lieu de *capillis*, *papillis*?

touches que Manilius ajoute ensuite appartiennent, comme le motif d'Andromède dénudée, au répertoire de la poésie érotique et élégiaque de tradition alexandrine. Tel est le cas tout d'abord pour les alcyons et leurs plaintes ; aux divers parallèles qu'on pouvait citer[45] s'ajoute maintenant celui que fournit l'épyllion hellénistique d'Andromède, qui est particulièrement important, puisqu'il mentionne un alcyon dans un contexte où il est aussi question de notre héroïne enchaînée[46]. Il est donc possible que Manilius se soit inspiré de ce poème, mais que l'épyllion soit peut-être ici la source de Manilius ne signifie de loin pas qu'il le soit forcément aussi ailleurs. La sympathie de la mer ou des vents, et l'intervention d'une Néréide, sont diversement attestées[47]. En ce qui concerne la compassion de la Néréide, il convient de noter qu'il en est aussi question chez Lucien[48] ; Voss songe à une source commune, car il pense que ce motif dans le présent contexte ne peut avoir été inventé indépendamment deux fois[49]. Je ne le suivrai pas sur ce point : comme Cassiopée, mère d'Andromède, s'est prétendue plus belle que les Néréides, et que ce sont ces divinités qui sont responsables du supplice de la jeune fille. il peut être tentant pour plus d'un auteur, afin de souligner le pathétique de la situation, d'imaginer que même une Néréide était émue de pitié face à l'épreuve imposée à Andromède ; de plus, pour Lucien, les Néréides étaient des personnages presque obligés dans ses Dialogues marins[50]. Quant au trait baroque des larmes de la Néréide qui mouillent l'eau, *Nereis ... rorauit et undas*, Manilius peut l'avoir formulé en modifiant légèrement une expression familière à Ovide, mais en donnant un sens inhabituel à *rorare*[51].

Troisième mouvement (567—579 a). L'action véritable commençant ici, la narration de Manilius va nécessairement être plus proche

[45] Cf. MÜLLER (cité supra n. 18) p. 85—86 et Voss (cité supra n. 12) p. 426.
[46] Cf. supra n. 7 ; il s'agit des v. 12—13.
[47] Cf. MÜLLER (cité supra n. 18) p. 86 ; sur le motif de la compassion de la nature, cf. aussi FLORES (cité supra n. 10) p. 25—26.
[48] Dial. mar. 14, 4.
[49] Op. cit. supra n. 12, p. 429.
[50] FLORES (cité supra n. 10) p. 24 estime aussi que le contexte appelle presque immanquablement l'intervention d'une Néréide.
[51] Cf. epist. 19 (18), 124 *roratis nata fleatur aquis* ; fast. 4, 728 *udaque roratas laurea misit aquas*. Alors qu'Ovide fait du pl. *aquae* le sujet de *rorare* au passif, Manilius emploie comme complément direct de *rorare* actif *undas*. Cependant, chez Ovide, le verbe signifie « répandre en gouttes », chez Manilius « humecter, mouiller » (sens plus rare attesté d'abord semble-t-il par LVCR. 3, 469).

de celle d'Ovide. Mais l'auteur des Astronomica continue à conserver le maximum de distance possible par rapport à son prédécesseur : le banal *uidit* (OV. 673, MANIL. 569) est le seul mot employé en commun par les deux poètes pour décrire ce qui se passe lorsque Persée aperçoit Andromède : tandis que le Persée d'Ovide est si stupéfait qu'il en oublie presque de battre des ailes (676—677), celui de Manilius est pétrifié et manque lâcher la tête de la Méduse (570—571). Manilius continue à abonder en traits recherchés : paradoxe (Persée n'avait pas été pétrifié par la Méduse, il l'est par Andromède), antithèse (le vainqueur de la Méduse est vaincu par la jeune fille) ; ce motif, ainsi que celui du jeune homme jaloux d'objets inanimés en contact avec le corps de celle qu'il aime, sont des topoi élégiaques[52]. Persée interroge alors Andromède et celle-ci lui répond ; Ovide développe cette scène en dix vers (678 b—688 a), tandis que Manilius la résume en un seul (574). Chez Ovide, Persée déclare ensuite ses intentions en discours direct aux parents d'Andromède en exprimant de manière très détournée qu'il désire épouser leur fille après avoir vaincu le monstre (695—703) ; là aussi, Manilius est plus bref et plus simple : en quatre vers et demi narratifs sans ornements (575—579 a), il résume la double décision de Persée et son accord avec les parents de la jeune fille ; par ailleurs, il modifie une donnée de base, car son Persée va trouver les parents qui ne sont pas à côté de leur fille, comme c'est le cas chez Ovide et dans beaucoup de documents figurés[53]. Dans ce segment (OV. 678 b—688 a. 691 a—705 ; MANIL. 574—579 a), les deux poètes n'emploient tous les deux que deux termes identiques, ou de même racine : *fletus, flentis,* et *paciscor, pactus* (OV. 693. 703 ; MANIL. 577. 578).

Quatrième mouvement (579 b—592 a). Il était indispensable d'introduire le monstre : à Manilius 579 b—585 a correspondent Ovide 688 b—690 et 706—710. Dans le premier segment, Ovide note le fracas de l'eau et l'approche de la bête dressée et occupant un vaste espace ; dans le second, il décrit en recourant à une comparaison le profond sillage que le monstre dessine sur les flots et précise (au moyen d'une seconde comparaison) la distance à laquelle il s'est approché ; il n'y a donc pas chez lui, du moins ici, de véritable description du kétos (quelques détails, omis par Manilius, sont donnés par Ovide dans le récit

---

[52] Cf. Müller (cité supra n. 18) p. 86 ; Flores (cité supra n. 10) p. 30.
[53] Cf. Phillips (cité supra n. 6) p. 6—12.

du combat, en 725—727). Manilius commence aussi par décrire le sillage, mais sans comparaison ; son *impellentis* (581) rappelle l'*impulsu* (708) d'Ovide ; puis il introduit le monstre qui se dresse (581 *eminet* ; OV. 690 *imminet*), mentionne le fracas (582 *circumsonat aequor* ; OV. 688—689 *unda insonuit*) et insiste sur ses dimensions (584—585 *uasti ... orbes, immensis torquibus, consumunt pelagus* ; OV. 689—690 *immenso ... ponto, latum ... possidet aequor*). Tout en étant plus détaillé que son prédécesseur, Manilius répète donc certaines données fournies par Ovide, mais il réduit au minimum possible les similitudes verbales. La mer et les rochers eux-mêmes ont peur (585 b—586), ajoute Manilius ; cette notation est un écho à la comparaison des alcyons, de la mer, d'une Néréide et du vent mentionnée auparavant (558—566), et n'a pas d'équivalent chez Ovide, comme du reste les vers suivants (587—592 a) qui décrivent par de pathétiques exclamations l'émoi d'Andromède. Ovide note simplement : *conclamat uirgo* (691) ; l'Andromède de Manilius reste silencieuse, car elle a un bref évanouissement[54].

C i n q u i è m e   m o u v e m e n t (592 b—615). Dans ce moment le plus dramatique du récit, les deux versions ici confrontées sont proches ; il convient donc d'en juxtaposer les schémas détaillés :

OV.	MANIL.
711—712 a : Persée s'envole et prend de l'altitude.	592 a—594 : Persée fond sur le monstre du haut du ciel et le blesse.
712 b—713 : Le kétos attaque son ombre.	595—597 : Le monstre se dresse et cherche à atteindre Persée.
714—717 : Comparaison avec l'aigle qui attaque un serpent.	598—600 : Persée reste hors d'atteinte et fait pleuvoir des coups sur le kétos.

---

[54] L'évanouissement est aussi un topos élégiaque : cf. MÜLLER (cité supra n. 18) p. 86. Voss (cité supra n. 12) p. 415—416 croit déceler diverses contradictions dans le récit de Manilius, et notamment celle-ci : en 588—592, Andromède s'évanouit, en 605 elle regarde le combat ; Voss oublie qu'un évanouissement peut être très bref ! Les autres prétendues contradictions qu'il énumère n'ont pas plus de consistance ; par exemple, la mer est déchaînée quand elle submerge le pays de Céphée (541 et 543) ; pourquoi ne pourrait-elle pas être calme passablement plus tard, quand elle est saisie de compassion pour Andromède (561) ? et si Persée pense épouser la jeune victime *per bellum ... ponti* (575), ce n'est évidemment pas la mer qu'il va combattre, mais le monstre venu de la mer, qui n'est que le lieu du combat.

718—720 : De la même manière Persée attaque le monstre.

721—723 : Le monstre tantôt se dresse, tantôt se roule dans l'eau ; comparaison du sanglier attaqué par des chiens.

724—727 : Tactique de Persée ; il échappe aux morsures tout en infligeant à la bête un grand nombre de blessures.

728—732 : Le kétos vomit de l'eau mêlée de sang en direction de Persée, mouille ses ailes et le contraint à se poser.

733—734 : Persée tue le monstre en se tenant à un rocher.

601—602 : Vains efforts de la bête, ses dents se referment dans le vide.

603—604 : Le monstre vomit de l'eau mêlée de sang en direction de Persée.

605—607 : Impressions d'Andromède.

608—611 : Le kétos blessé à mort a un dernier soubresaut ; son cadavre recouvre les flots.

Le déroulement du combat est donc exactement identique chez les deux poètes, quand bien même la narration est passablement plus détaillée chez Ovide ; Manilius supprime non seulement les comparaisons, mais aussi le motif du combat contre l'ombre, et simplifie, voire déplace d'autres éléments. Jusqu'aux v. 727 d'Ovide et 602 de Manilius, les seuls mots utilisés par les deux poètes sont *alis, ferrum, sublimis, in auras, morsus* resp. *morsibus* et *uulnere* (OV. 720. 721. 724 ; MANIL. 592. 594. 597. 601. 602), tandis que se poursuit le jeu de la *uariatio* : par exemple le Persée d'Ovide blesse le monstre à l'épaule, sur le dos, les flancs et la queue, celui de Manilius uniquement à la tête (OV. 719. 725—727 ; MANIL. 600) : une série d'autres différences moins frappantes peuvent être passées ici sous silence.

J'en arrive maintenant au passage le plus intéressant de la comparaison. Chez les deux poètes, le monstre change de tactique ; celui de Manilius a plus de succès : au lieu de simplement mouiller les ailes talonnières de Persée, il le submerge. Chez Ovide, le récit se poursuit logiquement : le héros se pose sur un rocher, puis parvient à tuer le monstre. Chez Manilius en revanche, en cet instant où est atteint le maximum d'intensité dramatique, le poète se détourne du combat pour montrer l'effet qu'il produit sur celle qui en est l'enjeu, en trois vers (605—607) qui comprennent une figure étymologique et un jeu de

mots[55] ; quand il nous montre de nouveau les adversaires, le combat est
fini. Je crois que nous avons ici un très subtil hommage de Manilius
à Ovide : le récit qu'il donne du combat n'est pas bien compréhensible
pour qui n'a pas en tête le récent parallèle. Après s'être le plus possible
distancé d'Ovide, Manilius le suit soudain de très près, et brusquement,
quand la tension est à son comble, par ce qu'on nommerait dans un film
un changement de plan, il introduit une coupure, qu'il compense par un
coup d'œil sur Andromède, laquelle est en suspens (au propre et au
figuré) comme le lecteur. Le déroulement chronologique est respecté,
puisque, renonçant à nous décrire la fin du combat, il nous le fait
suivre par les réactions qu'il provoque chez celle qui le regarde, comme
dans une sorte de miroir, qui rappelle bien sûr celui qu'Athéna a présenté
à Persée pour qu'il puisse tuer la Méduse.

On s'interroge évidemment sur l'origine de l'ultime péripétie de la
lutte commune aux deux poètes. Dans les diverses tragédies ayant
Andromède pour héroïne, le combat n'était certainement pas présenté
sur scène, mais narré par un messager[56] ; il convient donc d'examiner s'il
y a, parmi les fragments conservés, des vers qui peuvent appartenir à ce
récit de messager, et éventuellement à la péripétie qui nous intéresse ici.
Des douze fragments de Sophocle[57], l'un ou l'autre peut éventuellement

---

[55] Fig. étym. : 605 *pugnam pugnandi* ; jeu de mots : 607 *animoque magis quam corpore pendet*. A propos de ce vers, HOUSMAN fait la remarque suivante dans son commentaire : « sententiam FAYUS assecutus est, non PINGRAEUS ». Voici la paraphrase en prose de FAYUS (édition citée supra n. 29) : « angitur magis mente quam corpore » ; il qualifie ainsi ce trait dans sa note : « eleganter ». L'édition de PINGRÉ, parue 1786, contient la première et seule traduction française de Manilius qui ait jamais été faite ; HOUSMAN en dit grand bien (editio maior, vol. I, p. XX—XXI) ; longtemps introuvable, cette traduction a été réimprimée à Paris, en 1970, dans une « Bibliotheca hermetica » plus familière aux astrologues modernes qu'aux philologues. Voici comment le vers en question y est traduit : « son esprit agité est moins libre que son corps » ; quant à GOOLD, il traduit ainsi (édition citée supra n. 4) : « her feelings more than her body hang in suspense ». HOUSMAN, qui ne savait pas aussi bien le français que le latin, est trop sévère : en français actuel, et à plus forte raison dans la langue du 18e s., il est je crois impossible de rendre fidèlement l'expression de Manilius sans sombrer dans le ridicule ; je trouve pour ma part le parti adopté par PINGRÉ très adroit.

[56] L'existence de tels récits n'est pas positivement attestée pour le combat entre Persée et le monstre, mais se déduit des conventions scéniques du théâtre attique ; tous ceux qui se sont occupés de reconstituer les pièces perdues ayant Andromède pour héroïne admettent que le combat était raconté.

[57] Cf. RADT (cité supra n. 7) p. 157—160.

provenir du récit, mais ils sont si misérables qu'ils ne fournissent rien d'utile. La pièce d'Euripide est mieux connue[58] ; divers fragments ont été attribués à ce récit[59] pour des raisons plus ou moins convaincantes, mais en tout cas aucun ne nous éclaire sur le déroulement du combat. Le seul vers conservé de l'Andromède de Livius Andronicus concerne l'inondation du royaume de Céphée[60]. Quelques fragments d'Ennius appartiennent en revanche incontestablement au récit du combat, que le poète a transposé en septénaires trochaïques[61], et l'un d'entre eux est particulièrement intéressant pour la péripétie qui retient ici notre attention : ENN. trag. 104 R² = 116 V² (Non. p. 165, 11 M) *rursus prorsus reciprocat fluctus feram*. RIBBECK[62] adopte la correction de BERGK *fera*, dont il fait le sujet de *reciprocat* ; ce verbe désigne pour lui le mouvement alternatif de la respiration du monstre, qui émet regulièrement une colonne d'eau, comme une baleine ; il allègue le parallèle de Manilius (v. 582 et 603—604) et, moins judicieusement, Lucien[63]. Si l'interprétation de RIBBECK était exacte, nous aurions la preuve que la péripétie qui nous intéresse se trouvait pour le moins déjà chez Ennius. Cependant VAHLEN[64] n'a pas adopté la correction de BERGK à cause du sens insolite qu'elle introduit pour *reciprocare* ; pour lui, le verbe est intransitif, son sujet est *fluctus,* et *feram,* séparé par une virgule, appartient à un autre membre de phrase, et aurait été cité à tort par Nonius. WARMINGTON[65] fait de *feram* le complément direct du verbe et traduit « Backwards and forwards did waves drive the beast ». JOCELYN[66] enfin qualifie la correction de BERGK de « ludicrous », place une *crux* devant *feram,* mais cite des parallèles[67] qui prouvent qu'il

---

[58] Il en reste 43 fragments, en partie tirés de la parodie de la pièce d'Euripide dans les Thesmophories d'Aristophane ; cf. NAUCK² 114—156. Pour une tentative de reconstitution de cette pièce, cf. par exemple E. MÜLLER, Die Andromeda des Euripides, Philologus 66, 1907, p. 48—66.

[59] Cf. par exemple MÜLLER (cité supra n. 58) p. 61—62.

[60] Frg. 18 R².

[61] Frg. 100, 101, 104, 105—106 R² = 115, 114, 116, 118—119 V².

[62] Die römische Tragödie im Zeitalter der Republik, Leipzig 1875, p. 169 et n. 191.

[63] Dial. mar. 14, 3 : ἐπειδὴ τὸ κῆτος ἐπῄει μάλα φοβερὸν ὡς καταπιόμενον τὴν Ἀνδρομέδαν . . .

[64] Ennianae poesis reliquiae, Leipzig 1903², p. 136.

[65] Remains of Old Latin I, London - Cambridge (Mass.) 1935 (Loeb Classical Library no. 294), p. 258—259 ; le frg. porte chez lui le no. 122.

[66] Op. cit. supra n. 27, p. 95 et 265.

[67] VERG. Aen. 6, 362 *nunc me fluctus habet uersantque in litore uenti* ; LVCAN. 8, 698—699 *litora Pompeium feriunt truncusque uadosis / huc illuc iactatur aquis,* ainsi que EVR. Hec. 28—29.

entend *fluctus* comme sujet du verbe. La lecture de BERGK-RIBBECK semble en effet difficile à adopter ; la tradition manuscrite et les sens de *reciprocare*[68] s'y opposent. Par ailleurs, quoi qu'il en soit de cette interprétation, nous avons déjà vu que l'Andromède d'Ennius n'a sans doute pas été lue par Ovide et Manilius[69]. La conclusion à laquelle nous arrivons, c'est qu'Ennius ne peut guère être allégué comme source de la péripétie du crachat. Reste enfin Accius ; aucun des fragments de son Andromède ne semble concerner le combat[70]. L'inexistence de rapports entre les fragments tragiques conservés d'une part et les récits d'Ovide et de Manilius de l'autre ne prouve évidemment pas encore que la péripétie du crachat a été inventée par Ovide, car il a pu exister des parallèles non conservés. Le dernier commentateur des Métamorphoses fait cependant sur le passage d'Ovide des réflexions qui méritent qu'on s'y arrête[71]. Il note que le motif du rocher qui n'émerge que par bonace est emprunté à Virgile[72] et que la mer doit donc être calme et le rocher plat pour que le combat puisse se dérouler comme Ovide le raconte ; or celui-ci suggère plutôt une falaise abrupte[73]. BÖMER ajoute : « ... überflüssig zu erwähnen, daß das Ketos mit den von Ovid skizzierten Dimensionen sich vernünftigerweise kaum bis auf Reichweite an den *scopulus* heranbewegt haben dürfte », et conclut : « Barocke Übersteigerung in der Schilderung Ovids ». Ces précieuses remarques montrent en effet que l'ensemble de la péripétie du crachat ne s'insère pas très bien dans le contexte, qu'elle comporte des invraisemblances et qu'elle ressortit à une esthétique caractéristiquement ovidienne. Il apparaît dès lors que cette péripétie, qui met du reste le noble héros dans la situation vulgaire d'une mouche mouillée qui ne peut plus voler, ne devait sans doute se trouver

---

[68] Cf. l'Oxford Latin Dictionary ; le verbe peut signifier « mouvoir un objet en avant et en arrière », « se mouvoir en avant et en arrière », « se mouvoir en direction opposée, en arrière », « rendre (un sentiment) », « se situer » ou « placer réciproquement », et un mot comme *fluctus* ne semble pas pouvoir fonctionner comme complément direct de *reciprocare*. Notre passage semble être (avec PLAVT. Astr. frg. 3 LEO, 12 LINDSAY) l'attestation la plus ancienne de ce verbe, et l'OLD adopte pour le frg. d'Ennius le texte de VAHLEN.

[69] Cf. supra n. 27.

[70] Frg. 100—118 R²; cf. RIBBECK (cité supra n. 62) p. 563.

[71] Cf. F. BÖMER (cité supra n. 13) p. 213—214.

[72] Aen. 5, 124—128.

[73] V. 731 *uertice summo* ; v. 733 *rupis ... iuga prima* ; l'emplacement est si étroit que Persée est obligé de se tenir au rocher d'une main (733).

dans aucun des récits antérieurs du combat, et que c'est Ovide qui l'a le premier introduite dans la tradition littéraire en se servant notamment d'un motif emprunté à Virgile.

Les données de la tradition iconographique permettent d'intéressantes constatations. Une première observation générale qu'on peut faire, c'est que le combat entre Persée et le kétos n'est de loin pas le moment de l'histoire que les artistes préfèrent fixer. L'enchaînement d'Andromède, ou bien sa délivrance — contexte dans lequel est parfois englobé le cadavre du monstre qui vient d'être tué — sont plus souvent représentés. C'est pourtant le combat qu'on voit sur le document le plus ancien, une amphore corinthienne de la première moitié du 6ᵉ s., mais un combat unique en son genre : Andromède n'est pas enchaînée et Persée, qui se trouve à terre et qui a un sac avec la tête de la Méduse suspendu à son bras, lance des cailloux contre la bête[74]. En revanche le combat n'apparaît pas sur les vases attiques du 5ᵉ s.[75]. L'histoire d'Andromède et de Persée est un sujet souvent traité par les peintres de vases italiotes du 4ᵉ s. ; c'est ici qu'apparaît parfois à nouveau Persée, combattant à terre (ou plutôt debout dans l'eau?) le monstre, dans un registre situé au-dessous de celui qui présente la scène principale, Andromède enchaînée[76]. On retrouve Persée combattant à pied sur une ciste de bronze de Volterra (3ᵉ—2ᵉ s.) et une terre cuite Campana plus tardive, tandis que sur les urnes étrusques (3ᵉ—2ᵉ s.), Persée à terre présente au kétos la tête de la Méduse[77]. Notons que jusqu'ici, nous n'avons pas rencontré de Persée combattant en vol.

Si nous poursuivons notre examen chronologique des documents figurés conservés, nous en arrivons aux peintures pompéiennes, particulièrement intéressantes dans le présent contexte puisqu'elles sont contemporaines d'Ovide et de Manilius. Il convient cependant tout d'abord de parler d'œuvres perdues, mais connues au travers de descriptions antiques, et qui ont peut-être influencé les peintres pompéiens. Nous avons déjà évoqué le tableau de Nikias, dont parle Pline le Naturaliste et que décrit peut-être une épigramme d'Antiphilos ; il fixe un moment

---

[74] Cf. ROCCHETTI (cité supra n. 6) p. 362—363 ; PHILLIPS (cité supra n. 6) p. 1 et pl. 1 fig. 1.

[75] ROCCHETTI p. 362 ; PHILLIPS p. 6—8.

[76] ROCCHETTI p. 362 ; PHILLIPS p. 8—13, et plus spécialement p. 10 et 12, ainsi que pl. 10, fig. 24—25, pl. 11 fig. 26 et pl. 13 fig. 37.

[77] ROCCHETTI p. 362 ; PHILLIPS p. 13—15.

postérieur au combat[78]. Lucien mentionne plus d'une fois l'histoire d'Andromède ; dans un cas, il précise qu'il décrit un tableau, mais n'indique pas la position de Persée au combat ; dans un autre, il dit expressément que Persée combat en volant mais ne spécifie pas qu'il s'agit d'un tableau ; il est cependant vraisemblable, comme ces deux descriptions se ressemblent, que Lucien les a composées en songeant à une seule et même peinture, et que dans ce tableau, Persée combattait en vol[79]. Achille Tatios décrit deux peintures dues à Evanthes qui ornaient le temple de Zeus Kasios à Péluse ; l'une représentait l'histoire d'Andromède ; on y voyait notamment le monstre qui s'approchait, son énorme gueule ouverte, et Persée qui s'avançait au combat en descendant du ciel[80]. Enfin Philostrate décrit une œuvre où l'on voit Persée après le combat ; le monstre abattu perd du sang en abondance ; Persée est aussi là, avec sa chlamyde souillée de sang « et de ce que la bête a soufflé contre lui durant le combat », ⟨ἃ⟩ προσέπνευσεν αὐτῷ τὸ θηρίον ἐν τῷ ἀγῶνι[81]. Je ne vais pas m'engager dans les discussions suscitées par les éventuels rapports entre ces tableaux décrits par des auteurs de l'époque impériale et les peintures pompéiennes[82], et je me borne à enregistrer qu'on voyait sur ces chefs-d'œuvre décrits le monstre la gueule ouverte, et Persée en vol, ou souillé des crachats de la bête.

J'en viens maintenant aux peintures pompéiennes. PHILLIPS distingue parmi elles cinq types[83]. Le représentant le plus important du premier type est une peinture trouvée dans la maison d'Agrippa Postumus à Boscotrecase, qui se trouve aujourd'hui au Metropolitan de New York, et qui date des environs de l'an 11 avant J.-C. L'auteur a concentré dans une seule composition des étapes successives de l'histoire : on y voit notamment Persée qui descend du ciel à l'attaque et le kétos, dressant sa gueule ouverte hors de l'eau et crachant en direction d'Andromède[84].

---

[78] Cf. supra p. 135 et n. 39, ainsi que PLIN. nat. 35, 130—132, ANTH. graec. 16, 147 et G. BECATTI, Enciclopedia dell'Arte Antica V 478—479 (1963).

[79] Dom. 22 (tableau ; position de Persée non précisée) ; dial. mar. 14, 3 (Persée volant ; il n'est pas précisé qu'il s'agit d'une ecphrasis) ; autres allusions à Andromède : salt. 44 ; hist. conscrib. 1 (ce dernier passage fait allusion à un incident également narré par Eunape ; cf. supra n. 14).

[80] Clitophon et Leucippe 3, 6—7.

[81] Imag. 1, 29, 4 (texte de l'édition Teubner, 1893, p. 58).

[82] Cf. par exemple PHILLIPS (cité supra n. 6) p. 4—6.

[83] Op. cit. supra n. 6 p. 3—6.

[84] PHILLIPS (cité supra n. 6) p. 3 et pl. 1 fig. 2. On trouvera des illustrations de meilleure qualité dans P. H. v. BLANCKENHAGEN et C. ALEXANDER, The Paintings from Bosco-

L'œuvre la plus caractéristique du second type défini par PHILLIPS, qui représente uniquement le moment où s'engage le combat, est pour nous particulièrement intéressante : Persée à gauche en haut descend en volant vers le monstre, qui dresse sa tête hors de l'eau et crache dans sa direction[85]. PHILLIPS mentionne trois autres peintures qui appartiennent à ce type ; il semble malheureusement qu'il n'en existe pas de reproductions, mais les descriptions à disposition révèlent implicitement que le kétos y dresse sa tête en direction d'Andromède[86]. On constate en tout cas que

trecase, Heidelberg 1962, MDAI (R) Erghft. 6 pl. 44—46 ; cf. aussi M. DAWSON, Romano-Campanian Mythological Landscape Painting, New Haven 1944, YClS 9, p. 100, no. 41 et pl. 16—17. Il y a trois autres peintures qui se rattachent à ce type (cf. PHILIPPS ibid.) ; on trouvera une très belle reproduction de l'une d'elles dans A. MAIURI, Monumenti della pittura antica scoperti in Italia. Sezione Terza. La pittura ellenistico-romana. Pompei. Fasc. II. Le pitture delle case di « M. Fabius Amandio », del « Sacerdos Amandus » e di « P. Cornelius Teges », Roma 1938, tav. B. Sur trois de ces quatre peintures, on voit clairement que le monstre crache en direction d'Andromède ; la quatrième était déjà détruite avant la deuxième guerre mondiale. Dans ce type, un autre détail est également passé sous silence par tous les historiens de l'art qui s'en sont occupés : dans la peinture de Boscotrecase, Persée a la harpé dans la main droite, tandis que sa main gauche est vide ; dans les deux autres, il a la harpé dans la main droite et la tête de la Gorgone dans la main gauche, tournée en direction du monstre. Ce détail n'est pas sans intérêt ; dans la tradition littéraire, ce n'est pas avant Lucien qu'on voit Persée utiliser, complémentairement à la harpé, la tête de la Méduse contre le monstre, qui est blessé et partiellement pétrifié (dial. mar. 14, 3 et dom. 22) : cf. J. L. CATTERALL, RE XIX 985, 34—40, s. u. Perseus, 1937 ; on peut se demander pourquoi Persée, disposant d'une arme aussi efficace que la tête de la Gorgone, ne s'en sert contre le monstre que rarement et tardivement dans la tradition littéraire ; Nonnos Dion. 25, 80—84 nous donne la réponse, qu'on pouvait du reste deviner : par ce moyen trop facile de combattre, Persée perdait toute valeur comme héros ; cf. Voss (cité supra n. 12) p. 419—420. Les peintures pompéiennes dont il a été question ci-dessus et les urnes étrusques que nous avons mentionnées auparavant (cf. n. 77) montrent que la tradition iconographique atteste nettement plus tôt l'emploi de la tête de la Méduse dans le combat contre le kétos.

[85] PHILLIPS (cité supra n. 6) p. 4 et pl. 1 fig. 3 ; DAWSON (cité supra n. 84) p. 84, no. 10 et pl. 4. La référence de cette peinture est Maison IX 7, 16.

[86] Outre la peinture de la Maison IX 7, 16, il y aurait trois œuvres qui appartiennent au type 2 tel que le définit PHILLIPS (cf. supra n. 83). La première dans la Casa della parete nera (VII 4, 59) : « the monster rises from the sea in front of her (sc. Andromeda) » dit DAWSON (cité supra n. 84) p. 106, no. 52 ; W. HELBIG, Wandgemälde Campaniens, Leipzig 1868, no. 1183, donnait déjà une description identique : « vor ihr (sc. Andromeda) schwimmt im Meer das Ungeheuer » ; selon K. SCHEFOLD, Die Wände Pompejis, Berlin 1957, p. 187 (c), cette peinture est aujourd'hui détruite. La seconde dans la Casa del Centenario (IX 8, 6) : on en trouve une description dans le Bolletino di corrispondenza archeologica de 1882, p. 106 (qui précise : « molto distrutto ») : Persée descend en volant de droite, le monstre est dans l'angle inférieur gauche ; son crachat éventuel, dont il n'est pas question dans cette descrip-

les historiens de l'art n'ont pas été attentifs au détail de la direction du crachat du monstre ; en effet, PHILLIPS distingue ses deux premiers types selon que Céphée et Cassiopée s'y trouvent (type 1) ou ne s'y trouvent pas (type 2). Comme le type 3 de PHILLIPS présente Persée combattant au sol, et que ses types 4 et 5 fixent des moments postérieurs à la fin du combat[87], ils ne nous intéressent pas ici.

De cet examen de la tradition iconographique, je tire les conclusions suivantes. 1. Quand le combat entre Persée et le monstre est représenté, ce combat a lieu à terre dans les œuvres les plus anciennes. 2. Seule une partie des peintures pompéiennes illustrent un combat qui s'engage pour le moins avec un Persée en train de voler. 3. Sur ces peintures, le monstre crache en principe en direction d'Andromède ; dans une œuvre qui semble tout à fait unique en son genre, le monstre crache en direction de Persée. 4. La période impériale a connu des tableaux où le kétos a la gueule ouverte, où Persée attaque en volant et où sa chlamyde, après le combat, est souillée des crachats du monstre.

S'il est possible d'induire à partir de la tradition iconographique des conclusions concernant la tradition littéraire, on pourrait dire ceci. Les récits de messagers chez les tragiques grecs, et notamment Euripide, ne parlaient que d'un combat se déroulant à terre (ou dans l'eau), avec un monstre qui n'était point trop gigantesque. L'idée d'un combat livré par Persée en vol est une variante d'époque hellénistique ; elle a dû apparaître sur des œuvres décrites pour nous par des auteurs de l'époque impériale et peut-être aussi dans des ouvrages littéraires de la même époque, l'Andromède de Lycophron et l'épyllion du papyrus de Chicago.

tion, ne pouvait donc guère être dirigé contre Persée ; cf. DAWSON (cité supra n. 84) p. 109, no. 60 : « badly damaged » ; SCHEFOLD (cf. supra) p. 276 (9) 6 dit que la peinture est détruite. La troisième dans la Maison VI 7, 3 : en réalité, cette peinture n'appartient pas à ce type, comme le prouvent les deux descriptions à disposition : « Andromeda incatenata alla roccia . . ., alla quale si avvicina Perseo, dopo aver superato il mostro marino . . . per sciogierla dai vincoli » (Annali dell'Istituto di corrispondenza archeologica 10, 1838, p. 183) ; « Perseus . . . nähert sich ihr (sc. Andromeda) nach Tötung des Ungeheuers » (HELBIG [cf. supra] no. 1185) ; j'ignore l'état actuel de cette peinture, car elle manque aussi bien chez DAWSON que chez SCHEFOLD ; en tout état de cause, cette œuvre n'appartient pas au type 2 de PHILLIPS, mais à son type 4. Il semble donc que la peinture de la Maison IX 7, 16 soit bien la seule à présenter le détail du crachat du monstre en direction de Persée. J'ajouterai que sur les peintures du type 2, Persée a la harpé dans la main droite et la tête de la Méduse dans la main gauche, comme dans trois des quatre peintures du type 1 ; cf. à ce sujet les remarques faites supra n. 84.

[87] Cf. PHILLIPS (cité supra n. 6) p. 5.

Ce motif ressurgit dans la peinture pompéienne. C'est Ovide qui complique le déroulement du combat en s'inspirant des deux traditions et en combinant une phase aérienne avec une phase terrestre ; c'est donc lui qui doit avoir inventé l'élément qui lie les deux phases, c'est-à-dire la péripétie du crachat. Elle peut lui avoir été inspirée d'une part par des peintures montrant le kétos crachant de rage en direction d'Andromède, d'autre part par des œuvres ne présentant pas le combat, mais montrant Persée souillé des crachats du monstre après le combat. C'est enfin après avoir lu Ovide qu'un peintre amateur de variation a modifié sur l'œuvre de la Maison IX 7,16 de Pompéi la direction traditionnelle du crachat pour l'orienter vers Persée[88].

La reconstitution que je propose ainsi est évidemment très hypothétique. Elle permettrait du moins une intégration cohérente des données multiples d'une tradition iconographique et littéraire complexe dans un schéma global. Elle permettrait aussi de mieux expliquer pourquoi Manilius, qui s'efforce d'être aussi différent que possible d'Ovide, choisit précisément cette péripétie pour rendre avec une subtile coquetterie hommage à son prédécesseur. Cet hommage prend en effet un relief particulier si l'amateur d'art et de littérature sait que c'est Ovide qui a inventé la péripétie du crachat. Je vois du reste encore une confirmation à cette supposition dans la fin du récit.

Reprenons donc la comparaison des deux poètes là où nous l'avons laissée pour parler longuement du motif du crachat, en Ovide 727 et Manilius 602. Là encore, bien qu'il dise exactement la même chose, l'auteur des Astronomica utilise d'autres mots que son prédécesseur ; il n'y a que ses *sanguineis undis* (604) qui rappellent *mixtos cum sanguine fluctus* (OV. 728). Manilius décrit ensuite les impressions d'Andromède[89] et le monstre mourant, puis mort (608—611), tandis qu'Ovide passe immédiatement à la suite en omettant cette description. Il nous reste à confronter les vers de conclusion (OV. 735—740 ; MANIL. 612—615). Ovide mentionne d'abord les réactions des spectateurs et notamment des parents d'Andromède ; rien de tel chez Manilius, pour l'excellente raison que chez lui, le combat se déroule apparemment sans autre témoin qu'Andromède. Vient enfin chez Ovide

---

[88] Je rappelle ici que la peinture la plus célèbre du type 1 de PHILLIPS, avec crachat en direction d'Andromède, est bien datée des environs de l'an 11 av. J.-C. (cf. supra p. 144), donc nettement antérieure aux Métamorphoses d'Ovide.

[89] Cf. supra p. 139—140 et n. 55.

la délivrance de la jeune fille, évidemment par d'autres que Persée, car celui-ci pendant ce temps se lave les mains. Chez Manilius, en ordre inverse, Persée se lave entièrement, puis va délivrer lui-même Andromède. La délivrance de la jeune fille était un élément indispensable dans chacun des deux récits ; l'opération hygiénique pouvait en revanche manquer chez Manilius. Or non seulement il ne l'omet pas, mais il la décrit comme plus complète. De cette manière, il reporte encore une fois l'attention du lecteur sur la péripétie du crachat en insistant sur la variation qu'il y a introduite : le Persée d'Ovide ne s'est peut-être vu mouillé qu'au niveau de ses ailes talonnières, celui de Manilius a en revanche été complètement submergé ; il convient donc qu'il se lave aussi complètement. Je trouve donc dans ce détail final repris et varié du lavement la confirmation que Manilius tient à donner un relief particulier à la péripétie du crachat.

Au terme de cette comparaison minutieuse, j'espère avoir, sinon convaincu tout le monde que c'est Ovide qui a inventé la péripétie du crachat, du moins montré comment Manilius a travaillé. Il est clair qu'il a suivi Ovide de très près, mais pour ainsi dire comme « anti-source », puisqu'il s'efforce de fournir un récit qui soit le plus différent possible de celui des Métamorphoses, quitte à la fin à saluer de manière très originale son prédécesseur. Par cette constatation, on répond du même coup à une question soulevée par Voss[90] : Manilius ne peut pas avoir suivi une source unique, car avant Ovide, aucun récit de l'histoire d'Andromède n'aurait pu être aussi systématiquement différent de celui qui allait être introduit dans les Métamorphoses. Suivant donc Ovide pour ne pas le répéter, Manilius a pris son bien à droite et à gauche : chez Euripide certainement, et peut-être dans l'épyllion du papyrus de Chicago. Mais il a surtout une grande dette pour la mise en œuvre du détail de sa digression envers la poésie hellénistique, les élégiaques latins et notamment les diverses œuvres d'Ovide, qui lui fournissent l'essentiel des motifs dont il orne sa variation. On peut du reste y distinguer deux sortes de passages. Les uns sont simplement narratifs, rapides, concis, et pauvres en figures ; ils forment le squelette indispensable du récit : il s'agit en gros des vers 540—544, 549—551, 567—570 a, 574—581 a, 592 b—604, 608—610, 612—615. Les autres vers sont principalement descriptifs, et leur absence ne nuirait guère à l'intelligence de l'histoire ;

[90] Op. cit. supra n. 12, p. 425—426.

ils sont riches en figures et en effets sonores, et n'ont pas d'équivalent dans le récit d'Ovide ; c'est là que Manilius s'est efforcé de montrer son talent et de mettre en valeur son originalité.

HOUSMAN a porté un jugement sévère sur la qualité de la digression de Manilius : « purpurae non sane splendidissimae adsutus pannus. luculentioribus uersibus eandem materiam tractauerat Ouidius . . . »[91]. FLORES au contraire pense que le talent poétique de Manilius l'emporte de loin sur la verbosité d'Ovide[92]. Pour sa part, Voss partage l'avis de HOUSMAN, et définit à coup sûr ce qui motive l'opinion négative du philologue anglais : il décèle, dans l'ensemble des Astronomica et notamment dans la digression d'Andromède, un disparate contraire à l'enseignement esthétique des Anciens ; dans notre passage, il s'agit essentiellement du mélange de la tonalité épique avec la tonalité élégiaque[93]. Le goût du lecteur moderne n'est pas forcément identique, comme le relève du reste Voss. Je crois pour ma part qu'il appartient aux préférences de chacun de donner la palme ou à Ovide ou à Manilius, et je me bornerai à faire observer que Manilius, en reprenant un thème qui avait été traité avec éclat quelque dix ans auparavant par un grand poète, lui lance un défi qui tient de la gageure. Même si l'on peut être un peu accablé par la densité des figures et des traits maniérés, la bonne foi oblige à reconnaître que Manilius s'est assez bien tiré de l'exercice auquel il s'est soumis, qu'il nous propose une mosaïque d'emprunts multiples bien harmonisée, et que surtout son traitement de la péripétie du crachat témoigne d'un talent remarquable de l'allusion érudite et laudative.

2. Hiérarchies célestes et hiérarchies terrestres

C'est sur la conclusion générale du poème des Astronomica que je voudrais beaucoup plus brièvement m'attarder dans la seconde partie de cet article. Nous constatons qu'après la grande lacune qui se situe vers la fin du livre 5, Manilius parle des magnitudes stellaires, un sujet qui ne tient plus de l'astrologie, mais de l'astronomie descriptive, et qui est inséré à cet endroit pour amener une conclusion ornée qui développe

[91] Dans son editio maior (cf. supra n. 1), vol. V p. 70, note à 540—618.
[92] Op. cit. supra n. 10, p. 32.
[93] Op. cit. supra n. 12, p. 432—434.

un parallèle entre les hiérarchies célestes et les hiérarchies terrestres[94]. Le
début de la description technique a disparu dans la lacune ; au moment
où le texte reprend (5, 710), il est question d'étoiles de la magnitude 3.
Les v. 716—717 sont difficiles et leur sens controversé ; HOUSMAN en
a proposé une lecture évidemment ingénieuse, mais pas forcément
convaincante, et GOOLD l'a suivi[95]. Selon cette restitution, ces deux vers
traiteraient des magnitudes 4, 5 et 6, et le développement qui commence
en 718 ne concernerait pas les étoiles de magnitude 6, mais une infinité
d'astres de luminosité encore inférieure, qui formeraient un groupe
distinct[96]. Je crois pour ma part comme FLORES[97] qu'il est plus prudent
d'en revenir au texte adopté par BENTLEY, qui conserve la tradition
manuscrite pour 716 et aménage 717 d'une manière qui n'est pas non
plus au-dessus de toute critique[98], mais permet une interprétation
globale de l'ensemble du passage qui est beaucoup plus satisfaisante ;
dans ce cas-là, il n'est question que des magnitudes 4 et 5 en 716—717,
et 718—725 concernent la magnitude 6. En effet, selon la théorie antique
traditionnelle à partir d'Hipparque en tout cas, il y a six classes de
magnitudes, et pas plus[99]. C'est à la sixième classe que doivent appartenir
les astres des v. 718—725, lesquels ne sont visibles que lorsque le ciel est
particulièrement sombre. Il serait parfaitement illogique qu'après avoir
adopté la théorie des six magnitudes, Manilius la renverse aussitôt pour
créer un *imus census* (718) d'étoiles parfois visibles qui formeraient
une nouvelle catégorie. L'interprétation BENTLEY-FLORES s'adapte au
sens qui naît naturellement de tout le développement et ne doit pas
être sacrifiée à un raisonnement fondé sur une affirmation de Ptolémée,

---

[94] Cf. HOUSMAN, editio maior (citée supra n. 1) vol. V p. XLVI.

[95] Voici le texte adopté par ces deux éditeurs : *tum quartum sextumque genus discernitur omni / e numero summamque gradus qui iungit utramque.*

[96] Cf. la note de HOUSMAN à 717 (editio maior, vol. V p. 91).

[97] Op. cit. supra n. 10, p. 86 n. 65.

[98] Voici le texte adopté par BENTLEY et FLORES : *tum quartum quintumque genus discernitur omni / e numero, summamque gradus disiungit utramque.* Les mss. donnent le texte suivant pour le v. 717 : *e numero summamque gradus qui iungitur angue.* Le texte BENTLEY - FLORES peut se traduire ainsi : « Puis on distingue dans toute la masse une quatrième et une cinquième catégories, et leur degré distingue l'un et l'autre de ces groupes ». HOUSMAN remarque que BENTLEY adopte pour 717 un texte qui introduit une vaine répétition ; c'est vrai, mais Manilius ne se rend-il pas assez souvent coupable de placer des chevilles dans ses vers?

[99] Loc. cit. supra n. 97.

postérieur de plus d'un siècle et qui suit une tradition qui n'est pas forcément celle qu'adopte Manilius[100].

Sur le plan littéraire, il est intéressant de remarquer que le ton reste sèchement didactique jusqu'à 717, tandis que la dernière catégorie est décrite en termes plus fleuris ; les vers 718—725 constituent en effet la transition entre la partie descriptive et la conclusion ornée : le groupe de vers suivant, 726—733, décrit, avec deux belles comparaisons empruntées à Apollonios de Rhodes[101], la foule innombrable des étoiles visibles dans les nuits sombres ; il n'est plus question ici de magnitudes stellaires, mais du spectacle imposant de la voûte étoilée.

Les douze derniers vers, qui forment un des passages les plus réussis de tout le poème et amènent une chute d'une grande beauté, comparent la hiérarchie des magnitudes célestes à celle des sociétés humaines ; c'est ici que se situe la dernière difficulté d'interprétation sur laquelle je voudrais m'arrêter :

734   *utque per ingentis populus discribitur urbes,*
        principiumque patres retinent et proximum equester
        ordo locum, populumque equiti populoque subire
737   *uulgus iners uideas et iam sine nomine turbam,*
        sic etiam magno quaedam res publica mundo est
        quam natura facit, quae caelo condidit urbem.

Bien que Manilius parle emphatiquement de vastes villes non spécifiées, la suite prouve que c'est évidemment à la société romaine qu'il songe, puisqu'il en décrit en termes précis les deux catégories supérieures, l'ordre sénatorial et l'ordre équestre. Le troisième groupe est constitué par le peuple, c'est-à-dire l'ensemble des citoyens qui ne sont ni sénateurs, ni chevaliers. Le vers suivant est moins limpide : parle-t-il d'une seule, ou bien de deux catégories ? Notons tout d'abord que quoi qu'il en soit, Manilius n'oppose pas six, mais quatre ou cinq catégories sociales aux six magnitudes stellaires. Voici tout d'abord la traduction de PINGRÉ[102] :

---

[100] Cf. HOUSMAN, loc. cit. supra n. 96 ; il allègue que Ptolémée, Syntaxis 7—8, n'attribue pas plus de 49 étoiles à la magnitude 6, ce qui évidemment ne correspond pas à la foule d'astres dont Manilius parle en 718—725. A. REEH, Interpretationen zu den Astronomica des Manilius, Diss. Marburg 1973, parle de la conclusion du livre 5 p. 155—158, mais n'aborde aucun des points qui nous retiennent ici.

[101] 4, 214—217 ; cf. VERG., Aen 6, 309—310, ainsi que REEH (cité supra n. 100), p. 156, n. 1.

[102] Cf. supra n. 55.

« on met ..., enfin après le citoyen le vil peuple, la populace sans nom ... » ; il fait donc de *sine nomine turbam* une apposition epexégétique à *uulgus iners* et interprète 737 comme désignant une seule catégorie. FLORES est d'un autre avis[103] : « ... puoi vedere ... ed a questi (sc. i cavalieri) tener dietro la plebe d'infimo ordine ed infine la turba di schiavi che non ha diritto ad un nome » ; force est de constater qu'il en rajoute dans sa traduction : « di schiavi » n'a pas d'équivalent en latin, « che non ha diritto » glose inutilement la concision de l'original ; quant aux mots *et iam,* ils ne signifient pas forcément « ed infine ». Ce n'est en tout cas pas ainsi que les entend HOUSMAN, qui malheureusement ne précise pas expressément comment il comprend ce vers, encore que sa note suggère qu'il n'y voie qu'une seule catégorie : « *iam sine nomine,* οὐκέτι ὀνομαστήν, non, sicut priores gradus, nomen habentem. *iam* est p o s t - q u a m   h u c   d e s c e n d i m u s   e n u m e r a n d o » ; il cite pour finir des parallèles illustrant l'expression *sine nomine turbam*[104]. Voici enfin la traduction de GOOLD : « ... one may see ... the commons (sc. followed) by the idle proletariat, and finally the innominate throng ... »[105] ; elle me paraît particulièrement peu heureuse. Contrairement à HOUSMAN et comme FLORES, il entend *et iam* dans le sens de « and finally » ; « the commons » ne rend pas du tout le sens constitutionnel technique bien précis de *populus* ; « proletariat » est à rejeter pour deux raisons : en latin, *proletarius* a un sens technique précis, « citoyen pauvre utile à la communauté uniquement parce qu'il engendre des enfants »[106] ; dans ce sens, « proletariat » ne peut s'opposer à *populus,* puisque les prolétaires sont citoyens, donc font partie du peuple ; dans les langues modernes, « proletariat » comporte des connotations politiques passionnelles qui n'ont rien à faire dans une traduction d'auteur ancien. Si GOOLD avait consulté le Thesaurus, il n'aurait pas traduit *iners* par « idle » ; notre passage y est en effet à juste titre rangé sous la définition « sine quauis uirtute, nihili, nullius pretii »[107]. FLORES et GOOLD, qui distinguent deux

---

[103] Op. cit. supra n. 10, p. 83—84.
[104] Loc. cit. supra n. 91, p. 93, note à 737 ; les parallèles qu'il cite sont VERG. Aen. 9, 343 *sine nomine plebem,* SIL. 12, 317 *sine nomine uulgus,* 10, 28—29 *ingens nominis expers ... turba.* Puisque HOUSMAN dit « non, sicut priores gradus, nomen habentem », et que *uulgus* n'est pas un *nomen,* j'en conclus qu'il entend *turbam* comme apposition à *uulgus,* et ne distingue en tout que quatre catégories.
[105] Op. cit. supra n. 4, p. 361.
[106] Cf. par exemple CIC. rep. 2, 40.
[107] ThlL VII 1, 1312, 30 (REHM, 1943).

catégories dans le v. 737, admettent qu'il existe une différence sémantique notable entre *uulgus* et *turba*, que je ne vois attestée nulle part ; il s'agit bien au contraire de synonymes interchangeables, comme le prouvent par exemple les parallèles cités par HOUSMAN pour illustrer l'expression *sine nomine turbam*[108]. Dans l'absolu, l'interprétation de FLORES et GOOLD n'est évidemment pas absurde ; on pourrait en effet imaginer que Manilius a distingué, après les sénateurs, les chevaliers et les autres citoyens, d'une part les hommes de condition libre, bien que non citoyens, d'autre part les esclaves ; cependant une telle traduction fait violence au texte, et du reste GOOLD, plus prudent mais moins logique que FLORES, l'évite. Comme il insiste moins sur l'opposition *uulgus-turba*, il s'appuie sur l'opposition *iners-sine nomine* ; mais cette voie est aussi sans issue, car selon le droit romain, celui qui ne fait pas partie du peuple n'est pas une *persona*, mais une *res*, qui échappe aux catégories dans lesquelles se divise le *populus*, et qui est donc en même temps sans valeur et sans nom, comme dit Manilius. La preuve de l'identité théorique existant entre esclave et étranger, c'est que les étrangers de condition libre ne peuvent se mouvoir à Rome sans entraves que s'ils bénéficient d'un statut particulier garanti par le droit public (Latins, pérégrins) ou par des liens personnels avec un citoyen (client, hôte)[109]. Il est je crois inutile de préciser qu'aucune de ces catégories de Latin, pérégrin, client, hôte, ne peut être suggérée par les termes de *uulgus* et *turba* employés par Manilius. Ma conclusion sera la suivante : FLORES et GOOLD ont tort, PINGRÉ a raison : après les sénateurs, les chevaliers et le reste des citoyens, Manilius ne cite qu'une quatrième catégorie, englobant tous ceux qui sont hors du *populus* ; il la désigne par une double expression, que lie un *et iam* epexégétique, comme le suggère HOUSMAN. Et voici la traduction que je propose pour les vers 734—739 cités plus haut : « Et de même que, dans les immenses villes, le peuple est réparti en classes, et que les sénateurs occupent le premier rang, que l'ordre équestre les suit immédiatement, et qu'après les chevaliers, on peut voir le peuple et après le peuple une masse sans valeur, une foule qui n'a même plus de nom, ainsi dans le vaste monde, il y a une sorte d'organisation de l'Etat, que crée la nature, qui a fondé une cité dans le ciel ».

---

[108] Cf. supra n. 104.
[109] Sur ces problèmes juridiques, cf. par exemple P. F. GIRARD, Manuel élémentaire de droit romain[8], Paris, 1929, p. 115—116.

Intorno al Consilium di L. Cornelio Lentulo console nel 49 a. C.

(Ios. ant. iud. 14, 299 e 238)

di Giovanni Forni, Perugia

Agli inizi di marzo del 49 a. C. i consoli salpavano da Brindisi per raggiungere l'Epiro. Di lì il console L. Cornelio Lentulo Crure si diresse nell'Asia con l'incarico di reclutare due legioni per Pompeo[1].

Le deliberazioni prese dal console L. Cornelio Lentulo in Efeso, sentito il parere del proprio Consilium, circa l'esonero dall'arruolamento da concedersi ai cittadini romani di osservanza religiosa giudaica, sono riferite nelle Antiquitates iudaicae di Giuseppe Flavio come precedente di un provvedimento conforme che avrebbe adottato P. Cornelio Dolabella governatore della Siria negli anni 44/3 a. C.[2].

L'opinione ormai ultracentenaria di L. Mendelssohn, secondo la quale Cornelio Lentulo avrebbe emanato due decreti, il primo riguardante i Giudei cittadini romani di Efeso, l'altro in favore di tutti i Giudei cittadini romani dell'Asia[3], fu oppugnata da J. Juster che con argo-

---

[1] Caes. b. c. I 25, 2; III 4, 1; Cic. Att. IX 9, 2; Cass. Dio XLII 12.

[2] Queste ultime in Ios., ant. iud. 14, 223 ss. Sulle ragioni, il significato, l'importanza, l'applicazione e la durata di questi provvedimenti vd. D. Askowith, The Toleration of the Jews under Julius Caesar and Augustus, New York 1915, 202; Sh. Applebaum, Jews and Service in the Roman Army, in Rom. Frontier Studies 1967, Tell Aviv 1971, 181 ss.; M. Grant, The Jews in the Rom. World, London 1973, 58 ss.; Sh. Applebaum, The Legal State of the Jewish Community in the Diaspora, in Safrai - Stern (edd.), The Jewish People in the First Cent., I, 1, Assen 1974, 458; R. Goldenberg, The Jewish Sabbath in the Roman World up to the time of Constantine the Great. ANRW II 19, 1, p. 416; A. M. Rabello, The Legal Condition of the Jews in the Roman Empire, ibid. II 13, p. 743.

[3] L. Mendelssohn, Senati (sic) consulta Romanorum quae sunt in Josephi Antiquitatibus, Acta Soc. Philol Lipsiensis 5, 1875, 168 ss.

mentazione non affatto dirimente sostenne esservi stato un solo editto di Lentulo in maggio [semmai in giugno], che avrebbe privilegiato i Giudei dell'Asia[4].

In annotazioni di commento all'edizione con traduzione nella collana Loeb Classical Library, R. Marcus si professava incline a ritenere il decreto di Lentulo in Ios., ant. iud. 14, 234, in data 18 giugno 49 a. C. (al quale si riferirebbe anche il decreto con identica data riportato in 14, 236/240) una variante del decreto accolto in 14, 228/9[5], ancorchè datato 18 settembre 49 a. C. in alcuni manoscritti[6].

Più vicini al vero, R. Syme opina che il secondo editto sia «rather a second copy, for the subject is identical»[7] e E. M. Smallwood che i paragrafi 229 e 238/9 fossero «two reports of Lentulus' staff conference» e apparentemente unico il decreto citato o parafrasato nei paragrafi 228, 234 e 240[8].

In effetti depongono a favore della presunzione di un unico decreto alcune considerazioni, e precisamente:

1) l'identità dei contenuti delle deliberazioni ai paragrafi 228, 234 e 240, dei costrutti dei periodi che le formulano e persino delle espressioni che si susseguono nel medesimo ordine: a) πολίτας Ῥωμαίων Ἰουδαίους (ubique); b) ἱερὰ Ἰουδαϊκὰ ἔχοντας καὶ ποιοῦντας (228), οἵτινές μοι ἱερὰ ἔχειν καὶ ποιεῖν Ἰουδαϊκὰ . . . . . . ἐδόκουν (234), οἵτινες ἱερὰ Ἰουδαϊκὰ ποιεῖν εἰώθασιν (240); c) ἐν Ἐφέσῳ (ubique); d) πρὸ τοῦ βήματος (228 e 240); e) δεισιδαιμονίας ἕνεκα (ubique); f) ἀπέλυσα (ubique), στρατίας ἀπέλυσα (228);

2) la coincidenza delle date, quanto meno nell'enunciazione del giorno e forse anche del mese: πρὸ δώδεκα καλανδῶν ὀκτωβρίων (229) e πρὸ δώδεκα καλανδῶν κοιντιλίων, ma anche ὀκτωβρίων in alcuni manoscritti (234 e 237).

[4] J. Juster, Les Juifs dans l'Empire romain, I, Paris 1914 (ed. stereot. New York 1965), 143 s., nt. 8: egli si fondò sulla datazione del decreto dei Delii, che presuppone quello di Cornelio Lentulo, fra maggio/giugno del 49 a. C. (Ios ant. iud. 14, 231); ma si leggano le riserve su siffatta datazione del decreto da parte di E. M. Smallwood, The Jews under Roman Rule, Leiden 1976, 127 nt. 24.

[5] R. Marcus, ed. Loeb Class. Library di Ios., Ant. iud., VII, London 1943, 573 s.

[6] Il giorno viene calcolato in considerazione del fatto che i mesi di giugno e di settembre contavano 29 giorni nel calendario pre-giuliano.

[7] R. Syme, The Stemma of the Sentii Saturnini, Historia 13, 1964, 161 = Id., Roman Papers, II, Oxford 1979, 611.

[8] E. M. Smallwood, o. c., 127.

Dunque ragioni sufficienti inducono a far ritenere che sia stato unico il decreto promulgato nel 49 a. C. dal console L. Cornelio Lentulo su istanza presentata da cittadini romani di osservanza giudaica in Efeso (234) e richiamato per l'estensione ai Giudei cittadini romani nell'Asia (228) e in occasione di un'interrogazione scaturita dall'affermazione di un Alessandrino (236).

La diversità di data, 18 giugno o 18 settembre, quale si legge nel testo di Giuseppe Flavio accreditato dalla critica filologica, non fa difficoltà. Infatti, a proposito della seconda data si rileva che in 228/9, se un manoscritto reca κουιντιλίων, altri mss. presentano la lezione ὀκτωβρίων o entrambe le lezioni congiunte ὀκτωβρίων κουιντιλίων che si leggono pure su alcuni mss. in 234 e 237; per cui, anche alla luce della traduzione latina del testo delle Antiquitates iudaicae, che fa soltanto riferimento alle calende di luglio (accettando perciò la data del 18 giugno), ὀκτωβρίων potrebbe essere riguardata quale variante non giustificabile come errore meccanico di copista. Tuttavia, se si considera che le due date erano separate da 88 giorni secondo il calendario pregiuliano e da 91 secondo il calendario giuliano, e che nell'attuazione della riforma del calendario sarebbero stati suppliti nel 46 a. C. complessivamente 90 giorni, stando alla versione più diffusa nelle fonti letterarie e difesa ancora di recente dalla critica moderna[9], il 18 settembre sarebbe la data del decreto di Lentulo secondo il calendario precesareo, ritenuta corrispondente al 19 giugno del calendario in vigore dopo la riforma: infatti fra le date 19 giugno e 18 settembre del calendario giuliano si contano esattamente 90 giorni (cioè gg. 11 di giugno + 31 di luglio + 31 di agosto + 17 di settembre = gg. 90), proprio quanti sarebbero stati i giorni integrati con la riforma nel 46 a. C.; per cui l'espressione congiunta ὀκτωβρίων κουιντιλίων, che compare in alcuni mss., compendierebbe la data 18 settembre del documento secondo il calendario civile vigente nel 49 a. C., e la data 19 giugno ricavata dall'equazione approssimativa all'anno solare. Una corrispondenza così singolare non può essere casuale. Il fatto che sia l'unica che ci sia nota

---

[9] Suet. Caes. 40, 2; Censor. die natali 20, 8 (due mesi di 67 giorni tra la fine di novembre e l'inizio di dicembre, oltre al mese intercalare a febbraio di 23 giorni); Macrob. Sat. 1, 14, 3 (88 giorni); Cass. Dio 43, 26, 1—2 ricorda soltanto l'intercalazione dei 67 giorni; vd. J. BEAUJEU, Les dernières années du Calendrier préjulien, in L'Italie primitive et la Rome républicaine, Mél. J. Heurgon, I, Roma 1967, 13 sgg.

dalle letterature classiche, trova pure una giustificazione. Trattasi della data di un documento (il decreto di Cornelio Lentulo) al quale si sarebbe richiamato di lì a qualche anno P. Cornelio Dolabella e che, come precedente, fu molto probabilmente rispolverato dai Giudei cittadini romani in più occasioni per riottenere l'esonero dalla milizia sotto Cesare e Augusto. Nell'ottica del calendario riformato avrebbe potuto stupire che il provvedimento di Lentulo, relativo all'esenzione di cittadini romani dal servizio militare, fosse stato preso quasi alle porte dell'autunno, quando di solito si interrompevano le operazioni di guerra e gli eserciti venivano sciolti o si disponevano a svernare, e non all'inizio della buona stagione, quando invece si procedeva alla formazione delle legioni; e stupire inoltre che, sotto l'incalzare della guerra civile e di fronte alla rapidità con cui si moveva Cesare, ci si attardasse da parte pompeiana ad arruolare uomini ancora sul finire dell'anno. Forse lo stesso storiografo che avrebbe messo insieme la documentazione relativa ai privilegi concessi ai Giudei, dalla cui opera avrebbe poi attinto Giuseppe Flavio, avvedendosi che ci si trovava ancora in un momento pompeiano, perciò precedente la riforma del calendario, potrebbe avere introdotto nel suo testo l'equazione πρὸ δώδεκα καλανδῶν ὀκτωβρίων κουιντιλίων (con l'acribico conguaglio al mese *Quintilis*, non ancora *Iulius*), della quale i manoscritti avrebbero ritenuto ambedue le datazioni o scelto l'una o l'altra, mentre la seconda datazione con la locuzione aggiornata delle *Kalendae Iuliae* avrebbe inserito la tradizione manoscritta della traduzione latina del testo di Giuseppe Flavio, che si fa risalire al VI secolo all'incirca.

Per ragione che scaturisce dalle considerazioni testè fatte, è da escludere che le lezioni ὀκτωβρίων e κουιντιλίων siano reciproche varianti imputabili alla tradizione manoscritta[10], e tanto meno κουιντιλίων che sarebbe lectio difficilior. D'altra parte, se il documento con il decreto avesse recato la data πρὸ δώδεκα καλανδῶν κουιντιλίων, il 18 giugno sarebbe stato corrispondente al 19 marzo secondo l'anno solare e cioè troppo presto perchè Cornelio Lentulo potesse giungere con il sèguito dall'Epiro a Efeso e dare inizio a quegli arruolamenti per le due legioni, che costituirono il movente della richiesta di esonero da parte dei Giudei e quindi della riunione del *Consilium* e del provvedimento consolare.

---

[10] Contra R. MARCUS, ed. Loeb Class. Library cit. 569, in nt., ritiene ὀκτωβρίων probabile errore di copista per Κουιντιλίων; parimenti E. M. SMALLWOOD, o. c., 127 nt. 24.

Responsabilità della tradizione manoscritta, per quanto concerne il testo dei paragrafi in discussione, esistono, ma sono di altro genere.

Purtroppo le edizioni critiche delle Antiquitates iudaicae sono ben lungi dall'essere perfette. Quella di B. Niese, dalla quale derivano le altre, fu condotta su recensio e collatio di un numero limitato di manoscritti, sebbene importanti[11]. Inoltre con la valutazione delle famiglie di mss. avanzata dal Niese non consentono il Naber e il Marcus nelle rispettive edizioni[12].

Con queste riserve l'attenzione si appunta sui testi dei due elenchi dei componenti del *Consilium* di Cornelio Lentulo (229 e 238/9).

IOS, ant. Iud. 14, 238	IOS. ant. Iud. 14, 229
1. Τίτος ῎Αμπιος Τίτου υἱὸς Βάλβος ῾Ορατία πρεσβευτής	1. Τίτος ῎Αμπιος Τίτου υἱὸς Βάλβος ῾Ορατία πρεσβευτής
2. Τίτος Τόνγιος Κροστομίνα	2. Τίτος Τόνγιος Τίτου υἱὸς Κροστομίνα
3. Κόιντος Καίσιος Κοΐντου	3. Κόιντος Καίσιος Κοΐντου
4. Τίτος ⟨Πομ⟩πήειος Τίτου υἱὸς Κορνηλία Λογγῖνος	4. Τίτος Πομπήιος Τίτου Λογγῖνος
5. Γάιος Σερουίλιος Γαίου Τηρητείνα Βρόκχος χιλίαρχος	5. Γάιος Σερουίλιος Γαίου υἱὸς Τηρητείνα Βράκχος χιλίαρχος
6. Πόπλιος Κλούσιος Ποπλίου υἱὸς ᾽Ετωρία Γάλλος	6. Πόπλιος Κλούσιος Ποπλίου ᾽Ετωρία
7. Γάιος Τεύτιος / Τέττιος Γαίου Αἰμιλία χιλίαρχος	7. Γάιος Σέντιος Γαίου
8. Σέξστος ᾽Ατίλιος Σέξστου υἱὸς Αἰμιλία Σέσρανος	8.
9. Γάιος Πομπήιος Γαίου υἱὸς Σαβατίνα	9. 　　　　　υἱὸς Σαβατίνα
10. Τίτος ῎Αμπιος Τίτου Μένανδρος	10. Τίτος ῎Αμπιος Τίτου
11. Πόπλιος Σερουίλιος Ποπλίου Στράβων	11.

---

[11] Vd. H. Schreckenberg, Die Flavius-Josephus-Tradition in Antike und Mittelalter, Leiden 1972, xi e pl. 1 sgg.; R. J. Shutt, Studies in Josephus, London 1961, 113 ss.
[12] R. Marcus, ed. Antiq. Iud. Loeb Class. Library, VI, London 1937, vi.

12. Λεύκιος Πάκκιος Λευκίου Κολ-   12.
    λίνα Καπίτων
13. Αὖλος Φούριος Αὔλου υἱὸς   13.
    Τέρτιος
14. Ἄππιος Μηνᾶς   14. Τίτος Ἄμπιος Τίτου υἱὸς Βάλ-
    ἐπὶ τούτων ὁ Λέντλος δόγμα   βος πρεσβευτὴς καὶ ἀντιστρά-
    ἐξέθετο κτλ.   τηγος Ἐφεσίων ἄρχουσι βουλῇ
    δήμῳ χαίρειν κτλ.

Dal confronto si rilevano delle omissioni nelle formule onomastiche dei primi sei personaggi ora nell'uno ora nell'altro testo. Esse riguardano il prenome del padre (una volta), l'indicazione υἱός (quattro volte), il cognome (una volta), l'indicazione della tribù (una volta), parte del gentilizio (una volta). Perciò, essendo u n i c o il documento, i testi dei due elenchi potrebbero essere integrati scambievolmente con una certa fiducia. Il modello è fornito dai due elenchi di senatori testimoni di due senatoconsulti stilati nel medesimo giorno 29 settembre 51 a. C. e riportati da Cic. fam. VIII 8, 5 e 6, nei quali le corrispondenze sono assolute.

Cic. fam. VIII 8, 5   Cic. fam. VIII 8, 6

1. L. Domitius Cn. f. Fab.   1. L. Domitius Cn. f. Fab.
   Ahenobarbus   Ahenobarbus
2. Q. Caecilius Q. f. Fab. Metel-   2. Q. Caecilius Q. f. Fab. Metellus Pius Scipio   lus Pius Scipio
3. L. Villius L. f. Pom. Annalis   3. L. Villius L. f. Pom. Annalis
4. C. Septimius T. f. Quir.   4. C. Septimius T. f. Quir.
5. C. Lucilius C. f. Pup. Hirrus   5. C. Lucilius C. f. Pup. Hirrus
6. C. Scribonius C. f. Pop. Curio   6. C. Scribonius C. f. Pop. Curio
7. L. Ateius L. f. An. Capito   7. L. Ateius L. f. An. Capito
8. M. Eppius M. f. Ter.   8. M. Eppius M. f. Ter.

Trattandosi di ‹facile latino›, non ricorrono neppure errori o distorsioni di nomi per colpa della tradizione manoscritta: fortuna che, invece, non incontrarono i testi documentari accolti da Giuseppe Flavio per la parte che qui ci interessa, i quali dovettero essere traslitterati (i nomi di persona) e tradotti in greco (i vocaboli legatus e tribunus militum), poi recepiti e trasmessi per tradizioni manoscritta nella fonte storiografica (Nicola di Damasco), da cui li avrebbe attinti Giuseppe Flavio, e successivamente ancora per tradizione manoscritta dell'opera di questi[13]. Perciò non è da meravigliare che i due testi ci siano pervenuti così malconci.

In effetti l'originale testo latino del decreto di Cornelio Lentulo doveva recare l'elenco integro dei componenti il *Consilium*. Il parallelo di un testo greco più vicino al nostro, che ci sia noto epigraficamente, è fornito dal SC de Panamara del 39 a. C., dove sono registrati dieci nomi nella formula onomastica comprendente anche la tribù, dei quali però soltanto quattro recano anche il cognome[14]. Pertanto è possibile che già nella traduzione greca del documento, riportata da Giuseppe Flavio, mancassero dei cognomi. Ma le altre omissioni saranno da imputare alla tradizione manoscritta delle Ant. iud. di Giuseppe Flavio o anche alla sua fonte letteraria. Difatti anche nell'elenco dei senatori testimoni del SC de Iudaeis del 44 a. C., su undici nomi la paternità manca quattro volte e sono omessi quattro volte υἱός e sette volte il cognome[15].

Alcune omissioni negli elenchi dei componenti il *Consilium* di Cornelio Lentulo, come Τίτου υἱός dopo Τίτος Τόνγιος, come Γάλλος prima di Γάιος, sembrano dovuti a errori meccanici tipici e ricorrenti nella tradizione manoscritta in qualsiasi lingua: omissioni per homoeoteleuton o per homoeoarcton.

I primi sei personaggi sono identici nei due elenchi. Un elenco si interrompe con la menzione del settimo componente, apparentemente dissimile dal settimo componente dell'altro elenco. Non è difficile divinare che cosa può essere accaduto nel corso della trasmissione del testo.

Già il GRONOVIUS in base al confronto di 229 con 238/9 aveva supposto che dopo Γάιου del settimo consigliere ci fosse una lacuna; ma gli editori del testo si limitarono a segnalare la sua opinione in sede di

---

[13] Se si condivide l'opinione del NIESE, seguita dal VIERECK, dal WACHSMUTH, dal ROTH e dal MOMIGLIANO, secondo la quale i documenti sarebbero stati raccolti da Nicola di Damasco, dalla cui opera li avrebbe attinti Giuseppe Flavio: B. NIESE, Hermes 11, 1876, 466 ss.; vd. HÖLSCHER, s. v. Josephus, RE IX 2 [1916] 1976; W. CHRIST, W. SCHMID, O. STÄHLIN, Gesch. griech. Lit., VII 1, München ⁶1920, 595; A. MOMIGLIANO, Ricerche sull'organizzazione della Giudea sotto il dominio romano (63 a. C.—70 d. C.), Bologna 1934, 11. Secondo R. LAQUEUR, Der Jüdische Historiker Flavius Josephus, Gießen 1920, li avrebbe raccolti lo stesso Giuseppe Flavio. Diversa l'ipotesi di H. St. J. THACKERAY, Josephus the Man and the Historian, New York 1929, 70 ss., e nell'ed. Ios., Loeb Class. Library IV, London 1930, p. xiv, contestata da R. J. H. SHUTT, o. c., 59 ss.

[14] BCH 11, 1887, 226 — VIERECK, Sermo gr., 41, XX — R. K. SHERK, Roman Documents from the Greek East, Baltimore 1969, 158, 27.

[15] Ios. ant. iud. 14, 220.

apparato critico, senza rifletterla convenientemente nella ricostruzione del testo[16]. Di conseguenza accadde che gli studiosi abbiano ritenuto esistente il personaggio senatorio *C. Sentius C. f.* iscritto nella tribù *Sabatina,* identificato con Sentius Saturninus Vetulo e supposto padre del console nel 19 a. C.[17]. L'ipotesi gronoviana di una lacuna nel testo fu invece accolta e messa a profitto da L. R. TAYLOR che restituì la tribù *Sabatina* a *C. Pompeius C. f.* e la tribù *Aemilia* a *C. Sentius C. f.*[18], e da R. SYME che restituì parimenti la tribù *Sabatina* al nono consigliere[19]. Ciondimeno M. TORELLI perseverò nel ritenere con il Münzer che il senatore del 49 a. C. si chiamasse *C. Sentius C. f. Sabatina,* «con una tribù tipicamente etrusca (?) e il secondo cognome Vetulo» (?), definendo «incomprensibile il presunto scambiò di tribù prospettato da L. R. TAYLOR»[20].

In realtà è molto verosimile che per homoeoarcton o per homoeoteleuton di Γάιος Σέντιος Γαίου con Γάιος Πομπήιος Γαίου si fosse verificata l'omissione di una parte del testo che doveva contenere i nomi dei consiglieri dal nr. 7 al nr. 9[21] dell'altro testo 238. Quindi la tribù Σαβατίνα apparteneva al nono consigliere e non al settimo.

Che nel documento dovesse trovarsi menzionato anche il consigliere che segue C. Pompeius C. f. Sabatina in 238, e cioè Τίτος Ἄμπιος Τίτου

---

[16] Per indicare la lacuna il NIESE pose un semplice asterisco (vol. III, Berolini 1892); tre puntini il NABER (vol. III, Lipsiae 1892); due asterischi G. DINDORF (vol. I, Paris 1929). Nell edizione di R. MARCUS (vol. VII, London 1943) l'indicazione di lacuna non è data nel testo, ma soltanto nella traduzione.

[17] Fr. MÜNZER, RE II A [1923], 1509 nr. 4; cf. T. R. S. BROUGHTON, The Magistrates of the Roman Republic, Supplement, New York 1960, 57, pur ammettendo la possibilità di una lacuna nel testo.

[18] L. R. TAYLOR, The Voting Districts of the Roman Republic, Rome 1960, 253.

[19] R. SYME, The Stemma of the Sentii cit., 11. cc.

[20] M. TORELLI, Senatori etruschi della tarda repubblica e dell'impero, Dialoghi di archeologia 9, 1969, 345 nt. 10. Ancora H. G. GUNDEL, KlP V [1975] c. 119 s. v. Sentius nr. 2: *C. Sentius C. f. tribu Sabatina.*

[21] Per medesima ragione si sarebbe verificato il fenomeno opposto nell'elenco dei senatori del SC. die Amphiarai Oropii agris del 73 a. C., e cioè l'interpolazione di un senatore che ha prenome, gentilizio e paternità di uno e tribù dell'altro personaggio che precede, per cui il testo in versione greca Μάαρκος Κάσιος Μαάρκου υἱὸς Πωμεντίνα, Γάιος Λικίνιος Γαίου υἱὸς Στηλατίνα Σακέρδως divenne nella copia epigrafica che ci è pervenuta: Μάαρκος Κάσιος Μαάρκοῦ υἱὸς Πωμεντίνα, Γάιος Λικίνιος Γαίου υἱὸς {Πωμεντίνα, Γάιος Λικίνιος Γαίου υἱὸς} Στηλατίνα{ς} Σακέρδως: P. VIERECK, Sermo graecus, Gottingae 1888, 35, xviii — IG VII 413 — DITT., Syll.³ 747 — Fontes iuris rom. anteiust.² I. Leges, Firenze 1941, 260, 36 — R. SHERK, Rom. Docum. from the Greek East, Baltimore 1969, 133, 23; cf. E. BADIAN, Historia 13, 1963, 134 s. — SEG XXII 371.

Μένανδρος è molto probabile, perchè una lacuna ancor più vistosa di quella precedente dovrebbe essersi prodotta nella tradizione manoscritta fra Τίτος Ἄμπιος Τίτου, che è parte del nome del decimo consigliere (Μένανδρς) e Τίτος Ἄμπιος Τίτου, che è parte del nome del legato (Βάλβος) mittente della lettera indirizzata a magistrati, Consiglio e assemblea popolare di Efeso, menzionato subito dopo l'elenco.

Dunque non una sola, bensì due sarebbero le lacune in 229. E'impossibile sincerare se esse si fossero prodotte nella tradizione manoscritta delle Ant. iud. (nel qual caso il filologo sarebbe tenuto a integrare il testo in sede di edizione critica in base all'elenco in 238/9) o ancor prima. Ma è importante che ambedue le lacune vengano segnalate nel testo delle edizioni in maniera palese e chiara, allo scopo di evitare che possa essere rinvivito in futuro l'ibrido personaggio C. Sentius C. f. Sabatina[22].

Ma non è neppure sicuro che sia un esistito personaggio senatorio C. Sentius C. f. Aemilia (tribu). Infatti si legge concordemente il gentilizio Cέντιος nei mss. in 229, ma i gentilizi Τεύτιος e Τέττιος nei mss. in 238.

Cosicchè, accanto a C. Sentius, Fr. Münzer e T. R. S. Broughton ritennero anche il personaggio C. Teutius[23]. C. Teutius C. f. Aemilia diede pure J. Suolahti, considerandolo come l'unico esponente nella famiglia che ci sia noto, anche se Teutius potrebbe essere una corruttela del gentilizio Tettius più diffuso[24]. L. R. Taylor, pur riguardando Cέντιος come lezione sicura nei mss. in 229, e Τεύτιος/Τέττιος come evidenti corruttele, inseriva poi dubitativamente un senatore C. Teutius C. f. Aem., considerando Τέττιος una possibile corruttela[25]. E. Badian, riconoscendo che il testo di Giuseppe Flavio meriti fiducia in fatto di nomi, ortografia a parte, e, rifacendosi a un suggerimento del Münzer, giusti-

---

[22] A causa di una lacuna nel testo epigrafico del SC de agro Pergameno del 129 a. C. (Athenaeum 15, 1937, 352 ss. — Gr. Rom. Byz. St. 7, 1966, 365 s. — Sherk, Doc. Gr. East cit., 65, 12) è parimenti accaduto che a M. Serrius M. f. sia stata attribuita la tribu Teretina alla quale invece apparteneva il senatore ignoto che lo seguiva nell'elenco: T. R. S. Broughton, The Magistrates of the Rom. Republic, II, New York 1952, 496. Perciò questi scambi di tribù si verificano, purtroppo, anche in tempi moderni e sono comprensibili sviste

[23] Fr. Münzer, RE IX A [1934] 1165 s. v. Teutios; T. R. S. Broughton, The Magistrates cit., II 625; per C. Sentius vd. supra.

[24] J. Suolahti, The Junior Officers of the Roman Army in the Republican Period. A Study on Social Structure, Helsinki 1955, 391, 130, 164; Id., The Council of L. Cornelius P. f. Crus in the year 49 B. C., Arctos 2, 1958, 156.

[25] L. R. Taylor, The Voting Districts cit., 253, 259.

ficò Τεύτιος come traslitterazione possibile di *Tutius*[26]. Infine R. SYME, osservando che si tratta di un medesimo personaggio, asserì che non è possibile dare vita indipendente a un *C. Sentius C. f. Aem.* e a un *C. Teutius/Tettius C. f. Aem.*, concludendo: «it is safest to give up this character»[27].

Infatti del gentilizio del personaggio sarebbero sicuri il numero delle lettere di cui si compone (sette), la seconda lettera ε e le ultime quattro -τιος; sono incerte la prima e la terza lettera.

Un semplice sguardo alle forme delle lettere nei mss. greci e alla loro evoluzione consente di rendersi conto come il sigma lunato potesse essere facilmente confuso e scambiato con Τ e parimenti Ν con Υ e con Τ, e viceversa. Perciò sotto il profilo paleografico ϲεντιος, Τευτιος e Τεττιος hanno le medesime probabilità di essere sia lezioni di archetipo, sia varianti, con la sola condizione che, se si fosse trattato di un *Tutius*, il gentilizio, vista la persistenza di ε come seconda lettera, avrebbe dovuto esser traslitterato Τευτιος e non Τουτιος. Il prenome *C.* è corrente tra i *Sentii* nel I sec. a.C. e in età augustea, ma lo è anche fra i *Tettii*. Dei tre gentilizi *Sentius* è senza dubbio quello più attestato nelle fonti letterarie e più di una volta proprio nelle opere di Giuseppe Flavio; tuttavia la lezione ϲεντιος non può essere posposta alle altre: qualsiasi nome di persona dà un senso, e quasi sempre il medesimo, a un contesto e la lettura di qualsiasi nome di persona è facile e difficile a un tempo, salvo rare eccezioni.

Perciò la rinuncia all'indagine sul personaggio non soltanto è opportuna, ma resta anche criticamente corretta, fintantochè perdureranno le incertezze sul suo nome.

---

[26] MÜNZER, s. v. *Tutius*, RE XIV A [1948] 1616 s.; E. BADIAN, Notes on Roman Senators of the Republic, Historia 12, 1963, 141.
[27] R. SYME, The Stemma of the Sentii cit. 162 = Roman Papers cit., 611.

Die Punica des Silius Italicus und die Alexander-Überlieferung

von Stefan Borzsák, Budapest

Demjenigen Johannes Straub, dem ich den Ansporn zur Bearbeitung der Terminologie der Alexander-Überlieferung[1] und damit die Eröffnung neuer Perspektiven verdanke, darf ich nun aus dem Anlaß seines siebzigsten Geburtstages eine Kostprobe aus meinen alexandrischen Eskapaden widmen mit dem Wunsch, daß er mit seinem begeisternd begeisterten Römertum und seinem gesunden Schwabenwitz noch viele von uns und den uns folgenden anspornen mag.

In diesem Versuch wollen wir nicht etwa das bekannte Urteil des jüngeren Plinius um jeden Preis widerlegen, in welchem er sich über die dichterische Tätigkeit des soeben dahingeschiedenen Silius Italicus äußerte (III 7, 5): *scribebat carmina maiore cura, quam ingenio*[2]. War es doch lange her, als J.-C. Scaliger auf Kosten aller Poeten der römischen Kaiserzeit — ohne die Spreu vom Weizen zu sondern —

---

[1] Dieser „Ansporn" dürfte hier nicht ohne Interesse sein. Im imposanten Band „Regeneratio imperii" (Darmstadt 1972), den ich der Liebenswürdigkeit des Jubilars verdankte, las ich S. 165 den Bericht des Ps.-Kallisthenes über Alexanders letzte Tat, wie er sich von seinem Sterbelager erhob und auf allen vieren zum Euphrat zog, um durch sein freiwilliges Ertrinken für seine Apotheose zu sorgen. Am Ufer traf er Roxane, die geahnt hatte, daß er etwas im Sinne hatte, was ihr als ἄξιον τῆς (ἑαυτοῦ) τόλμης erschien; so hinderte sie ihn an seinem Vorhaben. Der griechisch zitierte Ausdruck war mir bekannt, las ich doch in jenen Tagen (Sept. 1979) d a s s e l b e bei Lucan — über Caesar! (V 653 f. *credit iam digna pericula Caesar/ fatis esse suis.*) Hinc illae inquisitiones.

[2] Dazu vgl. man den Komm. von A. N. Sherwin-White (Oxford 1966, 228): „Pliny's devastating comment fits the Punica only too well."

geistreicheln konnte: „Utinam hunc — sc. Ennium — haberemus integrum et amisissemus Lucanum, Statium, Silium Italicum, et tous ces garçons-là!" Man ist heute lieber mit einer objektiven Würdigung ihrer Dichtkunst[3] einverstanden. Auch U. KAHRSTEDT[4] hat die Punica als historische Quelle des zweiten punischen Krieges vor siebzig Jahren demonstrativ außer acht gelassen; seine „Argumentation" klingt wie SCALIGERS Verdammungsurteil: „Seine Quellen sind Livius, Homer und seine blühende Phantasie." (Zur gleichen Zeit vermißte man nebst dem *ingenium* gerade seine Phantasie.) Demgegenüber zog A. KLOTZ[5] in den Streit, indem er in dem Epos des Silius außer Livius und Ennius auch die Spuren der Benutzung der römischen Annalistik (Fabius Pictor, Coelius Antipater, Valerius Antias) der Reihe nach erwies. Leider fällt in seinen gründlichen Auseinandersetzungen kein Wort darüber, was man in Kenntnis der einleitend berührten Perspektiven im voraus erwarten dürfte, d. h. über etwaige Spuren der in Zusammenhang mit Hannibal und Scipio selbstverständlichen Alexander-Überlieferung[6].

In Wirklichkeit ist eines der wichtigsten Charakteristika des nachvergilianischen Epos Punica, daß man darin an der passenden Stelle statt der Zentralfigur des zentralen Aeneis-Buches, d. h. statt des mit den Requisiten der Alexander-Panegyrik besungenen, mit Hercules und Liber verglichenen Augustus (VI 791 ff. *hic vir, hic est ... Augustus Caesar, divi genus ...*) den kat' exochén Großen, Alexander findet (XIII 762 ff.):

> *Hic ille est, tellure vagus qui victor in omni*
> *cursu signa tulit, cui pervia Bactra Dahaeque,*
> *qui Gangen bibit et Pellaeo ponte Niphaten*
> *astrinxit, cui stant sacro sua moenia Nilo,*

den Scipio, der positive Held der Punica *(Aeneades)* mit lauter Hinweisen auf ihre Kongenialität anspricht (767 ff.):

---

[3] Vgl. z. B. M. VON ALBRECHT, Silius Italicus. Freiheit und Gebundenheit römischer Epik. Amsterdam 1964; neulich E. BURCK, Die Punica des Sil. It. Im Bd. „Das römische Epos" (Darmstadt 1979) 254 ff., weitere Literatur in der Anm. 254, 1.

[4] U. KAHRSTEDT, Geschichte der Karthager (218—146). Berlin 1913, 179.

[5] A. KLOTZ, RE „Sil. It." 85 ff.; Die Stellung des Sil. It. unter den Quellen zur Gesch. des 2. Pun. Krieges. Rhein. Mus. 82 (1933) 1 ff.

[6] Hier darf ich darauf hinweisen, was aus meinen diesbezüglichen Untersuchungen bisher erschienen ist: Alexander d. Gr. als Muster taciteischer Heldendarstellung. Gymn. 1982; vgl. auch die Rez. über W. HERRMANN, Die Historien des Coelius Antipater (Meisenheim a. Gl. 1979). Gymn. 87 (1980) 545 ff.

> ... *Libyci certissima proles*
> *Hammonis, quando exsuperat tua gloria cunctos*
> *indubitata duces, similique cupidine rerum*
> *pectora nostra calent, quae te via, fare, superbum*
> *ad decus et summas laudum perduxerit arces?*

Die gnomische Antwort des Makedonenkönigs wirkt überraschend
(772 ff.):

> ... *Turpis lenti sollertia Martis.*
> *Audendo bella expedias. Pigra extulit artis*
> *haud unquam sese virtus. Tu magna gerendi*
> *praecipita tempus; mors atra impendet agenti.*

Was soll das heißen[7]? U. E. wird man nicht fehlgehen, wenn man gerade
in diesem Zusammenhang eine Anmerkung des modernen Herausgebers
des Alexanderromans (H. van Thiel, zu I 2, 4 der Fassung L) zitiert:
„Der Romanautor hat eine Vorliebe für solche allgemeinen Wahrheiten
und Gleichnisse, die er vor allem Alexander, als Zeichen seiner Weisheit,
in den Mund legt.“[8]

Wäre es somit gelungen zu zeigen, daß Silius Italicus die Alexander-
Überlieferung kannte und benutzte, so dürfte man — eingedenk der
b e i d e n Hauptgestalten der Punica — im voraus erwarten, daß nicht
nur der p o s i t i v e, sondern auch der n e g a t i v e Held gelegentlich
mit alexandrischen Zügen, Phrasen usw. bedacht dargestellt werden wird.
Durch diese sonderbare Simultaneität, die wir auch bei Livius gefunden
haben, werden einige Widersprüche des seit je a m b i v a l e n t e n
Alexander-Porträts gelöst, und zwar so, daß die positiven Züge dem
Scipio Africanus (und eventuell anderen römischen Helden), die negativen aber dem Hannibal angepaßt werden[9]. Bei einem dichterischen
Werk, wie die Punica es sind, kann man freilich noch mehr als beim
livianischen Geschichtswerk auf das Vorkommen gewisser Einzelheiten
der Alexander-Überlieferung gefaßt sein, deren Autoren — als eine

---

[7] H. Juhnke (Homerisches in röm. Epik flavischer Zeit. München 1972, 289) findet
in dieser Szene eine „un-aeneidische Offenheit gegenüber der außer-römischen Welt:
unumwunden bekennt sich der Römer zur Vorbildstellung des Makedonen, ja er
läßt sich von ihm Leitgedanken eines kriegerisch-politischen Ethos auf den Weg
geben.“

[8] Der griech. Alexanderroman nach der Handschrift L., hg. von H. van Thiel. Darmstadt 1974, 170.

[9] Hannibal als „negativer, zerstörerischer Held wie Lucans Caesar“: E. Burck, a. O.
278.

spezielle Quellengruppe — von W. W. Tarn[10] als „The poetasters" (bei H. Strasburger[11]: „Dichterlinge") apostrophiert werden, „deren epische Machwerke so manche phantastische Erzählungen, besonders auch über Alexanders Nachahmung mythischer Vorbilder ... in die Tradition eingebracht haben." Hier muß man aber äußerst vorsichtig verfahren: im Prozeß der Ausgestaltung der Alexander-Überlieferung kann bei weitem nicht immer ermittelt werden, wo eigentlich die Initiative gesucht werden sollte: ob bei den schmeichelnden Dichterlingen und nach Effekt haschenden Historikern, oder doch eher in der Welt der Realitäten, die — dank dem Welteroberer — die kühnsten Phantasiegebilde der Fabulierer überflügelten. Außerdem sollte nicht vergessen werden, daß es sich dabei — unabhängig von den Einfällen der Poetaster — auch um uralte orientalische Motive handeln kann, um märchenhafte Züge, die dann der Gestalt des großen Königs oder derjenigen von dessen „Nachahmern" anhafteten[12].

So ist der den Göttern trotzende Alpenübergang des Hannibal in der epischen Darstellung des Silius sozusagen ein Leitmotiv von Anfang an (I 64 f.): *iamque aut nocturno penetrat Capitolia visu* (wobei auf Scipios nächtliche Besuche im capitolinischen Heiligtum angespielt wird), *aut rapidis fertur per summas passibus Alpes.* Auch das „Öffnen" der bis dahin „verschlossenen" Alpen kehrt refrainartig wieder (I 546 *clausae ... mortalibus Alpes;* III 90 *clausae nivibus rupes;* II 353 ff. *per saxa nivesque ... est, qui pandat iter;* XI 217 *cui patuere Alpes;* XVII 500 ff. *temerata ferebant qui secreta deum et primos reserasse negatas gressibus humanis Alpis,* usw.), als eine Tat Hannibals, die verdient, mit den *labores* des Herakles gleichgesetzt zu werden (IV 4 *aemulaque Herculei ... facta laboris;* III 91 f. *nos* — sc. *manent* — *sudatus labor et bellis labor acrior, Alpes,* usw.).

Ausführlicher wollen wir eine hierhergehörende Stelle (III 496 ff.) besprechen:

> *Primus inexpertas adiit Tirynthius arces:*
> *scindentem nubes frangentemque ardua montis*
> *spectarunt superi, longisque ab origine saeclis*
> *intemerata gradu magna vi saxa domantem ...*

---

[10] W. W. Tarn, Alexander the Great. II (Oxford 1948) 55 ff.
[11] In der wichtigen Rez. über Tarns Buch: Bibl. Or. 9 (1952) 208.
[12] Vgl. unseren Versuch: Semiramis in Zentralasien. Acta Ant. Hung. 24 (1976) 60 (und passim).

Auch Hannibal läßt seine Soldaten nicht verzagen, sondern greift wie ein
νέος Ἡρακλῆς zu (516 f.):

> Rumpit inaccessos aditus atque ardua primus
> exsuperat ...
> Luctantem ferro glaciem premit ... (520), —

gleichsam eine mythische Vergegenwärtigung des Kampfes gegen die
Naturkräfte; jedenfalls mehr als was der Dichter Silius aus Livius hätte
schöpfen können.

Dazu vergleiche man, was Curtius Rufus — nach Persepolis' Einnahme und Plünderung — über Alexanders Heerweg durch die wilden
Bergstämme der iranischen Hochebene berichtet (V 6, 12 ff.): Der König,
obwohl verfolgt von kaum abzuhaltendem Unwetter, drang nach den
inneren Teilen von Persis vor. Den von immerwährendem Schnee be-
deckten Weg hatte der starke Frost zu Eis verhärtet. Die ermatteten
Soldaten meinten die Grenze der Oikumene *(humanarum rerum terminos)* zu sehen. Entsetzt drangen sie in ihn, umzukehren; der König aber
sprang vom Pferde und begann zu Fuß über den Schnee und die gefro-
rene Eisfläche fortzuschreiten. Er ergriff zuerst eine Brechaxt und bahnte
sich, das Eis zerhauend, einen Weg *(primusque ... dolabra glaciem
perfringens iter sibi fecit: exemplum regis ceteri imitati sunt).*

Das Bild des Königs, der sich und seinem Heer mit seiner Axt einen
Weg bricht, paßt zwar gut in den Rahmen ähnlicher Szenen, — man
vergleiche z. B., wie er beim Bau des Dammes vor Tyros der erste ist
(Polyain., Strat. IV 3), die Instandsetzungsarbeiten der mesopotamischen
Kanäle persönlich leitet (Strab. XVI 1, 11 c. 741, vgl. Arr. VII 7, 6),
oder die unzugängliche Feste Petra erstürmt (Arr. IV 28 ff.; Curt.
VIII 11, 8) usw. — und man findet dasselbe auch in der „livianischen"
Charakteristik des Hannibal (Sil. I 242 ff. *primus sumpsisse laborem,
primus iter carpsisse pedes, partemque subire, si valli festinet opus ...),*
aber speziell hier will sich die Märchengestalt des orientalischen Bauheros
mit seiner Axt, die des „bergschneidenden" (Kūh-ken) Ferhad zeigen[13].
Man soll nur an die stolzen Worte der Semiramis denken (Polyain.,
Strat. VIII 26): „... Die Flüsse habe ich gezwungen, meinem Willen zu
folgen ... Unfruchtbares Land belehrte ich, besät zu werden ... U n z u-
g ä n g l i c h e F e l s e n b e w ä l t i g t e i c h m i t E i s e n ; Wege er-

---

[13] Vgl. die Fortsetzung unseres oben (Anm. 12) erwähnten Versuches: Semiramis
kertjeitől a Csörsz árkáig (Von S.' Garten bis zum Cs.-Graben der ung. Märchen).
Mitt. der Ung. Akad. d. Wiss. (I. Kl.) 30 (1978) 427 ff. (ung.).

öffnete ich für meine Wagen, wo sonst nicht einmal wilde Tiere durch-
kamen ..."

Auf den r e a l e n Hintergrund der symbolisch eigenhändig begon-
nenen gemeinsamen Arbeiten weist der im Ganzen fiktive Brief des
Dareios (Ep. VIII MERKELBACH, p. 199) hin, in welchem der Großkönig
dem gegen sein Reich ziehenden Alexander droht: σκάψετε τὰς διώρυγας
τὰς ἐκ τοῦ Τίγριος εἰς τὸν Χοάσπην φερούσας ...[13a].

Was aber die Ruhmredigkeit der Semiramis betrifft, so liest man fast
Wort für Wort dasselbe in der Hannibal-vita des Corn. Nepos (3, 4):
Alpes ... *nemo umquam cum exercitu ante eum praeter Herculem*
Graium transierat ...; *loca patefecit, itinera muniit; effecit, ut ea*
elephantus ornatus ire posset, qua antea unus homo inermis vix poterat
repere.

Wir haben auch andere Anzeichen dafür, daß der punische Feldherr
in den romanhaften Πράξεις τοῦ Ἀννίβου gewisse Züge nicht nur Alexan-
ders des Eroberers, sondern auch diejenigen des Gründers von Städten,
d. h. diejenigen der großen Bauheroen des Nahen Ostens übernahm. Bei
Strabon (XI 14, 6 c. 528) und Plutarch (Luc. 31) liest man, daß Artaxata,
Hauptstadt Armeniens (südöstl. vom heutigen Jerewan) nach Plänen und
unter Leitung des in Armenien weilenden Hannibals erbaut wurde.
Diesen Angaben wird selbst heute (z. B. im Kleinen Pauly, I 615 f.)
Glaube geschenkt, obschon bereits MOMMSEN in der Römischen Geschichte
(I⁶ 747) den Nagel auf den Kopf traf: „... ist sicher Erfindung, aber es
ist bezeichnend, wie Hannibal, fast wie Alexander, mit den orientalischen
Fabeln verwachsen ist."

Um zu zeigen, daß in der römischen Überlieferung nicht nur Hannibal mit den orientalischen Fabeln verwachsen ist, dokumentierten wir bei
einer anderen Gelegenheit[14] die Verwandtschaft des vom Pflug weg in
das höchste Amt berufenen Cincinnatus, der „als Kleinbauer und als

---

[13a] In einem späten „Testament" (J. TRUMPF, Alexanders kappadokisches Testament.
Byz. Zeitschr. 52 [1959] 253 f.) rühmt sich Alexander u. a. damit, daß er durch
bronzene Rohre W e i n nach Sardeis geleitet habe. Laut dem Herausgeber soll
dies „Testament" nicht das geringste mit dem Alexanderroman zu tun haben, vielmehr stamme es von einem „ganz anderen Traditionsbestand" her; ihm selbst blieb
das καύχημα von einer Weinleitung nach Sardeis rätselhaft. Diejenigen, die die in
der Semiramis-Überlieferung mehrmals erwähnten Milch- und Weinleitungen kennen, werden in diesem „Testament" ein Kontaminationsprodukt gewisser mit den
orientalischen Kanalbauten zusammenhängender Märchenmotive und des Alexanderromans finden.

[14] Erscheint demnächst in Stud. Ant. (Budapest).

Verkörperung altrömischer virtus" in die Reihe der später so liebevoll ausgestalteten exempla maiorum gehört (Kl. Pauly, I 1189), bzw. des C. Atilius Serranus (ursprünglich *Sarranus*, d. h. *Tyrius*), den die Nachricht von seiner Ernennung zum Consul ebenso beim Säen (Verg. Aen. VI 844 *sulco serentem*) getroffen haben soll[14a], mit dem tyrischen (bei Curt. IV 1, 15 sidonischen) Abdalonymos, der aus Dürftigkeit um geringen Lohn einen Garten in der Nähe der Stadt bebaute, als er wegen seiner Rechtschaffenheit durch Alexander zum König eingesetzt wurde. Diese rührende Geschichte, deren sich die „tragische" Geschichtsschreibung διὰ τὸ τῆς περιπετείας παράδοξον (Diod. XVII 46, 6) angenommen hatte, wurde mit Einzelheiten aus dem uralten Šarrukînu-Mythos ausgeschmückt u. a. an die römische Annalistik vermacht[15].

Bei solchen Perspektiven wird man nicht besonders gewillt sein, sich mit kleinlichen Parallelen abzugeben. Man vergleiche doch das bekannte Dictum des Philippos (Plut., Alex. 6, 8: „Suche dir, mein Sohn, ein Königreich, das deiner würdig ist; Makedonien ist zu eng für dich") oder die Ruhmsucht Alexanders (z. B. bei Curt. IX 6, 19 *licuit paternis opibus contento intra Macedoniae terminos per otium corporis exspectare obscuram et ignobilem senectutem* ...) mit der Ungeduld Hannibals, wie sie durch Silius (III 142 ff.) geschildert wird:

> *... Sedeamne, ut noverit una*
> *me tantum Karthago? et, qui sim, nesciat omnis*
> *gens hominum? letique metu decora alta relinquam?*
> *Quantum etenim distant a morte silentia vitae?*[16]

Wie man sieht, mußten die *exornatores Scipionis* ihrer „blühenden Phantasie" recht tüchtig die Sporen geben, wenn sie i h r e n Helden in noch hellerem Licht erscheinen lassen wollten, als dessen großen Gegner. A u ß e r d e n T a t s a c h e n mußten sie alles mobilisieren, was nur die Alexander-Vulgata (mitsamt dem berüchtigten Epos des

---

[14a] Schol. Pers. I 74 wird Quinctius Cincinnatus das Cognomen Serranus mit der gleichen Begründung wie bei Atilius beigelegt: *C. cum suum agrum araret et sereret, dictatura ei a p. R. delata est* ..., *qui a serendo nominatus est Serranus.*

[15] Dasselbe dürfte der Fall sein z. B. mit dem Feuerprodigium des Servius Tullius (Liv. I 39): die Flamme — wie die *innoxia flamma* ums Haupt des kleinen Iulus (Verg. Aen. II 683) — wird das iranische χϑαρɘnah sein, durch dessen Besitz die königliche Macht nicht nur für Dareios oder Alexandros usw. symbolisiert, bzw. garantiert wird.

[16] Vgl. Alexanders rhetorische Frage in der Rede an die meuternden Soldaten (Arr. V 26, 6): καὶ ἡμῖν αὐτοῖς τί ἂν μέγα καὶ καλὸν κατεπέπρακτο, εἰ ἐν Μακεδονίᾳ καθήμενοι ἱκανὸν ἐποιούμεθα ἀπόνως τὴν οἰκείαν διασώζειν ... ;

Choirilos und seiner Genossen) an embellissements[17] bot, von der Fiktion
der göttlichen Zeugung und dem Umgang mit den Olympiern bis zur
Apotheose, — wie bereits Ennius die ersten Schritte in dieser Richtung
gemacht haben wird[18].

Selbstverständlich wiederholt auch Silius die Geschichte von Scipios
übernatürlicher Geburt (VII 487 *ille in furto genitus;* XIII 615 *fecunda
Iovis Pomponia furto,* vgl. 629 *aetherio pondere partum;* auch im
Elysium befindet sich Pomponia neben den seligen Müttern des Herakles
und der Dioskuren; XV 140 f. *anguis inter nubila visus,* als *augurium*
und *patrium signum,* usw.); das „Meerwunder" von Neu-Karthago wird
nur flüchtig erwähnt (XV 237 ff.); auf alle Fälle vergißt der Dichter im
Strome der epischen Überlieferung auch das obligate Requisit der Mono-
machie zwischen den beiden Feldherren nicht (IX 429 ff.)[19], und zwar
ganz originell: die eigentliche Aristie bleibt zwar aus, doch zieht Scipio
als m o r a l i s c h e r Sieger davon (435 f.):

> *Marte viri dextraque pares, sed cetera ductor*
> *anteibat Latius, melior pietate fideque.*

Dieser Gegensatz wird durch Silius auch in der epischen Ökonomie
bewußt ausgebeutet, und zwar nicht nur darin, daß er die Entwicklung
von Hannibals Charakter folgerichtig in peius gestaltet[20], sondern z. B.
auch darin, daß er nach Neu-Karthagos Eroberung den weise enthalt-

---

[17] Vgl. unten (Anm. 19).

[18] Über Ennius' Rolle (Hor. C. IV 8, 20 *Calabrae Pierides*) vgl. A. R. ANDERSON,
Heracles and his successors. Harvard Stud. of Class. Phil. 39 (1928) 31 ff.

[19] In Zusammenhang mit Hannibals und Scipios Zweikampf bei Zama (App., Lib. 45)
vgl. A. KLOTZ, a. O. 23: „Die jüngere Annalistik hat die Darstellung immer mehr
mit epischen Schmuckstücken ausgestattet." (Vgl. Bell. Hisp. 25, 3 f. *ut fertur Achil-
lis Memnonisque congressus;* Lukian, Quomodo ... 12, 16.) Dahinter sind die
„Dichterlinge" zu suchen, die die abenteuerlichsten Zweikämpfe mit Dareios, Poros,
dann μαχαὶ παραποτάμιοι usw. ausdachten; vgl. z. B. Curt. IX 4, 14 *cum amni
bellum fuisse crederes;* Diod. XVII 97, 3, dazu F. JACOBY, RE „Kleitarchos" 642;
P. GOUKOWSKY (in seiner Diod.-Ausgabe, Paris 1976) ad loc.: „ces embellissements
épiques proviennent vraisemblablement de Clitarque." — „Mit neuen Erfindungen
von besonderen Kampfarten kann Silius bei der Länge der vor ihm bestehenden
epischen Tradition kaum aufwarten", schreibt E. BURCK (272). Wenn aber die
Fortsetzung lautet: „Immerhin wird die Schlacht an der Trebia unter Anlehnung
an Homer zum Kampf des Konsuls Scipio mit dem Flußgott ausgestaltet" (IV
573—702), so wird man bemerken, daß es sich in diesem Falle vielmehr um eine
Anlehnung an die Alexander-Überlieferung handelt.

[20] I 259 heißt es noch: *femineum putat humenti iacuisse sub umbra,* aber schon in
Capua (XI 400 ff.): *combibat ... ductor per viscera luxus, nec pudeat picto fultum
iacuisse cubili . . .; ille, sub hiberno somnos educere caelo iactator, tectis malit
consumere noctes.*

samen, d. h. im Verhältnis zu Agamemnon oder Achilleus tugendhafteren Scipio (XV 274 f. *macte, o venerande, pudici ductor, macte, animi!*) dem *Libycus rector* gegenüberstellt, dessen Schwäche (326 *feminea exuri flamma*) der römische Feldherr zur Wiedereroberung der Stadt Tarentum zu benutzen weiß[21].

Lehrreich ist die imitatio von Vergils erster Zukunftsoffenbarung (Aen. I 257 ff., vgl. Sil. III 571 ff.). Auch in den Versen der Punica schwingt die alexandrische Phraseologie des *imperium sine fine* mit (Aen. I 286 ff. *nascetur ... Caesar, imperium Oceano, famam qui terminet astris;* 289 *spoliis Orientis onustum*), aber das Telos der römischen Geschichte hat sich inzwischen verschoben, und die Heldengalerie von Rom, der zukünftigen Großmacht nach den Heimsuchungen des zweiten punischen Krieges schließt sich n i c h t mit Scipio (591 f. *qui Poenum revocet patriae Latioque repulsum ante suae muros Karthaginis exuat armis*). Den Namen der Julier erwähnt Silius nur in einem vagen Hinweis, und auch das in Zusammenhang mit dem Sabinerland, d. h. der Heimat Vespasians (595 f. *sacris augebit nomen Iulis bellatrix gens bacifero nutrita Sabino*), um dann das Lob der Flavier, Verkörperungen der alten Kriegstugenden, um so lauter ertönen zu lassen, am übertriebensten dasjenige Domitians (603 ff.). Seine hoffentlich lange während Herrschaft (611 *nam te longa manent nostri consortia mundi;* 626 f. *tarda senectam hospitia excipient caeli*) wird mit kat'exochén alexandrischen Phrasen prophezeit (612 ff.):

> *Huic laxos arcus olim Gangetica pubes*
> *summittet, vacuasque ostendent Bactra pharetras;*
> *hic et ab Arctoo currus aget axe per urbem,*
> *ducet et Eoos, Baccho cedente, triumphos;*
> *idem indignantem tramittere Dardana signa*
> *Sarmaticis victor compescet sedibus Histrum*[22].

Aus dieser Flut von Phrasengeklingel verdient das Bild Baktriens mit seinem l e e r e n Köcher unsere besondere Aufmerksamkeit. Damit wird

---

[21] Vgl. Liv. XXVII 15, 9 ff.; Plut., Fab. Max. 21; KAHRSTEDT, a. O. 299, 2.
[22] Zur a n d e r e n Offenbarung (in der breit angelegten Unterweltbeschreibung: XIII 395—895) vgl. BURCK, a. O. 276, 49: „Es ist wohl bezeichnend, daß Sil. nicht auf Augustus hinweist, sondern seinen Blick auf die römische Geschichte mit dem Ende der Republik (mit den noch ungeborenen Gegnerpaaren Marius - Sulla und Pompeius - Caesar) abbricht."

nicht nur auf Alexanders reale Siege in Zentralasien und auf diejenigen, aber fiktive seiner „Nachahmer" angespielt, sondern auf die Niederlagen auch, die dem xerxeischen Größenwahn unvermeidlich folgen sollen. (Vor der Schlacht bei Plataiai erzählte man den Lakedaimoniern, wenn die Perser ihre Pfeile aussendeten, verdunkelten sie die Sonne; der besiegte Xerxes wird zu Hause seinen leeren Köcher zeigen: Aisch., Pers. 1020.) Fallen doch die Mißbilligungen von Hannibals negativen Zügen bei Silius konsequent mit den traditionellen Verurteilungen des ϑεομάχος Xerxes zusammen. So ist z. B. der Alpenübergang, dieser *Herculeus labor,* ebenso eine frevelhafte Verspottung, ein *insultus* gegen die Berge (IV 65 f. *equitemque per ardua vectum insultasse iugo*), wie das Attentat des *insolentissimus Xerxes* (Sen., De brev. vitae 17, 1) gegen die Natur, d. h. das Überbrücken des Bosporos (vgl. Ovid., Met. I 134 *fluctibus ignotis insultavere*[23] *carinae*). Selbst dem höchsten Gott wird in den Mund gelegt, was für Gottlosigkeiten der kriegführende Hannibal verübt hat (XII 695 ff.):

> ... *fuerit delere Saguntum,*
> *exaequare Alpes, imponere vincula sacro*
> *Eridano, foedare lacus* ..., —

und all diesen Freveln hätte er mit der Bestürmung des Capitoliums gleichsam die Krone aufgesetzt (699 f.): *iam flagitat ignes et parat accensis imitari fulmina flammis,* — eine Blasphemie wie die des verblendeten Salmoneus, vgl. Verg., Aen. VI 585 f. Mit der „Fesselung" des Po[24] hat Hannibal ebenso gegen die Weltordnung gesündigt wie Xerxes mit seinem Brückenbau zwischen beiden Weltteilen. Nicht weniger „xerxeisch" ist die Überhebung, wie Hasdrubal — vor Metaurus — den Triumphzug seines Bruders charakterisiert (XV 748 f.): *mihi, cui cedunt montesque lacusque et campi atque amnes, frater.*

Den p o s i t i v e n Gegensatz dazu bildet in den Schlußzeilen der Punica (XVII 647 ff.), in dieser gleichfalls a l e x a n d r i s c h e n Version des Augustus-Panegyrikos Vergils (Aen. VI 791 ff.) der Sieger von Zama, der den Ratschluß der Götter erfüllt und der m i t R e c h t mit Liber und Herakles verglichen werden kann:

---

[23] Pace F. BÖMER, Komm. ad loc.; vgl. Tac. Ann. II 8, 3 *insultant aquis.*
[24] Ein lehrreicher Fall: wie das mehr als suspekte Stratagem (vgl. Liv. XXI 47, 4) in Blasphemie verkehrt wird. Ähnlich wurde das Motiv bereits bei Lucan (I 220 ff.) gegen Caesar verwendet; vgl. auch unsere oben (Anm. 6) zitierte Gymn.-Rez.

qualis odoratis descendens Liber ab Indis
egit pampineos frenata tigride currus,
aut cum Phlegraeis, confecta mole Gigantum,
incessit campis tangens Tirynthius astra . . .[25].

---

[25] In diesem Zusammenhang wagt man auszusprechen, daß auch die klassische — unvergeßliche — Formulierung des römischen Sendungsbewußtseins (Verg. Aen. VI 853 *parcere subiectis et debellare superbos*) nicht unabhängig von der alexandrischen Machtideologie sein dürfte. In Alexanders Brief an Dareios (Ep. XIV MERKELBACH p. 204) heißt es u. a.: θεῶν προνοίᾳ, ἐμῇ δὲ ἀνδρείᾳ καὶ τοὺς προσκυνήσαντας ἡμᾶς εὐεργέτησα, τοὺς δ' ἀντειπόντας ἡμυνόμην. (Davor heißt es von Dionysos und Herakles: οἳ διακατεῖχον μέχρι ὧν ἐπιδιῆλθον ἐγὼ τόπων καὶ ἔτι πλείονα μέχρι νῦν λείπεταί με διελθεῖν, vgl. Verg. ibid. 801 *nec vero Alcides tantum telluris obivit . . .*) Vgl. noch Diod. XVII 104, 4 τοὺς μὲν ἐναντιουμένους κατεπολέμησε, τοὺς δὲ πειθαρχοῦντας φιλανθρώπως προσεδέχετο, oder Curt. VII 6, 17 *ad quorum pertinaciam mitigandam rex L equites praemisit, qui clementiam ipsius in deditos, simulque inexorabilem animum in devictos ostenderent.* — Ed. NORDEN wies in seinem Komm. (zu VI 853) auf die Staatsmoral der jüngeren Stoa hin, die ihrerseits „aus der realen Praxis der römischen Politik abgeleitet worden" sei, mit lehrreichen Parallelen (z. B. Liv. XXX 42, 17, längst vor Arist. εἰς Ῥώμην), aber ohne die soeben besprochenen („alexandrischen") Stellen.

Germania-Texte im Spiegel von Bildzeugnissen des Nordens

(Zur Ikonologie der Goldbrakteaten, XXIV)[1]

von Karl Hauck, Münster

Bei der Kommentierung der Germania des Tacitus sind in den letzten Jahrzehnten immer häufiger die Möglichkeiten genutzt worden, die archäologische Funde eröffnen, um die Angaben jener allein bekannten Einzelschrift der kaiserzeitlichen lateinischen Ethnographie mit Überresten aus der damaligen Gegenwart zu vergleichen und zu überprüfen. Kennzeichnend für diesen Ausschnitt aus der Germania-Diskussion ist

---

[1] Von den Studien ‚Zur Ikonologie der Goldbrakteaten‘, die ich mit diesem Beitrag fortsetze, seien hier nur die genannt, die im folgenden zitiert werden:

XVI Gott als Arzt. Eine exemplarische Skizze mit Text- und Bildzeugnissen aus drei verschiedenen Religionen zu Phänomenen und Gebärden der Heilung (Text und Bild. Aspekte des Zusammenwirkens zweier Künste in Mittelalter und früher Neuzeit, hg. von Christel Meier - Uwe Ruberg, Wiesbaden 1980, S. 19—62);

XVII Völkerwanderungszeitliche Bildzeugnisse eines Allgottes des Nordens und ihre älteren mediterranen Analogien (Jahrbuch für Antike und Christentum, Ergänzungsband 8: Pietas. Festschrift für Bernhard Kötting, Münster/W. 1980, S. 566—583);

XVIII Die bildliche Wiedergabe von Götter- und Heldenwaffen im Norden seit der Völkerwanderungszeit (Arbeiten zur Frühmittelalterforschung 1: Wörter und Sachen im Lichte der Bezeichnungsforschung, hg. von Ruth Schmidt-Wiegand, Berlin - New York 1980, S. 168—269);

XIX Gemeinschaftstiftende Kulte der Seegermanen (Frühmittelalterliche Studien 14, 1980, S. 463—609; s. dazu das Register S. 651—663);

XX Die Veränderung der Missionsgeschichte durch die Entdeckung der Ikonologie der germanischen Bilddenkmäler erhellt am Beispiel der Propagierung der Kampfhilfen des Mars-Wodan in Altuppsala im 7. Jahrhundert (Westfalen 58, 1980, S. 227—307);

die Mitarbeit von Herbert Jankuhn bei der beträchtlich erweiterten dritten Auflage der Erläuterungen von Rudolf Much, die Wolfgang Lange herausgegeben hat². In die Reihe jener Beiträge sind auch die folgenden Ausführungen einzuordnen. Sie gehen von vier Germania-Kapiteln des allgemeinen Teils aus:

I) Im Kap. 9 über die Hauptgötter von dem ersten Satz und dem letzten Absatz: *Deorum maxime Mercurium colunt, cui certis diebus humanis quoque hostiis litare fas habent. ... ceterum nec cohibere parietibus deos neque in ullam humani oris speciem assimulare ex magnitudine caelestium arbitrantur: lucos ac nemora consecrant deorumque nominibus appellant secretum illud, quod sola reverentia vident³.*

II) Im Kap. 24 über die Spiele vom ersten Satz: *Genus spectaculorum unum atque in omni coetu idem: nudi iuvenes, quibus id ludicrum est, inter gladios se atque infestas frameas saltu iaciunt. exercitatio artem*

XXI   Überregionale Sakralorte und die vorchristliche Ikonographie der Seegermanen (Nachrichten der Akademie der Wissenschaften in Göttingen. Philologisch-historische Klasse, 1981, Nr. 8);

XXII   Germanische Bildtradition im christlichen Mittelalter (Frühmittelalterliche Studien 15, 1981, S. 1—8);

XXIII   (zusammen mit Rainer Christlein) Ein neuer Grabfund mit nordischem Goldbrakteaten aus Straubing-Alburg (Jahresbericht der bayerischen Bodendenkmalpflege 22, 1981, im Druck).

² Die Germania des Tacitus. Erläutert von Rudolf Much. Unter Mitarbeit von Herbert Jankuhn, hg. von Wolfgang Lange (Germanische Bibliothek. Fünfte Reihe) Heidelberg ³1967; vgl. auch Publius Cornelius Tacitus: Germania, zweisprachig hg. von Eugen Fehrle, überarbeitet von Richard Hünnerkopf, Heidelberg ⁵1959; Paul Thielscher, Das Herauswachsen der ‚Germania‘ des Tacitus aus Caesars ‚Bellum Gallicum‘ (Das Altertum 8, 1962, S. 12—26); Karl Christ, Germanendarstellung und Zeitverständnis bei Tacitus (Historia 14, S. 62—73) S. 62 f.; Stefan Borzsak, P. Cornelius Tacitus. Der Geschichtsschreiber (Sonderausgabe des Artikels aus Pauly - Wissowa, München 1968, ²1978, Sp. 416—428); Tacitus (Wege der Forschung 97, hg. von Viktor Pöschl) Darmstadt 1969, S. 208—297; Rudolf Hanslik, Tacitus 1939—1972, I (Lustrum 16, 1971/72, ersch. 1974, S. 143—304) S. 229—255 (Zur Germania) sowie II (Lustrum 17, 1973/74, ersch. 1976, S. 71—216) S. 180—186; Klaus E. Müller, Geschichte der antiken Ethnographie und ethnologischen Theoriebildung, Teil 1 (Studien zur Kulturkunde 29) Wiesbaden 1972 S. 255; Teil 2 (ebd. 52) Wiesbaden 1980, S. 80—106; Karl Christ, Tacitus und der Principat (Historia 27, 1978, S. 449—487) S. 453 ff., 482 ff.; Marion Lausberg, Caesar und Cato im Agricola des Tacitus (Gymnasium 87, 1980, S. 411—430) S. 425 ff.

³ Text nach Cornelius Tacitus, ed. Ericus Koestermann, II, 2, Germania. Agricola. Dialogus de oratoribus (Bibliotheca Teubneriana) Lipsiae 1962, S. 11; unzugänglich war mir die neue Edition von Niels W. Brunn et A. A. Lund, Århus 1974.

paravit, ars decorem, non in quaestum tamen aut mercedem: quamvis audacis lasciviae pretium est voluptas spectantium[4].

III) Im Kap. 7 über Führerschaft und Kampfweise von dem Schlußteil des zweiten und vom dritten Satz, die lauten: *ceterum neque animadvertere neque vincire, ne verberare quidem nisi sacerdotibus permissum, non quasi in poenam nec ducis iussu, sed velut deo imperante, q u e m   a d e s s e   b e l l a n t i b u s   c r e d u n t. effigiesque et signa quaedam detracta lucis in proelium ferunt; . . .*[5].

IV) Im Kap. 3 über Hercules und Ulixes bei den Germanen vom ersten Absatz, in dem es heißt: *Fuisse apud eos et Herculem memorant, primumque omnium virorum fortium ituri in proelia canunt. sunt illis haec quoque carmina, quorum relatu, quem barditum vocant, accendunt animos, futuraeque pugnae fortunam ipso cantu augurantur; terrent enim trepidantve, prout sonuit acies, nec tam voces illae quam virtutis concentus videntur. affectatur praecipue asperitas soni et fractum murmur, obiectis ad os scutis, quo plenior et gravior vox repercussu intumescat*[6].

Die beabsichtigte Gegenüberstellung der Texte und der Bildzeugnisse des Nordens beruht auf fast drei Jahrzehnten Forschungsarbeit, von deren Ergebnissen hier, um unserem Thema gerecht zu werden, zu berichten ist[7]. Das soll in der Weise geschehen, daß die Bildüberlieferung in einem exemplarischen Katalog erfaßt und besprochen wird, um die Behinderung des Austauschs zwischen den unterschiedlichen Fachdisziplinen durch die unentbehrliche Spezialisierung, so weit das möglich ist, in dieser Zeugnisgruppe zu überwinden. Der Katalog gliedert sich jeweils nach drei Epochen in Übersichten über die Zeugnisse:

a) der frühen Kaiserzeit, die dem Germaniahorizont zugehören;

b) der Völkerwanderungszeit und

c) der Merowinger- bzw. Vendelzeit[8].

Nur zum Text I, dem des Kap. 9, besitzen wir Sach- und Bildzeugnisse

---

[4] KOESTERMANN (wie Anm. 3) S. 18 f.

[5] Ebd. S. 10.

[6] Ebd. S. 7.

[7] Zur entsprechenden Überlieferung im Mittelalter zusammenfassend HAUCK (wie Anm. 1, XXII). Zu meinen frühesten Arbeiten in diesem Themenkreis s. unten Anm. 30 und 53.

[8] Zur Geschichte des Begriffs Vendelzeit Pär OLSEN, Om ,vendeltidens' älder och ursprung (Fornvännen 76, 1981, S. 8—15).

aus dem Germaniahorizont (a). Da die Mehrzahl der jüngeren Bildbelege aus der Welt der germanischen Militäraristokratien stammt[9], deren
Traditionen, wie noch die von Heeren der Neuzeit, konservativ gewesen
sind, halten wir es auch insofern für richtig, sie miteinzubeziehen, als
Tacitus seinen Wehrdienst am Rhein begann[10]. Wir befassen uns vor
allem mit menschengestaltigen Götter- und Heldenbildern. Das ist zumindest deswegen nicht selbstverständlich, weil jene Darstellungen aus
einer Welt kommen, in der die Tiermetamorphose von Göttern und
heroischen Kämpfern als Beweis für ihre Überlegenheit über die
normalen anderen Wesen angesehen wurde[11]. Aber schon im Hinblick
auf den begrenzten Raum des Festschriftbeitrags ist es zweckmäßig, so
und nicht anders zu verfahren.

I
Zeitabschnitt a): frühe Kaiserzeit

Wir stellen die Mitteilung des Kap. 9 voran, daß die Germanen „es
unvereinbar mit der Erhabenheit der Himmlischen" finden, „die Götter
... den Zügen des Menschenantlitzes irgendwie nachzubilden".

Erst in zweiter Linie befassen wir uns mit der anderen Nachricht:
„Unter den Göttern soll wieder, — ganz so wie es Caesar auch von den
Galliern behauptet hatte —, ‚Merkur' (zweifellos Wodan) die höchsten
Ehren genießen; ihm allein würden auch ‚zu bestimmten Festen' Menschen ... geopfert"[12]. Obschon man bei der Mitteilung über die Bild-
losigkeit auch ihre eingeschränkte Geltung nur für eine bestimmte Gottheit diskutierte, ist noch wichtiger, daß sie auf die Germanen konventio-
nelle Gedanken der antiken Philosophie überträgt[13]. Im besonderen Teil

---

[9] Zu ihr Alexander DEMANDT, Der spätrömische Militäradel (Chiron 10, 1980,
S. 609—636); Reinhard WENSKUS und andere, Adel (Reallexikon der Germani-
schen Altertumskunde, begr. von Johannes HOOPS, 1, Berlin - New York ²1973,
S. 58—77) S. 60 ff.

[10] BORZSAK (wie Anm. 2) Sp. 377; MÜLLER (wie Anm. 2, 1980) S. 80.

[11] Zu dieser Weltsicht grundsätzlich Andreas ALFÖLDI, Die Struktur des voretruski-
schen Römerstaates (Bibliothek der klassischen Altertumswissenschaft. Neue Folge.
1. Reihe, 5) Heidelberg 1974, S. 27 ff., sowie Karl HAUCK, Zum zweiten Band der
Sutton Hoo-Edition (Frühmittelalterliche Studien 16, 1982) nach Anm. 175.

[12] MÜLLER (wie Anm. 2, 1980) S. 86 f.

[13] FEHRLE - HÜNNERKOPF (wie Anm. 2) S. 82 ff., 86 ff.; MUCH - JANKUHN - LANGE
(wie Anm. 2) S. 181 ff.; MÜLLER (wie Anm. 2, 1980) S. 87 mit Anm. 372; vgl. auch

der Germania wird diese allgemeine Aussage ebenso bestätigt wie in Frage gestellt. Als Bestätigung läßt sich das Kap. 43 vom Kult der Alci mit dem *nulla simulacra*-Passus bewerten[14]. Als Infragestellung hat die ältere Forschung, voran Rudolf MUCH[15], aber auch die neuere Diskussion die Schilderung der Nerthusfeier im Kap. 40 angesehen, da sie da mit der Umfahrt eines Götterbildes rechnet, auch wenn diese Auffassung nicht unwidersprochen geblieben ist[16]. Gegen die Meinung von Tacitus wandte vor fünfzehn Jahren Herbert JANKUHN bereits ein: „Die Mitteilung des Tacitus, die Germanen hätten keine menschenähnlichen Darstellungen gekannt, steht in einem gewissen Gegensatz zu Funden menschengestaltiger Holzpfähle in Mooren Mittel- und Nordeuropas. Trotz der mit den Fundverhältnissen verknüpften Unsicherheit der Datierung sind einige dieser Figuren mit Sicherheit oder doch wenigstens mit großer Wahrscheinlichkeit in die Jahrhunderte um Christi Geburt zu datieren"[17].

Wie abhängig Tacitus bei dieser allgemeinen Aussage von literarischen Klischees ist, erhellen noch viel nachdrücklicher zwei gotländische Funde, bei denen es sich in beiden Fällen wahrscheinlich um Überreste aus einem Tempelschatz der frühen Kaiserzeit von dem gleichen Fundplatz handelt[18]. Mit ihnen beginnt unser Katalog

1) Fund, ein goldener Halsring von 24 cm Durchmesser. Dieses kostbare Prachtstück wurde im Frühjahr 1961 mit zwei Glocken aus Bronze,

Herbert JANKUHN, Archäologische Bemerkungen zur Glaubwürdigkeit des Tacitus in der Germania (Nachrichten der Akademie der Wissenschaften in Göttingen, I. Philologisch-Historische Klasse, Jahrgang 1966 H. 10, Göttingen 1966, S. 411—426) S. 421 f.

[14] MUCH - JANKUHN - LANGE (wie Anm. 2) S. 481 f.; dazu jetzt Karl HAUCK, Dioskuren. Bildzeugnisse des Nordens (HOOPS, wie Anm. 9, 5, ²1982) im Druck.

[15] MUCH - JANKUHN - LANGE (wie Anm. 2) S. 450 ff., 454 ff., 457 ff.

[16] Werner SCHILLING, Das Bild der Göttin. Erwägungen zur Exegese von Tacitus, Germania 40, und zur Genese des germanischen Götterbilds (Synopse. Beiträge zum Gespräch der Theologie mit ihren Nachbarwissenschaften. Festschrift für Ulrich Mann, hg. von Gert HUMMEL, Darmstadt 1975, S. 215—227); vgl. auch grundsätzlich Georg KUNWALD, Der Moorfund in Rappendam, Seeland, Dänemark (Abhandlungen der Akademie der Wissenschaften in Göttingen. Philologisch-Historische Klasse. Dritte Folge Nr. 74: Vorgeschichtliche Heiligtümer und Opferplätze in Mittel- und Nordeuropa. Bericht über ein Symposium, hg. von Herbert JANKUHN, Göttingen 1970, S. 100—118) S. 113 ff.

[17] MUCH - JANKUHN - LANGE (wie Anm. 2) S. 182.

[18] Zu dieser im Norden neuen Fundkategorie grundsätzlich Carl-Axel MOBERG, Archaeology and Religion: What Can We Know? (Temenos 13, 1977, S. 98—105) S. 104; HAUCK (wie Anm. 1, XXI) nach Anm. 13.

drei bronzenen Kasserollen, einem Weinsieb und einer Weinkelle in einer
herrlichen Situla der frühen Kaiserzeit an der Innenböschung einer
Flachlandburg bei Havor im Kirchspiel Hablingbo entdeckt. Der Ausgräber, Erik NYLÉN, veröffentlichte diesen ungewöhnlichen Schatz bereits 1962 in der Huldigungsschrift für den schwedischen König als
gelehrten Archäologen[19] und hat sich seither wiederholt dazu geäußert[20].
Ähnlich wie der Ausgräber kommentierte Mårten STENBERGER in seinem
nachgelassenen Hauptwerk 1977 dieses einzigartige Kleinod so: „Der
Ring hat eine Größe, die eher auf ein Götterbild denn einen Menschen
abgestimmt ist"[21]. Ernstlicher mit einem simulacrum deperditum zu
rechnen, rechtfertigen nicht allein der außergewöhnliche Durchmesser
und jüngere Analogien, auf die wir gleich unter b) zu sprechen kommen,
sondern vor allem auch eine weitere Entdeckung von dem gleichen Fundplatz, der „frühesten befestigten Siedlung, die in Schweden bekannt
ist"[22].

2) Fund, Bruchstück vom Halsteil eines Tongefäßes mit einem
spiralverzierten torques-Relief. Es wurde 1971 bei der weiteren Untersuchung derselben Burg im Süden Gotlands an der gleichen Stelle wie
der übergroße Ring gefunden und noch 1971 von Peter MANNEKE mit

---

[19] Erik NYLÉN, Skatten från Havors fornborg (Proxima Thule, Sverige och Europa
under forntid och medeltid. Hyllningsskrift till H. M. Konungen, den 11 november
1962, utg. av Svenska arkeologiska samfundet) Stockholm 1962, S. 94—112; vgl.
auch Peter MANNEKE, Die Havoruntersuchung (Tor 11, 1965/66, S. 137—154)
S. 143 f.; zur Situla: „Es ist das erste unbeschädigte Exemplar auf Gotland und
eine der besterhaltenen und feinsten Arbeiten dieser Art in Skandinavien". Zur
eventuellen kultischen Bedeutung der Anlage heißt es ebd. S. 144: „Die an der
Fundstelle gemachten Beobachtungen zeugen weder eindeutig für noch gegen eine
solche Annahme".
[20] Sveagold und Wikingerschmuck (Römisch-Germanisches Zentralmuseum Mainz. Aus-
stellungskataloge 3, Mainz 1968, S. 89—94 [Der goldene Halsring von Havor]);
Erik NYLÉN, Die älteste Goldschmiedekunst der nordischen Eiszeit und ihr Ursprung (Jahrbuch des Römisch-Germanischen Zentralmuseums Mainz 15, 1968, erschienen 1970, S. 75—94); Studia Gotica. Die eisenzeitlichen Verbindungen zwischen
Schweden und Südosteuropa (Kungl. Vitterhets Historie och Antikvitets Akade-
miens Handlingar. Antikvariska serien 25: Vorträge beim Gotensymposion in
Statens Historiska Museum Stockholm 1970, hg. von Erik HAGBERG, S. 180—195
[Der Norden und die Verbindungen mit dem thrakisch-dakischen Raum]).
[21] Mårten STENBERGER, Vorgeschichte Schwedens (Nordische Vorzeit 4, hg. von Karl
KERSTEN, deutsche Übersetzung von Hedda CAPELLE und Torsten CAPELLE) Neumünster 1977, S. 278.
[22] Ebd. S. 257.

einem fast originalgroßen Photo (6:7) veröffentlicht[23]. Nach der Ton-
analyse in Uppsala wurde das durch diesen Überrest bekannt gewordene
Gefäß „mit größter Wahrscheinlichkeit auf Gotland hergestellt"[24]. Der
nächste Typenverwandte jenes in Ton wiedergegebenen torques, der
ähnliche Kolbenenden hat wie der im Original erhaltene 1) Fund, ist der
Handring, den der Gott Cernunnos auf dem Gundestrup-Kessel in seiner
Rechten erhebt[25]. Als ich im Nachsommer 1980 das Fragment mit dem
norwegischen Archäologen Egil BAKKA bei seinem Besuch in Münster
nach den vorläufigen Veröffentlichungen erörterte, waren wir der
gleichen Meinung, daß es sich um den Überrest eines Kopfgefäßes handelt. Diese Auffassung veranschaulicht die hier wiedergegebene Zeichnung
(Fig. 1). Sie entstand nach den publizierten Photos. Zur Rekonstruktion

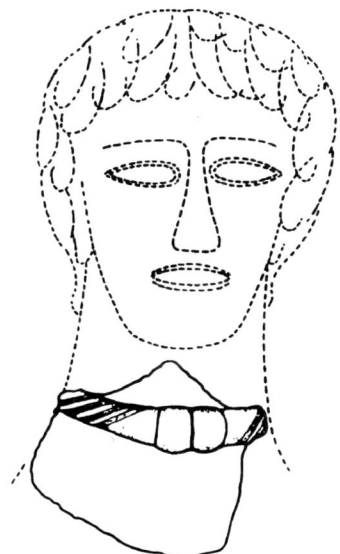

Fig. 1   Tonfragment von einem Gefäßhals mit spiralverziertem Halsringrelief, das hier
zur Wiederherstellung eines durchaus erwägbaren Kopfgefäßes verwendet wurde, 1 : 4.
Zeichnung: H. LANGE.

[23] Peter MANNEKE, Fornborgen vid Havor i Hablingbo (Gotländskt Arkiv 43, 1971,
      S. 104—105).
[24] NYLEŃ, in: Studia Gotica (wie Anm. 20) S. 183 mit Fig. 2 c, 189.
[25] Ebd. S. 183 Fig. 2 d; STENBERGER (wie Anm. 21) S. 280; Anne Ross, Pagan Britain.
      Studies in Iconography and Tradition, London - New York 1967, ²1968, S. 136 mit
      Abb. 42; Paul-Marie DUVAL, Die Kelten (Universum der Kunst) München 1978,
      S. 187 mit Abb. 194; Venceslas KRUTA - Miklós SZABÓ, Die Kelten, Freiburg -
      Basel - Wien 1979, Abb. 46.

benützte ich die große Bronzeblechstatuette eines gallischen Gottes, die man in Bouray (Essone) am Ufer der Juine fand. Sie wird noch etwas eher in die früheste Kaiserzeit datiert[26]. Ganz gleich, ob man dieses Wiederherstellungs-Experiment gut heißt oder ablehnt, bereits die Cernunnos-Parallele erlaubt den sicheren Rückschluß, daß germanische Heiligtümer sich mit ihren Idolen und Kultgegenständen ihrer damaligen Gegenwart anpaßten. Jene Anpassung intensivierte sich dann alsbald, indem man auch den Bildkanon römischer Gottheiten für die Wiedergabe einheimischer Götter heranzog, die infolgedessen sich noch am ehesten dort erkennen lassen, wo auch ihre Namen überliefert sind[27]. Außerdem hat der Norden mediterrane Kultbilder in der Kaiserzeit importiert und später auch nachgebildet[28].

Wohl wußten wir bisher weder von so eindrucksvollen *simulacra* noch von Kopfgefäßen in der *Germania libera*, aber archaische literarische Überlieferung von germanischen Schädelbechern reduziert die Überraschung[29]. Auf jeden Fall veranschaulichen die beiden gotländischen Funde aus der Zeit um 100 n. Chr., wie groß und bedrückend die

[26] DUVAL (wie Anm. 25) S. 188 mit Abb. 195.

[27] Beispiele dazu bei HAUCK (wie Anm. 1, XX) S. 236 ff.

[28] Hans Jürgen EGGERS, Der römische Import im freien Germanien (Atlas der Urgeschichte 1, Text) Glückstadt 1951, S. 81 ff., Tafeln und Karten, Karte 63; Hans Christian BROHOLM, Kulturforbindelser mellem Danmark og Syden i ældre Jærnalder, København 1960, S. 293—306; Wilhelm HOLMQVIST, Främmanda gudar i nordisk miljö (Finska fornminnesföreningens tidskrift 75 = Festschrift für Ella Kivikoski, 1973, S. 68—74); STENBERGER (wie Anm. 21) S. 287 ff.; Henrik THRANE, Fynske bronce mennesker fra jernalderen (Fynske Minder 1975, erschienen 1976, S. 7—22); HAUCK (wie Anm. 1, XXI) nach Anm. 17.

[29] Zum Phänomen der Kopfgefäße Ilona RICHTER, Das Kopfgefäß, zur Typologie einer Gefäßform, Köln 1967; ältere griechische Versionen erörtert Erika SIMON, Aphrodite Pandemos auf attischen Münzen (Schweizerische Numismatische Rundschau 49, 1970, S. 5—19) S. 8 ff.; unter den kaiserzeitlichen römischen Verwandten dominieren Bronzegefäße in verschiedener Größe; zu ihnen sei folgende Literatur genannt: Johannes SIEVEKING, Constantius Chlorus (Münchner Jahrbuch der bildenden Kunst 11, 1919/20, erschienen 1921, S. 44—54) S. 48 ff.; Peter GOESSLER, Neue römische Funde aus Cannstatt (Germania 10, 1926, S. 36—44) S. 40 f.; DERS., Antike Büstengefäßchen aus Metall (Antike Plastik. W. Amelung zum 60. Geburtstag, Berlin 1928, S. 75—86); Aladár RADNÓTI, Die römischen Bronzegefäße von Pannonien (Dissertationes Pannonicae, Ser. II No. 6) Budapest 1938, S. 172—174; Jean Jacques HATT, Strasbourg au temps des Romains, Strasbourg et Paris 1953, S. 59 ff. Abb. 29; Paul LEBEL, Catalogue des Collections Archéologiques de Besançon, V: Les Bronzes figurés (Annales Littéraires de l'Université de Besançon Vol. 26) Paris 1961, S. 70 Nr. 243; Kasimierz MAJEWSKI, Balsamaires anthropomorphes en bronze dans l'Empire Romain (Archaeologia 14, 1963, S. 95—125 [polnisch]

Lücken unseres Wissens sind. Da wir nur einzelne Überreste der Kultbilder erreichen, können wir über die Gottheit, die sie darstellten und
priesen, keine Aussagen machen. Das wird anders in der nächsten Epoche.

Zeitabschnitt b): Völkerwanderungszeit

3) Fund, eine 43 cm hohe Sitzfigur aus Holz mit dreirippigem Halskragen (Fig. 2), die aus dem seeländischen Moor von Rude Eskilstrup
stammt[30]. Originale Goldhalskragen dieser Art sind in Öland und
Västergötland gefunden worden[31]. Von ihnen sei hier allein
der fünfstabige Goldhalskragen von Färjestaden, Öland, genannt.

S. 125/26 [französisches Resumé]); Robert FLEISCHER, Die römischen Bronzen aus
Österreich (Römisch-Germanisches Zentralmuseum zu Mainz) Mainz 1967, S. 135 ff.
Nr. 181 f. Taf. 95 ff.; Michel MALAISE, A propos d'un buste-balsamaire en bronze
du musée de Tongres. Sur les traces d'influence alexandrine à Atúátuca (Latomus
29, 1970, S. 142—156); Hans-Jörg KELLNER - Gisela ZAHLHAAS - Jochen GARBSCH,
Römische Götter in Bayern, Kalender hg. von der Bayerischen Handelsbank 1981,
bilden zum Monatsbild November das Weihrauchgefäß von Töging ab; für freund-
liche Hinweise habe ich Jochen GARBSCH und Hubert HEYMANS zu danken. Vgl.
auch Richard ANDREE, Menschenschädel als Trinkgefäße (Zeitschrift des Vereins für
Volkskunde 22, 1912, S. 14—32) S. 20 f.; Hugo GERING - Barend SIJMONS, Die
Lieder der Edda, 3: Kommentar, 2: Heldenlieder (Germanistische Handbibliothek
7, begr. von Julius ZACHER) Halle/S. 1931, S. 19 (Vkv. 25 [1.2], mit der ganzen Beleggruppe), 399 (Am 77[3]); Adolf RIETH, Schädelbecher und Schädeltrunk in ur- und
frühgeschichtlicher Zeit (Die antike Welt 2, 1971, S. 47—51); Reinhard WENSKUS,
Alboin (HOOPS, wie Anm. 9, 1) 132 f.; Otto GSCHWANTLER, Formen langobardischer
mündlicher Überlieferung (Jahrbuch für internationale Germanistik 11, 1979,
S. 58—85) S. 72 ff.
[30] Mogens B. MACKEPRANG, Menschendarstellungen aus der Eisenzeit Dänemarks (Acta
Archaeologica 6, 1935, S. 228—249) S. 236 ff., 248 ff.; Karl HAUCK, Halsring und
Ahnenstab als herrscherliche Würdezeichen (Schriften der Monumenta Germaniae
historica 13, I: Herrschaftszeichen und Staatssymbolik 1, hg. von Percy Ernst
SCHRAMM, Stuttgart 1954, S. 145—212) S. 164 ff.; Johannes BRØNDSTED, Eisenzeit in
Dänemark (Nordische Vorzeit 3, hg. von Karl KERSTEN) Neumünster 1963, S. 313;
Helmut GEISSLINGER, Horte als Geschichtsquelle, dargestellt an den völkerwande-
rungs- und merowingerzeitlichen Funden des südwestlichen Ostseeraumes (Offa-
Bücher 19) Neumünster 1967, S. 115; Peter ANKER - Aron ANDERSSON, L'Art Scan-
dinave (La nuit des temps 28) L'abbaye Sainte Marie de la Pierre-Qui-Vire (Yonne)
1969, S. 58, 189; THRANE (wie Anm. 28) S. 7 ff.; Torsten CAPELLE, Holzschnitzkunst
vor der Wikingerzeit (Offa-Ergänzungsreihe 3) Neumünster 1980, S. 45 ff.; Else
ROESDAHL, Die Skandinavier in ihrer Heimat (Kulturen im Norden, hg. von David
M. WILSON, München 1980, S. 127—157) S. 131 mit Abb. 4 und 7.
[31] Wilhelm HOLMQVIST, Die schwedischen Goldhalskragen (Studia Gotica, wie
Anm. 20, S. 234—253); STENBERGER (wie Anm. 21) S. 318 ff.

Gibt es doch Anhaltspunkte dafür, daß er aus der gleichen Goldschmiede-
werkstatt wie die Modeln von Torslunda stammt[32], also aus Fundzu-
sammenhängen, deren Funktion mit dem Kulthain mit Thor als erster
Gottheit zusammengesehen werden kann. Weist doch auf diesen Sakralort der Name Torslunda[33]. Die seeländische Statue kann also nach
Ausweis des 1) Fundes, des Halsringes, bereits im Germania-Horizont
sehr wohl einen ungleich größeren gotländischen Vorgänger gehabt
haben. Welchen Namen wir dieser Gestalt geben dürfen, das wird nicht

Fig. 2 Thronende Gestalt mit dreirippigem Halskragen, deren Sitz verloren ist, aus
dem seeländischen Moor Rude Eskildstrup, Amt Sorø, Höhe 43 cm. Nach T. Capelle.

[32] Birgit Arrhenius, Die Nordgermanen im Osten Skandinaviens (Propyläen Kunst-
geschichte. Supplementband 4: Kunst der Völkerwanderungszeit, hg. von Helmut
Roth, Frankfurt/M. - Berlin - Wien 1979, S. 254—265) S. 260 Nr. 192 sowie
S. 262 f. Nr. 198 a und b; vgl. auch Ulf Erik Hagberg, Fundort und Fundgebiet
der Modeln aus Torslunda (Frühmittelalterliche Studien 10, 1976, S. 323—349)
S. 325 Fig. 2, 334.

[33] Gunnar Pellejeff, Archaeology and placenames, in: Ulf Erik Hagberg, The
Archaeology of Skedemosse II: The Votive Deposits in the Skedemosse Fen and
their Relation to the Iron Age Settlement on Öland, Sweden, Stockholm - Uppsala
1967, S. 131—137, S. 132; Hauck (wie Anm. 1, XXI) nach Anm. 111.

nur von ihren ungleich erhaltenen Attributen vorentschieden[34], vielmehr
ergibt sich aus dem südskandinavischen Fundhorizont der Völkerwanderungszeit, weiter nach Ausweis von vielen Hunderten von Goldbrakteaten sowie durch das Zeugnis der Namen der überregionalen Sakralorte, die damals einheitlich Wodansue-Odinsvi heißen, daß Wodan-
Odin der Götterfürst in einer Allgottrolle gewesen ist[35]. In welcher
Weise wir uns jenen Himmelsherrscher vorzustellen haben, das wird nicht
bloß von dem 3) Fund (Fig. 2) veranschaulicht, sondern von den vornehmlich in Südskandinavien beheimateten Götterbildanhängern, die
wir seit dem 17. Jahrhundert Goldbrakteaten nennen[36]. Aus diesem
Hauptherstellungsgebiet haben sich diese goldenen Amulette weit verbreitet[37]. Infolgedessen stoßen wir selbst in langobardischen Grabfunden
in Ungarn auf ein mit dem 3) Fund vergleichbares Götterthronbild,
dessen darstellerischer Kontext reich genug ist, um eine Identifizierung
zu ermöglichen[38].

4) Fund, goldener Götterbildanhänger aus einem langobardischen
Frauengrab von Várpalota (Fig. 3), der sich heute im Bakonyi-Museum
Veszprém, Ungarn, befindet[39]. Die thronende göttliche Gestalt steht
in der Nachfolge von älteren Jupiter- und Asklepiosbildern. Die erste
Verwandtschaftsbeziehung ergibt sich aus dem Vogel vor dem Thron,
auch wenn der gefiederte Begleiter jetzt in Kommaform ornamentalisiert

---

[34] Vgl. zu ihnen die vorzügliche Abb. 7 bei Else ROESDAHL (wie Anm. 30) S. 131.

[35] Zu den überregionalen Sakralorten dieser Schicht Kristian HALD, The Cult of Odin
in Danish Placenames (Early English and Norse Studies, hg. von Arthur BROWN -
Peter FOOTE, London 1963, S. 99—109); HAUCK (wie Anm. 1, XXI) nach Anm. 29.
Zur Allgottrolle des Götterfürsten DERS. (wie Anm. 1, XVII) S. 567 ff., 577 ff.

[36] Günther HASELOFF, Die germanische Tierornamentik der Völkerwanderungszeit, 1
(Vorgeschichtliche Forschungen, hg. von Herbert JANKUHN 17, 1) Berlin - New York
1981, S. 18 ff.; HAUCK (wie Anm. 1, XXI) nach Anm. 26.

[37] Grundlegend noch immer als Katalog Mogens B. MACKEPRANG, De nordiska guld-
brakteater (Jysk arkæologisk selskabs skrifter 2) Aarhus 1952; vgl. auch Elisabeth
MUNKSGAARD und andere, Brakteaten (HOOPS, wie Anm. 9, 3, ²1978, S. 337—361);
Karl HAUCK, Die Goldbrakteaten der Völkerwanderungszeit. Einleitung (Mün-
stersche Mittelalter-Schriften 24, 1) München, im Druck.

[38] Zu ihr HAUCK (wie Anm. 1, XIX) S. 563, 566 Fig. 74, 589; vgl. auch István BÓNA,
Der Anbruch des Mittelalters, Budapest 1976, S. 95, 124 Nr. 80.

[39] István BÓNA, Die Langobarden in Ungarn (Acta Archaeologica Academiae Scientiarum Hungaricae 7, 1956, S. 183—244) S. 212 ff.; Joachim WERNER, Die Langobarden in Pannonien (Bayerische Akademie der Wissenschaften. Philosophisch-
Historische Klasse. Abhandlungen. Neue Folge Heft 55 A) München 1962, Textteil
S. 101 ff. mit Abb. 24, 2, Tafelteil Taf. 7, 6; verbesserte Lesung zuerst bei HAUCK
(wie Anm. 1, XVI) S. 33 ff. mit Fig. 2, 2 und Abb. 15, Photo und Zeichnung.

ist. Die zweite Verwandtschaftsbeziehung wird in der Unheil dämpfen-
den Handgebärde über dem Ketos sichtbar, die die heilhafte Hand des
Asklepios über seiner Schlange abwandelt[40]. Die Gottheit des Nordens
trägt nicht bloß einen geperlten Halskragen, sondern auch ein Pectorale,
das sich, abgewetzt, nicht gleich gut erhalten hat[41]. Unverwechselbar läßt
sich die thronende Gestalt als der Götterfürst erkennen durch den Kopfschmuck in der Diadem-Imitation, obschon aus den Nackenbändern wie
bei anderen Goldbrakteaten ein Tierkopf wurde[42]. Das Ketos aber
gehört zu den Untier-Varianten, mit denen die Midgardschlange dargestellt wird. Daß sie der Gott zeitweilig zu sich nahm, weiß noch nach
mehr als einem halben Jahrtausend der isländische Historiker Snorri[43].
Drittens aber ist für den Götterfürsten signifikant die strichförmige
Atemchiffre[44]. Auf diese Weise wird das Goldamulett aus Várpalota zu

Fig. 3 Thronende Gestalt des Götterfürsten in der Nachfolge von älteren Jupiter- und
Asklepiosbildern mit aufwendigem Kopfschmuck in der Diademnachfolge, Goldbrakteat
aus einem langobardischen Frauengrab von Várpalota, 3 : 1. Zeichnung: H. LANGE.

---

[40] Ebd. S. 32 ff.
[41] Andere vergleichbare Pectorale-Wiedergaben auf goldenen Götterbildanhängern bei
    HAUCK (wie Anm. 1, XIX) S. 601.
[42] Karl HAUCK, Brakteatenikonologie (HOOPS, wie Anm. 9, 3, ²1978, S. 361—401)
    S. 367 Abb. 100.
[43] Ebd. S. 391 ff.
[44] Ebd. S. 380 f. mit Abb. 122, 398.

einem Schlüsselstück. Nachdem die taciteische Interpretatio Romana, in
der faktisch aus *Wodanaz Merkur wurde, auch von der Übersetzungs-
gleichung der germanischen Wochentagsnamen weitergegeben wird, wie
das bis heute im niederländischen Woensdag, im englischen Wednesday
fortklingt[45], dürfen die südskandinavischen Thronbilder der Funde 3)
und 4) durchaus auch für den ersten Satz des Kap. 9 der Germania,
dessen Auswertung wir bis jetzt zurückstellten, Beachtung fordern[46]. Auf

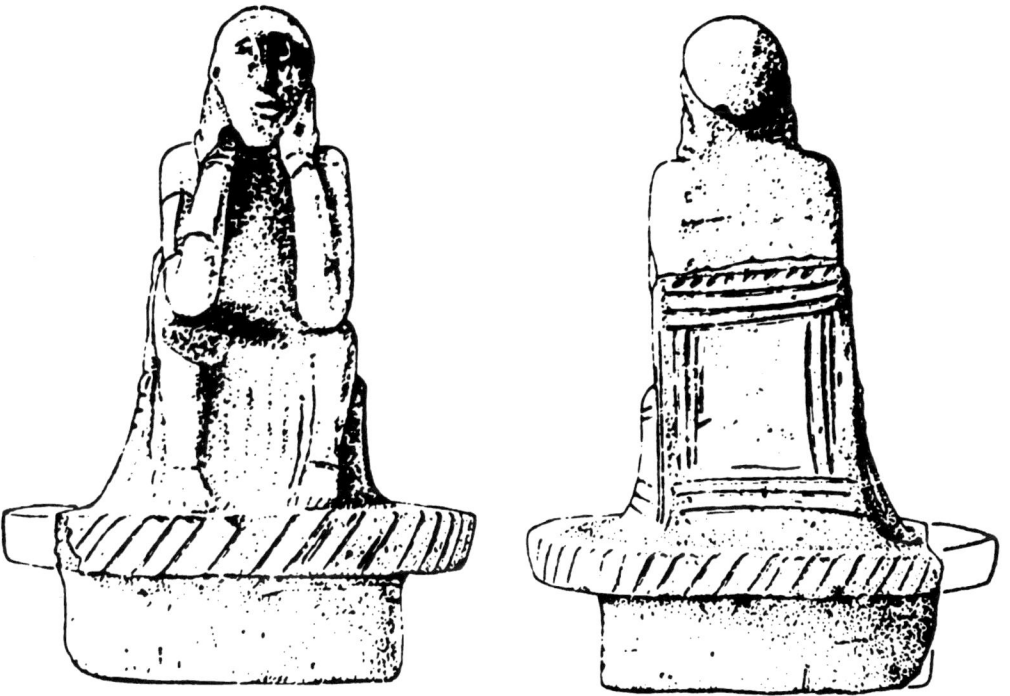

Fig. 4 Thronende Gestalt mit zu den Haaren erhobenen Händen aus Spong Hill,
North Elmham, Norfolk, etwa 2 : 3. Vorder- und Rückseite des figuralen Verschlusses
von einem Tongefäß. Nach C. HILLS.

[45] Franz Josef DÖLGER, Die Planetenwoche der griechisch-römischen Antike und der
christliche Sonntag (Antike und Christentum 6, 1950, S. 202—238) S. 206; Werner
BETZ, Die altgermanische Religion (Deutsche Philologie im Aufriß, hg. von Wolfgang STAMMLER, 3, Berlin ²1962, Sp. 1568—1646) Sp. 1572 f.; Hans EGGERS,
Deutsche Sprachgeschichte, 1: Das Althochdeutsche (Rowohlts Deutsche Enzyklo-
pädie 185) Reinbek bei Hamburg 1963, S. 136; Christine E. FELL, Götter und
Heroen der nordischen Welt, in: WILSON (wie Anm. 30, S. 15—45) S. 35 ff.; HAUCK
(wie Anm. 1, XX) S. 230 ff.
[46] S. dazu nunmehr Hans DRESCHER - Karl HAUCK, Götterthrone des heidnischen
Nordens (Frühmittelalterliche Studien 16, 1982) nach Anm. 69 und 152.

jeden Fall veranschaulichen jene Götterbildanhänger besonders eindrucksvoll die Ausstrahlung der vorchristlichen Antike mit ihren Bild-
konventionen aus sakralen und staatlichen Bildtraditionen in den Norden[47].

5) Fund, figuraler Tongefäß-Verschluß von Spong Hill, North
Elmham, Norfolk, mit dem 14,5 cm hohen Bild einer thronenden Gottheit (Fig. 4)[48]. Erst nachdem Catherine HILLS 1980 diesen Streufund
umsichtig veröffentlichte, wurde erkannt, daß die zum Haar erhobenen
Hände auch sonst auf germanischen Götterbildern des 6. Jahrhunderts
vorkommen[49]. Die vollplastische Gestalt aus Ton ist beim derzeitigen
Forschungsstand eine ähnliche Überraschung wie das figurale Tonbruch-
stück vom 2) Fund.

Zeitabschnitt c): Merowinger- und Vendelzeit

Wir begnügen uns, jetzt damit nur auf die in Bekehrerviten geschilderten Götterbilder hinzuweisen, denen man bislang, wie sich nun
zeigen ließe, zumindest teilweise zu unrecht kaum Glauben schenkte[50].
Kommen wir doch in den folgenden beiden Abschnitten, die von den
Texten II) und III) ausgehen, gerade auch auf Götterbilder dieser Zeit-
stufe zu sprechen.

II
Zeitabschnitt a): Frühe Kaiserzeit

Die Aussage über den Waffentanz in Kap. 24 weckt bei Tacitus
Assoziationen zu den Spielen im römischen Zirkus[51] oder zu Tanzauf-
führungen bei Gastmählern des Südens[52]. Wie abwegig solche Seitenstücke sind, wird bereits von der Wiederkehr jener gefährlichen Tänze

---

[47] HAUCK (wie Anm. 1, XXII) S. 2 ff.
[48] Catherine HILLS, Anglo-Saxon chairperson (Antiquity 54, 1980, S. 52—54).
[49] HAUCK (wie Anm. 1, XIX) S. 530 f., 565, 567; DERS. (wie Anm. 1, XXI) nach
Anm. 90; DRESCHER - HAUCK (wie Anm. 46) nach Anm. 175.
[50] Walter BAETKE, Die Religion der Germanen in Quellenzeugnissen, Frankfurt/M.
³1944, S. 14 f. Nr. 3—6, S. 129 Nr. 2; vgl auch SCHILLING (wie Anm. 16) S. 218.
[51] MÜLLER (wie Anm. 2, 1980) S. 92.
[52] MUCH - JANKUHN - LANGE (wie Anm. 2) S. 320.

bei jeder Zusammenkunft dargetan. Auch kennen wir den Waffentanz
bereits seit Aquae Sextiae, also seit dem letzten Jahrhundert der römischen Republik, wie wir von Plutarch erfahren[53], bis hin zu Tacitus'
Schilderung des Bataveraufstands als Ritual der Kampferöffnung bei
germanischen Verbänden[54]. Solche Belege widerraten es, diese Veran-
staltung lediglich als Sport oder riskante Revue einzustufen[55].

Zeitabschnitt b): Völkerwanderungszeit

Bevor wir auf einige der bildlichen Waffentanzzeugnisse aus dem
Zeitalter der großen Völkerwanderung eingehen, ist noch ein ambivalen-
ter Befund zu würdigen, der bisher zu wenig beachtet worden ist. Bei
der ungleich reicheren literarischen und inschriftlichen Bezeugung
keltischer Gottheiten weiß man seit langem, daß es von ihnen variierende
Interpretationes Romanae gibt. So erfahren wir zwar aus den Lucan-
Scholien, ,Mercur heißt bei den Galliern Teutates und wurde bei ihnen
mit Menschenblut verehrt'[56]. Aber in einer Reihe von inschriftlichen
Zeugnissen wird der Gott nicht mit Mercur, sondern mit Mars gleichgesetzt[57]. So einhellig in der Kaiserzeit die römische Auslegungsgleichung
Mercur — *Wodanaz gilt[58], gerade durch die Bildzeugnisse wird es un-
umgänglich, zumindest seit der Völkerwanderungszeit gleichzeitig in
Süd- und Ostskandinavien auch mit der Interpretation Mars-Wodan zu

---

[53] Plutarch, Marius c. 19, 4, Vitae Parallelae III 1, ed. K. ZIEGLER (Bibliotheca Teub-
neriana) Leipzig 1915, S. 258; Karl HAUCK, Herrschaftszeichen eines Wodanistischen
Königtums (Jahrbuch für Fränkische Landesforschung 14, 1954, S. 9—66) S. 44 mit
Anm. 189; MUCH - JANKUHN - LANGE (wie Anm. 2) S. 84; Reinhard WENSKUS,
Ambronen § 2. Geschichtliches (HOOPS, wie Anm. 9, ²1) S. 252.

[54] Tacitus, Historiarum libri qui supersunt, ed. C. HALM und G. ANDRESEN (Bibliotheca Teubneriana) Leipzig 1914, V c. 17 S. 214; HAUCK (wie Anm. 53) S. 44.

[55] Zur kultischen Bedeutung FEHRLE - HÜNNERKOPF (wie Anm. 2) S. 107 f.; HAUCK
(wie Anm. 1, XVIII) S. 185 (erhellt mit einem Vergleichsbeispiel).

[56] Wolfgang KRAUSE, Die Kelten (Religionsgeschichtliches Lesebuch H. 13, hg. von
Alfred BERTHOLET) Tübingen ²1929, I, 3 S. 6; Ioannes ZWICKER, Fontes historiae
religionis Celticae, 1, Berlin 1934, S. 51 f.

[57] R. G. COLLINGWOOD - R. P. WRIGHT, The Roman Inscriptions of Britain, 1, Ox-
ford 1965, Nr. 219 S. 71 (mit weiteren Belegen), nicht akzeptiert wird als Beleg
Nr. 232 S. 75 und Nr. 1017 S. 338 f.; Jan DE VRIES, Keltische Religion (Die Reli-
gionen der Menschheit 18, hg. von Christel Matthias SCHRÖDER) Stuttgart 1961,
S. 45 f.; Anne Ross (wie Anm. 25) S. 50, 170—174, 197, 380; ELIADE (wie Anm. 61)
S. 130 f., 387 ff. (mit weiterer Literatur).

[58] S. oben Anm. 45.

rechnen[59], obschon sie in der Schriftüberlegung erst spät, nämlich erst um 1070, belegbar ist[60]. Allerdings ist auch in den volkssprachlichen Zeugnissen des Nordens die Kriegsgottrolle des Götterfürsten eindrucksvoll und mannigfaltig überliefert[61]. Wir setzen unseren Katalog zuerst mit einem Bildbeleg fort, der die Allgottfunktion von Wodan-Odin trotz der unübersehbaren Mars-Bezüge erhellt.

6) Fund, goldener Götterbildanhänger aus dem Brakteatenhort von Års, Amt Ålborg (Fig. 5)[62]. In der Nachfolge von mediterranen Mars gradivus-Vorstufen tritt hier Wodan als Waffentänzer auf. Die Überbewaffnung mit Helm, Schild, Axt, Speer und bumerangförmiger Keule weist auf seine Allgottrolle. Insbesondere die Keule, die im Süden Heraklesattribut ist, verdeutlicht sie[63]. Signifikant für jenen Gott der Selbstopferung ist die auf den eigenen Leib zurückgebogene Speerspitze ebenso wie seine Epiphanie mit Roßschweif[64]. Die uns überraschende Verknüpfung der Tanzhaltung mit der Opferproblematik hat Seitenstücke im Norden, wie gleich der 7) Fund konkretisiert. Das ist auch deswegen bemerkenswert, weil die heidnische Nordwelt[65] ebenso wie der Süden bis in die Spätantike das Phänomen der opfernden Götter kennt[66].

---

[59] HAUCK (wie Anm. 1, XIX) S. 470, 474 f., 483, 485 ff., 491, 540, 548, 563, 581 ff.

[60] HAUCK (wie Anm. 1, XX) S. 241 ff., 286 ff.

[61] Jan DE VRIES, Altgermanische Religionsgeschichte, 2 (Grundriß der Germanischen Philologie 12, 2, begr. von Hermann PAUL) Berlin 1957, S. 48 f., 55 ff., 93 ff.; BETZ (wie Anm. 45) Sp. 1574; René Lodewijk Maurit DEROLEZ, Götter und Mythen der Germanen, Einsiedeln - Zürich - Köln 1963, S. 95 ff., 132; E. O. Gabriel TURVILLE-PETRE, Myth and Religion of the North. The Religion of Ancient Scandinavia, London 1964, S. 50 ff.; Åke V. STRÖM - Harald BIEZAIS, Germanische und Baltische Religion (Die Religionen der Menschheit 19, 1, hg. von Christel Matthias SCHRÖDER) Stuttgart - Berlin - Köln - Mainz 1975, S. 115, 118 ff.; George DUMÉZIL, Gods of the Ancient Northmen, ed. by Einar HAUGEN, Berkeley - Los Angeles - London 1973, S. 29 ff., 40 ff.; Mircea ELIADE, Geschichte der religiösen Ideen, 2, Freiburg - Basel - Wien 1979, S. 143 ff.; 395; Christine FELL (wie Anm. 45) S. 37.

[62] MACKEPRANG (wie Anm. 37) S. 37, 124 Nr. 72 Taf. 6, 17; HAUCK (wie Anm. 1, XVII) S. 567 ff.; DERS. (wie Anm. 1, XIX) S. 563, 579 ff., 589, 608.

[63] HAUCK (wie Anm. 1, XVII) S. 568 f., 572, 575, 577, 582.

[64] HAUCK (wie Anm. 1, XIX) S. 579 ff., 589, 608.

[65] STRÖM (wie Anm. 61) S. 222; Alfred EBENBAUER, Ursprungsglaube, Herrschergott und Menschenopfer. Beobachtungen zum Semnonenkult (Germania c. 39) (Antiquitates Indogermanicae. Gedenkschrift für Hermann Güntert, hg. von Manfred MAYRHOFER und anderen, Innsbruck 1974, S. 233—249) S. 240; HAUCK (wie Anm. 1, XIX) S. 568 ff., 579 ff.

[66] Waldemar HABEREY, Gravierte Glasschale und sogen. Mithrassymbole aus einem

Fig. 5   Der tanzende Götterfürst in der Marsnachfolge, aber mit einer Bewaffnung, die auf seine Allgottrolle weist. Aus einem jütländischen Brakteaten-Hortfund von Års, Amt Ålborg, 3 : 1. Zeichnung: H. Lange. Der ovale Schild ist von der Innenseite zu sehen.

7) Fund, goldener Götterbildanhänger unbekannter Herkunft (Fig. 6)[67]. Der Brakteat stammt aus einem Heiligtum, in dem als die wichtigste Waffe des Gottes das Schwert verehrt wurde[68]. Wie die Verbindung von Waffentanz und Opfer ist es charakteristisch, daß die Waffe einen Ringknauf in der Anbringungsversion hat, die wir aus dem Grab 5 des norwegischen Snartemofundes kennen[69]. Die Tötungswaffe

spätrömischen Grabe von Rodenkirchen bei Köln (Bonner Jahrbücher 149, 1949, S. 94—104) S. 95 f.; Gallien in der Spätantike (Katalog der Ausstellung des Römisch-Germanischen Zentralmuseums Mainz) Mainz 1980, S. 99 Nr. 111.

[67] Mackeprang (wie Anm. 37) S. 35, 191 Nr. 363 Taf. 6, 1; Hauck (wie Anm. 1, XIX) S. 579, 585 ff., 589 Abb. 70 a und b, Originalphoto und Auswertungszeichnung; ders. (wie Anm. 1, XX) S. 261 Abb. 22 a und b.

[68] Hauck (wie Anm. 1, XIX) S. 586 ff.

[69] Egil Bakka, Die Nordgermanen im Westen Skandinaviens, in: Roth (wie Anm. 32, S. 243—254) S. 251 Nr. 186; Vera Evison, The Dover Ring-sword and other Sword-rings and Beads (Archaeologia 101, 1967, S. 63—118) S. 66, 68, 78, 94 Nr. 37.

ist ein Dolch, zu dem der Restbefund am Gürtel des Götterbildes aus
Várpalota, also des 4) Fundes (Fig. 3), zu vergleichen ist[70]. Die Größen-
abstufung zwischen der göttlichen Gestalt im Zentrum (Fig. 6) und dem
eben Getroffenen weist auf ein Sohnesopfer[71].

Fig. 6 Der Götterfürst beim Opfervollzug im Waffentanz
mit einem Schwert, das einen Ringknauf hat, Goldbrakteat
aus einem unbekannten Fundort, 3 : 1. Zeichnung: H. LANGE.

8) Fund, einäugiger Waffentänzer von der bronzenen Prägeplatte
(Fig. 7 a und b), die zusammen mit drei anderen gleichartigen Modeln
in dem oben schon genannten Torslunda, Öland, 1870 von einem Stein-
haufen aufgelesen worden ist[72]. Die Ausrüstung mit einem Schwert,
dessen Ring, in die Waagrechte eingedreht, auf dem Knauf befestigt ist,
die Einäugigkeit sowie die Epiphanie vor einem als Wolf im Fellkittel

---

[70] HAUCK (wie Anm. 1, XIX) S. 585 mit Anm. 541, 589.
[71] Ebd. S. 586, 589.
[72] HAGBERG (wie Anm. 32) S. 323 ff., 331 f., 335; Birgit ARRHENIUS (wie Anm. 32)
    S. 262 f. Nr. 199 a.

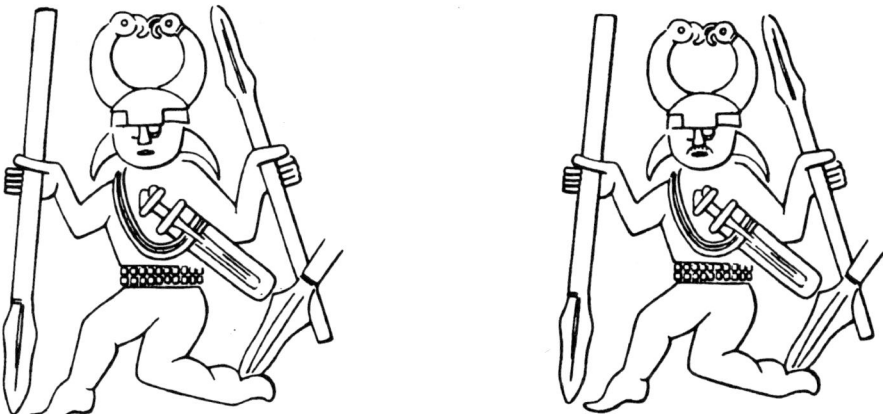

Fig. 7 a und b Der Götterfürst als Waffentänzer von einem Preßblechmodel aus Torslunda, Öland, Modelhöhe 4,8 cm. Zeichnung: H. LANGE. In der Zeichnung 7 a ist der reduziert erhaltene Befund wiedergegeben, in 7 b dagegen auch die Rekonstruktion des Bartes aufgrund des abgewetzten Restbefundes.

maskierten Krieger, der hier nicht mit abgebildet ist, ermöglichen es, die Gestalt als Mars-Wodan im Speertanz anzusprechen[73]. Die Modelserie gehört stilistisch in den Horizont von Stil I, der bis in die Mitte des 6. Jahrhunderts reicht[74]. Während die älteren Gottesbilder wie der 4), 6) und 7) Fund (Fig. 3, 5 und 6) bezeichnenderweise bartlos sind, ist bei dem stark abgenutzten Model ein Schnurrbart als Restbefund erwägbar, wie die Rekonstruktionszeichnung (Fig. 7 b) verdeutlicht[75]. Die zwei analogen, kaum benutzten Model aus Torslunda[76] begünstigen (vgl. Fig. 17) ebenso wie der Schnurrbart beim 3) Fund (Fig. 2) diese Rekon-

[73] HAUCK (wie Anm. 53) S. 46 f.; anders Andreas ALFÖLDI, Cornuti: A Teutonic Contingent in the Service of Constantine the Great and its Decisive Role in the Battle at the Milvian Bridge (Dumbarton Oaks Papers 13, 1959, S. 169—179) S. 176 (ohne mich zu überzeugen); Heinrich BECK, Die Stanzen von Torslunda und die literarische Überlieferung (Frühmittelalterliche Studien 2, 1968, S. 237—250) S. 247 f.; Rupert BRUCE-MITFORD, Aspects of Anglo-Saxon Archaeology. Sutton Hoo and other Discoveries, London 1974, S. 208 mit Taf. 54 c, vgl. auch ebd. S. 214—219; DERS., The Sutton Hoo Ship-Burial, 2: Arms, Armour and Regalia, London 1978, S. 566 f. mit Fig. 416 b; HAUCK (wie Anm. 1, XX) S. 289; DERS. (wie Anm. 1, XXI) nach Anm. 56.
[74] Birgit ARRHENIUS (wie Anm. 32) S. 262 f.
[75] HAUCK (wie Anm. 1, XIX) S. 484 f., 487, 493, 519 (zum Restbefund), 532, 583, 585, 600.
[76] Birgit ARRHENIUS (wie Anm. 32) S. 262 Nr. 198 a und b.

struktionsüberlegung[77]. Von dem 6) bis 8) Fund kommen verschiedene Versammlungsplätze ins Blickfeld: beim 6) und 7) Beleg (Fig. 5 und 6) die Opferstätte, auch wenn von ihr keine Details gezeigt werden wie auf verwandten Götterbildanhängern[78]. Dagegen führt in den gleichen kriegerischen Lebenszusammenhang wie die kaiserzeitlichen Texte in den Historien des Tacitus[79] und bei Plutarch[80] der 8) Fund (Fig. 7 a und b).

Daß Hochgötter ein himmlisches Gefolge haben, zu dem wie bei dem Mars des Südens etwa die Dioskuren zu rechnen sind[81], beweisen auch im Norden verschiedene Bildzeugnisse. Wir legen das hier dar mit dem 9) Fund, der Götterbildzone des Runenhorns von Gallehus (Fig. 8)[82]. Den beiden Hauptgöttern, von denen der eine als Speer- und Ringgott so gezeichnet ist, daß er an den Mars-Wodan von Torslunda (Fig. 7 a und b) erinnert[83], ist als Geleit in Übergröße je ein Dioskur als Waffen- tänzer in einer Weise zugesellt, die von den mediterranen Zwillingsgöt- tern als Tempelwächtern vorweggenommen ist[84]. Die andere Bewaffnung und das Tanzmotiv sind jedoch Eigengut des Nordens[85]. Die Zweier- Beleggruppe jenes Fundes (Fig. 8) führt erneut in den Bereich von Kampf und Krieg zurück.

Zeitabschnitt c): Merowinger- und Vendelzeit

Wie in der römischen Kaiserzeit so treffen wir auch in der heidnischen Übergangsepoche zum Mittelalter öfters den einzelnen Dioskuren[86]. Das sei hier allein dargetan mit dem

---

[77] Zu älteren bartlosen und jüngeren bärtigen Phasen in dieser Götterbildikonographie HAUCK (wie Anm. 1, XIX) S. 590.

[78] Ebd. S. 569 ff.

[79] S. oben Anm. 54.

[80] S. oben Anm. 53.

[81] HAUCK (wie Anm. 1, XVIII) S. 183 ff.

[82] Lis JACOBSEN - Erik MOLTKE, Danmarks Runeindskrifter, Atlas, Kopenhagen 1941, Nr. 12; Text og Registre, 1942; Eric GRAF OXENSTIERNA, Die Goldhörner von Gallehus, Lidingö 1956, Abb. 4 und 4 a; Wolfgang KRAUSE - Herbert JANKUHN, Die Runeninschriften im älteren Futhark 1 (Abhandlungen der Akademie der Wis- senschaften in Göttingen. Philologisch-Historische Klasse III 65) Göttingen 1966, S. 97 ff. Nr. 43; HAUCK (wie Anm. 14) § 4.

[83] GRAF OXENSTIERNA (wie Anm. 82) S. 100.

[84] HAUCK (wie Anm. 1, XVIII) S. 184, 197 ff.

[85] Ebd. S. 197.

[86] Ebd. S. 194 ff., 199 ff., 203 ff., 252 ff.

Fig. 8   Die Götterbildzone des Runenhorns von Gallehus im Schutz von je einem
Dioskuren als Waffentänzer in Übergröße. Nach Graf OxENSTIERNA. Der Speer-
und Ringgott erscheint hier der anderen Hauptgottheit gleichgeordnet.

10) Fund, der Gürtelschnalle aus Finglesham, Kent[87]. Auf ihr ist eine
Männergestalt (Fig. 9) wiedergegeben, die am stärksten an die nackten
Jünglinge beim Waffentanz des Germaniahorizontes gemahnt. Daran
ändert nichts, daß sie zugleich mit dem auffallenden Helm als Gefolgs-
mann des Mars-Wodan (Fig. 7 a und b) erkennbar wird. Bereits kaiser-
zeitliche Dioskuren im Süden können ebenso mit dem Marshelm auftreten[88] wie die Offiziere der Palastscholen der spätantiken Principes mit
Imitationen des Kaiserhelms[89]. In anderer Art kehrt ein Element der
taciteischen Waffentanz-Schilderung wieder, nämlich die Tanzbewegung
um die drohenden Speerspitzen herum, bei den Wiedergaben der dios-

---

[87] Sonia CHADWICK HAWKES - Hulda R. ELLIS DAVIDSON - Christopher HAWKES, The
Finglesham Man (Antiquity 39, 1965, S. 17—32) S. 18 ff., 23 ff., 27 ff.; Per-Olof
RINGQVIST, Två vikingatida uppländska människofigurer i brons (Fornvännen 64,
1969, S. 287—296) S. 288 ff.; BRUCE-MITFORD (wie Anm. 73, 1974) S. 208 mit
Taf. 53 b; HAUCK (wie Anm. 1, XVIII) S. 205, 207, 254 f.

[88] HAUCK (wie Anm. 1, XX) S. 233.

[89] Andreas ALFÖLDI, Eine spätrömische Helmform und ihre Schicksale im germa-
nisch-romanischen Mittelalter (Acta Archaeologica 5, 1934, S. 99—144) S. 107 ff.,
139 ff.

kurischen Zwillinge als Götter in Uniform[90]. Im einzelnen belegen das
der

Fig. 9   Dioskurischer Waffentänzer von einer Gürtelschnalle aus einem Frauengrab (95)
von Finglesham, Kent. Nach Sonia CHADWICK HAWKES.

11) Fund, die Waffentänzerszene vom Königshelm aus dem Schiffs-
grab 1 von Sutton Hoo (Fig. 10)[91] wie auch ihre ostskandinavischen
Entsprechungen einerseits aus der königlichen Brandbestattung des
Osthügels von Altuppsala (Fig. 18)[92] wie andererseits aus dem Aristo-
kraten-Bootsgrab Valsgärde 7, Kirchspiel Altuppsala[93]. Vor allem die
auf den Helmen in Gruppen und Serien montierten Preßbleche mit
Götterdarstellungen sind Bildmagie[94]. Sie lassen sich dem magischen
Herbeirufen himmlischer Wesen im Schlachtgeschrei und Rufgebet vergleichen[95] und leiten damit über zu dem Thema des nächsten Teilab-
schnitts.

[90] Ernst H. KANTOROWICZ, Selected Studies, Locust-Valley 1965, S. 8; HAUCK (wie
      Anm. 1, XVIII) S. 180 f., 206 ff., 232 ff. Fig. 41, 255, 267 ff.; DERS. (wie Anm. 14)
      § 7.
[91] BRUCE-MITFORD (wie Anm. 73, 1978) S. 186 ff.
[92] HAUCK (wie Anm. 1, XX) S. 288, 305 ff.
[93] Greta ARWIDSSON, Valsgärde 7 (Acta musei antiquitatum septentrionalium regiae
      universitatis upsaliensis, 5, ed. Bertil ALMGREN: Die Gräberfunde von Valsgärde,
      III) Uppsala 1977, S. 119 f. mit Abb. 28, bei S. 32, und den Abb. 135—138, nach
      S. 112; verbesserte Lesung bei HAUCK (wie Anm. 1, XVIII) S. 207, 232 ff., 255,
      267 ff.; DERS. (wie Anm. 1, XX) S. 268.
[94] HAUCK (wie Anm. 14) § 7.
[95] Wolfgang SPEYER, Die Hilfe und Epiphanie einer Gottheit, eines Heroen und eines
      Heiligen in der Schlacht (Pietas, wie Anm. 1, XVII, S. 55—77) S. 58; deshalb kann
      man auch die Zitationen auf den Bildblechen nicht vom Opfervollzug trennen, s.
      dazu HAUCK (wie Anm. 11) nach Anm. 119 und 123; vgl. auch DENS. (wie Anm. 1,
      XVIII) S. 187 ff., 247 f. sowie (wie Anm. 1, XX) S. 265 f., 269 f., 272 f., 286 ff., 290.

Fig. 10 Die dioskurischen Zwillinge als Götter in Uniform beim Waffentanz, dessen
Springbewegung um bzw. über in ‚den Boden' gesteckte Speere vollführt wird. Rekonstruktion des Models, das für die Bilderfolgen des Königshelms von Sutton Hoo verwendet wurde, Bildhöhe 4,6 cm. Nach R. Bruce-Mitford.

III
Zeitabschnitt a): Frühe Kaiserzeit

Aus dem Abschnitt über die Heerkönige fordern zwei Sätze unsere
Aufmerksamkeit. In Übersetzung lautet der eine: ‚Übrigens ist keinem
erlaubt, jemanden hinzurichten oder fesseln oder auch nur schlagen zu
lassen, das dürfen bloß die Priester, aber nicht so, als führten sie eine
eigentliche Bestrafung auf Anordnung des Heerführers durch, sondern
gleichsam nur das Gebot der Gottheit, die, wie sie glauben, den Kriegern
beisteht'. Bestärkt wurden diese Glaubensüberzeugungen durch die

kultische Repräsentation der Götter[96]. Demgemäß werden etwa die Wandalen 171 n. Chr. über den Duklapaß von einem Königspaar mit den dioskurischen Namen Raus und Raptus geführt[97]. Da ihre Weihenamen als kultische Repräsentanten der Zwillingsgötter aber diesem Unternehmen galten[98], kennen wir ihre Alltagsnamen infolgedessen ebensowenig wie später die eigentlichen Namen des Landnahmeführerpaares in Kent, das bei dem Eroberungszug die dioskurischen Namen Hengist und Horsa angenommen hatte[99].

Dem zitierten Tacitus-Satz folgt der Passus von den Bildern und Zeichen, die man aus den heiligen Hainen holt und mit in den Kampf trägt. Die früheste Verdeutlichung solcher Tierfeldzeichen, die Tacitus auch in den Historien nennt[100], ist der Stier der Kimbern. Daß es sich um ein theriomorphes Götterbild handelt, zeigt dessen Rolle beim Vertragseid. Die Römer erbeuteten später dieses Tiersignum und führten es daher im Triumphzug des siegreichen Konsuls Catulus mit[101].

Zeitabschnitt b): Völkerwanderungszeit

Bevor wir uns den Bildzeugnissen zuwenden, sei daran erinnert, daß wir gerade für die Wandalen die christliche Ersatzform jener heidnischen

---

[96] MÜLLER (wie Anm. 2, 1980) S. 85 f.; SPEYER (wie Anm. 95) S. 58 Anm. 10. Zur kultischen Repräsentation Otto HÖFLER, Zur Bestimmung mythischer Elemente in der geschichtlichen Überlieferung (Beiträge zur deutschen und nordischen Geschichte, Festschrift für O. Scheel, Schleswig 1952, S. 9—27) S. 10 ff.; HAUCK (wie Anm. 30) S. 210 ff. (divinisation temporaire).

[97] Dio 71, 12; Ludwig SCHMIDT, Geschichte der Wandalen, München 1942, S. 7, 33, 39; DE VRIES (wie Anm. 61) S. 249; Norbert WAGNER, Dioskuren, Jungmannschaften und Doppelkönigtum (Zeitschrift für deutsche Philologie 79, 1960, S. 1—17, 225—247) S. 229, 239 f.; HAUCK (wie Anm. 1, XVIII) S. 253.

[98] Zu anderen solcher Weihe- und Würdenamen Otto HÖFLER, Abstammungstraditionen (HOOPS, wie Anm. 9, ²1, S. 18—29) S. 23; HAUCK (wie Anm. 30) S. 210 ff.

[99] Gunter MÜLLER, Studien zu den theriophoren Personennamen der Germanen (Niederdeutsche Studien 17, hg. von Dietrich HOFMANN) Köln - Wien 1970, S. 35, 157; Walter KRAUS, Dioskuren (Reallexikon für Antike und Christentum 3, Stuttgart 1957, Sp. 1122—1138) Sp. 1122; DE VRIES (wie Anm. 61) S. 247 ff.; 253; WAGNER (wie Anm. 97) S. 229; HAUCK (wie Anm. 1, XIX) S. 470, 491, 509 ff., 520 ff., 526, 532, 558, 608; DERS. (wie Anm. 11) nach Anm. 74, 130; DERS. (wie Anm. 14) § 7.

[100] HALM - ANDRESEN (wie Anm. 54) IV c. 22 S. 163; MUCH - JANKUHN - LANGE (wie Anm. 2) S. 160; SPEYER (wie Anm. 95) S. 58 Anm. 10.

[101] ZIEGLER (wie Anm. 55): Marius c. 23, 7, S. 264; FEHRLE - HÜNNERKOPF (wie Anm. 2) S. 79.

signa kennen, die die Gegenwart göttlicher Schutzherrn in der Schlacht zu verbürgen schienen. Denn so wie die Israeliten die Bundeslade Jahwes zeitweilig mit in den Kampf nahmen[102], so verwendeten die Wandalen in Spanien zur Überwindung ihrer Furcht und Aufregung als Unterpfand des Gottesbeistandes in der Römerschlacht von 421 oder 422 die Bibel[103]. Aus den heidnischen Bildzeugnissen des Nordens wählen wir für diese Epoche nur wenige exemplarische Belege aus. Wir benutzen dazu zunächst die Miniaturimitationen von Schilden auf Goldbrakteaten in zwei Varianten[104].

12) Fund, goldener Götterbildanhänger aus dem Brakteatenhort von Stenholt, Amt Viborg (Fig. 11)[105]. Dieses Goldamulett stellt den Kriegsgott in Raubvogelgestalt dar. Wir könnten das nicht so sicher wissen, besäßen wir nicht an darstellerischem Kontext reichere Varianten.

---

[102] Fritz STOLZ, Jahwes und Israels Kriege (Abhandlungen zur Theologie des Alten und Neuen Testamentes 60) Zürich 1972, S. 29—68; SPEYER (wie Anm. 95) S. 58.

[103] Salvien de Marseille, Œuvres T. II: Du Gouvernement de Dieu. Introduction, Texte critique, Traduction et Notes, ed. G. LAGARIGUE (Sources chrétiennes 220) Paris 1975, VII ç. 11, 46 S. 462: *ad meliora enim se illi* (sc. Wandali) *subsidia contulere quam nostri* (sc. Romani). *Nam cum armis nos atque auxiliis superbiremus, a parte hostium nobis liber diuinae legis occurrit. Ad hanc enim praecipue opem timor et perturbatio Wandalica confugit ut seriem nobis eloquii caelestis opponeret et aduersum uenientes aemulos suos sacri uoluminis scripta quasi ipsa quodammodo diuinitatis ora reseraret.*; SCHMIDT (wie Anm. 97) S. 184; Johannes STRAUB, Regeneratio Imperii: Aufsätze über Roms Kaisertum und Reich im Spiegel der heidnischen und christlichen Publizistik, Darmstadt 1972, S. 269; Jan BADEWIEN, Geschichtstheologie und Sozialkritik im Werk Salvians von Marseille (Forschungen zur Kirchen- und Dogmengeschichte 32) Göttingen 1980, S. 126, 136 ff. In der zitierten Auffassung wurzeln die Zitationen von Kraft- und Machtsprüchen der Bibel auf Zaumzeug- und Waffeninschriften. Zu ihnen vgl. etwa Joachim WERNER, Langobardische Grabfunde aus Reggio Emilia (Germania 30, 1952, S. 190—194) S. 191 f., 193 f. (Expertise von Bernhard BISCHOFF); — der eine lesbare phalera-Text lautet mit den vulgärlateinischen Varianten zu Röm. 8, 31: + SI DEVS PRO NVS QVI CONTRA NVS —; sowie Michael MÜLLER-WILLE, Zwei karolingische Schwerter aus Mittelnorwegen (Studien zur Sachsenforschung 3, hg. von Hans-Jürgen HÄSSLER) Hildesheim 1982, im Druck.

[104] Zu solchen Imitationen grundsätzlich Hayo VIERCK, Religion, Rang und Herrschaft im Spiegel der Tracht (Veröffentlichungen des Helmsmuseums Nr. 32: Sachsen und Angelsachsen, hg. von Claus AHRENS, Hamburg 1978, S. 271—283) S. 271 ff.; HAUCK (wie Anm. 1, XIX) S. 536 ff.

[105] MACKEPRANG (wie Anm. 37) S. 59, 75, 125 Nr. 77 Taf. 18, 1 (auf dem Kopf stehend wiedergegeben!); Karl HAUCK, Götterglaube im Spiegel der goldenen Brakteaten, in: AHRENS (wie Anm. 104, S. 185—218, 614—624 [zusammen mit Lutz VON PADBERG]) S. 203, 206, 620 Nr. 309; DERS. (wie Anm. 42) S. 370 f.; 398 ff. mit Taf. 35 b; DERS. (wie Anm. 1, XX) S. 279 ff. Abb. 28.

Fig. 11   Der Götterfürst in Raubvogelgestalt aus dem jütländischen Brakteatenhort
von Stenholt, Amt Viborg, 3 : 1. Zeichnung: H. LANGE.

Unter den Goldbrakteaten ist der wichtigste der

13) Fund, goldener Götterbildanhänger aus dem Hort von Øvre
Tøyen, Akershus (Fig. 12)[106]. Die von uns einbezogene Darstellung veranschaulicht beispielhaft, wie der Gott in Raubvogelgestalt seine Feinde
in Tiergestalt bekämpft und besiegt, hier das Chaosungeheuer als den
Gottesfeind[107]. Es wird als besiegt gleich zweimal in der Randzone
einmal von links und einmal von rechts mit ausgerissenem Schwanz abgebildet. Außerdem wird der vogelgestaltige Gott mit eben diesem
Schwanz im Schnabel triumphal gezeigt. Das ermöglichte es, auf kleineren Exemplaren allein das Zentrum des Bildfeldes zu wiederholen[108].
Von dem reichen Vergleichsmaterial dazu aus Eurasien, das Andreas
ALFÖLDI gesammelt hat, zitiere ich nur seine Belege für die Verwurzelung

---

[106] MACKEPRANG (wie Anm. 37) S. 59 f., 62, 79 f., 140 Nr. 128 Taf. 18, 5; Wencke
SLOMANN, Gullhalskjeden fra Tøyen pa Høland (Finska fornminnes föreningens
tidskrift 75, 1973 = Honos Ella Kivikoski, S. 207—217) S. 209 ff. mit Fig. 1.

[107] HAUCK (wie Anm. 1, XX) S. 278 f.; Wolfgang SPEYER, Gottesfeind (Reallexikon
für Antike und Christentum 11, Stuttgart 1981, Sp. 996—1043) Sp. 1007 f.

[108] Von MACKEPRANG (wie Anm. 106) a. a. O. wurde die gekürzte Version nicht wiedergegeben. Sie ist abgebildet bei HAUCK (wie Anm. 1, XX) Abb. 24, die ausführlichere Version ebd. Abb. 25 a und b.

Fig. 12 Der Götterfürst in Raubvogelgestalt im Triumph über das Chaosungeheuer, das in der Randzone einmal von links und einmal von rechts gezeigt ist, aus dem norwegischen Brakteatenhort von Øvre Tøyen, Akershus, 2 : 1. Nach O. RYGH.

ähnlicher Vorstellungen bei den Griechen: „In argivischen Mythen kämpfen Danaos und Gelanor als Wolf und Stier miteinander. Apollo tötet als Wolf die Telchinen, umarmt als Wolf die Kyrene, Leto flüchtet sich als Wölfin vor der Rache der Hera. Poseidon verfolgt als Hengst Demeter, die sich als Stute vor ihm zu flüchten sucht. Nemesis versucht als Fisch, dem Liebeswerben des Zeus zu entflüchten"[109]. Da infolge der Allgottfunktion von Wodan-Odin insbesondere in Südskandinavien auch Jupiterelemente in sein Götterbild integriert wurden[110], konnte der Gestaltwechsel des römischen Staatsgottes zum Adler beim Ganymedraub zum Vorbild für völkerwanderungszeitliche Vogelfibeln werden. Das verdeutlichen die Fibeln von Anderlingen, Kreis Bremervörde (Fig. 13)

[109] ALFÖLDI (wie Anm. 11) S. 30.
[110] HAUCK (wie Anm. 1, XVI) S. 32 f.

aus der 2. Hälfte des 5. Jahrhunderts, die sich jetzt im Niedersächsischen Landesmuseum in Hannover befinden[111].

Fig. 13   Der Götterfürst in der Vogelgestalt der Jupiternachfolge auf der Fibel von Anderlingen, Kreis Bremervörde, 2 : 1. Nach H. W. Böhme.

Zeitabschnitt c): Merowinger- und Vendelzeit

14) Fund, gotländischer Bildstein aus När, Kirchspiel Smiss (Fig. 14)[112]. In der Serie der bildgeschmückten Steine der Insel, die im 5. Jahrhundert beginnt[113], ist dies ein Schlüsseldenkmal. Es zeigt Wodan-Odin als Gott der Regenerationsekstase, zu der auch sein Tanz gehört[114]. Seine

[111] Horst W. Böhme, Die Sachsen und Friesen, in: Roth (wie Anm. 32, S. 203—206) S. 204 f. Nr. 131 d; Hauck (wie Anm. 1, XX) S. 285 f.
[112] Sune Lindqvist, Tre nyfunna bildstenar (Gotländskt Arkiv 27, 1955, S. 41—52); Erik Nylén - Jan Peder Lamm, Bildsteine auf Gotland (Deutsche Übersetzung des schwedischen Originals von Margareta und Michael Müller-Wille) Neumünster 1981, S. 40 f.
[113] Nylén - Lamm (wie Anm. 112) S. 158.
[114] Noch nicht verstanden von Lindqvist (wie Anm. 112) S. 46 ff., dem Nylén - (Lamm) (wie Anm. 112) S. 40 noch folgen. Auf dem Weg zur zutreffenden Einsicht wesentlich Greta Arwidsson (wie Anm. 93) S. 115 mit Abb. 153, ihr folgt mit neuen Gesichtspunkten Hauck (wie Anm. 1, XIX) S. 540; Ders. (wie Anm. 1, XX) S. 267; Ders. (wie Anm. 1, XXI) nach Anm. 87 und 143.

Heilgottfunktion erhellt das Schlangenpaar[115], seine Kriegsfunktion das Knotensignum über ihm mit den drei Tier-Protomen. Daß diese drei Tiere Potenzen der Gottesmacht vergegenwärtigen, beleuchtet die Wiederholung des Raubvogelmotivs in dieser Dreiergruppe. In den Perspektiven des Germania-Textes veranschaulicht der Befund, in welcher Weise die Tiersigna das Geleit göttlicher Macht in den Kampf zu konkretisieren vermochten[116].

Fig. 14 Bildstein aus Smiss, Kirchspiel När, Gotland, des mittleren Typus mit dem Götterfürsten in Regenerationsekstase, Höhe 82 cm. Nach NYLÉN - LAMM.

Wir begnügen uns an dieser Stelle mit einem einzigen Bildbeleg zum Thema: Götterbeistand in der Schlacht[117]. Er ist ausgewählt von den Helmpreßblechen aus dem Umland von Altuppsala als Zeugnis für die

---

[115] So zuerst Greta ARWIDSSON (wie Anm. 114) a. a. O., dann HAUCK (wie Anm. 1, XIX) S. 540.
[116] HAUCK (wie Anm. 11) nach Anm. 21; DERS. (wie Anm. 14) § 6.
[117] Dazu grundsätzlich Guntram BECKEL, Götterbeistand in der Bildüberlieferung griechischer Heldensagen, Waldsassen 1961; SPEYER (wie Anm. 95) S. 55 ff.

Kultpropaganda jenes zentralschwedischen Altarortes für Mars-Wodan und sein göttliches Gefolge[118]. Wir verwenden dazu den

15) Fund, Preßblech eines heroischen Reiterspeerwurfs vom Helm aus dem Aristokratengrab Valsgärde 8, Kirchspiel Altuppsala (Fig. 15)[119]. Das ‚Formular' jener Rettungs- und Siegesepiphanie wiederholt in drei- bis fünffigurigen Varianten einen Kernbestand von drei Hauptgestalten:

a) den Reiter beim Speerwurf, aber
b) tödlich bedroht von einem auf dem Rücken liegenden Gegner, der das Pferd über ihm lebensgefährlich verletzt[120], und dazu:
c) einen zweiten Speerwerfer im Eidolontypus, dessen Tracht nicht zufällig der des Dioskuren-Paares in den Waffentänzer-Szenen von Sutton Hoo (Fig. 10), Altuppsala Osthügel (Fig. 18) und Valsgärde 7 aufs engste verwandt ist[121]. Handelt es sich doch um eine Version des Götterbeistands, den einer der beiden Zwillingsgötter dem Reiter mit Hilfe der Unterstützung seines Speerwurfs leistet[122]. Die bis in die Bild- und Zeremonialwelt des altorientalischen Gottkönigtums zurückreichende Ikonographie der sustentatio wurde bisher nur skizziert, aber nicht geschrieben[123].

Unsere Version (Fig. 15), die auf der linken Seite des Helms Valsgärde 8 in der Zone II über der Stirn des Trägers befestigt wurde[124], hat außerdem noch einen ‚Marschall', der das Pferd des Reiters am Zügel führt und so den Reiter als Herrschergestalt erkennbar werden läßt[125]. Und nicht zuletzt ist der Götterbeistand zugleich dadurch mitgeteilt, daß in wunderbarer Weise ein Raubvogel den Speerwurf steuert. Der Bildge-

[118] HAUCK (wie Anm. 1, XX) S. 286 ff.
[119] Greta ARWIDSSON, Valsgärde 8 (Acta musei antiquitatum septentrionalium regiae universitatis upsaliensis 4, ed. Sune LINDQVIST: Die Gräberfunde von Valsgärde, II) Uppsala 1954, S. 128 mit Abb. 79. Die noch nicht voll geglückte Lesung ist modifiziert und ergänzt bei HAUCK (wie Anm. 1, XX) S. 250 f., 291 ff. mit den Taf. 17—20, Abb. 37—44.
[120] Im Anschluß an ältere Beobachtungen, daß diese Versionen mit einer von Ammianus Marcellinus, XVI c. 12, 22, geschilderten Kampftechnik von germanischen Fußkämpfern zusammenhängt, ist dieses Detail im darstellerischen Kontext zuerst erörtert bei Karl HAUCK, Bildforschung als historische Sachforschung. Zur vorchristlichen Ikonographie der figuralen Helmprogramme aus der Vendelzeit (Geschichtsschreibung und geistiges Leben im Mittelalter, Festschrift für Heinz Löwe, hg. von DEMS. und Hubert MORDEK, Köln - Wien 1978, S. 27—70) S. 30, 60 mit Anm. 23.
[121] HAUCK (wie Anm. 1, XVIII) S. 232 ff., 237 ff., 252 f., 255 ff.
[122] HAUCK (wie Anm. 1, XIX) S. 483, 491 ff.
[123] HAUCK (wie Anm. 1, XVIII) S. 185 ff., 245 ff.
[124] HAUCK (wie Anm. 1, XX) S. 246 ff., 250 ff., 293 ff.
[125] HAUCK (wie Anm. 1, XIX) S. 492 ff.; DERS. (wie Anm. 1, XX) S. 293.

Fig. 15   Reiter-Speerwurf, den der Götterfürst in Raubvogelgestalt steuert und ein
Dioskur stützt, von der linken Stirnseite der Zone II des Helms Valsgärde 8, Höhe des
Bildfeldes 4,6 cm. Zeichnung: H. LANGE. Zur Erleichterung der Lesung ist der Vogel
nochmals herausgezeichnet abgebildet.

danke ist in gewissem Sinn vorweggenommen von Prägungen Hadrians,
die mit der Umschrift PROVIDENTIA DEORVM vom Adler Jupiters
das Langszepter des Gottes bringen lassen[126]. Auch entspricht die Konzeption antiken Vorstufen vom polytheistischen Göttergeleit der Kaiser[127]. Die ostskandinavische Bildformel vereint dabei offenbar die

---

[126] P. L. STRACK, Untersuchungen zur römischen Reichsprägung des zweiten Jahrhunderts. Teil II: Die Reichsprägung zur Zeit des Hadrian, Stuttgart 1933, S. 44 f.
Nr. 554; Andreas ALFÖLDI, Die monarchische Repräsentation im römischen Kaiserreiche, Darmstadt 1970, S. 232 mit Taf. 15, 4 und 5.

[127] HAUCK (wie Anm. 1, XVIII) S. 245 ff.; DERS. (wie Anm. 1, XX) S. 272 ff.

Wiedergabe des Götterfürsten in Raubvogelgestalt und eines Dioskuren beim Vollzug der sustentatio des Speerwurfs. Die Szene ist das eindringlichste Zeugnis des 7. Jahrhunderts für die Götter, *quos,* so müssen wir da den taciteischen Relativsatz modifizieren, *adesse bellantibus credunt.* Richtet man über den Dioskuren als Boten- und Begleitgott hinweg den Blick allein auf den Mars-Wodan in Vogelgestalt, was Varianten wie die des Eberhelmreiters von dem gleichfalls uppländischen Helm Vendel I rechtfertigen[128], so gilt in jenen Zeugnissen des 7. Jahrhunderts bereits die Glaubensvorstellung, die Adam von Bremen um 1070 mit den Worten über den Mars von Altuppsala aufzeichnete: ... Wodan, id est furor, bella gerit hominique ministrat virtutem contra inimicos[129].

IV
Zeitabschnitte a) und b): Frühe Kaiserzeit und Völkerwanderungszeit

Auch unsere letzte Textgruppe bietet zwei unterschiedliche Blickrichtungen für die Parallelisierung mit Bildzeugnissen. Zunächst erlaubt der Text, Ausschau zu halten nach germanischen Heroen, die beim Aufmarsch zur Schlacht in Liedern gepriesen werden, dann aber erfordert der *barditus* als Schildgesang Beachtung. Für beide Blickpunkte gibt es bei Ammianus Marcellinus analoge Aussagen des 4. Jahrhunderts. Allerdings sooft Ammian auf den *barritus* zu sprechen kommt, das Schildgesangdetail bleibt bei ihm unerwähnt[130]. Bei Tacitus werden die Germanen mit ihren Schlachtgesängen und ihren wechselnden Gemütslagen so geschildert: ,Es gibt bei ihnen auch noch Lieder, durch deren Absingen, den sogenannten *barditus,* sie ihren Mut anfeuern und den Ausgang eines bevorstehenden Kampfes allein schon aus dem Klang deuten. Denn sie erregen Schrecken oder haben selber Angst, je nachdem der Gesang der

---

[128] Zu der Variante vom Helm Vendel I zuerst HAUCK (wie Anm. 120) S. 46 f., 65 mit Anm. 82 und den Abb. 26 f.; DERS. (wie Anm. 1, XIX) S. 480 f. mit Fig. 3, 483, 487, 521; DERS. (wie Anm. 1, XX) S. 270 ff. Abb. 19 a und b.

[129] Magistri Adam Bremensis gesta Hammaburgensis ecclesiae pontificum (Monumenta Germaniae historica. Scriptores rer. germ. in us. schol., hg. von Bernhard SCHMEIDLER) Hannover und Leipzig ³1917, IV c. 25 f. S. 257.

[130] S. die Nachweise bei MUCH - JANKUHN - LANGE (wie Anm. 2) S. 78 ff.

Kämpferreihe war; sie sehen hierin ja nicht lediglich Stimmen als vielmehr den Einklang ihres Mannesmuts. Sie haben es dabei vor allem auf
ein rauhes Tönen und dumpfes Hervorstoßen abgesehen; darum halten
sie ihre Schilde vor den Mund, damit die Stimme durch den Widerhall
voller und wuchtiger anschwillt'[131].

Bei der Heldenpreisung vor der Schlacht liefert dagegen Ammianus
Marcellinus den bedeutsameren Beleg, den er bemerkenswerterweise mit
einer *barritus*-Schilderung des germanisierten Römerheeres verbindet,
wenn er von den Goten vor dem Kampfbeginn 377 sagt: ‚So rückten die
Schlachtreihen allmählich einander näher, vorsichtig Schritt vor Schritt
setzend. Dann erhoben die Römer ihr Kriegsgeschrei, *barritus* mit
Namen, das leise anfängt und dann immer lauter anschwillt, und stärkten dadurch noch ihren Mut; die Barbaren aber priesen in wüstem Ge-
schrei die Taten ihrer Ahnen, . . .'[132].

Zeitabschnitt c): Merowinger- und Vendelzeit

Bei der Vorlage der Bildzeugnisse folgen wir der Reihenfolge bei
Ammian und kommen zuerst auf den *barritus-barditus* als Schildgesang
zu sprechen und dann auf die Heldenzitation.

16) Fund, Preßbleche mit der Schildgesangszene von der Zone I der
rechten Helmseite aus dem Grab Valsgärde 7 (Fig. 16), die dort sechsmal
hintereinander wiederholt wird[133]. Die größte Aufmerksamkeit angesichts des Tacitus-Texts bietet die Bildentsprechung zu seinen Worten
obiectis ad os scutis. Am stärksten werden wir davon überrascht, erneut

---

[131] MÜLLER (wie Anm. 2, 1980) S. 85.
[132] Ammiani Marcellini Rerum gestarum libri qui supersunt, ed. W. CLARK, Berlin
1910—15, XXXI c. 7, 11 S. 574 Z. 4—9: . . . *ergo ubi utrimque acies cautius ince-
dentes, gressu steterunt immobili, toruitate mutua bellatores luminibus se contue-
bantur obliquis. et Romani quidem uoce undique Martia concinentes, a minore
solita ad maiorem protolli, quam gentilitate appellant barritum, uires ualidas erige-
bant. barbari uero maiorum laudes clamoribus stridebant inconditis,* . . . Vgl. auch
grundsätzlich N. J. E. AUSTIN, Ammianus on Warfare. An Investigation into Ammianus' Military Knowledge (Collection Latomus, Vol. 105) Bruxelles 1979.
[133] Greta ARWIDSSON (wie Anm. 93) S. 23 mit Abb. 24 f. vor S. 25, 118 mit Abb. 110—
115 nach S. 112. In Zone I sind es zwar nur 5 Felder, aber dazu kommt noch das
1. Feld von Zone II im Nacken, das die Szene gleichfalls in Überresten zeigt. Daß
sich die Lesung noch verbessern läßt, erhellt exemplarisch HAUCK (wie Anm. 1, XX)
S. 302 mit Abb. 68—70; DERS. (wie Anm. 11) nach Anm. 102.

einer Epiphanie des Kriegsgottes in Vogelgestalt bei dem Vollzug des
Rituals zu begegnen. Zu ihr kann genauso, wie diese Darstellung und
andere bezeugen, das Schlangengeleit gehören[134], auf das wir schon in der
Darstellung des gotländischen Bildsteins (Fig. 14) bei der menschengestaltigen Version des Gottes stießen. Auch sie ist nicht ohne Seitenstücke[135]. Wir begnügen uns mit einer Beschreibung dieser erstaunlichen
Szene (Fig. 16), ohne die archaischen Zusammenhänge voll auszu-
schöpfen, auf die sie uns den Blick freigibt[136].

Fig. 16 Epiphanie des Götterfürsten in Raubvogelgestalt mit Schlangengeleit beim
Vollzug des Schildgesang-Rituals von der rechten Seite der Zone I des Helms Valsgärde 7, Höhe des Bildfeldes 5,2 cm. Nach G. Arwidsson.

Dieser vorerst singulären Zeugnisgruppe vom Schildgesang ließe sich
zwar eine Reihe von Heldenzitationen anschließen, aber es gibt unter
ihnen nur eine einzige, bei deren Identifizierung wir heute schon Gewißheit erlangen. Denn die heidnische Heldensage befindet sich ganz im

[134] Hauck (wie Anm. 120) S. 47 ff.
[135] Ebd. Taf. XVIII und XX.
[136] Damit ist angesprochen, daß wir durchaus vor weiteren offenen Fragen stehen.

Frühstadium der Erforschung[137]. Infolgedessen halfen nur besonders günstige Voraussetzungen dazu, mündliche Überlieferung historisch mit Bilddenkmälern so zu erreichen, daß wir einen bestimmten Heldennamen nennen dürfen. Diese Gunst der Traditionsbedingungen ergab sich aus dem Zusammentreffen von ostskandinavischer Heldenherkunft für die Hauptgestalt des frühen angelsächsischen Buchepos und Entsprechungen in Bildbelegen des 6. Jahrhunderts aus Öland und des 7. Jahrhunderts aus Uppland. Jene Bildzeugnisse aus Schweden führen gleichfalls auf jenen Helden als Bärensohn, zu dem wir auch noch eine ostanglische Wolfsohnvariante in Sutton Hoo besitzen. Der Name jenes Helden wurde bereits 1937 von Rudolf Much in seinem Germaniakommentar grundsätzlich bei der Kommentierung der Liedpreisung durchaus in Betracht gezogen, die den hervorragendsten aller tapferen Helden ... *primumque omnium virorum fortium* zitierte. Allerdings dachte Much ähnlich wie Eduard Norden und andere dabei in erster Linie an Sigfrid-Sigurd[138]. Wurzele doch dieser Held „sicher schon im germanischen Altertum". Auch werde es nahegelegt, an dessen Urform hier zu denken, „durch dessen Beziehung zu den Rheingegenden"[139].

Im Gegensatz zu Rudolf Much begrenzen wir unser Beweisziel skeptischer auf einen Helden der Übergangsepoche, der so hervorragte, daß er der Kategorie nach für die Heldenzitation zu erwägen ist, ohne daß er für den Germaniahorizont bereits diskutiert werden müßte. Durch diese Eingrenzung werden nicht bloß die Bedenken gegenstandslos, die Much aussprach, wenn er argumentierte, für die Heldenzitation komme „nur aus örtlichen Gründen" weniger „ein Urbild des Beowulf in Betracht". Vielmehr werden dessen seegermanische Raumbeziehungen gerade zur Chance, mit den Überlieferungstrümmern, die wir besitzen, neue Einsichten zu gewinnen. Wenn Much Beowulf nannte, so deswegen,

---

[137] Vgl. die beiden Bände: Zur germanisch-deutschen Heldensage (Wege der Forschung 14, hg. von Karl Hauck) Darmstadt 1965, und: Europäische Heldendichtung (Wege der Forschung 500, hg. von Klaus von See) Darmstadt 1978, sowie Karl Hauck, Bilddenkmäler § 9 zur Heldensage (Hoops, wie Anm. 9, 2, ²1976, S. 577—598); dens. (wie Anm. 120) S. 46 f.; dens. (wie Anm. 1, XVIII) S. 170 mit weiterer Literatur.

[138] Much - Jankuhn - Lange (wie Anm. 2) S. 76. Die Gedanken von Much versucht, in neuer Weise, jedoch mit durchaus anderen Intentionen, weiterzuführen Otto Höfler, Siegfried, Arminius und der Nibelungenhort (Österreichische Akademie der Wissenschaften. Philosophisch-Historische Klasse. Sitzungsberichte, 332. Band) Wien 1978.

[139] Much - Jankuhn - Lange (wie Anm. 2) S. 76.

weil er „als Verkörperung des Märchentypus vom Bärensohn oder starken Jungen" kämpfe und unheilabwehrend, „ἀλεξίκακος wie Herakles" sei. „Um mit diesem zusammengeworfen zu werden, bedurfte es übrigens kaum besonderer Ähnlichkeiten, da man die hervorragendsten Helden anderer Völker mit seinem Namen zu bedenken gewohnt war"[140]. Anders als MUCH sind wir nicht bloß auf Rückschlüsse angewiesen. Denn den Zugang zu der älteren Überlieferungsschicht eröffnen die Bildzeugnisse, die vor dem Religionswechsel entstanden und deren Zahl sich seit der Veröffentlichung von Valsgärde 7 und 8 sowie Sutton Hoo bemerkenswert vermehrt hat[141].

Noch der Überlieferungszusammenhang des Beowulf als christliches Buchepos, dessen Datierung bis heute umstritten ist, auch wenn man vielleicht mit dem frühen 8. Jahrhundert rechnen darf[142], weist auf die ältere vorchristliche Schicht zurück. Steht doch der Epostext in einem Sammelmanuskript mit ‚monster'-Fabeln wie etwa dem liber monstrorum[143]. Das aber erklärt sich daraus, daß der archaische Heldenname auch noch nach der Christianisierung in seiner Altertümlichkeit verstanden wurde[144]. Dieses Verständnis aber geht parallel mit der Erkenntnis der neueren Personennamenforschung: „Die theriophoren Anthroponymika sollten vor allem ihre Träger selbst als Tiere benennen ... Wenn sich vereinzelte Zeugnisse für altenglisch Biuulf, Beulf, fränkisch Biulf finden, so sind das nur Nachbenennungen des Heldennamens Beowulf, der als Noawort ‚Bienenwolf = Bär' mythischer Herkunft ist"[145]. Wir erreichen mit diesem Beispiel auch in der heroischen Überlieferung der Seegermanen „die theriomorphe Weltbetrachtung" mit ihren „Mensch-Tier-Metamorphosen"[146]. Daher kann ein solcher Held

---

[140] Ebd. a. a. O.

[141] S. oben Anm. 93, 119 sowie 73, 1978.

[142] Rosemary J. CRAMP - Th. FINKENSTAEDT - R. T. FARELL, Beowulf (HOOPS, wie Anm. 9, 2, ²1976, S. 237—244); vgl. auch die Beiträge in VON SEE (wie Anm. 137) S. 18 f., 45 ff., 56, 187, 191.

[143] Nora K. CHADWICK, The monsters and Beowulf (The Anglo-Saxons. Studies in some Aspects of their History and Culture presented to Bruce Dickins, ed. Peter CLEMOES, London 1959, S. 171—203) S. 178 ff.; Heinrich BECK, Das Ebersignum im Germanischen. Ein Beitrag zur germanischen Tier-Symbolik (Quellen und Forschungen zur Sprach- und Kulturgeschichte der germanischen Völker. Neue Folge, hg. von Hermann KUNISCH 16 [140]) Berlin 1965, S. 14 f.; FINKENSTAEDT (wie Anm. 142) S. 238 § 3.

[144] Nora K. CHADWICK (wie Anm. 143) S. 178 f.

[145] MÜLLER (wie Anm. 99) S. 211.

[146] ALFÖLDI (wie Anm. 11) S. 27 ff.; vgl. auch zum Folgenden die reiche Material-

oder doch sein Elternpaar ebenso als Bär wie als Mensch abgebildet werden, ähnlich wie der göttliche Schamane bald als Raubvogel, bald als Schlange oder noch als ein anderes Tier dargestellt wird[147]. Mit diesen Vorbemerkungen ist bis auf die Erörterung einer wesentlichen Analogie, zu der ich anderwärts bereits das Wort genommen habe[148], der Weg dazu bereitet, die Bildszene mit dem Helden zwischen einem Bärenpaar zu verstehen. Wir kennen sie fragmentarisch von der Stirnpartie der Zone III des Helms aus dem Grab Valsgärde 7, Kirchspiel Altuppsala, also aus dem 7. Jahrhundert[149] und, ungewöhnlich gut erhalten, von einem Preßblechmodel aus dem bereits oben genannten öländischen Sakralort Torslunda, aus dem auch der 8) Fund, der stark abgenutzte Model mit dem Mars-Wodan (Fig. 7 a und b) als Waffentänzer stammt[150].

17) Fund, Preßblech-Prägeplatte mit einem Mann zwischen einem Bärenpaar aus Torslunda (Fig. 17); der trapezoide, nicht rechteckige Umriß des Models, der in der hier gebrachten Zeichnung unberücksichtigt blieb, weist auf dessen Verwendung zur Herstellung von Preßblechen für Kammhelme[151]. Zur Bestimmung des Themas half, wie die Kriminalisten sagen, der Kommissar Zufall entscheidend. In einem meiner letzten Erlanger Jahre gewann im Nürnberger Zoologischen Garten in einem langen Winter mit zahlreichen fast besucherfreien Tagen der Wärter eines Eisbärenpaares so sehr das Zutrauen der Tiere, daß sie ihn wie einen der Ihren liebkosten und zärtlich seine Ohren leckten. Das Photo dieser Szene gelangte so in die Lokalpresse, die ich in Erlangen las[152]. Die Parallelität zwischen dem im 20. Jahrhundert photographisch

sammlung von Gerhard BINDER, Die Aussetzung des Königskindes Kyros und Romulus (Beiträge zur klassischen Philologie 10, hg. von Reinhold MERKELBACH) Meisenheim am Glan 1964, S. 236 (Das Märchen vom Bärensohn).

[147] Heimskringla Snorra Sturlusonar (Íslensk fornrit 26, ed. Bjarni AÐALBJARNARSON) Reykjavik 1941, S. 17 f.; DEROLEZ (wie Anm. 61) S. 263; TURVILLE-PETRE (wie Anm. 61) S. 61; STRÖM (wie Anm. 61) S. 125; ELIADE (wie Anm. 61) S. 142.

[148] Das ist das Wolfsohn-Motiv der Börse von Sutton Hoo, s. dazu HAUCK (wie Anm. 11) nach Anm. 142.

[149] Greta ARWIDSSON (wie Anm. 93) S. 120 Blech F mit Abb. 139—142; HAUCK (wie Anm. 1, XIX) S. 495 f. Fig. 24; DERS. (wie Anm. 161) Anhang I (mit verbesserter Auswertung).

[150] S. oben Anm. 32; BECK (wie Anm. 73) S. 238 ff., 242; BRUCE-MITFORD (wie Anm. 73, 1974) S. 215 ff.; HAUCK (wie Anm. 120) S. 37, 40, 45, 56.

[151] Torsten CAPELLE - Hayo VIERCK, Modeln der Merowinger- und Wikingerzeit (Frühmittelalterliche Studien 5, 1971, S. 42—100) S. 42 f.; Birgit ARRHENIUS (wie Anm. 32) S. 262 Nr. 198 a.

[152] Veröffentlicht von HAUCK (wie Anm. 11) nach Anm. 152.

Fig. 17   Der ‚Bärensohn', kosend umspielt von einem Bärenpaar, aus dessen wärmender
Nähe er durch die Tötung des Tiervaters ausbricht. Preßblechmodel aus Torslunda,
Modelhöhe 4,5 bzw. 4,6 cm. Nach. R. BRUCE-MITFORD.

objektivierten Tierverhalten und dem Modelbefund des 6. Jahrhunderts
(Fig. 17) ist schlagend. Sie verändert die bisherige Einschätzung des
Motivs, bei der man fest mit der Bedrohung des Mannes durch die
riesenhaften Tiere rechnete[153]. Beantworten doch die konventionellen
Darlegungen nicht die Frage, warum der Bärenkämpfer, obwohl er in
jeder Hand eine Waffe hat, nur eines der beiden Tiere angreift, wenn er
sich aus der angeblichen Bedrohung heraushaut. In Wirklichkeit ist die
Darstellung mehrschichtig. Sie blickt in dem gegensätzlichen Verhalten
der Helden gegenüber den spiegelgleichen Tieren zurück auf eine vor-
ausgehende Zeit der Liebkosung. Wie das ohne die folgende dramatische
Wendung aussieht, erhellt ebenso das Eisbärenbild des 20. Jahrhunderts
wie die Szene mit dem Wolfsohn-Pendant auf der Königsbörse von
Sutton Hoo[154]. In der Dreiergruppe des Models (Fig. 17) ist der Mensch
als Bären-Ziehsohn charakterisiert, die Bären aber sind womöglich als

[153] BECK (wie Anm. 73) S. 238 ff., 242: „Die Begegnung mit den jagdbaren Tieren wird
ein Gleichnis für den heldenhaften Kampf, in dem der Mensch das Rätsel des Todes
und Lebens geheimnisvoll erfahrend Jäger und Gejagter zugleich sein kann"; Otto
HOLZAPFEL, Stabilität und Variabilität einer Formel. Zur Interpretation der Bildformel ‚Figur zwischen wilden Tieren' mit besonderer Berücksichtigung skandina-
vischer Beispiele (Mediaeval Scandinavia 6, 1973, S. 7—38) S. 26 ff.
[154] S. oben Anm. 152 und 148.

tiergestaltige Menschen durch ihre auffallenden Halsringe gekennzeichnet, die sich als Verwandlungsringe verstehen lassen[155]. Da Bilddarstel-
lungen aber verschiedene Zeitphasen zusammen sehen müssen[156], wird
mit den spiegelgleichen Bären (Fig. 17) das Thema Bärensohn mit der
Zärtlichkeitsgebärde wiedergegeben, mit dem erhobenen Dolch und dem
Schwert im Leib des rechten Tiers jedoch der spätere Angriff auf den
Bärenvater, auf den sich der Tänzer zubewegt. Bereits im Jahre 1910
berücksichtigte Friedrich PANZER „mehrfache Fassungen" des Bärensohn-
märchens mit dem Motiv der Vatertötung[157]. Sein Beowulf-Buch erwies,
daß jene Märchen-Varianten von den angelsächsischen Hofdichtern als
Heldendichtung gestaltet worden sind[158]. Damit war die literarisch auf-
gezeichnete Überlieferung bereitgestellt, welche die Identifizierung des
Mannes zwischen dem Bärenpaar auf der seit 1870 bekannten Torslunda-
Prägeplatte (Fig. 17) ermöglichte[159]. Kurz, bei den Seegermanen erfüllt
die heidnische Heldensage vom Bienenwolf und Bärensohn in mündlicher
Tradition, die uns die bisher unerkannten Bildbelege aus Schweden
spiegeln, durchaus die Bedingung der Zitation des hervorragendsten
Helden mit einer seiner Kraft- und Machttaten vor der Schlacht[160]. Setzt
doch die Prägeplatte die Bildmagie mit diesem Thema auf Fürsten-
helmen ebenso voraus, wie die Preßblechbruchstücke der Szene auf
Valsgärde 7, die mit einem anderen Model hergestellt wurden, sie bis in
unsere Gegenwart überliefern[161].

[155] S. auch Gunter MÜLLER, Zum Namen Wolfhetan und seinen Verwandten (Frühmittelalterliche Studien 1, 1967, S. 200—212).

[156] Zu den gesteigerten Möglichkeiten des christlichen Mittelalters, die zeitliche Dimen-
sion in die Darstellungsebenen zu integrieren, exemplarisch Bruno REUDENBACH,
In mensuram humani corporis (Text und Bild, wie Anm. 1, XVI, S. 651—680)
S. 658 ff.

[157] Friedrich PANZER, Studien zur germanischen Sagengeschichte 1: Beowulf, München
1910, S. 23.

[158] Ebd. S. 254; FINKENSTAEDT (wie Anm. 142) § 6 S. 240; FARRELL (wie Anm. 142)
§ 11 S. 243. Zur Bjarkiliedüberlieferung zuletzt Klaus VON SEE, Húskarla hvǫt.
Nochmals zum Alter der Bjarkamál (Speculum Norroenum. Norse Studies in
Memory of Gabriel Turville-Petre, ed. by Ursula DRONKE und anderen, Odense
1981, S. 421—431).

[159] Zu den altnordischen Bezeichnungen des Kampfes als Spiel und Tanz, die hier
interessieren, BECK (wie Anm. 73) S. 245 ff.

[160] Zur Frage nach anderen Helden vergleichbaren Ranges auf den Bilderfolgen der
Helme s. vorläufig HAUCK (wie Anm. 120) S. 46 f.

[161] Auf den Kontext der Beowulfbilder in der Zone III des Helms Valsgärde 7 wird
eingehen Karl HAUCK, Tierkämpfe. Die historische Umwelt der heidnischen Beo-
wulfsage (Nachrichten der Akademie der Wissenschaften in Göttingen I. Philologisch-historische Klasse. Jahrgang 1982) im Druck.

V
Rückblick und Ausblick

Wir sehen nunmehr auf die Wegstrecke durch drei Epochen zurück, für die wir die siebzehn Beispiele unseres Katalogs von Bildbelegen ebenso als Schrittsteine benutzten wie einige literarische Zeugnisse vor allem der frühen Kaiserzeit. Wenn wir die Merowinger- bzw. Vendelzeit als Epoche noch mit in die Germania-Auswertung einbezogen und dann doch an der Schwelle des 8. Jahrhunderts haltmachen, so deswegen, weil wir, wie etwa Sune LINDQVIST, um nur ihn zu nennen, mit dem Ausgang der Subspätantike im Norden am Ende der Vendelzeit rechnen. ‚Leitfossil' für die Fortdauer von Elementen der Kaiserzeit bis in den Horizont der augustalen Hügelmausoleen in Altuppsala sind die Kammhelme. Wird doch in ihnen ein Kaiserhelm des konstantinischen Jahrhunderts in Nachfolgeformen wiederholt, zu dessen Ausgestaltung in Altuppsala und seinem Umland auch die Bildprogramme mit dem Mars-Wodan (Fig. 7 a und b) und seinen Helden (Fig. 16 und 17) gehören. So ist es denn kein Zufall, daß uns selbst aus der Brandbestattung des Osthügels am Fyrisfluß ein Preßblechfragment mit dem Waffentanz der Zwillingsgötter (Fig. 18) erhalten blieb, die jenes von Tacitus geschilderte Ritual der Jungmannschaften exemplarisch vollziehen. Dieses Fragment wird als werkstattgleich mit dem Waffentänzer-Model vom Königshelm des Schiffsgrabes 1 in Sutton Hoo (Fig. 10) angesehen[162], der den Vorstufen des Jahrhunderts Konstantins näher steht als alle anderen uns bekannten Kammhelme des Nordens[163]. Es wäre verfehlt, diese Befunde nur als technische Übernahme einzustufen. Hat doch das Bild des Kaisers von Festprägungen des frühen 4. Jahrhunderts als Idealtypus des *Eques Romanus* und *secundus Castor*[164] zur Vorlage für Dioskurendarstellungen der goldenen Götterbildanhänger gedient, die ebenso eindringlich von Elementen der Übernahme geprägt sind wie sie zugleich als Bildurkunden des Mündigwerdens der Nordwelt verstanden werden können[165].

[162] BRUCE-MITFORD (wie Anm. 73, 1978) S. 214; zur Lesung HAUCK (wie Anm. 1, XX) S. 306 f., zur Auswertung ebd. S. 286 ff.
[163] BRUCE-MITFORD (wie Anm. 73, 1978) S. 225.
[164] Ernst Hartwig KANTOROWICZ, Constantinus Strator, Marginalien zum Constitutum Constantini (Jahrbuch für Antike und Christentum, Ergänzungsband 1, Festschrift für Theodor Klauser, Münster/W. 1964, S. 181—189) S. 187 f.
[165] HAUCK (wie Anm. 11) nach Anm. 80.

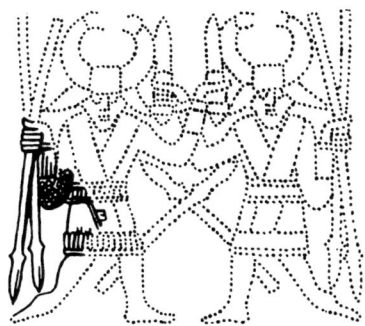

Fig. 18   Die dioskurischen Zwillinge als Götter in Uniform beim Waffentanz, dessen Springbewegung um bzw. über in ‚den Boden' gesteckte Speere vollführt wird. Rekonstruktion des Models, das für die Bilderfolgen des Königshelms aus dem Osthügel von Altuppsala verwendet wurde. Zeichnung: H. LANGE.

In dem Ausblick sei die Frage beantwortet, ob solche Entsprechungen zwischen kaiserzeitlichen Texten des Südens und Bildzeugnissen des Nordens auch bei Überlieferungen zu finden sind, die nicht in der taciteischen Germania berücksichtigt wurden. Daß das in der Tat in günstigen Fällen möglich ist, wird durch eine Mitteilung aus dem 4. Buch von Appians Römischer Geschichte erwägbar. Sie lautet, daß die Germanen Ariovists den Tod verachteten ‚aus der Hoffnung auf Wiederbelebung (θανάτου καταφρονηταὶ δι' ἐλπίδα ἀναβιώσεως)'[166]. Wohl stammen die entsprechenden Bildbelege erst aus der Völkerwanderungszeit. Jedoch ist Wiederbelebung ein zentrales Thema der goldenen Götterbildanhänger Südskandinaviens. Das sei hier exemplarisch mit der Darstellung des Götterfürsten der Goldamulette aus dem Hort von Sjöändan, Bohuslän (Fig. 19), veranschaulicht[167]. Wird doch dort das Ohr des Opfertieres, auf dessen Rolle das Altargestell vor dem rechten Rand hinweist, im Mund des Gottes gezeigt. Mit dieser Gott-Pferd-Verknüpfung wird der Augenblick wiedergegeben, in dem der in die Ohröffnung eindringende Gottesatem dem Tier das Leben neu schenkt, daß es sich wiederzuerheben

---

[166] Appian's Roman History with an English translation by Horace WHITE, 1 (The Loeb Classical Library) Cambridge, Mass., 1964, IV c. I, 3 S. 102; Carolus CLEMEN, Fontes historiae religionis germanicae (Fontes historiae religionum ex auctoribus graecis et latinis collectos, 3) Berlin 1928, S. 14 Z. 6 ff.; BETZ (wie Anm. 45) Sp. 1574.

[167] MACKEPRANG (wie Anm. 37) S. 46, 171 f. Nr. 285 Taf. 10, 2; HAUCK (wie Anm. 1, XIX) S. 592 ff.

vermag[168]. Daß in der Epoche theriomorpher Weltansicht mit ihren
Mensch-Tier-Metamorphosen, die im Norden erst mit der Christianisierung zu Ende geht, die gleichen Vorstellungen auch angesichts des
menschlichen Todes galten, veranschaulichen die gotländischen Bildsteine des 5. bis 7. Jahrhunderts mit ihren sonnenhaften Wirbelrädern
als Verheißungen der ewigen Wiederkehr[169]. Infolgedessen treffen wir
unter ihnen, wie bereits besprochen, auch auf das Schlüsseldenkmal aus
Smiss, Kirchspiel När (Fig. 14), das die Regenerationsekstase des Götterfürsten rühmt[170].

Fig. 19 Der Götterfürst bei der Wiederbelebung des Opfertiers in Pferdegestalt aus
dem westschwedischen Brakteatenhort von Sjöändan, Bohuslän, 3 : 1. Zeichnung:
H. Lange. Unter den Diadembandenden ist ein Altargestell wiedergegeben.

[168] Ebd. S. 590 ff., 594 ff.
[169] Nylén - Lamm (wie Anm. 112) S. 20; Hauck (wie Anm. 14) § 6.
[170] S. oben nach Anm. 111; Hauck (wie Anm. 1, XXI) nach Anm. 87 und 143.
    Grungedanken der obigen Ausführungen habe ich bereits auf dem 10. internatio-
    nalen Historikerkongreß 1955 in Rom vorgetragen. Die langen Wartezeiten bis zu
    den definitiven Veröffentlichungen des Aristokratenhelms Valsgärde 7 1977 und des
    Königshelms von Sutton Hoo 1978, ohne die sich das Manuskript nicht abfassen
    ließ, haben die Reifung der hier vorgelegten Einsichten gefördert.

Hadrian als *pater patriae* und die Verleihung des Augustatitels an Sabina

von WERNER ECK, Köln

Die *recusatio* der Macht gehörte zu den politischen Stilmitteln fast aller Kaiser, seit Augustus unter äußerem Widerstreben sich im Januar des J. 27 v. Chr. bereit erklärt hatte, einen Teil der Sorge um die res publica zu übernehmen[1]. Diese *recusatio* konnte sich jedoch nicht nur auf die Macht allgemein richten, sondern auch einzelne Teile der Ausgestaltung der herrscherlichen Stellung betreffen. So hat Tiberius das Praenomen imperatoris zurückgewiesen, was für seine Nachfolger aus dem julisch-claudischen Haus stilbildend geworden ist[2]. Nicht die gleiche Wirkung hatte seine Weigerung, den Titel *pater patriae* anzunehmen[3]. Denn obwohl Caligula zunächst auf diese schmeichelhafte Bezeichnung verzichtete, akzeptierte er sie bereits im Laufe des Jahres 38[4]. Sein Verhalten findet sich dann fast bei allen folgenden Herrschern: zunächst wird die Aufnahme von *pater patriae* in die Titulatur abgelehnt, nach einem zumeist nicht sehr langen Zeitraum aber wird dieser Teil der kaiserlichen Selbstdarstellung gegenüber den Untertanen unbestritten angenommen[5]. Dieses nicht nur formal, sondern politisch-atmosphärisch

---

[1] J. BÉRANGER, Le rufus du pouvoir. Recherches sur l'aspect idéologique du principat, MusHelv. 5, 1948, 178 ff. = DERS., Principatus, Genf 1973, 165 ff.

[2] M. HAMMOND, The Augustan Principate, New York 1968, 48 ff.; P. GRENADE, Essai sur les origines du principat. Investiture et renouvellement des pouvoirs impériaux, Paris 1961, 394 ff.

[3] Suet. Tib. 26, 2; 50, 3; Tac ann. 1, 72, 2; Cass. Dio 57, 8, 1; vgl. A. ALFÖLDI, Der Vater des Vaterlandes im römischen Denken, Darmstadt 1971, 72 ff.

[4] Cass. Dio 59, 3, 2.

[5] Vgl. etwa Cass. Dio 60, 3, 2 für Claudius; Suet. Nero 8; Vesp. 12.

durchaus bedeutsame Verhalten finden wir auch noch bei Traian[6] und
Hadrian. Besonders der letzte hat zehn Jahre gewartet, bis er sich zur
Übernahme des Titels entschloß, nachdem er ihn wiederholt zurückge-
wiesen hatte.

HA v. Hadr. 6, 4: *Patris patriae nomen delatum sibi statim et iterum
postea distulit, quod hoc nomen Augustus sero meruisset.* Euseb-Hieronymus, Chronik z. J. 2144 Abr. = 128 n. Chr. (HELM): *Imperator Hadrianus pater patriae appelatur et uxor eius Augusta.* Diese Aussage der
spätantiken Chronik, die sich in der gleichen Zeit noch öfter findet[7], ist
sowohl hinsichtlich des Konnexes der Übernahme der Bezeichnung *pater
patriae* durch Hadrian und der Verleihung des Augustatitels an seine
Gemahlin Sabina als auch der chronologischen Fixierung ins Jahr 128
weithin akzeptierte Meinung der Forschung[8]. Vor kurzem hat
H. TEMPORINI diese erneut bekräftigt und aus einer Durchmusterung der
Fälle des 1. und 2. Jh. die Ansicht gewonnen, „daß die Frau eines
Augustus Augusta wurde, um zusammen mit dem Augustus und *pater
patriae* gewissermaßen ein Paar von *parentes patriae* zu bilden"[9]. Diese
Meinung wird vor allem durch das Beispiel Hadrians und Sabinas und
durch einen Verweis auf einen angeblich gleichartigen Befund unter
Traian gestützt. Plinius weise in seinem Panegyricus daraufhin, der
Senat habe zwar Plotina, der Gattin Traians, und Marciana, der Schwester des Kaisers, das cognomen Augusta angeboten. Sie hätten es aber
zurückgewiesen, *quamdiu appelationem patris patriae tu recusasses, seu
quod plus esse in eo iudicabant, si uxor et soror tua quam si Augustae
dicerentur*[10]. Daraus ergebe sich deutlich, daß zwischen der Annahme des

---

[6] Plin. pan. 21 und P. L. STRACK, Untersuchungen zur römischen Reichsprägung des
zweiten Jahrhunderts. Teil I: Die Reichsprägung zur Zeit des Traian, Stutt. 1931,
20 mit weiteren Hinweisen.

[7] Etwa Chron. Pasch. z. J. 126; Synkellos p. 659 (DINDORF); Oros. 7, 13, 3: *idemque
continuo pater patriae in senatu ultra morem maiorum appellatur et uxor eius
Augusta*; trotz der irrigen Datierung der Annahme des Titels *pater patriae* in den
Beginn der Regierungszeit ist auch hier dieses Ereignis mit der Übertragung des
Augustatitels an Sabina kombiniert.

[8] Vgl. etwa W. WEBER, Untersuchungen zur Geschichte des Kaisers Hadrianus, Leipzig 1907, 200 A. 710; J. VOGT, Die alexandrinischen Münzen, Stutt. 1924, 102;
H. BENGTSON, Abriß der römischen Geschichte, München ²1970, 339; A. CARANDINI,
Vibia Sabina, Florenz 1969, 72; M. K. THORNTON, ANRW II 2, Berlin 1975,
439 ff.; A. GARZETTI, From Tiberius to the Antonines, London 1974, 395.

[9] H. TEMPORINI, Die Frauen am Hofe Traians. Ein Beitrag zur Stellung der Augustae
im Prinzipat, Berlin 1978, 23 ff.; das Zitat S. 36.

[10] Plin. pan. 84, 6.

pater patriae-Titels durch Traian und der Bezeichnung Augusta für Gattin und Schwester des Kaisers ein innerer Zusammenhang bestanden habe[11].

Für die verschiedenen Formen kaiserlicher Präsentation wäre diese Beobachtung ein hochbedeutsamer Tatbestand, wobei nicht nur das Faktum zählen würde, sondern vielleicht noch mehr die Wirkung, die dadurch auf die Umwelt erzielt wurde. So ist zu fragen, was sich in der einen wie in der anderen Hinsicht tatsächlich zeigen läßt. Außer der schon erwähnten Pliniusstelle sowie den spätantiken Zeugnissen für das Jahr 128 (auf die gleich einzugehen sein wird) finden sich freilich in der gesamten literarischen Überlieferung keine Hinweise, die irgendeine Verbindung zwischen beiden Akten herzustellen erlauben. Unmittelbar gegeben ist ohnehin nur der rein z e i t l i c h e Zusammenhang, den Euseb - Hieronymus und andere spätantike Autoren zwischen *pater patriae* bei Hadrian und dem Augustatitel seiner Gattin herstellen. Ein ursächlicher Konnex zwischen beiden Vorgängen wird nirgendwo konstatiert. Dies gilt auch für die Aussage des Plinius. Wenn tatsächlich die behauptete Abhängigkeit bestanden hätte, müßte man erwarten, daß bald nach der Einreihung von *pater patriae* in die traianische Titulatur, die noch im J. 98 erfolgte[12], auch die beiden kaiserlichen Damen das Prädikat Augusta erhalten hätten. Genau dies geschah jedoch nicht; sonst hätte Plinius mit dem Fehlen des Augustatitels auch gar nicht mehr argumentieren können. So aber ist er in der Lage, etwa zwei Jahre, nachdem Traian zum *pater patriae* geworden war, im September des J. 100 beim Vortrag seines Panegyricus im Senat daraus ein Verdienst für Plotina und Marciana zu gewinnen. Da Plinius seine Lobrede jedoch nicht vor dem Jahre 101 publiziert hat, kann die Übertragung des Titels frühestens in diesem Jahr erfolgt sein. Das erste epigraphische Zeugnis, das unbezweifelbar sowohl Plotina als auch Marciana den Namen Augusta zuweist, stammt aus Luna in Etrurien und ist durch die 9. tribunicia potestas Traians ins J. 104/105 datiert[13]. Obwohl der Text *d(ecurionum) d(ecreto)* verfaßt wurde, ist damit nicht unbedingt

---

[11] TEMPORINI 27. 35.

[12] Vgl. A. 6; ferner TEMPORINI 24; zu dem Problem der tribunicia potestas Traians in den Jahren 98/99 vgl. P. ANELLO, La seconda tribunicia potestas di Traiano, Studi di storia antica offerti dagli allievi a E. Manni, Rom 1976, 15 ff.

[13] CIL XI 1333 = D. 288. Zu sicher wird der terminus ante quem für den Augustatitel für Plotina und Marciana aus diesem Text gewonnen bei HANSLIK, RE XXI 2294; Suppl. X 1074; TEMPORINI 25. 188.

etwas über die offizielle Übernahme des Titels ausgesagt, jedenfalls dann, wenn die methodischen Überlegungen der bisherigen Forschung beim Augustatitel Sabinas auch im Fall von Plotina und Marciana Gültigkeit hätten.

Somit ergibt sich allein aus dem erheblichen zeitlichen Abstand zwischen Traians Übernahme des *pater patriae*-Titels und der Augustabezeichnung bei Gattin und Schwester des Princeps — mindestens 3 Jahre, wahrscheinlich aber erheblich mehr —, daß beides eben n i c h t „in Zusammenhang miteinander gesehen" werden muß. Ein innerer Konnex wird aber auch tatsächlich bei Plinius nicht hergestellt. Was beide Akte miteinander verbindet, ist die Gleichartigkeit der von der senatorischen Öffentlichkeit gewünschten kaiserlichen Haltung der *moderatio* und deshalb *recusatio*. Außer beim *pater patriae*-Titel hatte aber Traian nichts zum *recusatio*-Phänomen beigetragen, alle anderen Bestandteile der kaiserlichen titularen Charakterisierung hatte er entweder schon vor dem Tod Nervas angenommen (so auch schon den Siegernamen Germanicus) oder unmittelbar nach dessen Tod. Ziel des Plinius ist also die Herausstellung einer kaiserlichen *virtus*, nicht eine Abhängigkeit des einen Titels vom anderen.

Somit bleibt von den Zeugnissen nur noch die spätantike Überlieferung, die lediglich einen zeitlichen, nicht aber einen ursächlichen Konnex bei Hadrian und Sabina konstatiert. Man muß jedoch fragen, wie weit diese Aussage der spätantiken Quellen tatsächlich zuverlässig ist, da sowohl Euseb-Hieronymus als auch anderen Autoren in sachlichen Details und in Datierungen gelegentlich Irrtümer unterlaufen sind.

Zeitgenössische literarische Aussagen liegen uns für Hadrian und Sabina nicht vor, dokumentarisches Material jedoch in nicht geringer Anzahl, nämlich Inschriften und Münzen.

Was den Titel *pater patriae* bei Hadrian anbelangt, so genügt für eine zeitliche Fixierung ein Blick auf die relativ dichte Abfolge der Militärdiplome. Diese geben als amtliche, von kaiserlichen Beauftragten redigierte Dokumente mit weitgehender Zuverlässigkeit die offizielle Titulatur wieder:

Diplome ohne *pater patriae*:

CIL XVI 67; Roxan Nr. 17:	29. Juni 120
CIL XVI 69:	17. Juli 122
CIL XVI 169:	18. Nov. 122

ROXAN Nr. 21:	10. Aug. 123
CIL XVI 70:	16. Sept. 124
ROXAN Nr. 27:	31. Jan./12. Febr. 126
CIL XVI 72:	11. Okt. 127

Diplome mit *pater patriae*:

CIL XVI 74:	18. Febr. 129
CIL XVI 75:	22. März 129
CIL XVI 173:	18. Aug. 129/132
CIL XVI 76; ROXAN Nr. 35:	2. Juli 133
CIL XVI 78:	2. April 134
CIL XVI 79:	15. Sept. 134
CIL XVI 80:	16. Okt. 134
CIL XVI 83:	28. Febr. 138
CIL XVI 84:	16. Juni 138

Diese dokumentarische Abfolge bestätigt die Aussage bei Euseb-Hieronymus über die offizielle Annahme des Titels *pater patriae* durch Hadrian erst im J. 128; sie muß nach dem Zeugnis der Militärdiplome zwischen dem 11. Oktober 127 und dem 18. Februar 129 erfolgt sein[14]. Dokumente solcher Art fehlen uns freilich für die Gattin des Kaisers. Immerhin besitzen wir mindestens 46 Inschriften, die zu ihren Lebzeiten gesetzt wurden und im Text soweit erhalten sind, daß ein Zweifel über Name und Titel nicht aufkommen kann.

Es handelt sich um folgende Texte, aus denen hier lediglich der Name Sabinas mit der jeweiligen Titulatur wiedergegeben wird[15]:

CIL VI 997 = D. 324:	*Sabina Augusta*
CIL VI 996:	*Sabinae Augustae*[16]
CIL VI 33802:	*Eutyches Sabinae Aug(ustae) ser-(vus)*

---

[14] Nach GARZETTI 395 hat Hadrian die Bezeichnung *pater patriae* möglicherweise am 21. April 128 angenommen, nach VOGT, Alexandrinische Münzen 102 dagegen am 11. August, dem dies imperii Hadrians.

[15] Eine nicht vollständige Sammlung bei CARANDINI 205 ff. Ausgeschlossen werden hier die Texte für diva Sabina.

[16] Der Text ist nicht näher zu datieren, obwohl *lustrum XXII[I]* des Kollegiums der *fabri tignarii* genannt wird. Die Zählung dieser lustra begann nach allgemeiner heutiger Ansicht im J. 7 v. Chr. (vgl. zuletzt S. PANCIERA, ZPE 43, 1981, 280).

AE 1916, 53:	*Saturninae Sabinae Aug(ustae)* *(servae)*
CIL XV 510; BLOCH, Roman Brick-Stamps 144:	*Sab. Aug.* (132)
BLOCH, Roman Brick-Stamps 145; COSTE, RPAA 43, 1971, 94:	*S[a]bin. Au[g]usti* (134)
CIL XV 7313:	*Sabinae Aug(ustae)*
CIL XIV 2799 = D. 321:	*Sabinae Augustae* (Hadrian schon p. p.)[17]
CIL IX 2202:	*Sabinae Aug(ustae)*
IG XIV 2239:	Σαβεῖναν Σεβασ[τήν]
CIL VIII 12458:	*Sabinae Aug(ustae) imp(eratoris) Hadrian(i) Aug(usti)* (wohl vor 128)
CIL VIII 5697:	*Sabinae Augustae Hadriani Aug-(usti) p. p.*
AE 1951, 43:	*Sabinae Augustae Hadriani Aug-(usti)* (wohl vor 128)
CIL II 4992 = 5221 = D. 323:	*Sabinae Aug(ustae), imp(eratoris) ... Hadriani Augusti* (wegen CIL II 186 aus dem J. 121)
D. 3563:	*pro salute Hadriani Aug(usti) et Sabinae Augustae n(ostrae) ... Autarces Sabina[e] Aug(ustae) n. lib.* (vor 128?)

Dann umfaßt jedoch lustrum 23 die Jahre 103—108 n. Chr., als noch keine Dedi-kation für Sabina möglich war. Obwohl die Lustrumangabe *XXIII* handschriftlich vollständig überliefert ist (für BORMANN nur noch *XXII[I]* lesbar), könnte man vermuten, daß tatsächlich *XXII[X]* zu lesen sein müßte, womit man in die Jahre 129—133 gelangte. Doch ist durch CIL VI 10299 das Quinquennalenkollegium der *fabri* bekannt, dessen Zusammensetzung eine völlig andere ist als in VI 996 (nicht beachtet von PIETRANGELI, Bull. com. 67, 1939, 101 ff.). Eine Lösung der Diskre-panz ist wohl am ehesten durch die Angabe zu CIL VI 996 zu finden, daß der Name Sabinas auf Rasur gesetzt worden ist. Mit größter Wahrscheinlichkeit han-delt es sich um eine Wiederverwendung des Steines für Sabina, nachdem der Name des/der vorher Geehrten getilgt worden war. Immerhin ist dies in Rom selbst höchst ungewöhnlich und bedürfte einer Erklärung.

[17] Der Text wird wegen des Titels *pater patriae* bei Hadrian nach 128 datiert. Doch stammt CIL XIV 2798, ebenfalls eine Dedikation an Hadrian aus Gabii, aus dem J. 122/123 und hat ebenfalls *pater patriae* im Text.

CIL III 1169:   *Sabina[e] Augusta[e] Hadr[iani] Aug(usti)*

CIL III 12537:   *Sabina Augusta, Hadrianus Augustus*

CIG II 2370:   [Σα]βεῖναν Αὐτοκράτορος ['Αδριανοῦ] Καῖσαρος (auch Hadrian ohne Σεβαστός)

IG II/III² 3387:   Σαβεῖναν Σεβαστὴν Αὐτοκράτορος ... 'Αδριανοῦ Καίσαρος Σεβαστοῦ γυναῖκα (wohl vor 128)

IG VII 73. 74:   Σαβεῖναν βασίλισσαν Σεβαστήν (ca. 135/6)

IG IV 702:   Σαβεῖναν Σεβαστήν

SEG XII 349:   Σαβεῖναν Σεβαστήν

SEG XXVII 230 (3 Exempl.):   Σαβείνηι Σεβαστῆι

AE 1939, 190:   *Imp. Hadri[a]no Olympio et Iunoni coniugali Sabina[e]* (nach 129, da Hadrian *Olympius*)

IG XII 2, 200:   καὶ Σαβε[ίνη τῆ γυναικὶ αὐτοῦ το]ῖς Σεβασ[τοῖς θεοῖς]

IG XII Suppl. 322:   [Σαβ]εῖναν Σ[εβαστήν] (nach 129, da Hadrian *Olympius* genannt wird)

IG XII Suppl. 440. 441:   Σαβείνη Σεβαστῆ (nach 129, da Hadrian *Olympius*)

IGR I 785:   Σαβείνη Σεβαστῆ (nach 129, da Hadrian *Olympius*)

CIG II 2021:   Σαβείνη Σεβαστῆ (nach 129, da Hadrian *Olympius*)

CIL III 6992 = D. 314:   *Sabinae Au[g(ustae)]* (128/129)

IGR IV 563:   Σαβείνη Σεβαστῆ

IGR IV 848:   Σαβείνη Σεβ[αστῆ] (ca. 134/135)[18]

SEG II 594:   Σαβείνη Σεβαστῆ

IGR IV 1595:   Σαβείνη Σεβαστῆ

---

[18] Der Text datiert durch den Prokonsul Gargilius Antiquus; da dessen Konsulat ins J. 119 fällt, gehört der Prokonsul etwa ins J. 134/5 (vgl. PANI, Sesta Miscellanea Greca e Romana, Rom 1978, 420 ff.).

Inschr. Eph. II 278 (vgl. 279/ 280):	Σαβῖναν τὴν θεὰν Σεβαστήν (wohl im J. 132/3)
Forsch. in Ephes. IV 1 Nr. 8:	Θεὰν Σαβεῖναν Σεβαστήν
PAPPAKONSTANTINOU, En Athenais 1895, Nr. 141:	Σα[βε]ίνῃ Σεβαστῇ
IGR IV 1492:	Σαβείνῃ Σεβασ[τῇ] (Hadrian ohne p. p.)
TAM II 2, 560:	Σαβείνῃ Σεβαστῇ
TAM II 2, 412:	Σαβείνῃ Σεβαστῇ
AE 1965, 211 = SEG XXIV 424:	Σαβείν[η] Σεβαστῇ
AE 1968, 456:	Σαβείν[η] Σεβαστῇ
CIL III 6875:	*Sabinae Aug[u]s[tae]*
AE 1972, 649:	Σαβεῖναν Σεβαστήν (nicht vor 128)
BERNARD, Les inscriptions grecques et latines du Colosse de Memnon, 1960, Nr. 29:	τῇ Σεβαστῇ Σαβείνῃι (130)
BERNARD Nr. 32:	[Σα]βεῖνα Σεβαστή (130)

Das Ergebnis ist völlig einheitlich. In allen Texten trägt Sabina den Titel Augusta. Ausgenommen sind nur zwei epigraphische Zeugnisse, CIG II 2370 aus Cos und AE 1939, 190 aus Philippi; nur in diesen Fällen wird Sabina ohne den Zusatz Augusta genannt. Doch können diese beiden Inschriften deshalb aus der Diskussion ausgeschlossen werden, weil in beiden Fällen auch Hadrian den Augustusnamen nicht führt. Somit besagt das Fehlen bei Sabina nichts für den Zeitpunkt der Übernahme. Zudem stammt der Text aus Philippi frühestens aus dem J. 129, da Hadrian selbst bereits als *Olympius* erscheint. Damals aber hätte Sabina auch nach Euseb-Hieronymus schon Augusta genannt werden müssen[19].

Damit wird auf a l l e n Inschriften, die zu Lebzeiten Sabinas errichtet wurden und auf denen auch Hadrian der Augustusbeiname gegeben wird, die Kaiserin mit dem Augustabeinamen ausgestattet. Dies ist um so auffallender, als bei den erheblich weniger Inschriften für Plotina (insgesamt 15) und Ulpia Marciana (nur 6)[20], die beide frühe-

---

[19] Zum Versuch einer Interpretation dieses auffälligen Textes H. W. BENARIO, LCM 5, 1980, 37 ff.

[20] Zusammengestellt bei TEMPORINI 182 f. 260. Es fehlt für Plotina ein Text aus

stens drei Jahre nach dem Regierungsantritt Traians den Augustatitel akzeptierten, sich zumindest je eine ohne den Zusatz Augusta findet[21]. Nach T. HELEN[22] soll sich freilich ein Ziegelstempel aus Rom aus dem J. 123 auf Sabina beziehen:

Apr(oniano) et Pae(tino) co(n)s(ulibus) ex pr(aedis) Sabin(ae)
ex of(ficina) Cl(audi) Fron(tonis)
Sal(arese)[23]

Es ist unbestreitbar, daß Sabina im J. 132 und 134 als *domina* genannt wird, auf deren Gütern Ziegel hergestellt werden[24]. Allein dies beinhaltet keineswegs die Auflösung von *Sabin.* zu *Sabin(ae)*, vielmehr sind auch *pr(aedia) Sabin(a)* möglich. Und selbst wenn *Sabin.* als *Sabin(ae)* zu verstehen ist, sind auch andere *dominae* mit diesem Namen bekannt[25]. Somit kann ein so unsicheres Zeugnis keine Änderung an dem oben festgestellten Befund bringen.

Dieser Befund erfordert nun eine Erklärung. Wenn man an den aus der Spätantike erhaltenen Nachrichten über den zeitlichen Zusammenhang der Übernahme von *pater patriae* durch Hadrian und des Augustatitels durch Sabina festhält, ergeben sich zwei Möglichkeiten: Entweder stammen dann alle Inschriften Sabinas aus der Zeit nach 128 (mit Ausnahme der wenigen, die eindeutig in die Jahre davor datiert sind). Dies aber hieße, daß man von der Frau Hadrians in Loyalitätskundgebungen sowie im Herrscherkult kaum Notiz genommen hätte, was immerhin etwas seltsam wäre, da man gerade zu Beginn der Regierungszeit mit zahlreichen Dedikationen für einen Kaiser und damit zwangsläufig auch für dessen Gattin zu rechnen hat. Die andere Möglichkeit wäre die, daß im gesamten Reich: in Rom, Italien und den Provinzen die offizielle Zurückhaltung des Kaisers seiner Gemahlin gegenüber nicht zur Kenntnis genommen worden wäre, daß man ihr

---

Perge: Arch. Anz. 71, 1956, 99 ff. (Hinweis darauf AE 1958, 77 und 1965, 210 jeweils im Kommentar). Zu Marciana ein neuer Text bei A. BALLAND, Fouilles de Xanthos. Tome VII: Inscriptions d'epoque impériale du Létôon, Paris 1981, 56 f. nr. 31.

[21] Für Plotina AE 1938, 170; vielleicht auch IG XII 1, 807. Für Marciana CIL X 106 = D. 4039.

[22] T. HELEN, Organization of Roman Brick Production in the first and second centuries A. D., Helsinki 1975, 70 f.

[23] CIL XV 530.

[24] H. BLOCH, The Roman Brick-Stamps, Rom 1967, 38 f. nr. 144. 145; vgl. J. COSTE, RPAA 43, 1971, 94 zu nr. 2029.

[25] Siehe Helen 71.

vielmehr in abusiver Weise d u r c h g ä n g i g den Augusta-Σεβαστή-
Titel zugewiesen hat. Dies ist besonders auffällig etwa in einer Weih-
inschrift aus Olisipo in der Provinz Lusitania, die von den Duumviri der
Stadt im Jahre 121/2 aufgestellt wurde, und in der Sabina als Augusta
bezeichnet wird, während Hadrian selbst — mit der vollen Filiation bis
zu Nerva zurück — ohne den Titel *pater patriae* erscheint, ebenso wie
auf einer Parallelinschrift für den Kaiser selbst[26]. Bei Sabina hätte man
sich somit über die offizielle Bezeichnung hinweggesetzt, falls 128 das
tatsächliche Stichjahr war, bei Hadrian aber hätte man sich genau an die
vom Herrscher akzeptierte Titulatur gehalten. Ähnliches müßte man
bei Plancia Magna in Perge vermuten[27], immerhin der Tochter eines
römischen Senators[28]. Denn sie errichtete zwischen 119 und 123 Statuen
von divus Nerva, diva Marciana, divus Traianus, diva Matidia, Plotina,
Hadrian und Sabina[29]. Auch hier wird Sabina ganz selbstverständlich
Augusta genannt[30]. Das würde im übrigen implizieren, daß selbst bei den
lokalen Führungsschichten der Städte des Imperiums der angebliche Zusammenhang von Augusta-Titel und *pater patriae* nicht gesehen oder
nicht akzeptiert worden wäre. Denn eine nicht unerhebliche Anzahl von
Inschriften ist von den Dekurionenräten einzelner Städte bzw. Mitgliedern der städtischen Aristokratie errichtet worden[31]. Was sollte aber

---

[26] CIL II 4992 = 5221 = D. 323; das Datum ist dadurch gesichert, weil die beiden
dedizierenden Duumviri M. Gellius Rufus bzw. Rutilianus und L. Iulius Avitus
ebenso in CIL II 186 (ebenfalls Olisipo), einer Dedikation an Hadrian selbst, erscheinen. In CIL II 186 erscheint die volle Titulatur des Kaisers: *Imp. Caesari
Traiano Hadriano Aug. divi Nervae nep. divi Traiani Dac. Par. fil. cos. III trib.
potest. V.*

[27] AE 1965, 211 = SEG XXIV 424.

[28] Vgl. dazu H. HALFMANN, Die Senatoren aus dem Osten des Reiches von Augustus
bis Commodus, Gött. 1979, 128 f.

[29] AE 1958, 76. 77; 1965, 210. 211; Arch. Anz. 71, 1956, 99 ff. Die Daten ergeben
sich aus der Nennung von diva Marciana, die 119 starb, und von Plotina ohne den
Zusatz *diva*, die offensichtlich bis ins J. 123 noch lebte. So richtig TEMPORINI 11 f.
mit Berufung auf Ziegelstempel; S. 167 wird allerdings das eigene Ergebnis bereits
nicht mehr beachtet, vielmehr vom Tod Plotinas im J. 121 ausgegangen.

[30] Weitere Texte, die möglicherweise aus der Zeit vor 128 stammen: CIL VIII 12458;
AE 1951, 43; D. 3563; CIL III 1169. Das Datierungskriterium ist hier freilich das
Fehlen von *pater patriae* bei der Nennung Hadrians, was nicht absolut entschei-
dend sein muß.

[31] CIL II 5221 = D. 323; AE 1965, 211; CIL III 1169 (errichtet von der *legio XIII
Gemina*); AE 1951, 43. CIL IX 2202: wohl *d(ecreto) d(ecurionum)*, nicht *d(ono)
d(atum)*, so jedoch CARANDINI 208; CIL VIII 5697; D. 3563 von einem kaiserlichen Freigelassenen; CIG 2370 von Rat und Volk von Keos; ähnlich IG IV 702;
SEG XII 349; CIL III 6992 und zahlreichere andere.

dann das angebliche Konzept eigentlich bewirken, bzw. auf wen zielte es ab? Daß allein der stadtrömische Senat die Zielgruppe gewesen wäre, hat wenig Wahrscheinlichkeit in sich.

Damit drängt sich als dritte Möglichkeit auf, die spätantiken Nachrichten als irrig auszuscheiden und eine frühere Übernahme der Augustabezeichnung durch Sabina zu fordern. Zumindest die Inschrift mit Sabina Augusta aus Olisipo in Lusitanien, die durch die Duumviri der Stadt errichtet wurde, stammt aus dem J. 121/2[32]. Auf vier anderen lateinischen Texten: CIL III 1169; VIII 12458; AE 1951, 43; D. 3563 trägt Hadrian noch nicht den Titel *pater patriae*; sie könnten damit vor 128 gesetzt worden sein. Schließlich ist auch AE 1965, 211 spätestens ins J. 123 zu datieren. Dieser Text gehört zu der Statuengruppe, die von Plancia Magna in Perge in Pamphylien errichtet wurde[33]. Da die meisten inschriftlichen Texte undatiert sind, ist die Wahrscheinlichkeit groß, daß noch eine Anzahl in die erste Hälfte der Regierungszeit Hadrians gehört, da, wie oben schon einmal betont, besonders zu Beginn seiner Herrschaft mit einer Reihe von Dedikationen für ihn und seine Gattin zu rechnen ist. Erkennt man diese Deutung an, so liegt die Folgerung nahe, daß die Verleihung des Augustatitels an Sabina erheblich früher, vielleicht in den ersten Jahren Hadrians, erfolgt sein müßte, nicht jedoch erst mehr als 10 Jahre nach der Herrschaftsübernahme[34]. Ein irgendwie gearteter Zusammenhang mit oder gar eine Abhängigkeit von der Bezeichnung Hadrians als *pater patriae* ist dann hinfällig.

Damit ist nicht gesagt, daß Sabina sogleich nach dem Herrschaftsantritt ihres Gatten auch schon offiziell das Angebot des Augustatitels (wohl durch den Senat) akzeptiert haben muß. Eine Geste der *moderatio* könnte auch hier angebracht gewesen sein, ebenso wie bei Plotina und Marciana im J. 98[35]. Aber man wird nicht so leichthin die Annahme des Titels später als 119 bzw. 123 datieren wollen. Im Jahr 119 starb die Mutter Sabinas, Matidia[36], die 112 n. Chr. unmittelbar nach dem Tod ihrer eigenen Mutter Ulpia Marciana von (ihrem Onkel) Traian den Augustatitel erhalten hatte, der vorher eine Auszeichnung Marcianas ge-

---

[32] Vgl. oben A. 26.
[33] Vgl. oben A. 29.
[34] So schon kurz RE Suppl. XV 910 f.
[35] Vgl. zu Plotina und Marciana Plin. pan. 84, 6.
[36] CIL VI 2080.

wesen war[37]. Es ist durchaus möglich, daß Hadrian seiner Gattin den Titel übertragen hat, den ihre Mutter und seine politisch für ihn so bedeutsame Schwiegermutter lange Zeit besessen hatte. Oder man könnte auch an das Jahr 123 denken[38], in dem wahrscheinlich Plotina Augusta, die Gattin Traians und Förderin Hadrians, verstarb. An ihre Stelle könnte Sabina als Augusta getreten sein.

Man kann gegen diese Datierung und Interpretation nicht das Zeugnis der Reichsmünzen und der Münzen aus Alexandria anführen[39]. Tatsächlich stammt die Masse der stadtrömischen Gold-, Silber- und Kupferprägungen mit dem Namen der Sabina frühestens aus dem Jahre 128, da fast durchweg Hadrian bereits als Bestandteil der Titulatur p(ater) p(atriae) führt. Nur auf wenigen Aesprägungen wird Hadrian nicht pater patriae genannt[40]. Sie müssen keineswegs in die Zeit vor 128 datiert werden. Auch in Alexandria setzt die Münzprägung mit dem Namen Sabinas erst im J. 128/129 ein.

Doch ist ganz eindeutig, daß das Münz„recht" der Kaiserfrauen nichts mit dem Tragen des Augustatitels zu tun hat. Wiederum ist auf das Exempel von Plotina und Ulpia Marciana zu verweisen, die vielleicht schon seit dem Jahre 105 Augustae waren, aber erst im J. 112 auf den römischen Münzen erscheinen[41]. Es ist durchaus möglich, daß ein vergleichbares Intervall auch bei Sabina vorliegt.

Wie es zu dem zeitlichen Konnex zwischen dem pater-patriae-Titel und der Augustabezeichnung in den spätantiken Quellen gekommen ist, läßt sich nicht erkennen. Münzen hadrianischer Zeit, aus denen die Kombination möglicherweise gewonnen werden konnte, sind am Ende des 4. Jh.s nicht mehr im Umlauf gewesen. Doch ist es nicht ausgeschlossen, daß ein Autor des 2. oder 3. Jh.s aus den ihm noch bekannten numismatischen Zeugnissen den Schluß gezogen hat, der dann in die

---

[37] Fasti Ostienses z. J. 112.
[38] Vgl. oben A. 29.
[39] BMC Emp. II 386 ff. 404. 469 f. 475 ff.; III 353—363. 374. 377. 396. 535—541; J. Vogt, Die alexandrinischen Münzen, Stutt. 1924, 102 ff.; A. Geissen, Katalog alexandrinischer Kaisermünzen der Sammlung des Instituts für Altertumskunde der Universität zu Köln, Bd. 2, Opladen 1978, 178 ff. Ebenso erscheint auch auf allen Münzen griechischer Städte im Osten Sabina stets mit dem Titel Σεβαστή; vgl. Eck, RE Suppl. XV 912; P. R. Franke - W. Leschhorn - A. U. Stylow, Sammlung v. Aulock. Index, Berlin 1981, 66. Lediglich Syll. Aulock 7222 erscheint Sabina ohne Augusta, aber ebenso auch Hadrian.
[40] BMC Emp. III 374 nr. 1029.
[41] Zuletzt Temporini 100 ff. mit einem unnötigen leichten Zweifel.

späten Chroniken übernommen wurde. Eine Sicherheit über den Vermittlungsweg dieser Tradition ist freilich nicht zu gewinnen.

Wie auch immer man das vorgestellte inschriftliche Material bewerten mag, der postulierte zeitliche und kausale Zusammenhang zwischen der Annahme des Titels *pater patriae* durch Hadrian und der Verleihung der Bezeichnung Augusta an Sabina ist nicht zu erkennen und höchst unwahrscheinlich. Selbst wenn die Nachricht bei Euseb - Hieronymus von einem zeitlichen Zusammentreffen richtig sein sollte[42], würden die epigraphischen Zeugnisse gegen eine spezifisch inhaltliche Abhängigkeit sprechen oder zumindest die Wirkungslosigkeit der Propagierung erweisen. Weit wahrscheinlicher ist freilich, daß Sabina bereits lange vor 128 berechtigt war, den Augustanamen zu führen. Die aus dem gesamten imperium Romanum stammenden Inschriften, die ihr ausnahmslos die Augustabenennung zuweisen, dürften am ehesten mit dieser Annahme übereinstimmen.

---

[42] Falls im übrigen Hadrian diese inhaltliche Verbindung hergestellt und verkündet hätte, wäre die Handlungsweise des Antoninus Pius um so unverständlicher. Denn nach HA v. Pii 5, 2 und 6, 6 ließ er zu, daß Faustina vom Senat Augusta genannt wurde, während er selbst den Beinamen Pius erhielt, die Benennung *pater patriae* jedoch ablehnte. Dies bestätigen auch die Münzen, vgl. H. MATTINGLY, BMC Emp. IV p. XL f. Und Faustina d. J. erhielt sogar bereits die Augustabezeichnung, als ihr Gatte erst Caesar war (Fasti Ostienses z. J. 147, L. VIDMAN, Fasti Ostienses, Prag 1957, 23. 74); *pater patriae* aber wurde er erst nach dem Partherkrieg im J. 166 (A. R. BIRLEY, Mark Aurel. Kaiser und Philosoph, München 1968, 267).

Hadrianic Governors of Syria

by Sir Ronald Syme, Oxford

I. Worse things can befall a new emperor than a suspicious death-bed adoption—and Hadrian was the next of kin, left in charge of Syria when Trajan departed. Nor was his surrender of eastern conquests insuperable. Time would abate anger or disappointment, at least in some quarters. For another transaction, no apologia availed. In the first year of the reign four of Trajan's generals were put to death on charges of treason.

When the legate of Dacia, Julius Quadratus Bassus, died on campaign, Hadrian appointed a knight, Marcius Turbo. It was a special command, which embraced Pannonia Inferior. There is no sign of a military emergency that could not have been dealt with by a senator. Hadrian confronted a dire shortage of friends in the upper order.

Of the other ten consular commands, the principal (three legions each) were Britain, Pannonia Superior, Moesia Inferior, Syria. To Britain Hadrian sent Pompeius Falco (*suff.* 108), from Moesia Inferior. Minicius Natalis (*suff.* 106) was in charge of Pannonia Superior when Trajan died: perhaps continued for a season[1]. Neither here nor in Moesia Inferior is the next governor on attestation. As for Syria, Hadrian appointed Catilius Severus (*suff.* 110), brought from the Cappadocian command and soon accorded a second consulate, in 120. Who took the place of Catilius in Cappadocia, and two years later in Syria, is not known.

---

[1] A new diploma shows him already there in 113 (as W. Eck informs me).

II. At different times the evidence about consular legates exhibits wide variations[2]. Fairly abundant hitherto, it now lapses for a long spell in a number of the commands. The lacuna is most to be deplored for Syria and for Pannonia Superior. For Syria the next legate to emerge after 119 is Publicius Marcellus in 132, when the rebellion broke out in Judaea. The other province is even worse served. After Minicius Natalis (attested in 117) until the appointment of Aelius Caesar in 137 there is only Cornelius Proculus, disclosed by a military diploma in 133.

For Cappadocia two names have recently accrued, viz. L. Statorius Secundus (*suff.*? c. 123) and T. Prifernius Paetus (*suff.*? 125): a sequence thus stands complete, with five legates covering the period 121—141[3]. Elsewhere either a new discovery or the revision of a known text may subvert results accepted until then as the best obtainable. The repercussions are sometimes wide. Three specimens will furnish instruction.

1) M. Cornelius Nigrinus Curiatius Maternus, known from inscriptions at Liria as legate of Moesia and of Syria (CIL II. 3783; 6013). The date long remained a vexatious problem. In the standard repertory Nigrinus was assigned to the first half of the second century (PIR[2], C 1407). Furthermore the twenties offered an easy lodgement, because of gaps both in Moesia Superior and in Syria[4].

Another inscription yields the full career of this remarkable military man, now recognised as a consul suffect of 83 (AE 1973, 283: Liria). The consequences are multiple[5]. Briefly put, they concern the Dacian campaigns under Domitian and the identity of the Syrian governor during the crisis of the year 97.

2) L. Neratius Priscus the jurist (*suff.* 97). An inscription at Saepinum registers two homonymous consulars (ILS 1034). The second was legate 'P[*annonia*]/*inferiore et Pannonia* [*superiore*]', hence taken for a son of the jurist and a Hadrianic governor of Pannonia Superior (PIR,

---

[2] Recourse should be had all through to W. Eck, Senatoren von Vespasian bis Hadrian (1970); G. Alföldy, Konsulat und Senatorenstand unter den Antoninen (1977). Those excellent works obviate the need for much detail of annotation.

[3] AE 1968, 504 (nr. Sebastopolis); 1976, 675 (Archelais). Statorius and Prifernius fill the space between Bruttius Praesens (? 121—4) and Flavius Arrianus (? 131—7), who was succeeded by Burbuleius Ligarianus. The five governors will find subsequent mention in this paper.

[4] As proposed in Dacia XII (1968), 332 = Danubian Papers (1971), 214.

[5] G. Alföldy and H. Halfmann, Chiron III (1973), 331 ff.

N 47). That fact was accepted and transmitted in standard works or in disquisitions on the Neratii[6].

A recent revision of the document expels and suppresses the Hadrianic governor. The name and the posts appertain to the jurist. Consul in 97, he held Germania Inferior (? 98—101) before proceeding to govern the undivided Pannonia[7]. Again, multiple consequences[8]. They concern:

A) the army commander Priscus to whom Pliny in 100 wrote a letter commending his friend Voconius Romanus (Epp. II. 13).
B) the career of Javolenus Priscus (*suff.* 86), governor of Germania Superior and of Syria (ILS 1015).
C) the identity of Trajan's first legate of Syria, from 98 to 100.

3) C. Ummidius Quadratus (*suff.* 118). An Ummidius Quadratus, governor of Moesia Inferior, emerged at Charax in the Crimea (Arch. Anz. 1911, 236). He was assigned to the reign of Antoninus Pius, on various grounds. For a long time no hesitations were voiced. Then came a conjecture: identity with the consul suffect of 118[9]. That is, holding the province (? 121—4) in succession to the 'Se]rtorius' attested in 120 on two fragments of a bilingual inscription at Tomis (CIL III. 7539; 12493). The left-hand piece has now turned up, revealing the full nomenclature and one legate instead of two: C. Ummidius Quadratus Sertorius Severus (AE 1977, 745). Quadratus, being the grandson of Ummidia Quadratilla (Pliny, Epp. VII. 24), had previously been assumed polyonymous[10].

* *
*

III. In this fashion two names recede from the rubric while a third receives endorsement; and the hazards inherent in this form of experimental science are sharply exposed.

The long gaps impair an assessment of Hadrian's government. Curiosity cannot be quenched about his selection of legates, their character and quality. Three friends have been noted above, in office

[6] For example, in the full discussion of the Neratii in Hermes LXXXV (1957), 480 ff. = Roman Papers (1979) 339 ff.
[7] G. Camodeca, Atti Acc. Napoli LXXXVII (1976), 19 ff., whence AE 1976, 195.
[8] Discussed in ZPE 41 (1981), 141 f.
[9] Historia XVII (1968), 88 f. = Roman Papers (1979), 88 f.
[10] For a detailed inquiry about Quadratus, see Harvard Studies LXXXIII (1979), 287 ff.

at the end of the previous reign, viz. Natalis, Falco, Catilius. As concerns new appointments, Hadrian's motives may be variously canvassed—with due respect to the sparsity of evidence in the first dozen years.

His notorious philhellenism is not on conspicuous show. Only two Greeks can be detected, viz. Sex. Julius Maior and L. Flavius Arrianus (on whom see further below). Nor is there any preponderance of the men from Spain and Narbonensis who contributed so powerfully to the ascension of the new dynasty. The excellent general Sex. Julius Severus (*suff.* 127), who held in succession four military provinces, came from Dalmatia (ILS 1056); and one might observe towards the end of the reign the earliest known consular legates from Africa[11].

The collection is miscellaneous and it would take in a number of Italians of no great prestige. Statorius Secundus, the legate of Cappadocia, is the first consul in his family, and the last, with no known kinsfolk[12]. His successor, Prifernius Paetus, had been slow to advance in the career of honours: he was the quaestor attached to the consul Pliny in 100[13]. Another friend of the orator, Bruttius Praesens, after earlier retardation, came back as legate of a legion in 114 and acceded to the *fasces* in 118 or 119 when aged about fifty[14].

Praesens was an Epicurean, as the language of Pliny's letter demonstrates when he urged him to return to public life (VII. 3). That would render him highly congenial to Hadrian. Other appointments (Septicius Clarus to the Guard, Suetonius Tranquillus to be secretary *ab epistulis*) show Hadrian's affection for writers or for cultivated persons in their ambiance.

As previously, it is not easy to discover an army commander from a consular family. The exception is the illustrious Ummidius Quadratus,

---

[11] viz. Lollius Urbicus (*suff.* c. 135), from Cirta (ILS 1065) and Burbuleius Ligarianus (*suff.* ? 134). For an African origin for the latter, cf. the argument adduced in Historia XXVII (1978), 597.

[12] The indistinctive nomen happens to be a rarity. It offers two specimens in CIL V, at Mediolanum; (5869; 5888). Observe, inscribed by the same lapicide, CIL VI. 16632 (Statoria M. f. Marcella); 16631 = ILS 1030 (Minicia Marcella, daughter of Fundanus). C. Minicius Fundanus (*suff.* 107) had married Statoria Marcella, so it appears. He came from Ticinum, cf. Tacitus (1958), 801.

[13] Pliny, Epp. X. 26. 1. There as elsewhere he appears as 'Rosianus Geminus'. The full style of the consular, 'T. Prifernius Paetus Rosianus Geminus', indicates that he was adopted by T. Prifernius Paetus (*suff.* 96). The family is Sabine, from Trebula Mutuesca: cf. now AE 1972, 153.

[14] For his cursus, IRT 545 (Lepcus); AE 1950, 66 (Mactar).

whose great-grandfather had been consul c. 40. Quadratus first emerges
as a young man of promise in eloquence about the year 106, matched to
form an 'egregium par' with Pedanius Fuscus (Pliny, Epp. VI. 11. 1).
In this season Fuscus married Julia, the niece of Hadrian (VI. 26). The
bride of his coeval (VII. 24. 3) evades ascertainment. Quadratus formed,
or perhaps reinforced, a link with a potent nexus in the alliance of
Hadrian. His appointment to Moesia Inferior in 120, when aged about
thirty-six, fits into an ample texture of fact and speculation[15].

*   *
*

IV. The value and significance of the Syrian command was political.
In normal times it did not call for military experience. The Caesars
preferred safe men, and often the elderly; and diplomatic talents might
find useful employ. Trajan's second, legate from 100 to 104, was A. Julius
Quadratus (suff. 94). The magnate from Pergamum (his cursus is extant)
had never seen an army. Julius Quadratus may serve as a admonition.
Routine develops in the imperial system, and regularities of promotion,
but anything can happen. A recent survey of consular legates analyses
the different paths of their access to provinces, and it puts emphasis on
civilian accomplishments[16]. That is no surprise. The rulers in the second
and third dynasties emulated the aristocratic Caesars in predilection for
the higher education.

That survey embraced a wide tract of time, from 70 to 235.
A narrower approach (but not too narrow) can be variously instructive.
While general competence and personal loyalty count for more than
talent or special experience, patterns of promotion in the service of the
Caesars may nonetheless be detected. For example, in the Flavio-Trajanic
period a senator later found in charge of a military command has had
a clear run to the consulate through two posts (a legion and a praetorian
province), or through three at the most[17].

Again, emergent under Hadrian and on full show under his successor,
the role of the cura operum publicorum at Rome. That post is now held

---

[15] As developed in Harvard Studies LXXXIII (1979), 287 ff.
[16] B. CAMPBELL, JRS LXV (1975), 11 ff.
[17] For example, Tacitus (1958), 650. For 'predestination' in careers, E. BIRLEY, Proc.
Brit. Ac. XXXIX (1953), 197 ff.

immediately after the consulate, and it has become collegiate, the tenure (nowhere documented) to be presumed biennial[18]. A number of senators come to a consulship by way of the prefecture of the *Aerarium Saturni* and after a spell as *curatores* go on to govern consular provinces[19]. Clearly a favoured category, being permitted to sojourn at the capital —and well suited to an epoch of peace and stability.

However, chance or accident intervenes all the time, patronage and personalities may decide. Caution is prescribed.

By the same token, variation in the length of governorships. According to a notion promulgated by the Historia Augusta (and sometimes accorded credence) Antoninus Pius kept good governors in office for periods of seven or nine years. (Pius 5. 3). The facts refute[20].

By good fortune and by irony, the reign of Hadrian produces two specimens lacking parallel under Pius: the one a praetorian legate, the other consular. First, Sex. Julius Severus (*suff.* 127). After the remodelling carried out by Marcius Turbo, Severus governed Dacia Superior from 119 to 126[21]. Second, L. Flavius Arrianus (*suff.* 129 or 130). He held Cappadocia for a sexennium, probably from 131 to 137[22].

With these remarks for preliminary guidance, brief consideration can go to governors of Syria, in the first place to the lacuna subsequent to 119. Although no new name can be established, a digression of this kind need not be either vacuous or misleading. Factors of relevance can be brought up, or consulars in danger of being overlooked.

❊ ❊
❊

V. 1) Cappadocia. Transfer of a legate to Syria appears an easy and attractive device for the government in any season. Of four under Antoninus Pius whose antecedent province is on record, two came from

---

[18] For tenure just after the consulate, Bruttius Praesens (IRT 545) and Metilius Secundus (ILS 1053). The first attested pair comes up about the year 128 (AE 1973, 36).

[19] For revealing statistics, Historia XIV (1965), 365 = Danubian Papers (1971), 241.

[20] A. R. BIRLEY, Corolla Swoboda (1966), 43 ff.

[21] Diplomas register him both in 120 and in 126, cf. PIR², J 576.

[22] Neither year is quite firm. ECK prefers 130 for the beginning (o. c. 204). He was certainly still in Cappadocia in 137 (ILS 8801). The successor arrived before July of 138 (ILS 1066).

Cappadocia[23]. Hence a temptation to cast about for other or for earlier instances. For example, to occupy the vacancy between the death of Atilius Rufus in 84 and the next governor, P. Valerius Patruinus (*suff.* 82), who is attested in 88[24].

The present inquiry led off with Catilius Severus, who passed from Cappadocia to Syria in 117, with no successor known in either post. The next legate of Cappadocia is Bruttius Praesens (*suff.* ? 118), going there after the *cura operum publicorum* and proceeding to Moesia Inferior (? for the tenure 124—8)[25]. In 123 Hadrian broke off his tour of the western provinces, came to Syria and had an interview with the Parthian monarch on the Euphrates. The identity of the governor in Syria would be worth knowing.

2) C. Ummidius Quadratus (*suff.* 118). Since Hadrian by a notable decision chose to send Quadratus to Moesia Inferior in 120 (or, for all that can be known, in 119), why not to Syria in the sequel? The exordium of the reign presented an emergency. A second, following after no long interval, leaves no trace in written history. Pedanius Fuscus shared the *fasces* with his wife's uncle in 118, not later to be heard of. On a painless assumption Fuscus and Julia succumbed together to disease or a pestilence.

The eclipse of the heir apparent enhanced the value and the prospects of Ummidius Quadratus. He was to become patently 'capax imperii' during the intrigues and complications that infested the last biennium of the reign. In 136 or 137 his son married a sister of young Annius Verus (HA, Marcus 4. 7, cf. 7. 4). Hadrian, frustrated by the decease of Aelius Caesar, chose for successor Aurelius Fulvus (*cos.* 120), a coeval of Quadratus. Fulvus, with no experience abroad save a year as proconsul in Asia, possessed a signal advantage: no son. Hadrian was making provision for two boys, for the son of Aelius Caesar and for Annius Verus.

3) P. Metilius Secundus (*suff.* 123). His rapid career after the praetorship (a legion and Numidia) indicated a future consular legate (ILS 1053). The name of the province to which he went after being *curator operum publicorum* is missing on the inscription. Hence at first sight

---

[23] G. ALFÖLDY, o. c. 220; 239.

[24] Caesennius Gallus, legate of Cappadocia from 80 to 83, is admissible, cf. JRS LXVII (1977), 46. The Caesennii were linked to the Flavian dynasty.

[25] IRT 545; AE 1950, 66.

no grounds for conjecture, and Metilius tends to be left out of account. On recourse to the original publication (CIL XI. 3718), the structure, in nine long lines, shows that the province should be a very short name. That is, either 'Iudaeae' or 'Syriae'.

The former is preferable. If accepted, Metilius was governor of Judaea (from 126 to 129 or 130): the predecessor of Q. Tineius Rufus (*suff.* 127), the legate in office when the rebellion began. The alternative is less plausible, although Syria as a consular's first province could not quite be excluded.

*   *
*

VI. The above excursus was presented for a variety of avowed reasons, and not in the design or hope of certifying a new name anywhere in the long lacuna between Catilius Severus and Publicius Marcellus. The second problem is of a different order. It concerns identities and sequence in the last epoch, from 135 to 138.

When Publicius Marcellus (*suff.* 120) was governor in 132, he was called away to deal with insurgents in Judaea, Tineius Rufus having got into difficulties (ILS 8826). How long Marcellus had been in Syria, there is no means of telling. Three legates may have had the occupancy since 119. The short record of Marcellus' consular posts shows him previously governor of Germania Superior (AE 1934, 231): in fact the first on knowledge since the last years of Trajan.

Hadrian gave Marcellus the *ornamenta triumphalia*. The more remarkable since he was not generous with any military decorations: two praetorian legates in the Jewish War received less than the normal award[26]. Hadrian himself took one imperatorial salutation. It is not attested before the year 135. Warfare had dragged on. Marcellus may not have been superseded in Syria until 135. *Ornamenta* from Hadrian conveyed a due recognition, and they imply that a war has terminated.

Sex. Julius Severus (*suff.* 127) also received the award (ILS 1056). After Moesia Inferior and Britain he was brought to Judaea in 133[27]. The inscription shows that he acceded to Syria before the decease of

---

[26] Thus Lollius Urbicus (ILS 1045) and the *Ignotus* of Pisaurum (CIL XI. 6339).
[27] The successor was P. Mummius Sisenna (*cos.* 133), cf. the comments of A. R. BIRLEY, The Fasti of Roman Britain (1981), 110.

Hadrian (in July of 138). On the easy and natural assumption Severus stayed in the East and went straight to Syria. He has been accorded a tenure lasting from 135 to 138[28].

*   *
*

VII. Perplexity now obtrudes: the Syrian governorship of Sex. Julius Maior who became consul suffect after holding Numidia (attested in 125 and in 126: hence probably in 126)[29]. The fragmentary inscription of his son enumerates his provincial governorships (IG IV² 454: Epidaurus). The list probably began with Numidia, to be supplied in the lacuna in line 5 which ends with Moesia, that word itself divided between two lines. In line 6 a gap then intervenes after Moesia, but ends by registering Syria and a proconsulate (i. e., either Asia or Africa).

The condition of the document does not reveal which of the two Moesian provinces Maior held. However, a diploma puts him in Moesia Inferior in April of the year 134 (CIL XVI. 78). That is not all. There is much space in line 6 between Moesia and Syria. On one explanation, Maior governed in succession the two Moesian provinces[30]. Yet the registering of both is hardly sufficient to fill out the space. A longer word seems to be demanded. Perhaps therefore Pannonia. On a venturesome hypothesis, Julius Maior went on from Moesia Inferior in 134 or 135 to govern Pannonia Superior for two or three years[31].

However, let that conjecture be waived for the present. The dating of the Syrian governorship is in question—and by ill fortune that governorship is not registered in the standard lists either under Hadrian or under Pius. Both reject it, despite the Epidaurian inscription. A reason may be divined, namely preoccupation with disallowing another piece of evidence. A fragment at Palmyra, dated to April of the year 138, disclosed two consulars, 'Bruttius Praesens' and 'Julius M[' (AE 1938, 137). At first sight, successive legates of Syria[32]. Disquiet ensued, and

---

[28] W. Eck, o. c. 212; G. Alföldy, o. c. 239.

[29] Thus PIR², J 397. With, however, the proper remark 'nisi remittendus est ad annum 129 E. Birley JRS 52 (1962) 221 n. 9'.

[30] Thus W. Hüttl, Antoninus Pius II (1933), 22. But he got the order wrong. He supplemented Μυ|σίας τ[ῆς κάτω καὶ τῆς ἄνω καὶ] Συρίας. Maior could have had Moesia Superior c. 128—131, preceding P. Tullius Varro (ILS 1047), suffect in 127.

[31] That is, until the appointment of Aelius Caesar.

[32] A. Stein, Die Legaten von Moesien (1940), 67. Followed in Historia IX (1960), 375 = Roman Papers (1979), 490 f. (on Bruttius Praesens).

dissent. The pair, so it was suggested, were sent out on a special mission[33]. Their function defies any closer definition, and the notion appears aberrant[34]. Epidaurus vindicates Maior; and in the vicinity of the year 136 the young son of Praesens (cos. 153) saw service as a military tribune in III Gallica, one of the Syrian legions (ILS 1117).

*   *
*

VIII. In contrast to the period of dearth, Syria is beset by a plethora of governors between 135 and 138. No cause for alarm. In certain seasons a rapid change need not be enigmatic or defy explanation. Alternatives offer. On the first, Severus did not go straightway from Judae to Syria: he was preceded by Praesens and by Maior. That would entail abridged tenures for both governors. The second acquires preference. It will be expounded in these terms.

1) Sex. Julius Severus. He died in 135 or 136 soon after his appointment[35]. At any time Syria was insalubrious or even lethal; and pestilence follows in the train of warfare. Some are prepared to assume that sequel to Trajan's Parthian War, the Imperator himself being one of the early victims; and the decease of Quadratus Bassus in Dacia will be suitably recalled.

2) Bruttius Praesens. The death of a consular legate brings annoyance to emperors and their counsellors, enforcing quick or contestable decisions. Praesens was appointed, by anomaly, after a proconsulate in Africa (133/4 or 134/5) had crowned a senator's career.

Foreign affairs furnish a reason. Strained relations with Parthia may be surmised. In 135 the Alani came over the Caucasus, raiding Albania and Armenia. Rome's recalcitrant vassal Pharasmanes, the ruler of Iberia, let them through the Portae Caspiae, so Dio states (LXIX. 15. 1). To protect Cappadocia the legate Fl. Arrianus duly mustered his army; and he was retained in his command for the next two years (ILS 8801).

Further, a fragment of Dio shows the Parthian monarch raising complaint to Rome about the behaviour of Pharasmanes (LXIX. 25. 2). It

---

[33] W. ECK, o. c. 232; G. ALFÖLDY, o. c. 241: 'zweifellos nicht als Statthalter, sondern vermutlich als Sonderlegaten'. Followed in his list of governors by J.-B. REY COQUAIS, JRS LXVIII (1978), 65.

[34] cf. brief remarks in ZPE 37 (1980), 10.

[35] As suggested in Harvard Studies LXXXVI (1982), 205.

is uncertain whether the fragment belongs to the reign of Hadrian or to that of his successor. However that may be, Antoninus Pius had to face at once the threat of war. He deterred the Parthian by a firm missive—but he also despatched reinforcements to Syria (HA, Pius 9. 1; ILS 1076).

Bruttius Praesens was endowed with valuable experience of eastern affairs, having been legate of Cappadocia in 123. Furthermore, a close friend of Hadrian and capable of lending support and comfort to the Emperor, now broken in health, vexed with the problems of the succession, and ready to face extinction. Praesens did not stay long in Syria.

3) Julius Maior. He followed Praesens either in 136 or 137, it may be supposed. That Maior or any other consular legates would be quickly superseded by Pius is not likely[36]. He may have continued in Syria until 141, when he became proconsul of either Asia or Africa. Maior had illustrious ancestry, going back to Polemo the king of Pontus and Antonia Pythodoris[37]. Asia was appropriate for one of its aristocrats, but Africa is not excluded[38]. Maior, unlike any of the eastern magnates hitherto, had been governor of Numidia before his consulship.

*   *
*

IX. If Julius Maior held Syria from 136 or 137 until 141, consequences follow of some interest. He rules out a candidate who has found favour for the post, none other than Fl. Arrianus (*suff.* 129 or 130). Arrianus had a prolonged tenure of Cappadocia, probably from 131 to 137: he is attested there in the latter year (ILS 8801). His successor was L. Burbuleius Optatus Ligarianus (*suff.* ? 134), who arrived before the death of Hadrian (ILS 1066). Burbuleius might be assigned Cappadocia until 140 or 141.

Burbuleius then went to Syria where he died, as the inscription states. How soon in his tenure, or how late, there is no sign. Nor is the successor known. He has been discovered in the person of D. Velius Fidus[39].

---

[36] It is hardly necessary to adduce the HA: '*factus imperator nulli eorum quos Hadrianus provexerat successorem dedit*'. (Pius 5. 3).

[37] For the stemma, PIR², J 397 (from IG IV², 454).

[38] Asia is preferred by ALFÖLDY, o. c. 211.

[39] ALFÖLDY, o. c. 200; 263.

A dedication to him, found at Heliopolis (his *patria*), was adduced (CIL III. 14387e). In error, it now seems clear. Velius Fidus was a governor not of Syria but of Syria Palaestina (the new name for Judaea)[40].

To return to Arrianus. In Lucian's essay on Peregrinus Proteus a friendly governor of Syria liberates the impostor from imprisonment: he is described as a man who took delight in philosophy (Per. 14). Why not Arrian, passing to Syria from his Cappadocian command? The notion conveyed a certain attraction, but not all scholars were disposed to concur[41].

The notion has cropped up again, winning encouragement from an acephalous inscription at Corinth. A prominent citizen paid honour to a legate of Cappadocia who is styled 'the philosopher'. Patently Arrian[42]. Hence the firm hypothesis that Arrian held Syria from 138 to 141, to be succeeded by Burbuleius[43].

Against which, Julius Maior comes into play: certainly a governor, and to be accorded without discomfort a tenure from 136 or 137 to 141. It looks as though Arrian has to lapse. Otherwise the only remedy is a retarded governorship inherited from the deceased Burbuleius.

To resume. On the reconstruction here advocated, the sequence runs as follows:

135	Julius Severus
	Bruttius Praesens
? 137—141	Julius Maior
141—	Burbuleius

*   *
*

X. Epilogue. In the first critical years of the reign, as in the last, Bruttius Praesens showed sterling worth. He was legate of Cilicia when

---

[40] As demonstrated by Eck, ZPE 42 (1981), 237 f. The man was governor of Syria Palaestina in 150 (PSI IX. 1026 = CIL XVI, p. 146), cf. J. Rea, ZPE 26 (1977), 217 f.

[41] Observe Stein in PIR², F 219: eum in Syria legatum Augusti fuisse G. A. Harrer Class. Phil. 11 (1916), 338 sq. coniectura plane incerta e Lucian. Peregr. 14 ... efficere posse sibi visus est (cf. Hüttl l. l.).'

[42] AE 1968, 473, cf. G. W. Bowersock, Greek, Roman and Byzantine Studies VIII (1967), 279 f. An Athenian inscription also attaches the label (AE 1971, 437).

[43] Alföldy, o. c. 238: 'mit großer Wahrscheinlichkeit'.

in August of 117 Trajan breathed his last at Selinus, a city of that province; and, it may be supposed, Praesens accompanied his friend to Rome in prospect of a speedy consulship (which perhaps ensued in the second half of 118 rather than in the next year). Before long two armed provinces advertised and confirmed his value (Cappadocia and Moesia Inferior). Finally, after Africa and Syria, Praesens became consul for the second time, in 139, sharing the *fasces* with Antoninus Pius. A scandalous tradition impugns Hadrian for base ingratitude towards friends and allies[44]. It is a pleasing thought that the honour may be recognition from the moribund friend, not from the new ruler.

Praesens was now aged about seventy. Thus terminated a paradoxical career that began with a tribunate (and military decorations) in 89 and proceeded, not without intermissions, until he commanded VI Ferrata in 114. Julius Severus, his junior by about fifteen years, took up the challenge, succeeding Praesens in Moesia Inferior soon after his consulship. When death cut him short Severus had run through no fewer than four provincial commands in seven or eight years. No previous military man had gone beyond three.

A third consular is now rescued from unmerited neglect. For Julius Maior two consular provinces are clear (Moesia Inferior and Syria). As has been shown, one more is needed, and perhaps two, to fill the gap on the inscription. Maior acceded to the consulate from Numidia, succeeding Metilius Secundus (*suff.* 123). No previous military post is discoverable. His coeval Julius Severus began as a tribune about the time of Trajan's second war against Dacia and commanded a Pannonian legion (XIV Gemina) before proceeding to take charge of Dacia Superior in 119.

The literary record for the reign is miserable and misleading. Dio happens to mention Julius Severus and his transference from Britain to Judaea (LXIX. 13. 2). Otherwise, only inscriptions reveal the governorships of the three consulars. Bruttius Praesens in his earlier and quiet existence had a letter from Pliny, but no author names Julius Maior. Epigraphy may hold in reserve persons who will amplify or modify, as before, the rubric of consular legates. It was not until 1932 that Pergamum surprised the learned world with Julius Quadratus Bassus

---

[44] For a catalogue, HA, Hadr. 15: presumably taken from Marius Maximus. Several items inspire distrust.

(*suff*. 105), leader of an army against the Dacians, legate of Cappadocia, of Syria, of Dacia[45].

✻ ✻
✻

When evidence about Syria is abundant it shows mortality in high frequency. A survey of the century elapsing between the deaths of Germanicus and of Trajan registers four governors dying in the period 33—84 (as certified in the pages of Tacitus) and is emboldened to subjoin several conjectures[46]. The theme now expands to take in Burbuleius; and the decease of Julius Severus shortly after the end of the Jewish War will explain the anomalous emergence of Bruttius Praesens.

---

[45] On whom (PIR², J 508), see now Chr. HABICHT, Pergamum VIII. 3 (1969), no. 21.
[46] 'Governors dying in Syria.' ZPE 41 (1981), 125 ff. The present paper may be taken as a sequel, in more ways than one.

Zur Problematik der Frage der Sanktionierung der termini technici ἡ ἐπισκοπή, ὁ τόπος und ὁ ἐπίσκοπος in den Ortskirchen der zwei ersten Jahrhunderte

von Ger. Konidaris, Athen

In der römischen Kaiserzeit, vom ersten bis dritten Jahrhundert, sind diese drei termini technici von der Kirche — der Einen Heiligen Katholischen und Apostolischen Kirche — sanktioniert worden, und eben deshalb blieben sie bis auf unsere Zeit als termini technici im Kirchenrecht und in der Kirchengeschichte aller Zeiten erhalten. Ist dies ein Zufall? Vor allen Dingen der terminus technicus ὁ ἐπίσκοπος, als erster Eindruck von den Quellen der sieben Briefe des Ignatius († 110—113?), und ἐπισκοπή im Clemensbrief als das Amt der Ortskirche, stellt die besondere Frage, welche Rolle der Wortbegriff ἐπισκοπή (I. Clem. 40—44) bei der Bildung, Annahme und Sanktionierung des Wortbegriffs ὁ ἐπίσκοπος spielt in Antiochien zur Bezeichnung des Vorstehenden Presbyters der Ortskirche.

Fünf Tatsachen sind bei der Untersuchung der im Titel angegebenen termini technici von grundlegender Bedeutung:

1. In Antiochien hat zur Zeit des Ignatius die Bildung und Sanktionierung des Wortbegriffs ὁ ἐπίσκοπος stattgefunden. Wir müssen uns vor Augen halten, daß Ignatius nicht nur zwei Generationen, sondern auch die apostolische und nachapostolische Zeit vertritt (50—110—113?).

2. Die demütigen Menschen — die Anonymität dieser Kirchenmänner ist von Clemens bezeugt — sind ausschlaggebend für das Verständnis der Zeit und die Sanktionierung des Wortbegriffs ὁ ἐπίσκοπος. Das zwingt zu der Annahme, daß diese Männer keine Machtmenschen gewesen sein können: solche gab es in den Ortskirchen, die unabhängig

voneinander lebten und sich doch als Einheit fühlten und betrachteten, n i c h t , sondern er wurde lediglich als passende Bezeichnung für die Führer der Ortskirchen benutzt und anerkannt. (Vgl. Ger. KONIDARIS, Vortrag in der Univ. München 1960; vgl. Münch. Theol. Zeitschrift 1961, Heft 4, Titel: Warum die Urkirche von Antiochien den προεστῶτα πρεσβύτερον als ὁ ἐπίσκοπος bezeichnete.)

3. In der Kirche von Antiochien scheint auf den ersten Blick das Wort ἡ ἐπισκοπή keine Rolle gespielt zu haben.

4. Das Wort ἐπισκοπή als Charakterisierung der Aufgabe der Apostel (Apg. 1, 2, τὴν ἐπισκοπὴν αὐτοῦ λαβέτω ἕτερος für den apostaten Apostel Judas von Petrus, aus Psalm 69, benutzt) erscheint sehr früh in nur einer Ortskirche: der von Ephesus (I. Tim. 3, 1 ἐπισκοπῆς ὀρέγεται καλοῦ ἔργου ἐπιθυμεῖ).

5. Dann, in der Anfangszeit der christlich-griechischen Literatur, bereits um das Ende des 1. Jahrhunderts im ersten Clemensbrief (44, 1; 44, 4), erscheint plötzlich dieser gewichtige Wortbegriff als ein fest eingeführter Begriff in den Ortskirchen von Rom und Korinth für das Amt der Kirche, und zwar als ein vollendeter Begriff, Episcopé als das Amt der Kirche. Wort und Begriff sind untrennbar verbunden mit der Heiligen Eucharistie und den Aposteln und ihrer Nachfolgeschaft in der Eucharistie. Die Verbindung von Priesteramt bzw. Episcopos und Eucharistie gilt auch bei Ignatius als eine Realität (vermutlich Phil. 4; vgl. auch Eph. 4).

Der Vorbehalt gegenüber dem Gebrauch der Bezeichnung ὁ ἐπίσκοπος wegen seiner Anwendung für Gott im Westen fehlt auch im Osten nicht ganz (Ign. Rom 1 an Polyc. insc., sehr wichtig!).

Auf Grund dieser Tatsachen ist die Frage der Untersuchung der angeführten Wortbegriffe von grundlegender Bedeutung, voran jedoch die der Frage:

War das Wort ἡ ἐπισκοπή in Antiochien vor der Bildung der zwei Urformen des Bischofsamtes: des Namens selbst: ὁ Ἰάκωβος, ὁ Εὐώδιος, ὁ Ἰγνάτιος und ὁ ἐπίσκοπος in Gebrauch oder nicht. — Es ist ausgeschlossen anzunehmen, daß die Benutzung durch Petrus und Paulus, die uns in den fragmentarisch erhaltenen Quellen überliefert ist, des Wortbegriffs ἡ ἐπισκοπή k e i n e R o l l e in Antiochien bei der Bildung des gewichtigen Begriffs ἐπισκοπή gespielt hatte. Darum ist es auch für das ökumenische Gespräch, d. h. die Vereinigung der Kirchen, notwendig, die vorgenannten Grundsatzfragen zu untersuchen.

Einige Grundsatzfragen zur neuen Untersuchung über das Bischofsamt der Ortskirchen: ἡ ἐπισκοπή

1. Die Untersuchung des Schicksals der Wortbegriffe ἐπισκοπή und τόπος in den christlichen Kirchen der zwei ersten Jahrhunderte ist notwendig, denn sie ist mit der Frage des Bischofsamtes (ἡ ἐπισκοπή) und des Trägers dieses Amtes (ὁ ἐπίσκοπος) — die Unterscheidung ist notwendig, wird aber nicht allgemein angewandt (vgl. aber KITTEL, W. z. NT. Bd. 2 S. 602 f., 604 ff.) — bis in unsere Zeit eng verbunden und im ökumenischen Gespräch nunmehr zu einem Zentralproblem geworden bei der Behandlung der Frage nach der Einheit der Kirchen in Wort und Sakrament. Die drei Texte, welche die Kommission für Glauben und Kirchenverfassung des Ökumenischen Rates der Kirchen in ihrer Sitzung in Accra (Ghana) 1974 a l s M a t e r i a l z u m S t u d i u m v o n T a u f e, E u c h a r i s t i e u n d A m t für die Kirchen zusammengestellt und an diese gesandt hat, sind als „Konsensus-Texte" charakterisiert worden (agreed statements, wie auch z. B. L. VISCHER im Faith and Order paper 102 S. V., Titel: Episcope und Episcopate in Ecumenical Perspective, enthält die wichtige Studie über das Bischofsamt). Daher wurde der Versuch gemacht, die im Ökumenischen Rat der Kirchen vertretenen Kirchen — man ist gezwungen zu sagen: auch N i c h t - K i r chen, K o n f e s s i o n e n, D e n o m i n a t i o n e n und O r g a n i - s a t i o n e n — aufzufordern, einen Schritt voranzumachen, damit eine g e g e n s e i t i g e A n e r k e n n u n g der Ämter möglich werde („One Baptism, one Eucharist and a mutually recognized Ministry" — ebenda, und: Faith and Order paper No. 73, Geneva 1974). Diese Forderung hatte die scharfe Kritik der Katholisch-Orthodoxen ausgelöst. Dies war und ist eine natürliche Folge ihres Wesens, denn sowohl für die katholische Orthodoxie des Ostens als auch für die römisch-katholische Kirche des Westens handelt es sich dabei eigentlich um das Sakrament des Priesteramtes, von dessen Vorhandensein die Gültigkeit aller Sakramente abhängt. Die termini technici „ordiniertes Amt (ministère ordonné), die in dem „Texte provisoire en vue de la Standing Commission de janvier 1981, Texte révisé de la rencontre du Steering Commitee (3—7 juin 1980)" erläutert werden („le terme ministère ordonné se rapporte aux services pour lesquels l'église accomplit en ordination par invocation de l'ésprit et imposition des mains" und „le terme sacerdoce est utiliser par c e r t a i n e s [immer unbestimmt!] églises pour désigner ce qui est appelé ici ‚ministère ordonné'. Les d e u x t e r m e s ‚ministère ordonné'

et ,sacerdoce' ne doivent pas être pris comme désignant deux réalités differentes"), tragen nicht gerade dazu bei, die Situation der Antithese der Kirchen in der Frage des Amtes zu verbessern.

Es scheint nun an der Zeit zu sein, daß man die Wahrheit laut und deutlich ausspricht, nämlich daß das Priesteramt in seiner Fülle beim Bischof, als Successor der Apostel in Wort und Sakrament, in seiner Verbindung mit der Eucharistie (bezeugt bei Clemens Romanus, Didaché und Ignatius von Antiochien) zur Existenzbestimmung der Kirche Christi gehört und es infolgedessen keine Eucharistie gibt, wenn das Priesteramt nicht vorhanden ist (vgl. Ger. KONIDARIS: Zur Frage nach der Einheit der Kirche C., Athen, 1978, Sonderabdruck aus der Theologia).

2. Die Notwendigkeit der Klärung der Frage des Amtes — Priesteramtes — ist auch aus anderen Gründen gegeben. Es herrscht eine Konfusion (vgl. das Dokument: Ministère, von dem oben die Rede ist, S. 4) über „das Amt" in den Kirchen nicht nur in den ökumenischen Diskussionen der neutestamentlichen Stellen, denn es fragt sich, welche die Bedeutung dieser beinahe mystischen termini πρεσβύτεροι, ἐπίσκοποι καὶ διάκονοι ist, und wie es möglich ist, daß in diesen termini technici die Dreigliederung der Ämter: Episkopos — Presbyter — Diakone — des Ignatius von Antiochien steckt! Es scheint unmöglich zu sein, denn die Ignatius-Zeugnisse (110—113) sind verbunden mit der Charakterisierung: Monarchisches Episkopat; doch handelt es sich „um einen Sonderfall"! Neutestamentler, Historiker und Kirchenrechtler kämpfen seit jeher mit dieser Schematisierung. Meine Bemühungen hierum sind leider wenig bekannt (vgl. Prolegomena im Buch: Ökumenischer Dialog ohne Konsensus, im Druck in Würzburg 1980), und darum bin ich jetzt entschlossen, die alten und neuen Forschungen über das Alter des Bischofsamtes und der Successiones Apostolorum zusammenzustellen und in einem Band zu publizieren. Die Urform des Bischofsamtes kann schon in der apostolischen Zeit entdeckt und in der Entwicklung der Verfassung der Ortskirchen verfolgt werden.

3. Der fragmentarische Charakter der Quellen der zwei ersten Jahrhunderte (siehe Ger. KONIDARIS, ebenda) stellte ein schwer lösbares Problem dar, denn das primäre Moment war die philologisch-historische Betrachtungsweise. Eben deshalb war es notwendig, bei der Behandlung der Quellen die richtige Methode anzuwenden.

4. Die Frage ist des öfteren behandelt worden, zuletzt von Yv. Con-
GAR: Das Bischofsamt und die Weltkirche, deutsche Übersetzung, Stuttgart 1964; BEYSCHLAG, K.: Clemens Romanus und der Frühkatholizis-
mus, in: Beiträge zur historischen Theologie, Tübingen 1966, und L.
GOPPELT: Die Apostolische und die Nachapostolische Zeit: Ein Hand-
buch, unter dem Titel: Die Kirche in ihrer Geschichte, Göttingen 1966,
sowie meine eigenen alten und neuen Forschungen, die nun zusammengestellt sind und im Buch: Ökumenischer Dialog ohne Konsensus, in
Würzburg demnächst erscheinen werden.

5. Die Grundsätze der Methodik sind dort gesammelt und zu brei-
terer Darstellung geführt. Es war eine dringende Notwendigkeit, nicht
nur die autoritative negative Stellungnahme der Kirche Griechenlands[1]
in Zusammenhang mit der Kritik des Ökumenischen Patriarchats an den
drei Texten des Ökumenischen Rates der Kirchen zu begründen, sondern
auch eine ausführlichere Kritik an den ökumenischen Texten zu verfassen in Anbetracht der Tatsache, daß von den Beiträgen der Orthodoxen
in der Sektion Unity der III. Vollversammlung des Ökumenischen Rates
in Neu Delhi (1961)[2] keine wirkliche Notiz genommen worden ist. Die
Texte der Ökumenie sprechen mehrfach von Kirchen, ohne nähere Angaben, von welcher Kirche die Rede ist oder von welcher ökumenischen
Perspektive; zuletzt: Episcope and Episcopate in Ecumenical Perspec-
tive: Faith and Order paper 100[2], Geneve 1980, und: Ministry oder
Ministère. Eine deutsche Übersetzung dieses Aufsatzes wird erwartet.
Dieser Text ist jedoch provisorisch, denn nach der Revision der drei
Texte (oben), die in Bangalore (siehe: Sitzungsberichte über „Faith and
Order") angeordnet wurde, muß der Text über das Amt seine endgültige
Form erst im Januar 1982 finden in der Sitzung der Ständigen Kommis-
sion der Kommission für Glauben und Kirchenverfassung und in der
Plenarsitzung, die vom 3. bis 16. Januar 1982 in Lima, Peru, stattfinden
soll.

In der Sitzung des Zentralausschusses in Genf (11.—22. August 1980)
habe ich meine Genugtuung darüber ausgedrückt, daß diese Texte als

---

[1] Erster Druck der Urkunde der Kirche Griechenlands in deutscher Sprache in „Öku-
men. Rundschau", Heft 3, Juli 1980, S. 301.
[2] Eine erste vorläufige Begründung, ebenda S. 292—300. Es handelt sich um eine
leichte Umformung des Aufsatzes, den ich im Mai-Juni 1979 bei der Konsultation
der Orthodoxen in Chambésy (Centre Orthodox des Ökumenischen Patriarchats")
verlas und dem drei Texte, vor allen Dingen über das Amt, gewidmet waren.

„Studien" und nicht als „Konsensus-Texte" angesprochen werden, weil sie den Kirchen als Material zum Studium zugesandt worden waren, denn es ist meine feste Überzeugung, daß d i e W i e d e r h e r s t e l l u n g d e r U n a S a n c t a n u r d u r c h d i e b i l a t e r a l e n V e r h a n d - l u n g e n möglich ist. Dies ist offensichtlich, denn wie können 300 Kirchen und Nichtkirchen, d. h. Konfessionen, Denominationen und Organisationen, die keine Kirchen sein wollen (Heilsarmee!), zu irgendeiner Form von Einheit gelangen? Begriff und Einheit der Kirche in Wort und Sakramenten sind Voraussetzungen für eine Einigung.

6. D i e p r i m ä r e und besondere Behandlung des Wortbegriffs ἐπισκοπή jedoch in Zusammenhang mit der Frage ὁ ἐπίσκοπος wird dadurch erforderlich, daß dieser Wortbegriff (zuerst in der Apostelgeschichte 1, 20 und sodann bei I. Timotheus 3, 1) anscheinend schon früher als die Bezeichnung „ho episcopos" im Gebrauch war, und weil er öfter durch den v i e l f a c h e n G e b r a u c h des Wortbegriffs Ἐκ- κλησία = Kirche ersetzt wurde (vgl. neutestamentliche Stellen, beh. bei ZIZOULAS „Die Einheit der Kirche", Diss. 1965). Diese schwierige Auseinandersetzung ist deshalb notwendig, weil viele Theologen des Westens der Meinung sind, daß die Benutzung des Neuen Testaments auf keinen Fall in eine Beziehung zu Bistümern gesetzt werden darf!

7. Der Grundsatz aber, daß das Neue Testament nicht allein, und getrennt von den Quellen der zwei ersten Jahrhunderte behandelt werden darf, ist wissenschaftlich begründet, denn der „Kanon" des zweiten Jahrhunderts in seiner — unvollendeten — Form ist das B u c h a l l e r O r t s k i r c h e n , die ihn unabhängig voneinander in das Leben der Kirche Christi eingefügt hatten. Eine Antithese in der Frage der Verfassung zwischen dem Neuen Testament und den Kirchen, die den Kanon zusammengestellt haben, ist ausgeschlossen, genauso wie es ausgeschlossen ist, daß eine Revolution wegen der Frage der Verfassung stattgefunden hat, inszeniert von „Machtmenschen" (?), die in der nachapostolischen Zeit angeblich die Macht an sich gerissen und die Leitung und Eucharistie der Ortskirchen übernommen haben könnten!

Solche Männer g a b e s n i c h t , und die Demut[3] und die Anonymität, die uns durch Clemens Romanus und aus anderen Texten bezeugt werden, sind Beweise für die natürliche Entwicklung der Ortskirchen von der apostolischen über die nachapostolische Zeit bis hin zur Zeit des

---

[3] Vgl. I. Clemensbrief, bei HARNACK, Einführung in die Alte Kirchengeschichte 1929.

Irenäus. Weder der persönliche Zank in Korinth, wo „e i n i g e P r e s -
b y t e r " abgesetzt worden waren, noch der von Rom, bei dem vom
Ehrgeiz einiger „Πρωτοκαθεδρῖται" die Rede ist, dürfen zu der Überlegung führen, daß das Bischofsamt ein Novum in der Kirche des zweiten Jahrhunderts gewesen sei! Die Entdeckung der Urform der Bezeichnung des Trägers des Bischofsamtes[4] nur mit dem Namen: Ignatius,
Polycarp (wie Jakobus, Apg. 21, 17—18) und der neun (9) Erscheinungsformen des Bischofsamtes[5] in seiner Beziehung auch zur Frage der Successiones Apostolorum gestattet uns, nun einige wichtige Beobachtungen
zur Frage der Unterscheidung der ἐπισκοπή und des Bischofs bei der Forschung zu berücksichtigen. Ἐπισκοπή ist zum A m t der Ortskirchen geworden und ὁ Ἐπίσκοπος ist der eigentliche Träger dieses Amtes. Wie
diese Entwicklung zustande gekommen ist, bleibt die Frage, die behandelt werden muß.

---

[4] G. KONIDARIS: Kommunikation in der Akademie von Athen 1956, Praktika 1957,
2. Aufl. 1959.
[5] G. KONIDARIS: Ökumenischer Dialog ohne Konsensus, in Druck in Würzburg 1981.

Appian und seine Quellen

von István Hahn, Budapest

1. Einen neuen Versuch zur quellenkritischen Analyse der Rhomaike Historia Appians zu tun, scheint — bei aller Anerkennung der bisher erreichten Ergebnisse — keine überflüssige Aufgabe zu sein. Die bisherige Forschung, von E. Nitzsch bis zu den zeitgenössischen Untersuchungen von E. Gabba, F. Rizzo, P. Meloni, J. Luce u. a.[1] — betrachtete als ihre vornehmliche Aufgabe, die Quellen der einzelnen größeren Einheiten innerhalb des Werkes Appians festzustellen, und anhand dieser Ergebnisse auch die Methoden seiner Quellenbenutzung, und sein Verhältnis zu den benutzten Quellen zu erkennen. So verfügen wir über wichtige Arbeiten bez. der Emphylia, der Illyrike, Syriake, Makedonike, Annibaike usw.[2], deren Ergebnisse aber insofern partiell bleiben müssen, als sie immer auf der Grundlage eines einzelnen Abschnittes aus dem Werk Appians erreicht wurden, daher auch nur als Teilergebnisse ihre Geltung

---

[1] E. Gabba: La vita e le opere di Appiano, in: Appiani Bellorum Civilium liber I., Firenze 1958; Ders.: Appiano e la storia delle guerre civili, ebd. 1957; P. Meloni: Il valore storico e le fonti del libro Macedonico di Appiano, Roma 1955; P. F. Rizzo: Le fonti per la storia della conquista Pompeiana della Siria, Suppl. Kokalos, Palermo 1963; T. J. Luce: Appian's Magisterial Terminology, Class. Phil. 56, 1961, 21 ff.; Ders.: Appian's Egyptian History, ebd. 59, 1964, 259 ff.

[2] Außer den oben angeführten vgl. noch: E. Gabba: Sul libro Siriaco di Appiano, Rendiconti . . . Acc. dei Lincei, Cl. Sc. Mor., ser. 8, vol. 12, 1957, 347 ff.; J. Dobiaš: Studie k Appianově knize Illyrske, Praha 1930; A. Klotz: Appians Darstellung des zweiten punischen Krieges, Paderborn 1936; zu Emph. Buch V. vgl.: E. Gabba: Appiani Bellorum Civilium liber V., Firenze 1972; vgl. auch: A. Mastrocinque: Eumene a Roma e le fonti del libro Macedonico di Appiano, Atti . . . Ist. Veneto di Scienze 134, 1975/76, 25 ff.

haben. Die weiterführende Frage, ob unser alexandrinischer Autor, dem bei allen seinen schriftstellerischen und historiographischen Unzulänglichkeiten[3] doch die einzige zusammenhängende Darstellung wichtiger Vorgänge der römischen Geschichte zu verdanken ist, irgend eine allgemeine Methode seiner Quellenauswahl ausgearbeitet hat, ob irgendwelche sich im ganzen Werk bewährenden Prinzipien der Auswahl und Bearbeitung zu erkennen sind: diese, auch zur Erkenntnis der literarischen Persönlichkeit des Historikers relevanten Fragen können offenbar nur aufgrund einer umfassenden, sich auf das gesamte uns noch zugängliche Lebenswerk bezogenen Untersuchungen beantwortet werden. Wir möchten dabei eine solche „synthetische" und statistische Methode anwenden, die vom g a n z e n Werk ausgeht, und aus dem Gesamtwerk auf die Quellenfrage der einzelnen Bücher bzw. ihrer größeren Komplexe oder Partien Antwort sucht.

2. Den Ausgang dazu bietet eine Untersuchung der im gesamten Werk zerstreuten Reden. Appian liebt es, wie seit Herodot und Thukydides ein großer Teil der antiken Historiker[4], die gegebene historische Situation und die Motive der führenden Persönlichkeiten mit Hilfe einzelner an geeigneten Stellen des Werkes eingefügten Reden darzustellen. Eine auch nur flüchtige Betrachtung dieser Reden führt aber sofort zu einem auffallenden Ergebnis. Von den insgesamt 10 in vollem Umfang erhaltenen Büchern (Iberike, Annibaike, Libyke, Syriake, Mithridateios und Emphylia I—V), und der Illyrike (die dem Umfang eines halben Buches entspricht), gibt es ein ganzes und ein „halbes" Buch (Annibaike und Illyrike), die überhaupt keine Reden enthalten, während z. B. die Iberike, welche unmittelbar der Annibaike folgt, 9 ausgearbeitete und außerdem 7 kürzere Reden enthält, die insgesamt etwa 29 % des Umfanges ausmachen. Von den 5 Büchern der Emphylia enthält das erste 10 Reden, alle von kurzem Umfang, das zweite Buch jedoch 31, von denen 13 umfangreichere, und 18 kürzere, bzw. nur andeutungsweise erwähnte.

---

[3] Vgl. die grundsätzlich verdammenden Urteile bei Ed. Schwartz: Appianus, RE 2, 216 ff. = Griechische Geschichtsschreiber, Leipzig 1957, 361 ff.; A. Rosenberg: Einleitung und Quellenkunde zur röm. Gesch., Berlin 1921, 200 ff.; E. Gabba in den angeführten Werken; Ed. Will: Appien, in: Hist. politique du monde hellénistique, 2, Nancy 1967, 469 ff.; etwas günstiger S. Mazzarino: Il pensiero storico antico, Bari 1966 II/2, 188 ff.

[4] P. Pédech : La méthode historique de Polybe, Paris 1967, 254 ff. gibt eine gute Übersicht.

2.1. Eine nur skizzenhafte Tabelle der bei Appian angeführten Reden gibt etwa das folgende Bild[5]:

Name des Buches	Andeu-tungen	Kurze Reden (1—2 §§)	Mittlere Reden (3—4)	Lange Reden (5 u. mehr)	Zusammen
+ Italike	—	4	—	—	4
+ Saunitike	—	2	3	—	5
+ Keltike	—	1	—	—	1
+ Makedonike	2	7	2	2	13
+ Nomadike	—	1	—	—	1
Illyrike	—	—	—	—	—
Iberike	—	5	1	—	6
Annibaike	3	—	—	—	3
Libyke	—	6	1	9	16
Syriake	—	2	2	4	8
Mithridat.	—	5	2	5	12
Emphylia I.	1	7	2	—	10
Emphylia II.	3	15	6	7	31
Emphylia III.	1	5	4	6	16
Emphylia IV.	—	1	1	7	9
Emphylia V.	—	5	1	4	10

Diese sehr starke Streuung des rhetorischen Elementes innerhalb des Werkes Appians — von fast einem Drittel des Umfanges bis zum vollkommenen Fehlen — ist, namentlich verglichen mit anderen Autoren, eine auffallende Erscheinung. In den erhaltenen Büchern eines Livius, Polybios oder Sallustius sind die Proportionen viel ausgeglichener[6]. Wenn

---

[5] Da die zwei Bände der Teubner-Ausgabe Appians nicht das gleiche Format haben, konnte die Länge der Reden nicht in Teubner-Seiten bzw. Zeilen angegeben werden; und da keine genaue Statistik angestrebt wird, genügte m. E. für eine allgemeine Vorstellung bez. der einzelnen, von Appian angeführten Reden, die Angabe nach Paragraphen.

[6] Zu den Reden bei Livius vgl.: L. TREPTOW: Die Kunst der Reden i. d. 1. und 3. Dekade des livianischen Geschichtswerkes, Diss. Kiel 1964; bzw. I. PASCHKOVSKI: Die Kunst der Reden i. d. 4. u. 5. Dekade des Livius, Diss. ebd. 1966; eine der hier angestrebten Untersuchung ähnliche Statistik bietet zum I. Buch des Livius: J. COLLART: Quelques observations statistiques . . . in: Mél. J. Heurgon, Paris 1976, 181 ff.

solch große Unterschiede wie bei Appian bei einem anderen Schriftsteller vorkommen, ist das immer irgendwie motiviert; daß im 8. Buch des Thukydides Reden vollkommen fehlen, wird bekanntlich damit erklärt, daß dieses letzte Buch des Werkes wegen des frühen Todes nicht endgültig ausgearbeitet wurde, und aus diesem Zustand kann auch auf die Arbeitsweise des Thukydides gefolgert werden[7]. Eine ähnliche Motivation ist aber bei Appian unmöglich, da die Annibaike eine mittlere Stellung zwischen Iberike und Libyke einnimmt, von einer sogar zweimaligen Änderung in seiner Arbeitsmethode also keine Rede sein kann. Es sei auch noch hervorgehoben: der 2. Punische Krieg, Hauptthema der Annibaike, gab mit seinen dramatischen Peripetien, den zugespitzten Situationen, den parallelisierten Leidenschaften den Historikern eine hervorragende Möglichkeit, ihre Rhetorik vorzustellen, und Polybios oder Livius haben diese Möglichkeit auch nicht ungenutzt gelassen[8].

Es gibt m. E. nur eine Erklärung für diese Erscheinung bei Appian: er ist auch in der ausgiebigeren oder ärmlicheren Anwendung, bzw. vollkommener Vermeidung der rhetorischen Elemente von seinen Quellen abhängig. Das heißt: in der Annibaike benutzte er vorwiegend einen solchen Autor, der in seinem Werk keine Rhetorik anwendete, in der darauf folgenden Libyke aber schon einen solchen mit reichen rhetorischen Einlagen. Wenn diese, auf dem extremen Gegensatz der schriftstellerischen Methode innerhalb zweier aufeinander folgenden Bücher seines Werkes basierende Folgerung richtig ist, dann können wir auch weiter folgern, daß die hauptsächliche Quelle des 1. Buches der Emphylia — wo längere, ausgeführte Reden fehlen — nicht identisch ist mit jener der darauf folgenden Bücher, wo namentlich die breit ausgeführten Reden einen viel größeren Raum einnehmen.

2.2. Diese Folgerungen aus der bloßen Anzahl und Verteilung der Reden innerhalb des Gesamtwerkes haben selbstverständlich ohne weitere Beobachtungen nur einen Wahrscheinlichkeitswert, und geben noch keine Gewißheit. Noch weniger ist es möglich, aufgrund dieses einzigen Kriteriums die konkreten Quellen Appians festzustellen. Einige Folge-

---

[7] Vgl. schon U. v. WILAMOWITZ: Thukydides VIII, Hermes 43, 1908, 578 ff.; die spätantike Thukydides-vita des „Markellinos" meint sogar, das VIII. Buch sei von seiner Tochter geschrieben worden, ebd. Kap. 43.

[8] Das 21. Buch des Livius enthält mehrere lange, ausführliche Reden: Kap. 10 (Rede des Hanno); 13 (Alorcus); 18 (die Karthagischen Gesandten); 21 (Hannibal); 30 (Hannibal); 40 (Scipio); 43 (Hannibal) — und ebenso in den darauf folgenden Büchern.

rungen ergeben sich jedenfalls mit vollkommener Gewißheit: Appian
verwandte für seine Römische Geschichte m e h r e r e Quellen (er
exzerpierte also sein Werk nicht aus einer einzigen, einheitlichen Zusammenfassung, wie das noch M. GELZER glaubte[9]), und dabei benützte
er für jede größere Partie bzw. für je ein Buch vorwiegend e i n e n
seiner Vorgänger als Hauptquelle, und zwar auf eine so sklavische Weise,
daß einzelne charakteristische Wesenszüge dieser Quelle auch in seiner
Bearbeitung erkenntlich bleiben.

3. Zur Kontrolle und auch zur Ergänzung der bisherigen vorläufigen
Ergebnisse versuchen wir, dieselbe „synthetische und statistische"
Methode auf einen weiteren durchgreifenden Aspekt des appianischen
Geschichtswerkes, nämlich seine chronologischen Angaben, anzuwenden.
Appian selbst war in chronologischen Fragen wenig bewandert. In der
Einleitung seines Werkes bekennt er offen: „Ich hielt es für überflüssig,
die Zeitpunkte jedes Ereignisses genau anzugeben, im Falle der wichtigsten gebe ich sie aber hier und da an" (Prooim. 13, 50). Diesem negativen
Programm bleibt er auch grundsätzlich treu. DRUMANN, der Appian
hochschätzte, hat an seinem Werk hauptsächlich auszusetzen, daß er „die
Zeitpunkte oft verwechselt"[10]. Dieses fehlende Interesse an chronologischen Daten hat aber in bezug auf seine Quellenbenutzung einen wichtigen Vorteil. Da er selbst chronologische Forschungen nicht getrieben
hat, muß er alle seine Datierungen seinen Quellen entnommen haben,
und zwar ohne jede Änderung. Nehmen wir einige Beispiele.

3.1. Appian gibt Datierungen nach den o l y m p i s c h e n   J a h r e n
insgesamt elfmal in seinem Werk. Die Verteilung dieser Datierungen ist
ebenfalls sehr rhapsodisch. Von diesen elf Datierungen finden sich 4 im
I. Buch der Emphylien, und zwar alle in bezug auf die Diktatur Sullas
(I. 379, 463 — zweimal —, 517) — sonst nirgends, auch nicht in den
Büchern II. bis V. Drei olympische Datierungen sind im Buch Iberike
(14, 152, 171), alle in der ersten Hälfte des Buches (Ereignisse bis zum
Jahr 180 v. u. Z.); zwei weitere im Mithridateios (64, 214), und je ein
olympisches Jahr in einem Fragment der Keltike — zur Datierung des
Einfalls der Gallier (Kelt. Frg. 2, 1—98. Olympiadenjahr), sowie in der
Libyke 643: Vernichtung Karthagos etwa um das 160. Olympiadenjahr).

---

[9] Vgl. M. GELZER: Kl. Schr. 3, 277 ff. u. ö.
[10] W. DRUMANN in: DRUMANN - GROEBE: Gesch. Roms . . . I. 59, vgl. aber dazu die
    kritische Bemerkung von GROEBE a. W. 407; vgl. auch Ed. SCHWARTZ: Hermes 53,
    1898, 199 ff.; E. GABBA in: Bellorum Civilium liber I. p. X.

In allen diesen 11 Datierungen teilt Appian nur die Olympiadenjahre mit, kein einziges Mal das genaue Jahr innerhalb eines olympischen Zyklus.

Die römische Geschichtsschreibung vermeidet bekanntlich die typisch hellenische Jahrrechnung nach Olympiaden, sondern gibt konsequenterweise die Consularjahre an, ergänzt mitunter mit den Jahren *ab urbe condita*[11]. Ausschließlich die früheren, griechisch schreibenden Annalisten (Fabius Pictor u. Cincius Alimentus) geben, zwecks genauerer Informierung ihres Leserkreises, die olympischen Datierungen der wichtigsten Ereignisse an; so setzt Fabius Pictor die Gründung Roms auf das 1. Jahr der 8. Olympischen Spiele, Cincius Alimentus aber auf das 4. Jahr des 12. Zyklus (Dion. Hal. 1, 74). Aber schon Cato vermied es, wie uns eben Dion. Hal., a. O. berichtet, das Gründungsjahr der Stadt nach griechischer Berechnung anzugeben. In den Fragmenten der späteren Annalisten kommt kein einziges Olympisches Jahr vor. Auch Livius gibt in den erhaltenen Büchern seines Werkes nirgends olympische Jahre an; wo er einmal das *Olympiorum sollemne ludicrum* ... erwähnt (27, 35, 2), geschieht das auch nicht aus chronologischen Gründen. Sallustius u. Tacitus lassen diese Jahreszählung ebenso außer acht, wie auch ein Teil der griechisch schreibenden Historiker (Cassius Dio u. a.), selbst Plutarch erwähnt in den römischen Biographien nur ein olympisches Jahr, (Ol. 176, in welchem Licinius Lucullus u. Aurelius Cotta Consuln waren, v. Luc. 5, 1) — zufällig eben ein solches, welches auch bei Appian erwähnt wird (Emph. 1, § 517).

3.2. Es ist nach alledem festzustellen, daß Appian in jenen Teilen seines Werkes, wo er olympische Jahre angibt, griechische Quellen benützt hat. Wo er hingegen in langen Partien seines Werkes kein olympisches Jahr angibt, hat nach allem Anschein auch seine Quelle diese Jahreszählung vermieden. Diese letzteren Teile seines Werkes konnte er auch lateinisch geschriebenen Quellen entnommen haben; gewiß ist nur, daß die Partien mit olympischen Jahren griechischen Quellen entnommen sind. Um etwas genauer zu fassen: aus den Büchern der Emphylia entstammen genau die Kapitel über die Diktatur Sullas einem g r i e c h i s c h e n — man wäre versucht zu ergänzen: einem „selbstbewußt"

---

[11] Zur chronologischen Benutzung der olympischen Jahre vgl. E. BICKERMANN: Chronologie, Leipzig 1963, 48 ff.; G. PERL: Kritische Untersuchungen zu Diodors Jahreszählung, Berlin 1957, 8 ff., 106 ff., 154 ff.; zur Vermeidung derselben bei den römischen Geschichtsschreibern O. LEUZE: Die römische Jahrzählung, Tübingen 1909, 87 ff.

griechischen — Autor (Geschichtsschreiber oder Rhetor)[12]; — Bücher II
bis V der Emphylien aber nach jeder Wahrscheinlichkeit einem Römer.
Die erste Hälfte der Iberike entstammt einer griechischen Quelle — die
zweite einer anderen, die gewiß keine olympischen Jahre angab und
wahrscheinlich das Werk eines römischen Historikers war. Die Quelle
der Annibaike ist ebenfalls „römisch"; Mithridateios hingegen „griechisch"; Syriake — wo im vorherein eine griechische Quelle vorauszusetzen wäre, enthält keine olympischen Jahre. Es ist möglich, daß diese
Quelle nicht olympische Jahre, sondern — wenn schon nötig — etwa
Jahre der seleukidischen Ära angegeben oder genaue Jahresangaben
weitgehend vermieden hat.

4. Die bisherigen Untersuchungen ergaben gewisse Anhaltspunkte
zur Feststellung der Quellen Appians. Die Statistik der angeführten
Reden machte es wahrscheinlich, daß das I. Buch der Emphylien einer
anderen Quelle entstammt als die übrigen vier; jetzt führte eine ganz
anders geartete Untersuchung, aufgrund der Datierungen, in eben
diesem Zusammenhang zu einem ähnlichen Ergebnis — wenigstens was
die Hauptquelle der Darstellung der sullanischen Diktatur betrifft. Wenn
diese von zwei ganz verschiedenen Ausgangspunkten getroffenen Beobachtungen zu einem analogen Ergebnis führen, so kann das schon
nicht als reiner Zufall betrachtet werden.

4.1. Die bisherigen — mehr oder weniger noch immer hypothetischen — Ergebnisse über die Verschiedenartigkeit und mögliche Differenzierung der Quellen Appians können auch durch weitergehende Beobachtungen kontrolliert werden. Bezüglich des Buches Iberike entstand der
Eindruck, daß Appian den ersten Teil des Buches einer griechischen
— mit olympischen Jahren arbeitenden — Quelle entnahm, den zweiten
Teil aber einer anderen, diese Jahreszählung vermeidenden Quelle. Eine
weitere Beobachtung bekräftigt von einer anderen Seite diese Impression.
Kap. 66, § 279 teilt der Autor mit, daß Viriathus die Ἀρουακοὶ Βέλλοι
καὶ Τίτθοι, „diese höchst kriegerischen Stämme", gegen Rom aufgewiegelt

---

[12] Ausführlicher I. HAHN: Appians Darstellung der sullanischen Diktatur, Acta Class.
Debrecen 10/11, 1974/75, 111 ff.; zur möglichen Beeinflussung Appians durch Timagenes eher skeptisch: B. SUNTERI: Sul presunto antiromanesimo di Timagene, Studi
E. Manni, Roma 1976, 91 ff.; B. L. TWYMAN: The Date of Sulla's Abdication and
the Chronology of the first book of Appian's Civil Wars, Athenaeum 54, 1976,
77 ff., 271 ff.

hat[18]; diese Stämme haben dann von sich aus einen neuen Krieg gegen
Rom unternommen, und dieser wurde als Numantinischer Krieg bekannt.
Gleichzeitig teilt der Autor mit, daß er diesen Krieg mit dem viriathi-
schen einheitlich bearbeiten wird. Da gibt es einige auffallende Züge.
Die drei Stämme wurden früher schon öfter erwähnt, öfter auch miteinander verbunden (vgl. I b. §§ 204, 214, 215) — und immer im Zusammenhang mit den antirömischen Kriegen — warum war es jetzt
nochmals nötig, sie neuerdings vorzustellen? Sodann: wenn Appian sein
Werk nach geographischem Standpunkt in einzelne Bücher zerteilte,
und wenn der numantinische Krieg sowohl chronologisch als auch politisch als unmittelbare Fortsetzung der Kämpfe des Viriathus zu betrachten war — warum mußte unser Autor es noch zusätzlich motivieren, daß
er auch diesen Krieg mit jenem des Viriathus in eine Einheit fassen wird?
Alle diese Ungereimtheiten erklären sich aufs beste, wenn Appian den
zweiten Teil dieses Buches — welcher die Ereignisse nach dem viriathi-
schen Krieg, mit dem Nachdruck auf den numantinischen Krieg enthält — einer anderen Quelle entnahm als die erste Hälfte. Denn so ist
es erklärlich, daß er dieser letzteren Quelle folgend die genannten drei
Ibererstämme nochmals vorgestellt hat, und daß er es für nötig hielt,
speziell hervorzuheben, er wolle die beiden Aufstände — über die er in
zwei verschiedenen Quellen sein Material gefunden hat — trotzdem in
einem gemeinsamen Buch darstellen. Diese verschiedenen Beobachtungen
— deren jede für sich eher als bloße Impression zu betrachten wäre —
ergänzen und verstärken einander gegenseitig.

4.2. Auch der Aussagewert der eigentümlichen sullanischen Chronologie wird durch die Vergleichung mit einem anderen Gedankengang verstärkt. In der Einleitung zum Gesamtwerk bietet Appian ebenfalls eine
chronologische Übersicht der ganzen römischen Geschichte. Bis zum Anfang des Prinzipats vergingen rund 700 Jahre (Prooim. § 44), von
diesen fallen 500 auf die Eroberung Italiens — und von diesen 500
Jahren umfaßt die erste Hälfte (etwa 250 Jahre) die Zeit der Könige,
die zweite Hälfte die frühe Republik; die darauf folgenden 200 Jahre
umfassen die Epoche der überseeischen Eroberungen; darauf folgt die

---

18 Vgl. auch zur Quellenfrage: H. SIMON: Roms Kriege in Spanien, Frankfurt 1963,
   44 f,. 81 f.; der Verf. selbst ist geneigt, die hauptsächlichen Quellen Appians für die
   iberischen Kriege in Polybios u. Poseidonios zu erkennen, vgl. a. W. 28 Anm. 32;
   36 Anm. 41 u. ö. (für Polybios); 107 Anm. 10, 110 Anm. 15 u. ö. im zweiten Teil
   des Buches für Poseidonios.

Herrschaft der römischen Kaiser bis Trajan — ebenfalls etwa 200 Jahre —
bis zum Zeitalter des Geschichtsschreibers also ca. 900 Jahre (ebda. § 34)[14].
Hier wird das chronologische Gerüst in abgerundeten Jahrhunderten
angegeben — abweichend vom schon angeführten Passus zu Sulla
(Emph. I. § 463), wonach die Königszeit 60 Olympiaden, die darauf
folgende „Demokratie" 60 Olympiaden gedauert hätte bis zur Diktatur
Sullas. Das System der Jahreszählung und auch die konkreten Angaben
widersprechen einander. Im Prooimion dauert die Königszeit 250 Jahre,
in den Emphylia a. O. nur 240 (die traditionelle Auffassung zählte 243
oder 244 Jahre)[15]. Die verschiedenen Methoden der Periodisierung, mit
teils einander widersprechenden konkreten Jahresangaben erweisen
wiederum, daß Appian die gelegentlichen chronologischen Angaben
seines Werkes jeweils der ihm eben vorliegenden Quelle entnahm, und
nicht gewillt — vielleicht auch nicht fähig — war, die abweichenden
Systeme und konkreten Angaben aufeinander abzustimmen. Wieder ein
Beweis dafür, daß die vereinzelten chronologischen Angaben seines
Werkes einen verläßlichen Ausgangspunkt zur Differenzierung seiner
Quellen bieten.

4.3. Fassen wir vorläufig zusammen. Jene auffallenden Unebenheiten,
die sowohl in der Verteilung der rhetorischen Partien (eingefügten
Reden), als auch bezüglich der chronologischen Angaben zu bemerken
waren, erweisen z u m   e r s t e n , daß Appian in je einem längeren Abschnitt seines Werkes eine andere Hauptquelle benützte; z u m   z w e i -
t e n : daß er sich so eng an die Eigenheiten der jeweiligen Hauptquelle
hielt, daß gewisse charakteristische Züge derselben auch noch nach seiner
Überarbeitung zu erkennen sind; z u m   d r i t t e n : daß ein Teil dieser
Quellen ganz gewiß griechischer Sprache war, ein anderer Teil aber
höchst wahrscheinlich lateinischer Sprache. Aufgrund dieser — noch
immer sehr bescheidenen — Ergebnisse können aber schon gewisse, im
Laufe der bisherigen Forschung aufgeworfene Vorstellungen abgelehnt,
oder in Frage gestellt werden. Die These von M. GELZER über e i n e

---

[14] Zur Entstehung dieser Periodisierung und zum Zusammenhang mit der Chronologie
des Florus, vgl. I. HAHN: Prooemium u. Disposition der Epitome des Florus,
Eirene 4, 1965, 23 ff.; P. JAL: Florus, Œuvres, Paris/Budé 1968, LXX ff.

[15] Die 240 Jahre der römischen Königszeit entsprechen der Chronologie des Fabius
Pictor, nach dem Rom i. J. Ol. 8/1. (748 v. u. Z.) gegründet worden wäre; ebenso
viele Jahre rechnet die Chronik des Eusebius/Hieronymus, wonach: *Romanorum
reges VII a Romulo usque ad Tarquinium Superbum imperarunt annos CCXL*, vgl.
auch O. LEUZE a. W. 81 f.

e i n z i g e   g r i e c h i s c h e   Q u e l l e Appians (deren Material er nur
exzerpiert und umgeordnet hätte) ist ebenso zu verwerfen, wie jene von
Ed. SCHWARTZ[16], wonach Appian mehrere, aber ausschließlich lateinische
Quellen benützt (oder eher nur ausgeschrieben) hätte. Mit hoher Wahrscheinlichkeit konnte festgestellt werden, daß Appian das I. Buch der
Emphylien m e h r e r e n Quellen entnahm, von denen wenigstens e i n e
(in der die sullanische Diktatur behandelt wurde) einem griechischem
Autor entnommen ist, der nicht identisch sein kann mit der hauptsächlichen Quelle der Bücher II bis V. Es ist auch sehr unwahrscheinlich, daß
Asinius Pollio, der den *motum a Metello consule civicum* behandeln
wollte — also die Bürgerkriege etwa vom Jahre 60 beginnend — eine so
ausführliche Vorgeschichte dieser Kriege habe geben wollen, wie es aus
dem I. Buche der Emphylien scheinen könnte[17].

5. Wenn wir als prinzipielles Ergebnis der bisherigen Darlegungen
feststellen, daß Appian in seinem großen Werk verschiedene — teils
griechische, teils auch lateinische — Quellen benützt hat, daß er je eine
längere Partie seines Werkes (ein ganzes Buch oder auch mehrere
Bücher, oder einen längeren Passus eines Buches) einer anderen Quelle
entnahm, und daß er diesen seinen Quellen im Tatsachenmaterial fast
auf sklavische Weise gefolgt ist —: so versuchen wir jetzt zunächst festzustellen, ob Appians eigene Aussagen über seine Quellen mit diesen
vorläufigen Ergebnissen in Einklang gebracht werden können.

5.1. Appian erwähnt in mehreren seiner Mitteilungen die Quelle
seiner Information. Diese Quelle bleibt aber auch oft ungenannt oder
wird nur im allgemeinen erwähnt[18], mehrere Male beruft er sich auf die
einander widersprechenden Angaben mehrerer, ungenannter Quellen[19],
nicht selten gibt er aber seine Quelle dem Namen nach an. Es sind
folgende Quellenangaben zu finden:

---

[16] Ed. SCHWARTZ a. W. 361 u. ö., vgl. die Diss. von J. HERING: Lateinisches bei Appian, Diss. Rostock 1936, 9 ff.

[17] Die Fragwürdigkeit der Zuschreibung des I. Buches der Emphylien an dieselbe
Quelle, wie die übrigen Bücher wurde schon von mehreren Kritikern des angeführ-
ten Buches hervorgehoben, vgl. u. a. H. SCULLARD: JRS 49, 1959, 203 ff.; E. BADIAN:
Class. Rev. 8, 1958, 159 ff.; M. GELZER: Gnomon 30, 1958, 216 ff. u. a.

[18] Der Kelt. Fr. 18, § 2 erwähnte τῶν τις συγγραφέων — laut dem Cato dafür war,
Caesar den Galliern auszuliefern, wird von Plutarch: Caesar 22, 4 u. DERS.: Cato
minor 51, 2 mit Tanusius Geminus identifiziert; vgl. dazu A. KLOTZ: Appians Darstellung . . . 8 f.

[19] Die Berufung auf verschiedene, einander widersprechende Quellen ist in den Emphylien häufig. Vgl. u. a. 1, 118 § 550 über die Dezimierung des römischen Heeres

Prooim 41:	Aufzeichnungen der ägyptischen Könige
Kelt. Frg. 1, 18:	Paulus Claudius (= Claudius Quadrigarius)[20]
Frg. 6, 3:	Καύσιος ὁ Ῥωμαῖος (= Cassius Hemina?)[21]
Frg. 18, 3:	Commentarii (De bello Gallico?) des Caesar
Iber. 382:	Rutilius Rufus, „Geschichtsschreiber dieser Ereignisse", συγγραφεὺς τῶνδε τῶν ἔργων
Ann. 56:	eine Bemerkung des Σεβαστός über Fabius Maximus[22]
116:	Quintus Fabius (Pictor), συγγραφεὺς τῶν ἔργων
Lib. 629:	Polybios „der Geschichtsschreiber" (συγγραφεύς)

durch Crassus: ... οἱ δ' οὐχ οὕτω νομίζουσιν ..., ebd. 2, 70 § 289 (Schlacht bei Pharsalus): ... πολλῶν ἀμφίλογα εἰπόντων ... 2, 79, 329: verschiedene Bewertungen der Kampftaktik des Pompeius 3, 84, 347: οἱ δὲ αὐτόν ... νομίζουσιν. Über die Proskriptionen bemerkt er ausdrücklich 4, 16 § 64: πολλοὶ Ῥωμαίων ἐν πολλαῖς βίβλοις αὐτὰ συνέγραψαν. Das bedeutet auch soviel, daß Appian eben in den Emphylien neben seiner, in der zeitgenössischen Forschung fast eindeutig vorausgesetzten zeitgenössischen primären Quelle, dem Asinius Pollio, wenigstens noch eine solche spätere Quelle eingesehen hat, welche sich schon auf mehrere frühere Quellen berufen, und ihre Diskrepanzen ausführen konnte. Ich dachte dabei an die Historiae ab initio bellorum civilium des Seneca Rhetor, vgl. dazu Acta Ant. Hung. 12, 1964, 169 ff. — eine Hypothese, die neuerdings von G. Zecchini: Seneca il Vecchio fonte di Appiano?, Aevum 51, 1977, 145 ff. weitergeführt wurde.

[20] Vgl. A. Klotz: Der Annalist Claudius Quadrigarius, Rh. Mus. 91, 1942, 268 ff.

[21] „Kausios" kann sowohl aus Cassius (vgl. H. Peter HRR 1, CLXXVI u. S. 101), als aus „Klaudios" korrumpiert sein, vgl. dazu A. Klotz a. O.

[22] H. Malcovati: Imp. Caesaris Augusti operum fragmenta, Torino 1962, 84 ff.: E. Gabba: Appiani BC liber Quintus, Firenze 1970, pp. XVII ff. ist der Meinung, daß die Berufungen auf die Hypomnemata in der Illyrike u. in Emph. IV § 463 sich tatsächlich auf die Memoiren des Augustus beziehen, die Reden des L. Antonius u. die Antwort Octavians in Emph. V § 191 ff. aber nicht diesem Werke, sondern den Acta Diurna entnommen seien. Beide Möglichkeiten haben ihre Schwierigkeiten: daß Augustus die Rede seines Gegners in extenso angeführt hätte, ist ebenso schwer vorstellbar, als daß L. Antonius nach seiner Niederlage in Perusia und seiner erpreßten Abdankung vom Konsulat noch Möglichkeit gehabt hätte, seine Rechtfertigungsrede in den Acta Diurna — die doch in erster Linie die Senatsverhandlungen in Rom beinhalteten — zu publizieren. Die Frage der Identifizierung der Hypomnemata a. a. O. muß also für jetzt auf sich beruhen.

Ill. 42:	Hypomnemata des „zweiten" Caesar (Memorabilia? des Augustus).
Mithr. 24:	Hieronymos von Kardia
Emph. II. 33:	Das „Trikaranon" des Terentius Varro
II. 329:	Ἐπιστολαί (Commentarii? Epistulae?) des Caesar[23]
II. 346:	Asinius Pollio
III. 315:	Libo (= Scribonius Libo? Livius?)[24]
IV. 44:	Edikt der Triumvirn über die Proskription (von Appian selbst aus dem lateinischen Original ins Griechische übersetzt).
IV. 462:	Hypomnemata des Caesar Augustus[25]
V. 191:	Hypomnemata [des Augustus?]
V. 539:	Rede des Augustus anläßlich des Sieges über Sextus Pompeius (aus den Memorabilia?)

Es sind insgesamt 18 Berufungen auf konkrete Namen, aus den folgenden Quellen: Claudius Quadrigarius, Cassius Hemina, Fabius Pictor, Hieronymos von Kardia, Polybios, Asinius Pollio, Rutilius Rufus u. Scribonius Libo: Geschichtsschreiber; Iulius Caesar und „der zweite Caesar" (Augustus): Schriftsteller, Autoren autobiographischer Aufzeichnungen (Memoiren); Terentius Varro als Autor einer politischen Flugschrift; und ein offizielles Dokument: das Edikt der Triumvirn über die Proskriptionen. Unter den angeführten Schriftstellern bzw. Schriften gibt es griechische (Polybios, Hieronymos von Kardia, Fabius Pictor), sowie die Aufzeichnungen der ägyptischen (Ptolemäischen) Könige; alle übrigen sind lateinisch, von denen bei zweien (Rede des Augustus an L. Antonius nach dessen Niederlage u. Edikt der Triumvirn) hervorge-

---

[23] Vgl. dazu Caesar: BC 3, 92, 4 ff.

[24] Der *Libo* der Handschriften wurde schon von PERIZONIUS in *Livio* geändert; diese Lesung wird von H. PETER, HRR 1, CCCLXVI, u. auch von E. GABBA: Appiano ... 213 f. angenommen. Die handschriftliche Version wurde von E. KORNEMANN, Jb. f. Class. Phil. Suppl. 22, 1899, 651 ff. u. neuerdings von S. MAZZARINO: Pensiero storico antico II. 399 ff., mit Berufung auf die lectio difficilior für richtig betrachtet.

[25] S. dazu E. GABBA: Appiani BC liber V, p. XVII ff. (oben Anm. 22).

hoben wird, daß sie für dieses Werk aus dem Lateinischen ins Griechische übersetzt wurden. Diese zwei sind die einzigen offiziellen Dokumente, die vom Autor im Wortlaut (d. h. in wörtlicher Übersetzung) angeführt werden. Zu bemerken ist noch, daß von den in vollem Umfang bekannten Büchern nur für die Syriake und Emphylia I. keine Quelle genannt wird, für Keltike — die den längsten Zeitraum von allen Büchern umfaßt — trotz des fragmentarischen Zustandes sogar drei. Von den angeführten Geschichtsschreibern werden zwei ganz ausdrücklich als „Geschichtsschreiber eben dieser Ereignisse" erwähnt (Fabius Pictor und Rutilius Rufus), einer — Polybios — etwas allgemeiner als „Geschichtsschreiber". Die Angaben Appians über seine Quellen sind demnach genügend präzis, und sie widersprechen auch nicht unseren bisherigen — ganz anderen Beobachtungen entnommenen — Ergebnissen. Auch jener Zustand ist zu bemerken, daß mit Ausnahme der Keltike (wo das begründet ist), die einzelnen Bücher nur je eine Berufung auf einen Geschichtsschreiber enthalten — denn in der Annibaike ist die Bemerkung des Augustus über Fabius Maximus keine Geschichtsquelle; ebenso darf die Erwähnung der Flugschrift des Terentius Varro keinen selbständigen quellenmäßigen Aussagewert beanspruchen.

Wie steht es aber um den Wahrheitsgehalt dieser Quellenangaben? Im allgemeinen schenkt die neuere Forschung — schon seit Ed. SCHWARTZ — den eigenen Angaben Appians wenig Glauben. Es wird meistens vorausgesetzt, er wolle mit diesen falschen Angaben eher seine wirkliche(n) Quelle(n) verschleiern, und habe ihre Namen nur in seinen tatsächlichen Quellenschriften zitiert gefunden[26].

Entgegen diesen allgemein vertretenen Verdächtigungen weisen die Einzeluntersuchungen eher darauf hin, daß Appians Quellenangaben grundsätzlich den Tatsachen entsprechen. Asinius Pollio, der im II. Buch der Emphylien als Informationsquelle genannt ist, wird auch in der zeitgenössischen Forschung als solche betrachtet — dieser Zusammenhang wurde zuerst von P. BAILLEU aufgeklärt und seitdem als bleibendes Ergebnis der Forschung betrachtet — obwohl einige Fragen noch immer

---

[26] Schon Ed. SCHWARTZ a. O., 389 denkt an einen einzigen „sehr geschickt erzählenden . . . und fälschenden, emsigen und gewissenlosen Ausläufer der republikanischen Annalistik" als Quelle Appians, der auch die verschiedenen Quellen zitierte und miteinander kontaminierte — Appian selbst hat dieselben nicht eingesehen. Ebenso wertlos sind Appians Quellenberufungen für A. KLOTZ: Appians Darstellung . . . 8 ff. u. E. GABBA: Appiani Bellorum Civilium liber Primus, Firenze 1958, XIX ff.

offen bleiben[27]. Nach den neueren Forschungen von F. Rizzo und
R. A. Hadley scheint es ebenfalls wahrscheinlich zu sein, daß wenigstens
in den ersten Kapiteln der Seleukidengeschichte Hieronymos von Kardia
eine der hauptsächlichen Quellen Appians war[28]. Hieronymos, der etwa
360—270 v. u. Z. gelebt hat, schrieb sein Hauptwerk in den ersten
Dezennien des 3. Jh. v. u. Z. und ist für die Geschichte des Seleukos
I. Nikator die Hauptquelle (vgl. FGrHist 154). Daß einige Angaben des
Claudius Quadrigarius von Appian benützt wurden, wurde von
A. Klotz schon vor einigen Jahrzehnten bemerkt[29]. Die Forscher der
makedonischen und syrischen (seleukidischen) Geschichte, F. Rizzo,
P. Meloni und in dieser Hinsicht auch E. Gabba, sind darin einig, daß
Appian auf jeden Fall Polybios kennen und in der Darstellung der
römischen expansionistischen Ostpolitik jedenfalls benützen mußte[30]. In
Anbetracht dieser Ergebnisse — daß mehrere der von Appian als seine
Quellen angeführten Geschichtsschreiber mit mehr oder weniger Wahr-
scheinlichkeit als solche erwiesen wurden — müssen a l l e seine diesbe-
züglichen Angaben ernst gennommen werden. Grundsätzlich kann die
Benutzung keines einzigen der von Appian genannten Vorläufer als
Möglichkeit geleugnet werden. Auch die frühesten von Appian zitierten
Autoren waren in seinem Zeitalter noch gelesene Schriftsteller, deren
Manuskripte wenigstens in den großen Bibliotheken aufzufinden waren.
Der väterliche Freund und Patron Appians, Cornelius Fronto, macht
noch solche kritischen Bemerkungen bezüglich einzelner schriftstelleri-
schen Eigenheiten des Fabius Pictor und Claudius Quadrigarius, aus

---

[27] Für Ed. Schwartz a. O. 386 „liegt der Gedanke an Pollio gefährlich nah", neuerdings E. Gabba, zuletzt ausführlich: Appiani BC liber V, pp. XXXVII ff. Die Re-
zensenten des Kommentars zum I. Buch bezweifelten nur Zuweisung des 1. Buches
an Pollio, nicht aber seinen Quellenwert für die weiteren Bücher. Diese Hypothese
hat auf jeden Fall so viel für sich, daß dadurch die auffälligen Parallelen der Emphylien mit den entsprechenden Biographien Plutarchs zu erklären wären, vgl.
L. Piotrowicz: Plutarch a Appjan, Prace Naukowe Uniw. Poznanskiego, 6, 1921.

[28] F. Rizzo a. O. (vgl. Anm. 1) u. R. A. Hadley: Hieronymus of Cardia, Historia 18,
1969, 142 ff.

[29] A. O. vgl. Anm. 20.

[30] Ed. Schwartz a. O. 365 f. konzediert auch, daß Iberike 158—255, Libyke 302—
643, u. die Fragmente der Makedonike, Syriake 1—245 u. Mithridateios 3—22 „so
nahe der Erzählung des Polybios stehen, daß es begreiflich ist, wie . . . eben dieser
als direktes Original erschienen ist" — am Ende kommt er jedoch zum Ergebnis,
Polybios wäre vom „X", der vermittelnden Quelle für Appian, unmittelbar benutzt worden.

denen man auf ihre Gelesenheit folgern muß[31]. Aulus Gellius, Zeitgenosse Appians, erwarb sich noch für viel Geld eine gut lesbare Handschriftrolle des Fabius Pictor[32]. Rutilius Rufus nahm am numantinischen Krieg teil und legte seine Erinnerungen in einem Geschichtswerk dar. Nichts spricht dagegen, daß Appian dieses Werk kennen und benützen konnte. Einiges spricht sogar dafür. Da es erwiesen wurde, daß die zweite Hälfte des Buches Iberike einer anderen (und zwar nichtgriechischen) Quelle entstammt, als die erste Hälfte des Buches, und da Rutilius Rufus in seiner Darstellung des von ihm durchlebten numantinischen Krieges eben nur zu diesem zweiten Teil des Buches Material bieten konnte, genügen m. E. diese Tatsachen dazu, die Richtigkeit und Aufrichtigkeit der Quellenangaben Appians möglich oder sogar wahrscheinlich zu machen.

5.2. Wenn dem aber so ist, dann ist in der Quellenauswahl Appians eine sehr bedeutende Systematik zu entdecken. Abgesehen von den zwei frühesten Quellenzitaten aus der Keltike (Claudius Quadrigarius und Cassius Hemina) — die uns nur aus späten byzantinischen Exzerpten bekannt sind, und sich auf solche Ereignisse beziehen, die der Entstehung der römischen Geschichtsschreibung vorausgegangen sind — zitiert Appian namentlich nur solche Geschichtsschreiber bzw. Autobiographen, die Zeitgenossen der von ihm dargestellten Ereignisse waren. Rutilius Rufus nahm persönlich teil am Numantinischen Krieg. Hieronymos von Kardia lebte im Hofe des Seleukos Nikator; Asinius Pollio nahm teil an allen Kriegen und politischen Kämpfen „seit dem Konsulat des Metellus". Polybios war Augenzeuge des Untergangs von Karthago; Augustus selbst bester Zeuge jenes halben Jahrhunderts, in welchem er Protagonist der römischen Politik war. Auch Scribonius Libo schrieb Zeitgeschichte, Terentius Varro war Zeitgenosse des ersten und zweiten Triumvirats. Es ist festzustellen, daß Appian grundsätzlich nur solche Quellenschriften — Autoren oder Dokumente — namentlich zitiert, die einen zeitgenössischen Wert für die Geschichtswissenschaft haben. Der alexandrinische Geschichtsschreiber wußte gut, daß zeitgenössische Schriften die besten Geschichtsquellen sind und daß die Berufung auf dieselben — und ausschließlich auf die zeitgenössischen Quellen! — die Glaubwürdigkeit

---

[31] Cornelius Fronto: Epp. ad Verum imperatorem I., ed. NABER p. 114.

[32] Gellius: Noctes Atticae 5, 4, 1: *Apud sigillaria forte in libraria . . . consideramus; atque ibi expositi erant Fabii Annales, bonae atque sincerae vetustatis libri, quos venditor sine mendis esse contendebat . . .*

eines Geschichtswerkes in großem Maße erhöht. Daß Appian sich über die Bedeutung der zeitgenössischen Quellen im klaren war, und daß er mit Hinsicht auf dieses Prinzip seine Zitate und Anführungen gewählt hatte, erweist einen hohen Grad an historiographischem kritischem Sinn und schriftstellerischer Bewußtheit. Wenn er Rutilius Rufus und Fabius Pictor im Zusammenhang mit den von ihnen dargestellten Ereignissen als συγγραφεὺς τῶνδε τῶν ἔργων bzw. nur τῶν ἔργων bezeichnet, beweist dies auch soviel, daß er diese Geschichtsschreiber als die „Darsteller", „Chronisten" kat'exochen der von ihnen durchlebten Ereignisse betrachtet.

5.3. Selbstverständlich war der Wert und die höhere Autorität der zeitgenössischen Quellen auch schon vor Appian bekannt. Polybios beruft sich bei einer ganzen Reihe früherer, ihm nicht einmal sympathischen und aus seiner Sicht wenig glaubwürdigen Geschichtsschreiber darauf, daß ihr einziger Vorteil darin besteht, Zeitgenossen der von ihnen beschriebenen Ereignisse gewesen zu sein[33]. Livius anerkennt bei Fabius Pictor den Umstand, daß er als Zeitgenosse die relativ glaubhaftesten Zahlenangaben über die Schlacht beim Trasimenus angeben kann[34]. Wenn er keine zeitgenössische Quelle findet, beruft er sich gerne auf diejenige, die zeitlich diesen Ereignissen am nächsten steht[35]. So ist die Erkenntnis der Bedeutung zeitgenössischer Quellen in der Geschichtsforschung für Appian keine absolute Neuheit gewesen. Dennoch hat es den Anschein, aufgrund der von ihm durchgehend zitierten zeitgenössischen Quellen, daß er die Bedeutung dieses Prinzips der Quellenauswahl klarer als andere erkannte, und es möglicherweise auch für die Erhöhung des Prestiges seines Werkes sich nutzbar machte.

Eine solche Erkenntnis gibt offenbar ein gutes Zeugnis über die historiographischen Kenntnisse unseres Autors[36] — erweist aber noch nicht, daß Appian diese Schriftsteller auch wirklich gründlich benützte.

---

[33] Polybios I. 14 f. über Philinos u. Fabius, als ἐμπειρότατα δοκοῦντες γράφειν ... im allgemeinen dazu P. PÉDECH a. O. 355 ff., auch auf Grund von Polyb. 12, 4 c, 4 ff. Zu Livius vgl. F. HELLMANN: Das kritische Verfahren des Livius, in: Wege zu Livius, Darmstadt 1967, 237 ff.; zu Tacitus vgl. R. SYME: Tacitus I, 176 ff. 271 ff.

[34] Liv. 22, 7, 4: ... Fabium aequalem temporibus huiusce belli potissimum auctorem habui; vgl. aber 8, 40, 6: Nec quisquam aequalis temporibus illis scriptor exstat, quo satis certo auctore stetur ...

[35] Vgl. 29, 14, 9: ... sicut traditum a proximis memoriae temporum illorum scriptoribus libens posteris traderem ..., u. weitere Beispiele bei F. HELLMANN a. O.

[36] Dies wurde in der neueren Forschung lediglich von S. MAZZARINO a. O. 192 ff. anerkannt; die sonstige Forschung bezweifelt sogar, daß Appian die zitierten Autoren überhaupt eingesehen hätte.

Es ist auch möglich, daß er sie nur aus zweiter Hand gekannt hat und
sie aus Prestigegründen als seine wirklich benützten Quellenschriften
erscheinen ließ. Daneben ist auch die Frage zu stellen, ob Appian ausschließlich die von ihm namentlich angeführten Geschichtsschreiber als
Quelle benützte oder neben ihnen auch andere, sich aber davor hütete,
diese — als Sekundärliteratur — auch namentlich anzuführen. Nicht
abzuweisen ist der Gedanke, daß unter den anonym erwähnten
Autoren, deren Identität teilweise überhaupt nicht, teils nur mittelbar
festzustellen ist, vorwiegend solche zu suchen sind, die Appian gründlich
gekannt hat, aber als nicht zeitgenössisch dem Namen nach nicht anführen wollte[37]. Diese weitere Möglichkeit ist sehr ernst in Betracht zu
ziehen, da die bisherigen Quellenforschungen seine Kenntnis der Ge-
schichtswerke des Sallustius, des Livius, des Plutarch, des Florus — sogar
des älteren Seneca — mit mehr oder weniger Wahrscheinlichkeit glaubhaft gemacht haben[38]. Unter den möglichen Quellenschriften werden
auch Poseidonios, Timagenes[39] u. a. aufgeworfen — alle solche, deren
Namen in den vorhandenen Teilen des appianischen Werkes nicht erscheinen. Lauter Fragen, die nicht im allgemeinen beantwortet werden
können, sondern nur aufgrund von Einzeluntersuchungen.

5.4. Für eine solche Quellenuntersuchung bietet das Buch Annibaike
eine günstige Möglichkeit, da die vorhandenen Quellen des II. Punischen
Krieges noch verhältnismäßig reich uns zu Verfügung stehen: Polybios,
Livius und die Biographien Plutarchs (Fabius Maximus, Claudius
Marcellus), auch Silius Italicus. In einer früheren Untersuchung kam ich
zu dem Ergebnis[40], daß Appian in der Annibaike eine von der polybiani-
schen — livianischen Version grundsätzlich abweichende Auffassung
über den Charakter des Krieges, seine Motivation, seine einzelnen Ereignisse und die Persönlichkeit namentlich Hannibals vertritt: eine eigenartige Auffassung, die aller Wahrscheinlichkeit nach jener des Fabius

---

[37] Unter den namentlich angeführten Geschichtsschreibern ist höchstens Livius der-
jenige, der kein „Zeitgenosse" ist — und auch das ist eine fragwürdige Konjektur.

[38] An Sallust als primäre (evtl. schon von Asinius Pollio benutzte) Quelle denkt
E. GABBA: Appiano . . . 68 ff.; zu Livius vgl. W. ENSSLIN: Appian und die Livius-
tradition, Klio 20, 1926, 415 ff.; zu Florus u. Seneca rhetor vgl. oben Anm. 19.

[39] „Daß Poseidonios in der Erzählung (Iberike § 311 ff. — I. H.) steckt, soll nicht
geleugnet werden" — äußert sich Ed. SCHWARTZ a. O. 370; zur Timagenes-Hypo-
these vgl. A. KLOTZ: Appians Darstellung . . . passim (Timagenes als Hauptquelle
der Annibaike).

[40] Appian und Hannibal, Acta Ant. Hung. 20, 1972, 95 ff.

Pictor am nächsten war. Hier sollen nur kurz einige Ergebnisse wiederholt werden, welche auch allgemeinere Folgerungen bezüglich der
Quellenauswahl und Quellenbenutzung Appians zulassen.

5.4.1. Der Stil des ganzen Buches ist einfach, trocken, schmucklos —
ohne eine einzige ausgeführte Rede: ebenso, wie auch Fabius Pictor laut
dem Zeugnis Ciceros und Frontos eine äußerst primitive, jede Rhetorik
vermeidende Darstellung der frühen römischen Geschichte gegeben habe[41].

5.4.2. Während bei Polybios und Livius Hannibal als Rächer des
punischen Volkes auftritt, der — im Namen und im Interesse seines
Volkes für die bisherigen Niederlagen und Demütigungen Genugtuung
erkämpfen will — ist der Hannibal Appians ein kaltblütiger Egoist, der
seine familiären und persönlichen inneren Schwierigkeiten durch einen
äußeren Krieg vergessen machen möchte[42].

5.4.3. Während Polybios und Livius in Hannibal — bei aller seiner
Römerfeindschaft — die große Persönlichkeit, den genialen und suggestiven Feldherrn erkennen, der seine buntscheckige Söldnerarmee in
strenger Disziplin halten konnte[43], ist der appianische Hannibal verlogen,
zynisch und grausam, aber nicht heroisch, und kann sein ständig auf-
sässiges Heer nur durch Täuschung und unmenschliche Strenge im Zügel
halten[44].

5.4.4. Für Polybios und Livius war die Schlacht bei Cannae eine der
schwersten römischen Niederlagen, die ohne die Hilfe der Götter bzw.
das Zaudern des sieghaften Hannibal für Rom tragisch hätte werden
können[45]. Dagegen schildert Appian dieselbe Schlacht als einen „pyrrhi-
schen Sieg" Hannibals: er hatte solche Verluste, daß er nach der Schlacht
in Tränen ausbrach und vollkommen unfähig war, das (um den Preis
enormer Verluste) geschlagene römische Heer zu verfolgen[46].

---

[41] Cicero: De oratore 2, 12, 51: *Nil potest esse ieiunius si aut ad Fabium aut . . . ad
Catonem venias;* die frühen Annalisten vor Coelius Antipater „. . . non exornatores rerum sed tantummodo narratores fuerunt", „sine ullis ornamentis monumentum solum temporum . . . gestarumque rerum reliquerunt".
[42] Iberike 4 § 16; 5 § 18; Ann. 40 § 173; zur Charakteristik u. Kritik der Anschauun-
gen Fabius Pictors vgl. Polyb. 3, 8—9.
[43] Annibaike 54 § 227; 58 § 244; 6 § 21 ff. — im Gegensatz zu Polyb. 9, 22 ff.; 11,
19; Liv. 28, 12, 1 ff.
[44] Ann. 28, § 121 ff. (er läßt aus den Leichen der ermordeten Gefangenen eine Brücke
erbauen); ähnliches vgl Ann. 30 § 129; 31 § 131 u. ö.
[45] Liv. 22, 51, 4: *Mora eius diei satis creditur saluti fuisse urbi atque imperio;* Polyb.
3, 118, 5: Rom wurde nur durch die Gunst der Tyche gerettet.
[46] Ann. 26 § 111 ff. — eine ganz vereinzelte Angabe.

5.4.5. Während Polybios und Livius eine chronologisch nach Consular-
jahren geordnete Darstellung der kriegerischen Ereignisse bieten, bearbeitet Appian das Material nach Kriegsschauplätzen, ohne Rücksicht auf
die Zeitfolge der Ereignisse[47].

Diese ganze Gegenüberstellung Appians mit der polybianisch-liviani-
schen Darstellung des II. Punischen Krieges führt zu dem prinzipiell
wichtigen Ergebnis, daß der alexandrinische Autor sich in einem der
bekanntesten und stark repräsentativen Abschnitte der römischen Geschichte vom damals schon herausgebildeten historiographischen Consens
loszusagen wagte und statt der gängigen Darstellung zur Auffassung
eines schon stark veralteten Geschichtsschreibers zurückkehrte, der jedoch
Zeitgenosse der geschilderten Ereignisse war. Es ist ein wichtiges, fast
entscheidendes Zeugnis für die Bedeutung der zeitgenössischen Quellen
in Geschichtsverständnis Appians.

5.5. Eine solche Feststellung, daß Appian in der Annibaike grundsätzlich dem συγγραφεὺς τῶν ἔργων, dem Augenzeugen und Teilnehmer
der Ereignisse, Fabius Pictor gefolgt ist, kann offenbar nicht bedeuten,
daß er das Originalwerk fast wörtlich ausgeschrieben hätte. Es ist sehr
leicht möglich, daß er das Geschichtswerk des Fabius selbst eingesehen
hat, nicht ausgeschlossen aber auch, daß er es durch eine mittelbare
Quelle kennen lernte. Was erwiesen werden sollte, besteht darin, daß
Appian im Aufbau, in der Struktur des Buches, in seinem kunstlosen,
alle Rhetorik vermeidendem Stil, in der Motivation der einzelnen
Ereignisse, in der Bewertung und Charakteristik der wirkenden Personen, also: in seiner Gesamtauffassung und in den wesentlichen Zügen der
Bearbeitung Fabius Pictor gefolgt ist, ihn als hauptsächliche Quelle benützte. Dabei konnte er nicht umhin, einige Motive — die sehr bekannt,
also unvermeidbar waren, — aus der späteren Literatur einzuschieben;
auch einige persönliche Reflexionen einzuflechten (z. B. § 173 über die
drei möglichen Motivationen der Passivität Hannibals vor Rom). Mit
diesen Einschränkungen kann „der Zeitgenosse" Fabius Pictor als Hauptquelle der ganzen Annibaike, und der Kapitel 4 bis etwa 14
(§§ 15—56) aus der Iberike (die Vorgeschichte und ersten Jahre des
Krieges) betrachtet werden. Dieser Teil der Iberike entspricht in seiner
Auffassung und oft fast im Wortlaut den parallelen Berichten in der

---

[47] Zum ähnlichen Verfahren Fabius Pictors vgl. M. GELZER in: Kl. Schr. 3, 97 =
Römische Geschichtsschreibung, WdF XC, Darmstadt 1969, 135.

Annibaike, so daß eine gemeinsame Quelle auf jeden Fall angenommen werden muß. Einschiebsel aus der späteren historiographischen Tradition sind auch hier anzunehmen, so in erster Linie der kurze Bericht über den Eid Hannibals (Iber. § 74)[48], der weder Appians, noch Fabius Pictors Auffassung entspricht, im Geschichtswerk des Fabius allem Anschein nach auch nicht erwähnt wurde, und auch stilistisch leicht als Interpolation erkenntlich ist[49].

6. Die Arbeitsmethode Appians können wir uns im allgemeinen so vorstellen, daß er bei der Bearbeitung je einer größeren Einheit e i n e n, womöglich zeitgenössischen oder dem behandelten Zeitraum nahe stehenden Geschichtsschreiber sich für seine Arbeit zugrunde legte. Eine solche Einheit kann mit einem Buch identisch sein, kann auch mehrere Bücher umfassen — so die Bücher II bis V der Emphylia, die insgesamt nur etwa 30 Jahre der römischen Geschichte (65—35 v. u. Z.) behandeln. Es ist aber auch an kleinere Einheiten eines Buches zu denken, so z. B. der Iberike, wo klar genug vier größere Einheiten zu unterscheiden sind: Vorgeschichte und Ausbruch des II. Punischen Krieges (bis § 56) — entnommen dem Geschichtswerk des Fabius Pictor; die letzten Kämpfe Roms gegen Karthago in Hispanien (§§ 57 bis 157); Kämpfe gegen die aufständischen Keltenstämme und namentlich Viriathus (§§ 158—278) und Numantischer Krieg (§§ 279 bis zu 427), mit einer darauf folgenden skizzenhaften Zusammenfassung, wo Appian schon keine einheitliche Quelle über die Schicksale Hispaniens zur Verfügung hatte und deshalb auch nicht seiner Darstellung zugrunde legen konnte. Von den letzteren drei größeren Einheiten wäre es gut möglich, die Darstellung der Jahre 210 bis 144 dem Polybios zuzuschreiben und für die Darstellung des Numantinischen Krieges den dort auch namentlich erwähnten Rutilius Rufus als hauptsächliche Quelle anzunehmen. Die Datierungsverhältnisse entsprechen dieser Vorstellung. Das Werk des Rutilius Rufus ist bekanntlich verschollen; es ist gut möglich, daß ihn Appian nur aus einer (ebenfalls nicht identifizierbaren) Sekundärquelle gekannt hat. Daß er aber den Namen des zeitgenössischen Autors nicht ohne Grund nennt, ist nicht zu bezweifeln[50].

---

[48] Polyb. 3, 11, 5 f. mit dem Kommentar von M. WALBANK z. St.; A. KLOTZ: Appians Darstellung . . . 19 ff.

[49] Ausführlicher: Acta Ant. Hung. 20, 1972, 111.

[50] Daß Polybios die Tränen Scipios bei Ansicht des Untergangs Karthagos' wirklich erwähnt hatte — wozu Appian der einzige literarische Zeuge ist — wird allgemein

7. Von den übrigen, in vollem Umfang oder in größeren Abschnitten bekannten Büchern ist die Libyke — im Großteil Schilderung des III. Punischen Krieges und der Vernichtung Karthagos — einem Schriftsteller mit stark rhetorischem Charakter entnommen, allem Anschein nach einem Griechen, der die Expansionspolitik Roms mit ausgesprochenem Ressentiment und die römische Scheinheiligkeit — z. B., in der Rede des Consul Censorinus (§§ 404 ff.) — mit Ironie darstellt. Als „syngrapheus" wird nur Polybios erwähnt — es ist aber fraglich, ob diese wenigen Tatsachen dazu genügen, die Hauptquelle der Libyke (in erster Linie der Darstellung des III. Punischen Krieges) in Polybios zu suchen.

7.1. Ein charakteristischer Passus der Libyke gibt aber ein gutes Beispiel nicht nur für die Methode der Quellenauswahl, sondern auch für die Bearbeitung und Interpretation dieser Quellen von Seiten unseres Autors. Es handelt sich um die Rede „eines (ungenannten) Freundes des Scipio", die angeblich vor dem Senat am Ende des II. Punischen Krieges gehalten wurde (Lib. §§ 248—271). Die Lage ist dramatisch gespannt. Scipio hat Hannibal bei Zama besiegt, und der Senat berät eben über die von Scipio vorgeschlagenen — relativ maßvollen Friedensbedingungen: ob dieselben anzunehmen seien oder ob der Senat strengere Bedingungen stellen solle[51]; es wird auch vorgeschlagen, die besiegte Stadt zu annektieren und ihr Gebiet in eine römische Provinz umzuwandeln. Der Redner — um die Vorschläge Scipios zu unterstützen — beruft sich auf die schon öfter erwiesene Großmütigkeit der Römer gegenüber früheren, nicht weniger gefährlichen Feinden, auf die ehrwürdige Vergangenheit der einstigen karthagischen Großmacht, auf die Unbeständigkeit des Glückes usw.; lauter bekannte und bei Appian auch in anderem Zusammenhang verwendete topoi. Auffallend ist nur der Umstand, daß eben diese und ähnliche Gedankengänge in analogen Situationen bei Polybios und Livius von Seiten der Karthager bzw. der Griechen benützt werden. „Die Römer verdankten ihre bisherigen Erfolge ihrem maßvollen Naturell" — sagt der Senator (Lib. § 258)[52] — dasselbe Argu-

---

angenommen, vgl. A. E. ASTIN: Scipio Aemilianus, Oxford 1967, 282 ff.; daß die Vernichtung der feindlichen Staaten auch für Rom ein böses Omen bedeute, war auch die Ansicht Appians selbst, vgl. weiter unten.

[51] Zu den Auseinandersetzungen im römischen Lager und im Senat bez. den Friedensbedingungen vgl. Liv. 30, 36, 10; 43, 1 ff.; 44, 3; Polyb. 15, Frg. 17. Die konkreten Angaben Appians über diese Diskussionen sind sonst quellenmäßig nicht bezeugt.

[52] Lib. § 258: Worte des Senators; vgl. zur Kritik dieser Auffassung F. HAMPL: Stoische Staatsethik u. frühes Rom, in: Das Staatsdenken der Römer, WdF hg.

ment erklingt, fast mit den selben Worten vier Jahre später anläßlich
der Friedensverhandlungen mit Philipp V. von Seiten der Aitoler
(Makedonike Frg. 9, 2)[53]. Die auffallendsten Argumente dieses ganzen
Gedankenganges sind aber im Schlußteil der Rede enthalten. Es lohnt
sich, dieselben auch wörtlich anzuführen:

„Wenn aber jemand das alles außer acht läßt ... (so frage ich): welchen Nutzen hätten wir überhaupt aus der Eroberung der Stadt? Sollen
wir sie denn vernichten, nachdem wir sie schon erobert haben? Das wäre
verhaßt vor den Göttern und den Menschen! Oder sollen wir sie dem
Massinissa übergeben? Er ist unser Verbündeter, es wäre aber unver-
nünftig, ihn überaus stark zu machen; eher sollten wir daran denken,
daß der ständige Zwist dieser beiden (Karthago und Massinissa) eher
unseren Interessen entspricht. Oder sollen wir den eroberten Boden zur
Erhöhung unserer Staatseinkünfte benützen? Die Kosten des Besatzungs-
heeres würden aber diese Einkommen verzehren — denn, gegenüber den
ringsum wohnenden Barbarenstämme würden wir ein mächtiges Heer
benötigen! Oder sollen wir Colonen inmitten diese Barbarenvölker entsenden? Wenn die Nomaden sich als stärker erweisen, würde unsere
Colonen ein schreckliches Schicksal warten; wenn aber sie selbst stärker
sein werden, dann kann das dazu führen, daß sie auch uns selbst an
Macht übertreffen werden, als Herren eines so starken und reichen Gebietes. Ich glaube, Scipio hat das alles wohl überdacht, als er den Vorschlag tat, das Friedensangebot der Karthager anzunehmen."

Der Senat hat auch in diesem Sinn entschieden, und Karthago wurde
noch dieses letzte Mal von der vollkommenen Vernichtung errettet.

Die historiographische Tradition erinnerte sich noch lebhaft an die
Diskussionen, die über das Schicksal Karthagos am Ende sowohl des II.
als auch des III. Punischen Krieges entbrannt sind[54]. Der berechtigte Zorn
trieb schon im Kriegsrat Scipios viele dazu, die vollkommene Vernichtung Karthagos zu fordern (Livius 30, 36,10). Im Senat wollte der

R. KLEIN, Darmstadt 1966, 116 ff.; W. HOFFMANN: Die römische Politik des 2. Jh.s
u. das Ende Karthagos, ebd. 178 ff.

[53] Zur Vorstellung der römischen *moderatio*, metriopatheia im früheren Zeitalter vgl.
W. CAPELLE: Klio 25, 1932, 86 ff.; H. STRASBURGER: Poseidonios on Problems of
Roman Empire, JRS 55, 1966, 40 ff.; A. HEUSS: Die völkerrechtlichen Grundlagen
der röm. Außenpolitik, Klio Beih. 31, 1933; A. E. ASTIN a. W. 137 ff.; 276 ff.;
F. HAMPL a. W.

[54] Immer grundlegend M. GELZER: Nasicas Widerspruch gegen die Zerstörung Karthagos (1931), Kl. Schr. 2, 39 ff.; W. HOFFMANN: a. O. gibt eine eher nuancierte Darstellung der damaligen Problematik.

Consul Cn. Cornelius Lentulus, „um sich selbst den Ruhm des vollkommenen Sieges vorzubehalten", durch Intercession den sofortigen Friedensschluß verhindern (ebda. 43, 1 ff.). Auch Scipio selbst betonte später des
öfteren, daß es leicht hätte dazu kommen können, Karthago vollkommen
zu vernichten (ebda. 44, 3). Über prinzipielle Diskussionen zu dieser
Frage anläßlich des II. Punischen Krieges berichtet etwas ausführlicher
Diodor, aus dessen verlorenem 27. Buch die Excerpta Constantinopolitana einige zu diesem Fragenkreis gehörende Fragmente enthalten[55]
(frg. 13—18). — Die bei Diodor reproduzierten Gedankengänge berühren sich an mehreren Punkten mit der Rede „des Freundes von
Scipio". Beide heben die mögliche Vergeltung der Nemesis gegenüber
der grausamen Rache hervor (Diodor 27, frg. 15, App. a. O. § 250);
beide ermahnen, dem grausamen Beispiel der Karthager nicht zu folgen
(Diodor frg. 16, 2 cf. App. a. O. § 249), beide erhoffen auch für die
Zukunft einen Nutzen von einem maßvollen Benehmen dem sich ergebenden Feinde gegenüber (Diodor frg. 15, 1, App. § 249). Aufgrund dieser
Parallelen hat die Forschung schon bisher auf eine gemeinsame Quelle
der beiden Geschichtsschreiber geschlossen. Diese Parallelen beschränken
sich aber nur auf gewisse prinzipielle, theoretische, allgemein gefaßte
Gedanken der beiden Versionen. Die oben angeführte abschließende
Partie der Rede mit ihrer konkreten Beweisführung gegen die Annexion
des karthagischen Gebietes hat jedoch überhaupt keine Parallele bei
Diodor. Dieser Teil der Argumentation hat auch nichts gemeinsam mit
jenen Gedankengängen, aufgrund deren ein halbes Jahrhundert später
Scipio Nasica im Senat gegen die Vernichtung Karthagos aufgetreten
ist. Wie aus den Angaben des Polybios und Livius zu folgern ist, berief
er sich darauf, daß Karthago keinen Grund zur Kriegserklärung gebe
(*nondum sibi iustam causam belli videri*) — über die negativen Folgen
einer Annexion äußerte er sich aber unseres Wissens nicht.

Es ist auch fast ausgeschlossen, daß die abschließende Partie der Rede
einer Quelle aus der Zeitalter der Republik entstammen könnte. Die
Grundpfeiler dieser praktischen Argumentation entsprechen eher einigen
Prinzipien der k a i s e r z e i t l i c h e n römischen Außenpolitik: man
darf keinen der Verbündeten zu sehr und einseitig unterstützen: eher muß
man zwischen ihnen ständigen Zwist aufrecht erhalten. Sodann: die
Eroberung neuer Provinzen ist meistens unrentabel, da die Kosten der

---

[55] Die Diodor-Fragmente wurden schon von M. GELZER a. O. als Parallele zur Rede
bei Appian aufgefaßt, und beide auf eine gemeinsame Quelle zurückgeführt.

Besatzung höher sind als die Steuereinkommen. Drittens: in entfernten, überseeischen Gebieten ist es nicht ratsam, neue Colonien zu gründen, da die neue Siedlung leicht die Mutterstadt überflügeln kann. Daß die Gegensätze innerhalb des feindlichen Lagers für den Gegner nützlich sind, war schon seit je bekannt, daß aber dieser Zustand Programm einer gezielten Außenpolitik sein könnte, ist ein kaiserzeitlicher Gedanke, der aufs schärfste im Zusammenhang der Germanenpolitik bei Tacitus erscheint[56]. Sodann: es gab Rentabilitätsberechnungen z. Z. des Augustus bei Strabon, möglicherweise schon im Testament des Augustus, sodann bei Florus und bei Appian selbst[57]. Appian äußerte also solche Gedanken mit dem Mund eines seiner Redner, die Appians eigenen tiefsten Anliegen entsprachen. Und endlich: das Argument gegen die Gründung neuer Colonien erscheint eben bezüglich der gracchanischen Gründung der Colonie Iunonia auf karthagischem Gebiet, beim Zeitgenossen und halboffiziellen Wortführer des Tiberius, Velleius Paterculus (II 7, 7) — auch ein kaiserzeitlicher Gedanke, der z. Z. der Republik noch anachronistisch gewesen wäre[58].

7.2. Nach alledem ist es irrelevant, ob z. Z. der Diskussionen über die Friedensbedingungen nach dem hannibalischen Krieg eine Rede gegen die Vernichtung Karthagos gehalten wurde. Aufgrund der Parallele mit Diodor ist es jedoch gewiß, daß Appian eine solche Rede in seine Hauptquelle (möglicherweise Polybios) eingeflochten fand. Diese Rede übernahm er, hielt es aber für nötig, dieselbe mit solchen Gedanken zu ergänzen, die von den kaiserzeitlichen Gegnern der römischen Expansion, namentlich der Annexion neuer Gebiete, vertreten wurden. Ob Appian diese drei praktischen Bedenken gegen die Annexionen in einer einheitlichen Quelle gefunden hat (z. B. aus der Zeit des Tiberius, als alle drei aktuell waren), oder sie selbst in der Kenntnis dieser Argumente zusammenstellte, ist nicht zu entscheiden. Gewiß ist aber, daß er diesen Schlußteil nicht aus der primären, mit Diodor gemeinsamen „republikanischen" Quelle entnehmen konnte. Sein Vorgehen ist genügend klar. Er übernahm aus seiner primären Quelle die dort eingefügte Rede, ergänzte sie

---

[56] J. Vogt: Divide et impera, die angebliche Maxime des römischen Imperialismus, in: Orbis 1960, 199 ff.; vgl. aber Tacitus: Ann. 2, 26: . . . posse et Cheruscos . . . quando Romanae ultioni consultum esset, internis discordiis relinqui . . .

[57] Tacitus: Ann. 1, 11, 3; Suet.: Aug. 28, 1; Caligula 16, 1; Cass. Dio 53, 30, 1; A. Mócsy: Die Expansionsfrage im I. u. II. Jh. u. die Ertragsfähigkeit der Grenzprovinzen, Annales Univ. Sc. Budapestinensis, Sect. Hist. 5, 1963, 3 ff.

[58] G. Alföldy: La politique provinciale de Tibère, Latomus 24, 1965, 824 ff.

aber — da das Thema für ihn ansprechend war — mit weiteren, solchen
Gedanken, die er an anderen Stellen seines Werkes als seine eigenen
vorgetragen hatte.

Etwas Ähnliches konnten wir auch in der Darstellung der sullanischen
Diktatur bemerken. Hier hielt sich Appian ebenfalls an eine solche
Sonderquelle, die n i c h t mit der Hauptquelle (oder einer einzelnen der
hauptsächlichen Quellen) des ersten Buches der Emphylien — geschweige
denn jener der Bücher II bis V — identisch ist. Es ist ein griechischer
Autor, der die Olympiaden-jahreszählung konsequent angewendet hat;
ein Autor antimonarchischer Prägung, der die Diktatur Caesars und den
Prinzipat des Augustus (den er ebenfalls als Diktatur darstellt) als
gradlinige Fortsetzung der sullanischen Monarchie betrachtet, und diesen
seinen Standpunkt auf verschiedene Art auch in den narrativen Partien
vertritt. Was wir bei Appian über die sullanische Diktatur lesen, ist
(auch in bezug auf die chronologischen Angaben) dieser seiner „ergänzenden" Quelle entnommen, aber nichtsdestoweniger ins gesamte Geschichtsbild Appians auf organische Weise eingebaut. Für Sulla wählte er diese
Quelle unter anderem auch deshalb, weil ihre Auffassung der seinigen
weitgehend entsprach.

*

Ohne auf weitere Einzelheiten eingehen zu können, und ohne eine
Quellenanalyse der übrigen, schon eher problematischen Bücher des
appianischen Geschichtswerkes versuchen zu wollen (was bei der Quel-
lenanlage dieser Bücher nur zu sehr hypothetischen Ergebnissen führen
könnte), versuchten wir eine allgemeinere Charakteristik der Quellenauswahl und -benutzung Appians zu geben.

Wo es möglich war, anhand der Aussagen des Schriftstellers selber,
und der vorhandenen parallelen Tradition zu einem gewissermaßen
gesicherten (oder wenigstens glaubhaften) Ergebnis zu kommen, stellte
sich heraus, daß seine Berufungen auf frühere syngrapheis grundsätzlich
glaubwürdig sind. Appian war bestrebt, in erster Linie zeitgenössische
Quellen zu benützen, und zwar — laut den bisherigen Ergebnissen —
zur Annibaike und zum ersten Teil der Iberike Fabius Pictor; zu den
Büchern II bis V der Emphylia Asinius Pollio; zu den ersten Kapiteln
der Syriake Hieronymos von Kardia; zur Makedonike und dem mittleren Teil der Iberike (vielleicht auch zur Libyke) Polybios; zur Darstellung des numantinischen Krieges Rutilius Rufus; zur Darstellung der
pannonischen Kriege in der Illyrike die Hypomnemata des Augustus[59].

Es konnte auch vorkommen, daß dort, wo Appian mehrere zeitgenössische Quellen vor Augen hatte, er dieselben miteinander verbunden und ihren Inhalt mehr oder weniger kontaminiert hat: das kann der Fall in den Emphylien sein, vorwiegend im V. Buch, dessen militärische Zahlenangaben in ihrer widersprüchlichen Art auf die Kombination zweier, einander widersprechender Quellen schließen lassen[60].

Diese primären zeitgenössischen Quellen bieten den Grundstoff der Erzählung und bestimmen auch weitgehend die Ausgestaltung in stilistischer Hinsicht.

Neben der grundsätzlich bestimmenden primären Quelle (oder einigen wenigen primären Quellen) ist überall auch die Einarbeitung sekundärer, ergänzender Quellen zu erweisen. Mit Vorliebe wählt Appian solche ergänzenden Quellen, um einige bekannte Episoden in seine Erzählung übernehmen zu können oder um seine Geschichtsauffassung prägnanter zum Ausdruck zu bringen. Getarnte Kritik am System der Monarchie oder an der römischen Eroberungspolitik wird öfter durch die Hilfe dieser „ergänzenden Quellen"auf vorsichtige Weise ausgesprochen. Wo Appian es für nötig, erwünscht oder möglich hielt, ergänzte oder modifizierte er aber auch den Wortlaut seiner Quellen: so z. B. bei der Rede des „Freundes von Scipio", wo er den in seiner Quelle vorgefundenen (und mit Diodor parallelen) Text mit einem augenscheinlich eigenen, in jedem Fall aber kaiserzeitlichen Schlußteil abrundete. Sein Werk besteht aus der Kombination (oft auch: Kontamination) j e e i n e r (möglichst zeitgenössischen) Hauptquelle, mehrerer, episodisch benützten, ergänzenden Informationen und einiger persönlicher Veränderungen, Ergänzungen und Reflexionen. Ein gewisses System, eine gewisse Bewußtheit, ein historiographisches Programm kann Appian nicht abgesprochen werden. Seine enge Anpassung an Aufbau, Struktur und Stil der primären Quelle schließt eben deshalb nicht das Bestreben aus, dieses gegebene Tatsachenmaterial in ein einheitliches Geschichtsbild einzufügen. Unser Historiker ist weit von der souveränen Größe eines Polybios, Tacitus, sogar auch des Sallust entfernt. Die alexandrinischen und byzantinischen Grammatiker und Schreiber haben aber auch ihren guten Grund gehabt, einen Teil seiner Geschichtsschreibung dem Vergessen zu entreißen.

---

[59] A. MIGHELI: Le memorie di Augusto in Appiano, Ann. Fac. Lettere Cagliari 21, 1953, 197 ff., hauptsächlich für die Illyrike stichhaltig, vgl. auch Anm. 22.

[60] Vgl.: Die Legionsorganisation des II. Triumvirats, Acta Ant. Hung. 17, 1969, 199 ff.

The Dating and Character of the Tract De munitionibus castrorum

by Eric Birley, Hexham

The standard edition and commentary by Alfred von Domaszewski (Leipzig 1887) adopts the traditional title: Hygini Gromatici Liber de Munitionibus Castrorum. But his preface stresses that the attribution to that author has no real authority; it will be convenient, however, to retain the name, as 'Hyginus', without attempting to hazard a guess as to the true identity of the writer. Domaszewski, it will be remembered, came to the tentative conclusion that the tract had been composed in the first half of the second century, and most probably before Hadrian's reforms of the Roman army: in other words, in the time of Trajan; and for more than half a century that dating had been generally accepted.

In 1952, however, at the Second International Congress of Greek and Latin Epigraphy in Paris, I had been invited to contribute a paper on the epigraphy of the Roman army (cf. its Actes, 1953, pp. 226—238); in it, I aimed at drawing attention to many problems which called for further investigation, among them (p. 234) the number of centurions in the legion, at different periods: 'and that brings with it the problems of dating the tract de munitionibus castrorum and the *antiqua legio* described by Vegetius.' As to the tract, it seemed to me that the Order of Battle of its sample field-force could only fit conditions on the Danube—the one region in which as many as four *alae milliariae* could be concentrated for active operations; and it seemed possible to assign the tract, therefore, to the middle years of Marcus Aurelius, a period when the emperor, a praetorian prefect and the *comites Augusti* regularly took the field, and when (as I believed) epigraphy allows us to affirm that the Roman army was still organised on the lines which it presupposes. In 1966 I reverted briefly to the subject, in a paper on *alae* and *cohortes milliariae* contributed to the Corolla Memoriae Erich Swoboda Dedicata (Graz—Köln 1966, p. 57): making the specific point that it was only on the Danubian front that there was an immediate possibility of concentrating four *alae milliariae* without extensive troop movements.

Until recently, my conclusion had seemed to have won acceptance; but in 1980 Professor S. S. FRERE published a learned paper on 'Hyginus and the First Cohort' (Britannia XI, pp. 51—60) in which he argued that the most probable dating was rather to the time of Domitian. The basis for that conclusion was derived from a study of the lay-out of the Agricolan legionary fortress at Inchtuthil in Scotland, as enucleated by the late Sir Ian RICHMOND's meticulous excavations: they showed that, while the barracks for nine cohorts each provided six barracks per cohort, the position of the legion's first cohort is occupied by a cohort of 'double' strength, with ten barrack-buildings, fronted by five courtyard houses such as would suit the five centurions of *cohors* i. It seemed to him that the Inchtuthil first cohort is a good illustration 'of what Hyginus had in mind when, in laying down the appropriate tentage-space for the legions in his marching-camp, he wrote *cohors prima ... quoniam duplum numerum habet duplum pedaturam accipiet ...* This testimony is supported by the later evidence of Vegetius, for what it is worth.' However, he continued, the available plans of second-century legionary fortresses show only accommodation for six centuries in the first cohort—though there is epigraphic evidence 'which strongly suggests that in 134 the first cohort of Legion V Macedonica, in 157 the first cohort of Legion II Traiana, and in 195 that of VII Claudia, were, if not still of double strength, at least containing considerably more men than the rest.' This is a point to which I shall return later.

It would be inappropriate for me to repeat Professor FRERE's detailed arguments, to which readers are invited to turn; but his confident judgement was that the tract 'is a late first-century work related to Domitian's Marcomannic War of 89, and that, if this is its date, the description of the first legionary cohort as of double strength agrees well with the evidence of Inchtuthil.' He suggested, finally, that it was perhaps

Vespasian who introduced the doubling of the first cohort, and that a reform had taken place 'perhaps under Trajan or even a little earlier, reducing the garrison-strength of the first cohort to normal size but assigning to its books some of the senior private soldiers who had formerly ranked as *veterani*'. In effect, Professor FRERE assumes that it was only for a few decades, at most, that the legionary organisation involved a milliary first cohort, the Domitianic dating of the Inchtuthil fortress giving a decisive pin-point for the period in question.

To fit the tract's Order of Battle details into the time of Domitian, however, Professor FRERE has unfortunately made a number of assumptions which can hardly be accepted. First, it seems to me, is in taking for granted that Domitian was accompanied into the field by *comites Augusti*, whose sudden appearance in attendance, first on Lucius Verus and then on Marcus himself, has been stressed by Anthony BIRLEY (Marcus Aurelius, London 1966, especially p. 166 f. and 261 f.); some readers may feel that he has stretched the probability of four milliary *alae* being available for concentration on the Danube at so early a date, even if such units had been formed and operational in sufficient numbers in the Flavian period; and he has assumed, without comment, that the *equites singulares Augusti* were already in existence—yet reference to Michael SPEIDEL's monograph, Die Equites Singulares Augusti (Bonn 1965), will show that there is a strong case for inferring that the unit was formed by Trajan. The appearance of Palmyreni among the *nationes*, not to mention the Daci, might have aroused more suspicion than Professor FRERE allowed himself.

On strict Order of Battle grounds, therefore, it seems to me that the FRERE case must be rejected. And yet, the Inchtuthil evidence and its contrast with that from second-century legionary fortresses, must give one thought. My first reaction was to turn again to the text of 'Hyginus' —fortified, now (as I had not been in 1952 or 1966), by the experience of taking part in the Bonner-Historia-Augusta-Colloquium, thanks to the encouragement and support of JOHANNES STRAUB, to whom in gratitude I am offering the present modest paper. In recent years, I have been reviewing the evidence for the dating and purpose of Vegetius, in the light of several considerations pointing to the use of the epitoma rei militaris by the 'genial imposter' to whose enterprise we owe the Historia Augusta. It has never been questioned that Vegetius made a compilation from a variety of sources, not only earlier writers but also, in many cases, from the contemporary scene; and I hope to be able to contribute a study of the subject to a forthcoming volume of the Colloquium's papers.

Stratification of materials of widely differing dates is the hall-mark of Vegetius; what if the same can be shown to be the case with 'Hyginus'? Two passages, which I had hitherto neglected, make such a conclusion difficult to avoid. First, 45: *in quantum potui, domine frater, pro tirocinio meo, in brevi omnes auctores sum persecutus, et quidquid circa compositionem castrorum aestivalium instituerunt, in hoc libello, priusquam numeros instituerem, sub ratione omnia declaravi. praecepta in omni inceptatione metationis scribendo nullus auctor in hunc diem ostendit...* Next, 48: *nunc munitionem castrorum et reliqua, quae pluribus auctores scripserunt, breviter perferamus.* That is to say, 'Hyginus', like Vegetius, was making a compilation from a variety of earlier writers' works. It should be borne in mind that Vegetius was greatly interested in the composition of legions in former times, and likewise in the Roman army's system of castrametation; one might perhaps wonder whether that interest did not suggest to his friend 'Hyginus' that he should compose a comparable epitome. If that was the case, Professor FRERE need not be rejected out of hand, in his assignment of the milliary first cohort to the Flavian period, even if we must reject the supporting evidence which he brought into play in his Britannia paper. The question, how long a milliary first cohort remained the standard establishment (U.S. table of organisation), may be left for further consideration: excavation of later legionary fortresses is an obvious desideratum, as indeed he stressed.

But a few words deserve to be added about the phenomenon to which he drew attention, the fact that in three specific legions, in the second century, their first cohorts contained considerably more men than the rest, even if (as he thought probable) the first cohorts were once more quingenary. It may be suggested that there is a simple and logical explanation: just as the best legionary centurions might be selected for transfer, and promotion, into the first cohort, so (it might be reasonable to suppose) the first cohort might be expected to have been brought up to strength by the transfer to it of picked men from the remaining nine cohorts, while some of those cohorts would have the task of training recruits. If that was the case, it would not be unnatural for the first cohort to have more men ready for discharge, since it contained few if any soldiers whose military service had begun in it, rather than in one of the other cohorts.

Ulpiani Regulae – Zwei Pseudepigrafa

von Detlef Liebs, Freiburg i. Br.

„Im Anschluß an das Werk fast eines jeden berühmten Schriftstellers des Altertums sind Pseudepigrapha überliefert[1].“ Den römischen Juristen erging es nicht besser. Nicht nur wurden sie Gegenstand von fabulae litteratae, in welcher Rolle der verehrte Altmeister dieses Genres vertrauten Umgang mit ihnen pflegt. Auf sein Interesse hofft vielmehr auch eine Studie über unechte römische Juristenschriften.

Dabei werden sprachliche Argumente im Vordergrund stehen. (An-) Tony Honoré hat für unser Thema wichtige Vorarbeiten geleistet, die noch nicht allgemein zugänglich sind. Am 27. Februar 1981 trug er am Institut de droit romain in Paris über echte und unechte Werke Ulpians vor. Ausgehend von Ulpians Stil stellte er zwölf für diesen Juristen typische Wendungen vor, deren Vorkommen in den Digesten mindestens zu 90, oft zu 100 % auf Ulpian entfällt; *et putem* (31 von 31), *et magis puto* (9 von 10), *et non puto* (19 von 20), *et ego puto* (alle 11), *et verum puto* (alle 3), *et puto* ohne Zwischenwort (112 von 126), *parvi refert* (37 von 39), *proinde et si* (alle 64), *proinde si* (85 von 89), *proinde* gefolgt von einem anderen Wort als *et si* oder *si* (62 von 63), *per contrarium* (29 von 31) und *ut puta* (294 von 311). In den großen Kommentaren Ulpians hat Honoré diese Wendungen vollzählig oder doch in großer Zahl angetroffen; in den Werken mittleren Umfangs

---

[1] Wolfgang Speyer, Die literarische Fälschung im heidnischen und christlichen Altertum (München 1971) 132.

Disputationes, De omnibus tribunalibus, De officio proconsulis und Ad
legem Iuliam et Papiam in größerer Zahl; hinreichend zahlreich auch
noch in den kleineren Werken De fideicommissis, De adulteriis, De ap-
pelationibus, Ad edictum aedilium curulium, De officio consulis, De
officio curatoris rei publicae, De officio praetoris tutelaris, Institutiones
und De officio quaestoris. Nicht dagegen anzutreffen waren sie in den
Opiniones, die vielmehr einen eigenen Sprachstil aufweisen[2]. Und ebensowenig in den Regularum libri VII, dem Liber singularis regularum
und dem Liber singularis pandectarum. Überraschenderweise fehlten sie
auch in den Responsorum libri II. HONORÉ schloß daraus auf Unechtheit
all dieser Schriften, machte aber bei denjenigen einen Vorbehalt, von
denen wir nur wenig Text haben wie bei den Pandectae; von ihnen
sind ganze sieben Lenelzeilen auf uns gekommen.

Hier will ich nur den beiden Regulae-Werken nachgehen. Vom Liber
singularis sind uns zwei Digestenfragmente überliefert[3], drei Bruchstücke
in der sog. Collatio legum Mosaicarum et Romanarum[4] und vor allem
eine leicht gekürzte Fassung der ersten zwei Drittel des ganzen Werks
als vermeintlicher Bestandteil der Lex Romana Visigothorum; dieses
Bruchstück heißt in der juristischen Literaturgeschichte auch unsinniger-
weise Tituli ex corpore Ulpiani[5]. Nach Angriffen auf Ulpians Urheber-
schaft durch Vincenzo ARANGIO-RUIZ, Emilio ALBERTARIO und Fritz
SCHULZ in den zwanziger Jahren[6] haben in neuerer Zeit Ernst SCHÖN-

---

[2] S. schon Franz WIEACKER, I libri opinionum di Ulpiano?, in: Labeo 19 (1973)
197 ff.; u. Verf., Ulpiani opinionum libri VI, in: Tijdschrift voor Rechtsgeschiedenis
41 (1973) 279 ff.

[3] Dig. 22, 5, 17; u. 44, 7, 25.

[4] Coll. 2, 2; 6, 2; u. 16, 4.

[5] S. Paul KRÜGER, in: Collectio librorum iuris anteiustiniani II (Berlin 1878) 1 ff.;
Fritz SCHULZ, Die Epitome Ulpiani des Codex Vaticanus reginae 1128 (Bonn 1926)
1 ff.; u. H. L. W. NELSON, Überlieferung, Aufbau und Stil von Gai institutiones
(Leiden 1981) 80 ff. Wie unsinnig die beflissen vorurteilslose Benennung dieses
Stücks als Tituli . . . und seine Isolierung sind, hat NELSON S. 84 f. erneut gezeigt.

[6] ARANGIO-RUIZ, Sul „liber singularis regularum", in: Bullettino dell'Istituto di
Diritto Romano 30 (1921) 178 ff.; ALBERTARIO, Tituli ex corpore Ulpiani, ebd. 32
(1922) 73 ff.; SCHULZ, Die Epitome pass. SCHULZ trennt hier nicht deutlich zwischen
dem Epitomator, der nach 320 n. Chr. einzelne mittlerweile obsolet gewordene
Passagen gestrichen zu haben scheint, und dem Verfasser oder doch Hersteller des
Textes, der vor jenem interessiert. Schärfer scheidet er in seiner Geschichte der
römischen Rechtswissenschaft (Weimar 1961) 221 ff. = History of Roman Legal
Science (Oxford 1946) 180 ff. WIEACKER, Textstufen (Göttingen 1960) 69 f. u. ö.,
folgt SCHULZ.

BAUER[7], Lothar MÜLLER[8] und jüngst H. L. W. NELSON[9] Echtheit nachzuweisen versucht. Überzeugend dartun konnten SCHÖNBAUER und NEL
SON aber nur, daß die Schrift zu Beginn des 3. Jh.s abgefaßt worden sein
muß[10] und das Recht dieser Zeit korrekt wiedergibt. NELSON konnte
außerdem zeigen, daß der Regulaeverfasser gegenüber Gajus selbständig
ist und wörtliche Anklänge nur bei Begriffsbestimmungen begegnen, die
juristisches Allgemeingut waren[11]. Der Liber singularis ist überdies in
Rom entstanden[12], und zwar unter der Regierung Caracallas[13], unter der
auch Ulpian den Großteil seiner Werke schrieb[14].

Angesichts dessen liegt es nahe, das Werklein Ulpian zu belassen, welchen Schritt SCHÖNBAUER, Lothar MÜLLER und NELSON auch getan haben. Trotzdem hat HONORÉ recht mit seiner Behauptung, die Sprache
der Regulae sei nicht Ulpians Sprache. Das läßt sich auch unabhängig
von den zwölf ulpianischen Leitwendungen HONORÉs zeigen. In UR 11,
28 werden die Sabinianer mit der älteren Literatur: Plinius d. J.[15], Pomponius[16] und Paulus[17], *Cassiani* genannt, während Ulpian[18] ebenso wie
Marcian[19], Justinian[20] und der Talmud[21] die Schule nach dem fachlich

---

7 „Tituli ex corpore Ulpiani" in neuerer Analyse, in: Studi in onore di Pietro de
   Francisci III (Mailand 1956) 303 ff.; u. Die Ergebnisse der Textstufenforschung und
   ihre Methode, in: IVRA 12 (1961) 145 ff.
8 L'ordinateur et les textes de droit romain, in: Revue de l'organisation internationale
   pour l'étude des langues anciennes par ordinateur 4 (1970) 66—69.
9 A. a. O. (soeben Fn. 5) 85 ff. S. schon DERS., Die Fachsprache der römischen Juristen,
   in: Actes de la XIIᵉ conférence internationale d'études classiques „Eirene" Clúj-
   Napoca 1972 (Bukarest 1975) 138—144.
10 NELSON a. a. O. 88—92. Noch nicht berücksichtigt hat er, daß in „Tituli" (i. folg.
   UR) 13, 2 die *iudicia publica* noch lebendig zu sein scheinen, was im 3. Jh. aufhörte,
   Ugo BRASIELLO, Sulla desuetudine dei iudicia publica, in: Studi in onore di Emilio
   Betti IV (Mailand 1962) 559 ff. Das gleiche gilt für den zivilen Formularprozeß,
   der in UR 19, 16 und 25, 12 noch zu gelten scheint.
11 A. a. O. 92—96.
12 S. bes. UR 3, 3; 8, 2 f.; 11, 18 u. 20; 11, 24 u. 27 (*lege aut legitimo iudicio agere*,
   s. Gai inst. 4, 103—105); 12, 1 u. 3; 25, 16; s. a. 1, 13.
13 S. einerseits UR 17, 2 *Hodie ex constitutione imperatoris Antonini* . . ., was auf
   Caracalla zielt, NELSON 91 u. Ulpian Coll. 16, 9, 3; andererseits ist die constitutio
   Antoniniana mit der allgemeinen Bürgerrechtsverleihung noch nicht eingearbeitet,
   s. bes. UR 3, 1—6; u. 19, 4.
14 Hermann FITTING, Alter und Folge der Schriften römischer Juristen (2. Aufl. Halle
   1908) 101 ff.; u. HONORÉ in dem o. g. Vortrag.
15 Ep. 7, 24, 8.
16 Dig. 1, 2, 2 § 52.
17 Dig. 47, 2, 18; u. 39, 6, 35 § 3.
18 Fragm. Vat. 266; u. Dig. 24, 1, 11 § 3.
19 Dig. 41, 1, 11.

wesentlich ergiebigeren, wenn auch gesellschaftlich bescheidenen Lehrer des Cassius, Sabinus, *Sabiniani* nannten. Neraz heißt ebendort mißverständlich kurz *Priscus*, was unter den 76 Nerazzitaten Ulpians nie vorkommt, während Ursejus Ferox[22], Pomponius[23] und Paulus[24] eine Verwechslung mit Javolen oder Fulcinius Priscus manchmal in Kauf nahmen. Einmal zitiert der Regelverfasser noch den Julianschüler Maurician[25]. Im übrigen aber heißt es unbestimmt: *plerisque placet*[26], *placuit*[27], *constat*[28], *sunt tamen, qui dicunt*[29], oder *et id observatur magis*[30]. Ulpian zitierte auch in seiner Elementarschrift, den Institutionen, nicht so unbestimmt, sondern verzichtete eher ganz, juristische Autoritäten anzuführen[31], so wie sich schon Neraz und Cervidius Skävola in ihren Regulae[32], Paulus in seinen Brevia[33] und später Modestin in seinen Pandectae[34] einer Berufung auf die Jurisprudenz enthielten. Dieses entschiedene Entweder-oder leisteten sich aber nur die selbstbewußten hauptstädtischen Juristen mit Namen, während jene pauschalen Absicherungen kaum zufällig häufiger wiederkehren in unautorisierten Nachschriften von Lehrvorträgen der Klassiker[35], bei Epigonen wie Minicius und Ursejus Fe-

---

[20] Cod Just. 6, 29, 3; u. Inst. Just. 2, 1 § 25.
[21] Monumenta Talmudica V: Geschichte, 1: Griechen und Römer, hg. v. Samuel KRAUSS (Wien 1914) 45 Nr. 80, eine Stelle aus der Pesikta des Rab Kahana (Palästina, 5. oder 6. Jh. n. Chr.), wo ein Rabbi Marinus, Sohn des Rabbi Ošaja, angeführt ist m. d. W.: „Wie wenn einer sagt ‚Varronianer, Severianer (Anhänger des Filosofen Severos von Alexandria im 5. Jh.?), Sabinianer'."
[22] Dig. 39, 6, 21. Otto LENEL, Palingenesia iuris civilis (Leipzig 1889) II 1261 zu Sp. 179, erwägt Beziehung auf Fulcinius.
[23] Dig. 35, 1, 112 § 3 aus Epistulae XII. Vgl. Pomponius Dig. 40, 7, 5 pr. aus Ad Sabinum VIII. S. a. Dig. 34, 3, 8 § 2 aus Buch 6.
[24] Dig. 41, 2, 1 § 21 aus Ad edictum praetoris LIV; vgl. Dig. 41, 1, 13; 41, 3, 47; u. 41, 4, 2 § 6.
[25] UR 13, 2.
[26] 1, 18.
[27] 1, 21.
[28] 1, 21.
[29] 1, 21.
[30] 22, 22.
[31] In der Einleitung beruft er sich einmal auf Celsus: Dig. 1, 1, 1 pr. Coll. 16, 9, 3 kommt *imperator noster*, d. i. Caracalla, zu Wort. Sonst ist in den auf uns gekommenen Bruchstücken niemand zitiert, auch nicht unbestimmt auf eine Autorität verwiesen. S. LENEL, Palingenesia II 926—930.
[32] LENEL, Palingenesia I 774 f. bzw. II 285—287.
[33] LENEL I 955 f.
[34] LENEL I 721—728. Nur in Buch 1 findet sich einmal Julian zitiert: Dig. 40, 7, 27.
[35] Dazu sind außer den gajanischen Institutionen, s. NELSON 69 ff., zu rechnen: Julians De ambiguitatibus (dazu unten Fn. 96), s. hieraus Dig. 28, 6, 31 pr. *(placuit*

rox[36], Provinzialjuristen ohne ius respondendi wie Gajus[37], Callistrat[38] und Macer[39], dem Epiklassiker Hermogenian[40] und dem Opinionenverfasser[41]. Kaiserkonstitutionen führt der Regelverfasser siebenmal mit Urheber an[42], doch heißt es auch zweimal allgemein *principalibus constitutionibus concessum*[43] bzw. *permissum est*[44]. Ähnlich farblos drückt sich vor allem Callistrat aus[45], manchmal auch der etwas jüngere Zeitgenosse Marcian[46] und einmal Modestin[47]. Ulpian dagegen sagt, wenn es ihm bisweilen untunlich erscheint, den oder die konstituierenden Kai-

prudentibus) u. § 1; Pauls Manualia (dazu Verf., Hermog. S. 48 f.), s. daraus Fragm. Vat. 55 = Dig. 45, 3, 26 *(dicitur)* u. Dig. 8, 4, 18 a. A. u. a. E. *(receptum est)*; und Ulpians De excusationibus (Nachweis vorbehalten), s. daraus Fragm. Vat. 132 *(prudentes)* u. 139 *(dicitur)*.

[36] Zu ihrer Karakterisierung Verf., in: ANRW II 15 (Berlin 1976) 214 f. Von ihnen und nicht von Julian stammen Dig. 41, 4, 8 *plerique responderunt*; Dig. 28, 5, 8 pr. *plerique responderunt*; u. Dig. 39, 6, 21 *plerique, in quibus Priscus quoque, . . .*

[37] Zu ihm Verf. a. a. O. 294 ff., 323 f. u. 328 ff. S. von ihm inst. 2, 212; 3, 71; 4, 29; u. 4, 153 *(plerique putant, inprobant* oder *plerisque placebat)*; Dig. 30, 69 § 5; 33, 4, 15; 2, 76 § 1; 35, 2, 78; 40, 12, 25 § 2; 34, 5, 7 § 2; 35, 1, 63 pr..; u. 45, 3, 28 § 1 *(placuit* oder *placet)*; 39, 2, 6; 4, 8, 6; 29, 1, 17 § 4; u. 39, 2, 32 *(plerisque placuit* bzw. *placet)*; 50, 16, 30 pr.; 50, 16, 234 § 2; 50, 16, 238 § 2; 18, 1, 25 § 2; 28, 1, 26; u. 45, 1, 141 § 4 *(quidam putant)*; 13, 6, 18 pr. *(apud quosdam invenio)*; 47, 9, 5; 2, 4, 18; u. 41, 1, 5 § 1 *(plerique putant* bzw. *putaverunt)*; 49, 14, 14 *(dicitur)*; u. 22, 1, 28 § 1 *(videbatur)*; 23, 3, 46 *(aliis . . visum est u. plerique recte probaverunt)*; 31, 55 pr. *(magis placere video)*; § 1 *(post multas varietates placet)*; 34, 9, 10 § 2 *(recte dictum est)*; 40, 4, 57 *(sunt quidam, qui . . . crediderunt u. sed mihi traditum est hoc iure nos uti)*; u. 41, 1, 5 § 7 *(videntur tamen mihi recte quidam dixisse)*.

[38] S. Dig. 50, 6, 6 § 3; 48, 19, 28 § 15; u. 49, 14, 3 § 2; XX 48, 10, 15 § 4; § 6; u. 50, 16, 220 § 1 *(placuit* bzw. *placet)*; u. 4, 8, 41 *(multi dixerunt)*.

[39] S. Dig. 48, 5, 25 § 2 *(a plerisque dictum est)*; u. 35, 2, 68 § 1 *(quidam putant)*.

[40] S. Dig. 35, 1, 94 pr.; 14, 2, 5; 23, 3, 74; u. 39, 5, 33 pr. *(placuit)*; 44, 7, 32; u. 41, 8, 9 *(post magnas varietates optinuit)*; u. 36, 4, 11 § 1 *(convenit)*.

[41] S. Dig. 50, 4, 3 § 10 *(pridem placuit)*; 3, 5, 44 § 2; 4, 3, 33; 49, 15, 21 § 1; 12, 1, 26; u. 5, 2, 27 pr. *(placuit)*; 50, 1, 6 § 2 *(viris prudentibus placuit)*; 50, 13, 2; u. 4, 7, 11 *(responsum est)*.

[42] UR 3, 6: *ex edicto divi Claudii*; 24, 28: *idque a divo Nerva introductum, postea a senatu auctore Hadriano diligentius constitutum est*; 8, 5: *ex constitutione divi Antonini* (sc. Pii, s. Gai inst. 1, 102); 22, 34: *sed postea divus Marcus constituit*; 26, 7: *sed postea imperatorum Antonini et Commodi oratione in senatu recitata id actum est, . . .*; u. 17, 2: *Hodie ex constitutione imperatoris Antonini . . .*

[43] UR 7, 1.

[44] UR 23, 10.

[45] S. Dig. 26, 7, 33 § 2; 27, 1, 17 pr.; u. § 2: alles aus De cognitionibus IV; 49, 14, 2 pr.; § 7; u. 3 § 8 aus De iure fisci et populi II bzw. III.

[46] Dig. 40, 9, 11 § 1 aus Institutiones XIII; u. 39, 4, 16 § 4 aus De delatoribus.

[47] Dig. 12, 1, 33 aus Pandectae X.

ser namentlich zu nennen, farbig *invenio tamen rescriptum*[48], *ex sacris constitutionibus multifariam emissis*[49], *et extant rescripta*[50], *sacrae constitutiones docent*[51], *saepissime rescriptum est*[52], *constitutionibus declaratur*[53], *quibusdam rescriptis continetur... quibusdam vero, quae sunt pleniora, hoc cavetur,...*[54] *rescriptis quibusdam manifestatur reprehensaeque sunt sententiae eorum, qui,...*[55] oder *multis constitutionibus cavetur*[56]. Allgemein *rescriptis principalibus* kommt m. W. bei Ulpian nur vor, wo es Farbe nicht geben kann, nämlich in negativem Zusammenhang: *quibus nulla specialis poena rescriptis principalibus inposita est*[57].

Auch bei den Regularum libri VII, von denen zwanzig Digestenfragmente mit zusammen 101 Lenelzeilen auf uns gekommen[58] und die auch im Index librorum der Digesten korrekt verzeichnet sind[59], läßt sich HONORÉS Verdacht durch weitere Beobachtungen erhärten. Zwei Zitate finden sich in den erhaltenen Resten, beide im sechsten Buch beim Testamentsrecht. Das eine Mal heißt es *benigna interpretatione potius a plerisque respondetur*[60], das andere Mal kurz *secundum omnium sententiam*[61]. Diese Wendung erinnert an die Behandlung des *ius respondendi* durch den davon ausgeschlossenen Provinzialjuristen Gajus: *quorum* (sc. *eorum quibus permissum est iura condere*) *omnium si in unum sententiae concurrant, id quod ita sentiunt legis vicem optinet*[62]. Einmal findet sich freilich auch bei Papinian *secundum omnium sententias*[63], jedoch mit Plural; und einmal bei Paulus *secundum plurium sententiam... et hoc iure uti Pomponius scribit. secundum Sabini autem sententiam*

---

[48] Dig. 27, 1, 15 § 16 aus dem Liber singularis De excusationibus.
[49] Fragm. Vat. 134 ebendaher.
[50] Vat. 139 ebdh.
[51] Vat. 149 ebdh.
[52] Dig. 48, 18, 1 § 7 aus De officio proconsulis VIII.
[53] Ebd. § 23.
[54] Ebd. § 26.
[55] Dig. 48, 22, 7 § 4 ebdh. B. 10.
[56] Ebd. § 15.
[57] Dig. 47, 18, 1 § 1 ebdh. B. 8.
[58] Palingenesia II 1013—1015.
[59] Zu finden vor dem Digestentext. S. dort XXIV 8.
[60] Dig. 28, 2, 2.
[61] Dig. 28, 5, 51 § 1.
[62] Gai inst. 1, 7.
[63] Dig. 21, 2, 64 § 4 aus Quaestiones VII.

...[64], was sich aber der Kontrolle nicht so völlig entzieht wie die Wendung der Regulae. Und die pauschale Berufung auf *plerique* treffen wir gleichfalls vor allem bei Gajus wieder[65], dazu einmal im Liber singularis regularum[66], bei dem Provinzialjuristen Macer[67] und ein- bzw. zweimal bei den Epigonen Minicius und Ursejus Ferox[68]; freilich auch einmal bei Julian selbst[69] und Ulpian[70]. Ein andermal sagt dieser *apud Celsum et apud alios plerosque relatum*[71]; Paulus zweimal *plerique et Pomponius ... putant* bzw. *probant*[72] und Marcellus einmal *plerique putant... ego dubito*[73]. All das ist aber weniger pauschal als die Regularum libri VII.

Grobe, schablonenhafte Zitierweise ist nun nicht das einzige zu Ho-NORÉS Verdachtsgründen hinzukommende Befremdliche an den Regularum libri VII. Drittens finden sich nämlich allenthalben Ausdrücke und Wendungen, die bei Ulpian unüblich, üblich dagegen wieder bei den zweitrangigen juristischen Schriftstellern sind. So heißt es in Dig. 48, 15, 1 aus Buch 1: *Si... emerit, capitale crimen adversus eum ex lege Fabia de plagio nascitur,...* Der Text will sagen, daß der zuvor beschriebene Kauf ein Plagiat darstelle und der Käufer dessen angeklagt werden könne. Diese beiden gewiß nahe beieinander liegenden Aussagen fließen unserem Fälscher ineinander, wobei ihm offenbar Wendungen wie *actio nascitur, condictio nascitur, exceptio, interdictum, liberatio, petitio, querella nascitur*, alles übliches Juristenlatein[74], vorschwebten. *Crimen nascitur* dagegen ist einmalig. Nur Paulus sagt *...quae (sc. noxa) initio adversus aliquem nata est*[75] und Callistrat *ex conversatione*

[64] Dig. 2, 14, 17 § 5 aus Ad edictum praetoris III.
[65] Gai inst. 2, 212; 3, 71; 4, 29; u. 4, 153.
[66] UR 1, 18.
[67] Dig. 48, 5, 25 § 2 aus De publiis iudiciis I. Über sein Wirken in der Provinz Verf., ANRW II 15 (Berlin 1976) 312 ff.
[68] S. oben Fn. 36.
[69] Dig. 18, 1, 39 § 1 aus Digesta XV. In Dig. 17, 1, 33 ist mir nicht klar, ob *si in* ... von Julian stammt.
[70] Dig. 17, 2, 25 pr. aus Ad Sabinum XXI.
[71] Dig. 26, 5, 12 § 1 aus De officio proconsulis III.
[72] Dig. 24, 1, 28 § 4; u. 26, 1, 1 § 3 aus Ad Sabinum VII u. Ad edictum praetoris XXXVIII.
[73] Dig. 35, 2, 56 pr. aus Digesta XXII.
[74] Felix LESSER, Vocabularium Iurisprudentiae Romanae (i. folg. VIR) IV udSt. nascor II C = Sp. 20 f.
[75] Dig. 47, 2, 18 aus Ad Sabinum IX.
[76] Dig. 1, 18, 19 pr. aus De cognitionibus I.

aequali contemptio dignitatis nascitur[76]. Sachlich fällt in diesem Regu-
lae-Text auf, daß das *plagium* als Kapitalverbrechen qualifiziert wird,
während Ulpian in seiner sicher authentischen Schrift De officio proconsulis sagte: ... *licet de capitalibus causis cognoscere nec soleat, tamen
ut de lege Fabia possit cognoscere imperator Antoninus* (sc. *Caracalla*)
constituit[77]. Zu Ulpians Zeit herrschte noch die alte Geldstrafe[78], die
erst im späteren 3. bis frühen 4. Jh. durch Kapitalstrafen ersetzt wurde:
Bergwerk und Todesstrafe bis zu Kreuzigung, Kampf mit wilden Tieren und Gladiatorenschule[79]; und nur für *honestiores* konnte es bei le-
benslänglicher Relegation verbunden mit Verlust des halben Vermögens
bewenden[80]. Ein Fingerzeig für die Datierung der Schrift[81]?

In Dig. 10, 4, 20 aus Buch 2 heißt es: *Quaestionis habendae causa ad
exhibendum agitur ex delictis servorum ad vindicandos* (oder *indican-
dos*)[82] *conscios suos*. Damit präzisiert der Verfasser das Endziel, das
hier mit der Vorführungsklage verfolgt wird, während im klassischen
Juristenlatein *ad* nach *agere* oder *actio* stets den Streitgegenstand, mehr
oder minder genau gefaßt, benennt[83]. Nur Hermogenian sagt einmal *ad
complendum id, quod pepigerunt, ex vendito agere poterit*[84]. In Dig. 46,
3, 43 aus demselben zweiten Buch heißt es *accessiones* i. S. v. ‚Nebenrechte‘ *liberantur* i. S. v. ‚erlöschen‘, an sich ‚werden frei‘. Der Text
fährt fort *puta adpromissores hypothecae pignora*, meint mit *accessiones*
also konkret mithaftende Bürgen und sonstige Interzedenten sowie Pfän-
der und Hypotheken; ‚Nebenrechte‘ ist ein jüngerer Begriff, ein Ein-
deutschungsversuch von *accessio* in diesem Sinn. Die unumwundene Per-

---

[77] Buch 9 Collatio 14, 3, 3.
[78] Ulpian ebd. §§ 4 u. 5; Alexander 224 Cod. Just. 9, 20, 3; Pseudo-Paulus, Senten-
zen (i. folg. PS) 5, 6, 14 (aus der Lex Rom. Vis.); s. a. ebd. 1, 6 A, 2 (Codex Ve-
sontinus); Fragm. de iure fisci § 9; u. Diokletian 287 Cod. Just. 9, 20, 6.
[79] PS 5 Collatio 14, 2, 2 u. 3; Hermogenian Dig. 48, 15, 7; Maximian 287 Cod. Just. 9,
20, 7; Konstantin 315 Cod. Theod. 9, 18, 1; u. Collatio 14, 3, 6. S. dazu Verf., Hermogenian 18 f.
[80] So die PS Collatio 14, 2, 2.
[81] Der Widerspruch unserer Regulae-Stelle zum unverfälschten Ulpian der Collatio
fiel schon Hans NIEDERMEYER, Crimen plagii und crimen violentiae, in: Studi in
onore di Pietro Bonfante II (Mailand 1930) 385; u. Christoph H. BRECHT, RE Art.
Plagium (1950) 2002, 41 f., auf, die deshalb zu der damals beliebten Hypothese
einer Interpolation Zuflucht nahmen: *capitale* sei später eingefügt worden. Besonders wahrscheinlich ist das nicht.
[82] S. Theodor MOMMSEN, Digesta Iustiniani Augusti II (Berlin 1870) zdSt.
[83] S. d. Stellen bei Ernst Theodor SCHULZE, VIR I udSt. ad I B a = Sp. 171, 46—49;
u. I B b = Sp. 182, 52—183, 16.
[84] Dig. 18, 1, 75.

sonifizierung von *accessio* wirkt hart, was Ulpian vermied; bei ihm findet sich nur *exceptio et cetera rei commoda fideiussori ceterisque accessionibus competere potest*[85], *eum dederit accessionis l o c o , qui* ...[86] oder ... *ait eum liberari e x c a u s a accessionis*[87]. Ungeniert personifizierte *accessio* dagegen Paulus, der z. B. sagen konnte *sed et accessiones ex eius persona liberari* (sc. *puto*)[88]. Außerdem findet sich in Dig. 46, 3, 43 eine mit *praeterquam quod* ... eingeleitete nachgeschobene Einschränkung oder doch genauere Abgrenzung des Vorigen. Dieser zwar deutliche, aber wenig glatte, schwerfällige Satzbau begegnet, freilich mit *si* statt *quod*, im prätorischen Edikt[89], zweimal bei Gajus[90], dreimal im pseudoulpianischen Liber singularis regularum[91] und zweimal bei Gordian[92]; bei Ulpian und den anderen hauptstädtischen Klassikern m. W. aber nicht.

In Dig. 42, 5, 33 pr. aus dem dritten Buch finden wir transitives *vescendi pupilli causa*. Ulpian und die anderen Klassiker dagegen gebrauchten das Gerundiv von *vescor* nur intransitiv, weshalb Bernhard Kübler[93], zu welcher Annahme man damals wie gesagt Zuflucht zu nehmen pflegte, Unechtheit der Stelle argwöhnte.

In Dig. 40, 4, 25 aus Buch 4 heißt es ... *tum fit liber, cum* ... Ulpian und die meisten Klassiker sagten, wenn sie zuerst die Rechtsfolge nannten und danach die rechtliche Voraussetzung angaben: *tunc* ... *cum*[94]. *Tum* ... *cum* findet sich sonst nur bei Pomponius[95], Pseudo-Julian[96],

[85] Dig. 46, 1, 32 aus Ad edictum praetoris LXXVI.
[86] Dig. 46, 1, 3 aus Ad Sabinum XXXXIII.
[87] Dig. 46, 1, 5 aus Ad Sabinum XXXXVI.
[88] Dig. 46, 1, 71 pr. aus Quaestiones IV.
[89] Otto Lenel, Das edictum perpetuum (3. Aufl. Leipzig 1927) §§ 8 (s. Dig. 2, 2, 4) u. 16 (s. Dig. 3, 1, 1 § 11).
[90] Gai inst. 2, 47 u. 3, 24.
[91] UR 1, 13; 6, 5; u. 11, 22.
[92] Cod. Just. 7, 36, 1; u. 9. 6, 5.
[93] VIR V 1320, 52 f. udSt. vescor.
[94] Kübler, VIR V 1141, 44—1142, 30 udSt. tunc.
[95] Dig. 33, 7, 21 aus De fideicommissis I.
[96] Dig. 28, 6, 31 pr. aus De ambiguitatibus. S. zu dieser Schrift insbes. Theo Mayer-Maly, Zu Julians liber singularis de ambiguitatibus, in: Estudios de derecho romano — Homenaje al Profesor Don Carlos Sánchez del Río y Peguero (Saragossa 1967) = Temis 21 (1967) 147—150; Antonio Guarino, in IVRA 23 (1972) 194—198; Franz Horak, in: SZ 90 (1973) 411—421; u. Elmar Bund, in: ANRW II 15 (Berlin 1976) 438 f. Am ehesten hat wohl, wie bei Pomponius (Enchiridium lb.. sg., s. Okko Behrends, Gnomon 45 [1973] 796), Gajus (Institutiones, s. Nelson [oben Fn. 5] 69 ff.), Paulus (Manualia, s. Verf., Hermogenian 48 f.) und Ulpian (De ex-

dreimal Gajus[97] und Florentin[98], also ausschließlich bei den akademischen Juristen[99]. Außerdem heißt es am Schluß von Dig. 40, 4, 25 *si modo...* *pure quis manumissus sit*, bedeutet *quis* also ‚der betreffende‘[100]. In Dig. 40, 7, 16 aus demselben Buch ist *servum* adjektivisch gebraucht, was bezogen auf eine Person sonst nicht vorkommt[101].

In Dig. 25, 2, 24 aus Buch 5 heißt es ... *tam vindicatio quam condictio viro... competit, et in potestate est, qua velit actione uti.* Dieses *in potestate est* i. S. v. ‚es ist der Entscheidung überlassen‘ liest sich glatt nur mit Angabe dessen, um wessen Entscheidung es geht; und bei Ulpian habe ich die Wendung auch nur in dieser Weise vervollständigt gefunden[102]. Ohne *viri* ist die Wendung eine unschöne Ellipse, was Ulpian wohl nicht hätte durchgehen lassen.

Unschön sorgloser Ausdruck findet sich schließlich in Dig. 28, 5, 51 § 1 aus Buch 6: *Si in non faciendo impossibilis condicio institutione heredis sit expressa,...* ,Wenn bei einer Erbeinsetzung eine in einem Unterlassen bestehende unmögliche Bedingung zum Ausdruck gebracht ist,...‘. Hier ist einmal die Stellung der einzelnen Satzteile unlogisch, was die Verständlichkeit des Satzes unnötig mindert: Hinter *condicio* würde *in non faciendo*, wofür Ulpian einen ganzen Nebensatz aufzuwenden nicht gezögert hätte[103], nicht dahin mißverstanden werden können, die Unmöglichkeit folge aus dem Karakter der Bedingung als Unterlassung; und *institutione heredis*, dessen bloßer Ablativ von einem Unkundigen leicht als instrumental mißverstanden werden könnte, würde, käme es gleich nach *si*, dem Leser erlauben, Schritt für Schritt mitzudenken. *Expressa* betont[104] ein hier unwichtiges Element: *inserta* o. ä. hätte in diesem Zu-

---

cusationibus, Nachweis vorbehalten), ein Schüler Lehrvorträge Julians unautorisiert herausgegeben.

[97] Gai inst. 4, 71 u. 139; sowie Dig. 16, 1, 13 pr. aus Ad edictum provinciale IX.

[98] Dig. 16, 3, 17 pr. aus Institutiones VII.

[99] Wozu Pseudo-Julian insofern auch gezählt werden kann, als nahe liegt, daß er sich akademischen Jargons bediente.

[100] Ebenso UR 1, 22.

[101] KÜBLER, VIR V 419, 13—21 udSt. servus, serva IV. Papinian Dig. 48, 5, 6 ist zu Unrecht hier angeführt, s. Z. 9.

[102] Dig. 39, 2, 4 § 9 aus Ad edictum praetoris I; 28, 8, 1 § 2 aus Buch 60; 43, 4, 1 § 8 aus Buch 72; 1, 7, 17 § 1 aus Ad Sabinum XXVI.

[103] Um eines klaren Gedankenflusses willen. S. Dig. 45, 1, 7, aus Ad Sabinum VI; 35, 1, 7 pr. aus Buch 18; u. 40, 7, 6 § 7 aus Buch 27.

[104] Vgl. Ulpian Ad Sabinum XX bzw. XXXV Dig. 36, 2, 7 § 5 bzw. 23, 3, 21; Paulus Ad Sabinum V Dig. 40, 7, 1 § 1; Papinian Responsa II Fragm. Vat. 329; u. Julian Digesta LXXXII Dig. 35, 1, 26 pr.

sammenhang genügt. Außerdem folgt diesem *si*-Satz mit dem Subjekt *condicio* als Hauptsatz... *heres erit* ohne Subjekt, was zumindest hart ist.

Auch die zur Zeit Justinians unter Ulpians Namen umgelaufenen Regularum libri VII stammen also nicht von ihm. Wahrscheinlich sind sie frühestens im späten 3. Jh. n. Chr. entstanden. Für den traditionsbewußten Juristen ist das eine bittere Wahrheit. Denn dann sind apokryf auch die berühmte Definition der Gerechtigkeit *Iustitia est constans et perpetua voluntas ius suum cuique tribuendi*, die klassischen Rechtsgebote *Iuris praecepta sunt haec: honeste vivere, alterum non laedere, suum cuique tribuere* und die stolze Selbstdarstellung der Rechtswissenschaft mit den Worten *Iuris prudentia est divinarum atque humanarum rerum notitia, iusti atque iniusti scientia*[105].

Warum die beiden mutmaßlichen Rechtslehrer, von denen der erste 212 n. Chr. in Rom ein schmales Werk[106] namens Regulae verfaßte, der zweite im späten 3. oder im 4. Jh. vielleicht anderswo[107] Regularum libri VII, ihre anspruchslosen, aber korrekten Lehrbücher unter Ulpians Namen verbreiteten bzw. warum, was zumindest im ersten Fall wahrscheinlicher ist, Spätere das taten, läßt sich leicht erraten: Unter dem Namen des meistgelesenen Klassikers ließen sich die Werke besser verbreiten. Vielleicht hielten in beiden Fällen nicht die Autoren selber das juristische Publikum zum Narren, sondern geschäftstüchtige Verleger[108], die auch heute bekannte Autoren bereitwilliger in ihr Programm aufnehmen als unbekannte.

---

[105] Alles Dig. 1, 1, 10 aus Buch 1 der Regularum libri VII. S. dazu Dieter NÖRR, Iurisperitus sacerdos, in: Xenion — Festschr. f. Pan. J. Zepos (Athen 1973) I 555 ff.

[106] Der liber singularis der Collatio- und Digestenüberlieferung deutet auf den Umfang eines Normalliber. NELSON, a. a. O. 82 Fn. 8 a. E., hat aber gezeigt, daß der Umfang des Werks den Umfang jedenfalls eines gajanischen Normalliber bei weitem übertraf. Vielleicht ist also auch diese Angabe nicht ursprünglich sondern gedankenlos um äußerlicher Einheitlichkeit willen später hinzugekommen, und war ursprünglich überhaupt keine Buchzahl angegeben wie beim Codex Hermogenianus oder Julius Aquilas Responsa, Verf., Hermogenian 24 bzw. ANRW II 15 S. 357 unten.

[107] In Dig. 2, 1, 1 aus Buch 1 fällt auf, daß der *ius* dizierende Magistrat auch für die Vormundsbestellung zuständig ist, wofür in Rom ein besonderer Prätor amtierte. Bezugnahmen auf das Edikt des Prätors wie in Dig. 38, 8, 4 aus Buch 6 können dagegen ohne weiteres auch in einem etwa in Norditalien oder in einer Provinz entstandenen Werk vorkommen.

[108] S. Wolfgang SPEYER, Die literarische Fälschung (oben Fn. 1) 133. S. a. S. 40 zum horror vacui der Alten, wenn eine Schrift anonym überliefert war.

Die zwei Frauen des Severus Alexander: Resonanz einer politischen Spaltung?

von Tadeusz Kotula, Wrocław

Die Tatsache ist weithin bekannt, daß die in den Kaiserviten befindlichen Angaben über das Privatleben der Herrscher weit weniger Glauben verdienen als diejenigen, die uns über ihre offizielle Tätigkeit und Politik Auskunft geben. Gewiß spielen die Familienbeziehungen und Charakterdarstellungen in der römischen Kaiserbiographie eine beträchtliche Rolle, doch lassen sie sich nur selten anhand der Primärquellen (Inschriften, Münzen, Papyri) ihrer Wahrscheinlichkeit nach prüfen.

Der vorliegende Beitrag betrifft ein Problem, wo es besonders schwierig ist, die Berichte der antiken Schriftsteller mit den Zeugnissen der Primärquellen in Einklang zu bringen. Es handelt sich um eine recht komplizierte Frage der ausgehenden Severerzeit, und zwar die der Eheverbindungen des Severus Alexander, des letzten Gliedes einer Dynastie, die das Kaiserreich vierzig Jahre hindurch im Zeitalter einer schon herannahenden inneren Krise regierte.

Das severische Haus war das erste auf dem Kaiserthron mit einer ethnisch ganz heterogenen Abstammung, nachdem sich sein Gründer L. Septimius Severus aus Lepcis Magna mit der Syrerin Julia Domna, dem edlen Sproß einer fürstlichen Priesterfamilie aus Emesa, vermählt hatte. Es fällt dabei auf, daß eine der ersten politischen Maßnahmen des Septimius nach seinem über Pescennius Niger errungenen Sieg in Syrien der im Jahre 195 vorgenommene fiktive Familienanschluß an die Antoninendynastie war[1]. Erheblich später, und zwar nach dem Tode des Antoninus Caracalla, ist bekanntlich die Herrschaft den Syrern anheimgefallen. Jedoch, trotz des berühmten Weiberregiments seit 217, hat die regierende Familie immer dem Dynastiegedanken eine große Aufmerksamkeit geschenkt, um die stets wankende Thronfolge zu sichern.

Gessius Bassianus Alexianus, Sohn des Gessius Marcianus und der Julia Mamaea, der jüngeren Tochter der Julia Maesa, war kaum 14 Jahre alt, als er nach der absurden Regierung von Elagabal zum Augustus erhoben wurde (222). Seiner ehrgeizigen Mutter war es gelungen, ihm schon ein Jahr zuvor den Cäsartitel zu verschaffen. Dies geschah höchstwahrscheinlich gleichzeitig mit der Zuerkennung der toga virilis an den jugendlichen Thronfolger, der dann als Kaiser *Imp. Caesar M. Aurelius Severus Alexander Augustus* hieß[2]. Sowohl sein Severusbeiname wie auch das von seinem angeblichen Vater Caracalla so erstrebte Cognomen Alexander sollte die dynastischen Bindungen in der syrischen Familie festigen. So kam es auch, daß er, einmal zur Kaiserwürde emporgestiegen, nach Mamaeas Wunsch sobald wie möglich vermählt werden mußte.

Es gilt nun, die recht verworrene Frage der Eheverbindung — bzw. -verbindungen des Severus Alexander zu erörtern. Das Problem wurde schon öfters in Angriff genommen, ohne daß man zu endgültigen Ergebnissen gekommen wäre. Das Eheleben des jungen Kaisers wird in unseren literarischen Quellen einige Male erwähnt, wobei die entsprechenden Belege entweder auf eine oder auf mehrere Frauen zu beziehen sind. Es geht namentlich um folgende Zeugnisse:

1. Die wichtigste Bedeutung kommt Herodian zu, der die Ehen des Severus Alexander ziemlich eingehend behandelt, ohne dabei die Namen seiner Frau, die nach ihm einem Patriziergeschlecht (τῶν εὐπατρίδων) entstammte, oder denjenigen ihres Vaters anzugeben. Seiner Aussage nach war es Julia Mamaea selbst, die ihrem Sohn eine Frau empfahl, aber in der Folge hat sie ihre Schwiegertochter um den Augustatitel beneidet

---

[1] Siehe G. WALSER, Die Severer in der Forschung 1960—1972, ANRW II 2, 1975, S. 624 und 650.

[2] Der *dies imperii*, 13. März 222, ist dank dem *Feriale Duranum* bekannt; G. WALSER, Die Krise des römischen Reiches, Berlin 1962, S. 15. Die wichtigere Literatur zu Alexanders Persönlichkeit und Regierung: Imp. Caesar M. Aurelius Severus Alexander Aug., PIR² A 1610, p. 327 sqq. (STEIN); W. THIELE, De Severo Alexandro Imperatore, Berlin 1909 (Diss.); A. JARDÉ, Etudes critiques sur la vie et le règne de Sévère Alexandre, Paris 1925; W. ENSSLIN, The Senate and the Army. I. Severus Alexander: Domestic Policy (in:) C. A. H., XII 1956, S. 57—72; Sir R. SYME, Emperors and Biography. Studies in the Historia Augusta: IX. The Reign of Severus Alexander, Oxford 1971, S. 146—162.

und sie endlich vom Hofe weggejagt. Der zusätzliche Handlungsgrund der Kaiserin Mutter scheint dabei ihr scharfer Konflikt mit dem Vater der jungen Augusta gewesen zu sein, der schließlich im Prätorianerlager seine Zuflucht suchen mußte. Es genügte Mamaea, eine solche Tat als eine offene Empörung zu erklären. Der Mann wurde auf ihren Befehl getötet und seine Tochter nach Afrika verbannt[3].

2. Der Verfasser der Vita Alexandri beruft sich auf Dexippus, indem er feststellt, daß sich der Kaiser mit der Tochter eines gewissen Macrianus (*Macrianus, Martianus* Hss.; *Macrinus,* Edd.) vermählte, worauf ihr Vater mit dem Cäsartitel ausgezeichnet wurde. Doch jener empörte sich gegen den Herrscher, mit der Absicht, ihn zu beseitigen, wofür ihn die Todesstrafe ereilte und seine Tochter, deren Name auch in dieser Quelle nicht erscheint, von Alexander abgewiesen wurde[4].

3. Der Name der jungen Kaiserin, Memmia, Tochter des Konsularen Sulpicius und Enkelin eines Catulus, ist an einer anderen Stelle der Vita bezeugt, doch der Kontext läßt vermuten, daß es sich hier um andere Begebenheiten handelt[5].

Die aus Inschriften und Münzen bestehenden Primärquellen kennen die obengenannten Frauen und ihre Geschicke gar nicht. Dagegen kommt in ihnen ganz offiziell nur eine Gattin des Kaisers zum Vorschein mit dem Namen *Gnaea Seia Herennia Sallustia Orba Barbia Orbiana*[6]. Von 226 ab ist sie in fünf Inschriften aus Italien, Afrika und Spanien genannt[7], während ihr Name und Porträt öfters auf den Gold-, Silber- und Bronzemünzen aus Rom, Alexandrien und mehreren Städten des Ostens in den Jahren 225—227 erscheinen[8].

---

[3] Herod. VI 1, 9—10; vgl. Zonar. XII 15, p. 120 DIND. = Dio, III p. 477, 3, BOISS.

[4] Vita Alex. 49, 3—4 (HOHL). Die Erwähnung der Frau (nebst der Mutter), ibid. 25, 11, ist ganz generell.

[5] Vita Alex. 20, 3.

[6] PIR S 252; M. FLUSS, RE II A, 1921, Seius-Seia 22, col. 1128—1130.

[7] C. I. L. X 1654, Puteoli, wohl vom Jahre 226; vgl. ebd., 1653. VIII 9355, Caesarea in Mauretanien = DESSAU 486, wohl vom Jahre 227; vgl. ebd. 9354 und B. THOMASSON, Die Statthalter der römischen Provinzen Nordafrikas, Lund 1960, II, S. 272. Ebd. 26548, Thugga, ihr Name eradiert in der Dedikation zu Ehren Severus Alexanders und seiner Familie, Datum? I. L. Alg. II 4666, Thibilis in Numidien, undatiert. C. I. L. II 3734, Valentia in Spanien, undatiert.

[8] R. I. C. IV 2, Severus Alexander 318, S. 96; COHEN 502, 1—2, Severus Alexander und Orbiana, Iulia Mamaea; ebd. 478 f., 1—3; vgl. R. I. C. a. a. O. (Severus Alexander und Orbiana); R. I. C. IV 2, Severus Alexander 319—327, S. 96 f.; 655—658, S. 122; COHEN 486—488, 1—13 (Orbiana). Zu den Münzen der griechischen Städte, darunter Alexandrien seit August 225 bis August 227, siehe COHEN 488, P. I. R. und

In der modernen Forschung hingegen überwiegt seit Th. MOMMSEN die Tendenz, die Seia Orbiana, eine dank den numismatischen und epigraphischen Zeugnissen historisch reale Gestalt, mit der anonymen, von Herodian und der Historia Augusta (Alex. 49, 3—4) belegten Gattin des Severus Alexander zu verbinden. Sie wäre danach die Tochter eines Usurpators namens Sallustius (Macrinus) gewesen, der vorher von Alexander zum Cäsar ernannt wurde. Zugunsten solch einer Verbindung, die wir im folgenden als eine kumulative Hypothese bezeichnen, scheint angeblich die Tatsache zu sprechen, daß nach 227 Orbiana ganz spurlos verschwindet, was effektiv, meint man, mit der Empörung ihres Vaters und mit ihrem Exil zu erklären sei[9].

Es muß aber heute festgestellt werden, daß die Gründe für eine derart kumulative Lösung keinesfalls zwingend sind. Sowohl Herodian wie auch Cassius Dio betonen nachdrücklich die Herrschsucht der Mamaea, die allein Kaiserin bleiben wollte und gewiß ziemlich bald ihrer Schwiegertochter den Augustatitel übelgenommen hat, um die Rivalin, nachdem deren Vater beseitigt worden war, endlich loszuwerden. Der ganze Kontext der Herodianstelle läßt uns glauben, daß alles dabei ziemlich schnell vorgegangen ist und demnach die erste Ehe des Kaisers keinesfalls langdauernd war. Herodians Worte: φθονοῦσα ... τῆς προσηγορίας (VI 1, 9) schließen zwar die Möglichkeit nicht aus, daß Mamaeas Schwiegertochter die Augustawürde wirklich bekleidete[10], doch im Fall der Seia Orbiana steht der Titel außer jedem Zweifel, was die Quellen ganz formell, wenigstens in drei Jahren ihrer Regierung (seit Herbst 225) bezeugen. Die Münzzeugnisse fallen in dieser Hinsicht mit denjenigen der Inschriften vollkommen zusammen (Augustatitel der Orbiana in den Jahren 226—227), und sogar die Eintracht des Ehepaares (Concordia Augustorum) wird offiziell bewiesen, was ohne Mamaeas Zustimmung kaum zu denken war. Ja, noch mehr, das junge Ehepaar selbst tritt auf einem Silbermedaillon nebst der Kaiserin Mutter auf[11].

FLUSS a. O., mit der daselbst angeführten Literatur; vgl. P. GROEBE, Aurelius 221 = M. Aurelius Severus Alexander, RE II 1896, col. 2540.

[9] Th. MOMMSEN, Chron. min. I 521, 31, Polem. Silv. laterc.; H. SCHILLER, Geschichte der röm. Kaiserzeit, I, Gotha 1883, S. 775; A. STEIN, Sallustius 4, RE I A, 1920, col. 1910 ff.

[10] Vgl. GROEBE, a. O., col. 2542: Zonaras (XII 15: ... συνηχώρησεν ἀναρρηθῆναι Αὐγούσταν) hat die Herodianstelle mißverstanden.

[11] R. I. C. IV 2, Severus Alexander 318: das Bild des Severus und der Seia Orbiana auf der Vorderseite; dasjenige der Mamaea auf der Rückseite.

Auch in einer fragmentarisch erhaltenen Inschrift aus Thugga, die dem
Kaiser und seiner Familie zu Ehren gewidmet wurde, ist Orbianas Name
nach dem der Mamaea zu lesen[12]. Es wurden ihr Statuen errichtet in verschiedenen Provinzen, wie z. B. in der numidischen Stadt Thibilis[13]. Das
alles läßt uns an eine längere Duldung der jungen Kaiserin denken, was
schwerlich zu vereinbaren ist mit ihrer jähen und brutalen Beseitigung
durch ihre Schwiegermutter, worüber uns die literarischen Quellen unter-
richten[14]. Das zumindest formell gute Einvernehmen zwischen Mamaea
und Orbiana mußte wohl den obengenannten Tatsachen nach einige
Jahre dauern, und nichts ist überliefert von einem Zerfall der „entente
cordiale", deren sich das kaiserliche Ehepaar so rühmte[15]. Auch die Fülle
und Vielfältigkeit der in Rom und in den hellenischen Städten des Ostens
geprägten Münzen scheint eine gewisse Stabilität der ziemlich langen Regierung der Seia Orbiana zu beweisen.

Demnach, entgegen dem traditionellen Standpunkt der meisten Forscher, wäre ich eher geneigt, eine Trennung zwischen der von Herodian
erwähnten anonymen ersten Frau des Severus Alexander und der in den
Primärquellen so gut bezeugten Seia Orbiana Augusta durchzuführen.
So wird auch in der Folge von zwei Frauen des Kaisers gesprochen, wofür meiner Meinung nach ernste historische Gründe sprechen, die auf
eine politische Spaltung während der Regierung des letzten Severers
hinzudeuten scheinen[16].

[12] C. I. L. VIII 26548 (die Namen der beiden Frauen sind eradiert).
[13] I. L. Alg. II 4666, auf einem Marmorsockel, der wohl eine Statue trug.
[14] Neulich hat darauf mit Recht J. BABELON hingewiesen, Impératrices syriennes, Paris
    1957, S. 255 f.
[15] Es ist freilich nicht ausgeschlossen, daß es mit der Zeit zu einem offenen Konflikt
    kommen konnte, doch ist man hier auf reine Spekulationen angewiesen.
[16] Die Trennung der bei Herodian und Dio auftretenden Gattin Alexanders von Seia
    Orbiana hat schon W. THIELE durchgeführt (a. O. S. 72), doch war seiner Meinung
    nach Memmia die erste Frau des Kaisers, die er für eine historische Persönlichkeit
    hielt, Tochter eines *vir consularis* Sulpicius und Enkelin eines gewissen Catulus
    (Vita Alex 20, 3). Da aber die obigen Männer sonst nicht bekannt sind, bezweifeln
    die modernen Gelehrten sowohl ihre Existenz, wie auch die der Memmia selbst
    (P. I. R., M 348, s. v. Memmia; P. I. R.² C 585, s. v. Catulus; E. GROAG, Catulus,
    RE III 1899, col. 1769 f.; G. BARBIERI, L'albo senatorio da Settimio Severo a
    Carino, Roma 1952, N° 489, S. 113 s. v. Sulpicius; vgl. JARDÉ, a. O., S. 68 ff.;
    SYME, a. O., S. 6 und 8). Ich schließe mich hier der ziemlich allgemeinen Meinung
    an, daß es sich wohl im Fall von Memmia um eine fiktive Gestalt handelt, doch ist
    dabei C. *Memmius Fidus Iulius Albus*, Bürger und Patron der Stadt Bulla Regia
    in Africa Proconsularis, *leg. Aug. pr. pr. provinc. Africae* in den Jahren 175—176
    und *cos. suff. a. inc.*, P. I. R. M 340, nicht außer acht zu lassen. Seinerseits hat einst

Man darf aus der Herodianstelle folgern, daß die erste und kurz-
dauernde Ehe Alexanders in die Anfänge seines Prinzipats zu setzen
ist, und zwar auf jeden Fall vor den Herbst 225. Das genauere Datum
ist aus den Quellen nicht zu erschließen. Der damals etwa fünfzehn oder
sechzehn Jahre alte Augustus war dazu nicht zu jung[17]. Dennoch war er
damals zu jung, um seinem Schwiegervater die Cäsarwürde verweigern
zu können[18]. Der ältere und erfahrene Mann sollte gewiß einen politischen Einfluß auf den jugendlichen Herrscher üben. Doch war der neue
auf legalem Wege ernannte Cäsar kein Usurpator, wie etwa Sallustius
Macrinus; sein Beiname dürfte wohl Macrianus oder Martianus lauten[19].

Aller Wahrscheinlichkeit nach wird die von Dexippus überlieferte
Tatsache durch die afrikanischen Inschriften aus Thugga bestätigt. Es
handelt sich um zwei sehr fragmentarisch erhaltene Widmungen zu
Ehren der herrschenden Familie, wobei die kaiserliche Titulatur teilweise getilgt wurde[20]. Nach der Angabe der *tribunicia potestas* und der
üblichen Ämter des Kaisers kann man in zwei Fragmenten den eradier-
ten Cäsartitel erkennen, mit einigen (4 oder 5) unlesbaren Buchstaben
davor, die gewiß den Namen der als Alexanders Schwiegervater, *socer*,
bezeichneten und nachher verdammten Persönlichkeit ausmachten[21]. Die
Relevanz der Entdeckung wurde seit langem richtig eingeschätzt und
schon P. GROEBE hat in seinem Alexanderartikel der R. E. die Lesung
tri[b. pot. I]III vorgeschlagen, um das Datum der Texte mit der Chronologie der Münzen der Orbiana (Kaiserin seit 225) in Einklang zu
bringen. Denn, wie gesagt, die Tilgung des Cäsartitels und des Namens
müßte sich nach den Anhängern der kumulativen Hypothese auf die Beseitigung des Vaters der Orbiana Augusta beziehen. So wurde auch der
Versuch gemacht, seinen im Text der Inschrift getilgten Namen als L.
Seius zu rekonstruieren anstatt desjenigen des *Sallustius (Macri⟨a⟩nus)*,

---

O. HIRSCHFELD gemeint (Verwaltungsbeamten, S. 158 und Anm. 4), daß die in einer
Lyoner Inschrift vom Jahre 226 genannte Memmia Sossandris, *c(larissima) f(emina)*,
mit der Gattin des Kaisers verwandt wäre (C. I. L. XIII 1811).

[17] Es ist dem zu erwidern, daß z. B. Antoninus Caracalla kaum 14 Jahre alt war, als
er sich mit Plautians Tochter Plautilla vermählt hatte; siehe A. R. BIRLEY, Septimius Severus, the African Emperor, London 1971, S. 232.

[18] Vita Alex. 49, 3, vermeintlich nach Dexippus.

[19] Nach SYME, a. O., S. 157, dürfte es sich um einen (gewesenen?) Prätorianerpräfekten
handeln, worauf seine spätere Flucht ins Prätorianerlager hinzuweisen schiene.

[20] C. I. L. VIII 15524 = 26549; 15525 = 26550; I. L. Tun. 1413.

[21] C. I. L. VIII 26549, d—f, Z. 1: . . . *tri [b. pot.] III · COS · P · P · ET* [. . . . .] *CAES*
[*aris soce] RI AVG(usti) NOSTRI;* vgl. THIELE, a. O., S. 61 f.

für den sich auf dem Stein zu wenig Raum bot[22]. Die Lesung ist zwar
epigraphisch möglich, aber keinesfalls notwendig[23]. Bekanntlich erfolgte
die Tilgung des Namens und der Titulatur des Severus Alexander vorwiegend unter Maximinus. Doch konnte H. DESSAU im C. I. L-Kommen-
tar feststellen, daß es sich in den in Frage kommenden Fragmenten um
zwei konsekutive Rasuren handelt, deren erste den anonymen Cäsar,
und erst die zweite den jungen Augustus selbst getroffen hat. Im Lichte
dieser gewichtigen Bemerkung scheint es ratsamer, die zwei Inschriften
von Thugga vielmehr auf das Jahr 224 zu datieren, nämlich, meiner
Meinung nach, im Zusammenhang mit der Tilgung des Namens und der
Titel des ephemeren Cäsars und Vaters der ersten Frau Alexanders nach
der Exekution dieses Mannes, die wohl etwa Anfang 225 erfolgte. Beim
gegenwärtigen Stand unseres Wissens empfiehlt es sich eher, auf eine
Rekonstruktion seines kurzen Gentilnamens zu verzichten, von dem
nur einige nicht mehr lesbare Buchstaben übrig sind. So müßte endlich
der hypothetische L. Seius Cäsar aus der Kaiserliste verschwinden.

Es soll hervorgehoben werden, daß sich die Forscher redlich bemüht
haben, die auf uns gekommenen literarischen Quellen nach jeder Richtung zu interpretieren und deren Auslassungen und Unzuverlässigkeiten
anhand der numismatischen und epigraphischen Testimonien zu klären.
Doch wurde meines Wissens von niemand die Frage in Angriff genommen, warum die — wie ich glaube — erste Frau des Severus Alexander
gerade nach Afrika verstoßen worden war. Wenn man bedenkt, daß die
Auskunft darüber von allen wichtigeren Autoren übermittelt wird, Herodian, Cassius Dio und wohl auch Dexippus, dem der lateinische Verfasser der Alexandervita folgte, ohne sich dabei um die Einzelheiten
zu kümmern, die für uns von Bedeutung sind[24], so mußte die Tatsache
gewichtig sein.

Der Schlüssel zu diesem Rätsel ist in der dynastischen Politik der
Severer zu suchen. In der neueren Literatur pflegt man von der afrika-

---

[22] I. L. Tun. 1413 mit der daselbst angeführten Literatur, darunter JARDÉ, a. O.,
   S. 69—72. Danach zögerte A. MERLIN nicht, den vermeintlichen Cäsar L. Seius in
   die Kaiserliste der Indices von I. L. Tun. einzustellen, S. 323. BARBIERI, a. O.,
   No 463, S. 108, s. v. L. Seius? Caesar, hat diesen Vorschlag nur mit Bedenken angenommen, und zwar aus epigraphischen Gründe wegen.

[23] H. DESSAU nahm im C. I. L. das Datum 224 oder auch 225 an, falls auf dem Stein
   die vierte *trib. pot.* des Kaisers stünde; vgl. STEIN, a. O., col. 1912.

[24] Die Worte der Alexandervita, 49, 4: ... *et uxorem abiectam*, sind ganz offenbar
   eine Abkürzung der angeblichen Relation des Dexippus.

nisch-syrischen Dynastie zu sprechen, was sich nicht nur auf deren Hete-
rogenität seit dem Afrikaner L. Septimius Severus und der Syrerin Julia
Domna bezieht, sondern auch auf zwei verschiedene politische Ein-
stellungen. Der Standpunkt kommt vornehmlich in der modernen Historiographie zum Ausdruck, steht aber der für die antiken Schriftsteller
so typischen Gewohnheit entgegen, hinter jeglichem politischen Konflikt
persönliche Motive des Handelns der Herrscher zu erspähen und sie auf
dem Hintergrund der meistgelesenen histoire scandaleuse darzustellen.
Unseren literarischen Quellen nach war in dem gegebenen Fall die ganze
Verantwortlichkeit für die Entwicklung der Geschehnisse dem Hochmut
Mamaeas und ihrem übermäßigen Ehrgeiz zuzuschreiben, die aus ihrem
herrschsüchtigen Charakter resultierten. Demgegenüber legen die gegenwärtigen Historiker Nachdruck — freilich in einer ziemlich moderni-
sierenden Weise — auf die afrikanische Politik des Septimius Severus
und die syrische Politik der Frauen von Emesa und ihre bei aufeinander-
folgenden Thronbesteigungen kräftig beförderte männliche Nachkom-
menschaft[25].

Vor seiner Verbindung mit Julia Domna hatte Septimius eine gewisse Paccia Marciana geheiratet, der er dann nach ihrem Tode Ehren
bezeugte und Statuen neben denen seiner Eltern errichtete. Die Angabe
der Severusvita wird durch die afrikanischen Inschriften aus Cirta und
Lepcis Magna, der Heimat des Kaisers, bestätigt[26]. Auf dieser mit ono-
mastischen Argumenten bekräftigten Grundlage hat es A. R. BIRLEY ganz
wahrscheinlich gemacht, daß die erste Frau des Kaisers eine Afrikanerin
war, wohl ebenfalls aus Lepcis gebürtig[27]. So liegt der Vergleich mit den
zwei Ehen des Severus Alexander nahe. Die einfachste Erklärung des
Exils seiner anonymen ersten Frau nach Afrika scheint eben ihre afrikanische Abstammung zu sein. Der letzte Vertreter der Dynastie, welcher mit seinem Severusbeinamen ganz bewußt an ihren Gründer an-
knüpfte, dürfte auch in dieser Hinsicht dem Septimius folgen, und zwar
gewiß nicht ohne den Beifall der Afrikaner, doch vor allem mit dem Ein-
verständnis der Mamaea, die ihm selbst, Herodians Worten nach, eine

---

[25] Siehe dazu BABELON, Impératrices syriennes; die Arbeit von G. TURTON, The
Syrian Princesses. The women who ruled Rome (A. D. 193—235), London 1974,
war mir unzugänglich.
[26] Vita Sev. 3, 2 (Marcia); 14, 4: *uxor prior*, nebst den Eltern des Kaisers erwähnt.
Cirta: I. L. Alg. II 565 = C. I. L. VIII 19494, auf dem Sockel einer Statue; Lepcis
Magna: I. R. T. 410—411, auf den Sockeln.
[27] BIRLEY, a. O., S. 34, 90, 123, 299.

Frau auswählte. Nun ist bekannt, daß die unbequemen Mitglieder der Kaiserfamilien gewöhnlich auf die unfreundlichen Mittelmeerinseln (*remotissimae insulae*) verbannt wurden. Wenn man sich im Fall der ersten Frau Alexanders dazu entschied, sie in eine Provinz zu verstoßen, ging es höchstwahrscheinlich um ihre Heimat Afrika. Die junge wehrlose Frau schien vermutlich der Kaiserin Mutter nicht allzu gefährlich[28]. Aber auch ihr Vater mußte ein Afrikaner gewesen sein. Wenn er einer vornehmen Familie entstammte, sollte er auch eine Anhängerschaft in Afrika haben. Auf die afrikanische Provenienz dieser Persönlichkeit scheint außerdem die Erwähnung des Mannes in den diesbezüglichen Inschriften von Thugga hinzudeuten[29]. Herodian fügt hinzu, daß der Schwiegervater des Kaisers von diesem hochgeschätzt war, was ebenfalls die Tatsache erklärt, daß er mit Alexanders Willen zum Cäsar erhoben wurde[30]. Doch eben eine solche Wendung der Lage mußte der ehrgeizigen Mamaea, die keine stärkere Individualität um sich herum zu dulden vermochte, höchst unerwünscht und gar gefährlich für ihre „syrische" Politik erscheinen. Ein Cäsar aus Afrika verstärkte nämlich die afrikanische Tradition in der Dynastie, und in der gegebenen Lage war zudem mit einer entschlossenen Unterstützung seiner Tätigkeit durch die romanisierte Oberschicht dieses Landes zu rechnen[31]. Es wäre freilich zu weitgehend, von einer afrikanischen Partei zu sprechen, die hinter dem Cäsar gegen Mamaea stand, wenn auch der Begriff *factio* in der diesbezüglichen Stelle der Alexandervita eine solche Bedeutung haben kann[32].

[28] Es ist in diesem Zusammenhang erwähnenswert, daß ein Präzedenzfall dazu von Heliogabal gegeben wurde, der seine erste Frau, eine edle Römerin Julia Cornelia Paula, zuerst mit dem Augustatitel bedachte, um sie nachher zu verschmähen und in ihr Heim Ende 220 wegzuschicken; Herod. V 6, 1; Dio LXXIX 9, 1. 2; vgl. P. I. R.² J 660, mit Hinweisen auf die Münzen der Cornelia Paula Augusta.

[29] Hier empfiehlt es sich, den besonderen Reichtum an in dieser Stadt befindlichen epigraphischen Texten zu betonen, die das öffentliche Leben betreffen. Die Tatsache muß einer ziemlich systematischen Erforschung der Ruinen von Thugga zugeschrieben werden, was ebenfalls dazu beigetragen hat, daß der in den Inschriften sonst nicht belegte Cäsar eben dort auftauchte.

[30] Herod. VI 1, 9; Vita Alex. 49, 3.

[31] Hier gehe ich auf die recht komplizierte und allgemeinere Frage der „afrikanischen" Politik der Severer nicht ein, die sich mit ihren verschiedenen Aspekten im Rahmen meines Beitrags kaum erörtern läßt. Letztens befaßte sich A. R. BIRLEY mit dem Problem, a. O., Anhang III, S. 327—358, daselbst die neuere Literatur; siehe auch T. KOTULA, Afrykańska polityka Sewerów, Classica Wratislaviensia I, Wrocław 1961, S. 1—33.

[32] Vita Alex. 49, 4.

Mag dem sein, wie es will, so mußte doch jede Regierung auf die bedeutsame wirtschaftliche Rolle der afrikanischen Provinz Rücksicht nehmen,
die ihre Relevanz als Kornkammer Roms seit Jahrhunderten bewahrte.
Das wurde vom „afrikanischen Kaiser" — wie man den Lepcitaner
Septimius gerne nennt — vollauf gewürdigt. Bei seinem Tode hat er angeblich einen für sieben Jahre ausreichenden Vorrat von Weizen hinterlassen, während Tripolitanien besonders reichliche Lieferungen von Öl
versicherte, das an das römische Volk umsonst verteilt wurde[33]. Selbstverständlich wollte auch Severus Alexander diese politisch so wichtigen
Faktoren gebührenderweise berücksichtigen, indem er seinem Schwiegervater die hohe staatliche Würde einräumte. Doch mißachtete Mamaea
derart politische Bedenken und zögerte durchaus nicht, den für ihre
Pläne so gefährlichen Konkurrenten um jeden Preis auszuschalten, während seine Tochter in ihre weit entfernte Heimat verbannt wurde. Die
Inschriften aus Thugga beweisen, daß nach der Ermordung des afrikanischen Cäsars die solchem Vorgehen logisch folgende Maßnahme der
damnatio memoriae über die so gezüchtigten Gegner ganz offiziell verhängt wurde, samt der sie normalerweise begleitenden Tilgung ihrer
Namen auf allen Dokumenten.

Die vermutlich von Dexippus übermittelte Nachricht, daß Macrianus,
wie eben der Cäsar in der Historia Augusta genannt wird, den Kaiser
listig zu ermorden beschloß, dürfte wohl auf einen von Mamaea verbreiteten Vorwand hindeuten, der den afrikanischen Machthaber bloß-
stellen sollte. Man muß jedoch J. BABELON zustimmen, daß der ganze
Verlauf der Begebenheiten außergewöhnlich verworren in unseren Quellen ist, voll von Unklarheiten und einander geradezu widersprechenden
Angaben, als wenn man planmäßig die eigentlichen Handlungsmotive
der Mamaea verwischen möchte, die allerdings volle Verantwortung
für jeden von ihrem schwächlichen Sohn gefaßten Entschluß trug[34]. Unserer modernen Anschauungsweise nach wäre man eher geneigt, hinter
den Kulissen der mit Alexanders ersten Ehe verbundenen Hofintrigen
eine entschlossene syrische Reaktion gegen die in der Severerzeit so deutlichen afrikanischen Einflüsse auf die zentrale Staatspolitik zu sehen.
Diesen galt es nun, Severus Alexander, Mamaeas einzigen Sohn zu entziehen und ihn mit einer neuen Gattin „zu belohnen". So scheinen die

---

[33] Vita Sev. 18, 3; 23, 2.
[34] BABELON, a. O., S. 254; vgl. 255: l'obscurité qui enveloppe la famille impériale
    semble bien être la conséquence voulue de cette prépotence (von Mamaea).

zwei Vermählungen des Kaisers eine ziemlich geschickt maskierte politische Spaltung in Rom widerzuspiegeln.

Bei der Wahl der neuen Augusta erwies sich Mamaea in ihren politischen Künsten als besonders verschlagen. Eine andere Syrerin konnte wohl kaum in Frage kommen: das wagte selbst die Kaiserin Mutter von Emesa nicht, um jegliche Mißbilligung solch einer Handlung seitens der konservativen Elemente im römischen Senat zu vermeiden, die mit wachsendem Unmut dem syrischen Weiberregiment zusahen. Eine gewisse Resonanz dieser Stimmungen läßt sich wohl in den Angaben der Alexandervita aufspüren, nach denen sich der Kaiser von dem auf ihm lastenden Syrertum lossagen wollte, indem er vorgab, ein echter Römer zu sein[35]. Sein Prinzipat ist freilich in der Forschung als der eines Herrschers dargestellt, der den Senat Roms in einem immer stärkeren Maß an der Regierung wieder teilnehmen ließ. So mußte auch Mamaea mit den stadtrömischen Realitäten bon gré mal gré rechnen. Man weiß nichts Sicheres von der Abstammung der Seia Orbiana zu sagen, doch ist in diesem Kontext die Vermutung kennzeichnend, daß ihr Urgroßvater Herennius Orbianus war, einer der römischen Arvalbrüder wohl aus der Zeit des Antoninus Pius, und ihr Großvater ein gewisser Herennius Nepos, der mit mehreren Senatoren der Rache des Septimius Severus zum Opfer fiel[36]. Das stimmte mit Mamaeas antiafrikanischem Kurs gut zusammen: der stadtrömische Ursprung der Orbiana sollte von Belang für die seit 225 von der älteren Augusta zugelassene römische „Nationalpolitik" des jungen Herrschers sein, wobei die Verwandtschaft seiner zweiten Frau mit einer vom „afrikanischen" Kaiser hingerichteten Persönlichkeit ausgezeichnet in die propagandistischen Manöver des neuen Regiments paßte. Im Zusammenhang damit kann man nun besser die auf Alexanders und Orbianas Münzen so betonte *Concordia Augustorum* verstehen, wie auch die auf einem Medaillon dargestellte Solidarität des jungen Ehepaares mit Mamaea, der *mater Augusti et castrorum et senatus atque patriae*, welche die Eintracht der regierenden Trias

---

[35] Vita Alex. 28, 7. Zu den im kaiserlichen Rom traditionellen antisyrischen Stimmungen, siehe A. N. SHERWIN-WHITE, Racial Prejudice in Imperial Rome, Cambridge 1970, S. 75 ff.

[36] Zum Arvalbruder Herennius Orbianus, siehe C. I. L. VI 2087, act. Arv.; P. I. R. H 81, vgl. S. 252; P. I. R.² H 114; zu Herennius Nepos, wohl eher Großvater als Urgroßvater der Seia Orbiana, Vita Severi 13, 7; P. I. R. H 80; P. I. R.² H 113. Auf eine provinziale Abstammung der Familie von Orbiana lassen unsere Quellen, und vornehmlich Inschriften, ihrem Inhalt nach nicht schließen.

festigte und die neue politische Übereinkunft in der zweiten Heirat
ihres Sohnes beschützte. Der ganz offizielle Charakter der Herrschaft
von Orbiana, die als *sanctissima Augusta* und *coniunx Augusti* gepriesen wurde, kommt in einer Inschrift aus Caesarea in Mauretanien zum
Ausdruck, die der Kaiserin von einer Einheit der equites singulares gewidmet worden ist[37].

Unser Versuch, in der zweiten Ehe des Severus Alexander mit Seia
Orbiana die Resonanz einer politischen Spaltung zu enthüllen, stößt
auf manche Schwierigkeiten, indem sich die Frage unbedingt aufwirft,
was mit Orbiana nach 227, während der noch achtjährigen Regierung
des Kaisers geschah. G. WALSER meint, ihre und ihres Vaters Sallustius
Macrinus Beseitigung hänge mit dem Sturz des Prätorianerpräfekten
Ulpian im Jahre 228 zusammen[38]. Nach W. ENSSLIN riskierte es Mamaea
nicht, das Experiment mit einer anderen politischen Ehe ihres Sohnes
nach dem Tode des Cäsars Seius (?) Salustius Macrinus zu wiederholen.
Somit sollte Alexander seitdem unverheiratet bleiben[39]. Dennoch, wenn
auch die in der Historia Augusta erwähnte Memmia eher als eine fiktive Gestalt zu betrachten ist, darf eine Möglichkeit der dritten Ehe des
noch immer jungen Herrschers nicht ganz ausgeschlossen werden, falls
etwa Orbiana eines natürlichen Todes gestorben ist. Auf jeden Fall
wurde dann unter Maximinus Thrax ihr Name mit dem des Severus
Alexander auf den meisten Steinen eradiert. Eins ist sicher: nach 227
wissen unsere Quellen nichts von ihr zu berichten, so daß es sich erübrigt,
hier darauf näher einzugehen.

Im Kontext der oben besprochenen Umstände muß dagegen eine afrikanische Inschrift erörtert werden, auf der Orbiana nicht mehr erscheint.
Es geht namentlich um die gut erhaltene Weihung des im Jahre 229
erbauten Tempels der *gens Septimia Aurelia* in Cuicul (Djemila) in Numidien, und zwar zu Ehren des Severus Alexander und seiner Mutter
Mamaea[40]. Die Namen und Titulaturen der Herrscher sind dann era-

---

[37] C. I. L. VIII 9355 (227); die Soldaten drücken ihre patriotische Haltung in der
üblichen Formel *devoti numini maiestatique eius* (der neuen Augusta).

[38] WALSER, a. O., S. 16.

[39] ENSSLIN, a. O., S. 63.

[40] A. Ep. 1913, 120 (229). Ich zitiere den ganzen, wenig bekannten Text: *Genti Septim[iae aur]eliae, pro sal[ute e]t aeternitate et victoriis d[omi]ni nostri [imp.]* |
*[ca]esaris, Divi M[agni anto]nini fili, divi Se[veri pii] nepotis, Divi Marci
[pronepotis], Divi A[ntoni]ni Pii abnep[otis], | Divi Traia[ni ad]nep[otis],
M. Aureli Seve[ri a]lexan[d]ri, Pii, Felicis Augusti, [trib. pot]est. VIII, cos.*

diert worden. Das in der üblichen Formel *pro salute* ... auftretende Votum *pro victoriis* hat gewöhnlich einen allgemeinen und euphemistischen Sinn, doch in Numidien mag es wohl gegen 229 auf die einige Jahre früher von dem Statthalter T. Licinius Hierocles unterdrückte mauretanische Empörung hindeuten[41]. Die Vermutung liegt nahe, daß die brutale Hinrichtung des um 224 von Alexander legal ernannten afrikanischen Cäsar eine offene Unzufriedenheit der romanisierten Stadtbevölkerung Nordafrikas provozieren und später indirekt zu einem Aufruhr der einheimischen Stämme Mauretaniens beitragen konnte, die immer nur allzu bereit waren, jegliche Schwierigkeit der römischen Herrschaft auszunutzen. Jedenfalls ist man berechtigt zu glauben, daß der Frieden in Afrika unter Severus Alexander kaum ungestört blieb, dies schon vor der *expeditio orientalis* des Jahres 230/231.

Betreffs der Inschrift von Cuicul hat R. CAGNAT feststellen können, daß es sich um das erste Zeugnis des wohl für Afrika spezifischen Kultes der *gens Septimia Aurelia* handelt[42]. Freilich mußte unter M. Aurelius Severus Alexander sein Gegenstand die *gens Septimia Aurelia* sein, doch reichen offenbar die Anfänge des Kultes auf den Gründer der Dynastie Septimius Severus zurück. Sein Ursprung ist allem Anschein nach in Lepcis Magna, der Heimat des Afrikaners zu suchen, deren Einwohner

---

[III et juliae avi]tae Ma[meae matris] | *Aug. n. et s[en]atus, c[ell]am republica C[uic]ulitanorum devota numini m[aiestat]ique eo[rum cum pronao sua pec. fecit?].* Nicht genannt auf dem Stein, scheint Orbiana damals entweder nicht mehr gelebt zu haben oder nicht mehr des Kaisers Frau gewesen zu sein.

[41] H. D'ESCURAC-DOISY, Un soulèvement en Maurétanie Césarienne sous Sévère Alexandre, (in:) Mélanges A. Piganiol, Paris 1966, S. 1191—1204 = A. Ep. 1966, 597. Die Inschrift wurde in der Gegend von Auzia aufgefunden. T. Licinius Hierocles ist als Präses der Mauretania Caesariensis im Jahre 227 belegt. Der Verfasserin nach bezieht sich das Dokument auf die Begebenheiten, die dem obigen Datum entweder vorausgingen oder ein wenig später vorkamen. Es handelte sich aller Wahrscheinlichkeit nach um einen gentilen Aufstand, der die seit der Mitte des 3. Jahrhunderts immer öfteren Revolten der mauretanischen Stämme gegen Rom ankündigte. Doch ist das die von Licinius Hierocles erstickte Empörung bezeichnende Wort *factio* bemerkenswert und ziemlich seltsam in bezug auf den Krieg mit den Barbaren. Es ist hervorzuheben, daß derselbe Begriff vom Verfasser der Alexandervita in seinem Bericht über die Verschwörung des vom Kaiser ernannten Cäsar, seines Schwiegervaters Macrianus, angewendet wurde (49, 4). Vielleicht war es üblich, verschiedene gegen die Zentralregierung gerichtete Ausfälle so zu nennen. Einige Jahre später erfolgten vermutlich die in derselben Quelle ein wenig weiter erwähnten Kämpfe in der Mauretania Tingitana (58, 1; gegen Ende der Regierung Alexanders?); siehe THOMASSON, a. O., S. 307, s. v. Furius Celsus.

[42] Siehe A. Ep. 1913, 120, den Kommentar von R. CAGNAT.

sich zu seinen Lebzeiten und nachher als *Lepcitani Septimiani* bezeichneten[43]. Höchstwahrscheinlich war ein das *Forum Novum Severianum*
der Stadt beherrschender Tempel italischen Typs, dessen erhabenes Podium auf dem Platz entblößt wurde, eben der *gens Septimia* gewidmet,
die in der Person des Kaisers eine allgemeine staatliche Bedeutung gewann[44]. Nach Septimius' Tode verbreitete sich der ohne Zweifel offizielle Kult intensiv in ganz Afrika, was am Beispiel der numidischen
Kolonie Cuicul epigraphisch bezeugt wurde[45].

Es sei erlaubt, im afrikanischen Kaiserkult der *gens Septimia* und
in zwei ihm gewidmeten Tempeln in Lepcis und Cuicul die provinzialen Belege einer besonderen Anhänglichkeit der Afrikaner für ihre eigene
dynastische Tradition zu sehen, die in markanter religionspolitischer
Form hervortrat. Es fügt sich in unsere Hypothese gut ein, daß dies
damals betont wurde, als die von Mamaea gegen die Afrikanerin
geförderte Seia Orbiana Augusta ihrerseits von der politischen Bühne
verschwand. Man weiß gar nicht, ob sie um 229 noch lebte; auf jeden
Fall folgte ihr Name im Text von Cuicul denen des Alexander und der
Mamaea nicht mehr. In Cuicul und anderswo symbolisierten wohl die
Tempel der ursprünglich afrikanischen Kaiserfamilie ein gewisses Selbstbewußtsein der Provinzialen, die sich unter Severus Alexander ihres
eigenen, wenn auch ephemeren Cäsars rühmen konnten. Die Zeit war
schon nahe, daß die Bewohner von Africa Proconsularis ihren Prokonsul
M.Antonius Gordianus zum Augustus im verhängnisvollen Jahre 238
proklamieren sollten.

[43] I. R. T. 393, 410, 415 und passim (Indices, S. 262).
[44] Dazu M. Floriani Squarciapino, Leptis Magna, Basel 1966, S. 97 ff. (mit der Rekonstruktion des Tempels, S. 100).
[45] Zu den gut erhaltenen Ruinen des Tempels selbst siehe P. -A. Février, Djemila,
     Alger 1958, S. 53 ff. mit Photographien. Die Anfänge dieser Form des Kultes der
     kaiserlichen *gentes* greifen in Afrika auf die julisch-klaudische Epoche zurück. Der
     noch im bedeutenden Maß privaten Initiative verdankte z. B. der in Karthago
     belegte Kult der *gens Augusta* seine Entstehung, berühmt durch die bekannte Dedikation des von seinem ersten *sacerdos* P. Perelius Hedulus wohl um 20 vor u. Z.
     erbauten Tempels und durch den zum Tempel gehörigen Marmoraltar, der heute im
     Bardomuseum zu Tunis ausgestellt ist; siehe I. L. Af. 353 und L. Poinssot, L'autel
     de la Gens Augusta à Carthage, Tunis 1929 (Notes et Documents, X); vgl.
     G. Charles-Picard, Les religions de l'Afrique antique, Paris 1954, S. 173 f. Doch
     während die kaiserliche Religion mit der Zeit immer mehr an Boden gewann,
     nahmen auch in Afrika die lokalen Kulte der einzelnen Kaiserfamilien einen ganz
     offiziellen staatlichen Charakter an. Das betraf u. a. auch den genannten Kult der
     gens Septimia, wenn er auch immer eine für Afrika typische religionspolitische Erscheinung geblieben ist.

Bei dem hier vorgelegten Versuch, hinter den Kulissen der dynastischen Konflikte der Severerepoche einen realen historischen Hintergrund und politische Handlungsmotive der Herrscher auszuforschen, bin ich mir aller Ungewißheit der oben formulierten hypothetischen Schlüsse vollkommen bewußt, die sich auf eine außerordentlich verwickelte Quellentradition gründen. Es scheint jedoch möglich, hinter den von den antiken Autoren in den Vordergrund geschobenen rein persönlichen Motivationen der Julia Mamaea wie ihrer Gegner einen mehr objektiven Grund der geschichtlichen Vorkommnisse auszumachen. Auf diesem Feld bleibt in der Historia-Augusta-Forschung noch manches zu leisten.

SHA Alex. Sev. 48,1 et la *cura rei publicae*

par Jean Béranger, Lausanne

Le chapitre 48 de la Vie de Sévère Alexandre contient le récit connu dont, pour mémoire, nous retraçons les grandes lignes : un certain *Ovinius Camillus,* d'une ancienne famille sénatoriale, tramait une révolte, visant à la « tyrannie ». Ainsi la langue partisane stigmatisait toute tentative d'« usurpation »[1]. A cette nouvelle et à ses preuves, Sévère Alexandre manda l'homme au Palais, le remercia de bien vouloir assumer spontanément les responsabilités imposées aux bonnes natures malgré elles. Il se rendit au Sénat, appela *Ovinius Camillus* à participer au pouvoir, le reçut au Palais, l'invita à un festin, le revêtit d'insignes impériaux encore plus beaux que les siens habituels. Justement une incursion des Barbares était annoncée. Il invita *Camillus* à l'accompagner en campagne. Il allait à pied, exhortant son collègue frais émoulu à partager ses fatigues. Comme celui-ci faiblissait, Sévère Alexandre le fit monter à cheval au bout de cinq milles. Puis, après deux étapes. *Camillus* montrant des signes de lassitude, il le mit sur un char. *Camillus* regimbait toujours, soit crainte, soit sincérité ; il alla jusqu'à abdiquer, prêt à mourir. Sévère Alexandre le renvoya en le recommandant à ses soldats, et lui ordonna de regagner sain et sauf ses terres.

---

[1] *T y r a n n i s :* usurpation (subjectif) : Aur. Vict. Caes. 33, 24 (sur le sens abusif du terme) ; 40, 23 (Maxence). Ps. Aur. Vict. epit. 16, 11 (Avidius Cassius) ; 46, 4 (Procope) ; 47, 7 (Maxime). SHA, exemples : (Spart.) Hadr. 4, 3 (Palma et Celsus) ; Geta 6, 8 (Helvius) ; (Iul. Cap.) Ant. P. 7, 4 (Atilius Titianus) ; Gord. 13, 7 (Maximin) ; (Lampr.) Diad. 8, 5 ; (Vulc. Gall.) Avid Cass. 1, 5 ; 2, 5.

L'historiette a un but édifiant : illustrer d'un exemple la clémence de Sévère Alexandre, souverain idéal et modèle d'une vertu impériale. Le caractère artificiel de cette pièce est évident et l'écrivain ne s'est pas donné trop de mal pour en dissimuler l'inauthenticité. Il se trahit assez vite. Déjà la relative : « le récit que j'ai composé »[2] avoue ingénument une contribution qui dépasse les limites d'un simple rapport. L'auteur a ajouté son grain de sel. Il alerte lui-même le lecteur : il déclare que l'anecdote pouvait, selon une opinion répandue, concerner Trajan ; mais ses recherches dans les biographies de ce prince ne l'ont conduit à rien. Or les sources prétendument consultées ont au moins trois noms fantaisistes. Jörg SCHLUMBERGER, qui a étudié ce passage[3] avec beaucoup de flair et d'ingéniosité, a établi très vraisemblablement que, derrière des noms allégués, *Fabius Marcellinus*, *Aurelius Verus* et *Statius Valens*, se cachaient les noms d'Ammien Marcellin, d'Aurelius Victor et d'Eutrope qui a dédié son Breviarium à Valens (les deux sont des *Flavii* !).

De fait, nous ne connaissons la conjuration d'*Ovinius Camillus*, qui voulait renverser Sévère Alexandre, que par ce texte suspect de l'Histoire Auguste[4]. Cet épisode pourrait bien être imaginaire. L'on s'est demandé d'abord d'où provenait le nom du « héros », *Ovinius Camillus*. CASAUBON, SAUMAISE et GRUYTER, les commentateurs de base[5], sont muets. D. MAGIE[6], les éditeurs de la traduction d'Ernst HOHL[7] déclarent le personnage par ailleurs inconnu, ou même fictif. Les prosopographies, sceptiques, se bornent à reproduire les donnés tirées du texte[8]. M. BES-

---

[2] 48, 6 : *scio vulgum hanc rem, quam contexui, Traiani putare.*

[3] J. SCHLUMBERGER, Die Epitome de Caesaribus. Untersuchungen zur heidnischen Geschichtsschreibung des 4. Jahrhunderts n. Chr. (Vestigia 18), München, 1974, p. 130.

[4] Ch. LÉCRIVAIN, Etudes sur l'Histoire Auguste, Paris 1904, p. 224. A. JARDÉ, Etudes critiques sur la vie et le règne de Sévère Alexandre, Paris, 1925, p. 103.

[5] Historiae Augustae Scriptores VI . . . cum integris Notis Isaaci Casauboni, Cl. Salmasii & Jani Gruteri, Lugduni Batav. Ex officina Hackiana, A° MDCLXXI, I p. 1000.

[6] The Scriptores Historiae Augustae (The Loeb Classical Library) II (1960) p. 274 n. 1.

[7] Historia Augusta, Römische Herrschergestalten, Bd. I, Von Hadrianus bis Alexander Severus, Eingeleitet und übersetzt von Ernst HOHL, bearbeitet und erläutert von Elke MERTEN und Alfons RÖSGER, mit einem Vorwort von Johannes STRAUB, Zürich - München, 1976, p. 519 n. 274. — K. HÖNN, Quellenuntersuchungen zu den Viten des Heliogabalus und des Severus Alexander im Corpus der Scriptores historiae Augustae, Leipzig - Berlin, 1911, p. 153 ; 233 ; 243.

[8] PIR II (1897), 442 n° 122 [DESSAU]. RE XVIII 2 (1942) 1994 « *Ovinius* » n° 4 [GROAG].

NIER[9] admet sans réticence la conjuration comme un événement historique et ne discute pas l'authenticité d'*Ovinius*, prétendant au trône. Il
faut se représenter l'auteur de la Vita en quête d'un nom pour le personnage dont il crée le rôle. Là aussi, l'Histoire Auguste a ses tours
familiers : elle jongle avec les noms, les emploie insoucieuse à toute
fin[10]. Certes, elle ne saurait inventer ex nihilo. De plus, elle doit observer une vraisemblance psychologique, donner les apparences de la réalité.

L'auteur n'a pas choisi le nom du rival de Sévère Alexandre au hasard. Le nom propre latin a un sens, si même il n'est pas un nom commun spécialisé. Malgré l'effacement de ses origines par sa fonction
dans le vocabulaire, il conserve, voire il régénère à chaque changement
d'application individuelle son pouvoir d'évocation. Il reflète des sentiments. Chercher ce que suggère son emploi est légitime. De qui l'écrivain
s'est-il inspiré pour appeler son personnage ? Le laisse-t-il deviner ? Il
n'était pas difficile de lui donner le *cognomen* de l'antique famille des
Furii à laquelle appartenait le célèbre Camille, *Marcus Furius Camillus*[11].
La gloire du nom ne rejaillissait pas nécessairement sur tous les Camil-
les et ne protégeait pas la *gens* des accidents fâcheux. A. von Domaszewski[12] rapproche d'*Ovinius Camillus* le promoteur d'une guerre civile sous
Claude[13], *Furius Camillus Scribonianus,* gouverneur de Dalmatie vers
40—42. Son prénom aurait inspiré le biographe de Sévère Alexandre (ce
rebelle s'appelait exactement *L. Arruntius Camillus Scribonianus*)[14].

Et » *Ovinius* «? Le nom est peu fréquent. La Realencyclopädie XVIII 2
(1942) 1994—1996 dresse une liste d'une dizaine d'*Ovinii* dont, à la
perspective de l'Histoire Auguste, un ou deux entrent en considération.

---

[9] L'Empire romain de l'avènement des Sévères au concile de Nicée (Histoire romaine,
IV, Coll. Glotz), Paris, 1937, p. 96.

[10] A. Chastagnol, Recherches sur l'Histoire Auguste (Antiquitas IV 6), Bonn, 1970,
p. 35—37.

[11] E. Kornemann, Römische Geschichte, Stuttgart, I[7] (1977) p. 98 s. ; 426. A. Heuss,
Römische Geschichte[4], Braunschweig 1976, p. 14. J. Vogt, Die römische Republik[6],
Freiburg - München 1973, p. 79 ; 84. M. Meslin, L'homme romain des origines au
1er siècle de notre ère, Paris 1978, p. 101—104.

[12] Die Personennamen bei den Scriptores historiae Augustae, SHAW 1918, 13. Abh.,
p. 18.

[13] Suet. Claud. 13, 2 : *bellum civile movit Furius Camillus Scribonianus Delmatiae
legatus.*

[14] Consul en 32 : A. Degrassi, I Fasti consolari dell'Impero romano, p. 10. Gouverneur de Dalmatie : J.-J. Wilkes, Dalmatia, London 1969, p. 83 ; 102 ; 320 ; 429 ;
443.

DOMASZEWSKI a retenu le nom de Q. *Ovinius*, sénateur, partisan d'Antoi-
ne, exécuté en 30 av. J.-C., sur l'ordre d'Octavien, parce qu'il s'était
compromis au service de Cléopâtre, dirigeant les ateliers de textiles
égyptiens[15]. Il établit un rapport d'analogie entre le *delicatissimus* du
texte de la Vita et la conduite scandaleuse du sénateur romain à Alexandrie. A notre avis, *delicatissimus* qualifie l'adversaire lamentable de
Sévère Alexandre, indépendamment d'une source. L'épithète d'efféminé
amorce le contraste entre l'empereur endurant les fatigues de sa tâche
et l'homme de plaisir, vulgaire ambitieux, incapable de la moindre
résistance, et vite décontenancé. Pour DOMASZEWSKI, soit » *Camillus* «,
soit » *Ovinius* « annoncent le » tyran «. C'est faire trop d'honneur
à une homonymie superficielle et, en soi, sans conséquence.

R. SYME[16] propose un *Ovinius Gallicanus*, consul en 317, dont le nom
aurait suggéré celui d'*Ovinius Camillus*, présent à l'esprit de l'écrivain.
C'est possible.

Il nous paraît devoir chercher moins loin, tenant compte des méthodes,
des habitudes, voire des manies de l'Histoire Auguste : érudition, attachement au mot, départ de développements farfelus. Or comment
l'auteur pouvait-il le plus aisément réaliser la recherche du nom évoca-
teur ? Par les moyens d'alors, en faisant appel aux connaissances
générales, en recourant à la théorie, en procédant à une onomastique
rudimentaire. Au bagage du lettré appartenait l'œuvre de Varron qui,
dans ses Res rusticae, montre l'importance de l'agriculture, la place
qu'y tiennent les animaux de l'appellation desquels dérive tout un
vocabulaire, des noms d'hommes compris. Dans l'énumération des
cognomina cités, descendant du nom d'un animal, *Porcius, Caprilius,
Equitius, Taurius*, se trouve *Ovinius*[17]. Que le surnom soit devenu un
nom, ou vice versa, pas de surprise. L'étymologie est » la science de la

---

[15] Oros. 6, 19, 20 : *occisi sunt . . . et Q. Ovinius ob eam maxime notam, quod ob-
scenissime lanificio textrinoque reginae senator populi Romani praeesse non eru-
buerat*. DOMASZEWSKI, op. cit., p. 18. RE XVIII 2 (1942) 1994 « *Ovinius* » n° 2
[F. MÜNZER].

[16] Emperors and Biography, Studies in the Historia Augusta, Oxford 1971, p. 96—97 ;
277. — DEGRASSI, I Fasti . . . p. 79.

[17] Varro, r. r. 2, 1, 9—10 ; 10 : *et quod nomina multa habemus ab utroque pecore, a
maiore et a minore ? A minore, Porcius, Ovinius, Caprilius : sic a maiore Equitius,
Taurius . . . cognomina adsignificari, quod dicuntur ut Annii Caprae, Statilii Tauri,
Pomponii Vituli : sic a pecudibus multi*.
RE XVIII 2 (1942) 1994 [F. MÜNZER].

filiation des mots, c'est-à-dire, selon la conception des anciens, la recherche de leur sens propre «[18]. On n'exclura pas dans le tréfonds d'un nom ou d'un surnom la persistance vivace d'un sens ou d'un sentiment originel, le sens affectif[19].

L'appellation du prétendant qui voulait renverser Sévère Alexandre résulte, chez le biographe-romancier, de la contamination de deux noms, empruntés au vocabulaire que la culture courante mettait à portée. C'est beaucoup s'attarder, estimera-t-on, à un personnage imaginaire, irréel, créé de toutes pièces. Mais, comme dans un apologue, il représente un trait de caractère. Plus, il est antithèse et, par contraste, il éclaire la figure de Sévère Alexandre. Il sert à illustrer une vérité, la clémence — non nommée — de l'empereur idéal. Peu importe l'identité. L'essentiel était d'animer la scène, démonstration d'une éthique du pouvoir. L'évocation nonchalante de Trajan que l'auteur feint de concéder par acquis de conscience, apparemment inutile, contribue à idéaliser Sévère Alexandre. Certes, les sources du règne de Trajan ne contiennent nulle trace d'un pareil épisode qui, du reste, s'accorderait parfaitement avec la réputation de cet empereur. Malgré l'inconsistance de l'affabulation, Trajan est l'*optimus princeps* type, un modèle, et Sévère Alexandre ne peut que gagner à un rapprochement. L'idée domine la réalité matérielle.

La démonstration conduit à une vérité abstraite que dégage un portrait en action. Le raisonnement est juste, les détails sont suspects, sinon faux, sauf un, celui qui maintenant requiert notre attention. La locution par laquelle est désigné le pouvoir impérial même que l'usurpateur convoite, où il se pose en prétendant, est *cura rei publicae,* alléguée au cours du texte. Ici, nous avons le pied ferme : le phénomène est romain, bien attesté. Sa naissance, son développement, ses effets sont connus et ont été étudiés. Il semble qu'ill ne cèle plus aucun mystère et qu'il n'y a pas lieu d'y revenir. D'un côté et de l'autre, usurpateur et souverain légitime, il s'agit du trône : aucun doute. Ce n'est pas ce que signifie littéralement *cura rei publicae.* L'on rétorquera que les deux composants de l'expression ont perdu leur sens particulier, qu'ils constituent, au total, une unité à valeur nouvelle. Nous avons alors une métaphore signifiant en raccourci le pouvoir impérial. C'est la question ! Etant donné la *cura* d'une part, son complément *rei publicae* de l'autre, il n'est

---

[18] J. Marouzeau, Lexique de la terminologie linguistique[3], Paris 1951, p. 90.
[19] Cf. M. Meslin, L'homme romain, p. 219—225.

pas inutile de s'arrêter à cet endroit de l'Histoire Auguste où le jeu des oppositions favorise l'analyse. Oui, sommairement, la *cura rei publicae* désigne le pouvoir impérial. Mais l'Histoire Auguste considère-t-elle l'expression comme une métaphore, substitut du mot propre — et lequel ? — pour rendre une notion nouvelle ou nuancée, maintient-elle le sens propre concret usuel ? La conception globale du pouvoir impérial aurait-elle neutralisé l'individualité des éléments ?

La *cura rei publicae* est le prolongement d'un domaine qui nous est familier, les *curae* publiques. Récemment un savant italien a publié sur ce sujet un livre excellent[20], aux grandes lignes duquel nous nous rallions d'autant plus volontiers que les résultats de nos recherches antérieures[21] concordent.

Avec la multiplication des tâches administratives qu'entraînait le développement de Rome et de son empire, les organes ordinaires de la Cité-Etat ne suffisaient plus à assurer la gestion des affaires publiques. Pour ne point toucher à l'ordre établi, pour répondre aux besoins grandissants ou nouveaux, on détacha du service des magistrats certaines compétences qui furent attribuées à des commissaires spéciaux, plusieurs, un au déclin de la République, annuels, puis au-delà, leur » confiant «, sous le nom de *cura* (ou l'équivalent périphrastique dans lequel entrent le verbe *curare*, le titre de *curator*), une tâche à remplir dans l'intérêt général[22]. Elle passa aux édiles[23], puis, en temps difficiles, à 'des commissaires spéciaux ; finalement à un seul personnage. Pompée, en vertu de la *Lex Cornelia Caecilia* (57 av. J.-C.) reçut une *cura annonae*[24] ; les *curae ludorum, viarum,* de la même manière. Avec l'Empire le nombre des *curae* s'accrut et tendit à se stabiliser. Après avoir donné l'exemple en se chargeant, en 22 av. J.-C., de la *cura annonae,* Auguste

[20] A. PALMA, Le « *curae* » pubbliche. Studi sulle strutture amministrative romane (Pubblicazioni della Facoltà Giuridica dell'Università di Napoli, 184), Napoli 1980.

[21] J. BÉRANGER, Recherches sur l'aspect idéologique du principat (Schweizerische Beiträge zur Altertumswissenschaft, 6), Basel 1953, p. 199—217.

[22] Sur « *cura* », v. DAREMBERG & SAGLIO, Dictionnaire des antiquités grecques et romaines, I 2 (C) (1887) 1611 [H. THÉDENAT] ; RE IV (1901) 1761—1771 [KORNEMANN] ; MOMMSEN, StR II³ p. 613—614 = Droit public romain IV p. 323—324, et les *curae* particulières.

[23] J. GAUDEMET, Institutions de l'Antiquité, Paris 1967, p. 348.

[24] G. ROTONDI, Leges publicae populi Romani, p. 402 ; RE IV (1901) 1763 ; 1768. KORNEMANN, citant Cic. Att. 4, 1, 7 (mi-septembre 57), remarque que Pompée reçut « la plénitude de la puissance », sous la forme d'une *cura annonae*, conjointement avec « *l'imperium proconsulare infinitum* ». Le texte de Cicéron ne contient pas le mot *infinitum* ! v. J. BÉRANGER, Principatus, Genève 1973, p. 97—106.

trouva avec les *curae* confiées à ses proches, à ses fidèles, à ceux qu'il voulait se concilier, un moyen génial de » participation «. Il assuma la *cura viarum* en 20, la *cura aquarum* en 11, ensuite la *cura aedium sacrarum et operum publicorum*. Payant de sa personne, il ennoblissait la corvée de la cité, la rendait honorifique et le meilleur garant d'une saine popularité. » Afin qu'un plus grand nombre de personnes, écrit Suétone[25], participent à l'administration de l'Etat, il imagina de nouvelles charges : l'intendance (*cura*) des travaux publics, des routes, des aqueducs, du lit du Tibre, de la répartition du blé au peuple, la préfecture de la Ville … «

Auguste, peut-on dire, a » institutionnalisé « les *curae*[26] qui devinrent des fonctions publiques et dont les titulaires sont des *curatores*. Avantages : elles étaient le prolongement et la multiplication des *curae* de la République. Le passage d'un régime à l'autre n'offrait aucun contraste, si bien que la marche en avant se confondait avec un retour à l'ancien état de choses. Auguste, ainsi, parlait sans hypocrisie de » république restaurée «. Cette politique administrative par délégation de compétences se poursuivit pendant tout l'Empire, et réussit, adaptée aux conditions du monde antique. Mais, si les *curae*, à l'expérience, ont pris un caractère technique, elles ne sont pas devenues un terme banal de droit public[27]. Indépendamment des circonlocutions et des équivalences grâce au verbe *curare* et aux synonymes (*sollicitudo, providentia* ; grec : φροντίς, ἐπιμέλεια, πρόνοια), jamais l'expression ne perdit son sens fondamental étymologique[28]. Le » souci « marque le Romain. Le bon citoyen (Cicéron) consacre » toutes ses veilles, tous ses soins, toutes ses pensées à l'Etat «[29]. De là émane une éthique du pouvoir qui s'étend sur tout l'Empire, pénètre la pensée et la langue[29 bis] : A la longue, les

---

[25] Suet. Aug. 37. Trad. P. GRIMAL, Suétone, Vies des 12 Césars, Paris 1973, p. 106.

[26] A. PALMA, Le « *curae* » pubbliche, p. 172 ; 180.

[27] J. BÉRANGER, Recherches … p. 193 ; A. PALMA, p. 85.

[28] J. BÉRANGER, Recherches … p. 193 ; A. PALMA, p. 137 ; 161.

[29] Cic. off. 2, 2 ; cf. Phil. 14, 13. J. BÉRANGER, Recherches … p. 193—194.

[29bis] Le souverain idéal, Dion de Pruse, or. 3, 55, consacre tous ses « soucis » à l'humanité : G. ALFÖLDY, Die Rolle des Einzelnen in der Gesellschaft des Römischen Kaiserreiches, Erwartungen und Wertmaßstäbe, SHAW 1980, 8. Abh., p. 40—41. — Il va sans dire que la *cura rei publicae*, langue politique, ne se confond pas avec la *cura rei publicae* de la langue administrative, et qui désigne la fonction des *curatores rei publicae*, les contrôleurs des finances municipales, attestés à partir de Trajan : MOMMSEN, StR II³ p. 1082—1084 ; RE IV 1806—1811 [KORNEMANN] ; F. DE MARTINO, Storia della costituzione romana, Napoli, IV (1965) p. 619—621 =

sentiments, les idées cristallisent. Il se dégage une formule, *cura rei publicae*, qui nous occupe. Elle n'apparaît pas immédiatement et n'importe où. Le condensé d'éléments distincts correspond-il à une conception ou à un ordre nouveaux ? ou n'est-il que la fixation de l'état ancien stéréotypé dont la nature se détache mieux de son entourage ? Pour répondre, essayons de suivre en pointillé la ligne directrice qui, de l'établissement du Principat, conduit à l'Histoire Auguste et de situer au moins une base de son départ.

La formule *cura rei publicae,* dans le vocabulaire politique, n'a pas atteint d'un coup l'aspect d'une expression technique. Elle montre de la diversité et de la souplesse. Ses composants ont gardé un certain jeu de placement avant la stabilité de la combinaison. C'est ainsi que les textes présentent *rei publicae cura* et *cura rei publicae.* Le juriste Pomponius que cite le Digeste 1, 2, 2, 2 commentait que Romulus avait réparti le peuple romain en trente divisions, les » curies «, parce qu'il administrait l'Etat (évidemment explication par une étymologie fantaisiste) sur leurs préavis, *quod tunc rei publicae curam per sententias partium earum expediebat.* Pomponius écrivait au IIe siècle, à l'époque d'Hadrien[30]. Il parle la langue de son temps, et les rédacteurs du Digeste doivent l'avoir respectée.

Tacite, jugeant Auguste avec hargne, remarque qu'il ne choisit pas Tibère comme successeur par affection ou par » souci de l'Etat «, *rei publicae cura*[31], mais pour bénéficier d'une comparaison à son avantage. Plus équitable dans les Histoires qui n'étaient pas encore assombries du pessimisme des *Annales*, il attribue à Galba de la grandeur d'âme : » Je crois que le souci du bien public pénétra l'esprit du prince : l'Etat eût inutilement passé en d'autres mains que celles de Néron, si on l'abandonnait à un Othon «[32] : *credo* (opinion de Tacite) *et rei publicae curam ...*

IV² (1975) p. 694—696 ; W. LANGHAMMER, Die rechtliche und soziale Stellung der *Magistratus Municipale*s und der *Decuriones* in der Übergangsphase der Städte von sich selbstverwaltenden Gemeinden zu Vollzugsorganen des spätantiken Zwangsstaates (2.—4. Jahrhundert der römischen Kaiserzeit), Wiesbaden 1973, p. 162 ; 172 ; W. ECK, Die staatliche Organisation Italiens in der hohen Kaiserzeit (Vestigia 28), München 1979, p. 190—228 ; passim ; T. PEKÁRY, ANRW II 7, 2 (1980) p. 630.

[30] W. KUNKEL, Herkunft und soziale Stellung der römischen Juristen², Graz - Wien - Köln 1967, p. 170—171.

[31] Ann. 1, 10, 7.

[32] Hist. 1, 13, 2 : *credo et rei publicae curam subisse, frustra a Nerone translatae, si apud Othonem relinqueretur.* Trad. H. GOELZER, Paris. Sur *credo* : H. HEUBNER, P. Cornelius Tacitus, Die Historien, Kommentar, Heidelberg, I (1963) p. 44—45.

Prenons de l'avance et citons un texte de la fin du IIIe siècle, extrait du Panégyrique de Mamertin en l'honneur de Maximien, de 289, prononcé devant le co-empereur, composé par un styliste, à la terminologie sûre. L'orateur rappelle les services que Maximien a rendus, après avoir assumé sa part de l'empire : il s'agissait de se charger du » soin « d'un Etat considérable, *tantae rei publicae curam . . . suscipere*[33].

Parallèlement, dans le même ordre d'idée et dans le même ordre des termes, complément — complété, » les charges de l'empire «[34], *imperii curas ; patriae curam* (Titus au pouvoir, » prenant soin de la patrie «)[35], les *vigintiviri rei publicae curandae,* la commission de vingt membres nommés par le Sénat, en 238, pour défendre l'Italie contre Maximien[36].

Le complément précède. L'ordre inverse existe : *cura rei publicae* (ou équivalent). Galba tué, le découragement règne à Rome. L'idée que l'empire risquait d'échoir à un Othon ou à un Vitellius plongea dans la tristesse le Sénat et les chevaliers qui prenaient quelque intérêt aux affaires publiques : *quis aliqua pars et cura rei publicae*[37]. Auguste initia tout jeunes aux affaires de l'Etat ses petits-fils, Gaius et Lucius César : *ad curam rei publicae admovit*[38]. Il rappela Tibère de Rhodes, » mais à la condition qu'il n'eût aucune part au gouvernement et n'exerçât aucune fonction «, *sub condicione ne quam partem curamve rei publicae attingeret*[39].

La forme sous laquelle Aurelius Victor exprime l'abdication de Dioclétien, mérite qu'on s'y arrête : » . . . après avoir célébré le vingtième anniversaire de son avènement, encore dans la force de l'âge, il déposa

---

[33] Pan. Lat. 2 (GALLETIER) 3, 3. W. SESTON, Dioclétien et la Tétrarchie (Bibliothèque des Ecoles Françaises d'Athènes et de Rome, 162), Paris 1946, p. 29—31 ; 62.

[34] Tac. ann. 16, 8, 1. Trad P. WUILLEUMIER, Paris 1978.

[35] Ps. Aur. Vict., epit. 10, 3 : *hic* (Titus) *ubi patriae curam suscepit.*

[36] DESSAU ILS 1186 : la commission de vingt membres nommée par le Sénat, en 238, pour défendre l'Italie contre Maximin. SHA Max. et Balb. 12, 4. MOMMSEN, StR II³ p. 708 = D. p. IV p. 432 ; A. THÉODORIDÈS, Les XXviri consulaires ex s. c. rei publicae curandae en 238 de notre ère, Latomus 6 (1947) p. 31—43 ; P. PETIT, Histoire générale de l'Empire romain, Paris 1974, p. 447 ; S. RODA, Magistrature senatorie minori nel Tardo Impero romano, SDHI 43 (1977) p. 31 ; A. PALMA, op. cit., p. 207. W. SEYFARTH, Römische Geschichte, Kaiserzeit 1³, Berlin 1980, p. 278 ; K. DIETZ, Senatus contra principem (Vestigia 29) München 1980, p. 7 ; index p. 421.

[37] Tac. hist. 1, 50, 1.

[38] Suet. Aug. 64, 1.

[39] Suet. Tib. 13, 2. Trad. P. GRIMAL.

la charge de l'Etat . . . «, *curam rei publicae abiecit*[40]. Contrairement aux apparences, nous avons ici la désignation objective du pouvoir impérial, et non l'opinion personnelle du sujet parlant, émotive ou tendancieuse. Ce n'est pas Dioclétien qui parle. L'auteur des Césars appelle les choses par leurs noms. *Cura rei publicae* désigne presque techniquement le pouvoir impérial.

A la recherche de la valeur de l'expression, il ne faut négliger aucun indice. Y a-t-il nuance entre *rei publicae cura* et *cura rei publicae* ? C'est poser le problème délicat de l'ordre des mots en latin. Nous nous interdisons de tirer des conclusions qui dépassent des prémisses mal assurées. Le scepticisme cependant ne dispense pas de l'observation, même ingrate. La prudence dans la déduction est de rigueur. Il convient d'éviter de pseudo-règles, de tenir compte des interférences du style. L'ordre des mots en latin est très rarement obligatoire[41]. Il est libre, mais non indifférent[42]. Cela importe : la langue politique est faite de nuances, souvent ignorées, parfois imperceptibles aux modernes. En ce qui nous concerne maintenant, le génitif attributif, complément déterminatif du nom, suit généralement le nom qu'il complète ; il précède, quand s'ajoute accentuation, ou insistance[43]. Autrement dit, dans l'ordre complété-complément, *cura rei publicae*, la détermination précise sans plus ; l'opération mentale n'excède pas l'intellect. Dans l'ordre inverse, complément-complété, il y a débordement : avec l'accentuation, l'insistance intervient, l'appréciation, le sentiment. L'opération n'est plus purement intellectuelle. Elle est affective. Le sens propre du mot s'estompe, plus malaisé à rétablir. Dans l'expression *rei publicae cura* où *res publica* est placée en vedette, le sentiment domine.

Ce sont certes présomptions, mais non sans fondement. Elles ne sauraient être écartées d'emblée, parce que reposant sur des impressions plutôt que sur des faits contrôlables. Ce qu'il y a de sûr c'est que *cura rei*

---

[40] Aur. Vict. Caes. 39, 48. Trad. P. Dufraigne, Paris. Le texte de Dufraigne *curam rei publicae obiecit* est fautif. Cf. Amm. 14, 11, 1 (de Constance II): *curarum abiectis ponderibus aliis . . .*, et surtout Suet. Tib. 41, 1 (Tibère retiré à Capri) : *rei p. quidem curam . . . abiecit . . .*

[41] J. Marouzeau, L'ordre des mots en latin, Volume complémentaire (Coll. d'études latines, Série Pédagogique, 6), Paris 1953, p. 111.

[42] Id. L'ordre des mots dans la phrase latine, t. III Les articulations de l'énoncé (Coll. d'études latines, Série Scientifique, 24), ibid. 1949, p. 191.

[43] H. Menge, Repetitorium der lateinischen Syntax und Stilistik[14], München 1965, p. 358 § 536, 6.

publicae ne compose pas une formule stéréotypée comme *cura annonae, cura viarum, cura operum publicorum* qui répondent à des institutions concrètes. Les deux termes gardent leur autonomie, s'adjoignent, l'un devant l'autre, ou inversés, selon les nuances de la pensée. Leur signification est celle des mots séparés, mais elle peut les dépasser. L'expression a de la souplesse. Elle accompagne les modifications de la pensée et du sentiment. Quant à saisir les réalités à travers elle, l'opération présente des difficultés. Tel est le latin, langue imagée : le mot propre devient métaphore ; la métaphore devient mot propre, et le rebondissement se poursuit dans tous les sens, au dam de l'exégèse et de l'histoire.

Eutrope[44] écrivait en 369—371, à l'époque de Valens. Il applique aux trois divisions de l'histoire de Rome, Royauté, République, Empire, une terminologie identique. La terminologie de la Royauté et de la République est calquée sur celle de l'Empire : Servius Tullius » se chargea du pouvoir «, *suscepit imperium* (1, 7) ; Tarquin le Superbe le perdit, *perdidit imperium* (1, 8, 1). En revanche, la République et l'Empire sont gratifiés de celle de la Royauté : Auguste et César » régnèrent sous le nom et avec les honneurs de la dictature «, *cum Augustus ... Octavianus ... et ante eum Caius Caesar sub dictaturae nomine atque honore regnaverint* (1, 12, 2). C'est un beau pêle-mêle !

Formellement la *cura rei publicae* est absente de l'œuvre d'Eutrope. Formellement ..., car elle y est latente, exprimée diversement, manifestation d'une idée banale. L'impropriété de la terminologie altère les nuances, non le fond du tableau.

L'Epitome de Caesaribus a paru en 395. Elle ne contient pas de mention expresse de la *cura rei publicae*. Le chapitre sur Sévère Alexandre, modérément élogieux[45], n'idéalise pas ce prince. L'abdication de Dioclétien n'est pas la délivrance du poids de la *cura rei publicae,* mais le désistement volontaire, officiel qu'illustre la déposition des faisceaux impériaux[46]. L'idée d'un » souci « général de l'empereur attentif aux

---

[44] R. von HAEHLING, Die Religionszugehörigkeit der hohen Amtsträger des Römischen Reiches seit Constantin I. Alleinherrschaft bis zum Ende der Theodosianischen Dynastie (Antiquitas III 23), Bonn 1978, p. 211—232.

[45] Ps. Aur. Vict., epit. 24, 1 : *Hic bonus rei publicae, fuit aerumnosus ⟨sibi⟩.*

[46] 39, 5 : *Diocletianus vero apud Nicomediam sponte imperiales fasces relinquens in propriis agris consenuit.* Cf. Aur. Vict. Caes. 39, 48 : *. . . curam rei publicae abiecit.*

» soucis « particuliers (régularité de l'annone) est aussi sous-jacente[47]. A la mort de Constance II, Julien règne sur l'empire réunifié. L'expression mérite qu'on s'y arrête : *redacta ad unum se orbis Romani curatione*[48]. Dans cet emploi de » gouvernement «, *curatio*, qui désigne communément une tâche précise concrète, est rare[49]. Les réalités du pouvoir ne dissimulent pas son aspect moral.

On s'attendrait à rencontrer la *cura rei publicae* à tout moment dans l'Histoire Auguste. Tel n'est pas le cas. Sous sa forme littérale, elle ne se trouve que deux fois : au chapitre 48 de la Vie de Sévère Alexandre que nous commentons et au chapitre 4, 2 de la Vie de Tacite, attribuée à un auteur différent, » Vopiscus «. Le Sénat acclame Tacite (novembre 275) : » Tacite, Dieu te conserve, nous t'élisons, nous te créons empereur (*principem*), nous te confions le soin de l'Etat et de l'empire «, *tibi curam rei publicae orbisque mandamus*. A un mot près ajouté, *orbis*, l'expression est exactement la même, ce qui corrobore que *cura* ne désigne pas une institution précise concrète, mais une qualité morale. Rappelons les paroles de Mamertin. Même pensée en termes à peu près semblables : » Il s'agissait de prendre à cœur la direction d'un état si considérable et de se charger de la destinée du monde entier «, ... *admittere in animum tantae rei publicae curam, et totius orbis fata suscipere*[50]. L'Histoire Auguste répète, mais abrège : elle connaît, sinon le discours, du moins le thème rebattu.

La *cura rei publicae* aurait été pourtant un sujet de présentation de candidat et d'ouverture de gouvernement. L'Histoire Auguste se montre étonnamment parcimonieuse. Vingt-six carrières impériales se dispensent de discours d'avènement. Il eût été normal, par exemple, que la Vie de Pertinax en contînt un, à ce tournant de l'Empire, au lendemain de l'élimination de Commode. Rien de pareil. Hérodien a jugé opportun d'en colloquer un dans la bouche de Pertinax. C'est un morceau insignifiant, farci de clichés sur la » liberté « et sur la » tyrannie «, avec appel à la collaboration sous le régime d'une aristocratie dans l'intérêt général. Nulle résonance de la *cura* romaine, institution ou slogan.

---

[47] 48, 17 : de Théodose.
[48] 43, 1 : *Igitur Iulianus, redacta ad unum se orbis Romani curatione, gloriae nimis cupidus in Persas proficiscitur.*
[49] ThlL IV 1476, 4—1477, 43 [E. LOMMATZSCH].
[50] Pan. Lat. 2 (Gall.) 3, 3. Trad. GALLETIER, Paris.

L'absence des mots ne signifie pas l'absence de la notion. Celle-ci s'exprime autrement, en termes synonymes. Diadumène remercie les soldats de les avoir acclamés, lui et son père Macrin, empereurs, et de leur avoir » confié « l'Etat : *gratias vobis . . ., quod dignos et me et patrem meum duxistis, quos imperatores Romanos diceretis et quibus committeretis rem publicam*[51].

L'idée de » soin «, » souci « domine, au point de venir à l'esprit et à la langue à la place du nom de la magistrature qu'elle présuppose, et qui n'apparaît pas. Pline l'Ancien cite la performance du Milanais *Novellius Torquatus*, surnommé » *Tricongius* «, parce qu'il avait vidé d'un trait trois conges[52], à l'émerveillement de Tibère. Tibère, » dans sa jeunesse avait montré assez de goût pour le vin pur et, lorsqu'il choisit L. Pison pour l'administration de la Ville (*urbis curae*), on pensa que son titre de recommandation était une beuverie ininterrompue de deux jours et deux nuits à la table de Tibère qui était déjà empereur «[53]. Il s'agit de *L. Calpurnius Piso Frugi* (*pontifex*), *praefectus urbi*[54]. La malice populaire qui s'exerce contre Tibère ne s'explique que si la *cura urbis* se distingue nettement de sa titulature officielle. Il y a calembour : le » soin « de la Ville, sous-entendait-on ironiquement, avait été confié à Pison, sans doute à cause de ses qualités d'ivrogne, capable de » veiller «[55], verre en main.

A l'abdication simultanée et à la retraite de Dioclétien et de Maximien, Constance et Galère furent promus Augustes[56]. Selon Eutrope,

---

[51] (Lampr.) Diad. 2, 2. Cf. Eutr. 8, 1, 1 (an. 96, après le meurtre de Domitien) : *res publica ad prosperrimum statum rediit, bonis principibus ingenti felicitate c o m - m i s s a, Nerva . . . se et civilissimum praebuit.* (Treb. Poll.) Tyr. trig. 3, 3 : *qui c o m m i s s u m regebat imperium.*

[52] = 9 litres 849.

[53] Plin. nat. 14, 144—145. Trad. J. André, Paris, retouchée.

[54] Né en 48, consul en 15 av. J.-C. Vell. 2, 98, 1 ; Sen. epist. 83, 14 ; Plin. nat. 14, 145 ; Tac. ann. 6, 10, 3 ; Suet. Tib. 42, 1 ; C. Dio 58, 19, 5. RE III (1899) 1396—1399 [Groag] ; PIR² II (1936) n° 289 C p. 64 [Groag] ; R. Syme, Galatia and Pamphylia under Augustus : the Governorship of Piso Quirinius and Silvanus, Klio 27 (1934) p. 127—131. — A. Palma, op. cit., p. 121.

[55] Sénèque, epist. 83, 14, le désigne aussi allusivement par *urbis custos.* Il remarque que, malgré son penchant pour l'ivrognerie, Pison s'acquitta très consciencieusement de sa fonction qui consistait à veiller sur la Ville : *officium tamen suum, quo tutela urbis continebatur, diligentissime administravit.*

[56] O. Seeck, Geschichte des Untergangs der antiken Welt, I p. 42 ; A. Piganiol, Histoire de Rome⁵, Paris 1962 (réimpr. 1972) p. 448 ; E. Stein - J.-R. Palanque, Histoire du Bas-Empire, I p. 82 ; J. Straub, Vom Herrscherideal in der Spätantike, Stuttgart 1964 (réimpr. de l'édition de 1939) p. 50—52.

Constance, satisfait de la dignité d'Auguste, refusa le » souci « d'administrer l'Italie et l'Afrique, qu'il laissa à son César, Sévère[57]. Ici un
synonyme de *cura* dissipe toute ambiguïté : *Italiae atque Africae ad-
ministrandae sollicitudinem recusavit*. Il est intéressant de consulter la
traduction grecque du Breviarium par Paeonius, probablement un
contemporain d'Eutrope[58]. C'est plus une paraphrase ou une version
grecque qu'une traduction fidèle. *Sollicitudinem*, le trait romain, est
escamoté. Paeonius exprime seulement que Constance » lâcha « l'Italie
et l'Afrique, se contentant de la Gaule[59]. Aucune équivoque : le gouvernement est une charge, mais celle-ci n'est pas le terme technique ; elle
est l'aspect moral et sentimental. La traduction grecque prive le texte
latin de son âme !

Le nom de l'*optimus princeps*, Trajan, toujours implicitement le modèle
de l'empereur idéal ou idéalisé, a été prononcé. Relevons que ni le Panégyrique ni le livre X des Lettres de Pline le Jeune où le régime impérial s'offre sous la forme la plus flatteuse ne contiennent strictement
l'expression *cura rei publicae*. *Cura* et *res publica* sont traités indépendamment en rapports réciproques souples et variés, sans que les deux
mots se soudent et forment une locution désignant un seul objet, le
pouvoir. Or l'historiette de Sévére Alexandre et d'*Ovinius Camillus*
n'a un sens que si l'expression *cura rei publicae* signifie aussi, au moins
avec ambiguïté et unilatéralement, et jeu de mots, le pouvoir impérial,
le trône. Ce n'est pas chez Pline le Jeune qu'a puisé l'écrivain de la *Vita*.

Il faut se rappeler les conditions de l'Histoire Auguste. Deux perspectives sont à envisager : l'une, historique, aux faits datables et à la
possibilité du contrôle chronologique ; l'autre, celle de la rédaction :
l'écrivain voit avec les yeux de son temps, juge de son point de vue,
expose en conséquence, au risque de modifier les réalités ou de com-
mettre des anachronismes. Or nous ignorons quand et par qui l'Histoire
Auguste a été composée. Nous ne pouvons que tabler sur son recul
relativement à ce qu'elle rapporte. Reste, assez consistante, la partie
historique même. L'examen de l'expression *cura rei publicae*, de ses
emplois, donne des repères chronologiques. Nous avons constaté qu'elle

---

[57] Eutr. 10, 1, 1. Cf. Aur. Vict. Caes. 40, 1 ; Ps. Aur. Vict. epit. 40, 1. W. DEN BOER,
Some Minor Roman Historians, Leiden 1972, p. 114—170. A. PALMA, op. cit. p. 141
n. 142.
[58] R. VON HAEHLING, Die Religionszugehörigkeit der hohen Amtsträger ... p. 215.
[59] Eutr. 10, 1, 1 : ... τὴν 'Ιταλίαν καὶ τὴν 'Αφρικὴν ἀφείς.

se retrouve dans la Vie de Tacite 4, 2, à une adjonction près, *orbisque terrarum*, rencontrée dans le Panégyrique de Maximien prononcé par Mamertin en 289 : *tantae rei publicae curam et totius orbis fata suscipere*. Point n'est indispensable de supposer une dépendance directe, possible. Le minimum à admettre est l'usage courant, la banalité de l'expression. Dans la bouche de Sévère Alexandre, comprise par les acteurs du petit drame, elle n'a rien d'anachronique, malgré l'artifice littéraire. La formule appartient au langage traditionnel. Psychologiquement il n'y a pas anticipation proprement dite et report d'une conception du Bas-Empire sur le début du IIIe siècle.

Quoique *cura rei publica* fasse allusion au pouvoir en général, empire, trône, il ne s'agit pas de pouvoir institutionnel. *Cura* maintient son sens étymologique de » soin «, » souci «, non sur le plan concret, mais sur le plan moral. A l'emploi, l'expression devient locution, hendiadys ; elle traduit une notion, l'empire au sens large. La qualité de la fonction, essentielle, passe à celle-ci, se confond avec elle. Un phénomène s'accomplit, comparable à la transmutation du nom propre Auguste, César, à la fonction de la personne. Mais, nous insistons, dans le cas de la *cura rei publicae*, le pouvoir est envisagé sous son aspect moral, non institutionnel. Certes, il était concevable que, à la suite des *curae viarum, aquarum, annonae, operum publicorum*, etc., où, du reste, persiste vivace la notion de » soin «, de » charge confiée «, comme le montre le Code Justinien[60], on ajoutât, couronnement de l'édifice » constitutionnel «, une *cura rei publicae*. Tel était l'organe nouveau qu'Anton VON PREMERSTEIN[61], s'inspirant de Cassius Dion[62], voyait au-dessus de l'imperium proconsulaire et de la puissance tribunicienne, au sommet de la hiérarchie des magistratures républicaines et fondant le principat d'Auguste. Cette rationalisation n'est pas l'apanage de la mentalité romaine, encore moins de la prudente politique d'Auguste qui fuyait

---

[60] Cod. Iust. 8, 11 (12), 8 (an. 385) : *Omnes, quibus vel cura mandata fuerit operum publicorum* . . .

[61] Vom Werden und Wesen des Prinzipats, ABAW 15 (1937) p. 117—130 ; A. PIGA-NIOL, Mémorial des études latines . . . offert à J. Marouzeau, Paris 1943, p. 295 ; J. BÉRANGER, Recherches . . . (1953) p. 202—208 ; L. WICKERT, RE XXII 2 (1954) 2278 « Princeps » X A 2 ; id. ANRW II 1 (1974) p. 72 ; J. GAUDEMET, Institutions de l'Antiquité (1967) p. 461 n. 1.

[62] C. Dio 53, 12, 1 : Auguste reçut en 27 av. J.-C. τὴν μὲν φϱοντίδα τήν τε πϱοστασίαν τῶν ϰοινῶν πᾶσαν = *curam et tutelam rei publicae universam*. A. GUARINO, Gli aspetti giuridici del principato, ANRW II 13 (1980) p. 32—33 ; 39.

les apparences de la monarchie qu'auraient consacrée en termes bénins, une supervision et un contrôle supérieur de l'Etat[63].

Sur un plan élevé il en allait différemment. La *cura rei publicae*, par l'exercice, s'intégrait au pouvoir qu'elle manifestait. Les courants centralisateurs du Bas-Empire favorisaient son renforcement, voire son exaltation[64]. Cela n'oblitérait pas les traits initiaux. Au contraire, cela les grossissait, et la nature du pouvoir augustéen ressortait mieux.

L'écrivain de l'Histoire Auguste a bien choisi l'expression pour caractériser le régime impérial romain : il a saisi l'essentiel. Un historien moderne éminent donne au dernier chapitre de son récent ouvrage, servant de conclusion à l'œuvre de César et de présentation du principat d'Auguste, le titre récapitulatif suivant : » Der Erste Bürger (*princeps*) und die Fürsorge für das Gemeinwesen «[65]. L'Histoire Auguste, Vie de Sévère Alexandre 48, 1, est loin de subir un désaveu !

Que Johannes STRAUB accepte l'hommage de cette étude, bénéficiaire du climat qu'il a créé et répandu sous le signe *scientia-amicitia-humanitas* !

---

[63] J. GAUDEMET, Le régime impérial romain, dans : La Monocratie (Recueils de la Société Jean Bodin pour l'histoire comparative des institutions, 20), Bruxelles 1970, p. 435—436.

[64] Cf. J. GAUDEMET, Utilitas publica, RD 29 (1951), p. 497.

[65] CHR. MEIER, Die Ohnmacht des allmächtigen Dictators Caesar (Edition Suhrkamp, Neue Folge 38), Frankfurt am Main 1980, p. 263.

Encore la *damnatio memoriae* de Macrin: une innovation παρὰ τὸ καθεστηκός (Dion Cassius 79. 8. 1)

par E. Van 't Dack, Leuven

Comme on le sait, Macrin s'infiltra dans la dynastie des Sévères. Par surcroît, il offusqua lourdement certains membres de l'ordre sénatorial en accaparant le trône sans être sénateur[1]. Rien d'étonnant à ce qu'il fût victime d'une *abolitio memoriae*. Or, celle-ci revêt un caractère spécial : elle ne vise pas seulement à rayer la mémoire de Macrin, mais aussi à lui substituer la personne d'Élagabal dont elle anticipait le règne. L'idée sous-jacente est nette : Élagabal voulait se présenter comme le successeur immédiat de Caracalla dont il se disait le fils naturel[2].

§ 1

Cette *damnatio memoriae* de Macrin est attestée dans les papyrus. Elle s'insère dans une documentation qui concerne le phénomène de la *damnatio memoriae* en général et qui se présente sous différentes formes. Plusieurs de celles-ci ont encore récemment été signalées de façon exemplaire par P. J. Sijpesteijn[3]. Nous nous permettons de les compléter tant soit peu.

a) Sous sa forme la plus simple, l'*abolitio* se manifeste dans les papyrus comme dans les inscriptions déjà rédigées par la r a s u r a , le nom

---

[1] Dion 78.14.4 ; 41.4 ; 79.1.2.
[2] P. J. Sijpesteijn, ZPE 13, 1974, p. 225 ; L. Koenen, ibid., p. 230.
[3] ZPE 13, 1974, pp. 219—222. Voir aussi E. Van 't Dack, ANRW II 1, pp. 875— 876 ; bibliographie supplémentaire Anc. Soc. 6, 1975, p. 130. Cf. en général F. Vittinghoff, Der Staatsfeind in der römischen Kaiserzeit. Untersuchungen zur « damnatio memoriae », Berlin 1936, pp. 18—43.

du damné étant rayé en entier ou en partie[4]. Elle n'est évidemment pas appliquée uniformément. Beaucoup dépend de facto du caractère — public ou privé — du document, de sa destination etc.

b) Dans les documents rédigés ultérieurement on évite d'écrire le nom du *damnatus*, parfois même dans les formules de datation. Les problèmes posés par cette o m i s s i o n   s i m p l e sont minimes, puisque l'année s'indique par les noms des deux consuls. Si par hasard l'empereur damné était éponyme, seul le collègue se voit mentionné. Et lorsque exceptionnellement les deux consulats furent occupés par des membres de la famille impériale en disgrâce, on maintint le canevas de la formule mais avec omission de tout nom propre. J. F. GILLIAM a donné jadis un exemple frappant d'une telle omission, fourni par les papyrus de Doura[5].

c) La chose se complique légèrement en Égypte où l'on date habituellement d'après les années de règne d'un empereur et où l ' o m i s s i o n   e x i g e   p a r f o i s   u n   c o m p l é m e n t. Pour éviter de rappeler le nom d'un *damnatus*, on y signale la tantième année après le règne d'un prédécesseur : par exemple, pour taire le nom d'Élagabal, on écrira τῷ μετὰ τὴν τοῦ θεοῦ Ἀντωνίνου μεγάλου αὐτοκρατορ[εία]ν δ ἔτει (P. Fior. I 56 ll. 12—13) ou une expression similaire[6]. Dans d'autres cas on s'en réfère au règne du successeur. On lira des expressions telles que δ (ἔτους) τῆς προαγούσης βασιλείας[7] (4ᵉ année d'Élagabal) ou τοῦ διεληλ(υθότος) | ζ ἔτους τῆς πρὸ ταύ[τ]ης βασι|λείας[8] (7ᵉ année de Valérien et de Gallien)[9].

d) Parfois même on ajoute les années du damné à un règne antérieur ; par exemple la formule τῶι κ (ἔτει) Οὐεσπασιανοῦ θεοῦ permet de passer sous silence le nom de Domitien[10]. Ici il y a s u b s t i t u t i o n   p a r   p r o - l o n g a t i o n.

---

[4] Exemples dans les papyrus : ANRW II 1, p. 876.
[5] Trebonianus Gallus and the Decii : III et I cos., Studi in onore di A. Calderini e R. Paribeni, I, Milano 1956, pp. 305—311.
[6] Autres exemples P. Oxy. XLVI 3298 intr. Cf. les « Postconsulate » du 4ᵉ siècle dans F. VITTINGHOFF, Der Staatsfeind, p. 41.
[7] P. Hamb. I 18 I ll. 3—4 ; II l. 3, ll. 8—9, l. 13 ; cf. intr. p. 79.
[8] P. Lips. I 57 ll. 12—14.
[9] J. D. THOMAS nous a communiqué par lettre un autre cas, ce dont nous le remercions vivement. Il propose en effet de lire dans le P. Oxy. XL 2899 ll. 12—13 ἐπὶ τοῦ δ (ἔτους) πρὸ τ[ῆς ….] | Ἀλεξάνδρου βασιλείας. Aurions-nous affaire ici à un décompte en partant du début du règne de Sévère-Alexandre ?
[10] J. SCHERER, Le Papyrus Fouad Iᵉʳ inv. 211, BIFAO 41, 1942, pp. 43—73, surtout pp. 56—57 comm. l. 19.

e) Cette substitution ne se fait pas uniquement au profit du pré-décesseur mais aussi en faveur du successeur (s u b s t i t u t i o n   p a r   a n t i c i p a t i o n). P. J. SIJPESTEIJN en signale quelques exemples qui remontent à l'époque ptolémaïque. Il en relève d'autres en dehors de l'Égypte qui datent du Haut-Empire (e. a. Auguste, Vespasien) mais qui ne semblent pas avoir un rapport direct avec la *damnatio memoriae*[11].

Dans les sources documentaires de l'Égypte romaine un premier cas de ce genre semble se présenter dans une παραχώρησις datée [ἔτους β] Γαίου Πεσκεννίου Ν[ίγερος Ἰούστου] Σεβαστοῦ. Plus tard une autre main raya le nom de C. Pescennius Niger Iustus et inscrit au-dessus Λουκίου Σεπτιμίου Σε[ουήρου Περτίνακος][12]. On sait que les deux concurrents furent proclamés empereurs respectivement par leur propre armée. On peut, d'après l'éditeur N. LEWIS, supposer qu'au moment de la rédaction du texte Pescennius Niger était reconnu comme empereur en Égypte tandis qu'au moment de l'enregistrement de l'acte l'Égypte était passée au camp de Septime-Sévère.

Or, de prime abord celui-ci considéra partout dans le royaume le 9 avril 193 comme son *dies imperii*[13], alors que la date de sa reconnais-sance en Égypte (le 13 févr. 194) ou sans doute celle par le sénat de Rome (le 1 juin 193) ne semble avoir eu quelqu'influence sur le comput en Égypte. Au sens strict du mot il n'y a donc pas de substitution en faveur du successeur.

Le premier exemple manifeste d'une substitution accompagnée d'une anticipation devient ainsi la *damnatio memoriae* de Macrin sous Éla-gabal ; puis il y a le cas de Quintillus sous Aurélien. Nous voudrions envisager de plus près la technique appliquée en l'occurrence au para-graphe suivant.

§ 2

a) Pour juger de la technique employée dans le premier cas, conten-tons-nous d'abord de résumer les résultats remarquables acquis par P. J. SIJPESTEIJN et L. KOENEN dans ce domaine et basés sur deux papyrus

---

[11] ZPE 13, 1974, pp. 221—222 ; voir l'avis de L. KOENEN dans la n. 8 de la p. 221.

[12] N. LEWIS, Recherches de Papyrologie 3, 1964, p. 31, n° 3, ll. 2—3 et commentaire (= SB VIII 9906). Le texte est mentionné parmi les exemples d'une *damnatio memoriae* par P. J. SIJPESTEIJN, ZPE 13, 1974, p. 220 n. 6. Mais voir surtout L. KOENEN, ibid., p. 229 n. 2 a.

[13] Sur ces *dies imperii*, voir maintenant P. HERZ, Der *dies imperii* unter den Severern, ZPE 31, 1978, pp. 285—290.

viennois, P. Vindob. gr. inv. 24555 et 39822 (ined.), et sur un papyrus d'Oxyrhynque, P. Oxy. XLI 2955[14].

Comme l'a souligné surtout L. KOENEN, les correcteurs du P. Vindob. gr. inv. n° 39822 (ZPE 13, 1974, p. 223) ont procédé comme suit. L'an 1 incomplet de Macrin a été ajouté à la dernière 25e année de Caracalla, année qui se poursuit donc après la mort de celui-ci jusqu'au nouvel an égyptien. L'an 2 de Macrin qui commence à cette date est usurpé par Élagabal et s'ajoute donc par anticipation à l'an 1 de ce dernier.

L'intention est assez nette. Tout en éliminant la mémoire de Macrin, on la remplace par un renvoi soit à Caracalla (P. Vindob. gr. inv. n° 24555) soit à Élagabal (P. Vindob. gr. inv. n° 39822).

Mais l'exécution est encore défectueuse. Dans le premier papyrus on a omis de corriger la numérotation des années régnales (l'an 1 devait être corrigé en l'an 25). La façon imparfaite dont on raie le nom du *damnatus* et pratique la métagraphè, prête également à confusion. Par exemple, après correction, Caracalla et Élagabal s'appellent tous deux *Severus,* ce qui est exact dans le cas de Caracalla (premier texte), mais fautif en ce qui concerne Élagabal (second texte)[15].

Les difficultés proviennent donc du fait qu'il s'agit de documents qu'on a corrigés tant bien que mal. Dans le cas du P. Oxy. XLI 2955 nous avons affaire à un extrait des archives du préfet, recopié ἐξ [ὑ]πο-μνηματισμοῦ [Β]ασιλιανοῦ ἡγεμονεύσαντος (l. 1) et remanié immédiate-ment de sorte qu'il n'y a plus de trace d'une *rasura* ou d'une métagraphè. On y lit à la l. 2 : ἔτους α′ Μάρκου Αὐρηλίου 'Αντωνί[νο]υ, Φαρμοῦθι ια. Compte tenu du *dies imperii* d'Élagabal (le 16 mai 218) et des limites de la carrière de Iulius Basilianus[16], il faut conclure avec l'éditeur P. J.

---

[14] P. J. SIJPESTEIJN, Macrinus' *damnatio memoriae* und die Papyri, ZPE 13, 1974, pp. 219—227 ; L. KOENEN, Eine Berechnung der Regierungsjahre des Augustus vom Tode Caesars. Zur Datierung der Gesprächssituation von Tacitus' Dialogus (17.3), ibid., pp. 228—234, surtout pp. 228—230.

[15] Cf. P. J. SIJPESTEIJN, ZPE 13, 1974, pp. 222—223 n. 14.

[16] Ces limites nous empêchent de considérer ἔτους α comme une erreur pour ἔτους β. Sur ce préfet voir A. STEIN, Die Präfekten von Ägypten in Römischer Zeit (in der Römischen Kaiserzeit), Bonn 1950, pp. 121—125 ; O. W. REINMUTH, A Working List of the Prefects of Egypt to 299 A. D., BASP 4, 1967, pp. 75—128, surtout pp. 111—112 ; P. Oxy. XLI 2955 intr., XLIII 3117 commentaire l. 18 ; P. J. SIJPESTEIJN, ZPE 13, 1974, p. 219 n. 2 ; G. BASTIANINI, Lista dei prefetti d'Egitto dal 30ᵃ al 299ᵖ, ZPE 17, 1975, pp. 263—328, surtout pp. 307—308 ; 38, 1980, pp. 75—89, surtout p. 86 n. 5.

SijPESTEIJN et L. KOENEN qu'on a substitué par anticipation l'an 1 d'Élagabal à l'an 2 de Macrin et que la date correspond au 6 avril 218.

Bref, la *damnatio memoriae* de Macrin s'accompagne dans la pratique officielle de l'Égypte d'un acte de s u b s t i t u t i o n à la fois p a r p r o l o n g a t i o n de la dernière année du prédécesseur et p a r a n t ic i p a t i o n de la première année du successeur.

b) Dans le P. Fam. Teb. 53 on procède autrement comme il ressort du commentaire de l'éditeur B. A. VAN GRONINGEN. Un ensemble de trois papyrus, écrit de la même main, contient dix quittances, délivrées par une mère à un tuteur ; il s'agit du paiement assez irrégulier de redevances mensuelles pour l'entretien d'un fils mineur. Nous ne nous arrêterons pas aux cinq premières quittances qui datent du règne de Septime-Sévère et de Caracalla ; signalons seulement que la dernière est datée de (ἔτους) [π]ἐμ[π]τ̣ου [καὶ εἰκοστοῦ Φαρμοῦθι] ἐκκαι[δε]κάτῃ (ll. 38—40), soit exactement la date du *dies imperii* choisi par Macrin (le 11 avril 217).

Les quittances (f) (g) (h), sous une forme beaucoup plus condensée[17], fournissent les données chronologiques suivantes :

(f) paiement dû pour la période :

[τοῦ αὐτοῦ κε ϛ̄ Φαρ]μοῦθ(ι)

χ̣α̣ὶ Παχὼ[ν τοῦ α ϛ̄] (B ll. 40—41)

date : L δ̣ε̣υτέρου | Φαῶφι κ̄δ̄ (B ll. 44—45)

(g) paiement dû pour la période :

α ϛ̄ (l. 45) ἀπὸ Παῦνι τοῦ αὐτοῦ ἔτους | ἕως Χιὰκ τοῦ

ἐνεστῶτος β ϛ̄ καὶ αὐτοῦ τοῦ Χιάκ (B ll. 46—48)

date : β L [Φ]α̣μενὼθ κε (B l. 51)

(h) paiement dû pour la période :

τοῦ | Τῦβι καὶ Μ̣ε̣χεί[ρ] (B ll. 51—52)

date : β Ḷ Παχών (B l. 53).

Voilà manifestement les paiements effectués sous le règne de Macrin : en Pharmouthi de l'an 25 (plus précisément le 16 Pharmouthi) Caracalla fut supprimé et remplacé par Macrin ; en Pachon de l'an 2 (plus précisément le 21 Pachon) Macrin fut éliminé à son tour à l'avantage d'Élagabal. Le nom de Macrin n'apparaît toutefois nulle part dans ce texte[18].

---

[17] Voir le commentaire p. 53 : « very short supplements to the preceding items ».

[18] D'après les éditeurs il ne s'agit probablement pas d'une copie. Nous ne serions pas étonné du contraire et nous y verrions volontiers une *damnatio memoriae* avec une omission simple.

La quittance (i) plus développée concerne le paiement pour la période ἀπ[ὸ Φα]μενὼθ δευτέρου ἔτ[ους] ἕως Ἐπὶφ τοῦ αὐτοῦ ἔτους χ[αὶ αὐ]τοῦ τοῦ Ἐπὶφ (C ll. 5—6) ; elle n'est apparemment pas datée.

Il en est de même de la dernière quittance (k), à nouveau sous forme réduite et qui se rapporte aux redevances [δε]υτέρου ἔτους (C l. 8) ἀ[πὸ Μεσορὴ] ἕως Θῶθ τοῦ ἐ[νεσ]τότος [τ]ρίτου ἔτους [Αὐρηλίου Ἀντων]εἴνου | Καίσ[αρο]ς τοῦ κυρίου καὶ αὐτοῦ τ[οῦ Θῶθ] (C ll. 9—11).

Après le mois de Thôth de l'année 218/219 l'auteur n'ignorait sans doute plus qu'il s'était produit un changement d'empereur[19]. Dans la dernière quittance (k) il applique donc une substitution par anticipation ; il y compte même le règne d'Élagabal à partir du *dies imperii* de Macrin (le 11 avril 217). C'est là une procédure simple mais toute particulière ; d'après le comput officiel en Égypte, Élagabal fut éliminé au cours de sa 5e année ; sa 1re année n'a donc pas commencé avant le 1er Thôth (29 août) de 217. Le scribe était-il conscient du caractère propre de sa technique et est-ce la raison pour laquelle il a omis de dater les dernières quittances ? Il ne pouvait soupçonner qu'il inaugurait ainsi un nouveau système, appliqué par Aurélien.

c) Depuis le règne d'Élagabal il y a eu maintes *damnationes memoriae*. Pour autant que nous sachions par les papyrus, elles n'ont pas donné lieu à des substitutions par anticipation jusqu'à Aurélien[20].

La technique appliquée par Aurélien[21] diffère de celle adoptée officiellement sous Élagabal et se rapproche plutôt de celle suivie par l'auteur du P. Fam. Teb. 53. C'est J. REA qui a procédé à cet examen[22]. Il part d'une thèse formulée jadis par P. SCHNABEL[23] et par D. SCHLUMBERGER[24], mais écartée assez catégoriquement par A. STEIN[25]; ainsi un changement au système de datation sous Aurélien devient compréhensible. En voici le détail.

---

[19] Voir la restitution [Αὐρηλίου Ἀντων]εἴνου | Καίσ[αρο]ς τοῦ κυρίου dans la quittance (k).

[20] Voir P. J. SIJPESTEIJN, ZPE 13, 1974, p. 220 n. 6 ; E. VAN 'T DACK, ANRW II 1, p. 876 et le présent article p. 326.

[21] Voir Claire PRÉAUX, Chron. Ég. 48, 1973, pp. 385—386 ; L. KOENEN, ZPE 13, 1974, pp. 229—230 ; E. VAN 'T DACK, Anc. Soc. 6, 1975, pp. 139—140.

[22] P. Oxy. XL (1972), pp. 15—30.

[23] Die Chronologie Aurelians, Klio 20, 1926, pp. 363—368.

[24] Bulletin d'Études Orientales de l'Institut Français de Damas 9, 1942—1943, pp. 46—50.

[25] Zeitbestimmungen von Gallienus bis Aurelian, Klio 21, 1927, pp. 78—82.

Claude II mourut à Sirmium en Pannonie avant le début de l'année égyptienne, soit le 29 août 270. Avant que la nouvelle ne se propageât à Alexandrie, l'année égyptienne avait déjà commencé. Quintillus fut d'abord proclamé empereur. Par la suite Aurélien, qui d'après certaines rumeurs avait été désigné comme empereur par ses soldats et choisi par Claude lui-même comme successeur (cf. Zonaras, XII 26), fut officiellement reconnu. Quintillus, lui, se suicida après quelque deux mois de règne.

De ce fait l'année égyptienne 29 août 270 / 29 août 271 devint successivement l'an 3 (dernière année) de Claude II (déjà mort à l'insu d'Alexandrie), l'an 1 de Quintillus et l'an 1 d'Aurélien.

Après un certain temps, Aurélien s'est affirmé comme le successeur immédiat de Claude II et, ce faisant, il reporta le début de son règne à la mort de Claude. En Égypte la retouche se manifeste pour la première fois au mois de Pauni, mai/juin 272 (le P. Oxy. XL 2902 ll.17—19) : l'année qui d'après le comput du règne d e f a c t o devait être l'an 2, devint l'an 3.

L'interprétation susdite élucide non seulement les données papyrologiques, comme l'a démontré remarquablement J. REA, mais aussi, semble-t-il, celles fournies par les monnaies alexandrines, comme M. JESSOP PRICE vient de l'illustrer[26].

La retouche au système de datation concrétisa une idée politique d'Aurélien : celle d'être le successeur immédiat de Claude. Il a dû afficher cette opinion non seulement en Égypte, où la retouche a pu être retardée par la situation politique, mais aussi à Rome et ailleurs, où elle a dû s'affirmer plus vite, sans doute dès la fin de l'année 270. Pour la situation extrêmement compliquée en Égypte et la numérotation des années tribuniciennes d'Aurélien, nous renvoyons le lecteur aux contributions détaillées de chercheurs, plus versés en cette matière[27].

---

[26] The Lost Year : Greek Light on a Problem of Roman Chronology, The Numismatic Chronicle, Series VII 13, 1973, pp. 75—86.

[27] Pour la situation en Égypte, voir J. SCHWARTZ, Chronologie du IIIe s. p. C., ZPE 24, 1977, pp. 167—177. Pour la *tribunicia potestas* d'Aurélien, voir : Ida F. KRAMER et T. B. JONES, *Tribunicia potestate* : A. D. 270—285, American Journal of Philology 64, 1943, pp. 80—86 ; Giovanna SOTGIU, Studi sull'epigrafia di Aureliano, Cagliari 1961, pp. 11—16 ; Livia BIVONA, Per la cronologia di Aureliano, Epigraphica 28, 1966, pp. 106—121 ; surtout J. LAFAURIE, Réformes monétaires d'Aurélien et de Dioclétien, Revue numismatique, 6e série, 17, 1975, pp. 73—138, sur-

§ 3

Voilà les matériaux primaires ou du moins l'information des papyrus documentaires dont nous disposons. Mais revenons-en à Macrin et à Élagabal et demandons-nous si cette nouvelle technique de substitution par anticipation était connue des historiens plus ou moins contemporains, de la « Primärforschung » si l'on ose dire[28].

a) Pour ce qui est d'Hérodien, c'est la durée attribuée aux règnes d'Élagabal et de Sévère-Alexandre qui pourrait peut-être éveiller l'attention.

C. R. WHITTAKER et P. J. SIJPESTEIJN ont déjà signalé le cas d'Élagabal qu'Hérodien présente comme suit : Ἀντωνῖνος μὲν οὖν ἐς ἕκτον ἔτος ἐλάσας τῆς βασιλείας καὶ χρησάμενος τῷ προειρημένῳ βίῳ, οὕτως ἅμα τῇ μητρὶ κατέστρεψεν[29].

Si l'on commence à compter à partir du 8 avril 217 (mort de Caracalla) ou du 11 avril 217 (dies imperii de Macrin) jusqu'au 13 mars 222 (acclamatio de Sévère-Alexandre), Élagabal aurait presque accompli 5 années de règne ; il aurait été dans sa 6ᵉ tribunicia potestas d'après le comput romain, dans sa 6ᵉ année de règne d'après le comput d'Égypte. Si le texte précité ne comporte une erreur quelconque, Hérodien semble donc réaliser la damnatio memoriae par une substitution et une anticipation, un peu à la manière de l'auteur du P. Fam. Teb. 53. Mais insistons sur le fait qu'il ne s'agit pas d'une méthode officielle, utilisée à Rome ou en Égypte ; on n'y compte officiellement que 5 tribuniciae potestates, resp. 5 années de règne[30].

---

tout pp. 98—107. Pour la bibliographie antérieure : voir Ida F. KRAMER et T. B. JONES, o. c., p. 80 et Giovanna SOTGIU, o. c., p. 11 n. 1, p. 16 nn. 14—17 ; T. B. JONES, A Chronological Problem : The Date of the Death of Carus, American Journal of Philology 59, 1938, pp. 338—342, surtout p. 339 n. 10.

[28] Nous passons sous silence les listes d'empereurs conservées sur papyrus (voir P. J. SIJPESTEIJN, ZPE 13, 1974, p. 221 n. 9). Même si elles omettent le nom de Macrin et répartissent la durée de son règne entre Caracalla et Élagabal, elles ne nous apprennent rien sur la damnatio memoriae et la procédure de substitution par anticipation. Quelques textes, sans doute de la fin du 3ᵉ siècle, font état de la damnatio memoriae d'Élagabal en l'appelant ἀνόσιος ; cf. P. Ryl. I 27, col. III l. 78 ; P. Oxy. XLVI 3299 l. 2. Pour l'épithète κόρυφος, voir P. Oxy. XLVI 3298 intr. et le commentaire à la l. 2 (fin 3ᵉ siècle).

[29] V. 8. 10. Pour le commentaire voir C. R. WHITTAKER, Herodian II (éd. Loeb), 1970, p. 73 n. 3 ; P. J. SIJPESTEIJN, ZPE 13, 1974, pp. 225—226 n. 26.

[30] Pour la tribunicia potestas commençant au plus tôt le 10 déc. 217 ou début janv. 218 : O. F. BUTLER, Studies in the Life of Heliogabalus, New York 1908, pp. 153—157 ; M. HAMMOND, The Tribunician Day during the Early Empire, Memoirs of

A Sévère-Alexandre Hérodien accorde 14 années de règne[31]. D'autre part il évalue la période de ce règne, antérieure à l'alerte en Orient et à la guerre contre les Perses, à 13 années complètes ou presque : ἐς τεσσαρεσκαιδέκατον γοῦν ἐλάσας τῆς βασιλείας ἔτος[32]; ou encore : ἐτῶν μὲν οὖν τρισκαίδεκα οὕτως, ὅσον ἐπ᾿ αὐτῷ, τὴν βασιλείαν ἀμέμπτως διῴκησε, τῷ δὲ [τεσσαρεσκαι]δεκάτῳ ἔτει ...[33]. Si l'on situe cette alerte, avec C. R. WHITTAKER, quelque part en 230[34], on arrive, en défalquant 13 ans, en 217. Nous aurions affaire à une *damnatio* de Macrin et d'Élagabal et à une substitution, accompagnée d'une anticipation, similaire à celle de P. Fam. Teb. 53.

b) Dion Cassius nous semble encore plus intéressant. Cet auteur mentionne explicitement la *damnatio memoriae* de Macrin : τόν τε Μακρῖνον, ὃν πάμπολλα ἐπηνέκεσαν, ἐν πολεμίου μοίρᾳ σύν τε τῷ υἱεῖ ἐλοιδόρησαν[35]. Puis il consacre tout un passage aux titres ou fonctions qu'Élagabal s'est arrogés[36].

A ses yeux il s'agit d'innovations : παρὰ τὸ καθεστηκὸς ἐκαινοτομήθη (79, 8, 1).

D'abord il fait allusion à τῶν ὀνομάτων τινὰ τῶν ἐς τὴν ἡγεμονίαν αὐτοῦ τεινόντων, en renvoyant à un passage antérieur qui n'est autre que 79.2.2 : καὶ ἐν μὲν τῇ πρὸς τὴν βουλὴν ἐπιστολῇ τῷ τε πρὸς τὸν δῆμον γράμματι καὶ αὐτοκράτορα καὶ Καίσαρα, τοῦ τε Ἀντωνίνου υἱὸν καὶ τοῦ Σεουήρου ἔγγονον, εὐσεβῆ τε καὶ εὐτυχῆ[37] καὶ Αὔγουστον, καὶ ἀνθύπατον τήν τε ἐξουσίαν τὴν δημαρχικὴν ἔχοντα ἑαυτὸν ἐνέγραψεν, προλαμβάνων αὐτὰ πρὶν ψηφισθῆναι. Quoique le nouvel empereur, tout en passant Macrin sous silence, insiste sur les liens familiaux avec les Sévères et

the American Academy in Rome 15, 1938, pp. 23—61, surtout pp. 57—58 ; P. SALAMA, L'Empereur Macrinus Parthicus Maximus, Rev. Ét. Anc. 66, 1964, pp. 334—352, surtout pp. 347—349. Pour le comput d'Égypte voir : P. BURETH, Les titulatures impériales dans les papyrus, les ostraca et les inscriptions d'Égypte (30 a. C.—284 p. C.), Bruxelles 1964, pp. 106—107 ; P. J. SIJPESTEIJN, ZPE 13, 1974, p. 223 n. 17.
[31] VI.9.3 ; 9.8 ; VII .1.1.
[32] VI.1.7.
[33] VI.2.1.
[34] Entre les premières dépêches alarmantes en provenance de l'Orient et le départ de Rome au début de l'an 231, il doit s'être écoulé un certain laps de temps ; c'est pourquoi une date en l'an 230 paraît convenir à C. R. WHITTAKER, ibid., p. 73 n. 3, pp. 88—89 n. 1.
[35] 79.2.6.
[36] 79.8.
[37] Cf. 79.18.4.

quoiqu'il s'arroge ces titres prématurément προλαμβάνων αὐτὰ πρὶν ψηφισθῆναι, on ne peut déduire de ce passage qu'Élagabal applique une *damnatio memoriae* par substitution.

Sur ce point, c'est la partie suivante du chapitre 8, traitant du consulat[38] et constituant vraiment une innovation, qui est plus significative : καὶ ὅτι τῇ τοῦ Μακρίνου ὑπατείᾳ, μήτε χειροτονηθεὶς ἐπ᾽ αὐτὴν μήτε ὅλως ἐφαψάμενος αὐτῆς (προδιήνυστο γάρ), αὐτὸν ἀντενέγραψε, καίτοι τὸ κατ᾽ ἀρχὰς ἀπὸ τοῦ Ἀδουέντου [μὲν] ὡς καὶ μόνου ὑπατευκότος τὸν ἐνιαυτὸν ἐν τρισὶ γράμμασι διαδηλώσας, ὅτι ⟨τε⟩ δεύτερον δὴ ὑπατεύειν ἐπεχείρησεν, μηδεμίαν πρόσθεν μήτε ἀρχὴν λαβὼν μήτε τιμὴν ἀρχῆς (79, 8, 2—3).

Commentant ce passage, T. Mommsen écrit : Elagabalus übernahm ebenfalls das Consulat sofort unter Beseitigung des derzeitigen Inhabers, welches (sic) nicht der Vorgänger Macrinus war, der bereits vorher niedergelegt hatte[39]. On lit la même interprétation chez W. Liebenam : Elagabal setzte den nicht bekannten Inhaber des Consulats ab — Macrinus hatte schon früher niedergelegt — um selbst das Amt zu übernehmen[40]. Mais tel n'est pas l'avis de M. Hammond : Elagabalus gave himself no collegue, apparently regarding Adventus as continuing and Macrinus as never having been consul[41]. Et il nous semble qu'A. Degrassi rejoint implicitement cette dernière conception[42].

Si l'on se rappelle la substitution, pratiquée dans les papyrus de Vienne et d'Oxyrhynque sous le § 2, a, il est évident qu'il faut suivre M. Hammond et A. Degrassi en l'occurrence. Le texte de Dion Cassius nous apprend même que la décision d'Élagabal de se substituer à Macrin a suivi à distance celle d'abolir la mémoire de son prédécesseur, puisque trois écrits antérieurs d'Élagabal avaient été datés par le seul nom du consul Adventus.

Le témoignage de Dion Cassius se trouve confirmé par les inscriptions CIL VI 2001 l. 5, 2009 ll. 9—10, 2104 b l. 30, du 14 juillet 218, où Élagabal figure comme consul à côté de M. Oclatinius Adventus, tandis que l'inscription CIL XIII 6696 ll. 7—8 du 23 juillet 218 le mentionne

---

[38] Une allusion au consulat vraisemblablement déjà au chap. 2.4.
[39] Römisches Staatsrecht II 2 (1887³), p. 1096 n. 2.
[40] Fasti Consulares Imperii Romani, Bonn 1909, p. 28 ad 218.
[41] The Antonine Monarchy, Rome 1959, p. 115 n. 150 ; cf. p. 117 n. 157.
[42] I Fasti consolari dell'Impero Romano, Roma 1952, p. 61 ; voir déjà E. Klebs, PIR¹ I p. 195.

seul[43]. La numismatique, elle, suggère que la décision de se substituer n'aurait pas été prise immédiatement, puisqu'en 218 on trouve deux types de titulature impériale dont apparemment seul le plus récent signale le consulat[44].

La substitution est du type § 2, a, car on n'a pas touché à la numérotation des *tribuniciae potestates*[45].

Dion Cassius indique encore la durée réelle du règne d'Élagabal, dont il note par ailleurs l'âge de décès (18 ans : 79. 20. 2). Voici ce passage qui est très différent du texte correspondant d'Hérodien : ἔτεσι τρισὶ καὶ [ἐν] μησὶν ἐννέα ἡμέραις τε τέτταρσιν, ἐν αἷς ἦρξεν, ὥς γ᾽ ἄν τις ἀπὸ τῆς μάχης ἐν ᾗ τὸ παντελὲς κράτος ἔσχεν ἀριθμήσειεν[46]. La proposition restrictive à l'optatif avec ἄν ne dissimule pas l'existence de deux computs concurrents : l'un comportant la durée réelle, l'autre, non exprimé, tenant compte de la *damnatio* de Macrin et d'une substitution par anticipation. Elle reprend simplement sous une autre forme le dativus iudicantis μέχρι τῆς μάχης λογιζομένοις dans 78. 41. 4, où se trouve précisée la durée du règne de Macrin. L'auteur veut souligner que le terminus ad quem ou le terminus a quo est dans les deux cas le même : la date de la défaite resp. la victoire (le 8 juin) et non la date de la révolte (le 16 mai). Pour le sujet qui nous occupe, ce passage n'est d'aucun apport.

Nous dédions ces quelques pages au savant jubilaire, espérant qu'elles trouveront grâce devant son esprit critique et sa connaissance pénétrante de l'Empire romain.

---

[43] Cf. LAMBERTZ, art. Varius (10), RE VIII A, 1955, col. 391—404, surtout col. 395 ; P. J. SIJPESTEIJN, ZPE 13, 1974, p. 225.

[44] H. MATTINGLY - E. A. SYDENHAM - C. H. V. SUTHERLAND, The Roman Imperial Coinage, IV, II. Macrinus to Pupienus, London 1938, pp. 28—61 (dans la documentation du règne d'Élagabal, le type avec le titre COS est signalé en premier lieu) ; H. MATTINGLY, Coins of the Roman Empire in the British Museum, V. Pertinax to Elagabalus, London 1950, pp. ccxxviii—ccxlviii et pp. 530—615, voir surtout pp. ccxxx et ccxlv ; C. R. WHITTAKER, Herodian (éd. Loeb), II, 1970, p. 38 n. 1.

[45] Voir supra p. 327 n. 15.

[46] 79.3.3.

Histriae excidium?

Zu HA, Max. Balb. 16, 3

von Vladimir Iliescu, Bukarest

In Erinnerung an das H. A.-Colloquium 1972

Die griechische Kolonisation, die zur Gründung zahlreicher Griechenstädte an allen Küsten des Mittelmeerbeckens führte, hat auch das ab-
seits gelegene Schwarze Meer nicht gemieden. So entstand, wie allgemein
bekannt, um die Mitte[1] des 7. Jh. auch Histria, die älteste Griechenstadt
an der westlichen und nördlichen Schwarzmeerküste. Das war aber kein
Zufall, denn sie wurde an der Mündung des größten europäischen Flusses
gegründet, nämlich der Donau, deren örtliche Benennung Istros sie auch
annahm.

Hiermit begann die schicksalsschwere Geschichte[2] der ältesten städtischen Siedlung des unteren Donaubeckens, die sich über fast dreizehn Jh.
erstrecken sollte[3], in deren Verlauf sie zahlreiche Anstürme[4] — mit oder

---

[1] In den Jahren 657—656 v. Chr., laut der vertrauenswürdigeren, direkten Chronologie des Eusebius von Cäsareea (Chron. p. 95 b) im Gegensatz zur indirekten
„jüngeren" Chronologie des Ps. Skymnos (vv. 766—770), welche in die Jahre
633—624 v. Chr. führt.

[2] Vgl. dazu D. M. Pippidi, I Greci nel basso Danubio, Mailand 1971; R. Vulpe -
I. Barnea, Romanii la Dunarea de jos, Bukarest 1968; D. M. Pippidi, Contributii
la istoria României, Bukarest 1967²; D. M. Pippidi, Epigraphische Beiträge zur Ge-
schichte Histriens in hellenistischer und römischer Zeit, Berlin 1962; Vl. Iliescu,
Die außenpolitische Krise der hellenischen Poleis Klein-Skythiens im 4. Jh. v. u. Z.,
Hellenische Poleis Bd. II, Berlin 1973, S. 664—681.

[3] Bis gegen die Mitte des 7. Jahrhunderts n. Chr., als das byzantinische Reich nicht
mehr imstande war, Klein-Skythien gegen die umherstreifenden Awaren und
Slawen wirksam zu schützen, am Vorabend der bulgarischen Landnahme.

[4] Vgl. dazu den Vortrag von Vl. Iliescu, Die Belagerungen der westpontischen Grie-

ohne anschließenden Verwüstungen und Zerstörungen — überstanden
hat. Was weiter nicht verwunderlich ist, denn die Lage der Stadt an der
Donaumündung, die zugleich ein Einfallstor nach Südosteuropa bildete,
schuf sozusagen die ständigen Voraussetzungen für außenpolitische Gefahren. Diese kamen sowohl von den benachbarten[5] oder entfernteren[6]
„barbarischen" Stämmen, welche gewöhnlich bloß begrenzte, örtliche
Ziele verfolgten[7], als auch von den jeweiligen Groß- oder Weltmächten
der Antike, welche aus dem Süden kamen und die Herrschaft über die
Balkanhalbinsel erstrebten, weshalb sie ihre Grenzen bis an die Donau
verlegen wollten[8].

Die griechischen und lateinischen Schriftquellen bieten[9] im allgemeinen
wenig Angaben über die Geschichte von Histria und nur durch die Einbeziehung der Stadt in das damalige Weltgeschehen, sooft der „Schein-
werfer" der großen Politik die Donaumündung beleuchtet[10], erfahren
wir etwas auch über örtliche Ereignisse. Sonst wird sie von geographischen
Fachschriften[11] erwähnt oder ausnahmsweise als Beispiel angeführt[12].

Wo die gemeingriechischen und später die Reichsquellen versagen,
dort bieten teilweise die örtlichen „Kleinquellen", d. h. die Inschriften
der Stadt und ihrer Umgebung, einen Ersatz. Zwar betrifft ihre Information das Alltagsleben und hiermit (oft) wiederholbare Begebenheiten,
doch manche unter ihnen sind außenpolitisch äußerst wertvoll, weil sie
ganze Zeiträume der Geschichte von Histria beleuchten, wie z. B. die

---

chenstädte in griechischer und hellenistischer Zeit, im Rahmen der Tagung „Militärische Probleme Klein-Skythiens" (Constanța, November 1981); erscheint als
Aufsatz in SCIVA, 1982.

[5] Wie die Geten oder thrakische Splitterelemente.

[6] Wie die nördlichen Skythen, die südlichen Odryden und in dem von uns zu er-
örternden Fall die nördlichen Goten.

[7] D. h. sowohl außerordentliche, einmalige „Geschenke", als auch regelmäßige Jahres-
gelder.

[8] Wie es der bloße Versuch des Darius, die kurzfristige Anwesenheit Makedoniens
und das langlebige Römische und Byzantinische Reich bezeugen.

[9] Vgl. dazu Fontes Historiae Dacoromanae, Bd. I edid. Vl. ILIESCU, V. C. POPESCU,
Gh. ȘTEFAN, Bukarest 1964; Bd. II edid. H. MIHĂESCU, Gh. ȘTEFAN, R. HÎNCU,
Vl. ILIESCU, V. C. POPESCU, Bukarest 1970.

[10] Z. B. anläßlich des Skythenzuges von Darius (bei Herodot), oder der Kämpfe des
Lysimachos gegen die Griechenstädte der westlichen Schwarzmeerküste (bei Diodor).

[11] Wie Ps. Skymnos, Strabon, Plinius oder die Verzeichnisse der Wegstrecken und
Stationen.

[12] Von Aristoteles für den Übergang von der Oligarchie zur Demokratie unter dem
Druck der rechtlosen Reichen.

Beziehung der Griechenstadt zu den verschiedenen Kleinkönigen[13] der Barbarenstämme aus der näheren und ferneren Umgebung.

Und nun wenden wir uns dem vielumstrittenenen Ereignis zu, das den Gegenstand unserer Erörterung bildet, der Zerstörung Histrias durch die Goten. Die einzige diesbezüglich Quelle[14] lautet: „Unter diesen Kaisern [Maximus und Balbinus] kämpften die Karpen gegen die Mösier. Zur selben Zeit begann auch der Krieg gegen die Skythen [d. h. die Goten] und Histria wurde zerstört, wie aber Dexippus sagt, Istropolis."

Hiermit erfahren wir, daß im schicksalsschweren[15] Jahr 238 n. Ch. der Krieg gegen die nördlich der Donau wohnenden[16] germanischen Stämme[17] begonnen hat und die bekannte Griechenstadt von denselben zerstört[18] wurde.

Bevor ich die verschiedenen Deutungsversuche dieser Nachricht durch die moderne Historiographie erwähne, möchte ich drei wesentliche Merkmale des Ereignisses und seiner einzigen Überlieferung — die anscheinend nicht zur Kenntnis genommen oder nicht entsprechend gewürdigt wurden — hervorheben.

Erstens war es nicht die einzige Zerstörung Histrias im Laufe seines langen Bestehens und das erst nach fast neun Jahrhunderten seit seiner Gründung. Die Bemerkung des Dion Chrysostomos[19] über die Schwesterstadt Olbia, bzw. Borysthenes[20], trifft auch für Histria völlig zu: „Da

---

[13] Wie der Getenkönig Zalmodegikos im 3. Jh. (vgl. Pippidi, Epigr. Beitr. 75—88) oder der Skythenkönig Rhemaxos gegen 200 v. Chr. (vgl. H. Bengtson, Historia 11 [1962], 22—23).

[14] HA, Max. Balb., 16,3. *Sub his pugnatum est a Carpis contra Moesos. fuit et Scythici belli principium, fuit et Histriae excidium eo tempore, ut autem Dexippus dicit, Histricae civitatis.*

[15] Zur Chronologie dieses „Sechskaiserjahres" vgl. G. Walser - Th. Pekary, Die Krise des römischen Reiches, Berlin 1962, S. 19 u. A. Bellezza, Massimino il Trace, Genua 1964, S. 236—239. Die Forschungsberichte von X. Loriot (Zeitraum 235—244 in ANRW II 2, 1975) und B. Scardigli (Die got.-röm. Bez. bis zum 4. Jh. einschließlich, in ANRW II 5, 1, 1976) waren mir nicht zugänglich.

[16] Weil sie aus den nordpontischen, einst von Skythen bewohnten oder beherrschten Gegenden kamen, wurden sie in der spätantiken Historiographie ebenfalls Skythen genannt.

[17] Unter diesen spielten die Goten eine führende Rolle.

[18] Hinsichtlich des Ausmaßes dieser Handlungen, d. h. ob es sich um eine Plünderung und Brandschatzung oder um eine regelrechte Zerstörung der Stadt handelt, möchte ich mich vorerst nicht festlegen.

[19] In seiner 36. Rede im 4. Paragraph.

[20] Für alle gegen Histria gerichteten Kampfhandlungen v. Chr. vgl. Anm. 4.

sie seit langer Zeit von den Barbaren umringt ist ... wurde sie des öfteren (von Feinden) erobert." So vermuten wir, daß um 500 v. Chr. im Zusammenhang mit den Kampfhandlungen zwischen den Persern des Darius und den Skythen sowie mit deren Rachezügen unsere Stadt Schäden[21] erlitten hat.

Dann ist es möglich, daß im 4. Jh. v. Ch., während der skythischen und makedonischen Herrschaft in Klein-Skythien, auch diese Stadt zu leiden hatte[22]. Dafür wissen wir aber mit Bestimmtheit, daß im Laufe der römischen Kriegshandlungen gegen Mithridates der Stadthalter von Makedonien, Marcus Lucullus[23], die griechischen Kolonien der westpontischen Küste — einschließlich Histria[24] — erobert[25] und besetzt hat[26]. Einige Jahre später[27] scheint der getische Großkönig Boirebistas auch Histria gestürmt zu haben[28], als er die ganze Küste von Olbia bis Apollonia besetzte. Dann folgt die griechischerseits kampflose Eingliederung von Klein-Skythien in das römische Reich, wodurch auch Histria sich einer fast dreihundertjährigen Ruhe erfreut. Und plötzlich folgt der gotische Blitz aus heiterem Himmel.

Zweitens ist es kein reiner Zufall, daß wir über dieses Ereignis eine kurze aber unmißverständlich klare Aussage besitzen. Wir verdanken sie, m. E., dem Umstande, daß hier an der Donaumündung „Weltgeschichte" gemacht wird. Es handelt sich nämlich um die Auslösung der großen Krise[29] des römischen Reiches im 3. Jh.[30], und zwar um ihren

---

[21] Die aber nur archäologisch faßbar sind. Vgl. dazu z. B. Pippidi, I Greci, S. 47 und 57.

[22] Was ebenfalls bloß durch archäologische Befunde angedeutet ist. Vgl. dazu Pippidi, I Greci, S. 256 Anm. 149.

[23] Der Bruder des berühmten Licinius Lucullus betätigte sich im Jahre 72 v. Chr.

[24] Ausdrücklich wird die Stadt bloß von Eutropius erwähnt, von dem die Nachricht übernommen und von Festus und Iordanes bloß wiederholt wird.

[25] Wahrscheinlich wollte das römische Heer auch diese Stadt plündern, wie es für Apollonia bezeugt ist. Denn von hier, bzw. aus dem hiesigen Apollo-Tempel, wurde bei dieser Gelegenheit die riesige Statue des Gottes nach Rom auf das Kapitol geschafft (Str. C. 319).

[26] Nur von Apollonia aber wird behauptet, daß es zerstört wurde (Eutr. VI 10: Apolloniam evertit).

[27] Irgendwann in den fünfziger Jahren des ersten Jahrhunderts v. Chr.

[28] Wir besitzen bloß eine indirekte Quelle (Dion Chrys., a. a. O.), die davon spricht, daß „. . . die Geten sowohl die Stadt Olbia als auch andere Städte an der linken Pontosküste bis nach Apollonia hin erobert hatten". Auch glaubt D. M. Pippidi Andeutungen für dieses Ereignis in zwei Inschriften gefunden zu haben (Epigr. Beitr. S. 89—100 u. B. C. H. CXLL [1968] 226—40).

[29] Ungeachtet dessen, wie man das 3. Jh. bewertet, als Epoche des Verfalls im Rahmen der Dekadenztheorie antiker und moderner Prägung, oder, wie es anscheinend

augenscheinlichsten, außenpolitischen Aspekt[31], der sich durch die Eröffnung der gotischen Front kennzeichnet.

Drittens wurde darüber von einer sehr guten zeitgenössischen Quelle berichtet, welche wahrscheinlich sowohl in einem allgemeinen Werk[32] als auch in einer Monographie[33] das Ereignis bespricht oder zumindest erwähnt. Folglich haben wir es mit dem kompetentesten zeitgenössischen Berichterstatter zu tun, der außerdem auch persönlich an ähnlichen Ereignissen teilgenommen hatte[34], die sich nicht in allzugroßer Entfernung von dem beschriebenen Fall oder gar am anderen Ende der griechischen Welt abgespielt haben.

Wie hat aber die moderne Geschichtsschreibung auf diese Nachricht reagiert? Die normale und unvoreingenommene Deutung hat ihr Glauben geschenkt[35] und den Fall Histrias in das Jahr 238 n. Ch. gesetzt. Andere dagegen hegten Zweifel an der Richtigkeit der Angabe, in erster Linie vielleicht, weil die HA, welche die Nachricht des Dexippus vermittelt hatte, in der Forschung des 20. Jahrhunderts sich eines immer schlechteren Rufes erfreute[36]. Der unmittelbare Anlaß scheint aber das

---

der Trend der letzten Jahrzehnte verlangt, eher als eine Zeit des „beschleunigten Wandels" der antiken Gesellschaft, bzw. ihres Hauptvertreters, des römischen Reiches.

[30] Eigentlich geht es um die Zeitspanne 235—284 n. Chr., in welcher viele (Soldaten-) Kaiser und Gegenkaiser gleichzeitig untereinander und gegen die fast alle Reichsgrenzen überflutenden Reichsfeinde kämpften.

[31] Dieser hat von allem Anfang an sowohl bei den Zeitgenossen als auch bei der Nachwelt den stärksten Widerhall gefunden.

[32] Die sogenannte Chronik, Dexippos Hauptwerk, war eine regelrechte allgemeine Geschichte, angefangen von den ägyptischen Königen bis auf Kaiser Claudius II., im Jahre 270 n. Chr. endend.

[33] Die Skythika behandelten die Germaneneinfälle ins Reich von 238 n. Chr. ausführlicher — sie begannen anscheinend eben mit dem Fall Histrias! — bis mindestens 270, wenn nicht sogar 274 n. Chr.

[34] Im Jahre 268 n. Chr. unternahmen die Heruler einen Plünderungszug nach Griechenland, in dessen Verlauf auch Athen schwer in Mitleidenschaft gezogen wurde (Synkellos, p. 717, 9). Danach scheint Dexippos eine Schar von 2000 Landsleuten um sich gesammelt zu haben, mit deren Hilfe er die Angreifer vertrieb (HA Gall. 13, 8 u. FGrH Nr. 100 Frg. 28).

[35] So z. B. glaubte Vasile PÂRVAN fest daran, der große rumänische Althistoriker, der übrigens sozusagen Histria entdeckt und mit seiner Freilegung im Jahre 1914 begonnen hat — wobei er auf das Stadttor und die neuen, engeren Mauern stieß, welche nach der gotischen Zerstörung errichtet wurden. (Histria VII, Bukarest, 1923, 105 u. Riv. Fil. 2, 1924, 322).

[36] Nach DESSAUS bahnbrechender Kritik an der ganzen Sammlung und ihren vermeintlichen Verfassern und MOMMSENS „Skribenten".

Aufhören der Münzprägung von Histria einige Jahre später, d. h. nach Gordian III., gewesen zu sein[37]. So glaubte VULIČ[38], daß die Stadt zuerst nur geplündert und nicht zerstört wurde. Derselben Meinung waren dann F. JACOBY[39], M. BERSANETTI[40], L. SCHMIDT[41], G. KERLER[42] und letzten Endes H. G. PFLAUM[43].

S. LAMBRINO glaubte[44] aufgrund einer Inschrift[45] aus dem Jahre 246 n. Chr., daß Histria nur im Jahre 248 von den Asdingern, Taiphalen und Peukenern zerstört worden sein konnte[46].

R. VULPE — ebenfalls ein großer Kenner der alten Geschichte Rumäniens — der anfangs[47] der Meinung LAMBRINOS beipflichtete, gelangte letztens[48] zu einem noch späteren Zeitpunkt, nämlich 267 n. Chr. aufgrund eines kaum haltbaren[49] Interpretationsversuches des bekannten Passus aus der HA, Gall. 13, 6: *Scythae per Euxinum navigantes, per Histrum ingressi, multa gravia in solo Romano fecerunt.*

---

[37] Dieser Kaiser herrschte bekanntlich 238—244 n. Chr.

[38] RE IX, 2268, 5.

[39] Im Kommentar zu den Fragmenten des Dexippos (Berlin 1926, S. 309).

[40] In Athenaeum 16 (1938), 237 glaubte auch er an eine Plünderung, welcher erst zehn Jahre später die völlige Zerstörung folgte.

[41] Die Ostgermanen, München 1941², 204.

[42] Die Außenpolitik in der Historia Augusta, Bonn 1970, S. 150.

[43] Anläßlich der XII. Eirene-Tagung in Cluj im Oktober 1972, wo er die Arbeiten des Seminarium epigraphicum geleitet hat (Actes XIIᵉ Conf. Eirene, Amsterdam 1975, S. 642: „Histria aurait été partiellement détruite en 238, mais la vie aurait continué. La destruction complète daterait des invasions des Goths en 258 ou 267).

[44] Rev. Et. Lat. XI (1933), S. 457—463 u. Mélanges J. Marouzeau, Paris 1948, S. 319 ff.

[45] Es handelt sich um einen Altar, den die Einwohner des Vicus Secundini dem Kaiser Philipp Arabs und seinem Sohne gewidmet hätten. Weitere Altäre aus dem Territorium von Histria, ebenfalls aus den Jahren 238—246 n. Chr., wurden veröffentlicht in SCIV 9 (1958).

[46] Den falschen Bericht in der HA erklärte er dadurch, daß der Beginn des Gotenkrieges beim Autor die Erinnerung an die Zerstörung Histrias auslöste, welche so um zehn Jahre zu früh angesetzt wurde.

[47] Hist. Anc. Dobr., Bukarest 1938, S. 264 ff.

[48] *Histrum ingressi — Histriae excidium,* St. Cl. XI (1969), 157—171.

[49] „Indem die Goten in die Bucht von Histros eindrangen", d. h. die Stadt besetzten und hier „auf römischem Boden viele Missetaten begingen". Gegen einen derartigen Versuch hatte bereits vor fünfzehn Jahren J. STRAUB gewarnt, als er schrieb: *Histrum ingressi* bedeutet nicht den Überfall auf die Stadt, sondern den Übergang über den Fluß . . . *multa gravia in solo Romano fecerunt* — eine unverbindliche Formel, die Claud. 6, 2 variiert erscheint: *praedae cupiditate in Romanum solum inruperunt atque illic pleraque vastarunt.* (Studien zur Historia Augusta, Bern 1952, S. 66).

Die von PÂRVAN veröffentlichten Bruchstücke

Dieselbe Inschrift mit einem angeblich zusätzlichen Bruchstück in der ersten Reihe

Einen anscheinend noch berechtigteren Zweifel an der zeitlichen Einreihung der Zerstörung Histrias in der HA hat D. M. Pippidi in einem
mehrmals veröffentlichten Aufsatz[50] angemeldet[51]. Und so schien die
Aussage der HA endgültig widerlegt worden zu sein. Diesem Standpunkt
hatte sich damals auch Vl. Iliescu angeschlossen[52]. Fast zur gleichen Zeit
hat auch E. Dorutiu-Boila dieses Ergebnis noch zu untermauern und
die Zerstörung Histrias zwischen 258—269 anzusetzen versucht[53].

Im Mai 1972 wurde der ganze Fragenkreis im Rahmen des HA-
Colloquiums eingehend erörtert. Die Diskussion erfolgte nachdem in
zwei Beiträgen die gegensätzlichen Standpunkte vorgetragen worden
waren[54]. Allmählich ergriffen fast alle anwesenden Fachkollegen das
Wort und wurden zu wahrhaften Teilnehmern dieser spannenden
Debatte[55]. Es bildeten sich selbstverständlich zwei „Parteien". Für die
HA haben sich hauptsächlich Andreas Alföldi[56] und Johannes Straub
eingesetzt, indem sie mehrmals das Wort ergriffen und sowohl auf die
Einwände der „Gegenpartei" geantwortet, als auch neue Beweise vor-
gebracht haben. Sie wurden von K. F. Stroheker, H. H. Schmitt[57] und
anderen unterstützt. Gegen die HA, oder besser gesagt für die entscheidende Aussagekraft der oben erwähnten Inschrift traten die „Epigraphiker" ein, d. h. H. G. Pflaum, Sir Ronald Syme und Géza Alföldy.
Außerdem gab es auch Unschlüssige, die sich nicht festlegen wollten oder

[50] Zuerst in SCIV 4 (1953), S. 796—801, dann in Contribuţii[1], 1957 (213—222), Epigr.
Beitr., S. 192—201 und Contribuţii[2], 464—480.
[51] Durch die Ergänzung und Neulesung eines bereits von V. Pârvan veröffentlichten
Bruchstückes aus einer stark beschädigten Inschrift. Demzufolge wäre unter Gordian III., im Jahre 240, ein *macellum vetustate conlapsum* neu errichtet worden.
Eine Handlung, an die man nur unter normalen Zuständen denken konnte und nicht
nach den Zerstörungen im Jahre 238.
[52] Im Kommentar zum betreffenden Dexippos-Fragment (Fontes I, S. 733, Anm. 6).
[53] St. Cl. V (1964), 247—259.
[54] Vl. Iliescu für die Glaubwürdigkeit der von der HA gebotenen Nachricht und
E. Doruţiu-Boilă, gegen den zeitlichen Ansatz der HA.
[55] Ich bitte die damaligen Teilnehmer um Verständnis, falls ihr besseres Gedächtnis
etwaige Fehler bei der Wiedergabe einiger Einzelheiten des damaligen Gesprächs
entdecken wird.
[56] Der sogar auf seine persönliche Erfahrung aus dem ersten Weltkrieg zurückgriff, um
Beispiele anzuführen, aus welchen man ersah, wie zäh der Überlebenswille der Menschen ist und wie schnell ein fast normales Leben — nach einer wirklich vollständigen Zerstörung einer Ortschaft — wiederbeginnen kann.
[57] Der damalige Rektor der Bonner Universität hatte sich gerade einen „freien" Nach-
mittag als Althistoriker gegönnt.

konnten. Wenn ich nicht irre, waren es Jacques SCHWARTZ, Tim. BIRLEY, J. F. GILLIAM und F. PASCHOUD. Selbstverständlich konnte man zu keiner überzeugenden Schlußfolgerung gelangen, denn die Meinungen blieben weiterhin geteilt.

Im Herbst desselben Jahres hielt E. DORUTIU-BOILA einen Vortrag[58] über dieses Thema auf der Tagung in Cluj, wobei H. G. PFLAUM nicht mehr das Zeugnis der HA ablehnte, sondern nur das Ausmaß der Zerstörung einschränkte und versuchte, hiermit eine vermittelnde Lösung zwischen den entgegengesetzten Standpunkten zu finden, wie o. angeführt.

Bei einer eingehenden Erörterung des ganzen Fragenkreises müßte man aber alle Quellen auf ihre Richtigkeit prüfen und hiermit auch die Inschriften näher untersuchen, nicht nur die HA. In der Hitze des Gefechtes sozusagen hat aber keiner der Teilnehmer des Colloquiums daran gedacht, die epigraphischen Quellen — bzw. die bereits erwähnte Inschrift, welche als ausschlaggebend bewertet wurde — in Frage zu stellen.

Eine derartige, methodologisch unerläßliche Kleinarbeit, führt zu aufschlußreichen, wenn auch unerwarteten Ergebnissen. Als erstes müssen wir feststellen, daß die Inschriften aus dem ländlichen Gebiet von Histria fast nichts beweisen, wie es selber D. M. PIPPIDI — methodologisch mit vollem Recht — zugibt[59]. Hiermit scheiden sie alle aus der Diskussion aus.

. Die von PÂRVAN veröffentlichte Inschrift umfaßte sechs Fragmente[60], zu denen später ein siebentes Bruchstück[61] hinzukam, alle auf sechs Zeilen verteilt, und zwar folgendermaßen:

1 = *INVIC*; 2 = *X MAXIMV*; 3 = *III COS*; 4 = *LLVMVL*; 5 = *ABSVM*; 6 = *VIT*

[58] *Excidium Histriae* (S. 635—642), in dem sie die Zeitspanne der wahrscheinlichen Zerstörung Histrias erneut zwischen 258—269 ansetzte, unter Hinzunahme aller möglichen indirekten epigraphischen und archäologischen Beweise. Denselben Standpunkt finden wir wiederholt auch in Dicţionar de istorie veche a Romăniei, Bukarest 1976, s. v. Historia Augusta, S. 327.

[59] So in Epigr. Beitr. S. 194 (Zum Datum der Zerstörung Histrias durch die Goten im 3. Jh. u. Z.): „Der Vicus Secundini beispielsweise konnte von Histria weiter entfernt oder in einer Gegend gelegen haben, die ihn weniger der Gefahr eines feindlichen Überfalls aussetzte. Solange wir also seine genaue Lage nicht bestimmen können, beweist die dort erfolgte Errichtung von Altären in den Jahren zwischen 238 und 246 nichts anderes, als daß die Bewohner in dieser Zeit den Brauch wahrten, den Kaisern Beweise ihrer Ergebenheit darzubringen.“

[60] In Histria VII, Bukarest 1923. Nr. 54 u. Abb. IX.

[61] Ibid. Nr. 44. Vgl. Abb. 27 in Contr.².

Wichtig ist die 4. Zeile, in der Pârvan zu lesen glaubte: ... *be]llum
ul[tra limitem o. fines]* ... 5 ... *absum[psit.* Da sowohl Severus Alexander (223/224) als auch Maximinus (236/237) im dritten Jahre ihrer
tribunicia potestas zum ersten Mal den Titel consul trugen und angesichts der militärischen Handlungen des Maximinus an der mittleren
Donau entschied sich Pârvan doch für den letzteren Kaiser[62].

D. M. Pippidi der ein neues Bruchstück auf dem ... *ONI* ... zu lesen
ist — angeblich aus der 1. Zeile — gefunden hat und außerdem als
Fortsetzung der Buchstaben ... *VIT,* in einer neuen letzten Zeile ein
eradiertes *C* sieht[63], schlägt folgende Lesung vor: 1. [*I]mp[erator
Caesar]* 2 [*M. Ant]oni[us Gordianus]* ... 6 [*mace]llum ve[tustate]*
7 [*conl]absum [a fundamentis]* ...

Daraus folgert D. M. Pippidi, daß im Jahre 240 n. Chr. eine verfallene Markthalle neu errichtet worden wäre, was nach einer Zerstörung
der Stadt in 238 völlig sinnlos gewesen wäre.

Entscheidend für diese Lesung sind sowohl das neue Bruchstück
... *ONI* ..., welches den *Antonius* des Gordian III ergibt und hiermit
das Jahr 240 sichert, als auch der Buchstabe *E* in der sechsten Zeile, der
einen Anhaltspunkt für die Wiederherstellung eines alten Gebäudes
bietet. Ihre Beweisführung steht aber auf schwachen Füßen[64].

Erstens sieht man auf den ersten Blick den Unterschied zwischen dem
neuen Bruchstück und der alten Inschrift, zu der es nicht paßt.

So stimmen die Buchstaben *NI* nicht mit den Zeichen in der folgenden
Reihe überein, dann ist der Abstand zwischen den Reihen des Bruch-

---

[62] Ibid. S. 126: „l'inscription conviendrait encore à Sévère Alexandre et à Maximin ...
bellum ultra limitem ou *fines* ce n'est toutefois qu'une simple hypothèse".

[63] Epigr. Beitr. 16[b] auf Tafel XIV u. Contr.[2] Abb. 28.

[64] Die Tatsache, daß die neue Lesung der Inschrift von H. G. Pflaum in der REL 36
(1958) 391 gutgeheißen wurde, ist m. E. leicht zu erklären. Er hatte nämlich die
Fassung aus dem Philologus 101 (1957) 1—2, S. 154—158 gelesen (Beiträge zur
römischen Prosopographie des III. Jahrhunderts. Ernst Hohl zum Gedächtnis). Hier
wurden drei Inschriften kurz besprochen, von denen zwei keine sicheren Lesungen,
sondern bloß Deutungsversuche boten. Da konnte man nicht beide glattweg ablehnen. Denn erstens genügte es, daß der Versuch (S. 158—162) zurückgewiesen
wurde, einen *praefectus praetorio* aus der HA (Prob. 10, 6—7), mit dem Namen
Capito, in einer Inschrift aus Klein-Skythien zu legitimieren, um wohlwollender den
anderen Versuch zu betrachten. Auch wurden die historischen Folgen desselben nicht
aufgezeigt, denn die Zerstörung Histrias wird hier noch überhaupt nicht erwähnt.
Zweitens bietet ja die Zeitschrift keine Abbildungen, so daß man nicht sehen und
wissen konnte, wie der strittige Buchstabe und das neue (un)passende Bruchstück
eigentlich aussehen. Und der eigentliche Text klang ja wahrscheinlich und konnte es
auch sein.

stückes und der Inschrift nicht der gleiche. Außerdem gibt es große Schwankungen in der Länge der Reihen, angefangen vom *MP* der ersten Zeile.

Zweitens hat D. M. Pippidi die drei Möglichkeiten bei der Lesung des viel umstrittenen Buchstaben *E* in der 6. Zeile verschwiegen. So sagte Parvan ausdrücklich[65], d a ß a m E n d e d e r Z e i l e e i n *L*, e i n *E* o d e r e i n *B* s e i n k a n n. Persönlich hat er sich für das *L* entschlossen, weil er glaubte, daß die mittlere Haste ein zufälliger Sprung sei; wahrscheinlich, weil er das *ultra fines* im Auge hatte. D. M. Pippidi dagegen hat ein *E* gewählt, da es zu seinem *vetustate* paßte.

Drittens, glaube ich, könnte es eher ein *B* sein und das aus folgenden Gründen: wenn man den Buchstaben mit dem *B* der nächsten Zeile — im *ABSVM* — vergleicht, bemerkt man, daß die untere Ecke eine ähnliche Verzierung und der untere Teil denselben Halbkreis bildet, was aber nicht für ein *E* zutrifft. Dagegen ist das vermutliche *E* gar nicht demselben Buchstaben ähnlich, welcher zwei Zeilen höher im *pontifEX MAXIMVS*, dessen Oberteil sichtbar ist, erscheint. So bildet die obere Ecke einen starken rechteckigen Haken nach rückwärts, der beim fraglichen *E* völlig fehlt und die mittlere Haste scheint auch schwächer zu sein, wie bei einem *B*, und nicht einem *E*.

Hiermit ist der Ergänzungs- und Lesungsversuch mehr als fraglich und kann im Augenblick nicht gegen einen bis zum Gegenbeweis klaren Text stehen.

Wie steht es aber um den Text? Niemand bezweifelt, daß die Nachricht — wie alle anderen aus der HA — tatsächlich auf Dexippos zurückgeht. Trotz der geringen Anzahl der erhaltenen Fragmente[66] aus seinen verlorenen Werken[67] wissen wir, daß er ein sachkundiger und für die Geschichte des 3. Jh. n. Ch. ein äußerst bedeutender Autor war[68].

Von den 29 größeren und kleineren Fragmenten[69] stammen 20 aus seiner Chronik. Darunter berichten 12 über Ereignisse des 3. Jahrhun-

---

[65] a. a. O. 83.
[66] Alle 39 sind gesammelt in den FGrH Nr. 100.
[67] Zwei von ihnen haben unser Ereignis zumindest erwähnt. Vgl. Anm. 32 u. 33.
[68] Vgl. dazu E. Schwartz, ER V, 288—293 u. Gr. Geschschr., Leipzig 1959, S. 282—290; Fr. Altheim, Lit. u. Gesell. im ausgeh. Alt. I, Halle 1941, S. 175—192; F. Millar, P. Her. Dex.: The Greek World a. the Third'Century-Invasions, JRS 59 (1969), 12—29 u. J. Straub Studien zur Historia Augusta, Bern 1952, insbesondere 40 ff. u. 52 ff.
[69] Aus den zwei erwähnten Werken.

derts. Folglich handelt es sich bei diesen sozusagen um Zeitgeschichte, welche der Autor gut kennen mußte. Davon aber finden wir 10 in der HA[70], obwohl es sich um kleine und kleinste Fragmente[71] handelt. Mit Ausnahme von drei, beziehen sie sich auf das vielbewegte „Sechskaiserjahr" 238 n. Chr. Und zu ihnen zählt eben auch die Zerstörung Histrias[72].

Hat der Verfasser der HA selber Dexippos benutzt, hat er ihn bloß über einen Mittelsmann herangezogen oder gar nur seinen Namen als Deckmantel für anderweitige Information oder eigene Phantasie verwendet? So urteilten Ed. Schwartz[73] und F. Jacoby[74] optimistischer in dieser Hinsicht, während J. Straub sich viel zurückhaltender äußert, aber zugibt, daß zumindest die gebotene Information echt ist[75]. Und das genügt, um unserer Information das nötige Maß an Aussagekraft beizumessen und sie als glaubwürdig zu erachten. Obwohl die eigentliche in der HA enthaltene Nachricht äußerst klar und unmißverständlich ist, hat man versucht, sie umzudeuten oder das Ausmaß des berichteten Ereignisses einzuschränken.

So hat R. Vulpe versucht[76] zu behaupten, daß *Histriae excidium* an falscher Stelle steht und Gall. 13, 6 gehört, wo es *Histrum ingressi* lautet. Mit anderen Worten hätten wir es mit einer Dublette zu tun. Für eine solche Deutung besteht aber nicht der geringste Anhaltspunkt.

D. M. Pippidi betrachtet dagegen die Umschreibung *Histrica civitas* mit Recht als eine Übersetzung aus dem Griechischen, aber bestreitet,

---

[70] Darüber scheint in der Literatur Einstimmigkeit zu herrschen, daß alle Fragmente in der HA aus der Chronik stammen.

[71] Wobei aber der Name des Autors 15mal erwähnt wird.

[72] Bei welcher man geneigt sein könnte, die Gotenkriege (Skythika) des Dexippos als Quelle in Anspruch zu nehmen, wie es auch Millar (S. 23) bereits bemerkte. Für die Glaubwürdigkeit des Ereignisses ist aber die Chronik eine genau so gute Quelle.

[73] a. a. O. S. 292/288. „Zunächst fällt auf, daß in ihr HA Zitate Dexipps, regelmäßig akzessorisch, wie Randbemerkungen, auftreten." u. 289/292 „. . . ist es gestattet, die Abweichungen von Herodian, soweit es nicht Schwindeleien sind, auf Dexipp zurückzuführen".

[74] Kommentar zu Nr. 100 S. 305: „ihre Echtheit ist schon dadurch gesichert".

[75] a. a. O. S. 55: „Wir dürfen auch glauben, daß der athenische Historiker der mehrmals zitiert wird, irgendwie benutzt ist. . . Ob die HA unmittelbar oder mittelbar ihre Angaben von ihm bezieht . . ." S. 67: „. . . daß der HA eine Quelle zur Verfügung stand, in der wenigstens die aus Dexippos stammenden Nachrichten noch kenntlich gemacht waren".

[76] Wie w. o. bereits erwähnt wurde.

daß irgendwo eine Form wie Istropolis vorgekommen sei[77]. In Wirklichkeit aber verhalten sich die Dinge umgekehrt.

Das ungewöhnliche ist nämlich die *Histrica civitas,* wie A. von DOMASZEWSKI seit über einem halben Jahrhundert bemerkt hat[78]. Denn es würde bedeuten „die Stadt aus Istrien", am Adriatischen Meer und nicht an der Donaumündung. Er glaubt an eine lateinische Vorlage der HA, in der *civitas Histria* gestanden hätte, der Verfasser aber, bzw. der Fälscher, wie ihn DOMASZEWSKI nennt, hätte aus geographischer Unkenntnis geglaubt, daß es sich um die Adria-Provinz handle und die Worte der Vorlage entstellt[79]. In Wirklichkeit, glaube ich, hat der Verfasser der HA eher für die Übersetzung aus dem Griechischen nicht das richtige Eigenschaftswort *Histrianus* gewählt, aber doch die Stadt an der Donaumündung gemeint. Für uns ist es unwichtig, denn die griechische — mittelbare oder unmittelbare — Vorlage Dexippos wußte genau, um was es sich handelte.

Wenn man aber die in den letzten Jahren im Bonner Kreise so eingehend erörterten Arbeitsmethoden der HA berücksichtigt, könnte man auch an ein zumindest aus dem Unterbewußtsein stammendes Wortspiel mit dem Eigenschaftswort *histricus* „schauspielerisch, Theater ..." denken.

Die Frage der Form *Istropolis* ist aber viel ernster, weil sie für die Qualität der Quelle spricht. Wir kennen nicht nur eine einzige, sondern mehrere mögliche Entsprechungen oder Übersetzungen für die *Histrica civitas* der HA. So finden wir *Istros polis* bei Ptol. III 10, 3 u. die Abart *Istria polis* bei Arr. Per. P. E. 24, 2; bei Geogr. Rav. IV 6, p. 48 erscheint *Istriopolis* und in der Tab. Peut. VIII 4 *Histriopolis;* dann treffen wir *Histropolis* bei Plin. nat. IV 11 (18), 44; IV 12 (24), 78—79 u. Mela II 2, 22; e n d l i c h g i b t e s a u c h e i n e *Istropolis* a u f e i n e m S c h i l d[80], a u s d e r g l e i c h e n Z e i t[81] w i e d a s e r ö r t e r t e E r e i g n i s , aber als *Istropotamos* verschrieben[82].

---

[77] Vgl. Contr.², S. 393, Anm. 13: „. . . Vgl. doch eine eigenartige Stelle aus der HA (Max. Balb. XVI, 3) wo, in Anführung von Dexippos, der Verfasser unsere Stadt *Istrica civitas* nennt, was selbstverständlich im griechischen Original einer Form wie I s t r o p o l i s entspricht, die übrigens niemals vorgekommen ist".

[78] In: Die Personennamen bei den SHA, Szb. Heid. 1918, 13, S. 91.

[79] Übrigens aber glaubte auch A. VON DOMASZEWSKI daran, daß die Stadt damals von den Goten zerstört wurde.

[80] Es handelt sich um den berühmten Schild eines römischen Soldaten aus Doura-Europos (vgl. dazu Fr. CUMONT, Fouilles de Doura Europos [1922—1923], Paris

Um einen Ausweg aus den Schwierigkeiten des Textes zu finden, hat
man versucht — wie oben angeführt — die Härte des gotischen Schlages
zu mildern, damit in der angeblich zerstörten Stadt die von den Inschriften angedeutete Handlungen und eine kurze Prägetätigkeit möglich sei. Und so hat man zu verstehen gegeben, daß *excidium* nicht
unbedingt „Zerstörung" oder „Vernichtung" bedeuten muß, sondern
daß nach einer bloßen Eroberung oder einer kleinen Plünderungsaktion
später eine richtige Zerstörung stattgefunden hätte. Nur verlangen die
elementaren Regeln der philologischen Bedeutungsbestimmung den Sinn
eines Ausdruckes zu beweisen — anhand des gesamten Wortschatzes
eines Autors und des jeweiligen Kontextes — und nicht bloß zu beanspruchen. Im Scriptorum historiae Augustae Lexicon von C. LESSING[83]
sind die einzigen drei Beispiele dieser Sammlung angegeben[84], aus denen
hervorgeht, daß es bloß „Verderben" in der HA bedeutet.

Hiermit sprach die Quelle von einer Zerstörung Histrias und es hat
keinen Sinn eine Abschwächung der so eindeutig ausgedrückten Handlung zu versuchen.

Was sagt aber die Archäologie dazu und was könnte sie grundsätzlich
über den genauen Zeitpunkt eines derartigen Ereignisses aussagen? Die
freigelegten Stadtmauern sind ein Beweis für die gotische Zerstörung,
sowohl durch die kleinere Stadtfläche, welche sie zu umschließen und zu
schützen versuchten, als auch durch die Bruchstücke verschiedener älterer
Bauten, welche zu ihrer Errichtung verwendet worden waren. Eine
genaue Jahreszahl kann gewöhnlich die Archäologie nicht bieten, bloß
Anhaltspunkte für eine relative Chronologie, d. h. „älter" oder „jünger"
als ein anderes Fundgut, welches auch nur einen bedingten zeitlichen
Ansatz gestattet. Die neueste Zusammenfassung[85] der Ergebnisse lang-

---

1926, S. 323—337). Er hatte einem Mann aus der *Cohors XX Palmyrenorum
sagittariorum* gehört.

[81] Er wird der Zeitspanne 230—250 n. Chr. zugewiesen, d. h. seit der ersten Erwähnung der Einheit bis zum Verlassen der betreffenden Stadt.

[82] Darauf war der Weg entlang der Schwarzmeerküste, von Mesembria bis nach Arta-
badra aufgezeichnet, mit den Wegstrecken und den betreffenden Stationen. So erscheint nach *Tomis Halmyris*, und dann *Istropot*, anstelle von *Istropolis*. Dies ist
aus der Tatsache ersichtlich, daß gleich darauf die Donau folgt, welche als *Danoubis*
mit dem römischen Namen, der sich am Ende der Antike allgemein durchgesetzt hat,
erscheint.

[83] Leipzig 1901—1906 = Hildesheim 1964 (reprint), S. 185.

[84] Gd. 7, 2 *viris . . . minaretur e.*; AS 44, 2 *sine cuiusquam-o*, u. unsere Stelle.

jähriger Arbeiten auf diesem Gebiet hat in Histria Zerstörungen — gegen die Mitte und das Ende des 3. Jh. n. Chr. — feststellen können, auf welche dann am Anfang des 4. Jh. der große Aufbau der Stadt gefolgt ist; worauf sich ähnliche Dinge erneut zugetragen zu haben scheinen.

Die Numismatik, auf die man größere Hoffnung setzte, hat diese nicht erfüllt. Da man festgestellt hat, daß während der Krise des römischen Reichs — in der Mitte des 3. Jh. — zahlreiche Städte[86] des östlichen Reichsteiles[87] ihre Prägetätigkeit eingestellt hatten, glaubte man die Erklärung in den erlittenen Verwüstungen[88] und eingetretenen Zerstörungen der betreffenden Städte zu finden. Nur hat es sich herausgestellt, daß alle diese Prägestätten ihre alte Tätigkeit, auch nach der Wiederherstellung der „normalen Ruhe" im 4. Jh., nicht mehr aufgenommen haben. Hiermit bestand der Grund nicht in den „Unglücksfällen" einzelner Städte sondern war auf eine geänderte, den neuen Reichsgegebenheiten Rechnung tragende Währungspolitik der römischen Kaiser[89] zurückzuführen, wie dies die neuere Forschung aufgezeigt hat.

Andererseits wollte man auch aus der Abwesenheit von Reichsmünzen bestimmter Kaiser in den Funden von Histria voreilige Schlußfolgerungen über die Zerstörung der Stadt zu einem gewissen späteren Zeitpunkt ziehen, doch kamen dann noch rechtzeitig die Münzen von fast allen Kaisern hinzu[90].

Letztens zeigt auch der Vergleich mit den nördlichen Schwesterstädten Histrias, daß Olbia und Tyras ebenfalls um diese Zeit — d. h. beim ersten Ansturm der Goten — zerstört worden waren. Nur sollten sie diese Zerstörung nicht überleben, weil sie — außerhalb der römischen Provinz gelegen — sich der römischen Hilfe nicht erfreuen konnten. Deshalb war übrigens deren Fall auch nicht von den Reichsquellen verzeichnet worden.

---

[85] Im Rahmen der erwähnten Tagung in Constanța hielten C. Domăneanțu u. A. Sion einen Vortrag über die spätrömische Stadtmauer, der in SCIVA 1982 erscheinen wird.

[86] Angefangen von Histria und den anderen westpontischen Griechenstädten über Athen bis nach Kleinasien, prägten sie keine Münzen mehr nach Gallienus.

[87] Nur Ägypten hat weitergemacht und hiermit seine alte Sonderstellung beibehalten.

[88] Doch nicht alle hatten solche schwere Zeiten durchlebt.

[89] Vgl. dazu J. P. Callu, La politique monétaire des empereurs romains de 238 à 311, Paris 1969.

[90] Vgl. dazu bereits H. Nubar in Histria III, Bukarest 1973, 61 ff.

Einige Bemerkungen zur Regierung von Maximinus Thrax

von WILLEM DEN BOER, Leiden

Bereits im vierten nachchristlichen Jahrhundert wurde die Geschichte der römischen Kaiserzeit in Perioden eingeteilt; das Jahr 235 n. Chr. stellt darin eine scharfe Zäsur dar[1]. In Wirklichkeit gab es mehr Kontinuität als Veränderung.

Es ist offenkundig, daß die schnelle Aufeinanderfolge der Usurpatoren die gleichmäßige Entwicklung einer neuen Verwaltung verhinderte. Mit mindestens fünf Aufgaben mußte sich ein neuer Herrscher auseinandersetzen: 1. mit der militärischen Lage an den Grenzen; 2. mit seiner Beziehung als Oberbefehlshaber zu seinen Truppen; 3. mit den finanziellen Schwierigkeiten, die vor allem durch die hohen militärischen Ausgaben verursacht wurden, und die durch Steuern ausgeglichen werden mußten; 4. mit der Beziehung zu den steuerpflichtigen Bürgern und Bewohnern der Provinzen; 5. mit dem politischen Verhalten zu dem noch stets von altem Glanz umstrahlten oligarchischen Bollwerk, dem Senat.

Es ist auffällig, daß die Regierungsjahre der ersten Nachfolger der Dynastie der *Severi* nicht nur in der Antike, sondern auch in der Moderne ohne Berücksichtigung der unverkennbaren Tatsache beschrieben wurden, daß diese fünf Hauptprogrammpunkte nicht zu gleicher Zeit zu praktischen Maßnahmen ausgearbeitet werden konnten. Maximinus, „der Thraker", benötigte Zeit, und er konnte nicht wissen, daß ihm gerade eine längere Amtsperiode nicht beschieden war. Wie jeder,

---

[1] Aurelius Victor, De Caesaribus 24.

der Regierungsverantwortlichkeit trägt, mußte er Prioritäten setzen. In Germanien forderte die Lage an den Grenzen seine ganze Aufmerksamkeit. Deshalb war ihm auch die Beziehung zu seinen Truppen wichtig. Die Ernennung seines Sohnes Maximus zum Caesar fast unmittelbar nach seiner Machtübernahme entsprach diesen Überlegungen. Eine Dynastie war ausgestorben, eine neue Dynastie mußte gegründet werden. Den Truppen war in erster Linie an einer Stabilität der Befehlshaberschaft gelegen, die durch eine Herrscherdynastie gewährleistet schien. Die Anerkennung durch den Senat, die mühelos erfolgte, muß den Kaiser bewogen haben, seine Reise nach Rom aufzuschieben, obwohl diese Ehrenbezeugung für das alte Kollegium ohne Zweifel seine Position gestärkt hätte.

Man kann es ihm jedoch schwerlich anrechnen, daß er sich nach der Anerkennung seiner Herrschaft anderen, dringenderen Angelegenheiten zuwandte. Die Lage an den Grenzen Germaniens war beunruhigend genug. Der Loyalität seiner Soldaten war er sicher: ein siegreicher Feldherr kann sich auf seine Truppen verlassen, die von den Erfolgen profitieren. Erst wenn der Sold ausbleibt, entstehen Schwierigkeiten. Ausdrücklich ist festzustellen, daß auch die Truppen aus dem Osten, die Alexander Severus gedient hatten, keinerlei Mißtrauen, geschweige denn mangelnde Disziplin oder Aufsässigkeit zeigten, solange sie bezahlt wurden. Erst als der Kaiser die Steuerschraube anzog, um die finanziellen Forderungen zu erfüllen, widersetzten sich die Bürger und Bauern, die diese Lasten tragen mußten. Die Geldquellen strömten dadurch träger, die Truppen wurden unruhig. In dieser Reihenfolge spielten sich die für den Kaiser verhängnisvollen Ereignisse ab. Unruhe unter den Steuerzahlern, Geldmangel, Insubordination unter den Truppen. Aber dann sind wir bereits im Jahre 238. Diese Entwicklung war 235 noch nicht vorherzusehen, aber selbst wenn man sie hätte vorhersehen können, so wäre doch die Zeit, die dem Kaiser vergönnt war, zu kurz gewesen, um die Entspannung herbeizuführen, die zur Beruhigung der Soldaten und Steuerzahler nötig gewesen wäre. Die vornehmen Mitglieder des Senats schrieben die abgekühlte Beziehung zum Kaiser seiner Unfreundlichkeit und Nachlässigkeit zu, und der Groll, der daraus entstand, erklärt ihre Bereitschaft, Gegenkaiser anzuerkennen, die ihnen wohl nahe standen.

Die Berücksichtigung dieser Umstände, dieser notwendigen Entscheidung für Prioritäten, eine Entscheidung, die fehlschlug, muß jeder

Erörterung von Maximinus' unglücklichen Regierungsjahren voraus-
gehen. Namentlich Herodian und die vita der Maximini lassen dies
außer acht, und sie sind deshalb als Quellen, vor allem in ihrer Beurteilung der kaiserlichen Maßnahmen, sehr unzuverlässig. Aus all dem ergibt
sich, daß im Jahre 235 die Feldzüge im Westen und Nordwesten im
Mittelpunkt standen. Erst danach kam die Beziehung zu den Legionen,
was nicht verwundert, da sie sich loyal verhielten. Der Kaiser hätte
Legionen, die aus dem Osten stammten, namentlich der *Legio secunda
Parthica*, nicht völlig vertraut, wenn er sich nicht auf sie hätte verlassen
können. In der Zivilverwaltung und der Steuerpolitik war 238 bereits
viel geschehen, was 235 nicht vorherzusehen war. Man darf den Aufstand von 238 nicht in das Jahr 235 zurückprojizieren. Der Kaiser begann als Anführer des g e s a m t e n Heeres, und die Bürger warteten
ab.

Es ist nicht nötig, den Machtkampf von 238, der in Afrika ausbrach,
hier zu rekapitulieren[2]. Wichtig jedoch erscheint mir, auf verallgemeinernde Oberflächlichkeiten der Forschung hinzuweisen. Ich nenne nur
einige. Man sollte dem Beinamen *Thrax* keinesfalls große Bedeutung
beimessen; er ist in zeitgenössischen Quellen nirgends bezeugt[3]. Dieser
Name schien zu suggerieren, daß der Kaiser von vermeintlich thrakischer
Abstammung den östlichen Truppen feindlich gesinnt gewesen sei und
ihnen Truppen aus dem Balkan vorgezogen hätte. Man bringt dies gewöhnlich mit den „Säuberungen" am Hof in Zusammenhang, von denen
die recht orientalisch gefärbte nähere Umgebung des Alexander Severus
betroffen gewesen sei. Auf diese Annahme komme ich im zweiten Teil
meines Artikels zurück. Ebensowenig wie bei den Soldaten kann man bei
den Oligarchien der Provinzregierungen, in den Städten und Provinz-
verwaltungen von einer Feindschaft speziell zwischen dem Kaiser und
dessen „thrakischen" Vertrauten einerseits und den „Orientalen" andererseits sprechen. Auch bei den Aufständen gegen die hohen Steuern handelte es sich nicht um ein „orientalisches" Komplott. Man hat den Kaiser
„einen entschiedenen Gegner der Orientalen und ihres Anhangs" ge-

---

[2] S. F. Kolb, „Der Aufstand der Provinz Africa Consularis im Jahr 238 n. Chr.",
Historia 26 (1977), 440—477, der auf vortreffliche Weise die wirtschaftlichen und
sozialen Hintergründe behandelt. Für das Verhältnis zum Senat: K. Dietz, Senatus
contra principem. Untersuchungen zur senatorischen Opposition gegen Kaiser Maximinus Thrax, München 1980.
[3] Der Name stammt aus der Epit. 25, 1.

nannt[4]. Für diese Behauptung finden sich jedoch keinerlei Belege. In den drei Jahren seiner Regierungszeit gibt es, wenn überhaupt, nur sehr wenige spektakuläre personale Änderungen. Sogar auf höchster Ebene, bei der Ernennung der Statthalter im Osten, besteht kein Unterschied zur früheren Politik. Auch die Legionen orientalischer Herkunft werden, wie gesagt, ohne Bedenken eingesetzt, und dies gilt auch für die höheren militärischen Ränge. Syme hat deshalb mit Recht die vorsichtig formulierte Schlußfolgerung gezogen: „On first impression the evidence fails to indicate startling promotions and the intrusion of military upstarts. Rather perhaps continuity of the administration, which need not surprise[5]."

Zu Ehren des Jubilars, der die Geschichtsquellen des dritten Jahrhunderts so erfolgreich neu untersucht hat, will ich hier auf zwei Forschungsergebnisse näher eingehen, die einen Beweis für diese Kontinuität liefern, und die in d i e s e m Zusammenhang vielleicht zu wenig beachtet worden sind.

I

Ein Papyrusfragment im Besitz der Preußischen Staatsbibliothek gibt uns das seltene Zeugnis einer persönlichen Mitteilung, einen Beweis für die Ruhe und Kontinuität am Beginn dieser drei Regierungsjahre[6]. Das Fragment ist leider nicht datiert. Der Text lautet wie folgt:

ἐπεὶ γν[ώ]στ[ης ἐγενόμην τοῦ]
εὐαγγελ[ίο]υ περὶ τοῦ ἀνη-
γορεῦσθαι Καίσαρα τὸν τοῦ
θεοφιλεστάτου κυρίου
ἡμῶν Αὐτοκράτορος Καίσαρος
Γαΐου Ἰουλίου Οὐήρου Μαξιμίνου
Εὐσεβοῦς Εὐτυχοῦς Σεβ[αστο]ῦ
παῖδα Γάϊον Ἰούλιον Οὐῆρον
Μάξιμον Σεβαστόν,
χρή, τιμιώτατε, τὰς
θεὰς κωμάζεσθαι. ἵν᾽
[ο]ὖν εἰδῆς καὶ παρατύχῃς

---

[4] J. Vogt, RAC II 1183.
[5] R. Syme, Emperors and Biography, Oxford 1971, 163 ff.
[6] Einem größeren Publikum bekannt geworden durch die Publikation von A. Deissmann, Licht vom Osten, Tübingen 1923, 313—4 = SB I 421. Bei Deissmann findet man die ältere Literatur; s. auch RE X 827 (E. Hohl).

Die Übersetzung von DEISSMANN:

> Da zu meiner Kenntnis gebracht worden ist die
> Freudenbotschaft, daß zum Kaisar
> ausgerufen worden ist unseres
> gottgeliebtesten Herrn,
> des Selbstherrschers Kaisar
> Gaios Julios Veros Maximinos
> des Frommen Glückseligen Augustus,
> Sohn Gaios Iulios Veros
> Maximos Augustus,
> so ist es notwendig, Geehrtester, die
> Götinnenprozession abzuhalten. Damit Du
> nun orientiert bist und dabei sein kannst

Wie in den epigraphischen Texten heißt hier der Sohn Maximus und nicht Maximinus, wie in HA und Aurelius Victor 29, 1.

Er wurde von seinem Vater zum Caesar ausgerufen, vermutlich zu Anfang seiner Regierung und sicher nicht, wie DEISSMANN annimmt, nach dem Tod seines Vaters[7]. Mit dem Namen des Kaisers ist kein Hinweis verbunden, der auf seinen Tod deutet, wie dies in P. Giss. 3 für Trajan der Fall ist, πατρὸς θεοῦ. Eine solche Datierung würde zudem nicht mit den anderen Fakten übereinstimmen, die alle vom gleichzeitigen Tod des Vaters und des Sohnes sprechen. Der Papyrus ist meines Erachtens kurz nach der Machtübernahme im Jahre 235 geschrieben. Die Rangbezeichnung des Sohnes als zweiter Mann im Reich, Caesar Augustus, unterscheidet sich von der des Kaisers selbst als Imperator Augustus[8]. Wenn die Benennung richtig ist, führt auch der zweite Mann des Reiches den Titel Augustus; allerdings n i c h t den Titel αὐτοκράτωρ.

Die offizielle Ernennung von Maximus zum Caesar veranlaßt den Verfasser der Papyruszeilen, einen Freund oder Bekannten zu einem Volksfest einzuladen. Ob beide ein bestimmtes Amt bekleiden, ist nicht ersichtlich. Das Epitheton τιμιώτατος gibt keinen Aufschluß über Rang oder Würde[9]. Nur eine gewisse Höflichkeit drückt sich in diesem Wort

---

[7] DEISSMANN, op. cit. 313: „Das nicht lange nach dem Tode des Maximinus Thrax (238 n. Chr.) geschriebene Blatt."
[8] Die Auswertung kleinasiatischer Münzen brachte bereits W. ENSSLIN zu demselben Ergebnis in bezug auf die Erhebung von Maximus zum Caesar CAH XII (1939), 74. Der Papyrus wird auch von ENSSLIN nicht erwähnt.

aus, mehr nicht, wie auch in dem Wort τιμιότης[10]. Der einzige soziale Hinweis darauf, warum der Brief geschrieben wurde, liegt in den Worten τὰς θεὰς κωμάζεσθαι (10—11). Diese Aufforderung könnte bedeuten, daß der Adressant der νεωκόρος eines Heiligtums ist und als solcher einen Aufzug organisieren kann, in dem „die Göttinnen" mitgeführt werden. Wer diese Göttinnen sind, geht aus dem Text nicht hervor.

Wohl kann man feststellen, daß diese Aufforderung als selbstverständlich betrachtet wird und nicht motiviert zu werden braucht. Die Feier des Bandes mit dem Kaiserhaus ist keine Pflicht, sondern eine Freude. 235 — in dieses Jahr muß meines Erachtens der Papyrus datiert werden — gibt es keinen Widerstand oder ein vorsichtiges Abwarten unter der ägyptischen Bevölkerung. Nachdem Anfang 235 (die Tatsachen weisen auf den Januar) die Machtübernahme stattgefunden hatte, folgte Ägypten dem neuen Herrscher ohne Zögern. Man wird selten einen Beweis für die Ruhe unter der (niederen) Bevölkerung aus nicht offiziellen Stücken finden. Dieser Papyrus bildet eine solche seltene Ausnahme. Daß drei Jahre später der Aufstand gegen die hohe Steuerlast zwar auch in Afrika, aber weit ab von Ägypten ausbrach, sollte nicht dazu verleiten, die Aufrichtigkeit der Festfreude von 235 von vornherein in Frage zu stellen. Es waren übrigens nicht nur auf ein Fest erpichte kleine Leute, die sich ohne Mühe Maximinus treu zeigten. Auch militärische Kommandanten hielten ihm bis zum Schluß die Treue; unter ihnen befand sich der spätere Kaiser Decius, Legat von Tarraconis[11]. Man kann darüber streiten, ob Maximus den Namen Augustus führte, wie der Papyrus sagt[12].

---

[9] Mein Kollege P. J. Sijpesteijn teilte mir freundlicherweise mit, daß dieses Wort aus diesem Grund nicht von O. Hornickel, Ehren- und Rangprädikate in den Papyrusurkunden, Diss. Gießen 1930, aufgenommen wurde; im Gegensatz zu θεοφιλέστατος, das in diesem Papyrus zuerst als ein kaiserliches Epitheton bezeugt ist (s. Hornickel, op. cit., 16—17).

[10] P. J. Sijpesteijn wies mich (per litteras) auf H. Zilliakus, „Untersuchungen zu den abstrakten Anredeformen und Höflichkeitstiteln im Griechischen", hin. Soc. Scient. Fennica. Comm. Hum. Lett. XV. 3. Helsingfors 1949. S. Preisigke-Kiessling, Wörterbuch III, Abschnitt 9 (p. 200), für τιμιώτατος, ein a l l g e m e i n e s und von jedem gebrauchtes Wort.

[11] Syme, op. cit., 196, wo man die wichtigsten Literaturhinweise findet (Anm. 9); cf. auch op. cit., 192, aufgrund von AE 1951, 9.

[12] Daß Maximus nicht A u g u s t u s war, begründet Hohl (RE X 869, Zeile 34) cf. ibid., Zeile 45 ff. wie folgt: „Besonders lehrreich für diesen übertreibenden Sprachgebrauch ist der schon erwähnte Papyrusfetzen: auch hier bekommt Maximus das Prädikat σεβαστός, obgleich er wohl doch eben erst zum Caesar proklamiert ist."

II

Eine andere Stelle, die erörtert zu werden verdient — auch wegen der anhaltenden Unsicherheit der Interpretation in Einzelfragen — ist Eus. H. E., VI 28. Eine der neuesten und wichtigsten Studien hierüber übersetzt sie wie folgt: „Nachdem der römische Kaiser Alexander Severus 13 Jahre die Herrschaft innegehabt hatte, folgte ihm Kaiser Maximinus. Dieser aber entfachte aus Groll gegen das Haus Alexanders, das in der Mehrzahl aus Gläubigen bestand, eine Verfolgung. Allein die „Archontes" der Kirche als Urheber der Lehre nach dem Evangelium befahl er hinzurichten. Damals verfaßte Origenes seine Schrift „Über das Martyrium" und widmete sie Ambrosius und Protoktet, einem Presbyter der Gemeinde in Cäsarea. Denn für beide war die Lage während der Verfolgung nicht wenig gefahrvoll geworden. Doch zeichneten sich, wie berichtet wird, beide Männer während derselben durch ihr Bekenntnis aus. Indes regierte Maximinus nicht länger als drei Jahre. Origenes gibt im 2. Buch seines Kommentares zum Johannesevangelium und in verschiedenen Briefen Aufzeichnungen über diese Zeit der Verfolgung."

Eine aufschlußreiche Differenz in der Interpretation entzündet sich an den Worten: „das Haus Alexanders, das in der Mehrzahl aus Gläubigen bestand" (πρὸς τὸν Ἀλεξάνδρου οἶκον, ἐκ πλειόνων πιστῶν συνεστῶτα). Daß das ‚Haus‘ des Kaisers die ganze Hofhaltung (*domus*) umfaßt, bietet keine Veranlassung zu Meinungsverschiedenheit. Hingegen ist auch die folgende Übersetzung dieser Stelle möglich: „daß die Familie Alexanders mehrere Gläubige zählte". Der Autor, dem ich diese Übertragung entlehne, ist ein Vertreter der Auffassung, die mit HA v. Max. 8 f. (bes. 9, 7) und Herodian VII 1 übereinstimmt[13], daß es ein Mißtrauen, das sich bis zu Haß und Wut steigerte, gegen den ‚alten‘ Hof gegeben habe, gegen die *ministri* und *amici* des Alexander Severus, besonders gegen Personen aus der Senatoren-Schicht. — Mir erscheint der Versuch bedenklich, die drei genannten Quellen — Eusebius, die vita und Herodian — auf einen gemeinsamen Nenner zu bringen. Eusebius spricht von Gläubigen und von Archonten der K i r c h e. Dies erwähnen

---

[13] A. LIPPOLD, „Maximinus Thrax und die Christen", Historia 24, 1975, 479—492, bes. 481; ein früherer Beitrag „Der Kaiser Maximinus Thrax und der römische Senat", in Bonner HA Colloquium 1966/67, 1968, 79. Die beste Behandlung in großen Geschichtswerken des römischen Altertums ist die von W. ENSSLIN in CAH 12, 1939, 75 ff.

die vita und Herodian in diesem Zusammenhang mit keinem Wort.
Allerdings kann man annehmen, daß eine Tradition, der zufolge
Alexander Severus den Christen nicht feindlich gesinnt war und Christen
in seinem οἶκος hatte, ein ungünstiges Bild von dessem Nachfolger ent-
warf. Neben der gewiß viel größeren Gruppe heidnischer Opfer wird
es sicher auch eine Anzahl Christen gegeben haben, als Maximinus den
kaiserlichen οἶκος von den loyalen Anhängern Alexanders säuberte. Es
ist, wie gesagt, höchst wahrscheinlich, daß Christen unter ihnen waren,
aber Eusebius legt, seiner Intention gemäß, den Akzent auf diese Gruppe.

Ich möchte bereits an dieser Stelle gegen eine Methode der Textbe-
handlung protestieren, die in der Quellenforschung, sobald es sich um
Eusebius handelt, bewährte Geschütze in Stellung bringt, um sogar ein
Fundament von Wahrheit niederzureißen. Wenn ein Usurpator — und
das war Maximinus — seine Ziele zu erreichen sucht, u. a. indem er
Würdenträger des Hofes durch andere ersetzt, dann ist der gesamte οἶκος
von dieser Maßnahme betroffen. Die Waffen, die einem Usurpator zu
Verfügung stehen, sind beschränkt; eine der nächstliegenden ist die
Säuberung des Hofes. Dies ist viele Male bezeugt, aber die Glaubwürdigkeit wurde in vielen Fällen bezweifelt, mit der Begründung, daß man es
mit einer Dublette zu tun habe. So wäre der Bericht über die Verfolgung
unter Maximinus Thrax unter dem Einfluß der Verfolgung unter
Maximinus Daja entstanden[14]. Man sollte jedoch seine Aufmerksamkeit
auf die Vorgeschichte richten, und nicht auf einen späteren Fall, der in
eine frühere Zeit zurückprojiziert worden sein soll (Maximinus Daia —
Maximinus Thrax). Zahlreiche Präzedenzfälle erklären die Geschichte
des Maximinus Thrax, seinen anfänglichen Erfolg, auch seinen Untergang. Die Präzedenzen sind nicht unhistorisch. Die Anzahl der Variablen
bei einer Usurpation ist gering; sie illustrieren die spätere Entwicklung.
So stößt man, was Maximinus betrifft, auf das Beispiel von u. a. Macrinus. Dies wurde ein für alle mal deutlich formuliert von SYME: „To see
Maximinus in the proper perspective, sundry developments of the
previous generation need to be estimated"[15]. Es besteht im Augenblick,
wenn ich mich nicht irre, eine communis opinio, der zufolge einzelne
Christen der Säuberung des Hofes zum Opfer fielen, manchmal auch
örtlichen Verfolgungen gegen Christen als solche, d. h. weil sie Christen

---

[14] LIPPOLD, Historia 1975, 491, lehnt mit Recht diese moderne Ansicht ab.
[15] R. SYME, op. cit., 190.

waren[16]. Dies letztere bedeutet jedoch nicht, daß es ein Edikt gab, auch nicht, daß eine allgemeinere Verfolgung stattfand. Gerade weil es sich nur um individuelle Fälle handelt, kann man die Maßnahmen nicht in eine späte Periode der dreijährigen Regierungszeit des Maximinus verlegen. Gegen die Freunde von Alexander Severus wird man sehr wahrscheinlich unmittelbar nach der Machtübernahme vorgegangen sein. Man sollte deshalb die Verfolgung zumindest der letztgenannten Gruppe in das Jahr 235 datieren. Andere sporadische Verfolgungen gingen nicht vom Kaiser, sondern von örtlichen Statthaltern aus[17].

Von den beiden HE VI 28 genannten Opfern ist Ambrosius sehr wahrscheinlich mit dem Diakon Ambrosius identisch, dem Origenes seine Bücher gegen Celsus widmete (248); falls dies zutrifft, verfügen wir über keine weiteren Einzelheiten. Da beide nicht dem οἶκος des Kaisers angehörten, ist jede Datierung unsicher. Andererseits gibt es keinen Grund zur Annahme, wie man auch die Äußerung über Origenes bei Eusebius interpretiert, daß dieser „thrakische" Kaiser sich gegenüber den östlichen religiösen Bewegungen wenig tolerant gezeigt hätte und daß „mit der Erhebung des Maximinus Thrax das orientalische Element, das die tolerante Haltung der Staatsgewalt begünstigt habe, zurückgedrängt worden sei"[18]. Unser Papyrus hat uns einen anderen Blick auf diesen Sachverhalt ermöglicht.

Eine weitere Bemerkung betrifft den Ausdruck: κατέχει λόγος, „wie berichtet wird". Es ist meines Erachtens nicht möglich, diese Worte als ein Gerücht auszulegen. Der Text spricht von dem Mut zweier Christen in einer augenscheinlichen Lebensgefahr. Von Reserviertheit kann deshalb in der Sicht von Eusebius keine Rede sein[19]. Für ihn ist es kein Gerücht, sondern eine unumstößliche Tatsache. Man muß κατέχει λόγος mit dem Buch „Über das Martyrium" in Beziehung setzen, das Origenes Ambrosius und Protoktet widmete. Dieser λόγος war in Origenes' Schrift zu

---

[16] G. W. CLARKE, ‚Some victims of the Persecution of Maximinus Thrax', Historia 15, 1966, 445—453; R. SYME, o. c., 192 Anm. 4; A. LIPPOLD, Historia 1975, 491 f.; H. A. POHLSANDER, ‚Philip the Arab and Christianity', Historia 28, 1980, 463—473, bes. 471: „Maximinus Thrax, who took measures against the Christians when he became emperor in March 235".

[17] CLARKE, op. cit., 450. LIPPOLD (1975), 484 berücksichtigt nicht den Unterschied zwischen den Christen am Hof und den Christen in der Provinz.

[18] LIPPOLD (1975) 485 zitiert hier die Auffassung von J. MOLTHAGEN, Der römische Staat und die Christen, 1970, 73.

[19] So LIPPOLD 1975, 483, Anm. 38: „Euseb teilt dies als Gerücht mit".

finden. Und Eusebius betrachtete das, was Origenes sagte, auch in anderer Hinsicht, als höchste Weisheit und sicher nicht als eine bloße Geschichte. Ein moderner Bewunderer des Eusebius könnte das „wie berichtet wird" vielleicht ähnlich interpretieren wie die Ausdrücke λόγῳ gegenüber ἔργῳ bei Herodot (Hdt. IV 8, 2), wo „die Wirklichkeit" in der Tat der „Erzählung" gegenübergestellt wird[20]. An keiner Stelle jedoch verwendet Eusebius dieses Stilmittel. Warum übersetzt man also diese Stelle so, daß der Eindruck entsteht, als äußere Eusebius sich hier kritisch. Dieser Gedanke ist widersinnig: Eusebius würde niemals seinen Lesern über die christlichen Opfer kaiserlicher Verfolgung mitgeteilt haben: τὰ δὲ λόγοισι ἐπυνθανόμεθα (Hdt. II 148, 5), selbst wenn man annimmt, er habe diese Worte gekannt.

Zum Schluß eine kurze Bemerkung zu Origenes' Schrift. Er hat sie ohne Zweifel in einer Periode der Verfolgung verfaßt. Wie gesagt handelte es sich nicht um eine allgemeine Verfolgung, sondern um individuelle Fälle, wie unter dem Statthalter Licinianus in Kappadozien[21]. Ambrosius, vermutlich sein Mitbürger aus Alexandria, geriet in Gefangenschaft. Und „Über das Martyrium", im alten protreptischen Stil geschrieben, ist eine Schrift der Ermutigung und der Glaubenszuversicht. Mir scheint es vollkommen unbegründet, beim Lesen dieser Schrift daran zu zweifeln, daß Ambrosius zeitweilig von der Verfolgung betroffen war. Aber mit absoluter Sicherheit läßt sich dies nicht sagen. Einem Ambrosius hat Eusebius noch andere Schriften gewidmet: „Gegen Celsus", den Kommentar zum Johannesevangelium und „Über das Gebet". Die Möglichkeit bleibt bestehen, daß Ambrosius sein Beschützer war und ihm die Gelegenheit bot, diese Werke zu schreiben, aber auch dann braucht diese Beziehung, die eine Widmung veranlaßt haben könnte, eine zeitweilige Gefahr für Ambrosius als Christen nicht auszuschließen[22]. Es wäre ein Zeichen von Zweifelsucht, beim Lesen von Ambrosius' Namen in den Schriften von Origenes, nicht in allen Fällen an denselben ägyptischen Beschützer zu denken.

---

[20] Vgl. K. Latte, Die Anfänge der griechischen Geschichtsschreibung, Entretiens Hardt IV (1958) 100—112 für andere Beispiele.
[21] S. Clarke, op. cit., 450.
[22] Über Origenes und das Märtyrertum im allgemeinen, siehe J. Daniélou, Origène (Paris 1948), 23 und passim. Ferner J. J. O'Meara, Origen: Prayer and Exhortation to Martyrdom, in der Reihe: ‚Ancient Christian Writers, the Works of the Fathers in translation'. Westminster (Maryland) and London 1954.

Diese beiden Quellen wurden in der modernen Zeit auf verschiedene Weise interpretiert. Man tut gut daran, immer wieder auf die Unsicherheit hinzuweisen, die aus der spärlichen Anzahl der Fakten entsteht. Andererseits trifft eine Hyperkritik überall auf Widerstand. Die treffendsten Beispiele in bezug auf Maximinus Thrax findet man in den Veröffentlichungen von G. M. BERSANETTI und A. BELLEZZA[23]. Die Untersuchung des letzteren stellt eine Rückkehr zu einem weitgehenden Akzeptieren der Überlieferung dar. Aus dem Buch von BERSANETTI werden die Gefahren einer Hyperkritik deutlich ersichtlich: der Verfasser verwirft den Bericht über das loyale Verhalten von Decius gegenüber Maximinus. Er tat dies bereits 1940, er übernimmt es unverändert in seine Ausgabe von 1965, obwohl der Kronzeuge, AE 1951, 9, bereits vor langer Zeit entdeckt und veröffentlicht worden war. Nachlässig ist auch in hohem Maße, daß der Papyrus über die kultische Feier anläßlich der Erhebung von Maximus zum Caesar keine Beachtung findet. Der Hinweis auf diesen Text stand in dem Artikel von E. HOHL in RE X 827 ff. bereits seit langem zur Verfügung.

Unsere Übersicht über die moderne Literatur zeigt eine deutliche Rückkehr zu älteren Standpunkten. Daß Maximinus, sobald er an die Macht kam, gegen Christen vorging, ist eine unnuancierte Schlußfolgerung[24], die diesem Kaiser nicht gerecht wird, dessen Politik zwar scheiterte, aber dessen Ansichten in modernen Abwägungen seiner Regierung mit Recht mehr Verständnis gefunden haben[25].

---

[23] G. M. BERSANETTI, Studi sull' Imperatore Massimino il Trace. Roma 1940, 1965². A. BELLEZZA, Massimino il Trace, Genova 1964. Das erste ist eine rigorose Quellenbehandlung zu einigen Aspekten von Maximinus' Regierung. Der erwähnte Papyrus wird nicht einbezogen.

[24] S. Historia 1980, 471; vgl. oben Anm. 16.

[25] Nach dem Abschluß dieses Beitrages erhielt ich L. DE BLOIS' Antrittsrede in Nijmegen, mit dem Titel ,De crisis van de derde eeuw n. Chr. en de Griekse elite', Nijmegen 1981. Diese schließt sich (p. 10) zu Recht SYME an (op. cit., 191).

Ein *Tribunus Batavorum* in Mediana bei Naissus

von Miroslava Mirković, Belgrad

In Mediana, die zuerst Ammianus Marcellinus (XXVI 5, 1) erwähnt als *suburbium* von Naissus, wo die Truppenteilung zwischen Valentinian und Valens im Jahre 364 stattfand, wurde neulich ein Altar aus Kalkstein entdeckt. Den Altar hat *Aurelius Ampelius, tribunus Batavorum,* zusammen mit einer Person unbekannten Namens, errichtet und dem *Iuppiter Cortalis* gewidmet. Die Inschrift auf dem Altar stammt, wie es scheint, aus der Zeit vor der Teilung des *auxilium Batavorum* in *seniores* und *iuniores* und stellt eine von den frühesten Zeugnissen über diese Einheit dar. In der Hoffnung, daß seine Veröffentlichung zur Kenntnis der Geschichte eines der palatinischen Auxilien beitragen wird, widme ich diesen kleinen Beitrag Herrn Professor Johannes Straub anläßlich seines 70. Geburtstages, in dankbarer Erinnerung an die Zeit, die ich als Humboldt-Stipendiatin in seinem Seminar an der Universität in Bonn verbracht habe.

Der Altar mit der Inschrift, die Anlaß für eine Diskussion über das *auxilium* der *Batavi* gibt, wurde bei den systematischen Ausgrabungen auf dem Kaisergut Mediana im Juli 1981 gefunden[1]. Die achtzeilige Inschrift, in schönen Buchstaben der Spätzeit, ist in Zeile 4 leicht beschädigt:

---

[1] Der untere Teil des Altars fehlt, oben besteht eine unregelmäßige Bruchkante. Der Stein wurde mit dem oberen Teil eines anderen, dem *Deo Invicto* gewidmeten Altar, durch eine Holz- oder Metallstange verbunden (beide haben auf der Seitenfläche ein kleineres quadratisches Loch, um die Stange zu fixieren und wurden in einer Mühle oder Weinpresse sekundär verwendet. Für die letzte Annahme spricht

I   O   M
C O R T A L I
AVREL AMPELIVS TRIB BAT
CVM . . LIO? I . . O? . . . RIANO
OB DEDICATIONEM DOMVS
ET SALVTEM SVAM . . ORVM
QVE OMNIVM VOTVM PO
SVERVNT

Trotzdem der Stein porös und durch die spätere Verwendung beschädigt
wurde, ist der Text nicht schwer zu entziffern. Die Inschrift lautet:
*I(ovi) O(ptimo) M(aximo) Cortali Aurel(ius) Ampelius (?) trib(unus)
Bat(avorum) cum* [. .]*lio* (?) *i*[. .]*o*? [. . .]*riano* oder -*liano*[5] *ob dedica-
tionem domus et salutem suam* [*su*]*orum | que omnium votum po |
suerunt.* — Unsicher ist jedoch, ob in dem Namen Ampelius in der
Ligatur AM oder MP ist; es ist leider nicht möglich, den Namen des
zweiten Dedikanten zu rekonstruieren. Nach *cum* in der Zeile 4 könnte
der Gentilname oder die Funktion folgen; das *cognomen* läßt sich in
[*Vale*]*riano* oder [*Aure*]*liano* und ähnliche für die Spätantike charakteristische Namen ergänzen. Ebenfalls ist es nicht möglich, die Buch-
stabenzahl des Namens festzustellen, da wir nicht wissen, wie der
Gentilname lautete und wie dieser abgekürzt wurde.

Ein *tribunus Aurelius Ampelius* ist ansonsten unbekannt. Den griechischen Namen Ampelius, bei den Beamten des 3. und 4. Jahrhunderts
mehrmals belegt, trifft man auch als *cognomen* eines Aurelius, der Ende
des 3. Jahrhunderts *officialis* in Ägypten war. Doch besteht kein Grund
ihn mit der Persönlichkeit unserer Inschrift zu identifizieren[2]. Die Formel
ob dedicationem domus konnte für die Topographie von Mediana von
Interesse sein. *Domus* konnte einen Tempel, ein Gebäude auf dem
Kaisergut und die *villa* selbst bezeichnen[3].

---

der Umstand, daß die Steine in den Räumen eines großen *horreum*, in der Nähe
einer Gruppe von vier Bassins, gefunden sind. Auf die Inschrift und die Fundum-
stände hat mich Frau Dr. Ljubica ZOTOVIĆ hingewiesen; wie mehrmals bisher, hat
sie mir freundlicherweise erlaubt, die Inschrift zu veröffentlichen. Ihr gilt auch hier
mein herzlichster Dank.

[2] *Ampelius* ist bei diesem das zweite Kognomen. Er hieß *Aurelius Ammonius qui et
Ampelius* und war ein Subalternbeamter vom *magister privatae Aegypti* im Jahre
298 (P. BEATTY Panop. I 149. Vgl. A. H. M. JONES, J. R. MARTINDALE, J. MORRIS,
The Prosopography of the Later Roman Empire I [1971] 55).

Die vorwiegende Bedeutung der Inschrift liegt in der Erwähnung des *tribunus Batavorum*. Wahrscheinlich nach 293 aufgestellt[4], ist 'das *auxilium* der *Batavi*, wie die meisten Truppen des 4. Jahrhunderts, bis zur Zeit des Ammianus Marcellinus und der Notitia dignitatum unbekannt geblieben. Ammianus erwähnt diese Truppe mehrmals, in der Zeitspanne von den letzten Jahren der Regierung des Konstantius bis zur Schlacht bei Adrianopel 378, zuerst *cum regibus* (im Jahre 357), dann mit *Heruli* als Doppeltruppe (in Britannien 360 und 368, im Alemannenkriege 365/6)[5]. *Batavi* galten als Elitetruppe, und um Iulian zu schwächen hat Konstantius das Truppenpaar *Batavi-Heruli* zusammen mit Kelten-Petulanten 360 für den Perserfeldzug gefordert. Dazu ist es jedoch nicht gekommen, da inzwischen Iulian zum Kaiser proklamiert wurde[6]. Im Gotenkriege 378 sind die *Batavi* ohne anderen Einheiten bei Ammianus bezeugt. Sie hat Gratian als Hilfe vom Westen mitgeführt[7].

In der Notitia sind *Batavi* als *seniores, iuniores* und *equites* am West- und am Osthof belegt[8]. Als *seniores* und *equites* sind sie schon 394 auf Inschriften aus Concordia bekannt[9]. Die Inschrift aus Mediana

---

[3] Als Verzeichnis für einen Tempel ist *domus* in der frühen Prinzipatszeit selten belegt (vgl. RUGGIERO, Diz. epigr., s. v. *aedes*). Über *domus* und *villae* auf dem *patrimonium* des Kaisers siehe R. MACMULLEN, Two Notes on Imperial Properties, Athenaeum LXIV (1976) 26 ff. Der Ausdruck *dedicatio* konnte sich auf sacrale, wie auch auf profane Bauten beziehen (vgl. *dedicatio balnei*: CIL III 1806; *d. domus*: CIL III 3370, 8113 u. a.).

[4] D. HOFFMANN, Das spätrömische Bewegungsheer und die Notitia dignitatum, Ep. Stud. 7 (1969) 157. Über diese Einheit siehe auch IHN, RE III (1899) 120; A. MÜLLER, Philologus, n. S. 18 (1905) 581; L. SCHMIDT, Westgermanen², 162; R. TOMLIN, Amer. Journal of Philol. 93 (1972) 259. Vgl. auch A. PIGANIOL, L'empire chrétien² (1972) 364, mit der Folgerung, daß die *Batavi* eine der Truppen waren, die Maximianus am Rhein rekrutierte.

[5] Amm. Marc. XVI 12, 45: *Batavi venere cum regibus* (vgl. L. SCHMIDT, Die Ostgermanen, 559: *cum regibus*. Über *reges* siehe A. MÜLLER, Philologus, n. S. 18 [1905] 581); Amm. Marc. XX 1, 3 (J. 360); XXVII 1, 6 (J. 365/6); XVII 8, 7 (J. 368). Wie *Celtae-Petulantes*, so haben *Batavi-Heruli* in allen diesen Ereignissen zusammen gefochten. Über solche Doppeltruppen vgl. E. RITTERLING, Legio, RE X (1924) Sp. 1350; HOFFMANN, op. cit. 11 und Anm. 34.

[6] Amm. Marc. XX 4, 2. Vgl. Iulian, Ad Athen. p. 280.

[7] Amm. Marc. XXXI 13, 9 (*Batavi seniores*, nach HOFFMANN, op. cit. 529).

[8] Not. dign. Or. V = 49; VI 30. Occ. V 19 = 163 = VII 14 u. a. Vgl. HOFFMANN, passim.

[9] Über die Inschriften aus Concordia siehe Bibliographie bei HOFFMANN, Museum Helveticum 20 (1963) 38 und TOMLIN, Amer. Journ. of Philol. 93 (1972) 269, Appendix ii: The Cemetery of Concordia; G. ALFÖLDY, Aquileia nostra 51 (1980)

gehört zu der Zeit vor der Entstehung der Notitia und der Denkmäler aus Concordia, jedenfalls vor der Teilung der Truppe in *seniores* und *iuniores*[10]. Der heidnische Charakter der Inschrift spricht auch für eine frühere Datierung. Die Widmung an Iuppiter seitens eines Befehlshabers in der Kaiservilla wäre nach dem Tode Iulians kaum möglich[11]. Valens hatte verboten, den heidnischen Gottheiten Tempel zu bauen und schon deshalb ist eine *dedicatio* der *domus* auf der Kaiserdomäne nicht in seine Zeit zu datieren. Auch die Zeit der Regierung des Konstantius könnte nicht in Erwägung gezogen werden, da dieser ebenfalls einige Erlasse gegen die Heiden erließ[12]. Die Entstehung des Altars ist demnach entweder in die kurze Regierungszeit Iulians oder frühestens unter Konstantin, während seines Aufenthalts in Illyricum, zu datieren. Ein Datum vor Konstantin ist wenig wahrscheinlich aus zwei Gründen: erstens, die archäologisch älteste Schicht in Mediana gehört in den Anfang des 4. Jahrhunderts, zweitens sind *Batavi* Ende des 3. Jahrhunderts in Gallien bestätigt[13].

Bei einer Datierung in das Jahr, als sich Iulian in Illyricum befand — obwohl sie möglich ist —, treffen wir auf Schwierigkeiten. Vor der Teilung der Truppe in *seniores* und *iuniores*, gehörten die *Batavi* zum

---

258 ff.; B. SCARPA-BONAZZA, B. FORLATTI-TAMARO, Guilia DEI FOGOLARI u. a., Iulia Concordia dall'etá Romana all'etá moderna 1978. — Nach HOFFMANNS Meinung (Das spätrömische Bewegungsheer, 127), waren die *Batavi* schon in der Schlacht bei Chalon-sur-Saône (Amm. XXVII 1, 6, im Jahre 365/6) als *Batavi seniores* beteiligt.

[10] Die Zerlegung der Truppen in *seniores* und *iuniores* datiert HOFFMANN in seinem ausführlichen Buch, Das spätröm. Bewegungsheer, in das Jahr 364, als sich Valentinian und Valens in Mediana getroffen haben und die Truppen und Beamten aufgeteilt haben. Zu demselben Schluß ist auch R. TOMLIN gekommen (op. cit. 253 ff.). Vgl. auch E. DEMOUGEOT, Latomus 34 (1975) 1094. Diese Folgerung ist aber durch einen neuen Fund in Frage gestellt: auf einer Inschrift aus Nakolea in Nordphrygien, die in das Jahr 354 datiert ist, sind Cornuti als *seniores* erwähnt (Th. DREW-BEAR, Harvard Studies in class. phil. 81 [1977] 257 ff., besonders 263 ff.). Das Jahr 364 stellt dann kein sicheres Datum dar, nachdem nur mit den geteilten Truppen zu rechnen ist.

[11] Der Beiname von Iuppiter, *Cortalis (Cohortalis?)* kommt auf Inschriften selten vor und ist in Illyricum, vor allem in seinem Zentralgebiet, belegt (CIL III 8299, 13848, 8370 = 13856, 1782. Vgl. meine Arbeit in Živa Antika 15 [1966] 392 ff. über zwei dem *Iuppiter Cortalis* gewidmete Altäre, die unweit von Naissus, im Bergbaugebiet am Fluß Timok gefunden wurden. Bibliographie in den Anm. 35—37).

[12] A. PIGANIOL, L'empire chrétien, 87. Die Edikte des Valens gegen Heiden: C. Th. XVI 10, 6 (a. 356); XII 10, 4 (354?).

[13] PIGANIOL, 364 f. Pan. Vet. IX 4, 1 wo *Batavica* nicht in *Bagaudica* zu korrigieren sein soll (P. LE GENTILHOMME, REA 1943, 233).

Heere Galliens. Nach Illyricum konnten sie vor allem als Begleitarmee des Kaisers gekommen sein[14]. Iulian war hier im Jahre 361 und weilte in Naissus zwei Monate, von Mitte Oktober bis Dezember, bevor er sich nach dem Osten begab[15]. Daß sich unter seinem Kommando auch Bataver befanden, folgert man indirekt, erstens deswegen, weil die Batavar als Elitetruppe galten und zweitens, weil Ammianus ihr Truppenpaar, die Heruler, im Jahre 364 im Osten erwähnt. Laut dieser Angabe weilte Vitalianus, der von einem *miles e numero Erulorum* zum *domesticus* befördert wurde, im Jahre 364 mit Iovian in Tarsus[16]. Aufgrund der Tatsache, daß *Heruli* bei früheren Ereignissen zusammen mit den *Batavi* bezeugt sind, nimmt man an, daß sie zusammen an Iulians Perserfeldzug teilgenommen haben[17].

Die *Batavi* im Heere, das Iulian auf seinem Marsch nach Illyricum gegen Konstantius als *comitatenses* hatte, sind bei Zosimus direkt erwähnt. Sie sind aber nach dessen Angabe nicht weiter von Sirmium gekommen. In dieser Stadt, wo sie Iulian als Wache zurückgelassen hat, sollen sie die Hauptrolle in der Revolte gegen Iovians Gesandten im Jahre 364 gespielt haben. Damals haben sie Lucillianus, der 361 als *comes rei militaris* die Streitkräfte gegen Iulian bei Sirmium zu organisieren versuchte, getötet, Valentinian rettete sich durch Flucht[18].

Zosimus' Bericht hielt man für ungenauer, da die erwähnten Ereignisse nach Ammians Aussage nicht in Sirmium, sondern in Gallien stattfanden. Darüber erzählen bei ihm die vom Kaiser Jovian nach Westen geschickten Gesandten, *Procopius notarius* und *Memoridus tribunus*, nach ihrer Rückkehr nach Tarsus. Ihr Bericht beginnt mit der Ankunft des Lucillianus in Mediolanum: ... *hinc exorsi, quod Lucillianus Mediolanum ingressus*. Von hier ist Lucillianus weiter nach Rheims gefahren, um dort von den Soldaten, bei denen er zuerst Zuflucht gefunden hat, zusammen mit dem *tribunus Seniauchus*, getötet zu werden. Der andere

---

[14] So wurden die *Batavi* im Gotenkrieg 378 bei Ammianus ausdrücklich als *adventicium auxilium* erwähnt (Amm. XXXI 13, 9).

[15] Amm. Marc. XXI 10, 5 und 12, 21. Vgl. P. PETROVIĆ, Inscriptions de la Mésie Supérieure IV (1979) 40. Auf die Nachricht, daß Konstantinus gestorben sei, hat Iulian den heidnischen Gottheiten geopfert (Zosim. III 11, 1—2). Siehe auch PIGANIOL, op. cit. 144.

[16] Amm. Marc. XXV 10, 6.

[17] HOFFMANN, op cit. 372.

[18] Zosim III 35. Über Lucillianus und seiner Haltung gegenüber Iulian bei Sirmium siehe Amm. Marc. XXI 9, 6.

tribunus in seiner Begleitung, der künftige Kaiser Valentinian, ist geflohen[19].

Ammianus bezeichnet nicht die Truppe, die sich auf die Nachricht
über Iulians Tod empörte; er spricht nur vom *exercitus Gallicanus*. Es
ist bisher nicht bezweifelt worden, daß darunter die *Batavi* zu verstehen
sind. Das widerspricht aber der Folgerung, daß diese Einheit zu dieser
Zeit im Osten war. Das Problem läßt sich kaum durch die Annahme
lösen, daß nur ein Detachement dieser Truppe von Iulian in Gallien
zurückgelassen wurde[20]. Dagegen soll nicht vergessen werden, daß das
auxilium der *Batavi* im Osten nicht direkt nachgewiesen ist. Über dessen
Beteiligung am Orientfeldzug Iulians schließt man nur aufgrund der
Angabe bei Ammianus über einen Soldaten aus dem *numerus Erulorum*,
der sich im Jahre 364 im Orient befand. Das bedeutet noch immer nicht,
daß die ganze Einheit, zusammen mit ihrem Truppenpaar *Batavi*, mit
dem Kaiser Iulian nach Osten gekommen ist. Schon die Tatsache, daß
Vitalianus zusammen mit Valentinian, nach seiner Flucht aus dem
Westen, erwähnt ist, könnte bedeuten, daß er auch ein Flüchtling aus
Gallien war. Deswegen ist nicht unwahrscheinlich, daß *Batavi* sich in den
Jahren 361—364 in Gallien oder in Sirmium befanden[21]. Im Falle, daß
sie zu dieser Zeit in Gallien waren, wäre ein *tribunus Batavorum* in
Naissus nicht zu erwarten. Aus Sirium aber konnte er nach Mediana
geschickt werden. Diese zwei Punkte in Illyricum, obwohl nicht nahe
aneinander, waren durch die Straße über Singidunum und Viminacium
verbunden. Dabei ist aber auch an eine Schwierigkeit zu denken: mit
einem vorübergehenden, kurzfristigen Aufenthalt des *tribunus* ist schwer
die *dedicatio* der *domus* zu verbinden. Deswegen bleibt zu sehen, ob
besser wäre, die Entstehung des Altars in die Zeit Konstantins des
Großen zu datieren.

Die Jahre 316—321, unmittelbar nach seinem Sieg über Licinius, hat
Konstantin in Illyricum verbracht. Die meisten seiner Edikte aus diesen

---

[19] Amm. Marc. XXV 10, 6 f. Vgl. auch XXV 8, 7. Über Zosimus' Bericht vgl. HOFF-
MANN, op. cit. 372 und TOMLIN, op. cit. 276.

[20] HOFFMANN, loc. cit.

[21] Zosimus' Bericht sei nicht unbedingt als ungenauer zu betrachten. Die Ereignisse in
Sirmium konnten ein Vorspiel für die spätere Empörung der Soldaten in Gallien
sein. Lucillianus' Reise nach Mailand, über die Ammianus berichtet, wurde vielleicht
durch den Aufstand von *Batavi* in Sirmium verursacht.

Jahren sind in Sirmium oder in Serdica erlassen[22]. Naissus liegt zwischen diesen zwei Städten und es bestehen Angaben über seinem Aufenthalt hier, im Juli 319 und auch zu späteren Zeitpunkten[23]. Das *auxilium* der Bataver konnte zusammen mit Konstantin vom Westen nach Illyricum wegen des Krieges gegen Licinius als Teil der komitatensischen Armee abkommandiert werden. Diese Truppe konnte während des Aufenthalts des Kaisers in Mediana weilen, oder wurde aus Sirmium oder Serdica hierher gesandt, um Proviant für die Armee vom Kaisergut zu besorgen. Es ist auch begründet, eine militärische Station an diesem Punkt, an der Straße Naissus-Serdica, zu vermuten. Naissus stand, wie es scheint, im Krieg Konstantins gegen Licinius auf der Seite des letzteren[24].

Wenn die Datierung der Inschrift in die Zeit Konstantins sich als richtig erweist — die Widmung an Iuppiter von der Seite eines Soldaten stellt dafür kein Hindernis dar[25] —, sind wir dadurch zu einer der frühesten Zeugnissen über das *auxilium Batavorum* gelangt[26]. In diesem Falle unterstützt der Text der Inschrift die Folgerung, daß *auxilia* von Konstantin in Gallien und Germanien rekrutiert wurden[27]. So bekommt man gleichzeitig eine Angabe über das noch immer wenig bekannte Heer, das Konstantin im Jahre 316 nach Illyricum mitgeführt hat.

[22] O. SEECK, Regesten der Kaiser und Päpste für die Jahre 311 bis 476 n. Chr., 1919 (Nachdr. 1964) 167—174.
[23] Naissus erscheint in der Subscription des im Juli 319 erlassenen Gesetzes, C. Th. II 15; Vgl. auch C. Th. II 16, 2. Über den späteren Aufenthalt des Konstantin in Naissus siehe P. PETROVIĆ, op. cit. 39.
[24] Hier wurden unmittelbar vor dem Ausbruch des Krieges Silberschalen für *decennalia* des Licinius hergestellt (vgl. M. MIRKOVIĆ, Decennalien des Licinius und Illyricum, in Vorbereitung).
[25] Obwohl die christliche Haltung des Kaisers schon zur Zeit des Krieges gegen Licinius deutlich war (vgl. J. STRAUB, Vom Herrscherideal in der Spätantike, 1964, 106 ff.), hat er das Heidentum nirgends unterdrückt. Über die Haltung der Soldaten s. neulich K. KRAFT in Wege der Forschung CXXXI (1974) 331 ff.
[26] Ein *tribunus Batavorum* ist vielleicht auf einer Inschrift aus dem Jahre 303 erwähnt, CIL III 10981, Brigetio: *I(ovi) O(ptimo) M(aximo) Ianuarius t(ribunus) Bat(avorum) v(ir) p(erfectissimus) dux P(annoniae) S(ecundae)*. Buchstabe t wurde als *T(ransrhenanus), t(erritorio)* oder *T(raiectino)* gedeutet (vgl. CIL, RUGGIERO, Dic. Ep., s.v.). — Für die Geschichte der Truppe ist diese Inschrift kaum von Bedeutung, weil es sich nur um die Karriere eines späteren *dux* handelte.
[27] A. H. M. JONES, The Later Roman Empire, 1973, 97 ff.

Les *Quinquennalia* des trois Césars
(Crispus, Licinius II., Constantin II.) en 321

par ANDRÉ CHASTAGNOL, Paris

La dédicace d'une « Festschrift » à un éminent professeur est une façon pour ses amis, ses collègues et ses élèves de souligner de manière concrète un anniversaire de son âge ou de ses années d'enseignement, souvent aussi — et c'est le cas pour Johannes Straub en ce moment même — de saluer avec une particulière révérence l'instant de sa mise à la retraite, instant déterminé d'ordinaire par une limite d'âge ou de durée d'enseignement. J'ai insisté ailleurs sur le mode dont ces normes étaient appliquées, au temps de Julien « l'Apostat », en matière de mise à la retraite, pour les avocats fonctionnarisés du Bas-Empire[1]. Les empereurs ne connaissaient pas cette règle d'une cessation prévue à l'avance de leur activité, si l'on excepte le cas si spécifique de Dioclétien et du régime tétrarchique, mais ils célébraient chaque année leur *dies imperii* et marquaient par des fêtes spéciales, en cette époque de l'Antiquité tardive, le début de leur cinquième année de règne *(Quinquennalia)*, puis de leur dixième, vingtième et trentième année *(Decennalia, Vicennalia, Tricennalia)*. J'ai plaisir à offrir à JOHANNES STRAUB cette contribution qui voudrait non seulement honorer sa belle carrière universitaire et l'assurer de mon admiration pour ses travaux et son érudition, mais surtout peut-être entretenir et conforter une amitié et parfois une complicité qui atteindront bientôt une durée de vingt années. J'ose espérer qu'une réflexion

---

[1] Cf. A. CHASTAGNOL, « L'empereur Julien et les avocats de Numidie », **Antiquités Africaines**, 14, 1979 (= Hommages à Jean Lassus, I), p. 225—235.

sur les *Quinquennalia* des Césars en 321 intéressera l'excellent connaisseur qu'il est de l'époque constantinienne.

Après la première guerre qui les a opposés l'un à l'autre à l'automne de 316, Constantin et Licinius se sont réconciliés et ont scellé leur entente renouvelée en décidant de proclamer comme Césars leurs trois fils : Crispus, fils aîné de Constantin, alors âgé de quatorze ans, Licinius II., fils de Licinius et de Constantia, la demi-sœur de Constantin, âgé de vingt mois, et Constantin II., fils de Constantin et de Fausta, né depuis peu à Arles en décembre 316 ou janvier 317[2] ; c'est ce que nous apprend l'Epitome de Caesaribus, confirmé par le témoignage de Zosime : *Filiumque suum Crispum nomine, ex Minervina concubina susceptum, item Constantinum iisdem diebus natum oppido Arelatensi Licinianumque, Licinii filium, mensium fere viginti, Caesares effecit*[3]. La proclamation des Césars eut lieu à Sofia *(Serdica)*, en Dacie méditerranéenne, par le fait de Constantin lui-même, en l'absence mais avec l'accord préalable de Licinius, selon l'Anonyme de Valois : *Reversus Serdicam Constantinus hoc cum Licinio absente constituit, ut filii Constantini Crispus et Constantinus, filius etiam Licini Licinius Caesares fierent*[4]. La date du 1er mars 317 est fournie pour cet événement par les Consularia Constantinopolitana : *Gallicano et Basso, his cons(ulibu)s levati tres Caes(ares) Crispus, Licinius et Constantinus die k(alendarum) Mart(iarum)*[5], et il n'y a vraiment aucune raison d'écarter cette précision chronologique, d'autant plus que l'année 1 des Césars est signalée pour la première fois par un papyrus datant de mai—juin 317[6]. Les deux Augustes auraient ainsi choisi pour proclamer leurs fils le même jour que Dioclétien et Maximien pour l'élévation des Césars Constance et Galère en 293[7].

[2] Cf. A. CHASTAGNOL, « Propos sur Licinius le Jeune », Bulletin de la Société Française de Numismatique, 1972, p. 264—267.

[3] Epit. 41, 4. Cf. Zosime II 20, 2 (Ed. F. PASCHOUD, I p. 92) : Κωνσταντῖνος μὲν καθίστησι Καίσαρα Κρίσπον, ἐκ παλλακῆς αὐτῷ γεγονότα Μινερβίνης ὄνομα, ἤδη νεανίαν ὄντα, καὶ Κωνσταντῖνον οὐ πρὸ πολλῶν ἡμερῶν ἐν Ἀρελάτῳ τῇ πόλει τεχθέντα, ἀναδείκνυται δὲ σὺν αὐτοῖς Καῖσαρ καὶ ὁ Λικιννίου παῖς Λικιννιανός, εἰς εἰκοστὸν προελθὼν μῆνα τῆς ἡλικίας.

[4] Anon. Val. I 19 (Ed. J. MOREAU, p. 6).

[5] MOMMSEN, Chron. Min., I (M. G. H., A. A. t. IX), Berlin 1892, p. 232.

[6] P. S. I. III 205, date corrigée par B. P. GRENFELL et A. S. HUNT, ad P. Oxy. XII 1574 = B. L. I p. 393. Cf. A. CHASTAGNOL, « La datation par années régnales égyptiennes à l'époque constantinienne », Aîon. Le temps chez les Romains (Caesarodunum X bis, édité par R. CHEVALLIER), Paris 1976, p. 229 et 234.

Dans ces conditions, il ne saurait faire de doute que les *Quinquenna-lia* des Césars ont été célébrés tout normalement le 1ᵉʳ mars 321, au début de leur cinquième année de règne, comme il était de règle[8]. Ce qui a pu faire difficulté, c'est qu'à cette date les deux Augustes étaient maintenant en désaccord après trois années de bonne entente. La concorde qui s'était manifestée notamment lors des *Decennalia* de Licinius à la fin de 317[9] avait cédé la place, au plus tard à la fin de 320, à un état de rupture diplomatique entre les deux princes. Comme l'a écrit André PIGANIOL, « les consuls de 318 avaient été Licinius et un fils de Constantin (Crispus), ceux de 319 Constantin et le fils de Licinius, ceux de 320 Constantin et son fils (Constantin II.) ; l'alternance appelait, semble-t-il, Licinius et son fils au consulat de 321, mais Constantin préféra proclamer ses deux fils (Crispus et Constantin II.) consuls, et Licinius ne les reconnut pas ; quand nous examinons ce tableau, nous sommes obligés de conclure que la rupture a été voulue par Constantin »[10]. Dans le domaine de Licinius, on data les documents par un consulat, « timidement » exprimé, des deux Licinii, remplacé plus tard par la mention d'une première année sans consuls[11], signes indubitables de la mésentente.

Cette atmosphère de discorde explique que, le même jour, deux fêtes distinctes aient été célébrées : en Occident, les *Quinquennalia* de Crispus et Constantin II., sans participation de Licinius II., sous l'égide de l'Auguste Constantin Iᵉʳ, — en Orient, ceux du seul Licinius II., sous la tutelle de son père Licinius Iᵉʳ. Cette dualité se révèle parfaitement dans notre documentation.

---

[7] Sur cet événement et les émissions monétaires auxquelles il a donné lieu, A. CHASTAGNOL, Revue Numismatique, 6ᵉ s., 9, 1967, p. 57, n. 1 et p. 62—63.

[8] Cf. le Paneg. Lat. VIII (5) 13, 2 (Ed. E. GALLETIER II p. 101) pour les Quinquennales de Constantin en 310 : *illa (quinquennalia tua) enim quinto (anno) incipiente suscepta omnibus populis iure communia* ; avec le commentaire d'A. CHASTAGNOL, « A propos des *Quinquennalia* de Constantin », Revue Numismatique, 6ᵉ s., 22, 1980, p. 110—111. La fête n'était nullement répétée ensuite, sous le même nom de *Quinquennalia*, à la fin de la cinquième année.

[9] Cf. A. CHASTAGNOL, « Les *Decennalia* de Licinius », Mélanges Henri Stern, Paris (à paraître).

[10] A. PIGANIOL, L'empereur Constantin, Paris 1932, p. 133.

[11] E. H. KASE, A Papyrus Roll in the Princeton Collection, Baltimore 1933, p. 32—36 ; A. CHASTAGNOL, dans Aîon. Le temps chez les Romains, p. 230. Le consulat des deux Licinii est noté le 20 décembre 321 par S. B. I 5810 ; cf. ad P. Oxy. XII 1430 (en 1916), p. 87, n. 1, et O. SEECK, Rheinische Museum für Philologie 62, 1907, p. 533—534.

Un premier témoignage est constitué par le Panégyrique Latin X (4) prononcé par le rhéteur bordelais Nazarius à Rome à l'occasion même des Quinquennales des Césars, les *beatissimorum Caesarum quinquennia prima*[12]. L'orateur fournit à ce sujet quelques précisions intéressantes. D'abord, il s'agit seulement des deux fils de Constantin, Crispus et Constantin II., qui étaient présents en l'occurrence dans la Ville Eternelle et assistaient à l'assemblée au cours de laquelle Nazarius a pris la parole[13] ; non seulement Licinius II. n'était pas là, mais il brille par son absence totale dans un discours qui l'ignore pleinement et ne l'associe en aucune façon à la cérémonie et aux vœux exprimés. Par là la rupture entre les deux parties de l'Empire, la brouille des deux Augustes sont confirmées, si l'on ose dire, éloquemment. Le panégyrique est adressé à Constantin, mais celui-ci n'était pas sur place[14]. Le rhéteur ne précise pas où se trouvait l'empereur à ce moment ; nous savons par ailleurs qu'il séjournait alors de manière continue entre Sirmium et Serdica : il est le 27 février à Serdica, le 11 avril à Sirmium[15]. Or c'est un fait très important que les deux Césars aient été envoyés à Rome pour y être honorés en ce jour. La fin du texte ne permet en effet aucune hésitation sur le lieu, puisque, selon l'auteur, la ville de Rome souhaite désormais plus que tout un séjour de l'empereur et des Césars dans ses murs[16]. La date n'est pas signalée expressément quant au mois et au jour, mais le 1er mars s'impose forcément et l'année ne saurait être que 321, car, dit Nazarius, Constantin est alors dans sa quinzième année de règne[17], année commencée le 25 juillet 320. L'orateur ajoute utilement que les *vota soluta V* de ce jour sont proférés dans la joie générale des Romains et accompagnés de *vota suscepta X* pleins de toutes les espérances, formules qui résument excellemment les slogans de propagande propres à cette festivité[18].

---

[12] Paneg. Lat. X (4) 1, 1 (Ed. E. GALLETIER II p. 166) ; 2, 3 (p. 167) appelle la cérémonie : *quinquennalia beatissimorum Caesarum* ; cf. aussi 38, 2 (p. 197) : *quinquenniis igitur feliciter inchoatis.*

[13] 3, 5—4, 5 et 36—37 (p. 168—170 et 195—197).

[14] 3, 1 (p. 168) : *praesentem enim mihi alloqui videor qui, etsi conspectu abes, revelli tamen mentibus non potes.*

[15] C. Theod. IX 42, 1 : XV 1, 2. Cf. O. SEECK, Regesten der Kaiser und Päpste, Stuttgart 1919, rééd. Francfort 1964, p. 170—171.

[16] 38, 6 (p. 198).

[17] 2, 2 (p. 166) : *quintum decimum maximus princeps salutaris imperii degit annum, sed auguramur iam vicennalia et venturi fidem superiorum felicitate sancimus.*

Or il est remarquable que Constantin ait tenu à ce que les Quinquennales des Césars soient célébrés à Rome avec la présence des intéressés, et cela bien qu'il n'ait pu se rendre lui-même auprès d'eux. Nous constatons de fait qu'il a toujours tenu jusqu'à cette date à ce que les grandes fêtes anniversaires de son règne aient lieu dans la Ville Eternelle quoique celle-ci ne fût pas sa résidence ordinaire. Certes, il avait célébré ses propres Quinquennales à Trèves, mais c'était à une époque où il n'était pas encore le maître de l'Italie ; il est ensuite venu à Rome pour ses Decennalia en 315[19] ; il a forcé ses fils à se rendre à Rome pour leurs *Quinquennalia* ; puis, s'il n'a pu se diriger vers Rome en 325 et a célébré ses *Vicennalia* à Nicomédie, c'est parce qu'il n'a pu alors faire autrement, retenu qu'il était par les affaires d'Orient et le Concile de Nicée, mais il a tenu, de manière exceptionnelle, à répéter ses Vicennales l'année suivante et est venu exprès à Rome pour rattraper la chose[20]. La Ville Eternelle est ainsi demeurée le lieu privilégié de ces grandes fêtes du règne jusqu'à la dédicace de la nouvelle capitale, Constantinople, où furent célébrées les Tricennales en 335. On ne sait rien sur les *Decennalia* des Césars le 1er mars 326, mais on constate que des médaillons d'or et de bronze à l'atelier de Rome associent les vœux décennaux des deux Césars aux vicennaux de Constantin lors de la répétition des Vicennales en juillet 326[21].

Les Quinquennales du 1er mars 321 ont donné lieu pour leur part à une série d'émissions monétaires qu'il convient d'examiner. Nous étudierons successivement celles des ateliers de Constantin, puis celles de Licinius, qu'il faut distinguer soigneusement.

---

[18] 2, 3 (p. 167) : *Quinquennalia beatissimorum Caesarum occupatos (nos) in gaudiis habent, sed iam in destinatis decenniis vota properantia et spes volucres constiterunt.*

[19] Célébrés à Rome, et non pas à Trèves comme l'a cru P. BRUUN.

[20] Cf. Mélanges H. Stern.

[21] P. BRUUN, R. I. C. VII p. 328 (émission *GLORIA SAE-CVLI VIRTVS CAESS*). Constance II, devenu César en novembre 324, n'est pas associé à cette émission, à laquelle Crispus — qui n'est donc pas encore mort le 25 juillet — participe encore. La mort de Crispus serait de septembre ou octobre selon P. BRUUN, R. I. C. VII p. 71 et n. 10. Sur ces circonstances et ces émissions assez analogues à Ticinum et Thessalonique, cf. P. BRUUN, « Constantinian Mint and the Imperial Vota », Nordisk Numismatik Arsskrift, 1954 (1956), p. 22 et 40. H. MATTINGLY, Proceedings of the British Academy, 37, 1951, p. 258, n. 87, avait déjà remarqué le couplage des vœux décennaux des Césars et des vœux vicennaux de Constantin.

Seul l'atelier de Sirmium a frappé l'or à cette occasion, ce qui confirme en un certain sens la présence de Constantin dans ce secteur illyrien. Un multiple d'un *solidus* et demi présente au droit les bustes de Crispus et Constantin II., au revers la légende *GLORIA CONSTANTINI AVG* avec *VOT / V* dans un bouclier[22]. Deux *solidi* montrent l'un Crispus au droit, la légende *VICTORIA CRISPI CAES — VOT / X* au revers[23], l'autre Constantin II. avec *VICTORIA CONSTANTINI CAES — VOT / X*[24]. La victoire ainsi glorifiée et rapportée aux trois princes paraît être celle qu'a remportée Crispus dans l'hiver de 320—321, au témoignage même de Nazarius[25]. Presque tous les autres ateliers ont frappé des séries de bronze commémoratifs des *Quinquennalia* à partir de 320, et, curieusement, dans à peu près tous les cas, les droits associent encore les deux Licinii à Constantin et ses fils, même si cela demeure en fait assez formel et si, dans plusieurs ateliers, les Licinii ne figurent que dans les premières émissions de la série : on les observe à Arles[26], Rome[27], Ticinum[28], Aquilée[29], Siscia[30] et Thessalonique[31]. En règle ordinaire, sont exprimés seulement des *vota* de type courant — *VOT V* ou *VOT X* —, rapportés de manière expresse aux Césars avec la formule *CAESARVM NOSTRORVM* ou, à Ticinum, *DOMINO-*

---

[22] R. I. C. VII p. 470, n° 20, photo pl. 14 ; M. R. ALFÖLDI, Die konstantinische Goldprägung, Mainz 1963, p. 171, n° 174 et pl. 8.

[23] R. I. C. VII p. 471, n° 23, photo pl. 14 ; M. R. ALFÖLDI, op. cit., p. 209, n° 623 et pl. 9, fig. 140 (qui les date de 324—325).

[24] R. I. C. VII p. 471, n° 25 ; M. R. ALFÖLDI, op. cit., p. 208—209, n°⁸ 619—622 et pl. 8, fig. 135, et 9, fig. 138—139 (datés de 324—325 aussi).

[25] Paneg. Lat. X (4) 3, 5 et 36—37 (p. 168 et 196—197).

[26] R. I. C. VII p. 259, n°⁸ 225—227, 230—232 ; p. 260, n°⁸ 235—238 et 241—245. Pour les Augustes : p. 259, n°⁸ 223—224, 228—229 ; p. 260, n°⁸ 239—240.

[27] R. I. C. VII p. 319—320, n°⁸ 229—231 ; p. 321, n°⁸ 234—236.

[28] R. I. C. VII p. 378, n°⁸ 130—134 ; p. 379, n°⁸ 135—139 ; p. 380, n°⁸ 148—152 et 155—162 ; p. 381, n°⁸ 168—173.

[29] R. I. C. VII p. 404, n°⁸ 87—96 et 98—100 ; p. 405, n°⁸ 101—103. Cf. C. BRENOT, Sirmium VIII, Rome - Belgrade 1978, p. 56—58.

[30] R. I. C. VII p. 442, n°⁸ 142—147 ; p. 444, n°⁸ 165—167. Cf. sur la succession des types, C. BRENOT, op. cit., p. 67—70.

[31] R. I. C. VII p. 504, n°⁸ 27—49 ; p. 505, n°⁸ 57—58 ; p. 508, n°⁸ 85—87 ; p. 509, n°⁸ 90—95 ; p. 510, n°⁸ 98—100 ; p. 511, n°⁸ 105—108 ; p. 512, n°⁸ 113—116 et 118—120 ; p. 512, n°⁸ 121—122. Cf. C. BRENOT, op. cit., p. 84—87. L'ensemble du monnayage de bronze des *vota* dans les ateliers constantiniens dans les années 317—326 est soumis à un examen minutieux dans l'article de P. BRUUN, Nordisk Numismatik Årsskrift, 1954 (1956), p. 1—55.

RVM NOSTRORVM CAESS, mais Thessalonique, de manière plus affirmée, couple les *vota soluta* et les *vota suscepta* sous la forme : *VOT V / MVL X / CAESS,* associés à des *vota suscepta* pour les deux Augustes : *VOT / XX / MVLT / XXX*[32].

En Orient, les *Quinquennalia* du seul Licinius II. sont commémorés avec deux *aurei,* l'un pour Licinius Ier, l'autre pour Licinius II., frappés de manière très explicite, pour l'occasion, dans deux ateliers : Nicomédie et Antioche. Le premier type porte au droit: *LICINIVS AVG OB D V FILII SVI* (= *ob diem quinquennalium filii sui*)[33], et au revers : *IOVI CONS LICINI AVG,* avec, sur le socle de Jupiter : *SIC X / SIC XX*[34]. Le second offre la légende de droit : *D N VAL LICIN LICINIVS NOB C,* et au revers : *IOVI CONSERVATORI CAES* et *SIC V / SIC X*[35].

Une énigmatique trouvaille d'argenterie est venue confirmer ces données il y a quelques années lorsqu'une banque de Munich (la Bayerische Hypotheken- und Wechsel-Bank) a acquis un lot d'objets qui provenait peut-être, plutôt que de l'Orient, d'un trésor exhumé clandestinement en Yougoslavie, selon toute vraisemblance en Serbie ou dans l'ancienne Dardanie[36]. Elle comprend d'abord, entre autres, un plat d'argent dont le centre est orné de l'empreinte d'un médaillon qui reproduit, sur un module plus grand (3,02 cm. de diamètre au lieu de 2,30), le droit du premier type d'*aureus* de Nicomédie, avec la même effigie de Licinius Ier et la légende: *LICINIVS AVG OB D V FILI SVI* (n° 1 du catalogue afférent à la publication). On remarque toutefois la forme *FILI* au lieu de *FILII* ; surtout, la marque, inscrite au revers, est *NIKO* alors que l'*aureus* avait *SMNA*. Il s'y ajoute deux droits de Licinius II., d'un type tout nouveau, toujours en argent : l'un, de Nicomédie (3,02 cm. également de diamètre), représente le jeune prince avec la légende, diffé-

[32] Cf. R. I. C. VII photo pl. 15, n°s 30 et 40. Pièces que P. BRUUN, p. 504, place en 318—319 ; la date de 319 est acceptée par C. BRENOT, op. cit., p. 84 (photo p. 87).
[33] Et non pas : *ob d(ecennalia) v(ota),* comme proposait H. MATTINGLY, Proceedings of the British Academy, 37, 1951, p. 255, n. 79.
[34] R. I. C. VII p. 606, n° 41, photo pl. 20 ; p. 681, n°s 31—32, photo pl. 23 ; M. R. ALFÖLDI, op. cit., p. 178, n°s 260—263 (qui les date de 317). Le revers est la reprise d'un type de 317.
[35] R. I. C. VII p. 606, n° 42, photo pl. 20 ; p. 681, n° 33, photo pl. 23 ; M. R. ALFÖLDI, op. cit., p. 177, n°s 252—254.
[36] Elle a été publiée avec photographies par M. OVERBECK, Argentum romanum, Munich 1973, qui pense plutôt que l'enfouissement eut lieu quelque part dans le domaine de Licinius, donc en Orient.

rente de celle de l'*aureus* : *LICINIVS CAES OB D V SVORVM* (n° 2),
l'autre, d'Antioche (3,05 cm. de diamètre), avec : *LICINIVS OB D V
SVORVM* (n° 3). D'autre part, un autre plat d'argent, celui-là sans
médaillon, présente, gravée en cercle sur le plat lui-même, l'inscription :
VOTIS X CAESARIS NOSTRI (n° 5), référence évidente, dans ce
contexte, aux *vota suscepta* de Licinius II., avec la marque d'atelier
(ANTIO)XIA .

Tout cela constitue à première vue un bel ensemble homogène, mais
la présence dans le lot d'un plat qui évoque non plus Licinius II., mais
Crispus et Constantin II. et a été fabriqué de toute évidence à Naissus,
dans le domaine de Constantin, vient perturber cette belle assurance.
Ce plat sans médaillon porte, dans les mêmes conditions que le précédent, l'inscription : *VOTIS X CAESS NN*, avec, au revers, la marque
NAIS (n° 4)[37]. Les deux objets ont certes une inspiration commune et
remontent à une même date ; la mention épigraphique d'un seul César
dans un cas *(CAESARIS NOSTRI)*, de deux dans l'autre *(CAESS NN)*,
montre bien que les deux célébrations, l'orientale et l'occidentale, ont
cependant été distinctes. On peut supposer que les plats fabriqués à
Nicomédie et Antioche ont rejoint celui de Naissus après 324 et que le
possesseur du trésor n'a enfoui le tout qu'un peu plus tard.

Licinius II. a disparu de la scène politique, comme son père, en septembre 324. Les *Decennalia* de Crispus et Constantin II., le 1er mars 326,
n'ont pas été célébrés avec faste parce que l'effort de cette année-là a
été visiblement concentré sur la grande fête romaine du 25 juillet 326,
comprise exceptionnellement comme une répétition, au vingtième *natalis imperii* de Constantin, des *Vicennalia* que l'empereur avait présidés
normalement l'année précédente à Nicomédie. La venue de l'empereur
et de toute sa famille à Rome pour cette occasion solennelle donnait à
ce grand jubilé du règne un éclat particulier qui justifiait le moindre
retentissement de l'anniversaire propre aux Césars moins de cinq mois
auparavant[38].

---

[37] Cf. Inscriptions de la Mésie Supérieure IV, par P. Petrovic, Belgrade 1979, p. 134,
n° 130.

[38] C'est seulement après la mort de Crispus que les vœux décennaux de Constantin II
sont énoncés avec force sur des multiples d'or de trois et deux solidi (de Thessalonique), que P. Bruun date de 327 : R. I. C. VII p. 520, n°s 165—167, photo pl. 16,
n° 166 ; cf. P. Bastien, « Médaillon d'or inédit de Constantin II », Revue Belge
de Numismatique, 104, 1958, p. 35—43, photos ; M. R. Alföldi, op. cit., p. 216,
n° 709 et pl. 18, fig. 232—233 pour le n° 165 de P. Bruun.

Computo e date di condono dei *reliqua*: da Costantino al 5° secolo*

di Santo Mazzarino, Roma

§ 1.

La pubblicazione (JRS 1971, 171 ss.) di un'iscrizione tetrarchica di Afrodisiade in Caria, del 301, può dar l'avvio ad alcune notazioni sulla legislazione tardoromana relativa ai debiti fiscali. La suddetta iscrizione n o n comporta alcun condono di debiti fiscali: al contrario, essa conferma i debiti in moneta, tanto privati quanto fiscali, e ne precisa i criterî di pagamento. Tuttavia, c'è un elemento — sia pure, per dir così, formale — che in qualche modo ricorda la legislazione sul condono dei debiti fiscali: legislazione che invece rientra in quell'atteggiamento di generosità, che il nostro Jubilar ha ricordato nel quadro delle virtù imperiali (J. Straub, Vom Herrscherideal in der Spätantike, rist. 1964, p. 156). L'elemento che in qualche modo avvicina la nuova iscrizione di Afrodisiade in Caria alla legislazione sul condono dei debiti fiscali è la fissazione di un termine ‹divisorio› relativo al trattamento di tali debiti. L'iscrizione di Afrodisiade (JRS 1971, p. 173: b, l. 5) stabilisce questo termine ‹divisorio› al 1° settembre 301: i debiti fiscali (così come i privati) contratti prima di tale data saranno pagati secondo il valore (la *potentia*) che le monete avevano al tempo in cui i debiti, fino a quella data, furono contratti; laddove i debiti contratti dopo il (a partire dal) 1° settembre 301 (siano essi debiti fiscali o debiti privati)

---

* Nel corso del lavoro, per ragioni espositive, di *indulgentiae* del periodo costantiniano (con suoi eventuali precedenti) si è parlato (contro l'ordine cronologico) solo al § 2; di periodi seguenti sino a Marciano, al § 1.

saranno pagati secondo il nuovo valore — con nominale ‹raddoppiato›
(geminata potentia) — di quelle monete che, a partire dal 1° settembre
301, lo hanno assunto, per incremento *(adiectio)* deliberato dai tetrarchi
stessi. La differenza principale tra la lettera tetrarchica di Afrodisiade
del 301, e le varie leggi di condono (totale o parziale) dei *reliqua* è
dunque in ciò: che la legge nell'iscrizione di Afrodisiade indica, ai fini
del calcolo, il preciso valore (e diverso, a seconda che sia anteriore o
posteriore al termine ‹divisorio› del 1° settembre 301) di quelle monete
(‹raddoppiate› di valore, dopo il termine ‹divisorio›) in cui i debiti
furono contratti prima del termine ‹divisorio›, e in cui saranno contratti
dopo tale termine; laddove le leggi su condono, totale o parziale, dei
reliqua, concernendo in genere la pura e semplice concessione (o ‹indul-
genza›, o ‹condono›, o comunque la si voglia denominare) dei *reliqua*
(in tutto o in parte), qualunque essi siano (in *species, aes, pecunia, aurum,
argentum*), sino al termine ‹divisorio› con cui ha termine l'*indulgentia*,
non hanno bisogno di precisazioni del genere (anche perchè, com'è
ovvio, presuppongono invariato il valore delle monete, qualora i debiti
siano stati contratti in moneta). Il fisco di Diocleziano, dal 1° settembre
301, dovrà indicare l'importo dei *reliqua*, risp. dei nuovi debiti, considerando il vecchio, risp. il nuovo corso delle monete; laddove il condono dei *reliqua* prevede — in linea di massima e con le eventuali eccezioni — la pura e semplice soppressione (normalmente, cremazione delle
chartae), e comunque l'*abolitio*, talora in parte, dei *reliqua* condonati,
lasciando aperta la partita per il periodo che segue il termine ‹divisorio›
(relativamente, cioè, ai *s e q u e n t i s   t e m p o r i s   d e b i t i s*)[1]. Pertanto, tale termine ‹divisorio› si pone, nell'iscrizione di Afrodisiade, nel
corso dello stesso anno (301) in cui la legge fu data; laddove, nella
legislazione relativa a condono dei *reliqua*, può, in taluni casi, essere
anteriore (e talora, notevolmente anteriore) all'anno in cui le singole
leggi furono date.

Di qui, una conseguenza metodica, sulla datazione di tali leggi. Esempio tipico è la costituzione C. Th. 11, 28, 7, che fu data, secondo la
tradizione del codice, l'8 maggio 413. Questa costituzione riguarda il
condono dell'80 % (ma con esclusione dei tributi *ad reparationem cur-*

---

[1] E' l'espressione usata in C. Th. 11, 28, 9. — Sul concetto di 'termine divisorio' nella
lettera tetrarchica di Afrodisiade, cfr. quanto osservo in un mio lavoro, a questo
parallelo, sull'iscrizione di Afrodisiade: ivi, anche, la giustificazione della mia
interpretazione di tale epigrafe tetrarchica.

sus) per Campania, Tuscia, Piceno, Sannio, Apulia e Calabria, Brittii e
Lucania, a cominciare dalla 10ª indizione (che ha inizio al 1° settembre 411) per la durata di 5 anni. Il SEECK[2] ha retrodatato questa legge
all'8 maggio 412, con la conclusione (la quale è, poi, anche un presupposto) che l'inizio della concessione (quello che io ho chiamato termine
‹divisorio›), cioè l'inizio della 10ª indizione, debba probabilmente
appartenere alla stessa indizione in cui la legge fu data, ed insomma,
com'egli dice, ‹daß die zehnte Indiktion zwar vielleicht schon begonnen,
aber jedenfalls noch nicht soweit vorgeschritten war, daß die Steuern
für sie schon eingetrieben sein konnten›. Ma tale conclusione (o presupposto) seeckiana è arbitraria: il condono ha ben potuto riferirsi,
quanto all'inizio, ad un periodo p r e c e d e n t e all'anno (e all'indizione) in cui la legge fu data: e non abbiamo alcun elemento per correggere la data tràdita, secondo cui la costituzione C. Th. 11, 28, 7 fu
data l'8 maggio 413, e deve pertanto considerarsi come costituzione
relativa, parzialmente, a *reliqua*.

Ed invero, com'è naturale, ogni legge su *reliqua* si riferisce a periodo
che ha inizio (normalmente, anche termine) in data precedente a quella
in cui essa fu emanata. Scelgo i seguenti esempi:

(α) Nella sua lettera 47 H. = 73 B.[3], l'imperatore Giuliano (unico
Augusto dalla morte di Costanzo, 3 nov. 361, alla sua, 26 giugno 363)
comunica la sua *indulgentia* dei *reliqua* ai Traci fino alla 3ª indizione
(cioè, fino al 31 agosto 360, con cui la 3ª indizione aveva termine). In
questo caso, il condono ha termine (e dunque, a maggior ragione, ha
inizio) in periodo ben precedente all'anno (e all'indizione) in cui Giuliano lo ha concesso.

(β) Nella costituzione, del 25 giugno 401, C. Th. 11, 28, 3, Onorio
distingue tre periodi: periodo sino all'indizione 15ª (1° settembre 386—31
agosto 387); periodo sino all'indizione 8ª (1° settembre 394—31 agosto
395); periodo dall'indizione 9ª (1° settembre 395—31 agosto 396) *in
praesentem diem* (25 giugno 401). L'imperatore condona i *reliqua* per
il primo di questi tre periodi; ordina *exactionem suspendi* per il secondo;
ed infine, *adcelerari solutionem* per il terzo[4]. Com'è evidente, il pieno

---

[2] Reg., p. 75, 7 ss.

[3] p. 76 B. (con commentario a p. 48). — Altra *indulgentia* (ma parziale: *excepto auro
et argento*) di Giuliano in C. Th. 11, 28, 1: per la datazione (26 ottobre 362) di
questo frammento, e degli altri collegati, rettamente SEECK, Reg., p. 82, 10 ss.

[4] Per il calcolo di questi 'termini divisorii', cfr. quanto ho osservato in Antico, tardo
antico ed èra costantiniana I (1974), p. 259.

condono dei *reliqua* si riferisce a periodo di molto anteriore all'anno (e all'indizione) in cui la legge fu data.

(γ) Concessione di *reliqua* d'Africa, in C. Th. 11, 28, 6, sino all'inizio della 5ª indizione africana (inizio databile, sembra, in un mese — notevolmente anteriore a settembre — del 408)[5]: la costituzione fu data il 25 giugno 410, e dunque si riferisce a periodo anteriore all'anno (e all'indizione) in cui la legge fu data.

(δ) Legge di Teodosio II. in C. Th. 11, 28, 9 (del 9 aprile 414), cit. Questa legge cancella (con eccezione per i *trium metallorum debitoribus Docimeni, Proconensis et Troadensis*) i *reliqua* di 40 anni sino alla quinta indizione (del settimo ciclo), cioè sino all'indizione 1° settembre 406/ 31 agosto 407. Anche in essa, il condono ha termine — e, a maggior ragione, ha inizio — in periodo ben precedente all'anno (e all'indizione) in cui Teodosio II l'ha concesso.

Torniamo, ora, a C. Th. 11, 28, 7. Se qui si conserva — come dunque ci par da ritenere — la datazione tràdita, all'8 maggio 413, se ne deduce che la costituzione fu data in un'indizione (l'undicesima, 1° settembre 412—31 agosto 413) posteriore a quella (la decima) da cui il condono dell'80 % aveva inizio, e che la durata di tale condono (cinque anni) prevedeva la scadenza del termine di esso alla data del 31 agosto 416 (fine della quartadecima indizione). In questo caso il condono dell'80 % ha valore retroattivo per una parte (per ciò che riguarda l'indizione decima), mentre per altra parte riguarda l'indizione presente (l'undecima) e le tre future (duodecima, terzadecima, quartadecima). Esso è solo parzialmente un condono di veri e proprii *reliqua*.

Ancor una volta: in linea di massima, le *indulgentiae* (o ‹concessioni›, o con qualunque altro termine si vogliano indicare) non vengono stabilite necessariamente[6] nel corso dell'indizione da cui esse hanno inizio[7],

---

[5] Su ciò, ancora, Antico, tardo antico . . ., cit., I (1974), p. 259.

[6] Dico 'necessariamente' perchè, com'è ovvio, alcune *indulgentiae* si riferiscono al futuro: così (cito due esempii qualunque, e fra loro vicini) la riduzione a poco più dell' 11 %, per la Campania (a p a r t e, come sembra, i tributi pel *cursus*), e a poco più del 14 % per Tuscia e Piceno suburbicario, in C. Th. 11, 28, 12 (del 15 novembre 418); e la riduzione di tutte le prestazioni (non solo di quelle relative ai *praedia* imperiali: cfr. Aspetti sociali del quarto secolo, 1951, p. 418, 95) in C. Th. 11, 28, 13 (del 20 febbraio 422). Viceversa, *indulgentiae* sui *reliqua* si riferiscono, come pure è ovvio, al passato: agli altri casi recati in questo saggio si può aggiungere, p. es., C. Th. 11, 28, 14 (*regesta* agli uffici del *comes sacrarum largitionum* l'8 febbraio 423), in cui è estesa l'abolizione dei *reliqua* (relativi al passato), calcolandosi i *debita* solo pel futuro, a partire *ex praesenti indictione*.

ma debbono ben avere valore, q u a n d o   s i a n o   *indulgentiae* di
r e l i q u a, r e t r o a t t i v o, e dunque possono essere stabilite in indizione di uno o più anni successiva all'indizione da cui hanno inizio. (In
C. Th. 11, 28, 7, il valore è retroattivo, come già abbiamo visto, solo per
ciò che riguarda l'indizione decima, 411/412.) Ed è qui, nella retro-
attività, un punto ovvio, ed essenziale, per l'intendimento delle *indulgentiae* di *reliqua*. Infatti, proprio il valore retroattivo delle *indulgentiae* di *reliqua* dava luogo a una sorta di contenzioso, poichè alcuni
(soprattutto, nell'ambito dei curiali; ma anche in quello burocratico)
pretendevano di aver anticipato già, per conto dei debitori, a proprie
spese, le tasse, o parte di esse, corrispondenti a quei *reliqua,* e ne richie-
devano, dai debitori, il pagamento, *obtentu anticipatae per se inlationis*:
al che Teodosio II replicò, nel 415, che ogni richiesta del genere era
illecita, equivalendo ad un *in suum compendium rapinamque conuer-
tere, ut fierent priuata debita, quae fuerant publica*[8], in quanto quell'*indulgentia* dei *reliqua* di 40 anni era volta a totale beneficio dei debitori;
e all'incirca nello stesso modo replicò poi, nel 450, Marciano (Nov.
Marc. 2, §§ 2 e 3). Anche la durata, in casi più indicativi, dei periodi per
cui tali *reliqua* venivano infine condonati, lascia intravvedere una caratteristica delle *indulgentiae* su *reliqua:* si pensi, p. es., ai 40 anni dalla
undecima indizione Valentiaca (cioè 367/368) alla 5ª del settimo ciclo
(cioè 406/407)[9] nelle già citate costituzioni C. Th. 11, 28, 9 e 10; od ai
20 anni[10] dalla (fine della) 6ª indizione del settimo ciclo (cioè dal

---

[7] Era questo il presupposto — che noi non accettiamo — su cui il Seeck fondava la
sua retrodatazione di C. Th. 11, 28, 7. Un presupposto analogo si era affacciato
alla mente del Mommsen, il quale, nel commento a questa costituzione, all'espressione *ex indictione decima,* osservava: '*Expectamus sane annos tantummodo f u -
t u r o s, currentes scilicet ex indictione decima tertia*' (414/415; spazieggiatura
mia): presupposto, da cui il Mommsen, per altro, non sembra aver tratto ulteriori
conclusioni. Diversam. il Godefroy, che, pur errando nel calcolo dei *quinque
annorum* (i quali, secondo lui, andavano dal 410 al 414: essi vanno invece dal
411/2 al 415/6), aveva così interpretato lo spirito della legge: '*partim in praeteri-
tum, partim in futurum*'. Ed anche in ciò si rivela l'attualità, oggi ,del Godefroy,
almeno su taluni punti: attualità sulla quale ha attirato l'attenzione (sia pur a
tutt'altro proposito) l'epigrafe di Iunius Bassus ad Aqua Viva, pubblicata dalla
Evrard, MEFR 1962, p. 607 ss.; cfr. A. Giardina, Hlk 1971/2, p. 253 ss.

[8] C. Th. 11, 28, 10 (11 luglio 415: anche qui, si noti la data, che rientra nella 13ª
indizione, laddove l'*indulgentia* aveva termine con la quinta indizione).

[9] Non 407/408, come ritenne Mommsen nel commento a C. Th. 11, 28, 9.

[10] Così il testo tràdito della costituzione (C. Th. 11, 28, 16, l. 7 M.-K.: *de his uiginti
annis*): in realtà, se fosse da prendere alla lettera l'indicazione *a sexta indictione,*

31 agosto 408) all'indizione undecima dell'ottavo (questa undecima indizione corrisponde al 427/428), in C. Th. 11, 28, 16. Possono anche ricordarsi, p. es., i periodi considerati nelle costituzioni occidentali Nov. Val. 1, 3 (5 marzo 450) con *superiorum — omnium temporum reliqua — usque ad incipientem primam indictionem* (la quale ebbe inizio il 1° settembre 447) — pur con l'eccezione della Sardegna e con la possibilità d'invio di un *inspector* —; e Nov. Mai. 2 (10 marzo 458) con *uniuersorum fiscalium titulorum — reliqua usque ad praesentis undecimae indictionis initium* (l'undecima indizione ebbe inizio il 1° settembre 457); ed il periodo considerato nella già citata costituzione orientale Nov. Marc. 2 (450, dopo l'11 ottobre) con *a sextae indictionis initio usque ad finem quintae decimae nuper elapsae,* cioè dal 1° settembre 437 al 31 agosto 447 (cfr. anche n. 10).

Nella legislazione, che qui abbiamo considerata, su *indulgentia* di *reliqua,* i periodi a cui l'*indulgentia* si riferisce sono calcolati in due modi: o (caso a) sono dati genericamente sino ad un termine ‹divisorio› di scadenza, ed in questo caso non abbracciano un numero definito di anni; oppure (caso b), quando sono dati con la precisazione (oltre che del termine di scadenza) anche del punto di inizio, abbracciano un numero di anni in cifra tonda, c o m p u t a t o i n 5 o i n m u l t i p l i d i 5 (q u a r a n t a , v e n t i , d i e c i , c i n q u e). E'questo, come mi sembra, un dato interessante per intendere il modo di procedimento della ragioneria nello stato tardo-imperiale. Un caso a parte sembrerebbe costituito, a prima vista, dalla già citata costituzione C. Th. 11, 28, 3: ma in questa il periodo della vera e propria *indulgentia* di *reliqua* (il primo dei tre periodi) è indefinito, cioè dato genericamente, nel punto di

considerandola in senso inclusivo, si tratterebbe di v e n t u n o anni. Ritengo, pertanto, che l'indicazione *a sexta indictione* vada intesa in senso n o n inclusivo: infatti, tale sesta indizione rientrava in una *indulgentia* precedente. [Molto meno probabile, e anzi da escludere, sarebbe l'ipotesi che debba leggersi, a 1. 7 M.-K., *Nihil de his uiginti* ⟨u n o⟩ *annis* etc.: anche se ⟨uno⟩ potrebbe, in astratto, essere caduto, prima di *annis,* per la facile confusione fra *u* e *a.* E' altresì escluso, ovviamente, un errore della ragioneria imperiale, a queste cose attentissima.] Cfr. quanto osserverò innanzi (a n. 33), per i *reliqua uetera* concessi da Adriano nel 118; e altresì (a n. 34) per i *reliqua uetera* concessi da Marco. — Quanto ai procedimenti della ragioneria imperiale nel basso impero, si noti che in certi casi questa escludeva dall'*indulgentia* quella parte di *reliqua* che eventualmente fosse volturata alle *expensae* dell'indizione successiva alla fine dell'*indulgentia* e agli anni seguenti: Nov. Marc. 2, § 3 (dove *primae indictionis* è l'indizione 447/448 [non 448/449, come in MOMMSEN-MEYER ad l.]: l'indizione appunto, che segue alla quintadecima).

p a r t e n z a , restando precisato solo il termine ‹divisorio› di scadenza (31 agosto 387): rientra, dunque, nel nostro caso a; gli altri due periodi indicati nella legge non sono di *indulgentia* dei *reliqua*, ma riguardano, invece, sospensione della *exactio*, e, risp., sollecitazione di rapida *solutio*.

§ 2.

La legislazione sui *reliqua* apre prospettive ‹pessimistiche› su taluni aspetti sociali del basso impero, soprattutto in occidente. Come già si è accennato nel § precedente, Diocleziano — che, per altro, sottolineava, altrove, l'esosa gravità delle *usurae*, e le condannava duramente[11] — ha precisato, nella già ricordata epigrafe di Afrodisiade (n o n remissiva di *reliqua*), per i debiti privati, i criterî di pagamento in moneta dei debiti contratti, appunto, in moneta (quanto alle *usurae* legittime — per lo meno quelle derivanti da stipulazioni — possiamo ritenere che egli presupponesse analoghi criterî); e, sempre in quella iscrizione, ha pure precisato, per i debiti fiscali in moneta, il criterio di pagamento di tali debiti. Ma il peso dei *reliqua* fiscali, in una situazione economico-sociale gravemente scossa, si è fatto sentire notevolmente, almeno in alcune regioni, e soprattutto nella compravendita dei terreni. Il valore dei *praedia* era, in linea di massima, inversamente proporzionale al peso fiscale che gravava su essi: ad esempio, già in epoca dioclezianea il proprietario, che vendeva il suo fondo, tendeva a dichiarare, per ricevere un prezzo più alto, una capitazione minore del vero — e in tal caso andava incontro a un'azione da parte del compratore ingannato[12]. Qualcosa di analogo (ma in forma del tutto diversa) si è verificato relativamente ai *reliqua*. Il compratore, che ha acquistato un fondo, non intende pagare i *reliqua* gravanti su esso: Costantino, in una costituzione diretta al preside della *Lugdunensis I*, Antonius Marcellinus, ordina la revisione dei contratti in cui fu stabilito che il compratore d'un fondo non ne pagasse i *reliqua*: egli avverte che il compratore è

---

[11] C. I. 2, 11 (12), 20: *Improbum fenus exercentibus et usuras usurarum illicite exigentibus infamiae macula inroganda est* (pp. XI k. Mart. 290: cfr. G. BILLETER, Gesch. des Zinsfußes, 1898, 272 s.; J. STRAUB, Heidn. Geschichtsapol., 1963, p. 24); Edictum de pretiis, pr., p. 94 LAUFFER = p. 135, 81 ss. GIACCHERO: *qui singuli maximis diutiis / diffluentes, quae etiam populos adfatim explere potuissent, consectentur peculia et laceratrices centesimas persequan/tur.*

[12] C. I. 4, 49, 9 (*XV kal. Iun.* [*Iul.* MOMMSEN] 293): cfr. Aut., Aspetti sociali del quarto secolo, cit., p. 260.

obbligato *pro reliquis uniuersis* della *possessio* acquistata[13]. Ed invero, il peso dei *reliqua* era tale che, in tempi precedenti, molti contadini gallicani (della regione di Augustodunum [Autun], città della stessa *Lugdunensis I*) s'erano dati alla macchia o erano andati in esilio: lo aveva notato il panegirista, in Autun, lieto del loro ritorno, dopo che Costantino ebbe concesso, agli Edui, la remissione dei debiti fiscali contratti nel primo *lustrum* del suo impero[14].

A seguito delle considerazioni già svolte al § 1, possiamo affermare che questa concessione dei *reliqua* a Autun dovette avere, proprio in quanto piena *indulgentia* di *reliqua,* un effetto retroattivo — relativo dunque ad un *quinquennium* precedente al momento in cui la *indulgentia* dei *reliqua* fu concessa a Autun. La gratitudine del panegirista lascia pensare, altresì, che con tale *indulgentia* di *reliqua* a Autun si dava a questa città un privilegio notevole rispetto alle altre città (o per lo meno ad altre città) della *Lugdunensis I.*

Tale remissione dei *reliqua* nella zona di Autun, e il panegirico 5° [8°] *Si Flauia Aeduorum,* anche ad essa relativo, vanno pertanto datati in un periodo in cui il panegirista, rivolgendosi a Costantino, poteva dirgli: *Quinquennalia tua nobis, etiam perfecta, celebranda sunt. Illa enim quinto incipiente suscepta omnibus populis iure communia, nobis haec propria quae plena sunt* (13, 2): dichiarando che proprio la concessione, per Autun, dei *reliqua* di quel *lustrum,* ormai compiuto, di governo costantiniano aveva compensato le manchevolezze del raccolto (13, 4—6)[15].

Per comprendere il rapporto fra la concessione costantiniana dei *reliqua* a Autun, attestata nel panegirico 5° [8°] *Si Flauia Aeduorum,*

---

[13] C. Th. 11, 3, 1 (datata al 1° luglio 319 dalla tradizione; al 1° luglio 313 da SEECK, Reg., p. 58, 43 con p. 80, 31; su ciò cfr. innanzi).

[14] Pan. 5° [8°], 14, 8 (a evitare confusioni, in seguito indicherò i panegirici, spesso, con le parole iniziali di essi). Pel panegirico 5° [8°] *Si Flauia Aeduorum,* nel suo aspetto fiscale, cfr. i miei Asp. soc. . . ., 1951, cit., p. 262 ss.; ivi, anche, la dimostrazione che la riduzione dei *capita* da 32000 a 25000 (riduzione che si accompagnava alla remissione dei debiti fiscali dell'ultimo quinquennio) si riferisce non ad unità astratte, ma a veri e propri *capita* di lavoratori.

[15] A § 4, *nulla frugum cessarit ubertas* è impossibile, e la corruttela va corretta con proposizione di significato opposto (delle varie proposte di correzione, va considerata, p. es., *nulla frugum ⟨non⟩ cessarit,* STRÖMBERG: *non* poteva ben cadere dopo — *um* di *frugum*). Comunque, il senso è certo, non solo per via dello stesso contesto di § 4, ma anche, e soprattutto, per via del § 5 e del § 6: la concessione dei *reliqua* compensa largamente il poco (il *parcius,* § 6) del raccolto.

e, d'altra parte, l'obbligo del compratore d'un fondo *pro reliquis uniuersis* nella costituzione di Costantino ad Antonius Marcellinus preside della *Lugdunensis I*, bisogna tentare la datazione dell'una e dell'altra.

Cominciamo con la concessione dei *reliqua* a Autun nel panegirico 5° [8°] *Si Flauia Aeduorum*. La datazione di questo panegirico deve partire dall'interpretazione testuale del passo già citato: *Quinquennalia tua nobis, e t i a m perfecta, celebranda sunt. Illa enim quinto incipiente suscepta omnibus populis iure communia, nobis haec propria quae plena sunt* (13, 2). Nell'interpretazione di questo passo bisogna insistere sul carattere c o n c e s s i v o di *etiam* + partic.[16]: in altri termini, quando il panegirista parla, non sono soltanto trascorsi i *quinquennalia suscepta* (che si pongono all'inizio del quinto anno a partire dal *natalis imperii*[17] di Costantino) ma anche i *quinquennalia perfecta* (che si pongono alla fine del quinquennio a partire dal *natalis imperii* di Costantino). Il panegirista vuol dire che Autun — città che ha ricevuto, da Costantino, la remissione di 7000 *capita*, e altresì la remissione dei *reliqua* dell'intero *quinquennium* costantiniano — deve celebrare i *quinquennalia*, s e b - b e n e i cinque anni siano già del tutto compiuti *(etiam perfecta)*[18]. Una

---

[16] Cfr., p. es., KÜHNER - STEGMANN, Ausf. Gramm. II, 2⁵ (1976), p. 51.

[17] Per il termine *natalis imperii*, cfr. innanzi, n. 30.

[18] Ovviamente, la remissione dei *reliqua* dell'intero *quinquennium* (13, 1: *quinque annorum reliqua remisisti. o lustrum omnibus lustris felicius*) non poteva avvenire se non d o p o che l'intero *lustrum* era trascorso: essa presuppone che Costantino, quando si recò a Autun, e chiese ai cittadini quali fossero i loro desiderî (9, 1—5), avesse già compiuto un *lustrum* a cominciare dal *natalis imperii*. — Solitamente, si pensa che il panegirista di *Si Flauia Aeduorum*, in 13, 2 (*Quinquennalia tua nobis* etc., cit.), abbia inteso semplicemente distinguere fra *quinquennalia* celebrati all'inizio del 5° anno — i *quinquennalia* celebrati comunemente — e *quinquennalia* celebrati a fine del quinto anno, o almeno quando il quinto anno era 'virtually complete' — che sarebbero i *quinquennalia* celebrati da Autun (cfr. p. es. C. H. V. SUTHERLAND, RIC VI [1973] p. 16): è questo, anzi, un punto su cui gli studiosi sono tutti d'accordo (p. es. SUTHERLAND, cit.; e gli altri citati infra, a n. 26), mentre invece differiscono nel computo dell'inizio e della fine di questo 'quinto anno'. Secondo la nostra interpretazione, invece, la distinzione è tra i *quinquennalia* veri e proprî, celebrati all'inizio del quinto anno (che sono, appunto, i *quinquennalia* celebrati comunemente) e una celebrazione del tutto diversa (diciamo così, di puro ringraziamento), la quale, ad Autun, deve farsi d o p o che il quinquennio è completamente trascorso, e che Costantino ha rimesso i *reliqua*, già accumulati nel corso di esso. Ciò può sembrare, a prima vista, strano; perchè sembra strano che si debbano celebrare *quinquennalia* d o p o la fine del quinquennio: ma è necessariamente deducibile da *etiam perfecta*, appunto per quel carattere c o n - c e s s i v o che qui si deve dare, come già ho detto, a *etiam* + part. Non bisogna dimenticare che qui ci troviamo dinanzi a un linguaggio per eccellenza panegirico,

conferma di questa interpretazione può trovarsi, in un certo senso, nella citazione, da parte del panegirista, dell'orazione catoniana *de lustri sui felicitate*[19]: infatti, l'orazione — diretta contro L. Minucius Thermus[20] (non contro Q. Minucius Thermus, forse padre di L.)[21] — fu tenuta da Catone *post censuram*, a dimostrare, secondo un concetto tipico dell'antica idea di *lustrum*[22], la *felicitas* del *lustrum* che gli era accaduto di *condere*; e difficilmente il panegirista avrebbe istituito il confronto, se nell'un caso e nell'altro il *lustrum* non fosse interamente trascorso (nel caso di Catone, il periodo che va dal *lustrum conditum* da Catone[23] al *lustrum conditum* dai censori eletti nel 179[24]; nel caso di Costantino, scomparse ormai da secoli la spiritualità sacrale e la concezione magistratuale dell'età repubblicana, il *lustrum* nel senso esclusivamente profano di *tempus quinquennale* durante il quale s'erano accumulati i *reliqua*, che Costantino rimise in occasione della sua visita a Autun). Appunto in occasione del viaggio a Autun, Costantino domandò ai cittadini della comunità, cui ora dava nome di *Flauia Aeduorum*, quale aiuto (*quid opis*: 9, 1) desiderassero da lui, e quale sollievo (*quid remedii*: 9, 4): s'informò sull'ammontare dei loro *reliqua* (*quantum deberemus interrogasti*: 10, 5)[25], e promise di rimetterli. Il *quinquen-*

con le esagerazioni e astrazioni e metafore che son proprie dei panegiristi. Chiedere al retore autore di *Si Flauia Aeduorum* un linguaggio del tutto razionale sarebbe come chiedergli in che senso egli possa dire che la modesta Autun è fatta *similem* alla grande Treviri, e sua *aemulam* (1, 1; 2, 1), o che un discorso a Autun sarebbe bastato alla *immortalitas* del suo nome (1, 5) ecc. ecc.; egli mescola dati storici e 'ombres au tableau' (cfr. E. GALLETIER, Pan. Lat. II [1952], pp. 79—87 con p. 91 3*); ed è ben naturale, tra i suoi floscoli retorici, l'idea che Autun — avendo ormai ottenuto la remissione dei *reliqua* accumulatisi nell'intero *quinquennium* — debba celebrare i *quinquennalia* dopo che ormai il *quinquennium* è finito. Cfr. ulteriori osservazioni infra.

[19] ORF[3] ed. MALCOVATI, 8 [Cato Censorius] F 135.

[20] MÜNZER, R. E. 15 (1932), 1966, 35 ss.

[21] MÜNZER, R. E. 15, 1971, 32.

[22] Cfr. p. es. BERVE, R. E. 13 (1926), 2054, 22—42.

[23] Si è pensato (cfr. p. es. SUOLAHTI, The Roman Censors, 1963, p. 357 s.) che Catone pronunciasse il *de lustri sui felicitate* 'when finally the censors performed the lustrum'. Ma questa contemporaneità mi sembra da escludere: le espressioni *si horrea messis implesset, si uindemia redundasset, si oliueta large fluxissent*, al ppf., indicano certamente che il periodo quinquennale è già trascorso.

[24] Per una caratteristica dei nuovi censori, rispetto alla precedente censura del 184ª, cfr. SUOLAHTI, pp. 359—375.

[25] Ciò rientra nell'inchiesta su *quanta reliqua — resedissent*, di cui C. Th. 11, 3, 1: cfr. innanzi.

nium, durante il quale s'erano accumulati quei *reliqua,* era — ripetiamo — ormai trascorso.

Si è pensato che la fine del 5° anno di *imperium* costantiniano, termine del *lustrum* pel quale Costantino concesse i *reliqua* ad Autun, fosse posta, dal panegirico 5° [8°], nella primavera 312 circa[26]. Secondo questa teoria, la fissazione del *natalis imperii* costantiniano sarebbe stata calcolata, in questo periodo, a partire dal 31 marzo 307 (e non già dal 25 luglio 306), sicchè la fine del *quinquennium (lustrum)* costantiniano sarebbe stata posta, allora, al 31 marzo 312; ed anzi, il calcolo del *natalis imperii* costantiniano a partire dal 31 marzo 307 sarebbe stato costante fino al 314, giacchè solo in tale anno si sarebbe avuta la fissazione del *dies imperii* costantiniano al 25 luglio 306. Una considerazione del computo costantiniano, come questo si presenta già nel panegirico 6° [7°] *Facerem sacratissime imperator,* anteriore al panegirico 5° [8°] *Si Flauia Aeduorum,* mostra la difficoltà di un computo siffatto, e, così pure, di ogni altro che comunque ritenga i *quinquennalia* costantiniani, di cui parla il panegirico 5° [8°], come conclusi *(perfecta)* in data posteriore al 25 luglio 311. Il panegirico 6° [7°] *Facerem sacratissime imperator,* tenuto dopo la morte di Massimiano Erculio (nello stesso 310, in cui *diem functus Maximianus senior),* implica infatti che l'*imperium* fu dato

---

[26] Così E. Galletier, Pan. Lat. II, p. 78, al sèguito di W. Seston, REA 1937, p. 204, con n. 2. Ulteriori indicazioni bibliografiche, p. es., in P. Bruun, 'Arctos' 9 (1975), pp. 20—21 (note). Secondo Seston, la fine del 5° anno costantiniano sarebbe stata posta da *Si Flauia Aeduorum* 'au printemps de 312'; secondo Bruun, quanto al panegirico 5° [8°] *Si Flauia Aeduorum,* 'the time would still be Spring 312, regardless of the adjusted date of the *quinquennalia*' (p. 25, n. 52). Secondo Bruun, infatti, l'espressione *Quinquennalia tua nobis etiam perfecta celebranda sunt* 'points to the future'. Su questo punto concordo — sebbene in altro senso — col Bruun; ed anch'io, come Seston e Bruun, porrei il panegirico 5° [8°] *Si Flauia Aeduorum* verso la primavera del 312 (ma riterrei anche possibile — anzi più probabile — un periodo alquanto precedente, verso gli inizi del 312). Il punto essenziale mi sembra il seguente: la fine del *quinquennium* — cioè, del periodo lungo il quale si sono accumulati i *reliqua* — è da porre (cfr. innanzi) al 24/25 luglio 311; la visita di Costantino a Autun, durante la quale egli ha chiesto a quanto ammontassero i *reliqua* del passato quinquennio *(quantum deberemus interrogasti:* 10, 5, cit.), e li ha rimessi, è, necessariamente, posteriore alla fine del quinquennio; il panegirico *Si Flauia Aeduorum,* in cui si ringrazia Costantino per la remissione dei *reliqua,* è, ovviamente, posteriore alla visita (ed anzi, notevolmente posteriore, giacchè ormai la visita di Costantino, e la remissione dei *reliqua* accumulatisi durante il quinquennio, hanno dato benefici effetti: *ualet enim nos tantum habuisse quantum debere desiuimus* etc.: 13, 5; *quam multi — in patriam reuertuntur:* 14, 3; cfr. Aspetti sociali, cit., p. 259 ss.; Galletier, Pan. Lat. II, p. 102, 1*).

a Costantino il 25 luglio 306: sùbito (*ilico*, 6° [7°], 8, 2; *statim*, 6° [7°], 8, 3; cfr. *confestim* 6° [7°], 4, 1) dopo la morte di Costanzo Cloro. Secondo questo panegirista, Costantino ebbe la porpora dal consenso dell'esercito, e, nonostante la sua modestia, non potè sottrarsi all'*imperium* (6° [7°], 8, 5: *Quis enim te Cyllarus aut Arion posset eripere quem sequebatur imperium* ...?), sì che fu vano ogni suo tentativo di differire l'*i m-p e r i u m* (6° [7°], 8, 6: *Sic modestiam tuam atque pietatem et differendi i m p e r i i conatus ostendit et rei publicae felicitas uicit*), chè i soldati lo acclamarono, mentre egli era in lagrime (*Purpuram s t a t i m tibi, cum primus copiam tui fecit egressus, milites — iniecere lacrimanti*: 6° [7°], 8, 3): in tal modo (vale a dire, sùbito dopo la morte di Costanzo Cloro, e per il consenso dell'esercito), Costantino, secondo il panegirico 6° [7°], ottenne l'*imperium* (6° [7°], 10, 1 *et ipse tam feliciter adeptus i m p e r i u m*)[27]. In conclusione, possiamo essere certi che l'autore gallicano del panegirico 6° [7°] *Facerem sacratissime imperator* poneva l'i n i z i o d e l l'*i m-p e r i u m* di C o s t a n t i n o, e insomma il *dies imperii* (più propriamente, *natalis imperii*) di Costantino, al 25 luglio 306, e non in una data a questa posteriore: egli n o n si preoccupava di d i s t i n g u e r e, ai fini del computo dell'*i m p e r i u m* costantiniano, tra la data in cui Costantino ottenne il semplice cesarato, e quella in cui egli ebbe la superiore dignità di Augusto[28]: per lui, ormai, l'essenziale era l'avvento di Costan-

---

[27] Naturalmente l'idea dell'*imperium* ottenuto sùbito dopo lo morte del padre implica, già in questo panegirico 6° [7°] *Facerem sacratissime imperator*, dell'anno 310 (o, semmai, dei primi del 311), una definitiva prevalenza dell'ideologia ereditaria sui residui di ogni altra (pel contrasto fra le due ideologie, ultimam. A. PASQUALINI, Massimiano Herculius, 1979, p. 82 con n. 1). Ed invero, in pan. 6° [7°], la designazione paterna dà a Costantino successione legittima (6° [7°], 4, 1—2; *Sacrum istud palatium non candidatus imperii, sed designatus intrasti, confestimque te illi paterni lares s u c c e s s o r e m uidere l e g i t i m u m. Neque enim erat dubium quin ei competeret hereditas quem primum imperatori filium fata tribuissent*); e tale successione legittima è confermata dal consenso dell'esercito (cfr. i già citati passi di pan. 6° [7°], 8, 2 e 3), sebbene Costantino abbia voluto riferire *ad seniores principes de summa re publica quid fieri placeret*, sicchè i soldati *praeuenerunt studio quod illi* (cioè i *seniores principes*) *mox iudicio probauerunt* (cfr. STRAUB, Vom Herrscherideal in der Spätantike, 1939 [Nachdruck 1964], p. 48 con p. 227, Anm. 268); vano il *differendi imperii conatus* da parte di Costantino (6° [7°], 8, 6, cit.; sul carattere topico, cfr. STRAUB, o. c., p. 62).

[28] La distinzione è, ovviamente, necessaria per lo storico. Ma, volta a volta, si configura diversamente pel panegirista, il quale, appunto, deve farsi portavoce, volta a volta, della concezione che gli appare legittima dal punto di vista del suo principe. Ed anche ovviamente, l'atteggiamento del panegirista autore di pan. 7° [6°] *Dixerint licet plurimi*, al tempo in cui Costantino legittima la sua posizione di *oriens*

tino (in quanto successore di Costanzo Cloro e discendente da Claudio il Gotico) all'*imperium*; e tale avvento — essendosi ormai Costantino staccato da ogni precedente concetto di dipendenza dall'Erculio Massimiano — l'autore del panegirico 6° [7°] *Facerem sacratissime imperator* poneva al 25 luglio 306. Era questo (cfr. infra, n. 20) il *natalis imperii* (o *ortus imperii*) di Costantino nelle Britannie: e tale computo del *natalis imperii* (non computo di acclamazioni imperatorie) non si curava di distinguere tra l'iniziale cesarato e la dignità di *imperator* di Costan-

---

imperator mediante il matrimonio con Fausta, è del tutto diversa dalla posizione del panegirista autore di pan. 6° [7°] *Facerem, sacratissime imperator* e da quella del panegirista autore di pan. 5° [8°] *Si Flauia Aeduorum*. Il panegirista di *Dixerint licet plurimi*, rivolgendosi a Costantino, dichiara che la *laetitia*, in occasione della quale egli parla, è quella *qua tibi Caesari additum nomen imperii* (pan. 7° [6°], 1, 1), in quanto *tibi, Constantine, per socerum nomen imperatoris accreuerit* (pan. 7° [6°], 2, 1), essendo Massimiano Erculio *et paterni et tui auctor imperii* (pan. 7° [6°], 3, 2), ed essendo Costantino sì saggio da essersi appagato, dapprincipio, del solo cesarato, accettando il titolo di Augusto solo ora, che Massimiano Erculio glielo ha dato (pan. 7° [6°], 5, 3), sebbene già il padre avesse lasciato a Costantino l'*imperium* (*cum tibi pater imperium reliquisset*). La concezione del pan. 7° [6°] *Dixerint licet plurimi* è, insomma, improntata all'accettazione dell'ideologica erculia, sebbene, come vedremo (infra, n. 31), conservi, tuttavia, tracce dell'idea del *natalis imperii* costantiniano al 25 luglio 306. Nel 308, verso la fine, inizia una nuova fase (cfr. ancora infra, n. 21); e la 'Wandlung' (J. VOGT, RAC III [1957], 315) si dispiega pienamente nel 310, caratterizzandosi con l'abbandono della spiritualità erculia, in connessione con la visione 'apollinea' (cfr. E. GALLETIER, REA 52 [1950], spec. p. 295 ss.). In séguito alla 'Wandlung', Costantino fonda la sua legittimità su quella successione a Costanzo Cloro (potenziata, ora, dal richiamo alla discendenza da Claudio), che nel panegirico 7° [6°] *Dixerint licet plurimi* era accennata con la formula *cum tibi pater imperium reliquisset*, ma posta in ombra dall'idea che Massimiano Erculio non può non avere l'*imperium*, e può donarlo a Costantino (pan. 7° [6°], 7, 6): dalla 'Wandlung' la ideologia del panegirico 6° [7°] *Facerem sacratissime imperator*. Secondo questa ideologia 'successoria' di *Facerem sacratissime imperator*, l'*imperium* è ereditario, per successione appunto: mentre l'ideologia di *Dixerint licet plurimi* aveva affermato, all'opposto, che l'*imperium* non fu voluto da Costantino come *hereditarium ex successione* (pan. 7° [6°], 5, 3). Perciò l'autore di pan. 6° [7°] *Facerem sacratissime imperator* batte e ribatte sul principio della successione da Costanzo Cloro come fondamento — insieme col consenso dell'esercito, e con la discendenza da Claudio il gotico — della legittimità di Costantino. Ed a maggior ragione, ripeto, questo fondamento è presupposto, poi, nel panegirico 5° [8°] *Si Flauia Aeduorum*, posteriore al 6° [7°] *Facerem sacratissime imperator*: infatti, in *Si Flauia Aeduorum* si ribadisce il richiamo alla discendenza da Claudio il Gotico e a Costanzo Cloro (pan. 5° [8°], 2, 5: *et nuper, ut media praeteream, diuum Claudium parentem tuum ad recuperandas Gallias soli uocauerunt et ante paucissimos annos, quod maxime praedicandum, plurima patris tui beneficia partim rebus effecta perceperunt, partim animo significata laetantur*; cfr. 4, 2 e 4).

tino. Insomma: per l'autore gallicano del panegirico 6° [7°] *Facerem sacratissime imperator*, la tetrarchica distinzione fra Cesare e *imperator* non aveva importanza, ai fini del computo del *natalis imperii Constantini*, in quanto già Costanzo Cloro, il 25 luglio 306, aveva trasmesso a Costantino l'*imperium* attraverso il *consensus* dell'esercito: è quella stessa concezione che più tardi Lattanzio confermerà nel De mortibus persecutorum[29]. Ed a maggior ragione, dobbiamo ritenere che l'autore gallicano del panegirico 5° [8°] *Si Flauia Aeduorum* — posteriore, come già ho sottolineato, al panegirico 6° [7°] *Facerem sacratissime imperator* — all'istesso modo computasse il giorno iniziale dell'*imperium* costantiniano, quando, rivolgendosi a Costantino, celebrava la costantiniana remissione dei *reliqua* a Autun: *o lustrum quod merito hanc i m p e r i i tui aequauit aetatem! Nobis ergo praecipue te principem di immortales creauerunt, quibus singulis haec est nata felicitas, e x q u o t u i m p e r a r e c o e p i s t i* (5° [8°], 13, 1). Ancor una volta: calcolata a partire dal 25 luglio 306, la fine del *lustrum* costantiniano, sino alla quale Costantino concedeva i *reliqua* di Autun, si poneva al 25 luglio 311: né, del resto, sarebbe concepibile altra datazione, giacchè il panegirista, se avesse fatto iniziare l'*imperium* costantiniano sulle Gallie in alcuna data posteriore al 25 luglio 306 (poniamo, al 31 marzo 307[30], o al 25 dicembre 307)[31] avrebbe implicitamente inficiato di

---

[29] Lact. de mort. pers., 25, 5: *ut — non imperatorem, sicut erat factus, sed Caesarem cum Maximino appellari iuberet, ut eum de secundo loco reiceret in quartum.* Naturalmente, il problema si collega con quello del riconoscimento fatto all'*imago laureata* di Costantino: P. Bruun, 'Arctos' 10 (1976), p. 6 s.

[30] *Natalis Diui Constantini* secondo il cal. filocaliano; questa lezione è accolta da Seston, l. c., p. 200, 3: ma cfr. Stern, Le calendrier de 354 (1953), p. 33, 1 con p. 71 e con p. 74, 6.

[31] J. Lafaurie, 'Mél. Piganiol' II (1966), p. 795 ss. (cfr. ultimam. A. Pasqualini, Massimiano Herculius . . . [1979], p. 87). Insisto sul fatto che qui a noi non interessa tanto stabilire quale sia stato il calcolo delle salutazioni imperatorie di Costantino nella fase, in cui egli, non più cesare ma augusto, cominciò a calcolarle, quanto, piuttosto, definire quale fosse il *natalis imperii* (corrispondente al *dies imperii* di imperatori precedenti) di Costantino secondo l'autore del panegirico 6° [7°] *Facerem sacratissime imperator*, e dunque, a maggior ragione, secondo l'autore del panegirico 5° [8°] *Si Flauia Aeduorum*, nel quale ultimo è menzione della concessione dei *reliqua* accumulatisi a Autun durcante il *quinquennium*. In linea di massima, le precedenti considerazioni ci conducono, infatti, a concludere che il *dies imperii* (più propriamente, *natalis imperii*: cfr. innanzi) di Costantino nel periodo che va dal suo avvento alla recitazione del panegirico 5° [8°] *Si Flauia Aeduorum*, si atteggiò, nel computo, secondo le c o n c r e t e situazioni politiche che lo condizionavano. Possiamo distinguere le seguenti fasi:

‹tirannide› — ormai che Costantino aveva rotto i ponti con ogni concezione più o meno direttamente legata all'originaria tetrarchica, e all'erculia — tutto il periodo costantiniano dal 25 luglio 306 sino al

(α) dal 25 luglio 306 alle nozze con Fausta nel 307. In questa fase, Costantino si è limitato ad assumere il titolo di *Caesar*, e non ha segnato salutazioni imperiali. Ma ciò n o n toglie che egli recasse il prenome di *Imp.* (tra gli esempi, è classica l'epigrafe ILS 682 = RIB 2303: *Imp. Caes(ari) | Flau(io) Val(erio) | Constantino | pio f[el(ici)] nob(ilissimo) | Caesari | Diui | Constanti | Pii Aug(usti) | filio*), e che insistesse sulla sua filiazione da Costanzo Cloro (p. es., nella citata ILS 682 = RIB 2303). Appunto la presenza del prenome I m p e r a t o r segna così, nella titolatura di Costantino ancora cesare, un certo distacco dalla corretta concezione tetrarchica, in cui, per lo più, il prenome *Imp(erator)* n o n viene dato ai cesari, ed è solo riservato agli augusti. Per questa fase iniziale, è lecito pensare che Costantino abbia considerato come suo *natalis imperii* (è questo il termine costantiniano, piuttosto che *dies imperii*: cfr. STERN, Le Calandrier de 354, p. 75) il giorno in cui egli, come poi riconobbe — nonostante il passaggio all'ideologia 'erculia' — p e r s i n o l'autore del panegirico 7° [6°] *Dixerint licet plurimi*, 'nobilitò le Britannie col nascervi (all'impero)': *tu etiam nobiles illic o r i e n d o fecisti* (pan. 7° [6°], 4, 3): espressione, questa, che, con *oriendo*, implica appunto l'*ortus imperii* C. Th. 2, 8, 29, del 7 agosto 389), ossia *natalis imperii* (cfr. l'*interpretatio* di C. Th. 2, 8, 29), corrispondente, nella terminologia tardoromana (cfr. anche SHA, H 4, 7), a quello che solitamente si chiama il *dies imperii*. Abbiamo così la prova che il 2 5 l u g l i o 3 0 6 f u c o n s i d e r a t o n a t a l i s i m p e r i i costantiniano sin dall'inizio di questa fase α;

(β) dalle nozze con Fausta nel 307 alla nuova 'privatizzazione' di Massimiano Erculio tra fine 308 e primi del 309. L'ideologia di questa breve fase, durata all'incirca un anno o poco più, caratterizzata dal panegirico 7° [6°] *Dixerint licet plurimi*, sottolinea il fatto che a Costantino *per socerum nomen imperatoris accreuerit* (in quanto Costantino ha così avuto la dignità di augusto). Ora Costantino non reca soltanto il prenome *Imperator*, ma riceve anche le salutazioni imperatorie (secondo LAFAURIE, l. c., a cominciare dal 25 dicembre 307). L'ideologia conserva tuttavia tracce del concetto che Costantino è 'nato' all'*imperium* il 25 luglio 306, com'è evidente dalla formula, che già abbiamo messa in rilievo, *tu etiam nobiles* (scil. *Britannias*) *illic o r i e n d o fecisti* (pan. 7° [6°], 4, 3), e dall'importanza che ancora vi è data all'idea di Costantino in quanto *filius Constantii* (pan. 7° [6°], cap. 4 e cap. 5: spec. 5, 1), pur dichiarandosi che Costantino ha voluto attendere *ut idem* (Massimiano) *qui illum* (Costanzo Cloro) *declararet Augustum*;

(γ) dalla nuova 'privatizzazione' di Massimiano Erculio fra fine 308 e primi 309 (seguita poi dalla rivolta di Massimiano Erculio e dalla sua eliminazione nel 310) alla recitazione del panegirico 5° [8°] *Si Flauia Aeduorum*. In questa fase l'ideologia torna al principio successorio: la legittimità di Costantino deriva dalla successione a Costanzo Cloro (cui si aggiunge la discendenza da Claudio il Gotico): cfr. quanto già abbiamo osservato nelle pagine precedenti. Ora si insiste sul n a - t a l i s i m p e r i i di Costantino: così nel panegirico 6° [7°] *Facerem sacratissime imperator*, dove lo *imperii tui natalis* (pan. 6° [7°], 2, 3) non può essere altro che il 25 luglio: questo panegirico fu dunque tenuto (come già vide SEECK, Gesch. I, p. 491) poco dopo i quinquennali di Costantino celebrati il 25 luglio 310. La fine del 5° anno costantiniano, *quinquennalia perfecta*, dunque il 25 luglio 311, segna infine il termine con cui si concludono i cinque anni per cui Costantino ha con-

31 marzo 307, o, rispettivamente, sino al 25 decembre 307. Non, dunque, il calcolo delle salutazioni imperatorie di Costantino come Augusto, ma, più semplicemente, il calcolo a cominciare dall'effettivo giorno in cui Costantino aveva ‹ereditato› l'*imperium* paterno (25 luglio 306), fu la data iniziale del *tempus quinquennale* durante il quale s'erano accumulati i *reliqua* di cui Costantino, infine, fece concessione di cittadini di Autun. Ciò chiarisce la precedente constatazione (supra § 1, fine) che le *indulgentiae* di *reliqua*, quando sono date col termine di inizio (oltre che di scadenza), abbracciano periodi di 5 anni (o di multipli di 5 anni). Né il calcolo di *indulgentiae* concesse per *quinquennium* (o per *quinquennia*) è un fatto nuovo del basso impero: nel principato, lo si riscontra, quanto a remissione di tributi, già per il 17^P (in favore di città asianiche colpite dal terremoto)[32]. (Forse, ci si può chiedere se un calcolo di tre *quinquennia* fosse alla base di quel ‹periodi di 16 anni› per cui Adriano, nel 118, remise i *reliqua uetera*[33]; e altresì, se un calcolo di nove *quinquennia* possa forse essere stato alla base del periodo di

---

cesso i *r e l i q u a* a Autun: e a questo termine, 25 luglio 311, fa riferimento il panegirico 5° [8°] *Si Flauia Aeduorum.* Possono ancora restare contraddizioni fra questo computo, che parte dal 25 luglio 306, e il computo che parte dal giorno in cui Costantino fu fatto augusto, verso gli ultimi del 307 (è anche probabile che il computo basato sul giorno in cui fu fatto augusto, importante per le salutazioni imperatorie, spieghi altresì l'eutropiano *quinto tamen Constantinus imperii sui anno bellum aduersum Maxentium ciuile commouit:* Eutr. 10, 4, 3: è il passo su cui insisteva, p. es., Seston, REA 1937, p. 203, e da cui partono molte delle discussioni recenti). — I periodi successivi non ci interessano in questa sede.

[32] Tac. Ann. 2, 47: *quantum aerario aut fisco pendebant, i n q u i n q u e n n i u m r e m i s i t* (cfr. O. Hirschfeld, Die kaiserlichen Verwaltungsbeamten bis auf Diocletian [²1905, Nachdr. 1975], p. 15 n. 1). *Magnetes a Sipylo proximi damno ac remedio* (indennizzo e remissione di tributi) *habiti. Temnios, Philadelphenos, Aegeatas, Apollonidenses, quique Mosteni aut Macedones Hyrcani uocantur, et Hierocaesariam, Myrinam, Cymen, Tmolum leuari i d e m i n t e m p u s tribubutis — placuit* (cfr. Dio 57, 17, 7, senza indicazione del periodo di tempo).

[33] Dio 69, 8, 1². Se l'*indulgentia* adrianea riguardasse tre *quinquennia* — ma ciò è solo un'ipotesi —, bisognerebbe pensare che l'espressione 'periodo di 16 anni' derivi da formula in cui si aggiungeva, ai 15 anni, o l'anno in corso, oppure (come nella formula *a sexta indictione* di C. Th. 11, 28, 16: cfr. supra, n. 10) l'anno precedente all'*indulgentia.* — Per l'*indulgentia* adrianea cfr. anche SHA, H 7, 6 (ma senza indicazione del periodo di tempo a cui si riferiva la remissione). La remissione assommava (quanto ai cittadini romani) a 900.000.000 di sesterzii (Smallwood, Documents illustrating the princ. of Nerva Trajan a. Hadrian [1966], 64 a, b): di qui *ingentes summas* nella H. A.; l'incendio dei γϱάμματα *(syngrafis — incensis)* avvenne nel Foro di Traiano.

‹46 anni› per cui Marco concesse, nel 178, i *reliqua*[34]; mentre invece non sappiamo quanti anni abbracciasse la remissione dei *reliqua* attribuita ad Aureliano, né è facile intenderne l'applicazione e l'estensione[35].)

Dopo avere stabilito che la remissione dei *reliqua*, operata da Costantino in favore di Autun, si riferiva al *quinquennium* dal 25 luglio 306 al 24 luglio 311, e che pertanto Costantino fece tale remissione in data ben posteriore al 24 luglio 311 (in quanto la remissione implicava, tra l'altro, la sua visita a Autun, e la sua interrogazione sull'ammontare dei debiti), possiamo infine tentare la datazione della costituzione di Costantino sull'obbligo del compratore d'un fondo *pro reliquis uniuersis*, inviata ad Antonius Marcellinus, preside della *Lugdunensis I.* Come abbiamo accennato, tale costituzione (C. Th. 11, 3, 1), che nel C. Th. appare mandata da Colonia nelle kalende di luglio del 319 *(Constantino A. V et Licinio C. coss.),* fu retrodatata dal SEECK, nei Regesten, alle kalende di luglio del 313. L'argomento per questa retrodatazione è abbastanza grave: nel 319 Costantino si trovava nelle regioni illiriche, laddove un consolato imperiale, in cui Costantino può essersi trovato in Colonia, è proprio quello del 313 *(Constantino A. III et Licinio III conss.),* anno in cui, come dice l'autore del panegirico 12° [9°] *Unde mihi tantum,* Costantino, sebbene *fessus proeliis et expletus uictoriis,* si recò al confine della Germania inferiore (pan. 12° [9°], 21, 5), e sconfisse *trucem Francum ferina sola carne distentum* (24, 2). Anche GODEFROY aveva avvertito la difficoltà d'una datazione della legge al 319: egli riteneva, però, che essa andasse datata al 312, *Constantino A. II et Licinio II conss.* Poichè sono escluse altre correzioni[36], resta dunque la

---

[34] Dio 71, 32, 2: anche in questo caso, per altro ipotetico, si tratterebbe di calcolo derivato da formula con aggiunta di un anno (cfr. n. 33). Resta certo che Marco si collegava alla *indulgentia* di Adriano.

[35] Aurelius Victor Liber de Caesaribus 35, 7. Oltre a questa tradizione, ch'io ritengo fededegna, ce n'è un'altra, che fa Aureliano avidissimo (Amm. 30, 8, 8), in quanto *torrentis ritu ferebatur in diuites*: ma forse il contrasto fra le due tradizioni non è enorme, in quanto l'avidità di Aureliano si sarebbe manifestata solo contro i *diuites.* E' anche probabile che l'abolizione dei *reliqua* da parte di Aureliano, attestata da Aurelio Vittore, si riferisse soprattutto alla città di Roma *(deletaeque fiscales et quadruplatorum, quae u r b e m miserabiliter affecerant, calumniae consumptis igni tabulis),* sebbene lo stesso Aurelio Vittore, nel medesimo contesto, sottolinei i meriti di Aureliano nei riguardi dei provinciali *(prouinciarumque praedatores — sectabatur).* Resta alquanto oscuro il procedimento di Petronius, il quale *sepulta iam dudum negotia et rediuiuas nebulas d e b i t o r u m in diuersos ordines excitabat* (Amm. 26, 6, 17), richiamando (naturalmente, nella parte o r i e n t a l e dell'im-

scelta fra una datazione al 1° luglio 312 (GODEFROY) e un'altra al 1° luglio 313 (SEECK). Ormai, questa scelta ci è possibile, in favore della datazione al 1° luglio 312: la legge è stata data poco dopo che Costantino ha espletato una serie di inchieste volte a conoscere, con c o m p u t o preciso, l'ammontare dei *reliqua* nelle varie sue province e i *nomina* delle persone ad essi tenute (*ut cognosceremus, quanta reliqua per singulas quasque prouincias et per quae nomina — resedissent*: C. Th. 11, 3, 1), inchieste nelle quali rientrava quella che egli aveva fatto ad Autun, città della provincia governata da Antonius Marcellinus. Ancor una volta, si può constatare la notevole validità di alcuni criterii di GODE-FROY[37].

La datazione di C. Th. 11, 3, 1 è importante anche per un altro aspetto. La disposizione data da Costantino in questa legge sui *reliqua* è l'unica, di cui noi abbiamo sicura conoscenza, ch'egli abbia emanata in Gallia poco prima di partire per la spedizione contro Massenzio. Questa spedizione, dunque, n o n ebbe inizio, come spesso si è pensato[38], nella primavera del 312. Costantino partì per la spedizione contro Massenzio in una data p o s t e r i o r e a l l e k a l e n d e d i l u g l i o d e l 3 1 2, q u a n d o a n c o r a s i t r o v a v a a C o l o n i a, dove emanò C. Th. 11, 3, 1. La sua guerra in Italia, conclusa con la vittoria del 28 ottobre 312, e b b e dunque u n a d u r a t a r e l a t i v a m e n t e b r e v e : d a S u s a a T o r i n o a V e r o n a a R o m a, n o n p i ù, a l l'i n c i r c a, o non molto più, d i t r e m e s i. Anche la rapidità colpisce le fantasie: *Habes profecto aliquod cum illa mente diuina, Constantine, secretum, quae delegata nostri diis minoribus cura uni se tibi dignatur ostendere.*

pero) i debiti dei p r o v i n c i a l i *iam inde a temporibus principis A u r e l i a n i* (Amm. 26, 6, 7; cfr. [GARNIER -] MARAN, PG 32, c. 287, n. 74; per Petronius, p. es. PLRE I, 690 s.): probabilmente, Petronius non riteneva che Aureliano avesse operato una remissione di *reliqua* nelle provincie orientali; ma il richiamo di *reliqua* così lontani nel tempo appare, in ogni caso, impressionante, e forse alquanto strano.

[36] E' esclusa, infatti, la possibilità di sostituire un *propositum* al *datum*: cfr. l'esatta osservazione di SEECK, Reg., 80, 31.

[37] Cfr. supra, n. 7.

[38] P. es., GROAG, R. E. 14 (1930), 44 ('vermutlich'); BRUUN, 'Arctos' 19 (1976), p. 6. AGGIUNTA. — Il mio lavoro (cfr. n. 1) sull' iscrizione di Afrodisiade è in 'Scritti sul mondo antico in mem. di F. Grosso', a cura di L. GASPERINI, pp. 333—370.

Theodor von Herakleia (328/34-351/55)

Ein wenig beachteter Kirchenpolitiker und Exeget des 4. Jhs.

von KNUT SCHÄFERDIEK, Bonn

Unter den Namen, die in den Quellen zur Geschichte der kirchlichen Auseinandersetzungen während der ersten zweieinhalb Jahrzehnte nach der Synode von Nikaia immer wieder begegnen, in modernen Darstellungen aber, wenn überhaupt, durchweg nur beiläufig erwähnt werden, findet sich auch der des Bischofs Theodor von Herakleia am Marmarameer, dem alten Perinthos und der Metropole der diokletianischen Provinz Europa. Gelasios von Kyzikos zählt ihn zu der Konzilsminderheit, die in Nikaia die Lehre des Areios unterstützt hat[1]. Tatsächlich jedoch war nach Ausweis der überlieferten Teilnehmerliste Herakleia auf dem nikänischen Konzil noch durch seinen Amtsvorgänger Paideros vertreten[2], den Athanasios später zu den rechtgläubigen Bischöfen zählt[3]. Theodor dagegen tritt in den überlieferten Nachrichten spätestens Anfang 334 in Erscheinung. Euseb von Nikomedien, Theognis von Nikaia und Theodor, so heißt es bei Theodoret[4], seien die Hauptverantwortlichen für eine nach dem Scheitern früherer Vorstöße erneut gegen Atha-

---

[1] Gelasios v. Kyzikos, Hist. eccl. II 7, 43 (ed. Gerhard LOESCHKE/Margret HEINEMANN [GCS 28], Leipzig 1918, 54, 7—17).

[2] Ernst HONIGMANN, La liste originale des Pères de Nicée: Byzantion 14 (1939) 17—76, hier 48, Nr. 186; Ecclesiae occidentalis monumenta iuris antiquissima, ed. Cuthbert H. TURNER, I 1, Oxford 1899, 82 f., Nr. 203; F. SCHULTHESS, Die syrischen Kanones der Synoden von Nicaea bis Chalcedon (Abh. d. Ges. d. Wissensch. zu Göttingen, phil.-hist. Kl., N. F. 10, 2), Berlin 1908, 12, Nr. 207.

[3] Athanasios v. Alexandrien, Ep. ad episc. Aeg. et Lib. 8 (PG 25, 557).

[4] Theodoret v. Kyros, Hist. eccl. I 28, 1 f. (ed. Léon PARMENTIER/Felix SCHEIDWEILER [GCS 44], Berlin 1954, 82, 10—21).

nasios vor Konstantin erhobene melitianische Klage, die den Kaiser
dann zur Einberufung einer Synode nach Kaisareia in Palästina auf das
Frühjahr 334 veranlaßte[5]. Wohl gegen die Mitte der dreißiger Jahre
führt auch die bei Sozomenos sich findende Nachricht, Paulos sei als
Nachfolger Alexanders von Konstantinopel gegen den Willen Eusebs
von Nikomedien und Theodors von Herakleia, denen als Nachbar-
bischöfen eigentlich das Ordinationsrecht zugestanden habe, zum Bischof
der Hauptstadt ordiniert worden[6]. Theodor muß demnach sein Amt spätestens 333/34 angetreten haben. Längst nach seinem Tode nennt ihn
Athanasios noch unter den Bischöfen, die ihrer arianischen Sympathien
wegen ins Amt gebracht worden seien[7], und die Beziehungen, in denen
er steht, machen es durchaus wahrscheinlich, daß seine Erhebung tatsächlich im Zusammenhang eusebianischer Personalpolitik erfolgt ist.
Das aber setzte die Restitution des in Nikaia verurteilten Euseb voraus,
so daß Theodors Amtsantritt kaum vor 328 fallen kann.

Im Sommer 335 trat die Synode von Tyros zusammen[8], auf der sich
Athanasios, nachdem er das Konzil des Vorjahres ignoriert hatte, endgültig verantworten sollte. Die mit ihm anreisenden ägyptischen Bischöfe,
die sogleich nach ihrem verspäteten Eintreffen Einspruch gegen das Verfahren der Synode einlegen, nennen als die für dieses verantwortlichen
Vertreter der eusebianischen Partei neben Euseb selbst noch Theognis
von Nikaia, Maris von Chalkedon, Narkissos von Neronias (Eirenopolis), Theodor von Herakleia, Patrophilos von Skythopolis sowie Flakillos von Antiochien[9]. Bereits vor der Ankunft der Ägypter war näm-

---

[5] Vgl. Martin TETZ, Athanasius von Alexandrien: TRE 4 (1979) 333—349, hier
335 f.; zum Datum der Synode vgl. Ernst SCHWARTZ, Zur Geschichte des Athanasius VIII: Nachrichten d. Ges. d. Wissensch. zu Göttingen, phil.-hist. Kl. 1904,
367—426, hier 376 f. = DERS., Ges. Schriften III, Berlin 1959, 188—264, hier 200
(wobei Anm. 1 vorletzte Zeile 333 in 334 zu korrigieren ist).

[6] Sozomenos, Hist. eccl. III 1 (ed. Joseph BIDEZ/Günther Christian HANSEN [GCS
50], Berlin 1960, 104). Für die Ordination des Paulos läßt sich ein Datum um
335 jedenfalls mit guten Gründen vermuten; vgl. dazu Adolf LIPPOLD, Paulus von
Constantinopel: Pauly/Wissowa, Suppl. 10 (1965) 510—520, hier 511—514.

[7] Athan., Ep. ad episc. Aeg. et Lib. 7 (PG 25, 553).

[8] Zu dieser Synode vgl. Wilhelm SCHNEEMELCHER, Die epistula encyclica des Athanasius: DERS., Ges. Aufsätze zum NT und zur Patristik (Analecta Vlatadon 22),
Thessaloniki 1974, 290—337, hier 298—309. Zu den Vorgängen bis 346 im Ganzen:
Klaus M. GIRARDET, Kaisergericht und Bischofsgericht (Antiquitas R. 1, 21), Bonn
1975, 52—156.

[9] Eingabe der ägypt. Bischöfe bei Athan., Apol. sec. 77, 2 (ed. Hans-Georg OPITZ,
Athanasius Werke II, Berlin 1934—1941, 156, 24 f.); 1. u. 2. Eingabe derselben an

lich eine Synodalkommission zur Untersuchung der melitianischen Beschwerden in Unterägypten eingesetzt worden, die von Athanasios als
voreingenommen betrachtet wurde. Ihre Zusammensetzung ist aus zahlreichen der Synode zugehörigen oder mit ihr zusammenhängenden Urkunden und Regesten bekannt[10]. Sie bestand aus Theognis von Nikaia,
der in allen Aufzählungen an erster Stelle erscheint und offensichtlich
ihr Leiter war, Maris von Chalkedon, Theodor von Herakleia, Makedonios von Mopsuestia, Ursacius von Singidunum und Valens von
Mursa. Daß die drei ersten dieser Namen auch in den Eingaben der
ägyptischen Bischöfe erscheinen, bestätigt mittelbar, daß Theodor bereits
vorher durch Beteiligung an gegen Athanasios gerichteten Schritten her-
vorgetreten war. Von den beiden Illyrern Ursacius und Valens heißt es
dagegen im Schreiben der alexandrinischen Synode von 338, sie seien
„an Alter und Gebahren ziemlich jung" gewesen[11]. Sie gehörten offenbar
erst zum Nachwuchspotential der Eusebianerpartei. Sozomenos zufolge
sind nach der Synode bzw. ihrer Anschlußsynode in Jerusalem Theognis,
Maris, Theodor, Ursacius und Valens im Oktober 335 auch noch dem
Kaiser gegenüber als Zeugen zur Verteidigung des Synodalurteils über
Athanasios aufgeboten worden[12].

Theodor begegnet danach in den Quellen wieder als Teilnehmer der
Kirchweihsynode von Antiochien, die Anfang 341 zusammentrat[13]. Von

den Comes Dionysios als kaiserlichen Synodalkommissar bei Athan., Apol. sec.
78, 2 u. 79, 1 (OPITZ 158, 3 f. u. 159, 28—160, 2). Flakillos wird nur an der letzten Stelle mit aufgezählt.

[10] Schreiben der alexandrin. Geistlichkeit an die Synodalkommission sowie je ein
Schreiben der mareotischen Geistlichkeit an die Synode und an den Präfekten
Philagrios bei Athan., Apol. sec. 73, 1; 75, 1; 76, 2; vgl. 72, 4 (OPITZ 152, 10—13;
154, 21 f.; 156, 1 f.; 151, 25 f.). Regest eines Rundschreibens der Synode von Tyros
bei Sozom., Hist. eccl. II 25, 19 (BIDEZ/HANSEN 87, 2—8). Vgl. ferner das alexandrinische Synodalschreiben von 338 bei Athan., Apol. sec. 13, 2 (OPITZ 97, 25—
29); Julius von Rom, Schreiben an die östlichen Bischöfe von 341 bei Athan., Apol.
sec. 28, 1 (OPITZ 107, 28—30), Sokrates, Hist. eccl. I 31 (ed. R. HUSSEY/William
BRIGHT, Oxford 1893, 55), Theodoret, Hist. eccl. I 30, 11 (PARMENTIER/SCHEID-
WEILER 87, 15—18; hier allerdings nur vier Mitglieder aufgeführt, darunter fälschlich Narkissos von Neronias).

[11] Athan., Apol. sec. 21, 1 (OPITZ 97, 28): νεωτέρους τὴν ἡλικίαν καὶ τὸν τρόπον.

[12] Sozom., Hist.eccl. II 28,13 (BIDEZ/HANSEN 93, 5—10). Athanasios behauptet demgegenüber, die Eusebianer hätten den Befund der Synodalkommission fallen gelassen und sich auf den Vorwurf zurückgezogen, er habe mit der Unterbindung der
ägyptischen Getreidezufuhr nach Konstantinopel gedroht, und er nennt in diesem
Zusammenhang die beiden Eusebe, Theognis, Patrophilos, Ursacius und Valens,
aber nicht Theodor: Apol. sec. 87, 1 (OPITZ 165, 36—166, 4).

ihren über 90 Teilnehmern macht Sozomenos neun ihm offenbar erwähnenswert erscheinende namhaft[14]. Seine Angaben werden ergänzt durch die Namen, die Julius von Rom in der Zuschrift seines Antwortschreibens auf einen Brief der Synode aufführt[15], und durch eine Bezugnahme des Synodalschreibens von Serdika auf das antiochenische Schreiben[16]. Es läßt sich daraus eine Liste von mindestens sechzehn namentlich verifizierbaren Teilnehmern der antiochenischen Synode gewinnen, die gewiß in erster Linie die Namen der hervorstechendsten Vertreter der von Euseb verfolgten kirchenpolitischen und theologischen Linie mit umfaßt: Euseb von Konstantinopel, Theognis von Nikaia, Maris von Chalkedon, Narkissos von Neronias, Theodor von Herakleia, Patrophilos von Skythopolis, Flakillos von Antiochien, Makedonios von Mopsuestia, Ursacius und Valens, Akakios von Kaisareia in Palästina, Eudoxios von Germanikeia, Gregor von Alexandrien, Dianios von Kaisareia in Kappadokien, Georg von Laodikeia, Euseb von Emesa und vielleicht noch Menophantos von Ephesos. Bald nach dem Konzil, der Überlieferung zufolge noch bevor das Schreiben des Julius von Rom eintraf, ist Euseb von Konstan

---

[13] Zur Chronologie vgl. Wilhelm SCHNEEMELCHER, Die Kirchweihsynode von Antiochien: Bonner Festgabe Johannes STRAUB zum 65. Geburtstag (Beihefte der Bonner Jahrbücher 39), Bonn 1977, 319—346, hier 328—338.

[14] Sozom., Hist. eccl. III 5, 10 (BIDEZ/HANSEN 107, 4—13): Euseb, der mittlerweile von Nikomedien nach Konstantinopel übergewechselt war, Akakios von Kaisareia in Palästina, Patrophilos von Skythopolis, Theodor von Herakleia, Eudoxios von Germanikeia, Gregor von Alexandrien, Dianios von Kaisareia in Kappadokien und Georg von Laodikeia; ebd. III 6, 1 (107, 16): Euseb von Emesa.

[15] Julius von Rom bei Athan., Apol. sec. 21, 1 (OPITZ 102, 13—15): Dianios (von Kaisareia), Flakillos (von Antiochien), Euseb (von Konstantinopel), Maris (von Chalkedon), Makedonios (von Mopsuestia), Theodor (von Herakleia) „und die mit ihnen geschrieben haben". Eduard SCHWARTZ, Zur Geschichte des Athanasius IX: Nachrichten der Ges. d. Wissensch. zu Göttingen, phil.-hist. Kl. 1911, 469—522, hier 494 = DERS., Ges. Schriften III (wie Anm. 5), 268—334, hier 297 hatte das von Julius beantwortete antiochenische Schreiben einer von ihm vermuteten permanent tagenden eusebianischen Synode der Jahre 338—341 zugewiesen; vgl. dazu SCHNEEMELCHER, Kirchweihsynode (wie Anm. 13) 330 f. und zu den Anfängen der σύνοδος ἐνδημοῦσα, die SCHWARTZ hier gegeben sah, Joseph HAJJAR, Le synode permanent (Orientalia christiana analecta 164), Rom 1962, 23—30.

[16] Collectanea antiariana Parisina B II 1, 2, 1 (ed. Alfred FEDER, S. Hilarii episcopi Pictaviensis opera IV [CSEL 65], Wien/Leipzig 1916, 106, 2 f): Euseb, Maris, Theodor, Theognis, Ursacius und Valens. Die griechische Version bei Theodoret, Hist. eccl. II 8, 6 (PARMENTIER/SCHEIDWEILER 102, 18—20) nennt darüber hinaus noch Menophantos (von Ephesos) und Stephanos (von Antiochien), den letzten auf jeden Fall irrigerweise, da nach Ausweis der Zuschrift des Juliusbriefes damals noch Flakillos im Amt war. Die Parallelversion bei Athan., Apol. sec. 42, 5 (OPITZ 119, 23) spricht nur summarisch von „denen um Euseb".

tinopel gestorben, und Paulos, an dessen Stelle er getreten war, benutzt die Gelegenheit, aus der Verbannung zurückzukehren und sich seines alten Bischofsstuhles erneut zu bemächtigen. Das ruft sogleich die Eusebianer auf den Plan, die, vertreten durch Theognis von Nikaia, Maris von Chalkedon, Theodor von Herakleia sowie Ursacius und Valens, versuchen, ihm Makedonios als Bischof entgegenzustellen[17], der sich allerdings trotz erneuter Vertreibung des Paulos im Folgejahr noch nicht halten kann[18]. Wenige Monate nach der Kirchweihsynode sehen sich sodann die Bischöfe der östlichen Mehrheitspartei auf Grund des kirchenpolitischen Drucks aus dem Westen, in dem sich der für Konstans aus der Erlangung der Alleinherrschaft im westlichen Reichsteil im Frühjahr 340 ergebende Machtgewinn bemerkbar macht, zu erneuter Aktion genötigt. Offenbar als Delegation einer neuen Synode entsenden sie vier Bischöfe mit einem auf die Abwehr des Arianismusvorwurfes hin entworfenen Bekenntnis, der sog. vierten antiochenischen Formel[19], an den Trierer Hof. Die Mitglieder dieser Delegation sind Narkissos von Neronias, Maris von Chalkedon, Theodor von Herakleia und Markos von Arethusa[20].

Diese zwangsläufig trockenen Aufzählungen geben nicht nur ein klares Bild von den kirchlichen Beziehungen, in denen Theodor während der ersten Zeit seines Episkopates gestanden hat, sie zeigen auch seinen spezifischen Standort auf der kirchenpolitischen Bühne dieser Jahre. Er gehört offenbar zu einem festen Kontinuitäts- und Führungskern, der sich innerhalb des Kreises der tonangebenden Bischöfe der östlichen Mehrheitspartei der dreißiger Jahre herausbildet. Zu ihm sind auf jeden Fall einmal aus der Zahl der bereits zu Beginn der konstantinischen Ge-

---

[17] Sokr., Hist. eccl. II 12 (HUSSEY/BRIGHT 73); Sozom., Hist. eccl. III 7, 3 f. (BIDEZ/HANSEN 109, 12—17).

[18] Vgl. zu den Ereignissen LIPPOLD, a.a.O. (Anm. 6) 515—518. Die Konfrontation um die Eusebnachfolge und die Entfernung des Paulos mit den sie begleitenden Unruhen müssen nicht zeitlich unmittelbar verkoppelt werden, so daß kein Anlaß besteht, Eusebs Tod bis an die Jahreswende 341/2 hinabzudatieren.

[19] Bei Athan., De synod. 25, 2—5 (OPITZ 251, 1—16), danach bei Sokr., Hist. eccl. II 18 (HUSSEY/BRIGHT 79 f.).

[20] Athan., De synod. 25, 1 (OPITZ 250, 22—28); vgl. Sokr., Hist. eccl. II 18 (HUSSEY/BRIGHT 79); Sozom., Hist. eccl. III 10, 4 (BIDEZ/HANSEN 113, 13—17). Vgl. zu den Vorgängen Hanns Christoph BRENNECKE, Hilarius von Poitiers und die Bischofsopposition gegen Konstantius II. Ev. theol. Diss. Tübingen (maschinenschriftl., Veröffentlichung in „Patristische Texte und Studien" in Vorbereitung) 1979, 7—12.

samtreichsherrschaft amtierenden und schon in der Frühphase des arianischen Streites engagierten Bischöfe die drei Lukianschüler Euseb von
Nikomedien, Theognis von Nikaia und Maris von Chalkedon sowie
wohl auch noch Narkissos von Neronias zu zählen und zum anderen
mit Theodor sowie Ursacius und Valens eine Gruppe jüngerer, zwischen
Nikaia und Tyros ins Amt gekommener Bischöfe. Es ist somit von vornherein eine recht zentrale Position, in die Theodor alsbald nach seinem
Amtsantritt hineinwächst.

Mit den Ereignissen des Jahres 341 bahnt sich dann ein Wandel an.
Nicht nur ist Euseb von Nikomedien kurz nach der Kirchweihsynode
gestorben. Auch Theognis von Nikaia tritt bei dem Versuch, das Wieder-
fußfassen des Paulos in Konstantinopel zu verhindern, zum letzten Mal
in Erscheinung. Er dürfte vor dem Konzil von Serdika, das sich mit ihm
nicht mehr befaßt, ebenfalls verstorben sein, und es ist nicht auszuschließen, daß der in der Unterzeichnerliste der Sondersynode von Philippopel
an 67. Stelle ohne Ortsangabe erscheinende Eugenios[21] sein Nachfolger
ist. Darüber hinaus scheint sich auch noch Maris von Chalkedon nach der
Mission an den Trierer Hof aus der vordersten Linie zurückgezogen zu
haben. Auch mit ihm beschäftigt sich die Synode von Serdika nicht, und
er erscheint auch nicht unter den Unterzeichnern des Gegenkonzils in
Philippopel. Erst gegen Ende der Konstantiosära tritt er 360 auf der
Akakianersynode in Konstantinopel, offenbar als einer der zur Erweiterung der synodalen Basis geladenen bithynischen Bischöfe[22] sowie als
Beteiligter an der Ordination des Eunomios zum Bischof von Kyzikos
wieder in Erscheinung[23]. Hochbetagt und erblindet hat er später noch
mit Julian disputiert[24] und ist auch noch zur Zeit Jovians im Amt gewesen[25]. Der Grund seines Zurücktretens in der Zeit von 341 bis 360
ist unbekannt.

---

[21] Collect. antiar. Paris. A IV 3 (FEDER 77, 23).
[22] Sokr., Hist. eccl. II 4 (HUSSEY/BRIGHT 128); Sozom., Hist. eccl. IV 24 1 (BIDEZ/
HANSEN 178, 9—11); Philostorgios, Hist. eccl. IV 12 (ed. Joseph BIDEZ/Fried-
helm WINKELMANN [GCS], Berlin ²1972, 64, 9 f.), der allerdings unterstellt, daß
Maris schon zu der Ende 359 nach Konstantinopel kommenden Synodaldelegation
von Seleukeia gehört habe.
[23] Philost., Hist. eccl. V 3 (BIDEZ/WINKELMANN 68, 9—69, 1).
[24] Sokr., Hist. eccl. III 12 (HUSSEY/BRIGHT 152 f.); Sozom. V 4, 8 f. (BIDEZ/HANSEN
198, 6—15).
[25] Philost., Hist. eccl. VIII 4 (BIDEZ/WINKELMANN 106, 12—14).

Dieser Personalschub macht sich im Synodalschreiben des Konzils von Serdika vom Herbst 342 deutlich bemerkbar. Theodor, der selbstverständlich zu den Unterzeichnern der Parallelsynode von Philippopel gehört[26], erscheint in der Aufzählung der Hauptgegner, die auch für die Boykottierung der Synode durch die Orientalen verantwortlich gemacht werden, wie in dem gegen sie gefällten Absetzungs- und Exkommunikationsurteil an erster Stelle[27]. Diese Einschätzung der Gegner ist doch wohl ein Hinweis darauf, daß er jetzt zumindest zeitweise eine erstrangige kirchenpolitische Führungsposition auszufüllen vermochte. Doch hatte er sie möglicherweise von vornherein mit dem älteren Kampfgefährten und ehemaligen Areiossympathisanten Narkissos von Neronias (Eirenopolis)[28] zu teilen. So oder so aber hat er auf jeden Fall, wie sich aus den Ereignissen der Folgezeit ergibt, während der zweiten Hälfte seiner bischöflichen Tätigkeit, seit 342, innerhalb des engeren Führungskreises der östlichen Mehrheitspartei in einer sehr herausgehobenen Position gewirkt.

Nicht beteiligt sind Theodor und Narkissos an der Dirnenaffäre, die Stephanos von Antiochien Ostern 344 im Alleingang inszeniert hat, um Euphrates von Köln als Mitglied einer Gesandtschaft von Konstans an Konstantios moralisch zu kompromittieren[29]. Leider keine genauen Angaben stehen für die Teilnehmer und Verhandlungen der zwei Jahre

---

[26] Synodalschreiben von Philippopel: Collect. antiar. Paris. A IV 3 (FEDER 74, 15 f.).

[27] Synodalschreiben von Serdika: Collect. antiar. Paris. B II 1, 7, 3 u. 1, 8, 2 (FEDER 119, 5—10 u. 123, 4—124, 5); Athan., Apol. sec. 46, 1 u. 47, 3 f. (OPITZ 122, 14—18 u. 123, 8—13); Theodoret, Hist. eccl. II 8, 28 u. 33 (PARMENTIER/ SCHEIDWEILER 109, 10—14 u. 111, 9—112, 1); vgl. Athan., Apol. sec. 36, 6 (OPITZ 115, 5—10); beide Listen auch im Schreiben des Athanasios an die alexandrinische Geistlichkeit (ed. Cuthbert H. TURNER, Ecclesiae occidentalis monumenta iuris antiquissima I 2, 4, Oxford 1939, 654 u. 656); Liste der Verurteilten auch im Schreiben der Synode an die Gemeinden der Mareotis (TURNER 657) und unvollständig (Theodor, Valens, Ursacius) im Schreiben des Athanasios an die gleichen Empfänger (TURNER 659): Theodor von Herakleia, Narkissos von Neronias, Stephanos von Antiochien, Georg von Laodikeia (in der Aufzählung der Verurteilten erst am Schluß), Akakios von Kaisareia, Menophantos von Ephesos, Ursacius von Singidunum, Valens von Mursa. Das Synodalschreiben an Konstantios allerdings kehrt die Reihenfolge Theodor-Narkissos um: Collect. antiar. Paris. Append. I 5, 2 (FEDER 184, 5—8).

[28] Vgl. dazu Theodoret, Hist. eccl. I 7, 14 f. (PARMENTIER/SCHEIDWEILER 32, 26—33, 10).

[29] Athan., Hist. Arian. 20, 3—5 (OPITZ 193, 16—28); Theodoret, Hist. eccl. II 9, 1—10, 1 (PARMENTIER/SCHEIDWEILER 119, 12—121, 19). Zum Datum vgl. GIRARDET, a.a.O. (Anm. 8) 146 f.

nach Serdika in Antiochien tagenden Synode zur Verfügung, die eine
Bischofsdelegation mit der „langen Formel"[30] nach Mailand sandte, die
nicht nur, wenn auch ohne Erfolg, der Abwehr des Arianismusvorwurfs
diente, sondern auch, und das mit Erfolg, den Kampf gegen Photin von
Sirmium aufnahm[31].

In den Quellen erscheint Theodor nächst Narkissos wieder auf einer
Synode von etwa dreißig Bischöfen, darunter dem Theognis-Nachfolger
Eugenios von Nikaia sowie Patrophilos von Skythopolis und Menophantos von Ephesos, die in Antiochien zusammentrat, bald nachdem Athanasios Ende Oktober 346 offiziell wieder nach Alexandrien hatte zurück-
kehren können[32]. Sozomenos überliefert ein Regest ihres Synodalschreibens, das erklärte, Athanasios sei gegen die Gesetze der Kirche, nicht
von einer Synode rehabilitiert, sondern auf Grund des Kollisionskurses
seiner Gesinnungsgenossen nach Alexandrien zurückgekehrt, und dazu
aufforderte, nicht mit ihm, sondern mit dem von den Unterzeichnern
ordinierten Georg Kirchengemeinschaft zu halten[33]. Das muß jedoch
keinesfalls besagen, daß Georg jetzt in einer Art Protestaktion Athanasios gegenübergestellt worden ist. Eher wahrscheinlich und im Sinne
des von der östlichen Mehrheitspartei seit Tyros unbeirrt festgehaltenen
und auch in diesem Synodalschreiben wieder herausgekehrten Rechts-
standpunktes ist es, daß er bereits früher schon, bald nach dem Tod
Gregors von Alexandrien im Juni 345 von einer Synode zu dessen Nachfolger bestimmt worden ist[34], als deren Fortsetzung oder Wiederauf-

---

[30] Bei Athan., De synod. 26 (Opitz 251—254), danach bei Sokr., Hist. eccl. II 19
(Hussey/Bright 80—83).

[31] Athan., De synod. 26, 1 (Opitz 251, 17—21); Sokr., Hist. eccl. II 19 (Hussey/
Bright 80); Sozom., Hist. eccl. III 11, 1 (Bidez/Hansen 114, 1—4); vgl. Liberius von Rom, Ep. ad Constantium: Collect. antiar. Paris, A VII 4, 1 (Feder 91,
17—21). Mitglieder der Synodaldelegation waren Eudoxios von Germanikeia, ein
sonst unbekannter Bischof Martyrios, Makedonios von Mopsuestia und Demo-
philos von Beroia. Anscheinend hat man solche Delegierte ausgewählt, die nicht
unmittelbar in Serdika verurteilt worden waren.

[32] Sozom., Hist. eccl. IV 8, 4 (Bidez/Hansen 147, 20—148, 1); vgl. zu dieser Synode
und zu ihrem Datum Richard Klein, Constantius II. und die christliche Kirche
(Impulse der Forschung 26), Darmstadt 1977, 81 f., für dessen Annahme (82, Anm.
160), sie sei auf Initiative des Akakios zustande gekommen, es indessen keinen
Anhalt gibt.

[33] Sozom., Hist. eccl. IV 8, 4 (Bidez/Hansen 147, 25—148, 1).

[34] Vgl. Sokr., Hist. eccl. II 14 (Hussey/Bright 74 f.) u. Sozom., Hist. eccl. III 7, 9
(Bidez/Hansen 110, 1—16) mit falschem Ansatz auf 342 und vor allem dem Irrtum, Gregor sei zuvor von den „Arianern" wegen mangelnder Durchsetzungs-

nahme sich dann die von Sozomenos überlieferte antiochenische Bischofs-
versammlung verstand und bei der Narkissos und Theodor gewiß ebenfalls eine Rolle gespielt hatten. Beide werden auch von Athanasios 357/8
in der Rückschau zusammen mit Leontios von Antiochien, Georg — ist
Georg von Laodikeia oder eben der alexandrinische Gegenbischof Georg
der Kappadokier gemeint? — und Akakios von Kaisareia als die Gegner
der Zeit um seine Rückkehr genannt[35]. Daß bei dem gewagten Versuch,
dieser vom Kaiser veranlaßten und gebilligten Rückkehr zuvorzukom-
men, die Wahl auf Georg gefallen war, darf als reiflich überlegter
Schritt gelten; denn von Konstantios mit der Erziehung (oder Beauf-
sichtigung) der kaiserlichen Vettern Gallus und Julian beauftragt, mußte
er als ein Mann gelten, der in hohem Maße das Vertrauen und die Gunst
des Herrschers besaß. Sein glückloses Amt sollte er dann aber doch erst
mehr als elf Jahre später, im Februar 357, antreten können.

Einige Jahre nach der antiochenischen Synode, 349, unternahmen nach
dem Bericht der fragmentarischen Historia Athanasii Theodor, Narkissos und Georg (welcher?) „samt den übrigen" den nur aus der bis zur
Usurpation des Magnentius für sie anhaltend widrigen kirchenpolitischen
Konstellation verständlichen Versuch, eine tiefverwurzelte Feindschaft,
über deren Hintergründe man allerdings nirgends etwas erfährt, zu vergessen und mit Paulos, der inzwischen wieder einmal in Konstantinopel
Fuß gefaßt hatte, zu einem Einvernehmen zu kommen, dem sich dieser
aber verweigerte[36]. Zum letzten Mal schließlich begegnet Theodor an
zweiter Stelle hinter Narkissos nach der durch die Usurpation des Magnentius 350 und dessen Niederlage bei Mursa 351 heraufgeführten kirchenpolitischen Wende unter den Unterzeichnern der theologischen Formel, die 351 von der endlich die Amtsenthebung Photins durchsetzenden
Synode zu Sirmium verabschiedet wurde[37]. Im sog. Protokoll der 355 in

---

fähigkeit abgesetzt worden. Auch die Darstellung der Ereignisse bei Philostorg.,
Hist. eccl. III 12 (BIDEZ/WINKELMANN 43, 1—14) setzt der Ernennung Georgs vor
der Rückkehr des Athanasios voraus und stellt, sicher unzutreffend, den Ablauf
sogar so dar, daß Georg bereits sein Amt angetreten habe und dann von Konstantios zugunsten des zurückkehrenden Athanasios in den Wartestand versetzt worden sei.

[35] Athan., Hist. Arian. 28, 1 (OPITZ 198, 1—5).
[36] Historia Athanasii 2 (ed. TURNER [wie Anm. 27] 663). Zu den Vorgängen vgl.
LIPPOLD a.a.O. (Anm. 6) 518.
[37] Collect. antiar. Paris. B VII 9 (FEDER 170, 3—8). Hilarius ordnet diese Unterzeichnerliste irrtümlich der von Liberius unterschriebenen sirmischen Formel von
357 zu, vgl. dazu BRENNECKE, a.a.O. (Anm. 20) 56 f. Die Formel von 351 bei

Mailand stattfindenden Unterredung zwischen Konstantios und Liberius
von Rom, in der dieser dem Kaiser gegenüber Rechenschaft über seine
Haltung in der Athanasiosfrage ablegen sollte, gilt Theodor dann als
verstorben[38].

Überblickt man diese Ereignisse der Zeit von 342 bis 351, durch deren
Überlieferung sich die Nachrichten über die Aktivitäten der beiden
Bischöfe Theodor und Narkissos wie ein roter Faden ziehen, dann wird
deutlich, daß der Tod Eusebs von Nikomedien 341 keine tiefgreifende
Krise für die östliche Mehrheitspartei bedeutet haben kann. Sie hat vielmehr gerade auch in diesem für sie kritischen Jahrzehnt, in dem ihr der
Wind der kaiserlichen Kirchenpolitik entgegenstand, konsequent und
geschickt die unter Euseb eingeschlagene Richtung weiterverfolgen können, und die kontinuierliche Initiative der beiden genannten Bischöfe
aus ihrem engsten Führungskreis dürfte dafür in erheblichem Maß
wegweisend gewesen sein. Dabei „haben die orientalischen Bischöfe
unter Beweis gestellt, daß sie nicht in das Klischee des devoten, den
Schwankungen der kaiserlichen Kirchenpolitik bedingungslos folgenden
‹byzantinischen Hofbischofs› hineinpassen"[39], in besonders nachdrücklicher Weise bei der Bekundung der Beibehaltung ihres Rechtsstand-
punktes gegenüber einem Wandel der kaiserlichen Einstellung durch die
Ordination eines Nachfolgers für Gregor von Alexandrien und die
antiochenische Synodalerklärung nach der tatsächlich erfolgten Rückkehr
des Athanasios. In den anstehenden theologischen Sachfragen haben sie
zwar aus einer Defensivstellung heraus tunlichst vermieden, für die
Gegenseite neuralgische Punkte herauszukehren, ohne aber ihre auf der
Kirchweihsynode in der sog. zweiten antiochenischen Formel[40] dokumen-
tierte Position preiszugeben, so daß das trinitarische Modell der drei

---

Athan., De synod. 27, 2 f. (OPITZ 254, 17—256, 22), danach bei Sokr., Hist. eccl.
II 30 (HUSSEY/BRIGHT 101—103).

[38] Theodoret, Hist. eccl. II 16, 11 (PARMENTIER/SCHEIDWEILER 131, 1 f.); vgl. zu
diesem Protokoll Johannes HERRMANN, Ein Streitgespräch mit verfahrensrecht-
lichen Argumenten zwischen Kaiser Konstantius und Bischof Liberius: Festschrift
Hans Liermann, Erlangen 1964, 77—86.

[39] GIRARDET, a.a.O. (Anm. 8) 151. GIRARDET räumt der antiochenischen Dirnenaffäre
dabei wohl einen zu großen Stellenwert ein. Sie ist der ungeschickte Aktionsver-
such eines einzelnen Bischofs, der darüber prompt zu Fall kommt. Die Ordination
Georgs und die Synode von 346 zeigen eine andere Handschrift.

[40] Bei Athan., De synod. 23, 2—10 (OPITZ 249, 11—250, 4), danach bei Sokr., Hist.
eccl. II 10 (HUSSEY/BRIGHT 71). Zu den der Kirchweihsynode zugeschriebenen
Formeln vgl. SCHNEEMELCHER, Kirchweihsynode (Anm. 13), 331—346.

Hypostasen für die weitere Diskussion offen gehalten blieb. Darüber hinaus hat ihr Angriff auf Photin von Sirmium Entwicklungen in Gang gebracht, die mit der Herbeiführung eines Konsenses zwischen Ost und West in dieser Frage mitursächlich für die Distanzierung des Athanasios von Markell von Ankyra gewesen sein dürfte. Das sind die wesentlichen Perspektiven der Ereignisse der vierziger Jahre des vierten Jahrhunderts, in denen Theodor von Herakleia als Kirchenpolitiker eine tragende Rolle gespielt hat, und an ihnen wird die geschichtliche Einschätzung seines kirchenpolitischen Wirkens ihre Maßstäbe finden müssen.

Im übrigen war Theodor nicht nur engagierter Kirchenpolitiker, sondern auch ein über seinen eigenen Wirkungsbereich hinaus angesehener Exeget und somit in den Augen seiner Zeitgenossen ein Theologe von Rang. Er „war in hohem Grade gelehrt", so schreibt noch um 430 Theodoret von ihm, „und hat auch die Auslegung der heiligen Evangelien verfaßt"[41], ein Werk, das offensichtlich damals, wie der anaphorische Artikel anzeigt, allgemein bekannt war. Einige Jahrzehnte zuvor hatte ihn bereits Hieronymus in seinen Schriftstellerkatalog aufgenommen und dabei auch konkretere Angaben zu seinem Werk gemacht: „Während der Herrschaft des Konstantios hat er Kommentare zu Matthäus, Johannes, dem Apostolos und zum Psalter herausgebracht, denen eine gefällige und klare Sprache und eine ausgesprochen historische Verstehensweise zu eigen ist"[42], und auf alle diese Kommentare nimmt Hieronymus gelegentlich auch Bezug[43]. Darüber hinaus ist durch eine große Zahl von Katenenscholien auch ein Jesajakommentar belegt[44]. In der zweiten Hälfte des sechsten Jahrhunderts hat Ammonios von Alexandrien[45] den

---

[41] Theodoret, Hist. eccl. II 2, 8 (PARMENTIER/SCHEIDWEILER 97, 12 f.): ἐλλόγιμος δὲ διαφερόντως ὁ Θεόδωρος ἦν καὶ δὴ καὶ τῶν θείων εὐαγγελίων τὴν ἑρμηνείαν συνέγραψεν.

[42] Hieronymus, Vir. ill. 90 (ed. Wilhelm HERDING, Leipzig 1924, 53, 27—54, 3): *Theodorus, Heracleae Thraciarum episcopus, elegantis apertique sermonis et magis historicae intelligentiae edidit sub Constantio principe commentarios in Matthaeum et Iohannem et in apostolum et in psalterium.*

[43] Hieron., Comm. in Mt., praef. (ed. D. HURST/M. ADRIAEN [CCh. Ser. lat. 77], Turnhout 1969, 4, 91—5, 98); Comm. in Gal., prol. (PL 26, 333); Epp. 112, 4, 5. 20, 2; 119, 2, 2 (ed. Isidor HILBERG, S. Eusebii Hieronymi epistulae II [CSEL 55], Wien 1912, 371, 7—13; 390, 3—8; 447, 18—21).

[44] Zur literarischen Hinterlassenschaft Theodors und ihrer Überlieferung vgl. Mauritius GEERARD, Clavis Patrum Graecorum II, Turnhout 1974, Nr. 3561—3566 mit der dort genannten Literatur.

[45] Vgl. Joseph REUSS, Der Presbyter Ammonios von Alexandrien und sein Kommentar zum Johannesevangelium: Biblica 44 (1963) 159—170.

Johanneskommentar bei der Kompilation seiner eigenen Johanneserklä-
rung verwertet, und in der byzantinischen Katenenüberlieferung haben
neben der Jesajaerklärung auch die beiden Evangelienkommentare breite
Berücksichtigung gefunden. Der überlieferte Bestand beschränkt sich
nahezu ausschließlich auf die Katenenscholien aus diesen drei Werken[46].
Ein geringer Rest einer direkten Überlieferung ist darüber hinaus in
wenigen Palimpsestfragmenten einer seit deren Erstausgabe (1834) willkürlich skeireins (Auslegung) genannten gotischen Übersetzung des
Johanneskommentars erhalten[47].

Die von Hieronymus notierte „historische" Verstehensweise wird
durch die in den erhaltenen Fragmenten sich abspiegelnden Züge der
Hermeneutik Theodors deutlicher sichtbar. Seine Bibelauslegung verzichtet auf Allegorese. Eine begründete Ausnahme ist die allegorische
Deutung neutestamentlicher Gleichnisse[48]. Sie ist bedingt durch ein allgemein verbreitetes und bereits in der neutestamentlichen Überlieferung
selbst einsetzendes Verständnis der Gleichnisse Jesu als Allegorien, das
die Allegorese als genusgemäßen Zugang zum Verständnis forderte[49].
Selbstverständlich ist für Theodor, daß die alttestamentliche Prophetie
auch Aussagen enthält, die sich unmittelbar auf den kommenden Christus beziehen[50], und er verwahrt sich dagegen, die Deutung propheti-

---

[46] Scholien zu Jes. ed. Angelo MAI, Nova Patrum Bibliotheca VI, Rom 1853, 214—
239 = PG 18, 1307—1378, vgl. dazu Michael FAULHABER, Die Propheten-Cate-
nen nach römischen Handschriften (Biblische Studien IV 2—3), Freiburg i. Br.
1899, 61—63; zu Mt. ed. Joseph REUSS, Matthäus-Kommentare aus der griechischen Kirche (TU 61), Berlin 1957, 55—95; zu Joh. ed. DERS., Johannes-Kommen-
tare aus der griechischen Kirche (TU 89), Berlin 1966, 65—176.

[47] Maßgebliche Ausgabe: William H. BENNETT, The Gothic Commentary on the
Gospel of John (The Modern Language Association of America, monogr. ser. 21),
New York 1960 (Neudruck 1966). Vorschlagsweise griechische Rückübersetzung
von George W. FRIEDRICHSEN, The Gothic „Skeireins" in the Greek Original:
New Testament Studies 8 (1961/2) 43—56; DERS., Notes on the Gothic Bible:
ebd. 9 (1962/3) 39—55, hier 53—55; DERS., The Gothic Commentary on St. John
„Skeireins", leaf VIII: ebd. 10 (1963/4) 499—504, hier 499—502; DERS., The
Gothic „Skeireins" in the Greek Original, leaves V and VII: ebd. 16 (1969/70)
277—283. Zur Zuweisung der Fragmente an den Johanneskommentar des Theodor von Herakleia vgl. Knut SCHÄFERDIEK, Die Fragmente der ‚Skeireins' und der
Johanneskommentar des Theodor von Herakleia: Zeitschr. für deutsches Altertum 110 (1981) 175—193.

[48] Frg. 108 in Mt. 20, 1—16; 112 in Mt. 21, 33—41 (REUSS 87; 88).

[49] In ähnlicher Weise wird in frg. 124 in Mt. 24, 27 (REUSS 91) ein Bild als Allegorie
mißverstanden.

[50] Vgl. die Fragmente der Exegese von Jes. 42 u. 52 f. (PG 18, 1336 f.; 1353—1360).

scher Ankündigungen allein im Horizont alttestamentlicher Geschichte zu belassen[51]. Andererseits wiederum birgt diese Geschichte selbst in sich Vorausabbildungen einer zukünftigen Wirklichkeit[52]. Innerhalb ihres Rahmens bleibende prophetische Aussagen stehen daher, sofern sie sich auf solche Vorausabbildungen beziehen, der typologischen Deutung offen, die, weil das „historisch" Gemeinte einem es überhöhenden Antitypos entspricht, eine neue Verstehensdimension jenseits des „historischen" Sinnes erschließt[53]. So erhält die prophetische Ankündigung der Herrschaft des Hiskia Transparenz auf Christus hin[54], und Gottes Heilsverheißung an sein Volk in der Gefangenschaft ist anagogisch auch zu beziehen auf die Kirche und die Existenz des einzelnen Gläubigen[55]. An anderer Stelle wird zwar diese letzte Bezugsausweitung eines Textes über den wörtlichen Sinn hinaus nicht typologisch, sondern durch metaphorische Deutung eines Schlüsselbegriffs begründet[56], doch ist deren Hintergrund offenbar nicht der Gedanke eines mehrschichtigen Schriftsinnes, sondern die Vorstellung, daß eben dieser besondere Begriff im Sprachgebrauch des Propheten eine feststehende Metapher sei[57]. Ihren Rahmen findet die Einzelerklärung, wie in den von der gotischen Überlieferung bewahrten Bruchstücken des laufenden Textes deutlich zutage tritt, aber trotz der Fragmentisierung auch an der griechischen Überlieferung zum Teil noch sichtbar ist, in einer fortlaufenden Paraphrase der biblischen Texte[58].

[51] Frg. 3,9—12 in Mt. 1, 23 (Reuss 56): πῶς οὖν Ἰουδαῖοι, τὸν χρησμὸν (Jes. 7, 14) λέγουσιν ἐπὶ Ἐζεκίου ἀποβῆναι, τοῦ πρὸ τῆς βασιλείας τοῦ πατρὸς τεχθέντος πρὸ ἐτῶν ἐννέα, ἵνα συγχωρήσωμεν, ὅτι ἐν τῷ πρώτῳ ἔτει τῆς βασιλείας αὐτοῦ ἐδόθη ὁ χρησμὸς οὗτος.

[52] Vgl. frg. 115, 13 f. in Mt. 23, 16—22 (Reuss 89): (das Gesetz) προανατυποῖ τῆς ἐν Χριστῷ λατρείας τὸ ἀληθὲς μυστήριον.

[53] Vgl. die Darstellung der typologischen Exegese anhand ihrer Anwendung durch Theodor von Mopsuestia bei Christoph Schäublin, Untersuchungen zu Methode und Herkunft der antiochenischen Exegese (Theophaneia 23), Köln/Bonn 1974, 166—170.

[54] Frg. in Jes. 32, 1 (PG 18, 1326).

[55] Fragmente zu Jes. 54, 1—3 (PG 18, 1360).

[56] Frg. in Jes. 51, 1 d (ἐμὲ νῆσοι ὑπομενοῦσιν καὶ εἰς τὸν βραχίονά μου ἐλπιοῦσιν) (PG 18, 1352), wo νῆσος über die wörtliche Bedeutung hinaus auch als Metapher verstanden wird (vgl. auch G. W. H. Lampe, A Patristic Greek Lexicon, Oxford 5 1978, 909 s. v. zum metaphorischen Verständnis des Wortes in der Patristik).

[57] Frg. in Jes. 41, 1 (PG 18, 1332 f.); vgl. Schäublin, a.a.O. (Anm. 53) 115—123 zum Problem der Metapher bei Theodor von Mopsuestia.

[58] Zur Paraphrase als Mittel der Texterklärung vgl. Schäublin, a.a.O. (Anm. 53) 141 f.

Insgesamt zeichnen sich so in dem überlieferten Material, so bruch-stückhaft es auch ist, klar erkennbar die hermeneutischen Grundzüge eines exegetischen Programms ab, das Theodor von Herakleia eindeutig der Tradition der antiochenischen Exegese zuordnet. Von deren radikaler Ausformung durch den um die Zeit seines Todes gerade erst geborenen Theodor von Mopsuestia unterscheidet er sich im wesentlichen nur da-durch, daß er den unmittelbaren Aussagehorizont alttestamentlicher Prophetie nicht auf den Bereich der alttestamentlichen Geschichte be-grenzt sehen will. Von weiterführendem Interesse ist diese Zuordnungs-möglichkeit angesichts des kirchlichen Umfeldes, in dem Theodor von Herakleia sich bewegt hat, sowohl unter der Fragestellung nach einer möglichen Bedeutung Lukians für die Ausbildung der antiochenischen exegetischen Tradition als auch unter derjenigen nach der Verwendbar-keit des Etiketts „origenistisch" zur theologiegeschichtlichen Kennzeich-nung der eusebianischen Partei.

In einzelnen Scholien begegnen terminologische Retuschen aus der Sicht der späteren jungnikänischen Reichsorthodoxie[59]. Ob sie auf die Katenenüberlieferung beschränkt waren oder dieser bereits überarbeitete Fassungen der Kommentare selbst vorlagen, muß dahinstehen[60]. Gerade eines dieser Fragmente aber, dessen jungnikänische Retuschierung leicht als Erweiterung erkennbar ist, läßt auch besonders eindringlich den Kon-text der zeitgenössischen theologischen Diskussion sichtbar werden, aus

[59] Frg. 133, 16 u. 134, 15. 18 in Mt. 28, 19 f. (REUSS 94. 95); frg. 70, 3 in Joh. 9, 4; 126, 1 in Joh. 10, 30; 254, 2 f. in Joh. 14, 9; 257, 1 in Joh. 19, 11; 310, 12 in Joh. 16, 7; 315 in Joh. 16, 14; 334, 4 in Joh. 17, 6—8; 336, 3 in Joh. 17, 11 (REUSS 84. 99. 131. 132. 146. 148. 153): Es begegnen Begriffe und Wendungen wie ὁμοούσιος, ὁμοουσιότης, ἓν κατ' οὐσίαν, μία οὐσία, ἐκ τῆς οὐσίας τοῦ πατρός u. ä. Natürlich steht das einzelne Scholion immer auch unter dem Vorbehalt der Zuverlässigkeit der Lemmatisierung. Sie muß z. B. entschieden bestritten werden für frg. 117 in Joh. 10, 18 (REUSS 97), in dem ein christologisches Logos-Sarx-Modell abgewiesen wird, weil es den Sohn als leidensfähig und damit geringer als den Vater erscheinen lasse; vgl. das weiter unten zur Inkarnationsvorstellung Theo-dors Gesagte.

[60] Philost., Hist. eccl. VIII 17 (BIDEZ/WINKELMANN 115, 15—18) bezeichnet Theodor als Homousianer, eine Angabe, die sich aus dem Vorhandensein orthodox über-arbeiteter Schriften erklären ließe. Allerdings stellt er ihn dabei mit Georg von Laodikeia zusammen und nennt als angeblich ihnen zeitlich folgend noch Eustathios (von Sebaste), Basileios (von Ankyra), Makedonios von Konstantinopel und Eleusios von Kyzikos (ebd. 18—21), so daß der Verdacht sich aufdrängt, es könne ὁμοιούσιος gemeint sein; doch auch dieser Anachronismus kann natürlich seine Angabe nicht aufwerten.

der heraus Theodor schreibt[61]. Es gehört zur Erklärung des Taufbefehls Mt. 28, 19 und hebt mit großem Nachdruck auf die Unterschiedenheit der drei Hypostasen in ihrer je eigenen Subsistenz ab. Unverkennbar ist dabei auch die große Nähe zu der sich ja ebenfalls auf Mt. 28, 19 beziehenden zweiten antiochenischen Formel. Das Scholion liest sich geradezu wie eine ausführlichere Explikation der Aussage dieser Formel über die Dreiheit der Hypostasen, enthält aber nicht das in ihr mit der Behauptung einer je eigenen Rangstellung der Hypostasen aufklingende subordinatianische Moment. Das Hauptaugenmerk des Exegeten gilt den Hypostasen von Vater und Sohn. Beide außerhalb der Zeit stehend, sind sie unterschieden durch die Merkmale des Ungezeugtseins und des Gezeugtseins. Die Dimension dieser Unterscheidung wird in einem Scholion zu Joh. 17, 3 deutlich, das die Prädikation „wahrer Gott" an das Ungezeugtsein bindet[62]. Die sachliche Grundlage einer trinitarischen Subordinationsaussage ist hier gegeben, und wenn sie in den erhaltenen Fragmenten nicht explizit wird, dürfte das nur daran liegen, daß sie durch das orthodoxe Überlieferungsmilieu ausgefiltert worden ist und die direkte, von diesem Milieu unberührte gotische Überlieferung zu schmal ist, diese Lücke zu schließen[63]. Auch die Ebene, auf der die Einheit von

---

[61] Frg. 134 in Mt. 28, 19 f. (REUSS 95): Τὸν θεὸν γεννῶντα καὶ γεννώμενον οὐκ ἔστιν ὑπὸ χρόνῳ βαλεῖν· ... εἷς ὁ πατὴρ ἑνὸς υἱοῦ, εἷς ἀγέννητος πατήρ, εἷς γεννητὸς θεὸς ὁ υἱὸς καὶ ὥσπερ οὐκ ἔστιν συναγέννητος ἕτερος θεός, οὕτως οὐδὲ συγγεγεννημένος ἕτερος θεὸς ὁ υἱός. οὐκ ἔστιν υἱὸς τὸ πνεῦμα τὸ ἅγιον. ἔχει ὁ πατὴρ ὑπόστασιν πατρός, ἔχει ὁ υἱὸς ὑπόστασιν υἱοῦ, ἔχει τὸ πνεῦμα ὑπόστασιν ἁγίου πνεύματος ... ἐν πᾶσι τελεία ἡ ὑπόστασις τοῦ πατρός, τοῦτ' ἔστιν ὁ πατήρ. ὅμοιος ὁ υἱὸς τῷ πατρὶ ἐν πᾶσι καὶ πλήρης κατ' αὐτὸν ἐκτὸς τοῦ εἶναι πατήρ· υἱὸς γὰρ ἔστιν καθ' ὑπόστασιν. τέλειον τὸ πνεῦμα τὸ ἅγιον καὶ πλήρης ἐν πᾶσι ... πάρεξ τοῦ εἶναι πατὴρ ἢ υἱός· ἔστι δὲ καθ' ὑπόστασιν ἰδίαν πνεῦμα ἅγιον. Vgl. die Erläuterung von Mt. 28, 19 in der zweiten antiochenischen Formel (bei Athan., De synod. 23, 6 [OPITZ 249, 29—32], danach Sokr., Hist. eccl. II 10 [HUSSEY/BRIGHT 72]): δηλονότι πατρὸς ἀληθῶς πατρὸς ὄντος, υἱοῦ δὲ ἀληθῶς υἱοῦ ὄντος, τοῦ δὲ ἁγίου πνεύματος ἀληθῶς ἁγίου πνεύματος ὄντος, τῶν ὀνομάτων οὐχ ἁπλῶς οὐδὲ ἀργῶς κειμένων ἀλλὰ σημαινόντων ἀκριβῶς τὴν οἰκείαν ἑκάστου τῶν ὀνομαζομένων ὑπόστασίν τε καὶ τάξιν καὶ δόξαν.

[62] Frg. 331 in Joh. 17, 3 (REUSS 152): ἀληθινὸν θεὸν λέγει τὸν πατέρα ὡς ἀγέννητον.

[63] Den gotischen Bruchstücken ist zwar von germanistischer Seite des öfteren eine explizite „arianisierende" Tendenz zugesprochen worden. Doch das ist unbegründet. Ihre Tendenz ist lediglich negativ als antisabellianisch-antimarkellisch bestimmbar; vgl. dazu Hans-Georg RICHERT, Ni ibnon ak galeika sweriþa. Überlegungen zum dogmatischen Standpunkt des Skeireinisten: Festschrift Gottfried Weber (Frankfurter Beiträge zur Germanistik 1), Bad Homburg/Berlin/Zürich 1967, 11—45 und Knut SCHÄFERDIEK, Wulfila: Zeitschr. für Kirchengesch. 90 (1979) 253—292, hier Exkurs II: Theologiegeschichtliche Erwägungen zum Be-

Vater und Sohn gedacht ist, scheint zumindest auf, wenn es in einem
Fragment des Matthäuskommentars heißt, Christus mache deutlich, daß
„beider Wille und Liebe zu uns eins sei"[64]. Stärker als die affirmative
Seite der von Theodor in den zeitgenössischen Auseinandersetzungen
bezogenen Position wird — auch als sachlicher Hintergrund seines kirchenpolitischen Wirkens — ihre Abgrenzung nach außen sichtbar, und
zwar in einer ausgeprägten antisabellianisch-antimarkellischen Tendenz
des Johanneskommentars[65], die zudem vermuten lassen könnte, daß
dieses Werk in der Zeit nach der Anerkennung Markells in Rom und
Serdika und somit während der zweiten Wirkungsphase des Verfassers
entstanden ist.

Wie auch für andere Theologen des vierten Jahrhunderts stellt sich
für Theodor von Herakleia die Frage nach dem Grund der Inkarnation.
Sie geschah um der menschlichen Sünde willen, und zwar nur um dieser
willen[66]. Dabei entspricht sie aber zugleich einer inneren Notwendigkeit,
Vollzug eines von Anfang an festgelegten Heilsplans zu sein, der charakterisiert ist als „Oikonomie der Gerechtigkeit"[67]. Grundsätzlich hätte
nämlich die Verwirklichung des Heils auch einfach durch göttlichen
Machtspruch geschehen können. Das aber wäre als Zwangserlösung
unbillig gewesen; denn der Mensch, der aus freiem Willen dem Trug des
Teufels nachgegeben habe, müsse sich billigerweise auch wieder aus

---

griffspaar ibna(leiks) / galeiks in der Skeireins (289—292). Auch die Ausführungen Vc 13—d 14 (BENNETT 69 f.) zu Joh. 5, 23 mit dem Skopos, daß dem Vater
und dem Sohn „nicht nämliche, sondern gleiche Ehre zu erweisen" sei (Vd 11—13
[BENNETT 70]), lesen sich wie ein exegetischer Kommentar zu der Aussage der
zweiten antiochenischen Formel, die jeder der drei Hypostasen ihre eigene δόξα
zuordnet (vgl. Anm. 61); die im gotischen Text erhaltenen Passagen sind dabei
nicht explizit subordinatianisch, schließen aber ein subordinatianisches Verständnis
auch nicht aus.

[64] Frg. 80, 11 f. in Mt. 11, 25 (REUSS 79): ἀμφοτέρων μίαν οὖσαν τὴν βουλὴν καὶ
τὴν περὶ ἡμᾶς ἀγάπην.

[65] Skeireins IV d zu Joh. 3, 31 f.; Va—d zu Joh. 5, 20—23 (BENNETT 66. 67—70);
frg. 40 in Joh. 6, 62; 56 in Joh. 8, 18; 215 in Joh. 12, 49; 254 in Joh. 14, 9; 255 in
Joh. 14, 10; 257 in Joh. 14, 11; 268 in Joh. 14, 22—24; 269 in Joh. 14, 23; 270 in
Joh. 14, 24; 333 in Joh. 17, 4 f.; 344 in Joh. 17, 24 (REUSS 76. 80. 122. 131. 132.
135 f. 136. 152. 155 f.).

[66] Frg. in Jes. 53, 8 (PL 18, 1357).

[67] Skeireins I c 14—16 (BENNETT 53): eine Zwangserlösung würde umstoßen þo
faura ju us anastodeinai garaidon garehsn (den ehedem schon von Anbeginn an-
geordneten Heilsplan); I b 17—19 (BENNETT 52): durch sie würde nicht mehr gewahrt garaihteins garehsns (der Gerechtigkeit Heilsplan). Zur semantischen Gleichung garehsns = οἰκονομία vgl. SCHÄFERDIEK, Skeireins (Anm. 47), 178 f.

eigener freier Entscheidung seinem Heil zuwenden. Um dieses als Möglichkeit manifest zu machen, habe der Herr einen menschlichen Leib angenommen[68]. Er wird so Mensch, ist aber als solcher nicht bloßer Mensch, sondern — und zwar auch als Subjekt des Leidens — „fleischgewordener Gott"[69]. Er ist Gott und Mensch in Identität, in einer nicht in beide Teile zergliederbaren Einheit[70]. Nicht der Leib, sondern der vorzeitige Gottessohn, der den Leib angenommen hat, ist es, dem das Menschsein zukommt[71], eine Aussage, die ausdrücklich Markell entgegengestellt wird und auf dessen Vorstellung von einer Unterscheidbarkeit eines „Menschen des Herrn" zielt. Man wird angesichts solcher Aussagen ohne weiteres die gelegentlich geäußerte Annahme, Eudoxios von Germanikeia sei der erste explizite Zeuge einer „arianischen" Logos-Sarx-Christologie[72], korrigieren dürfen.

Hatte der Teufel einst den Menschen durch Trug zur Sünde verführt[73], so ist dementsprechend der Zweck der Menschwerdung des Gottessohnes zunächst einmal, daß er so als Lehrer der mit Gott verbindenden Gerechtigkeit diese kundtut und die Menschen mit Wort und Tat zu ihr ruft[74]. Sie schließt aber darüber hinaus auch Christi Sterben ein, das seine Sinndeutung aus der geläufigen patristischen Loskauftheorie erhält: Es be-

---

[68] Skeireins Ib—d (BENNETT 52—54); darin Id 10 f. (BENNETT 54): leik mans andnam (den Leib eines Menschen nahm er an); leik ist im Bibelgotischen Äquivalent für σῶμα und σάρξ. Zum Gewicht, das Theodor der menschlichen Freiheit im Prozeß der Heilszueignung beimißt, vgl. SCHÄFERDIEK, Skeireins (Anm. 47), 184—186.

[69] Frg. 397, 1 f. in Joh. 19, 30 (REUSS 166): οὐ ψιλὸς ἦν ἄνθρωπος ὁ πάσχων, ἀλλὰ θεὸς σαρκωθείς.

[70] Frg. 101, 4—8 in Mt. 16, 13—16 (REUSS 85): ... γενόμενος ἄνθρωπος αὐτός ἐστι θεὸς ἀληθὴς μὴ τεμνόμενος ἀνὰ μέρος εἰς θεὸν καὶ εἰς ἄνθρωπον εἰδικῶς ...

[71] Frg. 40, 7—9 in Joh. 6, 62 (REUSS 76): ... τὸν ἐν οὐρανῷ πρότερον ὄντα υἱὸν ἀνθρώπου ὀνομάζομεν, ὅπως μὴ τὸ σῶμα, ἀλλ' ὁ ἀνειληφὼς τὸ σῶμα υἱὸς ἀνθρώπου γεγονὼς πιστεύηται.

[72] In diesem Sinn hat sich Martin TETZ nach Alois GRILLMEIER, Jesus der Christus im Glauben der Kirche I, Freiburg/Basel/Wien 1979, 380, Anm. 73 brieflich geäußert im Blick auf das bei August HAHN/G. Ludwig HAHN, Bibliothek der Symbole und Glaubensregeln der alten Kirche, Breslau ³1897 = Hildesheim 1962, 261 f. nach Carl Paul CASPARI, Alte und neue Quellen zur Geschichte des Taufsymbols und der Glaubensregel, Christiana 1879 = Brüssel 1964, 179 f. abgedruckte, nach Doctrina patrum de incarnatione verbi 9, 14, ed. Franz DIEKAMP, Münster ²1981, 64 f. zu korrigierende Bekenntnis des Eudoxios. Seine Schrift „Über die Fleischwerdung", aus der allein dieses Bekenntnis erhalten ist, wird von TETZ, Eudoxius-Fragmente?: Studia Patristica III (TU 78), Berlin 1961, 314—323, hier 315 frühestens in die Zeit um 360 datiert.

[73] Skeireins Ib 22—c3 (BENNETT 52 f.); frg. 313, 1 f. in Joh. 16, 11 (REUSS 147).

[74] Skeireins Id 5—22 (BENNETT 54).

deutet die Überwindung der dem Tod und der Vergänglichkeit preis-
gebenden Herrschaft des Archon dieser Welt[75]. Die Inkarnation erschließt
somit das Heil wie den Heilsweg und entspricht damit als Vollzug der
„gerechten Oikonomie" antithetisch auch dem Doppelaspekt der durch
sie als unangemessen ausgeschalteten Möglichkeit, „daß der Herr, in
göttlicher Macht kommend", den Menschen „sowohl mit Gewalt erlöst
als auch durch Zwang zur Frömmigkeit bekehrt hätte"[76].

Das Bild des Theologen Theodor von Herakleia, wie es sich in den
Resten seines exegetischen Werkes abzeichnet, liefert eine notwendige
Ergänzung zu dem des Kirchenpolitikers, das die Quellenaussagen über
ihn vermitteln. Dem selektierenden und retuschierenden Charakter der
Überlieferung gemäß erscheint es zwar gerade in den zur Zeit seines
Wirkens im Mittelpunkt der Diskussion stehenden christologischen Fragen durchweg in Ausdrucksformen abgespiegelt, die sich auch im Kontext der Denkmodelle einer späteren Orthodoxie lesen ließen, wird dabei
aber doch in seinen wesentlichen Grundzügen deutlich genug, um den
sachlichen Hintergrund seines kirchenpolitischen Engagements auszu-
leuchten. Im Blick auf seinen großen Gegner Athanasios ist geltend gemacht worden, „daß Theologie und Kirchenpolitik in eins gesehen werden müssen und nicht auseinandergerissen werden dürfen"[77]. Diese Einheit von theologischem Denken und kirchenpolitischem Handeln als Ausfluß eines einheitlichen Bemühens, in den kirchlichen Auseinandersetzungen der Zeit verantwortlich Stellung zu beziehen, kennzeichnet auch den
„Eusebianer" Theodor von Herakleia, und sie muß überhaupt als
wesentliches Element dieser Auseinandersetzungen wahrgenommen werden, will man ihre Dynamik verstehen.

---

[75] Frg. 200 in Joh. 12, 31; 313 in Joh. 16, 11 (REUSS 117. 147).

[76] Skeireins Ic 5—10 (BENNETT 53).

[77] Wilhelm SCHNEEMELCHER, Athanasius von Alexandrien als Theologe und als Kirchenpolitiker: Zeitschr. für die neutestamentl. Wissensch. 43 (1950/1) 242—255,
hier 254 = DERS., Ges. Aufs. (wie Anm. 8), 274—289, hier 288 = Die Kirche angesichts der konstantinischen Wende, hg. v. Gerhard RUHBACH (Wege der Forschung CCCVI), Darmstadt 1976, 279—296, hier 294; vgl. auch Martin TETZ,
Zur Biographie des Athanasius von Alexandrien: Zeitschr. für Kirchengeschichte
90 (1979) 304—338.

Die spätantiken Aristoteleskommentatoren in ihrer geschichtlichen Umwelt

von Johannes Irmscher, Berlin

Aristoteles aus Stageiros (384—322 vor Beginn der christlichen Ära), repräsentierte, obwohl er am Ende der in der athenischen Polis gipfeln-den Glanzzeit griechischer Kultur- und Geistesentwicklung stand, nicht deren Ausklingen, sondern deren letzten Höhepunkt[1]. „Der größte Den-ker des Altertums", der die Maschinerie und deren soziale Auswirkungen vorausahnte[2], hat es verstanden, in einer universellen Synopse die philo-sophischen und fachwissenschaftlichen Kenntnisse und Erkenntnisse seiner Epoche zu erfassen, zu verallgemeinern und zu systematisieren, und ver-mochte zugleich an ungezählten Punkten durch eigene Forschung jenen Kenntnis- und Erkenntnisstand zu erweitern und zu vertiefen. Unge-achtet ihrer komplizierten Gestaltung — auf uns gekommen sind ledig-lich Vorlesungsmanuskripte esoterischen Charakters sowie von dem Meister inaugurierte Ausarbeitungen von Schülern[3] — haben die Aristo-telesschriften bis auf die Gegenwart in vielfältigen Formen nachgewirkt. Eine überaus gewichtige Form dieses Nachwirkens stellte die Erklärung, die Kommentierung jener Aristotelestexte dar, die um so stärker geboten zu sein schien, als das Überkommene angesichts seiner, wie wir vermerk-ten, vielfach allzu knappen Formulierung häufig als dunkel und unver-

---

[1] Ich folge in der Einschätzung Hans-Martin Gerlach und Günter Schenk, Aristo-teles, Halle 1978, 8 f.

[2] Karl Marx/Friedrich Engels, Werke, 23, Berlin 1962, 430.

[3] J. Irmscher bei Gerhard Steiner, Herbert Greiner-Mai, Wolfgang Lehmann, Lexikon fremdsprachiger Schriftsteller von den Anfängen bis zur Gegenwart, 1, Leipzig 1977, 98.

ständlich empfunden wurde; daß die jeweiligen Erklärer den Stagiriten nach ihrer persönlichen philosophischen Grundhaltung aus- und umdeuteten, ergibt sich dabei ipso facto. Die Aristoteleserklärung nahm ihren Beginn bereits im Altertum und wurde, mit Unterbrechungen, in Byzanz fortgesetzt. Einen neuen Aufschwung bedeutete naturgemäß die Renaissance, wobei die zur selben Zeit neubegründete griechische Tradition auch über die Jahrhunderte der türkischen Fremdherrschaft hinweg lebendig blieb[4].

Die Anfänge der antiken Aristotelesforschung verbinden sich mit der Bibliothek des Theophrast, des bedeutendsten Schülers und Nachfolgers des Aristoteles als Vorsteher des Peripatos. Diese Bibliothek, in der, wie sich versteht, die Schriften des Ἥρως κτίστης einen gewichtigen Part ausmachten, gelangte nach dem Tode ihres Besitzers an einen gewissen Neleus in Skepsis, einer Stadt in der Troas. Des Neleus Erben wiederum verbargen den Bücherschatz in einem dafür wenig geeigneten Kellergewölbe, weil sie die einschlägige Aufmerksamkeit und die Habsucht der pergamenischen Könige fürchten zu müssen glaubten. In diesem Versteck entdeckte die Sammlung ein wohlhabender Bibliophile in Athen mit Namen Apellikon von Teos, der sie für sich erwarb. Als dann Athen im Jahre 86 von den Soldaten Sullas eingenommen und geplündert wurde, fiel auch die Theophrastbibliothek in die Hand des Siegers, der sie nach Rom bringen ließ[5]. Dort sichtete der Grammatiker Tyrannion ὁ πρεσβύτερος, der im Verlaufe des zweiten Mithridatischen Krieges nach Italien gekommen war, jene Bibliothek, die sich seit dem Tode des Diktators in den Händen des daran desinteressierten Faustus Sulla befand, und gewann A n d r o n i k o s von Rhodos, nachmals Schulhaupt der P e r i - p a t e t i k e r in Athen, für die Edition und Erklärung der darin enthaltenen Aristotelesschriften[6]. Andronikos verfaßte ein heute verlorenes Buch über die Ordnung dieser Schriften sowie Kommentare zur Ethik, Physik und zu den Kategorien des Stagiriten; anderes wurde ihm fälschlich zugeschrieben[7]. Die damit eingeleitete Tradition trug reiche Früchte[8],

---

[4] Εὐάγγελος Σ. ΣΤΑΜΑΤΗΣ, Ἀριστοτέλης, Athen 1978, 12 f.

[5] Wilhelm VON CHRIST, Geschichte der griechischen Literatur, 1, 6. Aufl. von Wilhelm SCHMID, München 1912, 723.

[6] Carl WENDEL in: RE, 2. Reihe 14. Halbband, 1948, 1813; vgl. auch G. F. ALEXANDROW, Aristoteles, deutsch von Arthur DUKOWSKY, Berlin 1953, 25.

[7] CHRIST a.a.O. 767 Anm. 2.

[8] Paul MORAUX in: Aristoteles-Archiv am Seminar für Klassische Philologie im Institut für Altertumskunde der Freien Universität Berlin, Berlin (West) 1971, 13

und naturgemäß waren es in erster Reihe die Peripatetiker, die sich des
Aristotelestextes mit solchem Eifer annahmen, daß hinter ihren weit-
läufigen Kommentaren und Paraphrasen das erläuterte Œuvre selbst
verschüttet zu werden drohte. Von den meisten jener Aristoteleserklärer
der frühen Kaiserzeit kennen wir nur die Namen, ihre Werke sind, gewiß nicht ohne Grund, verloren gegangen.

Andronikos' Schüler B o e t h o s von Sidon, ein Studienkamerad des
Geographen Strabon, kommentierte, bereits auf die Harmonisierung
von aristotelischer und platonischer Überlieferung hinarbeitend, die
Kategorien[9]. Ein Zeitgenosse des Boethos, der platonisierende Eklektiker
E u d o r o s von Alexandria, erklärte gleichfalls die Kategorien und
vielleicht auch die Metaphysik[10]. Die Kategorien beschäftigten ferner
A l e x a n d r o s von Aigai, der als Lehrer Neros genannt wird[11]. Über
die Ordnung der Aristotelesschriften handelte um die Mitte des 2. Jahrhunderts A d r a s t o s von Aphrodisias, dessen Forschungen auch der
Nikomachischen Ethik galten[12]. Etwa gleichzeitig kommentierte die
ebengenannte Schrift ein gewisser A s p a s i o s , der offenbar die exegetische Tradition des Andronikos weiterführte[13]. Sein wahrscheinlicher
Schüler Herminos wandte sich den Kategorien und der Schrift Περὶ ἑρμηνείας zu[14]. Aus Herminos' Schule wiederum stammte A l e x a n d r o s
von Aphrodisias, der ἐξηγητής schlechthin, in dem die peripatetische
Aristoteleserklärung gipfelte. Er wurde um das Jahr 198 als öffentlicher
Lehrer aus seiner kleinasiatischen Heimat nach Athen berufen und wußte
sich dafür den beiden Augusti, Septimius Severus und seinem Sohne
Caracalla, durch eine Schrift Περὶ εἱμαρμένης („Über das Schicksal") erkenntlich zu erweisen[15]. Erhalten und von den späteren Aristoteles-
erklärern benutzt sind seine Kommentare zu folgenden Schriften des
Stagiriten: 1. Analytica priora[16], 2. Meteorologica[17], 3. De sensu[18],

---

unterstreicht das schlagartige Wiederaufblühen der peripatetischen Schule nach der
vorangegangenen langen Verfallsperiode.

[9] H. DÖRRIE in: Der Kleine Pauly, 1, Stuttgart 1964, 916.

[10] MARTINI in: RE, 11. Halbband, 1907, 916.

[11] GERCKE in: RE, 1. Band, 1894, 1452.

[12] W. SONTHEIMER in: Der Kleine Pauly a.a.O. 1, 1964, 76.

[13] H. DÖRRIE a.a.O. 650.

[14] H. DÖRRIE in: Der Kleine Pauly a.a.O. 2, 1967, 1077.

[15] W. SONTHEIMER a.a.O. 253.

[16] Alexander, In Aristotelis Analyticorum priorum librum I commentarium, ed.
Maximilianus WALLIES, Berlin 1883.

4. Metaphysica[19], 5. Topica[20]. Ebendiese Kommentare des Alexandros wurden in modernen Textausgaben in einer Reihe vorgelegt, die zu den Großleistungen der modernen Altertumswissenschaft gehört, den von der Berliner Akademie besorgten Commentaria in Aristotelem Graeca, 23, oftmals mehrteilige Bände und 3 Supplementbände, die in den Jahren 1883 bis 1909 erschienen.

Bekanntlich hatte die Akademie zu Beginn des 19. Jahrhunderts durch ihr Mitglied Immanuel BEKKER eine Gesamtausgabe der Schriften des Stagiriten besorgen lassen[21], deren Bedeutung sich daran erkennen läßt, daß nach ihr bis heute die Werke des Aristoteles international zitiert werden. Durch den Index, den das Akademiemitglied Hermann BONITZ 1870 vorlegte[22], hatte die Edition ihren Abschluß gefunden. Im vierten Bande dieser Akademieausgabe waren die Scholien zu den Aristoteles-schriften vorgelegt worden[23], und zwar, wie sich bald erwies, in unzureichender Weise. Dieser Umstand und zugleich die sich expandierende philosophiehistorische Forschung veranlaßten die Akademie, auch die Schriften der antiken Aristoteleserklärer in ihr Editionsprogramm aufzunehmen, die, wenn überhaupt, nur in textkritisch überholten und schwer zugänglichen Humanistenausgaben vorlagen. Den entsprechenden Antrag formulierte 1874 neben BONITZ der Philosophiehistoriker Eduard ZELLER; neben den beiden Antragstellern gehörte der klassische Philologe Johannes VAHLEN der Kommission an, die alsbald eingesetzt wurde, um den ergriffenen Plan zu verwirklichen[24].

Als Redaktor des Unternehmens gewann man den Professor der alten Sprachen am Gymnasium zu Bremen Adolf TORSTRICK, der, offensichtlich im Hinblick auf diese Aufgabe, am 10. Februar 1876 zum Korre-

[17] Alexander, In Aristotelis Meteorologicorum libros commentaria, ed. Michael HAY-DUCK, Berlin 1899.

[18] Alexander, In librum De sensu commentarium, ed. Paulus WENDLAND, Berlin 1901.

[19] Alexander Aphrodisiensis, In Aristotelis Metaphysica commentaria, ed. Michael HAYDUCK, Berlin 1891.

[20] Alexander Aphrodisiensis, In Aristotelis Topicorum libros octo commentaria, ed. Maximilianus WALLIES, Berlin 1891.

[21] Adolf HARNACK, Geschichte der Königlich Preußischen Akademie der Wissenschaften zu Berlin, I 2, Berlin 1900, 1031 ff.

[22] Hermannus BONITZ, Index Aristotelicus, Reprint Berlin 1955.

[23] Aristoteles, Opera, 4: Scholia in Aristotelem, coll. Christianus Aug. BRANDIS, Berlin 1836.

[24] HARNACK a.a.O. 1032 f.

spondierenden Mitglied der Institution gewählt wurde[25]. Da TORSTRICK
bereits im darauffolgenden Jahre verstarb, trat an seine Stelle der Berliner Philologieprofessor Hermann DIELS, von 1881 auch ordentliches
Mitglied der Akademie[26], der in der Folgezeit sein Organisationstalent
an vielfältigen wissenschaftlichen Aufgaben national und international
bewährte[27]. Daß die Ausgabe, wie bei akademischen Untersuchungen
leider selten, plangemäß ihren Abschluß fand, ist wesentlich das Verdienst von Hermann DIELS gewesen. Ihre Bedeutung wurde folgendermaßen bestimmt[28]. Zum ersten liefern jene Texte Testimonien sowohl für
die vorsokratischen Denker als auch für den frühen Aristotelismus.
Zweitens tragen sie zur Textkonstitution und Interpretation des Stagiriten selbst bei. Drittens aber erhellen sie jene Periode von der Erneuerung der aristotelischen Studien in Rom bis hin zu den Vorläufern der
Scholastik. Auf das zuletzt genannte Anliegen beziehen sich unsere nachfolgenden Darlegungen.

Auf die im wesentlichen durch den Peripatos getragene Aristotelesrezeption der ausgehenden römischen Republik und der ersten Jahrhunderte der Kaiserzeit, der als Nachklang noch die Paraphrasen des Sophi-
sten T h e m i s t i o s (etwa 317—388) zugehören[29], folgte vom dritten
Jahrhundert an die Rezeption durch den N e u p l a t o n i s m u s. Der
Neuplatonismus, mehr Weltanschauungssystem als Schulphilosophie im
herkömmlichen Sinne, erwuchs nicht aus der Tradition der in Athen
fortbestehenden platonischen Akademie, sondern kam in Ägypten auf,
bestimmt durch das Bestreben, dem tiefen Pessimismus, den die immer
spürbarer werdende Krise der antiken Gesellschaftsordnung gerade in
deren Oberschichten hervorgerufen hatte, durch Reaktivierung von
Denkelementen des philosophischen Erbes zu begegnen[30]. Unter solchem
Aspekt wurde stoisches, neupythagoreisches und vielgestaltiges orientalisches Gedankengut aufgenommen, vor allem aber das Lehrgebäude
Platons rezipiert, zu dem das Aristotelische in keinerlei Differenz zu
stehen schien; das Studium des Stagiriten konnte daher als Propädeutik
für jenen neuen Platonismus angesehen werden. Bereits dessen Begründer,

---

[25] Erik AMBURGER, Die Mitglieder der Deutschen Akademie der Wissenschaften zu
Berlin 1700—1950, Berlin 1950, 135.
[26] AMBURGER a.a.O. 31.
[27] Johannes IRMSCHER, Philologus 117, 1973, 293 ff.
[28] HARNACK a.a.O. 1032 f.
[29] Willy STEGEMANN in: RE, 2. Reihe 10. Halbband, 1934, 1651 ff.
[30] Reimar MÜLLER, Kulturgeschichte der Antike, 2, Berlin 1978, 463 ff.

A m m o n i o s   S a k k a s („der Sackträger"), der den untersten Schichten
der Bevölkerung Alexandrias entstammte, schrieb man das Bestreben zu,
Platon und Aristoteles in Übereinstimmung zu bringen. P l o t i n , aus
dem ägyptischen Lykopolis gebürtig, verpflanzte die neue Doktrin, die
ihr Stifter nur mündlich vorgetragen hatte, nach Italien und legte sie in
Lehrvorträgen nieder, die sein Schüler und Biograph P o r p h y r i o s aus
Tyros, der gleichfalls in Rom seinen Wohnsitz nahm, veröffentlichte.
Durch eine Vielzahl von Schriften trug Porphyrios, der in den ersten
Jahren des vierten Jahrhunderts verstarb, zur Systematisierung und Propagierung des Neuplatonismus bei. Zu seinen verlorenen Werken gehören zwei in unserem Zusammenhang zu beachtende Abhandlungen;
die eine beschäftigte sich mit der bereits mehrfach angesprochenen Harmonisierung von Platonismus und Aristotelismus: Περὶ τοῦ μίαν εἶναι
τὴν Πλάτωνος καὶ ᾿Αριστοτέλους αἵρεσιν, während die zweite die Differenzen in der Lehre der beiden klassischen Schulhäupter herausstellte:
Περὶ διαστάσεως Πλάτωνος καὶ ᾿Αριστοτέλους[31]. Ferner steht Porphyrios
am Beginn der Reihe der neuplatonischen Aristoteleserklärer. Auf Veranlassung des römischen Senators Chrysaorius, der seinem Freundeskreis
zugehörte, verfaßte er eine Einleitung in die Aristotelische Kategorienlehre[32], die in der lateinischen Übersetzung[33] des Boethius (gestorben
524) für das Mittelalter ein Standardwerk der Logik geworden ist;
daneben gibt es noch eine weitere lateinische Übertragung des Marius
Victorinus[34] neben syrischen, arabischen und armenischen Versionen.
Eine weitere Behandlung des Gegenstandes ist gleichfalls durch Boethius
zu breiter Nachwirkung gebracht worden: Εἰς τὰς ᾿Αριστοτέλους Κατη-
γορίας κατὰ πεῦσιν καὶ ἀπόκρισιν[35], ein Kommentar also im Frage-und-
Antwort-Spiel[36], eine Literaturform, für die es in der byzantinischen
Literatur zahlreiche weitere Beispiele gibt.

Im Neuplatonismus des vierten Jahrhunderts trat dann die Arbeit
am Aristoteles offenkundig in den Hintergrund gegenüber der in jener
Epoche der Entscheidung für oder wider das Christentum notwendig

---

[31] W. Pötscher in: Der Kleine Pauly a.a.O. 4, 1972, 1066.
[32] Porphyrius, Isagoge et in Aristotelis Categorias commentarium, ed. Adolfus
Busse, Berlin 1887, 1 ff.
[33] Porphyrius a.a.O. 23 ff.
[34] Max Manitius, Geschichte der lateinischen Literatur des Mittelalters, 1, München
1911, 29.
[35] Porphyrius a.a.O. 53 ff.
[36] Rudolf Beutler in: RE, 43. Halbband, 1953, 283 f.

gewordenen Bewältigung der aktuellen religiösen, superstitiösen und okkulten Zusammenhänge sowie gegenüber dem Bestreben, die Platonnutzung ihrer Zufälligkeit zu entkleiden und zur festen Methode zu entwickeln. Namentlich mit dem Œuvre des I a m b l i c h o s aus Chalkis, eines Schülers des Porphyrios in der Zeit Kaiser Konstantins I., ist die Behandlung und Lösung der dargelegten Aufgaben verbunden[37]. Immerhin war aber auch die Aristotelestradition stark und die Thematik aktuell genug, um einen weiteren Kommentar zu veranlassen, der aufs neue die Dialogform von ἀπορίαι καὶ λύσεις[38] praktizierte. Er dürfte um 330 entstanden sein und wird dem Iamblichosschüler D e x i p p o s verdankt. Sein Anliegen ist es, die Kritik Plotins an der Aristotelischen Kategorienlehre im Sinne von Porphyrios und Iamblichos zurückzunehmen[39].

Ebenjenes vierte Jahrhundert brachte auch den allseitigen Sieg des Christentums, den der Neuplatonismus, so stark er auch auf die christliche Theologie einwirkte[40], mit seinem Kampf für die innere Erneuerung der alten Kulte und des alten Glaubens nicht hatte aufhalten können[41]. Auf die neuplatonische Schulorganisation blieb die veränderte weltanschauliche Situation naturgemäß nicht ohne Einfluß. Um das Jahr 410 öffnete sich unter dem Schulhaupt Plutarchos die a t h e n i s c h e A k a d e m i e , die in den vorangegangenen Epochen durch philosophischen Eklektizismus und exoterischen Polyhistorismus bestimmt gewesen war, dem Neuplatonismus Plotinscher Prägung[42]. Zugleich verschloß sie sich hartnäckig jedem Ausgleich mit dem zur Staatsreligion gewordenen Christentum und nahm dafür auch die mit Notwendigkeit eintretende Schließung der Institution in Kauf. Neben der Akademie und in zahlreichen Berührungen mit ihr entwickelte sich die Schule von Alexandria. Hier bestimmten die exakten Wissenschaften stärker das Profil. Dem Christentum ergab man sich opportunistisch in bald geringe-

---

[37] Im einzelnen H. Dörrie in: Der Kleine Pauly a.a.O. 2, 1305 f.

[38] Dexippus, In Aristotelis categorias commentarium, ed. Adolfus Busse, Berlin 1888, 4.

[39] H. Dörrie in: Der Kleine Pauly a.a.O. 1, 1502 f. Daß der Philosoph Dexippos mit dem gleichnamigen Historiker nicht identisch ist, hat Ad. Busse, Hermes 23, 1888, 402 ff. deutlich gemacht.

[40] Müller a.a.O. 465.

[41] Friedrich Ueberweg, Grundriß der Geschichte der Philosophie des Altertums, 10. Aufl. von Karl Praechter, Berlin 1909, 346.

[42] H. Dörrie a.a.O. 213.

rem, bald stärkerem Maße, so daß die alexandrinische Schule nicht nur
der Schließung entging, sondern sogar die byzantinische Lehrtradition
vorbereitete. Sowohl die Athener als auch die Alexandriner übernahmen
als notwendig und profilbestimmend für ihre philosophische Aktivität
die Pflege und Kommentierung der Schriften des Aristoteles, und beide
Richtungen blieben so sehr der Überlieferung verhaftet, daß die Ein-
führungen und erklärenden Werke, die aus jener Tätigkeit erwuchsen,
nur sehr geringe Differenzierungen aufweisen. Ungeachtet dieser Tatsachen haben sie jedoch, gewiß in unterschiedlichem Maße, das Weltbild
ihrer Zeit mitbestimmt und, gleichfalls in differenter Weise, nachgewirkt.
Um das Bild zu konkretisieren, möchten wir im nachfolgenden die
beiden Entwicklungslinien in ihren hauptsächlichen Repräsentanten vorstellen.

Was zunächst die Akademie von Athen anlangt, so steht am Anfang
ihrer neuplatonischen Ausprägung der bereits genannte Plutarchos
von Athen[43]. Obgleich er in hohem Ansehen stand — die Beiworte
θαυμάσιος und μέγας sind überliefert —, vermögen wir seine persönlichen Umstände doch nur schemenhaft zu erfassen. Seine Familie war
bereits durch vier Generationen hindurch mit der Akademie verbunden,
Plutarchos selbst erreichte ein hohes Alter und verstarb 431/2; als ihn
bereits mancherlei Beschwerden plagten, unterwies er noch den Proklos,
von dem sogleich die Rede sein wird, im Aristoteles und Platon, und in
gleicher Richtung dürfte sich auch sonst sein für ein breiteres Auditorium
bestimmter Unterricht bewegt haben. Belegt ist ein Kommentar über die
Schrift Περὶ ψυχῆς durch reichlich 30 Zitate bei Späteren, nämlich
Johannes Philoponos und Simplikios[44]. Nach allem, was wir über die
Organisation der antiken Philosophenschulen wissen, darf mit hohem
Grade an Wahrscheinlichkeit angenommen werden, daß der Scholarch
Plutarchos der begüterten Oberschicht seiner Vaterstadt zugehörte.
Politischen Einfluß vermochte er von dem provinziell gewordenen
Athen aus nicht zu üben und hat ihn, wie die meisten seinesgleichen,
sicher auch nicht angestrebt.

Plutarchos' Nachfolger in der Leitung der Akademie war Syrianos, gelegentlich als der Große beibenannt[45]. Er stammte aus Alexan-

---

[43] Dazu Rudolf BEUTLER in: RE, 41, Halbband, 1951, 962 ff.
[44] H. DÖRRIE in: Der Kleine Pauly a.a.O. 4, 1972, 953 f.
[45] K. PRAECHTER in: RE, 2. Reihe 8. Halbband, 1932, 1728 ff.

dria, kam zum Studium nach Athen und übte bald selbst mit Erfolg Lehrtätigkeit; angesichts seines eigenen hohen Alters beteiligte ihn wohl Plutarchos auch an der Leitung der Akademie. Dieser führte er den erheblich jüngeren Proklos zu, mit dem ihn enge Freundschaft verband. In der Nähe des Asklepiosheiligtums am Fuße der Akropolis hatte Syrianos das Haus bezogen, das vordem Plutarchos bewohnte[46]. Hier nahm er Proklos auf, der den Älteren als den καθηγεμών schlechthin verehrte, und als solche Autorität ging Syrianos in die Tradition der Akademie ein. In der Nähe des Lykabettos erhielt er mit Proklos eine gemeinsame Grabstätte[47]. Aus allen solchen Umständen darf man schließen, das Syrianos nicht anders als sein Vorgänger zu der begüterten Oberschicht Athens gehörte. Seine philosophische Position kennzeichnete ein dezidierter Platonismus, der den Stagiriten lediglich als Wegbereiter zum Verständnis Platons gelten lassen wollte. Ganz in diesem Sinne polemisiert der erhaltene Metaphysikkommentar[48] wider Aristoteles. Erklärende Schriften zu weiteren Werken des Aristoteles sind durch Erwähnungen und Zitate in der späteren philosophischen Literatur bekannt; daß ihre Tendenz eine ähnliche war, darf man gewiß annehmen.

Möglicherweise folgte auf Syrianos als Schulhaupt der Akademie D o m n i n o s , ein Mathematiker. Doch was immer von dieser Überlieferung zu halten sein mag, Spuren hat jener Domninos nicht hinterlassen, während P r o k l o s (412—485) zum Διάδοχος, zum Nachfolger in organisatorischer wie in ideologischer Hinsicht geworden ist. Für die Aristotelesrezeption bedeutet freilich der dezidierte Platoniker[49] nur wenig, wohl aber ist seine Vita, da typisch für Herkunft, Bildungsgang und gesellschaftliche Stellung der durch ihn markierten sozialen Gruppe, von paradigmatischem Interesse; wir vermögen sie der panegyrischen Lebensbeschreibung von Proklos' Schüler Marinos[50] zu entnehmen. Jener war danach Sohn eines Rechtsanwalts, der sich, aus Lykien gebürtig, in

---

[46] Marinus, Vita Procli 29 (J. F. BOISSONADIUS in: Diogenes Laertius, De clarorum philosophorum vitis, dogmatibus et apophthegmatibus libri decem, rec. C. Gabr. COBET, Paris 1878, II 166).

[47] Marinus, Vita Procli 36 (BOISSONADIUS a.a.O. II 169).

[48] Syrianus, In Metaphysica commentaria, ed. Guilelmus KROLL, Berlin 1902.

[49] Richtig Rudolf BEUTLER in: RE, 45. Halbband, 1957, 190: „Im Zentrum seiner Philosophie immer nur Platon".

[50] Ed. BOISSONADIUS a.a.O. II 147 ff.

der neuen Reichshauptstadt etabliert hatte und den Sohn auf den eigenen Beruf hinzulenken strebte. Die Wohlhabenheit des Vaters ermöglichte Proklos ein Studium in Alexandria, das Grammatik, Rhetorik und Rechtswissenschaft umfaßte sowie die Philosophie, die ihn je länger, je mehr in ihren Bann zog. Um sich ihr intensiver widmen zu können, wurde er in Athen Mitglied der Akademie, deren ideologische Linie er endlich als Scholarch fast ein halbes Jahrhundert hindurch bestimmte; der Neuplatonismus erfuhr mit und durch ihn seine systematische Ausformung. Die Negierung des Aristoteles zugunsten einer schrankenlosen Platonverehrung wurde übrigens kennzeichnend für eine ganze Gruppe von Mitgliedern der Akademie, unter ihnen D a m a s k i o s aus Damaskos, der 529 die Schließung der Institution miterleben mußte.

Andere dagegen bekannten sich zu der von Plutarchos initiierten Linie. Der bereits genannte M a r i n o s, der 485 Proklos in der Leitung der Akademie gefolgt war, wurde immerhin als τῶν Ἀριστοτέλους λόγων διδάσκαλος bezeichnet[51], obwohl schriftlich nichts Einschlägiges von ihm überliefert ist, während in dem Schulgenossen S i m p l i k i o s[52] aus Kilikien die spätantike Aristotelesexegese unzweifelhaft einen ihrer Gipfelpunkte fand. Simplikios, der nicht nur in Athen, sondern auch in Alexandria seine Studien getrieben hatte, war dort offensichtlich die Gewichtigkeit des Œuvres des Stagiriten aufgegangen. Auch ihn traf wie Damaskios das Berufsverbot des Jahres 529, und er teilte mit dem einstigen Scholarchen das persische Exil. Nach der Rückkehr im Jahre 533 mag es ihm erlaubt gewesen sein, Privatunterricht zu erteilen; auf jeden Fall vermochte er eine ausgiebige literarische Tätigkeit von hoher Qualität zu entfalten. Dabei folgte er der von anderen bereits vorgebildeten, von ihm mit Konsequenz fortentwickelten Konzeption, daß alle Philosophie, so diskrepant die einzelnen Richtungen ihre Anliegen auch formulieren mochten, letztlich doch nur die eine, stets sich gleiche, unwandelbare Wahrheit verkünde. Unter solcher Zielsetzung stand naturgemäß auch Simplikios' Aristoteleserklärung, die überdies von einer gediegenen, über die Tradition hinausgehenden Gelehrsamkeit zeugt. Den nachstehenden Schriften — offenbar in der hier gegebenen Folge[53] — hat Simplikios ausführliche Kommentare gewidmet: De

---

[51] Damascius, Vita Isidori 42 (Ant. WESTERMANN in: Diogenes Laertius a.a.O. II 124).
[52] PRAECHTER in: RE, 2. Reihe 5. Halbband, 1927, 204 ff.
[53] Die Chronologie nach PRAECHTER a.a.O. 204 f.

caelo[54], der Physik[55], den Kategorien[56] und De anima[57]. Alle diese Werke
sind rein esoterisch auf den Mitforscher orientiert und konnten allein
schon wegen ihrer gelegentlichen Ausfälle gegenüber christlichen Lehren
keine Breitenwirkung finden. Erwähnt sei schließlich noch als Mitglied
der athenischen Schule in ihrer letzten Lebensphase P r i s k i a n o s[58]
aus Lydien, der den Theophrast im neuplatonischen Sinne interpretierte.
Über seine Herkunft und über seine Lebensumstände wissen wir nichts
Gewisses.

Die a l e x a n d r i n i s c h e   S c h u l e des Neuplatonismus, deren
Charakteristika wir bereits vorhin herausstellten, besaß weder die orga-
nisatorische Festigung der durch Jahrhunderte geprägten athenischen
Akademie noch deren relativ einheitliche ideologische Orientierung. An
ihrem Anfang steht H y p a t i a (370—415), die Tochter des Mathe-
matikers und Astronomen Theon, die als erste Frau in ihrer Heimatstadt lehrend auftreten durfte und die von christlichen Fanatikern aus
nicht mehr sicher faßbaren Veranlassungen erschlagen wurde. Der
nachmalige Bischof S y n e s i o s von Kyrene wurde ihr bedeutendster
Schüler. Eine Beeinflussung durch Aristoteles ist jedoch für keinen der
alexandrinischen Neuplatoniker nachweisbar, weder für Hypatia noch
für Synesios, weder für den Plutarchschüler H i e r o k l e s noch für den
Syrianosschüler H e r m e i a s. Erst als in Alexandria die exakten Wissenschaften in Forschung und Lehre in den Mittelpunkt zu rücken begannen, verlor die Schule ihren ausgesprochen platonischen Charakter
und verstärkten sich die Aristotelesstudien; dem Organon als theore-
tischem Fundament der wissenschaftlichen Arbeit bei gleichzeitiger welt-
anschaulicher Indifferenz kam dabei besondere Bedeutung zu.

Am Anfang dieser eine neuartige Qualität verkörpernden Linie stand
A m m o n i o s, der Sohn des bereits genannten Hermeias. Er war unter
Proklos Mitglied der Akademie gewesen, ohne sich deren Mystizismus
zu eigen zu machen; vielmehr trieb er in aristotelischem Geiste neben

---

[54] Simplicius, In Aristotelis De caelo commentaria, ed. I. L. HEIBERG, Berlin 1894.
[55] Simplicius, In Aristotelis Physicorum libros quattuor priores commentaria, ed.
Hermannus DIELS, Berlin 1882; Simplicius, In Aristotelis Physicorum libros
quattuor posteriores commentaria, ed. Hermannus DIELS, Berlin 1895.
[56] Simplicius, In Aristotelis Categorias commentarium, ed. Carolus KALBFLEISCH,
Berlin 1907.
[57] Simplicius, In libros Aristotelis De anima commentaria, ed. Michael HAYDUCK,
Berlin 1882.
[58] W. ENSSLIN in: RE, 44. Halbband, 1954, 2348.

der Philosophie die Spezialwissenschaften, voran Mathematik, Astronomie, Grammatik und Rhetorik[59], und vermochte nicht wenige Schüler
dafür zu begeistern, daß sie der von ihm vorgezeigten Bahn folgten.
Von Ammonios besitzen wir Kommentare zur Εἰσαγωγή des Porphyrios[60], die man schon früh den Aristoteleserklärungen zurechnete,
weiter zu den Kategorien[61], zu Περὶ ἑρμηνείας[62] und zum ersten Buche
der Analytica priora[63]. Gewißlich zeugen diese allein schon wegen ihres
Umfangs nicht ganz leicht zugänglichen Schriften kaum von Genialität,
wohl aber dokumentieren sie den Kenntnisreichtum und auch den im
Vergleich zu den Athener Elaboraten nüchternen Sinn ihres Verfassers.

Einen Kommentar zu den ersten sechs Büchern der Metaphysik, fast
vollständig aus Alexander von Aphrodisias geschöpft[64], hinterließ
A s k l e p i o s von Tralleis[65], der Überlieferung zufolge ein Mathematiker in der zweiten Hälfte des 6. Jahrhunderts. Sehr viel selbständiger und fruchtbarer war demgegenüber J o h a n n e s   P h i l o p o n o s,
von dem wir nur so viel wissen, daß er, aller Wahrscheinlichkeit nach
als Christ geboren, bis in die Zeit Justinians in Alexandria wirkte[66]. Zu
seinem nach Quantität wie Qualität ungewöhnlichen Werk gehören
Logik und Mathematik, Physik, Psychologie, Biologie, Physiologie und
Chemie, christliche Kosmologie, Christologie und weitere Zweige der
Theologie[67]. Nicht minder umfangreich ist die Liste der Aristoteles-
schriften, denen Philoponos seine Aufmerksamkeit zuwandte; sie umfaßt die Kategorien[68], die Analytica priora[69], die Analytica posteriora[70],

[59] FREUDENTHAL in: RE a.a.O. 1. Band, 1894, 1863 f.
[60] Ammonius, In Porphyrii isagogen sive V voces, ed. Adolfus BUSSE, Berlin 1891.
[61] Ammonius, In Aristotelis Categorias commentarius, Berlin 1897.
[62] Ammonius, In Aristotelis De interpretatione commentarius, Berlin 1897.
[63] Ammonius, In Aristotelis Analyticorum priorum librum I commentarium, ed.
    Maximilianus WALLIS, Berlin 1899.
[64] GERCKE in: RE a.a.O. 2. Band, 1896, 1697.
[65] Asclepius, In Aristotelis Metaphysicorum libros A—Z commentaria, ed. Michael
    HAYDUCK, Berlin 1888.
[66] Einiges zur Würdigung bei Hans-Ulrich WÖHLER bei GERLACH-SCHENK a.a.O.
    162 ff.
[67] Nach der Kapiteleinteilung bei Walter BÖHM, Johannes Philoponos, Grammatikos
    von Alexandrien (6. Jh. n. Chr.), Paderborn 1967, 7 ff.
[68] Philoponus, In Aristotelis Categorias commentarium, ed. Adolfus BUSSE, Berlin
    1898.
[69] Ioannes Philoponus, In Aristotelis Analytica priora commentaria, ed. Maxi-
    milianus WALLIS, Berlin 1905.
[70] Ioannes Philoponus, In Aristotelis Analytica posteriora commentataria cum
    anonymo in librum II, Berlin 1909.

die Schrift De anima[71], die Physik[72], das erste Buch der Meteorologie[73] und die Abhandlung Περὶ γενέσεως καὶ φθορᾶς[74]. Dabei ist ungewöhnlich, daß der Kommentar in zahlreichen Fällen an naturwissenschaftlichen Aussagen des Aristoteles Kritik übte und zu eigenen neuen Positionen gelangte. Aber auch in theologicis vertrat er ungewöhnliche, selbständige Auffassungen, die man als Tritheismus — im Gegensatz zu der Lehre von der heiligen Dreifaltigkeit — kennzeichnete; sein einschlägiges Werk zur Thematik ist infolgedessen nur syrisch erhalten. Berücksichtigt man die auf ideologische Einheit bedachte Religionspolitik Justinians, so wird man annehmen dürfen, daß der Einfluß des Philoponos zu seinen Lebzeiten über die Schulgenossen kaum wesentlich hinausgereicht haben wird.

Ein überaus erfolgreicher philosophischer Lehrer war O l y m p i o d o r o s in der zweiten Hälfte des 6. Jahrhunderts; seine Kommentare sind infolgedessen zumeist Nachschriften von Vorträgen. Auf den Stagiriten beziehen sich die Προλεγόμενα τῆς λογικῆς[75], wenn man so will, eine Einführung in das aristotelische Denken unter neuplatonischem Blickwinkel, sowie die Erläuterungen zu den Kategorien[76] und zu der Meteorologie[77]. Aus dem Œuvre des Olympiodoros läßt sich seine Zugehörigkeit zum Christentum weder belegen noch bestreiten, bei seinen Schülern Elias und David geben jedoch bereits die Namen Antwort. Ihre Opera bilden die Brücke zwischen antikem Denken und der sich herausbildenden christlichen Scholastik.

E l i a s war offenbar Olympiodoros' Nachfolger in der Leitung der Schule. Von ihm stammen mit Sicherheit eine Einführung in die Philo-

---

[71] Nur lateinisch erhalten in der Übersetzung des Wilhelm von Moerbeke: Marcel DE CORTE, Le Commentaire de Jean Philopon sur le troisième livre du „Traité de l'Âme", Liège 1934, 1 ff. Die Ausgabe von Michael HAYDUCK: Ioannis Philoponi in Aristotelis De anima libros commentaria, Berlin 1897, enthält ein Pseudepigraphon.

[72] Ioannes Philoponus, In Aristotelis Physicorum libros tres priores commentaria, ed. Hieronymus VITELLI, Berlin 1887; In Aristotelis Physicorum libros quinque posteriores commentaria, ed. Hieronymus VITELLI, Berlin 1888.

[73] Ioannes Philoponus, In Aristotelis Meteorologicorum librum primum commentarium, ed. Michael HAYDUCK, Berlin 1901.

[74] Ioannes Philoponus, In Aristotelis libros De generatione et corruptione commentaria, ed. Hieronymus VITELLI, Berlin 1897.

[75] Olympiodorus, Prolegomena et in Categorias commentarium, ed. Adolfus BUSSE, Berlin 1902, 1 ff.

[76] Olympiodorus a.a.O. 26 ff.

[77] Olympiodorus, In Aristotelis Meteora commentaria, ed. Guilelmus STÜVE, Berlin 1900.

sophie[78] sowie Prolegomena zur Εἰσαγωγή des Porphyrios[79], während ein unter seinem Namen edierter Kommentar zu den Kategorien[80] nach dem übereinstimmenden Zeugnis der Handschriften[81] dem eben genannten D a v i d zugehört, von dem überdies griechisch die Nachschrift einer philosophischen Propädeutik[82] sowie Prolegomena zu der immer wieder behandelten Introduktion des Porphyrios[83] überliefert sind; dazu tritt armenisches Traditionsgut, dessen wissenschaftliche Bearbeitung im Gange ist. Armenische Chroniken erwähnen nämlich David mit dem Beinamen Anacht, der Unbesiegbare, und setzen seine Geburt bereits in das Jahr 480[84], so daß seine Lehre unmöglich mit Olympiodor und Elias verbunden werden dürfte[85]. Die Chronologie bedarf somit noch der Aufhellung, möglicherweise handelt es sich um zwei verschiedene Autoren. Deutlich steht dagegen der letzte der alexandrinischen Scholarchen vor unserem geistigen Auge: S t e p h a n o s von Alexandria[86]. Von Kaiser Herakleios (610—641) zum Οἰκουμενικὸς διδάσκαλος, d. h. zum Professor, an die 425 errichtete Universität in Konstantinopel berufen, übertrug er die mit Ammonios eingeleitete alexandrinische Aristotelestradition in die byzantinische Hauptstadt und begründete damit eine weitere Epoche in der Nachwirkung des Stagiriten[87]. In seinem neuen Amte trug Stephanos über Platon und Aristoteles vor und lehrte Mathematik, Astronomie und Musik. Von seinem Aristotelesstudium zeugt der auf uns überkommene Kommentar zu Περὶ ἑρμηνείας[88].

---

[78] Elias, In Porphyrii Isagogen et Aristotelis Categorias commentaria, ed. Adolfus BUSSE, Berlin 1900, 1 ff.

[79] Elias a.a.O. 35 ff.

[80] Elias a.a.O. 105 ff.

[81] Elias, ed. BUSSE a.a.O. VII f.

[82] David, Prolegomena et in Porphyrii isagogen commentarium, ed. Adolfus BUSSE, Berlin 1904 1 ff.

[83] David a.a.O. 80 ff.

[84] Ernst Günther SCHMIDT, Neues Deutschland vom 19./20. Juli 1980.

[85] Herbert HUNGER, Die hochsprachliche profane Literatur der Byzantiner, 1, München 1978, 17 setzt David in der zweiten Hälfte des 6. bzw. der ersten Hälfte des 7. Jahrhunderts an und läßt die armenische Tradition unberücksichtigt.

[86] Dazu Hermann USENER, Kleine Schriften, 3, Leipzig 1914, 247 ff. sowie HUNGER a.a.O. 17.

[87] Ähnlich Klaus OEHLER bei Paul MORAUX, Aristoteles in der neuen Forschung, Darmstadt 1968, 386.

[88] Stephanus, In librum Aristotelis De interpretatione commentarium, ed. Michael HAYDUCK, Berlin 1885.

Es bleibt uns, die vorgetragenen Fakten und Belege in den größeren historischen Zusammenhang einzuordnen.

Keine der beiden Schulen, die wir vorzustellen hatten, die alexandrinische und noch weniger die athenische, vermochte breitere Bevölkerungsschichten zu erreichen. Beide Institutionen waren exklusive Bildungsanstalten, aus denen eine zahlenmäßig geringfügige, der herrschenden Klasse zugehörige oder doch dienstbare Intelligenzschicht hervorging, deren Weltanschauung entscheidend durch das klassische Überlieferungsgut geprägt war, mochten auch ihre Angehörigen formal der christlichen Kirche zugehören und an ihrem Kultus teilnehmen. Der byzantinische Staat, der die Kontinuität des Imperium Romanum fortzusetzen, ja dieses sogar territorial zu redintegrieren suchte, bedurfte des Wissens und der Kenntnisse, aber auch der Traditionsverbundenheit einer solchen Intelligenzschicht. Dabei machten sich freilich entscheidende Unterschiede geltend, wie gerade an der öffentlichen Bewertung der Aristoteleskommentatoren deutlich wird. Ihre Lebensfremdheit und ihre dezidierte Feindschaft gegenüber allem Christlichen hatten die Athener Akademie sich selbst überleben lassen, und an ihrer Schließung nahm allein der philosophisch interessierte Perserkönig Chusrō I. Anteil. Er sicherte mit dem Friedensschluß ihren Mitgliedern bei Justinian Straf- und Gewissensfreiheit, und der Kaiser hatte keine Veranlassung, sein Versprechen zu brechen[89].

Anders dagegen war die alexandrinische Schule von Anfang an auf Lebensnähe bedacht gewesen. Sie pflegte in aristotelischem Sinne die Einzelwissenschaften und sperrte sich nicht gegen das Christentum, die reale Staatsreligion[90]. Die durch jene Schule geprägte Tradition wurde daher von der hauptstädtischen Universität aufgenommen und forttradiert. Das byzantinische Denken blieb dank solcher Gegebenheiten allzeit sowohl durch Platon als auch durch Aristoteles bestimmt. Daß freilich auch hinfort an dieser philosophischen Arbeit nur eine zahlenmäßig geringe intellektuelle Elite innerhalb der herrschenden Klasse teilhatte, ergibt sich ipso facto aus der mittelalterlich-byzantinischen Feudalstruktur.

---

[89] Johannes IRMSCHER bei Franz ALTHEIM und Ruth STIEHL, Die Araber in der alten Welt, 4, Berlin (West) 1967, 350 f.
[90] Wesentliches zur Charakteristik der alexandrinischen Schule bei Karl PRAECHTER in: Genethliakon Carl Robert zum 8. März 1910, Berlin 1910, 151 ff.

Die Akten des Konzils von Konstantinopel I (381)

von Evangelos Chrysos, Jannina

Vor über zwanzig Jahren ging der Verfasser dieser Zeilen bei dem
Jubilar in die Lehre und genoß das Privileg, ein Jahrzehnt lang mit ihm
die Akten des *Constantinopolitanum secundum* (553) zu studieren.
Folgende Ausführungen über die Akten des *Constantinopolitanum
primum* sind als kleiner Ausdruck des Dankes und der Anhänglichkeit
des Schülers an den Meister geschrieben.

Erhalten sind keine Akten der Synode, die Theodosius I. im Früh-
sommer des Jahres 381 in Konstantinopel einberief, obwohl sie später
als das zweite ökumenische Konzil anerkannt wurde und beide Haupt-
entscheidungen, die dort getroffen wurden, das *Symbolum Constantinopolitanum* und der Kanon über die Vorrangstellung des Bischofs von
Neurom im Osten, die Dogmen- sowie die Verwaltungsgeschichte der
Kirche entscheidend bestimmt haben. Sind die Akten dieses Konzils
verlorengegangen, oder sind seine Verhandlungen überhaupt nicht
protokolliert worden?

In Anbetracht der Bedeutung, die das *Constantinopolitanum I* später
errang, neigen fast alle Historiker zu der Annahme, bei dieser Kirchenversammlung — genauso wie beim Konzil von Nicaea — müssen
Sitzungsprotokolle geführt worden sein, die später verlorengingen[1].

---

[1] Vertretend für viele andere s. A. M. Ritter, Das Konzil von Konstantinopel und
sein Symbol. Studien zur Geschichte und Theologie des II. Ökumenischen Konzils,
Göttingen 1965, S. 19 ff., wo auch die ältere Literatur.

Dagegen steht das Urteil von Ed. SCHWARTZ. Für den „Vater" der modernen Konzilsaktenforschung ist es nicht denkbar, „daß diese Protokolle durch einen Zufall verloren gegangen oder gar durch Bosheit vernichtet sein sollten. Besonders das nicänische Konzil war jahrzehntelang der Gegenstand erbitterter Debatten und Kämpfe; jede authentische Nachricht über seine Verhandlungen mußte für seine Verteidiger und Gegner von höchstem Werte sein, und doch ist von Sitzungsprotokollen im eigentlichen Sinne nicht die leiseste Spur aufzufinden[2]." Ähnlich läßt sich auch für die Verhandlungsprotokolle des Konzils von Konstantinopel argumentieren: Im Interesse der orthodoxen Partei und des Thronos von Neurom müßte es sehr gelegen haben, die Akten des Konzils aufzubewahren, um damit den Kampf gegen die „Pneumatomachen" zu führen und den Kanon über die Vorrangstellung des Bischofs der Reichsstadt durchzusetzen. Trotzdem ist keine Spur von Akten aufzufinden. Im Gegenteil. Zwei bisher übersehene Zeugnisse sprechen eher dafür, daß man später über solche Protokolle nicht (mehr?) verfügte.

Während der 17. Sitzung des Konzils von Chalkedon, auf der der sog. 28. Kanon über die Rechte des Bischofs von Konstantinopel bestätigt wurde[3], haben die kaiserlichen Vertreter, die den Vorsitz führten[4], beide streitenden Parteien — die Anhänger der Rechte des Bischofs von Neurom einerseits und die päpstlichen Legaten andererseits — aufgefordert, das kanonische Beweismaterial vorzulegen. Der Konsistorialsekretär Konstantinos las ἀπὸ βιβλίου ἐπιδοθέντος παρὰ ᾿Αετίου ἀρχιδιακόνου den 6. Kanon von Nicaea. In Anschluß daran ὁ αὐτὸς σηκρητάριος ἀνέγνω ἀπὸ τοῦ αὐτοῦ βιβλίου das Συνοδικὸν des Konzils von Konstantinopel, das den entscheidenden Kanon über die Vorrangstellung des Bischofs von Neurom enthielt[5]. Die Tatsache, daß beide Dokumente aus ein und demselben βιβλίον vorgelesen wurden, kann nur damit erklärt werden, daß dieser Kodex nicht Sitzungs-,

---

[2] Ed. SCHWARTZ, Das Nicaenum und das Constantinopolitanum auf der Synode von Chalcedon: ZNW 25 (1926) 38—88, bes. S. 44.

[3] Zur Datierung und Einordnung der 17. Sitzung in den Akten des Konzils von Chalkedon s. E. CHRYSOS, ῾Η διάταξις τῶν συνεδριῶν τῆς ἐν Χαλκηδόνι οἰκουμενικῆς συνόδου: Kleronomia 3 (1971) 259—284, bes. S. 275 ff.

[4] E. CHRYSOS, Konzilspräsident und Konzilsvorstand. Zur Frage des Vorsitzes in den Konzilien der byzantinischen Reichskirche: AHC 11 (1979) 1—17, bes. S. 9 ff.

[5] Ed. SCHWARTZ, ACO I 1, S. 454, 28—455, 22. Vgl. DERS., Der sechste nicaenische Kanon auf der Synode von Chalcedon: Sitzungsber. d. Preuss. Akad. d. Wiss., phil.-hist. Kl. 27 (1930) 611—640.

sondern nur Beschlußprotokolle der zwei Konzilien beinhaltete. Es liegt
daher nahe anzunehmen, daß man z. Z. des Konzils von Chalkedon in
Konstantinopel nicht vollständige Konzilsakten, sondern nur Beschlußprotokolle der zwei großen Konzilien des 4. Jahrhunderts heranzog, die
in ein und demselben Kodex aufbewahrt wurden[6].
Auf der 1. Sitzung des VI. ökumenischen Konzils von 681 wurde
beschlossen, vor Beginn der eigentlichen Debatte die Akten aller
früheren ökumenischen Konzilien in extenso vorzulesen. Es ist auffallend, daß man dabei gleich mit den Akten des III. ökumenischen
Konzils von Ephesos (431) begann[7]! Von Akten der zwei ersten Konzilien, Nicaea und Konstantinopel, ist überhaupt nicht die Rede gewesen.
Offensichtlich verfügte man zu diesem Zeitpunkt über keine Akten
dieser Konzilien mehr. Vielmehr: Die Tatsache, daß sie ohne Erklärung

---

[6] Dabei kann es sich nicht um ein Exemplar des sog. Corpus Canonum gehandelt haben,
der inoffiziellen Kanonessammlung, die in Antiocheia im 4. Jahrhundert entstand
und dauernd um die jeweils neuen Kanones der späteren Synoden erweitert
wurde. Denn im Corpus Canonum sind die Beschlüsse des Konzils von Konstantinopel bereits in mehrere Kanones aufgeteilt und numeriert worden (Ed. SCHWARTZ,
Die Kanonessammlungen der alten Reichskirche: Gesammelte Schriften Bd. IV,
Berlin 1960, S. 159—275, bes. S. 163 und 265), in Chalkedon dagegen ist das
Συνοδικὸν von Konstantinopel noch als durchgehender Text und ohne die spätere
Einteilung in Kanones vorgelegt worden. Siehe darüber meine Abhandlung über
Die Kanones des Konzils von Konstantinopel und die Jurisdiktion des Bischofs
von Neurom (im Druck).

[7] Κέλευσον διὰ τοῦ χαρτοφύλακος τῆς ἐνταῦθα ἁγιωτάτης τοῦ θεοῦ μεγάλης ἐκ-
κλησίας τὰ βιβλία τῶν ἁγίων συνόδων ἐκ τοῦ εὐαγοῦς πατριαρχείου εἰς μέσον
προαχθῆναι. Κωνσταντῖνος ὁ εὐσεβέστατος βασιλεὺς εἶπεν· κελεύομεν τὰ πεπραγ-
μένα τῶν ἁγίων καὶ οἰκουμενικῶν συνόδων ἐκ τοῦ εὐαγοῦς πατριαρχείου τῆς
θεοφυλάκτου ταύτης καὶ βασιλίδος πόλεως παραχρῆμα διὰ τοῦ προσφόρου χαρτοφύλακος εἰς μέσον ἐλθεῖν καὶ ἀναγνωσθῆναι. καὶ πρὸς βραχὺ ὑπεξελθὼν
Γεώργιος ὁ εὐλαβέστατος διάκονος καὶ χαρτοφύλαξ, καὶ παραγενόμενος ἐν τῇ
βιβλιοθήκῃ τοῦ εὐαγοῦς πατριαρχείου, προσεκόμισε τ ὰ β ι β λ ί α τ ῶ ν ἁ γ ί ω ν
κ α ὶ ο ἰ κ ο υ μ ε ν ι κ ῶ ν σ υ ν ό δ ω ν. Κωνσταντῖνος ὁ εὐσεβέστατος βασιλεὺς
εἶπεν· Γεώργιος ὁ εὐλαβέστατος διάκονος καὶ χαρτοφύλαξ ἅπερ ἐπιφέρεται
βιβλία τῶν ἁγίων συνόδων ἐπιδότω πρὸς ἀνάγνωσιν. καὶ λαβὼν Στέφανος ὁ
εὐλαβέστατος πρεσβύτερος καὶ μοναχός, ὁ μαθητὴς Μακαρίου τοῦ ὁσιωτάτου
ἀρχιεπισκόπου Ἀντιοχείας τ ὸ π ρ ῶ τ ο ν β ι β λ ί ο ν τ ῶ ν π ε π ρ α γ μ έ ν ω ν
τ ῆ ς ἁ γ ί α ς τ ρ ί τ η ς ἐ ν Ἐ φ έ σ ῳ τ ὸ π ρ ό τ ε ρ ο ν συνόδου ἀνέγνω,
MANSI XI 213—216. Die Verlesung der Akten von Ephesos nahm die ganze erste
Sitzung in Anspruch. Auf der zweiten Sitzung wurden dann die Akten des Konzils von Chalkedon und auf der dritten die damals noch vorhandenen, von diesem
Konzil jedoch wegen Verfälschung der Vernichtung preisgegebenen griechischen
Akten des Konzils von Konstantinopel II (553) vorgelesen. Siehe darüber J.
STRAUB, ACO IV 1, Berlin 1971, S. XVII—XXI und E. CHRYSOS, Ἡ ἐκκλη-
σιαστικὴ πολιτικὴ τοῦ Ἰουστινιανοῦ, Thessalonike 1969, S. 145 ff.

und ohne Aufsehen übergangen wurden, läßt m. E. mit Sicherheit
schließen, daß es allen Anwesenden bekannt war, daß solche Akten
nicht existierten, und zwar nicht weil sie im Laufe der drei vergangenen
Jahrhunderte verlorengegangen waren, sondern weil die Gesta dieser
Konzilien überhaupt nicht protokolliert worden waren[8].

Wenn somit feststehen sollte, daß wir keine Akten der zwei Konzilien
zu erwarten haben, muß die Frage gestellt werden, wie es sein konnte,
daß bei diesen großen Konzilien keine Verhandlungsprotokolle geführt
wurden. Ed. SCHWARTZ führt diese Tatsache auf das „unmittelbare
persönliche Eingreifen der Kaiser Konstantin und Theodosius" zurück.
Er meint, „die Verhandlungen der Bischöfe mit Konstantin und miteinander wurden in loser, nicht in das übliche Schema gezwängter Form
geführt und außer der feierlichen Eröffnungs- und Schlußsitzung, die
lediglich Zeremonien waren, formelle Sitzungen, die in der üblichen
Weise protokolliert werden konnten und mußten, fanden überhaupt
nicht statt. In Konstantinopel muß es ähnlich hergegangen sein[9]." Was das Konzil von Konstantinopel betrifft, setzt
diese Erklärung das unmittelbare persönliche Eingreifen des Kaisers
Theodosius in die Verhandlungen voraus und kann deswegen nicht angenommen werden. Denn aus dem, was wir über dieses Konzil wissen,
läßt sich nicht behaupten, Theodosius hätte an den Konzilsarbeiten un-

---

[8] RITTER (wie Anm. 1), S. 19, Anm. 1, versucht, den späteren Verlust der Akten, an
deren ursprünglicher Existenz er festhält, dadurch zu erklären, daß er annimmt,
die Akten seien nicht publiziert worden, wobei er an die redaktionelle Bearbeitung und offizielle Veröffentlichung denkt, wie sich diesen Hergang Ed. SCHWARTZ
am Beispiel der Akten von Chalkedon vorgestellt hat (ACO II 1, 1, S. X ff., 2,
S. XI ff. und 3, S. XXII ff.). Diese Erklärung scheint mir nicht haltbar zu sein.
Denn hätten die Akten tatsächlich vorgelegen, dann wäre ihre Publizierung spätestens an dem Zeitpunkt eine notwendige Maßnahme der Verteidiger der Beschlüsse des Konzils gewesen, als Rom gegen die Gültigkeit der im Synodalbrief
enthaltenen Bestimmungen mit dem Argument operierte, der Synodalbrief sei dem
Papst offiziell nicht bekannt gemacht worden. Papst Leo stritt die Gültigkeit der
Kanones mit folgenden Worten ab: *Persuasioni tuae in nullo penitus suffragatur
quorumdam episcoporum ante sexaginta (ut jactas) annos facta c o n s c r i p t i o
numquamque a praedecessoribus tuis ad apostolicae sedis transmissa notitia*, Ep.
106 an Anatolius, MPL 54, 1005—07. Die von Leo apostrophierte *conscriptio* —
in der griechischen Übersetzung heißt sie συγγραφή (ACO II 1, S. 253, 40) — ist
sicherlich mit dem Synodalbrief des Konzils von 381 zu identifizieren. Der Begriff
synodica (epistola) wird von Leo bewußt vermieden und mit dem herabsetzenden
Wort *conscriptio* ersetzt, damit der Gültigkeitsanspruch des Synodalbriefes in
Abrede gestellt wird.
[9] Ed. SCHWARTZ (wie Anm. 2), S. 45.

mittelbar — d. h. in der Konzilsaula — teilgenommen. Deshalb ist diese Meinung von Ed. SCHWARTZ mit Recht verworfen geworden[10], als er sie zu einer schon wegen ihrer Grundsätzlichkeit .unannehmbaren These formulierte, daß nämlich „die Verhandlungen selbst nicht protokolliert und veröffentlicht .werden k o n n t e n , weil der Kaiser an ihnen teilgenommen hatte"[11].

Trotzdem scheint mir die Vorstellung von einer „losen, nicht in das übliche Schema gezwängten Form" von Verhandlungen einen brauchbaren Hinweis zu enthalten.

Die Quellen bezeichnen gewöhnlich alle bischöfliche Versammlungen mit dem Wort σύνοδος = synodus — concilium. Nicht alle Synoden haben jedoch dieselbe äußere Form gehabt. Dies trifft sowohl für die rein bischöflichen Versammlungen zu, wie auch für solche, an denen der Kaiser oder seine offiziellen Vertreter teilnahmen und den Vorsitz führten. Manche synodus ist rein konsultativen Charakters gewesen, andere kamen nur wegen der Wahl und/oder Konsekration von neuen Bischöfen zusammen. Andere wiederum haben als kirchliche Gerichte getagt. Es gab natürlich sehr oft auch Synoden mit gemischten Aufgaben. Man müßte jedoch zunächst nur bei solchen Synoden die Protokollierung der Verhandlungen erwarten, die, in der Form der weltlichen Kognitionsverfahren, kirchengerichtliche Urteile fällten. Die korrekte Verhörung und Beweisführung stellte bei diesen Synoden einen unentbehrlichen Bestandteil ihrer Rechtmäßigkeit dar; und dies konnten nur die ordnungsgemäß geführten und unterzeichneten Synodalakten bekunden. Alle anderen synodalen Zusammenkünfte konnten auf die Protokollierung ihrer Verhandlungen verzichten, ohne damit ihre Rechtmäßigkeit zu gefährden. Bei Wahl- und Konsekrationssynoden ist es offensichtlich der Fall. Ein Synodalbrief mit den Namen der Teilnehmer und mit der Anzeige der Wahl genügte vollkommen. Aber auch Konzilien, die Beschlüsse dogmatischen oder kirchenrechtlichen Inhalts annahmen bzw. ratifizierten, konnten ohne Verhandlungsprotokoll auskommen[12]. Was sie sicherlich brauchten, war ein συνοδικὸν γράμμα, das die

[10] RITTER (wie Anm. 1), S. 19, Anm. 1.

[11] Ed. SCHWARTZ, Über die Bischofslisten der Synoden von Chalcedon, Nicaea und Konstantinopel: Abhandlg. d. Bayer. Akad. d. Wiss. N. F. 13, München 1937, S. 86.

[12] Es ist bezeichnend, daß auch in den umfangreichen Akten des Konzils von Chalkedon nur die Verhandlungen über die Annahme der Expositio fidei und über

Beschlüsse enthielt. Dieses Beschluß-„Protokoll" konnte entweder ausschließlich den klaren Beschlußtext enthalten, oder als eine Art von „Verhandlungsprotokoll in Abbreviatur" mit einleitenden Sätzen und kurzen Erklärungen konzipiert werden, wie z. B. die Kanones des Konzils von Serdika[13]. Zu einem solchen Beschlußprotokoll gehören: eingangs das Datum und, als notwendiger Anhang, die Teilnehmerliste. Die Art, in der jeweils die Teilnehmerliste konzipiert wurde, läßt vermutlich Schlüsse auf die Art der Synodalform zu, wenn keine weiteren Zeugnisse darüber vorhanden sind. Bei einem synodalen Gerichtsverfahren wird wahrscheinlich die Bischofsliste die Form einer Subskriptionsliste angenommen haben. Unmittelbar hinter die Prozeßakten gestellt, hatte sie die Aufgabe, den Akt der Unterschriftleistung im Sinne

Personalfragen protokolliert wurden. Verhandlungen über die 27 Kanones wurden dagegen nicht ins Protokoll aufgenommen: ACO II 1, S. 354 ff. mit der Überschrift: Ὅροι ἐϰϰλησιαστιϰοὶ ἐ ϰ φ ω ν η θ έ ν τ ε ς παρὰ τῆς ἁγίας ϰαὶ οἰϰουμενιϰῆς συνόδου τῆς ἐν Χαλϰηδόνι συναχθείσης. Dasselbe gilt auch für die Formulierung und Verabschiedung des sog. 28. Kanons. Protokolliert wurde nicht die eigentliche Verhandlung und Verabschiedung des Kanons, die ohne die kaiserlichen Vertreter und die päpstlichen Legaten, wahrscheinlich am 30. Oktober 451, vollzogen wurde — zur Datierung s. E. CHRYSOS (wie Anm. 3), S. 272 ff. —, sondern nur das Verfahren, das prüfen sollte, ob der bereits beschlossene Kanon rechtens verabschiedet wurde. Denn auf der 17. Sitzung wurde lediglich die von den päpstlichen Legaten erhobene Anklage geprüft, ob die Konzilsväter gezwungen wurden, einen von ihnen nicht gewollten, rechtswidrigen Beschluß zu unterschreiben. Die wahre Funktion dieses Überprüfungsverfahrens der 17. Sitzung ist bisher meistens verkannt worden. Stellvertretend für viele, die diesen Fehler begangen haben, sei verwiesen auf meine Abhandlung (wie Anm. 3), S. 272—281. Besonders meine Verlegenheitshypothese, das Protokoll der 16. Sitzung sei später aus den Akten entfernt worden, weil darin zurückhaltende oder ablehnende Stellungnahmen aufgenommen waren, kann nicht mehr aufrechterhalten bleiben. Dasselbe trifft für die jüngsten Ausführungen von P. KARLIN-HAYTER zu, die von einem d r a f t und einer a m e n d e d v e r s i o n spricht (Constantinople: Partition of an Eparchy or Imperial Foundation?: JÖB 30 [1981] 1—24, bes. S. 22—24: Appendix: Chalcedon 38 [l. 28] — The Draft and the Amended Version): D r a f t sei der bekannte Text des 28. Kanons und a m e n d e d v e r s i o n die abschließende Stellungnahme der kaiserlichen Vertreter gewesen: Der Versuch der Autorin, den Grund zu finden, warum in den Kanonessammlungen der von ihr als Entwurf angesehene Text und nicht die endgültige Fassung des Beschlusses — die Stellungnahme der kaiserlichen Vertreter — Eingang gefunden habe, und ihr Verdacht, man habe in Konstantinopel nach Abschluß des Konzils bewußt den Konzilswillen verfälscht, indem man den Entwurf an die Stelle des richtigen Kanons setzte, ist folglich völlig verfehlt.

[13] E. CASPAR, Geschichte des Papsttums, Bd. 1, Tübingen 1930, S. 160. Über die zwei Typen von Beschlußprotokollen s. Ed. SCHWARTZ, Der griechische Text der Kanones von Serdika: ZNW 30 (1931) 1—35, bes. S. 5.

einer Stimmabgabe widerzuspiegeln. Bei Synoden, die nur Beschlußprotokoll führten, ist der „publizistische Effekt", der durch die Teilnehmerliste erzielt werden soll, am leichtesten erreicht, wenn die Teilnehmerliste nach Provinzen und Diözesen geordnet wird. Insofern ist
es kein Zufall, daß die Bischofslisten der Konzilien von Nicaea und
Konstantinopel nach Provinzen geordnet sind[14].

Die überlieferten Gesta der Synode, die in September 381, d. h. nur
kurz nach Abschluß des Konzils von Konstantinopel, in Aquileia tagte,
sind geeignet, die vorangegangenen Überlegungen zu erhärten. Auf Ein-
ladung des Kaisers Gratian sind 32 Bischöfe unter Vorsitz des Orts-
bischofs von Aquileia zusammengekommen, um dogmatische Meinungsverschiedenheiten des westillyrischen Episkopats zu erörtern. Aus dem
Protokoll der Synode hören wir, daß die Sitzung am festgelegten
Termin, dem 3. September 381 in der Frühe begann. Man hatte einige
Stunden lang ohne Protokollführung diskutiert, als der anwesende und
faktisch über die Synode dominierende Ambrosius von Mailand sagte:
*Diu citra acta tractavimus. Et quoniam tanta sacrilegia a parte
Palladii et Secundiani nostris auribus ingeruntur, ut difficile quisque
credat tam aperte eos blasphemare potuisse; vel ne qua ipsi calliditate
dicta sua postea negare conentur, licet de tantorum sacerdotum
testificatione dubitari non queat: tamen quoniam omnibus episcopis
placet, fiant acta, ut unusquisque professionem suam negare non
possit*[15]. Das Konzil stimmte dem Vorschlag des Ambrosius zu. Die
Verhandlungen, die von diesem Zeitpunkt ab protokolliert wurden,
führten zu der erwarteten Verurteilung der Bischöfe Palladius und
Secundianus wegen Sakrilegs gegen den rechten Glauben.

Es ist das Verdienst von H. J. SIEBEN, die Protokollierung der Gesta
concilii Aquileiensis in ursächlichem Zusammenhang mit dem notwendig
gewordenen — in Wirklichkeit erstrebten — Gerichtsverfahren gegen
die zwei illyrischen Bischöfe zu bringen[16]. G. GOTTLIEB, der neulich die
Überlegungen SIEBENS weiter ausführte, meint, daß die nicht protokollierte Diskussion, bis zum Zeitpunkt, als man das protokollierte Ge-

---

[14] Es ist bezeichnend, daß auch die sog. *versio Dionysiana aucta*, die nur die (27)
    Kanones des Konzils von Chalkedon, aber keine sonstigen Aktenstücke enthält,
    eine nach Provinzen geordnete Teilnehmerliste der Väter von Chalkedon über-
    liefert, ACO II 2, S. 157—169. Vgl. Ed. SCHWARTZ (wie Anm. 11), S. 10 ff.
[15] MANSI III 601. Vgl. R. GRYSON (wie Anm. 26), S. 330.
[16] H. J. SIEBEN, Die Konzilsidee der Alten Kirche, Paderborn 1979, S. 482 ff.

richtsverfahren eröffnete, nur „einen unverbindlichen und vorläufigen Teil" der Konzilsarbeit darstellte[17]. Mir scheint dagegen, daß auch diese Diskussionen zum eigentlichen *concilium* gehörten, auch wenn sie nicht ins Protokoll aufgenommen wurden. Wären die bestehenden Gegensätze bei der Diskussion aufgehoben und die Meinungsunterschiede beseitigt worden, so hätte das *concilium Aquileiense* seine Aufgabe genauso gut — in Wirklichkeit: besser![18] — erfüllt, und wäre als rechtmäßige Kirchenversammlung anerkannt worden. Für den korrekten Verlauf der theologischen Debatte war die Protokollierung der Verhandlungen nicht notwendig. Sie wurde jedoch unentbehrlich, als die Synode von Ambrosius zu einem Gerichtstribunal umfunktioniert wurde.

Das Konzil von Aquileia weist eine gewisse Ähnlichkeit mit dem Konzil von Konstantinopel auf. In Konstantinopel sind circa 150 orthodoxe Bischöfe einberufen worden, um einen neuen Bischof für den Thronos der Reichsstadt zu wählen. Zugleich sollten sie jedoch „Einigungsverhandlungen" mit 36 zu diesem Zweck eingeladenen Makedonianern führen. Als die Verhandlungen scheiterten[19], weil die Makedonianer die Formel Homousios ablehnten, sind diese Häretiker frei gewesen, sich aus dem Konzilsort zurückzuziehen, ohne wegen ihrer häretischen Ansichten vom Konzil in Rechenschaft gezogen zu werden, d. h. die orthodoxe Konzilsmehrheit hat — sicherlich im Einvernehmen mit dem Kaiser — davon Abstand genommen, ein Gerichtsverfahren gegen die anwesenden Makedonianer zu eröffnen. Nach Abschluß seiner Verhandlungen über die übrigen Themen der Tagesordnung begnügte sich das Konzil, ein συνοδικὸν γράμμα zu verfassen, das zusammen mit einem noch erhaltenen Begleitschreiben — einem λόγος προσφωνητικὸς — dem Kaiser zur Bestätigung und Inkraftsetzung eingereicht wurde. Der Synodalbrief enthielt (a) eine Bekräftigung des nicaenischen Glaubens mit (b) paralleler Anathematisierung seiner

---

[17] G. GOTTLIEB, Das Konzil von Aquileia (381): AHC 11 (1979) 287—306, bes. 297.
[18] Gratian hatte die Synode mit dem Auftrag einberufen, die dogmatischen Meinungsverschiedenheiten zu diskutieren und nicht Palladius und seine Anhänger zu richten und zu verurteilen, G. GOTTLIEB (wie Anm. 17), S. 291 und bes. S. 297 f.
[19] Sokrates, Hist. eccl. V 8, 1—11 und Sozomenus, Hist. eccl. VII 7, 2—5. Über die „Einigungsverhandlungen" s. RITTER (wie Anm. 1), S. 68 ff. Zur richtigen Interpretation der einschlägigen Zeugnisse aus dem autobiographischen Gedicht Gregors von Nazianz s. Chr. JUNGCK, Gregor von Nazianz, De ʼvita sua. Einleitung, Text, Übersetzung, Kommentar, Heidelberg 1974, S. 220 ff.

Gegner, die jedoch nur als Parteien, nicht aber persönlich genannt wurden, und (c) die Bestimmungen für die Kirchenverwaltung des Ostens[20]. Daran wurde die nach Provinzen geordnete Teilnehmerliste angehängt[21]. Für den rechtmäßigen Verlauf seiner Arbeit konnte das Konzil durchaus auf die Protokollierung seiner Verhandlungen verzichten und hat in der Tat verzichtet.

Anhang

In seinem autobiographischen Gedicht hat Gregor von Nazianz zwei Reden aufgenommen, die er selbst auf dem Konzil von Konstantinopel gehalten hatte[22]. Es ist sehr wahrscheinlich, daß diese Reden frei gehalten worden waren und später von Gregor im Wortlaut verwendet werden konnten, weil ein Stenograph sie festgehalten hatte. Dieser mutmaßliche Stenograph wird seine Arbeit in der Konzilsaula erledigt haben. Trotzdem braucht er nicht als Protokollführer des Konzils tätig gewesen zu sein. Die Anstellung von Stenographen für die Aufnahme von Disputationen oder sogar Predigten war eine so gewöhnliche Erscheinung und ist so reichlich in den Quellen belegt[23], daß man annehmen kann, daß einzelne Konzilsteilnehmer sich mit Hilfe schreibgeübter Diakone „private" Nachschriften von kleineren oder größeren Teilen des Gesagten verschafften. Diese privaten Nachschriften sind jedoch von den amtlichen

[20] Zur Überlieferungsgeschichte des Synodalbriefes s. meine oben (Anm. 6) zitierte Abhandlung. Zur Frage des sog. *Tomus* des Konzils sowie seines Symbols s. RITTER (wie Anm. 1), S. 117 ff. bzw. 132 ff.

[21] Siehe die Bischofsliste bei C. H. TURNER, Ecclesiae Occidentalis Monumenta Iuris Antiquissima, Bd. II, Oxford 1907, S. 433—464. Vgl. N. Q. KING, The 150 Holy Fathers of the Council of Constantinople 381 A. D.: Studia Patristica I (TU 63), Berlin 1967, S. 635—641.

[22] De vita sua 1591—1679 und 1828—1855. Dagegen ist die Oratio 42 mit der Überschrift Συντακτήριος εἰς τὴν τῶν ρν′ ἐπισκόπων παρουσίαν, MPG 36, 457—492, seine an das Kirchenvolk von Konstantinopel gehaltene Abschiedsrede. Die Überschrift ist insofern ungenau, weil die Rede außerhalb des eigentlichen Konzilsgeschehens gehalten wurde, auch wenn bei der Abschiedsfeier die Konzilsteilnehmer anwesend waren. Denn Gregor war bereits zurückgetreten und hatte sich schon vom Konzil zurückgezogen.

[23] Viel Material wurde zusammengestellt von A. WIKENHAUSER, Zur Frage nach der Existenz von nizänischen Synodalprotokollen: Röm. Quartalschr. Suppl. 19 (1913) 122—142. Vgl. auch SIEBEN (wie Anm. 16), S. 466 ff.

Protokollen zu unterscheiden, welche von offiziellen Protokollführern im Auftrage der Konzilsleitung aufgenommen wurden[24].

Für diese Frage sind wiederum die Akten der Synode von Aquileia (381) aufschlußreich. Die von dieser Synode verurteilten Bischöfe Palladius und Secundianus stellten während der Verhandlung den offiziellen Charakter der von Ambrosius vorgeschlagenen bzw. durchgesetzten Protokollführung in Frage, indem sie die fungierenden Stenographen als private Angestellten des Bischofs von Mailand betrachteten. So beklagte sich Palladius gegen Ambrosius: *Tu iudex es, tui exceptores hic sunt.* Aus taktischen Überlegungen erwägte er dann: *si vultis, exceptores nostri veniant, et sic totum excipiatur.* Als aber der kluge Ambrosius auf diesen Vorschlag einging und sagte: *Adducat suos exceptores,* zog Palladius vor, keine eigenen Stenographen anzustellen[25], um später behaupten zu können, daß „das Protokoll einseitig, unvollständig und zu seinem Ungunsten geführt worden sei"[26]. Damit sollte bewiesen werden, daß er nach einem unrechtmäßigen Verfahren verurteilt worden war.

---

[24] Solche amtlichen Protokolle scheinen z. B. auf den Synoden von Sirmium (351) und Seleukeia (359) geführt worden zu sein. Siehe die Belege bei WIKENHAUSER (wie Anm. 23), S. 134 ff.
[25] Siehe die Belege bei WIKENHAUSER (wie Anm. 23), S. 138—140 und GOTTLIEB (wie Anm. 17), S. 300, Anm. 51 und 301, Anm. 56.
[26] Dissertatio Maximini contra Ambrosium, ed. Fr. KAUFMANN, Aus der Schule des Wulfila, Straßburg 1899, S. 70, 25—29. Vgl. Scholies Ariennes sur le concile d'Aquilée, ed. R. GRYSON (Sources Chrétiennes 267), Paris 1980, bes. S. 282.

Augustins Confessiones als Buch

(Gesamtkonzeption und Aufbau)

von WOLF STEIDLE, Gröbenzell

Augustins Confessionen sind eines der wenigen seit ihrer Entstehung ununterbrochen gelesenen Werke der lateinischen christlichen Literatur, außerdem sind sie wohl auch das am meisten gelesene. Wer sich jedoch in den unübersehbar gewordenen wissenschaftlichen Arbeiten über sie umsieht, bemerkt schnell, daß in bezug auf sie eine Reihe von Problemen ungelöst oder nur teilweise gelöst ist. Immerhin hat wenigstens der Streit darüber, ob zwischen den Berichten über Augustins innere Entwicklung in den Frühdialogen und in den Confessionen insofern ein Widerspruch besteht, als Augustin im späteren Werk den Einfluß des Neuplatonismus gegenüber dem christlichen Element zurückgedrängt und eine abweichende Begründung für seinen Rückzug aus Beruf und Welt gegeben habe, seit einiger Zeit an Bedeutung verloren[1]. Daß der christliche Glaube und seine Autorität das maßgebende Kriterium sind, innerhalb dessen sich Augustins philosophische Bemühungen halten wollen, wird von Anfang an und bereits in den abschließenden Worten der ersten Dialogschrift Contra Academicos erklärt[2]. Ebenso aufschlußreich ist, daß wieder am Abschluß von De beata vita 34 die *sapientia*

---

[1] Für dies Urteil wurde maßgebend vor allem P. COURCELLE, Recherches sur les Confessions de S. Augustin, ²1968, 269 ff.; vgl. schon P. HENRY, Plotin et l'occident 1934, 93 ff.; 103; 141 ff. und jetzt E. DOENT, Wien. Stud. 1969, 181 ff. Ich gebe hier und im folgenden immer nur Auswahlzitate.

[2] 3, 20, 43; vgl. schon 3, 19, 42; die Ausführungen über die Autorität der göttlichen Weisheit (= Christus) und ihre Beziehung zur Philosophie führen bruchlos zur Einleitung von De vera religione.

mit der *Dei sapientia* und diese mit Christus identifiziert wird[3] und der Christin Monnica, Augustins Mutter, das letzte entscheidende Wort gegeben ist: Sie schließt mit zwei Zitaten, dem Anfang von Ambrosius' Hymnus auf die Trinität[4] und der Äußerung des Paulus über Glaube, Hoffnung und Liebe aus dem 1. Korintherbrief; diese ist ihrerseits mehrfach im 1. Buch der Soliloquien zitiert[5] und charakterisiert noch in dem späten Enchiridion De fide, spe et caritate die Grundhaltung des Christen[6]. Hinzu kommen weitere Buchschlüsse, denen angesichts der künstlerischen Form der Dialoge besondere Bedeutung zukommt[7]: In De ord. 1, 11, 31 sagt Augustin zur Mutter: *philosophia tua mihi plurimum placet* und will sich ihr als Schüler anvertrauen; in De ord. 2, 20, 52 wünscht er sich ihre Fürbitte für den Erfolg seiner philosophischen Bemühungen. Wenn demgegenüber die Zahl der biblischen Zitate in den Dialogen noch gering ist, so hängt das, wie ich meine, weniger mit einer — vielleicht noch bestehenden — geringeren Kenntnis der Heiligen Schrift als vielmehr mit der Form des philosophischen Dialogs zusammen und kann nicht als Gegenargument gegen die Dominanz des christlichen Elements angeführt werden, vor allem auch deshalb nicht, weil bei den einzelnen Wendungen des Gesprächs immer wieder eine gewissermaßen göttliche, gnadenhafte Einwirkung und Hilfe erwähnt wird[8]. Das einleitende Gebet der ebenfalls in Cassiciacum verfaßten Soliloquia[9] ist überdies voll von christlichen Wendungen und Vorstellungen und enthält wieder eine ausführliche Apostrophe der Trinität. Überhaupt darf man fragen, ob das berühmte *tolle-lege*-Erlebnis, das im 8. Confessionenbuch für den Rückzug aus der Welt entscheidend ist

---

[3] Dieselbe Identifikation findet sich schon in C. Acad. 2, 1, 1.

[4] Zur Trinitätsvorstellung an dieser und anderen Stellen der Frühdialoge — es kommt hier nur auf ihr Vorhandensein an — vgl. etwa J. VERHEES, Rech. Aug. 1975, 45 ff.

[5] 1, 1, 3; 1, 5; 6, 12; 6, 13.

[6] Vgl. etwa auch De vera rel. 54, 106, 292 (unmittelbar vor der Schlußparänese des Werks).

[7] Zur Form der augustinischen Dialoge vgl. B. R. Voss, D. Dialog in der frühchristlichen Literatur 1970, 197 ff. Ich beschränke mich bei dem Problem des Verhältnisses von Frühdialogen und Confessionen auf Argumente, die sich aus der Buchgestaltung und aus einzelnen Formulierungen ergeben.

[8] Die Belege für dies Motiv müßten einmal zusammengestellt werden.

[9] Conf. 9, 4, 7: ... *libri disputati cum praesentibus et cum ipso me solo coram te* (sc. *Deo*) ...

und das die moderne Forschung in den Frühschriften vermißt[10], in einem
philosophischen Dialog Platz gehabt und in welcher Form es darin
hätte erzählt werden können. Nach Conf. 9, 4, 7 hat sich Augustins
nächster Freund Alypius (... *fratrem cordis mei* ...) sogar der bloßen
Erwähnung Christi in den Dialogen ursprünglich widersetzt, obwohl er
sich doch nach dem Bericht derselben Confessionen (8, 12, 30) unter
Bezug auf Röm. 13, 13 f. in der Gartenszene Augustin folgend zum
Leben in Christus entschlossen hat; Augustin hat offenbar in diesen
Äußerungen, die doch nebeneinander in demselben Werk stehen, keinen
sachlichen Widerspruch gesehen[11]. Wenn schließlich in den Dialogen
(C. Ac. 1, 3; D. beata vita 1, 4; De ord. 1, 5) der Rückzug aus Welt und
Beruf mit Augustins Erkrankung begründet wird, so braucht das nicht
als Differenz gegenüber der Darlegung der Confessionen angesehen
zu werden. Auch hier heißt es nämlich (9, 2, 4), die Krankheit habe ihn
beinahe dazu gezwungen, seine Tätigkeit aufzugeben, ganz sicher aber
dazu, sie zu unterbrechen. Wenn Augustin dann hinzufügt, die Krankheit sei keine erlogene Begründung für seinen Entschluß gewesen, so
liegt in dieser Formulierung, wie ich meine, sogar der Versuch eines
Ausgleichs zwischen der Schilderung der Dialoge und der Confessionen.
Hinzu kommt die Erklärung von 9, 2, 3, daß der Entschluß, der auf
das Gartenerlebnis folgte, zunächst nicht nach außen bekannt werden
sollte, um den Eindruck der Ostentation zu vermeiden[12]. Daß Augustin
dieses aber als das eigentlich einschneidende Ereignis von Anfang an
empfand und auch so verstanden wissen wollte, zeigt die spätere und
doch wohl einer echten Selbstprüfung entstammende Erwägung, er könne
mit dem Hinausschieben der Kündigung aus dem Amt sich möglicherweise versündigt haben (9, 2, 4). Überdies scheint schon De ord. 1, 2, 5

---

[10] 8, 12, 30: ... *convertisti enim me ad te, ut nec uxorem quaererem nec aliquam
spem saeculi huius* ...; vgl. 8, 1, 2; 9, 1, 1.

[11] Die Worte *magis* ... *eas* (sc. *litteras nostras*) *volebat redolere gymnasiorum cedros
... quam salubres herbas ecclesiasticas* (sc. *Alypius*) von 9, 4, 7 bedeuten nicht, daß
Alypius etwa dem Glauben an Christus noch ferngestanden hätte, obwohl er damals vielleicht noch in gewissen häretischen Vorstellungen in bezug auf Christi
Wesenheit befangen war (7, 19, 25). Alypius meint nur, daß Dialoge — und das
sind ja die Schriften von Cassiciacum — eine philosophische Prägung haben sollten, wie es die Gattung verlangt. Rücksicht auf das Wesen der literarischen Gattung zeigt auch De ord. 1, 11, 31, wo Augustin über das Problem der Beteiligung
von Frauen am Dialog spricht. Dies gegen M. TESTARD, in Festschrift für K. BÜCH-
NER (hrsg. von W. WIMMEL) 1970, 272 und A. 17.

[12] ... *iactantiae simile videbatur non opperiri tam proximum feriarum tempus* ...

anzudeuten, daß die Krankheit lediglich einen zusätzlichen Zwang ausübte; Augustin erklärt hier dem Freund Zenobius: ... *ut scis, etiam sine ulla necessitate in philosophiam confugere moliebar.* Im übrigen gibt es noch ein letztes, wie ich glaube, entscheidendes Argument dafür, daß das Gartenerlebnis, wie immer man es interpretieren mag, samt seiner Konsequenz des Weltverzichts und eines ganz Gott gewidmeten christlichen Lebens eine echte historische Erfahrung des Jahres 386 wiedergibt. In dem offiziellen Kündigungsschreiben, mit dem Augustin *peractis vindemialibus* seine Professur aufgibt, wird nämlich an erster Stelle als Begründung angegeben, er habe sich entschlossen, hinfort Gott zu dienen (9, 5, 13); erst an zweiter Stelle ist von der Krankheit die Rede[13]. Die Koniunktive, die Augustin hier verwendet, zeigen, daß er nicht nur den sachlichen Grund der Kündigung, sondern den Inhalt des Schreibens wiedergeben wollte. Die Worte *servire Deo* aber sind im Sinne einer quasi monastischen Lebensführung zu verstehen; es gibt dafür eine Reihe von Belegen, von denen wenigstens die wichtigsten hier angeführt seien: Conf. 8, 5, 11; 8, 6, 15; 9, 8, 17; 9, 10, 26; Civ. Dei 22, 8, 2[14]; Serm. 286, 5, 4; 355, 2. Wenn demgegenüber in den Dialogen immer wieder nur von der Philosophie als dem neuen Lebensinhalt gesprochen wird, so scheint mir dies, wie vieles andere, mit der Kunstform des Dialoges zusammenzuhängen.

Aber genug von diesem Problem, mit dem bekanntlich die Frage nach der Glaubwürdigkeit des Berichts der Confessionen verbunden ist. Dagegen muß ich im Hinblick auf das Thema dieser Arbeit zunächst von einer paradoxen Situation der Forschung sprechen. Es ist nämlich nicht einmal darüber Einigkeit erzielt, ob den doch wirklich weltberühmten Confessionen überhaupt ein fester Plan zugrunde liegt, und wenn ja, welches dieser Plan ist. COURCELLE hat in seinem bedeutenden Buch über die Confessionen[15] die Existenz eines festen Planes schon für die ersten neun Bücher verneint, auf Lücken in den biographischen Angaben, chronologische Ungenauigkeiten und eine, wie er meint, willkürliche Anordnung der Fakten verwiesen, schließlich — übrigens nicht als erster — die Auffassung vertreten, das 10. Buch, das sich mit

[13] ... *quod et tibi ego servire delegissem et illi professioni prae difficultate respirandi ac dolore pectoris non sufficerem* ...
[14] *venientes enim de transmarinis me et fratrem Alypium nondum quidem clericos, sed iam Deo servientes* ...
[15] Vgl. A. 1.

29*

Augustins seelischem Zustand zur Zeit der Abfassung der Confessionen
befaßt, sei — ebenso wie die letzten drei — erst später angefügt und
das ganze Werk in Eile abgeschlossen[16]. Schwierigkeiten besonderer Art
bereitet weiter die Verbindung zwischen der Exegese der ersten Genesisverse in den letzten Büchern und dem autobiographischen Teil, der die
ersten zehn umfaßt. In älteren und jüngeren Übersetzungen, zuletzt in
der der Fischer-Bibliothek von H. U. v. BALTHASAR[17], werden die
exegetischen Bücher als Fremdkörper ausgeschieden; COURCELLE, den
die Biographie Augustins eigentlich in der Hauptsache als Sachproblem
interessiert, geht auf sie so gut wie gar nicht ein und erwägt, der Autor
habe ursprünglich eine Interpretation der ganzen Heiligen Schrift geben
wollen[18]. Selbst da, wo die Einheit des Werks verteidigt wird, wie etwa
bei PFLIGERSDORFFER, wird entweder Nichtvollendung erwogen oder
doch festgestellt, die letzten Bücher machten so, wie sie nun einmal
gestaltet sind, den Eindruck einer Appendix, da Augustin offenbar
unter Zeitdruck sein Werk geschrieben und abgeschlossen habe[19]. Alle
für die Erklärung der letzten Bücher vorgeschlagenen Deutungen sind

---

[16] a. O. pass.; vgl. besonders S. 19; 20; 23; 25; 36; 40; 46; 53; 80; 87; 139;
151; 212; 227; 233; 247; 255 f. Die These, daß Augustin das 10. Buch erst später
eingefügt habe, vertrat, soweit ich sehe, zuerst E. WILLIGER, Ztschr. für Neutest.
Wissenschaft 1929, 103 ff.; vgl. außerdem P. HENRY, La vision d'Ostie 1931
(deutsch in: „Zum Augustin-Gespräch der Gegenwart", hrsg. von C. ANDRESEN
1962, 201 ff., hier 238); W. THEILER, Porphyrios und Augustin 1933, 67: Gnomon
1953, 114; M. PELLEGRINO, Le confessioni di S. Agostino 1956, 130 f., der auch der
Meinung ist, der Tod Monnicas am Ende des 9. Buches sei ein natürlicher Abschluß des Werks. Andererseits erwägt A. SOLIGNAC in der Ausgabe der Confessiones in der Bibliothèque Augustinienne 1, 1962, 21; 48; 53, übrigens nicht als
einziger, eine spätere Abfassung der letzten vier Bücher. Ich beschränke mich wieder auf wenige Zitate. Widerspruch in bezug auf das 10. Buch erhebt z. B.
H. KUSCH, Festschrift für F. DORNSEIFF 1954, 140; außerdem G. N. KNAUER, Psalmenzitate in Augustins Konfessionen, 1955, 19 f.; 149 ff.; 154; Hermes 1957, 216 ff.

[17] Fischer Bibliothek Bd. 103, 213 A. 1.

[18] COURCELLE a. O. 24; P. BROWN, Augustinus von Hippo, deutsche Übers. 1973, 155
übergeht die letzten Bücher ebenfalls völlig und spricht nur von der Hinzufügung
„von vier weiteren langen Büchern"; es ist dies ein für die Einstellung der modernen Forschung bezeichnendes Urteil.

[19] G. PFLIGERSDORFFER in Festschrift für K. VRETSKA 1970, 135. Im selben Sinn äußerte sich schon WILLIGER a. O. 103. Zur Frage der Einheit vgl. auch E. DOENT,
Hermes, 1971, 351 ff., der ebenda 361 erklärt, die Confessionen seien im Grunde
ihrer Anlage nach unvollständig und Augustin habe wohl an eine Fortsetzung
gedacht, die dann in gewisser Weise durch das spätere große Werk De trinitate
gegeben worden sei.

in einer eigenen Arbeit von GROTZ zusammengestellt und besprochen[20].
Seine eigene Deutung, wonach die ersten zehn Bücher die Heilshandlung
Gottes in der Einzelseele und die folgenden Gottes Heilshandlung in
der Welt behandeln[21], bedeutet in mancher Hinsicht einen Schritt in die
richtige Richtung[22], bedarf aber fraglos, zumal sie nur kurz vorgetragen
wird und zum mindesten für das 11. und 12. Buch so nicht zutrifft,
einer wesentlichen Erweiterung und Ergänzung. Jedenfalls reichen die
das ganze Werk durchziehenden Motive der *confessio* beziehungsweise
der damit ja eng verbundenen Preisung Gottes[23], so wichtig sie sind, zur
Begründung der Einheitlichkeit des Werks nicht aus.

Zwei weitere Schwierigkeiten, die die Komposition betreffen, seien
hier noch erwähnt. Die erste betrifft den überraschend wirkenden Abschluß der eigentlichen Erzählung mit der Schilderung von Leben und
Tod Monnicas am Ende des 9. Buches. COURCELLE, der, wie schon
erwähnt, die ersten neun Bücher als eine zuerst für sich stehende Schrift
ansieht, meint, hier sei eine ursprünglich selbständige Biographie der
Mutter in die Confessionen eingearbeitet[24]. Ebenso schwierig, aber bisher noch wenig beachtet ist, daß das ekstatische Erlebnis von Ostia, das
nach fast allgemeiner Meinung Ziel und Höhepunkt der Confessionen
darstellt[25], ausgerechnet im Zusammenhang mit der Biographie der

---

[20] K. GROTZ, D. Einheit d. Confessionen, Diss. Tübingen 1970.

[21] a. O. 141; vgl. schon 135 ff.

[22] Der Schlußparagraph des 13. Buches (38, 53) nimmt mit dem Satz *priore ... tempore ad male faciendum movebamur deserentes te; tu vero, deus une bone, numquam cessasti bene facere* ... sowohl auf Augustins Abfall von Gott (vgl. bes. 2,
2, 2 und S. 486 ff.) als auch auf den Abfall des Menschen von Gott schlechthin
(13, 8, 9) Bezug. Hinweise auf Augustins persönliche Situation fehlen im übrigen
auch sonst in den letzten drei Büchern nicht; vgl. etwa 12, 10, 10; 15, 21.

[23] Daß die *confessio* im engeren Sinn als *confessio peccati* und die *confessio laudis*
eng zusammengehören beziehungsweise nur zwei Seiten ein und derselben Sache
sind, ist lang bekannt und bedarf keiner Erörterung.

[24] a. O. 36 und A. 7; THEILER, Gnomon 1953, 114; vgl. schon M. ZEPF, Augustins
Confessionen 1926, 14.

[25] P. HENRY, a. O. 201 ff. (Zitat in A. 1); COURCELLE a. O. 36; THEILER, Porphyrios
u. Augustin 63; DOENT a. O. 352; 359; R. J. O'CONNELL, Augustin's Confessions
1969, 105 ff.; G. MISCH, Geschichte d. Autobiographie I 2 1950, 668; L. F. PIZZO-
LATO, Le confessioni di S. Agostino 1968, 109 f.; W. DESCH, Augustins Confessiones, Diss. Graz 1975, 5 (masch.schriftl.). Die Bedeutung, die dem Ereignis von
Ostia beigemessen wird, ist auch aus einer Reihe von Spezialarbeiten ersichtlich;
ich zitiere hier als Beispiel für viele nur A. MANDOUZE, in Augustinus Magister,
Communications I 1954, 67 ff.; A. SOLIGNAC, Ausgabe der Confessiones in der
Bibliothèque Augustinienne 1962, 1, 186 ff.; 192 ff. Vorsichtiger in bezug auf die

Mutter zur Sprache kommt, obwohl diese doch, wenigstens ihrer äußeren Form nach, deutlich als eine Art Exkurs gekennzeichnet ist[26]. Darf und muß man also nicht doch im Hinblick auf die bisher genannten Schwierigkeiten mit dem Fehlen eines einheitlichen Planes und einer festen Komposition rechnen? Die mit Erklärungen versehene Edition von SOLIGNAC neigt ebenso wie COURCELLE dieser Auffassung zu, redet nur vage von einer unité intérieure, die auf Augustins einheitlicher Seelenlage beruhe, und fügt hinzu, die Alten teilten nicht unsere Auffassung von der Notwendigkeit eines festen Planes für die Gestaltung ihrer Bücher[27]. Ich meine, angesichts einer solchen generellen Behauptung muß man nicht bloß aufhorchen, sondern mit allem gebotenen Nachdruck widersprechen. Sowohl in antiker Dichtung als auch in antiker Prosa ist eine wohlüberlegte, thematisch weitgehend einheitliche Gestaltung, die selbst Beginn und Ende der einzelnen Bücher klar markiert, immer wieder deutlich zu erkennen[28]. Augustin, der jahrelang Professor der Rhetorik war, konnte, ja mußte diese Erfahrung unübersehbar schon an Cicero machen, und die Gestaltung historischer Werke, etwa des Tacitus, um nur diesen zu nennen, zeigt unwiderleglich, wie viel den Autoren an einer übersichtlichen, mit pointierten Einsätzen und Abschlüssen versehenen Gestaltung der einzelnen Bücher und Buchteile gelegen ist. Wie sehr Augustins Frühdialoge, ungeachtet der von ihm behaupteten Authentizität und Wirklichkeitstreue, durch künstlerische Gestaltungsprinzipien m i t bestimmt sind, hat besonders eine Arbeit von Voss gezeigt[29]. Es ist unwahrscheinlich, daß die Confessionen den in den späten Retractationes erwähnten großen Beifall gefunden hätten[30], wenn sie wirklich in Hast und ohne einen festen Plan geschrieben worden wären.

Bedeutung von Ostia urteilt J. PEPIN, Rev. de l'histoire des religions 1951, 155 f. (das Problem der Deutung des Ostia-Erlebnisses selbst bleibt zunächst beiseite; vgl. aber S. 496 ff.).

[26] 9, 8, 17: *multa praetereo, quia multum festino ... sed non praeteribo, quidquid mihi anima parturit de illa famula tua ...*

[27] SOLIGNAC a. O. 20 ff.

[28] Auch MISCHS Urteil (a. O. 657), daß bei einem Schriftsteller wie Augustin Bucheinschnitte nur von untergeordneter Bedeutung seien, trifft, wie sich noch zeigen wird, in keiner Weise zu.

[29] Vgl. das Zitat in A. 7.

[30] Retract. 2, 6, 1: *... quid de illis* (gemeint sind die Confessionen) *alii sentiant, ipsi viderint; multis tamen fratribus eos multum placuisse et placere scio.*

Ein letztes die Komposition betreffendes Problem ist noch zu erwähnen. Es ergibt sich jedoch nicht aus den Confessionen selbst, sondern
aus der Situation der modernen Forschung. Wenn man einmal von der
Beziehung zwischen Frühdialogen und Confessionen absieht, so hat sich
diese nämlich vor allem auf drei — fraglos fundamental wichtige, aber
eben doch spezielle — Fragen konzentriert: Es sind dies 1) der Einfluß
des Neuplatonismus beziehungsweise der *libri Platonici* samt den damit
zusammenhängenden Problemen, 2) das Gartenerlebnis von Mailand
und seine mutmaßliche Deutung, 3) die Vision von Ostia[31]. Verglichen
hiermit ist die Betrachtung der Confessionen als Ganzes weniger beachtet worden, und dasselbe gilt für die Erklärung der einzelnen
Bücher. Auch von hier aus erhält also diese Arbeit eine sachliche Rechtfertigung.

Nun ist allerdings die Auffassung, daß die Confessionen von Anfang
an auf einem festen, bis zum Ende durchgeführten Plan beruhen, gerade
in der neueren Forschung ebenfalls mit Nachdruck vertreten worden
und zwar in einer weitgespannten Arbeit von KNAUER über die Psalmenzitate in Augustins Confessionen[32]. KNAUER geht davon aus, daß schon
kleinere Einheiten innerhalb der einzelnen Bücher durch Psalmenzitate
gegeneinander abgegrenzt sind, und stellt weiterhin enge und auf solchen
Zitaten beruhende Beziehungen zwischen den Eingängen und Abschlüssen einzelner Bücher und Buchgruppen fest. Am wichtigsten für den
Nachweis eines Gesamtplanes ist die Beziehung zwischen den Anfängen der Bücher 5, 8 und 9, durch die der die Rückkehr zu Gott er-
zählende Werkteil zur Einheit zusammengefaßt wird[33]. Hinzu kommt
die Beziehung zwischen den Büchern 1 und 11, mit denen der autobiographische beziehungsweise exegetische Teil beginnt[34], dann die zwischen
dem Proömium des 1. Buches und den letzten Worten des 10., mit
denen der autobiographische Teil schließt[35], schließlich die Beziehung
zwischen dem Beginn des 11. und 12. Buches einerseits und dem Abschluß des 13. andererseits, die auf Matth. 7, 7 f. beruht[36]. Wichtig ist

---

[31] Kennzeichnend für diese Situation der Forschung sind vor allem COURCELLES
   Nouvelles Recherches sur les Confessions d. S. Augustin 1963. Aber es gibt hierfür
   in der Literatur über die Confessionen natürlich viele Belege.
[32] Vgl. das Zitat in A. 16.
[33] a. O. 151 ff. (bes. Ps. 34, 10).
[34] a. O. 153; vgl. schon COURCELLE, Recherches etc. 26 (Ps. 144, 3).
[35] a. O. 154: 1, 1, 1; 10, 43, 70 (Ps. 2:, 27).
[36] KNAUER a. O. 155: 11, 2, 3; 12, 1, 1; 13, 38, 53.

überdies das Motiv von Ruhe und Unruhe, mit dem das 1. Buch einsetzt und das 13. schließt[37] und der Nachweis, daß das 10. Buch vor allem durch Psalm 102, 3 und die Begriffe *spes* und *misericordia* gewissermaßen leitmotivisch beherrscht wird[38]. SOLIGNAC, der die Bedeutung von KNAUERS Beobachtungen leugnet[39], verkennt hier und bei seinem Gesamturteil über die Confessionen die Formempfindlichkeit antiker Leser, die auf solche Dinge zu achten gewohnt waren. Richtig dagegen ist, daß eine Verbindung zwischen Büchern und Buchteilen, die lediglich auf Zitatbezügen beruht, für den Nachweis eines Gesamtplanes allein noch nicht ausreicht[40]. Ein solcher muß darüber hinaus im sachlichen und gedanklichen Aufbau sichtbar werden. KNAUER hat deshalb auch sein Buch nur als eine Vorarbeit in dieser Beziehung bezeichnet[41]. Es muß also weiter nach Gestaltungsprinzipien der einzelnen Bücher und Buchgruppen gesucht werden, damit von da aus vielleicht bestimmte Antworten zur Frage der Einheitlichkeit und zu anderen Problemen des Werks gefunden werden können. Einige weitere Beobachtungen hierzu trägt eine bisher nur maschinenschriftlich vorliegende Dissertation von DESCH bei[42]. Am wichtigsten ist ihre Feststellung, daß Anfangs- und Schlußkapitel der einzelnen Bücher deren Thematik und wichtigste Ergebnisse anzeigen (a. O. 25) Freilich bleibt DESCH meist bei Einzelbeobachtungen von gelegentlich rein formalem Charakter stehen, ohne einmal ein Buch im Zusammenhang auf seinen Aufbau hin zu interpretieren (a. O. 11 ff.). Aus diesem Grund ist auch die These, daß zwischen den Büchern 2/9, 3/8, 4/7 und 5/6 eine Art Ringkomposition bestehe, nicht mehr als ein Aperçu, das einer genaueren Prüfung nicht standhält (a. O. 80 ff.).

Bevor ich nun zum Kompositionsproblem, meinem eigentlichen Thema, komme, sollen die bereits erwähnten Lücken innerhalb der biographischen Angaben und die chronologischen Ungenauigkeiten kurz erörtert werden. COURCELLE, dem es darum geht, ein möglichst lückenloses Bild von Augustins Leben zu entwerfen, hat beide vorwiegend mit Hilfe von Zeugnissen aus anderen Werken Augustins namhaft ge-

---

[37] 1, 1, 1; 13, 38, 53.
[38] a. O. 144 ff.; es sind hier nur die wichtigsten Beobachtungen KNAUERS aufgeführt.
[39] a. O. 22 A. 1; zustimmend jedoch Chr. MOHRMANN, Considerazioni sulle Confessioni di S. Agostino in Convivium 3, 25, 1957, 261.
[40] E. DOENT, Wien. Stud. 1969, 182.
[41] a. O. 161.
[42] Zitat in A. 25.

macht. Im folgenden seien wenigstens die wichtigsten aufgezählt: Es
fehlt schon das Geburtsdatum Augustins, dann die Namen der Eltern,
die obwohl mehrfach erwähnt erst spät beziehungsweise am Ende des
9. Buches genannt werden (9, 13, 37)[43]. Auch von Augustins Sohn ist,
abgesehen von einer kurzen Notiz im 6. Buch (6, 15, 25), erst im 9. Buch
die Rede, als Augustin im Zusammenhang mit der Meldung zur Taufe
von Vater und Sohn des frühverstorbenen Sohnes und seiner geistigen
Gaben gedenkt (9, 6, 14). Ohne Namensnennung überhaupt bleiben Augustins Concubine[44] und der Freund, dessen Tod Augustin bis zur völligen Verzweiflung erschüttert (4, 4, 8 f.), weiter der Consul des Jahres 385 Bauto und Kaiser Valentinian II., für die Augustin in Mailand
jeweils den Panegyricus hielt[45], ebenso der Bischof, der Monnica in ihrer
Sorge um das geistliche Heil des Sohnes beruhigt (3, 12, 21), und noch viele
andere. Die Gründe für das Fehlen der Namen mögen gewiß im einzelnen
verschieden sein[46], zur Erklärung des Faktums aber muß man gleich vorab
und grundsätzlich bemerken, daß Augustin keine Autobiographie im
modernen Sinn, sondern Confessionen schreibt, die sich ihrer Intention
nach zunächst an Gott und erst in zweiter Linie an den Leser wenden;
auch für diesen aber, der an Augustins Entwicklung, das heißt an seinem
Irren, Sündigen und an seiner Rückkehr zu Gott Anteil nehmen soll[47],
konnten die Namen, wenn überhaupt, erst in untergeordneter Weise
von Wichtigkeit sein[48]. Dasselbe gilt für eine Reihe von Fakten, deren
Fehlen COURCELLE bemängelt, etwa Augustins persönliche Erfahrungen
mit den Manichäern[49], das Problem des in Mailand üblichen Samstag-
Fastens, dessentwegen sich Augustin für die Mutter an Ambrosius wendet[50], weiter Zeit und Modalitäten der Taufe; daß sie vom Bischof und
an Ostern vorgenommen wurde, ergab sich für den zeitgenössischen
Leser aus dem damaligen Usus und überdies daraus, daß Augustin sich

---

[43] Der Vater Patricius ist jedoch schon in 9, 9, 19 in der Biographie Monnicas genannt.
[44] Dasselbe gilt für das Mädchen, das nach 6, 13, 23 als Ehefrau für Augustin in
Aussicht genommen war, und die zweite Concubine, die er nach der Trennung von
der ersten zu sich nahm (6, 15, 25).
[45] Conf. 6, 6, 9; Contra litteras Petiliani 3, 25, 30; COURCELLE a. O. 79 ff.
[46] COURCELLE a. O. 40.
[47] Conf. 10, 3, 4 f.
[48] Augustin ist sich allerdings bewußt, daß ein Teil seiner Leser nur durch *curiositas*
zur Lektüre motiviert wird (10, 3, 3).
[49] COURCELLE a. O. 60 ff.
[50] COURCELLE a. O. 87 ff.

vor der Taufe brieflich an Ambrosius gewendet hat (9, 5, 13)[51]. Gerade im 9. Buch, wo COURCELLE besonders viele Lücken feststellen will, so etwa in bezug auf den zweiten Aufenthalt Augustins in Mailand und Rom und die damit verbundene Erfahrung des dortigen Klosterlebens[52], oder in bezug auf den Aufenthalt in Cassiciacum, treten für Augustin die äußeren Fakten, die ohnehin für eine Confessio immer nur indirekt von Bedeutung sein konnten, ganz zurück gegenüber der neuen Wendung, die sein Leben erfahren hat (9, 4, 7; 4, 12). Außerdem verweist er für Cassiciacum auf die dort entstandenen Schriften, und diese vermitteln bekanntlich ein so deutliches Bild auch des äußeren Lebens, daß COURCELLE die meisten Einzelfakten, die er in den Confessionen vermißt, in ihnen finden konnte. Unser, von Augustin her gesehen, säkulares biographisches Interesse hat eben von vornherein recht andere Ziele: wir wüßten fraglos gern mehr Einzelheiten[53], für Augustin aber sind nur diejenigen wichtig, die mit dem Bekenntnis seiner Verfehlungen und Gottes gnädiger Führung einen Zusammenhang haben. Legt man diesen Maßstab an, so erklärt sich vieles für uns zunächst nicht Verständliche.

Ergänzend kommt eine Beobachtung hinzu: Augustin nennt offenbar und, wie es scheint, grundsätzlich nur die Personen mit Namen, die in seiner Entwicklung eine besondere Rolle spielen, und er nennt sie dann jeweils an der Stelle, wo ihr Einfluß — positiv oder auch negativ[54] — wirksam wird. Ambrosius etwa, der immer wieder Einfluß ausübt, wird sofort bei der Übersiedlung nach Mailand genannt (5, 13, 23)[55], Vindicianus aber erst da, wo seine Warnung vor der Astrologie Erfolg

---

[51] COURCELLE a. O. 212 ff.

[52] COURCELLE a. O. 227 ff.

[53] Ein Beleg hierfür ist etwa der uns nicht bekannte Name des Mannes, der *immanissimo tyfo turgidus* Augustin die Lektüre der ins Lateinische übersetzten neuplatonischen Bücher empfahl (7, 9, 13). COURCELLE a. O. 153 ff. will ihn mit Manlius Theodorus identifizieren; dagegen schon mit Recht THEILER, Gnomon 1953, 117.

[54] Der Manichaeer Faustus etwa wird in 5, 3, 3 sofort genannt; erst in 5, 6, 10 wird nachgetragen, daß Augustin lange auf sein Erscheinen in Carthago gewartet hat. Der römische Rhetor Hierius mußte, obwohl ohne eigentliche Bedeutung für Augustin, deshalb genannt werden, weil Augustin die Widmung der Schrift De pulchro et apto an ihn kritisiert (4, 14, 21).

[55] Wichtig die Formulierung von 5, 13, 23 (*et veni Mediolanium ad Ambrosium episcopum*); sie erweckt — mit Recht — den Eindruck, daß das eigentliche gottgewollte Ziel seiner Übersiedlung nicht die Übernahme des dortigen Lehramts, sondern die Beziehung zu dem Mailänder Bischof war.

hat, obwohl er schon vorher vergeblich in dieser Richtung zu wirken versucht (4, 3, 5; 7, 6, 8)[56]. Dasselbe trifft für Victorinus zu: Er wird als Übersetzer der *libri Platonici* nicht im Zusammenhang mit der Lektüre dieser Bücher mit Namen genannt, sondern erst in dem Augenblick, wo das öffentliche Bekenntnis des Rhetorikprofessors zum Christentum und sein Verzicht auf dies Amt aufgrund von Julians Rhetorenedikt in der Erzählung Simplicians als Beispiel und Vorbild für Augustins eigene Lebensentscheidung wirksam werden soll (8, 2, 4: 5, 10). Daß hier und im Verschweigen weniger wichtiger Namen eine bestimmte Absicht vorliegt, ist, glaube ich, unbestreitbar. Von vornherein genannt werden dagegen die Freunde, die an Augustins allmählicher Wendung zum Christentum und einem asketischen Leben in positiver Hinsicht, entweder faktisch oder der Absicht nach, beteiligt sind. Es sind dies Nebridius und vor allem Alypius[57], außerdem Romanianus und Verecundus[58], schließlich noch Euodius, der ebenfalls aus Thagaste stammt, noch vor Augustin getauft wird und mit Augustin und Alypius in der klösterlichen Einsamkeit Thagastes leben wird, ehe er wie die beiden anderen zum Bischof berufen wird[59]. Wohl überlegt ist außerdem, daß der Name von Augustins Mutter, die doch schon den Dialogen zufolge die Entwicklung des Sohnes maßgebend beeinflußt hat, nur ein einziges Mal, dafür aber an bedeutsamer Stelle im letzten Kapitel des 9. Buches erscheint (9, 13, 37): Dem Wunsch der Sterbenden entsprechend (9, 11, 27) bittet hier Augustin die Mitbrüder in Christus, sie möchten am Altar fürbittend Monnicas und des Patricius, ihres Mannes und Augustins Vaters gedenken[60]. Im übrigen sei nebenbei und im Vorgriff auf spätere Beobachtungen schon erwähnt, daß hier und ganz zu Anfang der Erzählung im 1. Buch Augustin erklärt, Gott habe ihn durch die Eltern ins Leben geführt, wie, wisse er nicht[61]. Es ist

---

[56] Zusätzlich wird in 7, 6, 8 auch Firminus mit Namen genannt; er hat ganz wesentlich zu Augustins Befreiung vom Glauben an die Astrologie beigetragen.

[57] Nebridius: 4, 3, 6; 6, 7, 11; 10, 17; 16, 26; 7, 2, 3; 6, 8; 8, 6, 13 f.; 9, 3, 6; 4, 7 f.; Alypius: 6, 7, 11 ff.; 12, 21; 16, 26; 7, 19, 25; 8, 6, 13 ff.; 12, 28 ff.; 9, 4, 7 f.; 6, 14.

[58] Romanianus: 6, 14, 24; er ist Adressat von C. Academicos (1, 1) und De vera religione (7, 12, 36); Verecundus: 8, 6, 13; 9, 3, 5 f.

[59] Euodius: 9, 8, 17; 12, 31; er ist Gesprächspartner in De quant. animae und De libero arbitrio.

[60] Zur Fürbitte für die Mutter vgl. 478 f.; 495.

[61] 9, 13, 37: ... *per quorum carnem introduxisti me in hanc vitam, quemadmodum nescio*; 1, 6, 7: ... *nisi quia nescio, unde venerim huc in istam vitam mortalem an mortem vitalem.*

dies eine formale Klammer, durch die Anfang und Ende des durchgehend erzählenden Teiles zusammengeschlossen sind.

Ich komme nun zu den von COURCELLE namhaft gemachten chronologischen Verschiebungen, die sich, wie er meint, besonders im 9. Buch
finden[62]: In 9, 4, 12 ist von der wunderbaren Heilung von Zahnschmerz
aufgrund eines Gebets die Rede; auf diesen Schmerz ist in den Soliloquien
1, 12, 21 als ein zur Zeit der Niederschrift dieses Werks (*his diebus*)
stattfindendes Ereignis angespielt, und die Soliloquien können auf
Januar 387 datiert werden. Da Augustin aber nun in Conf. 9, 5, 13
unmittelbar anschließend von der Kündigung seiner Professur spricht
und für sie als Datum die *feriae vindemiales* des Jahres 386 angibt, so
scheint hier in der Tat die chronologische Abfolge der Erzählung durch-
brochen. Schaut man freilich genauer zu, so ergibt sich zunächst, daß
Augustin alle Angaben über den Aufenthalt in Cassiciacum (9, 4, 7 —
9, 4, 12) in einen einheitlichen sachlichen Zusammenhang gerückt und
zudem im Sinne einer Klimax geordnet hat. Er beginnt mit der fröh-
lichen Abreise auf das Landgut, charakterisiert die dort verfaßten
Schriften und erklärt dann, die Zeit reiche nicht aus, alle Gnadenerweise
Gottes aus dieser Zeit aufzuzählen. Ein ausführlich gehaltenes Mittel-
stück betrifft die Lektüre der Psalmen[63], von denen der vierte im Sinne
der neuen Erkenntnisse und im Rückblick auf die Vergangenheit durchgegangen und reflektiert wird (9, 4, 8—4, 11). Die Eingangsworte von
9, 4, 12 betonen anschließend und mit Anspielung auf die frühere Wendung die Erfülltheit dieser Tage. Hierauf folgt als Gipfel die wunder-
bare Heilung, bei der Augustin voll Freude der göttlichen Gnade inne
wird, gleichzeitig aber auch seiner Sorge Ausdruck gibt, da ihm die
vergangenen Sünden noch nicht durch die Taufe erlassen sind (9, 4, 12)[64].
Hier ist überdies die sozusagen ambivalente Stimmung bei der Psalmenlektüre noch einmal aufgenommen und vertieft. Angesichts dieser sinnvollen Formung ist es verständlich, daß Augustin auch die sachlich zusammengehörigen Schritte in das neue Leben, die Kündigung des Lehramts und den Brief an Ambrosius mit dem Wunsch der Taufe
hintereinander und durch *et* verbunden erzählt hat; beide Entschlüsse

---

[62] a. O. 45 f.
[63] Mit ihrer Lektüre wird bekanntlich auch sonst bei der Einführung in das Christentum begonnen.
[64] Vgl. die Äußerungen des Sündenbewußtseins in Solil. 1, 1, 5; 14, 24 ff. und De
ord. 2, 10, 29. Augustins Haltung in diesen Schriften ist nicht verschieden.

sind die Konsequenz dessen, was im 8. Buch dargestellt war[65]. Im übrigen ist, wie die Confessionen selbst sagen, die Kündigung auf den Herbst 386 (9, 5, 13), der Zahnschmerz auf die Zeit in Cassiciacum und die Rückkehr von dort auf die Zeit der Eintragung in die Liste der Taufbewerber datiert, die nicht allzulange vor Ostern liegt (9, 6, 14). Eine Irreführung der Leser oder ein Versehen des Autors ist also bündig auszuschließen. Gewiß, eine chronologische Abfolge innerhalb der Erzählung ist nicht angestrebt, aber es ist ja auch die Psalmenlektüre und die Abfassung der in Cassiciacum entstandenen Schriften im Verhältnis zur Kündigung und dem Ambrosiusbrief nicht festgelegt. Kommt es jedoch darauf angesichts des viel wichtigeren sachlichen Zusammenhangs wirklich an? Noch eine weitere Konsequenz drängt sich in diesem Zusammenhang auf: Augustin hat sich bei der Reflexion über den 4. Psalm ebensowenig kurz gefaßt wie bei der ebenfalls im 9. Buch stehenden Biographie seiner Mutter. Man wird deshalb gut tun, trotz der Erklärung von 9, 4, 7 und 9, 8, 17, er eile zu anderen größeren Themen, jedenfalls an dieser Stelle nicht von einer wirklichen Hast bei der Abfassung zu reden. Was Augustin wichtig erschien, hat er offenbar in der Breite dargestellt, die er für nötig hielt[66].

Mit der Erkenntnis, daß für Augustin sachliche Zusammenhänge die Form der Erzählung bestimmen, ist implizit auch eine Erklärung dafür gegeben, weshalb die Auffindung der Reliquien des Protasius und Gervasius und der Streit des Ambrosius mit der Kaiserinmutter Justina wegen Überlassung einer Kirche an die Arianer vom Sommer 386 erst in Verbindung mit der Taufe Augustins an Ostern 387 nachgetragen sind[67]. Mit der Person Augustins und der Tendenz der Confessionen haben diese Ereignisse nämlich zunächst überhaupt nichts zu tun, da Augustin damals noch nicht Christ war und zwar von der allgemeinen Erregung ergriffen wurde, aber nicht selbst Partei ergriffen hat (9, 7, 15). Da andererseits damals die östliche Hymnenmusik in Mailand einge-

---

[65] Vgl. dazu auch S. 491 f.

[66] Was die in Cassiciacum abgefaßten Schriften anbelangt, so hat Augustin in 9, 4, 7 auf sie als für den Leser einsehbare Zeugnisse verwiesen. Eine Inhaltsangabe war im Rahmen einer *confessio* nicht nötig, wohl aber eine Charakteristik der in ihnen zum Ausdruck kommenden Haltung, und diese hat Augustin gegeben: *... in litteris iam quidem servientibus tibi, sed adhuc superbiae scholam tamquam in pausatione anhelantibus ...* Die Retractationes werden dasselbe Urteil abgeben.

[67] COURCELLE a. O. 139 ff. meint hier einen auf Vergeßlichkeit beruhenden und nachträglich korrigierten Verstoß gegen die Chronologie feststellen zu können.

führt und Augustin in der Zeit seiner Taufe (*illis diebus*) von dieser tief
bewegt wurde, so erinnert er sich bei dieser Gelegenheit an den
damaligen Kampf der Kirche und an das eigene Versäumnis, damals
noch nicht Christ gewesen zu sein (9, 7, 16: *tunc ... non currebamus
post te*). Taufe, Musik und Erinnerung wirken dabei so stark auf ihn
ein, daß sich die Erregung in einem Tränenstrom Luft macht. Nicht zu
übersehen ist wieder die Klimax der Schilderung: Anläßlich der Taufe
und der dadurch erfolgten Wiedergeburt beziehungsweise *remissio
peccatorum* heißt es: ... *et fugit a nobis sollicitudo vitae praeteritae*
(6, 14)[68], in bezug auf die Musik ... *et exaestuabat inde affectus pietatis
et currebant lacrimae et bene mihi erat cum eis*, am Ende aber ... *ideo
plus flebam inter cantica hymnorum tuorum olim suspirans tibi et
tandem respirans quantum patet aura in domo faenea*. Soll man angesichts dieser Gestaltung wirklich annehmen, Augustin habe hier improvi-
siert, in Eile niedergeschrieben und die vorher vergessene Geschichte des
Vorjahres sei ihm eben erst bei der Niederschrift eingefallen[69]? Richtiger
ist doch wohl die Annahme, daß bei der Schilderung der erlebten Taufgnade die Vergegenwärtigung des Triumphs der Kirche über Verfolgung
einen betonten Schlußakzent setzen sollte. Er wäre nicht zu erreichen
gewesen, wenn Augustin in chronologischer Folge erzählt hätte. Wenn
er sagt, Gott habe seine Erinnerung auf das frühere Ereignis zurückgeführt, so darf man das kaum in dem Sinn wörtlich nehmen, daß er das
früher übersehen hätte; Gott wirkt ja auch sonst immer in seinem
Erinnern. Außerdem hat das Ereignis selbst mit dem Inhalt der Confessionen unmittelbar nichts zu tun, die nachträgliche Erwähnung aber
gab Augustin die Möglichkeit, mit der *confessio* einer Unterlassungs-
sünde und einem Lob Gottes abzuschließen. Im übrigen zeigen die Worte
tandem respirans unzweideutig, daß mit der Taufe ein wesentlicher
Höhepunkt der bisherigen Erzählung erreicht ist. Von einem gelegentlichen *respirare* (*respiro in te paululum*) ist in den Confessionen nur
noch ein einziges Mal, in 13, 14, 15 und im Zusammenhang mit einem
an ein Psalmwort anknüpfenden Gotteslob die Rede. Ansonsten seufzt
(*suspirat*) der noch dem Irdischen verhaftete Mensch nach der endlichen
und dauernden Vereinigung mit Gott — zu vergleichen ist etwa

---

[68] Natürlich wegen der mit der Taufe verbundenen *remissio peccatorum*; vgl. 9, 4,
12 fin.
[69] So COURCELLE a. O. 141.

13, 13, 14[70] —, oder er seufzt darüber, daß er den Weg zu Gott und zu der richtigen Gottesvorstellung noch nicht gefunden hat (6, 5, 8; 10, 17; 8, 6, 13)[71]. Auf die Taufe selbst als offenbar wichtigstes Ziel von Augustins Entwicklung ist in den Confessionen noch mehrfach verwiesen, zunächst und weniger entschieden in 1, 11, 17 bei der Erkrankung des jungen Augustin, absolut deutlich bei Augustins vor der Mutter verheimlichter Abreise nach Rom (5, 8, 13: ... *servans* (sc. *Deus*) *me ab aquis maris usque ad aquas gratiae tuae* ...) und noch einmal bei der neuerlichen Erkrankung in Rom[72]. Wie im Zusammenhang mit dieser Erkenntnis das Erlebnis von Ostia zu beurteilen ist, das, wie schon bemerkt, fast allgemein als Höhepunkt des Werks angesehen wird[73], diese Frage muß natürlich an dieser Stelle neuerlich akut werden.

In bezug auf das 4. Buch redet COURCELLE von einer Erzählung, die durch bloße Abfolge von Erinnerungen oder, wie er formuliert, durch einen ordre fantaisiste bestimmt sei[74]. Angesichts dieses Urteils empfiehlt es sich, den, wie ich meine, ganz überlegten Aufbau eines Buches einmal kurz zu skizzieren. Daß es eine Periode von neun Jahren zusammenfassend behandeln will, ergibt sich sowohl aus den ersten Worten als auch aus der damit korrespondierenden Wendung von 3, 11, 20 und dem ebenfalls korrespondierenden Rückverweis von 5, 6, 10[75]. Dem entspricht die zusammenfassende Charakteristik dieser Jahre in 4, 1, 1, die vor allem unter dem übergeordneten Begriff *vanitas* steht: Augustins Wirken wird dabei mit den Worten *seducebamur et seducebamus falsi atque fallentes,* die Gebiete seines Wirkens mit den Worten *doctrinae liberales* und *falsum nomen religionis* (Manichaeismus) bestimmt. In der Tat zieht sich die Vorstellung der *vanitas* in Tun und Denken gerade hier leitmotivisch durch das ganze Buch. Die wichtigsten Belege seien

---

[70] Vgl. auch 7, 10, 16; 9, 10, 24; 12, 15, 24; in diese Richtung zielt auch die Aussage von 3, 6, 10. — Die Worte *in domo faenea* (9, 7, 16) bringen die Einschränkung durch das körperliche, irdische Verhaftetsein ebenfalls zum Ausdruck.

[71] Im Zusammenhang mit Augustins ursprünglich verkehrter Gottesauffassung heißt es in 5, 11, 21 *respirare non poteram.*

[72] Zur Bedeutung der Taufe in den Confessiones vgl. auch 9, 3, 6; 13, 35; 10, 3, 4 (... *praeteritorum malorum meorum, quae remisisti et texisti* ...); 2, 7, 15.

[73] Vgl. S. 441 f. und A. 25.

[74] a. O. 44.

[75] 3, 11, 20: *nam novem ferme anni secuti sunt, quibus ego in illo limo profundi ac tenebris falsitatis ... volutatus sum ...; 5, 6, 10: et per annos ferme ipsos novem, quibus eos* (sc. *Manichaeos) animo vagabundus audivi ...*

aufgezählt: 2, 2; 2, 3; 3, 5; 3, 6; 4, 7 (*errabat*); 4, 9; 7, 12; 8, 13; 11, 16; 12, 18; 14, 22; 14, 23, 15, 24; 15, 26; 15, 27; 16, 29; 16, 31. Nun ist es natürlich nicht etwa so, daß dieses Motiv in anderen Büchern fehlte[76], entscheidend ist aber, daß es hier durchgehend den Fortgang der Erzählung begleitet. Zur Abwehr eines möglichen Mißverständnisses sei gleich hier festgestellt, daß das 4. Buch auch andere Motive fortführt, die bereits in den vorhergehenden Büchern entwickelt waren, und daß erst mit dem 5. Buch und der dort einsetzenden Rückkehr zu Gott[77] eine neue Wendung in der Erzählung beginnt. So finden sich etwa die Angriffe des Manichaeer gewordenen Augustin gegen das Christentum im 3. ebenso wie im 4. Buch[78], und dasselbe gilt für das Motiv der untereinander verwandten Vorstellungen von *superbia*, *tyfus* und *cupiditas gloriae*[79], die schon im 1. Buch und von da an immer wieder auftauchten. Trotzdem weist aber das 4. Buch einen gegenüber den anderen Büchern klar abgegrenzten Gedankengang auf.

Zu Beginn stehen einige generelle, den ganzen Zeitraum betreffende Aussagen. Sie beziehen sich auf Augustins Lehrtätigkeit, die Concubine und die Neigung zur Astrologie[80], die trotz aller freundschaftlicher Abmahnungen noch lange beibehalten wird. Natürlich ist schon hier das Motiv der *vanitas* immer wieder gegenwärtig. Anschließend kommt Augustin auf ein Einzelereignis zu sprechen, die nahe Beziehung zu einem Freund, dessen Tod und die dadurch ausgelöste seelische Erschütterung (4, 4, 7 ff.). Dabei beginnt die Erzählung mit einer zum Vorhergehenden parallelen chronologischen Fixierung (4, 7: *in illis annis*), die durch den Beginn der Lehrtätigkeit in Thagaste noch genauer

---

[76] Es ist deshalb sicher kein Zufall, daß Augustin in 9, 4, 8 ff. beim Rückblick auf sein bisheriges Leben anläßlich der Lektüre des 4. Psalms und im Anschluß an dessen 3. Vers (*dilexeram enim vanitatem et quaesieram mendacium*) die *vanitas* als seinen eigenen Grundfehler bezeichnet.

[77] Natürlich kann auf das Motiv der Rückkehr (*redire*) zu Gott beziehungsweise zum eigenen Selbst, das eine lange Geschichte hat, hier nicht eingegangen werden.

[78] Vgl. etwa 3, 7, 14; 10, 18; 11, 19 (*blasphemias erroris mei*); 12, 21; 4, 1, 1; 4, 7 f.; 15, 26; 16, 31.

[79] Vgl. etwa 1, 19, 30; 2, 3, 7; 6, 14 fin.; 3, 3, 6; 4, 7; 5, 9; 6, 10; 8, 16; 12, 21; 4, 1, 1; 14, 23; 15, 27.

[80] Auch das Angebot eines *haruspex*, Augustin durch Zauber äußeren Erfolg zu sichern, gehört in diesen Zusammenhang, weil Augustin bei dieser Gelegenheit feststellt, trotz der Ablehnung des Angebots habe es ihm damals an der richtigen Einstellung gefehlt (4, 2, 3); aus diesem Grund sei er auch von der Astrologie nicht losgekommen (4, 3, 4).

festgelegt wird[81]. Der Tod des Freundes führt zur Flucht aus der Heimat nach Carthago (4, 7, 12 fin.), so daß bis hierher und darüber hinaus[82] eine chronologische Abfolge innerhalb des Zeitraums der neun Jahre entsteht. Ob die Weigerung eines katholischen Bischofs, 'mit Augustin ein Streitgespräch wegen der manichaeischen Irrtümer zu führen, die bereits am Ende des 3. Buches referiert wird, wirklich später als der im 4. Buch erzählte Tod des Freundes stattgefunden hat, wie COURCELLE meint[83], läßt sich nicht mit Sicherheit ausmachen, aber dies Problem ist nicht einmal in chronologischer Hinsicht von Bedeutung. Die Äußerungen des Bischofs stehen nämlich nur im Zusammenhang mit den Sorgen und Gebeten der Mutter Monnica wegen Augustins Ungläubigkeit, und diese erstrecken sich nach der Art, wie im 3. Buch davon berichtet wird, auf die ganzen neun Jahre, von denen das 4. Buch handelt. Außerdem — und das ist wichtiger — beginnt mit dem Tod des Freundes nicht nur eine chronologische Folge, sondern eine auch im Gedanklichen zusammenhängende Erzählung, die fast das ganze Buch füllt und in zwei große Komplexe gegliedert ist:

Augustin hat den Freund zum Manichaeismus verführt und will ihn unmittelbar vor dessen Tod und trotz schon erfolgter Taufe zu diesem zurückführen. Es ist dies eines der Beispiele für das *seducere et fallere falso nomine religionis*, von dem in 4, 1, 1 die Rede war. Bei der Reaktion auf den erlittenen Verlust heißt es dann: ... *contenebratum est cor meum et quidquid aspiciebam mors erat* (4, 9). Die ganze Welt ist Augustin zuwider und er kann auch auf Gott keine Hoffnung setzen, da die manichaeische Gottesvorstellung ein *phantasma* ist[84]. Die Einsicht in das eigene Elend führt ihn nun zu der weiteren, daß jeder Mensch elend ist, der durch Freundschaft an Vergängliches gefesselt ist, einerlei ob er dies Vergängliche schon verloren hat oder noch besitzt (6, 11). Daß dabei anstelle einer Wendung wie *amici, qui sunt mortales* oder *homines, qui* ... noch allgemeiner von *res mortales* die Rede ist, beweist, daß Augustin auf etwas Umfassendes zielt, nämlich auf Bindung

---

[81] Nach Possidius, Vita Augustini 1, 2 lehrte Augustin übrigens in Thagaste nicht Rhetorik, sondern Grammatik; für die Confessionen ist das aber ein unwesentlicher Punkt.

[82] 4, 7, 12: ... *fugi de patria* ...; 8, 13: *non vacant tempora nec otiose volvuntur per sensus nostros* ...

[83] a. O. 44: 3, 12, 21.

[84] 4, 4, 9; 7, 12.

an Irdisches überhaupt, nicht nur an Menschen[85]. Ohne die richtige Vorstellung von Gott und befangen in der irrigen der Manichaeer, die ein *vanum phantasma* ist, wie noch einmal gesagt wird (7, 12), gibt es für Augustin keine Ruhe und keinen festen Stand in seinem Leben. Der Gedanke, daß nur mit Gott das Leben Festigkeit gewinnt, zieht sich von hier an als ein mit der *vanitas*-Vorstellung in Gegensatz stehendes Motiv durch den Rest des Buches[86]. Natürlich können aus diesem Grund auch die Flucht nach Carthago und neue Freundschaften trotz allem Reiz, den sie bieten, nur einen vorübergehenden Trost, aber keine wirkliche Erleichterung schaffen, zumal die Befangenheit im Manichaeismus fortdauert (4, 8, 13). Mit dem Ausruf *beatus, qui amat te et amicum in te et inimicum propter te* samt seiner näheren Erläuterung (4, 9, 14) ist schließlich die entscheidende Einsicht formuliert, die im übrigen bereits in der Definition der *vera amicitia* zu Beginn dieses Zusammenhangs gegenwärtig war[87]. Nun ist der Gedanke, daß Gott das *summum bonum* und die Liebe zu Gott das einzige ist, worauf es ankommt, bereits eine Überzeugung der Frühdialoge und der mit ihnen gleichzeitigen Soliloquia. Dementsprechend sagt Augustin schon am Schluß des 1. Confessionenbuches und sicher zugleich in Vorschau auf das Gesamtwerk, er habe gesündigt, da er nicht in Gott, sondern in seinen Geschöpfen Freude und Wahrheit gesucht habe, und sei deshalb in Schmerz, Verwirrung und Irrtum gestürzt (1, 20, 31); bezeichnend ist auch der Abschluß des zweiten: *quies est apud te valde et vita imperturbabilis*, worauf die mit dem 1. Buchschluß parallele Feststellung folgt, Augustin sei von dem Halt in Gott weggegangen und abgeirrt (2, 10, 18). Schließlich gehört hierher eine weitere Äußerung, die an einer entscheidenden Stelle, nämlich in der Mitte des 10. Buches steht; Augustin geht hier

---

[85] 4, 6, 11: ... *et miser est omnis animus vinctus amicitia rerum mortalium* ...; vgl. auch im folgenden die verallgemeinernde Wendung: ... *quo magis illum amabam, hoc magis mortem, quae mihi eum abstulerat, tamquam atrocissimam inimicam oderam* ...; zur Vorstellung, daß solche *affectiones immunditia* sind (... *qui* (sc. *Deus) me mundas a talium affectionum immunditia* ...) vgl. z. B. De ut. cred. 16, 34: *sunt autem sordes animi amor quarumlibet rerum praeter animum et Deum* ...

[86] Es werden hierfür die Worte *firmitas, firmus* und *stare* verwendet; vgl. 4, 1, 1; 11, 16; 12, 18; 14, 22; 14, 23; 15, 27; 16, 29; 16, 31. Schon zu Beginn des Buches hat Augustin durch die Selbstcharakteristik als *infirmus* und *inops* impliziert, daß Gott allein Festigkeit und Glück zu geben vermag.

[87] 4, 4, 7: ... *quia non est vera* (sc. *amicitia), nisi cum eam tu agglutinas inter haerentes tibi caritate diffusa in cordibus nostris* ... (Röm. 5, 5).

beim Überblick über seinen gegenwärtigen seelischen Zustand (10, 3, 3: *quis sim*[88]) vom ersten Teil, dem Suchen Gottes und der Liebe zu ihm, zum zweiten Teil, dem noch bestehenden Verhaftetsein in der Welt und ihren Versuchungen über[89] und charakterisiert die Nahtstelle so: *minus enim te amat, qui tecum aliquid amat, quod non propter te amat* (10, 29, 40). Natürlich bedarf es keiner ausführlichen Begründung dafür, daß wir hier das Hauptmotiv von Augustins Leben und speziell des Confessionenwerks vor uns haben[90]. Es ist deshalb sinnvoll, daß Augustin im 4. Buch und an dieser Stelle in Erinnerung an die damalige Lebenssituation eine Bitte an Gott um Hilfe anschließt (4, 10, 15). Der unmittelbar folgende begründende Satz enthält nun freilich eine zunächst überraschende neue Nuance: *quoquoversus se verterit anima hominis, ad dolores figitur alibi praeterquam in te, tametsi figitur in pulchris extra te et extra se.* Bisher wurde zwar schon von Liebe zu den *res mortales*, aber noch nicht speziell vom Problem des Schönen oder gar dem einzelnen Schönen in dieser Welt gesprochen. Genau dies ist aber dann das Thema, mit dem sich Augustins erste, uns verlorene Schrift De pulchro et apto beschäftigt, und auf sie kommt Augustin im weiteren Fortgang des 4. Buches zu sprechen. Von der Liebe zu den *pulchra*, die durch die *sensus corporis* erweckt wird, spricht schon 4, 10, 15, und in 4, 12, 18 heißt es: *si placent corpora, Deum ex illis lauda ... si placent animae, in Deo amentur.* Schließlich beginnt der Bericht über De pulchro et apto mit den Worten *amabam pulchra inferiora* (4, 13, 19). Dabei stellt sich dann heraus, daß Augustin in dieser Schrift von *formae corporeae* beziehungsweise *figmenta corporalia* (4, 15, 26; 27) nicht loskam und deshalb Gott, die *pulchritudo pulchrorum omnium*, wie er 3, 6, 10 sagt, verfehlte. Nunmehr ist wenigstens im Umriß klar, daß von 4, 4, 7 bis 4, 15, 27 ein einheitlicher gedanklicher Zusammenhang besteht: Ausgehend vom Schmerz über den Tod des Freundes und endend mit der Charakteristik seiner Frühschrift zeigt Augustin, daß alle Liebe zum Irdischen und alles Hängen an ihm ohne Gott als dem einzig möglichen Bezugspunkt *vanitas*, Verirrung, Sünde, Überhebung und demzufolge Elend ist, andererseits allein auf Gott das mensch-

---

[88] Zur Komposition des 10. Buches vgl. S. 475 ff.

[89] Vgl. schon das Zitat von Hiob 7, 1 in 10, 28, 39: *numquid non temptatio est vita humana super terram?*

[90] Vgl. hierzu etwa COURCELLE a. O. 457; SOLIGNAC a. O. 2, 617 ff.

liche Glück gegründet werden kann[91]. Auf jeden Fall ist es unmöglich, mit COURCELLE (a. O. 28) Augustins Äußerungen über die Freundschaft als Exkurs zu bezeichnen oder gar von lyrischen Partien zu sprechen, die da und dort den Gang der Erzählung unterbrechen (a. O. 27). Richtig ist nur so viel, daß die Erzählung schwer oder vielleicht überhaupt nicht von den Urteilen des Bischofs während der Abfassung der Confessionen zu trennen ist (a. O. 29). Wie könnte das aber auch anders sein bei einem Rückblick auf das frühere Leben und zudem bei einer Confessio, die ihrem Wesen nach jede Aussage mit einer entsprechenden Wertung verbinden muß? Im übrigen fügt sich natürlich auch Augustins Kritik daran, daß er seine Frühschrift ohne Kenntnis der Person dem damals offenbar berühmten Rhetor Hierius widmete (4, 4, 21), in den Zusammenhang. Es ist dies wieder *vanitas*, ebenso wie die Tatsache, daß er — trotz aller Selbstgefälligkeit — sein Urteil von der Meinung eines Unbekannten abhängig macht.

Fragt man angesichts der nunmehr deutlich gewordenen Geschlossenheit des von 4, 4, 7 bis 4, 15, 27 und übrigens mit chronologischen Angaben am Anfang und Ende versehenen Hauptabschnittes, in welcher Weise von dem Thema der irdischen Freundschaft zum Thema von De pulchro et apto übergeleitet wird, so ergeben sich zwei einander ergänzende Beobachtungen: Es ist nämlich erstens in 4, 6, 11 durch die Einführung der Vorstellung der *amicitia rerum mortalium* der Blickpunkt von der Freundschaft zu Menschen auf die Bindung an Irdisches überhaupt erweitert. Das zweite, gedankliche Scharnier, wenn man es so nennen darf, liegt in 4, 9, 14 f. in der Aussage über Gott, der die ganze Welt erschaffen hat und sie erfüllt. Da nämlich alles, was Gott schuf, gut und schön ist[92], so ergibt sich von hier aus mit Leichtigkeit der Übergang zu den schönen Dingen dieser Welt. Sie sind zwar von Gott geschaffen[93], aber doch zugleich vergänglich, und so darf man ihnen mit

---

[91] Natürlich ist das eine recht abgekürzte Formulierung, die der reichen Facettierung der augustinischen Darlegung nicht voll gerecht werden kann. Dieser Mangel ergibt sich aber notwendig aus der Beschränkung auf das Problem der Komposition und die damit zusammenhängenden Fragen.

[92] Hier nur ein einziges Zitat aus den Confessionen; in 13, 20, 28 heißt es: ... *et pulchra sunt omnia faciente te, et ecce tu inenarrabiliter pulchrior, qui fecisti omnia;* vgl. auch die parallele Äußerung von 7, 12, 18 fin. (im Zusammenhang mit der Erörterung des Problems „unde malum").

[93] 4, 10, 15: ... *quae tamen nulla essent, nisi essent abs te* ...

seiner Liebe nicht verhaftet bleiben[94]. Daß hier eine planvolle Gedankenführung vorliegt, dürfte kaum zu bestreiten sein; für das allmähliche Übergehen von einem Thema zum anderen werden sich im
folgenden noch mehr Beispiele ergeben.

Angesichts der von Augustin im 4. Buch geschilderten Situation und
der daraus sich ergebenden Einsicht von 4, 9, 14 wendet er sich in
4, 10, 15 f. mit einer Bitte an Gott und einem Zuspruch an die eigene
Seele: Sie soll sich nicht durch die irdischen, gewiß schönen, aber doch
vergänglichen Dinge von Gott ablenken lassen, sondern zu ihm zurück-
kehren[95]. Die Vorstellung des *redire ad Deum,* als Wunsch zuerst im
Zusammenhang mit der Lektüre des Hortensius ausgesprochen[96], ist von
4, 10, 15 an als Aufforderung und Leitmotiv für die weitere Gedankenführung des Buches von besonderer Bedeutung, bis hin zu dem Schlußsatz *revertamur iam, Domine, ut non evertamur* (4, 16, 31). Zugleich
wird hiermit und mit den ausführlichen Darlegungen über die Liebe zu
Gott und die trügerische Liebe zu den irdischen Dingen auf die mit dem
5. Buch nun wirklich einsetzende Rückkehr zu Gott vorbereitet. Es ist
also nicht nur der Hauptteil des 4. Buches in sich geschlossen, sondern
er hat auch innerhalb der Konzeption des Gesamtwerks zentrale Bedeutung. Zentrale Bedeutung erhält das Motiv der Rückkehr zu Gott
und damit der Hauptteil des 4. Buches schließlich noch dadurch, daß
nicht nur Augustin, sondern Gott selbst, das heißt das Wort (*verbum
ipsum*) zur Rückkehr mahnt (4, 11, 16), und daß außerdem in 4, 12, 19
— und übrigens hier zum ersten Mal innerhalb der Confessionen —
eingehend von Christi Leben und Tod und dessen Heilssinn die Rede
ist. Gerade hier erscheint auch dreimal bedeutsam die Wendung *ut
redeamus.* In 4, 12, 18 aber wendet sich Augustin nicht nur an sich selbst
(*si placent corpora* ...), sondern zugleich unter Bezug auf das über die

---

[94] 4, 10, 15: ... *sed non in eis infigatur* (sc. *anima*) *glutine amoris per sensus corporis.* Bezeichnenderweise sind unmittelbar vorher die Eingangsworte von Ambrosius' Hymnus Deus creator omnium zitiert. Sicher wirkt hier auch die geläufige
antike Vorstellung vom καλόν beziehungsweise den καλά und dem durch sie ausgelösten ἔρως mit ein.

[95] 4, 10, 15: *Deus virtutum, converte nos ... laudet te ex illis* (sc. *pulchris*) *anima
mea* ...; 11, 16: *noli esse vana, anima mea* ... *ibi fige mansionem tuam* ...; 11, 17:
quid perversa sequeris carnem tuam ...? 12, 18: *si placent corpora, Deum ex illis
lauda* ...

[96] 3, 4, 7 f.; die Vorstellung ist aber schon vorher gegenwärtig; vgl. etwa 2, 6, 14.
Auf ihre Wurzeln und ihre Bedeutung kann hier nicht eingegangen werden.

rechte Liebe Gesagte (*si placent animae, in Deo amentur* ...) an die
Menschen, die er liebt, und mahnt sie, Gott zu lieben, und zu ihm zurückzukehren. Auf diese Weise gewinnt das Folgende, auch das über
Christus Gesagte, den Charakter einer predigtartigen Paraenese, die
zugleich Ausdruck und Bewährung der auf Gott beruhenden, christlichen Liebe zu den Mitmenschen ist. Die Bedeutung dieser Partie ist
auch formal gegen die Umgebung abgehoben: Sie beginnt mit den
Worten *in illo* (sc. *Deo*) *amentur animae, et rape ad eum tecum quas
potes et dic eis ...* (4, 12, 18), am Ende aber heißt es *dic eis ista ... et
sic eos rape tecum ad Deum, quia de spiritu eius haec dicis eis, si dicis
ardens igne caritatis* (4, 12, 19 fin.)[97]. Von hier aus ist nun die Verbindung der Schrift De pulchro et apto mit der Gesamtintention des Buches
noch besser zu verstehen: Augustin leitet sie nämlich mit einer Reihe
von Fragen ein, die er damals, wie er sagt, an seine Freunde in bezug
auf das Schöne und das Wesen der Schönheit gerichtet hat (4, 13, 20).
Da die Antwort, die er in seiner Schrift aufgrund der irrigen Auffassung vom Geistigen und von Gott sowie aufgrund seines Verhaftetseins
an die *formae corporeae* ebenfalls irrig war, so ist die Schrift ein Beleg
nicht nur für Augustins verkehrte Einsicht, sondern auch für die *seductio
falso nomine religionis*, von der in der Eingangscharakteristik (4, 1, 1)
die Rede war: 4, 13, 20 fügt sich deshalb zu dem, was Augustin über
die Verführung des Freundes in Thagaste zum Manichaeismus und über
das Verweilen im Manichaeismus gemeinsam mit den Freunden in
Carthago ausgeführt hat. Hinzu kommt, daß Augustin entweder in
seiner Schrift oder in Verbindung mit ihr Angriffe gegen die Christen
richtete, wie er am Ende des Abschnitts und vor dem abschließenden
Urteil über die Schrift ausdrücklich und mit herber Selbstkritik bemerkt[98].

---

[97] In 4, 12, 19 ist Ps. 4, 3 zitiert: *fili hominum, quo usque graves corde?* Im Psalm
folgt darauf die weitere Frage: *ut quid diligitis vanitatem et quaeritis mendacium?*,
und mit Anspielung hierauf charakterisiert Augustin in 9, 4, 9 sein bisheriges Leben;
vgl. S. 452 und A. 76. Hierzu paßt gut 4, 4, 4, wo Augustin bei der Schilderung
seiner Lehrtätigkeit sich wieder mit Zitat von Ps. 4, 3 als Genosse derer bezeichnet,
die Nichtigkeit lieben und auf Trug sinnen (*... diligentibus vanitatem et quaeren-
tibus mendacium, socius eorum*). Es ist dies einer der Fälle, wo man — KNAUERS
Arbeit folgend — durch Beobachtung der Psalmenzitate Augustins Intentionen
besser verstehen kann.

[98] 4, 15, 26 fin.: *et dicebam parvulis, fidelibus tuis, civibus meis, a quibus nesciens
exulabam, dicebam eis garrulus et ineptus ...*

Ich komme nun zum letzten Abschnitt des 4. Buches, der durch die viermal wiederholten Fragen *quid mihi proderat* (4, 16, 28; 16, 29; 16, 30; 16, 31[99]) und die dazugehörigen Antworten *quid proderat, quando et oberat* (16, 29) und *non ad usum, sed ad perniciem* (16, 30) schon rein formal als besondere Einheit erscheint. COURCELLE nahm auch hier am chronologischen Ablauf der Erzählung Anstoß, da Augustin in 4, 15, 27 die Schrift De pulchro et apto im Alter von 26 oder 27 Jahren verfaßt sein läßt, unmittelbar darauf aber erklärt, er habe mit etwa 20 Jahren die Kategorienlehre des Aristoteles kennengelernt[100]. In Wahrheit geht es hier freilich wieder nicht um eine chronologisch geordnete Erzählung, sondern um eine aus dem gedanklichen Zusammenhang mit dem Vorhergehenden sich ergebende Einsicht: Die Kategorienlehre hat sich für ihn nicht als nützlich, sondern als schädlich erwiesen; er wollte nämlich mit ihrer Hilfe Gottes Wesen, so als ob es mit anderem Seiendem vergleichbar wäre, begreifen, und ging dabei in die Irre[101]. Wie wenig das Prinzip chronologischen Fortschreitens einwirkt, zeigt der folgende Bericht über die *artes liberales*: Alle Bücher über diesen Gegenstand hat Augustin, wie er sagt, gelesen, und dabei ist natürlich an den gesamten Zeitraum von neun Jahren gedacht; auch diese Lektüre aber war für ihn schädlich, weil er sie nicht richtig nützte und vor allem, weil er in schändlicher Weise in der *doctrina pietatis* in die Irre ging (4, 16, 30 f.; 16, 31). Gegenüber der rechten Vorstellung von Gott erweist sich eben, das ist Augustins Meinung, alles auf die Welt bezügliche Wissen nicht nur als unnütz, sondern als schädlich, wenn man es nicht richtig nützt[102]. Der einheitliche Grundgedanke des Buches, nämlich die Abwertung beziehungsweise geringe Wertung des Irdischen gegenüber dem Göttlichen, Ewigen, tritt auch hier trotz der scheinbaren Zwanglosigkeit der Gedankenführung überwältigend zutage. Andererseits sind gegenüber Augustin die *parvuli* (Matth. 11, 25), „die im Nest der Kirche flügge werden und bei denen die Schwingen der Liebe mit der Speise des gesunden Glaubens genährt werden",

---

[99] In 4, 16, 30 und 16, 31 wird *quid mihi proderat* sogar wiederholt, und in 4, 16, 31 entspricht dann den Worten *quid ergo tunc mihi proderat ingenium per illas doctrinas agile . . .* ein *quid tantum oberat parvulis tuis longe tardius ingenium.*

[100] a. O. 44; er spricht hier von ordre fantaisiste.

[101] 4, 16, 29: *. . . quasi et tu subiectus esses magnitudini tuae aut pulchritudini, ut illa essent in te quasi subiecto sicut in corpore, cum tua magnitudo et tua pulchritudo tu ipse es.*

[102] 4, 16, 30: *nam quid mihi proderat bona res non bene utenti?*

besser dran (4, 16, 31); Augustin hat sie freilich vom Glauben weg zu verführen gesucht, wie er schon 4, 15, 26 feststellt[103]. Die Wendung *alae caritatis* ist dabei natürlich ganz pointiert gebraucht; das ganze Buch handelt ja von der rechten Liebe, die in Gott begründet sein muß, und so hat denn auch der Abschnitt, der vorher als predigtartige Paraenese bezeichnet wurde, pointiert mit den Worten *ardens igne caritatis* geschlossen (4, 12, 29). Was im übrigen den Begriff *parvulus* betrifft, so hat sich Augustin schon zu Ende von 4, 1, 1 durch den Bezug auf 1. Kor. 3, 2, der in den Worten *sugens lac tuum* sichtbar wird, selbst als *parvulus* charakterisiert[104]; noch früher, bei der für ihn zunächst enttäuschenden Lektüre der Heiligen Schrift im 3. Buch erklärt er: *ego dedignabar esse parvulus et turgidus fastu mihi grandis videbar* (3, 5, 9). Wichtig für Augustins Selbstverständnis — und nur in diesem Betracht wird hier auf den Begriff eingegangen — ist schließlich noch 12, 27, 37, wo Augustin von der relativen Berechtigung eines naiven Bibelverständnisses redet. Dort heißt es, wenn einer der *parvuli* in überheblicher Schwäche die scheinbare Armut biblischer Aussagen ablehne und sich aus dem Nest des Glaubens — gemeint ist natürlich der Glaube der Kirche[105] — herausrecke, so komme er zu Fall; Gott möge sich deshalb seiner erbarmen und ihn wieder ins Nest legen, damit er dort lebe, bis er wirklich fliegen könne. Nach 3, 5, 9 hat sich nämlich Augustin bei der Lektüre der Bibel ebenso wie dieser *parvulus* verhalten. Auch in Serm. 51, 4, 5 redet er wie in 4, 16, 31 von den *parvuli,* die es *in nido fidei* besser haben als diejenigen, die in ihrer *superbia* meinen, Gott ohne Hilfe des Glaubens suchen zu müssen. Er fährt dann fort und sagt, er selbst sei aus dem Nest gefallen, *sed dominus misericors ... me levavit et reposuit.* Angesichts dieser Selbstcharakteristik stellt sich erneut die Frage, ob ausgerechnet das Erlebnis von Ostia als Höhepunkt und Ziel der Con-

---

[103] Vgl. dazu 4, 16, 31: *profiteri hominibus blasphemias meas et latrare adversum te ...* Auch hier handelt es sich um ein Beispiel für eine *seductio falso nomine religionis* (4, 1, 1).

[104] Auch in 10, 4, 6 *(parvulus sum)* rechnet sich Augustin zu den *parvuli.* Mit den Worten *fruens te cibo, qui non corrumpitur* (4, 1, 1) ist ohne Frage unter Bezug auf Joh. 6, 27 zugleich auf die Eucharistie angespielt. Die Vorstellung *cibus* spielt besonders im 3. und 7. Buch eine wichtige Rolle; vgl. 3, 6, 10; 7, 10, 16; 9, 15; 16, 22; 18, 24; 10, 43, 69. Auch dort ist vielfach die Vorstellung der Eucharistie gegenwärtig; vgl. S. 473. In 7, 18, 24 findet sich in den Worten *ut infantiae nostrae lactesceret sapientia tua* wieder das Motiv *parvulus.*

[105] Vgl. die schon zitierten Worte *in nido ecclesiae* (4, 16, 31).

fessionen angesehen werden kann beziehungsweise welches seine wirkliche Bedeutung ist.

Anschließend noch zwei weitere Bemerkungen zu chronologischen Problemen: 1) Wenn es dem Verfasser der Confessiones wirklich in erster Linie um die zeitliche Abfolge der einzelnen Ereignisse und nicht um den sachlichen und gedanklichen Zusammenhang gegangen wäre, so hätte er fraglos bereits im 4. Buch von dem vergeblichen, neun Jahre währenden Warten auf den Manichaeer Faustus sprechen müssen, von dem sich Augustin die Lösung mancher Unklarheiten und Schwierigkeiten des Manichaeismus erhoffte (5, 6, 10)[106]; in der Folge führt bekanntlich die Enttäuschung über Faustus zur allmählichen Lösung von dieser Irrlehre. Hätte Augustin aber nun wirklich bereits im 4. Buch sein Warten auf Faustus und damit auch seine Zweifel erwähnt, so wäre die gedankliche Einheit des 4. Buches zerstört worden; es sollte ja wirklich den Tiefpunkt seiner Entwicklung, die *circuitus erroris* (4, 1, 1) und nichts anderes darstellen. Augustin hat das offenbar mit Bedacht nicht getan und hier ebenso überlegt gestaltet[107] wie in bezug auf Monnicas Bitte an den katholischen Bischof, er möge sich mit Augustin in ein Streitgespräch einlassen (3, 12, 21). Diese gehört nämlich, wie schon ausgeführt, in den Zusammenhang der Sorgen der Mutter um den Glauben des Sohnes und steht deshalb mit Recht am Ende des 3. Buches. 2) COURCELLE meint, Augustin verstoße bei den Angaben über das Leben seines Freundes Alypius insofern gegen die zeitliche Abfolge der Ereignisse, als die Heilung seiner Leidenschaft für den Circus in die Zeit seines Aufenthalts in Carthago falle, chronologisch richtig dann von seiner Leidenschaft für die Gladiatorenspiele die Rede sei, die in den späteren Aufenthalt in Rom fällt, schließlich aber mit der falschen Verdächtigung gegen ihn wegen eines Diebstahls noch einmal auf ein Ereignis in Carthago zurückgegriffen werde[108]. Auch hier sind jedoch die sachlichen Gesichtspunkte für die Abfolge der Erzählung bestimmend. Bei den Circusspielen bedient sich Gott des nichtsahnenden Augustin, um Alypius von seiner Leidenschaft zu heilen[109], anläßlich der Leiden-

---

[106] *et per annos ferme ipsos novem ... nimis extento desiderio venturum expectabam istum Faustum.*

[107] Dies gegen COURCELLE a. O. 45.

[108] a. O. 45.

[109] Es ist dies ein Motiv, das besonders im 5. Buch eine Rolle spielt, am bedeutsamsten bei den wichtigen Entscheidungen zur Übersiedlung nach Rom und Mailand (5, 8, 14; 13, 23). Aber dies sind nicht die einzigen Beispiele.

schaft für die Gladiatoren hat Gott Alypius gelehrt, nicht auf sich selbst,
sondern nur auf göttliche Hilfe zu vertrauen; es ist dies ein weiter und
tiefer gehendes Eingreifen Gottes, denn die *fiducia sui* ist gleichbedeu-
tend mit der Ursünde der *superbia*, und so schließt etwa das 1. Solilo-
quienbuch (15, 30), um nur diese Stelle zu zitieren, mit der Aufforderung ... *ei* (sc. *Deo) te totum committe ... noli esse velle quasi pro-
prius et in tua potestate*[110]. Die falsche Verdächtigung des Alypius wegen
Diebstahl (6, 9, 14) schließlich ist eine Belehrung, die dem künftigen
Bischof gilt, der noch viele Rechtshändel zu entscheiden haben wird
(6, 9, 15 fin.). Die Abfolge der Erzählung hat somit ihren guten Sinn im
Hinblick auf Alypius' Lebenslauf. Was im übrigen die relative Ausführlichkeit anbelangt, mit der hier auf Alypius eingegangen wird, so hat
sie zwar COURCELLE zur Hypothese einer ursprünglich selbständigen
Biographie veranlaßt[111], in Wahrheit hat sie ihren guten Sinn und ist
deshalb unnötig. Wie schon ausgeführt, geht Augustin durchweg auf die
— für die religiöse Entwicklung wichtigen — Lebensumstände der
namentlich genannten Freunde ein[112], und Alypius ist nun einmal der
ihm nächststehende. Er allein ist in der entscheidenden Gartenszene des
8. Buches gegenwärtig[113], trifft gemeinsam mit Augustin den Entschluß
zum Verzicht auf die Welt und tritt an bedeutsamen Stellen des 7. und
9. Buches namentlich hervor (7, 19, 25; 9, 4, 7 f.; 6, 14). Im 6. Buch aber
ist er ebenso wie Augustin und Nebridius von religiöser Unrast ergriffen
(6, 7, 11), in noch höherem Maße als Nebridius Gesprächspartner in bezug
auf Sinn und Gestaltung des Lebens (6, 12, 21 f.; 16, 26), und hat sicher
auch an dem Plan eines gemeinsamen Lebens in klösterlicher Abgeschiedenheit teil (6, 14, 24), auf dessen Durchführung in Africa im 9. Buch
Bezug genommen wird (9, 8, 17), und der bereits in Cassiciacum bis zu
einem gewissen Grade verwirklicht war[114].

---

[110] Vgl. etwa auch Conf. 8, 18, 24, wo ebenfalls die *fiducia sui* im Gegensatz zur
christlichen *humilitas et infirmitas* steht.

[111] COURCELLE a. O. 31; zustimmend THEILER, Gnomon 1953, 114; zweifelnd (ohne
nähere Begründung) SOLIGNAC a. O. 1, 35.

[112] Vgl. 6, 10, 17 (Nebridius); 9, 3, 5 f. in Verbindung mit 8, 6, 13 (Verecundus); 9, 8,
17 (Euodius).

[113] 8, 6, 13 ff.; 12, 28; 12, 30.

[114] 9, 4, 7; in diesem Zusammenhang darf auf die Verbindung von klösterlicher Zu-
rückgezogenheit und Leben auf dem Lande hingewiesen werden, die in der Lebensführung spätantiker Menschen offenbar eine nicht unwesentliche Rolle spielt; vgl.
J. FONTAINE in Melanges Patristiques offerts au Cardinal DANIÉLOU 1972, 57 ff.
(deutsch in „Askese und Mönchtum in der alten Kirche, hrsg. von K. Suso FRANK,
1975, 281 ff.).

Das zum 4. Buch Gesagte bedarf schon im Hinblick auf die Konstanz bestimmter Grundmotive, die die ersten Bücher durchziehen, einer genaueren Abgrenzung gegenüber den ersten drei. Zunächst aber sollen die für die Gestaltungsweise Augustins gewonnenen Erkenntnisse durch Betrachtung einiger anderer Bücher erweitert und vertieft werden. Dabei gehe ich vom 7. Buch aus, dessen Einheitlichkeit ebenso wie die des 8. unmittelbar einsichtig ist. Es behandelt den wesentlichen Fortschritt in Augustins religiösen Erkenntnissen, während das 8. Buch zu der schließlich eintretenden Absage an Ehe und ein weltliches Leben führt[115]. Augustin bereitet auf das Neue, das die beiden Bücher enthalten, schon in den Schlußsätzen des 6. Buches vor (6, 16, 26). Nachdem er das innere Schwanken und die Unruhe, die für das ganze Buch charakteristisch sind, noch einmal in einer drastischen Formulierung vor Augen gestellt hat[116], folgen zunächst die allgemein vorausweisenden Worte *et tu sola requies, et ecce ades;* die nächstfolgende Wendung *liberas a miserabilibus erroribus* weist eindeutig auf das 7. Buch, während die Worte *nos constituis in tua via* auf das 8. Buch gehen[117]. Schon im 7. Buch ist zwar mehrfach von dem Weg die Rede, der Christus ist (7, 18, 24; 20, 26; 21, 27; vgl. 7, 9, 13), aber begangen wird er erst mit dem Entschluß des 8. Buches, wie dies gleich zu Beginn deutlich wird[118]. Das 7. Buch steigert nun zunächst die Vorstellung des kritischen Seelenzustandes, da Augustin trotz des Älterwerdens[119] sich noch immer eine immaterielle Wirklichkeit

---

[115] 8, 12, 30: ... *ut nec uxorem quaererem nec aliquam spem saeculi huius.* Zur Gestaltung des 8. Buches ist auch W. SCHMIDT-DENGLER, Rev. Etud. Aug. 1969, 195 ff. zu vergleichen, eine Arbeit, die allerdings in ihren Feststellungen gelegentlich die Grenze des Beweisbaren überschreitet.

[116] ... *versa et reversa in tergum et in latera et in ventrem* (sc. *anima*), *et dura sunt omnia* ... Das Bild des unruhigen Kranken ist nicht von ungefähr gewählt. In 6, 1, 1 erwartet Monnica, daß Augustins seelische *fluctuatio* sich bis zu einem kritischen Punkt steigern wird, und dabei ist auf medizinische Terminologie Bezug genommen: ... *quasi per accessionem, quam criticam medici vocant.* Zum Aufbau des 6. Buches, vgl. S. 480 ff.

[117] Vgl. schon 6, 5, 8: *ignorabam vel quid sentiendum esset de substantia tua vel quae via duceret vel reduceret ad te* ...

[118] 8, 1, 1: ... *et placebat via salvator ipse et ire per eius angustias adhuc pigebat* ...; *quis esset aptus modus sic affecto, ut ego eram, ad ambulandum in via tua.*

[119] 7, 1, 1: *iam mortua erat adulescentia* ... *et ibam in iuventutem.* Die zeitliche Gliederung nach *infantia, pueritia, adulescentia* und *iuventus* ist im ganzen bestimmend für die Gliederung in den ersten neun Büchern. Wenn jedoch PIZZOLATO das 10. Buch mit *declinatio o gravitas* und die letzten drei mit *senectus* charakterisiert und auf diese Weise den Gesamtaufbau einem chronologischen Prinzip unter-

nicht denken kann und deshalb nicht von der manichaeischen, körperhaft bestimmten Gottesvorstellung loskommt. Daß dies die wesentliche Ursache seines Irrens ist und daß damit der weitere Irrtum zusammenhängt, das Böse habe eine eigene — ebenfalls körperhafte — Substanz, wurde bereits in 5, 10, 19 f. gesagt. Jetzt bildet die zunehmende Bedrängnis durch diese beiden Probleme das Thema des ersten Teiles (7, 1, 1—7, 11). Dieser ist seinerseits durch den Abschnitt, der das Freiwerden vom astrologischen Aberglauben berichtet (7, 6, 8—6, 10), unterbrochen. Eingeleitet und abgeschlossen wird er durch eine verbale Wendung im Plusquamperfekt (7, 6, 8: *reieceram*; 7, 11: *illis vinculis solveras*). Dies besagt, daß Augustin schon etwas früher von der Astrologie loskam; es handelt sich also um eine nachträgliche Feststellung. Sachlich paßt diese Gestaltung trefflich in den Zusammenhang des 7. Buches, das durchweg von Erkenntnisfortschritten handelt, andererseits hätte sie nicht in das 6. Buch gepaßt, das, wie schon angedeutet, die dauernde seelische *fluctuatio* zum Gegenstand hat. Wir haben also hier, ähnlich wie im 4. Buch, das Prinzip, die chronologische Reihenfolge gegenüber den gedanklichen und sachlichen Zusammenhängen zurückzustellen. Dabei ist eine Art Ringkomposition durchgeführt, da unmittelbar vor 7, 6, 8 und dann wieder in 7, 7, 11 das Festhalten an bestimmten Glaubensüberzeugungen und speziell an Christus betont wird[120], außerdem vor 7, 6, 8 und sofort mit 7, 7, 11 das Problem *unde malum* im Mittelpunkt steht. Eine ähnliche Gestaltung findet sich schon im 1. Buch: Hier ist der Bericht von Augustins erster Berührung mit dem Christentum und seine lebengefährliche Erkrankung von der Erzählung seiner Abneigung gegen das Lernen und dem gegen ihn angewandten Zwang umschlossen (1, 11, 17/18)[121]. Ähnliches findet sich im 6. Buch: Hier geht Augustin von dem gemeinsamen Klagen Augustins und seiner Freunde Alypius und Nebridius zu einer Charakteristik der beiden Freunde über und kehrt dann sofort zu diesen Klagen zurück (6, 7, 11—

wirft (Le Confessioni di S. Agostino 1968, 112; 127), so ist dies in keiner Weise aus dem Text zu begründen.

[120] 7, 5, 7 fin.: *stabiliter tamen haerebat in corde meo in catholica ecclesia fides Christi ...*; 7, 11: *... in Christo ... atque in scripturis sanctis quas ecclesiae tuae catholicae commendat auctoritas ... his itaque salvis atque inconcusse roboratis in animo meo ...*; zu beachten ist übrigens die größere Ausführlichkeit und Entschiedenheit an der zweiten Stelle.

[121] Vgl. 1, 9, 15 und den Beginn von 1, 12, 19: *... non amabam litteras et me in eas urgeri oderam; et urgebar tamen ...*

10, 17)[122]. Der erste Teil des 7. Buches erhält im übrigen auch noch insofern eine Umrahmung, als sich Augustin an seinem Beginn und an seinem Ende beim Denken an Gott körperliche Phantasmen aufdrängen (7, 1, 1; 7, 11). Daß die Bedrängnis dabei wächst, zeigt die Lektüre des einleitenden und abschließenden Paragraphen. Unmittelbar darauf greift dann Gott gnädig ein, und es beginnt ein neuer Buchteil (7, 8, 12).

Der Übergang selbst ist fließend: Augustin hat seine Irrtümer als *tumor* und Verfinsterung des Auges gekennzeichnet, in 7, 8, 12 aber heißt es dann, der *tumor* sei durch die ärztliche Pflege Gottes zurückgegangen und die Verfinsterung der Augen sei *acri collyrio salubrium dolorum* geheilt worden[123]. Andererseits weisen die Worte *deformia mea* auf die in 7, 5, 7 beiläufig gemachte Bemerkung zurück, daß Augustins damalige Vorstellung von Christus noch *informis et praeter doctrinae normam fluitans* war. Sie wird sich, wie 7, 19, 25 erweist, noch im 7. Buch klären.

Die im 7. Buch schließlich gewonnenen Erkenntnisse sind alle das Ergebnis einer allmählichen Entwicklung. Dies wird an einigen parallelen Formulierungen sichtbar: Zunächst entspricht den Worten *de die in diem* von 7, 8, 12 die Wendung *in dies magis magisque* von 7, 5, 7 im Zusammenhang mit der Festigung bestimmter christlicher Grundüberzeugungen. Außerdem werden die beiden entscheidenden Schritte innerhalb des 7. Buches, nämlich die Erkenntnis der Immaterialität Gottes und die Zuwendung zu Christus als dem Mittler zwischen Mensch und Gott jeweils am Beginn der ihnen zugeordneten Dispositionsteile, die den Rest des Buches füllen (7, 9, 13—17, 23; 18, 24—21, 27) mit einem *donec* als Abschluß eines vorhergehenden zeitlichen Ablaufs charakterisiert[124]. Im Anschluß an den *donec*-Satz wird dann — wiederum

---

[122] 6, 7, 11 in.: ... *congemescebamus in his, qui simul amice vivebamus et maxime ac familiarissime cum Alypio et Nebridio ista conloquebar;* 6, 10, 17: ... *et erant ora trium egentium et inopiam suam sibi invicem anhelantium ... occurrebant tenebrae et aversabamur gementes* ...

[123] Auf die zugrundeliegende Metaphorik kann hier ebensowenig eingegangen werden wie auf Herkunft und Bedeutung der einzelnen Vorstellungen. Die Vorstellung der Augenkrankheit und das mit ihr verbundene Motiv *tenebrae* ist wegen der *visio* in 7, 10, 16 (... *lucem inocommutabilem, non hanc vulgarem* ...) treffend gewählt; dort taucht dann auch die Vorstellung vom *oculus animae* (ὄμμα ψυχῆς) auf, die eine lange Geschichte hat. Wichtig für die Erklärung der Stelle ist auch, daß im 3. Buch gerade bei der Abwendung von der Heiligen Schrift und der Zuwendung zum manichaeischen Irrglauben das Stichwort *tumor* fällt (3, 5, 9).

[124] 7, 8, 12: *et stimulis internis agitabas me ..., donec mihi per interiorem aspectum*

parallel — geschildert, was den dazugehörigen Erlebnissen, der *visio*
Gottes und der Lektüre des Apostels Paulus vorausging: im ersten Fall
ist es die Lektüre neuplatonischer Schriften, im zweiten die Bemühung,
ohne die nötige Demut eine feste, dauernde Beziehung zu Gott zu
finden, und ein durch die *visio* ausgelöstes falsches Gefühl innerer
Sicherheit (7, 18, 24; 20, 26). Daß hier eine ganz überlegt durchgeformte
Gestaltung vorliegt, der bis ins Einzelne nichts Beliebiges und Zufälli-
ges anhaftet, wird sich schwer bestreiten lassen. Aber es gibt hierfür
weitere Belege, die überdies wesentlich zum Verständnis des Gehalts
beitragen.

Der Buchteil, der die beiden positiven Schritte in Augustins Entwicklung erzählt, das heißt also der gesamte von 7, 9, 13 bis zum
Schluß, ist eingerahmt von einer massiven Kritik heidnischer — neuplatonischer — Philosophie, die zwar manches mit christlicher Lehre
gemein hat, der aber Wesentliches, ja das Wesentlichste fehlt, nämlich
Christus, dessen Bedeutung vor allem im Anschluß an Joh. 1, 1 ff. entwickelt wird (7, 9, 13—9, 15; 21, 27)[125]. Auch im Wortlaut wird der
Rahmencharakter insofern deutlich, als die Wendung des Schlußparagraphen (7, 21, 27: *hoc illae litterae non habent; non habent illae
paginae ...*) an ähnliche Formulierungen von 7, 9, 13 f. (*non ibi legi ...
non habent illi libri ... non est ibi ...*) erinnert und natürlich auch
erinnern soll. Im Dienst der Kritik an der Philosophie und als Hinweis
auf die Notwendigkeit der *humilitas* dienen außerdem rahmende Bibelzitate, vor allem Matth. 11, 25 ff., das sowohl in 7, 9, 14 als auch in
7, 21, 27 erscheint. Die Bedeutung gerade dieses Zitats erhellt daraus,
daß es in der Mahnung Simplicians zur Nachfolge Christi gleich am
Anfang des 8. Buches erneut aufgenommen wird (8, 2, 3). Auch die
einleitende Kritik an der Philosophie (7, 9, 13—9, 15) wird durch
rahmende Zitate aus der Schrift gestützt, zu Beginn ist es 1. Petr. 5, 5
beziehungsweise Jac. 4, 6, die auch sonst an markanten Stellen der Confessionen auftauchen[126], gegen den Abschluß hin Röm. 1, 21 ff., das
ebenso wie das Matthäus-Zitat am Anfang des 8. Buches wieder er-

---

certus esses; 18, 24: *et quaerebam viam comparandi roboris, quod esset idoneum
ad fruendum te, nec inveniebam, donec amplecterer mediatorem Dei et hominum ...*

[125] Am wichtigsten sind dabei innerhalb der Johanneszitate die Worte *verbum caro
factum*, die nicht weniger als viermal zitiert werden (7, 9, 13; 9, 14; 18, 24; 19, 25).
[126] 1, 1, 1; 4, 3, 5; 15, 26; 10, 36, 59.

scheint (8, 1, 2). Schließlich gibt es noch eine motivische Rahmung für den Gesamtabschnitt: Er beginnt nämlich mit dem Hinweis auf die *via humilitatis*, die Christus ist, und schließt mit eben diesem Motiv (7, 9, 13; 21, 27 fin.), das sich auch noch darüber hinaus in 7, 18, 24; 20, 26 und vorher schon in 7, 7, 11 findet. Augustin hat somit — trotz der Anerkennung einer mehrfachen Berührung der neuplatonischen Philosophie mit dem Christentum — in einer ungewöhnlich nachdrücklichen Weise deren *superbia* beziehungsweise ihren Mangel an *humilitas* durch die kompositionelle Gestaltung sichtbar gemacht.

Als Ziel der von Gott gewollten Entwicklung im 7. Buch wird in 7, 8, 12 die Beseitigung von Augustins *tumor* bezeichnet. Von ihm war besonders im 3. Buch und im Zusammenhang mit Augustins Ablehnung der Heiligen Schrift und seiner Zuwendung zum Manichaeismus die Rede[127]. Da aber die Philosophie ebenfalls durch *superbia* und *tumor* gekennzeichnet ist, so führt das durch sie angeregte, letztlich aber natürlich durch Gott bestimmte *redire ad semet (memet) ipsum*[128] und die darauf folgende *visio* zunächst nicht zur Beseitigung dieses *tumor* und kann auch gar nicht dazu führen[129]. Im Gegenteil: Augustin kommt sich danach als Weiser vor und ist aufgeblasen aufgrund seines neuen Wissens (7, 20, 26: ... *coeperam velle videri sapiens ... et inflabar scientia*)[130], bis schließlich die Wendung zu Christus, dem *mediator Dei et hominum* erfolgt[131]. Dies besagt zugleich, daß die Lektüre des Paulus gegenüber der im selben Buch berichteten *visio* Gottes eine wesentlich

---

[127] 3, 5, 9: *tumor meus; turgidus;* 6, 10: *itaque incidi in homines superbe delirantes;* 8, 16: *privata superbia;* 12, 21: ... *eo quod inflatus essem novitate haeresis illius;* vgl. außerdem 3, 3, 6: ... *gaudebam superbe et tumebam tyfo.*

[128] Vgl. 7, 8, 12 und 7, 9, 13: *et primo volens ostendere mihi* ...; F. E. v. FLETEREN, Aug. Stud. 1974, 39 meint, auch die Worte *inde admonitus* ... von 7, 10, 16 bezögen sich auf Gott, und er stützt diese Deutung durch eine Reihe analoger Verwendungen des Wortes *admoneri* bei Augustin. Im Hinblick auf 7, 20, 26 *(lectis Platonicorum illis libris posteaquam inde admonitus* ...) scheint mir dies nicht wahrscheinlich; letztlich steht freilich trotzdem Gott hinter dem *admoneri* von 7, 9, 13, denn er hat gefügt, daß Augustin die Bücher der *Platonici* in die Hände bekam (7, 9, 13).

[129] Zur Kritik an der *superbia* der Philosophie vgl. auch Serm. 141, 2, 2; 241, 3, 3.

[130] Vgl. auch 7, 20, 26: ... *nisi in Christo ... viam tuam quaererem, non periturus, sed periturus essem.*

[131] Von Christus, dem Wort, heißt es dagegen in 7, 18, 24: ... *sanans tumorem et nutriens amorem, ne fiducia sui progrederentur longius* (sc. *humiles*), und in 7, 20, 26: ... *cum postea in libris tuis mansuefactus essem.*

höhere Bedeutung zukommt[132]. Im Grunde ist diese Feststellung im Hinblick auf die Rolle der *fides* in Augustins Denken selbstverständlich[133], sie zu machen aber insofern notwendig, als die in 7, 10, 16 beschriebene *visio* in ihrem Ablauf nicht von der gemeinsam mit der Mutter in Ostia erlebten verschieden ist[134], die als Höhepunkt und Ziel der Confessionen bezeichnet wird. Offenbar muß deren Bedeutung in einer anderen Richtung liegen.

Die eben gemachte Feststellung ist natürlich nur dann sinnvoll und berechtigt, wenn die *visio* — oder die *visiones*[135] — des 7. Buches eine wirkliche Schauung Gottes waren und nicht etwa vaines tentatives d'extase, die Augustin entmutigten und aus denen heraus er sich dann im 8. Buch an Simplician wendet, wie dies COURCELLE behauptet[136]. Um zunächst mit dem Einfachsten zu beginnen: Nach Augustins Darstellung findet zweifellos wenigstens eine einzige *visio* statt, die freilich nur von kurzer Dauer ist (7, 10, 16). Gott hat dabei als Helfer Augustin geführt, so daß er dazu imstande war[137]. Ehe er dann von Gott wieder zurückgestoßen wird, weil er in seiner Gottferne das Strahlen des göttlichen Lichts nicht ertragen kann, bricht er zunächst in Erinnerung an das damals Gesehene in einen Jubelruf aus[138]. Daß die *visio* als etwas Positives angesehen werden soll, ergibt sich weiter daraus, daß Augustin seinen Bericht mit einem Psalmwort (29, 11: *factus es adiutor meus*) beginnt, und daß — natürlich wieder beabsichtigt — mit demselben Psalmwort in 7, 7, 11 die Befreiung vom astrologischen Irrglauben abgeschlossen ist[139]. Im Zusammenhang mit der *visio* glaubt Augustin

---

[132] Andererseits besteht aber eine gewisse Parallelität zwischen der Wirkung der *visio* und der Pauluslektüre; vgl. 7, 10, 16: . . . *et contremui amore e t horrore;* 7, 21, 26: . . . *et exultare c u m tremore didici* (Ps. 11, 7). Es handelt sich bei der Verbindung dieser Vorstellungen um ein religiöses Grunderlebnis; parallele Äußerungen in den Confessionen: 9, 4, 9; 11, 9, 11; 12, 14, 17.

[133] Zur augustinischen Nuancierung des *humilitas*-Begriffs vgl. besonders RAC 3, 771 ff. s. v. Demut (DIHLE).

[134] So mit Recht COURCELLE a. O. 223.

[135] COURCELLE a. O. 157 ff. redet von vaines tentatives d'extases beziehungsweise une serie d'élévations; anerkannt von SOLIGNAC a. O. 1, 63; 200 (tentatives milanaises); DOENT a. O. 352 (Reihe von Versuchen). THEILER, Prophyrios und Augustin 1933, 62 f. meint dagegen, es lägen zwei verschiedene Schilderungen des Porphyrios über einen *ascensus* zugrunde; ebenso Gnomon 1953, 120.

[136] COURCELLE a. O. 169 und A. 3; 253.

[137] 7, 10, 16: . . . *intravi in intima mea duce te et potui . . .*

[138] 7, 10, 16: *o aeterna veritas et vera caritas et cara aeternitas . . .*

[139] *iam itaque me, adiutor meus, illis vinculis solveras . . .*

außerdem, zweimal die Stimme Gottes zu hören — *sicut auditur in corde*. Die zweite Äußerung ist dabei die Antwort auf eine Frage, und aus ihr wird Augustin das immaterielle und überzeitliche Sein Gottes überwältigend klar, so sehr, daß er jetzt eher an seinem eigenen Dasein zweifelt als am Sein der *veritas, quae per ea, quae facta sunt, intellecta conspicitur* (Röm. 1, 20)[140]. Blickt man von hier zurück auf 6, 4, 6, wo Augustin erklärt, er habe über die Dinge, die er nicht sehen könne, so sicher werden wollen wie darüber, daß die Summe von sieben und drei zehn ist, und an 5, 10, 19, wonach die — manichaeische — Vorstellung eines körperhaften Gottes die beinahe einzige Ursache all seiner Irrtümer war, so ergibt sich, daß die *visio* von 7, 10, 16 einen absolut positiven Sinn haben muß[141], und zwar nicht nur an und für sich, sondern mindestens ebensosehr aufgrund der dadurch Augustin vermittelten Erkenntnis. Augustin hat dies auch durch seine Gestaltung sichtbar gemacht: Die enttäuschende Einsicht in die eigene Gottesferne wird nämlich von den positiven Aussagen über die Schauung Gottes und die Erkenntnis seiner Immaterialität umrahmt, ein Prinzip der Komposition, das sich bisher in großen und kleineren Zusammenhängen immer wieder beobachten ließ[142].

Die durch die *visio* ausgelöste Erkenntnis setzt die Aufzählung der in bezug auf Christentum und astrologische Irrlehre gewonnenen festen Überzeugungen fort. In der Folge schließen sich weitere Erkenntnisse an. Dies wird schon in der Abfolge der meist die entsprechenden Abschnitte einleitenden Verben deutlich: 7, 11, 17: *et inspexi et vidi ...*; 12, 18: *et manifestatum est mihi ...; itaque vidi et manifestatum est mihi ...*; 14, 20: *... et evigilavi in te et vidi ...*; 15, 21: *et respexi alia et vidi ...; et vidi ...*; 16, 22: *et sensi expertus ...*; 17, 23: *et mirabar ... neque ullo modo dubitabam ... eramque certissimus ... inveneram*. Auch in dem mit 7, 18, 24 beginnenden Dispositionsteil, der schließlich zur Pauluslektüre führt, ist immer wieder von gewonnenen Einsichten die Rede; zunächst noch einmal in den auf die *visio* zurückgreifenden 7, 20, 26: *... conspexi et repulsus sensi ... certus ... certus quidem*, vor allem aber in 7, 21, 27, wo es anläßlich der Pauluslektüre heißt: *... et perierunt*

---

[140] Diese Stelle ist im 7. Buch noch mehrfach zitiert; vgl. 7, 17, 23; 20, 26; vgl. außerdem 10, 6, 10. — Zum Gedanken Augustins vgl. auch ep. 4, 2 fin.
[141] So auch FLETEREN a. O. 53, der COURCELLES Auffassung explizit ablehnt.
[142] 7, 10, 16 in. und fin.

illae quaestiones, und die Reihe der Verben mit *apparuit, didici* und *coepi et inveni* fortgesetzt wird. Der Schlußsatz des Buches schließlich, der die Wirkung der Lektüre zusammenfaßt, beginnt mit den Worten *haec mihi inviscerabantur miris modis.* An die Erkenntnisse des 7. Buches knüpft dann das 8. an; dies zeigen die Formulierungen *certus eram* und *dubitatio omnis ablata est* von 8, 1, 1 (vgl. 8, 7, 18). Außerdem nehmen hier die Worte *inhaeserant praecordiis meis verba tua* direkt auf den Schlußsatz des 7. Buches Bezug, ein neuer Beweis für die Verbindung von Buchschluß und Beginn des darauffolgenden Buches[143]. Aufgrund dieser Beobachtungen ist es schon jetzt, wie ich meine, klar, daß das 7. Buch mit völlig einheitlicher Thematik die Fortschritte von Augustins Erkenntnissen enthält, und es ist unbegreiflich, wie COURCELLE von einer durch die *visio* verursachten Entmutigung sprechen kann, aufgrund deren sich Augustin im 8. Buch an Simplicianus gewendet habe (a. O. 253). Im 8. Buch geht es nur noch darum, daß der Weg *(via)*, über den Klarheit besteht, auch wirklich betreten wird: *et placebat via ipse salvator et ire per eius angustias adhuc pigebat*[144]. Trotz aller Bedeutung, die dem *tolle-lege*-Erlebnis zukommt, ist es nur der abschließende Schritt einer *conversio,* die bereits im 7. Buch mit aller Deutlichkeit eingesetzt hat[145].

Bei der Wahl der eben zitierten Verben dominieren die Aspekte des Sehens, Erfahrens und Offenbarwerdens. Schon aus diesem Grund liegt die Annahme nahe, daß Augustin alle durch sie bezeichneten Erkenntnisse letztlich als Ergebnis und Konsequenz der in 7, 10, 16 geschilderten und an die neuplatonische Lektüre anschließenden *visio* verstanden wissen will. Am wichtigsten ist dabei die Einsicht, daß alles, was niedriger steht als Gott, der das unveränderliche Sein und höchstes Gut ist, aufgrund seiner Wandelbarkeit nur in beschränkter Weise am Sein teil hat. Andererseits ist es eben insoweit auch gut, das *malum* dagegen kann

---

[143] Für die Beziehung zwischen dem 7. und 8. Buch ließen sich noch mehr Beobachtungen anführen, auf die es aber in diesem Zusammenhang nicht ankommt.

[144] Vgl. außerdem 8, 1, 1 fin.: *ad ambulandum in via tua ...*; 7, 18: *... contempta spe saeculi te solum sequi;* nach O'CONNELL a. O. 93 (Zitat in A. 25) geht es im 8. Buch nur noch um Augustins Lebensstil als Katholik.

[145] Es sollte deshalb der Begriff *conversio* nicht auf die Ereignisse des 8. Buches eingeengt werden; dies tut wieder das eben erschienene Buch von K. FLACH, Augustin 1980, 47 ff.; ebenso schon A. D. NOCK, Conversio, paperback edition 1961, 265 f.

keine Substanz haben, denn wäre es seiend, so wäre es ja gut (7, 12, 18)[146].
Eine weitere Einsicht, die schon in dem Zitat von Röm. 1, 20 in 7, 10, 16
und zu Beginn von 7, 9, 13 auftaucht, ist die, daß Gott alles geschaffen
hat, daß er aus dem Geschaffenen erkannt werden kann, und daß alles
Geschaffene gut ist, sowohl an und für sich als auch an seinem Platz in
Raum und Zeit und in der zugewiesenen Ordnung. Die manichaeische
Kritik an der Welt und die These zweier gegensätzlichen Substanzen,
einer guten und einer bösen, ist deshalb unbegründet (7, 14, 20). Unmittelbar aus der *visio* und dem, was darauf folgt, ergibt sich schließlich
auch die, wie Augustin sagt, keineswegs erstaunliche Erkenntnis der
eigenen Entfernung von Gott, für die sein bisheriges fehlerhaftes Leben
die Ursache ist (7, 16, 22 in Verbindung mit 7, 10, 16). Die Vorstellung,
daß das göttliche Brot einem kranken Gaumen nicht bekommt und daß
das göttliche Licht einem kranken Auge widerwärtig ist, sowie die weitere Erkenntnis, daß die *iniquitas*, die keine Substanz hat, eine *detortae
in infima voluntatis perversitas* ist, nehmen direkt auf die Motive und
Äußerungen von 7, 10, 16 Bezug.

Bis 7, 16, 22 ist die Linie der Erkenntnisse, wie die Abfolge der Per-
fekte zeigt, konsequent und parallel durchgeführt. Demgegenüber bringt
das in 7, 17, 23 vorangestellte *mirabar* schon rein formal einen Neueinsatz, obwohl *mirabar* zugleich an die Worte *non esse mirum* von
7, 16, 22 anknüpft: Aus der *visio* Gottes und der nicht verwunderlichen
Einsicht in die eigene Entfernung von ihm ergibt sich ein gewissermaßen
paradoxer Seelenzustand: Einerseits liebt Augustin Gott, nicht mehr nur
ein *phantasma* wie in der manichaeischen Zeit, und fühlt sich aufgrund
seiner Schönheit zu ihm hingezogen *(rapiebar)*, andererseits wird er aufgrund der *consuetudo carnalis* von ihm weggerissen *(diripiebar)*. Um
dies zu verstehen, vergegenwärtigt sich Augustin nun in der Erinnerung[147] die *visio*, wobei die sichere Überzeugung von Gottes immateriel-
lem Sein und der Möglichkeit der Gotteserkenntnis durch die Schöpfung
in den Vordergrund treten[148]. Zur Begründung seiner inneren Sicherheit
vergegenwärtigt er sich weiter den Weg, auf dem er zu Gott auftsieg

---

[146] Auf die zugrundeliegende philosophische Vorstellung kann hier nicht eingegangen
werden.

[147] 7, 17, 23: *sed mecum erat memoria tui neque ullo modo dubitabam esse, cui
cohaererem* ...; vgl. hierzu die Schlußworte von 7, 10, 16: ... *et non erat prorsus,
unde dubitarem.* ...

[148] ... *neque ullo modo dubitabam ... eramque certissimus* ...

31*

(*quaerens enim* ...). Daß es sich hier wirklich um ein Sicherinnern und nicht etwa um eine neue *visio* handelt, wird schon durch die zeitlich auf die *visio* von 7, 10, 16 zurückgreifende Plusquamperfekte *inveneram* und *veneram* bewiesen[149]. Auch das gegen Ende von 7, 17, 23 auftauchende Zeitadverb *tunc* und die zweimalige Wiederaufnahme des Zitats von Röm. 1, 20 aus 7, 10, 16 sowie die abschließende Formulierung *non mecum ferebam nisi amantem memoriam*, die auf die Worte *amabam* und *mecum erat memoria* zu Beginn des Paragraphen zurückweisen, bestätigen diese Auffassung. Ist sie aber richtig, so ergibt sich weiter, daß zum mindesten bis zu dieser Stelle nicht von mehrerem Versuchen ekstatischer Schau die Rede ist, wie dies COURCELLE und ihm folgend eine Reihe anderer Forscher meinen[150]. Bis hierher handelt es sich eindeutig um eine einzige, und zwar um die in 7, 10, 16 geschilderte Schau. Im übrigen ist es wohl begründet, daß Augustin erst hier ausführlich von dem schrittweisen (*gradatim*) Aufstieg zu Gott spricht. In 7, 10, 16 wäre durch diese Einzelheiten[151] das Überraschende, Überwältigende der Schau, auf das es Augustin ganz offenbar ankam, nicht in derselben Weise deutlich geworden. Nichts anderes als ein Bezug auf 7, 10, 16, keineswegs aber ein neuer Versuch einer *visio*, liegt schließlich in 7, 20, 26 vor. Auch hier weisen die Worte *tunc* ... *posteaquam* und der Bezug auf die Lektüre der *Platonicorum libri* eindeutig auf das frühere Erlebnis zurück, ebenso die Wendung *inde admonitus*, die an den Beginn von 7, 10, 16 erinnert, schließlich das neuerliche Zitat von Röm. 1, 20 und der Gesamtcharakter der hier gemachten Aussagen, die ebenso wie in 7, 10, 16 und 7, 17, 23 in der Antithese *certus* ... *certus quidem* ... und *nimis tamen infirmus* ... zum Ausdruck kommt. Überhaupt darf man fragen, welchen Sinn es gehabt hätte, mehrere Erlebnisse zu schildern, die absolut parallel verlaufen, dabei aber nicht eigens zu erwähnen, daß es wirklich mehrere Erlebnisse waren, und welches der Sinn der Wiederholung beziehungsweise des Berichts über die Wiederholung ist.

---

[149] Vgl. das auf S. 464 über das Loskommen von der Astrologie Ausgeführte.
[150] Vgl. S. 468 A. 135.
[151] Die Vorstellung *gradatim* ist aber auch in 7, 10, 16 in gewisser Weise gegenwärtig: *redire ad memet ipsum; intravi in intima mea; vidi qualicumque oculo animae meae supra eundem oculum animae meae;* auch das Zitat von Röm. 1, 20 (... *[veritatem], quae per ea, quae facta sunt, intellecta conspicitur*) weist, so wie es Augustin versteht, in diese Richtung.

Wie bereits festgestellt, hat Augustin im 7. Buch die Festigkeit bestimmter christlicher Grundüberzeugungen von Anfang an stark betont[152]. Dem entspricht, daß die Schilderung der *visio* in 7, 10, 16 von
einer Reihe von Bibelzitaten begleitet wird, und zwar werden gerade die
wesentlichsten Erkenntnisse, die sich aus der *visio* ergeben, in die Form
eines Zitats gekleidet: Sie betreffen Gottes überzeitliches Sein, die eigene
Unzulänglichkeit und schließlich die Möglichkeit, den Schöpfer aus seiner
Schöpfung zu erkennen[153]. Hinzukommt, daß die Schilderung der *visio*
bekanntermaßen charakteristisch verschieden von einem neuplatonischen
ascensus ist. Am wichtigsten ist dabei die Vorstellung von Gott als Person und Weltschöpfer sowie die weitere, daß das überhimmlische Licht
nicht verschieden von der Wahrheit ist — und diese ist natürlich zugleich
Christus (7, 9, 13; Joh. 1, 1—5). FLETEREN, der diese und andere Unterschiede namhaft macht[154], weist darüber hinaus noch darauf hin, daß der
Satz *cibus sum grandium* ... die Vorstellung der Eucharistie enthält[155];
in 7, 18, 24 heißt es denn auch, Christus habe die Speise *(cibus)*, die
Augustin zu nehmen nicht die Kraft hatte, dem Fleisch verbunden (Joh.
1, 14 in Verbindung mit 7, 16, 22); hier ist das Fleischwerden des Gottessohnes und die Eucharistie gleichermaßen gegenwärtig. Im Zusammenhang damit steht natürlich, daß Augustin den Kult der *idola*, den er bei
den Platonikern fand, nicht akzeptierte, oder, wie es in 7, 9, 15 im Anschluß an Exod. 32, 1 ff. ausgedrückt ist, anders als Esau die Speise der
Ägypter nicht aß[156]. Schon vorher im 3. Buch (6, 10) ist die Lehre der
Manichaeer mit einer Speise verglichen, die nicht nährt[157]. Die Vorstellung der sakramentalen Speise findet sich dann ganz direkt am Abschluß des 10. Buches (43, 69 fin.). Die Worte *cibus sum grandium;
cresce et manducabis me* ... enthalten aber noch weitere, damit zusammenhängende Nuancen: Wie 7, 18, 24 zeigt, gewinnt Augustin die Stärke,
die ihm in 7, 10, 16 fehlte, nicht etwa dadurch, daß er eine tiefere Gewißheit durch eine neue *visio* bekäme, sondern dadurch, daß er in
Christus, dem Fleisch gewordenen Gott, den Mittler zwischen Mensch
und Gott findet, dadurch zur Einsicht in die Notwendigkeit der *humili-*

---

[152] Vgl. S. 466 f.
[153] Exod. 3, 14; Ps. 38, 12; Röm. 1, 20.
[154] FLETEREN a. O. 44; 48 f.; 54 f.
[155] a. O. 48.
[156] Zum Gedankengang, der wieder durch Paulus (Röm. 1, 23 f.) bestimmt ist, vgl.
außerdem Serm. 141.
[157] Vgl. 3, 6, 11 und das in A. 104 zu 4, 1, 1 Ausgeführte.

tas geführt wird und seine Schwachheit bekennt, um stark zu werden[158]. Es ist also in der Rede Gottes schon ein Hinweis auf den weiteren Erkenntnisschritt enthalten, der bei der Pauluslektüre erfolgt. Außerdem enthalten die Worte *cresce et manducabis me* ... eine Paraenese, ja sogar so etwas wie eine Verheißung. Auch hier wirkt also die göttliche Gnade. COURCELLES These einer Entmutigung Augustins aufgrund der *visio* ist wirklich ganz unhaltbar[159].

Schon nach dem Überblick über zwei Bücher läßt sich, wie ich meine, feststellen, daß ihnen im Thematischen und Formalen eine außergewöhnliche Einheitlichkeit und Geschlossenheit zukommt. Die Bücher sind in Abschnitte gegliedert und die Abschnitte thematisch und formal aufeinander bezogen und miteinander verbunden. Die Einsätze und Abschlüsse sind trotz der gleitenden Übergänge klar erkennbar. Am Anfang und Ende der Bücher erfolgt gern eine Art zusammenfassender Charakteristik des Inhalts, außerdem finden sich Vorbereitungen auf das nächstfolgende Buch am Ende des vorhergehenden und eine Anknüpfung an dies Ende beim Beginn des nächsten Buches[160]. Einer besonderen Beliebtheit erfreut sich das Prinzip der Rahmung. Maßgebend für die Gestaltung ist jedoch überall der Inhalt beziehungsweise die Bedeutung dessen, was gesagt werden soll. Bei aller formalen Vollendung, die man nie hätte übersehen dürfen und die in diesem Betracht die Confessionen ganz und gar als ein antikes Buch erscheinen läßt, gibt es nirgends Kompositionselemente, deren Sinn und Notwendigkeit nicht von der Sache her einsehbar wäre. Was speziell das 7. Buch anbelangt, so ist es für dieses bezeichnend, daß der Einfluß christlicher und neuplatonischer Elemente nicht voneinander getrennt werden kann: Die Philosophie trifft, so wie Augustin darstellt, auf eine bereits feststehende, wenn auch nicht im einzelnen präzisierte christliche Grundeinstellung. Die Komposition bestätigt somit eine Erkenntnis der modernen Forschung, die bereits von anderen Ausgangspunkten her gewonnen wurde[161]. Im Grundsätzlichen sind die Confessionen auch gar nicht verschieden von der Darstellung in

---

[158] Vgl. besonders 7, 18, 24; sehr bezeichnend die Formulierung von 3, 6, 10 (... *amor meus, in quem deficio, ut fortis sim*) oder 10, 3, 4 (... *dulcedine gratiae tuae, qua potens est omnis infirmus, qui sibi per ipsam fit conscius infirmitatis suae*). Aber es gibt natürlich wie immer bei diesen Grundüberzeugungen viel mehr Belege.

[159] Ebenso in ganz anderem Zusammenhang FLETEREN a. O. 53.

[160] Diese Beobachtung wird sich in der Folge noch weiter bestätigen.

[161] Vgl. das auf S. 436 ff. Ausgeführte.

C. Ac. 2, 2, 5[162]. Schon dort heißt es, die Religion sei ihm von Kindheit an eingepflanzt und mit seinem Innersten verwachsen *(medullitus implicata)*. Nach der Lektüre neuplatonischer Schriften greift er dann begierig zum Apostel Paulus und liest ihn ganz durch *(perlegi totum intentissime et castissime)*. Eine gründliche Lektüre des Apostels setzt auch das 7. Confessionenbuch voraus und durch 8, 6, 14 wird dies bestätigt: Hier findet Pontician auf Augustins Tisch einen Codex des Paulus, und als er sich darüber verwundert, erklärt dieser, er verwende auf die Schriften des Apostels ein ganz intensives Studium *(illis me scripturis me maximam curam impendere)*. Natürlich ist dies Studium zu trennen von dem späteren Aufschlagen des Codex nach dem *tolle-lege*-Erlebnis, bei dem nur eine einzige Stelle gelesen wird. COURCELLE rückt Conf. 8, 6, 14 und C. Ac. 2, 2, 5 zu Unrecht zusammen und meint, sie bezögen sich auf denselben Moment und auf dieselbe Situation[163]. Das Richtige, daß nur Conf. 7, 21, 27 mit C. Ac. 2, 2, 5 zusammengehört, steht schon in MISCHS Geschichte der Autobiographie[164]. Für COURCELLES damit zusammenhängende Auffassung, daß erst Simplician Augustin die Lektüre des Paulus nahegelegt habe[165], findet sich überdies weder in den Frühschriften noch in den Confessionen ein Anhaltspunkt; sie ist rein willkürlich.

Ich kehre zur Beobachtung der Komposition einzelner Bücher zurück. Da ist zunächst auffallend, daß das Gliederungsprinzip der zusammengehörigen Bücher 7 und 8, wonach das erste die geistig-religiöse Problematik, das zweite das aus ihr sich ergebende Problem der äußeren Lebensführung behandelt, auch als Prinzip der Zweiteilung zweier Einzelbücher, nämlich des 6. und 10. Buches dient. Das 10. ist durch die Themenangabe von 10, 3, 4 *(quis ego sim, non quis fuerim)*[166] als Einheit gegenüber den vorhergehenden abgegrenzt. KNAUER hat für das 10. Buch als immer wiederkehrende Leitmotive die Begriffe *spes* und *misericordia*, die Vorstellung von Gott als Arzt sowie dazugehörige Psalmenzitate aufgewiesen und auch die Gliederung des Buches skizziert[167]. In Ergänzung hierzu ist folgendes festzustellen: Ein zweigliedriger Aufbau wird

---

[162] Vgl. auch De beata vita 1, 4.

[163] a. O. 308 f. und 309 A. 1.

[164] I 2 1950, 645 A. 2; vgl. auch THEILER, Gnomon 1953, 121.

[165] a. O. 253; ebenso schon HENRY a. O. 250.

[166] Vgl. schon 10, 3, 3 *(quid a me quaerunt audire, qui sim ...)* und 10, 3, 4 *(sed quis adhuc sim ecce in ipso tempore confessionum mearum ...)*.

[167] a. O. 144 ff.; besonders 145 A. 2.

bereits in den ersten Sätzen von 10, 1, 1 deutlich: Der erste Teil wird nämlich von der Erkenntnis Gottes beziehungsweise dem Weg zu ihm handeln[168], der zweite von der Lebensführung Augustins, die von vornherein in ihrer Fragwürdigkeit charakterisiert ist[169]. Der erste Teil (10, 6, 8) beginnt mit den Worten *non dubia, sed certa conscientia, domine, amo te* und sein letzter Abschnitt nimmt mit dem wiederholten *sero te amavi* ...[170] auf diesen Beginn Bezug (10, 27, 38). Es ist wieder das für Augustin bezeichnende Prinzip der Rahmung. Anschließend sagt Augustin: eine völlige Vereinigung mit Gott, ein *inhaerere Deo ex omni me* ist erst im jenseitigen Leben möglich (10, 28, 39). Gott erfüllt ihn jetzt noch nicht ganz, und so weisen die Worte *contendunt laetitiae meae flendae cum laetandis maeroribus* in Inhalt und pointierter Formulierung auf die ebenfalls pointierte Formulierung von 10, 1, 1 zurück. Gleichzeitig hat aber an dieser Stelle — ebenso allmählich wie beim Übergang zur Schrift De pulchro et apto im 4. Buch — bereits der zweite Teil des 10. Buches eingesetzt. Er knüpft nach dem zentral stehenden Psalmzitat *ei mihi, Domine, miserere mei* und nach den die vorhergehende Formulierung abwandelnden Worten *contendunt maerores mei mali cum gaudiis bonis et ex qua parte stet victoria nescio* vor allem an den bei Augustin immer wiederkehrenden Satz von Hiob 7, 1 *temptatio est vita humana super terram* an. Dann behandelt er im Anschluß an die Gliederung von 1. Joh. 2, 16 die dreifache Versuchung des Menschen in dieser Welt, die *concupiscentia carnis*[171], die *concupiscentia oculorum* (= *curiositas*) und die *ambitio saeculi* (30, 41 ff.). Die Tugend, die ihnen gegenübersteht, ist die *continentia*, die, in 8, 11, 27 personifiziert, Augustin gemahnt hat, im Vertrauen auf Gott auf die Welt zu verzichten[172]. Natürlich ist auch in dem bereits früher zitierten Satz *minus te amat, qui tecum aliquid amat, quod non propter te amat* (10, 29, 40) der

---

[168] 10, 1, 1: *cognoscam te ... cognoscam, sicut et cognitus sum ...*

[169] 10, 1, 1: *cetera vero vitae huius tanto minus flenda, quanto magis fletur, et tanto magis flenda, quanto minus fletur in eis.*

[170] Vgl. zu diesem Satz COURCELLE a. O. 441 ff.

[171] Sie ist differenziert nach den Sinneseindrücken. Sehr bezeichnend ist, daß Augustin am Ende des ersten Buchteiles auch die Wirkung Gottes auf den Menschen ebenso, das heißt ebenfalls nach Sinneseindrücken differenziert: *vocasti et clamasti ... splenduisti ... flagrasti ... duxi spiritum ... gustavi et esurio et sitio ... tetigisti me.* Auf die dahinter stehende mystische Vorstellungswelt kann nur hingewiesen werden.

[172] Zur *continentia* als Grundtugend, mit der sich der Mensch *ab amore huius saeculi* fernhält, vgl. auch 13, 21, 29; 21, 30; 22, 32; 25, 38; 26, 40; 34, 49.

1. Johannesbrief, besonders 2, 15 gegenwärtig, wo die Liebe zu Gott und die Liebe zur Welt als Gegensätze gegeneinander gestellt werden. Darüber hinaus gehört die hier vorliegende Zweiteilung des Buches zu einem Begriffspaar, das positiv durch die Worte *sapientia* und *continentia*, negativ durch die Worte *errores* und *concupiscentiae* umschrieben werden kann und bei Augustin immer wieder begegnet[173]. Im 6. Buch wird die daraus sich ergebende Gliederung am besten im Schlußsatz von 6, 5, 8 deutlich, der, ebenso wie die eben erwähnte Wendung des 10. Buches, eine Art gleitenden Übergang darstellt: *cogitabam haec et aderas mihi, suspirabam et audiebas me, fluctuabam et gubernabas me, ibam per viam saeculi nec deserebas*[174]. Schon im 6. Buch ist auch zu erkennen, daß die Probleme der religiösen Erkenntnis und der Lebensführung eng zusammengehören, da der *error* ein Sichentfernen von Gott und deshalb eine Sünde ist, andererseits die Wandlung von Augustins Lebensführung davon abhängt, daß seine religiösen Erkenntnisse Sicherheit gewinnen.

Im zweiten Teil des 10. Buches stellt Augustin fest, daß er zwar im Laufe der Zeit gewisse Fortschritte gemacht hat[175], im ganzen aber auf Gottes Erbarmen und Hilfe angewiesen ist[176]. Dem entsprechen die abschließenden Worte von 10, 39, 64: ... *vulnera mea magis subinde a te sanari quam mihi non infligi sentio*. In 10, 40, 65 beginnt dann ein Résumé, das die beiden Teile noch einmal überblickt und in dem Urteil gipfelt: *hic esse valeo nec volo, illic volo nec valeo, miser utrobique*. Inhalt und pointierte Formulierung weisen auf die Wendungen von 10, 1, 1 und 10, 28, 39 zurück und umrahmen so gewissermaßen mit diesen zusammen das Buch und die beiden Buchteile. In dieser verzweifelten Lage schaut sich Augustin nach einem Helfer um, der ihn mit Gott versöhnen könnte (10, 42, 67) und findet ihn in Christus, dem Mittler zwischen Mensch und Gott. Er ist seine einzige Hoffnung, heilt alle seine Gebrechen und ohne ihn müßte Augustin verzweifeln (10, 43, 69).

Wie schon dieser kurze Überblick zeigt, hat auch das 10. Buch einen einheitlichen Plan und weist Gestaltungsprinzipien auf, die an anderen

---

[173] Vgl. etwa De bono viduitatis 17, 2: *magna ista sunt duo munera, sapientia et continentia, sapientia scilicet, qua in Dei cognitione formamur, continentia vero, qua huic saeculo non conformamur* (Röm. 12, 21); vgl. außerdem De beata vita 3, 18; ... *anima vitiis et erroribus inquinata;* C. Acad. 3, 19, 42; De ord. 1, 10, 2; De ut. cred. 2, 4; Retract. 1, 9, 6; De trin. 8, 2, 3; Conf. 4, 1, 1 (und öfters).

[174] Zum 6. Buch vgl. S. 480 ff.

[175] Vgl. etwa 10, 30, 42; 31, 47; 33, 49 ff.; 35, 56; 37, 60.

[176] 10, 28, 39; 30, 42; 31, 47; 32, 48; 33, 50; 34, 53; 35, 57; 37, 60; 39, 64.

Büchern beobachtet wurden. Darüber hinaus schließt es sich aber eng an
das vorhergehende an: Am Ende des 9. Buches fordert Augustin seine
Brüder und Mitchristen, denen er als Priester dient, dazu auf, sie sollten
am Altar fürbittend seiner Eltern gedenken (9, 13, 37)[177]. Dasselbe
Motiv des Gedenkens und der Fürbitte, diesmal für Augustin selbst, erscheint im Proömium des 10. Buches: Die Mitbrüder sollen hier um
Augustins willen Gott danken, im Hinblick auf seine Schwächen aber für
ihn bitten (10, 4, 5)[178]. Außerdem findet sich am Ende des 9. und 10. Buches ein Hinweis auf den Mittler Christus, der mit seinem Tod den Preis
für Monnica und für Augustin bezahlt hat (9, 13, 35: ... *pretium, quo
nos emit ...*; 10, 43, 69: ... *cogito pretium meum*). Natürlich sind diese
Beziehungen nicht bloß formaler Natur, sie weisen vielmehr, wie ich
meine, zu einem richtigen Verständnis des 10. Buches und seinem Zusammenhang mit den vorhergehenden Büchern den Weg. Am Ende des 9.
und zu Beginn des 10. Buches wird nämlich auch ausdrücklich gesagt, daß
die vor der Taufe begangenen Sünden durch die Taufe selbst erlassen
sind, daß also die Fürbitte nur für die nach der Taufe begangenen Sünden nötig ist (9, 13, 34; 10, 3, 4)[179]. Augustin nimmt auf diesen für den
Christen selbstverständlichen Gedanken in den Confessionen noch mehrfach Bezug, so etwa in 1, 11, 18 anläßlich einer schweren Erkrankung in
seiner Kindheit, in 5, 8, 15 im Zusammenhang mit den Gefahren der
Seefahrt von Africa nach Rom, in 6, 13, 23 bei Erwähnung von Monnicas Heiratsplan für Augustin und schließlich mehrfach im 9. Buch im
Zusammenhang mit der eigenen Taufe (9, 2, 4; 3, 6; 4, 12; 6, 14). Außerdem erklärt er nicht nur im 10. Buch, sondern, um nur ein einziges Zitat
anzuführen, in den Enn. in Ps. 36, serm. 3, 19, einer Predigt, die in
Abwehr donatistischer Angriffe gehalten ist[180], er habe immer noch täglich, ja ununterbrochen gegen die Versuchungen des bösen Feindes zu

---

[177] ... *servis tuis, fratribus meis, filiis tuis, dominis meis, quibus et corde et voce et
litteris servio.*
[178] Vgl. die Parallelität der Formulierungen und außerdem S. 501 f.
[179] 9, 13, 34: ... *non ... audeo dicere, ex quo eam iam per baptismum regenerasti,
nullum verbum exisse ex ore eius contra praeceptum tuum ...: 13, 35: dimitte illi
et tu delicta sua, si qua etiam contraxit per tot annos post aquam salutis; 10, 3, 4:
... praeteritorum malorum, quae remisisti et texisti ...*
[180] Vgl. hierzu COURCELLE a. O. 244 und SOLIGNAC a. O. 29. Die näheren Umstände
und die mögliche Beziehung zum 10. Buch der Confessionen können hier außer Betracht bleiben; vgl. etwa SOLIGNAC a. O. 30 A. 1.

kämpfen[181]. Als Christ und besonders im Hinblick auf das erste Kapitel
des 1. Johannesbriefes, das im 10. Buch ja mehrfach gegenwärtig ist, war
sich Augustin ohnehin darüber im klaren, daß kein Mensch von sich
behaupten kann, er sei ohne Sünde (1. Joh. 1, 10)[182]. Daraus ergibt sich
aber nun mit aller wünschenwerten Sicherheit ein neues und entscheidendes Argument dafür, daß die Confessionen ihrem Titel und ihrem Inhalt
nach von vornherein und auf keinen Fall mit den Ereignissen des
9. Buches hätten schließen können. Gerade eine *confessio*, die ja wesentlich eine *confessio peccatorum* sein muß und ist, konnte nicht mit der
conversio zum Christentum und dem, was unmittelbar damit zusammenhängt, schließen, wenn sie vollständig und eben eine echte *confessio*
sein will. Sie muß vielmehr das ganze Leben bis zu dem Augenblick einbeziehen, in dem die *confessio* selbst stattfindet[183]; erst recht trifft dies zu,
wenn seit *conversio* und Taufe mehr als ein Jahrzehnt verflossen ist.
Augustin umschreibt deshalb das Thema des 10. Buches ganz mit Recht
mit den Worten: *quis adhuc sim in ipso tempore confessionum mearum*
(10, 3, 4). Mit dieser Einsicht fällt aber die These, daß das 10. Buch erst
nachträglich abgefaßt und daß die ersten neun Bücher ursprünglich für
sich gestanden und allein publiziert seien, ebenso dahin, wie die noch
weitergehende, daß erst der Wunsch der Leser, von dem Augustin in
10, 3, 3 f. spricht, der entscheidende Grund für die Hinzufügung des
10. Buches gewesen sei[184]. All das wäre nur zu erwägen, wenn es sich bei

---

[181] ... *multa ago in cogitationibus meis, pugnans adversus malas suggestiones meas, et habens conflictationem diuturnam et prope continuam cum tentationibus inimici subvertere me volentis; gemo ad Deum in infirmitate mea.*

[182] Die Dreiteilung der Sünden nach *concupiscentia carnis, concupiscentia oculorum et superbia* findet sich bekanntlich immer wieder bei Augustin; vgl. etwa De vera rel. 38, 70; De lib. arb. 2, 52; De mus. 6, 29; De cat. rud. 55.

[183] Wenn Augustin in 1, 5, 6, das heißt also zur Zeit der Abfassung der Confessionen, Gott darum bittet, seine Seele von Sünden zu reinigen, so liegt auch hierin ein deutlicher Hinweis darauf, daß das 10. Buch, die *confessio* seines gegenwärtigen Zustandes, ein notwendiger Bestandteil des Gesamtwerks ist.

[184] Ich zitiere für diese mehrfach vertretene These hier nur noch PELLEGRINO a. O. 131; vgl. auch S. 440 und A. 16. — P. BROWN, Augustinus v. Hippo (deutsche Über-setzung) 1973, 155 meint zu Unrecht, das 10. Buch bedeute für den Leser eine Überraschung. — WILLIGER a. O. 105, der die These einer nachträglichen Abfas-sung des 10. Buches zuerst formulierte, nimmt Anstoß an dem, wie er meint, im Gegensatz zu den früheren Büchern stehenden Pessimismus des 10. Buches. In Wahrheit kann aber die *confessio* eines Christen kaum optimistisch sein. Anderer-seits redet Augustin gerade im 10. Buch mehrfach von Fortschritten in seiner Ent-wicklung (vgl. S. 477 A. 175); vgl. außerdem 10, 4, 5: *nequaquam deserens coepta tua consumma imperfecta mea;* 11, 1, 1: ... *quoniam coepisti.*

Augustins Werk um die Schilderung einer *conversio* und nicht um eine *confessio* handeln würde; aus diesem Grund gehen auch die Vergleiche mit Berichten anderer *conversiones,* etwa der des Cyprian (Ad Donatum 14) durchaus in die Irre[185]. Natürlich kann man nun fragen, warum Augustin nicht auch die Zeit zwischen dem Tod Monnicas und der Abfassung der Confessionen in chronologisch fortschreitender Erzählung gestaltet hat. Im folgenden wird dieser Punkt noch zur Sprache kommen. Wichtiger muß jedoch zunächst die Erkenntnis sein, daß Augustin offenbar die Einzelereignisse seines Lebens, das heißt also das eigentlich Biographische, weniger wichtig waren als die Darstellung seines religiösen und moralischen Befindens, wie es sich bis zur Zeit der Abfassung der Confessionen herausgebildet hat[186]. Im Grunde gilt dies Faktum ohnehin auch für die ersten neun Bücher; wäre es anders, so hätte COURCELLE nicht so viele Einzelheiten für eine Biographie Augustins aus anderen Schriften zur Ergänzung der Confessionen namhaft machen müssen. Andererseits beweist gerade die Komposition des 10. Buches, die mit der des 6. beziehungsweise des eine Einheit bildenden 7. und 8. Buches übereinstimmt und, nebenbei gesagt, für eine *confessio* in hervorragendem Maße geeignet ist, daß er die Blickrichtung seiner Darstellung als durchaus einheitlich verstanden wissen wollte. Insofern hat sich das Ausgehen vom 10. Buch nachträglich als sinnvoll erwiesen.

Die Zweiteilung des 6. Buches unter den Gesichtspunkten „religiöse Erkenntnis" und „Lebensführung" mitsamt der Überleitung vom ersten zum zweiten Teil in 6, 5, 8 bedarf kaum einer näheren Erörterung, ebensowenig die Tatsache, daß es durch die Motive des Zweifelns, Schwankens und Klagens zusammengeschlossen wird[187], und zwar in der Weise,

---

[185] Gegen BROWN a. O. 155.

[186] Obwohl diese Erkenntnis in der modernen Forschung gelegentlich geäußert wird — auch bei COURCELLE, wenn er von dem Begriff *confessio* spricht (a. O. 13 ff.) — wird er in der Erklärung des Werks zu wenig berücksichtigt. Bei der Erörterung der letzten Bücher wird dies noch deutlicher werden.

[187] Vgl. etwa 6, 1, 1: *desperabam de inventione veri* ...; *periclitantem graviter de desperatione indagandae veritatis* ...; *me interim ad illam ancipitem fluctuationem iam esse perductum* ...; 2, 2: *dubitabam de illis omnibus* ...; 3, 3: ... *aestus meos* ...; 4, 6: *tenebam cor meum ab omni adsensione* ...; ... *et suspendio magis necabar* ...; 5, 8: ... *fluctuabam* ...; 6, 9: ... *misera erat* (sc. *anima mea*) ... *et ingemui* ...; 6, 10: ... *et inveniebam male mihi esse* ...; 7, 11: ... *congemescebamus* ...; 10, 16: ... *mecumque nutabat* (sc. *Alypius*) *in consilio, quisnam esset tenendus vitae modus* ...; 10, 17: ... *pariter suspirabat pariterque fluctuabat* (sc. *Nebridius*) 11, 20: ... *et alternabant hi venti et impellebant huc atque illuc cor*

daß gegen Ende des Buches eine krisenhafte Verschärfung der inneren Problematik eintritt, entsprechend der Vermutung der Mutter[188], die dem Sohn von Africa nach Mailand nachgereist ist (6, 1, 1). Das innere Schwanken selbst ist als eine Art Zwischenstadium das Ergebnis einer positiven Entwicklung, die im 5. Buch geschildert ist; dieses ist einerseits durch eine allmähliche, schließlich endgültige Lösung vom Manichaeismus, andererseits durch die langsam wachsende Erkenntnis charakterisiert, daß der christliche Glaube verteidigt werden kann[189]. So entstehen auch im 5. Buch zwei Abschnitte innerhalb des Buchganzen, von denen der erste damit endet, daß Augustin alle Hoffnung auf ein Fortkommen im Manichaeismus aufgibt, der zweite damit beginnt, daß Augustin bezweifelt, im Christentum die Wahrheit finden zu können: dabei fällt jeweils das Stichwort *desperare*[190]. In der Mitte findet sich dann der Gedanke, daß die akademische Lehre, die Augustin damals noch als reine Skepsis verstand (5, 10, 19; 14, 25), die klügste Haltung sei, die der Mensch einnehmen kann. Am Ende des Buches gibt Augustin ihr noch einmal, wie er sagt, vorläufig den Vorzug. Wenn hier ebenso wie zu Beginn (5, 3, 3 ff.) manichaeische Vorstellungen, philosophische Naturerkenntnis und christliche Kritik gegeneinander gestellt werden, so ist das wieder ein Rahmen, der das Buch formal und thematisch gegenüber den anderen als eine eigene Einheit erscheinen läßt. Dabei werden die einzelnen Stadien der in diesem Buch geschilderten Entwicklung jeweils als nur vorläufige Endpunkte bezeichnet: 5, 7, 13: ... *contentus interim* ...; 10, 18: *interim ... si nil melius reperirem, contentus esse decreveram*; 14, 25: *statui ergo tamdiu esse catechumenus, donec* ... Außerdem wird im 5. Buch, in dem sich Augustins Leben zum Positiven wendet, noch stärker als in anderen und bei allen wesentlichen Ereignissen betont, daß in ihnen Gottes Gnade einwirkte, ohne daß der Mensch es zunächst bemerkt: Faustus, der Manichaeer, lockert, ohne sein Wissen, aber nach Gottes Willen die Bindung an den Manichaeismus (5, 7, 13); Gott hat es letztlich veranlaßt, daß Augustin nach Rom geht, und offenbart weder Mutter noch Sohn, was der eigentliche Sinn der Reise sein soll (5, 8,

---

meum; 12, 22: ... *sic eramus* ...; 14, 24; 15, 25; 16, 26 fin.: ... *versa et reversa* (sc. *anima*) *in tergum et in latera et in ventrem, et dura sunt omnia.*
[188] 6, 16, 26 fin., im Vergleich mit 6, 1, 1.
[189] 5, 7, 13 und 10, 18; 5, 10, 19 und 14, 24.
[190] 5, 10, 18: ... *tamen iam desperans in ea falsa doctrina me posse proficere*; 10, 19: ... *praesertim desperantem in ecclesia tua ... posse inveniri verum* ...

14 f.)[191]. Gott hat Augustin dann in den Gefahren des Meeres und in schwerer Krankheit geschützt, um ihm später das Heil der Taufgnade zuteil werden zu lassen (5, 8, 15; 10, 18); schließlich kommt Augustin durch Gottes Führung von Rom nach Mailand und zu Ambrosius (5, 13, 23), und indem er zunächst aus Interesse an dessen Redekunst die Predigten anhört, nähert er sich — *nesciens et gradatim* — dem Christentum (5, 14, 24).

Für die einheitliche Gestaltung des 6. Buches ist es, abgesehen vom bisher Ausgeführten, bezeichnend, daß in der Mitte sowohl des ersten als auch des zweiten Teiles gesagt wird, Augustin hätte in der damaligen Situation glauben müssen, um die Wahrheit zu finden beziehungsweise *continentia* zu bewahren (6, 4, 6; 4, 5, in.; 11, 20)[192]; damals vertraute er aber noch auf die eigene Kraft, wie im ersten und zweiten Buchteil ausdrücklich gesagt wird[193]. Das innere Schwanken in bezug auf die Lebensführung wird dann im zweiten Teil gerade auch in der Komposition unmittelbar deutlich. Am Beginn und Abschluß stehen Gespräche mit Freunden über die Möglichkeit beziehungsweise Unmöglichkeit eines irdischen Glücks, im ersten Fall ohne zeitliche Fixierung und, wie das Imperfekt zeigt *(disputabam; quaerebam)*, nicht bloß als einmaliges Ereignis zu verstehen (6, 6, 9 f.; 16, 26). Auf diese Weise entsteht wieder eine Rahmung. Außerdem sind die Gespräche im Hinblick auf den jeweiligen Zusammenhang nuanciert: Im ersten geht es, in Verbindung mit Augustins *laudatio* für den Kaiser, vor allem um die Nichtigkeit des Strebens nach irdischen Gütern, im zweiten im Zusammenhang mit der Zuwendung zu einer neuen Concubine und der Trennung von der ersten um die epikureische Lehre von der *voluptas* als höchstem Gut. Es werden also hier ganz konsequent und sinnvoll die beiden Motive entwertet, die ihn an die Welt binden und von denen er dann durch das Gartenerlebnis gelöst wird; in 8, 12, 30 heißt es dementsprechend: ... *ut nec uxorem quaererem nec aliquam spem saeculi huius*. Ganz im Sinn der Thematik

---

[191] *egisti ergo mecum* ... (5, 8, 14) knüpft an die unmittelbar vorhergehenden Worte *egisti mecum miris modis* ... an. Es ist dies einer der bereits bekannten vermittelnden Übergänge von einem Abschnitt zum anderen.

[192] Zum Gedanken vgl. Serm. 51, 4 f.

[193] 6, 3, 3: *nec iam ingemescebam orando, ut subvenires mihi, sed ad quaerendum intentus et ad disserendum inquietus erat animus ...;* vgl. die abschließende Bemerkung zu 6, 5, 8: *cogitabam haec ...;* 11, 20: *et propriarum virium credebam esse continentiam.* In der Gartenszene dagegen überantwortet dann Augustin seine Sorgen der göttlichen Gnade; vgl. 8, 11, 27; 12, 28.

des *fluctuare* steht weiter in der Mitte des zweiten Teiles vom Buch 6
ein „innerer Monolog", in dem, zugleich in Erinnerung an das lange
zurückliegende Hortensius-Erlebnis, der Zwiespalt zwischen der Zuwendung zu Gott und den immer noch bestehenden weltlichen Wünschen
sichtbar wird (6, 11, 18 f.). Ebenso bezeichnend für das *fluctuare* ist die
Tatsache, daß der schließlich gescheiterte Plan zu einer Art klösterlichen
Gemeinschaftslebens in der Mitte zwischen Augustins Heiratsplan und
der Verstoßung der ersten Concubine sowie der Zuwendung zu einer
neuen gestellt ist (6, 14, 24; vgl. 13, 23 und 15, 25). Angesichts dieser bis
ins einzelne gehenden, aus der jeweiligen Buchthematik sich ergebenden
Gestaltungsweise ist es eigentlich unbegreiflich, wie es überhaupt zu der
These einer mehr oder weniger ordnungslosen, willkürlichen oder gar
eiligen Abfassung der Confessionen kommen konnte[194].

Die Zweiteilung der einzelnen Bücher, die nun schon mehrfach be-
gegnete, kann auch bei einer Reihe anderer Bücher festgestellt werden,
so etwa beim 9. und 12. Buch. In dem letzteren wird in einem ersten
Teil bei der Exegese von Gen. 1, 1 und ausgehend von den Begriffen
caelum und *terra* eine geistige, transzendentale Welt und eine irdische,
körperliche gegeneinander gestellt (12, 2, 2—13, 16)[195]. Ein überleitender
Paragraph, (12, 14, 17), der in seiner formalen Bedeutung Parallelen in
7, 8, 12; 10, 28, 39 oder 6, 5, 8 fin. hat[196], stellt zunächst — rückwei-
send — die *mira profunditas* von Gottes Wort vor Augen, führt von
da zu der unbegreiflichen Haltung derer, die Gottes Wort ablehnen
und angreifen, und wendet sich schließlich denen zu, die Gen. 1, 1 in
anderer Weise verstehen wollen. Im anschließenden zweiten Buchteil
werden dann grundsätzlich und im einzelnen Möglichkeiten und Grenzen
der Exegese erörtert, außerdem Form und Gesinnung, in der Dissensen
bei der Exegese der Schrift angesichts einer doch gemeinsamen christlichen Grundhaltung ausgetragen werden sollen (12, 15, 18—32, 43).
Die Zweiteilung ist hier ohne weiteres einsichtig und der innere Zusammenhang ergibt sich ungezwungen schon daraus, daß die Genesis-
Exegese damals ein in der Deutung sehr umstrittener Text war. Im
9. Buch, auf das ich noch zu sprechen komme[197], bildet die exkursartig
eingeleitete Biographie Monnicas den zweiten Teil. Daß sie sachlich

[194] Vgl. hierzu S. 440 f.
[195] Vgl. S. 514 ff.
[196] Vgl. S. 465; 476; 480.
[197] Vgl. S. 491 ff.

zum 9. Buch gehört, wird aber schon im ersten Satz des Buches deutlich, in dem sich Augustin als *filius ancillae tuae* bezeichnet (9, 1, 1), ebenso in dem dazugehörigen Schlußparagraphen des 8. Buches, in dem Augustin der Mutter von dem letzten, endgültigen Schritt seiner *conversio* berichtet. Ich lasse diesen Punkt jedoch vorläufig beiseite und wende mich den ersten Büchern der Confessionen zu.

Das 1. Buch erhält seine Zweiteilung durch die Gliederung nach den Lebensabschnitten *infantia* und *pueritia* (1, 6, 7—7, 12; 8, 13—20, 31), und seine Einheit dadurch, daß jeweils am Ende der beiden Teile festgestellt wird, daß es weder eine *innocentia* der Kindheit noch eine solche des Knabenalters gebe (1, 7, 12 fin.; 19, 30). Auch schließt sich insofern ein Ring um das Buch als Ganzes, als Augustin am Beginn und am Ende die Tatsache seines Lebens auf Gottes Gnade zurückführt[198]. Schon bei der *infantia* wird dann auf das Widerspiel zwischen dem fordernden, eigensüchtigen Willen des Kindes und der, wie Augustin meint, verkehrten Nachgiebigkeit der Umwelt hingewiesen (1, 7, 11). Das von beiden Seiten verfehlte Hin und Her zwischen dem jungen Augustin und seiner Umgebung beherrscht dann den Abschnitt *pueritia*, an dessen Beginn Augustin durch das Sprechenlernen in die *procellosa societas hominum* eintritt (1, 8, 13)[199]. Falsche Erziehungsziele (*divitiae, honores*) und Vorbilder sowie gewalttätiger Zwang auf der einen Seite[200], auf der anderen Seite Augustins Widerstreben gegen das Lernen[201], dann der Einfluß antiker Dichtung und Formkunst und der Wunsch, zu excellieren[202] sind die Elemente, aus denen sich Verfehlungen ergeben. Ihre Schilderung und nicht etwa ein biographisches Interesse in unserem Sinn bestimmt den Tenor des Buches. Leitmotiv ist, ähnlich wie im

---

[198] 1, 20, 31: ... *quia et ut sim, tu dedisti*, 1, 6, 7: *et susceperunt me consolationes miserationum tuarum, sicut audivi a parentibus carnis meae, ex quo et in qua me formasti in tempore.*

[199] Vgl. zu dieser Vorstellung noch 1, 16, 25: *vae tibi, flumen moris humani;* 16, 26: *et tamen, o flumen tartareum, iactantur in te filii hominum;* 18, 28 ... *quando mihi imitandi proponebantur homines, qui ...*

[200] 1, 9, 14: *ut in hoc saeculo florerem et excellerem linguosis artibus ad honorem hominum et falsas divitias famulantibus;* ebenso 1, 12, 19. — Vorbilder: 1, 13, 21 f.; 16, 26; 17, 27; 18, 28. — Zwang: 1, 9, 14 f.; 12, 19. — Zur Rolle von *divitiae* und *honores* in den späteren Büchern vgl. 4, 2, 2; 5, 8, 14; 13, 23; 6, 6, 9; 8, 1, 2; 6, 15; 7, 17.

[201] 1, 9, 14 f.; 12, 19 f.; 19, 30.

[202] 1, 13, 21; 16, 26; 17, 27; 18, 29.

4. Buch, aber in ganz anderem Zusammenhang, der Begriff *vanitas*[203] und der ihn nuancierende Begriff der *falsa delectatio*[204]. Wenn es am Buchschluß heißt, *voluptates, sublimitates, veritates* könnten nur im Schöpfer, nicht aber in seinen Geschöpfen gefunden werden (1, 19, 30), so ist damit natürlich wieder der Grundgedanke der Confessionen ausgesprochen[205], speziell mit den Begriffen *voluptas* und *delectatio* aber wird außerdem das 2. Buch vorbereitet, an dessen Beginn der Satz steht (2, 2, 2): *quid erat, quod me delectabat, nisi amare et amari?* Wie sehr die Vorstellungswelt von *amare* das ganze 2. Buch beherrscht, wird sich noch zeigen, wichtig ist daneben, daß die im 1. Buch noch seltener auftauchenden Vorstellungen des *ire foras, secedere a Deo* und ähnliche im 2. Buch entsprechend dem Fortschritt der Erzählung ebenfalls eines der leitenden Motive darstellen[206].

Die Verfehlungen Augustins werden am Ende des 1. Buches unter der Frage *quid me foedius fuit?* in einem Überblick zusammengefaßt (1, 19, 30). Da die Worte *foeditas* und *foedus* außerdem zu Beginn und am Ende des 2. Buches zur Charakteristik der in ihm enthaltenen Aussagen verwendet werden[207], so entsteht wieder eine Verbindung beider Bücher und zugleich ein Rahmen für das zweite. Eine weitere Parallelität zwischen den ersten beiden Büchern, die ja fast ausschließlich durch das *secedere a Deo* bestimmt sind, während das dritte mit dem Hortensius-Erlebnis einen freilich zunächst in die Irre führenden Versuch des *redire ad Deum* enthält, besteht darin, daß Augustin jeweils in der Mitte des Buches — gewissermaßen als Gegengewicht zur Schilderung selbst — sich vergegenwärtigt, daß Gott ihm gnädig seine Sünden erlassen beziehungsweise alles zum Guten gewendet hat (1, 15, 24; 2, 7, 15).

---

[203] 1, 9, 15; 10, 16; 12, 19; 13, 20; 13, 22; 15, 24; 16, 26; 17, 27; 18, 28; 19, 30. Im 2. Buch spielt dieser Begriff kaum eine Rolle, dagegen an einigen wichtigen Stellen des 3. Buches: 3, 1, 1; 4, 7; 6, 10; 10, 18. Leitmotiv wird er wieder im 4. Buch; vgl. S. 451 f.

[204] 1, 15, 24: ... *et in eis vanis peccata delectationum mearum dimisisti mihi* ...; 16, 26: ... *libenter haec didici et eis delectabar miser.* Im Gegensatz dazu steht die *delectatio* in Gott; 1, 18, 28: ... *quaerentem te animam et sitientem delectationes tuas* ...

[205] Vgl. S. 455.

[206] 1, 18, 28: *ibam foras ... reditur ad te;* im 2. Buch vgl. 2, 1, 1; 2, 2; 2, 3; 2, 4; 3, 7; 4, 9; 5, 10; 6, 14; 10, 18.

[207] 1, 19, 30: *quid me foedius fuit* ...; 2, 1, 1: *recordari volo transactas foeditates meas;* 10, 18: *istam tortuosissimam et implicatissimam nodositatem: foeda est;* vgl. auch 2, 4, 9: ... *ut ... malitiae meae causa nulla esset nisi malitia: foeda erat;* zu dieser abschließenden Einsicht des 2. Buches vgl. auch S. 488 f.

Parallel ist auch die Erweiterung und Verallgemeinerung in bezug auf
die eigenen Verfehlungen gegen Ende des 1. und 2. Buches; zu vergleichen ist 1, 19, 30 (*innumerabilibus mendaciis* ... *studio spectandi
... forte etiam ... in ludo fraudulentas victorias* ...) und 2, 7, 15
(*omnia mihi dimissa ... quae mea sponte feci et quae te duce non
feci* ...) sowie 2, 8, 16 (... *in his ... maxime in illo furto* ...). Schließlich
wirkt das Motiv der *procellosa societas hominum,* das im 1. Buch eine
so große Rolle spielt, im 2. Buch weiter, zunächst schon thematisch,
denn in der einleitenden Charakteristik von 2, 1, 1 steht neben den
Worten *placens mihi,* die die verwerfliche *fiducia sui* bezeichnen[208],
placere cupiens oculis hominum. Dementsprechend stellt Augustin
jeweils am Ende der beiden Buchabschnitte fest, daß sowohl der Anreiz
zu sexuellen Verfehlungen als auch der Birnendiebstahl durch Anstek-
kung von seiten der Freunde und die falsche Scham, es ihnen in der
Verfehlung etwa nicht gleichzutun, gesteigert beziehungsweise veranlaßt wurde (2, 3, 7 f.; 2, 8, 16 f.). Das Motiv der falschen Scham taucht
dann im 3. Buch beim Umgang mit zügellosen Mitstudenten erneut auf
(3, 3, 6) und das Motiv der Verführung beim Bekanntwerden mit den
Manichaeern (3, 6, 10 f.; 7, 12). Im 4. Buch dagegen, als Augustin bereits Lehrer geworden ist, tritt an seine Stelle zu Beginn und ebenso
leitmotivisch wie im 1. und 2. Buch das Motiv der verderblichen Verführung anderer (4, 1, 1)[209]. Alle diese Beobachtungen zeigen, wie überlegt und planvoll Augustin — weit über das Formal-Kompositorische
hinaus — bei der Gestaltung der einzelnen Bücher und ihrer Verbindung
miteinander verfahren ist.

Das 2. Buch handelt von zwei Ereignissen, die in die *adulescentia*
(2, 1, 1) und speziell in das sechzehnte Lebensjahr fallen (2, 2, 4; 3, 6;
6, 12). Mindestens chronologisch gehören sie also zusammen, ähnlich
wie im 1. Buch die Nebeneinanderstellung von *infantia* und *pueritia*
eine Verbindung schuf. Sieht man auf die Thematik, so scheinen die
sexuellen Verfehlungen und der Birnendiebstahl kaum etwas miteinander
zu tun zu haben, und die Verbindung, die durch das Zitat von Ps.
72, 7[210] hergestellt wird (2, 3, 8 fin.), scheint, wie SOLIGNAC bemerkt[211],

---

[208] Vgl. S. 459 ff.; 462.
[209] Vgl. S. 451 ff.
[210] 2, 3, 8: ... *et prodiebat tamquam ex adipe iniquitas mea;* vgl. KNAUER a. O. 135,
der immer wieder auf Psalmzitate als Bindeglieder zwischen einzelnen Abschnitten
hingewiesen hat (a. O. 133 ff.).

kapriziös. Eine genauere Betrachtung ändert freilich diesen Eindruck: Zunächst ist in beiden Abschnitten von einem Verstoß gegen Gottes Gebot (*lex*) die Rede[212], außerdem taucht beide Male das Wort *iniquitas* auf, das hier und sonst die Sünde bezeichnet[213]. Noch wichtiger ist, daß im ersten Buchteil keineswegs die sexuellen Verfehlungen an und für sich verurteilt werden und damit, wie in der modernen Literatur immer wieder gesagt wird, eine schlechthin sinnenfeindliche Position vertreten wird[214]. Entsprechend der Äußerung von 1, 20, 31 fehlt Augustin vielmehr darin, daß er *voluptates* nicht im Schöpfer, sondern in seinen Geschöpfen sucht[215] und sich dadurch von Gott entfernt (2, 2, 2; 2, 3; 2, 4; 3, 7). Augustin redet deshalb Gott schon in 2, 2, 2 mit den Worten *o tardum gaudium meum* an, ruft in 2, 2, 4 aus *quam longe exulabam a deliciis tuis* und erklärt schließlich am Ende des ersten Buchteiles: *in omnibus erat caligo intercludens mihi ... serenitatem veritatis tuae* (2, 3, 8). Das Buch als Ganzes endet schließlich mit dem Zitat von Matth. 25, 21: *qui intrat in te, intrat in gaudium domini sui*[216]. Die Verwendung des Wortes *fornicari* im 1. und 2. Buch — natürlich wieder ein Bibelzitat (Ps. 72, 27) — ergänzt das eben Gesagte: In 2, 2, 2 und 2, 3, 7 wird es zwar konkret für geschlechtliche Verfehlung verwendet, 1, 13, 20 und 2, 6, 14 beweisen aber den darüber hinausgehenden Gebrauch: Im Anschluß an Ps. 39, 16 heißt es an der ersten Stelle: *amicitia ... mundi huius fornicatio est abs te* und in 2, 6, 14: *fornicatur anima, cum avertitur abs te et quaerit extra te ea, quae pura et liquida non invenit nisi cum redit ad te.* Es ist somit die überwältigende Empfindung einer durch die Verbindung mit Gott möglichen Beseligung, von der aus der erste Teil des 2. Buches verstanden werden muß. Für eine solche gibt es aber, seit dem einleitenden Gebet des

---

[211] a. O. 229.

[212] *lex:* 2, 2, 3; 2, 4; 4, 9; 5, 10; 6, 14.

[213] 2, 3, 8; 4, 9; 6, 12; 8, 16; vgl. im übrigen, um nur einige wichtige Stellen zu nennen: 1, 5, 6; 7, 12; 3, 3, 5; 8, 16; 7, 10, 16; 16, 22; außerdem KNAUER a. O. 135.

[214] Es erübrigt sich wohl, Zitate zu geben.

[215] Vgl. das zu 1, 20, 31 Bemerkte; dazu kommt in 2, 3, 6 das Urteil über Augustins Vater, der sich über das geschlechtliche Erwachen des Sohnes freut: *gaudens vinulentia, in qua te iste mundus oblitus est creatorem suum et c r e a t u r a m   t u a m   p r o   t e   a m a v i t.*

[216] Kennzeichnend für die Entzückung, die Gott zu spenden vermag, ist 2, 2, 3 fin., wo Augustin nach Zitaten von 1. Kor. 7, 32 f. und Matth. 19, 12 erklärt, wäre er dieser nachgegangen, *... felicior expectarem amplexus tuos.* Das Zitat von Matth. 25, 21 am Ende des 2. Buches findet sich später an bedeutsamer Stelle im Zusammenhang mit dem Ostia-Erlebnis (9, 10, 25).

ersten Soliloquienbuches, um nur dieses zu nennen, gerade in den Confessionen Belege genug. Neben den bereits erwähnten ist es etwa vor allem 11, 9, 11 und 12, 14, 17, wo schon die Lektüre der Schrift Augustin in einen Zustand zu versetzen vermag, der den Erlebnissen von Mailand und Ostia vergleichbar ist[217]. Von hier aus — und um diesen Punkt geht es allein in dem vorliegenden Zusammenhang — ergibt sich nun auch die gedankliche Einheit des 2. Buches: Das Nachgeben gegenüber den *concupiscentiae* ist mit der ungehemmten Zuwendung zu Irdischem der erste Schritt des Abfalls von Gott, beim Birnendiebstahl ist dann sogar das Objekt, die gestohlenen Birnen, die weggeworfen werden, ohne Bedeutung; es ist nur noch die Neigung zur bösen Tat, oder, wie Augustin sagt, das *amare malitiam,* was hier eine Rolle spielt (2, 4, 9)[218]. *Amare* und *delectari* sind überhaupt Stichworte, mit denen auch im zweiten Buchteil ebenso wie im ersten die verkehrten Neigungen Augustins bezeichnet werden; zu vergleichen ist etwa neben dem eben zitierten 2, 4, 9 eine Reihe weiterer Stellen, so 2, 5, 10 (*habent et haec ima delectationes*), 2, 5, 11 (*nec Catilina amavit facinora sua, sed utique aliud, cuius causa illa faciebat*)[219], 2, 6, 12 (*quid in te amavi, o furtum meum ...; ... solam iniquitatem, qua laetabar fruens*), 2, 6, 14 (*quid ergo in illo furto ego dilexi ...*)[220], 2, 8, 16 (*amavi ... etiam consortium eorum, cum quibus id feci ...; ergo nihil aliud quam furtum amavi; immo vero nihil aliud, quia et illud nihil est*[221]*; ... committere illam iniquitatem, qua pervenirem ad voluptatem meam ...*)[222].

Hat man einmal erfaßt, daß das 2. Buch den Abfall von Gott als ein verkehrtes Lieben versteht, das sich zunächst dem falschen Objekt und schließlich der Verkehrtheit als solcher und damit, wie Augustin meint, dem Nichts zuwendet, so ergibt sich nicht nur die innere Einheit

---

[217] Vgl. außerdem 10, 40, 65 oder 7, 21, 27 (Lektüre des Paulus).

[218] *... et malitiae meae causa nulla esset nisi malitia ... et amavi illam, amavi perire.*

[219] In diesem Zusammenhang kann man Augustin nicht ärger mißverstehen, als wenn man behauptet, er charakterisiere sich schlechthin als schlimmer denn Catilina (COURCELLE a. O. 52).

[220] Auf den traditionsreichen Begriff der *perversa imitatio* kann in diesem Zusammenhang nur hingewiesen werden, ebenso darauf, daß er auch an einer Reihe anderer Stellen indirekt bedeutsam auftaucht.

[221] Natürlich steckt dahinter die von Augustin in 7, 12, 18 erörterte — neuplatonische — Auffassung, daß das *malum* keine Substanz hat.

[222] Ich beschränke mich hier wie sonst auf das Zitieren der wichtigsten Textstellen.

des Buches, sondern auch der Sinn des keineswegs kapriziösen[223] Über-
gangs vom ersten Buchteil zum zweiten, der mit dem Zitat von Ps. 72, 7
vollzogen wird[224]: Die Sünde des Diebstahls erwächst nämlich, so wie
Augustin es versteht, aus dem Abfall von Gott, der mit dem Nachgeben an die sinnliche *concupiscentia* eingesetzt hat. In diesem Zusammenhang ist im übrigen noch ein anderes Rahmenmotiv bedeutsam, das
Anfang und Abschluß des Buches zusammenschließt. Die Worte *exarsi
... aliquando saturari inferis in adulescentia* gehören in 2, 1, 1 zur einleitenden Gesamtcharakteristik, in den letzten Worten des Buches aber
heißt es (2, 10, 16) resumierend: *... factus sum mihi regio egestatis.*
Genau mit dem Motiv der inneren *egestas* setzt dann das 3. Buch ein.
Augustin spricht im 3, 1, 1 von seinem inneren seelischen Hunger und
fügt hinzu, er sei damals trotzdem ohne Wunsch nach unvergänglicher
Nahrung gewesen und eben deshalb *quo inanior, eo fastidiosior.* Der
darauffolgende Satz *et ideo non bene valebat anima mea* nimmt ebenfalls auf die letzten Worte des 2. Buches Bezug, wo Augustin sagt: *qui
intrat in gaudium Domini sui, ... habebit se optime in optimo*[225].

In Anschluß an die Eingangscharakteristik weist Augustin im 3. Buch
einmal um das andere darauf hin, daß allen Berührungen mit Sinn-
lichem, Irdischem von vornherein ein Stachel inhäriert, ja daß der
Schmerz in dieser Berührung — paradoxermaßen — geradezu gesucht
wird[226]. Das betrifft zunächst die Liebeserlebnisse (3, 1, 1), dann Augustins leidenschaftliche Anteilnahme am Theater, die aus einer — freilich
verfehlten (3, 2, 3) — Sympathie, aber aus der *vena amicitiae* stammt
und aufgrund deren Tränen und Schmerzen geliebt werden[227]. In diesem
Zusammenhang taucht erneut die Vorstellung des verkehrten *amare* und
delectari auf. Sie ist besonders in dem Schlußsatz von 3, 3, 5 gegenwärtig, in dem das Motiv der Entfernung von Gott sowohl in der

---

[223] Vgl. S. 486 f.
[224] Zur Umformung des Zitats vgl. KNAUER a. O. 117 A. 1.
[225] Es ist dies das schon einmal erwähnte Zitat von Matth. 25, 21.
[226] Die Worte *anima mea ... ulcerosa et scalpi avida contactu sensibilium* von 3, 1, 1
bringen den hier gekennzeichneten Zustand treffend zum Ausdruck. Am Abschluß
des Abschnitts über Augustins Leidenschaft für das Theater taucht dieselbe Metaphorik wieder auf (3, 2, 4): *... quos tamen quasi ungues scalpentium fervidus
tumor consequebatur.*
[227] 3, 2, 3: *lacrimae ergo amantur et dolores;* 3, 2, 2: *dolor ipse est voluptas;* 2, 3:
*congaudebam amantibus, cum sese fruebantur per flagitia; cum autem sese amitte-
bant, quasi misericors contristabar et utrumque delectabat;* 2, 4: *miser dolere
amabam; dolorum amores.*

Formulierung als auch in der Ausführlichkeit der Aussage noch stärker
als im 2. Buch in Erscheinung tritt: *vagatus sum praefidenti collo ad
l o n g e recedendum a te, amans vias meas et non tuas, amans fugitivam
libertatem*. In *amans vias meas* ... liegt außerdem der Gedanke der
verderblichen *fiducia sui* und auch die Vorstellung des *fastidium* von
3, 1, 1; es ist dies wieder eine Art gleitender Übergang zu 3, 3, 6 (...
gaudebam superbe ... *et tumebam tyfo* ...), wo die *studia* das Thema
bilden (3, 3, 6) und wo Augustin eine verkehrte Freude empfindet, sowohl aufgrund seines eitlen Stolzes als auch aufgrund der Eitelkeit des
Lernziels (3, 3, 6; 4, 7: *per gaudia vanitatis humanae*). Die Lektüre von
Ciceros Hortensius bringt dann zunächst einen völligen Umschwung:
mutavit affectum meum et ad te ipsum ... *mutavit preces meas et vota
ac desideria mea fecit alia*. Im folgenden häufen sich die Äußerungen
der Liebe zu Gott und der Sehnsucht nach ihm beziehungsweise nach
der *sapientia*[228], zunächst in 3, 4, 7 und mehrfach in 3, 4, 8; auch nach
der für Augustin enttäuschenden Lektüre der Heiligen Schrift und der
Verführung durch die manichaeische Irrlehre taucht das Motiv der Liebe
zu Gott noch mehrfach auf[229], und im Gegensatz zu Gott stehen dann
die nichtigen *phantasmata*, die ihm die Manichaeer vorsetzen und
denen keine Wirklichkeit entspricht[230]. An ihrer Stelle hätte Augustin,
wie er sagt, seine Liebe eher Sonne und Mond zuwenden sollen, die
wenigstens für die Sinne direkt faßbar sind (3, 6, 10). In diesem Zusammenhang wird nun der Vergleich der manichaeischen Lehre mit einer
Nahrung wichtig, mit einer Nahrung freilich, die man im Traum zu
genießen meint und die nicht sättigt (3, 6, 10 f.[231]). Dieser Vergleich
bleibt gegenwärtig bis zum Ende von 3, 6, 11, wo Augustin den Bericht
über die Verführung zum Manichaeismus abschließt und sich der Kritik
an einigen seiner Lehren zuwendet, das heißt insbesondere die Einwände
gegen das Christentum und das Alte Testament zu widerlegen sucht
(3, 7, 13—10, 18). Natürlich ist mit der Vorstellung der nicht sättigen-
den Nahrung wieder auf 3, 1, 1 zurückgegriffen; auch die Vorstellung
quo inanior, eo fastidiosior von 3, 1, 1 ist zum mindesten bei dem mehr-

---

[228] Bei *sapientia* ist für Augustin immer Christus subaudiert; vgl. S. 436 f. und außerdem 11, 9, 11 mit Zitat von 1. Kor. 1, 24.

[229] 3, 6, 10: ... *prae amore tuo* ...; *o veritas, quam intime* ... *medullae animi mei
suspirabant tibi;* ... *amor meus, in quem deficio* ...

[230] 3, 6, 10: ... *phantasmatibus corporum, quae non sunt;* auch hier ist, ähnlich wie
beim Birnendiebstahl, das „Ziel" schließlich ein Nichts (vgl. 2, 8, 16).

[231] Vgl. zur Vorstellung der Nahrung S. 460 und A. 104; S. 473.

fachen, überheblichen Tadel an christlichen Lehren gegenwärtig, den
Augustin als Folge seiner Verführung zum Manichaeismus erwähnt
(3, 7, 14 fin.; 10, 18). Abschließend läßt sich nunmehr sagen, daß das
3. Buch bei der Schilderung der weiteren Abkehr von Gott und der
Zuwendung zu den *corporalia,* die auch bei der Annahme des
Manichaeismus sichtbar ist, bestimmte neue Aspekte herausstellt: Es sind
dies die mit der Bindung an Körperliches verbundenen Schmerzen sowie
das Erlebnis innerer Leere und einer Überhebung des eigenen Selbst
(*tyfus, superbia*). So entsteht eine Art Klimax gegenüber dem 2. Buch,
das sich in seinen beiden Teilen auf das bloße Faktum der Abkehr von
Gott und der Zuwendung zum Irdischen, Nichtigen, konzentriert hat.
Auf eine Klimax läuft das 3. Buch auch deshalb hinaus, weil mit der Zuwendung zum Manichaeismus und dem Tadel christlicher Auffassungen
das eintritt, was Monnica am Ende des Buches als den seelischen Tod
des Sohnes voraussieht und beklagt (3, 11, 19)[232]. Das 4. Buch bringt
dann einen weiteren Aspekt hinzu, der sich aus dem *secedere a Deo* und
der Zuwendung zu den *corporalia* ergibt. Es ist dies die Erfahrung der
Vergänglichkeit, die allem Irdischen anhaftet, im Gegensatz zu Gott,
dem Unveränderlichen und Ewigen. Wie schon ausgeführt, ist von dieser
Vorstellung das ganze 4. Buch erfüllt[233]. Gleichzeitig hat sich aber nun
ergeben, daß das Motiv des *amare* für alle drei Bücher konstitutiv ist.
Es in seiner Gesamtbedeutung innerhalb der Confessionen zu verfolgen,
ist im Zusammenhang einer Arbeit, die nur den gedanklichen und formalen Aufbau als Ganzes untersuchen will, nicht möglich. Hingewiesen
sei jedoch noch einmal auf den ersten Teil des 10. Buches, das in 10, 6, 8
mit *domine, amo te* beginnt und in 10, 27, 38 mit *sero te amavi* schließt,
das heißt mit diesen beiden Formulierungen zugleich Ziel und Verlauf
der ganzen in den Confessionen geschilderten Entwicklung auf eine ein-
prägsame Weise deutlich macht.

Mit dem 9. Buch schließt die Erzählung ab, jedenfalls soweit sie im
Ganzen chronologisch aufgebaut ist. Sieht man zunächst von ihrem
zweiten Teil und der Biographie Monnicas ab, so zeigt sich, daß Augustin sie genau bis zu dem Punkt führt, wo seine *conversio* mit all ihren
Konsequenzen abgeschlossen ist. Er hat zunächst sein Amt und damit
auch die Rhetorik aufgegeben, außerdem sich öffentlich zum Christen-

---

[232] 3, 11, 19: ... *cum pro me fleret ad te mea mater* ... *amplius quam flent matres*
corporea funera; videbat enim illa mortem meam ...
[233] Vgl. S. 455 f.

tum bekannt, indem er sich taufen ließ. Diese Entscheidungen liegen
parallel zu dem, was Simplician im ersten Teil des 8. Buches von Victorinus erzählt hat: Eigentlich entscheidend für Augustins eigenen Entschluß wird jedoch erst die Erzählung des Pontician, die, deutlich abgesetzt vom Vorhergehenden[234], den zweiten Teil des 8. Buches einleitet.
Die Parallele zwischen Augustin und den Bekehrten von Trier, von
denen Pontician berichtet, geht bis ins einzelne: Sie verzichten auf eine
vita publica, wenn man es so nennen darf[235], außerdem auf jede weltliche Betätigung, werden *servi Dei*[236], sehen von einer Eheschließung ab
und führen in der Folge ein quasi-mönchisches Leben (8, 6, 15). Was
Augustin selbst anbelangt, so stehen die für ihn wichtigen Begriffe am
Beginn und Ende des 2. Teiles und rahmen ihn so ein: 8, 6, 13: *de
vinculo ... desiderii concubitus ... et saecularium negotiorum servitute
quemadmodum exemeris ...*; 12, 30: *... ut nec uxorem quaererem nec
aliquam spem saeculi huius ...* Daß er aber schon vor den Begegnungen
mit Simplician und Pontician nicht bloß äußerlich der Kirche anzuge-
hören, sondern das ganze Leben dem Dienst Gottes zu widmen wünschte,
war bereits zu Beginn des 8. Buches gesagt[237]. Die Eingangsworte des
9. Buches *ego servus tuus* nehmen dann ebenso wie das Kündigungsschreiben (9, 5, 13) auf den vollzogenen Entschluß Bezug[238]. Der letzte
Schritt wird nach der Taufe in Angriff genommen, wenn man einmal
von der kurzzeitigen Vorwegnahme eines abgeschiedenen Lebens während des Aufenthalts in Cassiciacum absieht[239]. Jetzt schließen sich die
Freunde zusammen, zu denen sich noch Augustins Mitbürger, der später
Bischof gewordene Euodius gesellt (9, 8, 17)[240], und sie brechen nach

---

[234] Der Neueinsatz in 8, 6, 13 wird bereits in den ersten Worten deutlich, so daß auch
in diesem Buch eine Zweiteilung entsteht. Andererseits gibt es hier ebenfalls einen
gleitenden Übergang, wie er schon bei anderen Büchern beobachtet wurde. Der
erste Teil schließt mit Zitat von Röm. 7, 24 mit der Bitte um Befreiung; 8, 6, 13
beginnt dann mit den Worten *et de vinculo ... quemadmodum exemeris, narrabo.*
Der in der Ausgabe von P. d. LABRIOLLE 1, 1969 vorgeschlagene Einschnitt nach
8, 6, 15 erscheint mir nicht plausibel. Er zerreißt den Zusammenhang einer Erzählung.

[235] 8, 6, 15: *... relicta militia saeculari ... agentes in rebus.*

[236] Zum Begriff *servire Deo* beziehungsweise *servus Dei* vgl. S. 439.

[237] 8, 1, 2: *videbam enim plenam ecclesiam, et alius sic ibat, alius autem sic. ... mihi
autem displicebat, quod agebam in saeculo ...*

[238] Vgl. auch 9, 2, 4: *... iam pleno corde militia tua ...*

[239] 9, 3, 5: *... pro ... Cassiciaco, ubi ab aestu saeculi requievimus in te ...*

[240] *... prior nobis ad te conversus ... et baptizatus et relicta militia saeculari accinc-
tus in tua ...*; er ist also bereits *servus Dei.*

Africa auf, *simul habitaturi placito sancto*. Gemeint ist dabei natürlich das klösterliche Gemeinschaftsleben in Thagaste, von dem Possidius in seiner Augustin-Biographie berichtet (3, 1)[241]. Erst mit dieser Angabe findet die Erzählung, soweit sie Augustins *conversio* betrifft, ihren sinnvollen Abschluß. So wichtig, ja entscheidend für Augustin das Ereignis der Taufgnade ist, mit seiner Erwähnung wäre ein Abschluß noch nicht völlig erreicht[242].

Der zweite Teil des 9. Buches, auf den mit den Worten *cum apud Ostia Tiberina essemus, mater defuncta est*, übergeleitet wird (9, 8, 1), ist thematisch und formal als eine Art Exkurs angeschlossen. Seine Wichtigkeit erhellt jedoch daraus, daß Augustin vieles beiseite lassen will, nicht aber das, was er über Monnica sagen muß[243]. Bekanntlich ist dies eine der Textstellen, an denen Augustin betont, er habe Eile. An anderer Stelle sagt er, er eile, um zu Wichtigerem zu kommen (9, 4, 7), und gemeint sind dabei offenbar die letzten Bücher. Nicht beachtet scheint aber bisher, daß es sich überall, wo Augustin etwas auslassen will, nicht um biographische Fakten schlechthin handelt, sondern um solche, in denen Augustin ein gnadenhaftes Einwirken Gottes zu erkennen meint. Das erste Mal ist dies bei den gnädigen *responsa* der Fall, die die betende Monnica von Gott in bezug auf den in die Irre gehenden Sohn erhält (3, 12, 21), das zweite Mal in bezug auf die Gnadenerweise Gottes während des zurückgezogenen Lebens in Cassiciacum (9, 4, 7); schließlich übergeht Augustin noch, abgesehen von der eben erwähnten Stelle, die *hortamenta, terrores, consolationes et gubernationes*, mit denen Gott ihn dazu brachte, Priester zu werden; sie alle aufzuzählen, sagt er, sei ihm ganz unmöglich (11, 2, 2). Nimmt man alle diese Äußerungen zusammen, so wird man skeptisch gegenüber der Auffassung, Augustin habe aus irgend welchen Gründen sein Werk schnell zu einem Ende bringen wollen[244] oder, er habe nach der Erzählung der Taufe das Interesse an der Erzählung verloren[245]. Nachdem sich bisher immer wieder überlegte Planungen Augustins bis ins einzelne hinein haben

[241] *et placuit ei percepta gratia cum aliis civibus et amicis suis Deo pariter servientibus ad Africam et propriam domum agrosque remeare.*
[242] So z. B. PELLEGRINO a. O. 130, der meint, entweder die Taufe oder Monnicas Tod sei ein möglicher Abschluß gewesen. Zur Stellung des 10. Buches vgl. schon S. 477 ff.
[243] 9, 8, 17: ... *quidquid mihi anima parturit de illa famula tua* ...
[244] Vgl. das zu Beginn dieser Arbeit auf S. 440 f. Ausgeführte.
[245] In diesem Sinn äußert sich ZEPF a. O. 10.

nachweisen lassen — gerade auch für das 10. Buch —, wird man eher
geneigt sein, der Ehrlichkeit von Augustins Versicherung zu glauben,
daß er sich wirklich nicht im Stande fühlte, alle gnädigen Eingriffe Gottes in sein Leben zu erzählen (9, 8, 17)[246]. Diejenigen, die zur *conversio*
führen, sie bewirken und deshalb die eigentlich entscheidenden sind, hat
er ohnehin aufgeführt, und danach beginnt für den Getauften ohnehin
ein neues Leben.

Für den Monnica betreffenden Teil des 9. Buches, der wegen Monnica
selbst[247] und wegen des ekstatischen Erlebnisses von Ostia viel behandelt
ist, beschränke ich mich auf einige mir wichtig erscheinende Punkte. Begründet ist das Eingehen auf Monnica damit, daß sie nicht bloß dem
Fleisch, sondern auch dem Geist nach seine Mutter war. Neben *parturire
corde* oder *parturire spiritu,* womit dies Verhältnis bezeichnet wird[248],
nennt sich Augustin noch mit einem Psalmwort *filius ancillae tuae* (sc.
Dei)[249]. Da Monnicas Leben und Wirken aber nun selbst ein Geschenk
und eine Gnade Gottes ist[250], so wirkt durch sie Gottes Gnade auf Augustin und die Aussagen des Sohnes über die Mutter gehören deshalb mit
Recht zu den *gratiarum actiones de rebus innumerabilibus,* von denen
Augustin spricht (9, 8, 17), und deshalb auch zu einer *confessio.* Er will
und kann sie auf keinen Fall beiseite lassen[251]. Die Bedeutung Monnicas
als *mater spiritalis* wird im übrigen nicht nur in den entsprechenden
Angaben, sondern auch in der Buchkomposition deutlich. Vom Schluß
des 8. Buches, dem Beginn des 9. Buches und ihrer Verbindung mit dem
Ende des 3. Buches, die seit langem erkannt ist, war bereits die Rede[252].
Nicht ebenso beachtet ist, daß im 2. Buch beim ersten entscheidenden

---

[246] *accipe confessiones meas et gratiarum actiones, deus meus, de rebus innumerabilibus, etiam in silentio . . .*
[247] Zu Monnica vgl. jetzt P. M. A. v. KEMPEN - v. DIJK, Monnica, Augustins visie
op zijn moeder 1978; verfehlt ist jedoch hier die Auffassung, daß Monnica symbolisch für die Rolle der Kirche stehe (a. O. 92). Es gibt im Text hierauf keinen
Hinweis, und die Bedeutung der Mutter für den Sohn wird auf diese Weise verkannt.
[248] Vgl. außer 9, 8, 17 etwa 1, 11, 17; 5, 9, 16 oder 9, 9, 22.
[249] 2, 3, 7; 5, 10, 18; 9, 1, 1.
[250] 9, 8, 17: *non eius* (sc. *Monnicae*), *sed tua dicam dona in eam;* vgl. dazu 9, 13, 34
(in allgemeiner Formulierung, aber mit Bezug auf Monnica): *quisquis autem tibi
enumerat merita sua, quid tibi enumerat nisi munera tua.* Natürlich liegt hier
Augustins Gnadenlehre zugrunde.
[251] PELLEGRINOS Auffassung (a. O. 130), Liebe zur Mutter sei die Grundlage für die
Ausführungen über Monnica, reicht zur Erklärung keinesfalls aus.
[252] Vgl. S. 483 f.

Schritt in die Sünde aufgrund des Anheimfallens an die sinnliche *concupiscentia* die Mutter den Sohn warnt und Augustin dem Bericht hinzufügt, die Mißachtung der mütterlichen Warnung sei eine Mißachtung Gottes gewesen (2, 3, 7)[253]. Bedeutsam ist weiter, daß Augustin die erste Lockerung seiner manichaeischen Bindungen nach dem Zusammentreffen mit Faustus auf ein Eingreifen Gottes aufgrund des fürbittenden Tränenopfers der Mutter zurückführt (5, 7, 13); die Formulierung nimmt dabei auf eine ähnliche des 3. Buches Bezug, so daß eine Verbindung Monnicas sowohl mit dem Schritt, der zum seelischen Tod Augustins hätte führen können (3, 11, 19), als auch mit der beginnenden Befreiung vom Manichaeismus und der Rückkehr zu Gott entsteht[254]. Von den Tränen und der Fürbitte der Mutter ist schließlich noch mehrfach im 5. und vor allem zu Beginn des 6. Buches die Rede, das mit der Ankunft der Mutter in Mailand, ihrer Prognose der einer Krise zutreibenden Entwicklung des Sohnes und einer entsprechenden Steigerung ihrer Gebete einsetzt[255]. Daß die Bedeutung Monnicas in De dono persev. 20, 53 in derselben Weise gekennzeichnet ist, hat man ebenfalls längst beachtet. Hier sagt Augustin, er habe in den Confessionen erzählt, wie er durch die täglichen Bitten der Mutter zum Glauben gekommen sei und so gerettet wurde[256]. Angesichts dieser Rolle Monnicas ist es tief sinnvoll, daß das 9. Buch nun umgekehrt mit dem fürbittenden Gebet des Sohnes, der überdies hier als Priester spricht, für die von der Mutter nach der Taufe begangenen Sünden endet (9, 13, 34 f.). Mit dieser Responsion schließt sich wieder ein Ring um Augustins Darstellung; der Bericht von seiner *conversio* wäre in der Tat unvollständig, wenn die Biographie Monnicas nicht beigefügt wäre. Es versteht sich von selbst, daß damit die moderne These einer ursprünglich selbständigen Biographie Monnicas dahinfällt. Außerdem wird deutlich, daß mit dem 9. Buch trotz der Verbindung mit dem folgenden ein gewisser Abschluß

---

[253] ... *et in illa contemnebaris a me, filio eius, filio ancillae tuae, servo tuo* ...

[254] 3, 11, 19: *et misisti manum tuam ex alto et de hac profunda caligine eruisti animam, cum pro me fleret ad te mea mater amplius quam flent matres corporea funera* ...; 5, 7, 13: *manus* ... *tuae* ... *in abdito providentiae tuae non deserebant animam meam, et de sanguine cordis matris meae per lacrimas diebus ac noctibus pro me sacrificabatur tibi* ...

[255] 5, 8, 15; 9, 17; 6, 1, 1.

[256] Daß Augustin Wesentliches in seiner geistigen Entwicklung den von Gott erhörten Gebeten der Mutter verdankt, steht im übrigen schon in De ord. 2, 52; vgl. auch S. 437.

erreicht ist, und es ist schon von da aus begreiflich, wenn Augustin im 10. Buch zu einer anderen Art der Darstellung übergeht.

Welches ist nun die Bedeutung des Erlebnisses von Ostia, auf das hier nur in seinem kompositionellen Zusammenhang eingegangen werden soll. Es wird deshalb die Frage, wieweit ein echtes mystisches Erlebnis vorliegt, ebensowenig erörtert, wie die, wie weit und in welchem Verhältnis zueinander christliche und neuplatonische Elemente eingewirkt haben[257]. Zunächst einige Vorbemerkungen: 1) Es handelt sich um ein Ereignis innerhalb der Aussagen über das Leben und den Tod der Mutter. Soweit Ostia für Augustin wichtig ist, ist es dies nur indirekt und im Zusammenhang mit der Mutter[258]. 2) Die Schilderung des *ascensus* ist in den wesentlichen Zügen seines Verlaufs nicht verschieden von dem Erlebnis von Mailand (7, 10, 16)[259]. Beide Male erfolgt der *ascensus* in Stufen (*gradatim*: 7, 17, 23; 9, 10, 24), es kommt nur zu einer kurzen Berührung mit dem Göttlichen und danach bleibt es bei einem Seufzen der im Irdischen befangenen Seele (7, 10, 16; 9, 10, 24; 25). 3) In den folgenden Büchern wird wenigstens noch zweimal auf ähnliche Erlebnisse angespielt (10, 40, 65; 11, 9, 11). An der ersten Stelle spricht Augustin von einem gelegentlichen, von Gott geschenkten glückseligen Zustand, der mit dem irdischen Leben nichts mehr zu tun habe, aus dem er aber zu seinem Schmerz wieder in das gewohnte irdische Leben zurückfalle[260]. Hier erinnern vor allem die Worte *quod vita ista non erit* unmittelbar an das Ereignis von Ostia. An der zweiten Stelle tritt im Zusammenhang mit der Lektüre von Gen. 1, 1 und dem Innewerden der Überweltlichkeit und Überzeitlichkeit Gottes eine Art ekstatischer Schau des überhimmlischen Lichts ein, das zugleich die göttliche *sapientia* ist und bei dem die Vorstellung von Christus als *sapientia* subaudiert ist[261]. Aufgrund seiner Schwäche kann Augustin aber nicht in dem Licht verharren und darf sich erst im Jenseits an ihm sättigen. Hier erinnern besonders die Vorstellungen des Lichts, der menschlichen Schwäche und

---

[257] In diesem Zusammenhang muß der nochmalige Hinweis auf A. MANDOUZE, L'extase d'Ostie in Augustinus Magister I Commentationes 1954, 67 ff. genügen (mit reichlichen Literaturangaben).

[258] So schon HENRY a. O. 222.

[259] So bereits COURCELLE a. O. 223; THEILER, Gnomon 1953, 121.

[260] *et aliquando intromittis me in affectum multum inusitatum introrsus ad nescioquam dulcedinem, quae si perficiatur in me, nescio quid erit, quod vita ista non erit. Sed recido . . .*

[261] Dies beweisen die Apostrophen Christi zu Beginn des Abschnitts.

der an beiden Stellen vorkommenden *veritas* an die *visio* von Mailand. Jedenfalls ist Ostia weder als Erlebnis noch in seinem Verlauf singulär, sondern gehört mit einigen anderen zusammen, die ebenfalls in den Confessionen erzählt werden. Seine Bedeutung kann allein aus dem Zusammenhang erkannt werden, in den das Erlebnis gestellt ist.

Nur Ostia eigentümlich ist zunächst, daß es ein Erlebnis von Mutter und Sohn ist und aus einem Gespräch erwächst, bei dem die Gemeinsamkeit beider Personen stark betont ist[262]. Ausgangspunkt des Gesprächs ist dabei eine Frage und zwar die nach der Beschaffenheit des ewigen Lebens. Damit ist gesagt, daß Christsein und Taufe und damit auch eine bestimmte Auffassung von der Vorläufigkeit und Unzulänglichkeit des irdischen Lebens vorausgesetzt sind. Anknüpfend an ein Zitat von Phil. 3, 13 lassen Mutter und Sohn alles Vergangene hinter sich und sind ganz auf das, was vor ihnen liegt, und das heißt auf das Jenseits bezogen. Schon vom Ausgangspunkt her besteht also ein Zustand innerer Gelöstheit und Freude[263]. In diesem Betracht besteht ein starker Gegensatz zu der Lektüre des 4. Psalms in Cassiciacum, bei dem Augustin ebenso sehnsüchtig auf Gott bezogen ist, auf das *id ipsum* von Ps. 4, 9, das auch in Ostia Ziel des Gesprächs ist[264]. In Cassiciacum ist Augustin nämlich noch ganz in der Auseinandersetzung mit seiner Vergangenheit und mit dem hinter ihm liegenden Manichaeismus befangen[265]. Aufgrund dieser Verschiedenheit und der Fragestellung selbst kann das Erlebnis von Ostia, so kurz es dauert, und trotz dem Seufzer, den die Kürze auslöst, nicht in erster Linie oder besser gesagt, überhaupt nicht eine Enttäuschung auslösen. Es ist vielmehr beglückend, eine Art Vorgeschmack der ewigen Seligkeit und enthält damit in sich auch bereits die Antwort auf die Frage, von der das Gespräch ausging. Außerdem

---

[262] 9, 10, 23: ... *conloquebamur ... quaerebamus ... inhiabamus;* auch in der Folge stehen die Verben immer wieder in der ersten Person Pluralis. Erst in 9, 10, 26 gibt es Rede und Gegenrede.

[263] *conloquebamur ergo soli valde dulciter et praesentia obliviscentes in ea, quae ante sunt, extenti quaerebamus ...*

[264] 9, 4, 8 ff.; besonders 9, 4, 11.

[265] 9, 4, 8: *quam vehementi et acri dolore indignabar Manichaeis ...; dilexeram enim vanitatem et quaesieram mendacium ...; 4, 9: in phantasmatis enim, quae pro veritate tenueram ... quae utinam audissent, qui adhuc usque diligunt vanitatem ...; 4, 10: ... qui iam didiceram irasci mihi de praeteritis ... o si viderent internum aeternum, quod ego quia gustaveram, frendebam, quoniam non eis poteram ostendere ...; 4, 11: ... nec inveniebam, quid facerem surdis mortuis, ex quibus fueram ...*

bleiben Monnica und Augustin der *regio ubertatis indeficientis*, die sie berührt haben (9, 10, 24), insofern verhaftet, als die dort die *primitiae spiritus*[266] zurücklassen. Die Vision ist also — ähnlich dem Erlebnis von Mailand — nicht nur und nicht so sehr um ihrer selbst willen als beglückendes Erlebnis wichtig, sondern vorwiegend wegen der Konsequenz, die sie hinfort für beider Leben haben wird[267]. In bezug auf Augustin wird dies an zwei Stellen der folgenden Bücher sichtbar: In 12, 16, 23 erklärt er, er werde sich vom Frieden des himmlischen Jerusalem[268], wo sich seine *primitiae spiritus* befänden, keinesfalls abwenden und daraus stamme die innere Gewißheit der Aussagen, die er bei der Erklärung von Gen. 1, 1 über den Anfang von Gottes Schöpfung, die Schaffung einer geistigen und einer noch formlosen materiellen Welt vor aller Zeit gemacht habe[269]. In 13, 13, 14 geht Augustin davon aus, daß wir zunächst nur durch Glauben und Hoffnung des Heils teilhaftig sind[270]. Selbst der Apostel Paulus seufzt noch nach Gott[271], und es sind nur seine *primitiae spiritus* bei Gott. Dasselbe trifft für Augustin zu. Nur beim Rufen nach Gott, *in voce exultationis et confessionis* atmet er auf[272] und „gießt", wie er mit leichter Veränderung von Ps. 41, 5 sagt, „seine Seele über sich hinaus"[273]. Daß übrigens an dieser Stelle wieder an ein Ostia ähnliches Erlebnis gedacht ist, zeigt die verwandte Formulierung.von 9, 10, 24: ... *et venimus in mentes nostras et transcendimus eas, ut attingeremus regionem ubertatis*[274].

---

[266] Zur Interpretation des Begriffs *primitiae spiritus*, der bekanntlich Röm. 8, 23 aufnimmt und umbildet, vgl. besonders J. PEPIN, Rev. de l'histoire des religions 1951, 155 ff. und die Erweiterung von SOLIGNAC a. O. 2, 552 ff.

[267] Insofern ist CAVALLERA Rev. d'ascét. et d. mystique 1939, 195 zu berichtigen, der meint, die Kontemplation von Ostia führe nicht zu einer Neuorientierung des Lebens.

[268] Dahinter steht bekanntlich die geläufige Interpretation des Wortes Jerusalem als *visio pacis*.

[269] Es geht dabei um die Interpretation der Worte *caelum et terra*; vgl. dazu S. 514 ff.

[270] Augustin zitiert dabei 2. Kor. 5, 7.

[271] Auch hier taucht Phil. 3, 13 auf, von dem das Gespräch in Ostia ausging.

[272] Zu *respirare* vgl. S. 450 f.

[273] Der Psalmtext selbst lautet *effudi in me animam meam*. Aufgrund der Vorstellung, daß der *ascensus* zu Gott über das *redire ad se ipsum* geht, konnte ihn Augustin in seinem Sinne verstehen.

[274] Vgl. auch 7, 10, 16: *vidi qualicumque oculo animae meae supra eundem oculum animae meae, supra mentem meam, lucem incommutabilem*. GIBB-MONTGOMERY in ihrer kommentierten Ausgabe der Confessionen 1927 verweisen auf Enarr. in Ps. 41, 8: *quando anima mea contingeret, quod super animam meam quaeritur, nisi anima mea super se ipsam effunderet*.

In bezug auf die Bedeutung des Ostia-Erlebnisses in seinem Zusammenhang läßt sich nunmehr folgendes sagen: Mit ihm wird ein letzter, noch über die *conversio* hinausgehender Schritt in Richtung auf das himmlische Jerusalem getan. Innerhalb des irdischen Lebens gibt es jedenfalls keinen, der darüber hinausführen könnte. Was an ihm wesentlich ist, ist nicht so sehr das Erlebnis selbst — dafür gibt es in den Confessionen Parallelen[275] —, sondern der Ausgangspunkt und das Resultat. Außerdem erhält es einen besonderen Sinn durch die Gemeinsamkeit von Mutter und Sohn. Augustins *conversio* war die Folge der durch die Fürbitte der Mutter erreichten göttlichen Gnade: Es kommt deshalb mit vollem Recht erst im Zusammenhang mit der Biographie der Mutter zur Sprache. Ganz abgesehen davon hat Ostia aber auch einen besonderen Sinn für Monnica selbst, und dies ist mindestens ebenso wichtig.

Noch vor Beginn des Gesprächs waren sich Augustin und Monnica darüber klar, daß mit der Freude des ewigen Lebens keine sinnliche Freude vergleichbar oder auch nur der Erwähnung wert sei (9, 10, 14). Als Augustin dann in 9, 10, 25 rückblickend sich noch einmal vergegenwärtigt, daß das ewige Leben von der Art sein muß, wie das eben erlebte *momentum intellegentiae*, sehnsüchtig fragt, wann es wirklich eintrete, und bei diesem Gespräch die Welt mit all ihren Reizen sich als nichtig erweist (9, 10, 25 f.), da sagt Monnica — und Augustin ruft zum Beweis für die Bedeutsamkeit der Aussage Gott zum Zeugen seiner Erinnerung an —: *Fili, quantum ad me attinet, nulla re iam delector in hac vita.* Wie sie meint, hat Gott all ihre Gebete im Übermaß dadurch erfüllt, daß der Sohn nicht nur Christ, sondern *servus Dei* geworden ist. Jetzt fühlt sie sich gelöst von der Bindung an diese Welt und ist eben dadurch ganz dem ewigen Leben und damit auch dem Tod zugewandt, der nach De quant. animae 33, 76 für den Christen wegen der Vereinigung mit Gott das *summum bonum* ist[276]. Mit dieser Einstellung erweist sie sich gegenüber Augustin, der nach dem 10. Buch der Confessionen immer noch in gewisser Weise den *tentationes* dieser Welt verhaftet ist[277], weiterhin als die Überlegene und als Vorbild. Die *mater*

---

[275] Bedeutsam ist jedoch die im Verhältnis zu den parallelen Erlebnissen größere Ausführlichkeit. Außerdem ist hier zum ersten Mal gesagt, daß es sich um einen Vorgeschmack der ewigen Seligkeit handelt.

[276] ... *et quominus impediatur anima toti tota inhaerere veritati, mors, quae antea metuebatur, id est ab hoc corpore omnimoda fuga et elapsio, pro summo munere desideratur;* vgl. hierzu HENRY a. O. 225.

[277] 10, 30, 41 ff.

spiritalis ist dem Sohn gewissermaßen einen Schritt voraus. Das zeigt sich gleich in der Folge während ihrer tödlichen Erkrankung. Der Ort des Begräbnisses, um den sie sich vorher so sehr gekümmert hat (9, 11, 28) und der jetzt in der Fremde sein wird, erscheint ihr unwesentlich, obwohl doch der antike, auch der Christ gewordene Mensch darum besorgt ist, daß sich sein Grab in vertrauter Erde und nicht in der Fremde befindet. Im letzten Ausspruch der Mutter, den Augustin berichtet, heißt es dementsprechend: *nihil longe est Deo, neque timendum est, ne ille non agnoscat in fine saeculi, unde me resuscitet* (9, 11, 28)[278]. Andererseits zeigt Augustin in der Art des Schmerzes um die tote Mutter einen, wie er sagt, *carnalis affectus* (9, 13, 34), der angesichts dieser Mutter und dieses Todes nicht angebracht ist und erst langsam überwunden wird[279].

Daß und warum die Confessionen nicht mit dem 9. Buch schließen können, so tief auch der hier vorliegende Einschnitt ist, wurde bereits ausgeführt[280]. Immerhin darf und muß man — in Ergänzung zu dem schon Gesagten — fragen, ob es schon im 9. Buch Hinweise darauf gibt, daß eine Weiterführung von vornherein geplant und vorausgesetzt war. Es gibt sie in der Tat: Zunächst im Formalen: Es ist unmöglich, den Vorverweis von 9, 4, 7 auf Größeres, das Augustin noch behandeln will, ohne Schwierigkeit aus seinem Kontext auszulösen. Er steht nämlich in Parallele zum Eingang von 9, 4, 12, und rechtfertigt ebenso wie dieser den abgekürzten Bericht über das Leben in Cassiciacum, bei dem nur einzelnes herausgegriffen ist[281]. Augustin hätte wesentlich anders gestalten und formulieren müssen, wenn er mit dem 9. Buch das Gesamtwerk hätte ursprünglich schließen wollen. Dasselbe trifft für den Einsatz des zweiten Teiles des 9. Buches zu, wo Augustin aus dem vielen,

[278] Unmittelbar vor dem Ausspruch redet sie noch einmal mit Augustins Freunden *de contemptu vitae huius et de bono mortis.*

[279] O'CONNELL a. O. 119 meint, aufgrund dieses Faktums mache das 9. Buch einen erkältenden Eindruck und das Menschliche im Verhältnis von Mutter-Sohn fehle. Meines Erachtens ist das eine Verkennung, sowohl im Hinblick auf den Ton des Buches als auch im Hinblick auf einzelne Stellen; vgl. etwa 9, 12, 30 fin.: *...quasi dilaniabatur vita, quae una facta erat ex mea et illius ...* Die enge Verbindung zwischen Mutter und Sohn ist noch in De cura pro mortuis gerenda 13, 16 faßbar (zitiert bei COURCELLE a. O. 104 A. 2).

[280] Vgl. S. 479 ff.; außerdem das auf S. 443 f. im Anschluß an KNAUERS Buch Ausgeführte.

[281] 9, 4, 7: *et quando mihi sufficiat tempus enumerandi omnia magna erga nos beneficia tua in illo tempore ...*; 4, 12: *quando recordabor omnia dierum illorum feriatorum?*

das er übergeht, nur das herausgreift, was Monnica betrifft[282]. Auch hier ist deutlich auf eine Weiterführung Bezug genommen: er konnte also kaum kurz darauf sein Werk abschließen. Wichtiger noch scheint mir ein sachliches Argument: Der Bericht über Augustins *conversio* endet mit dem letzten Schritt, dem Aufbruch zum gemeinsamen klösterlichen Leben in Africa (9, 8, 17). Andererseits wird am Ende des 9. Buches ganz selbstverständlich auf Augustins Stellung als Priester Bezug genommen. Wenn hier nicht in den Sachangaben eine wesentliche Lücke beziehungsweise Unklarheit entstehen sollte, so hätte bei einem Werkschluß mit dem 9. Buch mindestens darauf angespielt werden müssen, daß der ursprüngliche Plan nicht bestehen blieb, da Augustin zum Priester berufen wurde. Natürlich könnte man nun einwenden, darin zeige sich eben die Sorglosigkeit in Augustins Gestalten zum mindesten seit dem 9. Buch, und in diese Richtung geht ja auch das Gesamturteil von Courcelle. Dem widerspricht aber, ganz abgesehen von allem bisher Ausgeführten, daß gleich im Proömium des 10. Buches erneut von Augustins Stellung als Priester die Rede ist und daß dabei zur Charakterisierung seiner Stellung gegenüber den Laien dieselbe Wendung wie am Ende des 9. Buches verwendet wird. Beide Male werden diese als *servi tui, fratres mei, filii tui, domini mei, quibus iussisti, ut serviam,* beziehungsweise *quibus servio* bezeichnet. Im 10. Buch findet sich dann auch erstmalig ein Hinweis auf die Berufung zum Priestertum, der am Ende des 9. Buches noch fehlt. Er lautet: ... *iussisti, ut serviam, si volo tecum de te vivere, et hoc mihi verbum tuum parum erat, si loquendo praeciperet, nisi et faciendo praeiret, et id ago factis et dictis* ... Genau dieselbe Begründung kehrt schließlich am Ende des 10. Buches wieder[283]. Es ist dies ein neues Beispiel eines Rahmenmotivs, das sich um ein ganzes Buch legt. Bei der früheren Besprechung des 10. Buches wurde es noch nicht erwähnt, bezeichnend für seine Bedeutung ist aber, daß sich vor allem an der zweiten Stelle eine Reihe wichtiger Bibelzitate befindet[284]. Courcelle hat nun freilich gemeint, die Worte *conterritus peccatis meis et mole miseriae meae agitaveram corde meditatusque fueram fugam in solitudinem ...,* mit denen 10, 43, 70 beginnt, bezögen sich auf Augu-

---

[282] *multa praetereo, quia multum festino ... sed non praeteribo ...*

[283] 10, 43, 70: *ideo Christus pro omnibus mortuus est, ut qui vivunt iam non sibi vivant, sed ei, qui pro ipsis mortuus est* (2. Kor. 5, 15).

[284] Zur Häufung von Bibelzitaten an bedeutsamen Buchstellen vgl. Knauer a. O. 160.

stins Situation nach dem Gespräch mit Pontician im 8. Buch (8, 12, 28), und MARROU ist ihm in dieser Beurteilung gefolgt[285], in Wahrheit ist die Situation jedoch an beiden Stellen ganz verschieden: 1) Das Eingreifen Gottes, von dem mit Zitat von Kor. 2, 5, 15 im 10. Buch erzählt wird[286], bezieht sich eindeutig auf Augustins Berufung zum Priestertum, zu einem Dasein für andere. Wenn dabei noch mit einem Psalmzitat (11, 8, 18) vom Studium der Schrift die Rede ist, so kann dies im Zusammenhang mit der Forderung des *non sibi vivere* nur im Hinblick auf die Aufgabe des Predigens gemeint sein, die in Africa zunächst dem Bischof vorbehalten war, der Augustin aber entgegen dem afrikanischen Brauch schon als Presbyter nachkommen mußte[287]. Kurz darauf heißt es dementsprechend, daß Augustin das Sakrament der Eucharistie nicht bloß genießt, sondern auch selbst spendet[288]. 2) Nirgends vorher ist davon die Rede, daß Augustin den Gedanken gehabt hätte, in die Einsamkeit oder gar in die Wüste zu gehen, das heißt also Anachoret zu werden. Die beiden *agentes in rebus,* von denen Pontician im 8. Buch berichtet, entschließen sich nur zu einem gemeinsamen Leben als *servi Dei* (8, 6, 15), und beim heiligen Antonius, an dessen *conversio* sich Augustin nach dem *tolle-lege*-Ruf erinnert, ist zwar von plötzlicher Bekehrung und dem Verkauf der ganzen Habe, nicht aber von seinem Anachoretendasein die Rede (8, 12, 29). Als Augustin selbst den letzten Schritt in seiner *conversio* vollzieht, geschieht dies mit dem Plan eines mit Freunden gemeinsamen Lebens in Africa (9, 8, 17; *simul habitaturi placito sancto*), wie es dann in Thagaste verwirklicht wurde[289]. Es bleibt somit nichts anderes übrig als die Worte *conterritus* ... aus ihrem unmittelbaren Zusammenhang heraus zu verstehen: Augustin hat nach einer langen Aufzählung der *tentationes,* die ihn auch jetzt noch heimsuchen, von den *languores peccatorum meorum* gesprochen (10, 41, 60) und den Begriff *languores* am Abschluß von 10, 43, 69 mit dem intensiv wieder-

---

[285] COURCELLE a. O. 198; H. J. MARROU, R. E. L. 1951, 401.
[286] Vgl. A. 283.
[287] Ich verweise hier nur auf Possidius, Vita Aug. 5, 3: ... *eidem presbytero* (sc. Augustino) *potestatem dedit se coram in ecclesia evangelium praedicandi ac frequentissime tractandi, contra usum quidem et consuetudinem Africanarum ecclesiarum.*
[288] *cogito pretium meum et manduco et bibo et erogo et pauper cupio saturari ex eo inter illos, qui edunt et saturantur.*
[289] Possid. 3, 1: ... *ac placuit ei ... cum aliis civibus et amicis suis Deo pariter servientibus ad Africam ... remeare ... cum his, qui eidem adhaerebant, Deo vivebat.*

holten *multi sunt et magni languores mei, multi sunt et magni* wieder
aufgenommen. Wäre das Wort nicht Fleisch geworden, so bliebe, wie er
meint, nur Verzweiflung. Die Plusquamperfekte des darauffolgenden
Satzes greifen dann über die Zeit der Abfassung der Confessionen zurück, setzen aber den vorher von Augustin geschilderten Dauerzustand
seines Inneren voraus, können also keinesfalls mit der Situation des 9.
oder gar 8. Buches zeitlich zusammenfallen. Es ist dies eine Gestaltungs-
form, die Augustin ebenso bei der gegenüber dem 7. Buch zeitlich zurückliegenden Befreiung vom astrologischen Aberglauben verwendet hat
(7, 6, 8; 7, 11)[290]. Augustin hat also während der Zeit in Thagaste einmal erwogen, ein Anachoretendasein zu führen, Gott aber hat das nicht
zugelassen. Dieser Einzelzug seines Lebens ist bisher, soweit ich sehe,
in seiner Bedeutung für Augustins Biographie nicht eigentlich beachtet.
Andererseits fügt er sich zu anderen Nachrichten, denn es ist bekannt,
wie angelegentlich Augustin versuchte, einer Berufung zum Priester
auszuweichen, und mit welcher Erschütterung er auf die erfolgte Berufung reagierte[291]. Ohnehin hat er in einem noch in Thagaste geschriebenen Brief (ep. 10, 3) erklärt, eine unbedingte Abgeschiedenheit sei für
den Zustand seines inneren Lebens absolut notwendig.

Noch nicht im 9. Buch, wohl aber zu Beginn des 10. (10, 4, 6) erklärt
Augustin, daß das Leben mit Christus den Dienst am Nächsten in der
Nachfolge Christi erfordere. Genau derselbe Gedanke erscheint noch
einmal am Ende des 10. Buches, aber insofern erweitert und zugespitzt,
als Augustin durch die ausführliche Schilderung seines inneren Zustandes
und durch die Erwähnung des Planes, in die Einsamkeit zu fliehen, deutlich macht, daß er als Mensch eigentlich des Priestertums nicht würdig
ist. Unter diesen Umständen bleibt ihm nach der Berufung nur übrig,
von der eigenen Person abzusehen und die Sorge um das eigene Heil
auf Gott zu werfen (Ps. 14, 23: 1. Petr. 5, 7), das heißt also allein auf
Gottes Gnade zu vertrauen. Hat man sich diesen Gedankengang einmal
klar gemacht, so ergibt sich plötzlich der tiefere Sinn der Tatsache, daß
Augustin im 10. Buch keine chronologische Erzählung, sondern eine
Schilderung des eigenen, über eine längere Zeit anhaltenden Seelenzustandes gegeben hat. Nur so konnte er deutlich machen, wie tief er den
Gegensatz zwischen diesem und dem Priesteramt empfand. Es paßt zu

---

[290] Vgl. S. 464.
[291] Vgl. Augustins eigene Äußerungen in dem späteren Sermo 355, 2; außerdem ep.
21, 2; Possid. 4, 1 ff.

dem offenbar als Höhepunkt gestalteten Schlußparagraphen des
10. Buches, daß er sich an dessen Ende zunächst demütig in die Reihe
der Gläubigen einreiht, die die Eucharistie genießen und nur gewissermaßen nebenbei sichtbar werden läßt, daß er zugleich Spender des
Sakraments ist (10, 43, 70 fin.)[292]. Die Einsicht, daß das Priesteramt
eine ungeheure Gefahr für das Seelenheil bedeutet, und Augustin im
Hinblick auf die eigene Schwäche sich deshalb nur dem Schutz Gottes
anvertrauen kann, findet sich im übrigen schon zu Beginn des 10. Buches
(10, 4, 6)[293]. Aus mehreren Gründen ist sie wohlberechtigt: Zunächst
einmal muß der Priester, der seiner Gemeinde wie ein Diener (servus)
dem Herrn (domini) gegenübersteht (9, 13, 37; 10, 4, 6), vor Gott
Rechenschaft ablegen für die anvertraute Gemeinde, ein Gedanke der
bei Augustin immer wieder auftaucht. So bittet er etwa, um nur ein
paar Stellen zu nennen, in ep. 21 aus diesem Grund den Bischof
Valerius um einen zeitlichen Aufschub für die Übernahme des Presbyter-
amtes, oder in dem späten Brief an den hochgestellten Darius (ep. 231, 6)
um dessen Fürbitte, weil er als Bischof höhere Verantwortung trage[294];
von der Verantwortung des Priesters für die Gemeinde reden etwa auch
ep. 29, 7: Sermo 355, 2 oder Possid., Vita Aug. 4, 3[295]. Daß der Bischof
wegen der Fülle säkularer Amtsgeschäfte nicht genügend Ruhe für die
eigene Zuwendung zu Gott findet, ist eine weitere Schwierigkeit des
priesterlichen Lebens; Augustin beklagt sie in ep. 48, 1 und bittet auch
da um Fürbitte von seiten des Adressaten. Noch wichtiger ist schließlich
eine Äußerung des 13. Buches: Hier heißt es, die ministri sollten für den
einfachen Christen in bezug auf continentia der Lebensführung, das
heißt also in bezug auf die Forderung des non conformari saeculo

---

[292] Die Stelle ist in A. 288 zitiert.

[293] ... et id ago factis et dictis, id ago sub alis tuis nimis cum ingenti periculo, nisi
quia sub alis tuis tibi subdita est anima mea ...

[294] Vgl. besonders ep. 21, 1 ff.; ep. 231, 6: ... praepositi vestri sumus: grex Dei estis;
considerate et videte pericula nostra maiora esse quam vestra et orate pro nobis;
hoc autem et nobis condecet et vobis, ut bonam rationem de vobis reddamus pasto-
rum principi et omnium nostrum capiti ...

[295] Ich zitiere hier nur Possid. 4, 3 (bei der Schilderung der Erwählung Augustins zum
Presbyter): ... cum ille homo Dei (sc. Augustinus), ut nobis rettulit, et maiore
consideratione intellegeret et gemeret, quam multa et magna suae vitae pericula
de regimine et gubernatione ecclesiae impendere iam ac provenire speraret, atque
ideo fleret; zur Verantwortung des Priesters für die Gemeinde vgl. etwa auch Sermo
17, 2; ep. 21, 2 und S. 508 f.

(Röm. 12, 2) ein nachahmenswertes Vorbild sein (13, 21, 31; 25, 38)[296]. Augustin mußte schon deshalb die Notwendigkeit empfinden, nicht nur zu erzählen, sondern ein Bild seines dauernden inneren Zustandes zu geben. Es ist deshalb auch kein Zufall, daß er im 10. Buch, in dem er von Anfang an als Priester spricht, die Beziehung zu den Lesern der Confessionen und insbesondere zu denen, die ihm brüderlich verbunden sind (10, 4, 5), ausführlich erörtert. Es gehört zu seinem Dienst, daß er vor denen, denen er dient (10, 4, 6 fin.), seine Fortschritte ebenso wie seine Mängel offenbart[297]. Für sich selbst aber bittet er gerade in diesem Zusammenhang mit gutem Grund um Gottes Erbarmen: ... *nequaquam deserens coepta tua consumma imperfecta mea* (10, 4, 5 fin.), ein Gedanke, der noch zweimal im 10. Buch auftaucht (10, 30, 42; 36, 58) und gleich zu Beginn des 11. Buches beim Rückblick auf die bisherige Erzählung erneut aufgenommen wird (11, 1, 1).

Augustin kommt noch ein viertes Mal auf seine Berufung zum Priester zu sprechen, und zwar am Beginn des 11. Buches (11, 2, 2). Hier hält er es für unmöglich, alle Weisungen Gottes zu berichten, die ihn dazu veranlaßten, sein Wort zu verkünden und sein Sakrament zu spenden; er brenne vielmehr darauf, sich in Gottes Gesetz zu versenken und hier Gott sein Wissen und Nichtwissen zu bekennen[298]. Einerseits wird damit an den Schluß des 10. Buches angeknüpft, so daß wieder eine enge Verbindung der Bücher entsteht, und es ist auch beide Male der 118. Psalm gegenwärtig, der besonders passend ist, weil er die Herrlichkeit von Gottes Gesetz zum Gegenstand hat. Andererseits dient der Hinweis auf den Priesterberuf dazu, das folgende Gebet und die daran anschließende Exegese der ersten Genesisverse einzuleiten. Sie ist

---

[296] 13, 21, 31: ... *dum dicitur nobis: nolite conformari huic saeculo, ut producat terra in fonte vitae animam viventem, in verbo tuo per evangelistas tuos animam continentem imitando imitatores Christi tui*; vgl. auch 13, 25, 38 (im Zusammenhang mit der Fürsorge der Christen für den Apostel Paulus): *ista enim debentur eis, qui ministrant doctrinam rationalem per intellegentias divinorum mysteriorum ... debentur autem eis ... praebentibus se ad imitandum in omni continentia. item debentur eis ... propter benedictiones eorum, quae multiplicantur super terram, quoniam in omnem terram exit sonus eorum.* Die Verallgemeinerung von Paulus auf alle *ministri* ergibt sich aus dem Zusammenhang und gilt deshalb natürlich auch für den Priester und Bischof Augustin.

[297] Vgl. vor allem 10, 3, 4 ff.

[298] *quando autem sufficio lingua calami enuntiare omnia hortamenta tua ..., quibus me perduxisti praedicare verbum et sacramentum tuum dispensare populo tuo? ... et olim inardesco meditari in lege tua et in ea tibi confiteri scientiam et imperitiam meam, primordia illuminationis tuae et reliquias tenebrarum mearum ...*

der Gegenstand der letzten drei Bücher und mit ihr beginnt ein neues
Thema. Augustin hat deshalb auch trotz der motivischen Verbindung
mit dem Ende des 10. Buches eine klare, endgültige Abgrenzung gegenüber den vorhergehenden zehn Büchern vorgenommen. Die Wendung
narravi tibi mu.lta, quae potui et quae volui und die erneute Vergegenwärtigung des Sinnes der bisherigen Darstellung markieren ganz eindeutig den Abschluß des Werkteiles, der von Augustins persönlichem
Leben und Schicksal handelt. Noch deutlicher als es Augustin hier tut,
kann gar nicht gesagt werden, daß nicht am Ende des 9., sondern erst
am Ende des 10. Buches der Einschnitt liegt, der den erzählenden Teil
von dem exegetischen trennt. Dies gilt, obwohl das 10. Buch nicht mehr
dem chronologischen Darstellungsprinzip folgt[299]. Implizit ergibt sich
aus Augustins Gestaltung zusätzlich, daß er alle äußeren Ereignisse, die
nach dem Aufbruch nach Africa und Monnicas Tod liegen, um ihrer
selbst willen nicht mehr für erwähnenswert hielt. Selbst bei der Berufung zum Priester ist es ihm nur wichtig, deutlich zu machen, daß
sie einem fehlerhaften, durch das Bewußtsein seiner Sünden bedrängten
Menschen zuteil wurde[300]. Das Ereignis als solches tritt zurück, es fällt
weder der Name Hippo noch der des Bischofs Valerius, der Augustin
zum Presbyter machte und schließlich zum Mitbischof und Nachfolger
bestellte. Im Grunde entspricht diese Gestaltung freilich nur den Prinzipien, die schon bisher als für die Darstellung der Confessionen charakteristisch festgestellt wurden.

Eine weitere Beziehung zwischen dem Schluß des 10. Buches und dem
Beginn des 11. ist noch nicht erwähnt. KNAUER hat bei seiner Behandlung des 10. Buches nachgewiesen, daß die Vorstellung von Gott als
Arzt der sündigen Seele und die an mehrere Psalmworte anknüpfende
Vorstellung des Heilens (*sanare*) eine Art Leitmotiv darstellt[301]. Dementsprechend taucht sie auch am Ende des 10. Buches auf. Während es
aber in 10, 43, 69 in bezug auf die vielfachen *tentationes,* denen Augu-

---

[299] Zur Abgrenzung und Parallelisierung der beiden Werkteile (1—10; 11—13) ist die
   Verbindung von 1, 1, 1 und 11, 1, 1 durch das Psalmzitat 95, 4 wichtig; vgl.
   KNAUER a. O. 153 f. und oben S. 443. Es lassen sich aber noch mehr Beziehungen
   zwischen den beiden Teilen feststellen.
[300] Im Grunde ist das konsequent bei einem Mann, der aufgrund der Berufung zum
   Priesteramt alle Sorge (und das heißt persönliche Sorge, Sorge um das eigene Heil)
   auf Gott wirft (10, 43, 70: *iacto in te curam meam*) und sich nur noch seinem
   Dienst widmen will (10, 43, 70: *... et considerabo mirabilia in lege tua ...*).
[301] KNAUER a. O. 144 ff.

stin ausgesetzt ist, noch heißt *sanabis omnes languores meos*, erhält *sanare* in 10, 43, 70 eine neue Bedeutung. *Sana me* steht hier parallel zu *doce me*. Gott soll Augustins unvollständiges und fehlerhaftes Verständnis der Schrift heilen, indem er ihn belehrt. Er kann es, denn in ihm sind alle Schätze der Weisheit und Erkenntnis verborgen, wie Augustin im Anschluß an Kol. 2, 3 feststellt. Auch hier findet sich also einer der Vorverweise auf die Exegese der letzten Bücher. Daß die Exegese dabei nicht einfach als ein sachliches Problem angegangen wird, sondern Augustin von der eigenen *scientia* und *imperitia* zu sprechen die Absicht hat (11, 2, 2), geht aus den Worten *doce me et sana me* ebenso hervor wie aus dem vorhergehenden Satz: *tu scis imperitiam meam et infirmitatem meam*. Mit dieser Beobachtung ist indessen bereits das Problem der Zusammengehörigkeit der letzten drei Bücher mit den ersten zehn angeschnitten, das im folgenden zu erörtern ist.

Nach den Worten der späten Retractationes (2, 6) handeln die letzten drei Bücher der Confessiones *de scripturis sanctis*, die Gesamtschrift aber oder, wie Augustin sagt, alle dreizehn Bücher *de malis et bonis meis*. Diese Charakteristik steht parallel zu den eben erwähnten Äußerungen von 11, 2, 2 beziehungsweise 10, 43, 70, wonach das p e r - s ö n l i c h e Wissen und Unwissen der leitende Gesichtspunkt bei der Exegese sein soll[302]. In dieselbe Richtung weist der schon einmal zitierte Brief 231 an Darius: Augustin hat ihm seine Confessionen zugeschickt und fordert ihn nun dazu auf, er möge ihn, Augustin, aus dieser Schrift kennenlernen[303]. Die einheitliche Anlage der Gesamtschrift ergibt sich im übrigen, wie längst erkannt, auch daraus, daß *confiteri* und *confessio* Leitmotiv der Darlegung bleiben[304]. Parallel zu den ersten zehn Büchern, in denen immer wieder Gottes Hilfe erbeten wird, geht es in den letzten drei um Belehrung[305]. Weshalb hält Augustin es aber nun für nötig, dem eigenen Schriftenverständnis mehr als ein Drittel seines Werks zu widmen und dies Thema als noch bedeutsamer zu bezeichnen als die Schilderung seiner *conversio*[306]? Die Antwort ist, wie ich meine, im

---

[302] Vgl. das Zitat in A. 298.

[303] *sume ... libros, quos desiderasti, Confessionum mearum; ibi me inspice ...*

[304] Vgl. etwa 11, 2, 2; 2, 3; 7, 9; 18, 23; 22, 28; 25, 32; 26, 33; 31, 41; 12, 2, 2; 3, 3; 6, 6; 16, 23; 23, 32; 24, 33; 26, 36; 30, 41; 32, 43; 13, 12, 13; 14, 15; 15, 17; 24, 36.

[305] 11, 2, 4; 3, 5; 16, 21; 17, 22; 18, 23; 19, 25; 22, 28; 23, 30; 27, 34; 30, 40; 31, 41; 12, 1, 1; 2, 2; 3, 3; 5, 5; 6, 6; 10, 10; 11, 11; 12, 15; 14, 17; 15, 18; 13, 6, 7; 10, 11; 11, 14; 25, 38; 38, 53.

[306] Vgl. etwa 9, 4, 7; 3, 12, 21; außerdem 11, 2, 2; *et olim inardesco meditari in lege tua ...*

Grunde recht einfach[307], aber bisher nicht mit der nötigen Präzision gegeben worden; jedenfalls bedarf es für sie keiner komplizierten Hypo-
thesen[308]. Zunächst einmal ist religiöse Erkenntnis nicht nur das wichtigste Anliegen schon der Frühschriften und natürlich auch der Confessionen, vor allem aber ist sie notwendig für den Prediger, und hier steht
natürlich das Verständnis der Schrift an erster Stelle. Schon in dem
bereits zitierten 10, 43, 70 und dann in 11, 2, 4 am Beginn der Exegese
erklärt Augustin mit Zitat von Kol. 2, 3, in der Schrift seien alle Schätze
der Weisheit und des Wissens verborgen. Hinzukommt aber nun — und
dies ist der entscheidende Punkt —, daß religiöser Irrtum und das heißt
zugleich ein Abweichen von der rechten kirchlichen Lehre Sünde,
sacrilegium oder gar Häresie wäre. Im 5. Buch ist der Manichaeer
Faustus *laqueus diaboli* beziehungsweise *laqueus mortis* (5, 3, 3; 5, 7),
in 3, 6, 10 sind die Manichaeer schlechthin *laquei diaboli* und in 7, 2, 3
verurteilt Augustin ihre Lehre als *sacrilegium cordis et linguae;* natürlich gehört in diesem Zusammenhang auch die Beurteilung der eigenen
Irrtümer in 4, 15, 26 ff. und an vielen anderen Stellen. Nur bei der
Lektüre weltlicher Schriften, also etwa bei denen des Aristoteles, nicht
aber bei der Heiligen Schrift kann man, wie Augustin in De ut.
cred. 6, 13 sagt, irren, ohne dabei ein *sacrilegium* zu begehen. Nach
ep. 29, 7 ist die Exegese der Schrift ein *periculosum onus,* wohl begreiflich, denn der Priester muß vor Gott Rechenschaft für seine Herde
ablegen, wie Augustin im selben Brief kurz vorher und ebenso im
bereits erwähnten Brief an Darius (ep. 231, 6) bemerkt[309]. Wenigstens
ein paar zusätzliche Belegstellen seien noch angeführt: In ep. 143, 4

---

[307] GIBB-MONTGOMERY a. O. 322 ist dem Richtigen nahe, wenn er nur ganz einfach
von theological position spricht; ebenso zutreffend erwähnt SOLIGNAC a. O. 1, 19
eine Beziehung zur *praedicatio.* Beide Autoren begnügen sich aber mit der bloßen
Feststellung ohne weitere Erörterung.

[308] Vgl. etwa KUSCH a. O. 128, der den ersten und zweiten Werkteil unter die Begriffe *homo vetus* und *homo spiritalis* subsumiert. Zu PIZZOLATOS unzutreffender
Heranziehung der Altersstufen für das Verständnis der letzten Bücher vgl. A. 119;
kaum richtig auch KNAUER, der die Bücher 1 bis 9, 10 und 11 bis 13 unter den Vorstellungen *memoria, contuitus, expectatio* begreifen will (Hermes 1957, 248 A. 1
mit weiterer Literatur); weit hergeholt scheint mir auch M. WUNDTS Versuch, die
Methode der Katechese zur Erklärung der letzten drei Bücher heranzuziehen
(Ztschr. f. Neutest. Wissenschaft 1923, 185 ff.; angenommen von COURCELLE a. O.
21 f.). Zu all diesen und anderen Auffassungen ist die schon erwähnte Tübinger
Diss. von GROTZ zu vergleichen (zitiert auf S. 441 A. 20).

[309] ep. 29, 7: ... *venerabilis senis Valerii circa me ineffabilem caritatem, qui mihi
tractandi verba veritatis tam periculosum onus non dubitarit ... inponere.*

erklärt Augustin, er halte seine Schriften über die Genesis und über die
Trinität länger zurück als seine Leser es wünschten, denn sie seien voll
von *periculosissimae quaestiones*. In De gen. ad litt. lib. imperf.
p. 459, 5[310] heißt es hierzu parallel, man müsse sich mit festen Behaup-
tungen insbesondere bei den Büchern zurückhalten, *in quibus temeritas
adserendae incertae dubiaeque opinionis difficile sacrilegi crimen evitat.*
In ep. 37, 2 schließlich schreibt Augustin an Simplician, dem er ein
Buch Quaestiones gewidmet hat, er sei bei solchen Untersuchungen voll
Furcht, *necubi forte indoctior vel incautior quamvis in planissimo
campo veritatis offendam*[311]. Schon aufgrund dieser wenigen Zeugnisse,
denen sich viele anfügen ließen, wird deutlich, daß für Augustin als
Christ und erst recht als Priester Stand und Grad seiner Schriftkenntnis
ein notwendiger Bestandteil einer *confessio* sein mußte, wichtiger als
alles, was er über sein Leben zu bekennen hat. Erst recht gilt dies, wenn
man bedenkt, daß er in 10, 43, 70 in der Nachfolge Christi die Sorge
um das eigene Seelenheil gegenüber dem Dienst am Nächsten und
speziell dem priesterlichen Amt hintangestellt hat. Der richtigen, orthodoxen Einstellung bei der Exegese mußte aus diesem Grund eine zentrale Bedeutung gerade auch für die eigene Person zukommen. Man
kann deshalb die Confessionen nicht schlimmer mißverstehen, als wenn
man die letzten drei Bücher entweder als in irgendeiner Weise nicht
zugehörig übergeht, als bloße Appendix ansieht oder den fraglos auch
hier noch bestehenden autobiographischen Bezug leugnet[312]. Im übrigen
betont Augustin gerade zu Beginn des 11. Buches (11, 2, 3), er brenne
nicht nur selbst auf die Erkenntnis der Schrift, sondern wolle damit
gleichzeitig den Mitbrüdern dienen. Gott möge bei diesem Opfer seines
Denkens u n d Redens alle Unbesonnenheit von ihm fernhalten und
ihn davor bewahren, zu irren und irrezuführen[313]. Diese an sich schon

---

[310] Zitiert nach CSEL 28, sect. 3, 2 ed. J. ZYCHA 1894.
[311] Hiermit ist vergleichbar ep. 197, 5, wo Augustin im Zusammenhang mit der Deutung einer zweifelhaften Bibelstelle sagt, er wünschte sich hier wohl ein einigermaßen sicheres Wissen; *sed quia id nondum potui, magis eligo cautam ignorantiam
confiteri quam falsam scientiam profiteri.*
[312] Für diese meines Erachtens irrige Auffassung zitiere ich hier nur noch des Bei-
spiels halber COURCELLE a. O. 20; MISCH a. O. 620 („künstliche confessio"); PFLI-
GERSDORFFER a. O. 135 („Appendix"); vgl. S. 440 f.
[313] 11, 2, 3: ... *misericordia tua exaudiat desiderium meum, quoniam non mihi soli
aestuat, sed usui vult esse fraternae caritati ... circumcide ab omni temeritate
omnique mendacio interiora et exteriora labia mea. Sint castae deliciae meae
scripturae tuae, nec fallar in eis nec fallam ex eis.*

sehr eindrückliche Äußerung erhält übrigens noch dadurch einen besonderen Sinn, daß aufgrund von Augustins Gnadenlehre nicht nur das
rechte Handeln[314], sondern auch die rechte Erkenntnis ein Gnadenge-
schenk Gottes und Gott selbst die Wahrheit ist, alle Menschen aber
Lügner sind[315].

Hat man sich einmal klar gemacht, daß Ausmaß und Grad der
Schriftkenntnis für den Priester und Prediger ein wesentliches Element
einer *confessio* sein muß, wenn diese vollständig und umfassend sein
soll, so ergibt sich eine Reihe weiterer Erkenntnisse zum Verständnis
der letzten Bücher. Zunächst erweist es sich als sinnvoll — und entspricht auch dem sonst befolgten Kompositionsprinzip —, daß Anfang
und Abschluß der Bücher von der Schwerverständlichkeit der Schrift
sprechen und Gott um Hilfe bei ihrer Erklärung bitten. Dies gilt für
11, 2, 3; 2, 4; 31, 41; 12, 1, 1; 32, 43; und 13, 38, 53[316]. Nur der Anfang
des 13. Buches ist von diesem Motiv frei. Zu Beginn des 11. und 12. und
am Ende des 13. Buches ist außerdem Matth. 7, 7 f. gegenwärtig, so daß
auch in diesem Betracht die Vorstellung von Gottes Hilfe tröstlich auf-
scheint[317]. Dabei gibt es Nuancen im einzelnen: Im 11. Buch dominiert
im Zusammenhang mit dem Verhältnis von Zeit und Ewigkeit die
Vorstellung einer letztlich geheimnisvollen Unbegreiflichkeit[318]; im
12. Buch, das sich in seinem zweiten Teil mit den mehrfachen Deutungsmöglichkeiten eines und desselben Satzes befaßt, die Vorstellung beschränkter menschlicher Einsicht und der Notwendigkeit, viele Worte

---

[314] Vgl. etwa 13, 1, 1: ... *delevisti omnia mala merita mea, ne retribueres manibus
meis, in quibus a te defeci, et praevenisti omnia bona merita mea, ut retribueres
manibus tuis, quibus me fecisti* ...

[315] Vgl. etwa 13, 25, 38: ... *neque enim alio praeter te inspirante credo me verum
dicere, cum tu sis veritas, omnis autem homo mendax* (Ps. 115, 11; Röm. 3, 4);
et ideo qui loquitur mendacium, de suo loquitur (Joh. 8, 44); *ergo ut verum loquar,
de tuo loquar.*

[316] *et hoc intellegere quis hominum dabit homini? quis angelus angelo? quis angelus
homini? a te petatur, in te quaeratur, ad te pulsetur; sic, sic accipitur, sic invenie-
tur, sic aperietur.* Da *quies* das Ende der Schöpfungsgeschichte bildet, andererseits
quies auch nach 1, 1, 1 das ersehnte Ziel des Menschen ist, bilden die letzten Sätze
der Confessionen einen sinnvollen Abschluß sowohl für die Exegese der letzten
Bücher als auch für das Gesamtwerk (*tu autem bonum nullo indigens bono semper
quietus es, quoniam tua quies tu ipse es*).

[317] Zur Bedeutung des Matthäuszitats vgl. schon KNAUER a. O. 155.

[318] 11, 2, 3: *abdita legis; tot paginarum secreta;* 31, 41: *qui intellegit, confiteatur tibi;
et qui non intellegit, confiteatur tibi* ...

zu machen, selbst wenn man nur einen einfachen Satz erklären will[319]. Im übrigen finden sich natürlich auch innerhalb der Bücher immer wieder Hinweise auf Schwierigkeiten des Textes[320] und noch zweimal Anspielungen auf Matth. 7, 7[321]. Augustin gibt also in der Art und Weise seiner Darstellung nicht etwa nur eine Exegese, sondern der Themenangabe entsprechend eine *confessio scientiae et imperitiae*.

Im zweiten Teil des 12. Buches erörtert Augustin, ausgehend von seiner eigenen Deutung von Gen. 1, 1 andere Möglichkeiten der Erklärung. Dabei kommen neben der sachlichen Problematik grundsätzliche Fragen der Exegese zur Sprache, die für den Prediger von besonderer Bedeutung sein müssen. Sie betreffen zunächst die von Augustin verteidigte Mehrdeutigkeit des Textes, die für verschiedene richtige Auffassungen Raum läßt[322], die relative Berechtigung eines naiven, unproblematischen Verständnisses der biblischen Aussagen (12, 27, 37)[323] sowie die Art und Weise, in der Meinungsverschiedenheiten zwischen den einzelnen Exegeten ausgetragen werden sollen — ein damals besonders aktuelles Problem (vgl. bes. 12, 16, 23; 18, 27; 25, 34 f.; 30, 41). Dabei geht es aber bezeichnenderweise nicht etwa um Häretiker oder Gegner des Alten Testaments (12, 14, 17; 16, 23), wie es angesichts der zahlreichen Kontroversen gerade über das von Augustin gewählte Thema des Schöpfungsberichts von der Sache aus nahegelegen hätte[324]. Die Exegeten, mit denen er sich auseinandersetzt, stehen alle auf dem Boden des rechten Glaubens und haben eine positive Einstellung zum Alten Testament (12, 15, 22; 16, 23; 17, 24; 20, 29). Augustin hat also die Situation des i n der Kirche stehenden Predigers im Auge[325]. Aus diesem Grund will er bei der Erörterung von Differenzen in der Erklärung

---

[319] 12, 1, 1: ... *copiosa est egestas humanae intellegentiae, quia plus loquitur inquisitio quam inventio* ...; 31, 41: ... *quam multa de paucis verbis, quam multa, oro te, scripsimus* ...

[320] Vgl. besonders 11, 9, 11; 14, 17; 18, 23; 19, 25; 22, 28; 25, 31; 12, 5, 5; 6, 6; 13, 16 (*interim* ... im Hinblick auf die im zweiten Buchteil diskutierten Deutungsmöglichkeiten); 14, 17; 23, 30; 30, 41; 13, 11, 12; 24, 35 f.

[321] 11, 22, 28; 12, 12, 15.

[322] Vgl. besonders 12, 14, 17 ff.; 18, 27 f.; 20, 29; 30, 41 ff.

[323] In 12, 30, 41 bezeichnet Augustin diese Deutungen jedoch als *sententiae carnales*.

[324] Vgl. etwa De gen. ad litt. lib. imperf. 1 (Zitat in A. 310).

[325] Nebenbei gesagt ist dies ein Argument dafür, daß die Auseinandersetzung mit dem Manichaeismus in diesem Zusammenhang keine Bedeutung hat; bekanntlich ist auch dies als Tendenz der letzten Bücher angesehen worden; vgl. etwa, um nur ein einziges Zitat zu geben, THEILER, Porphyrios u. Augustin 1933, 67.

auch allen Streit beiseite lassen, der nur zu Verwirrung der Hörer führt (12, 18, 27), und christliche Nächstenliebe bewähren, da die Auseinandersetzung unter Brüdern und vor Brüdern stattfindet (12, 25, 35; vgl. schon 12, 18, 27 und 12, 25, 34)[326]. Bei den Verschiedenheiten der Erklärung selbst unterscheidet er zwischen denen, die die speziell von Moyses intendierte Meinung, und denen, die den Sachverhalt der biblischen Aussage betreffen (12, 23, 32). Da andererseits verschiedene gleichermaßen zutreffende Deutungen vertreten werden können und Moyses, da von Gott inspiriert, jedenfalls e i n e wahre Deutung oder vielleicht sogar mehrere nebeneinander in seinem Text gemeint haben muß, so ergibt sich, daß die Frage nach seiner Meinung gar kein wesentliches Problem ist. Fragen kann man ihn ohnehin nicht mehr, wie schon in 11, 3, 5 gesagt ist[327], und Augustin erklärt denn auch am Ende der Erörterung, er wisse nicht, welches die Meinung von Moyses gewesen sei (12, 30, 41). Wichtig ist nur, daß alle Exegeten trotz ihrer verschiedenen Auffassung sich untereinander lieben und Gott lieben, außerdem aber annehmen, daß Moyses das gemeint hat, was in bezug auf Wahrheit und Nutzen für den Menschen am bedeutsamsten ist (12, 30, 41 f.)[328]. Wie sehr es Augustin darauf ankam, nicht nur Exegese zu geben, sondern vor Gott und Menschen die Art und Weise und die Grundsätze seines eigenen Erklärens zu bekennen, wird schließlich auch im 13. Buch sichtbar. Hier wirft er die Frage auf, ob irgend eine Formulierung der Schrift ohne tieferen Grund gebraucht sei, und da er sie verneint, rechtfertigt er an dieser Stelle ausführlich eine figurative, allegorische Bibelerklärung (13, 24, 36)[329]. Im übrigen widerspricht die Ausführlichkeit, mit der er auf diese Problematik eingeht, neuerlich und entschieden der Annahme, die letzten Bücher seien in Eile verfaßt und Augustin habe nur schnell zu einem Abschluß kommen wollen.

---

[326] 12, 18, 27: *nolo verbis contendere; ad nihil enim utile est nisi ad subversionem audientium; ad aedificationem ...*; 12, 25, 35: *... coram te enim dico et fratribus meis, qui legitime utuntur lege usque ad finem caritatis ... hanc enim vocem huic* (sc. contradictori) *refero fraternam et pacificam ...*

[327] 11, 3, 5: *scripsit hoc Moyses, scripsit et abiit ... cum ego illum interrogare non possim, te, Deus meus, rogo ...*

[328] *sed omnes, quos in eis verbis vera cernere ac dicere fateor, diligamus nos invicem pariterque diligamus te, Deum nostrum ... hoc eum* (sc. Moysen) *te revelante cum haec scriberet, adtendisse credamus, quod in eis maxime et luce veritatis et fruge utilitatis excellit.*

[329] Zu den vier verschiedenen Arten der Exegese vgl. etwa De ut. cred. 3, 5; De Gen. ad litt. 1, 1, 1.

Die letzten Bücher wollen nicht einfach eine sachliche Exegese im üblichen Sinne, sondern eine Darstellung von Augustins Wissen und Unwissen geben; aus diesem Grund schlägt immer wieder seine persönliche Anteilnahme an den vorgelegten Erkenntnissen durch, und Augustin kommt auch immer wieder auf die Gottferne des noch im Irdischen verhafteten Menschen, auf menschliche Sündhaftigkeit und die Hoffnung auf Erlösung zu sprechen. Ich kann auf die zahlreichen Belegstellen für dieses Faktum hier nicht eingehen[330], wichtig dagegen erscheinen mir die folgenden Fragen: Wie sieht die Exegese der ersten Genesisverse in sachlicher Hinsicht aus, warum hat er gerade diesen Text für seine Exegese gewählt, und inwiefern kann das Verständnis dieses Textes als repräsentativ für sein Wissen und Unwissen in bezug auf die Schrift gelten? Ein erster Hinweis ergibt sich aus der Themenangabe im 11. Buch (11, 2, 3): Augustin will handeln *ab usque principio, in quo fecisti caelum et terram, usque ad regnum tecum perpetuum sanctae civitatis tuae.* Man könnte hieraus schließen, Augustin habe sich gar nicht auf den Anfang des Genesisbuches beschränken wollen[331], obwohl gleich darauf von Moyses als Verfasser der Schrift die Rede ist (11, 2, 4). In Wahrheit wollte er aber mit diesen Worten eine Interpretation der Angabe von Gen. 2, 2 über den siebten Schöpfungstag geben. Da es hier heißt, Gott habe nach seinem Werk geruht, und da Gott aufgrund seiner *aeternitas* und *immobilitas,* von der im 11. Buch die Rede ist, die Welt geschaffen haben muß, ohne seine Unveränderlichkeit und damit auch seine Ruhe aufzugeben, so kann Moyses, wie Augustin meint, mit dem siebten Schöpfungstag nur auf die schließliche *quies* am Ende der Welt und aller Zeiten vorverwiesen haben (13, 36, 51)[332]. Aufgrund dieser Interpretation, deren Grundlage die damals herrschende Überzeugung von einem ganz engen Bezogensein des Alten und des Neuen Testaments aufeinander ist, war Augustin aber nun zu der weiteren Annahme gezwungen, der Schöpfungsbericht enthalte mehr als die Schöpfung selbst, und zwar den ganzen von Gott gewollten Ablauf der Geschichte. Die Mehrdeutigkeit der Schrift, die im 12. Buch verteidigt wird, verschaffte ihm hierfür eine zusätzliche Rechtfertigung. Außerdem mußte er sich nun gezwungen sehen, den Genesisbericht, abgesehen von seinem wörtlichen

[330] Vgl. etwa 11, 9, 11; 29, 39; 12, 10, 10; 14, 17; 15, 21; 16, 23; 13, 8, 9; 9, 10; 10, 11.
[331] Courcelles Annahme, Augustin habe ursprünglich die ganze Schrift behandeln wollen (a. O. 23 f.), ist vielleicht hierdurch angeregt.
[332] Vgl. außerdem 13, 38, 53: ... *semper quietus es ...*, *quoniam tua quies tu ipse es.*

Sinn, auch noch zusätzlich allegorisch zu erklären, um die ganze Geschichte der von Gott gewollten Welt in ihm aufweisen zu können.

Ebenfalls zu Beginn des 11. Buches identifiziert Augustin dem
Johannesevangelium folgend das die Welt erschaffende Wort mit
Christus und folgert daraus, schon Moyses habe über Christus geschrieben. Damit ist in einem weiteren Punkt eine Erweiterung der Exegese
vorgenommen[332a]. Dies gilt besonders deshalb, weil Augustin kurz vorher Gott bei Jesus Christus, dem Menschensohn und Mittler, beschworen
hat, er möge ihm den Sinn der Schrift enthüllen (11, 2, 4)[333]. Christus ist
dabei in dreifachem Sinn apostrophiert: als das Wort, durch das Gott
alles geschaffen hat, als Menschensohn, der das Volk der Gläubigen zur
Gotteskindschaft berufen hat, und schließlich als der, der zur Rechten
Gottes sitzt und für uns eintritt, natürlich vor Gottes Gericht, wie die
Anspielung auf Röm. 8, 24 beweist. Hier sind, noch vor aller Exegese,
die drei entscheidenden Stadien von Gottes Handeln von Anbeginn der
Welt bis zu ihrem Ende namhaft gemacht. Hätte sich Augustin bei der
Exegese strikt auf die Erschaffung der Welt beschränken wollen, so wäre
eine solche Einleitung ohne rechten Sinn. Der aufmerksame Leser kann
also auch hier erkennen, daß Augustin wenigstens im großen ganzen ein
vollständiges Bild von Gott und Welt, wie sie der Christ sieht, geben
will, oder richtiger gesagt, nach seinem Verständnis des Bibeltextes
geben muß. Genau das aber war bei einer *confessio scientiae et
imperitiae* eines Priesters zu erwarten. Im übrigen ist in diesem Zusammenhang noch wichtig, daß Augustin bei der Apostrophe Christi mit den
Worten *et me* ausdrücklich darauf hinweist, daß auch er von Gott erschaffen und zur Kindschaft berufen ist[334]. Es ist dies eine der Textstellen, in denen er die eigene Situation in die Aussage hineinnimmt und
damit einen zusätzlichen autobiographischen Bezug herstellt.

Es gibt noch andere Aussagen des Schrifttextes, die Augustin zu einer
Erweiterung der Exegese über die eigentliche Schöpfung hinaus veranlassen konnten. Ich muß dabei jedoch etwas weiter ausholen. In 12, 2, 2
interpretiert er die Worte *caelum et terra* von Gen. 1, 1 zunächst im
einfachen, materiellen Sinn, fügt aber sofort korrigierend hinzu, es fehle
dann der immaterielle Himmel, im Verhältnis zu dem der materielle

---

[332a] Vgl. auch 11, 9, 11.

[333] Augustin vertieft den Sinn von *mediator* noch durch die Worte *per quem nos
quaesisti non quaerentes te, quaesisti autem, ut quaereremus te . . .*

[334] Nur beim Eintreten vor Gottes Gericht heißt es *qui . . . interpellat pro nobis . . .*

Himmel Erde sei[335], und *caelum* müsse deshalb diesen bezeichnen. Als
Schriftbeweis für diese Auffassung verwendet er eine aus Psalm 113, 16
abgeleitete Bezeichnung *caelum caeli*[336], der später noch das Psalmzitat
caeli caelorum (Ps. 148, 4) beigefügt wird (12, 15, 19)[337]. Außerdem wird
in 12, 8, 8 diese Deutung durch den Hinweis auf Gen. 1, 8 ff. bestätigt,
wonach Gott erst am zweiten Schöpfungstag mit dem Firmament den
materiellen Himmel und am dritten Tag Erde und Meer geschaffen hat
(vgl. auch 12, 13, 16 fin.; 8, 8). Für Augustin beginnt somit erst hier die
materielle Schöpfung, soweit es sich um ihre Gestaltwerdung handelt,
denn er hat schon vorher aus Gen. 1, 2 erschlossen[338], daß es sich bei *caelum*
und *terra*, deren Erschaffung in Gen. 1, 1 ohne Zeitangabe erzählt wird
und die deshalb, wie Augustin meint, noch vor aller Zeit geschaffen sein
müssen[339], nur um eine zunächst noch gestaltlose, ungeformte — geistige
und materielle — *creatura* beziehungsweise *materia* handeln kann[340].
Da aber nun auch die immaterielle, geistige *creatura* ihre Gestalt erhalten haben muß, so bezieht Augustin die Worte *fiat lux* des ersten Schöpfungstages auf sie. Ausdrücklich sagt er es zwar erst im 13. Buch (13, 3, 4),
aber schon im 12. heißt es, die *intellectualis natura* sei durch die Kontemplation des Lichts selbst Licht (12, 15, 20)[341]: noch vorher aber in

---

[335] 12, 2, 2: ... *ubi est caelum, quem non cernimus, cui terra est hoc omne, quod cerni-
mus? ... sed ad illud caelum caeli etiam terrae nostrae caelum terra est.* Zum Begriff
„Himmel und Erde" in der frühen christlichen Exegese vgl. J. C. M. v. WINDEN,
Studia J. H. Waszink 1973, 371 ff., besonders 377 ff.

[336] Daß es sich um eine Fehlinterpretation des Psalmtextes handelt, sei nur nebenbei
angemerkt.

[337] ... *quibus caelis, nisi qui te laudant caeli caelorum, quia hoc est caelum caeli
domino* ...

[338] Der Wortlaut des Bibeltextes lautet bei Augustin: *terra autem erat invisibilis et
incomposita et tenebrae erant super abyssum* (vgl. etwa 12, 21, 3). Den Worten
invisibilis et incomposita liegt die Septuaginta-Fassung ἀόρατος καὶ ἀκατάστατος
zugrunde.

[339] Auch hier liegt ein Schluß aus dem Genesistext vor; die Einsicht, daß Gott mit
der Welt auch die Zeit geschaffen hat, ist schon Thema des 11. Buches; vgl. außerdem 12, 9, 9; 12, 15; 13, 16; 15, 20.

[340] Augustin hält auch die immaterielle, geistige *creatura* von Gen. 1, 1 für zunächst
formlos; dies ergibt sich aus dem Wort *spiritus* im Schlußsatz von 12, 3, 3: ...
*priusquam istam informem materiam formares atque distingueres, non erat aliquid,
non color, non figura, non corpus non spiritus? non tamen omnino nihil; erat
quaedam informitas, sine ulla specie.* Auch bei der Erörterung der *mutabilitas* als
Eigenschaft der ursprünglich formlosen *materia* bezieht Augustin die immaterielle
materia mit ein: *et haec quid est? numquid animus? numquid corpus* (12, 6, 6
fin.).

[341] ... *intellectualis natura scilicet, quae contemplatione luminis lumen est.*

12, 11, 12 heißt es, Gott erleuchte sie, und durch die Erleuchtung werde
sie zum himmlischen Haus, zur himmlischen *civitas*, und nehme so, obwohl geschaffen und nicht von Natur ewig, an Gottes Ewigkeit teil[342].
Natürlich versteht es sich von selbst, daß das Wort Licht hier in einem
ebenfalls immateriellen Sinn zu verstehen ist, nicht anders als etwa in
der Vision von Mailand (7, 10, 16) oder in 11, 9, 11[343]. In diesem Zusammenhang wird aber nun wichtig, daß der Mensch ebenfalls der *creatura spiritalis* oder *intellectualis* zugehört (13, 2, 3)[344], obwohl er, dem
bösen Engel folgend, von Gott abgefallen ist und sich dadurch vom
Licht abgewandt hat (13, 8, 9)[345]. Wenn somit nach 11, 2, 2 und 13, 36, 51
der siebte Schöpfungstag als Ende der Welt und ewige *quies* in Gott zu
interpretieren ist, und die Worte *fiat lux* auf die *creatura spiritalis* bezogen werden müssen, so ergibt beziehungsweise ergab sich für Augustin
als notwendige Folge, daß der Schöpfungsbericht, der ja bis zum Ende
aller Zeit reicht, auch die Heilshandlung Gottes zur Rettung des gefal-
lenen Menschen in irgendeiner Weise enthalten mußte, wenn anders er
vollständig sein sollte; daß an sich die gesamte *creatura spiritalis* aufgrund ihres Geschaffenseins und der daraus folgenden *mutabilitas* die
Möglichkeit des Abfalls von Gott gehabt hätte, hat Augustin ohnehin
vordeutend auf das Schicksal des Menschen und das 13. Buch an einer
Reihe von Stellen innerhalb des 12. Buches deutlich gemacht[346]. Hieraus
ergibt sich aber dann weiter: Die Anlage der letzten drei Bücher ist, wenn
man Augustins Interpretation der eben zitierten Texte hinnimmt, völlig
durchdacht und konsequent; außerdem mußte er sich aufgrund ihrer
veranlaßt fühlen, ja er war gerade dazu gezwungen, in eine allegorische
Deutung des Schöpfungsberichts einzutreten, um hier — geheimnisvoll
vorgedeutet — neben der eigentlichen Schöpfung auch noch die Heilstat

---

[342] Vgl. auch 12, 14, 21: *o domus luminosa et speciosa* . . .

[343] Vgl. etwa 11, 9, 11: . . . *sapientia ipsa est, quae interlucet mihi* . . . Auf die Bedeutung der Lichtvorstellung und dessen, was mit ihr zusammenhängt, kann in diesem Zusammenhang nicht eingegangen werden.

[344] . . . *nam et nos, qui secundum animam creatura spiritalis sumus, aversi a te, nostro
lumine* . . .

[345] *defluxit angelus, defluxit anima hominis et indicaverunt abyssum universae spiritalis creaturae in profundo tenebroso* . . .; die Anspielung auf Gen. 1, 2 ist durch-
sichtig. An derselben Stelle wird die nicht von Gott abgefallene *creatura spiritalis*
als gehorsam (*oboediens*) charakterisiert, womit indirekt auf den Sündenfall Adams
und zugleich auf die Grundsünde der *superbia* hingewiesen wird.

[346] Vgl. etwa 12, 9, 9; 11, 11; 11, 12; 12, 13; 15, 19; 15, 21.

Gottes zur Rettung des Menschen aufzuzeigen[347]. Augustin kann deshalb in den Retractationes mit Recht sagen, die letzten Bücher der Confessionen handelten einfach *de scripturis sanctis*. Sie lediglich als Interpretation des Genesisbeginns und dazu noch als eine unvollständige und schnell abgeschlossene zu bezeichnen, ist eine arge Verkennung von seiten der modernen Forschung. Richtiger dürfte die Auffassung sein, daß nach Augustins Meinung offenbar der Genesisbeginn bereits die gesamte christliche Heilsbotschaft enthält[347a]. Sie wird sich im folgenden noch weiter bestätigen und vertiefen lassen.

Ein weiterer Punkt bedarf noch der Erörterung: In 13, 24, 35 f. sieht sich Augustin, wie schon erwähnt[348], bei der Erklärung von Gen. 1, 22 und 1, 28 veranlaßt, eine figurative, allegorische Deutung vorzubringen, da er den Text im wörtlichen Sinn nicht ausreichend verstehen kann. Es ist dies einerseits eine nachträgliche Rechtfertigung der schon vorher geübten Allegorese, andererseits indirekt und implizit ein Hinweis darauf, daß er eine Erklärung ad litteram bis ins einzelne hinein in diesem Zusammenhang nicht für unbedingt notwendig hält; ohnehin mußte nur bei der figurativen Erklärung ins Detail gegangen werden, wenn sie sinnvoll und berechtigt sein sollte. Schaut man nun genauer zu, so ergibt sich, daß Augustin bei der materiellen Schöpfung mit der Erschaffung von Himmel, Erde und Meer wenigstens das Wichtigste erwähnt und damit die Erzählung genau bis zu dem Punkt geführt hat, von dem an im Genesistext die Schöpfungstaten Gottes ins einzelne gehen (12, 8, 8). Außerdem weist er zu Beginn dieses Abschnittes durch das Wort *mundus* ausdrücklich darauf hin, daß er trotzdem das Ganze der materiellen Welt im Blick hat. Das Wort *mundus* wird dann im selben Abschnitt ein zweites Mal genannt, und in 12, 12, 13 werden bei der Erwähnung des materiellen Himmels und der materiellen Erde durch die Worte *quidquid deinceps in constitutione huius mundi ... factum commemoratur* alle Schöpfungstaten Gottes unter Verzicht auf Nennung im einzelnen zusammengefaßt, sie sollten also nicht etwa übergangen werden. Schließlich werden bei der rückblickenden Betrachtung des Schöpfungsberichts[349] in bezug auf die materielle Welt ohnehin nachträglich die

---

[347] Vgl. S. 551 ff.
[347a] Auf diese Konsequenz wies mich K. H. SCHWARTE im Zusammenhang eines in Bonn gehaltenen Vortrags über die Confessionen hin.
[348] Vgl. S. 513 f.
[349] Sie beginnt in 13, 28, 43 mit dem Zitat von Gen. 1, 31: *et vidisti omnia, quae*

Einzelheiten der materiellen Schöpfung angeführt (13, 32, 47). Augustin
ist also in der Sache selbst durchaus auf Vollständigkeit bedacht. Hinzu
kommt aber etwas anderes: Die Gliederung des Schöpfungsberichts nach
Tagen ist in den Confessionen nur insoweit berücksichtigt, als sie dazu
dient, die These einer noch ungeformten *materia* vor aller Zeit zusätzlich
und ausführlich zu begründen (12, 8, 8); ansonsten ist sie so gut wie ohne
Belang. Im Hinblick auf Gottes Wesenheit ist diese Tatsache auch wohl
begreiflich: sein Wort steht außerhalb der Zeit (13, 29, 44) und wirkt
deshalb auch nicht in der Abfolge der Zeit. Täte es dies, so wäre es nicht
ewig, wie schon in 11, 7, 9 ausdrücklich erklärt wird[350]. Wenn in der
Genesis also von einzelnen Tagen gesprochen wird, so geschieht dies
nach Augustin nur deshalb, weil der der Zeitlichkeit verhaftete Mensch
die Schöpfung nur als zeitliches Ereignis sehen und verstehen kann
(13, 29, 44). Damit ist zugleich gesagt, daß die Erschaffung der *materia*
und ihre Formung beziehungsweise Gestaltwerdung in Wahrheit *sine
ulla temporis interpositione ... nulla morae intercapedine* erfolgt sein
muß, das heißt also faktisch zusammenfällt (13, 33, 48)[351]. Angesichts
dieser grundsätzlichen Einsicht Augustins ist es, meine ich, wohl begreiflich, wenn er die Erschaffung der materiellen Welt nicht im einzelnen
und in ihrem Nacheinander so gesondert darstellt, wie dies der Genesisbericht tut. Die Einzelheiten mußten ohnehin im Zusammenhang mit der
allegorischen Erklärung zur Sprache kommen. Auch in diesem Betracht
kann man also nicht von Unvollständigkeit reden; ebenso ist es un-
berechtigt, wenn etwa ein moderner Interpret annimmt, Augustin habe
eine Erklärung ad litteram einfach abgebrochen, vielleicht um sie auf
das spätere Werk De Genesi ad litteram zu verschieben, sie aber dann

fecisti, et ecce bona valde. Daß es um ein Résumé geht, wird dadurch bestätigt,
daß in 13, 32, 47 und 13, 34, 49 ein Rückblick in bezug auf die wörtliche und in
bezug auf die figurative Erklärung des Schöpfungsberichts erfolgt.

[350] In 11, 7, 9 handelt es sich um die Unterscheidung zwischen dem ewigen Gotteswort,
das in der Schöpfung gesprochen wird, und dem Wort, das in der Schrift und in
Christus *per carnem*, das heißt also in der Zeitlichkeit, zum Menschen spricht.

[351] Vgl. auch 11, 31, 41: ... *sine distinctione actionis* ..., außerdem 13, 10, 11, wo die
Erschaffung der *creatura spiritalis* und ihre aufgrund des Wortes *fiat lux* eintretende Gestaltwerdung beziehungsweise ihre Wendung zu Gott *sine intervallo
temporis* erfolgt; vgl. auch 12, 15, 20. Wichtig für den Gesamtvorgang der Schöpfung ist auch 13, 38, 53: ... *tu autem ibi vidisti facta, ubi vidisti facienda* ...,
außerdem die Hinweise von GROTZ a. O. 133 f. (Zitat in A. 20) auf Eccl. 18, 1
(*qui vivit in aeternum, creavit omnia simul*) und De Gen. ad litt. 4, 33, 52. Auf
den Zusammenhang dieses Gedankens mit Augustins Gesamtkonzeption geht
GROTZ aber nicht ein.

in 13, 32, 47 gewissermaßen willkürlich wieder aufgenommen[352]. Was sich feststellen läßt, ist vielmehr eine auch in diesem Punkt wohlüberlegte Planung. Im übrigen mußte die allegorische Deutung sowieso noch aus einem anderen Grund den Vorrang haben: Das letzte Ziel der Confessionen speziell in den letzten Büchern ist es ja, daß auch der von Gott abgefallene Mensch gerettet wird, das heißt also das eintritt, was bei der übrigen *creatura spiritalis* — mit Ausnahme des bösen Engels — auf das Wort *fiat lux* unmittelbar folgt, die Zuwendung zu Gott, in der Ruhe und ewige Seligkeit beschlossen ist. Aus diesem Grund ist besonders im 11. und 12. Buch immer wieder auf die Situation des Menschen, seine Gottferne und Sündigkeit und auf die erhoffte Rückkehr zu Gott Bezug genommen.

Ich komme nun, nach diesem kurzen Überblick auf die Gesamtkonzeption, zur Thematik der einzelnen Bücher. Die Erschaffung von Himmel und Erde vor aller Zeit führt Augustin im 11. Buch notwendig auf die Erörterung des Begriffs Zeit und auf das Verhältnis von Zeit und Ewigkeit. Damit und mit der Erklärung des siebten Schöpfungstages als Ende von Welt und Zeit ist gewissermaßen der Rahmen festgelegt, innerhalb dessen die von Gott gesetzte Geschichte der Welt abläuft. Im 12. Buch werden die Begriffe *caelum* und *terra* erklärt, und damit ist die Grundlage für die Gestaltung der *civitas caelestis* und der materiellen, zeitgebundenen Welt geschaffen. Das 13. Buch schließlich sieht in der Schöpfung Gottes Güte *(bonitas)* am Werk, und damit ist von Gott her die Grundlage seines Handelns namhaft gemacht. Es gibt, wie ich meine, keinen Schrifttext, der so leicht und jedenfalls für einen Interpreten der damaligen Zeit so ungezwungen die Möglichkeit geboten hätte, Gottes Schöpfung vom Anfang bis zu ihrem Ende und in ihrer Totalität auf einmal und in kurzem darzustellen. Nun könnte man freilich fragen, ob nicht etwa das damals ja im ganzen bereits ausformulierte Glaubensbekenntnis, das ebenfalls Gottes Wirken vom Anfang bis zum Ende zum Gegenstand hat, für eine Interpretation besser geeignet gewesen wäre. Man muß hierauf aber — auch abgesehen von anderen Hemmungen, die dem entgegenstanden — wohl mit einem klaren Nein antworten, und zwar schon deshalb, weil der Priester seine religiöse *scientia* nur am Bibel-

---

[352] Dies ist die Meinung von W. THEILER, Porphyrios und Augustin 1933, 68. Er ist allerdings, soweit ich feststellen konnte, der einzige, der das Problem der Vollständigkeit der Darstellung Augustins überhaupt gesehen hat.

text selbst erweisen kann, der nach dem von Augustin zitierten Kolosser-
brief 2, 3 die Quelle aller Weisheit ist[353]. Außerdem sind die Inhalte des
Glaubensbekenntnisses, soweit ich sehe, vollständig und implizit in der
Exegese enthalten. Für Gottvater und Christus steht alles Wesentliche bereits im 11. und 12. Buch, auch in bezug auf Christi Erdendasein und Mitt-
lerrolle[354]. Der Heilige Geist freilich, den Augustin im Geist Gottes von
Gen. 1, 2 zu finden glaubt, taucht erst im 13. Buch auf (13, 5, 6 ff.). Bezeichnenderweise wirft Augustin aber hier sofort die Frage auf, warum
er erst nach der Erschaffung von Himmel und Erde genannt werde, und
diskutiert den möglichen Sinn des Faktums (13, 6, 7); in dem Glaubensbekenntnis, das dem unvollendeten Genesiskommentar ad litteram vorangestellt wird[355], erfolgt nämlich die Schöpfung *per filium et in unitate
spiritus sancti*. Außerdem fügt Augustin in 13, 11, 12 eine wenigstens um-
rißhafte Spekulation über die Trinität bei. Was schließlich den letzten
Teil des Glaubensbekenntnisses, die Kirche anbelangt, so bildet sie, im
Zusammenhang mit der allegorischen Deutung des Schöpfungsberichts,
von 13, 12, 13 an das Thema des 13. Buches. Augustin hat also auch auf
eine Übereinstimmung zwischen seiner Exegese und dem Glaubensbekenntnis geachtet[356], und man kann deshalb behaupten, daß die Confessionen nach der Absicht ihres Autors in diesem Betracht ebenfalls
einen Anspruch auf Vollständigkeit erheben[356a].

Entsprechend den Gestaltungsprinzipien der anderen Bücher läßt
Augustin in den letzten drei die Thematik am Buchbeginn und Buchende
sichtbar werden. Der erste Satz des 11. Buches lautet: *numquid, Domine,
cum tua sit aeternitas, ignoras, quae tibi dico, aut ad tempus vides, quod
fit in tempore?* Hier ist nicht nur die Problematik des *confiteri* vor dem
ewigen Gott, sondern indirekt und darüber hinaus die Problematik des
ganzen Schrifttextes angesprochen, soweit er von der Schöpfung handelt.
Am Ende des Buchs werden dann in 11, 31, 41 Zeit und Ewigkeit erneut

---

[353] Zitiert in 10, 43, 70 und 11, 2, 4; vgl. S. 507.
[354] Vgl. schon das die Exegese einleitende Gebet in 11, 2, 3.
[355] De Gen. ad litt. op. imperf. p. 459 ZYCHA (Zitat in A. 310): *ante tractationem
huius libri catholica fides breviter explicanda est . . .*
[356] In diesem Zusammenhang gehört natürlich auch, daß Augustin im Zusammenhang
mit der Erwähnung der Trinität auf den dogmatischen Streit in bezug auf deren
Verständnis anspielt, und zwar noch ehe er selbst den Versuch einer vorläufigen
Deutung macht (13, 11, 12): *rara anima, quaecumque de illa loquitur, scit, quod
loquitur. et contendunt et dimicant, et nemo sine pace videt istam visionem.*
[356a] Zu Augustins Aussagen über die Kirche vgl. S. 524 f.

gegeneinander gestellt; selbst ein umfassendes, Vergangenheit und Zukunft gleichermaßen einbegreifendes Wissen wäre nach Augustin wesens-
mäßig verschieden von dem ewigen Wissen Gottes, das alles auf einmal,
in einem und ohne Aufspaltung durch die Zeit erfaßt. Das 12. Buch
enthält, wie schon ausgeführt, am Beginn und Ende Aussagen über die
copiosa egestas humanae intellegentiae (12, 1, 1; 32, 43). Im 13. Buch
endlich hängen die einleitenden Worte über die *bonitas* Gottes unmittelbar mit der Wertung der Schöpfung zusammen (Gen. 1, 31), bei der die
Worte *omnia valde bona* den Abschluß bilden (13, 32, 47; 34, 49). Die
Gedankenverbindung ist unmittelbar einsichtig: wer selbst die *bonitas*
ist, kann nur *bona* hervorbringen[357].

Daß Augustin im 13. Buch die Heilshandlung Gottes zur Rettung
des abgefallenen Menschen aus dem Genesisbericht heraus interpretiert,
kam zwar bisher schon immer wieder zur Sprache, der Zusammenhang
mit der Gesamtexegese ist aber noch nicht vollständig erörtert. Ein zu-
sätzlicher Anstoß dazu, daß Augustin überhaupt auf die Idee einer solchen Interpretation kam, liegt natürlich im Neuen Testament selbst. Mit
dem Erscheinen Christi *in carne* beginnt ein ganz neuer Abschnitt der
von Gott gewollten Geschichte; der Mensch, der zu Gott zurückgefunden
hat, ist, wie es dort mehrfach heißt, eine καινὴ κτίσις, eine *nova creatura*.
Am wichtigsten in diesem Betracht sind etwa 2. Kor. 5, 17, Gal. 6, 15,
Kol. 3, 9 ff. oder Eph. 4, 24. Noch ehe Augustin freilich in 13, 12, 13 auf
diese zweite Schöpfung eingeht, und noch ehe er die Worte *fiat lux* ausdrücklich als auf die *creatura spiritalis* bezüglich interpretiert hat (13,
3, 4), erklärt er vorgreifend, diese sei durch eine *illuminatio,* die der
bonitas Gottes verdankt werde und unverdient sei, selbst Licht geworden, und dies gelte, wie er ebenfalls vorgreifend hinzufügt, auch für die
menschliche Seele (13, 2, 3); zwar habe sie sich früher von Gott abgewandt und sei deshalb Finsternis gewesen *(aliquando tenebrae),* jetzt
aber leide sie nur noch unter den „Resten" der früheren Finsternis und
auch dies nur so lange, bis sie schließlich von Christus gerechtfertigt
werde (13, 2, 3). Durch diese Gestaltung entsteht von Anfang an eine
sachliche und erzählerische Verknüpfung der beiden Schöpfungshand-
lungen. Demselben Zweck dient es, wenn Eph. 5, 8, also eine Stelle des
Neuen Testaments, die hier und in der Folge noch mehrfach die Situation
des Menschen charakterisiert, in 13, 8, 9 im Zusammenhang mit der

---

[357] Vgl. etwa auch 12, 7, 7: ... *quoniam bonus es ad facienda omnia bona.*

oboediens creatura spiritalis zitiert wird, die sich sofort Gott zugewen-
det hat[358]. Parallelität besteht weiter insofern, als Augustin sowohl bei
der *illuminatio* der *oboediens creatura spiritalis* als auch nach der Bußpredigt Christi, mit der die allegorische Deutung beginnt, von einer
Zuwendung zu Gott *(conversio, converti)* spricht (13, 2, 3; 3, 4; 4, 5;
12, 13)[359].

Das Eingangsmotiv des 13. Buches, Gottes *bonitas*, ist, wie 13, 4, 5
zeigt, in einem Schriftwort begründet: Augustin versteht nämlich Gen.
1, 2, wonach der Geist Gottes über den Wassern schwebt, als Äußerung
des gnädigen göttlichen Willens, der die noch ungeformte *creatura* nicht
in ihrer noch bestehenden Formlosigkeit belassen will[360]; außerdem sieht
er hier ja eine Anspielung auf die dritte Person der Trinität[361]. Bei der
Überlegung, weshalb sie erst hier genannt wird, deutet er dann das, wie
er meint, gnadenhafte — und natürlich nicht etwa räumlich zu ver-
stehende — Darüberschweben *(superferri)* von Gen. 1, 2 als Wesens-
eigentümlichkeit des Heiligen Geistes und stützt diese Deutung mit
Pauluszitaten[362], in denen ebenfalls von einem gnadenhaften Wirken
des Heiligen Geistes die Rede ist. Beim ersten, Röm. 5, 5, hat Augustin
sicher zugleich an die Ausgießung des Heiligen Geistes gedacht, von der
Apg. 2 berichtet[363]; man darf dies mit Sicherheit daraus schließen, daß
der Heilige Geist kurz darauf in 13, 9, 10 und 13, 9, 11 noch dreimal im
Anschluß an Apg. 2, 38 als Geschenk Gottes bezeichnet wird[364]. Auch hier
werden also, noch vor 13, 12, 13, die erste und die zweite Schöpfung als

---

[358] Vgl. 13, 10, 11; 12, 13; 14, 15. Je nach dem Zusammenhang wird das Pauluszitat
verändert beziehungsweise gekürzt.

[359] *Convertere* und *conversio* taucht natürlich auch an bedeutsamen Stellen der Confessionen auf; vgl. etwa 4, 10, 15; 11, 17; 8, 12, 30. Auf die Herkunft der Vorstellung in diesem Zusammenhang kann hier nicht eingegangen werden.

[360] Vgl. 13, 4, 5 (nach dem Genesiszitat): ... *sed superferebatur incorruptibilis et
incommutabilis voluntas tua* ...; 13, 9, 10: *ibi nos conlocabit voluntas bona, ut
nihil velimus aliud quam permanere illic in aeternum;* an dieser Stelle handelt es
sich um ein Zusammenwirken von göttlicher Gnade und menschlichem *amor Dei;*
vgl. 13, 9, 10 in.: *amor illuc attollit nos et spiritus tuus bonus exalt humilitatem
nostram* ...

[361] Vgl. S. 520.

[362] Röm. 5, 5; Eph. 3, 19.

[363] *caritas tua diffusa est in cordibus nostris per spiritum sanctum, qui datus
est nobis.*

[364] Vgl. außerdem 13, 13, 14: ... *qui ascendit in altum et aperuit cataractas donorum
suorum;* vgl. im übrigen De trin. 15, 18, 32: *quocirca rectissime spiritus sanctus,
cum sit Deus, vocatur etiam donum Dei.*

parallele und in sich verbundene Vorgänge charakterisiert. Überdies ist wieder vorgreifend von der Situation des Menschen die Rede. Nach der Erwähnung des Abfalls von Gott, bei dem übrigens bedeutsam das Wort *defluere* auftaucht, mit dem Augustin auch seinen eigenen Schritt in die Sünde am Ende des 2. Buches gekennzeichnet hat[365], spricht er von dem unruhigen Ungenügen der abgefallenen Seele, die in nichts außer in Gott Ruhe und eine Erleuchtung ihrer Finsternis finden kann[366]. In diesem Zusammenhang kommt es dann zu einem dringlichen persönlichen Gebet an Gott, wohl begreiflich, weil hier ja in einer verallgemeinerten Form die Situation Augustins in den ersten Büchern beschrieben ist: ... *da mihi te et redde mihi te ... omnis enim copia, quae deus meus non est, egestas est*[367]. Auf den Menschen bezogen ist auch 13, 9, 10, wo Augustin von der Liebe zu Gott und der Hilfe des Heiligen Geistes spricht[368], und 13, 10, 11 im Zusammenhang mit der Seligpreisung der gehorsamen *creatura spiritalis*, die an ähnliche Äußerungen im 12. Buch erinnert[369]. Was im übrigen die Spekulation über die Trinität in 13, 11, 12 anbelangt, so ist sie nicht nur dadurch gerechtfertigt, daß ohne sie die Glaubensaussagen unvollständig wären[370], sondern sie erklärt sich auch aus dem unmittelbaren Zusammenhang: Der Heilige Geist, als dessen Kennzeichen das gnädige *superferri* festgestellt wurde, erscheint nämlich, an bereits Gesagtes anknüpfend, als göttlicher Wille, der untrennbar mit dem *esse* und *nosse* der ersten und zweiten Person die dritte innerhalb der Trinität darstellt[371]. Mit seinem gnädigen Darüberschweben ist er in 13, 12, 13 auch bei der zweiten Schöpfung beteiligt. Natürlich wird der

---

[365] 2, 10, 18: *defluxi abs te et erravi* ... (letzter Satz des Buches); vgl. die ebenfalls zentrale Äußerung von 10, 29, 40: *per continentiam ... redigimur in unum, a quo in multa defluximus* ... und 12, 10, 10, wo wohl speziell an die manichaeischen Irrtümer gedacht ist.

[366] 13, 8, 9: ... *cui* (sc. *rationali animae*) *nullo modo sufficit ad beatam requiem quidquid te minus est, ac per hoc nec ipsa sibi* ... Dies erinnert an parallele Äußerungen Augustins über sich selbst im 3. und 4. Buch; vgl. etwa 3, 1, 1.

[367] Vgl. hierzu 2, 10, 18.

[368] 13, 9, 10: *igne tuo, igne tuo bono inardescimus* ... erinnert nicht nur an das über *fiat lux* und den Heiligen Geist Gesagte, sondern durch das Wort *ignis* außerdem an die Ausgießung des Heiligen Geistes in Apg. 2, 3. Vgl. außerdem 13, 19, 25, wo es von den Verkündern von Gottes Wort unter den Ungläubigen heißt: *ubique discurrite, ignes sancti, ignes decori*.

[369] Vgl. etwa 12, 11, 12; 15, 21.

[370] Vgl. S. 520 f.

[371] 13, 16, 19; auf die Entfaltung des Gedankens in De trinitate braucht hier nur verwiesen zu werden.

bibelkundige Leser dabei zusätzlich an die Rolle des Heiligen Geistes im Neuen Testament erinnert.

Bei der zweiten Schöpfung selbst nimmt Augustin in 13, 12, 13 die Taufe als Ausgangspunkt, sie, die eine Erneuerung und Wiedergeburt des Menschen bewirkt. Außerdem wird durch sie der Eintritt in die Kirche vollzogen, deren Schöpfung durch Gott Augustin mit der allegorischen Deutung der Worte *fecit Deus caelum et terram* gekennzeichnet hat. Die Taufe zu erwähnen ist auch deshalb sinnvoll, weil sie, die im Namen des Vaters, des Sohnes und des Heiligen Geistes vollzogen wird, wie Augustin ausdrücklich hinzufügt, mit eben dieser Formel im Missionsauftrag an die Jünger am Ende des Matthäusevangeliums erscheint (28, 9) und deshalb ebenfalls auf die Gründung der Kirche weist[372]. Noch wichtiger ist, daß hier Himmel und Erde, und das heißt in Augustins Deutung die noch nicht geformte Kirche, ihre Gestalt durch die Lehre, *doctrina*, erhält. Das Wort *fiat lux* leitet jetzt das Zitat von Matth. 4, 17 ein, mit dem im Evangelium Christi Predigt und Wirken beginnt. Dieselben Worte beschließen das Zitat, in dem die Verheißung *appropinquabit enim regnum caelorum*[373] zusätzlich durch die Wiederholung von Christi Aufruf zur Buße umrahmt wird. Als Ergänzung für Augustins Deutung kommt hinzu, daß die Antithese von Licht und Finsternis schon in Matth. 4, 16 dem von Augustin zitierten Text vorangeht[374]. Die *conversio* selbst, die Antwort auf den göttlichen Ruf ist, besteht aber nun, anders als bei der gehorsamen *creatura spiritalis*, zunächst in der von Gott geforderten *paenitentia*: *displicuerunt nobis tenebrae nostrae et conversi sumus ad te* ... Dementsprechend ist das Licht, das den Menschen erhellt, nicht mehr das beseligende überhimmlische Licht, sondern der Glaube. Augustin sagt das für sich selbst ausdrücklich in 13, 14, 15: ... *fides mea, quam accendisti in nocte ante pedes meos*, und zitiert gleich darauf das dazu passende Psalmwort (118, 105): *lucerna pedibus tuis verbum eius*. Die Beschränktheit des Menschen, der

---

[372] Augustin sagt: ... *baptizati sumus* ... *baptizamus* ..., will also in der Abfolge der Verben zuerst als Christ und dann erst als Priester erscheinen. Dies erinnert an 10, 43, 70: ... *manduco et bibo et erogo* bei der Anspielung auf die Eucharistie.

[373] *appropinquabit* — gegenüber *appropinquavit* des Bibeltextes — fügt sich besser zur Intention Augustins; er spricht ja vom Beginn einer neuen Schöpfung.

[374] ... *populus, qui sedebat in tenebris, vidit lucem magnam; et sedentibus in regione mortis lux orta est eius*; vgl. dann 13, 12, 13: *ignorantiae tenebris* im Gegensatz zu *forma doctrinae*.

nur *per fidem, nondum per speciem* „Licht" ist, gilt selbst für einen Paulus[375], und das Zitat von Phil. 3, 13 wird deshalb erneut bedeutungsvoll verwendet, ebenso wie beim Erlebnis von Ostia oder angesichts der Zerrissenheit des menschlichen Daseins durch die niemals zur Ruhe kommende Zeit (9, 10, 23; 11, 29, 39). Aufatmen kann Augustin und kann der Mensch nur gelegentlich, und der Trost, den er hat, kommt von seiten des Glaubens und von Gottes Wort (13, 14, 15). Es ist also zwar die Lichtvorstellung beibehalten, aber die Menschen sind, wie Röm. 8, 24 sagt, nur aufgrund der Hoffnung, und das heißt zugleich durch den Glauben, gerettet und deshalb auch nur insoweit *filii lucis et Dei, non filii noctis neque tenebrarum* (1. Thess. 5, 5). Die analoge, sachlich aber ganz verschiedene Verwendung der Lichtvorstellung zeigt sich dann im folgenden, als Augustin das Firmament des zweiten Schöpfungstages als die Autorität der Schrift deutet (13, 15, 16) und feststellt, daß die *spiritales* der Kirche zu *luminaria* am Firmament der Schrift werden können (13, 18, 22 ff.). Daß im übrigen auch diese Partie vor einer Überschätzung der Bedeutung des Ostia-Erlebnisses warnen kann, sei an dieser Stelle nur nebenbei bemerkt[376].

Auf die Fortführung der allegorischen Deutung des Schöpfungsberichts braucht hier nicht mehr eingegangen zu werden. Augustins Aussagen über Kirche und Glauben dürfen jedoch, und das ist im Zusammenhang dieser Arbeit wichtig, auf eine gewisse Vollständigkeit Anspruch machen: Schrift, Sakramente, Liturgie, Prediger und Predigt, gute Werke und schließlich die Erwartung des Lebens mit Gott, sie alle werden bei der allegorischen Deutung des Schöpfungsberichts behandelt[377]. Man kann diesen Themenkreis sogar noch ergänzen: Augustin spricht ja in 13, 18, 23 im Anschluß an 1. Kor. 12, 7 ff. von den geistlichen Gaben, in denen sich christliches Wirken äußern kann, dann von der Mission der noch Ungläubigen (13, 19, 25) oder im Zusammenhang mit den guten Werken vom Dienst, den die Mitbrüder Paulus geleistet haben und den sie natürlich auch dem Priester leisten sollen (13, 25, 38). Immer wieder

---

[375] Vgl. etwa 13, 13, 14: *adhuc et ille, qui dicit „non potui vobis loqui quasi spiritalibus, sed quasi carnalibus", etiam ipse nondum se arbitratur comprehendisse ...*, außerdem etwa 13, 26, 40 und die Rolle, die Paulus und Pauluszitate besonders im 7. Buch, aber darüber hinaus im ganzen Werk spielen.

[376] Zu Ostia vgl. S. 496 ff.

[377] SOLIGNAC a. O. 2, 620 ff. Auf die Bedeutung dieses Faktums für das Verständnis der Gesamtkonzeption geht er aber nicht ein.

aufgenommene Motive sind die Aufforderung von Röm. 12, 2 *(nolite conformari huic saeculo)* und die Vorstellung der Erneuerung, die der Bußpredigt Christi — und damit dem *fiat lux* des ersten Schöpfungstages — entsprechen und sie weiterführen. In der Ausführlichkeit, mit der Augustin gerade hier auf Einzelheiten eingeht, etwa im Zusammenhang mit der Fürsorge der Mitchristen für Paulus und der darauf folgenden Erörterung über den Sinn der guten Werke (13, 25, 38 ff.), fehlt im übrigen wieder jede Spur von Eile, geschweige denn, daß sich ein Wunsch, schnell zum Schluß zu kommen, beobachten ließe. Andererseits gewinnt man den Eindruck, daß bei der Aufzählung der Leistungen der *ministri* für die Brüder und der deshalb von ihnen zu fordernden Fürsorge für diese *ministri*[378] an den Beginn des 10. und 11. Buches erinnert werden soll (13, 25, 3): dort hat Augustin bei der Erwähnung seiner priesterlichen Stellung vom Dienst für die Gläubigen gesprochen (10, 4, 6; 11, 2, 2). Ist dieser Eindruck richtig, so würde auch hier, in einer relativ geringfügigen Einzelheit, eine sachliche und formale Beziehung zwischen Anfang und Ende der letzten drei beziehungsweise vier Bücher bestehen.

Eine Arbeit, die sich nur auf die Struktur und die Gestaltungsprinzipien eines Werkes beschränkt, kann ihrer Intention nach nicht oder nur wenig auf die sachliche und gedankliche Interpretation im einzelnen eingehen. Dieser und anderer Mängel[379] ist sich der Verfasser dieser Arbeit nur zu sehr bewußt. Außerdem erbringt eine solche Arbeit eher bestimmte Einzelerkenntnisse als ein tiefgehendes Erfassen von Wesen und Gehalt des behandelten Werkes. Immerhin sollen die wichtigsten Einzelergebnisse hier rekapitulierend namhaft gemacht werden: Sie betreffen die Vollständigkeit und einheitliche Planung des Gesamtwerkes, den Zusammenhang des autobiographischen Teiles im engeren Sinne mit der nur scheinbar so verschiedenen Bibelexegese, den Sinn der Wahl des Schöpfungsberichts als Thema der Exegese, die Gestaltung der einzelnen Bücher als klar gegeneinander abgegrenzte Einheiten im Sach-

---

[378] 13, 25, 38: . . .*ista* (gemeint sind Werke der Fürsorge) *debentur eis, qui ministrant doctrinam rationalem per intelligentias divinorum mysteriorum et . . . eis praebentibus se ad imitandum in omni continentia . . . eis propter benedictiones eorum . . .*

[379] Hierzu rechne ich besonders die lückenhafte Interpretation der mit den Bibelzitaten verbundenen Assoziationen. KNAUERS Buch, das nur die Psalmenzitate und diese vielfach noch in einem anderen Zusammenhang behandelt, ist grundlegend, bedarf aber gerade deshalb einer Erweiterung und Ergänzung.

lichen und Formalen und die Art der Verbindung zwischen den einzelnen Büchern und Buchteilen, weiter die Methode der Auswahl in den
biographischen Fakten, die nur beschränkte Bedeutung des chronologischen Gesichtspunktes in der Erzählung sowie schließlich Ergänzungen
und Nuancierungen in bezug auf bestimmte Einzelheiten, so etwa die
ungewöhnlichen Erlebnisse von Mailand und Ostia, den Abschluß des
autobiographischen Teils im engeren Sinn oder das Ineinandergreifen
von eigentlichem Schöpfungsbericht und allegorischer Deutung. Eine
durchgehende Kommentierung einzelner Bücher ist gewiß ein Desiderat.
Jedenfalls findet der Philologe hier noch ein weites, vielfach unbeacker-
tes Feld.

Un cliché de la spiritualité antique tardive:
stetit immobilis

par Jacques Fontaine, Paris

« Mais lui, ignorant l'effroi, sans se laisser bouleverser par la colère ni par le ressentiment, se riant au contraire de l'arrogance des barbares, il retint les parlementaires jusqu'à l'achèvement des travaux du fortin, et toujours de pied ferme, en sa constance, il demeura inébranlable »[1]. *In eodem gradu constantiae stetit immobilis.* Le lecteur ne risque pas d'oublier cette harmonieuse, dense et intraduisible clausule[2] : Ammien Marcellin y a campé, dans une sorte de pose plastique, l'héroïsme imperturbable de Julien, au seuil du récit justement célèbre de la bataille de Strasbourg. Cette clausule retient d'autant mieux l'attention que l'immobilité héroïque du combattant romain, face à l'héroïsme tumultueux

---

[1] AMM. 16, 12, 3 (Galletier/Fontaine): *qui ignarus pauendi, nec ira nec dolore perculsus, sed fastus barbaricos ridens, tentis legatis ad usque perfectum opus castrorum, in eodem gradu constantiae stetit immobilis.* On citera ici le texte des livres 14 à 19 inclus, et 23 à 25, dans les éditions déjà publiées de la Collection des Universités de France, et les autres livres d'après l'édition Clark.

[2] La densité de l'alliance entre la locution technique militaire *in gradu stare* (inf. n. 5), transformée et « indexée » en un sens figuré par l'adjonction de *eodem,* et la double métaphore de la station debout dans *constantiae* et *stetit,* créent des accords sémantiques de « contiguïté » (bien connus dans les procédés de la compositio uerborum poétique) qui se superposent à la construction grammaticale déjà très ramassée. Le jeu des clausules est encore plus intraduisible (choriambe et dactyle, et majestueux cursus tardus formé par les deux derniers mots, avec intermot tout à fait régulier, dans la finale des deux derniers mots *stetit immobilis*) : feu d'artifices métriques et rythmiques, le second accompagnant le premier comme H. Hagendahl a montré qu'il commençait déjà à être de règle dans la prose métrique d'Arnobe.

des barbares, rythme à cinq reprises les diverses étapes de la bataille, par des expressions très voisines. Elle est comme une sorte de refrain, qui a peu de chances d'avoir été involontaire chez un auteur aussi soucieux de ses effets stylistiques[3]. L'une de ces reprises est particulièrement frappante. Elle apparaît au moment où l'immobilité de l'infanterie romaine, en rangs serrés qui présentent comme un mur de boucliers, arrête un commencement de déroute de la cavalerie. Comment, dans ce passage précis, *stetissent immobiles,* en cette conjoncture décisive comme une péripétie de tragédie, ne refléterait-il pas directement l'attitude antérieure de Julien César, commandant en chef de ces troupes, ne fût-ce que par un effet d'écho, à lui seul et comme tel fort poétique[4] ?

La densité de la clausule et son caractère intraduisible tiennent à l'accumulation des valeurs sémantiques concrètes et figurées, à l'ambiguïté des deux derniers mots, au jeu des mots en des alliances qui héritent, par un appel à la figure étymologique, des vertus de la *callida iunctura* horatienne. La séquence *constantiae stetit* associe effectivement, à la vision classique du combattant qui tient de pied ferme sa position *(in gradu stare)*[5] le grand thème philosophique et moral de la *constantia sapientis.* D'où la riche équivoque de la fin de la clausule : faut-il comprendre *stetit immobilis* selon la filière des sens concrets,

---

[3] Il serait aisé de montrer comment ces effets se multiplient aux quatre niveaux du lexique, de l'ordre des mots, de l'énoncé, des figures, dans ce « prologue à Strasbourg » qui est comme la représentation symbolique de la romanité affrontant la barbarie, à travers le récit dramatisé des ultimes négociations sans effet entre Julien et les envoyés impérieux des roitelets alamans. Ces trois premiers paragraphes sont, en ce sens, un morceau de bravoure, qui culmine dans la phrase ici traduite.

[4] AMM. 16, 12, 38 : *cuncta turbassent, ni conferti illi sibique uicissim innexi stetissent immobiles.* Entre notre phrase et celle-ci, il faut faire état de l'impassibilité du général Romain Sévérus, en 16, 12, 27, quand il fait faire halte à sa troupe en avant de tranchées remplies de barbares: *stetit impauidus* — où l'adjectif invite à percevoir une valeur figurée éthique derrière l'ordre de « faire halte ». Puis, après 16, 12, 38, on trouve successivement, dans le même paragraphe *stetit ... tribunus* (plus purement concret), puis, en 16, 12, 49, la légion des Primani *instar turrium fixa firmitate consistens* : « carrés » plus impénétrables qu' à Waterloo ! La bataille de Strasbourg pourrait se résumer par l'image (homérique) des vagues barbares qui viennent se briser avec fureur contre les rocs des légions romaines « debout, inébranlables ».

[5] En ce sens, *in gradu stare* se présente sous des formes voisines dans les récits de bataille de Tite-Live : ainsi 27, 18, 14 : *ubi firmo consisterent gradu ;* voir aussi OV. met. 9, 43 : *inque gradu stetimus ;* et son antonyme est *de gradu deiici* (déjà) dans CIC. off. 1, 80. Même sens premier dans Ammien 29, 5, 48 : *restiterunt gradibus fixis.*

associés aux récits de manœuvres et de batailles, et comprendre simplement : « il resta arrêté, sans bouger », ou « il s'arrêta sans plus bouger » ? Ou bien le déploiement métaphorique et l'inflexion stoïcienne, impliqués dans le mot de *constantia*, doivent-ils inviter à une traduction « maximale » et, comme diraient les stylisticiens, « surexpressive » ? Ce serait alors : « il se dressait, inébranlable ». Le mélange d'un concret métaphorisé, et d'une abstraction qui colore de sens philosophique une valeur d'emploi figurée, contraint en fait à n'abandonner aucun des deux sens. La tension croissante qu'Ammien a laissé sentir, dans le récit de ces pourparlers orageux entre Julien et les barbares, élève progressivement le texte, du récit des faits objectifs à la peinture des attitudes morales : c'est un *processus* d'intériorisation dès longtemps familier à l'historiographie romaine. La pose du corps n'est donc plus que le signe extérieur d'un état de l'âme[6]. Tel se dresse Julien, centre immobile, inébranlable, de cette scène d'affrontement, face au déchaînement des passions des barbares, décrites sans complaisance dans le début de la page. *Stetit immobilis* demande réflexion. Car cette alliance de mots est peut-être une clé de l'univers intérieur d'Ammien lui-même, et de la vision du monde qui est celle d'un officier cultivé, devenu historiographe.

Mais il faut, pour mesurer la complexité de l'héritage sémantique inhérent à une telle alliance de mots, quitter d'abord l'historien, pour aller de surprise en surprise. On commencera par s'étonner que nous passions, en premier lieu, d'Ammien à Ambroise de Milan : quel rapport entre le *miles Christi*, devenu en Cisalpine évêque de la capitale impériale, et un officier d'état-major, *miles Caesaris*, devenu dans les loisirs de sa retraite romaine le dernier grand historien païen de Rome ? En fait, malgré les divergences de leurs *curricula*, ces deux contemporains ont été tous deux des *milites*, au sens institutionnel qui est celui du mot au Bas-Empire ; l'un dans la *militia non armata*, puisqu'il était encore en 374 « consulaire d'Emilie et Ligurie », l'autre dans la *militia armata* et les honneurs obscurs de bien des légions[7]. Ces faits rappelés, on ne lit

---

[6] Tant le passage de la valeur descriptive à la valeur figurée, sinon symbolique, est familier à une langue et un peuple de soldats : voir Cicéron n. préc. En dehors de toute attache philosophique précise, le « combat intérieur » est un registre métaphorique ancien et quasi spontané d'une morale de « soldats citoyens ».

[7] L'un et l'autre, quand ils deviennent orateurs et écrivains, sont d'anciens *milites* de l'Empire qui se sont fait mettre en disponibilité « pour convenance personnelle » (*causaria missio*). Par la puissance du verbe, l'un et l'autre tiennent une

pourtant pas sans surprise, au sortir des Res gestae et de la page sur laquelle nous venons d'attirer l'attention, le huitième vers de l'hymne *Amore Christi nobilis,* consacré par Ambroise à Jean l'Evangéliste : *immobilis fide stetit*[8]. Certes, l'alliance de mots est ici inversée, et elle est, surtout, disjointe par le mot central de *fide,* ce qui est lourd de sens dans un hymne chrétien. Les références scripturaires seraient-elles donc seules habilitées à rendre compte du sens de ce vers ambrosien ?

Accepter une telle disjonction entre la formule d'Ammien et celle d'Ambroise serait une précipitation qui mènerait au préjugé — à moins qu'elle n'en procède —. Car les jeunes Romains de grande famille, ou les Grecs qui, comme Ammien d'Antioche, ont fait une carrière active puis littéraire, dans l'intelligentsia romaine de langue latine, ont encore au IVe siècle pour commune et première référence, linguistique et littéraire, la poésie classique, et d'abord Virgile[9]. Rappeler ce trait de l'instruction et de la culture latines tardives n'est point, en l'occurrence, une digression inutile par rapport au propos de la présente enquête. Et c'est pourquoi il est important de rappeler, plus précisément encore, les emprunts respectifs d'Ammien et d'Ambroise à Virgile, emprunts aussi nettement perceptibles dans les Res gestae que dans les Hymnes authentiques d'Ambroise[10].

Or, c'est chez Virgile que nous attend une seconde surprise. Car le poète de l'Énéide semble effectivement le premier auteur chez qui l'on trouve, sous une forme à peine différente par le temps du verbe au passé[11] et par l'ampleur de la disjonction entre les deux mots, notre

---

    place centrale dans la société de leur temps, l'un à Rome et l'autre à Milan, et sensiblement à la même époque ; l'un dans les *auditoria,* l'autre dans les basiliques. L'opposition de leurs options idéologiques est irréductible, mais elle ne porte pas atteinte à ces symétries.

[8] Certainement authentique dans son attribution à Ambroise. Il est possible qu' Augustin, conf. 13, 29 doive à cet hymne un emploi rare de *leuare* en un sens halieutique, et il est certain que le texte du prologue de Jean à peine adapté au mètre aux vers 17 sq. se retrouve fréquemment sous la plume d'Ambroise, et en termes très proches sinon identiques: voir A. S. WALPOLE, Early Latin Hymns, Cambridge 1922 (réimpr. Hildesheim 1976), p. 57 sq.

[9] Surtout l'Énéide, comme on le voit bien dans le livre malheureusement posthume de Pierre COURCELLE, Lecteurs païens et lecteurs chrétiens de l'Énéide, Paris, Etudes Augustiniennes, 1982.

[10] Pour Ammien, voir p. ex. notre éd. (C. U. F), t. 1 et t. 4, 2, index, s. u. Vergiliani loci ; pour Ambroise, parallèles textuels observés dans le comm. WALPOLE des Hymnes, et notre étude dans REL, t. 52, 1974, p. 318—355.

[11] Avec la valeur d'état de *stare,* il n'y a guère de différence de sens entre *stetit* et *stabat ;* elle reste légère si le verbe prend la valeur ponctuelle de « s'arrêter ».

callida iunctura. Avant de camper l'Apôtre Jean et Julien l'Apostat, *stabat immobilis* dépeint effectivement une pose fameuse d'Énée[12]. C'est la scène du dernier chant, au cours de laquelle Énée, malencontreusement blessé au combat, appuyé sur sa lance tel un héros d'Homère, enrage sans broncher (ou à peine) de ne pouvoir retourner immédiatement dans la mêlée : « Il se dressait debout, grondant amèrement, appuyé sur l'énorme pique, parmi un grand concours de jeunes guerriers, et d'Iule tout consterné, devant leurs larmes inébranlable »[13]. *Stabat ... immobilis* : les deux mots se répondent aux deux extrémités de la phrase. L'alliance de mots s'offre ici dans la richesse tragique de son ambiguïté. Le symbolisme d'une pose plastique, qui a pu retenir l'attention des fresquistes romains, est déjà ici en place. Au niveau élémentaire de l'événement et de ses conséquences objectives, Énée oppose à la souffrance de sa blessure, aux impulsions intérieures de sa colère, au spectacle affligeant de ses compagnons et de son fils même démoralisés, le courage d'un guerrier qui brave d'abord la douleur en restant debout, et pour ainsi dire « fidèle au poste » : *stando*, sinon *stando in gradu*. A cette endurance dans la station debout, qui doit être peu tolérable à un homme dont la cuisse vient d'être transpercée d'une flèche, il associe le courage d'une immobilité, qui est le signe extérieur d'une impassibilité. Que l'on évoque l'ataraxia ou l'apatheia, Énée manifeste ici, une fois de plus, comment il associe en sa personne la valeur physique du héros guerrier — homérique ou romain — à une parfaite maîtrise de soi qui est aussi celle d'un sage. Virgile offre ainsi déjà, mais comme in nuce, selon les règles de l'ellipse classique et de la polyvalence du vocabulaire poétique, la riche ambiguïté que sa callida iunctura va déployer au fil des siècles qui le séparent d'Ammien et, plus encore, d'Ambroise.

Du héros au sage et au saint, cette alliance de mots va rester ou plutôt devenir susceptible de ramasser de plus en plus consciemment, en

---

[12] Cette pose est si plastique qu'elle a inspiré les fresquistes romains, eux-mêmes probablement tributaires de représentations clichées du « héros blessé » dans la peinture hellénistique — thème à n'en pas douter d'origine d'abord homérique —.

[13] VERG. Aen. 12, 398 sq.:
Stabat acerba fremens ingentem nixus in hastam
Aeneas magno iuuenum et maerentis Iuli
concursu, lacrimis immobilis. (...). Il faut en rapprocher, pour percevoir le symbolisme, le célèbre vers d'Aen. 4, 449 :
mens immota manet, lacrimae uoluontur inanes.

un cliché significatif, toutes les valeurs qui se sont finalement accumulées dans les grands types humains de l'Antiquité tardive. Mais, une fois encore, « in principio erat Vergilius » : il le restait d'ailleurs en toute éducation romaine, au IVᵉ siècle comme dans les âges précédents. Car la chose demeura vraie lors même que l'on vit confluer la tradition éthique des conduites chrétiennes, prônées par le Nouveau Testament, avec celles de l'héroïsme romain, physique et moral.

L'image de l'immobilité a ceci de fascinant qu'elle est douée de l'ambivalence fondamentale des grands symboles psychanalytiques. D'une part, elle caractérise et qualifie la terre, les objets, la matière inerte, les êtres inanimés. Mais, d'autre part, dans une civilisation qui définit le temps comme « l'image mobile de l'immobile éternité », l'immobilité peut être comprise comme l'attribut d'une transcendance qui dépasse le temps et nie le mouvement. Tandis que l'homme s'immobilise temporairement entre deux phases de mouvement (ainsi le guerrier *stans in gradu,* entre la marche d'approche et l'assaut subi ou donné), il n'y a d'immobilité absolue, pour le vivant (du moins du point de vue de la pensée antique), que celle de la matière ou celle de la divinité ; et la théologie matérialiste des Stoïciens est seule à allier, d'une manière qui surprend, ces deux termes contradictoires.

Dans le sillage de la pensée égyptienne ancienne, cette immobilité divine est encore clairement explicitée au IVᵉ siècle dans une phrase de l'Asclépius latin : « Il n'y a rien d'immobile ... seule la divinité ne peut être soumise à un mouvement par une impulsion quelconque »[14]. Et Boèce lui fait écho, dans sa traduction d'un commentaire au traité aristotélicien de l'interprétation : « Ce qui est immobile, c'est-à-dire fixé et arrêté en vertu de sa nature propre, de manière à être incapable de changement et de mouvement, c'est-à-dire divin »[15].

---

[14] PS. APVL. Ascl. 30 : *cunctis ita se habentibus, ... nihil immobile ...; solus deus ... ipse enim nec alicuius impulsu loco moueri potest.* On sait que cette traduction est à placer probablement dans l'Afrique du IVè s. : voir l'éd. Nock/Festugière des Hermetica, et en dernier lieu la thèse de J. P. Mahé, Hermetica, Recherches sur des documents latins, coptes et arméniens concernant l'hermétisme philosophique, Québec 1982.

[15] BOETH. hermen. priora 2, 13 : *quae sunt immobilia, id est quae sic in sua natura fixa sunt et constituta ut mutari mouerique non possint, id est diuina.* La dualité des significations antinomiques de l'immobilité est bien dégagée par Jérôme citant, dans son epist. 133, 3, Évagre du Pont et ses idées sur l'impassibilité : *quando numquam animus ulla cogitatione et uitio commouetur, et, ut simpliciter dicam, uel saxum uel Deus est.*

Virgile n'avait-il pas été, déjà, attiré par cette ambivalence de l'immobilité, lorsqu'il célébrait l'éternité de Rome en termes de pérennité immobile : « tant que la maison d'Enée s'appuiera sur le roc i n é b r a n -l a b l e du Capitole »[16] ? *Immobile saxum* d'ordre matériel, mais sur quoi se fondent les demeures terrestres des plus grands dieux de Rome : Iupiter Optimus Maximus et Iuno Moneta.

La correspondance entre la station physique debout, dans l'immobilité, et l'attitude morale d'une constance inébranlée par l'épreuve, se trouve explicitée, dès le début de l'âge impérial, par une anecdote de Valère Maxime. Elle peint ainsi le courage de Xénophon apprenant la mort de son fils : « Son corps resta immobile, et son âme demeura inébranlable »[17]. *Stetit* et *stabilitas* se correspondent ici avec exactitude, comme l'expression visible et l'inspiration intérieure d'une même attitude spirituelle : celle du sage souffrant, faisant face à l'assaut de l'épreuve avec ce que Sénèque appelle, dans le titre même de l'un de ses traités, la *constantia sapientis*.

Il est donc logique que Sénèque ait joué un rôle décisif dans le développement d'une réflexion philosophique sur l'attitude intérieure qui trouve comme son mot d'ordre dans le cliché *stetit immobilis*. Cette formule exprime avec force un héroïsme à la fois romain et stoïcien, dont Horace avait tracé le portrait en ses « Odes romaines ». Le poète y avait célébré la *uirtus* sous la figure, devenue après lui proverbiale, d'un « homme juste et ferme en sa résolution », et que rien ne peut « émouvoir »[18]. Et « quand bien même l'univers se romprait et croulerait sur lui, ses débris le frapperont sans qu'il en soit effrayé »[19].

A la considérer dans sa structure, la formule *stetit immobilis* présente une mise en valeur mutuelle de ses deux termes, avivant ainsi l'une par l'autre leurs images symétriques. Elle avait, à ce titre, de quoi séduire en Sénèque non seulement le styliste, mais un moraliste attentif à peindre, souvent en son propre corps, les troubles pathologiques ou passionnels (c'est pour un stoïcien la même chose) qui peuvent l'agiter[20].

---

[16] Aen. 9, 448 : *dum domus Aeneae Capitoli immobile saxum | accolet imperiumque pater Romanus habebit.*

[17] VAL. MAX. 5, 10 ext. 2 : *Xenophontis corpus i m m o b i l e s t e t i t ... et animus ... s t a b i l i s m a n s i t.*

[18] HOR. carm. 3, 3, 1 sq. : *Iustum et tenacem propositi uirum | non ciuium ardor ... | non uoltus ... tyranni | mente quatit solida | ...*

[19] Ib. 7—8 : *si fractus inlabatur orbis, | inpauidum ferient ruinae.*

[20] Voir, dans les Lettres à Lucilius, la peinture de l'expérience de l'angoisse dans un tunnel de la route côtière du golfe de Naples, ou celle du mal de mer.

Pour apprécier toutes les harmoniques que pouvait prendre chez Sénèque un idéal de sagesse qui se traduisît par une stabilité intérieure, il convient de le replacer dans sa vision de l'univers. Elle est en effet celle d'une universelle instabilité. La terre, qui passait alors pour stable au centre du cosmos, n'en était pas moins sujette — comme elle l'est restée en Campanie et en Italie du Sud — à l'instabilité terrifiante des tremblements de terre[21]. A fortiori les autres éléments sont-ils l'insta- bilité même : l'air n'est jamais immobile, Sénèque le répète[22] ; et Virgile a métaphorisé, constate vétilleusement Sénèque, en prétendant dans une Bucolique que « les vents laissent la mer stagner paisiblement » *(stare)* : en fait, « la mer ne stagne pas, elle est légèrement agitée »[23]. Cette mobi- lité universelle est bien une loi de la nature : « Tous les êtres sont soumis à la même loi : la nature n'a jamais rien conçu d'immobile »[24]. Et si la sphère des fixes est décrite par Sénèque dans une « immobile stabilité », où nous retrouvons précisément notre cliché, le philosophe sait bien que ce n'est qu'apparence. Car même dans un système du monde précoper- nicien et géocentrique, cette sphère des fixes tourne perpétuellement autour du pôle : « les corps célestes offrent parfois l'apparence de la stabilité, alors qu'(en fait) toute stabilité leur est interdite »[25]. La roue de Fortune offre l'image immémoriale de cette instabilité généralisée, dans une métaphore mythique aux implications religieuses. Le livre III des Questions naturelles en propose comme la « vignette » dans sa pré- face, à propos de Fortune, après avoir d'abord posé l'image plus simple du flux. « Rien de ce qu'elle a donné n'est s t a b l e, tout ce qui vient d'elle s'écoule avec plus de m o b i l i t é que la b r i s e !»[26] : où l'on

---

[21] Dans lesquels la terre perd sa stabilité, qui est pourtant sa qualité apparente, surtout dans un système du monde où le globe est suspendu immobile au centre du cosmos. Voir tout le livre VI (III) « De terrae motu », selon la numérotation d'Oltramare dans son éd., de la C. U. F., des Quaestiones naturales.

[22] SEN. nat. 5, 1, 1 : *numquam aer tam immobilis est ut non in aliqua sit agitatione.* Même indication au début du paragraphe suivant.

[23] Ib. 5, 1, 1 : *itaque si legeris ‹ cum placidum uentis staret mare ›, scito illud non stare, sed succuti leuiter, et dici tranquillum quia nec hoc nec illo impetum capiat.*

[24] Ib. 6, 1, 12 : *Omnes sub eadem iacent lege : nihil ita ut immobile esset natura concepit.*

[25] Immobilité des « fixes »: nat. 7, 24, 3, *Credis ... quinque solas esse quibus exercere se liceat, ceteras stare fixum et immobilem populum?;* rectification précise en epist. 88, 26 : *speciem interdum stantium praebent, cum caelestibus stare non liceat ;* et dans le même sens, epist. 93, 9 : *praeter terram nihil stare :* belle illusion !

[26] SEN. nat. 3, praef. 7 : *nihil stabile ab illa (= Fortuna) datum esse, eius omnia aura fluere mobilius.* Vient ensuite une série d'allusions plus précises aux alternances de

retrouve les membra disiecta iuncturae, comme une sorte de devise inversée de l'universelle folie. A cette universelle instabilité, le monde des hommes n'échappe pas plus que la nature ; « qu'il s'agisse des individus ou des collectivités, rien n'est stable : les destinées des hommes, comme celles des villes, t o u r n e n t sans fin ... »[27].

Il suffit d'effacer les négations de toutes ces litotes pour voir apparaître logiquement le cœur même de l'idéal du sage. Car le sage est celui que sa stabilité volontaire, accordée à la volonté divine qui règle sa propre destinée, soustrait à cette mobilité, et donc à toutes les vicissitudes de la condition humaine. Dans cette perspective proprement p h i l o s o p h i q u e , on retrouve, sous le stylet de Sénèque, les deux mots-images de notre cliché, même s'ils ne sont pas aussi matériellement associés que dans le texte, précédemment cité, sur la « sphère des fixes ». Si tu prétends allier vertu et plaisir, dit le traité Du bonheur, « tu ne donnes pas à la vertu un fondement de poids et i n é b r a n l a b l e , mais tu l'invites à d e m e u r e r s t a b l e en un lieu ·où tout t o u r n e ... »[28]. Au contraire, le philosophe vraiment lucide « s e m a i n t i e n d r a bravement et supportera tout événement ... et comme un bon soldat supportera les blessures »[29]. Ainsi filée, la métaphore militaire rappelle opportunément ici l'usage ancien le plus simple, qui est à l'origine de notre cliché ; c'est la description de l'attitude du combattant qui « tient bon », et se maintient fermement, sans lâcher prise, face à son assaillant. C'est en ce sens quasi technique que l'historiographie romaine classique a utilisé stare, en particulier dans l'expression stare in gradu, avec la valeur de « tenir ferme sur ses positions », sans « lâcher pied » : le sage est donc un « homme debout »[30].

la roue de Fortune : alternae sunt uices rerum ... Ad imum delatus est, nunc locus est resurgendi ... Pour l'histoire de l'image, P. COURCELLE, La consolation de Philosophie dans la tradition littéraire, Antécédents et postérité de Boèce, Paris 1967, p. 127 sq.

[27] SEN. epist. 91, 7 : nihil priuatim, nihil publice stabile est : tam hominum quam urbium fata u o l u u n t u r.

[28] SEN. uita b. 15, 4 : non das uirtuti fundamentum graue, immobile, sed iubes illam in loco uolubili stare; à quoi la suite oppose aussitôt: illa fortiter stabit. Sur ce thème répété de la « stabilité » du sage, voir aussi epist. 59, 15 ; 74, 29 ; 71, 27 : i n n a t a i l l a s t a b i l i t a s (alliance de mots bien proche de notre cliché) ; et aussi 120, 19.

[29] SEN. uita b. 15, 5 : illa (= sapientis uirtus) fortiter stabit et quicquid euenerit feret ... ut bonus miles feret uulnera.

[30] Célèbre passage de prou. 2, 9 sur Caton (Catonem ... stantem) juste avant son suicide ; c'est l'attitude héroïque de celui qui résiste, sans plier, à la torture: epist.

Cette valeur d'emploi originelle demeure vive, dans l'expression d'un idéal de vie à la fois fort ancien et promis à une longue descendance philosophique et chrétienne : celui de la « milice spirituelle ». C'est pourquoi le sage selon Sénèque se présente souvent comme un combattant, un soldat de la *uirtus* (autre mot lourd d'harmoniques militaires anciennes, celles de la « valeur » des valeureux), ou même un gladiateur de Dieu, auquel il s'offre en un « spectacle » incomparable[31]. Cette nuance militaire de la *stabilitas* est d'autant moins négligeable qu'elle demeure intensément présente à un officier devenu historien militaire comme Ammien ; et même à un évêque, héritier de l'imagerie, symétrique de la précédente, de la *militia Christi*[32]. Le tenant de cette sagesse militante, toujours prête au combat intérieur, doit « être i n é b r a n - l a b l e face au mal », afin de « se façonner pour se faire soi-même Dieu »[33]. Sans atteindre la concentration formelle de notre *stetit immobilis,* ce court texte condense de manière difficilement traduisible deux aspects majeurs d'une véritable s p i r i t u a l i t é : en entendant ce mot au sens d'un dialogue intérieur avec la divinité, par lequel l'homme « devient Dieu autant qu'il est possible », — comme disait Platon en une formule qui demeura jusqu'à la fin de l'Antiquité une définition classique de la philosophie[34].

Atteindre la stabilité est un mot d'ordre répété à celui qui chemine vers la sagesse, dans les Lettres à Lucilius. Bonheur et souverain bien s'y définissent par une alliance entre s t a b i l i t é et i m m u t a b i l i t é (ou i m m o b i l i t é, entendue en son sens le plus fort). L'alliance des

---

66, 18, *inter tormenta fortissime stantis ;* cp. aussi epist. 71, 25. Face à l'adversité, dit Sénèque dans Marc. 5, 6: *contra fige stabilem gradum ;* dans le même sens, Thyest. 926 sq. et les epist. 82, 2 (*stans mori*) et 105, 2. Mourir debout, encore, dans ben. 5, 2, 4.

[31] Voir const. 16, 1 ; et aussi epist. 92, 2 et 24. Célèbre texte de prou. 2, 8 : *ecce spectaculum dignum ad quod respiciat intentus operi suo Deus, ecce par Deo dignum : uir fortis cum fortuna mala compositus, utique si et prouocauit.*

[32] Voir maintenant sous un même volume (Darmstadt 1963) l'étude classique d'Ad. von HARNACK, Militia Christi (Tübingen 1905) et celle d'H. EMONDS, Geistlicher Kriegsdienst, Der Topos der militia spiritualis in der antiken Philosophie (Mélanges Herwegen, 1938).

[33] Après la recommandation de pas considérer comme un bien ou un mal ce qui ne dépend pas de nous, le second précepte de Sénèque au sage est, selon uita b. 16, 1 : *deinde ut sis immobilis et contra malum et ex bono, ut qua fas est deum effingas.*

[34] C'est l'une des six définitions scolaires, qui demeureront courantes jusque dans les manuels de l'Antiquité tardive : voir A. H. CHROUST, Philosophy, its essence and meaning in the ancient world, dans PhR, t. 56, 1947, p. 57 sq.

deux mots cerne ainsi les contours d'une méthode spirituelle, par laquelle le sage s'efforce de façonner en lui-même l'effigie *(effingere)* de la nature divine qu'il porte en lui. L'héroïsme militant d'un combattant intérieur, inébranlé et inébranlable devant l'assaut de toute force contraire, trouve son achèvement le plus haut dans la prise de conscience d'un processus de divinisation.

*   *   *

Même si, de tous points de vue, le modèle virgilien s'est avéré capital, à la source première de notre cliché, l'usage que Sénèque a fait de ses deux composantes n'en témoigne pas moins d'un développement doctrinal considérable de ce qui restait implicite, et comme allusif, dans l'héroïsme militaire d'Énée. Le récit mythique et les grandes images d'un héroïsme de souche homérique se trouvent réduits — au creuset de la philosophie, mais aussi de l'exercice de style — en une double métaphore vive. Celle-ci s'étend largement, chez Sénèque, aux dimensions d'une vision du monde et d'une méthode de progrès vers la sagesse. De la roue de Fortune au combat du sage, tout l'existant se partage entre stabilité immobile et instable mobilité. A cette vibration incohérente du temps et de l'espace, la philosophie arrache l'homme, en le rendant inaccessible à tous les coups de la Fortune, c'est-à-dire à la vanité de l'universelle mobilité[35].

Cet héritage sémantique, enrichi par le stoïcisme romain, parvient à Ammien, apologiste d'un empereur à la fois philosophe et soldat : Julien, pour lui un nouveau Marc Aurèle[36]. Son style n'a plus la souplesse lexicale et syntaxique de celui de Sénèque : autre temps, autre esthétique, et donc aussi, peut-être, éthique légèrement distincte, même à l'intérieur de ce thème exprimé par les mêmes mots. La longue série des emplois et remplois, avec des variantes formelles légères, de *stetit immobilis* dans

---

[35] C'est le thème, si familier à l'époque hellénistique, qui reparaît ici aussi bien que dans le livre de l'Ecclésiaste. De part et d'autre, l'auteur juif en grec, et le philosophe romain en latin, sont très proches dans leur attitude spirituelle. Devant la mobilité angoissante de toutes choses, il n'est de stabilité qu'en Dieu. Deux théologies, donc, mais une seule spiritualité : une seule manière d'arracher l'existence humaine à une existence où tout est périssable et muable, pour rejoindre la seule valeur stable d'un absolu immuable.

[36] Vue d'ensemble dans notre étude : Le Julien d'Ammien Marcellin, dans L'empereur Julien de l'histoire à la légende (331—1715), Paris 1978, p. 31—65.

la prose d'Ammien, est à rapprocher de l'usage des poncifs iconographiques qui s'étalent en séries répétitives et indéfinies, sur les monuments officiels de l'idéologie impériale tardive[37]. Pauvreté d'imagination et perte regrettable de l'esprit de variation ? ou parti pris décidé, révélateur d'une attitude profonde, peut-être d'une véritable obsession, aussi significative que celle des « séries » chez des artistes de siècles moins éloignés ?

Des 28 emplois d'*immobilis* dans l'œuvre conservée d'Ammien, 19 sont de sens concret et littéral[38]. Dans la majorité de ces 19 textes, il s'agit naturellement d'un contexte militaire, et d'une troupe qui fait halte avant le combat ou en vue de l'ennemi ; plus rarement, le mot (ou le groupe avec le verbe *stare* ou un synonyme), sert à désigner l'état d'immobilisation d'un chef, placé par des circonstances imprévues dans l'impossibilité de passer à l'action[39]. Trois emplois sortent de ce cadre : l'arrêt merveilleux des roches Symplégades lors du passage de la nef Argô[40] ; l'immobilisation de Constance lors de sa *contio* de Milan, au moment où il attend la fin des acclamations pour continuer sa harangue[41] ; enfin, l'immobilité rituelle à laquelle cet empereur se croit forcé, lors de son entrée solennelle à Rome, au point d'avoir l'air ridicule d'une sorte de statue vivante — *figmentum hominis,* dit Ammien dans une page sans aménité[42]. Pour des raisons distinctes dans chacun de ces trois textes, l'immobilité, on le pressent, se trouve déjà chargée allusivement, en chacun des trois emplois, de connotations figurées qui dépassent celles de la pure et simple description extérieure.

---

[37] Ainsi pour les trois guerriers porteurs de lances brandies vers le bas, sur le pont Milvius, dans le relief de l'arc de Constantin qui représente la victoire fameuse de 312 ; ou encore, les Victoires alignées comme des timbres-poste sur la frise inférieure de l'un des piliers de l'arc de Galère à Salonique.

[38] Sur ces 18 emplois, 11 comportent l'alliance avec le verbe *stare* (15, 4, 7 ; 15, 8, 10 ; 16, 12, 38 ; 18, 8, 12 ; 19, 2, 5 ; 22, 8, 15 ; 23, 5, 8 ; 24, 6, 6 ; 25, 1, 13 ; 31, 6, 3 ; 31, 7, 11) ; 4 avec un verbe synonyme (27, 5, 5 ; 27, 9, 7 ; 29, 6, 9 ; 31, 5, 17) ; 3 donnent l'adjectif seul ou près d'un verbe de sens différent (14, 3, 4 ; 15, 5, 37 ; 16, 10, 9 ; 24, 2, 2).

[39] Ainsi pour Nohodarès en 14, 3, 4, ou Valens en 27, 5, 5, pour prendre deux exemples dans les deux dernières catégories susnommées ; pour l'alliance formellement identique à celle de notre cliché, voir 15, 4, 7 : Arbition paralysé dans son offensive contre les barbares du Rhin, par « une embuscade secrète » de ceux-ci.

[40] AMM. 22, 8, 15.

[41] AMM. 15, 8, 10.

[42] AMM. 16, 10, 9—10 : *talem se tamque immobilem qualis in prouinciis suis uisebatur ostendens ... tamquam figmentum hominis ...*

Mais les 9 emplois figurés et moraux sont évidemment pour notre enquête les plus intéressants. Il faut d'abord mettre à part deux cas dans lesquels, plus encore que dans les trois précédents, un sens concret recouvre manifestement un sens figuré. Ainsi pour l'exemplum de Simonide conduit au bûcher, et demeurant *immobilis* devant l'horreur d'un affreux supplice[43] ; mais aussi, quasi symétriquement, dans la grande scène de la mort de Julien : affaibli par l'hémorragie et conscient de sa fin prochaine, *mansit immobilis*[44]. L'immobilité physique traduit ici l'acquiescement consenti à la rigidité de la mort, mais aussi une inébranlable résolution du sage, affronté à la forme suprême de son destin[45]. Cet emploi est donc très proche de celui par lequel *stetit immobilis* exprimait l'imperturbabilité de Julien face aux barbares, dans le texte par lequel nous avons ouvert la présente étude[46]. Il fait jeu aussi avec l'évocation de ses victoires rhénanes, que Julien fait en 360 devant ses troupes rassemblées, avant de lancer sa guerre éclair vers la *pars Orientis* : tout cela, dit l'empereur à ceux qu'il aime appeler ses compagnons d'armes, je l'ai fait « e n m e d r e s s a n t i n é b r a n l a b l e , face aux grondements des rumeurs et aux attaques violentes de puissants peuples, avec une pleine assurance dans la fermeté de votre valeur »[47]. On voit, dans une telle proclamation, Julien prendre la pose traditionnelle du sage combattant et « ferme en son propos »[48].

[43] AMM. 29, 1, 39 : *Qui uitam ut dominam fugitans rabidam, ridens subitas momentorum ruinas, inmobilis conflagrauit* ... Dans la seconde image (*ruinas*), souvenir probable du texte d'Horace cité sup. (n. 19). C'est un vrai « martyr païen » de la philosophie : pointe polémique antichrétienne, en ce sens, de la part d'Ammien ?

[44] AMM. 25, 3, 9 : *Sed cum uires parum sufficerent uoluntati sanguinisque profluuio uexaretur, mansit immobilis* ... Julien « prend position » face à la mort, pour son dernier combat, comme jadis face aux barbares. Rapprocher le conseil de Sénèque décrivant la mort du sage, en attitude de combattant, in ben. 5, 2, 4 : *ad ultimum usque uitae diem stabit paratus et in hac statione morietur* ... Et le mot d'ordre de l'epist. 82, 21 : *stans mori*, qu'observeront au sens littéral deux illustres Latins d'origine sabine : l'empereur Vespasien et saint Benoît. Julien, trop affaibli, meurt couché — comme Socrate ayant bu la ciguë —.

[45] Elle s'exprime dans le cours des *ultima uerba* que lui prête ensuite Ammien, en 25, 3, 15 sq. ; il y rappelle fièrement : *ubicumque me ... periculis obiecit res publica, s t e t i f u n d a t u s , turbines calcare fortuitorum adsuefactus*. Sur la **couleur cynico-stoïcienne** du passage, voir notre note 553 ad loc.

[46] Sup. n. 1.

[47] AMM. 21, 5, 3 : *contra rumorum fremitus gentiumque ualidarum uiolentos excursus stando immobilis, uirtutis uestrae nimirum firmamento confisus*.

[48] Selon l'expression d'Horace, citée sup. n. 18. Images du sage combattant : chez Sénèque : sup. n. 31.

Deux exemples de contenu voisin achèvent ce « portrait répétitif » de Julien face à ses ennemis. Ses détracteurs ont beau s'acharner à décrier les préparatifs de la campagne de Perse : « En répétant longuement et souvent leurs critiques, ils cernaient de leurs abois ce grand homme, q u i   n e   s e   l a i s s a i t   p a s   é m o u v o i r   par ces attaques sournoises qui le harcelaient, tels les Pygmées ou (...) le paysan de Lindos autour d'Hercule »[49]. L'image de la meute se trouve ici associée à des souvenirs rarement cités de la geste d'Hercule, pour créer un mélange burlesque et sarcastique de tons discordants ; mais l'immobilité inébranlable de la résolution impériale ne s'en détache pas avec moins de grandeur sur ce décor bigarré. A en croire Ammien, la sérénité imperturbable de ce prince philosophe aurait d'ailleurs été si contagieuse qu'elle aurait rendu à l'univers romain le calme de la paix. Cette dernière métamorphose du cliché appliqué à Julien n'est pas la moins singulière : « Tant qu'il fut de ce monde, tous les peuples d e m e u r è r e n t   paisiblement s a n s   b o u g e r , comme si quelque caducée universel adoucissait leurs mœurs »[50]. Nouvel Hermès, Julien restitue ainsi à l'humanité une sorte de repos surnaturel comparable à la « paix auguste » d'antan[51].

Soldat et philosophe, Julien avait bien des raisons de se voir appliquer par excellence un cliché héroïque, militaire, stoïcien. Mais il n'est pas seul à avoir montré, au temps d'Ammien, les qualités que symbolise la station debout dans l'immobilité. Le philosophe de profession Eusèbe d'Émèse, victime innocente d'une erreur judiciaire, montre devant la torture et le dernier supplice le même calme impavide : au milieu des

---

[49] AMM. 22, 12, 3—4 : les *obtrectatores desides et maligni* de l'empereur, qui prépare la campagne de Perse, *haec diu multumque agitantes frustra uirum circumlatrabant, inmobilem occultis iniuriis, ut Pygmaei uel Thiodamas agrestis homo Lindius Herculem.* Sur ces deux épisodes rares du mythe d'Héraklès, voir aussi Philostrate, imag. 2, 22 et 24, et la note 160 de SEYFARTH dans son éd. récente d'Ammien, ad loc.

[50] AMM. 25, 4, 14 : *Et postquam ex occidua plaga digressus est, quoad fuit in terris q u i e u e r e nationes omnes i m m o b i l e s , ac si quodam caduceo leniente mundano.* Et notre n. 582 ad loc.

[51] Sur l'identification d'Auguste à Mercure — Hermès, et ses significations, voir HOR. carm. 1, 2, 43, et les commentaires ad loc. de l'éd. NISBET/HUBBARD en 1970, t. 1, p. 34 sq. et du comm. de SYNDIKUS en 1972, p. 52 sq. Quoi qu'il en soit des attaches religieuses avec le culte des souverains hellénistiques, cette identification a un sens de paix et de pacification. SYNDIKUS rappelle que, sur les effigies monétaires du temps d'Auguste, le caducée apparaît comme « un signe de plenitude et de bénédiction ». Ces nuances sont à ajouter aux indications de ma n. 582 (citée ici n. préc.).

plus affreux tourments, « avec un sourire de défi, il d e m e u r a i n é-
b r a n l a b l e dans la fermeté de son cœur »[52]. La même attitude que
celle de Julien, face à de mortelles calomnies de courtisans de Constance,
est logiquement décrite dans les mêmes termes laudatifs par Ammien,
à propos de l'homme qu'il a admiré avec le même attachement fervent :
l'officier général Ursicin, à l'état-major duquel il fut attaché bien avant
de l'être probablement à celui de Julien. C'est à lui, d'abord, dans l'ordre
des Res gestae — correspondant à la chronologie des faits —, qu'Ammien applique d'abord notre cliché, sous sa forme la plus exacte : « Face
aux événements, ce héros magnanime se dressait inébranlable, gémissant
en son cœur de voir l'innocence si peu en sûreté ... »[53]. L'emphase du
contexte immédiat sur lequel on trouve « broché » le cliché présente, de
part et d'autre, une indéniable couleur virgilienne ; elle s'harmonise sans
peine avec le groupe verbal que nous avons vu apparaître d'abord dans
l'Énéide. Ainsi le drame d'Ursicin est-il retracé dans une prose d'art
qui tire de l'épopée classique sa tonalité poétique.

Ammien sait donc laisser transparaître, sous un cliché qui l'a obsédé,
un héritage sémantique où se mêlent la valeur physique et morale du
soldat au combat, la maîtrise de soi du sage stoïcien, l'impassibilité,
chèrement acquise et maintenue, d'un héros épique selon le cœur de
Virgile. Un tel idéal humain est pour Ammien plus que jamais actuel.
Dans un monde instable, où les hommes de valeur doivent, à la fois,
faire face aux assauts perfides des courtisans jaloux et aux attaques
acharnées des barbares, une seule attitude est à la fois digne et efficace :
ne pas lâcher pied et ne pas bouger. Dans le même sens, il est caractéristique de voir, à travers les reprises du cliché qui en scandent le récit, la
bataille de Strasbourg gagnée, contre la furie frénétique des vagues
d'assaut barbares, par une armée qui a le cran de ne pas céder à la
contagion du *furor* et de l'agitation, mais de *stare immobilis*.

---

[52] AMM. 14, 9, 6 : *toruum renidens, fundato pectore mansit immobilis*. Le contexte
immédiatement ultérieur explicite le parallèle de cette attitude (en se trompant
d'ailleurs probablement sur l'identité du personnage : voir notre n. 98 ad loc.)
avec celle d'un des fondateurs du Portique : *temporum iniquitati insultans, imitatus
Zenonem illum ueterem Stoicum*. Encore deux « philosophes martyrs » et « sages
souffrants » sur le modèle de Socrate.

[53] AMM. 15, 2, 3 : *Sed contra accidentia uir magnanimus stabat immobilis, ne se
proiceret abiectius cauens, parum tuto loco innocentiam stare medullitus gemens
...* Thèmes et mots seraient à commenter par des renvois précis à des textes de
Sénèque.

Il reste à se demander si, en revenant du cliché d'Ammien au vers d'Ambroise, on change totalement d'univers spirituel. On serait d'abord tenté de le présumer, en ne se référant qu'à l'expression néo-testamentaire du thème de la « stabilité dans la foi ». Celui-ci connaît une sorte de préhistoire judaïque, dans la version araméenne (ou hébraïque) dont Jérôme a tiré sa traduction de Livre de Tobit. Devenu aveugle, ce saint homme, dit la Vulgate, « demeura inébranlable dans la crainte de Dieu »[54].

Mais c'est dans les Épîtres pauliniennes que l'exhortation à la fermeté dans la f o i , au sens chrétien de ce mot, se trouve par deux fois exprimée dans une alliance de mots bien proche de notre cliché. On y trouve en effet les mêmes métaphores, conjointes à des fins d'expressivité persuasive, de la s t a b i l i t é et de l ' i m m o b i l i t é [55]. La Première Épître aux Corinthiens, avant de conclure, adresse aux « frères bien-aimés » de Paul l'injonction fervente : « S o y e z f e r m e s , i n é - b r a n l a b l e s , faites sans cesse des progrès dans l'œuvre du Seigneur »[56] ; ce que la Vulgate rend par : *stabiles* estote et *immobiles*. Il est probable que l'ancienne version latine d'Afrique donnait sensiblement le même texte, puisqu'il transparaît clairement sous la plume de Tertullien, au début du IIIe siècle, dans le traité Sur la fuite en temps de persécution : « Il (= l'Apôtre) nous invite à n o u s t e n i r i n é - b r a n l a b l e s — et en tout cas s a n s b o u g e r par la fuite — et les reins ceints ... pour fuir ou pour courir à la rencontre de l'Évangile ? »[57]

---

[54] VVLG. Tob. 2, 14 : *immobilis in Dei timore permansit*. Il est notable que, dans le cours des trois premiers siècles (selon les dépouillements pratiquement exhaustifs de la Biblia patristica publiée sous la direction d'André BENOÎT à Strasbourg), le passage voisin de Tobit 2, 16 (num. VVLG.) ne soit repris que par Cyprien, dans les exhortations du De mortalitate 10, et dans les Testimonia 3, 6 (*Bonos quoque et iustos plus laborare, sed tolerare debere quia probantur*) parmi d'autres *exempla patientiae* (comme dira la Vulgate de Tobit 2, 12).

[55] On examinera ici les deux passages dans l'ordre chronologique généralement admis pour les Épîtres pauliniennes.

[56] Traduc. de la TOB. Le latin de la Vulgate donne, pour ce verset de 1 Cor. 15, 58 : *stabiles estote et immobiles*. Les fichiers de la Vetus latina ne donnent pas moins de 28 attestations de ce verset, dans les anciennes versions latines (jusqu'à Bède). Je remercie H. FREDE de m'en avoir communiqué les références, et me réserve de reprendre la question dans une autre étude.

[57] TERT. fuga 9, 2 : *Stare immobiles praecipit — utique nec fuga mobiles — et accinctos ... in fugam an in occursum Euangelii?* L'immobilité demandée par l'Apôtre est considérée ici sous un nouvel angle, comme l'attitude rigoureuse de celui qui se refuse à la *fuga in persecutione*. Le sens d' i m m o b i l i s est ainsi

Cette interpellation sarcastique n'a pas seulement l'intérêt d'attester la vivacité du souvenir de ce verset paulinien chez le premier grand écrivain de la littérature latine chrétienne. Sa nouveauté est de proposer une relecture de l'exhortation de Paul, dans le contexte historique des persécutions et du martyre chrétien.

L'association des deux métaphores se retrouvait, dans un énoncé synonymique bien plus chargé, au début de l'Epître aux Colossiens. Pour participer au salut, dit l'auteur de cette Epître à ses correspondants, « il faut que, par la foi, vous t e n i e z, s o l i d e s et f e r m e s, s a n s v o u s l a i s s e r d é p o r t e r hors de l'espérance de l'Évangile que vous avez entendu »[58]. Ignace d'Antioche répète le début de cet avertissement dans ses préceptes sur l'attitude à tenir face aux païens, et Polycarpe le reprend plus largement, en donnant des conseils analogues aux Philippiens, dans une conjoncture de persécution[59]. Les trois textes de Tertullien et, avant lui, d'Ignace et de Polycarpe, ont en commun cette « lecture martyriale », en des conjonctures où la foi est semblablement mise à l'épreuve de la persécution.

De telles « relectures » de ces versets ont-elles pu être ignorées d'Ambroise, alors qu'il s'est fait à Milan l'un des promoteurs les plus actifs du culte des martyrs ? Il est bien difficile de le croire, et l'on peut en douter à ne considérer que le contexte de l'hymne où nous avons lu *immobilis fide stetit*. Car l'opposition, dans la seconde strophe de cet hymne, entre l'agitation du lac où Jean pêchait, et la « stabilité inébranlable » de sa foi, ne prend tout son sens que dans l'évocation ultérieure de son martyre. A travers son supplice, dit le dernier vers, « il se dressa (ou : ‹ il demeura › — *stetisse* —) vainqueur de l'Ennemi »[60]. On ne saurait donc réduire la signification de notre cliché, à ne l'envisager que dans le cadre de l'hymne ambrosien à Jean, au sens général des admoni-

---

ramené, hors contexte paulinien, à une valeur première et littérale, celle de l'immobilité inébranlable que le rigorisme de Tertullien exige de tout fidèle.

[58] VVLG. Col. 1, 23 : *si tamen permanetis in fide fundati et stabiles et immobiles a fide euangelii* (comme précédemment, nous donnons la traduction de la TOB d'après le grec original).

[59] POLYC. Phil. 10, 1 ; IGNAT. Eph. 10, 2.

[60] AMBR. hymn. *Amore Christi nobilis*, v. 7—8, et 29 sq. : *turbante dum nutat salo, / immobilis fide stetit ; / uinctus tamen ab impiis / calente oliuo dicitur / tersisse mundi puluerem / s t e t i s s e uictor aemuli* (et sans doute *A e m u l i* avec majuscule, au sens biblique d'*I n i m i c i : ecce par Deo dignum !* voir sup. Sénèque, dans n. 31).

tions pauliniennes (dont il est très probable, néanmoins, qu'il n'a pas perdu le souvenir).

Mais, entre Tertullien et Ambroise, la « relecture martyriale » de ces versets se présente chez un écrivain chrétien qui a joué, entre Paul et l'évêque de Milan, un rôle de « médiateur idéologique », analogue à celui de Sénèque entre Virgile et Ammien. C'est évidemment celui que l'on pourrait, à tant d'égards, appeler le Sénèque chrétien : Cyprien de Carthage, au milieu du IIIᵉ siècle[61]. Il n'a pas ignoré le verset de la Première aux Corinthiens : il en a cité dans sa huitième Lettre le verset 15, 13 — bien voisin de notre verset 15, 50 — … après avoir littéralement cité ce dernier, dix lignes plus haut, sous une forme où le vers ambrosien est assez exactement préfiguré : *si non hortati fueritis fratres nostros stare in fide immobiles*[62]. Notre cliché se retrouve d'ailleurs aussi, sous une forme plus concentrée et comme telle plus « classique », dans un ouvrage pseudo-cyprianique de la seconde moitié du IIIᵉ siècle : l'Éloge du martyre. Le courage des martyrs torturés y est évoqué en des termes que n'eût point désavoués Sénèque : *stat immobilis tamen, poenis suis fortior*[63].

Ce Pseudo-Cyprien ne faisait d'ailleurs que reprendre ainsi, avec la concision d'une sententia « vieille romaine », les thèmes des trois déve-

---

[61] Sur l'importance du stoïcisme et de Sénèque, dans la culture (et même l'esthétique) de Cyprien, voir p. ex. le livre toujours fondamental de H. KOCH, Cyprianische Untersuchungen, Bonn 1926 ; La thèse de M. SPANNEUT, Le stoïcisme des Pères de l'Église de Clément de Rome à Clément d'Alexandrie, Paris 1957 ; les rapprochements avec Sénèque (voir index, s. v. p. 180 sq.) dans S. DELÉANI, Christum sequi, Etude d'un thème dans l'œuvre de saint Cyprien, Paris 1979. Sur l'influence esthétique, jalons posés dans notre étude Aspects et problèmes de la prose d'art latine au IIIᵉ siècle, La genèse des styles latins chrétiens, Torino 1968, en particulier p. 161 sq. (mais voir aussi autres références à l'index nominum et operum, s. v. Sénèque, p. 194).

[62] CYPR. epist. 8, 2, 1 sq., où l'on trouve en moins de 15 lignes : *stare in fide immobiles … stare in fide … Ecclesia stat fortiter in fide …* Le développement de cet emploi dans Cyprien est symétriquement proportionné à la multiplication de l'image négative des *lapsi*, face auxquels martyrs et confesseurs proposent le modèle de *christiani stantes*.

[63] PS. CYPR. De laude martyrii 3 : *et euntibus flagris cum auolsa corporis parte rediens habena ducatur, stat immobilis tamen poenis suis fortior … necesse est eum uideri cuncta tolerare cui uictoria debetur ex poena.* Avec H. KOCH (cité sup. n. 61), p. 341 sq., J. DANIÉLOU, Les origines du christianisme latin, Paris 1978, « croit postérieur à Cyprien ce traité » (p. 210). En tout cas, le traité est à placer au IIIᵉ s., avec M. SCHANZ, GDRL, t. 3, München 1959 (réimpr. de l'éd. de 1922), p. 371, § 731.

loppements emphatiques consacrés, dans trois œuvres authentiques de Cyprien, à célébrer l'impassibilité des martyrs dans la souffrance endurée pour la foi. Ce sont des textes qui n'ont pu rester étrangers à la culture cyprianique d'Ambroise de Milan[64]. Nous les considérerons ici dans l'ordre qui va du particulier (l'attitude concrète des martyrs) au général (les recommandations pauliniennes aux chrétiens)[65] ; celles-ci ne prennent tout leur sens actuel, celui d'un idéal de vie chrétienne qui est une préparation au martyre, que dans une conjoncture de persécution. Le traité Des apostats présente déjà les deux termes du cliché dans une prosopopée où le lapsus justifie sa chute finale par le courage qu'il avait montré jusque là dans la torture : « j'ai pris les armes de la foi, mais au moment du corps à corps, les tourments divers et les supplices interminables m'ont vaincu. Mon esprit est d e m e u r é s t a b l e, ma foi vaillante, et contre les supplices qui me torturaient, mon âme a longtemps lutté, i n é b r a n l a b l e »[66]. Mis à part le sens spécifiquement chrétien de fides, cette description est comme l'homologue intérieur de l'attitude du philosophe Eusèbe d'Emèse dans le texte d'Ammien que nous avons précédemment cité.

Le traité adressé A Fortunat, « pour préparer et fortifier l'âme des frères » en vue du « combat spirituel et céleste » du martyre, reprend, en les généralisant, les mêmes thèmes dans les mêmes termes : « Un esprit

---

[64] Sur le Nachleben de Cyprien, voir ib. p. 38 sq., encore très implicite sur le compte précis d'Ambroise. Mais voir maintenant les références à Cyprien dans les index d'Ambrosius episcopus, Milano 1976 ; dans les observations d'Y. M. DUVAL, L'originalité du « De uirginibus » dans le mouvement ascétique occidental ; Ambroise, Cyprien, Athanase, dans le recueil collectif publié par le même auteur sous le titre Ambroise de Milan, Paris, Etudes augustiniennes, 1974, p. 9—66, et particulièrement p. 97, n. 144 ; et déjà, du même auteur, note sur une imitation du De habitu uirginum de Cyprien dans l'Hexaemeron ambrosien, dans REAug, t. 16, 1970, p. 25—34.

[65] Il se trouve que cet ordre correspond à celui des traités dans le corpus cyprianique, et donc vraisemblablement à celui de leur composition. C'est l'avis de SCHANZ, GDRL, t. 3, p. 338. Selon J. QUASTEN, Initiation aux Pères de l'Eglise, éd. fr., Paris, t. 2, p. 413, 428 et 422, le De lapsis serait à dater du printemps 251, l'Ad Fortunatum entre 251 et 257, mais plutôt (selon KOCH) du printemps 253, l'Ad Demetrianum en 252 (date traditionnelle) ou plus tardif (KOCH). Quoi qu'il en soit, il n'y a guère de différence, dans la pensée et la formulation, entre les trois textes qui vont être rapprochés.

[66] CYPR. laps. 13 : sacramenti mei memor deuotionis ac fidei arma suscepi, sed me in congressione pugnantem cruciamenta uaria et supplicia longa uicerunt. S t e t i t mens stabilis et fides fortis et cum torquentibus poenis i n m o b i l i s diu anima luctata est.

fondé sur de pieux exercices garde une endurance forte et stable, et une âme affermie par une foi assurée et solide dans les choses à venir p e r - s i s t e à d e m e u r e r i n é b r a n l a b l e *(immobilis perstat)*, face à toutes les terreurs du diable et les menaces du monde »[67]. Cette prosopopée de l'âme enchérit, par une longue variation synonymique, sur celle de l'apostat dans le précédent texte. Elle se réfère au souvenir plus précis des préceptes du verset des Colossiens, en les adaptant à la conjoncture de persécution générale dans laquelle s'exprime Cyprien[68].

Le dernier passage associe, à cette tradition des monitions apostoliques, un souvenir de l'Ode d'Horace déjà évoquée ci-dessus[69] ; tant il est vrai que le terme de *uirtus* et l'image saisissante de l'écroulement de l'univers, opposé à l'immobilité imperturbable du sage, s'y croisent sans effort avec des avertissements plus nettement pauliniens. Cyprien y célèbre, avec un enthousiasme aussi antique que chrétien, le courage invincible des confesseurs de la foi, en s'adressant sur un ton de défi au païen Démétrianus : « La force de l'espérance et la fermeté de la foi restent en nous vigoureuses, au milieu des d é b r i s du siècle qui s ' é c r o u l e, notre âme reste d r e s s é e et notre v a l e u r i n é b r a n - l a b l e ... »[70]. Non seulement les deux termes du cliché sont ici présents[71], mais les souvenirs d'Horace et de l'alliance de mots virgilienne

[67] Ad Fortunatum 13 (*Plus nos accipere in passionis mercede quam quod hic sustinemus in ipsa passione*) : *durat fortis et stabilis religiosis meditationibus fundata mens et aduersus omnes diaboli terrores et minas mundi animus i n m o b i l i s p e r s t a t quem futurorum fides certa et solida corroborat.*

[68] Comparer avec le texte cité sup. (n. 58) en observant les éléments de vocabulaire communs ou analogues : séquence de Col. *p e r m a n e t i s i n f i d e f u n d a t i et s t a b i l e s et i m m o b i l e s*, et séquence de Cyprien, Fort. (n. préc.) *s t a - b i l i s ... f u n d a t a ... i n m o b i l i s p e r s t a t ... f i d e s.*

[69] Sup. n. 19.

[70] CYPR. Demetr. 20 (première phrase) : *Viget apud nos spei robur et firmitas fidei et inter ipsas saeculi l a b e n t i s r u i n a s e r e c t a mens est et i n m o b i l i s u i r t u s* (remarquer le vocabulaire horatien des vers cités sup. n. 19). Pour la fin, on est plus près des images de Sénèque, et de la vertu stoïcienne, « dressée », debout, inébranlable : *erectus* qualifie ainsi à plusieurs reprises l'*animus* du sage : ep. 45, 9 ; 59, 14 ; 91, 3 ; on le trouve en particulier coordonné à *liber* : ainsi ep. 124, 12 *liber animus, erectus*, et uita b. 4, 3.

[71] *Stat* est ici remplacé, dans Cyprien, par le plus expressif *erecta est :* image de la tête dressée en attitude de défi, et en ce sens horatienne : HOR. epist. 1, 1, 68 sq. :
an qui Fortunae te responsare superbae
liberum et e r e c t u m praesens hortatur et aptat ?
Même si *erecta* et *immobilis* sont ici symétriques, du point de vue grammatical, et respectivement attributs de *mens* et de *uirtus*, cette abondante synonymie en-

développent et colorent la formule paulinienne initiale[72]. Ainsi le martyre est-il le point de convergence entre des formulations bibliques et classiques de l'héroïsme chrétien, un large siècle avant la composition de l'hymne *Amore Christi nobilis*.

On doit se rendre à l'évidence : il y a dans le vers d'Ambroise *immobilis fide stetit* bien plus que la métaphorisation personnelle d'un souvenir paulinien. La célébration essentiellement martyriale de l'Apôtre Jean — choix logique dans un hymne destiné à la célébration de son *dies natalis*, c'est-à-dire de la célébration anniversaire de sa mort — ne s'est pas limitée à constater la fidélité absolue du martyr aux préceptes des Épîtres pauliniennes. Le vers est bien prégnant de la « relecture martyriale » de ces préceptes, qu'avaient d'abord faite en grec Ignace et Polycarpe, puis Tertullien et surtout Cyprien en latin. C'est dans le martyre que la foi de Jean fut scellée. C'est là que, face à l'horreur physique d'être brûlé vif dans un chaudron d'huile bouillante, il est « demeuré immobile » et « s'est dressé inébranlable ».

L'a-t-il fait d a n s ou p a r sa foi ? Le syntagme poétique classique, si courant chez Virgile, qui substitue à un complément de lieu analytique *(in fide)* l'archaïsme d'un ablatif de lieu sans préposition *(fide)*, invite d'abord à se défier d'autant plus, ici, d'une valeur instrumentale de cet ablatif, que l'arrière-plan du groupe de mots paulinien ne put être ignoré d'Ambroise[73]. Pourtant, pas plus que la culture scripturaire d'Am-

---

courage à bien voir les liens étroits qui les unissent, liens que le parallélisme de construction « en hyperbate » souligne encore — *erecta* et *immobilis* étant mis en relief parallèle par leur place respective en tête des deux propositions *(est* se trouve en facteur commun, et seulement exprimé dans la première).

[72] Tout se passe comme si Cyprien avait « tamisé » par un écran biblique ses souvenirs des poètes classiques. L'alliance de mots virgilienne (sup. n. 13) *stabat ... immobilis* est devenue (avec l'inversion des deux mots) dans Cyprien *immobilis perstat* (verbe expressif favori de Cyprien : laps. 25 ; Fort. 12 et 13 — quatre emplois dans ces deux chapitres — ; et aussi epist. 10, 1). Quant à *inlabatur orbis ... ruinae* d'Horace (sup. n. 19), il est devenu *saeculi labentis ruinas*, avec des variations qui maquillent l'emprunt, voire lui donnent une couleur biblique *(saeculi,* pour *orbis,* a été préféré au biblisme *mundus,* plus directement équivoque en raison de la valeur d'emploi antique et cosmique du mot). Je remercie les collègues de l'UER de latin de l'Université de Caen, qui ont bien voulu m'aider dans ces recherches sur le lexique de Cyprien, en m'ouvrant les ressources de leur index lemmatisé de Cyprien, actuellement en cours de finition, et de publication prochaine.

[73] Quatre renvois aux Col. dans l'index d'*Ambrosius episcopus* (cité sup. n. 64) ; voir aussi la citation de versets du ch. 3 de Col. dans le De fide 5, 14, 176, étudié par G. MADEC, *L'homme intérieur selon saint Ambroise,* dans Ambroise de Milan, Paris 1974, p. 293.

broise, sa culture poétique classique, voire son goût horatien de l'ellipse, ne suffisent pas à emporter la décision en faveur d'un emploi de *fide* au sens d'un complément de lieu. Il paraît en effet moins banal, et plus riche de sens, de choisir la solution la plus simple, et de laisser à *fide* sa valeur première d'instrumental ; on comprendra ainsi : « il demeura inébranlable par sa foi ». Cette lecture paraît autorisée par les valeurs d'emploi analogues présentées par le mot, en des contextes semblables, dans les Commentaires sur les Psaumes dont Ambroise est aussi l'auteur[74].

Cette interprétation ouvre des perspectives renouvelées sur l'intelligence globale du vers. Ambroise ne pouvait ignorer que sa double métaphore s'enracinait, depuis Virgile dont l'évêque de Milan demeure profondément imprégné[75], dans une longue tradition antique : nous en avons retracé plus haut les principales étapes. Dès lors, *fide* — construit en facteur commun avec les deux mots qui l'entourent, — apporte une inflexion chrétienne à la double métaphore dans laquelle avaient pu se reconnaître tour à tour le héros, le sage et le martyr. Car la différence entre les deux premiers et le saint martyr est que ce dernier, lors même qu'il peut apparaître aux païens comme un héros à la mode d'antan, ne s'en reconnaît capable que par une grâce de Dieu accordée à sa foi. C'est ce qu'avait expliqué, dès le IIIᵉ siècle, en latin, Octavius Januarius à son interlocuteur païen Caecilius Natalis. Après avoir rapproché les martyrs chrétiens de Mucius Scaevola, Aquilius et Régulus, Minucius faisait exprimer par Octavius l'idée suivante : si « de faibles femmes et des enfants » sont capables de pareil héroïsme, c'est qu'« ils se jouent de la douleur avec une endurance qui est inspirée », et qu'« il n'est personne qui puisse supporter la torture sans le secours de Dieu »[76]. C'est

---

[74] WALPOLE cite ad loc., dans ses Early Latin Hymns, p. 59, n. 8, des exemples (point forcément exhaustifs) de constructions, dans AMBR. in psalm. 61, 18 : *inmobilis ergo fide Stephanus inmobilem Christum uidebat* (noter ici le thème antique de l'immuabilité divine, en correspondance avec celle de l' « homme divin » qu'est en l'occurrence Étienne dans sa vision des « cieux ouverts », au moment de sa lapidation) ; mais surtout, avec la même alliance de mots qu' ici, in psalm. 35, 29 : *non corpore sed f i d e   s t a b a t* (seul varie le temps, imparfait au lieu de parfait : mais sur ce point, peu significatif, voir sup. n. 11).

[75] Cela ressort des 12 études publiées entre 1874 et 1974 sur Ambroise et Virgile, dans la rubrique Virgilio de la bibliographie Cento anni di bibliografia ambrosiana, Milano 1981, p. 528. Y joindre notre étude (recensée ib. sous d'autres rubriques), et consacrée aux Hymnes, sur : L'apport de la tradition poétique romaine à la formation de l'hymnodie latine chrétienne, dans REL, t. 52, 1974, p. 318—355.

[76] MIN. FEL. Octavius, chapitre 37, qui commence par une paraphrase christianisée

là l'inflexion chrétienne de l'imperturbabilité antique, et la spécificité du saint, face à un héros et à un sage combattant dont il assume les plus hautes valeurs de vie.

On ne saurait donc établir une cloison étanche entre le contenu du *stetit immobilis* qu'Ammien prête à Julien et à Ursicin, et le sens du même cliché spirituel lorsqu'il est appliqué par Ambroise à l'Apôtre martyr. Il est d'ailleurs une alliance de mots, complémentaire de celle de notre cliché, et dans laquelle on peut trouver comme une sorte de « passerelle » entre l'intervention de la « foi » dans le vers ambrosien, et la tradition antique du même cliché. Ce sont les textes latins non-chrétiens dans lesquels est louée la *stabilitas in fide* entendue au sens d'une c o n s t a n c e d a n s l a f i d é l i t é. C'est en ce sens que Manilius avait déjà parlé du *fidei immobile uinculum* et l'empereur Claude, dans son célèbre discours conservé sur la « table de Lyon », de cette *centum annorum immobilem fidem* qui justifiait à ses yeux l'entrée de Gaulois au sénat de Rome[77]. Ammien lui-même n'ignore pas une telle expression de la constance dans la fidélité, alliée au cliché spirituel que nous étudions. Il présente effectivement en ces termes la fidélité sans défaillance du roi d'Arménie à l'alliance romaine : « Il d e m e u r a toujours, par la suite, i n é b r a n l a b l e, par une f i d é l i t é toujours égale »[78].

D'un point de vue formel, on ne saurait nier la singulière proximité entre cette phrase et le vers d'Ambroise : d'un côté, *fide mansit immobilis,* de l'autre *immobilis fide stetit.* Une telle symétrie n'abolit pas la distance sémantique entre la *fides* romaine et l'emploi chrétien du même mot ; même s'il est vrai que la *fides* romaine est toujours restée transparente à ces valeurs premières qui sont de nature religieuse, et, inversement, que la *fides* de ceux que le français appelle encore des « fidèles »

---

du texte de SEN. prou. cité sup. (n. 31, s. f.) : *Quam pulchrum spectaculum Deo, cum Christianus cum dolore congreditur ... C'est à la fin que l'on trouve la note spécifiquement chrétienne de la puissance de la grâce du martyre : Pueri et mulierculae nostrae ... omnes suppliciorum terriculas inspirata patientia doloris inludunt. Nec intelligitis ... neminem esse qui ... tormenta sine Deo possit sustinere.* Ce dernier point ne laisse pas de poser un intéressant problème : Minucius a-t-il pensé que les philosophes « stoïques » devant la torture et la mort ont reçu, à titre personnel, la grâce de Dieu venue au secours de leur admirable liberté ?

[77] MANIL. 2, 630, et discours de Claude 2, 34 = C. I. L. 13, 1668.

[78] AMM. 30, 1, 15 : *fide pari deinde remansit immobilis.*

a conservé bien des valeurs de fidélité propres à la *fides* classique et préchrétienne[79].

La rencontre d'Ammien et d'Ambroise sur le terrain de la spiritualité héroïque n'est pas plus surprenante que dans le domaine esthétique du mélange des genres et des tons[80]. Le mur que tant de générations avaient cru pouvoir élever entre la spiritualité antique et la spiritualité chrétienne est aussi fragile que celui que certains historiens des idées, de la littérature et de l'art avaient trop rigidement établi entre Antike und Christentum[81], ou certains linguistes entre le « latin des chrétiens » et le latin « classique »[82]. Ces distinctions trop raides doivent céder le pas à une vision plus globale, et donc moins cloisonnée, des réalités historiques. Dans cette « ère d'anxiété » où sont entrés ensemble païens et chrétiens dans le cours du IIIe siècle, c'est un même sursaut intérieur qui, devant les menaces et les terreurs d'un pouvoir oppressif, dresse face à leurs bourreaux les philosophes et les martyrs[83]. Les uns et les

[79] Le sens religieux ancien de *fides* en latin s'est conservé dans des expressions formulaires de la langue courante comme *pro deum fidem*. La fidélité mutuelle de l'homme et de la divinité fait entrer en convergence les sens romains et bibliques, précisément sur le thème de la f i d é l i t é aux engagements pris, et à l'Alliance. On sait que *fides* et le grec pistis (terme néo-testamentaire désignant la « foi » au sens juif et chrétien) remontent au même degré zéro de la racine *bheidh/bidh. Voir A. ERNOUT et A. MEILLET, Dictionnaire étymologique de la langue latine, s. v. *fides* et *fido*.

[80] Sur ce point, jalons dans notre étude Unité et diversité du mélange des genres et des tons chez quelques écrivains latins de la fin du IVe siècle : Ausone, Ambroise, Ammien, dans les Entretiens sur l'Antiquité classique, t. 13, Fondation Hardt, Vandoeuvre — Genève 1977, p. 425—482.

[81] Cette problématique encore trop conflictuelle a évolué depuis un demi-siècle : le Franz-Josef Doelger Institut ne s'appelle plus comme son Jahrbuch, ou son Real-lexikon, « für Antike und Christentum », mais, depuis sa fondation par décret ministériel du 13 Avril 1955 (Doelger était décédé en 1940), « zur Erforschung der Spätantike ». Nous avons nous-même, appelé à donner en 1980 une conférence méthodologique dans cet Institut, tiré les conséquences de méthode de ce changement d'appellation judicieux, sous le titre Christentum ist auch Antike (sous presse dans le JbAC).

[82] Voir le chemin parcouru par la réflexion de l'Ecole de Nimègue, entre le manifeste de Mgr. SCHRIJNEN de 1933 et l'examen de conscience scientifique de Chr. MOHR-MANN en 1973 : les deux sont commodément réunis dans Christine MOHRMANN, Études sur le latin des chrétiens, t. 4, Roma 1977, p. 111 sq. Nach vierzig Jahren, et réimpression finale de J. SCHRIJNEN, Charakteristik des altchristlichen Latein (fasc. premier de la célèbre collection Latinitas christianorum primaeua), aux pages 367 sq.

[83] On s'explique mieux, dans cette perspective, l'existence d' « Actes des martyrs païens » : voir les travaux de H. A. MUSURILLO, et en particulier son édition com-

autres défendent ainsi, avec les forces de la liberté et de la grâce, la
même cause de la liberté de conscience et de l'équité bafouée. Les uns
et les autres proposent à une société opprimée les exemples convergents
du héros blessé, du sage souffrant, et du saint martyrisé : tous également
« dressés, inébranlables », tenant tête obstinément. Les options doctrinales respectives des uns et des autres, leurs justifications morales ou
théologiques, peuvent être assurément bien différentes. Mais la même
attitude spirituelle se traduit par la même pose, que peut décrire le
même cliché. Il y a encore bien des demeures dans les religions et les
philosophies de l'Antiquité tardive. Mais il n'y a peut-être, au-delà de
ces divergences, comme l'ont bien senti les historiens de l'art, qu'un seul
et même « âge de spiritualité »[84].

mentée publiée sous le titre : The Acts of the Pagan Martyrs, Acta Alexandrinorum,
Oxford 1953. Il resterait à faire l'histoire de l'osmose entre idéal philosophique
du sage souffrant (sur lequel voir le ch. II — qui ne distingue peut-être pas
suffisamment entre héros et sage — du très bel opuscule d'A.-J. FESTUGIÈRE, La
sainteté, Paris 1942, Coll. Mythes et religions, 9), et idéal chrétien du saint martyr
(ib. p. 98 sq.). On pourrait formuler au départ l'hypothèse sommaire selon laquelle,
avant la paix de l'Eglise, les chrétiens présentent aux païens leurs martyrs à travers
les schémas héroïques du guerrier souffrant et du sage persécuté ; et après la paix
de l'Eglise, l'inverse se produit : d'où peut-être, cet accent d'apologétique païenne
mis par Ammien sur la conduite héroïque des philosophes innocents torturés à
mort ; voir sup. fin de n. 43.

[84] Avec ses « cinq royaumes » (impérial, classique, séculier, juif et chrétien) pour
reprendre les cinq grandes parties de l'admirable Catalogue de l'exposition du
Metropolitan Museum of Art (Nov. 1977—Févr. 1978), édité par Kurt WEITZ-
MANN, sous le titre : Age of Spirituality, Late antique and Early Christian Art,
Third to Seventh Century. La recherche esthétique y fraie la voie à une position
plus globalement « antique tardive » des problèmes de l'éthique, de la spiritualité,
sinon même de la théologie et de la gnoséologie.

Herejes y herejías en la configuración del pensamiento de San Juan Crisóstomo

de Antonino González Blanco, Murcia

I. El estado de la investigación

La única exposición panorámica sobre la visión de los herejes en las obras de S. Juan Crisóstomo es la que ofrece Montfaucon al final de su edición de las obras de nuestro autor[1]. Es, empero, un cuadro sin relieves, una mera enumeración que ni da idea de la frecuencia de la aparición de los diferentes tipos de herejías en las obras crisostómicas, ni de la vigencia de cada doctrina o grupo herético en este final del siglo IV.

En las monografías sobre algunos herejes en particular suele recogerse el material crisostómico, como en el caso de la obra de G. Bardy sobre Pablo de Samosata[2]. En este caso, sin embargo, no se considera la dialéctica del pensamiento del santo predicador ante el fenómeno de la herejía.

Y de igual modo, los tratadistas de temas heresiológicos usan algunos pasajes del santo en confirmación de sus puntos de vista, pero sin estudiar monográficamente al mismo. Tal es el caso de Prestige[3] o de Greenslade[4].

---

[1] B. de Montfaucon, «Synopsis eorum quae in opp. Chrysost. observantur. Diatriba III», PG 64, 63—75.

[2] G. Bardy, Paul de Samosate, Louvain 1929, 100 s; 416; 420.

[3] G. L. Prestige, Fathers and Heretics. Six Studies in dogmatic Faith with Prologue and Epilogue, London 1968. De las veces que cita a S. Juan Crisóstomo sólo una (173) trata del tema de su relación con los herejes distinguiendo dos momentos

No existe un trabajo que mida comparativamente el peso de cada grupo de herejes en el ámbito de visión crisostómico, por lo que, al estudiar alguno en particular se incurre a veces en errores de valoración[5]. Así como tampoco existe una monografía que trate de precisar en qué medida la oposición a los herejes activos es factor condicionante en la evolución del pensamiento de S. Juan Crisóstomo.

II. Nuestro propósito

Vamos a intentar trazar un cuadro lo más preciso posible de los datos heresiológicos contenidos en las obras de nuestro autor, no contentándonos con una mera enumeración de los lugares en los que aparecen los nombres de cada uno de los diversos herejes, sino recogiendo también las alusiones a los mismos contenidas en textos generales que el contexto permite individualizar.

Y en una segunda parte estudiaremos las matizaciones que se pueden hacer del pensamiento crisostómico en función de su modo de tratar el tema de los herejes y herejías.

III. Herejes citados en las obras de S. Juan Crisóstomo

III. 1 Herejías teológicas

III. 1.1 Celso y Bataneotes

Pertenecen más bien a la historia de la Iglesia y de la Teología que a la realidad sociológica del siglo IV. Así se ve por la cita del Crisóstomo[6].

en su vida y señalando una gran diferencia entre ambos, el primero durante su etapa sacerdotal en Antioquía y el segundo en sus años de episcopado. Al principio, según PRESTIGE, no quería que nadie pronunciara el anathema sobre sus hermanos y en cambio más tarde se hizo intransigente.

[4] S. L. GREENSLADE, Schism in the Early Church, London 1964. Tampoco este autor dedica mucha atención a la doctrina heresiológica del Crisóstomo. El pasaje más importante, a nuestro juicio, es el que le dedica en la p. 22, donde admitiendo que distingue entre cisma y herejía, recuerda que para el Crisóstomo el cisma no es menor mal que la herejía en la vida de la Iglesia.

[5] G. BARDY, op. cit. 416: «Peut-être le nom d'aucun hérétique ne revient-il aussi souvent sur les lèvres du grand prédicateur que celui de l'ancien évêque d'Antioche».

[6] In I Cor. VI 3 PG 61, 52.

III. 1.2 Melquisedequitas

Debía haber diferencias entre los que de uno u otro modo eran adictos a la secta. No parece que tuvieran gran difusión ni mucha importancia social. Sólo se les cita una vez precisamente en un sermón sobre Melquisedec[7].

III. 1.3 Antropomorfitas

Este grupo parece haber sido el polo opuesto de los origenistas[8], que tanta importancia tuvieron en la historia del pensamiento cristiano de los siglos III al VI. El Crisóstomo habla nominalmente de ellos sólo en dos ocasiones[9]. Pero hay un sinnúmero de pasajes en las obras del santo, en los que, hablando de la manera de hacer exégesis, ataca a los que entienden mal la palabra de la Biblia, en sentido antropomorfita, o sencillamente rechaza el lenguaje humano aplicado a Dios[10]. El problema del lenguaje es central en la reflexión exegética del santo predicador y lo suele tratar por contraposición a los antropomorfitas y a los alegoristas, inaugurando el literalismo de la escuela antioquena.

III. 2 Herejías Cristológicas

III. 2.1 Sabelio

Este hereje del siglo III tiene cierto relieve en la obra del Crisóstomo. Parece claro que su pensamiento y sus seguidores estaban vivos y ope-

---

[7] De Melchis. III PG 56, 260. Sobre esta herejía puede verse: H. STORK, «Die sogenannten Melchisedekianer», en T. ZAHN, Forschungen zur Geschichte der neutestamentlichen Literatur, VIII. Teil: Historische Studien zum Hebräerbrief, II. Heft, Leipzig 1928.

[8] Chr. BAUR, Der heilige Johannes Chrysostomus und seine Zeit, München 1930, II, 174, n. 21.

[9] In Gen. VIII 3. 4 PG 53, 72 s; In Gen., sermo II 2 PG 54, 589.

[10] De capto Eutr. 8 PG 52, 403; Ad eos qui scandalizati sunt VI PG 52, 489—490; In Gen. V 7 PG 53, 88; In Gen. XIII 2 PG 53, 107; In Gen. XV 2 PG 53, 121; In Gen. XVII 1 PG 53, 135; In Gen. XVIII 1 PG 53, 150; In Gen. XXII 4 PG 53, 191; In Gen. XXV 4 PG 53, 223; In Gen. XXVI 3 PG 53, 232; In Gen. XXVII 4 PG 53, 244; In Gen. XXVII 5 PG 53, 246; In Gen. XXVIII 1 PG 53, 255; In Gen. XXX 3 PG 53, 299; In Gen. XXXII 2 PG 53, 294; In Gen. XLII 3 PG 54, 389; In Gen. LX 1 PG 54, 521; In Ps. VI 1 PG 55, 71; In Ps. VII 7 PG 55, 91; In Ps. VII 10 PG 55, 95; In Ps. VIII 11 PG 55, 97 s; In Ps. IX 3 PG 55, 126; In Ps. XLIV 5 PG 55, 190; In Ps. CIX 4 PG 55, 271; In Ps. CXLIII 2 PG 55, 95; In Is. VI 2 PG 56, 60; In: Filius ex se 6 PG 56, 255; In Jo. IV 1 PG 59, 48; In Jo. VII 2 PG 59, 64; In Jo. XV 1 PG 59, 97; In Jo. XXVII 1 PG 59, 157; In Jo. XL 3 PG 59, 232; In Jo. XLVIII 2 PG 59, 276; In Jo. LXIV 1 PG 59, 355; In Jo. LXXV 2 PG 59, 405; In I Cor. XXXIX 4 PG 61, 337 ss; In II Cor. II 6 PG 61, 414; In II Cor. VIII 2 PG 61, 455.

rantes a fines del siglo IV[11]. Hemos recogido una docena de pasajes que nombran a Sabelio[12]. Y es posible que existan otras alusiones a esta herejía sin nombrarla expresamente, como podría ser el caso del lugar citado de la homilía VII al Evangelio de S. Juan, donde tras condenar a los discípulos de Sabelio y Marcelo, condena a los que dicen conocer a Dios como Él mismo se conoce y da la impresión de estar refiriéndose a los mismos personajes[13].

Bien pudieran estar aludidos los sabelianos en textos que hablan de la generación del Hijo escrutada curiosamente por algunos herejes[14]. O en aquéllos otros en los que se dice que algunos herejes afirmaban que Dios no puede engendrar sin padecer mutación[15]; pero hay que reconocer que tanto en estos textos como en los que citaremos luego referentes al conocimiento de Dios como Él mismo se conoce, más parece aludir a los anomeos, y en tal caso las alusiones a los sabelianos en las obras del Crisóstomo se reducirían a los lugares en los que aparecen citados expresamente.

III. 2.2 Marcelo de Ancira

Amigo personal de S. Atanasio, fué condenado, al parecer sin razón, por ideas sabelianas y, efectivamente el Crisóstomo lo presenta como sabeliano[16]. Murió hacia el 374. No creó escuela y, si bien algunos de sus discípulos fueron herejes, no se puede decir que aparezcan aludidos cuando se habla del obispo ancirano, ya que todos ellos tuvieron doctrinas peculiares propias y formaron escuelas propias. Con mayor razón

---

[11] Esto lo reconocen todos los autores, de los que algunos opinan que debió acabarse por esta época (B. LLORCA, Historia de la Iglesia Católica. I: Edad Antigua, Madrid 1955, 245), creyendo otros que aún sobrevivía en el siglo VII, puesto que en el año 691, el episcopado bizantino habla de sabelianos que vuelven a la Iglesia (G. BARDY, Paul de Samosate, Louvain 1929, 422 s).

[12] De sacerd. IV 4 PG 48, 667; Contra anomoeos V 2 PG 48, 738; Contra anomoeos VII 4 PG 48, 761; In Jo. VII 2 PG 59, 64; In Jo. XXXIX 2 PG 59, 221; In Jo. LXXIV 1 PG 59, 399; In Jo. LXXV 1 PG 59, 403; In Jo. LXXXII 2 PG 59, 444; In Philipp. VI 1 PG 62, 218; In Hebr. II 1 PG 63, 20; In Hebr. III 1 PG 63, 28; In Hebr. VIII 4 PG 63, 73.

[13] Esta misma reivindicación, sin embargo, en otros lulares se atribuye a los anomeos (In Mt. LXXVII 2 PG 58, 703; In Philipp. VII 4 PG 62, 233). No sabríamos decir en qué medida era propia de un grupo determinado o en qué medida pertenecía al sincretismo del momento, siendo propia o acompañante muy adecuado de una filosofía abierta a la mística como era la neoplatónica.

[14] In Gen. IV 5 PG 53, 44; De proph. obsc. I 2 PG 56, 166; De Melch. 2 PG 56, 259.

[15] In Jo. LXIII 3 PG 59, 352.

[16] In Jo. VII 2 PG 59, 64; In Philipp. VI 1 PG 62, 218; In Hebr. II 1 PG 63, 20; In Hebr. III 1 PG 63, 28; In Hebr. VIII 4 PG 63, 73.

que en el caso de los sabelianos, hemos de excluir aquí probables alusiones personales, excepto en los lugares en los que se le nombra expresamente. Y estos son siempre a modo de catálogos de herejes en la obra crisostómica.

III. 2.3 Fotino

Originario de Ancira, había sido diácono de Marcelo. No sabemos si lo que hizo fué únicamente llevar las doctrina de éste hasta sus últimas consecuencias o si recibió otros influjos. Es posible que lo que pretendiera fuera vivificar, debidamente modificada, la teoría samosatense. Fotino afirmaba que Cristo no era más que un hombre. Parece que murió en el destierro en el 376[17].

El Crisóstomo habla de él en tres lugares[18], que son también catálogos de herejes cristológicos, por lo que, aunque los fotinianos aún pervivían en el año 409[19], no parece que S. Juan Crisóstomo les dedicara una atención especial, más que en la medida en que caían bajo la categoría general de «anomeos».

III. 2.4 Apolinar de Laodicea

Su vida se debió desarrollar entre el 310 y el 390, y desde el 361 hasta su muerte fué obispo de Laodicea. Fué condenado en el concilio de Constantinopla. Tras su muerte, la escuela se dividió por lo menos en tres grupos[20] por lo que el apolinarismo es rigurosamente contemporaneo de S. Juan Crisóstomo, quien, sin embargo, lo cita pocas veces[21].

III. 2.5 Pablo de Samosata

Fué obispo de Antioquía en la segunda mitad del siglo III. La pervivencia de sus discípulos todavía a finales del siglo IV es cuestión que

---

[17] G. BARDY, op. cit. 408 ss.

[18] In Philipp. VI 1 PG 62, 218; In Hebr. II 1 PG 63, 20; In Hebr. VIII 4 PG 63, 73.

[19] G. BARDY, op. cit., 412.

[20] E. WIEGL, Christologie vom Tode des Athanasius bis zum Ausbruch des nestorianischen Streites, München 1925, 14 s.

[21] In Philipp. VI 1 PG 62, 218. Y hay otros dos pasajes pero en obras espúreas: De non anath. 3 PG 48, 949 (Cfr. J. A. DE ALDAMA, Repertorium Pseudochrysostomicum, Paris 1965, n° 448) y Ep. ad Caesareum PG 52, 757 (J. A. ALDAMA, op. cit. n° 210 y 554).
No es fácil detectar otros pasajes en las obras del obispo constantinopolitano que se refieran a Apolinar o a su escuela sin nombrarlos expresamente. Quizá y dado que el apolinarismo se distinguió por su gran amor a Jesucristo y su error era una cuestión metafísica, de las que el Crisóstomo suele prescindir en sus sermones, pudieran verse aludidos en aquellos lugares en los que dice que hay herejes, pero que todos predican a Cristo (De laudibus Sancti Pauli IV, PG 50, 489).

hay que dilucidar en relación con la interpretación que se de a los textos de S. Juan Crisóstomo que hablan del hereje. De no ser por tales testimonios seguramente la secta se daría por desaparecida ya para esta época[22]. El valor, empero, de las citas de nuestro santo predicador como documento histórico depende de que se puedan entender como pertenecientes al género literario de la polémica, en la que muy bien pudiera ocurrir que las alusiones personales fueran puros recursos ilustrativos de doctrina que no implicaran la actualidad de los defensores de tal doctrina. A la consideración de este problema vamos a dedicar nuestra mejor aportación en el presente trabajo.

III. 2.6 Anomeos

Dada la historia del movimiento arriano y la importancia de estos herejes en épocas tan cercanas a la actividad del Crisóstomo como es el reinado de Valente, son sin duda los herejes que tienen mayor importancia al final del siglo IV[23].

Esta importancia no se desprende de las veces en que aparecen citados expresamente en las obras crisostómicas[24], pero aquí si que tenemos que atender a otros muchos lugares en los que se habla de herejes de un modo general y que se refiere sin duda a los anomeos. Entre ellos hay que citar en primer lugar las doce homilías que suelen titularse con el apelativo genérico de Contra anomoeos, diez de la época de Antioquía y dos de la de Constantinopla. Aunque en ellas pocas veces se nombra

---

[22] De sacerd. IV 4 PG 48, 667; Contra anomoeos VII 6 PG 48, 788; In: Nolo vos ignorare 5 PG 51, 249; In: Habentes eumdem Spiritum II 4 PG 51, 284; In Ps. VIII 5 PG 55, 119; In Ps. CIX 1 PG 55, 264; In Ps. CIX 1 PG 55, 267; In Mt. VII 4 PG 57, 77; In Jo. IV 1 PG 59, 47; In Jo. VIII 1 PG 59, 65; In Jo. XVII 2 PG 59, 109; In Jo. XXXIX 3 PG 59, 223; In Jo. XLVIII 1 PG 59, 269; In Eph. XI 2 PG 62, 82; In Eph. XXIII 2 PG 62, 165; In Philipp. VI 1 PG 62, 218; In Philipp. VII 2 PG 62, 230; In Col. III 2 PG 62, 319 s; In Hebr. II 1 PG 63, 20; In Hebr. III 1 PG 63, 28; In Hebr. VIII 4 PG 63, 73.

[23] Es interesante notar que El Crisóstomo no arremete nunca contra Valente por su arrianismo y si que lo hace, en cambio, contra Juliano por su paganismo. Y hay que advertir que ambos emperadores persiguieron a los católicos.

[24] De sacerd. IV 4 PG 48, 667 (Arrio); Contra anomoeos II 1 PG 48, 709 (anomeos, 2 veces); Contra anomoeos II 2 PG 48, 712 (anomeos); Contra anomoeos III 1 PG 48, 719 (anomeos, 2 veces); In Gen. VIII 3.4 PG 53, 72 s (arrianos); In Ps. CIX 1 PG 55, 264 (arrianos); In Ps. CIX 1 PG 55, 267 (arrianos); In Jo. LXXXII 2 PG 59, 444 (Arrio); In Eph. XXIII 2 PG 62, 165 (Arrio); In Philipp. VI 1 PG 62, 218 (Arrio); In Philipp. VII 2 PG 62, 230 (arrianos); In Philipp. VII 3 PG 62, 232 (arrianos); In Hebr. II 1 PG 63, 20 (Arrio); In Hebr. III 1 PG 63, 28 (arrianos); In Hebr. VIII 4 PG 63, 73 (Arrio).

a los anomeos y ninguna a Arrio o a los arrianos, todo el contenido de las mismas va dirigido contra ellos. Hay, además, tantos pasajes en los sermones de nuestro predicador que hablando de herejes en general aluden a estos anomeos que se puede pensar que no hay escrito ni época en su vida que no tuviera la mente puesta en ellos y en su doctrina: contenido, causas del mismo, convivencia con ellos, refutación, antropología de esos herejes. Hasta tal punto es esto así, que estamos inclinados a pensar que siempre que el Crisóstomo habla de herejes, salvo que el contexto indique otra cosa, hemos de entender que se está refiriendo a ellos[25].

III. 3 Herejías cosmológicas

Al distinguir este grupo no pretendemos decir que no tengan que ver con la Cristología. En el siglo IV toda herejía tiene su dimensión cristológica, pero si aquí los designamos con un nuevo apelativo es para atender a raíces filosóficas peculiares de su doctrina.

III. 3.1 Maniqueos

A diferencia de los arrianos, estos herejes son nombrados abundantísimamente citándolos con su nombre propio[26]. Otras veces, cuando habla de «herejes» sin precisar más, es el contexto el que denuncia a

---

[25] He aquí una selección de textos: De laudibus Sancti Pauli IV PG 50, 489; In S. Phoc. 2—3 PG 50, 702 s; In Petr. et Heliam 2 PG 50, 728; De fut. vitae deliciis 5 PG 51, 352; De capto Eutr. 7 PG 52, 402; De Chan. 11 PG 52, 459; In Gen. IV 5 PG 53, 44; In Gen. XV 2 PG 53, 121; In Ps. CXLIII 2 PG 55, 459; In Is. VI 3 PG 56, 71; In: Vidi Dominum II 2 PG 56, 109; De proph. obsc. I 2 PG 56, 109; In: Filius ex se Iss PG 50, 247 ss; De Melch. 2 PG 56, 259; In Mt. LIV 2 PG 58, 535; In Mt. LXXVII 2 PG 58, 703; In Jo. III 2 PG 59, 39; In Jo. V 1 PG 59, 53 ss; In Jo. XVI 4 PG 59, 106; In Jo. XXIV 2 PG 59, 145; In Jo. LII 3 PG 59, 290; In Jo. LV 2 PG 59, 303; In Jo. LXIII 3 PG 59, 352; In Jo. LXIV 2 PG 59, 356; In Jo. LXXIV 1 PG 59, 399; In Jo. LXXX 1 PG 59, 434; In Rom. II 6 PG 60, 409; In I Cor. XXVI 2 PG 61, 214; In I Cor. XXVI 3 PG 61, 216; In Gal. I 2 PG 61, 614; In Gal. I 3 PG 61, 616 s; In Gal. I 6 PG 61, 622; In Gal. III 5 PG 61, 655; In Philipp. VI 3 PG 62, 222; In Philipp. VI 4 PG 62, 223; In Philipp. VII 1 PG 62, 227; In Philipp. VII 4 PG 62, 233; In I Tim. IV 2 PG 62, 522; In Hebr. I 2 PG 63, 15; In Hebr. II 3 PG 63, 23; In: Pater meus 2 PG 63, 513; In: Pater meus 4 PG 63, 516; De Eleazar et septem 4 PG 63, 529.

[26] De virg. III PG 48, 536; De sacerd. IV 4 PG 48, 667; Contra anomoeos VII 3 PG 48, 759; Contra anomoeos VII 6 PG 48, 767; Contra anomoeos XI 1 PG 48, 797; Contra anomoeos XI 1 PG 48, 798; In diem nat. 6 PG 49, 359; In: Pater si possibile est 4 PG 51, 38; In: Nolo vos ignorare 3 PG 51, 245; In: Habentes eumdem spiritum II 4 PG 51, 284; In: Habentes eumdem spiritum II 5 PG 51, 295; In: In faciem Petr. 9 PG 51, 379; Ad eos qui scand. 4 PG 52, 486; In Gen. II 3 PG

quién se está refiriendo por lo característico de sus doctrinas y éste es el caso de numerosos pasajes antimaniqueos[27]. Y a diferencia, también, de lo que ocurre con otros herejes, respecto a los maniqueos el Crisóstomo se define como enemigo declarado. En alguna ocasión no vacila en insultarles y en justificar la represión contra ellos[28].

III. 3.2 Marcionitas

A no mucha distancia de los maniqueos, en cuanto a relieve en las obras del Crisóstomo, van los marcionitas[29]. Y esto no sólo cuantitativamente por las veces que se les nombra, sino que cualitativamente tam-

---

53, 29; In Gen., sermo I 1 PG 54, 581; In Gen., sermo I 2 PG 54, 583; In Gen., sermo I 4 PG 54, 584; In Gen., sermo VII 4 PG 54, 613; In Ps. CIX 1 PG 55, 265; In Mt. XVI 6 PG 57, 246; In Mt. XVI 6 PG 57, 247 (2); In Mt. XVI 7 PG 57, 247; In Mt. XXVI 5 PG 57, 340; In Mt. XXVI 6 PG 57, 341; In Mt. XLIX 2 PG 58, 498; In Mt. LI 3 PG 58, 514; In Mt. LV 5 PG 58, 546; In Mt. LV 6 PG 58, 547; In Mt. LVIII 3 PG 58, 569; In Mt. LXII 3 PG 58, 599; In Mt. LXXXII 1—2 PG 58, 739; In Jo. XLVI 1 PG 59, 257; In Rom. XII 4 PG 60, 500; In I Cor. VII 5 PG 61, 61; In I Cor. XXXVIII 2 PG 61, 324; In I Cor. XXXIX 2—3 PG 61, 335 s; In II Cor. VIII 2 PG 61, 455; In II Cor. XXI 4 PG 61, 545; In Gal. V 3 s PG 61, 668 s; In Ephes. XIX 2 PG 62, 130; In Ephes. XXIII 2 PG 62, 165; In Philipp. VI 1 PG 62, 218; In I Tim. XII 1 PG 62, 557 s; In II Tim. II 1 PG 62, 607; In Hebr. VIII 4 PG 63, 73; In Hebr. IX 1 PG 63, 76.

[27] Ad pop. ant. XI 2 PG 49, 121; De resur. mort. 6 PG 50, 427; In: Habentes eumdem spiritum II 2 s PG 51, 282 s; In Gen. III 2 PG 53, 34; In Gen. XIII 2 PG 53, 106; In Ps. CXXXI 1 PG 55, 379; In Ps. CXLVIII 1 PG 55, 485; In: Ego Dominus 1 PG 56, 142; De proph. obscur. I 7 PG 56, 175; De proph. obscur. II 7 PG 56, 186; In Mt. XV 1 PG 57, 223; In Mt. XVI 2 PG 57, 241; In Jo. LIX 3 PG 59, 325; In Jo. LXVI 3 PG 59, 368 s; In Jo. LXX 1 PG 59, 382; In Jo. LXXXIII 4 PG 59, 453; In Act. II 4—5 PG 60, 31; In Rom. V 1 PG 60, 421; In Rom. XII 3 PG 60, 498; In Rom. XIII 3 PG 60, 511; In Rom. XIV 6 PG 60, 531; In II Cor. VII 1 PG 61, 442; In Gal. I 4 PG 61, 617 s; In Ephes. I 2 PG 62, 12; In Ephes. IV 1 PG 62, 31; In Ephes. XX 3 PG 62, 139; In Ephes. XX 5 PG 62, 141; In Philipp. III 3 PG 62, 202; In Philipp. IX 2 PG 62, 248; In Philipp. XI 1 PG 62, 263; In Col. VIII 1 PG 62, 251 s; In Col. XII 6 PG 62, 388; In Hebr. XIII 2 PG 63, 104.

[28] En el sermo VII 4 In Gen. PG 54, 613 les llama perros mudos y rabiosos, aunque sean modestos por fuera. En Mt. XVI 6 PG 57, 247 aplaude la represión contra los mismos.

[29] De virg. III PG 48, 536; De sacerd. IV 4 PG 48, 667; Contra anomoeos VII 3 PG 48, 759; Contra anomoeos VII 6 PG 48, 767; Contra anomoeos XI 1 PG 48, 797; In: Pater, si possibile est 4 PG 51, 38; In: Nolo vos ignorare 3 PG 51, 245; In: In faciem Petr. 9 PG 51, 379; Ep. CCXXI PG 52, 733; In Gen. II 3 PG 53, 29; In Gen., sermo I 4 PG 54, 584; In Ps. CIX 1 PG 55, 264; In Ps. CIX 1 PG 55, 267; In Is. VI 6 PG 56, 85; In Mt. VII 4 PG 57, 77; In Mt. XXVI 6 PG 57, 341; In Mt. XXXVIII 2 PG 57, 430; In Mt. XLIII 2 PG 57, 458; In Mt. XLIX 2 PG 58, 498; In Mt. LXXXII 1—2 PG 58, 740; In Jo. XLII 2 PG 59, 241; In Jo. XLVIII 1 PG 59, 269; In Jo. LXVI 3 PG 59, 368; In Jo. LXXXV 2 PG 59, 462;

poco debían ser grupos muy lejanos, ya que el santo los cita muy frecuentemente formando un grupo único. Es posible que la unidad entre
ambos grupos fuera efecto de la perspectiva desde la que el predicador
los contempla, pero de todas formas debía haber entre ellos numerosos
puntos de contacto y sobre todo una postura común frente al valor de
las cosas materiales. Los marcionitas parecen haber sido un grupo más
estrictamente religioso, con más liturgia y más misticismo y los maniqueos un grupo más racional y filosofante. Por ello es posible que algunos textos relativos a herejes sin especificar y que se refieren a maniqueos
también pueden referirse a marcionitas. Son propios de los marcionitas
aquellos textos que hablan del docetismo en la Cristología[30], por lo cual
forman grupo con encratitas y docetas, de los que hablamos a conti-
nuación.

III. 3.3 Encratitas

No hay más que un pasaje en el que se los nombra expresamente[31];
pero hay varios textos que hablan de herejes que condenaban el matrimonio. En esto coinciden con los maniqueos, que condenaban todo lo
que tuviera relación con la materia; y con los marcionitas, que condenaban expresamente el matrimonio[32]. Tales textos ya han sido enumerados
al referirlos a maniqueos y marcionitas.

In Act. V 3 PG 60, 53; In I Cor. XL 1 PG 61, 347; In II Cor. VIII 2 PG 61, 455;
In II Cor. XXI 4 PG 61, 545; In Gal. I 6 PG 61, 621 s; In Ephes. XIX 2 PG
62, 130; In Ephes. XXIII 2 PG 62, 165; In Philipp. VI 1 PG 62, 218; In Philipp.
VII 2 PG 62, 229 s; In I Tim. XII 1 PG 62, 557 s; In II Tim. III 2 PG 62, 615;
In Tit. III 2 PG 62, 680; In Philem. III 2 PG 62, 717; In Hebr. II 1 PG 63, 20;
In Hebr. III 1 PG 63, 28; In Hebr. VIII 4 PG 63, 73; In Hebr. IX 1 PG 63, 76.
[30] P. e. Ad pop. ant. XI 2 PG 49, 121; De mut. nom. II 4 PG 51, 130; In: Habentes
eumdem spiritum II 2 s PG 51, 282 s; In Gen. III 2 PG 53, 34; In Gen. LVIII
3 PG 54, 510; In Ps. CXXXI 1 PG 55, 379; In Ps. CXLVIII 1 PG 55, 485; De
proph. obscuritate I 6 PG 56, 174; De proph. obscuritate I 7 PG 56, 175; In Mt.
VIII 1 PG 57, 83; In Mt. XV 1 PG 57, 223; In Mt. XVI 2 PG 57, 241; In Mt.
XVI 7 PG 57, 247; In Mt. XXVII 3 PG 57, 347; In Mt. XXXV 1 PG 57, 406; In
Mt. XLVII 2 PG 58, 484; In Mt. LV 5 PG 58, 546; In Mt. LXXXIII 1 PG 58,
746; In Jo. XI 2 PG 59, 79; In Jo. LIX 3 PG 59, 325; In Jo. LXX 1 PG 59, 382;
In Jo. LXXXIII 4 PG 59, 453; In Jo. LXXXV 3 PG 59, 463; In Act. V 3 PG
60, 53; In Rom. XII 3 PG 60, 498; In Rom. XII 4 PG 60, 500; In Rom. XIII
3 PG 60, 511; In Philipp. VII 3 PG 62, 232; In Philipp. XI 1 PG 62, 263; In
Philem. III 2 PG 62, 717; In Hebr. IV 4 PG 63, 41; In Hebr. VIII 1 PG 63, 69;
In Hebr. XIII 2 PG 63, 104.
[31] In I Tim. XII 1 PG 62, 557 s.
[32] J. QUASTEN, Patrologia I, Madrid 1961, 261.

III. 3.4 Docetas

No aparecen nombrados con nombre propio, pero en varios textos ya citados se habla contra los que afirman que Cristo vino aparentemente y no en realidad[33]. La relación entre Marción y Valentino con el docetismo aparece en el Crisóstomo afirmada expresamente[34].

III. 3.5 Valentino

Compañero de terna con los maniqueos y marcionitas aparece el nombre de Valentino en varios lugares de las obras crisostómicas. Pero, a diferencia de los otros dos grupos, que, además de aparecer juntos muchas veces, otras se presentan aisladamente, Valentino o los valentinianos nunca son citados solos[35]. Este detalle indica que no es necesario buscar actualidad en el siglo IV a los valentinianos: son noticias de archivo y sus doctrinas se encuadran entre las visiones pesimistas del mundo y de la materia.

III. 4 Herejías trinitarias

III. 4.1 Pneumatómachos

Además de los Sabelianos, incluidos entre las herejías cristológicas porque en este contexto los incluye el Crisóstomo, pero que también habría que citar aquí, hay algunos autores que el santo cita como responsables de doctrinas erróneas sobre el Espíritu Santo.

---

[33] De mut. nom. II 4 PG 51, 130; In Gen. LVIII 3 PG 54, 510; In Hebr. IV 4 PG 63, 41.

[34] In Is. VI 6 PG 56, 85.

[35] De virg. III PG 48, 536 (con marcionitas y maniqueos: pecan por exceso en el tema); De sacerd. IV 4 PG 48, 667 (con Marción: rechazan el AT) Contra anomoeos VII 3 PG 48, 759 (con Marción y Mani negaban la economía de la carne); Contra anomoeos XI 1 PG 48, 797 (con los maniqueos, Marción y los judíos: rechazan parte de la Biblia); In: In faciem Petri 9 PG 51, 379 (en la época del NT no había ni maniqueos, ni Marción ni Valentino); In Gen. II 3 PG 53, 29 (Mani, Marción, Valentín con herejías que se destruyen con Gen. 1, 1); In Gen., sermo I 4 PG 54, 584 (a maniqueos, Marción y Valentino argúyeles con Gen. I 1); In Is. VI 6 PG 56, 85 (Marción y Valentino decían que el Hijo no tomó carne sino sólo en apariencia); In Mt. LV 5 PG 58, 546 (maniqueos y valentinianos decían que Dios no es bueno); In Mt. LXXXII 1—2 PG 58, 739 (Marción, Valentino y Manes negaron la encarnación y la pasión); In Jo. LVI 3 PG 59, 369 (Marción y Valentino decían que el cuerpo era malo y no creían en la resurrección); In Ephes. XXIII 2 PG 62, 165 (maniqueos, Marción, Valentino, Pablo, Arrio sólo se apoyan en razones humanas); In Philipp. VI 1 PG 62, 218 (se enumeran casi todos los herejes, sin precisar sus doctrinas); In II Tim. II 1 PG 62, 607 (maniqueos, Marción, Valentino tratan de los divino con raciocinios).

Uno de ellos es Macedonio[36]. Otro es Sofronio, que parece haber sido un obispo macedoniano[37]. Y en otros lugares se habla de herejes que hacen la guerra al Espíritu Santo[38].

Es extraño que siendo una herejía contemporánea del Crisóstomo, éste resbale sobre ella sin prestarle mayor atención. Probablemente la razón haya que buscarla en su costumbre de no tratar en el púlpito cuestiones que no estuvieran al alcance de su público, para el que probablemente las doctrinas macedonianas sonarían lejanas. Se contenta con aludir a los herejes y no se detiene a crear un problema mayor del que ya existe.

III. 5 Herejías morales

III. 5.1 Cátaros o novacianos

Hay un sermón en el que el Crisóstomo predica contra ellos[39] y no hay más alusiones. Sin duda estos adversarios no eran demasiado importantes en la lucha que el santo mantiene por la reforma de las costumbres, incluso quizá hasta un cierto punto resultaban aliados. Quizá por eso no los ataca.

III. 6 Errores no heréticos formalmente

En cierta ocasión dice S. Juan Crisóstomo: «la noche se cierne no sólo sobre herejes y paganos, sino también sobre muchos de los que están con nosotros; porque muchos no creen en la resurrección, muchos participan del determinismo relativo a la ‹generación›, muchos guardan con rigor toda clase de ritos supersticiosos y andan pendientes de los presagios, del vuelo de las aves y de los signos; otros andan siempre atándose amuletos y recitando fórmulas mágicas»[40]. La diferencia entre estos cristianos y los herejes es, en ocasiones, difícil de precisar y, por ello, todas estas creencias podrían, en rigor, ser estudiadas junto con las herejías[41], pero hemos preferido prescindir de ellos aquí ya que tienen

---

[36] In S. Romanum II 2 PG 50, 614.
[37] In Philipp. VI 1 PG 62, 218.
[38] De S. Pent. I 4 PG 50, 458; De S. Pent. II 2 PG 50, 465; In Gen. IV 5 PG 53, 44; De Melq. 3 PG 56, 260; In Jo. LXXV 1 PG 59, 403; In Jo. LXXVII 1 PG 59, 421; In Act. II 3 PG 60, 30 (interpela a los pneumatómachos); In I Cor. XXIX 4 PG 61, 245.
[39] Hom. VI: Adv. cathar. 2 PG 63, 492.
[40] In I Cor. IV 6 PG 61, 38.
[41] Así lo hace Montfaucon, «Synopsis eorum quae in opp. Chrysostomi observantur, Diatriba III», PG 64, 63—75.

más relación con las interferencias entre paganismo y cristianismo en esta hora de la conversión general.

IV. Panorama de conjunto y vigencia de las herejías

Es claro que los herejes sirven de contrapunto a la definición del pensamiento del Crisóstomo y a su actuación pastoral. La selección, sin embargo, de unos u otros para refutarlos o aclarar sus propias posturas no viene hecha por necesidades del sistema de pensamiento crisostómico, sino por criterios pastorales. Si juzgamos las pocas ocasiones en que Arrio es citado, constándonos de la vigencia del arrianismo más o menos moderado a fines del siglo IV, podemos pensar que cuando el Crisóstomo cita a Pablo de Samosata lo hace precisamente porque no teme molestar a nadie y que este heresiarca sirve únicamente como punto de referencia para aclarar una doctrina. Y algo parecido ocurre con Sabelio que es citado cinco veces en el comentario a Juan, a pesar de que tal comentario parece más bien dirigido contra herejes de linea opuesta a Sabelio, como podrían ser el Samosatense o los arrianos.

De la exposición anterior parece desprenderse con bastante claridad que son tres los grupos de herejes contra o frente a los cuales el Crisóstomo no sólo se define, pues esto lo hace en cada presentación de un adversario particular, sino que también crea una teoría y se podría decir que incluso una antropología.

Están, en primer lugar los A n t r o p o m o r f i t a s , cuya refutación lleva implicada toda una postura de interpretación de la Biblia y más remotamente toda una antropología cultural, ya que en el centro de la discusión está el problema de la aceptación o rechazo de la razón para interpretar la Biblia y la religión. Los Melquisedequitas, en la medida en que fueran un grupo vivo y más o menos numeroso, no tienen interés por si mismos pues su punto de apoyo está en la falsa visión de los textos sagrados y por tanto su refutación se reduce a volver sobre los principios exegéticos que también combaten a los antropomorfitas.

Entre las herejías que hemos calificado de «cristológicas» no nos vamos a ocupar ni de Pablo de Samosata ni de Sabelio por considerar que, independientemente de la existencia de adictos a las sectas, en el pensamiento crisostómico, son meros clichés literarios o ideológicos. En este grupo son los A r r i a n o s o A n o m e o s el adversario que Juan

Crisóstomo tiene siempre ante los ojos. El resto, formado por Marcelo de Ankara, Fotino y Apolinar no ofrece un relieve especial en el pensamiento de nuestro autor y por ello prescindiremos de los mismos.

El tercer grupo, y quizá el más importante a estudiar es el de las herejías dualistas y en concreto M a n i q u e o s y M a r c i o n i t a s, ya que Valentino, como hemos dejado probado es otro cliché ideológico.

Prescindiremos también de los herejes pneumatómachos, de los cátaros y de los herejes litúrgicos, de los cuales no hemos hablado[42], por su excaso relieve y porque, en rigor, los problemas que se podrían plantear, quedan iluminados mejor con la consideración de alguno de esos otros tres grupos.

V. El concepto de herejía en las obras del Crisóstomo

En el Crisóstomo la palabra «herejía» retiene todos los matices que ha tenido en la lengua griega[43]. Designa por una parte, la acción de apoderarse de algo y en este sentido el término se aplica a la acción por la que Cristo, mediante la gracia, se apodera de la persona[44].

Significa también, siguiendo el sentido del NT, lo mismo que secta[45] y este sentido es utilizado por el santo para explicar las palabras de Pablo «es necesario que haya herejías», entendiéndolas como queriendo decir que son inevitables las disensiones entre los cristianos, del tipo de los conflictos morales porque unos comían bien y otros mal en las asambleas litúrgicas de que habla I Cor. 11, 21[46].

Pero además, y preferentemente respecto a estos sentidos que la palabra admite y con los que puede ser empleada, cuando se habla de «herejía» sin especificaciones el término se ha cargado de un sentido que es el que presenta en casi todos los pasajes crisostómicos. La definición de este sentido podríamos encontrarla en los textos que nos hablan de «herejías de dogmas»[47], a veces incluso contraponiéndolas a aquéllas

---

[42] In Mt. LXXXII 3 PG 58, 740. Tampoco hablaremos de los herejes ascéticos: Ad pop. ant. I 2 PG 49, 19.

[43] E. Moutsoulas, «Der Begriff ‹Häresie› bei Epiphanius von Salamis», Studia Patristica VII, Berlin 1966, 362 s., 364 s., 371.

[44] In Jo. XLVIII 1 PG 59, 268.

[45] In Act. LII 3 PG 60, 362.

[46] In Act. LII 3 PG 60, 362.

[47] In Mt. XLVII 2 PG 58, 484; In I Cor. XXVII 2 PG 61, 225.

que no son de dogmas. Y estas herejías dogmáticas se conocen precisamente por su disconformidad con los cánones definidos en el concilio de Nicea[48]. Y, antes del concilio de Nicea y siempre, herejes son aquéllos que se oponen a la Biblia[49]. Tal debe ser la acepción del término cuando dice el Crisóstomo que en la época del NT no había herejías, únicamente había judíos y gentiles, pero no existían ni maniqueos, ni Marción ni Valentino ni ningún otro[50].

VI. Actualidad de la herejía y problema de sus causas

Debía ser muy aguda la inquietud por la confusión reinante y el peligro que ello entrañaba ya que, según parece, se discutía activamente en círculos cristianos en torno al problema. Se discutía, en primer lugar, el por qué Dios permitía las herejías[51], siendo esta pregunta una más dentro del problema general de la existencia y responsabilidad del mal.

Otros cristianos, más teólogos, argüían con la Biblia en la mano y apoyados en las palabras de Pablo, según las cuales se alegraba de que Cristo fuera anunciado ya por la verdad ya por cualquier otro medio o manera[52]. Según estos cristianos, la herejía no era ningún mal, sino instrumento providencial de Dios para extender la fe en Cristo, de suerte que, en la práctica, era lo mismo ser hereje que ortodoxo. El Crisóstomo sale en defensa de la importancia de la verdadera fe, teniendo a veces que hacer alardes de ingenio y desplegar multitud de hipótesis para mantener sus puntos de vista. Así al comentar el texto paulino de que es conveniente que haya herejías[53] ofrece toda clase de soluciones, desde buscar otro sentido para la palabra herejía, hasta afirmar que Pablo no dogmatizaba sino que hablaba prediciendo el futuro[54]. Y en el comentario a Gálatas recalca que las herejías son nombradas entre los males[55].

[48] Innocentius episcopus presbyteris PG 52, 537 s.
[49] In Jo. XL 4 PG 59, 233. Y los pasajes en que afirma que una causa de que haya herejías es no leer toda la Biblia.
[50] En otro texto afirma que hubo herejías desde el principio: In II Tim. VIII 1 PG. 62, 641. Y en otros dice que Pablo combatió a los herejes, pero no es claro si habla de la época de Pablo o de su utilización en tiempos posteriores: In II Tim. IV 2 PG 62, 620; In Hebr. XXXIII 1 PG 63, 225.
[51] In: Oportet haereses 2 PG 51, 255.
[52] Philippenses 1, 18; De prof. evang. 3, 10 PG 51, 313, 318.
[53] I Cor. II 19.
[54] In: Oportet haereses 1 PG 51, 253; In Philipp. II 2—3 PG 62, 193.
[55] In Gal. V 6 PG 61, 673.

La masa de los creyentes que no veía que la existencia de herejías fuera un mal tan grave, simplificaba el problema y afirmaba que el origen de las herejías era el afán de dominio y acusaba, a veces, también a S. Juan Crisóstomo de caer en tal pecado[56]. El santo se defiende con calor contra tal acusación, pero cuando discurre filosofando sobre el amor y el error, también él afirma que el afán de mandar es el origen de las herejías[57].

Otros factores subjetivos, causa de herejías, son la curiosidad[58] y la falta de caridad[59], que viene a ser otro modo de decir que la causa de las herejías es el afán de imponerse.

Como factores objetivos son aducidos en primer lugar el no leer toda la Biblia[60] o dicho de otra manera el fijarse en las solas palabras[61]. No basta, pues, con la lectura de la Biblia; es preciso interpretar y ese problema es central en el pensamiento del santo, como veremos al estudiar su postura frente a los antropomorfitas.

En un par de ocasiones se recuerda también el influjo de las filosofías en el nacimiento de las herejías[62].

Finalmente como un factor que resume elementos subjetivos y objetivos en una ocasión nos dice que los malos obispos indujeron las herejías en la Iglesia[63].

Todas estas causas no se aplican indiferentemente a todas las herejías, como veremos, sino que, en unos casos, tienen más relieve unas y, en otros, otras. Por lo menos eso deja entender el santo ya que cuando trata de herejes cuya doctrina y vida está más alejada de la suya es natural que caiga más en la cuenta de los factores objetivos y en cambio los factores subjetivos son puestos más de relieve cuando las herejías no se diferencian mucho de la ortodoxia o al menos esa era la impresión del gran público.

---

[56] In Gal. I 6 PG 61, 622; In Eph. XI 5 PG 62, 87.
[57] In Gal. V 4 PG 61, 670; In Jo. XXXVIII 5 PG 59, 218; In Act. XLIV 3 PG 60, 311; In Rom. VII 6 PG 60, 449.
[58] In Gen. XXIV 6 PG 53, 214; In Jo. XXIV 3 PG 60, 449.
[59] In I Cor. XLIV 1 PG 61, 375; In I Thes. II 4 PG 62, 404; In I Tim. II 1 PG 62, 509.
[60] In: Salutate I 1 PG 51, 187; In Rom. I 1 PG 60, 391; In II Cor. XXIII 2 PG 61, 555.
[61] In Jo. XL 1 PG 59, 229.
[62] In Jo. LXVI 3 PG 59, 368; In Rom. II 6 PG 60, 409.
[63] In Mt. XLVI 1 PG 58, 476.

La preocupación por el tema la mantiene el Crisóstomo hasta el final de su vida. Ya obispo de Constantinopla dice que son los buenos perfumes los que se intentan adulterar y nadie trata de fingir una cosa vulgar, y prosigue: «la vida pura tiene muchos que quieren fingirla; nadie pretende simular ser ímprobo, pero si monje. ¿Qué diremos, pues, a los paganos? Viene un pagano y dice: ‹Quiero hacerme cristiano, pero no se a qué grupo adherirme, ya que entre vosotros hay muchas luchas, sediciones y tumultos. ¿Qué dogma debo elegir? ¿Cuál debo preferir? Cada uno me dice: ‹Yo digo la verdad›. ¿A quién voy a creer yo que nada conozco de las Escrituras?›. Pues, en efecto, esto es lo que dicen ellos. He aquí lo que debemos responderles: ‹si os dijéramos que creemos por razones, con razón os turbaríais: pero si decimos que creemos en la Escritura y esto lisa y llanamente, te será fácil juzgar. El que concuerde con ellas es cristiano; el que está en pugna con ellas, está lejos de la norma»[64]. Y prosigue su raciocinio poniendo las cosas cada vez más estrictas para iluminar el camino hacia la única verdad. Y esta unicidad de la verdad desautoriza a cualquier hereje y a cualquier forma de argumento en el que se apoye: para expresar la situación de los cristianos frente a los pensamientos heréticos que se puedan infiltrar, compara a la Iglesia con la vieja «polis» de la que hay que expulsar a los peregrinos, que son esos influjos paganos o heréticos, incluso comparándolos a enemigos que quisieran infiltrarse disfrazados para buscar la ruina de la ciudad[65].

VII. El trato con los herejes

En líneas generales creemos que se da en su actuación personal un proceso que va de una postura más rígida al principio de su vida pastoral hacia un trato más amigable y comprensivo al final de la misma[66].

En el tratado De virginitate, al comienzo de su actividad literaria, hay para los herejes expresiones durísimas. La virginidad de los herejes

---

[64] In Act. XXXIII 4 PG 60, 243 ss.
[65] In Act. XXXVII 3 PG 60, 268.
[66] La opinión de G. L. PRESTIGE, que hemos recogido más arriba (nota 3) es exactamente la contraria a lo que nosotros creemos haber descubierto y defendemos aquí, pero hemos de advertir que PRESTIGE no se ocupa monográficamente del tema, ni aduce más que unos pocos textos y, para la segunda etapa, su sola palabra.

es peor que la de los paganos, ya que estos no recibirán premio por la suya, pero aquéllos serán castigados por ella[67].

En la homilia In: Filius ex se exhorta a alejarse de los conciliábulos de los herejes[68].

El comentario a Mateo nos presenta al predicador preocupado por la vida moral y empeñado en el combate de judíos, herejes y paganos[69]. En él se nos dice que los monjes dan gracias a Dios por todas las cosas y así avergüenzan a los maniqueos[70]. Reprueba la mutilación de los miembros del cuerpo humano porque eso da la razón a los maniqueos[71]. El clima es, pues, polémico y no parece que quepan tratos con los herejes.

Algo parecido ocurre en el comentario a Juan. Allí se queja el santo predicador de que por falta de fervor hagamos el ridículo ante herejes, paganos y judíos[72] y habla de argüir contra los herejes por medio de la Biblia[73].

Como muestra de que estas frases de tipo general indican, de hecho, una positiva enemistad y un juicio durísimo contra los herejes, se puede recordar lo que durante esta primera etapa dice sobre y contra los maniqueos. En el sermón VII sobre el Génesis los llama «perros mudos y rabiosos, que por fuera parecen honestos, pero por dentro son lobos rapaces[74]. El comentario a Mateo supone una inflexión, ya que sigue hablando de «perros mudos y rabiosos», pero ya aplica esta expresión a los pseudoprofetas, reconociendo que entre los herejes puede haber personas de vida honesta[75]. Es difícil saber si considera a los maniqueos pseudoprofetas o herejes, pero hay que suponer que es esto último y que la variación en el criterio del santo ha sido obra de constatar que las meras ideas no valen para establecer la bondad o maldad de las personas, sino que personas, encuadradas ideológicamente en grupos heréticos, eran honestas.

---

[67] De virg. IV PG 48, 536; cfr. In Philipp. II 3 PG 62, 194.
[68] In: Filius ex se 7 PG 56, 256.
[69] In Mt. LXXXVIII 4 PG 58, 779.
[70] In Mt. LV 6 PG 58, 547.
[71] In Mt. LXII 3 PG 58, 599.
[72] In Jo. XXX 3 PG 59, 175.
[73] In Jo. XL 4 PG 59, 233.
[74] In Gen., sermo VII 4 PG 54, 613.
[75] In Mt. XXIII 6 PG 57, 316.

Pero, aun admitida esta inflexión estamos muy lejos de los juicios de valor que aparecerán p. e. en el comentario a Hechos, ya siendo obispo de Constantinopla, cuando el Crisóstomo reconoce que «muchos herejes, aunque tengan dogmas corruptos, llegaron a ser tan considerados, que muchos hombres, por reverencia a la vida de aquéllos no se preocupaban de examinar los dogmas; y los que los condenaban por los dogmas, los admiraban por su vida»[76]. En el comentario a Mateo, el reconocimiento de la honestidad de los herejes es sólo el comienzo de la evolución espiritual. Tras esta evolución en sus ideas, encontramos en el comentario a Efesios información sobre cristianos que son amigos de herejes[77]. El tema de la amistad con los herejes vuelve a aparecer en el comentario a Philipenses[78] donde se previene contra los peligros de una caridad mal entendida.

Debemos constatar que la caridad o falta de caridad a la que se aludía más arriba entre las causas de la herejía sólo entra en consideración, en este contexto, en el período episcopal de la vida del Crisóstomo, lo que indica, sin duda, una postura mucho más humana y reflexiva sobre el problema. Y hay que resaltar también que, precisamente en esta etapa, en la que comienzan a aparecer con cierta frecuencia, en las obras del obispo constantinopolitano, los catálogos de herejes nombrados expresamente[79], es cuando se plantea con especial relieve el tema de la pastoral hacia los herejes. Así en la homilía sobre S. Focas, el santo llama a los herejes e invita a los oyentes a que también ellos les inviten a volver a la fe verdadera[80]. Lo mismo, al regresar de *Asia*, dice en su sermón que, con amor, los herejes eran confundidos[81]. Y en el comentario a Hebreos se habla de amar en caridad a herejes, paganos y judíos[82]. Es cierto que en el comentario a Tito invita a no perder tiempo con los herejes que no ofrecen esperanza de conversión[83], pero esto no es argumento contra lo que venimos diciendo ya que si no hay

[76] In Act. XLVII 3 PG 60, 331.
[77] In Ephes. XI 1 PG 62, 79.
[78] In Philipp. II 2 PG 62, 191.
[79] In Philipp. VI 1 PG 62, 218; In Hebr. II 1 PG 63, 20; In Hebr. III 1 PG 63, 28; In Hebr. VIII 4 PG 63, 73.
[80] In S. Phoc. II 4 PG 50, 700; 702 s.; 705 s.
[81] De regresu ex Asia PG 52, 422.
[82] In Hebr. III 6 PG 63, 36.
[83] In Tit. VI 1 PG 62, 696 s.

que perder tiempo es porque de hecho se dedicaba tiempo a tal ministe-rio, o al menos se admitía la hipótesis de tal actividad.

La reflexión sobre la herejía le acompaña en su viaje al destierro y seguramente que influido por su propia experiencia recuerda que las cosas malas podrían hacer surgir las herejías[84] y frente a tal eventualidad recuerda que Moisés dijo que todas las cosas eran buenas y por tanto no hay que andar discurriendo, pues los discursos personales llevan al naufragio. Así pues, S. Juan Crisóstomo se mantiene firme frente a la herejía desde el comienzo al final de su vida, pero ante los herejes su actitud se va humanizando y su trato personal parece haber sido más cordial en sus años de obispo.

La contraposición a los herejes, que es elemento importante en la antropología del Crisóstomo durante toda su vida, tiene otra dimen-sión que es no menos importante: la del influjo que el mundo herético ejerce en la configuración del pensamiento del santo. Veámoslo.

VIII. El conflicto con los antropomorfitas

En la polémica entre monjes que se desarrolló en los siglos IV y V sobre la manera de entender la Escritura, un bando era designado por sus adversarios como «antropomorfita» y a su vez aquéllos llamaban a estos «origenistas». El problema que aquí queremos tratar es sólo un episodio más dentro de la controversia origenista[85].

Los antropomorfitas tenían raices antiguas de procedencia pagana y judía y que el Crisóstomo los nombre como «herejes» demuestra que eran considerados como tales en los ambientes eclesiásticos. Su intro-ducción en la Iglesia o su origen hay que buscarlo en influjos judíos y

---

[84] Ad eos qui scand. 4 PG 52, 486.

[85] Sobre el origenismo y sus crontroversias pueden consultarse los diversos artículos de las enciclopedias teológicas y en particular de la incidencia del problema en la vida del Crisóstomo cfr. L. DOUCIN, Histoire des mouvements arrivés dans l'Eglise au suject d'Origene, Paris 1700; G, HERMANT, La vie de saint Jean Chrysostome, Paris 1664, vol. II, 388 s; J. M. LERROUX, «Jean Chrysostome et la querelle origéniste», Epektasis (Hom. Jean Danielou), Paris 1972, 335—341; defendió la influencia del origenismo en la escatología crisostómica E. MICHAUD, «St. Jean Chrysostome et l'apocatastase», Revue internationale de Theologie 18, 1910, 672—696, autor al que se opuso S. SCHIEWITZ, «Die Eschatologie des heiligen Johannes Chrysostomus und ihr Verhältnis zu der origenistischen», Katholik 93, 1913, 445—465; 94, 1914, 45—63; 271—281; 436—448.

pervivencias paganas. Y su importancia en la sociología eclesial hay que atribuirla a la difusión del monacato, a la popularización del Cristianismo y a la importancia que fué tomando la Biblia como fuente para argüir en las disputas, y a la teologización de todas las cosas que tiene lugar en el siglo cuarto.

En la confrontación Crisóstomo-antropomorfitas hay dos aspectos que son fundamentales: uno el hecho de que ambos contendientes tuvieran unos mismos presupuestos en lo que a valoración de la Biblia se refiere, el segundo es el estudio de la forma de oposición y por tanto de las conclusiones.

El primer aspecto es tan importante que merece capítulo aparte ya que su trascendencia va más allá de la pura polémica y es fundamental en la nueva concepción teológica de la Iglesia[86]. La naturaleza jurídica de ésta, en efecto, se define en función de su ley fundamental que está en relación íntima con la concepción «legalista» del texto de la Biblia, que presupone y en parte se identifica con el sentido literal del texto bíblico y muy en particular del NT. Y el problema del literalismo bíblico de la escuela antioquena cuyo primer representante es S. Juan Crisóstomo, que es conocido en su proyección exegética, tiene dimensiones que nos llevan al segundo aspecto del problema que estamos considerando: el de cómo partiendo de idénticos presupuestos, en lo que a literalismo bíblico se refiere, sacan diversas conclusiones teológicas.

La admisión de la Biblia como norma de fe lleva a los espíritus menos cultivados al antropomorfismo que aparece en las fórmulas literales de los textos. Los más cultivados, alimentados del influjo de la filosofía y cultura clásica o cristiana alejandrina buscaban la solución de los problemas en el sentido alegorizante. La idea de que el sentido literal obliga al lector a un esfuerzo de búsqueda del mensaje alegórico aparece en Porfirio y en Juliano y para designar tal búsqueda ambos emplean la palabra πολυπραγμονεῖν[87]. En el mismo camino S. Augustín y antes Orígenes admiten la posibilidad de sentidos literales absurdos en la Biblia y de ahí deducen la necesidad de la exégesis alegórica[88].

---

[86] A. González Blanco, «El concepto de πολιτεία en las obras de San Juan Crisóstomo», Sandalion (Sassari) 3, 1980, 251—272.

[87] J. Pepin, «A propos de l'histoire de l'exégèse allégorique: l'absurdité, signe de l'allégorie», Studia Patristica I, Berlin 1957, 410.

[88] J. Pepin, ibidem, 397 s.; 400 s.

San Juan Crisóstomo, que en sus años de estudio debió haberse alimen-
tado intelectualmente en esa corriente, ha sufrido una evolución hacia
el literalismo y de hecho, que sepamos, nunca habla de palabras absurdas
o innecesarias en el mensaje bíblico. Al contrario frecuentemente destaca
que de las más pequeñas letras se pueden sacar muchos beneficios y
ganancias[89]. Y ¿cómo se resuelven las dificultades? No intentando ir
demasiado lejos en la investigación, *noli quaerere*[90]. Las palabras o

---

[89] Cfr. homilias In princ. Act. I—IV PG 51, 65—112; In: Salutate Prisc. I—II PG
51, 187—208.

[90] El estudio del tema exigiría un volumen completo. He aquí algunos pasajes:
Contra anomoeos V 4 PG 48, 741; De capto Eutrop. 7 PG 52, 402; Ad eos qui
scand. II PG 52, 482; Ad eos qui scand. V PG 52, 488; Ad eos qui scand. VIII
PG 52, 499; Ad eos qui scand. IX PG 52, 499.500.501; Ad eos qui scand. XII PG
52, 508; In Gen. II 2 PG 53, 28; In Gen. IV 5 PG 53, 44; In Gen. XV 2 PG 53,
121; In Gen. XXI 4 PG 53, 181; In Gen. XXIV 6 PG 53, 213; In Gen. XXV
4 PG 53, 224; In Gen. XXVI 4 PG 53, 234; In Gen. XXXVI 5 PG 53, 340; In
Gen. XXXVIII 1 PG 53, 352; In Gen. XXXIX 1 PG 53, 362; In Gen. XL 3 PG
53, 372; In Gen. XL 4 PG 53, 373; In Gen. XLV 1 PG 54, 415; In Gen. XLVII
4 PG 54, 434; In Gen. XLIX 1 PG 54, 445; In Gen. XLIX 2 PG 54, 446; In Is.
VI 4 PG 56, 73; De proph. obscur. I 2 PG 56, 167; De Melch. 2 PG 56, 259; In
nat. Christi diem PG 56, 388; In Mt. IV 3 PG 57, 43; In Mt. IX 4 PG 57, 180;
In Mt. XVII 2 PG 57, 256; In Mt. LXVII 1 PG 58, 633; In Mt. LXXV 4 PG 58,
691; In Mt. LXXVII 3 PG 58, 706; In Mt. LXXIX 2 PG 58, 733; In Jo. VII 1 PG
59, 62.63; In Jo. VII 2 PG 59, 64.66; In Jo. XVIII 4 PG 59, 119; In Jo. XXIV
3 PG 59, 146 s; In Jo. XXV 2 PG 59, 150 s; In Jo. XXVI 2 PG 59, 155; In Jo.
XLV 2 PG 59, 253; In Jo. XLVI 1 PG 59, 258; In Jo. XLVI 2 PG 59, 260; In
Jo. LVIII 2 PG 59, 318; In Jo. LXXIV 2 PG 59, 401; In Jo. LXXXVII 1 PG
59, 473; In Act. XX 1 PG 60, 158; In Act. XXIII 4 PG 60, 183; In Act. XXX
3 PG 60, 225; In Act. XXX 4 PG 60, 226; In Act. XXXIII 1 PG 60, 239; In Act.
XXXIV 3 PG 60, 248; In Act. XXXIV 5 PG 60, 250; In Rom. I 2 PG 60, 398;
In Rom. II 6 PG 60, 410; In Rom. VIII 5 PG 60, 461; In Rom. IX 4 PG 60, 473;
In Rom. XVI 7 PG 60, 557 s; In Rom. XVI 8 PG 60, 559; In Rom. XXI 4 PG 60,
606 s; In Rom. XXVII 1 PG 60, 646; In I Cor. IX 1 PG 61, 75; In I Cor. XI
1 PG 61, 87; In I Cor. XVII 2—3 PG 61, 142; In I Cor. XVIII 4 PG 61, 151; In
I Cor. XXV 1 PG 61, 206; In I Cor. XXV 2 PG 61, 207; In I Cor. XXVI 6 PG
61, 220; In I Cor. XXIX 5 PG 61, 246; In I Cor. XXIX 6 PG 61, 248; In I Cor.
XXX 1 PG 61, 249; In I Cor. XLI 2 PG 61, 357; In II Cor. III 7 PG 61, 416;
In II Cor. VII 6 PG 61, 451; In II Cor. X 2 PG 61, 468; In II Cor. XX 2 PG
61, 538; In Eph. VIII 9 PG 62, 68; In Eph. XIX 4 PG 62, 132 s; In Eph. XIX
5 PG 62, 134; In Philipp. IX 6 PG 62, 255; In Philipp. XIII 3 PG 62, 280; In
Col. IV 3 PG 62, 328; In I Thess. VII 2 PG 62, 438; In I Thess. IX 1 PG 62,
447; In I Tim. I 2 PG 62, 506; In I Tim. V 2 PG 62, 528; In I Tim. XVIII 1 PG
62, 597; In II Tim. II 3 PG 62, 610; In II Tim. II 4 PG 62, 612; In II Tim.
VIII 4 PG 62, 647; In Tit. III 3 PG 62, 679 s; In Hebr. III 5 PG 63, 35; In Hebr.
X 4 PG 63, 88; In Hebr. XI 4 PG 63, 96; In Hebr. XXI 4 PG 63, 154; In Hebr.
XXII 3 PG 63, 158; In Job. cap. II, v. 10 PG 64, 568: Supp. in Rom. PG 64,
1037.

expresiones griegas para designar tal postura, espiritual son ζητέω, πολυπραγμονέω, περιεργάζομαι, ἀκριβολογέομαι siendo la más empleada περιεργάζομαι, pero significando todas lo mismo. Añadamos que hay indicios para pensar que el Crisóstomo evolucionó en la formulación de esta postura mística ya que no aparece en el comentario a los Salmos y si, en cambio, en cuanto comienza su tarea de predicador en Antioquía, especialmente al oponerse a los anomeos, manteniéndose luego durante toda su vida hasta el final.

La segunda dimensión por la que el Crisóstomo completa esta postura mística es el empleo de la categoría de la «condescendencia» divina[91]. Mediante esta categoría teológica salva el literalismo sin caer en el alegorismo, pero convirtiendo a su propia confesión u ortodoxia en norma para la interpretación de la Biblia, ya que todos los textos que pudieran crearle dificultad podrían en principio interpretarse como fruto de la «condescendencia» divina.

Es claro que ambas formas de solucionar la polémica con los antropomorfitas llevan al Crisóstomo por una linea que podemos llamar «mística», por llamarla de alguna manera. El santo va dejando los recursos técnicos aprendidos en la escuela, para insistir en la objetividad de la revelación y en una postura de adoración sin exceso de elucubraciones. En qué manera esa postura está en conexión con su estima de las cosas de este mundo, incluida la fuerza de la razón, y con su juicio sobre la cultura en general, es algo que requiere mayor profundización, pero que queda apuntado en esa linea «mística» de que hablamos. Nos interesa destacar que la grandeza de Dios, que es uno de los principios del pensamiento de nuestro autor, se complementa con una cosmovisión profundamente sacral muy lejana de cualquier racionalismo, lo que se comprueba mejor considerando el conflicto con los anomeos.

IX. El conflicto con los anomeos

Muy frecuentemente, en las obras del Crisóstomo, se discuten las exégesis, con las que los arrianos defendían o justificaban sus posiciones[92],

---

[91] F. Fabbi, «La ‹Condiscendenza› divina nell' ispirazione biblica secondo S. Giovanni Crisostomo», Biblica 14, 1933, 330—347.

[92] Contra anomoeos VII 6 PG 48, 766; In S. Phoc. 3 PG 50, 703; In Petr. et Hel. 2 PG 50, 728; In: Filius ex se 1 PG 56, 247 ss; In Jo. III 2 PG 59, 39 etc.

pero tales discussiones no nos dan lo que caracteriza a los dos bandos en discordia. Similares discusiones se dan con los demás grupos de herejes y entre estos mismos grupos entre si.

Lo peculiar de la oposición ortodoxos-anomeos, lo encontramos en el «racionalismo», que en opinión del Crisóstomo y a juzgar por su modo de argüir, parece haber sido característico de los anomeos. Una y otra vez nos afirma el santo que tales herejes decían conocer a Dios como Él se conoce[93], ver la naturaleza de Dios[94], se dedicaban a investigar la generación divina[95]. Frente a tales intentos el santo predicador indefectiblemente propone su *noli quaerere*, del que hemos hablado en el apartado anterior. Es como si fueran dos antropologías enfrentadas: la del hombre religioso y la del racionalista o «científico».

Por lo que sabemos de los anomeos, «en este último período se esforzaban por afirmar la unidad de Cristo. Eran muy opuestos a la tendencia a dividirlo. Como sostenedores de la única naturaleza, se presentaban expresamente defendiendo la unidad de la persona de Cristo, aun cuando en este punto determinado las opiniones fueran diversas. Eran partidarios de escorzos y simplificación»[96]. Es decir que sus exégesis estaban condicionadas por sus puntos de vista previos.

Es claro que también los escritores ortodoxos tenían sus principios filosóficos de los que partían y que en las discusiones hubo teólogos de altura, tan científicos como pudieran serlo los anomeos, pero el Crisóstomo que sabía teología y sabía exégesis, no la emprende contra estos adversarios desde el punto de vista de las ciencias, sino que, utilizando de ellas lo indispensable, prefiere definir a los enemigos como gentes dadas a la especulación, y a si mismo como uno que no quiere especular, sino sólo saber lo que hay que creer y admitirlo con todo el corazón.

Sería muy largo y quizá fuera de lugar el tratar de presentar aquí y ahora la postura del Crisóstomo frente a la ciencia, pero en resumen podemos advertir que es más bien negativa y no porque no reconozca valores a la ciencia, sino porque, para él, S. Pablo fué el más científico de todos los hombres[97]. Dicho con otras palabras: el sistema de valores

---

[93] In Is. VI 3 PG 56, 71; In Mt. LXXVII 2 PG 58, 703; In Jo. XVI 4 PG 59, 106; In Jo. LXIII 3 PG 59, 352; In Philipp. VII 4 PG 62, 233.

[94] In: Vidi Dominum II 2 PG 56, 109.

[95] De Melch. 2 PG 56, 259; In Gen. IV 5 PG 53, 44.

[96] E. WIEGL, Christologie vom Tode des Athanasius bis zum Ausbruch des Nestorianischen Streites (373—429), München 1925, 5.

[97] De laudibus S. Pauli V PG 50, 499.

de nuestro santo apunta a otro norte. Y así no juzga útil la investigación empírica[98] y ni siquiera hay que investigar sobre lo que dice la Biblia[99]. Exalta a Dios frecuentemente como señor absoluto de la naturaleza[100] y con todos estos factores se crea una cosmovisión asentada más en la voluntad que en la razón, con lo que se elimina la posibilidad de la ciencia. Y además de hacerla imposible, resulta que no interesa: el saber la ciencia de las cosas no sirve para nada[101].

En este contexto no resulta extraño que en la evolución político-social que el Cristianismo experimenta a lo largo del siglo IV, fueran los arrianos los que antes y con más fuerza se aplicaran a la reflexión política y con más decisión se aplicaran a los asuntos de estado. Su mentalidad más reflexiva que religiosa les inducía a tales planteamientos, más que llevarles a la búsqueda de Dios en el silencio del corazón[102].

Por esa razón, probablemente, entre otras, la ortodoxia se refugió en el monacato y sólo se impuso en el momento de la crisis, cuando la postura mística fué la que permitió sacar la fuerza para sobrevivir. Concretándonos al caso de S. Juan Crisóstomo, su postura es siempre de desconfiada oposición frente a cualquier tipo de racionalismo. Pensemos en los filósofos paganos, cuyo comportamiento y vanidad el santo critica frecuentemente y veremos que posiblemente esa crítica tenga más fundamento en las categorías mentales del predicador que en la objetiva realidad de las cosas. Y de la misma manera toda la formulación del tema de la «filosofía cristiana» a la que con frecuencia hace alusión y de la que alaba, entre otros, a los monjes, no es más que una transposición del sentido de la palabra debida a las categorías religiosas del santo.

Así, si la controversia con los antropomorfitas nos daba la clave para entender la oposición del Crisóstomo a las religiosidades groseras, su controversia con los anomeos nos la da para comprender su postura frente al paganismo culto, a la filosofía y a la ciencia en general. Y, siendo en nuestro santo una misma la postura en ambos casos, con diversas modalidades en su aplicación, a través del Crisóstomo podemos asomarnos al proceso de configuración que la Iglesia está sufriendo en este momento. Los combates teológicos y las luchas socio-políticas han

[98] De S. Babyl. 9 PG 50, 546.
[99] In Gen. IV 5 PG 53, 44.
[100] Cfr. p. e. In Gen. XXVIII 5 PG 53, 258.
[101] In Act. XXXII 3 PG 60, 237.
[102] St. Verosta, Johannes Chrysostomus, Staatsphilosoph und Geschichtstheologe, Graz 1960, 203.

ido a desembocar en una nueva dimensión: la mística. No es coincidencia o casualidad que sea precisamente en esta época cuando la «mística» en sentido propio sea aceptada dentro de la ortodoxia, por obra, sobre todo, de S. Gregorio de Nisa.

X. El enfrentamiento a las herejías dualistas

Genéticamente parece haber habido una estrecha relación entre el movimiento de Mani y la secta marcionita, muy difundida por el creciente fértil y, como diría Efrén de Nisibis, Marción separó a la oveja de Cristo y Mani se limitó a robar al ladrón[103]. En qué medida esto se refiera únicamente a las personas que se convirtieron al maniqueismo y en qué medida pueda aplicarse a la inspiración de Mani en doctrinas marcionitas es algo que no podemos determinar.

S. Juan Crisóstomo, cuando cita a Marción sin hablar a la vez de los maniqueos, suele hacer hincapié en que Marción negaba que la encarnación fuera un hecho real y decía que era sólo apariencia[104], pero esto también lo dicen expresamente en algunas ocasiones los maniqueos[105]. La mayor parte de las otras afirmaciones sobre Marción están en relación con esta doctrina de la encarnación aparente y parecen ser comunes con las doctrinas maniqueas[106]. Únicamente el rito del bautismo por los muertos[107] se atribuye expresamente a los marcionitas y no sabemos si también lo practicarían los maniqueos. Por todo lo cual podemos referirnos a ambos grupos indistintamente en el contexto en que aquí los consideramos.

Para empezar hay que decir que este grupo de herejías es con mucho el más citado en las obras de S. Juan Crisóstomo. Esto quizá se pueda explicar porque «Siria era la cabeza de puente del maniqueismo en el mundo romano. El descubrimiento de la literatura cóptica en El Fayyum ha tendido a modificar nuestras perspectivas de esta conclusión. Pero los salmos maniqueos fueron escritos primeramente en siríaco; fragmentos maniqueos siríacos fueron descubiertos junto con documentos coptos;

---

[103] P. Brown, «The diffusion of Manichaeism in the Roman Empire» JRS 59, 1969, 96.
[104] In Is. VI 6 PG 56, 85; In Mt. LXXXII 3 PG 58, 740, etc.
[105] In I Cor. XXXVIII 2 PG 61, 324.
[106] Cfr. p. e. In Act. V 3 PG 60, 53.
[107] In I Cor. XL 1 PG 61, 347.

la comunidad maniquea de Alejandría era una fundación siria (así como muchas leyendas cristianas coptas parecen hacer eco a los acontecimientos de Antioquía del año 260). El primer maniqueo que se asentó en suelo romano fué una figura característica en la historia religiosa de Roma: un veterano licenciado en Mesopotamia, que vuelve a Palestina con su propia versión de la secta. En el siglo IV se extendía como un cripto-cristianismo en Antioquía y Palestina. Lo más llamativo de todo es el grupo de sirios muy notables que hubo, según parece, en contacto con el movimiento maniqueo: Libanio intervino para protegerlos; *Strategius Musonianus*, cuya cultura (¿incluía el sirio?) lo llevó a ser comisionado por Constantino para examinar las doctrinas de los maniqueos; el *dux Sebastianus*, acusado de *auditor* de los maniqueos; *Hierius*, al que Agustín dirigió su tratado criptomaniqueo primero. Dicho sin rodeos: el maniqueísmo formaba parte del mundo sirio. Dondequiera que encontramos un sirio, podemos encontrar un maniqueo[108].

En segundo lugar, las afirmaciones del Crisóstomo sobre los maniqueos no nos dan materia suficiente para describir la vida de la secta. No es fácil concluir si es que no pretendió describirla o es que no la conocía[109]. Ni tampoco sobre las doctrina de la secta podríamos hacer un cuadro completo. S. León nos describió como rasgos doctrinales del maniqueísmo romano los siguientes: el rechazo de los libros del AT, alteraciones en los libros del NT, la utilización de escritos apócrifos atribuidos a los apóstoles, el dualismo con todas sus consecuencias (el mal y la materia atribuidas al demonio, el rechazo de la encarnación), la afirmación de que el Espíritu Santo se ha encarnado en Mani y un cierto culto tributado al sol y la luna[110]. De estos rasgos, S. Juan Crisóstomo alude al rechazo del AT[111], a las modificaciones en el texto bíblico[112], al dualismo en diferentes contextos[113], pero nunca se refiere a la

---

[108] P. BROWN, «The diffusion of Manichaeism . . .» p. 96.

[109] Un descripción de la estructura y vida del maniqueismo puede serse con las limitaciones que el tema lo permite en P. BROWN, «The diffusion of the Manichaeism . . .» 98.

[110] A. LAURAS, «Saint Léon le Grand et le Manichéisme Romain», Studia Patristica XI, Berlin 1972, 204.

[111] In: Nolo vos ignorare 3 PG 51, 245; In: Habentes eumdem spiritum II 2 PG 51, 282 ss; In Ps. CXXXI 1 PG 55, 379; De proph. obscur. I 7 PG 56, 175; In Mt. XVI 2 PG 57, 241; In Mt. XVI 7 PG 57, 247; In Mt. LI 3 PG 58, 514; In Jo. LIX 3 PG 59, 325; In II Cor. VII 1 PG 61, 442; In Philipp. XI 1 PG 62, 263.

[112] In: Habentes eumdem spiritum II 5 PG 51, 285.

[113] Contra anomoeos VII 1 PG 48, 759 (negaban la economía de la carne); Contra

encarnación del Espíritu Santo en Mani ni a la adoración del sol, la cual por otra parte parece quedar excluida, ya que opinaba que, según los maniqueos, el sol y toda la creación son obra de un dios no bueno[114] y en una ocasión, hablando contra ellos, pone el ejemplo del sol que ilumina sin contaminarse para explicar la acción de Dios[115] y es de suponer que de haber sabido que tales herejes daban culto al sol no se hubiera servido de tal ejemplo.

Cierto que el Crisóstomo nos habla de diversas especies de maniqueos: «¿Qué es lo que dicen? Que el Dios que hizo el mundo, que hace salir el sol sobre malos y buenos y llover sobre justos e injustos (Mt. 4, 45), es malo. Los que son más moderados entre ellos rechazan esto y dicen que sí que es justo, pero no bueno. A otro, que en realidad no existe y que no ha creado nada, se lo atribuyen a Cristo como Padre. Y afirman que el no bueno se ocupa de sus cosas y las conserva y que el bueno irrumpe en las cosas de las que es creador, queriendo de repente ser su salvador[116]. Es de suponer que si había diferencias en la doctrina sobre Dios, las habría mucho mayores en diversos puntos particulares. El Crisóstomo destaca algunas veces que los maniqueos son panteístas y dicen que el alma humana es sustancia divina[117]. En alguna ocasión habla de que son fatalistas y niegan la libertad[118].

Finalmente parece que hay que admitir que el Crisóstomo considera a los maniqueos como herejes cristianos[119], y que les arguye con la Biblia en la mano y les habla de igual manera que a los demás herejes cristianos[120]. Y no sólo les arguye sino que los presenta defendiendo sus doctrinas con argumentos bíblicos[121].

---

anomoeos VII 6 PG 48, 766 (negaban que Cristo fuera hombre); Ad pop. ant. I 2 PG 49, 19 (herejes que decían que beber vino es malo); cfr. A. LAURAS, op. cit. en nota 110, p. 209 según el cual los maniqueos comulgaban sólo bajo la especie de pan); Ad eos qui scand. 4 PG 52, 486 (el mundo no es obra de Dios); In Gen., sermo I 2 PG 54, 583 (honran la materia como si fuera increada) etc.

[114] Ad eos qui scand. 4 PG 52, 486.

[115] In diem nat. 6 PG 49, 359.

[116] In Mt. XVI 6 PG 57, 246.

[117] In diem nat. 6 PG 49, 359; In Gen. XIII 2 PG 53, 106; In I Cor. VII 5 PG 61, 61.

[118] In Mt. XXVI 5 PG 57, 340; In Jo. XLVI 1 PG 59, 257.

[119] La idea de que el maniqueismo fuera una evolución de la religión irania ha quedado descartada por los nuevos documentos hallados y los nuevos estudios sobre las fuentes. Cfr. P. BROWN, «The diffusion of Manichaeism...» 93; L. J. van der Lof, «Der numidische Manichaeismus im vierten Jahrhundert», Studia Patristica VIII, Berlin 1966, 118—129; A. LAURAS, op. cit. 203—209.

[120] In Gen. II 3 PG 53, 29; In Mt. XV 1 PG 57, 223 etc.

Pero lo importante, desde nuestro actual punto de vista, en toda esta oposición, es la atención a los sistemas de valores propios de los bandos contendientes. Toda la defensa que S. Juan Crisóstomo hace de la encarnación y del valor del AT y de otras verdades de la fe, como la resurrección y la redención, encierra un optimismo radical, que, precisamente por razones teológicas, da al cristianismo de esta época el poder enfrentarse a los elementos y sobreponerse a los desastres del momento[122].

En el problema central de toda religión, que es el problema de Dios, la negación de la duplicidad de dioses y la afirmación del absoluto poder del único Dios fué la salvación del pensamiento de la época y le impidió caer en la total demonización. Y de hecho Juan Crisóstomo es profundamente racional en este aspecto y combate el fatalismo en diversas ocasiones. Así en el comentario al Génesis: «No acusemos al diablo sino a nuestro modo de ser ligero y perezoso. Y no digo esto porque pretenda librar al diablo de acusación. En absoluto. Como un león, va a por su presa rugiendo y buscando a quien devorar. Pero quise que seamos más cautos y no pensemos carecer de culpa ...»[123].

La unidad entre el Dios del A. y el del N.T. es fecunda para el pensamiento del Crisóstomo[124], pues la necesidad de defender los valores del AT le obliga a profundizar en la moral humana y en sus múltiples situaciones y dimensiones. Esto impide al Cristianismo convertirse en una utopía de y para perfectos y le obliga a aceptar la concrección de cada situación determinada. Así el Crisóstomo, a pesar de ser un furibundo defensor de la castidad, condena la castración, porque da la razón a los maniqueos como si la creación fuera mala[125].

La defensa de la encarnación de Cristo sirve para defender la dignidad humana y, frente a una situación de extrema injusticia social, que Juan Crisóstomo describe tan vivamente como pocos lo hayan hecho nunca, ofrece a los oprimidos no sólo el consuelo de la religión sino los principios para el recto planteamiento de la redención de tal situación y deriva tales principios de la Cristología.

---

[121] El hecho de que los herejes modificaban el texto bíblico prueba que partían de él cfr. In Mt. LI 3 PG 58, 514 etc.

[122] La misma conclusión saca A. LAURAS, op. cit. 209 para la postura de S. León Magno.

[123] In Gen. XXIII 6 PG 53, 205; cfr. los problemas relativos a la responsabilidad del mal, notas 51 y 118.

[124] El Crisóstomo llegó a vislumbrar el concepto de revelación progresiva, Cfr. In Gen. III 2 PG 53, 28; In Mt. XVII 5 PG 57, 261.

[125] In Mt. LXII 3 PG 58, 599; In Gal. V 3 PG 61, 668.

De igual modo, la creación de la materia y su condición de mero instrumento al servicio de todos los hombres le da ideas para corregir el apego a las riquezas y bienes terrenos. Y la comunidad de bienes terrenos destinados, en principio, a todos los hombres, le sirven para establecer principios de justicia social[126].

Las numerosas veces en las que el santo se opone a la visión de la materia que tienen los herejes, arguyéndoles con el comportamiento de Cristo, que actuaba sobre ambas sustancias y curaba el cuerpo y el espíritu[127], nos está dejando vislumbrar la postura del predicador frente a débiles y enfermos. En este mismo contexto, el enfrentamiento del Crisóstomo a los herejes que condenaban las segundas nupcias[128] es instructivo. Sin recomendarlas él[129] e incluso desaprobándolas[130], se opone a aquéllos en razón de las afirmaciones bíblicas y de su sentido positivo de la creación.

Su postura frente al mal, que es la de no justificarlo, sino combatirlo y vencerlo, lo lleva, como veremos a una filosofía política de apoyo y justificación del poder político, pero a la vez los abusos de este poder político le hacen ser crítico frente a la autoridad.

El optimismo que se forja precisamente en esta lucha contra las herejías dualistas es tanto más de destacar cuanto que las mismas tendencias que se manifiestan en las herejías dualistas están presentes en el pensamiento católico, incluido el de S. Juan Crisóstomo[131]. De nuevo nos encontramos, pues, ante la dimensión mística de la antropología cris-

---

[126] A. González Blanco, Economía y Sociedad en el Bajo Imperio según las obras de S. Juan Crisóstomo, Madrid 1980, especialmente el capitulo sexto 227—256.

[127] In Mt. XV 1 PG 57, 223; In Mt. XXVII 3 PG 57, 347; In Mt. XLIX 2 PG 58, 498; In Mt. LV 5 PG 58, 546; In Jo. XLII 3 PG 59, 242.

[128] In I Tim. XIV 2 PG 62, 573; In Tit. II 1 PG 62, 671.

[129] De virg. XXXVII PG 48, 559 s; De non iter coniug. 1 PG 48, 611; De libel. rep. 4 PG 51, 223 s etc.

[130] A. González Blanco, «Sexualidad y matrimonio en San Juan Crisóstomo» Scriptorium Victoriense XXV, 1978, 61—62.

[131] Así lo indican pasajes como In Tit. V 4 PG 62, 693, donde expone una visión de la historia según la cual antes de la venida de Cristo tanto griegos como judíos estaban sumidos en la más negra miseria; en igual dirección apuntan las concepciones sobre los diversos pecados originales, que han ocasionado las esclavitudes de la humanidad (In Gen., sermo IV 1—2 PG 54, 596). La visión negativa que el Crisóstomo tienne de la vida en las ciudades (De Lazaro III 1 PG 48, 991 ss; De Anna IV 1 PG 54, 661; In Ps. CXLV 1 PG 55, 473; In Mt. VII 7 PG 57, 82) y de la cultura en general (In Act. XLII 4 PG 60, 301 etc.) están denotando resabios de pesimismo, a pesar de que sean superados en el conjunto de su pensamiento.

tiana, que aquí muestra uno de sus principales componentes: su sentido
de la caridad, que a la 'vez que sufre una metamorfosis en su concepto
se va perfilando en dirección muy positiva de cara a la organización
del mundo y dará una especial fuerza a la ortodoxia para poder imponerse en la marcha del mundo tardo-antiguo.

XI. Los grandes ausentes

Sorprende que, en la serie considerablemente larga de los herejes
aludidos en las obras de Juan Crisóstomo no aparezcan ni Montano y
sus seguidores ni los gnósticos en cuanto tales, ya que la alusión a Valentino no se hace en función de su aspecto gnóstico, de igual modo que al
referirse a los maniqueos tampoco alude a sus ritos de iniciación ni a las
otras dimensiones gnósticas de su culto.

Tal silencio no puede considerarse aisladamente de lo que ocurre en
el resto de la Iglesia. Como dice Vokes, «es en cierto modo sorprendente
el constatar que, a pesar de que las leyes y los escritores antiheréticos se
refieren tan frecuentemente al montanismo, los cánones de los concilios
se ocupan raramente de él. Y esto es especialmente chocante en el caso
del concilio de Nicea, ya que Sócrates nos dice de los temores al montanismo y al sabelianismo, y que los puntos discutidos como la Trinidad y
la fecha de la Pascua eran punto de conflicto con los montanistas»[132].
¿Como explicar, pues, que teniendo vitalidad el montanismo en el siglo
cuarto[133], ni los concilios, ni S. Juan Crisóstomo, ni el mismo S. Agustín[134] le hagan mucho caso? La única razón convincente es que eran
enemigos que no creaban problemas a la Iglesia viva. No es casualidad
que tales herejías fueran más bien de índole mística y que la Iglesia se
vaya orientando por una configuración espiritual místico-extática.
Tenemos además un dato histórico que muestra la cercanía de posiciones
sentida tanto por católicos como por novacianos: durante la persecución

---

[132] F. E. VOKES, «The opposition to Montanism from Church and State in the
Christian Empire», Studia Patristica IV, Berlin 1961, 526.

[133] F. E. VOKES, ibidem 518 ss; K. ALAND, «Bemerkungen zum Montanismus und zur
frühchristlichen Eschatologie», Kirchengeschichtliche Entwürfe, Gütersloh 1960,
105 ss.

[134] K. ALAND, «Augustin und der Montanismus», Kirchengeschichtliche Entwürfe,
Gütersloh 1960, 149 s.

de Valente, los católicos utilizaban las iglesias de los herejes y parece que había voluntad de unión por parte de todos.

XII. El combate de la Iglesia

Se hace necesario detenernos por unos momentos a perfilar la postura de la Iglesia que venimos denominando «misticismo».

El elemento más característico de ella es la exaltación de Dios y para conseguirla o describirla, el anonadamiento de la criatura, del hombre y de sus facultades. Estamos en un período histórico en el que la autoridad es un elemento fundamental en la sociedad. El pensamiento cristiano toma el concepto de autoridad y lo traslada a Dios y cuanto con Él se relaciona. La autoridad de Dios se comunica a su palabra y la Biblia se convierte en un elemento clave en la nueva visión teológica. No es que antes no lo fuera, pero es que ahora lo es de otro modo.

En esta transposición a lo divino se recupera la antropología. El hombre debe cultivar la virtud de la *humilitas,* mientras que la Iglesia adquiere la *auctoritas* y se define como sociedad magisterial. La Biblia da unidad y fortaleza al pensamiento cristiano y le impide caer en una total desintegración y en un demonismo aniquilador.

Pero hay más: el hombre particular no queda desamparado y reducido a la condición de gusano. Es cierto que tiene que exclamar «soy polvo y ceniza», como nos cuenta la Biblia de Abraham en su descubrimiento de Dios, pero a la vez, precisamente por su relación con Dios, el cristiano, frente a todo el resto de la creación, adquiere una dignidad y una grandeza no imaginada hasta entonces. Hemos aludido más arriba al tema de la «condescendencia» divina. Tal concepción supone una exaltación de Dios, pero a la vez la comunicación al hombre de la grandeza divina por la revelación. El hombre, integrado en la Iglesia, se ve hecho partícipe de la comunicación divina.

La teología de la gracia se desarrolla simultaneamente, y además de abundar en esas mismas ideas acentuándolas todavía más, se verifica en una serie de problemas antropológicos que no podemos ignorar, como es el de la nueva concepción de la «conciencia». El tema está estudiado para el Occidente[135]. Se ha visto que en el siglo IV una nueva concepción

---

[135] C. A. PIERCE, Conscience in the New Testament, London 1955, 118.

de la συνείδησις, probablemente de origen estóico ha viciado la exegesis del NT. El tema no se reduce al Occidente. En S. Juan Crisóstomo la potenciación de la antropología en este mismo sentido tiene lugar a través del innatismo[136] y de la teología de la gracia[137].

No vacilamos en sostener que la victoria de la Iglesia frente a las herejías ha tenido como raiz precisamente esa postura que comentamos que la ha hecho capaz de asimilar las exigencias intrínsecas de cada una de las herejías, dando a la vez coherencia a tales exigencias y respondiendo a las necesidades antropológicas impuestas por una determinada estructura social, tal como fué la del siglo IV y que pudiéramos calificar de pre-feudal.

Al ganar el combate, la Iglesia se metamorfoseó. La moral se hizo cósmica: hay un bien y un mal definidos por una norma de la naturaleza. La naturaleza se convierte en norma de vida y de pensamiento. Claro está que no se profundiza en tal concepto: simplemente se identifica con la propia visión de las cosas. En esta misma dirección, la espiritualidad incorpora cuantos elementos podían servir para excitar el sentimiento religioso, que es el nuevo baremo para medir el amor de Dios. Estampos en el siglo en que surgen potentes las diversas liturgias. Todo el antiguo lenguaje es reinterpretado en función de las nuevas coordenadas mentales: la caridad que venía significando el amor real y concreto se convierte en la raiz del amor y el principio del mismo, algo, en rigor, que no se puede ver ni tocar, que ha pasado al orden de la metafísica.

El dogma se «objetiviza». Es la hora de los teólogos, porque al modo como había ocurrido en los siglos anteriores cuando hubo necesidad de tratar de compaginar la revelación con la cultura griega, ahora hay que definir el contenido de la revelación en un nuevo contexto cultural y social e ideológico.

Junto a la revolución teológica viene la revolución cultural, como subproducto de la misma. Se impone el teocentrismo, como en cosmología se impone el geocentrismo y en historia la nueva «mitología cristiana»: es ahora cuando la hagiografía adquiere de pronto un resurgir brillante, como no lo había tenido desde los tiempos obscuros de la

---

[136] Cfr. p. e. In Rom. XIII 2 PG 60, 510; In Gen. XXXVI 1 PG 53, 332; Ibid. XLII 1 PG 54, 385; Ibid. LIV 1 PG 54, 471; Ibid. LIV 5 PG 54, 477 etc.
[137] In Gen. LX 3 PG 54, 523.

época homérica, cuando en Grecia surge la mitología clásica y en Israel se da cuerpo a las sagas del mundo patriarcal.

¿Cual fué la parte del Crisóstomo en este proceso? ¿Qué aportó a él? ¿Fué mero sujeto pasivo o fué uno de los artífices del cambio? A modo de recopilación de las cosas apuntadas en el presente trabajo podemos decir que el santo hace una aportación fundamental en la modificación de la exégesis bíblica según ha quedado apuntado. Hace avanzar la teología de la gracia. Arroja luz sobre los problemas sociales y sobre su conexión con la teología. Contribuye a crear las nuevas coordenadas de la hermandad política universal[138]. Finalmente en su conflicto con la ortodoxia nicena que le lleva al destierro, el santo acentúa muchísimo su linea mística al llevar el juicio de las cosas ante el tribunal de Dios.

S. Juan Crisóstomo es hombre de su tiempo y su aportación es decisiva. En el último cuarto del siglo que estudiamos los problemas agobian en una manera tal, que el proceso de la evolución social e ideológica es vertiginoso. Se puede constatar en todas las dimensiones que se consideren del pensamiento de éste y de otros autores y se puede constatar en el enfrentamiento con los herejes que hemos estudiado aquí, en el que todos los planteamientos apuntan en la misma dirección que lleva este combate de la Iglesia y son parte del mismo.

---

[138] A. González Blanco, «S. Juan Crisóstomo ante el problema bárbaro», Miscelanea Comillas XXXVI, 1978, 263—299.

Die Sklavenfrage bei Theodoret von Kyrrhos: „Die 7. Rede des Bischofs über die Vorsehung"

von Richard Klein, Erlangen

In der Diskussion über die Bedeutung der Sklaverei in der Spätantike spielt die Haltung der christlichen Kirche und ihrer führenden Vertreter eine zentrale Rolle. In noch höherem Maße als in jedem anderen Teilbereich ist man hier von einer gemeinsamen Linie weit entfernt, zumal das Problem, von allen Interpretationsschwierigkeiten abgesehen, noch immer in erheblicher Weise von ideologischen Vorbehalten belastet ist. So waren einst die französischen Forscher H. Wallon[1] und P. Allard[2] in intensiver Weise um den Nachweis bemüht, daß es das

---

[1] H. Wallon: Historie de l'esclavage dans l'antiquité III, Paris 1879² (1. Aufl. 1847!), 1 ff., 295, 341, 431 ff. Zur Qualität z. B. J. Vogt: „... das bis heute grundlegende Werk über die antike Sklaverei ... wegen seiner umfassenden Dokumentation und seiner mutigen Fragestellung". (Sklaverei und Humanität, Studien zur antiken Sklaverei und ihrer Erforschung, Wiesbaden 1972², 99 f.) oder M. I. Finley: „Wallons (Histoire) bleibt unerreicht in ihrem Umfang und in der Darbietung der literarischen und juristischen Quellen, der patristischen Literatur sowie ... der inschriftlichen Belege". (Die Sklaverei in der Antike, München 1981, 13.) Ähnlich auch P. A. Milani: La schiavitù nel pensiero politico dai Greci al basso medio evo, Mailand 1972, 15. Dort auch ein umfassender Überblick über weitere Arbeiten apologetischen Inhalts 238 ff.

[2] P. Allard: Les esclaves chrétiens depuis les premiers temps de l'Eglise jusqu' à la fin de la domination romaine en Occident, Hildesheim 1974 (Nachdruck von 1914; 1. Auflage 1876). Allard, dessen Werk von der französischen Akademie preisgekrönt wurde und in kurzer Zeit 5 Auflagen erlebte, wurde noch mehr zum eigentlichen Schöpfer des Dogmas, daß die frühe Kirche die Sklaverei abgelehnt und damit zur Verringerung der Sklavenzahlen und der Besserstellung der Sklaven beigetragen habe. Stark davon abhängig, aber von ähnlicher Wirkung ist die breite Arbeit von S. Talamo: Il concetto della schiavitù da Aristotele ai Dottori Scolastici, Rom 1908, bes. 157 ff.

letzte Ziel des frühen Christentums gewesen sei, eine Freilassung sämtlicher Sklaven und damit eine langsame Aufhebung der Sklaverei als Institution zu erreichen. Auch wenn die Vertreter der gegensätzlichen Position, so etwa der radikale Theologe F. OVERBECK[3] oder der Mailänder Marxist E. CICCOTTI[4], die Übernahme des stoischen Gleichheitsgedankens und seine Anwendung in den christlichen Gemeinden nicht leugneten, so versuchten sie doch zu zeigen, daß jede weitergehende Deutung im Sinne von WALLON und ALLARD auf grundsätzlichen Mißverständnissen gewisser isoliert herangezogener Zeugnisse beruhe. Bereits in der Einleitung seiner damals völlig neuartigen Betrachtungsweise trat CICCOTTI der Meinung entgegen, daß die humane Einstellung von Christentum, Stoa oder eines anderen ethischen Systems den Niedergang der antiken Sklaverei verursacht habe[4]. Jene beiden gegensätzlichen Standpunkte, fortgeführt in den folgenden Jahrzehnten, finden sich bis in unsere Zeit, freilich in weit stärkerer Differenzierung nicht allein zwischen bürgerlicher und marxistischer Forschung, sondern auch innerhalb einzelner Schulen und Richtungen. Sicherlich spielt hierbei weniger die Apologie der eigenen, religiös fixierten Anschauung eine Rolle als vielmehr die unterschiedliche Bewertung von Einzelaussagen antiker Zeugnisse sowie die verschiedenartige Ausrichtung des Blickes etwa in der Beurteilung der jeweiligen Zeitverhältnisse oder der sozialen Bindungen eines antiken Autors[5].

---

[3] F. OVERBECK: Studien zur Geschichte der alten Kirche, Schloß-Chemnitz 1875, Kap. 3. Zusammenfassend auch E. TRÖLTSCH: „... an dem Rechtsinstitut als solchem, auch an dem Recht der grausamen Bestrafungen, haben die Christen nichts geändert, es geht unbedenklich ... in das Mittelalter über bei voller Empfindung des Gegensatzes der Institution gegen die innere Freiheit und Gleichheit der Christen". (Die Soziallehren der christlichen Kirchen und Gruppen, Tübingen 1912, 133 f.).

[4] E. CICCOTTI: Il tramonto della schiavitù nel mondo antico, Turin 1899 (Neuausgabe Bari 1977), deutsch Berlin 1910. Nach ihm ist der Rückgang der Sklaverei vor allem auf die geringer werdende Sklavenzufuhr und auf eine allgemeine Nivellierung zwischen Freien und Unfreien zurückzuführen (277 ff.). Ähnlich argumentiert G. SALVIOLI: Le dottrine dei Patri della Chiesa intorno alla schiavitù, Riv. It. Scienz. Giur. 29, 1900, 214 ff.

[5] Von neueren Arbeiten allgemeiner Art, die eine vermittelnde Stellung einnehmen — Anerkennung der persönlichen Gleichheit, Hinnahme der rechtlichen Ungleichheit — seien genannt C. VERLINDEN: L'esclavage dans l'Europe mediévale I, Brügge 1972², 34 ff. und J. IMBERT: Réflexions sur le christianisme et l'esclavage en droit romain, RIDA II 1949, 445 ff. Sehr ausführlich dazu jetzt MILANI a. a. O., 339: „L'istituto della manumissione ... non costituisce affato prova de una tendenza abolizionista cosi come non costituisce prova di una tendenza abolizionista della

Es kann kein Zweifel sein, daß die Frage, wie sich die Kirche in
der ausgehenden Antike zu Sklaven und Sklaventum verhielt, in erster
Linie an ihre führenden Repräsentanten wie Ambrosius und Augustinus
im Westen oder an die kappadokischen Väter und vor allem an Johannes
Chrysostomus im Osten zu richten ist. Weniger in eigenen Abhandlungen als vielmehr an verstreuten Stellen ihrer Werke äußern sie sich über
wesentliche Probleme, welche die Sklaverei berühren. Dies gilt für die
philosophisch-biblische Begründung, die sich in der Auseinandersetzung
mit einer rigorosen Fragestellung der Umwelt (etwa von seiten des
Mönchtums) immer deutlicher herausbildet[6], aber auch für die Bereiche
des alltäglichen Lebens wie die Sklavenflucht[7] oder das wechselseitige
Verhältnis von Herren und Dienerschaft. Überblickt man die heute vorliegenden Untersuchungen zu diesem Thema, so fällt auf, daß man
kaum geneigt ist, über jenen stets befragten Kreis großer Namen hinaus-
zugehen. Äußerungen von Bischöfen ab der Mitte des 5. Jahrhunderts
und später werden kaum berücksichtigt und gewöhnlich als wenig aus-
sagekräftige Anhängsel abgetan, da sie über Augustinus oder Johannes
Chrysostomus hinaus kaum Neues bringen könnten. Derart abschätzige
Urteile gibt es in besonderem Maße über den aus der syrischen Metropole Antiochia stammenden Bischof T h e o d o r e t von Kyrrhos, dessen
Lebenszeit von 393 bis ca. 466 angegeben wird[8]. Dies ist um so ver-

schiavitù della pena giudiziaria l'istituto della grazia." Ähnlich auch W. L. WESTER-
MANN: „Man kann nicht behaupten, daß die Kirche jemals den Wunsch aussprach,
die Sklaverei abzuschaffen, oder daß sie die ganze Einrichtung als verwerflich
angriff" (RE Suppl. VI 1935, 1067). Bei FINLEY wird das Thema „Sklaverei und
frühes Christentum" mit wenigen Sätzen abgetan: „. . . so haben weder das Neue
Testament noch die Kirchenväter der Rhetorik der römischen Stoiker irgend etwas
von Bedeutung hinzugefügt" (a. a. O., 146). Völlig einseitig ist die Arbeit von G.
KEHNSCHERPER: Die Stellung der Bibel und der alten Kirche zur Sklaverei, Halle
1957.
[6] Eine umfassende, speziell diesem Thema gewidmete Studie gibt es nicht. Das Material bieten in gedrängter Form u. a. F. SCHAUB: Studien zur Geschichte der Sklaverei im Frühmittelalter, Diss. Freiburg, Berlin—Leipzig 1913, 29 ff. und O. SCHIL-
LING: Naturrecht und Staat nach der Lehre der alten Kirche, Paderborn 1914, 50 ff.
Einiges auch bei A. J. CARLYLE: A History of Medieval Political Theory in the
West, London 1903, 111 ff. und A. HADJINICOLAU-MORAVA: Recherches sur la vie
des esclaves dans le monde Byzantine, Athen 1950, 12 ff. Wertvoll jetzt der Überblick bei MILANI a. a. O., 287 ff. (mit Augustin als Mittelpunkt).
[7] Darüber H. BELLEN: Studien zur Sklavenflucht im Römischen Kaiserreich, Wiesbaden 1971, 78 ff.; 147 ff.
[8] Zu Leben und Werk des aus Antiochien stammenden Bischofs Theodoret
von Kyrrhos sehr ausführlich P. CANIVET: Histoire d'une entreprise apologétique
au Ve siècle, Paris 1957 passim und DERS. kürzer Theodoret de Cyr: Therapeutique

wunderlicher, als gerade er über Sklaven und Sklaverei nicht wie die
meisten übrigen nur nebenbei in wenigen Sätzen oder in der Exegese
einer Textstelle aus dem Alten oder Neuen Testament spricht. Im Gegenteil, er ist einer der wenigen, welche dem Problem einen breiteren
Raum widmen: Es handelt sich um die 7. Rede aus jenem insgesamt
zehn Reden umfassenden Zyklus, die Theodoret zwischen 435 und 437
vor einem mehrheitlich christlichen, gebildeten Auditorium in Antiochia
gehalten hat[9]. Auch wenn gewisse Gedanken und manche Einzelheiten
von Joh. Chrysostomus übernommen sind, was einst SCHILLING veranlaßte, in jenen Zeilen nicht viel mehr als eine Zusammenfassung von
dessen Ideen zu erkennen[10], so zeigt sich doch bei näherem Zusehen, daß
daraus wertvolle Erkenntnisse über den Wandel der kirchlichen Ansichten zur Sklaverei, aber auch über die soziale und wirtschaftliche Lage
Syriens im 5. Jahrhundert gewonnen werden können.

I

Als besondere Vorzüge sämtlicher Predigten Theodorets über die
Vorsehung, sowohl der ersten fünf, in welchen die Zweckmäßigkeit der
physischen Weltordnung als Beweis für die stets vorhandene göttliche
πρόνοια veranschaulicht wird, als auch der folgenden (6—10), wo der
Redner die von Gott begründete moralische und soziale Weltordnung

des maladies hélléniques, Paris 1958, 7 ff. (Introduction). Die einzige zeitgenössische
biographische Notiz über ihn stammt von Gennadius von Massilia (script. eccl.
c. 89), die übrigen chronologischen Fixpunkte sind seinen eigenen Werken zu entnehmen.

[9] Der griechische Text bei MIGNE PG LXXXIII 665 ff. (de providentia dei oratio
VII), eine franz. Übersetzung stammt von Y. AZEMA (Théodoret de Cyr, Discours
sur la Providence, Paris 1954, 225 ff.). In einer sehr breit angelegten Einleitung
(91 Seiten!) behandelt der Bearbeiter folgende Fragen: La date, le but et nature
de l'œuvre, la méthode, la doctrine et les sources, l'art. Über Entstehungszeit, Ort,
Charakter- und Beweggründe dieser Predigten vgl. schon kurz J. SCHULTE: Theodoret von Cyrus als Apologet. Ein Beitrag zur Geschichte der Apologetik, Wien
1904, 23 ff. Die Wahrscheinlichkeit, daß die Predigten in Antiochia gehalten wurden, gründet sich darauf, daß Theodoret in dieser Stadt gerne als Kanzelredner
auftrat, zum anderen auf der Tatsache, daß ein derart gebildetes Publikum, wie es
hier vorauszusetzen ist, in dem kleinen Kyrrhos nicht vorhanden war.

[10] SCHILLING a. a. O. z. B. 127: „Theodoret erzeigt sich als getreuer Schüler des
Chrysostomus, indem er dessen Lehren im großen und ganzen ohne wesentliche
Änderung akzeptiert." Ähnlich SCHAUB a. a. O., 44. Nikephoros Kallistos nennt
Th. sogar einen Schüler des Joh. Chr. (hist. eccl. XIV 54; PG CXLVI 1256). „Mais
on sait qu'il y avait bien des façons d'être élève d'un maître" (CANIVET).

verteidigt, gelten seit alters der klare, logische Aufbau sowie die reali-
stische Betrachtungsweise[11]. Zudem sorgt der Verfasser dadurch für eine
Auflockerung, daß er seine Sätze nicht in ungestörter, zusammenhängender Reihenfolge vorträgt, sondern als Antworten auf die meist in wörtlicher Rede formulierten Vorwürfe seiner Gegner, welche die Vorsehung
Gottes bei dem jeweils angesprochenen Thema in Zweifel ziehen; zum
andern läßt sich der in der heidnischen wie christlichen Tradition bestens
erfahrene Apologet keine Gelegenheit entgehen, Beispiele aus den ver-
schiedensten Bereichen einzustreuen, um die Glaubwürdigkeit seiner
Aussagen zu erhöhen. Am ehesten vermeint er seine praktisch denken-
den Hörer dadurch zu überzeugen, daß er insgesamt weniger theologisch
oder philosophisch argumentiert, sondern weit mehr einer allgemein
verständlichen, realistischen Sprechweise den Vorzug gibt[12].

Das G r u n d a n l i e g e n der 7. Rede, welche mit der vorangehen-
den, die natürlichen Unterschiede von Arm und Reich verteidigenden
6. Rede eng verbunden ist, lautet: Die Scheidung in Herren und Sklaven

---

[11] Vgl. SCHULTE a. a. O., 25: „Apologetische Predigten mit freierer Redeform, ausgesprochenem Thema und angekündigter Disposition sowie sorgfältig ausgearbeitet
mit allen Kunstmitteln der Rhetorik sind im V. Jahrhundert keine Seltenheit".
Auch wenn ihm eine umfassende Literatur über die göttliche Vorsehung zur Verfügung stand (z. B. Justin, Athenagoras, Theophilus von Ant., Clemens v. Alex.,
Eusebius v. Caes. u. a. bis hin zu Cyrill v. Ant., so ist ihm doch weitgehende
Originalität zuzuerkennen (vgl. auch CANIVET, Therapeutiques ... 24 ff.), so daß
diese Predigten bisweilen sogar als östliches Gegenstück zu Augustins Gottesstaat
betrachtet werden. Zahlreich sind auch die Entlehnungen aus dem jüdischen und
heidnischen Schrifttum, wie man es bei seinem Werk über die heidn. Krankheiten
schon immer gesehen hat (vgl. SCHULTE a. a. O., 67 ff.). AZEMA rühmt „la clarté de
sa composition et la logique de sa architecture", hervorgerufen durch die Anwesenheit hochgebildeter Heiden unter den Zuhörern, sowie „une observation de la
réalité contemporaine" (a. a. O., 36).

[12] Vgl. wiederum AZEMA a. a. O., 33: „Les arguments utilisés sont donc présque toujours de caractère profane, scientifique ou philosophique, rarement théologique
ou métaphysique". Das Aufgreifen von gegnerischen Vorwürfen läßt sich am Eingang der 7. Rede bes. gut beobachten. Über die Frage, wer diese Gegner im einzelnen sind, welche die göttliche Vorsehung in Zweifel ziehen, gibt er zu Beginn
der 1. Rede Auskunft: Er nennt dort heidnische Dichter und Philosophen, aber
auch solche, die sich mit ihrem Christentum brüsten, dessen ungeachtet aber die
wahre Lehre bekämpfen, also christliche Häretiker (559 D). Den tieferen Hintergrund
für die von Th. aufgegriffene Thematik bildete der durch die mannigfachen Leiden
der Zeit hervorgerufene Fatalismus, der auch in christliche Kreise eindrang, bes. durch
die bedrohliche politische und militärische Lage (ständig Einfälle der Perser!), wodurch der Glaube an die Vorsehung Gottes ins Wanken geriet. Zu vergleichen sind
ähnliche Schriften von Cyrill von Ant., Joh. Chrysostomus (hom. 1 de statuis),
Isidor von Pelusium, Titus von Bostra u. a.

ist vorteilhaft für das menschliche Leben ("Ὅτι δουλεία καὶ δεσποτεία πρόσφοροι τῷ βίῳ).

Bereits in den ersten Zeilen der umfangreichen E i n l e i t u n g wird deutlich, welchen Stellenwert der Verfasser diesem Thema beimißt (665 C—669 C). Wie am Eingang des gesamten Redenzyklus legt er hier erneut eine Rechtfertigung dafür vor, warum er sich entschlossen hat, die Vorsehung Gottes in der Welt und im Leben zu beweisen. Er möchte sich, so führt er aus, dankbar erweisen für die Wohltaten, die er von seinem Schöpfer erfahren hat, obgleich dieser des menschlichen Lobes nicht bedürfe. Hierauf wendet er sich einem Einwurf der Gegner zu, die sich nach seinen Worten immer über die Ungleichheit zwischen Sklaven und Herren beklagten (wie vorher über die Trennung zwischen Arm und Reich) und nicht einsehen wollten, worin der Nutzen dieser Ordnung für die Menschheit liege[13]. Mit einer langen Reihe anschaulicher und realitätsbezogener Beispiele ist der versierte Rhetor gleich zu Beginn bestrebt, die steten Lästerungen dieser Menschen und vor allem ihre ständigen Widersprüche zu geißeln, in die sie sich hierbei verwickeln, ohne das eigentliche Thema zu berühren. Durch jene in der Rhetorik häufig geübte Methode glaubt er sich von vornherein eine unangreifbare Position geschaffen zu haben.

Den e r s t e n, hinführenden Abschnitt im Hauptteil seiner Predigt (669 C—673 C) widmet der Apologet der Scheidung des Menschengeschlechtes in Herrscher und Untertanen. Zu Beginn der Schöpfung sieht er die volle Gleichheit aller Menschen verwirklicht: „Gott machte nicht anfangs einige zu Sklaven, andere zu Herren, sondern er schuf alle gleich." (Οὐ γὰρ ἐξ ἀρχῆς ὁ ποιητὴς τοῖς μὲν δουλείαν, τοῖς δὲ δεσποτείαν ἀπένειμεν, ἀλλ' ἓν ἁπάντων ἐδημιούργησε γένος.) Den Beweis erkennt er darin, daß in die Arche Noahs noch kein Sklave hineingegangen sei; denn nur die unvernünftigen Tiere seien damals Sklaven gewesen, die Gott zu dem Zweck erschaffen habe, daß sie den Menschen knechtische Dienste leisteten. Als sich jedoch in der Folgezeit durch die Zügellosigkeit (ἀναρχία) des Menschengeschlechtes Unordnung und ungestrafte

---

[13] Die 6. Rede, mit welcher die soziale Thematik des gesamten Redenzyklus beginnt, behandelt das Thema: „Reichtum und Armut sind dem menschlichen Leben nützlich". Sie schafft damit die Voraussetzung für die in der 7. Rede behandelte Sklavenfrage. Wenn der Verfasser gleich eingangs betont, er möchte die Sklaven überreden, das Joch, welches ihnen der Herr auferlegt habe, sich gefallen zu lassen (668 B), so wird damit die mit der Rede verfolgte praktische Absicht deutlich ausgesprochen.

Gesetzlosigkeit (ἀκοσμία — παρανομία) ausgebreitet habe, habe der
Schöpfer die Trennung in Herrschende und Beherrschte vollzogen, damit
die einen aus Furcht vor den andern weniger Frevel begingen; denn nur
die Furcht halte die sich empörenden Leidenschaften in Zaum und bringe
gewöhnlich das zuwege, was die Vernunft nicht vermöge. Die mit
Lastern und Leidenschaften behaftete menschliche Natur wird verglichen mit einem Schiff, das ohne Ballast ziellos umhertreibt. Wie dieses
eines festen Ankers bedürfe, so habe das Menschengeschlecht Gesetz-
geber und Gesetze nötig, um nicht im Chaos zu versinken[14]. An dieser
Stelle ist es dem Verfasser wiederum möglich, vor den Zuhörern mit
seiner Bildung zu brillieren, indem er darauf verweist, daß auch in einer
Demokratie nicht alle Menschen gleich seien, sondern einige als Gesetz-
geber, andere als Heerführer und wieder andere als Untergebene erscheinen, während in einer Oligarchie sogar die meisten Bürger Untertanen seien und nur wenige, die sich durch Klugheit und Tugend aus-
zeichneten, die Staatsgewalt in Händen hätten[15].

Im Anschluß daran wird ganz unvermittelt die Sünde als Ursache
der Ungleichheit eingeführt, da sie alle Unordnung in der Welt hervor-
bringe. Die Sünde war es, so liest man weiter, welche die Einführung
von Gesetzen nötig machte; erst durch die Gesetze habe der Schöpfer
aller Dinge wie durch einen Zügel den Ansturm der Sünde aufgehalten.
In einem breiten Exkurs, der durch eingängige, aus der Natur und dem
Menschenleben genommene Analogien ausgeschmückt ist (672 C—673 C),
werden nun die Wohltaten der Gesetze und all derer, welche sie hand-

---

[14] Eine Fülle von Beispielen über die Leitung eines Schiffes durch einen erfahrenen
Steuermann sind gesammelt bei K. H. KAISER: Das Bild des Steuermanns in der
antiken Literatur, Diss. Erlangen 1953. Theodoret dürfte wohl die bekannten
Stellen aus Platon, Pol. 448 A, Aristot. Pol. 1276 b, Polyb. III 81 und VI 44; Dion
v. Prusa, Plutarch, Epiktet, Mark Aurel, Philon (leg. ad Gaium 50; de praemiis et
poenis 33 f.), Cicero rep. I 62; II 51 usw. vor Augen gehabt haben.

[15] Hier greift Theodoret letztlich auf Gedanken des Aristoteles zurück, der eine vollständige „arithmetische" Gleichheit für unerreichbar und auch gar nicht gerecht
hält, sondern eine Mischung aus demokratischer und oligarchischer Gleichheit fordert
(Pol. 1283 A 23 ff.). Jene „mittleren" besten Bürger vermögen am ehesten der
Vernunft zu gehorchen, sie herrschen und dienen zugleich. Der Staat, in dem die
Gleichheit nach Würde und Klugheit zugeteilt wird, ist gemeinschaftlich und wahr-
haft gleich (Pol. 1296 A 29). Vgl. auch schon Thukydides (II 37, 1), wo die Ein-
schränkung der demokratischen Gleichheit in der Weise geschieht, daß dem durch
Verdienste erworbenen Ansehen der Vorrang zuerkannt wird. Dazu K. THRAEDE,
RAC XI 1981 (s. v. Gleichheit), 130 f.

haben, geschildert[16]. Die innere Anteilnahme, mit welcher der Redner angesichts der durch die Leidenschaften verdorbenen Menschennatur von der segensreichen Tätigkeit der Richter für die Geschädigten spricht, läßt sich wohl nur dadurch erklären, daß Theodoret in seiner Unterscheidung eine durch die menschliche Veranlagung notwendige, gottgewollte Entwicklung sieht. Diese möchte er gegen die Angriffe jener in Schutz nehmen, welche auf Grund der sozialen Verhältnisse der Gegenwart die göttliche Vorsehung in Zweifel ziehen[17].

In einem z w e i t e n Abschnitt (673 C—677 A) kommt der Redner auf sein eigentliches Anliegen zu sprechen, die Scheidung des menschlichen Geschlechtes im engeren Sinn in Herren und Sklaven. Auch hier dient ihm als Ausgangspunkt die gleiche Natur aller Menschen, die der Herrscher des Weltalls allen verliehen habe. Er ist bemüht, dies weniger durch Belege aus der Heiligen Schrift als an der φύσις der Menschen selbst zu zeigen, welche die Aussagen der Schrift bestätigt. Alles, was man an Unterschieden in Sitte und Hautfarbe beobachten könne, sei zufällig und berühre das Wesen des Menschen nicht. Daraus jedoch, so lautet der Schluß, daß die Natur bei allen dieselbe ist, folgt die Gerechtigkeit des Schöpfergottes[18]. Und weiter wie bereits kurz zuvor: Aus der Tatsache, daß die Menschen mit der Zeit in Sklaven und Her-

---

[16] Genannt wird z. B. das Geschlecht der Fische, wo die kleinen von den großen verzehrt werden. Hier greift Theodoret im letzten wiederum auf Aristoteles zurück, der eingehend von der Gewalttätigkeit und der Bosheit der Fische spricht (anim. hist. 8, 2; 9, 2; vgl. auch Polyb. XV 20, 3: ἰχθύων βία). Dazu kurz J. ENGEMANN: RAC 7, 1969, 1004 f. s. v. Fisch (dort Beispiele von Kirchenvätern z. B. Athen. suppl. 34; Iren. haer. V 24, 4; Basil. hex. hom. 7, 3; Ambr. hex. 5, 5, 13 f.; Joh. Chrys. serm. Gen. 4, 2 u. a.; vgl. auch W. PARSONS: Lest Men, lest Fishes, Traditio 3, 1945, 380 ff.).

[17] Ähnlich AZEMA, der „quelque outrance dans cette peinture" damit erklärt: „Il s'agit de tracer un portrait aussi noir que possible de la perversité des hommes, afin de rendre plus évidente la nécessité d'une justice qui fera respecter les lois et mettra un frein aux mauvais instincts de la nature humaine" (a. a. O., 231).

[18] Hier bedient sich Theodoret des kynisch-stoischen Gedankens von der naturgegebenen Gemeinschaft aller Menschen und der Bedeutungslosigkeit aller völkischen Unterschiede. Vgl. schon den Protest des Eratosthenes gegen die Aufteilung der Menschen in Griechen und Barbaren (Strab. Geogr. I p. 66) oder allgemein Cic. leg. I 30: *Quod argumenti satis est nullam dissimilitudinem esse in genere. Quae si esset, non una communis definitio contineret … Nec est quisquam gentis ullius, qui ducem nactus naturam ad virtutem pervenire non possit.* Was in der Stoa als naturgegeben angesehen wird, wird von den Christen als Gabe Gottes bezeichnet (Ersatz der φύσις durch den Schöpfergott). Vgl. schon J. JÜTTNER: Hellenen und Barbaren, Leipzig 1923, 49 ff.

ren geteilt wurden, ergibt sich für ihn, daß die Sünde in die Welt eingegangen ist, welche diese Einteilung nötig machte. Entscheidend ist
jedoch der Zusatz, womit der Verfasser jene vorausgegangenen Sätze
näher interpretiert und absichert: Trotz dieser Aufspaltung und trotz
aller äußerlichen Unterschiede bewahrte die menschliche Natur „das
gleiche Gepräge" (τὸν αὐτὸν χαρακτῆρα φυλάξας), was wiederum ein Zeichen für die Gerechtigkeit Gottes ist. Jene Gleichheit im Wesen (τὴν τῆς
οὐσίας ταυτότητα) aber erhält der Schöpfer bis zum Weltende, während
er die durch die Sünde eingeführte Unordnung „durch die Richtschnur
der Gesetzgebung in den rechten Rhythmus brachte" (τῷ κανόνι τῆς
νομοθεσίας ἐρρύθμισεν)[19].

Wiederum ist Theodoret überzeugt, mit dem Hinweis auf die zwangs-
läufige Entwicklung, die zu jener Trennung führte, jedem Ansatz zu
einer Kritik die Spitze genommen zu haben. Dies um so mehr, als er mit
jenem Zusatz jeglicher Abwertung des Sklaven in seiner menschlichen
Würde als Abbild Gottes entgegentritt, erkennt er ihm doch das gleiche
Gepräge wie seinem Herrn und die gleiche von Gott verliehene Natur
zu wie jedem anderen Menschen[20]. Die natürliche Gleichheit aller, begründet auf dem Schöpfungswillen, gerät ihm also keineswegs zum
Widerspruch mit der sozialen Ungleichheit, da er diese aus einer zwangs-
läufigen, in der Natur des Menschen angelegten, durch die Sünde ausgelösten Entwicklung abzuleiten bemüht ist. Aber nicht jenes „gleiche
Gepräge aller" beschäftigt den Verfasser im folgenden, sondern die in
der Gegenwart überall sichtbare, nunmehr auch theologisch und anthro-
pologisch abgesicherte Unterordnung. Wiederum beschließt Theodoret
den Abschnitt mit einigen aus dem Alltagsleben genommenen Beispielen,

---

[19] Es liegt auf der Hand, daß neben dem christlichen Motiv — Sklaverei als Folge
des Sündenfalles — auch bei den Kirchenvätern der Gedanke des Goldenen „satur-
nischen" Zeitalters hereinspielt, zu dessen Merkmalen die volle Gleichheit aller
Menschen, d. h. die *absentia servorum* und das Fehlen von Privateigentum, gehören.
Mit dem Verfall des Rechts und dem Aufkommen der menschlichen Laster trat
auch die Sklaverei in die Welt. Belege hierfür bei B. GATZ: Weltalter, goldene Zeit
und sinnverwandte Vorstellungen, Hildesheim 1967, 119, 127.

[20] Damit hielt er an der Grundforderung des Paulus von der Einheit und Gleichheit
aller Menschen in Christus fest, wie sie der Apostel Gal. 3, 28 und vor allem in
den Haustafeln (Kol. 3, 18—4, 1 und Ephes. 5, 22—6, 9) sowie im Philemonbrief
ausgesprochen hat und wie sie in den ersten Jahrhunderten ohne Einschränkung
als christliche Lehre verstanden wurde. Vgl. dazu bes. H. GÜLZOW: Christentum
und Sklaverei in den ersten drei Jahrhunderten, Bonn 1969, 29 ff. Auch eine Distanzierung vor dem aristotelischen φύσει δοῦλος war damit verbunden.

mit denen er seine Widersacher nicht weniger zu überzeugen glaubt. Da er vor allem die im Haus tätigen Sklaven im Auge hat, kann er die Reihe der Exempla beenden mit den Worten: „Wie widersinnig dürfte es sein, wenn du zwar die Leitung eines Schiffes durch einen einzigen bewunderst und die Schlachtreihe eines Heeres lobst, die durch die Befehle eines Feldherrn aufgestellt wird, aber das Haus tadelst, das auf die gleiche Art regiert wird (677 A)[21].

Nach dieser theoretischen Begründung der Trennung in Herrschende und Beherrschte im allgemeinen, in Herren und Sklaven im besonderen gewährt der Verfasser in einem d r i t t e n Teil erneut einem Einwurf seiner Gegner breiten Raum (677 B—680 C). „Hart ist es, Sklave zu sein", so hält man ihm entgegen, „sich nach dem Willen der Herren mit dem Notwendigsten zu bescheiden und sich in steten Mühen abzuplagen" (Ἀλλὰ πικρὸν τὸ δουλεύειν κἂν τῇ ἐξουσίᾳ τῶν δεσπότων ἔχειν τὴν τῶν ἀναγκαίων ἀπόλαυσιν καὶ πόνοις διηνεγκέσιν ταλαιπωρεῖσθαι). In seiner Entgegnung zeigt sich der Bischof in einer Weise mit dem Alltagsleben von Herren und Sklaven und ihren besonderen Lebensverhältnissen vertraut, wie es selten zu vernehmen ist. Wohl schon aus eigener Anschauung und veranlaßt durch praktische Erlebnisse seiner Jugend[22], aber gewiß noch mehr infolge seiner seelsorgerischen Erfahrungen als Bischof[23] wagt er die frappierende These, daß das Dasein der Sklaven aufs Ganze gesehen beneidenswerter sei als das der Herren. In eindringlichen Worten schildert er das Leben eines geplagten Hausvaters: Er hat sich um seine Hausgenossen zu kümmern, muß Abgaben entrichten, seine über-

---

[21] Zu diesen Bildern vgl. etwa schon Joh. Chr., der damit ebenfalls die verantwortliche Stellung des Hausvaters dokumentiert, z. B. 1. Kor. hom. 34, 3 (PC LXI 289): „Gott ließ es nicht zu, daß eine Volksherrschaft (δημοκρατία) sei, sondern eine Königsherrschaft (βασιλεία), und man sollte dieselbe Ordnung wie im Heer auch in jedem Haus vorfinden ... Und überall hat Gott schnell auch festgefügte Obrigkeitsverhältnisse eingerichtet, damit alles in Eintracht und großer Wohlgefügigkeit bleibe". Vgl. allgemein dazu H. PIESIK: Die Bildersprache der apostolischen Väter, Diss. Bonn 1961, 76 f., 80 ff.

[22] Er entstammte einer reichen Familie der Hauptstadt Antiochia (wohl nichtgriechischer Herkunft), die gewiß eine Reihe von Sklaven besaß (vgl. CANIVET a. a. O., 11: „La famille de Theodoret, propriétaire de biens fonciers, appartenait à une des classes superieures d'Antioche, peut-être à la classe curiale". Aus ep. 113 erfahren wir, daß er Alleinerbe des gesamten Vermögens war, dieses aber mit 23 Jahren verkaufte und den Erlös an die Armen verteilte, ehe er sich in ein Kloster bei Apamea zum Studium zurückzog (vgl. CANIVET a. a. O., 15).

[23] So berichtet er z. B., daß er in Kyrrhos persönlich intervenierte gegen die Erhebung übermäßig hoher Abgaben, um die wirtschaftliche Lage der bedrängten Bevölkerung zu erleichtern (ep. 43 und 45).

flüssigen Erzeugnisse verwerten und andere einkaufen. Er ist abhängig von der Witterung und erwartet bald einen überreichen, bald einen schlechten Ernteertrag, was ihm in jedem Fall zum Nachteil gereicht. Schließlich findet er, von Sorgen gequält, auch nachts keine Ruhe. Der Sklave dagegen dient zwar mit dem Körper, ist aber in seiner Seele von Sorgen frei.

In großer Breite wiederholt Theodoret sodann in umgekehrter Spiegelung alle Beschwernisse und Kümmernisse, wie sie den Herrn plagen, noch einmal, um darzutun, um wieviel erstrebenswerter das Leben eines Sklaven sei: Er klagt nicht wegen schlechter Ernten, ihn schreckt nicht der Anblick des Geldverleihers oder die Miene des Richters. Er hat ein bestimmtes Maß an Lebensmitteln und genießt auf dem Boden zwar einen bescheidenen, aber ungestörten Schlaf. Er besitzt zwar nicht mehr als einen Rock und hat sich mit einfachem Brot zu begnügen, dafür ist er mit großer Körperstärke ausgestattet und überschreitet nicht die Schranken der Mäßigkeit. Wiederum wird hier der Gesprächspartner in die Schilderung geschickt einbezogen: „Du siehst nur auf die Sklaverei, aber nicht auf die Gesundheit; du erwägst nur die Dienstbarkeit, aber nicht die mit ihr verbundene Gemütsruhe. Du klagst nur über die Arbeit, preist aber nicht das Glück des sorgenfreien Lebens. Du schmähst nur das Sklavendasein, aber den süßen Schlaf bewunderst du nicht." Jene einprägsamen, in scharfer Antithese formulierten Sätze scheinen dem Redner geeignet, um zum eigentlichen Sinn seiner Rede zurückzufinden: Gerade daran, so sagt er abschließend, daß Gott für beide Teile in gleicher Weise sorge, sei seine Vorsehung zu erkennen. Weil es die Sünde so verlange, habe er die Menschen in Herren und Sklaven geteilt, aber mit der Herrschaft der einen Sorgen, schlaflose Nächte und Krankheit verbunden, während er den Sklaven dauernde Gesundheit, einen angenehmen Genuß beim Speisen und vor allem einen süßen längeren Schlaf verliehen habe[24]. Sieht man nicht auf die Arbeit allein, so lautet das Resümee dieses zentralen Abschnittes, sondern auf das, was die Arbeit versüßt, so läßt sich unbedenklich sagen, daß in Wahrheit das Dasein eines Sklaven dem Schicksal eines Tag und Nacht von Sorgen geplagten Herrn vorzuziehen ist. Auch wenn hier die Parallele zu dem Grundgedanken der 6. Rede offen zutage liegt, wo die Lage der Armen in

---

[24] Jene Zeilen über den sorgenfreien Schlaf der Knechte sind beeinflußt von einer alttestamentlichen Vorlage, Ekkl. 5, 11 heißt es: „Wer arbeitet, dem ist der Schlaf süß, er habe wenig oder viel gegessen; aber die Fülle läßt den Reichen nicht schlafen".

weitaus helleren Farben geschildert wird als die der Reichen, so bleibt
doch die Verwunderung darüber, daß Theodoret ein derart klares
Plädoyer für den Sklavenstand abgibt, wie es in dieser Weise anderswo
nicht zu finden ist[25]. Ohne jede Einschränkung lautet seine Entscheidung,
daß es besser sei, ein Sklave zu bleiben als frei zu werden.

Noch aber scheint sich Theodoret selbst nicht sicher gewesen zu sein,
ob er seine skeptischen Zuhörer, mochten sie Heiden oder Christen sein,
gänzlich überzeugt habe. Nicht zuletzt aus diesem Grund schließt er
einen v i e r t e n Punkt an, in welchem er auf die universale Bedeutung
der körperlichen Arbeit zu sprechen kommt (680 C—684 A). Wie auch
sonst in seinem umfangreichen Werk preist der Bischof in diesen Zeilen
den Wert der Arbeit für den wirtschaftlichen und kulturellen Fortschritt
der Menschheit[26]. Da er keine Bedenken hegt, darin die Tätigkeit der
Sklaven einzuordnen, scheint ihm seine Überzeugung von der gottge-
wollten Zweiteilung der Menschheit in Herren und Sklaven wie auch
seine Aufforderung, das Sklavenlos zufrieden anzunehmen, hinreichend
begründet. Die selbst gestellte Frage, ob die Menschheit irgend etwas
Gutes ohne Arbeit erlangen könne, glaubt er damit beantwortet, daß
sich sowohl das Glück des einzelnen wie auch jede Form des menschlichen
Zusammenlebens als Frucht der körperlichen Arbeit erweisen. „Mittels
der Arbeit", so führt er aus, „erhalten wir die Erzeugnisse der Erde und
die Früchte des Handels ..., errichten wir Städte, wohnen in Häusern,
bekleiden den Körper, binden Schuhe unter die Füße und nähren uns

---

[25] Mit einer Reihe von ähnlichen Gründen sucht er in der 6. Rede das Schicksal der
Armen als beneidenswerter zu erweisen als das der Reichen (AZEMA a. a. O., 236:
„Les deux morceaux sont exactement symétriques et on peut les rapprocher, tant
en raison de leur allure générale que de la similitude des arguments développés").
Wenn AZEMA meint, daß ein Skeptiker sich gewiß nicht davon überzeugen ließ,
daß das Sklavenlos besser sei als das der Herren, so mag das im einzelnen zu-
treffen, er verkennt aber das eigentliche Anliegen, von dem sich der Bischof leiten
läßt.

[26] Immer wieder kommt Theodoret auf die Bedeutung der Arbeit zu sprechen, selbst
in seinen wissenschaftlich exegetischen Werken. Gerade die körperliche Arbeit betont er. Immer bleibt er sich bewußt, daß der Ursprung der Kultur in der hand-
werklich-körperlichen Arbeit liegt. Die zahlreichen Stellen, die einen umfassenden
Blick in das soziale Gefüge der Zeit geben (Über- und Unterordnung, gegenseitige
Abhängigkeit, Arbeitsfreude, Einfühlungsvermögen usw.), gesammelt bei H. HOLZ-
APFEL: Die sittliche Wertung der körperlichen Arbeit im christlichen Altertum, Diss.
Würzburg 1941, 99 ff. (107: „Offensichtlich hatte er als Bischof in seiner Seelsorgs-
tätigkeit meist mit der Arbeiterbevölkerung zu tun und trug dem in seinen
Schriften Rechnung").

von mannigfachen Speisen ..." Wer anderes rede oder denke, gleiche
einer Drohne, die nur von der Arbeit anderer leben wolle, ohne selbst
zum gemeinsamen Leben beizutragen. Wiederum sollte man sich bei solchen Sätzen erinnern, daß sie nicht um ihrer selbst willen gesprochen
sind — dadurch unterscheiden sich die Aussagen Theodorets von ähnlich klingenden Lehren christlicher oder heidnischer Autoren —, sondern
daß sie als Grundlage dienen für die rechte Einschätzung der Sklavenarbeit[27]. Wenn aber die Arbeit und ihre segensreichen Folgen es verdienen, insgesamt in diesem Maße gerühmt zu werden, so dürfen die
Sklaven davon nicht ausgeschlossen werden. Da Herren und Sklaven in
gleicher Weise vom Fleiß ihrer Hände leben, ja die ersteren um nichts
weniger als diese, kann es nicht angehen, einer Gruppe von körperlich
Tätigen die schuldige Achtung zu versagen und ihren sozialen Status als
nicht vereinbar mit der göttlichen Weisheit derart abzuwerten, daß es
nötig erscheint, ihn zu verändern. Mit diesem energischen Einspruch
gegen jede soziale Deklassierung der Sklavenarbeit ist wiederum ein
Grundgedanke der ganzen Rede angeführt.

Am Beispiel von fünf Gestalten aus dem Alten Testament, die alle
in einfacher Tätigkeit vorgestellt werden — Noah, Abraham, Rebekka,
Jakob und Moses —, ist der Redner bestrebt, das auf dem Wege der
Logik gewonnene Ergebnis seinen christlichen Zuhörern noch eingehen-
der zu erläutern. Insbesondere das eifrige Bemühen des Patriarchen
Abraham, der sich trotz seiner 318 Sklaven nicht scheute, selbst seine
Gäste zu bedienen und alle knechtischen Arbeiten persönlich zu über-
nehmen, soll als Beweis für die Gleichrangigkeit von Herren- und
Sklavenarbeit dienen[28]. Mit Genugtuung verkündet Theodoret in
einem abschließenden Überblick von wenigen Zeilen noch einmal, daß

---

[27] Dies geht u. a. auch daraus hervor, daß jenes ständige Lob der Handarbeit in
seiner Mönchsgeschichte nicht den gebührenden Platz einnimmt. Im Tagesablauf der
Mönche wird sie, abgesehen von der Beschaffung des eigenen Lebensunterhalts, gar
nicht erwähnt. Vgl. HOLZAPFEL a. a. O., 109. Die Wertschätzung der Arbeit ist
also nicht in bezug auf das Mönchtum geschrieben, sondern allein mit Blick auf
die allgemeinen sozialen Verhältnisse.

[28] Wenn AZEMA hier von „quelque sophisme dans cette argumentation" und von einer
„certaine injustice à confondre les soucis avec les travaux matériels" (a. a. O., 239)
spricht — es geht ihm um die Arbeit beider Teile —, da sich hieraus nicht beweisen
lasse, daß die Herren mehr arbeiten müßten als die Sklaven, so deswegen, weil er
den übergeordneten Gesichtspunkt, den Protest gegen die Abwertung der Sklavenarbeit, außer acht läßt.

jene von ihm als selbstverständlich hingenommene Über- und Unterordnung sowie die Vorteile des sorgenfreien Sklavenlebens klare Beweise für die göttliche Vorsehung seien.

Der S c h l u ß t e i l der Rede beginnt mit einer Zusammenfassung der bisherigen Gedanken (684 A—685 C). Hierbei wird noch eine weitere Konkretisierung erreicht, wenn es heißt, daß der Übergang von der anfänglich auch äußerlich gleichen Menschennatur in jene Phase der Aufspaltung in Herren und Sklaven durch den Mißbrauch der menschlichen Freiheit zu erklären sei, wozu der Mensch auf Grund seines ihm vom Schöpfer verliehenen freien Willens fähig geworden sei[29]. Durch die erst hier nachgeschobene theologische Begründung für jene Entwicklung der menschlichen Natur wird aber keineswegs die Notwendigkeit der Scheidung geleugnet, im Gegenteil, sie wird gerade deswegen noch einmal mit Nachdruck unterstrichen.

Um diesen Gedanken seinen Zuhörern erneut verständlich zu machen, verwendet der Redner ein letztes Mal ein ganzes Bündel von Analogien, die wiederum zu nichts anderem dienen als dazu, die Naturnotwendigkeit von Herrschaft und Gehorsam zu veranschaulichen. Die Reihe umfaßt den einfachen Beruf des Schuhmachers und seiner Lehrlinge ebenso wie die städtische Obrigkeit, die Hauptleute im Kriege in gleicher Weise wie die Lenker der Schiffe und sie schließt auch den Hausvater ein, ohne dessen Zügel ein Haus nicht bestehen könne; ja sogar bei den Engeln, wo die Sünde keinen Raum hat, werde deutlich, daß ein Teil Befehle gebe und der andere sie beachte. Den Blick zurückwendend auf die diesseitige Welt, verweist der Redner auf die Herrschaft des Vaters über seine Kinder, des Lehrers über die Knaben, des Mannes über die Frau und sogar auf die Abstufungen innerhalb der Priesterschaft, um die Rechtmäßigkeit der damit vergleichbaren Institution der Sklaverei mit allen daraus sich ergebenden Folgen herrschaftlicher Gewalt erneut zu demonstrieren[30]. Die Pflicht des Hausvaters aber ist es, so mahnt er,

---

[29] Es ist bezeichnend, daß Theodoret sich mit diesen allgemeinen Hinweisen begnügt und seine Ansicht nicht mit alttestamentlichen Beispielen, etwa mit der Sünde Chams gegen seinen Vater Noah (Gen. 9, 25) oder dem Mißbrauch des freien Willens durch das erste Menschenpaar belegt (wie die meisten übrigen Kirchenväter). Er tut dies, weil es ihm in dieser Rede auf die praktische Rechtfertigung des gegenwärtigen Zustandes und nicht auf die Wiederherstellung der Schöpfungsordnung durch Christus ankommt.

[30] Jene Beispiele lassen sich zum Teil über die neutestamentlichen Haustafeln zurückverfolgen, teils auf das hellenistische Judentum, teils auf den aristotelisch-stoischen

die Fleißigen unter seinen Sklaven zu belohnen und ihnen öfter die
Freiheit zu schenken, während er die Faulen und Schlechten nach dem
ihm zustehenden Recht hart bestraft[31]. Ein letzter Entwurf zielt schließlich darauf, welche Legitimation er als Christ für die Gewalt grausamer
und tyrannischer Herren anzubieten habe. Die Antwort lautet, daß es
auf die Bosheit derer, die einst eine gute Herrschaft besaßen, nicht auf
den Willen Gottes zurückzuführen sei, wenn bisweilen schlechte Herren
die Macht in Händen hätten; denn die Laster der Knechte seien daran
schuld, daß die göttliche Vorsehung die Hand von ihnen zurückgezogen
und zugelassen habe, daß sie solche Herren erhielten. Jetzt aber sollten
sie sich an die wohltätige Leitung früherer Tage erinnern. Was ihnen
bleibe, sei das Gebet zum Herrn des Weltalls, der dies zulasse, damit
sich durch eine Änderung ihrer Sinne und die Besserung ihrer Sitten die
harten Zeiten ändern[32]. Also auch hier das gleiche Ergebnis: Selbst im
Falle eines harten und ungerechten Herrn wird keine Flucht der Sklaven
erlaubt, da auch für sie in ihrer beklagenswerten Situation die göttliche
Vorsehung als eine Quelle der Milde und des Erbarmens zu betrachten
ist. So wird selbst in diesen letzten Sätzen keinerlei Lockerung der sozialen Verhältnisse zugestanden, da dies der Weisheit Gottes widerspricht. Daß ein rechtschaffener Sklave selbst unter einer gesetz- und
gottlosen Herrschaft in seiner Tugend keinen Schaden zu erleiden
braucht, dieses Thema behält der Bischof seiner folgenden Rede vor[33].

Bereich, insbes. das Dreierschema Mann-Frau, Vater-Kind, Herr-Sklave (mit verschiedener Akzentuierung). Vgl. D. LÜHRMANN: Wo man nicht mehr Sklave oder
Freier ist, in „Wort und Dienst", Jahrbuch der kirchl. Hochsch. Bethel N. F. 13,
1975, 53 ff. Eine besondere Rechtfertigung seiner Betrachtungsweise glaubt Th.
darin zu sehen, daß selbst unter Engeln, wo es keine Sünde gibt, eine solche Ordnung vorherrscht (beinahe eine Aufhebung seiner Konstruktion!).

[31] Mit dieser konkreten Mahnung greift Theodoret insbesondere auf Joh. Chrysostomus
zurück, der z. B. in Eph. hom. 22 (PG LXII 136 ff.), aber auch andernorts die
gleichen Ermahnungen ausspricht. Darüber jetzt eingehend W. JAEGER: Die Sklaverei bei Johannes Chrysostomus, Diss. Kiel 1974, 83 ff.

[32] Die theologische Begründung, welche Theodoret den Untertanen ungerechter Herren vorhält, hält sich in traditionellem Rahmen: Die schlechten Herren sind eine
Züchtigung Gottes für die Menschen (vgl. Eusebius v. Caes., praep. evang. VIII 14,
nach Philon, de prov.). Wesentlich ist ihm jedoch die praktische Folgerung, daß
dadurch jegliche Sklavenflucht ausgeschlossen wird.

[33] Das Thema der 8. Predigt lautet: „Rechtschaffenen Sklaven schadet es nicht,
schlechte Herren zu haben". Im Mittelpunkt steht hierbei (neben anderen) das
beliebte Beispiel des in die ägyptische Sklaverei verkauften Joseph, dessen Tugend
dabei keinen Schaden nahm. Vgl. zu diesem Thema schon Ambr. de Jos. patr. 4
(PL XIV 681): *Servile est omne peccatum, libera est innocentia.*

Die gesellschaftlichen und sozialen Unterschiede, so der Sinn der abschließenden Zeilen, sind ein fester Bestandteil der göttlichen Weltordnung zum Besten des menschlichen Geschlechtes. An ihnen zu rütteln, hieße die Vorsehung Gottes anzuzweifeln und das menschliche Zusammenleben grundlegend in Frage zu stellen. Das glaubt Theodoret in dieser Rede seinen Zuhörern bewiesen zu haben.

Überblickt man die G r u n d g e d a n k e n , so läßt sich sagen: In unmißverständlicher Weise setzt sich der Verfasser für die Erhaltung der sozialen Trennung in Herren und Sklaven ein. Sowohl auf logisch-rationalem Wege wie auch mit einer Fülle von Beispielen aus der Bibel und der menschlichen Erfahrungswelt sucht er diese seine Überzeugung glaubhaft zu machen. Andererseits liegt ihm außerordentlich viel daran, auch den Sklaven als Geschöpfen Gottes ihre menschliche Würde zu wahren, vor allem dadurch, daß er sich dagegen wehrt, ihre Arbeit als ehr- und wertlos abzuqualifizieren, weiß er doch, daß er es so am ehesten verhindern kann, daß die Sklaven zu bloßen Werkzeugen herabgewürdigt werden. Mit jener doppelten Absicherung glaubt er die Lösung gefunden zu haben, die mit seiner christlichen Glaubensüberzeugung, insbesondere mit den Paulinischen Ermahnungen übereinstimmte, aber auch in der von großen Sklavenscharen bevölkerten Stadt Antiochia den praktischen Bedürfnissen des Wirtschaftslebens am ehesten entsprach.

II

Die Einstellung Theodorets zur Sklavenfrage läßt sich in ihrer Singularität am ehesten erkennen, wenn man ihr die Äußerungen einiger a n d e r e r B i s c h ö f e entgegenstellt. Daß hierbei vor allem die Kirchenväter des Orients heranzuziehen sind, versteht sich aus der Herkunft Theodorets, aber auch aus einer durchgehend feststellbaren Diskrepanz der Meinungen zwischen Vertretern der östlichen und der westlichen Kirche dieser Zeit[34]. Im Mittelpunkt des Vergleichs hat die biblisch-historische Begründung zu stehen. Wie die Interpretation der 6. Rede über die Vorsehung zeigte, vertrat Theodoret den Gedanken

---

[34] Vgl. z. B. E. HERRMANN: „Während es im Osten Versuche gibt, die Sklaverei grundsätzlich oder in einzelnen Teilen zu bekämpfen, zeichnet sich im Westen eine immer größere Anlehnung an rechtlich-soziale Vorstellungen der römischen Gesellschaft ab" (Ecclesia in Re Publica. Die Entwicklung der Kirche von pseudostaatlicher zu staatlich inkorporierter Existenz, Frankfurt 1980, 252).

einer organisch fortschreitenden Entwicklung, die von der ursprünglich inneren und äußeren Gleichheit zu einer durch die Sünde und der ihr folgenden „Anarchie" ausgelösten sozialen Trennung in Herrschende und Beherrschte, in Herren und Sklaven führte. Diese organische Gesellschaftsentwicklung und der daraus abgeleitete Zustand, wie er in der gegenwärtigen Welt noch immer andauert, wurde von ihm als selbstverständlich angenommen und als übereinstimmend mit der göttlichen Vorsehung interpretiert.

Alle Kirchenväter, welche sich der Frage nach der Herkunft der Sklaverei zuwenden, stimmen in zwei Grundsätzen weitgehend überein. Erstens: Von Natur aus gibt es keine Sklaven, ein Satz, der seine Herkunft aus dem stoischen Gleichheitsdenken[35], aber auch aus der Paulinischen Lehre von der Einheit aller in Christus nicht verleugnen kann[36]. Der zweite Grundsatz lautet: Die Sklaverei ist eine Folge der Sünde, durch die der paradiesische Urzustand der absoluten Gleichheit zerstört wurde. Jener zweite Gedanke ist zurückzuführen auf das Paulinische Wort, daß die Menschen seit ihrer Abwendung von Gott zu Sklaven der Sünde geworden sind[37], konkret bezogen auf den Fluch Noahs über seinen unbotmäßigen Sohn Cham, der dadurch zum Sklaven seiner Brüder· wurde[38]; des weiteren findet der Gedanke eine Stütze in jener

---

[35] Vgl. z. B. SVF 352: Ἄνθρωπος γὰρ ἐκ φύσεως δοῦλος οὐδείς (nach Philon, de septen. et fest. dieb. p. 283). Darüber ausführlich M. POHLENZ: Die Stoa, Geschichte einer geistigen Bewegung, Berlin 1964³, I 136 ff. II 75.

[36] Vgl. dazu zusammenfassend THRAEDE a. a. O., 145: „Der Christusglaube der Getauften bedeutet wie die Taufe selbst, daß geschichtliche Ungleichheiten keine konstitutive Rolle spielen, wenn die Gemeinde beisammen ist und als Gemeinde handelt. Mensch und Kirche sind von der Vorherrschaft nationaler und sozialer Merkmale befreit, Status und Abstammung ‚definiert' sie nicht". Sehr ausführlich darüber J. LAPPAS: Paulus und die Sklavenfrage, Diss. Wien 1954 passim.

[37] Röm. 6, 17: Χάρις δὲ τῷ θεῷ ὅτι ἦτε δοῦλοι τῆς ἁμαρτίας, ὑπηκούσατε δὲ ἐκ καρδίας εἰς ὃν παρεδόθητε τύπον διδαχῆς. Vgl. dazu H. LIETZMANN: Handb. z. NT, Tübingen 1971, 70 f.

[38] Gen. 9, 25: „Verflucht sei Kanaan und sei seinen Brüdern ein Knecht aller Knechte!" Die Rückführung der Sklaverei auf die Sünde Chams wird erstmals angedeutet von dem Märtyrer Justin, Dial. Tryph. 134: „Denn nachdem Noah zweien seiner Söhne das Geschlecht des dritten in die Sklaverei gegeben hatte, ist jetzt Christus zur Wiederherstellung beider, sowohl derer, welche Kinder von Freien sind, als auch der Sklaven unter ihnen erschienen . . ." Mit aller Deutlichkeit spricht dies zuerst Ambrosiaster aus: *Unde et Cham propter stultitiam, quia risit nudidatem patris stulte, servus est appellatus* (Comm. Col. 4, 1; CSEL 81, 202). Sehr ausführlich darüber Augustin civ. dei XIX 15 (CCL 48, 682). Vgl. O. HEGGELBACHER: Vom römischen zum christlichen Recht, Freiburg/Schw. 1959, 38 f.

stoischen Auffassung, die auf frühgriechische Mythen von einer absentia servorum im unschuldigen Goldenen Zeitalter zurückgreift, daß einst das Aufkommen menschlicher Laster die ursprüngliche Gleichheit vernichtet habe[39]. Aufschlußreich ist jedoch, wie die Bischöfe jene beiden Grundsätze in ihr Verständnis des christlichen Glaubens einordnen, um auf jene Stimmen eine Antwort zu geben, welche aus dem eigenen wie aus dem heidnischen Lager eine Auskunft über das „Ärgernis" der Sklaverei verlangten.

Als erster wendet sich im Osten B a s i l i u s d e r G r o ß e ausführlicher diesem Problem zu. An einer bekannten Stelle seiner Predigt „Über den Heiligen Geist" stellt auch er den stoischen Satz τῇ φύσει δοῦλος οὐδείς an die Spitze seiner Betrachtung[40].

Die Entstehung der Sklaverei erklärt er aus drei Wurzeln: Entweder wurden Menschen als Kriegsgefangene in die Knechtschaft weggeführt oder sie gelangten durch Armut in eine dienende Stellung wie die Israeliten in Ägypten oder sie gerieten „auf Grund einer weisen und geheimen Anordnung" (κατά τινα σοφὴν καὶ ἀπόρρητον οἰκονομίαν) die schlechteren unter den Kindern nach dem väterlichen Willen unter die Herrschaft der verständigen und besseren. Aber auch wenn der eine Herr und der andere Sklave heißt, so sind sie doch alle „auf Grund ihrer gleichen Menschenwürde" (κατὰ τὴν πρὸς ἀλλήλους ὁμοτιμίαν) wie auch als „Besitztum" (κτήματα) des Schöpfergottes „Mitsklaven" (ὁμόδουλοι), d. h. auch für die Gegenwart wird an dem Satz festgehalten, daß es keine Sklaven von Natur aus gebe. Vergleicht man die drei Wurzeln, so könnte lediglich aus der letzten, wo von moralischer Minderwertigkeit die Rede ist — hier zeigt sich im entfernten eine Aufnahme

---

[39] Greifbar etwa bei Seneca ep. 90 (mit Berufung auf Poseidonios), wo von einer seligen Urzeit die Rede ist, als die Erdengüter noch gemeinsamer Besitz waren und es weder Sklaven noch lästige Zwangsherrschaft gab, sondern weise und gerechte Führer, welche die Schwachen gegen die Starken schützten. *Sed postquam subrepentibus vitiis in tyrannidem regna conversa sunt, opus esse legibus coepit, quas et ipsa inter initia tulere sapientes* (6). Mit der Einführung von Privateigentum, geschriebenen Gesetzen und dem Tyrannenregiment entstand auch die Sklaverei. Von der Gleichheit aller Menschen unter Saturn spricht z. B. Macr. Sat. 1, 7: *Nondum quisquam servitio vel libertate discriminabatur.* Dazu wiederum GATZ a. a. O., bes. 127 und W. RICHTER: Seneca und die Sklaven, Gymn. 65, 1958, 196 ff.

[40] De spiritu sancto 51 (PG XXXII 160 f.): Οὐκ ἐννοοῦντες ὅτι παρὰ μὲν ἀνθρώποις τῇ φύσει δοῦλος οὐδείς. Über die Einstellung des Basilius zur Sklaverei vgl. SCHILLING: Naturrecht und Staat . . ., 80 ff. und S. GIET: Les idées et l'action social de Saint Basile, Paris 1941, 84 ff. sowie kurz THRAEDE, a. a. O., 154.

aristotelischer Gedanken —, eine gewisse Rechtfertigung für die Beibehaltung der Sklaverei abgelesen werden[41]. Die beiden anderen Wurzeln,
Kriege und Armut, sind gewiß nicht geeignet, um daraus eine rationale
Legitimation für die Gegenwart zu gewinnen, so daß zu Recht gesagt
wurde, daß hier die Institution in ihrer Wurzel als fehler- oder mangel-
haft erscheint[42].

Wenn Basilius trotzdem die Sklaverei so wenig wie jede andere Herr-
schaftsordnung verwirft, so deswegen, weil nach seiner Ansicht mit der
Schöpfung grundsätzlich ein Dienstverhältnis aller Kreaturen zu Gott
(als ὁμόδουλοι) eingerichtet wurde[43]. In jenem spirituellen Ausgleich
zwischen Herrschern und Beherrschten verlieren die Untertanenverhält-

---

[41] Vgl. Arist. pol. 1, 4 1254 a: „Denn Sklave von Natur ist, wer Eigentum eines
andern sein kann und es deshalb auch ist, und wer an der Vernunft nur soweit
teilhat, daß er ihre Stimme vernimmt, sie aber nicht selbst besitzt". Zum aristotelischen φύσει δοῦλος vgl. H. KLEES: Herren und Sklaven. Die Sklaverei im oikono-
mischen und politischen Schrifttum der Griechen in klassischer Zeit, Wiesbaden 1975,
206 ff. Dieser Gedanke der Herrschaft über den moralisch Minderwertigen, der auch
in der Stoa vorhanden ist (vgl. A. SCHMECKEL: Die Philosophie der mittleren Stoa
in ihrem geschichtlichen Zusammenhange, Berlin 1892, 379), wird aufgenommen
von dem Juden Philon, der trotz seines Eintretens für die allgemeine Gleichheit
der Menschen betont, es sei besser, wenn ein Schlechter nicht sein eigener Herr sei
(de virt. 209; leg. all. III 89). Vgl. dazu F. GEIGER: Philon von Alexandreia als
sozialer Denker, Stuttgart 1932, 75 ff. Aus ihm schöpfen sowohl Basilius im Osten
(so auch HADJINICOLAU-MORAVA, a. a. O., 15) wie auch der Mailänder Bischof
Ambrosius im Westen (vgl. bes. ep. 37, 40, FALLER VII, CSEL 82, 63): *Libertas
igitur sapienti, non insipienti convenit,* oder ep. 77, 6, FALLER XX, ibid. 149 ...
qui regere se non potest et gubernare, servire debet et subditus esse prudentiori.
Veranschaulicht wird dies durch das Beispiel der Brüder Esau und Jakob. Dazu
bes. K. P. SCHNEIDER: Christliches Liebesgebot und weltliche Ordnungen. Historische Untersuchungen zu Ambrosius von Mailand, Diss. Köln 1975, 91 ff. Bezeichnend ist, daß von jener philosophischen Untermauerung bei Theodoret nichts zu
bemerken ist.

[42] SCHILLING: Naturrecht und Staat ..., 81. Die beiden anderen Argumente für die
Entstehung der Sklaverei — Armut und Gefangenschaft im Krieg — finden sich
vor allem in der juristischen Literatur, z. B. bei Gaius und Marcian, welche die
Gefangenschaft oder den Selbstverkauf als Ursachen anführen, z. B. Dig. I 5, 5:
*Servi ... in dominium nostrum rediguntur aut iure civili aut iure gentium: iure
civili, si quis se maior viginti annis ad pretium participandum venire passus est,
iure gentium servi nostri sunt, qui ab hostibus capiuntur aut qui ex ancillis nostris
nascuntur.* Dazu CARLYLE a. a. O., 45 ff. und B. BIONDI: Il diritto romano cristiano
II, Mailand 1952, 17 ff. 409 ff.

[43] Z. B. de spir. sanct. 51 (ibid. 161): Ὧδε μὲν οὖν οὕτως οἱ δοῦλοι· ἐλεύθεροι δὲ οἱ
διαφυγόντες πενίαν ἢ πόλεμον ἢ τῆς ἑτέρων κηδεμονίας ἀπροσδεεῖς. Ὥστε κἂν ὁ
μὲν δεσπότης, ὁ δὲ οἰκέτης λέγηται, ἀλλ᾿ οὖν πάντες καὶ κατὰ τὴν πρὸς ἀλλήλους
ὁμοτιμίαν καὶ ὡς κτήματα τοῦ πεποιηκότος ἡμᾶς ὁμόδουλοι. Vgl. GIET, a. a. O.,
30 f. und 89 ff.

nisse, wie sie in der Realität der Geschichte existieren, vieles von ihrer Härte und Unbedingtheit. Durch jene Konstruktion der ὁμοδουλία πάντων gelingt es dem Bischof zwar bis zu einem gewissen Grad, jenen Widerspruch zu überwinden, daß es nach christlicher Lehre keine Sklaven geben kann, daß aber Sklaverei doch existiert und von Paulus sogar gutgeheißen wird. Aber einer radikalen Fragestellung konnte eine solche „Lösung" nicht genügen. Stellt man jene Gedanken neben das Ergebnis Theodorets, so zeigt sich rasch, daß bei Basilius von menschlicher Sünde als auslösendem Moment nicht die Rede ist und sein Erklärungsversuch letztlich nur zu einer sehr bedingten Hinnahme der Sklaverei ausreicht. Von einer bewußten Rezipierung oder gar von einer Verteidigung wie bei Theodoret kann bei ihm keine Rede sein, auch wenn er im Einzelfall unter Berufung auf Paulinische Sätze die Sklaven zum Gehorsam mahnt[44]. Jene weitgehende Distanzierung von der Einrichtung als solcher zeigt sich auch darin, daß er erstmals — wenn auch unter vorsichtigen Formulierungen — nicht mehr bereit ist, einen aus religiösen Motiven geflohenen Sklaven unter allen Umständen zu seinem Herrn zurückzuschicken[45]. Theodoret dagegen tritt für treuen Sklavendienst auch unter einem ungerechten Herrn ein, wie er im Schlußkapitel seiner 7. Rede klargestellt hat.

Noch grundlegender und umfassender beschäftigt sich G r e g o r   v o n   N a z i a n z mit dem Entstehungsproblem der Sklaverei. Die Gegensätze Armut und Reichtum, Sklaverei und Freiheit, so führt er in seinem Traktat „Über die Liebe zu den Armen" aus, waren ursprünglich gänzlich unbekannt. Der Schöpfergott erschuf den Menschen frei und stattete ihn mit allen Vorzügen aus. Auf die Übertretung des göttlichen Gebotes sollten jedoch als Strafe Armut und Sklaverei eintreten „wie gewisse

---

[44] Z. B. Moralia LXXV (PG XXXI 856): Ὅτι χρὴ τοὺς δούλους ὑπακούειν τοῖς κατὰ σάρκα κυρίοις εἰς δόξαν θεοῦ μετὰ πάσης εὐνοίας, ἐν οἷς ἂν ἐντολὴ θεοῦ οὐ λύηται (nach Ephes. 6, 5; 1. Tim. 6, 1—2; Tit. 2, 9—10).

[45] Reg. fus. tract. 11 (PG XXXI 948). Dort betont Basilius, daß der Sklave in der Regel zu seinem Herrn zurückgeschickt werden müsse (wie Onesimus zu Philemon). Ist er jedoch geflohen, weil er von seinem Herrn zu Freveltaten oder zur Übertretung der göttlichen Gebote gezwungen wurde, so sollte man ihn entweder ermahnen, dem Frevel zu widerstehen und die Leiden geduldig zu ertragen, oder man sollte ihn aufnehmen und sich der daraus entstehenden Prüfungen selbst aussetzen (... ἢ ἐν τῷ τοὺς ὑποδεξαμένους ἀναδέξασθαι ὡς ἀρέσκει θεῷ τοὺς ὑπὲρ αὐτοῦ ἐπαγομένους αὐτοῖς πειρασμούς). Vgl. dazu J. GRIBOMONT: Le monachisme au IV siècle en Asie Mineure de Gangres au Messalianisme, TU II 1964, Berlin 1957, 405 und BELLEN: Studien zur Sklavenflucht a. a. O., 82 f.

gemeinsame Schwächen" (ὥσπερ ἀρρωστήματα κοινά τινα). Als Folge des Sündenfalls und der daraus entstehenden Sittenverderbnis kamen auch die Standesunterschiede in die Welt, welche die ursprüngliche Gleichheit des Menschengeschlechtes zerrissen; die schlimmste aller Gewaltherrschaften aber war die Sklaverei, die den Adel der Natur zerstörte und sogar durch Gesetz festgeschrieben wurde, was Gregor als besonderen Mißbrauch geißelt[46]. Somit erscheinen allein die menschlichen Laster als Urheber von Knechtschaft und despotischer Willkür. Nirgends spricht der Verfasser von irgendeinem Nutzen oder gar von einer gewissen Notwendigkeit der Sklavendienste für die menschliche Gesellschaft, wie es Theodoret tut. Im Gegenteil, aus seinen Worten klingt eine tiefe Abneigung gegen jede Form von Dienstbarkeit eines Menschen gegenüber einem anderen, was ihn in die ernsthafte Mahnung ausbrechen läßt: „Du aber habe die erste Gleichstellung (τὴν πρώτην ἰσονομίαν), nicht die letzte Zerreißung (τὴν τελευταίαν διαίρεσιν), nicht das Gesetz des Mächtigen, sondern das des Schöpfers vor Augen!" Freilich fragt man sich angesichts einer solchen Entrüstung, die mit Recht zu dem Schluß verleitet, daß Gregor die Sklaverei für eine schwere Ungerechtigkeit und ganz und gar verwerflich hielt, warum er selbst keine Folgerungen für die Praxis gezogen hat. Im Gegenteil, im Falle des zum Priester geweihten Sklaven der vornehmen Dame Simplicia erkannte er deren Herrenrechte weitgehend an[47]. So bleibt festzustellen, daß sich auch dieser Bischof

---

[46] De pauperum amore XXVI (PG XXXV 892): ᾿Αφ᾿ οὗ δὲ καὶ φθόνοι καὶ ἔριδες καὶ ἡ δολερὰ τοῦ ὄφεως τυραννὶς ἀεὶ τῷ λίχνῳ τῆς ἡδονῆς ὑπερσύρουσα καὶ ἐπανιστῶσα τοῖς ἀσθενεστέροις τοὺς θρασυτέρους ἐρράγη τὸ συγγενὲς εἰς ὀνομάτων ἀλλοτριότητας, καὶ τὸ τῆς φύσεως εὐγενὲς πλεονεξία κατέτεμε προσλαβοῦσα καὶ νόμον τῆς δυναστείας ἐπίκουρον. Eine deutsche Übersetzung dieser 14. Homilie (gehalten im J. 365 nach R. R. RUETHER: Gregory of Nazianzus. Rhetor and Philosopher, Oxford 1969, 178) geben jetzt A. HAMMAN und S. RICHTER OFM, in „Arm und Reich in der Urkirche", Paderborn 1964, 107 ff. Zur Beurteilung dieser Stelle wiederum SCHILLING: Naturrecht und Staat ..., 88 ff. und SCHAUB, a. a. O., 36 f.

[47] Es handelt sich um einen Sklaven der Dame Sulpicia, der ohne die Einwilligung seiner Herrin von Basilius zum Priester geweiht worden war. Diese forderte ihren Sklaven zurück, wurde aber von B. schroff abgewiesen, so daß sie nichts mehr unternahm (ep. 115, PG XXXII 529 f.). Nach seinem Tode schrieb sie in dieser Sache nochmals an Gregor, den Freund des Verstorbenen. Er wies das Ansinnen zwar erneut zurück, verstand aber wegen der Unrechtmäßigkeit zu einer Entschädigung (ep. 79, PG XXXVII 153). Vgl. dazu kurz J. JONKERS: Das Verhalten der alten Kirche hinsichtlich der Ernennung zum Priester von Sklaven, Freigelassenen und Curiales, Mnemosyne 10, 1941/42, 286 f. und wiederum GIET, a. a. O., 303 ff.

letztlich über den Widerspruch zwischen Theorie und Praxis nicht hinweghelfen kann. So zieht er sich auf die stoisch-paulinische Lehre vom inneren Wert des Menschen zurück: „Ein Schöpfer, ein Gesetz, ein Gericht für alle. Wenn du Sklavenarbeit leistest, sieh auf deinen Mitsklaven." Herr und Sklave sind ihm nur eine „schlechte Unterscheidung" (φαύλη τομή); denn erst Sitte und Lebenswandel zeigen wirklich, ob einer Freier oder Sklave ist[48].

Ein Vergleich mit Theodoret läßt wiederum erkennen, daß der Unterschied der Argumente erheblich ist. Was bei dem früheren als Widerspruch zur Realität erscheint, verliert nunmehr seine Gegensätzlichkeit, da nach diesem eine τομή der Menschen von Anbeginn im göttlichen Heilsplan angelegt war. Eine solche notwendige Entwicklung enthebt den Prediger von Antiochia davon, jene Verdammungsurteile nachzusprechen, welche von den übrigen im Einzelfall nicht durchgehalten werden konnten. Dies führt zu einer grundlegenden Diskrepanz der Standpunkte. Was bei Gregor als glaubhafte Empörung über das unnatürliche Gewaltverhältnis eines Menschen über einen anderen zum Durchbruch kommt, ein Verhältnis, welches allein als Folge des ersten Sündenfalls und der daraus erwachsenden menschlichen Brutalität erklärbar wird, ist bei Theodoret zu einem überzeugten Eintreten für die soziale Trennung geworden, welche ihm sowohl theologisch erklärbar als auch wirtschaftlich notwendig erscheint.

Der Protest gegen die Entstehung der Sklavenarbeit als einer Zerstörerin der paradiesischen Gleichheit findet ohne Zweifel seinen Kristallisationspunkt bei G r e g o r v o n N y s s a , dem dritten der kappadokischen Kirchenväter. Die bekannten Worte im alttestamentlichen Buch Ekklesiastes „Ich habe mir Sklaven und Sklavinnen gekauft, und besaß solche, die im Hause geboren waren"[49], bieten ihm willkommenen Anlaß, seine gegensätzliche Einstellung in einer eigenen Homilie darzulegen und darin wiederholt in Worte heller Empörung auszubrechen. Pochend auf die freie und selbständige Natur, wie sie von Gott geschaffen wurde, und auf die Gottebenbildlichkeit jedes Menschen, wird ihm ein solcher Satz zu einer Auflehnung, ja zu einem Verbrechen gegen

---

[48] Poem. theol. II 26 (PG XXXVII 853): Εἷς χοῦς πάντες, ἑνὸς πλάστου γένος. Ἡ δὲ τυραννὶς | εἰς δύο τὰ θνητῶν ἔσχισεν, οὐχὶ φύσις. II 36 (ibid 938): Τί δεσπότης ἢ δοῦλος ἢ φαύλη τομή; | Εἷς πᾶσιν πλάστης, εἷς νόμος, κρίσις μία | ὑπηρετούμενος δὲ σύνδουλον βλέπε ... ἐλεύθερον καὶ δοῦλον ὁ τρόπος γράφει. „Es ist die Wiederherstellung des von Stoa und Christentum oft gepredigten Satzes" (SCHAUB).

[49] Ekkl. 2, 7: Ἐκτησάμην δούλους καὶ παιδίσκας καὶ οἰκογενεῖς ἐγένοντό μοι.

die Schöpfungsordnung. Wenn ein Mensch einem anderen seinen Willen aufzwinge, so könne dies nur ein Herrschen der menschlichen Natur über sich selbst bedeuten, also einen inneren Widerspruch, da alle Menschen von Natur aus gleich seien. Der Beherrschte wird zum Tier herabgewürdigt, über das allein zu herrschen allen Menschen zukommt. Wer einen anderen als Sklaven halte, habe den harten Vorwurf hinzunehmen, daß er gegen den göttlichen Willen die Natur in Knechtschaft und Herrschaft aufgespalten habe. Wie sehr sich der Gedanke an die Erlösungstat Christi hinter einer derartigen Haltung verbirgt, beweist die Tatsache, daß der Nyssener erklärt, wer dies tue, versetze die Natur wieder in die Sklaverei zurück, obwohl Gott aus eigenem Antrieb die Menschen aus der Knechtschaft der Sünde in die Freiheit berufen habe. „Wer wollte es wagen, in die Sklaverei zurückzuführen, was Gott selbst frei gemacht hat?" Einen Menschen zu knechten oder in Sklaverei zu halten, ist somit ein doppeltes Verbrechen, sowohl gegen die Schöpfungsordnung wie auch gegen die Erlösungstat des göttlichen Sohnes[50].

Jene ausführlichen, mit heftiger Empörung vorgetragenen Sätze Gregors stellen unter allen Stimmen der Kirche gewiß den schärfsten Protest gegen jede Form von Sklaverei dar. Auch wenn wir von ihm keine Zeugnisse besitzen, wie er sich im einzelnen Fall zu den Rechtsverhältnissen stelle, so nimmt ein solches Schweigen den Aussagen gewiß nichts von ihrer prinzipiellen Eindeutigkeit[51]. Erstmals ist nirgends mehr der geringste Versuch zu entdecken, etwa mit einer geringeren Teilhabe an der menschlichen Vernunft oder durch betonte Hervorkehrung der συνδουλία aller Menschen vor Gott jenem Widerspruch zwischen biblischer Forderung und gelebter Wirklichkeit beizukommen. Klarer als hier können wohl die Illegitimität der Sklaverei als widernatürliche und somit widergöttliche Institution und die Notwendigkeit ihrer Beseiti-

---

[50] In eccl. hom. IV (PG XLIV 664 f.; Greg. Nyss. opera, vol. 5, 337, 13—15, ed. P. ALEXANDER, Leiden 1962). Der Protest gewinnt noch an Eindringlichkeit durch den überladenen Stil und „das schwermütige Pathos der zeitgenössischen Rhetorik" (ALTANER), das sich in kurzen, abgehackten Sätzchen, Wiederholungen, Fragen usw. zeigt: Ὁρᾷς τὸν ὄγκον τῆς ἀλαζονείας; θεῷ ἄντικρυς ἡ τοιαύτη φωνὴ ἀντεπαίρεται .... τί λέγεις; δουλείᾳ καταδικάζεις τὸν ἄνθρωπον, οὗ ἐλευθέρα ἡ φύσις καὶ αὐτεξούσιος καὶ ἀντινομοθετεῖς τῷ θεῷ, ἀνατρέπων αὐτοῦ τὸν ἐπὶ τῇ φύσει νόμον. Eine paraphrasierende Übersetzung wesentlicher Teile dieser Homilie findet sich bei J. GAITH: La conception de la liberté chez Grégoire de Nysse, Paris 1953, 127 ff.

[51] Anzuführen wären allenfalls die Worte über „die heilsame und menschenfreundliche Predigt der Kirche", die das Osterfest zu einem Tag der Freilassung gemacht habe. Gemeint ist die *manumissio in ecclesia* (or. 3 de resur. Christ. PG XLVI 657).

gung nicht mehr ausgesprochen werden[52]. Es ist offenkundig, daß der Gegensatz zwischen dem überlegenen, aber auch einseitigen Philosophen und Theologen Gregor von Nyssa und dem Bischof Theodoret, dessen Augenmerk sich in erster Linie auf die Lebensinteressen seiner Mitmenschen richtet, kaum größer sein könnte. Einer unnachsichtigen, theologisch begründeten Ablehnung des Sklaventums steht eine offene, in der Hauptsache rational begründete Rechtfertigung gegenüber. Jene beiden Bischöfe bilden wohl innerhalb der Kirche die gegensätzlichsten Pole, die in dieser Frage denkbar waren. Beide halten ihre Ansicht mit einer christlichen Denk- und Handlungsweise vereinbar. Die hier sichtbar werdende Diskrepanz ist sicherlich eines der beredtesten Zeugnisse dafür, wie sehr man sich von allen generalisierenden Aussagen über die Haltung der frühen Kirche zur Sklaverei hüten sollte.

Wenn sich die Frage erhebt, welchem Kirchenvater Theodoret am nächsten steht und wem die meisten seiner Lehren zuzuschreiben sind, so wird gewöhnlich der Name J o h a n n e s   C h r y s o s t o m u s genannt, entstammte doch auch er der syrischen Metropole Antiochia und gehörten doch beide der gleichen Schule an, so daß sogar von einem Verhältnis Lehrer-Schüler gesprochen wurde[53]. Trotzdem gilt es auch hier, die eigenen Vorstellungen und Lösungsmöglichkeiten des jüngeren herauszufinden und durch eine wirksame Kontrastierung um so deutlicher sichtbar zu machen. Mehr als einmal äußert sich Joh. Chrysostomus über das Aufkommen der menschlichen Herrschaftsverhältnisse, am

---

[52] Dies wurde in der Forschung wiederholt deutlich zum Ausdruck gebracht, z. B. von SCHAUB, a. a. O., 33: „Gregor v. N. erhebt wohl als erster in der christlichen Kirche prinzipielle Bedenken gegen die Statthaftigkeit der Sklaverei" oder von SCHILLING, a. a. O., 93: „Vermutlich schweben ihm des Aristoteles ... Definitionen und Ansichten vor; jedenfalls bildet Gregors Theorie den schärfsten tatsächlichen Protest dagegen." Vgl. auch die scharfe Polemik des Cyrill von Alex. gegen die aristotelische Definition (de ador. et cultu VII, PG LXVIII 552): ... δουλεία γὰρ καὶ τὸ ἐπὶ τῇδε πάθος οὐκ ἀρρώστημα φυσικόν, ἀλλ᾽ εἰσποιητὸν ἐκ πλεονεξίας. (Ähnlich schon Joh. Chrys.: Ad illuminandos catech. 2, 3; PG XLIX 236). GAITH spricht von „attaques les plus véhéments. Mais il y a chez lui un point essentiel, que tous ceux qui ont étudié l'attitude des Pères à l'égard de l'esclavage ont négligé, ou plutôt n'ont pas vu : l'identification complète de l'Image et de la liberté (a. a. O., 127).

[53] S. S. 589 A 10 und O. BARDENHEWER: Geschichte der altkirchlichen Literatur, Darmstadt 1967 (Nachdruck v. 1924) Band IV 219 ff. Vgl. CANIVET a. a. O., 11: „L'Église d' Antioche qui avait su donner un Jean Chrysostume continua d'être un foyer de réflexion théologique".

deutlichsten wohl in seiner 4. Rede über das Buch Genesis[54]. In systematischer Übersicht nennt er dort „drei Knechtschaften", die er in deutlicher Abstufung jeweils als Folge der Sünde bezeichnet: Die Überordnung des Mannes über die Frau, des Herren über die Sklaven, des Herrschers über die Untertanen. Gleich zu Beginn heißt es, daß vor dem nicht gleichzeitigen Aufkommen dieser drei Formen der Unterordnung — die Sklaverei verdankt ihre Entstehung dem verderbten Geschlecht Chams und dem Fluch Noahs —, eine allgemeine Freiheit und Gleichheit unter den Menschen geherrscht habe, ein paradiesischer Urzustand. In seiner ausschließlich theologischen Geschichtsdeutung bleibt der Bischof jedoch nicht bei der bloßen Feststellung eines durch die menschliche Sünde notwendig gewordenen Entwicklungsprozesses stehen[55], sondern er sucht zugleich nach einer Deutung. Zweck der Versklavung mancher Menschen ist es, daß die Knechtschaft nicht allein als Strafe für Herrschsucht, Egoismus und Unersättlichkeit (πλεονεξία, βαναυσία, ἀπληστία) in die Welt gekommen ist, sondern auch für die zukünftige Generation ein Mittel zur Buße für begangene Sünden und zur Abschreckung vor weiteren bösen Taten darstellt. So bestätigt sich die Sünde Chams und seines Geschlechtes in den seither begangenen Sünden von Sklaven und Herren immer neu, zugleich ist sie ein Ansporn, der Knechtschaft der Sünde zu entfliehen und zur Freiheit der Tugend zurückzukehren[56]. Ist bereits dadurch die Sklaverei auf eine theologische

---

[54] Serm. Gen. 4 (PG LIV 594 ff.). Sie trägt den Titel: Ὅτι δουλείας τρόπους τρεῖς εἰσήγαγεν ἡ ἁμαρτία. Nach ALTANER: Patrologie, Freiburg ⁹1978, 291 gehört sie in das Jahr 388. Eine Interpretation findet sich bei S. VEROSTA: Johannes Chrysostomus, Staatsphilosoph und Geschichtstheologe, Graz 1960, 342 ff. Weitere Stellen über das Aufkommen der Sklaverei Gen. hom. 29, 6 (PG LIII. 269 f.) und Serm. de Lazaro 6 (PG XLVIII 1037 f.).

[55] Dem widerspricht nicht, daß er auch Kriege und Kämpfe als Quelle der Sklaverei anführt, da er hierbei ausschließlich an die Kriege seiner Zeit, etwa gegen die Isaurier oder gegen Räuberbanden, denkt, wodurch römische Bürger noch immer in die Sklaverei gezwungen werden (z. B. adv. oppugn. vitae monast. 3, 3 (PG XLVII 353), de mutatione nominum 1, 3 (PG LII 117) u. a. Weitere Belege bei JAEGER, a. a. O., 14 f. (Anmerkungsteil).

[56] Z. B. Eph. hom. 22, 2 (PG LXII 156): ... ἵνα διηνεγκὴς ᾖ διδάσκαλος καὶ νουθεσία τῷ τῶν ἀνθρώπων γένει. Vgl. auch Gen. hom. 29, 6 (PG LIII 269 f.), Serm. Gen. 5, 1 f. (PG LIV 599), Matth. hom. 9, 5 (PG LVII 182). VEROSTA (a. a. O., 344 ff.) und JAEGER (a. a. O., 98 A) nennen die hier hervorgehobene Eigenverantwortlichkeit und die Freiheit des menschlichen Willens als besondere Kennzeichen der antiochenischen Schule, wo es auch noch keine dezidierte Vorstellung von der Erbsünde als Voraussetzung der Sklaverei gegeben habe.

Ebene gehoben, fern von jedem wirtschaftlichen und sozialen Aspekt, so trifft dies noch mehr für die 3. Phase der heilsgeschichtlich für notwendig erklärten Sklaverei zu, für ihre Aufhebung durch das Erscheinen Christi und die Befreiung der gesamten Menschheit aus der Schuldknechtschaft der Sünde. Seitdem gibt es — hier knüpft der Kirchenvater wiederum an Paulus an — weder Freie noch Sklaven, sondern nur noch Brüder in Christus[57]. So wird klar, daß sich das Denken des Joh. Chrysostomus ähnlich wie das des Gregor von Nazianz nicht an der vorläufigen, irdischen Sozialordnung orientiert wie bei Theodoret, sondern an der ewigen Ordnung des Gottesreiches.

In dieser von allen irdischen Zwängen unbeeinflußten Sicht sind die zahlreichen Ermahnungen an die Sklaven zu verstehen, deren Grundtenor sich in folgender Weise zusammenfassen läßt: Was gemeinhin als Sklaverei bezeichnet werde, seien allein die äußeren Lebensumstände; denn die wahre Knechtschaft offenbare sich in der Niedrigkeit der Gesinnung und in der Bindung an Sünde und Leidenschaft[58]. Im gleichen Sinn sind die tröstenden Worte gesprochen, daß das Los der Knechte im Grunde leichter sei als das der Herren, da diese sich auch dafür plagen müßten, den ihnen anvertrauten Dienern ein sorgenfreies Leben zu verschaffen[59]. Damit erhält die zunächst schwer verständliche Mahnung zur

---

[57] Die Umwertung der Begriffe „Freier und Sklave" wird von Joh. Chrysostomus bes. an den entsprechenden Stellen der Paulusbriefe erörtert, z. B. in der 19. Homilie zum 1. Korintherbrief (PG LXI 150 ff.), in der 22. Homilie zum Epheserbrief (PG LXII 705: Καὶ γὰρ ἡ ἐκκλησία οὐκ οἶδε δεσπότου, οὐκ οἶδεν οἰκέτου διαφοράν). Doch schon in der 29. Hom. zur Genesis (7; PG LIII 270) heißt es, daß durch das Erscheinen Christi die Sklaverei nur noch dem Namen nach existiere (μέχρις ὀνόματος αὐτὴν ἀφῆκεν εἶναι, ja selbst der Name sei hinweggenommen, denn auch die Sklaven heißen Brüder (εἰς τὴν τῆς ἀδελφότητος συγγένειαν ἤγαγε τοὺς πρότερον τῷ ὀνόματι τῆς δουλείας ὑπευθύνους ὄντας). Ausführlich wiederum JAEGER, a. a. O., 184 ff.

[58] Z. B. Serm. de Lazaro 6, 8 (PG XLVIII 1039): „Sklave und freier Mann, das sind nur noch Namen (ὀνόματα ἁπλῶς). Was ist ein Sklave? Ein leerer Name (ὄνομα ψιλόν). Wie viele Herren liegen trunken auf ihrem Bette, während Sklaven ihnen nüchtern zur Seite stehen? Wen soll ich da Sklaven nennen, den Nüchternen oder den Trunkenen? Den Sklaven eines Menschen oder den Knecht einer Leidenschaft? Jener ist der Sklave den äußeren Verhältnissen nach, dieser trägt sein Sklaventum im Innern mit sich umher". Ähnlich auch Rom. hom. 13, 10 (PG LX 522) oder Quod nemo laeditur 2 (PG LII 463).

[59] 1. Tim. hom. 16, 2 (PG LXII 588 f.): „Die Herren plagen sich, um den Sklaven ein sorgloses Leben zu verschaffen, und sie sollen dann nicht vieler Ehren würdig sein? Sie geben ihnen Unterkunft und Verpflegung für die Arbeit und leisten ihnen damit ihrerseits den notwendigen Dienst". Ähnlich auch 1. Kor. hom. 19, 5 (PG LXI 158). Dazu SCHILLING, a. a. O., 106 und JAEGER, a. a. O., 129 f. Man sollte

Dankbarkeit eine rationale Erklärung. Die steten Aufforderungen, ein
tugendhaftes Leben zu führen, wofür der Sklavenstand kein Hindernis
sei, verbunden mit dem Hinweis, daß für die Sklaven die irdische Freiheit nicht mit dem Lohn im Jenseits gleichzusetzen sei, schließen somit
immer mit dem Rat, mit Fleiß, Geduld und ohne Murren das Schicksal
zu ertragen. Sollte endlich der Zustand erreicht sein, daß sie von ihren
Herren nicht als Sklaven, sondern als Brüder behandelt werden, so
werde sich das Untertanenverhältnis so sehr ändern, daß die Institution
der Sklaverei ihren anstößigen Charakter und ihre rechtliche Basis ganz
verliere[60].

So läßt sich resümieren, daß Joh. Chrysostomus zwar nicht einer
sofortigen und generellen Abschaffung der Sklavenordnung das Wort
redet, aber doch einem allmählichen Verschwinden, das in erster Linie
durch ein neuartiges Bewußtsein der Herren zustande kommen soll. Aus
dieser Konzeption, aber auch aus der theologischen Grundlegung der
Sklaverei wird sogleich ersichtlich, wie sehr sich der Praktiker Theodoret
mit seinem Eintreten für die Institution von seinem „Lehrer" unterscheidet. Doch auch für Joh. Chrysostomus gibt es einen praktischen
Grund, sich von allzu deutlichen Emanzipationsbestrebungen mit dem
Ziel einer gesellschaftlichen Umwälzung zu distanzieren. Er wird erkennbar bei der Interpretation des Paulinischen Philemonbriefes, wo
er die Zurücksendung des Sklaven Onesimus an seinen Herrn als pro-
grammatischen Akt versteht. Unmißverständlich gibt er hierbei zu verstehen, daß jedes andere Vorgehen des Paulus sich verheerend auf die
gesamte gesellschaftliche Ordnung ausgewirkt hätte. Die Heiden, so
meint er, könnten bei einer anderen Auslegung dem christlichen Be-
völkerungsteil zu Recht vorhalten, er wolle die sozialen Verhältnisse
geradezu in ihr Gegenteil verkehren, weil man den Herren die Diener
wegnehme und nicht einmal vor Gewalt zurückscheue. Paulus aber, so
kann der Redner seine Zuhörer beruhigen, habe klargestellt, daß es nicht

solche Sätze nicht als durchsichtiges Manöver abtun, vor allem wenn man hört,
daß sich Sklaven nach dem Tode ihrer Herren durch Betteln den Lebensunterhalt
verschaffen mußten und elend zugrunde gingen (1. Tim. hom. 16, 2 a. a. O.).

[60] Z. B. Titus hom. 4, 4 (PG LXII 686), in locum illum Isaiae hom. 4 (PG LVI 147 f.)
u. a. Gerade weil die Sklaven zu Brüdern der Herren geworden sind, schulden sie
ihnen um so größeren Gehorsam. Dazu H. GREEVEN: „Der rechtliche Begriff der
δουλεία wird von dem religiösen überdeckt. Der Dienst für den himmlischen Herrn
bestätigt den für den irdischen und gibt ihm zugleich einen anderen, tieferen Sinn".
(Das Hauptproblem der Sozialethik in der neueren Stoa und im Urchristentum,
Gütersloh 1935, 56).

im Sinne der neuen Religion liege, den Herren ihre Sklaven zu entziehen[61]. So ist es einmal als Abwehr heidnischer Vorwürfe, aber auch als Zurückweisung weitergehender christlicher Forderungen aufzufassen, wenn er sich bei der Auslegung des μᾶλλον χρῆσαι im Korintherbrief nicht der freiheitlichen Deutung anschließt, sondern das Verbleiben im Sklavenstand als asketische Leistung empfiehlt[62]. Doch darf man angesichts dieser nicht zuletzt aus missionarischen Gründen geübten Zurückhaltung das Grundanliegen des Bischofs nicht aus den Augen verlieren: Die Umwandlung des Verhältnisses von Herrn und Sklaven in ein brüderliches Miteinander, wodurch eine langsame Auflösung der Institution als solcher ermöglicht wird.

Nur wenn man sich dieses Ziel stets vergegenwärtigt, lassen sich sowohl die harten Vorhaltungen verstehen, die Joh. Chrysostomus an die Besitzer großer Sklavenscharen richtet, sowie die praktischen Ratschläge, die er zur Lösung wirtschaftlicher Schwierigkeiten anbietet. Er geißelt die Herren mit scharfen Worten, wenn sie in Begleitung großer Sklavenscharen auf dem Markt einherstolzieren und sich in allem von ihnen

---

[61] ep. ad. Philem. arg. (PG LXII 704). Das Hauptanliegen des Bischofs in diesem Vorspann ist es zu zeigen, daß man die Sklaven ihren Herren nicht abspenstig machen darf. Bezeichnend ist jedoch, wie der Verfasser am Ende einen Blick freigibt auf die Diskussion, die wohl bes. unter den reichen Sklavenbesitzern, christlichen wie heidnischen, geführt wurde: „Vielen bietet sich sonst die Notwendigkeit, uns zu schmähen und zu sagen, das Christentum sei in die Welt gekommen, um alles umzustürzen, wenn den Herren die Sklaven weggenommen würden und man gewalttätig vorgehe" (ἐπεὶ εἰς ἀνάγκην καθίστανται πολλοὶ τοῦ βλασφημεῖν καὶ λέγειν, ἐπὶ ἀνατροπῇ τῶν πάντων ὁ Χριστιανισμὸς εἰς τὸν βίον εἰσενήνεκται, τῶν δεσπότων ἀφαιρουμένων τοὺς οἰκέτας καὶ βίας τὸ πρᾶγμα ἐστίν). Das Verhalten des Paulus gegenüber dem entlaufenen Sklaven Onesimus habe gezeigt, so Joh. Chrysostomus am Ende, daß an eine Änderung der gesellschaftlichen Verhältnisse von christlicher Seite nicht gedacht sei.

[62] Es geht um die Frage, ob 1. Kor. 7, 21 δοῦλος ἐκλήθης; μή σοι μελέτω· ἀλλ' εἰ καὶ δύνασαι ἐλεύθερος γενέσθαι, μᾶλλον χρῆσαι die Worte δουλείᾳ oder ἐλευθερίᾳ zu ergänzen seien. Joh. Chr. behandelt die Stelle wiederholt (serm. Gen. 5, 1, PG LIV 599; 1. Kor. hom. 19, 4 PG LXI 156 f.; ep. ad Philem. arg.; PG LXII 703). Er interpretiert jedesmal in dem Sinn: Κἂν κύριος ᾖς τοῦ ἐλευθερωθῆναι, μένε δουλεύειν μᾶλλον. Die entgegengesetzte Haltung, auf die hier angespielt ist, nahmen der Mönch Eustathius von Sebaste und seine Anhänger ein, die auf dem Konzil von Gangra (um 340) auf Grund dieser Haltung verurteilt wurden (Conc. Gangr. libellus synodicus I 106 BRUNS; Socr. hist. eccl. 2, 43; PG LXVII 353). Daß ihre asketischen Ideale weiterhin vertreten wurden, bezeugen diese Hinweise des Joh. Chr. Zur Interpretation der Paulusstelle vgl. H. BELLEN: Μᾶλλον χρῆσαι (1. Cor. 7, 21). Verzicht auf Freilassung als asketische Leistung, JbAC 6, 1963, 177 ff.

bedienen lassen. Wenn man schon glaube, ohne Diener nicht auskommen zu können, so genüge es, einen oder höchstenfalls zwei zu haben. Da aber auch sie Kummer und Sorgen brächten, solle ein Christ völlig darauf verzichten, einen Sklaven zu kaufen, der ihn bediene. Der Prediger verweist darauf, daß es genügend wohlhabende Christen gebe, die ganz ohne Dienerschaft auskämen und dennoch nicht umgekommen seien. Schließlich habe Gott den Menschen Hände und Füße gegeben, damit sie sich selbst helfen könnten[63]. Nicht zufrieden damit, den Reichen unter seinen Glaubensgefährten von einer Dienerschaft gänzlich abzuraten, erteilt er ihnen den ernst gemeinten Rat, einer damals nicht selten geübten Sitte entsprechend, einen gekauften Sklaven nicht im Haus zurückzuhalten, sondern ein Gewerbe lernen zu lassen und ihm dann die Freiheit zu schenken[64]. Nur im Verzicht auf allen Reichtum an Häusern, Geld und Sklaven könne ein wohlhabender Christ das Reich Gottes für sich erhoffen. Aufhorchen läßt auch jener andere Vorschlag des Bischofs, man solle versuchen, Landbewohner als freie Dienstboten in die Städte zu bringen und sie als Ersatz für Sklaven anzustellen. Wie anders sollte man einen so ungewöhnlichen Gedanken interpretieren, als daß im Einzelfall ein freies Dienstverhältnis an die Stelle des Sklaven-joches treten soll[65]?

[63] Über große Sklavenscharen z. B. Rom. hom. 25, 3 (PG LX 631), Joh. hom. 28, 3 (PG LIX 166), 80, 3 (PG LIX 436), Hebr. hom. 28, 4 (PG LXIII 197 f.). Weitere Angaben bei ALLARD, a. a. O., 404 ff. und JAEGER, a. a. O., 146 f. und 81 f. (A). Der Vorschlag, höchstens einen oder zwei Diener zu halten, da Gott den Menschen Hände und Füße gegeben habe, 1. Kor. hom. 40, 5 (PG LXI 353 f.). Solche Vor-schläge reihen sich ein in Mahnungen des Bischofs gegen Habgier, Prunksucht und allzu großen Luxus. Vgl. VEROSTA, a. a. O., 268 ff. und HAMMAN-RICHTER, a. a. O., 176 ff.

[64] 1. Kor. hom. 40, 5 (PG LXI 354): ... μηδένα εἰς διακονίαν ἀπασχολήσῃς τὴν σήν, ἀλλ' ἀγοράσας καὶ τέχνας διδάξας ὥστε ἀρκεῖν ἑαυτοῖς ἄφες ἐλευθέρους. Diese Stelle ist von I. HAHN in Verbindung gebracht worden mit einer Reihe von Denk-malsinschriften, in denen alumni, die auch Lehrlinge sein können, teils als Freie, teils als Sklaven erscheinen (Freie Arbeit und Sklavenarbeit in der spätantiken Stadt, Ann. Univ. Sc. sect. hist. III, Budapest 1961, 27). Joh. Chr. greift hier also eine bekannt Praxis auf, die er als reine Wohltat für die Sklaven bezeichnet, die aber mit weiteren Vorteilen für die Patrone verbunden war.

[65] Ep. ad Philem. arg. (PG LXII 704). An dieser Stelle ist kurz auf die Streitfrage einzugehen, ob Joh. Chr. tatsächlich an eine völlige Aufhebung der Sklaverei ge-dacht bzw. sie postuliert hat. Zustimmung u. a. C. SCHNEIDER: Geistesgeschichte des antiken Christentums I, München 1954, 741 und BELLEN: Studien zur Sklaven-flucht, 150, ablehnend JAEGER, a. a. O., 84 f. A (mit weiteren Namen wie OVER-BECK, IMBERT, LIPPOLD, GAUDEMET u. a.). So verfehlt es auch wäre, bei dem Bischof ein konkretes Programm zur Sklavenbefreiung suchen zu wollen, so ist doch

Hält man Mahnungen dieser Art, die gewiß nicht allein als Ausfluß einer seelsorglichen Absicht aufzufassen sind, neben die Ausführungen Theodorets, so erhärtet sich das bereits angedeutete E r g e b n i s : Es kann keine Rede davon sein, daß dieser im ganzen der Linie seines syrischen Landsmannes folgte. Mögen sich im einzelnen manche Parallelen aufdrängen, wie z. B. der Satz, daß die Herren mehr für ihre Sklaven tun als umgekehrt, so wäre es völlig verfehlt zu glauben, er habe dessen Lehren ohne wesentliche Veränderung akzeptiert. Die Mahnungen zur Beschränkung der Sklavenzahl oder gar zur völligen Abschaffung der Dienerschaft und die sachlichen Vorschläge, die jener hierzu gibt, stehen in scharfem Gegensatz zur Rechtfertigung der Sklaverei und zur Duldung des Sklavendaseins auch unter einem tyrannischen Herrn. Werden hier Vorstellungen entwickelt, die als Voraussetzung für eine langsame Auflösung der Institution gelten können, so ist auf der anderen Seite eine theologische Rechtfertigung der Sklavengesellschaft zu beobachten, begleitet von dem Versuch, die Tätigkeit der Sklaven als notwendigen Bestandteil des Wirtschaftslebens zu erweisen.

A b s c h l i e ß e n d sei die Frage gestellt, welche der beiden Sichtweisen für die damalige Zeit redlicher und erfolgversprechender war, um die von Paulus geforderte Brüderlichkeit zu verwirklichen. Vorauszuschicken ist hierbei die Tatsache, daß trotz des sich rasch ausbreitenden Christentums im 4. Jh. von einer durchgreifenden Humanisierung der Sklaverei nicht die Rede sein kann, soweit es die persönlichen Beziehungen zwischen Herren und Sklaven betrifft. Trotz gewisser gesetzlicher Einschränkungen der strafrechtlichen Gewalt der Herren seit der frühen Kaiserzeit und trotz des Vordringens stoisch-christlichen Gedankengutes[66] kann von einem entscheidenden Wandel nicht gesprochen

---

festzuhalten, daß sich bei einer völligen Verwirklichung des christlichen Liebesgebotes, wie er es im Auge hat, eine langsame Auflösung der Sklaverei von innen her ergeben müßte.

[66] Über die gesetzlichen Maßnahmen der Kaiser seit Augustus zugunsten der Sklaven vgl. zusammenfassend R. H. BARROW: Slavery in the Roman Empire, London 1928, 43 ff. und G. ALFÖLDY: Römische Sozialgeschichte, Wiesbaden 1979² 123 ff. Zur Einstellung der kaiserzeitlichen Stoiker und Literaten (Seneca, Plinius d. J., Dion von Prusa, Epiktet u. a.) jetzt MILANI, a. a. O., 204 ff. Fragwürdig bleibt jedoch sein Urteil: „È un' analisi, la loro, monotona e talvolta veramente esasperante che mette in luce il totale desinteresse per ogni problematica politica e sociale (221 f.). Ähnlich jetzt FINLEY, a. a. O., 146. Dagegen schon W. RICHTER: Seneca und die Sklaven, 212 ff. Einen spürbaren Einfluß auf die spätere kaiserliche Gesetzgebung glaubt F. BIONDI erst durch die christliche humanitas verwirklicht (Humanitas nelle leggi degli imperatori romani cristiani, Miscellanea Giovanni Balbati II 1951, 80 ff.).

werden. Noch immer ist das gegenseitige Verhältnis geprägt von einer
ständigen Feindschaft bis in den persönlichen Bereich hinein, wie aus der
Fülle der Mahnungen des Joh. Chrysostomus an beide Teile unmißverständlich hervorgeht. Auch er kann nicht verschweigen, daß in der Regel
Rücksichtslosigkeit und Härte an der Tagesordnung waren und der All-
tag von Prügelstrafen, willkürlicher Quälerei und brutaler Ausnützung
der Arbeitskraft ausgefüllt war[67]. Die Einrichtung der Sklaverei wird
von Gesetzen weiterhin geschützt, mag es auch im einzelnen Zeugnisse
geben für ein befriedigendes Auskommen oder gar für eine persönliche
Vertrauensbasis zwischen Freien und Abhängigen. Hinzu kommt, daß
das negative Bild vom Sklaven auch in dieser Zeit noch vorherrscht
und selbst bei den Kirchenvätern zum Vorschein kommt. So hält·
Ambrosius nicht zurück mit seiner Meinung über die Lasterhaftigkeit
der Sklaven, die er als angemessen für ihren niedrigen Stand erachtet,
da Sklavenarbeit nichts anderes als heimlicher Diebstahl sei[68]. Auch
Joh. Chrysostomus läßt den Leser seiner Sermonen und Homilien bisweilen tiefe Einblicke tun in die herrschende Volksmeinung, der auch
Christen gewöhnlich huldigten. So gelten Sklaven als unverständig,
undankbar, als ein freches, unverschämtes und unverbesserliches Gesindel. Diebstahl, Betrügereien und jede andere Art von Verbrechen traut
man ihnen eher zu als jedem Freien[69]. Jene Urteile treffen gewiß nicht

---

[67] So tituliert er die Herren act. Apost. hom. 6, 3 (PG LX 60) als Menschenhändler
und Peiniger, von Schlägen und Züchtigungen jeder Art ist häufig die Rede (z. B.
Matth. hom. 43, 5, PG LVII 463; de statuis hom. 5, 6, PG XLIX 77), von einst-
weiligem Nahrungsentzug (de statuis hom. 14, 1, PG XLIX 145) u. ä. Eine Fülle
von Beispielen bei JAEGER, a. a. O., 106 ff. Vgl. schon A. PUECH: „Malgré tout le
progrès des mœurs, la condition de l'esclave restait toujours bien précaire, ce n'est
pas assez dire, bien terrible, puisqu' elle dépendait à peu près uniquement du bon
plaisir et de l'humeur du maître" (St. Jean Chrystome et les mœurs de son temps,
Paris 1891, 146). Auch S. LAUFFER konstatiert trotz gewisser Einschränkungen für
die damalige Zeit noch „eine Feindschaft zwischen Sklaven und Freien", die im
Ursprung der Sklaverei begründet liege (Die Sklaverei in der griechisch-römischen
Welt, Gymn., 68, 1961, 376).

[68] de off. III 22 (PL XVI 160): *Servile hoc vitium et familiare ultimae conditioni;
adeo contra naturam, ut inopia magis hoc extorquere videatur quam natura
suadere. Servorum tamen occulta furta, divitum rapinae publicae.* Weitere Beispiele
bei SCHNEIDER: Christliches Liebesgebot und weltliche Ordnungen, 94 ff.

[69] Über diese Eigenschaften der Sklaven bes. Eph. hom. 4, 4 (PG LXII 306), Phil.
hom. 9, 2 (PG LXII 241 f.), de virginitate 52 (PG XLVIII 575) u. ä. In Eph. hom.
15, 3 (PG LXII 109) zitiert er wörtlich eine christliche Stimme: „Aber so entgegnet
man mir, das ist ein freches, unverschämtes, unverbesserliches Gesindel". Freilich
bleibt Joh. Chr. nicht bei dieser Charakterisierung stehen, sondern er bemüht sich,
die Ursachen dafür herauszufinden. Er erkennt sie im sozialen Milieu und in der

nur für Mailand und Konstantinopel oder Antiochia zu, sie gelten für
das gesamte Römische Reich.

Gegenüber diesen Zuständen reagieren nun die beiden christlichen
Bischöfe Joh. Chrysostomus und Theodoret in ganz unterschiedlicher
Weise. Der erste ist überzeugt, daß das von offener oder latenter Feindschaft geprägte Verhältnis über alle Mahnungen hinaus wohl nur dadurch grundlegend geändert werden kann, daß sich die Institution der
Sklaverei insgesamt auflöst. In einem Zustand, der von einseitiger
Machtbefugnis der Herren und völliger Abhängigkeit der Sklaven geprägt ist, läßt sich seiner Meinung nach der Gedanke der christlichen
Brüderlichkeit letztendlich nicht dauerhaft verwirklichen. Daher die
ernsthaften Vorschläge, zu Handwerkern ausgebildete Sklaven freizu-
lassen oder sie im Haushalt durch freie Landbewohner zu ersetzen. Bezeichnend ist in dieser Sicht, daß die gerade auf diesen Bischof zurück-
zuführende neue Sinndeutung der körperlichen Arbeit — nicht mehr als
unwürdige Last oder als Strafe Gottes, sondern als Mittel zur Entfaltung edler Charaktereigenschaften und als Dienst am Nächsten — in
der Regel nicht auf Sklaven angewandt wird. Bezugnehmend auf die
Lehre des Apostels Paulus ermahnt er z. B. Handwerker und Bauern,
sich ihrer körperlichen Mühen und Armut nicht zu schämen, aber nicht
die Sklaven[70]. Ganz anders Theodoret. Bezeichnend ist, daß er nicht so
sehr in seiner 6. Rede, wo er den Gegensatz zwischen Arm — Reich zum
zentralen Punkt seiner Betrachtung macht, Worte höchsten Lobes über
die Arbeit findet, sondern in der folgenden, wo der Gegensatz auf
Herren und Sklaven übertragen wird. Erst dort wird Arbeit nicht nur
in allgemeiner Form als Grundlage für alle Annehmlichkeiten des
Lebens und als Voraussetzung allen kulturellen Aufstiegs gepriesen,
sondern vor allem durch die aus der Bibel entlehnten Exempla in ihrem

---

Isolierung des Sklavenstandes. Vgl. wiederum Jaeger, a. a. O., 43 ff. und Puech,
a. a. O., 143 f.

[70] Z. B. Matth. hom. 69, 4 (PG LVIII 579): „Sage daher nicht, dieser ist nur ein
Schmied, ein Schuster, ein Bauer, ein dummer Mensch, und verachte ihn nicht!" Dem
Dünkel der besseren Stände stellt Joh. Chr. die Haltung des Apostels Paulus, der
bei Handwerksleuten Wohnung nahm, gegenüber: „Auch Paulus schämte sich nicht
und hielt es nicht für unehrenhaft gegenüber der königlichen Stadt und dem stolzen Volk, wenn er befahl, jene Handwerker (Aquila und Priscilla) zu grüßen" (In
illud hom. Salut Aquil. 1, 2 PG LI 189). Auch Jaeger kann eine Chrysostomus-
Stelle anführen, wo das neue Arbeitsethos speziell auf Sklaven angewendet ist
(a. a. O., 79 ff.).

Wert für die Christen gewürdigt[71]. Es war sicherlich für die Zuhörer
ungewöhnlich zu vernehmen, daß von dieser positiven Sinngebung auch
die Arbeit der Sklaven nicht ausgeschlossen ist. Eben dadurch vermeint
der Prediger die vom christlichen Gleichheitsgedanken geforderte Würde
auch der untersten Bevölkerungsschicht zurückgeben und die verächt-
liche Einstellung der Freien gegen die Sklavenarbeit ändern zu können.
In dieser Aufwertung und neuen Sinndeutung ihrer Tätigkeit, nicht in
der Herauslösung aus ihrem Stand oder gar in der Auflösung der gesamten Einrichtung ist seiner Überzeugung gemäß die Forderung des
Paulus am ehesten zu erfüllen, daß der Unterschied zwischen Freien und
Sklaven seine Bedeutung verliere (Gal. 3, 28). Hält man das notwendige,
ebenfalls Paulinische Korrelat daneben, wonach es Pflicht eines jeden sei,
in seinem Stand zu bleiben (1. Kor. 7, 20), so erscheint es, als ob ein
solcher Lösungsversuch mit größerer Berechtigung und besseren Erfolgs-
aussichten vor den reichen Herren Antiochias vertreten werden konnte.
Aber auch der Vorwurf skeptischer Heiden gegen christliche Weltferne
und Widersprüchlichkeit fand hier eine Antwort.

III

Die zahlreichen Schriften des Kirchenvaters Theodoret gelten zu
Recht als eine wichtige Quelle für die Kenntnis der ökonomischen Verhältnisse in den östlichen Großstädten. Bereits seine Herkunft aus einer
angesehenen, wohlhabenden Familie, aber noch mehr sein Eintreten für
die materiellen Interessen der ihm anvertrauten Diözesanen in seiner
Bischofsstadt Kyrrhos legen den Schluß nahe, daß das mutige Plädoyer
für die Sklaverei in der Zielsetzung mehr bedeutet als einen Beitrag in
der Diskussion um die christliche Haltung zu diesem Thema[72]. Bei

---

[71] Es handelt sich um Noah, Abraham, Rebekka, Jakob und Moses (dazu S. 598 A 28).
Vgl. auch die strikte Forderung des Paulus zur Erfüllung der Arbeitspflicht an-
gesichts schwärmerischer Folgerungen aus der Endzeiterwartung (2. Thess. 3, 10).
Dazu auch F. HAUCK, RAC I 1950, 589 (s. v. Arbeit).

[72] Über die Aktivitäten zugunsten der Bewohner der in Nordsyrien gelegenen, kleinen und armen Stadt Kyrrhos, zu deren Oberhirte er im J. 432 bestellt wurde
(gegen seinen Willen) spricht er öfter in seinen Briefen. Er ließ dort (aus kirchlichen
Einkünften) Brücken und Säulenhallen errichten, Thermen ausbessern und an einer
Wasserleitung arbeiten, nicht zuletzt deswegen, um Arbeit zu beschaffen (bes. ep.
81, PG LXXXIII 1261). Dazu H. G. LIEBESCHUETZ: Antioch. City and imperial
administration in the Later Roman Empire, Oxford 1972, 260 f. Zu den Überresten dieser 800 Pfarreien umfassenden Stadt jetzt E. FRÉZOULS: Recherches historiques et archéologiques de la ville de Cyrrhus, Ann. archéol. Syr. IV/V 89 ff.

näherem Zusehen erweist es sich, daß es dem Redner vor allem um ein
s o z i a l e s und w i r t s c h a f t l i c h e s Problem zu tun ist, das sich
am ehesten durch einen Blick auf die damaligen Verhältnisse konkretisieren läßt.

Zunächst gilt es zu fragen, welche B e v ö l k e r u n g s s t r u k t u r
man in der von Angehörigen zahlreicher Völkerschaften und Religionen
bewohnten Weltstadt vorfindet insbesondere welche Rolle den Sklaven
innerhalb der sozialen Schichtung zukommt. Joh. Chrysostomus bezeugt
für seine Zeit, daß die sehr Reichen und sehr Armen dieser Stadt jeweils
ein Zehntel der Gesamtbevölkerung umfaßten. Freilich ist sofort hinzuzufügen, daß sowohl die hier genannten πλούσιοι wie auch die πένητες
keineswegs einen einheitlichen Block darstellen, sondern eine recht unterschiedliche Strukturierung aufweisen, so daß daraus auch kein Schluß
auf die Zahl der Sklaven möglich ist[73]. Da über diese Stelle hinaus keine
weiteren Angaben über die Gesamtzahl der Bevölkerung vorhanden
sind, ist man heute auf Vermutungen angewiesen, wenn man die Ein-
wohnerzahl der Stadt bestimmen will, die von Julian als εὐδαίμων, μακα-
ρία καὶ πολυάνθρωπος πόλις bezeichnet wird[74]. Die reiche Schicht senato-
rischer und kurialer Familien, welche die wichtigsten Ämter innehatten,
waren die Besitzer des zumeist von Kolonen bebauten Ackerlandes der
fruchtbaren Ebene rings um die Stadt. Sie waren meist in der Lage,
fern von ihren Feldern und Betrieben innerhalb der Bürgergemeinde in
der Verwaltung, aber auch in Handels- und Zinsgeschäften tätig zu sein
und vor allem von dem Verkauf ihrer Erzeugnisse zu leben, welche
ihnen die Besitztümer auf dem Lande lieferten. Freilich wäre das Bild
dieser *honestiores* unvollständig, wollte man nicht wiederum auf die

---

[73] Matth. hom. 66 (PG LVIII 630). Neben den sehr Reichen und sehr Armen, die ohne
fremde Hilfe nicht leben konnten, heißt es von der großen Mitte, daß sie eine
ausreichende Lebensgrundlage besaßen. Zu dieser Angabe LIEBESCHUETZ einschrän-
kend a. a. O., 41: „We cannot deduce from that evidence how large each group
was or what proportion is formed of the whole".

[74] Misop. 440. Die Zahl der Einwohner schwankt nach modernen Schätzungen für die
Zeit der 2. Hälfte des 4. Jh. zwischen 500 000 und 800 000 (so P. PETIT: Libanius
et la vie municipale à Antioche au IVᵉ siècle après J. C., Paris 1953, 311 und
V. SCHULTZE: Altchristliche Städte und Landschaften. III Antiochia, Gütersloh 1930,
151). Diese Schätzung gilt auch noch für das 5. Jh., da noch im Jahre 430/1 die
Stadtmauern erweitert wurden, was auf einen Bevölkerungszuwachs hindeutet,
(vgl. G. DOWNEY: A history of Antioch in Syria from Seleucus to the Arab Conquest, Princeton 1961, 452). Erst das Erdbeben von 458 dürfte einen Niedergang
eingeleitet haben.

gewaltigen Unterschiede verweisen, die sich in Wohlstand und Einfluß auftun. Zu ihnen gehörte z.B. der als reichster Bürger der Stadt apostrophierte Thalassius, dessen Güter sich über ganz Syrien erstreckten[75], ebenso wie Libanius selbst und seine Professoren-Kollegen, die von spärlichen Unterrichtsgeldern lebten und sich bisweilen lediglich 2 bis 3 Sklaven leisten konnten[76]. Da auch weniger Reiche in die Kurien hineingezwungen wurden und mit ihrem Vermögen für die staatlichen Abgaben hafteten, ist es nicht verwunderlich, daß selbst in dieser blühenden Großstadt mit ihrem reichen Hinterland manche vornehme Familien verarmten und sich der Zugehörigkeit zum Stand der Kurialen durch die Flucht entzogen[77].

Das Gegenstück zu dieser in Antiochien gewiß noch mehr als anderswo intakten Oberschicht bildeten die ebenfalls in Zwangskorporationen eingereihten freien Handwerker, welche in zunehmender Spezialisierung zum Teil am Rande des Existenzminimums in armseligen Behausungen leben mußten und daher der allgemeinen Verachtung preisgegeben waren. So fordert z. B. Libanius seine Schüler auf, sie sollten ihren Unmut über persönliche Mißerfolge dadurch auslassen, daß sie einen Goldschmied beschimpfen, einen Schuhmacher belästigen, einem Weber einen Fußtritt geben oder einen Zimmermann verprügeln. Welche materielle

---

[75] Über die Güter dieses ehemaligen *Praefectus Praetorio Orientis* (351—353), dessen Familie zu den reichsten und angesehensten von ganz Antiochia gehörte (kurialen Ursprungs!), vgl. Libanius ep. 360, 982, 1335 und PETIT, Libanius, Appendice II 405 sowie JONES-MARTINDALE-MORRIS: PLRI 886. Weitere reiche Familien angeführt bei LIEBESCHUETZ, a. a. O., 42 A.

[76] Lib. or. XXXI 11. Danach wurden diese Professoren von ihren Bediensteten verachtet, weil die „echten" Reichen bei weitem größere Sklavenscharen besaßen. Libanius selbst nannte als reicher Bürger freilich sehr viel mehr Sklaven sein eigen, die verschiedenen Tätigkeiten im Haus nachgingen. Vgl. LIEBESCHUETZ a. a. O., 47.

[77] Dies wird aus der starken Verminderung der Zahl der Kurialen deutlich, die von ca. 600 zur Zeit Diokletians (trotz einer vorübergehenden Erweiterung zur Zeit Julians) in den achtziger Jahren des 4. Jhs. auf 60 zusammengeschrumpft waren (Lib. or. II 33; XLVIII 3 f.). „Es schwindet mehr und mehr der gutsituierte mittlere Landbesitzer aus der Kurie und übrig bleiben einige reiche Grundbesitzer auf der einen und einige mehr und mehr überforderte Kuriale mit bescheidenem Landbesitz auf der anderen Seite . . . Der tiefste Grund liegt in dem Ausbau eines immer mächtigeren Staatsapparates. (F. TINNEFELD: Die frühbyzantinische Gesellschaft, Struktur — Gegensätze — Spannungen, München 1977, 106 f.) Die von PETIT, Appendice I 398 aufgeführte Liste von Angehörigen der Kurie beweist diese Verarmung unmißverständlich. Schlimmer als in Antiochia scheint die Situation in kleineren Städten gewesen zu sein. Für Kyrrhos berichtet Theodoret für seine Zeit nur noch von einem Mitglied der Kurie, die übrigen waren geflohen, die Felder verödet (ep. 43, PG LXXXIII 1321).

Not in jenen Kreisen herrschte, mag daraus ersichtlich werden, daß manche Handwerker sogar gezwungen waren, ihre eigenen Kinder zu verkaufen, um die drückende Abgabe der *collatio lustralis* (χρυσάργυρον) bezahlen zu können[78]

Zwischen der Oberschicht und jenen freien, produktiv tätigen Lohnarbeitern (und den Bauern außerhalb der Mauern) ist jene städtische Menge anzusiedeln, welche ihr Leben in Theater- und Circusvorstellungen verbrachte und sich für ihre unnütze Betätigung als professionelle Claque von interessierten Personen bezahlen und von billigem Staatsgetreide ernähren ließ[79]. Es bedarf keiner besonderen Begründung, daß die innerhalb der Stadt weilenden Sklaven zum allergrößten Teil von den Grundbesitzern gehalten wurden, welche fern von ihren Gütern dem Lebensstil städtischer Grandseigneurs huldigten. Aus den unterschiedlich überlieferten Sklavenzahlen — nach Joh. Chrysostomus gab es Besitzer von 1 000 bis 2 000 Sklaven[80], während mancher Rhetor höchstens 2 bis 3 besaß — mag die ungleiche Verteilung des Reichtums der oberen Klassen abgelesen werden. Diese Masse an Sklaven wurde nun von ihren Herren zum großen Teil für häusliche Dienstleistungen jeglicher Art, aber auch für geschäftliche Angelegenheiten außerhalb des Hauses verwendet. Es ist gewiß richtig, daß sie im Gegensatz zur freien, armen Bevölkerung weniger manuelle Arbeit leisteten, aber fraglich

---

[78] Lib. or. XXXV 36 f. Zur Mißhandlung von Handwerkern durch die Schüler des Libanius vgl. or. LVIII 6. Über die soziale Gliederung des Handwerkerstandes von den Gold- und Silberschmieden, Bäckern, Malern und Bildhauern bis zu Saisonarbeitern (etwa bei den Bauarbeitern) vgl. auch A. F. NORMAN: Gradations in the later Municipal Society, JRS 48, 1958, 80 und wiederum TINNEFELD, a. a. O., 125 ff.

[79] Hierfür hat erst R. BROWNING (The riot of A. D. 387 in Antioch, JRS 42, 1952, 13 ff.) den Ausdruck „Theaterclaque" aufgebracht, der inzwischen allgemein akzeptiert ist. TINNEFELD nennt diese auch durch häufige Aufstände bekannte Gruppe „in politischer Hinsicht nicht mehr als bezahlte Gelegenheitsarbeiter" (a. a. O., 149), nach Lib. or. XLI 9. 17 waren es nicht mehr als 400 Leute (vgl. auch DERS. or. XLVI 18: Ὄχλος ἐν τῇ σκηνῇ τοῦ βίου τὰς ἐλπίδας ἔχων).

[80] Matth. hom. 63, 4 (PG LVIII 608). Daraus ergibt sich nach PETIT (a. a. O., 310) bei insgesamt 100 000 Familien, die in Antiochien lebten, daß 10 000 Familien im Mittel 10 Sklaven hatten und daß es somit etwa 100 000 Sklaven in Antiochien gab, die freilich nicht ständig alle in der Stadt lebten. LIEBESCHUETZ hält wohl zu Recht die Angaben des Joh. Chr. für übertrieben (47: highly rhetorical), jedenfalls kann eine solche Zahl nicht die Regel gewesen sein (es gab wohl keine 100 000 Familien in Antiochien). Man kann jedoch von mehreren Dutzend Sklaven sprechen in jedem größeren Haushalt, wenn man Zeugnisse aus Synesios, Augustin u. a. hinzuzieht (vgl. HAHN: Sklaven und Sklavenfrage im politischen Denken der Spätantike, Klio 58, 1976, 460).

bleibt doch, ob man ihre Beschäftigung als Köche und Wächter, als
Aufseher und Finanzverwalter ausschließlich als wirtschaftlich unpro-
duktiv und luxuriös einstufen kann[81]. Zu erinnern wäre auch daran, daß
Joh. Chrysostomus einer solchen Trennung selbst widerspricht, wenn er
meint, daß man einen Sklaven wohl in den meisten Fällen zu notwendigen Arbeiten verwende[82], wie auch andererseits der reiche Bürger Thalassius in der Stadt eine Schwertmanufaktur besaß, in der etwa ein Dutzend Sklaven arbeiteten[83].

Im Rahmen dieser stark differenzierten Bevölkerungsschichtung sind
die A n h a l t s p u n k t e zu betrachten, welche Theodoret in seiner
Rede liefert. Es handelt sich dabei um jene Zeilen des dritten Abschnitts,
in welchen ganz konkret die Sorgen des Herrn geschildert werden, der
dem Leser als Hausvater entgegentritt (677 B C). Im Mittelpunkt steht
seine Abhängigkeit von der Fruchtbarkeit des Bodens und dem Ertrag
der Ernte, insbesondere der Getreideernte. Daraus ergibt sich, daß es
sich allein um einen Vertreter der in der Stadt wohnenden Aristokratie
handeln kann, dessen wirtschaftliche Existenz von seinem landwirt-
schaftlichen Besitz abhängig war. Wenn es heißt, daß diese δεσπόται stets
daran dächten, wie sie ihr Hausgesinde versorgen, ihre schuldigen Abgaben entrichten und ihre entbehrlichen Erzeugnisse verwerten könnten,
um dafür notwendige Dinge einzukaufen, so ist darin auch ihre Haf-

---

[81] So HAHN: Freie Arbeit und Sklavenarbeit, 24 ff. und DERS.: Sklaven und Sklavenfrage, 459 ff. Bedenken dagegen erhob schon N. BROCKMEYER: Antike Sklaverei,
Darmstadt 1979, 222 (Aufseherfunktionen verlangten mehr Verantwortungs-
bewußtsein als körperliche Arbeit unter Zwang!).

[82] Matth. hom. 2, 5 (PG LVII 30). Notwendigkeit dürfte wohl gesellschaftliche und
wirtschaftliche Notwendigkeit bedeutet haben. „Gegen HAHNS starre Trennung
zwischen ländlicher Aristokratie und reicher städtischer Bourgeoisie ist ferner
darauf aufmerksam zu machen, daß ebenso wie Bürger der Stadt ländliche Be-
sitzungen hatten, auch mancher Großgrundbesitzer eine städtische Dépendance sein
eigen genannt haben dürfte und somit eine eindeutige Scheidung zwischen besit-
zenden Bürgern in der Stadt und auf dem Lande nicht möglich ist" (JAEGER,
a. a. O., 37 A). Vgl. LIEBESCHUETZ, a. a. O., 48: „The upper class of Antioch was
a landowning aristocracy" (Haupttätigkeit: Grundbesitz, Getreideverkauf, Geldverleih).

[83] Lib. or. XLII 21. Von der Singularität eines solchen Betriebes kann aus dem Satz,
daß Thalassius nichts von seinem Fach verstand, sondern die Schwerter von seinen
Sklaven verfertigen ließ, gewiß nicht gesprochen werden. Hinzu kommt, daß
HAHN lediglich ein einziges Beispiel für einen produktiv arbeitenden Sklaven-
betrieb auf dem Lande anführen kann, die Spinnerinnen auf dem Großgut des
Asterios (PG XL 212). Joh. Chr.: Contra eos qui subintroductas 9 (PG XLVII
507) spricht dagegen eher für ein luxuriöses Haus in der Stadt (barbarische Sklavinnen werden von der Hausfrau zur Wollarbeit angelernt).

tung für das Steueraufkommen der Gemeinde eingeschlossen, von weiteren Leistungsverpflichtungen völlig abgesehen. Die wichtigste Aktivität zur Vergrößerung ihres Kapitals war, wie hier sichtbar wird, neben dem Geldverleih der Verkauf des erwirtschafteten Getreides. Wenn es weiter heißt, daß bei guten Getreide- und Obsternten kaum Käufer zu finden seien, welche die Früchte abnähmen, während sie sich umgekehrt in schlechten Jahren nach Geldverleihern umsehen und Schuldscheine unterschreiben müßten, so sollte man sich weniger die unrühmlichen Praktiken der Grundbesitzer und Getreidehändler vergegenwärtigen, wie sie etwa bei Julians Aufenthalt in Antiochia bekannt geworden sind[84]. Eine Verengung des Blickes wäre es auch, wollte man sich lediglich an die erpresserischen Methoden mancher Herren gegenüber den auf den Landgütern arbeitenden Kolonen erinnern[85] sowie an gewisse Klagen über reiche Ernten, weil sie die Preise drückten[86]. Wesentlicher ist es, bei der Lektüre solcher Zeilen nicht an die wenigen sehr Reichen, sondern an die Verarmung eines großen Teiles der Kurialen zu denken, welche sich durch Ertragsschwankungen und die sich zusehends verschlechternde Marktlage noch vergrößerte, so daß in den achtziger Jahren des 4. Jahrhunderts in Antiochia nicht einmal mehr 60 Kurienangehörige übrigblieben. Auf diese Weise wird die von Theodoret geschilderte Notlage so mancher Vertreter der städtischen Ober-

---

[84] „Die Grundbesitzer, aus deren Klasse der Munizipalrat gewählt wurde, hatten von ihren Ernteerträgen mehr gehortet als auf den Markt gebracht, weil sie auf Preisanstieg hofften. Ihre Speicher quollen von Korn über, während die Bürger es täglich teuer bezahlen mußten ...“. So R. BROWNING: Julian der abtrünnige Kaiser, München 1977, 225. Darüber Julian Misop. 368 D, Lib. or. I 126 und XVIII 195, Amm. XXII 14, 1, Soz. hist. eccl. V 19, 1 u. a. Vgl. auch speziell H. P. KOHNS: Die tatsächliche Geltungsdauer des Maximaltarifs für Antiochia vom Jahr 362, RhM 114, 1971, 78 ff.

[85] Vgl. etwa Lib. or. XXXIII 13, wo er über die Ausbeutung der Landbevölkerung durch die Grundbesitzer vor allem durch erhöhte Steuern spricht, was zur Flucht und zur Verödung der Felder führte. Ähnlich z. B. Joh. Chr. Matth. hom. 61 (PG LVIII 591): „Wenn einer prüfen will, wie die Landbesitzer mit den elenden und beklagenswerten Bauern umgehen, wird er sehen, daß sie grausamer als Barbaren sind!“ Vgl. LIEBESCHUETZ, a. a. O., 61 ff. und TINNEFELD, a. a. O., 49 ff. Von einer schlimmen Ausbeutung der Bauern seines Dorfes, das er besaß, durch einen gewissen Kurialen Letoius spricht Theodoret, rel. hist. 14 (PG LXXXII 1299).

[86] Die Folgen zeigen sich in Versorgungskrisen und Revolten des Volkes gegen Preismanipulationen der Grundbesitzer (und gewisser Handwerkszweige), so bes. in den Aufständen der Jahre 382 und 385, als das Volk in der Spekulation der Stadtväter mit den Erträgen ihrer Ländereien den Hintergrund der Versorgungskrise sah und sich dafür rächte (Lib. or. XIX 3 ff. und PETIT, Libanius 118).

schicht weit eher verständlich. Begreiflich wird dann auch der Vergleich
mit dem sorglosen Leben der Sklaven, die in den Häusern ihrer Herren ein gesichertes Auskommen fanden. Das Zeugnis des Libanius über
den drastischen Rückgang der Kurialen macht es zur Gewißheit, daß
der von Joh. Chrysostomus geschilderte Zustand, wonach reiche Herren
mit Scharen von unnützen und unproduktiven Sklaven auf dem Markt
umherschlenderten, um sich bedienen zu lassen (z. B. 1. Kor. hom. 40, 5),
nicht die Regel gewesen sein kann. Da der Bischof in seinem Bestreben,
die gewiß vorhandene Kluft zwischen Arm und Reich auf diese Weise
drastisch vorzuführen, mit Vorliebe solche genrehaften Einblicke vermittelt, darf die dadurch bedingte rhetorische Übertreibung nicht außer
acht gelassen werden. Die Sklaven, die man von kirchlicher Seite im
Auge hat, lebten wohl zum größten Teil in der Stadt in den Häusern
ihrer Herren, um dort persönliche, aber auch gewisse handwerkliche
Dienste zu verrichten. Dies wird noch aus einem anderen Umstand klar;
denn auch wenn es noch immer Sklavenarbeit verschiedener Art in den
ländlichen Betrieben der Großgrundbesitzer gab, so findet sich für jene
Zeit kaum ein Hinweis dafür, daß Sklaven speziell für landwirtschaftliche Arbeiten verwendet wurden[87].

Nach der Klärung der bevölkerungsstrukturellen Hintergründe dieser
Rede ist endlich die Frage zu stellen, welcher Art die sozialen und wirt-
schaftlichen M o t i v e sind, die den Bischof veranlassen, sich von
jeder Verwischung der rechtlichen und tatsächlichen Lage zwischen
Herren und Sklaven zu distanzieren, wie sie in manchen kirchlichen
Kreisen vorgeschlagen wurde. Hier ist einmal an die m a t e r i e l l e
N o t der einfachen Bevölkerung in den Städten zu erinnern. Die kleinen
Handwerker lebten, von ständiger Gefahr der Arbeitslosigkeit bedroht,
unter schwierigsten Verhältnissen, kannten weder Tag- noch Nachtruhe
und hatten „gezwungen durch den Tyrann, Hunger genannt" als freie

---

[87] In den zahlreichen Inschriften aus dem von Bauern bewohnten Hügelland rings um
die Stadt finden sich lediglich 2 Sklavennamen (IGLS 650 und 1409—11). Vgl.
schon G. TCHALENKO: Villes antiques de la Syrie du Nord, Paris 1953, 373 und
LIEBESCHUETZ, a. a. O., 64 f.: „The use of labor services would obviate the use of
slave labour. and I have seen no evidence for the use of slaves for agricultural
work in Syria ... I prefer to conclude that slaves were not exploited in agriculture
on a significant scale in Syria" (im Gegensatz etwa zu Ägypten, Italien, Spanien).
HAHN sucht die Gründe hierfür in der mangelnden Arbeitsmoral der Sklaven und
in deren feindseligen Haltung gegen ihre Herrn (Sklaven und Sklavenfrage, 468).

Leute härter zu arbeiten als die allermeisten Sklaven[88]. Was aber erwartete diese nach ihrer Freilassung anderes als ein solches von den Sorgen um das tägliche Auskommen geplagtes Dasein? Das Schicksal, das sie dafür eintauschten, war nicht besser, sondern in den meisten Fällen schwieriger und trostloser. Unter diesem Aspekt wird es klar, warum der Bischof den Sklaven zuruft, sie sollten zufrieden sein, genügend Nahrung, Kleidung und Raum zum Schlafen zu haben. Das unausgesprochene Gegenüber sind nicht die Herren, die trotz starker Differenzierung innerhalb der oberen Stände noch einen ausreichenden Lebensunterhalt besitzen, sondern die kleinen Handwerker, welche die Werkzeuge ihre einzige Habe nennen und zudem von drückenden Steuern ruiniert werden. Somit erscheint der von Joh. Chrysostomus vorgeschlagene und tatsächlich wiederholt befolgte Weg, einen jungen Sklaven in einem Handwerk ausbilden zu lassen, keine durchgehende Lösung für den Sklavenstand; denn auf diese Weise war keine Verbesserung der sozialen Lage garantiert, im Gegenteil, dies führte wohl gewöhnlich noch zu einer Verschlechterung[89]. Gewiß, Theodoret nimmt den Einwand der Sklaven, sie seien von der Willkür ihrer Herren abhängig, d. h. persönlich unfrei, und hätten harte Arbeit zu leisten, sehr wohl ernst und leugnet ihn keineswegs, aber wesentlicher erscheint es ihm, daß jene Nachteile aufgewogen werden durch einen ruhigen, sorgenfreien Schlaf und die Freiheit von Hunger und materieller Not. Gerade wenn man sich die brutalen Strafen für Sklaven vor Augen hält, schwere Schläge, Fesselung, Einkerkerung, zeitweiligen Nahrungsentzug, mag man ermessen, für wie bedrohlich der Seelsorger die Situation eines freien Handwerkers hielt, daß er den Sklaven trotzdem abrät, sie mit ihrem bisherigen Status einzutauschen. Gab es im übrigen nicht auch

---

[88] So Lib. or. XXV 37: ... λιμοῦ φόβος ὁ ἡμέτερος δεσπότης. Vgl. dazu S. 621 mit A 78. Natürlich konnte es sich hierbei um den Kleinbetrieb mit einigen Sklavenlehrlingen handeln, die in wirtschaftlicher und persönlicher Abhängigkeit vom Unternehmer (der zugleich Patron war) standen, sondern um den Einzelbetrieb, der sich infolge großer Armut kaum einen Sklaven leisten konnte (vgl. HAHN: Freie Arbeit und Sklavenarbeit, 27 ff.).

[89] Wie aus zahlreichen Inschriften und Gesetzen ersichtlich wird (einige angeführt bei HAHN: Freie Arbeit und Sklavenarbeit, a. a. O.), ließ ein besser gestellter Arbeiter, der junge Sklaven kaufte, ausbildete und schließlich frei ließ, diese weiter für sich arbeiten, indem er sich z. B. das Verkaufsmonopol ihrer Erzeugnisse vorbehielt. Daher war ein eigener Aufstieg auch in einem solch günstigen Fall kaum möglich.

ähnliche Strafen für die armen Freien[90]? Hatte aber ein frei werdender
Sklave keine Ausbildung in irgendeinem Gewerbe erhalten, so reihte
er sich ein in die parasitäre existenzlose Masse, die von Staats wegen
unterhalten werden mußte, und vermehrte so das großstädtische Proletariat[91]. An einer massenhaften Zunahme von freigelassenen Sklaven,
die von der Gunst der Mächtigen abhingen und sich kaum versorgen
konnten, dürfte Theodoret am allerwenigsten gelegen sein; denn als
sozial denkender Bischof wußte er, daß die Übervölkerung der Großstädte einer wirtschaftlichen Gesundung am meisten im Wege stand[92].

Zieht man ein Fazit, so ergibt sich, daß Theodoret angesichts der
bedrohlichen wirtschaftlichen Situation der Städte weit realistischer und
wohl auch fürsorglicher dachte als Gregor von Nyssa und Johannes
Chrysostomus, welche das Sklavenproblem vorwiegend aus theologischer
Sicht und unter dem Blickwinkel der aus der persönlichen Unfreiheit
erwachsenden Härten beurteilten. So wie er bereits in Kyrrhos für eine
Linderung persönlicher Nöte der ihm anvertrauten Stadtbewohner, z. B.
in Form von Steuernachlaß, eingetreten war, sich aber auch um Arbeits-
beschaffung durch die Errichtung oder Ausbesserung von Bauten küm-
merte, so setzte er sich auch hier für die Beibehaltung des Sklavenstandes ein; denn er sah voraus, daß im Falle der Auflösung der

---

[90] Belege wiederum bei Joh. Chr., der z. B. berichtet, daß sich ein Schuldner vor seinem Herrn wie vor einem Raubtier fürchte, Schläge, Quälereien, gerichtliche Vor-
ladungen und Gefängnisstrafen erwarte. Die Folge ist, daß der Bischof die Lage
der verarmten und verschuldeten Mitbürger wie die von Sklaven einschätzt, ja sogar
meint, daß Sklaven noch mehr Rücksicht und Fürsorge als Arme fänden (Hebr.
hom. 11, 3 PG LXIII 93). Dazu wiederum JAEGER, a. a. O., 32 ff.

[91] Das Schicksal der Sklaven, die ohne berufliche Ausbildung und Sicherung in die
Freiheit entlassen wurden, war es, daß sie betteln mußten, ins Gefängnis kamen
oder sich am Rande des Existenzminimums als Gelegenheitsarbeiter oder einfache
Handwerker durchschlugen (vgl. etwa Joh. Chr. 1. Kor. hom. 11, 6, PG LXI 96).
Von der Vermehrung des Proletariats als Folge der Zunahme der Sklavenfreilas-
sungen spricht bereits E. CICCIOTTI: Der Untergang der Sklaverei im Altertum,
24.

[92] Ein besonderes Übel der Großstädte in der Spätantike war die stete Zunahme der
Bevölkerung durch ein Hereinströmen mitteloser Elemente, darunter vieler ent-
laufener Sklaven, die nach der Auskunft des Libanius (or. XLI 11) die Stadt zu
ihrem Unglück aufnahm und nur aus Schwäche duldete. Vgl. auch PETIT: Libanius,
a. a. O., 311 f. und TINNEFELD, a. a. O., 141 f. mit weiteren Belegen. Die drastische
Schilderung des Armenhauses von Antiochia, wie sie Libanius gibt (or. VII 1 f.)
— dort sammelten sich viele Arbeitslose und Kranke — vermag wohl am besten
die Mahnungen Theodorets an die Sklaven zu unterstreichen, mit der Fürsorge ihrer
Herren und ihrem geregelten Auskommen zufrieden zu sein.

Sklaverei oder einer großen Freilassungswelle (auch aus christlichen Motiven) schwerwiegendere Probleme entstehen würden, als sie mit dem jetzigen Zustand verbunden waren.

Theodoret dürfte wohl noch einen w e i t e r e n Anlaß für seine von den übrigen Kirchenvätern stark abweichende Haltung besessen haben. Es war die N o t w e n d i g k e i t der Sklavendienste, die ihm durchaus nicht minderwertig erschienen und insgesamt nicht so verachtet waren, wie häufig angenommen wird. Es wurde bereits angedeutet, daß es auch produktive Arbeit der städtischen Sklaven gab, etwa in der Schwertmanufaktur des Thalassius, in den freilich zurückgehenden handwerklichen Mittelbetrieben, in städtischen und staatlichen Manufakturen oder auch bei der vorübergehenden Verwendung auf den ländlichen Gütern. Selbst die Tätigkeit eines Sklaven innerhalb und außerhalb eines wohlhabenden Hauses konnte durchaus produktiver Natur sein, selbst wenn sie nicht in Form eines Handwerks ausgeübt wurde[93]. Hätte sich hier ein rascher und grundlegender Wandel in Form von Freilassungen größeren Ausmaßes oder sogar eine gänzliche Auflösung der Institution vollzogen, so hätte dies das Wirtschaftsleben der Großstädte in erheblicher Weise beeinträchtigt oder gar zum Erliegen gebracht. Auf diese Weise wären die Anklagen der Heiden gegen die Christen über den Umsturz aller bestehenden Ordnung völlig berechtigt gewesen. Theodoret, seiner Herkunft nach ein Angehöriger der munizipalen Oberschicht, wagt es weitaus deutlicher auszusprechen, daß der Unterschied zwischen Herren und Dienern sowie die Arbeitsleistung der letzteren notwendig seien, als Joh. Chrysostomus. Freilich warnt auch dieser trotz seiner generellen Vorbehalte gegen die Sklaverei gleichfalls vor einer völligen Umwälzung der bestehenden Gesellschaftsordnung, wozu eine rasche generelle Freilassung geführt hätte.

---

[93] Als Tätigkeiten der städtischen Sklaven kämen in Frage: Dienste im Haus, kommunale oder politische Dienste, geschäftliche Aufträge des Herrn (sogar als Beamte). Hierzu sowie zu den handwerklichen privaten Mittelbetrieben, in denen Sklaven beschäftigt waren, wiederum HAHN: Freie Arbeit und Sklavenarbeit, a. a. O., 24 ff. Als Beispiele für städtische und staatliche Manufakturen seien etwa die Purpurfärbereien von Tyros (vgl. Euseb. hist. eccl. VII 32) oder die teilweise militärisch organisierten Waffenwerkstätten (*fabricae*), Münzstätten (*monetae*), Webereien (*gynaecaea*), Leinenwebereien (*linyfia*) u. a. genannt (aufgezählt in der Notitia Dignitatum). Über ihre Produktionsweise (für das Militär und den Hof, nicht regelmäßig für den Markt) bes. C. MICKWITZ: Geld und Wirtschaft im römischen Reich des 4. Jahrhunderts n. Chr., Helsingfors 1932, 152 ff.

In diesem Zusammenhang gewinnt die energische Abwehr Theodorets gegen jeden Versuch, die handwerkliche Arbeit zu disqualifizieren, oder anders gesprochen sein Bemühen um die Einbeziehung der Sklavenarbeit in die christliche Arbeitsmoral eine besondere Bedeutung. Wenn er nicht nur das arbeitsame Leben der freien Armen, sondern auch die Arbeit der Unfreien in besonderer Weise würdigt etwa durch Vergleiche mit vorbildlichen Gestalten des Alten Testaments, so kann das nur bedeuten, daß in seiner Sicht die Sklaven für das ökonomische Leben der Stadt wichtige Tätigkeiten ausübten, welche vom christlichen Arbeitsethos nicht ausgeschlossen werden durften. Welchen Sinn sollten die Ausführungen des Bischofs über die Erhaltung der menschlichen Kulturgüter durch die Arbeit haben, wenn damit nicht vor allem an die Sklaven gedacht wäre, von denen fortlaufend die Rede ist? Ihre Arbeit wird ihm nicht weniger als die der übrigen Volksschichten zu einer sittlichen Pflicht gegenüber dem Gemeinwohl, wobei im einzelnen die Arbeit nicht körperlich-handwerklichen Charakter zu haben braucht. Da gerade die Reichen unter den Christen noch kaum eine positive Einstellung zur Arbeit gefunden hatten, bedeutete das auch eine Mahnung an diese Schicht, die Lehren des Paulus ernst zu nehmen und den Sklaven die schuldige Achtung nicht zu versagen[94]. Der beste Beweis dafür, daß Theodoret nicht an eine strikte Trennung von produktiver Arbeit der freien Armen und von persönlichen Dienstleistungen unproduktiver Art bei den Sklaven denkt, liegt wohl darin, daß er die Tätigkeit beider Stände ohne Unterschied unter dem Schutz der göttlichen Vorsehung stehend, ja sogar als Beweis für diese ansieht[95]. So ist ihm nicht nur der

---

[94] Den besten Beweis für die Verachtung der handwerklichen Arbeit als ehrenrührig und sträflich (auch in christlichen Kreisen) bilden die zahlreichen Ermahnungen des Joh. Chr. an seine Gemeindemitglieder in Antiochien und Konstantinopel. „Tätig hat Gott dieses Wesen geschaffen, und das Arbeiten liegt ihm in der Natur, die Untätigkeit aber ist wider seine Natur" (act. Apost. hom. 35, 3, PG XL 257). Weitere Belege bei JAEGER, a. a. O., 81 f. mit 48 A. Aufschlußreich ist, daß z. B. noch bei dem Kirchenhistoriker Eusebius von Caesarea die Arbeit zwar als notwendig, aber doch als niedrige Form menschlicher Tätigkeit erscheint (or. ad sanctos 6).

[95] Für die Sklaven or. VII 684 A: „Wenn also nicht nur die Knechte, wenn auch die Herren arbeiten müssen, warum schmähst du der Arbeit wegen die Knechtschaft ... und so hätten wir auch diesen Einwurf unserer Gegner entkräftet und gezeigt, daß derselbe vielmehr ein Beweis für die göttliche Vorsehung ist". Ähnliche Worte findet Theodoret für die Tätigkeit der freien Armen (or. VI 644 D). Bezeichnend ist, daß die Einwürfe der Gegner so abgefaßt sind, daß sie sowohl als von den Herren als auch von den Sklaven kommend aufgefaßt werden können.

freie Arme, sondern auch der Sklave in seinen verschiedenen Tätigkeiten identisch mit dem Begriff des arbeitenden Menschen. Es scheint fast, als ob der Verfasser sich bewußt gegen eine solche Trennung wehren wollte, wenn er einen Arbeitsscheuen mit einer Drohne vergleicht, da er nur von der Arbeit anderer leben will, aber zum gemeinsamen Leben nichts beiträgt. Da alles Gute nur durch Arbeit erworben werden kann, so mahnt er, muß man sich hüten, die Sklaven zu schelten, weil sie von ihrer Hände Arbeit leben müssen. Sie selbst aber als Menschen mit Vernunft und freiem Willen sollten aufhören, sich ihres niedrigen Standes zu schämen und sich nur ungern so nennen zu lassen[96]. Deutlicher könnte die Einbeziehung der Sklaven in die Schicht der produktiv tätigen Bevölkerung, die insgesamt zum Funktionieren des wirtschaftlichen Lebens beiträgt, nicht ausgesprochen werden. Was Theodoret hier in allgemeinen Sätzen anklingen läßt, kann nur in der Weise gedeutet werden, daß er das Vorhandensein von Sklaven und ihre spezielle Tätigkeit nicht allein theologisch für unangreifbar hält, sondern vor allem als Voraussetzung für den Fortbestand des gesamten Wirtschaftslebens ansieht.

Ein dritter und letzter Beweggrund für die geradlinige Haltung des Bischofs dürfte die in seiner Zeit rapide zunehmende S k l a v e n f l u c h t gewesen sein. Nur so erhält das Schlußkapitel der Rede einen Sinn, in dem er nachzuweisen sucht, daß Gott die Macht über Untergebene auch unwürdigen Herren übertragen habe und ein solcher Dienst für einen christlichen Sklaven eine besondere Bewährung darstelle. Die 8. Rede führt dieses Thema unmittelbar fort; denn dort bemüht sich der Verfasser mit einer Fülle von Beispielen um den Nachweis, daß es rechtschaffenen Knechten nicht schade, schlechte Herren zu haben[97]. In Verbindung damit ist die Stellungnahme zu sehen, die Theodoret noch rigo-

---

[96] or. VII 680 D: „Aber du gleichst einer im Müßiggang aufgewachsenen Drohne, die von der Arbeit anderer leben will, ohne selbst zum gemeinsamen Leben beizutragen ..." Trotz dieser deutlichen Vorwürfe also ein ganz erheblicher Unterschied zwischen Joh. Chr. und Theodoret!
Letzterer begreift die Arbeit „innerhalb der Harmonie der göttlichen Weltordnung" (so HOLZAPFEL, a. a. O., 106). Damit schließt er auch den Reichtum in den Plan der Vorsehung ein. Daher fehlt im Gegensatz zu Joh. Chrys. jeder polemische Ton gegen die besitzende Oberschicht. Vgl. auch THRAEDE, a. a. O., 156: „Vernünftigen Luxus erkennt Theodoret als sozial wohltuend an".

[97] Hierzu S. 600 mit A 33. Daher geht es ihm weniger um das stoische Thema der Gleichwertigkeit der Sklaven mit dem Herrn im Haus und der Bewährung der Tugend auch im Sklavenstand (vgl. F. VOLLMANN: Über das Verhältnis der späteren Stoa zur Sklaverei im römischen Reiche, Diss. Erlangen 1890, 8 ff.), sondern um die praktische Bewährung christlichen Denkens, daß die Menschen „stets einen freien

roser und konkreter als Joh. Chrysostomus in der Auslegung des Paulus-
wortes μᾶλλον χρῆσαι bezieht. Er meint, der Satz des Apostels sei ab-
sichtlich so gesprochen, um jedes Vergehen „unter dem Vorwand der
Frömmigkeit" (προφάσει θεοσεβείας) von vornherein zu unterbinden[98].
Es gab also Christen, welche sich bei der Forderung nach Freiheit für die
Sklaven auf das μᾶλλον χρῆσαι beriefen, indem sie nicht δουλείᾳ, sondern
ἐλευθερίᾳ ergänzten. Sie faßten damit die Worte des Paulus in der Weise
auf, daß die Sklaven mit allen Kräften danach trachten sollten, frei zu
werden. Es wurde bereits erwähnt, daß solche Strömungen, die ihr Ziel
unter diesem Vorwand zu erreichen suchten, sich vor allem in der von
Eustathius von Sebaste in Kleinasien begründeten radikalen mönchischen
Bewegung fanden. Ähnliche Agitationen gab es auch bei der weitaus
gefährlicheren Bewegung der Circumcellionen in Nordafrika, worüber
wir besonders durch Augustinus gut Bescheid wissen[99]. Nun zeigt sich
aber aus der Tatsache, daß Theodoret die Paulusstelle erneut aufgreift,
wie trotz des Verbots durch ein Konzil und trotz der gegenteiligen
Interpretation des Joh. Chrysostomus und anderer die vom Mönchtum
ausgehenden Impulse noch immer weiterwirkten. Hierzu mag nicht
zum wenigsten beigetragen haben, daß Basilius und Hieronymus den
Mönchen so weit entgegenkamen, daß sie einer rein religiösen Flucht
ihre Zustimmung nicht versagten[100]. Die Folge war, daß in der 2. Hälfte

---

Willen haben und auch aus dem Unterschied zwischen Herren und Knechten Gottes
Vorsehung hervorleuchte" (716 B).

[98] In ep. I ad Cor. 7, 21 (PG LXXXII 280): Ταύτην δὲ τὴν ὑπερβολὴν οὐχ ἁπλῶς
τέθεικεν, ἀλλὰ πείθων μὴ φυγεῖν τὴν δουλείαν προφάσει θεοσεβείας. Schon vorher erklärt er kategorisch, daß es Sklaven nicht erlaubt sei, der Knechtschaft zu
entfliehen, als ob sie des Glaubens unwürdig sei (ὡς ἀναξίαν τῆς πίστεως), da der
Glaube keinen Unterschied zwischen der Stellung der Knechte und der Herren
kenne (οὐκ οἶδεν ἡ χάρις δουλείας καὶ δεσποτείας διαφοράν). Das Wort ὑπερβολή
(Übertreibung) bedeutet gegenüber Joh. Chr. gewiß keine Einschränkung, wie
Schilling meint (a. a. O., 135), sondern eine Verschärfung.

[99] Sie begnügten sich nicht, die Sklaven ihren Herren abspenstig zu machen, sondern
zwangen bisweilen in gewaltsamen Aktionen die Herren, ihren Sklaven als Zug-
tiere zu dienen, und nötigten ihnen Freiheitserklärungen ab (Aug. ep. 108, 18, CSEL
34, 632; ep 185, 15, CSEL, a. a. O., 57, 13; Optat. 3, 4, CSEL 26, 81). Dazu Bellen:
Studien zur Sklavenflucht, a. a. O., 83 f.; 146 f. und jetzt G. Gottlieb: Die
Circumcellionen, Annuarium Historiae Conciliorum 10, 1978, 1 ff.

[100] Zu Basilius s. S. 605 mit A 45. Zu Hieronymus, der in seinem Kommentar zum
Epheserbrief und zum Brief an Titus (um 390) energisch dafür eintrat, daß ein
Sklave seinem Herrn den Gehorsam verweigern müsse, wenn dieser ihm etwas
auftrage, was die Heilige Schrift verletze (ep. ad Eph. 3, 6, PL XXVI 542 und ep.
ad Tit. 2, 3, PL XXVI 584, 591).

des 4. Jahrhunderts eine verstärkte Fluchtbewegung von Sklaven und Kolonen einsetzte, die um die Jahrhundertwende ihrem Höhepunkt zustrebte und noch bis in die Mitte des 5. Jahrhunderts andauerte. Erst nach 450 läßt sich ein Absinken der Fluchtkurve feststellen. Während im Westen z. B. im Jahre 408 Scharen barbarischer Sklaven ins Lager des Westgoten Alarich flohen[101] und nach 435 fast alle Sklaven Galliens der Bagaudenbewegung beitraten[102], führte im Osten die Flucht der Sklaven in Kirchen und Klöster zu solchen Auswüchsen, daß Theodosius II. gezwungen war, das christliche Asylrecht genau zu regeln[103]. Es gibt sogar Beispiele von Kloster- und Mönchsgemeinschaften, in welchen die Zahl der entlaufenen Sklaven höher war als die der Freien[104]. Wie weit eine derart radikale Auffassung des christlichen Gleichheitsgebotes bereits vorgedrungen war, mag aus einer Notiz bei dem aus Antiochien stammenden Bischof Theodor von Mopsuestia ersehen werden, wo es heißt, daß gewisse Kreise — er denkt sicherlich an Mönche — ohne Rücksicht auf die bestehende soziale Ordnung glaubten, es gebe keinen Unterschied mehr zwischen Sklaven und Freien[105]. Zu bedenken ist, daß Theodoret, der selbst mehrere Jahre bei Mönchen seiner Heimat erzogen wurde[106], die Ansichten dieser Kreise sehr genau kannte und sich als Bischof mit den ärgerlichen Folgen für das soziale Leben unmittelbar konfrontiert

[101] Zos. V 42, 3. Schon bei den Übergabeverhandlungen hatte Alarich die Herausgabe sämtlicher barbarischer Sklaven verlangt. Die Zahl 40 000 bezieht sich freilich nicht auf die Entflohenen, aber es dürften mehrere Tausend gewesen sein. Vgl. schon L. SCHMIDT: Die Geschichte der deutschen Stämme. Die Ostgermanen, München 1969 (Nachdruck), 443.

[102] Chron. Gall. a 435 (MGH AA IX 660): *Omnia paene Galliarum servitia in Bacaudam conspiravere;* vgl. Rut. Nam. red. suo I 213—216. Dazu bes. E. THOMPSON, Past and Present 2, 1952, 11 ff.

[103] Βασιλικὸς νόμος (ACO I 1, 4, 60 ff.; Cod. Theod. IX 45, 5). Über den unmittelbaren Anlaß hierzu, den Selbstmord einer Gruppe barbarischer Sklaven, die in die Hauptkirche von Konstantinopel eindrangen, Socr. hist. eccl. VII 33 (PG LXVII 812 f.).

[104] Z. B. in dem Weißen Kloster bei Sohag, dessen Abt, Schenute von Atripe, eine derartige Auskunft gibt. Dieser Beleg angeführt bei BELLEN, a. a. O., 86.

[105] in ep. ad Philem. arg. (PL II 262): *Plurimi vero nostris temporibus, nescientes quae qualiter et quando fieri debeant, existimant contemplatione pietatis oportere omnia praesentis vitae confundi et nullam esse discretionem inter servos et dominos.* Es ist nicht klar, an welche Ereignisse der Verfasser dieser Zeilen konkret denkt.

[106] Er verbrachte nach dem Verkauf seines elterlichen Eigentums (als einziger Erbe) sieben Jahre bei syrischen Mönchen in verschiedenen Klöstern (von seinem 23. bis zum 30. Lebensjahr), wo er gelehrte Studien betrieb. Eine Frucht dieses Aufenthalts ist seine Mönchsgeschichte. Vgl. S. 595 mit A 22.

sah. Daß eine solche Verwirrung der öffentlichen Ordnung — die Untergrabung des Eigentumsrechtes und der Ausfall von Arbeitskräften — nicht länger hingenommen werden konnte, lag für ihn auf der Hand. Die jetzt verstärkt einsetzenden Ordnungsmaßnahmen von Kirche, Papst und Kaiser waren gewiß in seinem Sinn. So verbot das Konzil von Chalkedon (451 n. Chr.) auf Antrag des Kaisers Marcian bei Androhung von schwerster Kirchenstrafe, einen Sklaven gegen den Willen seines Herrn in ein Kloster aufzunehmen oder zum Priester zu weihen, ein Jahr später folgte im Westen ein gleiches Gebot Valentinians III.[107]. Obwohl sich die Lage seitdem spürbar besserte, waren weitere Gesetze nötig und noch im Jahre 494 nennt Papst Gelasius die Flucht der Unfreien in die Klöster eine *generalis querela*, die zur Störung des öffentlichen Lebens führe[108].

Angesichts einer solchen Entwicklung konnte der in scharfer Auseinandersetzung mit der heidnischen Kritik stehende Oberhirte von Kyrrhos, der zu jener Gruppe von Bischöfen gehörte, die man mit Recht als leaders of their city zu bezeichnen pflegt, seine Meinung nicht verhehlen[109]. Ausgehend von einer organischen Gesellschaftsentwicklung sah er wie seine Vorgänger die sozialen Unterschiede in der sündhaften menschlichen Natur und im freien Willen des Menschen begründet. Aber entgegen jener Interpretation, die eine soziale Gleichheit aller Menschen aus dem Erlösungswerk Christi ableitete, unternimmt er es in folgerichtiger Weise und abgestützt durch Analogien aus Geschichte, Natur und Erfahrung, die Institution der Sklaverei ohne Wenn und Aber gutzuheißen; denn auf diese Weise gelingt es ihm, über den Widerspruch zwischen Theorie und Praxis, wie er früher sichtbar wurde, hinwegzukommen. Die Sklaven sucht er zu gewinnen, indem er ihnen „dasselbe Gepräge" wie den Herren zugesteht und sie daran erinnert, daß die

---

[107] Conc. Chalc. cn. 4 (ACO II 1, 2 159). Es wird eigens betont, daß man nicht zulassen wolle, daß Sklaven das Eigentumsverhältnis ihres Herrn von sich aus aufheben und somit als Arbeitskräfte ausfallen (Cod. Theod. XII 1, 63; vgl. auch Augustin, de opere monachorum 22 (CSEL 41, 571). Zu dem Gesetz Valentinians III. vgl. Nov. Valent. 35, 3: *Nullus . . . servus monachis aut monasteriis adgregatur.*
[108] Gelas. ep. 14, 14 (I 370 f. THIEL).
[109] Die Formulierung nach LIEBESCHUETZ, a. a. O., 241. Ihm an die Seite zu stellen wäre z. B. Synesios von Kyrene, der sich an die Spitze einer Beschwerdegruppe gegen einen harten Statthalter stellte (ep. 57 und 58) oder eine Aktion gegen einen einflußreichen Gesetzesbrecher leitete, der die städtischen Behörden herausgefordert hatte. Vgl. dazu C. LACOMBRADE: Synesios de Cyrène, Paris 1951, 230 ff.

Sicherheit ihres gewiß abhängigen Lebens höher zu bewerten sei als alle Plage und Unsicherheit der Freiheit. Die Vorwürfe seiner Zuhörer aus den oberen Schichten vermeint er zu entkräften, indem er ihnen die Angst vor einer grundlegenden Änderung ihres Besitzstandes nimmt. Damit erscheint am Ende die Frage erlaubt, ob dieser Mittelweg nicht eine realistischere Grundlage zur Entschärfung des Sklavenproblems abgab als die zahlreichen Versuche früherer Kirchenvertreter, die mit den materiellen Interessen jener Kreise, auf die sie zunehmend angewiesen waren, in einen immer stärkeren Widerstreit gerieten.

L'Histoire Auguste, Suétone et Juvénal

par Jacques Schwartz, Strasbourg

Dans son abondant relevé des emprunts et souvenirs suétoniens de l'Histoire Auguste, A. Chastagnol[1] signale, après Casaubon et Hohl, AC 2, 5—6, qui fait dire à Hadrien *misera conditio imperatorum, quibus de affectata tyrannide nisi occisis non potest credi* et ajoute aussitôt *eius autem exemplum ponere malui quam Domitiani, qui hoc primus dixisse fertur*[2]: *tyrannorum enim etiam bona dicta non habent tantum auctoritatis, quantum debent,* alors que Suétone (Dom. 21, 1) prête à Domitien le propos suivant : *condicionem principum miserrimam ...,* *quibus de coniuratione comperta non crederetur nisi occisis.*

C'est le premier exemple de l'emploi de *tyrannus* sur les 43 qui sont répertoriés dans l'Histoire Auguste, mais l'expression *affectata tyrannis* se lit déjà en H 4, 3, dans un contexte s'inspirant de la scholie à Juvénal I 1 qui parle précisément de *Domitiani tyranni*[3]. Comme AC 2, 5 ne diffère de Suétone que par la substitution de *affectata tyrannide* à *coniuratione comperta*, on est en droit de conclure que la modification fait suite à la lecture d'une scholie de Juvénal[4]. L'examen de cette ex-

---

[1] L'Histoire Auguste et les « Douze Césars » de Suétone, dans : Antiquitas 4, Band 10, 1972, p. 109—123 (et, plus précisément, p. 114).

[2] La construction avec *fertur* paraît pour la première fois en MA 28, 10, puis trois fois en V, sur un total de 36 exemples, toujours, semble-t-il, dans un contexte lâche.

[3] Nous reviendrons, plus loin, sur cette scholie.

[4] Cf. R. Moes, Les hellénismes de l'époque théodosienne, 1980, p. 234 et 240.

pression, qui est assez fréquente dans l'Histoire Auguste, va permettre quelques observations sur la composition de l'œuvre.

Le point de départ est AC 2, 5 qui évoque des tentatives d'usurpation ; celles-ci étaient déjà mentionnées en H 4, 3 *(Palma et Celso ... in suspicionem adfectatae tyrannidis lapsis)* et 15, 6 *(Titianum ut conscium tyrannidis).* Le premier texte concerne l'affaire des quatre consulaires, laquelle est résumée en H 7, 2 *(Palma Tarracenis, Celsus Bais, Nigrinus Faventiae, Lusius in itinere senatu iubente ... occisi sunt)*[5], alors que ce qui est dit en H 7, 1 de Nigrinus et Lusius et en H 4, 3 de Palma et Celsus ne mérite aucun crédit. Il s'en suit que H 4, 3 a été inséré après la rédaction de AC 2, 5 (lui-même postérieur à la lecture d'un Juvénal scholié ou commenté).

H.-G. Pflaum[6] refusait toute réalité au Titianus de H 15, 6. Par contre, les deux « usurpateurs » de AP 7, 3—4, Atilius Titianus et (Cornelius) Priscianus, dont chacun est *reus affectatae tyrannidis*, ont bien existé : le premier, consul en 127 p. C., a eu son nom martelé et le second passa en jugement devant le Sénat en 145 p. C.[7] AP 7, 3 ne mentionne le Sénat *(senatu puniente)* que pour Atilius Titianus et la formule est à rapprocher du *senatu iubente* de H 7, 2 (cité ci-dessus)[8] et du *senatu accusante* qui figure, à propos d'une condamnation, dans la schol. ad IV 53 de Juvénal[9]. Le mélange de vocabulaire *(affectatae tyrannidis reus* [deux fois] ... *conscios ... coniuratione)* confirme, enfin, le soupçon d'infidélité de AP 7, 3—4 à sa source principale.

Il y a, en effet, influence de Salluste (Catilina 37 : *conscii coniurationis)* et, d'une manière générale, un certain laxisme dans l'emploi de *reus* et *conscius* et surtout de *coniuratio* et *tyrannis* (ce dernier mot désignant un pouvoir). Dans tous les passages de l'Histoire Auguste inspirés de AC 2, 5, il est question de soupçons ou de provocation, d'accusation et de complicité, presque toujours joints à *tyrannis*, ce qui, dans le cas de complices, crée quelque incompatibilité dans les termes[10].

---

[5] Cf. A. von Premerstein, Klio, Beiheft VIII (1908). H 7, 2 précise par « *invito Hadriano, ut ipse in vita sua dicit* ».

[6] Cf. Antiquitas 4, Band 7, 1970, p. 181.

[7] Cf. H.-G. Pflaum, dans : Antiquitas 4, Band 3, 1966, p. 145 (Fastes d'Ostie : *in sen[atu] iud[icium] ...*).

[8] Cf. MA 6, 3 et Hel. 17, 4 (mais pas à propos de condamnation).

[9] Cette scholie est la seule à mentionner Marius Maximus et a été utilisée par Gall. 18, 6.

[10] H 15, 6 : *conscium tyrannidis* — AC 8, 2 : *conscios tyrannidos* — Dd. 8, 5 :

Pour les soupçons, il y a une certaine constante d'expression[11], mais pour la provocation, à côté d'emplois de *coniuratio* en C 4, 8 et 8, 2, on trouve plus loin, en A 39, 8, l'équation *coniurationis ac tyrannidis* où le second mot semble s'être ajouté automatiquement. Pour l'accusation, il faut distinguer l'emploi, sans autre détail, de *reus* (ou *reum*) *coniurationis* en DJ 2, 1 et S 18, 8[12] et celui de *affectatae tyrannidis reus* (ou : *r. a. t.*) en AP 7, 3—4 avec une relative utilisant, successivement, *conscios* et *coniuratione* (suivis de *vetuit*). Nous avons affaire ici à un jeu de variations à partir du texte de Salluste et on le retrouvera, plus loin, en AS 48, 1 sq. dans une anecdote apocryphe concernant la clémence[13] de Sévère Alexandre à l'égard d'Ovinius Camillus, lequel *rebellare volui(..)t tyrannidem adfectans*[14].

Enfin, un historien fantôme, Aemilius Parthenianus, se serait fait le spécialiste des *adfectatores tyrannidis* (AC 5, 1). Son nom rappelle à la fois le nom de l'un des conjurés qui assassinèrent Commode (C 17, 1 : *Quintus Aemilius Laetus ... coniurationem*) et du Parthenius qui participa à l'assassinat de Domitien (Suétone, *Dom.* 16, 6 et 17, 4)[15]. Il s'en suit que Suétone continue à accompagner l'influence de la Vita Avidii Cassi au-delà du temps d'Hadrien.

*   *
*

L'Histoire Auguste, donc, s'inspire ou dépend de Suétone (directement ou par l'intermédiaire de la source principale qui a nom Marius Maximus). Sa dépendance par rapport à une édition scholiée de Juvénal,

---

tyrannidis affectatae conscios. Cf. AC 9, 9 : *ea conscia ... imperium ...*; schol. ad VI 576 : *conscium promissae dominationis ;* ad X 63 ; *coniurationis sociis.*

[11] De H 4, 3 (*in suspicionem adfectatae tyrannidis*) à AC 1, 5 (*adfectationem tyrannidis ... suspectum*) et C 6, 8 (*suspectum ... adfectatae tyrannidis*).

[12] Ce dernier vient d'Aur. Victor 20, 23. Cf., aussi, *reum facere* en AC 2, 3.

[13] Cf., déjà, Dd. 8, 5.

[14] Comme l'emploi de *rebellare* concerne d'abord Avidius Cassius (MA 24, 5 ; AC 9, 6 ; ClA 5, 2) — avant de passer aux adversaires de Septime-Sévère (S 10, 1 ; PN 9, 9) — on s'est souvenu pour Ovinius Camillus d'Avidius Cassius. Cf. Res Gestae Divi Augusti 27, 2.

[15] Cf. A. von DOMASZEWSKI, Die Personennamen bei den Scriptores Historiae Augustae, dans : Sitzungsb. d. Heidelb. Akad. d. Wiss., Phil. hist. Kl., 1918, 13, p. 118. Pour *affectator tyrannidis*, cf. Cassiodore, Chron., an 471.

contemporaine, est également évidente et la liste que j'ai établie[16] ne contenait pas toutes les références utiles, dont quelques-unes interviendront dans cet article.

Et c'est ainsi que nous nous trouvons devant plusieurs interdépendances, dont voici les plus marquantes : 1) Suétone (Cl. 28) a été utilisé par le scholiaste de Juvénal et par l'Histoire Auguste, sans intermédiaire ; 2) l'Histoire Auguste (H 16, 3 à 21, 4) a utilisé Suétone, Juvénal et ses scholies en les imbriquant d'une manière que nous essayerons de préciser ; 3) le livre XI de Juvénal et les scholies ont été utilisés, des v. 90 à 171, avec une intensité notable par l'Histoire Auguste ; 4) des éléments de la scholie initiale du l. I de Juvénal sont repris en divers endroits de l'Histoire Auguste.

P. WESSNER, dans ses Scholia in Iuvenalem vetustiora (p. 290) ne connaît que quatre emprunts à Suétone, dont Cl. 28. Dans l'état actuel des scholies, l'emprunt à Cl. 28 s'estompe quelque peu (cf. P. WESSNER, 284—5), mais le tableau qui va suivre et concerne les *liberti* de Claude éclairera la situation :

Suétone, Cl. 28, 1—2	Schol. Juvénal	Histoire Auguste
Posides	XIV 91	A 13, 3 ; Pr. 5, 1 ; Gord. 25, 1
Felix	XIV 91	Gord. 25, 2[17]
Arpocras	XIV 91	?
Polybe	—	H 21, 3
Narcisse	—	—
Pallas	I 109 (VALLA) ; cf. XIV 306	—

Pour Posides, l'emprunt est minime (*spado* — *hasta pura*, termes qui se retrouvent d'ailleurs dans l'actuelle schol. ad XIV 91). Pour Félix, la contrefaçon de Gord. 25, 2 est évidente et d'autant plus remarquable qu'un nom égyptien (Serapammonem) vient aussitôt après (inspiré par celui d'Arpocras). Pour Polybe, il y a transfert avec insertion dans un complexe que l'on verra plus loin. Enfin, à propos de Narcisse et Pallas, Suétone emploie le mot *praetoriis*, mais le *praetorianis* de Gord. 25, 2 peut n'être qu'un effet du hasard (cf. schol. ad I 109 VALLA).

---

[16] Arguments philologiques pour dater l'Histoire Auguste, dans : Historia XV (1966) p. 454—465.
[17] Cf. A. CHASTAGNOL, op. cit., p. 118.

Le texte même de Juvénal connaît le *spado Posides* (XIV 91), les *Narcissi divitiae* (XIV 329) et Pallas (I 109) et la scholie concernant Narcisse ne doit rien à Suétone. Il s'en suit que H 21, 3 vient directement de Suétone, ainsi probablement que Gord. 25, 2 (l'absence du nom de Felix dans l'actuelle scholie ad XIV 91 n'étant toutefois pas un argument décisif contre une utilisation de la scholie primitive). Pour les autres Vitae de l'H. A. citées dans la troisième colonne, il est impossible de décider entre Suétone et le scholiaste. Quant à la présence, contestable, de *in aula* dans la schol. ad I 109, elle ne saurait pas plus dater de la scholie primitive que son correspondant dans la schol. ad I 1, que l'on verra plus loin.

Le dernier vers d'un bref poème attribué à l'empereur Hadrien tend à faire de ce dernier un amateur de plaisanteries (H 25, 9 : *nec ut soles dabis iocos*)[18]. Cette notion se retrouve dans trois autres passages de cette Vita Hadriani[19] où des anecdotes sont présentées de manière similaire, mais dont seule la dernière permet une recherche de source :

17, 6 : ... *ille iocus balnearis i n n o t u i t : nam cum quodam t e m p o r e veteranum quendam ... v i d i s s e t ...*

20, 8 : *i o c a eius plurima e x s t a n t ; nam fuit etiam dicaculus. u n d e illud quoque i n n o t u i t, quod, c u m cuidam ...*

21, 3—4 : *u n d e e x t a t etiam i l l u d severum quidem sed prope i o c u l a r e de servis, nam c u m q u o d a m t e m p o r e servum suum inter duos senatores e conspectu a m b u l a r e v i d i s s e t, misit, qui ei c o l l a f u m daret diceretque : noli inter eos ambulare*[20], *quorum esse adhuc potes servus. inter c i b o s unice amavit tetrafarmacum, quod erat de fasiano, sumine, perna et c r u s t u l o.*

Cette troisième anecdote est suivie d'une indication d'ordre culinaire dont le lien avec ce qui précède va apparaître, grâce à l'un des textes qu'il convient de rapprocher de l'anecdote, à savoir :

Suétone, Cl. 28, 1 : *libert(us) ... qui s a e p e inter duos consules a m b u l a b a t*[21] schol. ad Juv. III 131 : ... *aut in medium s e r v u m m i t t i t aut in sinistra a m b u l a t*[22]

---

[18] Sur le poème débutant par *Animula...*, cf. Antiquitas 4, Band 12, 1976, pp. 250—3.

[19] Cf. aussi H 12, 4 (*ioculariter*, mis dans la bouche de Marius Maximus, n'y concerne pas directement Hadrien).

[20] Cf. *nolo ... ambulare* en H 16, 3 et 4 (cf. Antiquitas 4, Band 12, 1976, p. 248—9).

[21] Cf. Antiquitas 4, Band 10, 1972, p. 112 et 261 n. 38.

[22] Cf. P. WESSNER, dans : Scholia in Iuvenalem vetustiora, 1931, p. 249 in f.

Juv. IX 5: *nos c o l a p h u m incutimus lambenti c r u s t u l a s e r v o.*

Les deux derniers textes concernent expressément un esclave et c'est le texte même de Juvénal (avec *colaphum* et *crustula*) qui a amené la mention d'un *tetrafarmacum*, emprunté probablement à Végèce[23] pour qui c'est un remède, dont l'Histoire Auguste fait un plat cuisiné. La scholie ad III 131 ne commente son texte que de très loin et procède d'une lecture de Suétone (Cl. 28, 1), alors que la schol. ad IX 5 n'est qu'une paraphrase. La schol. ad III 131 et H 21, 3 dépendent d'un même passage de Suétone (Cl. 28), tandis que H 21, 3—4 fait suite à la lecture de Juvénal IX 5. On est alors en droit de se demander s'il n'y a pas identité entre le rédacteur de l'Histoire Auguste et le scholiaste de Juvénal (ou, du moins, l'auteur de certaines scholies).

Toujours est-il que Juvénal (et ses scholies) ainsi que Suétone sont sous-jacents dans divers passages de la Vita Hadriani, situés entre 16, 3 et 21, 4, dans la partie sans chronologie qui va de 14, 8 (fin des récits de voyage) à 23, 1 (début des récits concernant la fin du règne). Voici les rapprochements en question :

1) H 16, 3 : *Scythicas pati pruinas* — Juv. V 50 : *Geticis petitur ... pruinis* (cf. schol. ad V 48 et Juv. XI 102, source possible de V 4, 7) ; cf. Martial XI 3, 3.

2) H 16, 10 : *grammaticos, rhetores, musicos, geometras, pictores* — Juv. III 76 : *grammaticus, rhetor, geometres, pictor, aliptes* (cf. Q 8, 3 pour *aliptes*).

3) H 17, 1 : *ut ... factus imperator diceret « evasisti »* — Juv. IV 50—2 : *dicere ... vivaria Caesaris* (cf. Hel. 24, 4) ... *elapsum* (cf. schol. ad IV 53 et Suétone, Dom. 13, 3, sources possibles de Gall. 18, 6, déjà cité).

4) H 17, 3 : *saturnalicia et sigillaricia* — schol. ad VI 154 : *tempore Saturnaliorum sigillaria sunt* — Suétone, Cl. 5 : *in Saturnalia et Sigillaria* (cf. Juv. VI 155—6, source de MA 17, 4, V 5, 3 ; cf. Epitome 16 et Eutrope VIII 13).

5) H 18, 4 : *maiestatis crimina non admisit* — schol. ad VIII 181 : *crimen admisisse dicitur.*

6) H 21, 3 — Juv. IX 5 — Suétone, Cl. 28, 1 (cf. ci-dessus).

7) H 21, 4 : *fasiano, sumine, perna et crustulo* — Suétone, Cal. 22, 7 : *phoenicopteri, pavones, phasianae* ; Vit. 13, 5 : *phasianorum et pa-*

---

[23] Cf. R. MOES, op. cit., p. 68.

vonum ... phoenicopterum — schol. ad XI 139 : *phasianus.* Juv. XI 139 : *phoenicopterus* (cf. ci-dessous).

Seul le hasard donne l'apparence d'un ordre approximatif dans l'utilisation de Juvénal. Le rapprochement possible entre H 17, 3, Suétone et la scholie ad VI 15 nous ramène au cas, déjà évoqué, de H 21, 3—4.

Le *tetrafarmacum* (H 21, 4) est encore mentionné en AS 30, 6 *(ususque est Hadriani tetrafarmaco f r e q u e n t e r , de quo in libris suis Marius Maximus loquitur. cum Hadriani disserit vitam)* et se trouve l'objet d'une discussion imaginaire en Ael. 5, 4—5 *(nam tetrafarmacum seu potius pentefarmacum, quo postea s e m p e r Hadrianus est usus, ipse, dicitur repperisse, hoc est sumen, fasianum, pavonem, pernam crustulatam et aprunam. de quo genere c i b i aliter refert Marius Maximus, non pentefarmacum sed tetrafarmacum appelans, ut et nos ipsi in eius vita persecuti sumus).*

Ces deux notices culinaires offrent des différences qui ne contribuent guère à authentifier leurs mentions de Marius Maximus. Par rapport à H 21, 3, Ael. 5, 4 ajoute *pavonem* qui reviendra, lié à *fasianum,* en AS 41, 7 (cf. Hel. 20, 6). Pour les autres composantes, on rapprochera de Hel. 21, 3 *(sumina apruna* ; cf. G 5, 8 et Max. 28, 2) qui s'en inspire et, surtout, on songera à Juvénal XI 136 sq. :

Sed nec structor[24] erit cui cedere debeat omnis
pergula, discipulus Trypheri doctoris, aput quem
sumine cum magno lepus atque aper et pygargus
et Scythicae volucres et phoenicopterus ingens
et Gaetulus oryx hebeti lautissima ferro
caeditur ...

Aux vers 138—9, la suite *sumine ... aper ... volucres* (schol. : *phasianus)* a pu aider à la confection de H 21, 4 et Ael. 5, 4. Quant aux vers 140—1, ils ont inspiré C 13, 3 *(ut orygis cornu basto transmiserit).* La liste un peu ancienne[25] des ressemblances avec Juv. XI 90 à 171 va donc être complétée (et rectifiée) comme suit :

Juv. XI 90 : AS 68, 1
schol. ad XI 91 : T 3, 6 et 15, 7
schol. ad XI 102 (et ad V 48) : V 4, 7

---

[24] Cf. Juvénal V 120 sq. (déjà mentionné dans Historia XV [1966] p. 462).
[25] Cf. Historia XV (1966) p. 462.

Juv. XI 123—4 (cf. schol. ad XI 122 et 127) : Q 3, 4—5

Juv. XI 127 (cf. VI 428) : Hel. 29, 9

Juv. XI 137 et schol. ad XI 136 : Q 10, 4

Juv. XI 138—9 (schol. ad XI 139) : H 21, 4 et Ael. 5, 4

Juv. XI 140—1 : C 13, 3

Juv. XI 171 : Ael. 4, 3 et V 11, 2.

On constate, de la sorte, qu'une édition scholiée de Juvénal a influencé des détails insérés, essentiellement, dans des Vitae tardives ou secondaires, sans aucun emprunt suétonien[26].

Dans son état actuel, la schol. ad I 1 (soit douze lignes de l'éd. Teubner) a six éléments de ressemblance avec divers passages de l'Histoire Auguste, qui seront examinés dans l'ordre d'apparition dans la scholie :

A. *Juvenalem aliqui Gallum propter corporis magnitudinem ... dicunt.*

1) Une grande taille est caractéristique de Maximinus Thrax : *magnitudine corporis* (Max. 2, 2 ; cf. 2, 6 et 9, 3) ; *magnitudine* (Max. 6, 8)[27]. Cette mention vient d'une indication d'Hérodien (VII 1, 18), lequel est cité, tout comme le prétendu Cordus, à partir de la Vita Clodii Albini[28], cependant que ce nom de Cordus figure dans Juvénal I 2[29]. Quant à l'emploi de *corporis magnitudinem* en T 29, 2, elle est due au nom même du prétendu tyran Celsus[30].

2) *aliqui ... dicunt.* Alors que *multi dicunt* est fréquent dans l'Histoire Auguste, le pluriel *aliqui* ne paraît qu'une fois chez Suétone (avec *tradunt*) tandis que le dictionnaire de LESSING, qui se contente d'un choix dont l'étendue n'est pas précisée, reprend six exemples dont le plus net[31]

---

[26] En V 4, 6 (cf. A. CHASTAGNOL, op. cit., p. 113) les souvenirs suétoniens s'arrêtent juste avant *calices frangerat*. Une démonstration analogue est possible pour d'autres petits ensembles, tel Juvénal VIII 146—182.

[27] En Max. 6, 8 se trouve aussi le terme « *dextrocherio* », qui vient de la schol. ad IX 50 (cf. Historia XV [1966] p. 460).

[28] Cf. Antiquitas 4, Band 10, 1972, p. 251 sq.

[29] Le nom du prétendu Vopiscus entre, étymologiquement, dans la même série que C‹h›ordus ; cet « auteur » ne paraît qu'à partir de la Vita Aureliani, lors de l'attribution tardive des Vitae à six personnages différents.

[30] Quelques lignes plus haut, T 29, 1 s'inspire de la schol. ad IV 81 (cf. L'Antiquité Classique XXXIII [1964] p. 425 ; Historia XV [1966] p. 457). Cf. aussi Antiquitas 4, Band 6, 1970, p. 12, n. 42, et Band 11, 1974, p. 67.

[31] Autres exemples : pour l'urne contenant les cendres de Septime-Sévère (S 24, 2 en fin de Vita) ; pour la mort du fils de Clodius Albinus (ClA 9, 5, en opposition avec Marius Maximus) ; pour la mort de Geta (Cc 11, 4, en fin de Vita) ; pour le nom de Geta (G 2, 3) et pour la mort d'Alexandre Sévère (AS 61, 7).

concerne, en Max. 27, 2, la taille du fils de Maximinus Thrax à sa mort[32].
La limitation des *aliqui dicunt* semble indiquer qu'il s'agit d'ajouts à
une source principale.

3) *propter corporis magnitudinem* (cf. schol. ad IV 39 : *formae
magnitudo*, alors que la schol. ad IV 37 s'inspire de la schol. ad I 1 et
cite Suétone, Dom. 18). A cet emploi de *propter* suivi de la notion de
taille (Max. 8, 9) s'oppose le *ob magnitudinem corporis* de Max. 9, 2,
puis l'emploi de *ob* avec l'adjectif *nimius* (P 15, 8 ; Max. 28, 3 — schol.
ad VI 562 et VII 87)[33].

B. *Aliqui Aquinatem (dicunt)*. Selon PN 1, 3, la famille de Pescennius Niger serait d'Aquinum[34].

C. *Ea tempora Domitiani tyranni*. Le repérage des passages de l'Histoire Auguste où sont employés les termes *tyrannus, tyrannis* (et *tyran-
nicus*) montre qu'il y a deux origines différentes. L'une, essentiellement
dans la seconde moitié de l'œuvre, concerne les trente tyrans *(Triginta
tyranni)* à partir d'une lecture de Dexippe, qui faisait mention de la
tyrannie des Trente à Athènes à la fin du Ve s. a. C. ; l'introduction de
T et de Q concerne les usurpateurs, authentiques ou imaginaires, du début
de la seconde moitié du 3ème s. p. C. L'autre est la greffe dans une anecdote empruntée à Suétone de l'expression *adfectata tyrannis*, comme on
l'a vu plus haut[35].

Au premier groupe appartiennent les pluriels *tyranni* dans l'introduction de trois Vitae (PN 1, 1 ; OM 1, 1 ; Hel. 1, 2—3) dédiée à Dioclétien, sauf la troisième qui est, à la fois, la première à être dédiée à
Constantin et la dernière à mentionner Marius Maximus (Hel. 11, 6)[36].
Comme ces dédicaces s'arrêtent avec la Vita Gordiani, tout comme
l'œuvre d'Hérodien, et appuient la distinction entre les deux sources de
tyrannus, on peut supposer un temps d'arrêt, provisoire, dans la rédaction de l'Histoire Auguste à la mort de Gordien[37]. Quoi qu'il en soit,

---

[32] En ce même Max. 27, 2, *proceritatis* vient de Suétone, Vit. 17, 2 (cf. un autre
parallèle avec ce dernier texte, dans Antiquitas 4, Band 10, 1972, p. 115).

[33] Cf. encore H 21, 9 : *propter curam . . . nimiam.*

[34] H. Dessau (cf. E. Hohl, ad l.) soupçonnait, à juste titre, une influence de Juvénal
(cf. schol. ad I 1 ; Juv. III 319 et schol. ad III 319—320).

[35] Schol. ad I 1 (cf. ad VIII 266 ; X 15 et 306).

[36] Sans doute à tort (cf. Antiquitas 4, Band 10, 1972, p. 251).

[37] C'est là que commençaient les deux séries de Vitae attribuées, respectivement, à
Trebellius Pollio et Flavius Vopiscus, à moins que la « Vita Philippi » n'ait jamais
été écrite.

c'est à d'ultimes remaniements qu'il faut attribuer les liens entre des Vitae aussi éloignées dans le temps que H et Q.

D. *(Ea tempora) ... quibus ... in aula*[38]. La parallèle avec H 4, 5 (rapproché de H 4, 3 sur l'*adfectata tyrannis* de Palma et Celsus) montre que ce passage de la *Vita Hadriani* a été ajouté à la source principale, alors que AC était, pour le moins, en cours de rédaction.

E. *Graviter carpsit*. A cause de MA 22, 5 *(quin durus videbatur ex philosophiae institutione Marcus militiae laboris ..., graviter carpebatur)*, il y a une mise en parallèle possible entre la situation de Marc-Aurèle et celle de Juvénal, qui, de la cour, est envoyé en exil *per honorem militiae*[39]. MA 22, 5 est dans « une sorte de pièce rapportée sans chronologie sûre »[40], allant de MA 22, 3 à 24, 3 et insérée à l'intérieur du récit du règne du seul Marc-Aurèle qui va de MA 20, 1 à MA 28, 10 et se trouve précédé, dans l'état actuel du texte, par un autre récit, plus court, de ce même seul règne avec une invocation « finale » à Dioclétien (MA 16, 3 à 19, 12). Le récit court, contenant notamment des « emprunts » à Eutrope, est sûrement postérieur à MA 20, 1—28, 10, car on voit mal pourquoi l'auteur aurait songé à « améliorer » le récit long, s'il avait déjà eu à utiliser Eutrope comme ultime ressource.

F. *Notas fabulas*. En V 11, 2 (cf. V 10, 1—2) se trouve racontée l'histoire invraisemblable de la mort de Verus par une huître empoisonnée ; elle débute par *Nota est fabula, quam Marci non capit vita, quod ...*, était annoncée par *illa fabula quae in Marci vita posita est* (V 10, 2) et était déjà évoquée en MA 15, 5 dans des termes qui en font un emprunt à Aur. Victor 16, 7[41]. Or, la proposition relative de V 11, 2 se retrouve en Ael. 4, 3 sous la forme *hos versus vita non capit Veri* qui est attribuée à Hadrien et qui ressemble au *non capit has nugas humilis domus* de Juvénal XI 171, mentionné plus haut[42], de telle sorte qu'un souvenir de Juvénal a aidé à introduire dans l'Histoire Auguste un emprunt fait à Aur. Victor.

*   *
  *

---

[38] Cf. schol. ad I 109 et Juvénal IV 93.
[39] Selon la Vita Juvenalis qui précède les scholies ; cf. schol. ad IV 37 *(sub specie honoris)* et Juvénal VII 88.
[40] Antiquitas 4, Band 2, 1964, p. 151.
[41] Antiquitas 4, Band 2, 1964, p. 156—7.
[42] Cf. Historia XV (1966) p. 457 (n° 3).

Les pages qui précèdent n'offrent qu'un choix de rapprochements et il est prématuré de faire le point sur les liens exacts entre l'Histoire Auguste et les deux sources ou modèles annexes que furent pour elle Suétone et une édition commentée de Juvénal. La logique, toutefois, veut que ce dernier ne soit intervenu qu'après recours à Suétone et, bien entendu, à Marius Maximus.

D'ores et déjà, nous avons des éléments de datation relative :

1) AC (Vita secondaire) a bénéficié de la lecture de Juvénal et de Suétone et a exercé une influence aussi bien sur des Vitae ultérieures (allant jusqu'à AS) que sur H.

2) La partie non chronologique de H est tributaire de Juvénal et de Suétone, de même que certaines Vitae (secondaires ou tardives).

3) Une sorte de contre-épreuve montre que des souvenirs de Juvénal (Satire XI) sont sensibles dans différentes Vitae.

4) L'utilisation d'Eutrope est postérieure à celle de Juvénal ; il en est de même, a fortiori, pour Aurelius Victor présent en MA (dans une partie reconnue comme tardive).

5) H et Ael. sont proches l'un de l'autre par la période concernée ; il en est de même, de leur côté, pour MA, V et AC. Il semble que, pour des motifs inconnus, AC a été rédigé, au moins en partie, alors que le plan de MA était encore incertain et que H continuait à se gonfler d'ajouts plus ou moins authentiques.

Il est encore malaisé d'apprécier l'intensité et la durée de l'impact de Juvénal sur le rédacteur de l'Histoire Auguste. Pour ma part, j'ai le sentiment qu'il fut précoce et durable. Et c'est sans doute un trait de plus pour le portrait moral de notre ami lointain.

Eine Flucht des Eutyches nach Jerusalem?

von A. Grillmeier S. J., Frankfurt (Main)

Die Endschicksale oder den Tod der Hauptgestalten unter den „Häretikern" (wie Arius, Eunomius, Nestorius u. a.) zu beschreiben, etwa unter dem Titel „De mortibus haereticorum", analog zum Werk des Laktanz „De mortibus persecutorum", wäre ein „lohnendes", aber auch schwieriges Unternehmen. Denn dabei zu sicheren Daten zu kommen und Wahrheit von Legende zu scheiden, würde viel Zeit und Mühe erfordern. Das zeigen uns schon einige Zeilen bei dem römischen Diakon Pelagius in seinem Werk „In defensione trium capitulorum"[1] über eine angebliche Flucht nach Jerusalem des seit 448 so umstrittenen Eutyches[2], der nach Liberatus „einem hochberühmten Kloster in Konstantinopel vorstand"[3], und dessen Kontakt mit dem Presbyter Hesychius. Damit sollen Berichte des letzteren über Theodor von Mopsuestia in schiefes Licht geraten:

Nunc ad illa, Deo iuuante, respondeo quae de Esychii presbiteri Hierosolimitani historia, quam in quattuor libellis de eius quae apud

---

[1] Siehe Pelagii Diaconi Ecclesiae Romanae In defensione trium capitulorum, ed. R. Devreesse = Studi e Testi 57 (Città del Vaticano 1932).

[2] Siehe Th. Camelot, De Nestorius à Eutychès: l'opposition de deux christologies, in: A. Grillmeier—H. Bacht (Hrsg.) Das Konzil von Chalkedon (zit. Chalkedon), Bd. 1 (Würzburg ¹1951, ⁵1979) 213—242; H. Bacht, Die Rolle des orientalischen Mönchtums in den kirchenpolitischen Auseinandersetzungen um Chalkedon (431—519), in: Chalkedon 2, Abschn. I—IV, S. 193—255.

[3] Liberatus, Breviarium 11, in: E. Schwartz, Acta Conciliorum Oecumenicorum (= ACO) II 5, p. 113, lin. 34.

Ephesum sunt acta conposuit, aduersum sepe dictum Theodorum episcopum posuerunt. Et quamuis nihil grauent personam memorati Theodori, quia de causis quibus eum lacessere uoluit facile ostenditur excusatus, tamen constat eundem Esychium E u t y c h i s h e r e t i c i f u i s s e c o n s o r t e m in tantum, u t f u g i e n t e m s a n c t a e s y n o d i C a l c h e d o n e s i s e x a m e n a p u d s e e u n d e m E u t y - c h e m in H i e r o s o l i m i s l i b e n t e r exceperit, et libros contra sanctam synodum Calchedonensem et contra aepistolam beatae memoriae Leonis ad Flauianum Constantinopolitanum antistitem datam scripserit[4].

Wir greifen nur die Frage der Flucht des Eutyches und ihrer besonderen Umstände heraus. Welche Angaben macht Pelagius? Es sind folgende: (1) Eutyches flieht vor dem „*examen* des Konzils von Chalcedon", womit wohl die Furcht vor einer Untersuchung durch die Synode mit der Gefahr einer konziliaren Verurteilung gemeint sein muß. (2) Diese Flucht führt ihn bis nach Jerusalem. (3) Dort habe ihn Hesychius gern (*libenter*) aufgenommen.

Unsere Aufgabe soll sein, diese Flucht zwischen ausmachbare Fixpunkte einzuordnen. Falls dies nicht gelingt, muß die historische Zuverlässigkeit des Diakons Pelagius in diesem Punkt in Frage gestellt werden. Ein gewisser Spielraum wird freilich wohl damit geschaffen werden können, ob der Begriff *sanctae synodi Calchedonesis examen* nur im strengen Sinn zu nehmen ist, oder ob eine weitere Deutung dafür zulässig ist.

1. Die gesicherten Daten[5] bis zur Einberufung des Konzils von 451

a) Die ganze Affäre setzt zunächst den Tod des Kaisers Theodosius II. und die Übernahme der Regierung durch die Kaiserin Pulcheria am

---

[4] Pelagius Diac., In def. tr. cap. II: Devreesse, p. 2, lin. 19 — p. 3, lin. 2; zu Hesychius siehe nun M. AUBINEAU, Les homélies festales d'Hésychius de Jérusalem, Vol. I: Les homélies I—XV, Vol. II: Les homélies XVI—XXI et Tables des deux volumes = Subsidia Hagiographica, n° 59 (Bruxelles 1978 u. 1980); M. GEERARD, Clavis Patrum Graecorum III (Turnhout 1979) Nr. 6550—6596; zum Ganzen siehe L. PERRONE, La chiesa di Palestina et le controversie cristologiche. Dal concilio di Efeso (431) al secondo concilio di Costantinopoli (553) = Testi e ricerche di Scienze religiose 18 (Brescia 1980), Index: Esichio di Gerusalemme. Zur angeblichen Flucht des Eutyches siehe ebd. S. 94[13]; zu den Fragmenten aus Hesychius siehe R. SCHIEFFER, Index Generalis (ACO) Tomorum I—IIII, Pars prima (Berolini 1974) p. 253.

[5] Siehe die Zeittafel zu den Ereignissen um Chalcedon von A. SCHÖNMETZER in: Chalkedon 2 ([5]1979 mit Verbesserungen) Nr. 100—172.

28. VII. 450 voraus. Am 24. oder 25. VIII. erwählt sie Marcian zum
Gemahl und Mitregenten. Wohl schon in den ersten Tagen der Regierung
Pulcherias wurde der Eunuch Chrysaphius, der Günstling des Kaisers
Theodosius II. und der mächtige Drahtzieher der Ereignisse um Eutyches,
hingerichtet[6]. Solche Fakten konnten Signale setzen. Am 21. X. 450
wurde eine Synode zu Konstantinopel abgehalten[7]. Die Anerkennung
und Unterzeichnung des Hauptdokumentes gegen Eutyches, des *Tomus
Leonis ad Flavianum* vom 13. VI. 449, stand im Mittelpunkt. Er wurde
zur Unterzeichnung durch die Bischöfe versandt. Auch dies mußte Eutyches ernst nehmen.

b) Die nächste Serie von Fakten betrifft das Aufkommen des Gedankens an ein neues Konzil. Ein solches betrieb sofort der auf der
kläglichen Reichssynode von Ephesus 449 so übel behandelte und abge-
setzte Theodoret von Cyrus (vgl. ACO 1, 4, p. XIII). Entscheidend sind
aber die Initiativen des Kaisers und der Kaiserin. Im Brief, in dem
Kaiser Marcian Papst Leo I. seine Thronbesteigung mitteilt, also Ende
August oder Anfang September 450, spricht er schon davon. Der Kaiser
äußert den Wunsch, *quatenus omni impio errore sublato* p e r c e l e -
b r a n d a m s y n o d u m , *te auctore maxima pax circa omnes episcopos
fidei catholicae fiat ab omni scelere pura et intemerata consistens*[8]. Ent-
scheidender ist aber der Brief des Kaisers an Papst Leo vom 22. XI. 450,
der schon konkrete Vorschläge zur Abhaltung der kommenden Synode
macht:

*Superest ut si placuerit tuae beatitudini in his partibus aduenire et
synodum celebrare, hoc facere religionis affectu dignetur: nostris utique
desideriis uestra sanctitas satisfaciet et sacrae religioni quae utilia sint,
decernet. si uero hoc onerosum est ut tu ad has partes aduenias, hoc
ipsum nobis propriis tua sanctitas litteris manifestet, quatenus in omnem
Orientem et in ipsam Thraciam et Illyricum sacrae nostrae litterae
dirigantur, ut ad quendam definitum locum, ubi nobis placuerit, omnes
sanctissimi episcopi debeant conuenire et quae Christianorum religioni*

---

[6] Siehe P. GOUBERT, Le rôle de Sainte Pulchérie et de l'eunuque Chrysaphios, in:
Chalkedon 1, 303—321, bes. 315—318.

[7] Zur Synode von 450 siehe P. MOUTERDE, Fragment d'actes d'un synode tenu à
Constantinople en 450 = Mélanges de l'Université Saint-Joseph t. XV, fasc. 2
(Beyrouth 1930); vgl. Marcian. aug., ep. ad Leonem, inter epp. Leonis 76: PL 54,
903—905; ACO II 3, 1, p. 18, nr. 28 (vom 22. IX. 450).

[8] Marcian. aug., ad Leonem I., inter ep. Leonis 73: PL 54, 899 AB; ACO II 3, 1,
p. 17, lin. 25—27, nr. 27.

*atque catholicae fidei prosint, sicut sanctitas tua secundum ecclesiasticas
regulas definiuit, sua dispositione* (so PL 54, 905; wohl versehentlich,
SCHWARTZ, ACO II 3, 1, p. 18, lin. 16: *depositione*) *declarent*[9].

c) Eine neue Reichssynode wurde denn auch am 23. V. 451 auf den
1. IX. einberufen, und zwar zunächst nach Nicaea. Am 22. IX. wurde
das Konzil jedoch nach Chalcedon verlegt, wo es am 8. X. 451 begann
und am 31. X. 451 endete.

2. Nachrichten über den Aufenthalt des Eutyches ab Sommer 450

a) Eutyches nach der Thronbesteigung der Kaiserin Pulcheria:

Aus Brief 84 Leos I. an die Kaiserin vom 9. VI. 451 ist zu erschließen,
daß Eutyches aus seinem Kloster an einen Ort in der Nähe von Konstantinopel verbracht worden war:

*De Eutyche autem totius scandali et pravitatis auctore, hoc clementia
uestra praecipiat, ut ab eo loco qui Constantinopolitanae urbi nimis
vicinus est, longius transferatur: ne frequentioribus solatiis eorum quos
ad impietatem suam traxit utatur. Monasterio quoque ipsius, cui per-
niciose indigneque praesedit, catholicum abbatem iubete praeponi, qui
illam servorum Dei congregationem et a prauo dogmate liberare, et
institutis veritatis possit imbuere*[10].

Leo I. unterscheidet deutlich zwischen dem Kloster des Eutyches,
dessen Abt er gewesen war[11] und dem Ort seiner „Internierung", der
freilich nicht näher auszumachen ist. Zu beachten ist auch, daß der Abge-
setzte im Frühjahr 451 noch an seinem Internierungsort weilt. Das kann
ziemlich sicher angenommen werden. Denn der „Urheber des Skandals"
wurde eifrig durch Julian von Kos (Cius), den Informator Leos I., beobachtet.

Dem Antrag des Papstes wurde entsprochen. Nach Theodorus Lector[12]
wurde Eutyches nach Doliche in Nordsyrien verbannt, also in den Ein-
flußbereich der Antiochener. Bei dem Eifer, mit dem Kaiser und Kaiserin
auf die Wünsche Papst Leos bezüglich Eutyches eingingen, ist nicht

---

[9] Marcian. aug., ep. ad Leonem I., inter epp. Leonis 76: PL 54, 903 B—905 A; ACO
II 3, 1, p. 18, lin. 8—16.

[10] Leo I., ep. 84 ad Pulcheriam aug.: PL 54, 922 B; ACO II 4, p. 44, lin. 11—16,
nr. 42.

[11] Siehe oben Anm. 3. Zur Lage des Eutyches-Klosters s. H. BACHT, Chalkedon 2,
S. 207, Anm. 49.

[12] Theodorus Lect., Kirchengeschichte, Fragm. 3, Epitome 356: C. G. HANSEN, GCS
(Berlin 1971) 100. Siehe E. HONIGMANN, Évêques et évêchés monophysites au VIe
siècle = CSCO, vol. 127, Subsidia t. 2 (Louvain 1951) 72—73.

daran zu zweifeln, daß die Verbannung schon im Sommer oder frühen Herbst des Jahres 451 erfolgte.

b) Eutyches an seinem Verbannungsort:

Wie wir durch Theodorus Lector um den Namen des Verbannungsortes wissen, so durch Julian von Kos von dem tatsächlichen Aufenthalt dort und von weiterer Aktivität des alten Mannes. Julian berichtet an Papst Leo I., daß der Verbannte *in ipso damnationis loco* fortfahre, sein Gift gegen den katholischen Glauben zu verbreiten. Daraufhin fordert der Papst in einem Brief vom 15. IV. 454 den Kaiser Marcian auf, noch strengere Maßnahmen zu ergreifen: *Plenum itaque rationis existimo ut vestra clementia ad longinquiora eum iubeat et secretiora (loca) transferri*[13]. Damit verlieren sich die Spuren des Eutyches sozusagen buchstäblich im Sande irgend einer Wüste. Man darf aber annehmen, daß es zur Durchführung der päpstlichen Forderungen kam, wenn Eutyches noch „transportfähig" war. Versuchte man dabei vielleicht, einen Verbannungsort im Süden des Reiches zu finden, wie etwa Nestorius nach Oasis in Ägypten verbracht worden war? Jerusalem konnte dann auf der Strecke liegen.

3. Versuche zur Einordnung einer Flucht nach Jerusalem und eines Zusammentreffens mit Hesychius

Zwei Ausgangspunkte einer Flucht nach Jerusalem kommen in Betracht: einmal Konstantinopel (bzw. der Ort der Internierung bei der Hauptstadt), dann Doliche in Nordsyrien.

a) von Konstantinopel aus: Hier ist zuerst zu fragen, welche Dauer für eine solche Flucht anzusetzen wäre. Wir haben eine Möglichkeit, ein einigermaßen zuverlässiges Zeitmaß anzugeben durch den Bericht des Pilgers von Bordeaux (333)[14], dies unter der Voraussetzung, daß ein unter kaiserlicher Aufsicht stehender Mönch den gewöhnlichen Reiseweg durch Kleinasien nach dem Süden benützen konnte. Der Pilger von Bordeaux zählt nur für die Strecke Konstantinopel-Antiochien 40 Übernachtungen. Hin- und Rückreise von Chalcedon(Konstantinopel)-Jerusalem (mit einem nicht genauer bezeichneten Aufenthalt in der Heiligen Stadt) forderten insgesamt fast ein halbes Jahr. Eutyches hätte

---

[13] Leo I., ep. 134 ad Marcian. aug.: PL 54, 1095 A; ACO II 4, p. 87, lin. 38 — p. 88., lin. 5, nr. 78.

[14] Vgl. H. DONNER, Pilgerfahrt ins Heilige Land. Die ältesten Berichte christlicher Palästinapilger (Stuttgart o. J.), I. Der Pilger von Bordeaux (333), S. 49/50, Nr. 9—11.

bei seinem Alter und bei der Notwendigkeit, eventuell Umwege zu machen, mindestens ebenso viel Zeit gebraucht. Wenn wir also den Bericht des Diakons Pelagius ernst nehmen dürfen, so wäre eine Flucht von Konstantinopel nach Jerusalem zunächst anzusetzen zwischen dem Beginn der Internierung, Spätsommer 450, und dem Frühjahr 451. Den Umstand, den Pelagius mit den Worten bezeichnet *fugientem sanctae synodi Calchedonensis examen* müßte man dann schon in einem sehr weiten Sinn interpretieren, dies etwa mit dem Hinweis auf die Konzilspläne des Kaisers (Ende August oder Anfang September 450). Man kann aber kaum annehmen, daß Eutyches schon von diesen ersten Anzeichen einer konziliaren Aktivität des Kaisers erfahren hat. Eher wäre dies schon möglich nach der Synode von Konstantinopel (21. X. 450) oder nach dem Brief Marcians vom 22. XI. 450. Dann verstärkt sich aber die Verlegenheit, die Flucht zeitlich unterzubringen. Denn im Frühjahr 451 finden wir Eutyches noch an seinem Internierungsort bei Konstantinopel.

Zwei andere Bedenken stehen der Annahme einer Flucht über den Winter 450/51 entgegen: Julian von Kos war sicher auf seinem Beobachtungsposten, wie wir dem Brief Leos vom 9. VI. 451 entnehmen dürfen. Er weiß ja um das Ein- und Ausgehen der Freunde des Eutyches an seinem Internierungsort, was eben die Zeit vom Winter 450 bis zum Frühjahr 451 voraussetzt. Er hätte sofort Alarm geschlagen und die Flucht bekannt gemacht, und dies sowohl in Konstantinopel wie auch in Rom. Außerdem: wenn Eutyches der Boden in Konstantinopel zu heiß geworden war, so konnte es kaum in seinem Interesse liegen, von Palästina, wo er damals — im Gegensatz zu späteren Jahren — gewiß noch eine Anzahl von Freunden hatte[15], nach der kaiserlichen Hauptstadt zurückzukehren, dies dazu in einer ungünstigen Jahreszeit.

b) von Doliche aus: Machen wir noch einen Versuch, eine Flucht des Eutyches nach Jerusalem zeitlich unterzubringen, dies aber mit Doliche als Ausgangspunkt. Zu bedenken ist aber, daß Chalcedon schon Jahre zurückliegt und das Motiv, einer Untersuchung durch die Synode zu entkommen, entfällt. Denn im April 454 ist Eutyches noch an seinem ersten Verbannungsort. Hat man nun etwa an einen Exilsort südlich von Jerusalem oder gar in Ägypten gedacht, sodaß Jerusalem als Zwi-

---

[15] Zur Lage in Palästina siehe L. PERRONE, La chiesa di Palestina (oben Anm. 4) 83 f.

schenstation in Erwägung käme, wie es sich L. Duchesne vorgestellt hat[16]?

aa) Zunächst wissen wir von der Durchführung einer zweiten Verbannung nichts. Wir sind rein auf Vermutungen angewiesen. Eutyches hatte inzwischen ein sehr hohes Alter erreicht.

bb) Gegen den Süden Palästinas oder Ägypten als neuen Aufenthaltsort mußte der Kaiser gerade um 454 starke Bedenken haben. Beide Bereiche sind in besonderer Aufregung wegen des Konzils von Chalcedon und der Absetzung und Verbannung des Dioscorus nach Gangra in Paphlagonien. In Ägypten hatte Eutyches eine respektable Anhängerschaft, wie wir aus den Briefen des Timotheus Aelurus schließen können, die freilich erst Jahrzehnte später geschrieben sind[17], aber selbstverständlich eine bestimmte Entwicklung in Ägypten voraussetzen.

cc) Gegen einen Kontakt des Eutyches mit Hesychius i. J. 454 spricht die gegenüber 451 stark veränderte geistige Lage in Palästina. Patriarch Juvenal war als Anhänger Chalcedons und damit als Gegner des Eutyches nach Jerusalem zurückgekehrt, dies freilich nur mit kaiserlicher Hilfe. Hätte es da der Presbyter Hesychius noch wagen können, Eutyches freundlich *(libenter)* in sein Haus aufzunehmen?

dd) Inzwischen waren aber auch entscheidende Wandlungen im Verhalten der Gegner Chalcedons gegenüber Eutyches eingetreten. Schon auf dem Konzil hatte sich Dioscorus von dem abgesetzten Archimandriten distanziert[18]. Ihm folgte der Mönch Theodosius, der fanatische

---

[16] L. Duchesne, Histoire Ancienne de l'Eglise, tom. III (Paris 1911) p. 471. D. ist der Hinweis des Theodorus Lector auf Doliche unbekannt gewesen.

[17] Zur Auseinandersetzung des Timotheus Aelurus, des ersten monophysitischen Patriarchen nach Dioscorus in Alexandrien, mit den Eutychianern von Konstantinopel und Ägypten vgl. Zacharias Rh., Kirchengeschichte V 4: K. Ahrens — G. Krüger, Die sogenannte Kirchengeschichte des Zacharias Rhetor (Leipzig 1899) 64—65; ferner R. Y. Ebied—L. R. Wickham, A Collection of Unpublished Syriac Letters of Timothy Aelurus, in: Journal of Theological Studies, N. S. 21 (1970) 321—369, v. a. die Briefe 1, 2 5 u. 6. Die Eutychianer vertraten entschieden doketische und manichäische Ansichten bezüglich der Menschennatur Christi. Sie wurden schließlich für Timotheus selbst so gefährlich, daß er um sein Leben fürchten und nach Kleinasien flüchten mußte. Die Radikalität der Anhänger des Eutyches während des Konzils von Chalcedon wird anschaulich geschildert von H. Bacht, a. a. O. (oben Anm. 2) 236—240. Besonders aktiv waren die Archimandriten Karosus, Dorotheus und Maximus. Letzterer war der Lehrer und Freund des Eutyches (237). Wenn also Pelagius von einer „Furcht" des Eutyches vor dem *examen* des Konzils von Chalcedon spricht, so ist in seiner Umgebung (trotz der Internierung) nichts davon zu spüren.

Gegner des Konzils von 451 und Gegenbischof des Juvenal (bis zu dessen Zurückführung durch Kaiser Marcian nach Jerusalem), wie Zacharias Rhetor berichtet[19]. Es gehörte zum Stil eines guten Monophysiten, sich von Eutyches abzuwenden. Der Verbannte war nun zum „Geächteten" selbst bei den Gegnern von Chalcedon geworden[20]. Daran waren nicht zuletzt die Ausschreitungen seiner rabiaten Anhänger in Konstantinopel und in Ägypten schuld.

Damit sind alle Möglichkeiten, eine Flucht des ehemaligen Archimandriten Eutyches nach Jerusalem vor einer Untersuchung durch das Konzil von Chalcedon chronologisch in die dafür zur Verfügung stehenden Jahre einzuordnen, ins Gespräch gebracht. Ein objektiver Beurteiler wird einer solchen Flucht keine Chancen einräumen können. Wir müssen somit die Angabe des Pelagius als ungeschichtlich abtun, sei es in dem Sinn, daß er selber einer falschen Überlieferung zum Opfer gefallen ist, sei es, daß er die Angabe selber erfunden hat. Er beruft sich ja auf keine Quelle. Das Bestreben liegt vom Text her offenkundig, Hesychius als Geschichtsschreiber zu diskreditieren, um seine Beschuldigungen gegen Theodor von Mopsuestia als falsch oder unzuverlässig zu erweisen.

Wenn Pelagius von Büchern des Hesychius „gegen Chalcedon und den Tomus Leos an Flavian" spricht (siehe den eingangs angeführten Text), so ist der Herausgeber der Festhomilien des Hesychius, M. Aubineau, sicher im Recht, wenn er darunter andere Schriften als die Kirchengeschichte des Hesychius versteht. Wenn die eben untersuchte Mitteilung über eine Flucht des Eutyches nach Jerusalem als unzuverlässig beurteilt werden muß, so ist dies auch ein Präjudiz gegenüber der Zuverlässigkeit der zweiten Angabe. Dazu hat M. Aubineau gewichtige Gegenargumente: a) Weder Pelagius noch irgendwelche Florilegien, soweit wir sie kennen, haben auch nur das geringste Fragment davon überliefert. b) Cyrill von Scythopolis, der so auf chalcedonische Orthodoxie bedachte Schreiber der Vita Euthymii, hat an Hesychius nichts auszusetzen. Vielmehr hat er lobende Worte für ihn[21]. Von der „Schändlichkeit der

---

[18] Vgl. J. Lebon, Autour du cas de Dioscore d'Alexandrie, in: Le Muséon 59 (1946) 515—528.

[19] Zacharias Rhetor, Kirchengeschichte III 5: Ahrens—Krüger, S. 13—14; L. Perrone, La chiesa die Palestina (oben Anm. 4) 89—103.

[20] L. Perrone, a. a. O., 94—95.

[21] M. Aubineau, Les homélies festales d'Hésychius de J. (oben Anm. 4), Bd. 1, p. LXXIV—LXXV, mit Hinweis auf E. Schwartz, Kyrillos von Skythopolis (Leipzig 1939) S. 26, 20; 27, 1—2.

Lehre im Tomos[Leos]", von der der Patriarch Juvenal noch vor seiner Abreise zum Konzil von Chalcedon zu allen Priestern und Mönchen von Jerusalem sprach[22], ist Hesychius gewiß überzeugt gewesen. Dies bedeutete aber nicht mehr, als ein Anhänger des alexandrinischen Cyrillianismus zu sein. Man brauchte darob noch kein Freund des Eutyches zu werden. M. AUBINEAU möchte bezüglich der Abfassung anti-chalcedonischer Schriften des Hesychius aber vorsichtig urteilen und erwartet weitere Klärung eventuell von neuen Handschriftenfunden.

---

[22] Zacharias Rhetor, Kirchengeschichte III 3: AHRENS—KRÜGER, S. 10—12.

Apollinaris Sidonius
Eine Untersuchung seiner drei Kaiserpanegyriken

von Rigobert Günther, Leipzig

Iam prope fata tui bis senas vulturis alas
complebant (scis namque tuos, scis, Roma, labores).
Jetzt erfüllte sich fast dein Schicksal, Roma,
das Zeichen der zwölf fliegenden Geier
(denn du kennst, Roma, du kennst deine Nöte).

Apoll. Sidon., Carmen 7, 357 f.

In seinem Panegyricus auf den Kaiser Avitus (455—456) erwähnt Apollinaris Sidonius die zwölf Geier, die einst dem legendären Gründer Roms Romulus erschienen waren. Aber zu seiner Zeit gab es in Rom die Weissagung, nach der die zwölf Geier zwölf *saecula* bedeuteten, und nach dem Ende des zwölften saeculum sei auch das Ende Roms angebrochen. Dabei handelt es sich jedoch nicht um eine Erfindung dieses Dichters oder eines seiner Zeitgenossen, sondern diese Deutung ist weit älter. Sie findet sich bereits in der kleinen, im Jahre 238 verfaßten Schrift des Censorinus, de die natali 17, 5, und da Censorinus in diesem Teil seiner Abhandlung wohl im wesentlichen auf Varros antiquitates rerum humanarum und auf Suetons de anno Romanorum fußt, so gelangen wir damit bis in die Wirren der untergehenden Republik zurück, deren Bürgerkriege das Aufkommen einer solchen Weissagung verständlich machen würden.

Daß man nun in der Mitte des 5. Jahrhunderts sich an diese Weissagung erinnerte, lag wiederum an der allgemeinen sozialen und politischen Misere dieser Zeit. Die alte, noch bestehende antike Gesellschaftsordnung lag in der Agonie. Weite Teile des Weströmischen Reichs waren von germanischen Stammesverbänden besetzt worden, und vom Balkan her drohte das Anrücken der Hunnen Attilas. Dann wurde Attila zwar besiegt, aber die Vandalen eroberten und plünderten im Jahr 455 Rom. Die alte Prophezeiung schien sich zu bewahrheiten.

Iupiter selbst scheint sie in den Versen des Dichters zu bekräftigen: *„Fatum, quo cuncta reguntur quoque ego, non licuit frangi"* (7, 123 f.).

Gewiß ist Rom bestimmt, in der Fülle des Unglücks größer zu werden (7, 6 f.), gewiß ist eine Erneuerung der Welt zu erwarten (7, 18), aber der Bittgang der Göttin Roma zu Iupiter setzt zunächst ganz andere Akzente (7, 45—118), sie liegen in der Richtung des angedeuteten fatum. Rom ist nicht mehr ein *imperium sine fine*, es hat seine Grenze gefunden: *„Cumque prius stricto quererer de cardine mundi, nec limes nunc ipsa mihi"* (7, 96 f.). Jetzt ist Rom ein zerstückeltes Reich (7, 103), befindet sich in der Gefangenschaft (7, 116; auch 7, 451). Das Reich ist nur noch ein Schatten (7, 540 f.). Die Kinderkaiser haben Rom alt gemacht (7, 598), und die römische Welt liegt gefangen in der gefangenen Hauptstadt, wo auch der Kaiser Petronius Maximus umkam (7, 556 f.). Die Barbarenflut der Vandalen hat Rom erniedrigt (7, 361).

Doch mit Avitus soll ein neues Goldenes Zeitalter beginnen (7, 602); er ist die *spes orbis* (7, 352), der neue *publicus pater* (6, 35), der nichts Besseres als den Senat an seiner Seite hat (7, 503). Während Phoebus dem Himmel das Licht gibt, erleuchtet Avitus die Erde (7, 2 f.). Und wenn auch die Widrigkeiten groß sind, die Probleme unlösbar zu sein scheinen, — der Triumphwagen des Sieges über Roms Feinde, den Avitus steuern wird, steht schon bereit (7, 10). Durch Avitus wird sich Rom aus dem Unglück erheben, weil ein Kaiser, der zugleich Konsul ist, an der Spitze steht (7, 7 f.).

Doch Apollinaris Sidonius wäre kein echter Gallo-Römer, würde er nicht gebührend hervorheben, daß es Gallien ist, das Rom in der Gestalt Avitus' den Retter sendet (7, 117 f.). Demgegenüber hatte der Kinderkaiser Valentinian III. Gallien ungerecht bedrückt (7, 533); er hat den Wohlstand Galliens sinnlos vergeudet. Aber Gallien erhob sich nicht; es war erzogen, selbst entleerte Gesetze zu achten (7, 539) und die Laster eines alten (theodosianischen) Geschlechts zu ertragen (7, 541 f.).

Da Avitus selbst von den Göttern auserlesen ist, Rom zu retten und zu erneuern, kann das eingangs genannte *fatum* in seiner Wirksamkeit noch hinausgeschoben werden. Avitus ist nicht allein die Hoffnung der römischen Welt, die Hoffnung der gallo-römischen Senatsaristokratie, sondern vor allem die Hoffnung des Dichters selbst: *„credite, plus dabitis: currus"* (7, 10). Er ist dem Vogel des Phoebus, Phoenix, vergleichbar (7, 353 f.). Phoenix ist unsterblich, er allein kann die Kraft des fatum aussetzen. Er wird Nordafrika ein viertes Mal mit Ketten fesseln (7, 588).

Die ganze Hoffnung des Dichters zeigt sich in den Schlußversen dieses Panegyricus, in denen die Parzen als Garanten des neu zu erwartenden glücklicheren Zeitalters die Hoffnung bekräftigen sollen: *„felix tempus nevere sorores / imperiis, Auguste, tuis et consulis anno / fulva volubilibus duxerunt saecula pensis"* (7, 600—602).

Aber diese Hoffnung wurde sehr bald grausam enttäuscht, und das fatum schien sich doch zu verwirklichen.

Knapp drei Jahre später schöpfte der Dichter wieder Hoffnung, mit Rom werde es sich zum Guten, zum Besseren wenden. In Lyon hielt er seine zweite panegyrische Rede auf den Kaiser Maiorianus (457—461), Nachfolger des auf der Flucht gestorbenen Avitus. In Gallien hatte sich nach dem Ende des Avitus ein Teil der Bürgerschaft und der gallo-römischen Aristokratie gegen den neuen Kaiser erhoben. Maiorian unterdrückte im Bunde mit Ricimer die Rebellion rasch, legte Lyon und anderen Städten Galliens zusätzliche Steuern auf, und Apollinaris Sidonius nutzte die günstige Gelegenheit seiner Rede vor dem Kaiser, um zugleich für seine Heimat ein gutes Wort einzulegen.

Wieder deutet der Dichter an, daß Roms Glück durch Unfälle erhöht wird, aber nun ist Rom der Schrecken genommen, es muß um Sieg oder Untergang kämpfen (5, 63—66). Maiorian bereitet einen Krieg gegen die Vandalen vor, und der Dichter greift den Gedanken des fatum wieder auf, aber lenkt es gegen das Reich Geiserichs: nicht Rom werde untergehen, nein: *„quid quod tibi princeps / est nunc eximius, quem praescia saecula clamant / venturum excidio Libyae, qui tertius ex me accipiet nomen?"* (5, 100—103).

Der Dichter präzisiert in diesem Panegyricus seine Auslegung des fatum; die Ermordung Valentinians III. im Jahr 455 warf Rom mehr hinab als ihn selbst (5, 311). Natürlich konnte Apollinaris Sidonius es vor Maiorian nicht wagen, den Namen dessen Vorgängers zu rühmen, der das fatum von Rom abgewendet hatte, dann aber durch Ricimer und Maiorian gestürzt worden war. Avitus wird übergangen, und mit den Worten *iam tunc imperium praesentis principis aurea volvebant bona fata colu* ist Maiorian nun der künftige Bringer des Heils (5, 312 f.). Nicht für Avitus spinnen jetzt die Parzen ihre goldenen Fäden, sondern für Maiorian (5, 368 f.).

In Maiorian sieht der Dichter wie zuvor in Avitus das senatorische Ideal eines Kaisers. Gewiß, *quod iubet hic lex rebus erit* (5, 527), aber die anderen gehorchen dann willig, wenn der, der die Gesetze vorschreibt, selbst seinen Gesetzen gehorcht (5, 551 f.).

Der Panegyricus, der den vorbereiteten Krieg gegen das Vandalenreich zum Hauptinhalt hat, sieht visionär die Zukunft. Das fatum hat sich gewendet, und Roms Feinde werden entwaffnet das Tribunal des Kaisers umstehen (5, 600—603).

Aber es kam wieder ganz anders; die Vision war betrügerisch, und Maiorian wurde im Jahre 461 von Ricimer ermordet, wie er auch schon vorher Avitus zu Fall gebracht hatte. Der Krieg gegen Geiserich war ruhmlos abgebrochen worden. Westrom befand sich in einer schwierigeren Situation als zuvor. Schien sich die Weissagung vom Ende Roms nun doch noch zu erfüllen?

Im Jahr 467 wurde Anthemius neuer weströmischer Kaiser (467—472), der Ausgewählte Ostroms, den Ricimer zunächst akzeptierte. Die Lage des Westreichs hatte sich so sehr verschlechtert, daß Apollinaris Sidonius in seinem dritten Kaiserpanegyricus, den er am 1. Januar 468 Kaiser und Senat vortrug, Worte seines Hymnus auf Avitus wieder verwendete und noch steigerte. Herrschte doch seit 466 Eurich über die Westgoten in Gallien, der seine Politik im bewußten Gegensatz zu dem Römerfreund Theoderich II. (453—466) gestaltete und den Föderatenvertrag mit Rom endgültig löste. Die Burgunder dehnten ihr Königreich nach Süden aus, und die Vandalen herrschten in Nordafrika unangetasteter als zuvor. Dazu in Westrom die Herrschaft eines ungekrönten, aber mächtigen Herrschers, des obersten Heermeisters Ricimer.

Noch ein drittes Mal glaubt der Dichter, seine Stimme als vates erheben zu müssen. In Steigerung und Anlehnung an seinen Avitus-Panegyricus nennt er Anthemius *nostri spes maxima saecli* (1, 23). *Spes saec(u)li* gemahnt wieder an das *fatum*, das mit den zwölf Geiern über Rom verhängt wurde. Das letzte Zeitalter ist angebrochen. Kann der Untergang noch hinausgeschoben werden? Aber: *nil natura novat!* Die Natur erneuert nichts; die *elementa rerum* werden durch nichts bewegt

(2, 10—13). Dann steht das fatum immer noch unerbittlich vor den Römern, unveränderlich, und es bliebe nur die Hoffnungslosigkeit.

Apollinaris Sidonius wagt es trotzdem, ein drittes Mal die Hoffnung zu äußern, nun werde sich eine Wende vollziehen. Aber sie ist auch bitter nötig, denn der Staat (*respublica*) ist nur noch wie ein Schiff, das vom Sturm überfallen wurde, ein zerbrochener Bau, ohne Steuermann (2, 14—16).

Das erinnert inhaltlich an den Eucharistikos des Paulinus von Pella, der ein knappes Jahrzehnt früher verfaßt wurde. Paulinus sieht sich oft hin und her geschüttelt in den feindlichen Stürmen einer unbeständigen Welt (10 f.). Aber die Hoffnung auf eine bessere Zeit (*melior aetas*) wird ausgesprochen (v. 538), trotz der ständig instabilen Lage des Zeitalters (*condicio instabilis semper generaliter aevi*, v. 540).

Alle Bürger des Staats richten ihre Erwartung auf den neuen Kaiser: *te prece ruricola expetiit, te foedere iunctus adsensu, te castra tubis, te curia plausu, te punctis scripsere tribus collegaque misit te nobis regnumque tibi.* Die Zustimmung der ganzen Welt, steigert sich der Dichter, ist für den neuen Kaiser: *suffragia tot sunt quanta legit mundus* (2, 18—22). Beschwörend wiederholt dies der Dichter in den Versen 220—222: *fallor, bis gemino nisi cardine rem probat orbis: ambit te Zephyrus rectorem, destinat Eurus, ad Boream pugnas et formidaris ad Austrum.*

Als besonders erfreulich hebt der Dichter die Tatsache hervor, daß der neue Herrscher aus dem Ostteil des Imperium Romanum kommt. Dort befindet sich die Heimat des Reichs, die Mutter des Imperiums (*imperii genetrix*, 2, 33 f.). Die Reichsteilung nach dem Tode des Theodosius I. ist rückgängig gemacht worden: *valeat divisio regni. concordant lancis partes* (2, 65 f.). E i n Frieden herrscht jetzt im Reich (2, 316); Oinotria und Aurora führen nun gemeinsam die Herrschaft im Imperium (2, 518); Concordia hat sie miteinander verbunden (2, 522).

Wie bei Avitus wird wieder ein neues goldenes Zeitalter in Aussicht gestellt (*aurea saecula*, 2, 104). Obwohl eingangs betont wurde, daß sich in der Natur nichts verändert, setzte schon mit der Geburt des neuen Kaisers eine *novitas rerum* ein (2, 114). Durch Anthemius kann sich Roms Schicksal ändern, denn das Reich des Vogels Phoenix, das goldene Zeitalter, ist ja im Osten beheimatet, dort herrscht ewiger Frühling, dort gibt es Äcker, die sich nicht im Privateigentum befinden und die ungeteilt sind:

Est locus Oceani, longinquis proximus Indis,
axe sub Eoo, Nabataeum tensus in Eurum:
ver ibi continuum est, interpellata nec ullis
frigoribus pallescit humus, sed flore perenni
picta peregrinos ignorant arva rigores;
halant rura rosis, indiscriptos per agros
fragat odor; violam, cytisum, serpylla, ligustrum,
lilia, narcissos, casiam, colocasia, caltas,
costum, malobrathum, myrrhas, opobalsama, tura
parturiunt campi; nec non pulsante senecta
hinc rediviva petit vicinus cinnama Phoenix.
(2, 407—417).

In diesem Zusammenhang wird wieder das senatsaristokratische Kaiserideal betont. Der Mantel des Konsuls möge den Fürsten mehr erfreuen als das kaiserliche Diadem (2, 5—7). Die Kaisernachfolge durch Wahl ist für den betreffenden Herrscher ehrenvoller als die Nachfolge durch Erbschaft (2, 213—215).

Mit allem verbindet sich die Erwartung, dem neuen Kaiser werde nun endlich der entscheidende Sieg über die Vandalen gelingen und Nordafrika wieder der Herrschaft Roms unterstellen. Auf dem Forum Trajanum möge der Kaiser als neuer Konsul die dort schon wartenden Sklaven in die Freiheit entlassen, sie zu Quiriten erheben: „Brich auf, Vater des Vaterlands, glücklich und mit günstigen Vorzeichen, sprich die alten Gefangenen frei, um neue zu fesseln (d. h. nach dem erwarteten Sieg über die Vandalen, R. G.)" (2, 547 f.).

Apollinaris Sidonius war der Dichter einer untergehenden herrschenden Klasse. Er schrieb für einen zahlenmäßig immer kleiner werdenden Kreis von Gebildeten, die ihr Römertum zunehmend noch in der geistigen Bildung einer elitären Gruppe sahen und die mit Stolz und auch mit Arroganz das Wissen der Zeit und die Kenntnis der römischen Literatur und Geschichte für sich beanspruchte. Diese weströmische Senatsaristokratie verachtete die bäuerliche, ländliche Tätigkeit (Ep. 1, 6, 3—5); sie sah noch in Rom das alte *domicilium legum*, das *gymnasium litterarum*, die *curia dignitatum*, den *vertex mundi* und die *patria libertatis* (Ep. 1, 6, 2). In der politischen Anschauung dieser Klasse hatte sich im Wesen des römischen Staats nichts verändert und durfte sich auch nichts verändern, wie dies schon im Jahr 389 der gallische Rhetor Pacatus an Kaiser Theodosius I. ausgedrückt hatte: *Scimus quidem nihil*

*umquam novandum, cum Romanum semper imperium aut tuum
futurum sit aut tuorum* (Panegyrici latini, ed. BAEHRENS, 2, 45, 3).

Aber diese Zeit der theodosianischen Dynastie war mit der Ermordung Valentinians III. im Jahr 455 abgelaufen, und damit kündigte sich nach dem *fatum* der zwölf fliegenden Geier der baldige Untergang Roms an. Jetzt m u ß t e sich nach den Vorstellungen und Wünschen dieses Kreises etwas verändern, wenn das Eintreffen der Prophezeiung noch hinausgeschoben werden sollte.

Kommen wir noch einmal kurz auf den Avitus-Panegyricus zurück. In Viernum (heute Beaucaire) in der Nähe von Arles hatte sich die gallo-römische Senatsaristokratie versammelt und hob Avitus auf den Thron. Apollinaris Sidonius sieht wohl darin eine Möglichkeit, in der Verlagerung des politischen Zentrums nach Gallien dem *fatum* auszuweichen: *hic caput omne nunc habet imperium!* (7, 557 f.) Gallischer Regionalismus kann Rom erretten: *si dominus fis, liber ero* (7, 571).

So sieht der Dichter die Lösung des Knotens. Rom kann von Gallien gerettet werden.

Aber alles blieb Illusion. Die untergehende Gesellschaft riß den weströmischen Staat mit sich in den Abgrund. Sie war gesetzmäßig zum Untergang verurteilt, und die Hoffnungen eines aristokratischen Kreises konnte sie davor nicht bewahren.

Apollinaris Sidonius war einer der Sprecher dieses Kreises. In seinen drei Kaiserpanegyriken verkündete er dreimal die Hoffnung, daß sich Roms Schicksal zum Besseren wenden werde. Aber es war eine dreifach enttäuschte Hoffnung. Danach resignierte der Dichter. Die geschichtlichen Tatsachen trugen seine Hoffnungen zu Grabe.

Emperor Worship in Vandal Africa*

by Frank M. Clover, Madison

During the Principate municipal and provincial councils complemented the central administration of the Roman Empire. A *curia* tended affairs in each municipality. Among their functions the *curiales* elected from their midst a *flamen perpetuus*, who looked after the worship of the current emperor and those of his predecessors who had received divine honors. Emperor worship was a unifying force in the Roman provinces. Municipal delegates—invariably members of the landed gentry—met annually in the provincial capital to render homage to the emperor, and to communicate matters of local concern through decrees and even embassies to the imperial court. A *sacerdos*, chief delegate and priest, presided over the provincial council; upon completion of his duties he became *sacerdotalis*, one who had fulfilled his priestly office. Even when the Roman government became Christian, the emperors found the network of communications developed by the municipal

* In 1981 I presented versions of this paper at a meeting of the Commission de Publication des Documents archéologiques de l'Afrique du Nord, a part of the Comité des Travaux historiques et scientifiques; at the seminars of Professors Noël Duval (Paris), Adalberto Giovannini and François Paschoud (Geneva), and Arnaldo Momigliano and Kathleen Shelton (Chicago); and at the Seventh Annual Byzantine Studies Conference, held at Boston University. At various stages of preparation I received helpful criticisms from my seminar hosts, from Charles F. Edson (Madison), and from Paul-Albert Février (Aix-en-Provence). Grants from the American Council of Learned Societies, the National Endowment for the Humanities and the University of Wisconsin Graduate School made possible the presentations of the paper at Paris, Geneva and Boston.

aristocrats too useful to abandon. From the fourth century onward the emperors repudiated their connections with traditional religion, but continued to encourage meetings of the provincial councils.

The present study is concerned with the latest attestations of provincial council meetings in Africa, particularly in *Africa Proconsularis*. Imperial laws of 415 and 429 bear witness to the continued function of the assembly at Carthage[1]. Around this time one such meeting in the metropolis left an impression on an African Christian, perhaps Quodvultdeus, the city's bishop in the late 430s. Sometime in the 440s, when he wrote the Liber promissionum et praedictorum Dei, he looked back on the aftermath of the meeting, when the townspeople spoke their opinions of past provincial governors[2]:

> "*In calculis eburneis nomina proconsulum conscripta Karthagini*
> *in foro coram populo a praesenti iudice sub certis uocabulis*
> *citabantur et erat sollemnis dies albi citatio. Hi qui*
> *auaritiam superantes rem publicam fideliter egerant, suffragiis*
> *fauoribusque etiam absentes honorabantur. Eos uero quos*
> *rapacitas uicerat, populus conuiciis sibilisque notabat.*"

The provincial assembly of Proconsular Africa, then, continued to meet at Carthage during the first generation of the fifth century. Did its delegates, under the leadership of the *sacerdos*, continue to worship emperors in the traditional fashion? Several considerations point toward a negative answer to this question. In 380 and 381 the Emperor Theodosius I., following precedents set by Constantine the Great, ordered all subjects of his realm to subscribe to a particular kind of Christianity, the Universal Faith sanctioned by the First Oecumenical Council held at Nicaea in 325. Then in 391 and 392 Theodosius forbade all homage to the old gods of Roman society[3]. Among these traditional deities were the Divine Emperors, who were surely false idols in the eyes of the True God. The Christianization of the Roman Empire

---

[1] Codex Theodosianus 16. 10. 20 and 12. 1. 186.

[2] [Quodvultdeus], Liber promissionum et praedictorum Dei, Gloria sanctorum 15 (Corpus Christianorum: Series latina, LX [1976], 220). Cf. Y. DEBBASCH, Colonia Iulia Karthago: La vie et les institutions municipales de la Carthage romaine, Revue historique de droit français et étranger, Ser. IV, XXXI (1953), 335—377, esp. 344—347.

[3] Codex Theodosianus 16. 1. 2, 5. 6, 10. 10 and 10. 12. For the Constantinian precedents, see now T. D. BARNES, Constantine and Eusebius (Cambridge, Mass. 1981), pp. 208—223.

could be expected to cause the provincial councils of Africa and elsewhere to lose one of their main reasons for existing, and hence to fail. The Vandals, enthusiastic Arian Christians and enemies of the Roman order, should have hastened the process of deterioration after their capture of Carthage in 439. Yet around the turn of the sixth century, while the Vandals ruled Africa, the provincial assembly of Proconsular Africa appears still to have been meeting.

Some of the evidence for the continued operation of provincial assemblies in Vandal Africa has been in scholarly hands since the last century. Two epitaphs of Basilica IV—the so-called "Vandal Chapel"—of Ammaedara commemorate the departures of Astius Mustelus, devout Christian and *flamen perpetuus* (d. 6 December 526); and of a relative, Astius Vincicianus, *vir clarissimus et flamen perpetuus*[4]. The famous Tablettes Albertini, acts of sale recorded from 493 to 496 and probably originating from southwestern Byzacium, show that the proprietor Flavius Geminius Catullinus was *flamen perpetuus*[5]. Such traditional office-holding might be dismissed as a local survival beyond the reach of the Christianized government, or, particularly in view of the burial of the two Astii in a Christian basilica, as evidence of the Christianization of a local devotion. Either of these interpretations could have received acceptance until 1969, when Noël DUVAL published another epitaph of Basilica IV of Ammaedara, that of Astius Dinamius, *sacerdotalis provinciae Africae*[6]. This epitaph suggested that another Astius, probably a contemporary of Astius Mustelus, had once been *sacerdos* of the provincial council of Carthage. Did the provincial assemblies of Vandal Africa continue to meet as they had in the early fifth century? If so, what functions did they perform?

---

[4] N. DUVAL and F. PRÉVOT (ed.), Recherches archéologiques à Haïdra, I: Les inscriptions chrétiennes (Collection de l'École française de Rome, 18; Rome 1975) [hereafter I C Haïdra], nos. 401 and 413. C. LEPELLEY, Les cités de l'Afrique romaine au Bas-Empire (2 vols.; Paris 1979—1981), II 67, n. 13, proposes the reading of I C Haïdra no. 413 which I have adopted here: Astius Mustelus was *flamen perpetuus* and a devout Christian. Lepelley offers no proof for his reading, but there are other Christian inscriptions of the late Roman Empire on which the deceased is described as having been *Christianus* or *Christianus fidelis*. Cf. E. DIEHL, et al. (ed.), Inscriptiones latinae christianae veteres (4 vols.; Berlin, repr. 1961—1967) [hereafter ILCV], nos. 310 a, 584, 1329, 1334.

[5] C. COURTOIS, et al. (ed.), Tablettes Albertini: Actes privés de l'époque vandale (Fin du V siècle) [Paris 1952], iii. 3 b. 6—7 (p. 218), et passim.

[6] I C Haïdra, no. 424.

In 1974 André CHASTAGNOL and Noël DUVAL offered an answer
to the questions posed here. Their study of emperor worship in Vandal
Africa was an excellent essay on late Roman religion. After a thorough
review of the literary, legal and epigraphical evidence, CHASTAGNOL
and DUVAL concluded that after the Christian emperors of the fourth
century proscribed traditional worship, the provincial councils preserved
only a secularized version of homage to the emperors, and that the
Vandal kings deflected toward themselves the devotion which the
emperors had found so useful. The following quotation, taken from the
concluding paragraph, sums up their position[7]:

> "Genséric et ses successeurs n'ont nullement supprimé l'organisation
> municipale et provinciale qui avait fait ses preuves dans les siècles
> précédents; ils ont même considéré, à juste titre certainement,
> qu'il était utile de conserver — en les détournant sur leur personne —
> les manifestations de loyalisme monarchique que rendaient
> solennellement au souverain, chaque année, au nom des populations
> africo-romaines, les *flamines perpetui* et les *sacerdotes* provinciaux."

Since they produced their essay, CHASTAGNOL and DUVAL have
bolstered its documentation through the edition of the Christian
inscriptions of Ammaedara and the study of the municipal *album* of
Thamugadi—the latter dating from ca. 363 and recording the existence
of two *sacerdotales* and an astonishing thirty-six *flamines perpetui*[8].
Their overall interpretation of the epitaphs of Ammaedara has met
with approval. Tadeusz KOTULA has recently argued that African
flamines perpetui of the late Roman Empire supervised the maintenance
of public buildings; this function was a secularized extension of the
original care of temples of divine emperors[9]. In his new Paris dissertation Claude LEPELLEY sees the priestly activity of the Astii as evidence
of "the maintenance of ruler worship in honor of the Germanic kings"[10].

*   *
*

[7] A. CHASTAGNOL and N. DUVAL, Les survivances du culte impérial dans l'Afrique
du Nord à l'époque vandale, Mélanges d'histoire ancienne offerts à William Seston
(Paris 1974), pp. 87—118.

[8] See I C Haïdra, passim; and A. CHASTAGNOL, L'album municipal de Timgad
(Antiquitas, Reihe 3, Band 22; Bonn 1978), passim.

[9] T. KOTULA, Épigraphie et histoire: Les flamines perpétuels dans les inscriptions
latines nord-africaines du Bas-Empire romain, Eos, LXVII (1979), 131—136.

[10] LEPELLEY, Les cités de l'Afrique romaine, I 362—369, esp. 368.

Can one improve on the present answers to the questions posed above? I think so, but one must first confront more directly the limitations of the evidence, and one must give proper emphasis to the known religious persuasions of the Astii of Ammaedara. Because the Tablettes Albertini are acts of sale, the beliefs of Flavius Geminius Catullinus, *flamen perpetuus*, remain hidden from view. Not so those of the Astii. The epitaphs of all three belong to a Christian basilica, the funerary stones of all three bear a monogrammatic cross, and Astius Mustelus is called *cristianus*. The Astii were Christians[11]. Did they also pay civil homage to rulers? Epigraphic convention and the tendentiousness of Christian authors prevent a direct response to this question. The stonecutters who engraved the epitaphs of the Astii followed the Roman tradition of indicating the offices and titles which each man had held. The fact, however, that the Astii held priestly offices does not necessarily mean that they performed duties related to them[12]. At first glance the Church Fathers of the fifth century lend substance to the priesthoods of Catullinus and the Astii. These men belonged to the Romano-African aristocracy, a sector of society which had shown itself reluctant to comply with Theodosius' orders to cease all traditional worship. At the turn of the fifth century Augustine of Hippo Regius had described Cybele, for instance, not as the mother of the gods, "but the mother of senators of all sorts and of any rich men"[13]. Years later Salvian of Marseille had announced that Juno Caelestis still exerted a powerful influence on the inhabitants of Carthage, especially those of noble birth. Carthage's Christians thought nothing of going to church after they had paid homage to the Heavenly Goddess[14]! Could the Astii have been typical African aristocrats to the extent that they believed in God and worshipped earthly rulers as well? It must be kept

---

[11] Other Christian epitaphs of late Roman Africa identify the deceased as having been either *flamen perpetuus* or *sacerdotalis*. Cf. ILCV, nos. 389 A, 389 B and 392. CHASTAGNOL and DUVAL, Mélanges d'histoire ancienne offerts à William Seston, pp. 88—94, 102—105, discuss these epitaphs, but their attemps to date them to the time of the Vandal occupation are unconvincing.

[12] For caution regarding the value of inscriptions as a source of information on traditional priesthoods, see J. F. MATTHEWS, Symmachus and the Oriental Cults, Journal of Roman Studies, LXIII (1973), 175—195.

[13] Augustinus, De civitate Dei 2. 4. For the present translation of the expression *uiri honesti*, see A. SOUTER (ed.), A Glossary of Later Latin to 600 A. D. (Oxford 1949), s. v. honestus.

[14] Salvianus, De gubernatione Dei 8. 9—14.

in mind that the Church Fathers used their rebukes to show Christians how sinful they were, and to urge them to practice a better faith. The exaggerations of an Augustine or a Salvian are therefore not good indicators of the religious content, if there was any, of the priesthoods of the Astii.

I believe that another approach to the present problem is in order. The Vandals' relations with the Romano-African aristocracy and the Roman government provide the background against which the priestly offices of the Astii and Catullinus must be set. Then one must confront a question which students of the problem at hand have avoided. Did the veneration of the emperors cease when Theodosius I ordered an end to traditional religion?

* * *

If, as present opinion holds, the Vandal kings deflected the worship of the emperors to themselves, they were powerful monarchs independent of Roman authority. There is evidence to support this portrayal of them. Catholic Christian apologists such as Victor of Vita depicted the Vandal rulers as cold-blooded despots who ground Christian ecclesiastics and Roman aristocrats underfoot[15]. Geiseric and his successors bore the title of *rex*[16], and they caused public documents to be dated by regnal years[17]. The sources, however, are not consistent on this matter. They show that outside Africa the Vandal leadership accepted a more subservient status, while on African soil it gave a measure of old prerogatives to the Roman aristocracy.

The government of Vandal Africa was a mixture of innovation and tradition. Roman Africa had not been the preserve of kings. Beneath these unfamiliar rulers were equally strange *praepositi regni, millenarii* and *comites*[18]. Alongside these new magistrates, however, stood African

---

[15] Victor Vitensis, Historia persecutionis africanae provinciae, passim.

[16] Cf. H. WOLFRAM, Intitulatio, I: Lateinische Königs- und Fürstentitel bis zum Ende des 8. Jahrhunderts (Mitteilungen des Insituts für Österreichische Geschichtsforschung, Ergänzungsband XXI; Graz 1967), pp. 79—87.

[17] Cf. N. DUVAL, Recherches sur la datation des inscriptions chrétiennes d'Afrique en dehors de la Maurétanie, Atti del Terzo Congresso internazionale di Epigrafia greca e latina (Roma, 4—8 settembre 1957) [Rome 1959], pp. 245—262.

[18] Cf. H.-J. DIESNER, Prolegomena zu einer Prosopographie des Vandalenreiches, Jahrbuch der Österreichischen byzantinischen Gesellschaft, XVII (1968), 1—15.

dignitaries who continued to maintain old positions of honor and discharge old functions. In a law of 25 February 484 the Vandal King Huniric cited from the time of the Tetrarchs a gradation of penalties for various kinds of individuals, and hinted that the same categories still obtained in his time. At the top of his list stood *inlustres, spectabiles, senatores* (i. e. *clarissimi*), *sacerdotales* and *principales*[19]. Astius Vindicianus, *vir clarissimus*, and the *sacerdotalis* Astius Dinamius belonged to the Roman elite of Vandal Africa. The Astii and Flavius Geminius Catullinus performed duties of importance to the Vandal government. So too did Victorianus of Hadrumetum and Pacideus, proconsuls of Carthage, and the poet Blossius Aemilius Dracontius, *vir clarissimus* and *advocatus* for the latter proconsul[20]. The precise relations between Roman and Vandal officials are unclear. In some way, however, a double administration managed Vandal Africa. This fact contributes to a proper understanding of the priesthoods of the Astii and Catullinus.

Beyond Africa the Vandals were fearsome seafaring raiders, but in the opinion of the Roman government they were clients. This aspect of their existence stemmed from the treaty of 442, the fundamental agreement governing their relations with the Roman Empire until the reign of Justinian I. The chronicler Prosper reports this accord in one sentence: "Peace with Geiseric was confirmed by Valentinian Augustus, and in certain regions Africa was divided between the two men". Prosper's idiom, *terram dividere*, is a variant of another, *terram dare ad habitandum*, which the chronicler uses to describe the Vandals' establishment as *foederati* around Hippo Regius in 435[21]. By the new treaty, then, the Vandals changed their location but not their status in relation to the Roman Empire. According to Victor of Vita, the Roman provinces of *Byzacium* and *Africa Proconsularis* constituted the core

---

[19] Victor Vitensis, Historia persecutionis africanae provinciae 3. 3—14 (esp. 3. 10). On the equation of the titles *senator* and *clarissimus*, see CHASTAGNOL, Album municipal, passim.

[20] Cf. A. H. M. JONES, J. R. MARTINDALE, et al. (ed.), The Prosopography of the Later Roman Empire (2 vols.; Cambridge 1971—1980) [hereafter PLRE], II 379—380, 816, 1160.

[21] Prosper Tiro, Epitoma chronicon 1321 and 1347 (Monumenta Germaniae historica: Auctores antiquissimi [hereafter MGH : AA], IX 474, 479). For the expression *terram dividere*, see A. H. M. JONES, The Later Roman Empire, 284—602: A Social, Economic and Administrative Survey (3 vols.; Oxford 1964), I 249—250, and III 45, n. 26.

of the new Vandal hegemony[22]. Procopius of Caesarea adds precious information about the agreement of 442. "Geiseric ... made a treaty with the Emperor Valentinian on the condition that each year he bring tribute to the Emperor from Libya, and in keeping with this agreement he surrendered Huniric, one of his sons, as a hostage." Procopius uses the word s p o n d a i to describe this treaty[23]. Elsewhere he explains the meaning of this word in a discussion of *foederati* before the time of Justinian I. "Previously only barbarians were enrolled among the *foederati*—all those who might enter into the commonwealth not on the condition of their being slaves, since they were not defeated by the Romans, but on an equal and similar footing. Now the Romans call s p o n d a i with enemies *foedera*[24]." Procopius confirms Prosper's estimation of the Vandals as *foederati*. The terms which Procopius reports represent a departure from the kind of *foedus* initiated by the emperors of the fourth century; one misses evidence of Roman payments of the *annonae foederaticae* to the Vandals as soldiers on call[25]. There is precedent, however, for the stipulations which Procopius reports. Republican senators and emperors of the early Principate required the client princes of the Roman Empire to surrender hostages and pay tribute[26]. Geiseric accepted a very old kind of *foedus*. He renewed it around 474, when he negotiated a non-aggression pact with the Eastern Emperor Zeno. This extension of the original *foedus* remained in effect until the end of the Vandal hegemony in Africa[27].

There is another dimension to the treaty of 442. As a result of it the imperial House of Theodosius and the royal clan of the Hasdingi

---

[22] Victor Vitensis, Historia persecutionis africanae provinciae 1. 13. Cf. C. Courtois, Les Vandales et l'Afrique (Paris 1955), pp. 169—185.

[23] Procopius Caesariensis, Bellum vandalicum 1. 4. 13.

[24] Procopius Caesariensis, Bellum vandalicum 1. 11. 3—4.

[25] See, for example, E. K. Chrysos, "Gothia Romana: Zur Rechtslage des Föderatenlandes der Westgoten im 4. Jh.," Dacoromania, I (1973), 52—64.

[26] Cf. P. C. Sands, The Client Princes of the Roman Empire under the Republic (Cambridge 1908), 51—52, 127—135; and W. Dahlheim, Struktur und Entwicklung des römischen Völkerrechts im dritten und zweiten Jahrhundert v. Chr. (Munich 1968), pp. 8—9, 49 (n. 58), and 103 (n. 71).

[27] C. de Boor (ed.), Excerpta historica iussu Imp. Constantini Porphyrogeniti confecta, I: Excerpta de legationibus (Berlin 1903), Excerpts 3 and 5, pp. 164—165 and 572—573 (Malchus Philadelphensis); Victor Vitensis, Historia persecutionis africanae provinciae 1. 51, 2. 1—6; and Procopius Caesariensis, Bellum vandalicum 1. 7. 26—30, 1. 9. 10—26. Cf. F. Martroye, Genséric: La conquête vandale en Afrique et la destruction de l'Empire d'Occident (Paris 1907), pp. 253—255.

prepared to strengthen their new ties through marriage. The project came to fruition around 456: Geiseric supervised the wedding of Huniric to Eudocia, the elder daughter of Valentinian III, in Carthage. The union produced a son, Hildiric, King of the Vandals from 523 until 530[28]. An anonymous poet of the Anthologia Latina described the importance Hildiric attached to the alliance[29]:

Vandalirice potens, gemini diadematis heres,
ornasti proprium per facta ingentia nomen.
Belligeras acies domuit Theodosius ultor,
captivas facili reddens certamine gentes.
Adversos placidis subiecit Honorius armis,
cuius prosperitas melior fortissima fecit.
Ampla Valentiani virtus cognita mundo
Hostibus addictis ostenditur arce nepotis.

Hildiric, part Hasding and part Theodosian, was King of the Vandals when Astius Mustelus died. The Vandals' relations with the Roman government also contribute to a proper understanding of the imperial priesthoods of the African elite.

∗
∗   ∗

The Vandal rulers advertised themselves as *reges,* and through some confiscations and expulsions they provoked the opposition of the African elite. Yet they allowed provincial aristocrats to retain some of their old prerogatives, and they were federated members of the most influential imperial house in the late Roman Empire. The latter aspects of their status bring to mind the possibility that they permitted the Astii of Ammaedara and other Roman aristocratic families to honor the emperors at meetings of the provincial councils of Proconsular Africa and Byzacium. Full confirmation of the present interpretation is beyond reach. Once again, the craftsmen who engraved the epitaphs of the Astii did not reveal what functions they performed as priests. Nevertheless, one can approach a solution by answering a further

[28] Cf. COURTOIS, Les Vandales et l'Afrique, pp. 396—397; and PLRE, II, 1308—1309, 1333.
[29] A. RIESE, et al. (ed.), Anthologia latina, I: 1 (2nd ed.; Leipzig/Amsterdam, repr. 1973), pp. 182—183, no. 215.

question. Did reverence for the emperors persist after Theodosius I
proscribed traditional religion? The best way to answer this question
is to test public reaction to imperial statues after the age of Theodosius.

On 5 May 425 the Emperor Theodosius II and the young Valentinian,
then Caesar, directed an ambiguous edict to a Praetorian Prefect,
probably of the East:

> *Si quando nostrae statuae vel imagines eriguntur seu diebus,*
> *ut adsolet, festis sive communibus, adsit iudex sine*
> *adorationis ambitioso fastigio, ut ornamentum diei vel*
> *loco et nostrae recordationi sui probet accessisse*
> *praesentiam. Ludis quoque simulacra proposita tantum*
> *in animis concurrentum mentisque secretis nostrum numen*
> *et laudes vigere demonstrent; excedens cultura hominum*
> *dignitatem superno numini reservetur.*

On ordinary days, on festal days and at games provincial governors
were to see to it that the crowds kept their enthusiasm for the imperial
numen (the visible signs of which were the statues) to themselves, and
reserve public displays of religious fervor for the *supernum numen*[30].
Most critics have seen in this law a ratification of Theodosius I's
intention to end all homage to the old gods[31]. Such an interpretation
runs counter to the nature of late imperial laws in general and the one
under consideration in particular. For A. H. M. JONES the edicts of the
late Roman Emperors were "clues to the difficulties of the empire, and
records of the aspirations of the government and not its achievement"[32].
On 5 May 425 Theodosius and Valentinian did not totally forbid the
veneration of their statues. Other evidence suggests that they addressed
but did not solve a difficult problem.

In late antiquity Christianity and traditional religion were at odds,
but in the process of conflict each side adopted some of the beliefs and
practices of the other. For Christians the attitudes of Hellenes and

---

[30] Codex Theodosianus 15. 4. 1. For the meaning of the word *iudex*, see SOUTER,
Glossary, s. v. On the identity of the Praetorian Prefect, see PLRE II 19—20
(Aetius 1).

[31] E. g. K. M. SETTON, Christian Attitude towards the Emperor in the Fourth Cen-
tury (New York 1941), p. 211; F. DVORNIK, Early Christian and Byzantine Political
Philosophy: Origins and Background (Dumbarton Oaks Studies, IX: 1 and 2;
Washington, D. C. 1966), II 655; and LEPELLEY, Les cités de l'Afrique romaine,
I 366.

[32] Jones, Later Roman Empire, I, viii.

pagans offered many temptations[33]. Christian emperors helped ruler worship to survive in a modified form. Constantine the Great set the precedent by advertising himself not as the son of a high god, but as his companion[34]. Behind this modification lay old habits. The subjects of the Roman Empire had grown accustomed to rendering homage to the current emperor and his divine predecessors, and the emperors found the resulting communication with the populace indispensable.

Statues of the emperors were reminders of the imperial presence. In 425 Theodosius II and Valentinian Caesar had encouraged the kind of devotion to them which would be pleasing to God. On 3 April 439 the two rulers—Valentinian was now Augustus—spoke again on the subject. They ordered private contributions to statues "of our serene highness" to cease[35]. They said nothing about the construction of imperial images at the state's expense. They therefore favored anew a measure of the traditional homage.

In late antiquity representations of emperors and empresses were ubiquitous. Some Christian sources report the reactions of crowds to imperial images, and in the process reveal Christian attitudes toward these reactions. The best known statues in the East were those erected in Constantinople. In the Augusteon, for instance, stood images of Helena, Constantine I, Theodosius I, Aelia Eudoxia, Leo I and Justinian I. The celebrated statue of Constantine Helios adorned a porphyry column in the Forum of Constantine. The Forum of Taurus was the site of another representation of Theodosius I, while his son Arcadius' effigy topped a column in the forum which bore his name. Finally, a sculpture of Marcian stood on one of the city's hills[36]. The people of Constantinople attended some of these statues in most interesting fashions. Christian sources sympathetic to St. John Chrysostom report that mimes, songs and dances greeted the erection in 403 of the silver image

---

[33] Cf. A. MOMIGLIANO, Popular Religious Beliefs and the Late Roman Historians, Quinto contributo alla storia degli studi classici e del mondo antico (Storia e letteratura: Raccolta di studi e testi, 135 and 136; Rome 1975), I 73—92.

[34] Cf. DVORNIK, Early Christian and Byzantine Political Philosophy, II 646—652; and J. STRAUB, Regeneratio Imperii: Aufsätze über Roms Kaisertum und Reich im Spiegel der heidnischen und christlichen Publizistik (Darmstadt 1972), pp. 100—118, esp. 109—112.

[35] Codex Iustinianus 1. 24. 3. For the meaning of the word *serenitas*, see SOUTER, Glossary, s. v.

[36] Cf. R. JANIN, Constantinople byzantine: Développement urbain et répertoire topographique (2nd ed.; Paris 1964), pp. 73—86.

of Aelia Eudoxia[37]. So loud was the noise, stated the chronicler Theophanes, that the Patriarch could scarcely conduct Christian services near by. Surely Simplicius, the Urban Prefect who organized the ceremonies, was in league with heretics and heathens[38]! Philostorgius, an Arian Christian who wrote an ecclesiastical history the 430s, was similarly enraged about the attention given to the statue of Constantine Helios. Orthodox Christians—evidently those of the past and his own day—"propitiate by sacrifices, honor with lamp-burnings and incense, bring prayers as if to a god, and perform supplications to ward off evil—(all to) the statue of Constantine, the one set upon the porphyry column"[39].

The same devotion to imperial statues existed in the Latin West. The chief witness is the anonymous author of the Consultationes Zacchaei et Apollonii, who flourished around the end of the fourth and beginning of the fifth century[40]. The work consists of debates between the pagan philosopher Apollonius and the Christian Zacchaeus on a number of beliefs and practices. One of these was the veneration of images, including those of rulers. Why, asked Apollonius, did not Christians admit that when they honored imperial images, even in public, they were accomplishing the very thing they accused pagans of doing—worshipping other gods? Sensitive to the issue, the writer of the Consultationes had Zacchaeus respond that custom forced even Christians to pay homage to imperial images with an enthusiasm bordering on adulation. Such unseemly behavior, however, was in reality extraordinary respect for earthly rulers rather than ruler worship[41]. The most

---

[37] Socrates Scholasticus, Historia ecclesiastica 6. 18 (Patrologiae cursus completus: Series graeca, LXVII 716—717); Sozomenus, Historia ecclesiastica 8. 20. 1; and Marcellinus Comes, Chronicon s. a. 403 (MGH : AA, XI 67).

[38] C. DE BOOR (ed.), Theophanis Chronographia (2 vols.; Leipzig 1883—1885), I 79, A. M. 5898. Theophanes calls the Urban Prefect Manichaios kai hellênophrôn, but does not give his name. The present interpretation of Theophanes' expression is that of G. W. H. LAMPE (ed.), A Patristic Greek Lexicon (Oxford 1961—1968), s. v. "hellênophrôn". On the identity of the Urban Prefect, see PLRE, II 1014 (Simplicius 4).

[39] Philostorgius, Historia ecclesiastica 2. 17.

[40] Cf. P. COURCELLE, Histoire littéraire des grandes invasions germaniques (3rd ed.; Paris 1964), pp. 261—275; and G. M. COLOMBÁS, Sobre el autor de las Consultationes Zacchaei et Apollonii, Studia monastica, XIV (1972), 7—15.

[41] G. MORIN (ed.), I. Firmici Materni Consultationes Zacchaei et Apollonii (Florilegium Patristicum, Fasc. XXXIX; Bonn 1935), Chapter 28, pp. 34—35. Recent

significant part of this exchange is the admission that Christians greeted imperial images or emperors with salutations approaching the adoration of a god. The ecclesiastical authorities might disapprove of such practices, but they were evidently powerless to bring them to an end.

Reverence for emperors and empresses, then, persisted in both West and East around the early fifth century. Was the practice firmly rooted in the provinces? On 5 May 425 Theodosius and Valentinian suggested as much. They addressed their desire for public decorum to the Praetorian Prefect, but the real objects of their attention were the provincial governors. A remark of Saint Jerome strengthens the impression that provincial crowds matched those of Constantinople in their enthusiasm for imperial statues. In his Commentary on Daniel Jerome saw in the refusal of Hananiah, Mishael and Azariah to do homage to Nebuchadnezzar's golden statue a lesson for his own day. The three Judaic courtiers were right: adoration of a statue was worship of other gods. "Therefore let provincial governors and the dignitaries of this world, who do homage to statues and representations of emperors, realize that they are doing the very thing that the three young men did not wish to do, and [thereby] pleased God[42]." In Jerome's time the provincial councils, traditionally one of the principal vehicles of emperor worship, were still convening in Roman Africa. The possibility is strong that their members, both Christian and non-Christian, paid some kind of respect to the emperors. Could the Astii and Flavius Geminius Catullinus have engaged in similar activity three generations later?

Throughout late antiquity the emperors were the temporal rulers who provoked crowds to veneration. Catullinus and the Astii flourished at a time when Vandal relations with the Roman Empire were better than they had been during the reign of Geiseric. King Thrasamund and his successor Hildiric, for instance, were friends of the Emperors Anastasius I and Justinian I[43]. The dependent position of the Vandals a n d the Christian emperors' modification of traditional ruler worship make it possible, but only possible, that Romano-African aristocrats saluted

---

critics such as the ones cited above, n. 40, have rejected MORIN's attribution of the work to Firmicus Maternus.

[42] Hieronymus, Commentaria in Danielem 1. iii. 18 b (Corpus Christianorum: Series latina, LXXV A (1964), 801—802.

[43] Cf. Procopius Caesariensis, Bellum vandalicum 1. 8. 6—14 and 1. 9. 1—6.

the emperors instead of the Vandal kings at the last meetings of the
provincial council at Carthage. The Astii and Catullinus were the
final carriers of an old tradition. When Justinian I restored Roman
authority in Africa, he eliminated the provincial assemblies there[44].

*   *
*

If additional research makes the possibility considered here a
probability, the devotion of the Astii will have certain implications for
the Vandal sojourn in Africa. In the late fifth and early sixth century
the mint of Carthage resumed extensive operations for the first time
since the Tetrarchy. Two features of the Vandal currency are notewor-
thy: the absence of gold coinage and the presence of anonymous bronzes
with the badge of Carthage but without a royal inscription. On the
analogy of contemporaneous issues at Rome, some critics have suggested
that the *curia* of Carthage rather than the Vandal kings ordered the
bronzes to be struck[45]. These peculiarities of the Vandal coinage suggest
that the Vandal kingdom looked to the Roman Empire for economi·
leadership, and collaborated with the Romano-African aristocracy i·
supporting the local economy. The present study points also towar
a monarchy dependent on the Roman government and Roman provinci·
dignitaries. More work needs to be done, however, before one c·
know whether this tentative portrait of the Vandal kingdom is inde·
correct.

[44] See CHASTAGNOL and DUVAL, Mélanges d'histoire ancienne offerts à W
Seston, pp. 110—117.
[45] Cf. P. GRIERSON, The Tablettes Albertini and the Value of the Solidus in th·
and Sixth Centuries A. D., Journal of Roman Studies, XLIX (1959), 73—8
C. MORRISSON, Les origines du monnayage vandale, Actes du 8ème Congrè·
national de Numismatique (New York — Washington, septembre 1973)
Basel 1976], pp. 461—472.

Eine neue alexandrinische Inschrift und die mittelalterlichen *laudes regiae*

Christus vincit, Christus regnat, Christus imperat.

von Heinz Heinen, Trier

In triumphaler Steigerung erhebt sich der Ruf *Christus vincit, Christus regnat, Christus imperat* als Auftakt und Leitmotiv der mittelalterlichen *laudes regiae*. In einer bekannten, gehaltvollen Studie hat E. H. Kantorowicz Herkunft, Aufbau und Verwendung dieser dreigliedrigen Akklamation besprochen[1]. Daß diese Formel auf frühchristlich-antike Vorstufen zurückgeht, war Kantorowicz klar und gilt auch der übrigen Forschung als selbstverständliche Voraussetzung, ist doch gerade das erste Element der Akklamation, *Christus vincit*, in der Form Χριστὸς νικᾷ in der Spätantike häufig belegt. Doch die erweiterte griechische Fassung Χριστὸς νικᾷ, Χριστὸς βασιλεύει begegnet außerordentlich selten. Kantorowicz nannte seinerzeit nur ein einziges epigraphisches Zeugnis, eine syrische Inschrift des 6. oder 7. Jh.s[2]. Er vermutete jedoch, daß die Formel älter sei, „since the two verbs (scil. νικᾷ, βασιλεύει) were closely linked together in the acclamations of the Council of Constantinople in 536 when the bishops shouted:

νικᾷ ἡ πίστις τοῦ βασιλέως·
ὀρθόδοξος βασιλεύει . . ."[3].

---

[1] E. H. Kantorowicz, Laudes Regiae. A Study in Liturgical Acclamations and Mediaeval Ruler Worship, Berkeley and Los Angeles 1946 ([2]1958), S. 21—31.

[2] Vgl. die unten S. 687 Nr. 2 zitierte Inschrift.

[3] Kantorowicz, Laudes Regiae, S. 26, mit Hinweis auf Mansi, Sacrorum conciliorum nova et amplissima collectio, VIII, S. 970. Aber auch sonst begegnen im Zusammenhang der Konzilsakklamationen νικᾶν und βασιλεύειν in bezug sowohl auf Christus als auch auf den Kaiser, freilich nicht in der Form der Doppelakklama-

Der zweigliedrige Ruf Χριστὸς νικᾷ, Χριστὸς βασιλεύει begegnet dann erst wieder viel später, und zwar im Zeremonienbuch des Kaisers Konstantin Porphyrogennetos (905—959 n. Chr.). Hier sind es nun gerade die Sarden, die bei kaiserlichen Triumphzügen und Largitionen die Akklamation (griech. εὐφημία) „Christus siegt, Christus herrscht" vortragen, worauf das Volk dreimal antwortet: „Christus wird unsern Kaiser schützen"[4]. Die seltene und z. T. späte Bezeugung der Akklamation Χριστὸς νικᾷ, Χριστὸς βασιλεύει gegenüber dem seit dem 8. Jh. in den *laudes regiae* geläufigen Trikolon *Christus vincit, Christus regnat, Christus imperat* hat bei KANTOROWICZ zu weitreichenden Überlegungen in bezug auf Herkunft und Überlieferung dieses Akklamationstypus geführt. Daß gerade die Sarden im Zeremonienbuch des Konstantin Porphyrogennetos den Ruf Χριστὸς νικᾷ, Χριστὸς βασιλεύει vortragen, hat KANTOROWICZ erwägen lassen, ob nicht etwa die Sarden diese Akklamationsformel aus dem Westen nach Byzanz eingeführt haben könnten[5].

Neues Licht auf diese Fragen wirft eine Inschrift, genauer ein Dipinto, das kürzlich durch die Grabungen des Trierer Archäologen Günter GRIMM bekannt geworden ist und die zweigliedrige Akklamation Χριστὸς νικᾷ, Χριστὸς βασιλεύει bereits für das 5.—6. Jh. belegt. Es handelt sich um einen Text aus einer paganen, christlich wiederverwendeten Grabkammer in der Nekropole von Gabbari im westlichen Alexandria. Die Ergebnisse dieser Grabungen werden an anderer Stelle in Form eines Vorberichtes zusammenhängend publiziert[6]. Für die Erlaubnis, das in

---

tion Χριστὸς νικᾷ, Χριστὸς βασιλεύει. Aber deren Fehlen in den Konzilsakten mag Zufall sein, da wir ihr in der gleichen Epoche in Grabinschriften begegnen (siehe dazu unten). Vgl. noch die interessante Wendung Εἷς Θεὸς, Χριστὸς βασιλεύει ... εὐλογητὸς κύριος Ἰησοῦς ὁ βασιλεύς (MANSI, VIII, S. 1091).

[4] Constantini Porphyrogeniti imperatoris de Cerimoniis aulae byzantinae libri duo, II 43 (ed. J. J. REISKE, Bonn 1829): Εὐφημία ὑπὸ στρατοπέδου εὐφημουμένη, νικητηρίων καὶ θριάμβων ἀγομένων ... Ἡ παρὰ τῶν Σάρδων ᾀδομένη εὐφημία τοῖς βασιλεῦσιν. «Χριστὸς νικᾷ, Χριστὸς βασιλεύει.» ὁ λαὸς γ'. «Χριστὸς φυλάξει τὸν βασιλέα.» ὁ λαὸς γ'. «πολλὰ τὰ ἔτη τῶν βασιλέων.» Auf einen griechischen Paralleltext zum *Christus vincit*-Trikolon in einer Metzer Handschrift gehe ich weiter unten (S. 697 f.) ein.

[5] KANTOROWICZ, Laudes Regiae, S. 28, und dazu weiter unten S. 696 f. Für die Textüberlieferung der *laudes* vgl. B. OPFERMANN, Die liturgischen Herrscherakklamationen im Sacrum Imperium des Mittelalters, Weimar 1953, der aber auf die Akklamation der Sarden im Zeremonienbuch des Konstantin Porphyrogennetos nicht eingeht. Zur Auseinandersetzung mit diesen Werken vgl. R. ELZE, Die Herrscherlaudes im Mittelalter, Sav. Zeitschr., Kan. Abt. 71, 1954, S. 201—223.

[6] MDI Kairo 38, 1983.

Abb. 1

Abb. 2

Frage stehende und im Vorbericht nur kurz besprochene Dipinto hier erneut vorlegen und ausführlich behandeln zu dürfen, sage ich Herrn GRIMM auch an dieser Stelle meinen aufrichtigen Dank.

Zunächst werde ich den inschriftlichen Befund erläutern. Im Anschluß daran sollen die einzelnen Bestandteile des Textes besprochen werden: Psalmenzitat, Christusmonogramm und σταυρὸς νικοποιός, doxologische Formel und Christusakklamation.

I
Der inschriftliche Befund

-In Gabbari, einem der westlichen Stadtteile Alexandrias, sind bereits mehrfach Grabungen im Bereich der Nekropolen durchgeführt worden[7]. Unser Text stammt aus einer schon in paganer Zeit errichteten und von Christen wiederverwendeten Anlage. Die christliche Benutzung dieses Teils der Nekropole beginnt im 4. Jh. und erstreckt sich bis ins 6. Jh., vielleicht noch darüber hinaus. Genauere Datierungen werden durch die Beschaffenheit des archäologischen und inschriftlichen Materials erschwert. Die meisten Funde sind zu uncharakteristisch, um innerhalb dieses Zeitraumes präzisere Festlegungen zu gestatten.

Die Grabkammer, in der sich unsere Inschrift befindet, enthält eine Reihe von Loculi und architektonisch gegliederten Nischen. Auf der Decke sind einzelne Kreuze in rotbrauner Farbe aufgemalt, eines davon mit der Beischrift Ἰ(ησοῦ)ς Χ(ριστὸ)ς νικᾷ in einer auch sonst geläufigen Anordnung:

(dazu auch weiter unten).

Ein Kreuz mit der gleichen Beischrift ist auf der Rückwand einer architektonisch eingefaßten Grabnische dieses Raumes angebracht. Der wichtigste und ausführlichste Text dieser Kammer befindet sich neben den Loculi auf dem oberen Teil einer der Wände (Abb. 1). Das in rotbrauner Farbe ausgeführte Dipinto wirkt ziemlich schmucklos. Es beherrscht in gewisser Weise den Raum, doch ohne eine zentrale Stellung

---

[7] Vgl. zur ersten Orientierung A. ADRIANI, Repertorio d'arte dell'Egitto greco-romano, Serie C, vol. I—II, Testo, Palermo 1966, passim; siehe das Register s. v. Gabbari (S. 279).

einzunehmen, was bei der durch Loculi und Nischen aufgebrochenen
Wand wohl auch nicht leicht möglich gewesen wäre. Der Text ist nicht
einmal symmetrisch in die Mitte der zur Verfügung stehenden Wand-
fläche gesetzt, sondern ganz an den Rand gerückt. Auf Abb. 1 zeichnet
sich umrißhaft rechts von der Inschrift ein Quadrat ab. Vielleicht war
hier ein weiterer Loculus oder ein Schriftfeld vorgesehen. Dies mag der
Grund sein, warum unsere Inschrift nach links so hart an den Rand der
Loculi abgedrängt erscheint. Auch das aus seiner Zeile herausgenommene
und in die folgende Zeile eingerückte σοι (noch zu δόξα gehörig) fände
so eine Erklärung. Der Text hat folgenden Wortlaut (Abb. 2):

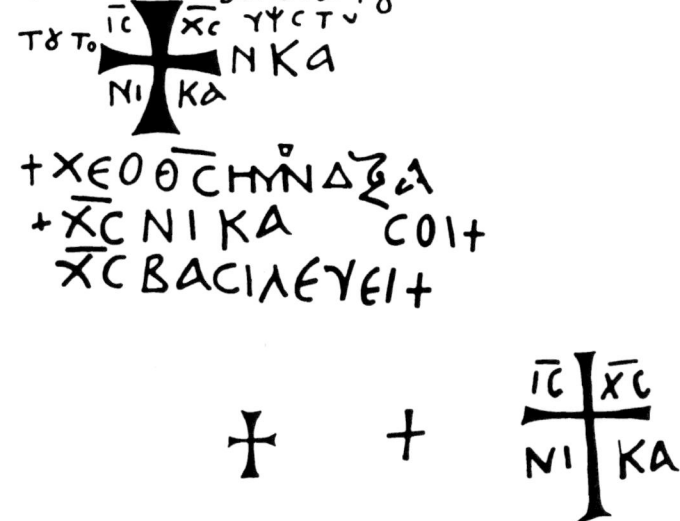

Der Text ist folgendermaßen zu lesen und zu ergänzen:

+ ὁ κατυκῶν   ἐν   βοηθίᾳ   τοῦ

| | 'I(ησοῦς) | X(ριστὸ)ς | ὑψ⟨ί⟩στου |
| τοῦτο | vι | κᾷ | ν⟨ι⟩κᾷ |

+ X(ριστ)ὲ, ὁ θ(εὸ)ς ἡμῶν, δ⟨ό⟩ξα σοι +

+ X(ριστὸ)ς   νικᾷ,
   X(ριστὸ)ς βασιλεύει +

| + | + | 'I(ησοῦς) | X(ριστὸ)ς |
| | | vι | κᾷ |

Z. 1: κατυκῶν, l. κατοικῶν; βοηθίᾳ, l. βοηθείᾳ.

Die Übersetzung lautet:

+ Der wohnt unterm Schutze des Höchsten

Dieses $\dfrac{\text{Jesus} \mid \text{Christus}}{\text{sie} \mid \text{gt}}$ siegt

+ Christus, unser Gott, Ehre sei dir!   +
+ Christus siegt,
Christus herrscht.   +

$$+ \qquad + \qquad \dfrac{\text{Jesus} \mid \text{Christus}}{\text{sie} \mid \text{gt}}$$

Die Schreibweise bietet in Z. 1 einige für die Spätantike charakteristische Vulgarismen: υ für οι und ο für ω in κατοικῶν, ι für ει in βοηθείᾳ. Im Text begegnen einige Nachlässigkeiten: Bei νικᾷ rechts vom oberen Kreuz mit Beischrift scheint ι ausgefallen zu sein (möglicherweise ist die Farbe auch nur verblaßt), bei ὑψίστου fehlt ι, bei δόξα ist das ο vergessen. Der Text ist in einer schwer zu datierenden Elementarschrift mit betont kursiven Zügen geschrieben. Für die Datierung sind vor allem zwei Elemente interessant, zunächst die Ligatur ȣ für ου, die nicht vor der zweiten Hälfte des 4. Jh.s auftritt, aber erst ab dem 5. Jh. häufiger begegnet[8], dann die Kontraktion H͞M͞N für ἡμῶν. Der Gebrauch von Kontraktionen ist für die byzantinische Schrift charakteristisch. Auch hierfür lassen sich gewiß schon aus dem 4. Jh. Beispiele anführen, doch erst seit dem 5. Jh. treten Kontraktionen verstärkt auf. Die paläographischen Kriterien erlauben sicherlich keine präzise Datierung unserer Inschrift, doch sie legen einen Ansatz in das 5., eher noch in das 6. Jh. nahe, was gut zum archäologischen Befund passen würde. Auch das 7. Jh. ist nicht ganz ausgeschlossen.

II
Das Septuagintazitat Psalm 90, 1

Der Text beginnt mit einem Psalmenzitat, und zwar mit dem Anfang des ersten Verses von Psalm 90 der Septuaginta (Ps 91 des hebr. AT): Ὁ κατοικῶν ἐν βοηθείᾳ τοῦ ὑψίστου (die Fortsetzung lautet: ἐν σκέπῃ τοῦ θεοῦ τοῦ οὐρανοῦ αὐλισθήσεται). Der 90. Psalm, der in so ein-

---

[8] Vorkommen der Ligatur ȣ seit der zweiten Hälfte des 4. Jh.s: M. GUARDUCCI, Epigrafia greca, IV, Rom 1978, S. 445.

dringlicher Weise den Schutz Gottes verheißt, hat im byzantinischen Begräbnisritual seinen eigenen Platz[9]. Er begegnet auch sonst in Grabinschriften und vor allem auf Amuletten[10]. Überhaupt sind Psalmenzitate ein zwar keineswegs durchgehender, aber doch ziemlich häufiger Bestandteil christlicher Funerarinschriften. Ganz deutlich ergibt sich aus dem epigraphischen Befund ein Zusammenhang mit der liturgischen Praxis des Psalmodierens im Begräbnisritual. Ein Blick auf die Liturgien des christlichen Orients lehrt, wie stark die Gläubigen auf die Psalmen des Alten Testaments zurückgriffen und wie sie die gerade in den Psalmen zum Ausdruck kommenden Verheißungen Gottes den Klagen des heidnischen Totenrituals gegenüberstellten[11].

Auch die hier zu besprechende Inschrift gehört in den vorstehend skizzierten Kontext. Die Anlage der in Frage stehenden Grabkammer von Gabbari zeigt, daß unsere Inschrift und damit auch die Aussage ὁ κατοικῶν usw. gar nicht mit einem bestimmten Toten, mit einem bestimmten Loculus in direkter Verbindung stehen, sondern wohl für den ganzen Raum gelten. Ich möchte noch einen Schritt weiter gehen und die Vermutung äußern, daß das Zitat aus Psalm 90, das ja nicht einmal eine vollständige Satzaussage bildet, im Grunde nur eine Abbreviatur ist, eine Abbreviatur, die für den vollständigen Psalm 90 steht. Wir dürfen vielleicht annehmen, daß bei einer oder mehreren der hier vollzogenen Bestattungen der Text dieses Psalms gesungen worden ist, so wie er später im Euchologion der byzantinischen Kirche seinen festen Platz im Totenamt hatte.

---

[9] J. GOAR, Euchologion sive rituale Graecorum, Venedig ²1730, S. 424, und Εὐχολόγιον τὸ μέγα, Rom 1873, S. 252: Ὅταν δὲ ἔλθωσιν ἐν τῷ ναῷ, τὸ μὲν λείψανον ἀποτίθεται ἐν τῷ νάρθηκι, καὶ ἄρχονται Ὁ κατοικῶν ἐν βοηθείᾳ τοῦ Ὑψίστου...

[10] Vgl. den Überblick bei J. VAN HAELST, Catalogue des papyrus littéraires juifs et chrétiens, Paris 1976, S. 188—205; s. auch R. PINTAUDI, Zeitschr. f. Papyr. u. Epigr. 35, 1979, S. 50—53.

[11] Der Tatbestand ist so allgemein, daß er kaum belegt zu werden braucht. Vgl. etwa die Apostolischen Konstitutionen VI 30: ἀπαρατηρήτως δὲ συναθροίζεσθε ἐν τοῖς κοιμητηρίοις, τὴν ἀνάγνωσιν τῶν ἱερῶν βιβλίων ποιούμενοι, καὶ ψάλλοντες ὑπὲρ τῶν κεκοιμημένων μαρτύρων καὶ πάντων τῶν ἀπ᾽ αἰῶνος ἁγίων, καὶ τῶν ἀδελφῶν ὑμῶν τῶν ἐν Κυρίῳ κεκοιμημένων (MIGNE, PG 1, S. 988 B). Ein anschauliches Beispiel bietet der Bericht des Hieronymus über die Beisetzung der Paula in Bethlehem (ep. 108, 29 = PL 22, S. 904): Ex hinc (nach dem Tod der Paula) non ululatus, non planctus, ut inter saeculi homines fieri solet, sed Psalmorum linguis diversis examina concrepabant ... alii choros psallentium ducerent ... Graeco, Latino, Syroque sermone Psalmi in ordine personabant. Siehe allg. B. FISCHER, Die Psalmenfrömmigkeit der Märtyrerkirche, Freiburg 1949.

Mit dieser Deutung ist jedoch noch ein weiterer Aspekt zu verbinden. Gerade der Psalm 90 begegnet häufig auf Amuletten (vgl. Anm. 10) als Schutz vor Gefahren und Unheil. Noch in einer arabischen Handschrift (1713/14 n. Chr.) des St. Menasklosters in Altkairo wird in einer Sammlung von Psalmen zu therapeutischen und magischen Zwecken vom Psalm 90 gesagt: „Si l'homme l'écrit en entier et le porte, c'est une amulette importante pour chasser les démons; il sert aussi pour la marche durant la nuit et il écarte la peur[12]." Eine solche exorzistische Funktion dürfte das Psalmenzitat auch im Kontext unserer Inschrift haben. Dies läge dann auf einer Linie mit anderen Elementen des Textes, die, wie nachstehend gezeigt werden soll, ebenfalls in apotropäischem Sinn verstanden werden können.

Auf einen besonderen theologischen Aspekt unseres Textes sei hier eben nur hingewiesen: Bereits in der Antike stritten sich die Psalmenkommentatoren um die Frage, ob die Aussage von Psalm 90 auf Christus oder auf den Gläubigen zu beziehen sei. Die älteste Psalmenexegese erkannte in dem vertrauenden Gerechten von Psalm 90 Christus, im Sinne einer ‚staurozentrischen' Deutung, die die Aussage des Psalms mit dem Sieg Christi über Tod und Satan verband. Der Alexandriner Origenes hat dem widersprochen und die Auffassung vertreten, daß der Psalm von den Gläubigen, von den Gerechten des Neuen Testaments handle[13]. Der Zusammenhang, in den das Psalmenzitat durch die Inschriften der Grabkammer in Gabbari gestellt ist, macht deutlich, daß hier jene staurozentrische Deutung von Psalm 90 vorliegt: Christus ist es, der die Verstorbenen und ihre Gräber vor ewigem Tod und dem Teufel schützt. Durch seinen Tod am Kreuz hat er den Sieg errungen, davon künden nachdrücklich auch die Kreuzesdarstellungen und die Akklamationen unseres Textes. Ihnen wollen wir uns nunmehr zuwenden.

---

[12] Ausgabe und Übersetzung von A. Khater, L'emploi des psaumes en thérapie avec formules en caractères cryptographiques, Bull. soc. arch. copte XIX, 1967/68, S. 123—176, hier S. 168.

[13] Zu dieser Kontroverse vgl. B. Fischer, Conculcabis leonem et draconem. Eine deutungsgeschichtliche Studie zur Verwendung von Psalm 90 in der Quadragesima, Zeitschr. für kathol. Theol. 80, 1958, S. 421—429 (freundlicher Hinweis des Verfassers).

[14] Euseb., vita Const. I 28, 2: ἀμφὶ μεσημβρινὰς ἡλίου ὥρας, ἤδη τῆς ἡμέρας ἀποκλινούσης, αὐτοῖς ὀφθαλμοῖς ἰδεῖν ἔφη ἐν αὐτῷ οὐρανῷ ὑπερκείμενον τοῦ ἡλίου σταυροῦ τρόπαιον ἐκ φωτὸς συνιστάμενον, γραφήν τε αὐτῷ συνῆφθαι λέγουσαν· τούτῳ νίκα.

III
Christusmonogramm und σταυρὸς νικοποιός

So wie das Psalmensingen zum Begräbnisritual der Christen gehörte,
so gehörte die Sieghaftigkeit Christi und des Kreuzes zu ihrer Vorstellung, daß der Tod nicht Ende, sondern Anfang sei. Christus hatte durch
seinen Tod am Kreuz den Tod überwunden, das Zeichen des Kreuzes,
einstmals Sinnbild schmachvollen Endes, wurde nun zum Symbol des
Sieges. Diese für uns geläufige Umwertung wurde in der frühen Christenheit als starkes Paradoxon empfunden. Wie lebhaft dieser Gedanke
wirkte, zeigt die Grabkammer von Gabbari in eindringlicher Weise:
Gleich viermal begegnet hier das Kreuz mit der Beischrift ι̅ϲ̅ χ̅ϲ̅ Ν Ι Κ Α.
Und nochmals wird, im Haupttext, dieser Gedanke betont: TOYTO
NIKA. Man könnte hier auf den allerersten Blick an eine Verschreibung
τοῦτο für τούτῳ (o für ω wie bereits in Z. 1) denken und eine direkte
Parallele zum τούτῳ νίκα der von Euseb überlieferten konstantinischen
Vision auf dem Zuge gegen Maxentius ziehen[14]. Wahrscheinlicher jedoch
ist die Annahme, daß TOYTO NIKA korrekt geschrieben und τοῦτο νικᾷ
zu lesen ist, also „Dieses siegt.", d. h. das Zeichen des hier abgebildeten
Kreuzes siegt, dieses Zeichen siegt. Siehe etwa die syrische Inschrift τὸ
σημίων (lies σημεῖον) τοῦτο νικᾷ (Americ. Journ. of Archaeol. 10, 1906,
S. 143 = Inscr. gr. et lat. de la Syrie IV 1404); vgl. auch Χριστὸς τούτῳ
+ νικᾷ (Inscr. gr. et lat. de la Syrie VI 2835)[15].
Es ist hier nicht der Ort, ausführlich auf die Formel ι̅ϲ̅ χ̅ϲ̅ Ν Ι Κ Α
einzugehen. Die νικᾷ-Akklamation ist bereits im paganen Milieu üblich.
Sie ist sowohl heidnischen Gottheiten als auch römischen Kaisern zu-
gerufen worden und hat ihren festen Platz im Kontext der antiken
Agonistik. Von dort wurde sie auf Christus übertragen[16] und fand ihren

---

[15] Zur Form des von Konstantin in seiner Vision geschauten Zeichens sowie zum Verhältnis zwischen den Wendungen τούτῳ νίκα und τοῦτο νικᾷ vgl. M. GUARDUCCI,
Le acclamazioni a Cristo e alla croce e la visione di Costantino, in: Mélanges de
philosophie, de littérature et d'histoire ancienne offerts à Pierre Boyancé, Paris
1974, S. 375—386.

[16] M. GUARDUCCI (vgl. die in der vorhergehenden Anm. zitierte Arbeit), S. 383—385,
möchte schärfer zwischen der paganen und der christlichen νικᾷ-Akklamation trennen. Da letzteres sich vom Imperativ τούτῳ νίκα der konstantinischen Vision ab-
leite, habe es mit der paganen Akklamation nicht „la minima attinenza. Si potrà
dire pertanto, al massimo, che il νικᾷ christiano venne a c o i n c i d e r e (Hervorhebung des Originals) col νικᾷ pagano" (S. 385). Hier scheinen mir die fein-
sinnigen Ausführungen GUARDUCCIS zu subtil.

prägnantesten Ausdruck in der Zusammenfassung von Christus- und Kreuzesakklamation in der Sigle $\overline{IC}\,|\,\overline{XC}\!\!-\!\!-\!\!NI\,|\,KA$. Wir finden die Formel in dieser Gestalt wieder auf Hostien und Münzen[17]. Das Alter der Akklamation ᾽Ιησοῦς Χριστὸς νικᾷ läßt sich nicht genau bestimmen. Auch die Entstehungszeit der Sigle $\overline{IC}\,|\,\overline{XC}\!\!-\!\!-\!\!NI\,|\,KA$ ist nicht bekannt; in einer einschlägigen Studie hat A. FROLOW als frühesten Beleg eine Bauinschrift Konstantinopels aus den Jahren 740/41 genannt[18]. Freilich gibt auch FROLOW sofort zu bedenken, daß die Sigle sicherlich schon früher verwendet worden ist, jedoch mit der Einschränkung: „Ce qui est certain, par contre, c'est que ces sigles ont reçu une véritable expansion seulement à partir du VIIIᵉ ou même du IXᵉ siècles." Die Inschrift der Grabkammer in Gabbari, in der diese Sigle gleich mehrmals auftritt, dürfte auch auf dieses Problem neues Licht werfen. Wir haben hier wohl einen der ältesten Belege für die Sigle $\overline{IC}\,|\,\overline{XC}\!\!-\!\!-\!\!NI\,|\,KA$ vor uns[19]. Im Kontext der

---

[17] Zur νικᾷ-Akklamation vgl. die umfangreiche Materialsammlung von E. PETERSON, Εἷς θεός. Epigraphische, formgeschichtliche und religionsgeschichtliche Untersuchungen, Göttingen 1926, S. 152 ff., außerdem O. WEINREICH, Neue Urkunden zur Sarapis-Religion, in: Ausgewählte Schriften, I, Amsterdam 1969, S. 440 ff.; speziell zum Hostienstempel (sowie überhaupt zur Formel ᾽Ιησοῦς Χριστὸς νικᾷ) F. J. DÖLGER, Antike und Christentum 1, 1929, S. 21—38 und Taf. 7; dazu ausführlich und gut dokumentiert G. GALAVARIS, Bread and the Liturgy. The Symbolism of Early Christian and Byzantine Bread Stamps, Madison—London 1970. Zur Verbindung des siegbringenden Kreuzes mit dem christlichen Kaiser siehe J. GAGÉ, Σταυρὸς νικοποιός. La victoire impériale dans l'empire chrétien, Rev. d'hist. et de philos. relig. 13, 1933, S. 370—400, G. Ch. PICARD, Les trophées romains, Paris 1957, S. 494—508, und R. H. STORCH, The Trophy and the Cross: Pagan and Christian Symbolism in the Fourth and Fifth Centuries, Byzantion 40, 1970, S. 105—118. Reiches Material bei C. CECCHELLI, Il trionfo della croce. La croce e i santi segni prima e dopo Costantino, Rom 1954.

[18] A. FROLOW, $\overline{IC}\,|\,\overline{XC}\!\!-\!\!-\!\!NI\,|\,KA$, Byzantinoslavica 17, 1956, S. 98—113, hier S. 106 mit Anm. 48.

[19] Ein weiterer Beleg, der in die Zeit vom 5. bis 7. Jh. gehören wird, dürfte wohl trotz nicht ganz sicherer Lesung hinzugenommen werden: Excavations at Nessana (Auja Hafir, Palestine), vol. I (hrsg. von H. DUNSCOMBE COLT), London 1962, S. 179, Nr. 111.

Grabanlage hat sie, wie auch sonst häufig, eine exorzistisch-apotropäische
Funktion. In die gleiche Richtung weisen die einfachen Kreuzzeichen, die
unsere Inschrift begleiten.

IV
Doxologische Formel und Christusakklamation

Wir kommen nun zu demjenigen Teil der Inschrift, der für unser
Thema, die Verbindung zwischen dem Text in Gabbari und den mittelalterlichen *laudes*, neue Aufschlüsse verspricht. Die *laudes regiae*, von
denen noch weiter unten zu sprechen sein wird, gehen aus den antiken
Akklamationen hervor. Bereits die bisher behandelten Partien der alexandrinischen Inschrift weisen solche Akklamationen auf: Ἰησοῦς Χριστὸς
νικᾷ, τοῦτο νικᾷ. Diese Bewegung steigert sich im Schlußteil des Textes.
Zunächst erfolgt eine Doxologie: Χριστὲ ὁ θεὸς ἡμῶν, δόξα σοι. Zwei
Kreuzzeichen, eines am Anfang, eines am Schluß der Doxologie, stellen
diese, wie mir scheint, als selbständiges Element heraus. Die beiden folgenden Zeilen, Χριστὸς νικᾷ, Χριστὸς βασιλεύει, sind ebenfalls durch
vorangestelltes und abschließendes Kreuz als eine Einheit gekennzeichnet
und damit zunächst als zweigliedrige Akklamation zu verstehen. Dennoch stellt sich, über alle Unterteilungen hinweg, die unter dem Kreuz
stehende Zeilenfolge optisch und inhaltlich als ein Trikolon dar:

Χριστὲ ὁ θεὸς ἡμῶν, δόξα σοι.

Χριστὸς νικᾷ.

Χριστὸς βασιλεύει.

Zunächst einige Bemerkungen zur Doxologie: Die in vieler Hinsicht
aufschlußreiche Inschrift in Gabbari ist auch in bezug auf den Wortlaut
der Doxologie ein interessantes Dokument. Im Streit um die Natur
Christi hat gerade die doxologische Formel eine besonders wichtige Rolle
gespielt[20]. Während die Arianer die Person Christi gegenüber der des
Vaters zurücktreten ließen, hat die orthodoxe Richtung streng an der
vollen Gottheit Christi festgehalten. Die orthodoxen Doxologien betonen
deshalb die Verbindung Christi mit dem Vater (z. B. durch μεθ' οὗ) oder

[20] Vgl. dazu J. A. Jungmann, Die Stellung Christi im liturgischen Gebet (Liturgie-
geschichtliche Forschungen 7/8), Münster 1925, besonders S. 154 ff. und 200; A.
Stuiber, RAC IV, 1959, s. v. Doxologie, Sp. 210—226, und R. Deichgräber,
Gotteshymnus und Christushymnus in der frühen Christenheit. Untersuchungen zu
Form, Sprache und Stil der frühchristlichen Hymnen, Göttingen 1967.

stellen Christus parataktisch in den Rahmen der Trinität: δόξα πατρὶ καὶ υἱῷ καὶ ἁγίῳ πνεύματι καὶ νῦν καὶ ἀεὶ καὶ εἰς τοὺς αἰῶνας u. ä., gegenüber der von den Arianern bevorzugten Wendung δόξα πατρὶ δι᾽ υἱοῦ ἐν ἁγίῳ πνεύματι. In ihrer Frontstellung gegen die Arianer haben die Monophysiten die Gottheit Christi in besonderem Maße, zeitweilig bis zur Verkennung seiner Menschheit, hervorgehoben. Ihre Liturgie kennt denn auch die direkte Wendung an Christus, wie sie sonst selten, vorzugsweise im Privatgebet oder in Äußerungen der Volksfrömmigkeit, zum Ausdruck kam[21]. Dennoch ist bislang, wenn ich recht sehe, in den christlichen Inschriften Ägyptens noch keine Doxologie belegt, die sich, wie in unserer Inschrift in Gabbari, unmittelbar und allein an Christus wendet: Χριστὲ ὁ θεὸς ἡμῶν, δόξα σοι. Ich möchte nicht so weit gehen, unseren Text als monophysitisch zu betrachten, wiewohl eine solche Vermutung naheläge. Aber es drängt sich zumindest der Verdacht auf, daß die Inschrift in Gabbari einen antiarianischen Akzent trägt. Volle Gewißheit in diesem Punkte scheint mir nicht möglich. Der Vergleich mit einem Sterbegebet der byzantinischen Liturgie ist auf der einen Seite erhellend, wirft aber auch neue Fragen auf. Er ist zunächst erhellend, weil wir in diesem Sterbegebet die Wendung Χριστὲ ὁ θεὸς ἡμῶν in Verbindung mit einer Doxologie wiederfinden, ein weiterer Hinweis auf die enge Verbindung unseres inschriftlichen Textes mit der Liturgie des Totenamtes. Andererseits jedoch richtet sich die Doxologie dieses Gebetes nicht nur an Christus, sondern auch an den Vater und an den Heiligen Geist. Ich zitiere den betreffenden Passus nach GOAR[22]: ῞Οτι σὺ εἶ ἡ ἀνάστασις, ἡ ζωὴ καὶ ἡ ἀνάπαυσις τοῦ κεκοιμημένου δούλου σου, τοῦδε, Χριστὲ ὁ Θεὸς ἡμῶν· καὶ σοὶ τὴν δόξαν ἀναπέμπομεν, σὺν τῷ ἀνάρχῳ σου Πατρί, καὶ τῷ παναγίῳ καὶ ἀγαθῷ καὶ ζωοποιῷ σου Πνεύματι· νῦν καὶ ἀεί, καὶ εἰς τοὺς αἰῶνας τῶν αἰώνων, ἀμήν. Es stellt sich die Frage, ob die Beschränkung der Doxologie auf die Person Christi in der Inschrift von Gabbari lediglich kürzendes Zitat ohne bestimmte christologische Absicht ist oder ob sie bewußt eine antiarianische Stoßrichtung zum Ausdruck bringt.

Damit ist die liturgiewissenschaftliche Seite der Interpretation unseres Textes nur angedeutet. Berufenere Kenner werden sicherlich mehr dazu beitragen können; für sie bieten die christlichen Inschriften Ägyptens ein weites, noch lange nicht abgeerntetes Feld[23].

---

[21] So JUNGMANN, a. O.

[22] J. GOAR, Euchologion sive rituale Graecorum, Venedig ²1730, S. 424.

[23] Sehr deutlich wird die Verbindung zwischen liturgischen und epigraphischen Tex-

An die Doxologie schließt sich in der Inschrift von Gabbari die Akklamation Χριστὸς νικᾷ, Χριστὸς βασιλεύει an. Ihr wollen wir uns nunmehr zuwenden, denn sie verdient besonderes Interesse in Zusammenhang mit dem Leitmotiv der *laudes regiae*: *Christus vincit, Christus regnat, Christus imperat*. Bei seiner Untersuchung des *Christus vincit*-Trikolons hatte KANTOROWICZ, wie bereits eingangs hervorgehoben (oben S. 676), besonderen Nachdruck darauf gelegt, daß gerade die Sarden im Zeremonienbuch des Konstantin Porphyrogennetos (10. Jh.) die Akklamation Χριστὸς νικᾷ, Χριστὸς βασιλεύει vortragen: „The Sardinians, for instance, may just as well have brought the tricolon (d. h. die dreigliedrige lateinische Akklamation) from the West to Constantinople, where it was transformed into Greek and restricted to two clauses, as have brought the two Greek clauses, which were known in the East ever since the sixth century at the latest, to the West, where the Greek form then changed into the Latin three beats as a result of the difficulty in translation. All that we know is the fact that in the eighth century the tricolon makes its appearance simultaneously in Frankish Rome and in Frankish Gaul. But no matter whether the formula originated in Rome, in Byzantium or in Gaul, its connection with Byzantine soldier acclamations brings one momentous point to the fore: the general relationship of the Gallo-Frankish laudes with military life"[24].

So verlockend diese Kombinationen auch sein mögen, so kann man sich doch nicht des Eindruckes erwehren, daß KANTOROWICZ den Sarden und ihrem Auftreten im byzantinischen Zeremoniell zu großes Gewicht beilegt. Die Tatsache, daß die Akklamation Χριστὸς νικᾷ, Χριστὸς βασιλεύει bereits früher in der griechischen Epigraphik auftritt, hätte KANTOROWICZ zu denken geben sollen. Er selbst hatte in diesem Zusammenhang syrische Inschriften des 6. oder 7. Jh.s als Belege genannt[25], ohne sie für seine Überlegungen eingehender heranzuziehen. Inzwischen sind weitere epigraphische Zeugnisse für Χριστὸς νικᾷ, Χριστὸς βασιλεύει hinzugekommen: eine Inschrift aus Nessana/Auja Hafir (Negev) und unser Text in Gabbari, vielleicht noch andere, auf die ich angesichts der weit verstreuten Inschriftenpublikationen nicht aufmerksam geworden bin.

---

ten auch durch die christlichen Inschriften Nubiens unterstrichen: J. KUBIŃSKA, Inscriptions grecques chrétiennes (Faras IV), Warschau 1974.

[24] Laudes Regiae, S. 28.

[25] Laudes Regiae, S. 25 f., sowie Anm. 37 mit Hinweis auf eine weitere, ähnliche Inschrift aus Syrien.

Sie zwingen uns, das Problem und die von Kᴀɴᴛᴏʀᴏᴡɪᴄᴢ gezogenen Schlüsse zu überdenken.

Der Übersichtlichkeit halber stelle ich kurz die inschriftlichen Belege für Χριστὸς νικᾷ, Χριστὸς βασιλεύει zusammen.

1. Das hier erörterte Dipinto der Grabanlage in Gabbari.

2. Publications of the Princeton University Archaeological Expeditions to Syria in 1904—5 and 1909. Division III: Greek and Latin Inscriptions in Syria. Section A: Southern Syria, Part 2: Southern Haurân, by E. Lɪᴛᴛᴍᴀɴɴ, D. Mᴀɢɪᴇ, Jr., and D. Rᴇᴇᴅ Sᴛᴜᴀʀᴛ, Leiden 1910, Nr. 40, S. 53 f.:

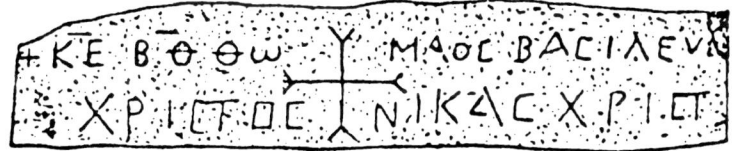

3. Ebd., Nr. 26, S. 45. Die Herausgeber lesen Κ(ύρι)ε β(οή)ϑ(ει) Θωμᾷ· ὃς βασιλεύς, Χριστός· νικᾷς Χριστ(έ), und übersetzen: „Lord, help Thomas. (It is) Christ who (is) King. Thou dost conquer, O Christ." Diese trotz des verzweifelten Übersetzungsversuches unverständliche Lesung ist sicherlich falsch[26]. Der auf den ersten Blick schwer zu deuten Text bietet nach dem der Edition beigegebenen Faksimile folgende Gestalt:

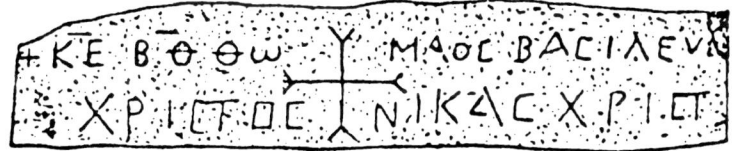

Am rechten oberen Ende ist die Inschrift durch eine Bruchstelle gestört. Ich schlage folgende Lesung vor: Κ(ύρι)ε β(οή)ϑ(ει) Θωμᾷ, Χριστὸς νικᾷ, Χριστὸς βασιλεύε[ι]. Da die Buchstaben XPICT am Ende von Z. 2 bis an den rechten Rand des Steins reichen und die Inschriftplatte unter Z. 2 keinen Platz für eine weitere Zeile bietet, dürfte der Schreiber für die Fortsetzung auf das noch freie Ende von Z. 1 ausgewichen sein, also Z. 2 Χριστ / Z. 1 ὃς βασιλεύε[ι]. Solche Unregelmäßigkeiten und Sprünge begegnen auch sonst bei manchen wenig sorgfältig ausgeführten christlichen Inschriften. Damit gewinnen wir einen neuen, auch in der sprachlichen Fassung ganz ,normalen' Beleg für die uns interessierende Akklamation.

---

[26] E. H. Kᴀɴᴛᴏʀᴏᴡɪᴄᴢ, Laudes Regiae, S. 26 Anm. 37, hat sie ohne Diskussion übernommen.

Das [nach NIKA in Z. 2 ist von früheren Editoren gelesen worden; die
Herausgeber der vorstehend zitierten Edition haben den Stein nicht
selbst gesehen. Die Deutung als Sigma scheint mir sehr fragwürdig. Eher
als einen Irrtum des Schreibers möchte ich darin die Reste eines Zeichens,
vielleicht eines Kreuzes, vermuten.

    4. Excavations at Nessana (Auja Hafir, Palestine), vol. I (hrsg. von
H. DUNSCOMBE COLT), London 1962, S. 131 ff.: The Inscriptions (bearb.
von G. E. KIRK und C. BRADFORD WELLES), hier S. 177 f., Nr. 106:
+ Χ(ριστὸ)ς νικᾷ· Χ(ριστὸ)ς βασιλ[εύει] κτλ. Knappere Vorlage in der
Erstedition von G. E. KIRK, JPOS 16, 1936, S. 279—285 (hier Abb.
S. 283). Auf die uns interessierende Formel gehen die Herausgeber nicht
ein. KANTOROWICZ, Laudes Regiae, S. 25 f., hatte diesen Beleg noch
nicht herangezogen. Die Datierung dieser Parallelzeugnisse zum Text
in Gabbari ist in keinem der drei Fälle irgendwie präzise. Nrn. 2 und 3
könnten nach dem gesamten archäologischen und epigraphischen Kontext
ins 6.—7. Jh., Nr. 4 ins 5.—7. Jh. gehören. Für die Inschrift in Gabbari
ergibt sich aus verschiedenen, im Text dieses Beitrages besprochenen
Kriterien ein Ansatz ins 5. oder eher noch ins 6. Jh.

    Nach diesem Überblick über die epigraphischen Belege für Χριστὸς
νικᾷ, Χριστὸς βασιλεύει kehren wir zur Inschrift in Gabbari zurück.
Schon bei der Erörterung des Psalmenzitates hatte sich die Vermutung
ergeben, daß der in die Inschrift aufgenommene Anfang von Psalm 90
an die Liturgie des Totenamtes erinnere. Der gleiche Gedanke wurde
durch die doxologische Formel nahegelegt. Denkbar erscheint es nun auch,
daß die Christus- und Kreuzesakklamationen in unserem Text eine
Übernahme und epigraphische Fixierung eines konkreten Vorganges der
Bestattung sein könnten. Anstatt sich in Wehklagen zu ergehen (wie sie
die Christen bei den Heiden tadelten), könnte die Gemeinde den Sieg
Christi über den Tod in Form von εὐφημίαι, von Akklamationen gepriesen haben. Daß die inschriftliche Fixierung dieser Akklamationen in der
Grabanlage darüber hinaus den Zweck erfüllen sollte, durch exorzistische Formeln Unheil abzuwehren, ist durchaus möglich und läge jedenfalls auf einer Linie mit anderen, bereits besprochenen Elementen unseres
Textes[27].

---

[27] Zur exorzistischen Funktion der νικᾷ-Formel vgl. PETERSON, Εἷς θεός, S. 157 ff.,
sowie die von W. DEONNA, Christos propylaios ou « Christus hic est », Rev.
archéol. 22, 1925, S. 66—74, zusammengestellten Belege, besonders auch die seit
dem Mittelalter bezeugte Wendung: *Christus vincit, Christus regnat, Christus
imperat, Christus ab omni malo nos defendat* (S. 73).

Diese Überlegungen sollen hier nicht bis in die Einzelheiten hinein verfolgt werden. Es soll nur die Frage aufgeworfen werden, wann die Akklamation Χριστὸς νικᾷ, Χριστὸς βασιλεύει entstanden sein könnte. Da die Akklamation νικᾷ bzw. *vincit* oder *vincas* sowohl bei paganen Gottheiten als auch im vorkonstantinischen Hofzeremoniell belegt ist[28], wäre es theoretisch denkbar, daß die Christen diesen Zuruf bereits vor dem 4. Jh. übernommen und auf Christus übertragen haben. Die Voraussetzung dafür wie auch für die Beziehung von βασιλεύει auf Christus ist die Vorstellung von der königlichen Stellung Christi. Nun hat der schwedische Theologe Per BESKOW in einer umfangreichen Untersuchung der Zeugnisse, die im frühen Christentum für das Königtum Christi in Anspruch genommen werden können, gezeigt, daß die Vorstellung von Christus als einem βασιλεύς bereits v o r der Konstantinischen Wende weit verbreitet ist[29]. Die Wurzeln dieser Konzeption liegen zum einen in der Übertragung alttestamentlicher Gottes- und Königsvorstellungen auf Christus, zum anderen in der hellenistisch-römischen Herrscherideologie, die sich in den christologischen Aussagen zahlreicher Kirchenväter widerspiegelt[30]. Der Boden für eine Akklamation Χριστὸς νικᾷ, Χριστὸς βασιλεύει wäre demnach schon in vorkonstantinischer Zeit bereitet gewesen. Wenn ich recht sehe, führt jedoch kein Beleg für diese Doppelakklamation über das 4. Jh. hinunter. Das gleiche gilt für die sehr viel häufiger bezeugte eingliedrige Formel Χριστὸς νικᾷ bzw. *Christus vincit*[31]. Deshalb wird man in bezug auf eine Frühdatierung dieses Akklamationstypus äußerst vorsichtig sein. Als ältestes Zeugnis und als

---

[28] Das Material bei PETERSON, Εἷς θεός, S. 152 ff.; vgl. auch A. ALFÖLDI, Die monarchische Repräsentation im römischen Kaiserreiche, Darmstadt 1970, S. 79 ff.

[29] P. BESKOW, Rex Gloriae. The Kingship of Christ in the Early Church, Uppsala 1962. Zur gelegentlichen Darstellung Christi als Herrscher auch in der unmittelbar vorkonstantinischen Kunst vgl. K. WESSEL, Christus rex. Kaiserkult und Christusbild, Archäol. Anzeiger 1953, Sp. 118—136.

[30] Die Einflüsse hellenistischer Vorstellungen und des römischen Kaiserkults auf das Urchristentum hat E. LOHMEYER in einer suggestiven Skizze (Christuskult und Kaiserkult, Tübingen 1919) am Text des Neuen Testaments aufgezeigt.

[31] Aufgrund des ihm seinerzeit bekannten Materials mochte E. PETERSON, Εἷς θεός, S. 155, die Formel Χριστὸς νικᾷ nicht vor dem 5. Jh. ansetzen. M. GUARDUCCI (in dem Anm. 15 zitierten Aufsatz), S. 384, ist ähnlich zurückhaltend: „I più antichi esempi risalgono al massimo alla fine del IV secolo" (S. 384). Die Akklamation NIKA bzw. NICA in Verbindung mit dem Christogramm darf jedoch früher, d. h. kurz nach der konstantinischen Vision des Jahres 312, angesetzt werden, so jedenfalls M. GUARDUCCI, I graffiti sotto la confessione di San Pietro in Vaticano, II, Vatikan 1958, S. 13 f.

Ausgangspunkt haben, jedenfalls vorerst, die Worte τούτῳ νίκα der konstantinischen Vision zu gelten. Daß sie ohne Vorstufe in den christlichen Gemeinden zum ersten Mal im konstantinischen Kontext auf Christus bzw. auf das Kreuz geprägt worden sein sollen, ist eigentlich schwer denkbar, doch lassen die Quellen derzeit keinen anderen Schluß zu. (Ich komme auf diesen Punkt nochmals weiter unten S. 694 zurück.) Geläufig jedoch und gut bezeugt sind in den ersten drei Jahrhunderten die Doxologien. Sie haben einen deutlich akklamatorischen Charakter und schaffen einen Rahmen, eine Stimmung, die den Übergang zur Akklamation „Christus siegt, Christus herrscht!" leicht verständlich machen. Gerade unsere Inschrift in Gabbari ist ein schönes Beispiel für eine solche Verbindung.

In dem Maße, wie der Sieg Konstantins über seine Gegner als Sieg des Kreuzes, als Sieg Christi interpretiert wurde, konnten die Akklamationen Χριστὸς νικᾷ, τοῦτο (auf das Kreuz bezogen) νικᾷ als Bekenntnis der *ecclesia triumphans* besonders an Boden gewinnen. Vermutlich ist die Wort-Kreuz-Gruppe

erst in diesem Zusammenhang entstanden[32]. Die enge Verflechtung von Kreuz und Sieg ist zwar auch schon im frühen Christentum gegeben, doch dürfte erst die seit Konstantin greifbare Formel vom σταυρὸς νικοποιός jene Symbolgruppe hervorgerufen haben, die seitdem im byzantinischen Osten eine so weite Verbreitung gefunden hat und sowohl auf Münzen wie auf dem geweihten Brot der ostkirchlichen Liturgie begegnet. Die Inschrift in Gabbari ist ein einzigartig interessantes Beispiel für die Verklammerung der bisher genannten Vorstellungen: ι̅c̅ χ̅c̅ ΝΙΚΑ in siglenhafter Verbindung mit dem Kreuz, dazu noch die Beischrift: τοῦτο νικᾷ, anschließend eine Doxologie und die Doppelakklamation Χριστὸς νικᾷ, Χριστὸς βασιλεύει. Ich kenne im epigraphischen Bereich keine ähnlich ‚vollständige‘ Gruppe von Kreuz- und Christusakklamationen. Die Kombination all dieser Elemente setzt doch wohl eine gewisse zeitliche Entwicklung voraus, so daß auch aus diesem Grunde eine Frühdatierung unserer Inschrift etwa noch in die zweite Hälfte des 4. Jh.s mir sehr wenig wahrscheinlich ist. Mit einem Ansatz ins 5. oder eher noch 6. Jh. stünden wir doch auf sichererem Boden.

---

[32] Zu dieser Sigle vgl. oben S. 682—684.

Der entscheidende Schritt, der diese Christus und dem *signum crucis* dargebrachten *laudes* mit den Akklamationen für den weltlichen Herrscher verband, wurde durch Eusebius von Caesarea vorbereitet: Das siegbringende Kreuz (σταυρὸς νιϰοποιός) wurde zum τρόπαιον des christlichen Herrschers[33]. In den byzantinischen Akklamationen, wie wir sie aus dem Zeremonienwerk des Konstantin Porphyrogennetos kennen, sind die εὐφημίαι für Christus und Kreuz unentwirrbar mit denjenigen für die christus- und kreuzliebenden Herrscher verbunden[34]. Mag auch die Schrift De caerimoniis aulae byzantinae im 10. Jh. entstanden sein, so liegt doch auf der Hand und ist auch in vielen Einzelfällen nachgewiesen, daß in diese Kompilation Elemente sehr viel älteren Datums eingeflossen sind[35]. Daß nun gerade die Sarden die Akklamation Χριστὸς νιϰᾷ, Χριστὸς βασιλεύει vortragen, ist an sich nicht von so großer Bedeutung. Diese Sitte wird in einer Zeit entstanden sein, als Byzanz im westlichen Mittelmeer noch genügend Macht oder Einfluß besaß, sardische Söldner zu rekrutieren, was uns bis ins 6. Jh. hinunterführen könnte[36]. Es wäre aber nicht zu verwundern, wenn bereits davor, ob nun durch Sarden oder andere, die Akklamation Χριστὸς νιϰᾷ, Χριστὸς βασιλεύει im Rahmen des byzantinischen Zeremoniells vorgetragen worden wäre.

Welche Überlegungen ergeben sich aus dem neuen Befund für die Formel *Christus vincit, Christus regnat, Christus imperat* in den latei-

---

[33] Vgl. J. GAGÉ, Σταυρὸς νιϰοποιός (vollst. Zitat oben Anm. 17); zum politisch-geistigen Hintergrund siehe J. A. STRAUB, Vom Herrscherideal in der Spätantike, Stuttgart 1939, S. 113—129 (Das christliche Herrscherbild bei Eusebius von Caesarea), und F. DVORNIK, Early Christian and Byzantine Political Philosophy. Origins and Background, II, Washington 1966, S. 611 ff.

[34] Zur Vorstellungswelt des Zeremonienbuches vgl. die maßgebliche Untersuchung von O. TREITINGER, Die oströmische Kaiser- und Reichsidee nach ihrer Gestaltung im höfischen Zeremoniell, Jena 1938; zur Ausstrahlung dieser Vorstellungen siehe J. DEÉR, Byzanz und das abendländische Herrschertum. Ausgewählte Aufsätze (Vorträge und Forschungen XXI), Sigmaringen 1977, S. 125—177 (Das Kaiserbild im Kreuz. Ein Beitrag zur politischen Theologie des früheren Mittelalters).

[35] Siehe J. B. BURY, The Ceremonial Book of Constantine Porphyrogennetos, The English Historical Review, 1907, S. 209—227 und S. 417—439, und A. VOGT, Constantin VII Porphyrogénète. Le Livre des Cérémonies. Commentaire. Livre I. — Chapitre 1—46 (37), Paris 1935, S. XV ff. Vgl. auch A. TOYNBEE, Constantine Porphyrogenitus and his World, London 1973, S. 599—605 (Constantine's Sources of Information and Ways of Working).

[36] Immerhin lassen sich auch noch im 9. und 10. Jh., und in manchen Bereichen darüber hinaus, engere Beziehungen zwischen Byzanz und Sardinien nachweisen. Vgl. V. VON FALKENHAUSEN, Untersuchungen über die byzantinische Herrschaft in Süditalien vom 9. bis ins 11. Jahrhundert, Wiesbaden 1967, S. 41 f.

nischen *laudes*? KANTOROWICZ hat auf die Teilparallele Χριστὸς νικᾷ, Χριστὸς βασιλεύει im Zeremonienwerk Konstantins hingewiesen und die Frage gestellt, welche Fassung die Priorität beanspruchen könne. Für eine solche Diskussion böte die Inschrift in Gabbari neben den anderen epigraphischen Zeugnissen einen neuen Ansatzpunkt. Dennoch scheint es mir wenig ratsam, die Debatte in dieser Richtung fortzuführen. Man halte sich zunächst vor Augen, wie schlecht es um die Quellenlage bestellt ist. Reine Zufallsfunde haben uns bisher einige inschriftliche Belege für die Akklamation Χριστὸς νικᾷ, Χριστὸς βασιλεύει beschert. Aus der Fülle möglicher, vielleicht auch älterer Zeugnisse sind nur wenige auf uns gekommen. Von diesen sporadischen Belegen einen direkten Faden zum Χριστὸς νικᾷ, Χριστὸς βασιλεύει im Zeremonienbuch Konstantins spinnen zu wollen und von dort wiederum zum *Christus vincit*-Trikolon der mittelalterlichen *laudes* wäre ein methodisch sehr heikles Unterfangen. Selbstverständlich stehen diese Elemente miteinander in einer Tradition, aber für ein konsistentes Stemma fehlen uns einfach zu viele Zwischenglieder. Wir müssen immerhin damit rechnen, daß die lateinische und die griechische Formel zwar derselben Ausgangssituation entstammen, sich im übrigen aber selbständig, gewissermaßen parallel zueinander entwickelt haben können. Auf lateinischen frühchristlichen Inschriften begegnen ebenfalls die Akklamationen *Hoc signo vince* o. ä.[37] sowie *Christus regnat*[38], so daß sich von solchen Ausgangspunkten durchaus ein selbständiger lateinischer Weg zur Akklamation *Christus vincit, Christus regnat, Christus imperat* denken ließe. Hinzu kommt, daß lateinische Akklamationen in griechischer Umschrift im Zeremonienwerk des Konstantin Porphyrogennetos begegnen: τοῦ βίγκας, τοῦ βῖκας, τούμβηκας, τούμβικας für *tu vincas*[39]. Die Einflüsse sind also zwischen dem Westen und dem Osten hin- und hergegangen, wobei zu beachten ist, daß das Lateinische in Konstantinopel noch bis ins 7. Jh. hinein einen festen Platz hatte.

---

[37] Belege bei M. GUARDUCCI, I graffiti sotto la confessione di San Pietro in Vaticano, II, Vatikan 1958, S. 14 ff. Vgl. auch C. CECCHELLI, Il trionfo della croce, Rom 1954, S. 54 und fig. 42 (Münze des Usurpators Vetranio, 350—51, mit der Legende: *HOC SIGNO VICTOR ERIS*).

[38] E. DIEHL, Inscr. lat. christ. vet. 2500 A: *Christus* ⳩ (A|ω) *regnat* (= S. GSELL, Inscr. lat. de l'Algérie I 3633, « du Vᵉ siècle au plus tôt »). Verwandte Formeln: DIEHL, a. O., 4677, und E. HÜBNER, Inscr. Hisp. Christ. 119. Zu erinnern ist auch an die alte liturgische, auf Christus bezogene Wendung: *qui vivit et regnat.*

[39] Belege bei J. GAGÉ, Σταυρὸς νικοποιός (vollst. Zitat oben Anm. 17), S. 375.

Schließlich ist zu bedenken, daß die lateinische Akklamation der *laudes* eine dreigliedrige, die griechische dagegen nur eine zweigliedrige Formel darstellt. Sicherlich ist es richtig, daß griech. βασιλεύει sowohl *regnat* als auch *imperat* umfaßt; doch wer möchte entscheiden, ob wir eine zweigliedrige lateinische Übersetzung von griech. βασιλεύει oder eine selbständige ,westliche', an *imperium* und *imperator* erinnernde Formel vor uns haben?

Bei dieser Frage ist daran zu denken, daß *imperator* staatsrechtlich korrekt durch αὐτοκράτωρ wiedergegeben wurde. Während es für die Äquivalenz dieser Substantive zahllose Belege gibt, begegnet αὐτοκρατο-ρεύειν als Entsprechung von *imperare* nur ganz selten[40]. Die theoretisch immerhin denkbare Verwendung von αὐτοκρατορεύειν in dem Schema *vincit, regnat, imperat* — νικᾷ, βασιλεύει, αὐτοκρατορεύει ist also kaum wahrscheinlich. Hinzu kommt, daß in bestimmten Kontexten selbst das Substantiv αὐτοκράτωρ durch das den Griechen geläufigere βασιλεύς ver-drängt wurde; denn in poetischer und untechnischer Verwendung begeg-net βασιλεύς für *imperator* bereits unter Augustus, ab dem 2. Jh. auch in Inschriften. Gerade in huldigender Anrede an den Kaiser wird βασιλεύς bevorzugt und kann αὐτοκράτωρ geradezu gegenübergestellt werden. Sehr schön wird dieser Zug durch eine Inschrift illustriert, in der Cara-calla sich selbst in referierender, an die Rechtssprache angelehnter Rede als αὐτοκράτωρ bezeichnet, während der griechische Anwalt ihn als εὐσε-βέστατος βασιλεύς anspricht[41]. Man kann also leicht nachvollziehen, daß gerade in einer Akklamation αὐτοκρατορεύει als Steigerung von βασιλεύει kaum denkbar und dem Schwung einer εὐφημία schwerlich angemessen gewesen wäre. Erst in späterer Zeit erlangen αὐτοκράτωρ und αὐτοκρατο-ρεῖν in Byzanz besondere Bedeutung zur Hervorhebung von Stellung und Anspruch des Hauptkaisers gegenüber Mitregenten, Rivalen und untergeordneten Herrschern (βασιλεῖς)[42]. Damals aber hatte sich die

---

[40] Zum Begriffspaar αὐτοκράτωρ und βασιλεύς vgl. H. J. MASON, Greek Terms for Roman Institutions. A Lexicon and Analysis (American Studies in Papyrology 13), Toronto 1974, S. 117—120; ebd., S. 28 f., Belege für αὐτοκρατορεύω.

[41] Vgl. P. ROUSSEL und F. DE VISSCHER, Les inscriptions du temple de Dmeir, Syria 23, 1942/43, S. 173 ff., Z. 30 und 38 (SEG 17, 1960, Nr. 759).

[42] Vgl. O. TREITINGER, Die oströmische Kaiser- und Reichsidee, S. 186—188; G. RÖSCH, ONOMA ΒΑΣΙΛΕΙΑΣ. Studien zum offiziellen Gebrauch der Kaisertitel in spätantiker und frühbyzantinischer Zeit, Wien 1978; sowie E. K. CHRYSOS, The Title ΒΑΣΙΛΕΥΣ in Early Byzantine International Relations, Dumbarton Oaks Papers 32, 1978, S. 29—75.

Doppelakklamation νικᾷ, βασιλεύει schon längst eingebürgert. Gerade angesichts des nun staatsrechtlich präziser gefaßten Gebrauches von αὐτοκράτωρ bzw. αὐτοκρατορεῖν ließe sich eine Erweiterung der C h r i - s t u s akklamation νικᾷ, βασιλεύει durch den eher technisch-institutionel- len Terminus αὐτοκρατορεῖν schwerlich konzipieren. Für diese Über- legung spricht ferner, daß nicht einmal das im Vergleich zur Verbalform sehr viel geläufigere Substantiv αὐτοκράτωρ in der christlichen Literatur jemals auf Gott bzw. auf Christus übertragen worden ist[43].

Demgegenüber ist die Bezeichnung Christi als *imperator* bei den latei- nischen Vätern nichts Seltenes, ja es begegnet sogar für Christus die Ver- bindung von *rex* und *imperator*, eine interessante Parallele zur Neben- einanderstellung der entsprechenden Verben in dem uns beschäftigenden *Christus vincit*-Trikolon[44]. Die Vorstellung von Christus als *rex* ist so früh im Urchristentum greifbar und die Bezeichnung Christi als *impe- rator* durch die in den Märtyrern streitende Kirche so lebendig, daß man sogar erwägen könnte, ob nicht die Akklamation *Christus regnat, Chri- stus imperat* bereits sehr früh, noch in vorkonstantinischer Zeit, entstan- den ist[45]. Vielleicht gilt dies sogar für die gesamte, dreigliedrige Akkla- mation. Dafür spricht einmal, daß der Ruf νικᾷ bzw. *vincit* bereits im agonistischen Kontext, in paganen Kulten sowie im römischen Kaiser- zeremoniell üblich war[46] und daß Christus den Gläubigen als der Sieger schlechthin galt[47]; zum andern, daß die Verbindung der drei Verben *vincit, regnat, imperat* schon bei Quintilian belegt ist: *Nam coniectura extrinsecus quoque adductas frequenter probationes habet et argumenta ex materia sumit; quale quidque videatur, eloquentiae est opus; hic*

---

[43] P. BESKOW, Rex Gloriae, S. 183.
[44] Vgl. E. PETERSON, Christus als Imperator, in: DERS., Theologische Traktate, Mün- chen 1951, S. 149—164; dort auch die Belege. Siehe auch die Zusammenstellung bei B. OPFERMANN, Die liturgischen Herrscherakklamationen, S. 35 ff.
[45] Zum gedanklichen Hintergrund, gerade auch im Hinblick auf die enge Verbindung von Kreuz und Herrschaft, vgl. die christliche Interpretation von Ps. 95 (96), 10 (ὁ κύριος ἐβασίλευσεν ἀπὸ τοῦ ξύλου): Tertullian, adv. Marc. III 19 (*qui exinde a passione ligni superata morte regnavit*).
[46] Vgl. die oben Anm. 17 angeführte Literatur; grundlegend zum Kaiserzeremoniell A. ALFÖLDI, Die monarchische Repräsentation im römischen Kaiserreiche, Darmstadt 1970: Akklamationen passim, bes. S. 79 ff.; zum Siegesgedanken bes. S. 93 ff.
[47] Siehe R. LEIVESTAD, Christ the Conqueror. Ideas of Conflict and Victory in the New Testament, London 1954; zum Siegesgedanken der Märtyrerkirche vgl. spe- ziell F. RÜTTEN, Die Victorverehrung im christlichen Altertum. Eine kultgeschicht- liche und hagiographische Studie, Paderborn 1936.

regnat, hic imperat, hic sola vincit (inst. or. VII 4, 24). Freilich begegnen die drei Verben bei Quintilian in einer vom *Christus vincit*-Trikolon verschiedenen Anordnung. Doch darauf kommt es hier weniger an. Nimmt man zunächst das Trikolon Quintilians für sich, so fällt auf, wie es durch die Anordnung der Kola das Gesetz der wachsenden Glieder beachtet; von Kolon zu Kolon nimmt die Silbenzahl zu: 3 — 4 — 5. Gemeinsam mit dem *Christus vincit*-Trikolon hat der Text Quintilians die Dreiergliederung, die Verwendung der gleichen Verben, die Anapher (*hic — hic — hic*, vgl. *Christus — Christus — Christus*) sowie die asyndetische Parataxe. Im übrigen beachtet auch die christliche Akklamation bis zu einem gewissen Grade das Gesetz der wachsenden Glieder, wenn auch in einer vom Trikolon Quintilians verschiedenen Einteilung, durch die Amplifikation des letzten Kolons: 4 — 4 — 5 Silben.

Wenn KANTOROWICZ in bezug auf die Quintilian-Stelle formuliert: „Taken altogether, it is more likely that the liturgical tricolon originated in the crowds in the Byzantine theater, circus, or streets, rather than in the studio of a liturgist who checked on Quintilian's *Institutio oratoria*"[48], so scheint mir dies eine sehr konstruierte Alternative. Die Bezeichnung Christi als *victor*, als *rex* und als *imperator* bei den lateinischen Vätern sowie die im römischen Kaiserzeremoniell ausgeprägte Sitte der Akklamationen machen es mir, bei aller gebotenen Vorsicht, wahrscheinlich, daß das Trikolon *Christus vincit, Christus regnat, Christus imperat* im Schoße des lateinischen, möglicherweise vorkonstantinischen Christentums entstanden ist, und zwar, wie das Kolon *Christus imperat* zeigt, ohne direkte Kopie eines griechischen Trikolons. Man braucht keineswegs, um die Entstehung der *Christus vincit*-Triade zu erklären, die Bekanntschaft mit Quintilian und die Anlehnung an das von ihm formulierte Trikolon zu postulieren[49]. Vielmehr dürfte die Wendung Quintilians aus dem bereits vorhandenen Formular der paganen bzw. kaiserlichen Akklamationen übernommen sein[50]. Vom Zeremoniell des heidnischen Rom werden auch die Christen die Verbindung *vincit, regnat, imperat* entlehnen und auf den Kyrios Christus übertragen haben. Eben-

---

[48] Laudes Regiae, S. 28.
[49] Daß der Verfasser der *Christus vincit*-Triade „mit bewußter Absichtlichkeit" auf Quintilian zurückgegriffen habe, hat C. WEYMANN, Histor. Jahrbuch 37, 1916, S. 79, als erster behauptet.
[50] Sehr vorsichtig dazu O. WEINREICH, Ausgewählte Schriften, I, Amsterdam 1969, S. 599 f. (= Berl. Philol. Wochenschr. 41, 1921, S. 915 f.).

sowenig zwingend ist die andere, von KANTOROWICZ bevorzugte Seite
der von ihm aufgestellten Alternative, nämlich „that the liturgical tricolon originated in the crowds in the Byzantine theater, circus, or
streets". Wir dürfen uns den Gang der Dinge vielleicht eher so vorstellen, daß auf den weltlichen Herrscher bezogene Zurufe wie σὺ νικᾷς, σὺ
βασιλεύεις bzw. *tu vincis, tu regnas, tu imperas* sich parallel auf griechischem und lateinischem Boden in vorbyzantinischer Zeit entwickelt
haben und irgendwann, vielleicht schon vor Konstantin, auf Christus
übertragen worden sind. Es erscheint mir sehr schwierig, die Prioritäts-
frage zwischen der griechischen und der lateinischen Formel zu klären.
Wahrscheinlich ist die Frage methodisch nicht einmal zulässig, wenn man
sie als Ganzes so strikt auf römisches Kaisertum und christliche Liturgie
beschränkt. Haben wir doch allen Grund zur Annahme, daß zahlreiche
akklamatorische Formeln von den hellenistischen Monarchien herkom-
men, ja z. T. noch älter sind und zu Frühformen des griechischen Götter-
kults zurückführen[51]. Im griechischen wie im lateinischen Teil des römischen Kaiserreiches wurde dieses Erbe übernommen und weiterentwickelt.

Folgt man dieser Linie, so wird man auch im nächsten Punkt anders
urteilen als KANTOROWICZ: „The Sardinians, for instance, may just as
well have brought the tricolon from the West to Constantinople, where
it was transformed into Greek and restricted to two clauses, as have
brought the two Greek clauses, which were known in the East ever since
the sixth century at the latest, to the West, where the Greek form then
changed into the Latin three beats as a result of the difficulty in translation[52]." Die Vermittlerfunktion der Sarden wird man nicht mehr besonders hervorheben, da wir jetzt auf Grund der hier vorgelegten Inschrift in Gabbari und weiterer epigraphischer Parallelen (siehe oben
S. 687 f.) über Belege verfügen, die in frühere Jahrhunderte hinabreichen
und zeitlich lange vor der im Zeremonienbuch des Konstantin Porphyrogennetos (10. Jh.) bezeugten Akklamation der Sarden, Χριστὸς νικᾷ,
Χριστὸς βασιλεύει, liegen. Es spricht nicht nur viel dafür, daß die vom

---

[51] Vgl. etwa A. ALFÖLDI, Die monarchische Repräsentation im römischen Kaiserreiche, S. 88 f., und die dort zitierte Literatur. Gerade Alexandria und Alexandriner werden in der frühen Kaiserzeit im Zusammenhang mit besonders ausgeprägten Formen der Akklamation genannt (vgl. vor allem den Germanicus-Papyrus
und dazu D. G. WEINGÄRTNER, Die Ägyptenreise des Germanicus, Bonn 1969,
S. 108—119); hier haben wir es sicherlich mit einem Fortleben ptolemäischer Traditionen zu tun.
[52] Laudes Regiae, S. 28.

byzantinischen Kaiser erwähnte Tradition auf sehr viel ältere Stufen des Hofzeremoniells zurückgeführt werden darf, sondern die Tatsache, daß wir eine Akklamation gleichen Wortlauts in mehreren Grabinschriften wiederfinden, zeigt, daß der Ruf Χριστὸς νικᾷ, Χριστὸς βασιλεύει weiter verbreitet war und, vor allem, daß er auch — und besonders auch — außerhalb des kaiserlichen Zeremoniells auftrat.

In der Frage der Zwei- bzw. Dreigliedrigkeit der Akklamation, die in dem oben wiedergegebenen Zitat von KANTOROWICZ eine Rolle spielt und für das Prioritätsproblem herangezogen wurde, lassen sich aus der Inschrift in Gabbari ebenfalls neue Gesichtspunkte erschließen. Bereits KANTOROWICZ hatte in diesem Zusammenhang die Aufmerksamkeit auf eine Metzer Handschrift der zweiten Hälfte des 9. Jh.s gelenkt, die das lateinische *Christus vincit*-Trikolon mit Xps nicha, Xps Uasileuge, Xps epenos (Χριστὸς νικᾷ, Χριστὸς βασιλεύει, Χριστὸς [für Χριστῷ] ἔπαινος) wiedergibt[53]. Dem Verfasser dieser Handschrift scheint also eine griechische Akklamation mit der dreimaligen Wiederholung von Χριστός + Verb nicht bekannt gewesen zu sein, sonst hätte er das letzte Kolon der griechischen Fassung sicherlich anders formuliert. Ist es nun so, daß der Autor „used the expedient of changing the text of the Latin tricolon" und „thus replaced the *Christus imperat* by the Greek equivalent of *Christus laudabilis* in order to produce the customary three beats in the Greek translation" (KANTOROWICZ, a. O.)? Ich habe nicht den Eindruck, daß der Verfasser der Handschrift sich eines „expedient" bediente und gewissermaßen eine griechische Übersetzung eigens anfertigte (falls man KANTOROWICZ so verstehen darf). Es fällt doch auf, daß die Akklamation Χριστὸς νικᾷ, Χριστὸς βασιλεύει in der Metzer Handschrift mit einer jener doxologischen Formeln schließt, wie sie ja auch sonst häufig an die Seite der Akklamationen treten[54]. Deshalb scheint es durchaus denkbar, daß der Verfasser der Handschrift ein schon bestehendes griechisches Trikolon übernahm, das mit seinen beiden ersten Kola und in der Dreigliedrigkeit seines Aufbaus der lateinischen Triade möglichst nahe kam. Unsere Inschrift in Gabbari hat ebenfalls die Akklamation Χριστὸς νικᾷ,

---

[53] Laudes Regiae, S. 27 f. Edition und Kommentar von A. PROST, Caractère et signification de quatre pièces liturgiques composées à Metz en latin et en grec au IXe siècle, Mémoires de la Soc. Nat. des Antiquaires de France, IVe sér. 17, 1876, S. 149—320; zum griechischen Text vgl. S. 247 ff.

[54] Im Grunde sind ja auch die Doxologien nichts anderes als Akklamationen (E. PETERSON, Εἷς θεός, S. 224 ff.) und fügen sich deshalb zwanglos in den Rahmen der εὐφημίαι ein.

Χριστὸς βασιλεύει durch eine, diesmal voraufgehende, Doxologie erweitert: Χριστὲ ὁ θεὸς ἡμῶν, δόξα σοι. Auch die optische Einteilung in Gabbari soll vermutlich den Eindruck der Dreigliedrigkeit hervorrufen[55]. Im übrigen stehen ἔπαινος und δόξα in den doxologischen Aussagen des Alten und des Neuen Testamentes auf der gleichen Stufe[56], was ebenfalls für die innere Verwandtschaft der in Gabbari und in Metz verwendeten Formeln spricht.

Für weiterreichende Schlüsse ist das Quellenmaterial zu dürftig. Nimmt man die Belege in Gabbari und Metz zusammen, ergibt sich die Vermutung, daß das Griechische keine dem lateinischen *Christus vincit*-Trikolon entsprechende Formel mit dreimaliger Wiederholung von Christus + Verb kannte. Dort wo ein dreigliedriger Aufbau angestrebt wurde, hat das Griechische eine Doxologie als zusätzliches Element eingebaut. (Wieweit eine solche Dreigliedrigkeit in der Inschrift von Gabbari mit Absicht konstruiert wurde, muß letztlich offen bleiben; in Metz dagegen ist der Fall ganz klar.) Das *Christus vincit*-Trikolon steht, gerade mit seinem dritten Kolon *Christus imperat*, völlig selbständig neben der griechischen Doppelakklamation Χριστὸς νικᾷ, Χριστὸς βασιλεύει (evtl. erweitert durch eine doxologische Formel). Nichts spricht deshalb dafür, daß die Akklamation *Christus vincit, Christus regnat, Christus imperat* in irgendeiner Form von Byzanz in den Westen gelangt und in die karolingischen *laudes* übernommen worden ist. Vermutlich haben wir ein gemeinsames Erbe der Spätantike vor uns, das sowohl in den εὐφημίαι des byzantinischen Hofzeremoniells als auch in den *laudes regiae* der Franken fortlebt. Daß den Sarden und dem militärischen Kontext ihrer Akklamation im byzantinischen Zeremonienbuch eine entscheidende Bedeutung für das Verständnis des militärischen Tenors der fränkischen *laudes regiae* zukäme, ist trotz der gegenteiligen Auffassung von KANTOROWICZ[57] nicht zu erweisen. Das Grundelement Χριστὸς νικᾷ wie auch die weiter ausgebildeten Formen begegnen seit der

---

[55] Ob es andererseits etwas zu besagen hat, daß die Silbenzahl der Doxologie in Gabbari exakt mit derjenigen der Doppelakklamation Χριστὸς νικᾷ, Χριστὸς βασιλεύει übereinstimmt (jeweils 10 Silben) — was zu einer akustischen Zweigliedrigkeit führen würde, vermag ich nicht zu entscheiden.

[56] Theol. Wb. zum NT, II, 1935, S. 583 f., s. v. ἔπαινος.

[57] Laudes Regiae, S. 28: "But no matter whether the formula originated in Rome, in Byzantium, or in Gaul, its connection with Byzantine soldier acclamations brings one momentous point to the fore: the general relationship of the Gallo-Frankish laudes with military life."

Antike in unterschiedlichen Kontexten, zunächst und vor allem im Rahmen rein religiöser Zusammenhänge und in der Nähe der Liturgie. Die enge Verflechtung von Liturgie und Hofzeremoniell erklärt das Auftreten der Akklamationen Χριστὸς νικᾷ bzw. Χριστὸς νικᾷ, Χριστὸς βασιλεύει im Zeremonienbuch des Konstantin Porphyrogennetos. Ein ähnlicher Weg dürfte auch im Westen beschritten worden sein: Das christliche Gebet für das Heil des Herrschers und des Staates hat eine alte, auf die Urkirche zurückführende Tradition[58]. Die Ausgestaltung dieser Tradition, zumal seit der Konstantinischen Wende und dann nach der Hinwendung der Franken zum christlichen Glauben, hat den *laudes regiae* der karolingischen Kirche den Weg gebahnt. Neben anderen Formen werden sie vielleicht auch die Akklamation *Christus vincit, Christus regnat, Christus imperat* bereits vorgefunden haben. Diese Überlegung will keineswegs die evident engen Beziehungen zwischen Byzanz und dem Westen bestreiten, sondern lediglich für einen bestimmten Punkt, eben das *Christus vincit*-Trikolon, die Möglichkeit einer selbständigen westlichen Entwicklung offen halten.

Von diesem Ansatzpunkt aus ergibt sich die Überlegung, ob nicht die Entstehungsgeschichte der karolingischen *laudes regiae* insgesamt zu revidieren ist. Ich möchte diesen Gedanken freilich nicht forcieren, denn meine Beobachtungen haben, von einer neuen Inschrift der alexandrinischen Nekropole in Gabbari ausgehend, lediglich das *Christus vincit*-Trikolon der *laudes* ins Auge gefaßt. Der Entstehungskontext der *laudes regiae* als Ganzes ist, wie Kantorowicz in seiner bahnbrechenden Arbeit gezeigt hat, selbstverständlich viel komplexer, als dies hier bei der Beschränkung auf unser Thema deutlich gemacht werden konnte. Immerhin drängt sich doch die Frage auf, ob nicht die Entstehung der *laudes regiae*, die Kantorowicz in die karolingische Zeit datiert hatte, viel früher anzusetzen ist. Eine solche Annahme fände eine Stütze an neueren mediävistischen Forschungen, die bei aller grundsätzlichen Anerkennung der Leistungen von Kantorowicz dessen chronologischen Ansatz für die Entstehung der *laudes* in Zweifel gezogen haben. Vor allem die Untersuchungen K. Haucks haben Kernelemente der *laudes regiae* in

---

[58] Siehe F. J. Dölger, Antike und Christentum 3, 1932, S. 117—127; L. Biehl, Das liturgische Gebet für Kaiser und Reich. Ein Beitrag zur Geschichte des Verhältnisses von Kirche und Staat, Paderborn 1937, bes. S. 102 ff., und H. U. Instinsky, Die alte Kirche und das Heil des Staates, München 1963, S. 41 ff.

merowingischer Zeit nachgewiesen[59]. Neben den übrigen von HAUCK
angeführten Belegen aus dem merowingischen Königszeremoniell verdient ein von ihm herangezogener Passus aus De virtutibus s. Gertrudis
in unserem Zusammenhang besonderes Interesse. Bei der Gründung des
Klosters von Andenne (Provinz Namur, Belgien) im Jahre 691 *levave-
runt* (d. h. die Prozessionsteilnehmer) *cum canticis cruces et Domino
laudes caecinerunt*[60]. In der Verbindung von Kreuz und *laudes* bestätigt
dieser Text die im Grunde selbstverständliche Vorstellung, daß die Liturgie als wichtiges Kontinuitätselement zwischen Antike und Mittelalter
jenen Rahmen geschaffen hat, in dem neben den Doxologien die Akklamationen auf Kreuz und Christus weiterlebten. Zwar ist damit nicht
die Frage beantwortet, wie diese kirchlichen Formen zu den fränkischen
laudes regiae führten. In Byzanz ist die Entwicklung leichter zu beobachten; sie verläuft über die Ausgestaltung des kaiserlich-liturgischen
Hofzeremoniells. Im Westen fehlte während der Übergangszeit vom
Altertum zum Mittelalter die Kontinuität einer solchen Zentralgewalt.
Doch im Reflex läßt sie sich noch fassen: Bei Regierungsantritt eines
neuen Kaisers in Konstantinopel wurden dessen Bilder in die Provinzen
ausgesandt und durch Akklamation begrüßt. Bis ins 8. Jh. hinein sind
in Rom die Bilder der byzantinischen Herrscher in dieser Weise empfangen worden[61]. Neben diesem, für unser Thema beachtenswerten Element der Kontinuität ist auch an die den Bischöfen gesungenen *laudes*
zu denken[62]. Solche Traditionselemente könnten den Franken in Form
und Sprache einen Ansatzpunkt (neben möglichen anderen) für die
Herausbildung ihrer *laudes regiae* geboten haben.

Doch muß ich fürchten, mit diesen Überlegungen bereits die Grenzen
meines Themas und des mir zur Verfügung stehenden Raumes über-

---

[59] K. HAUCK, Von einer spätantiken Randkultur zum karolingischen Europa, Frühmittelalterliche Studien 1, 1967, S. 3—93, hier bes. S. 34 ff. und 71 f.; siehe auch
R. SCHNEIDER, Königswahl und Königserhebung im Frühmittelalter. Untersuchungen zur Herrschaftsnachfolge bei den Langobarden und Merowingern, Stuttgart
1972, S. 233 ff.

[60] De virtutibus s. Gertrudis c. 10 (SS rer. Mer. 2, S. 469). Der Text wird von HAUCK,
a. O., S. 36 Anm. 91 angeführt; die Berichtigung des Zitats bei SCHNEIDER, a. O.,
S. 234 Anm. 249.

[61] Belege bei P. CLASSEN, Karl der Große, das Papsttum und Byzanz. Die Begründung des karolingischen Kaisertums, Düsseldorf 1968, S. 582 f.

[62] Vgl. HAUCK, a. O., S. 37 ff. (Feierliche Einholungen von Königsstellvertretern und
Bischöfen im 6. Jahrhundert).

schritten zu haben. Ich wollte lediglich zu zeigen versuchen, welche Anregungen die neue Inschrift in Gabbari zu geben vermag. Berufenere mögen auf dem Feld der Epigraphik und der Liturgiegeschichte, der Byzantinistik und der Mediävistik prüfen, was der Kontrolle durch die Einzeldisziplinen standhält und sich als Ausgangspunkt für weitere Forschungen eignet.

Romanisierung und Assimilierung in römischer und spätrömischer Zeit (2.–6. Jh.) auf dem Gebiete Rumäniens und deren Bedeutung für die Herausbildung des rumänischen Volkes

von Emilian Popescu, Bukarest

Bekanntlich haben die Fachgelehrten im letzten Jahrzehnt sich mit der Frage der Romanisierung der einheimischen Bevölkerung und deren Anpassung an die griechisch-römische Kultur beschäftigt. Um uns ein Bild von der diesem Fragenkreis beigemessenen Bedeutung zu machen, genügt ein Hinweis auf den Internationalen Kongreß der Epigraphiker in München (1972), dessen erstes Rahmenthema eben die Stadt und deren Rolle im Romanisierungsprozeß gewesen war[1]. Der sechste Internationale Kongreß für Altertumskunde in Madrid (1974) hat sich ausschließlich mit dem Thema Assimilation et résistance à la culture gréco-romaine dans le monde ancien befaßt, wie auch seine unter diesem Titel 1976 erschienenen Akten bezeugen[2].

Anläßlich der soeben erwähnten internationalen Kongresse wurden verschiedene Aspekte dieses Fragenkreises anhand der literarischen, epigraphischen und archäologischen Quellen erörtert und entsprechende Lösungen vorgeschlagen. Die ausgedrückten Meinungen aber stimmten nicht immer überein, nicht einmal in den Grundfragen. So z. B. konnte man nicht zu einem einheitlichen Begriff der Romanisierung gelangen und auch die Einstellung der örtlichen Bevölkerung dazu wurde unter-

---

[1] Akten des VI. Internationalen Kongresses für Griechische und Lateinische Epigraphik (München 1972), München 1973, 31 sqq.
[2] Assimilation et résistance à la culture gréco-romaine dans le monde ancien. Travaux du VIᵉ Congrès International d'Etudes Classiques (Madrid, Septembre 1974) réunis et présentés par D. M. Pippidi, Bucarest-Paris 1976.

schiedlich bewertet. Ohne auf alle Abstufungen einzugehen, kann man getrost behaupten, daß grundsätzlich zwei Standpunkte sich herausgebildet haben. Nach dem einen wurde nicht die ganze einheimische Bevölkerung der römischen Provinzen in den Romanisierungsprozeß einbezogen, infolge der Zurückhaltung und sogar feindlichen Haltung gegenüber den Römern. So wäre es vor allem der Fall in Afrika gewesen, wo die Berber den römischen Einfluß während der ganzen Kaiserzeit bekämpft hätten.

Gemäß derselben Meinung geschah es auch dort, wo die Romanisierung angenommen wurde, aus reinem Eigennutz, aus dem Bewußtsein, daß eine Angleichung an die römischen Gegebenheiten ein leichteres Leben ermöglichen würde. Damit habe man sozusagen „das Spiel der Römer" gespielt, aber nur solange, als diese stark waren; so oft deren Macht wankte, habe man versucht, sich von einer lästigen Vormundschaft zu befreien (on s'assimile parce que l'on a conscience de pouvoir vivre mieux et avec moins de difficultés en jouant le jeu des Romains)[3]. Derselben Anschauung zufolge hätten wir es mit zum Teil urbanisierten (bzw. romanisierten) Provinzen zu tun, in welchen gleichzeitig auch Territorien mit altüberlieferter Organisation — insbesondere auf dem Land — fortbestanden. Jene hätten mit ihren Monumentalbauten geprotzt, während diese bescheiden und unbekannt geblieben wären. Folglich hätten die Römer den außerhalb Italiens lebenden Völkern nicht Frieden, Fortschritt und Zivilisation gebracht, sondern Elend und Ausbeutung. Die Fachgelehrten, die sie als Wohltäter betrachten, irren, da sie auf diese Art der kolonialen Ideologie des 19. Jh.s Vorschub leisten. Unter den westlichen Vertretern dieser Theorie möchte ich Chr. COURTOIS[4], T. Robert S. BROUGHTON[5], P. LAMBRECHTS[6], Hans Georg PFLAUM[7] und Marcel BENABOU[8] nennen.

Gemäß dem anderen Standpunkt — welcher von der Mehrheit der Geschichtsforscher vertreten wird — sollte man bei der Beurteilung

---

[3] Hans Georg PFLAUM, La romanisation de l'Afrique, in Akten des VI. Intern. Kongresses für Griech. u. Lat. Epigraphik . . ., 67.
[4] Les vandales et l'Afrique, Paris 1955.
[5] The Romanization of Roman Africa, 1929.
[6] La résistance spirituelle des provinces occidentales contre Rome, Bruxelles 1966.
[7] Op. cit., loc. cit.
[8] La résistance africaine à la romanisation, Paris 1976; Idem, Résistance et Romanisation en Afrique du Nord sous le Haut-Empire, in Assimilation et résistance à la culture gréco-romaine dans le monde ancien . . ., 367—375.

antiker Begebenheiten nicht moderne Maßstäbe anwenden, d. h. nicht
die zur Zeit übliche Dekolonisierungspolitik. Die Vertreter dieser Richtung sind der Meinung, daß weder das in der Zeit des Kolonialismus
entstandene idyllische Bild von CAGNAT heute noch vertretbar ist, noch
die Überbetonung des Widerstandes der Eingeborenen gegenüber dem
Romanisierungsprozeß aus bloß politischen Gründen zulässig ist. Die
Wahrheit steht irgendwo in der Mitte. Auf die militärischen Auseinandersetzungen zwischen den Römern und den Eingeborenen folgte eine
Zeit der Befriedung, der Ansässigkeit und der Urbanisierung, d. h. die
Einführung neuer wirtschaftlicher Gegebenheiten, welche einen neuen,
beziehungsreichen und anziehenderen Lebensstil gefördert haben. Die
örtliche Bevölkerung fühlte sich volens-nolens von den neuen Zuständen
angezogen. Die daraus erwachsenen Vorteile — insbesondere für die
höheren Schichten der Gesellschaft (Aristokratie) — spielten eine entscheidende Rolle in der Überzeugung der Bevölkerung, daß die Anpassung an den neuen Lebensstil „sogar Vorteile nach sich zog und
einen gewissen Reiz besaß" wie sich P. A. BRUNT ausdrückt (They could
gradually come to see that assimilation had its own rewards and
charms)[9].

Ohne Führungsschicht — welche ja als erste sich zur Mitarbeit mit
den Römern bereit erklärte — war die Vorbereitung eines Aufstandes
oder die Fortführung eines Widerstandes schwer möglich.

Es gibt unterschiedliche Romanisierungsprozesse, denn gewisse
Völker waren empfänglicher, z. B. die Gallier[10], andere wiederum waren
weniger vorbereitet für diese Veränderungen. Auf jeden Fall, auch wenn
es einen Widerstand gegeben hat, besaß er weder das Ausmaß noch den
ihm von einigen Gelehrten verliehenen Charakter.

Wie für viele andere Historiker, bilden Romanisierung und Assimilierung auch für mich eine beziehungsreiche Vielheit — sowohl sprachlich und völkisch als auch kulturell —, welche nicht nur die materielle
Kultur in ihren wesentlichen Zügen und das Wirtschaftsleben mit den
sozialen Folgen, sondern auch das geistige Leben und alle wirtschaftlichen und rechtlichen Institutionen der Provinz umfaßt. Als Folge der
Romanisierung erhielt die bodenständige Bevölkerung Zutritt zu einer
höheren Zivilisation, die ihr später in den „schweren Zeiten" der Ge-

---

[9] P. A. BRUNT, The Romanization of the Local Ruling Classes in the Roman Empire,
   in Assimilation et résistance à la culture gréco-romaine ... 162.
[10] Caes. Gall. 1, 11, 3; 33, 2; 5, 5, 4.

schichte zusätzliche Überlebenskräfte geboten hat. Die Rolle des römischen Reiches in der Antike und im Leben der Geto-Daker, der Ahnen der Rumänen — im Vergleich zu den voraufgehenden und den folgenden Weltreichen — erscheint in den Augen eines unvoreingenommenen Historikers als durchaus positiv, und Rom hat einen bemerkenswerten Beitrag zum Fortschritt der Menschheit geliefert. Es ziemt sich hier nicht, unser Bedauern auszudrücken über das abrupte Aufhören selbständiger örtlicher Kulturen infolge der gleichschaltenden römischen Einförmigkeit, denn es gibt keine Gewähr dafür, daß sie außerhalb des Rahmens der römischen Kultur dieselben bedeutenden Fortschritte verzeichnet hätten und zu einem wirklichen Aufstieg gekommen wären. Vielleicht wären sie sogar unter ein fremdes Joch gefallen, das ihnen aber nicht die Vorteile einer höheren Kultur geboten hätte. Die Vergangenheit soll im Rahmen ihrer eigenen Bedingungen beurteilt werden und bloße Mutmaßungen sind dem Sinne der Geschichte fremd[11].

Die soeben angestellten Betrachtungen zur Umschreibung der gegenwärtigen Begriffe A s s i m i l i e r u n g und R o m a n i s i e r u n g sollen uns aber nicht vom Hauptanliegen unseres Beitrags abhalten, der Frage, wie sich diese Vorgänge auf dem Gebiet Rumäniens abspielten und worin ihre Rolle bei der rumänischen Ethnogenese bestand. Von Anfang an möchte ich hervorheben, daß ich mir vorgenommen habe, über die Romanisierung zu sprechen, weil dieser maßgebliche Bedeutung für die Ethnogenese der Rumänen zukam. Es ist sozusagen eine Grundfrage der rumänischen Geschichte, über welche sich ein reiches in- und ausländisches Schrifttum angesammelt hat. Die vorgetragenen Meinungen aber gingen in vieler Hinsicht auseinander, sowohl in bezug auf die völkische Zugehörigkeit der Bevölkerung Dakiens, welche romanisiert wurde, als auch auf die Dauer und den Umfang des Vorganges hinsichtlich des Raumes, in welchem der Vorgang sich abgespielt hat, und des Schicksals dieser Bevölkerung in der Zeit der Völkerwanderung.

Gewisse Forscher haben, indem sie ganz und gar unwissenschaftliche Ziele verfolgten, behauptet, daß die Bevölkerung Dakiens während Trajans Kriegen ausgerottet oder im Anschluß an diese umgesiedelt und aus Dakien verschickt wurde. Sie hätte folglich nicht romanisiert werden können, um so weniger, als die 169 Jahre, die die römische Herrschaft umfaßte (106—275 n. Chr.), dazu nicht genügt hätten. Nicht einmal in den Provinzen, in welchen die römische Herrschaft länger

[11] Radu VULPE, Din istoria Dobrogei, Bukarest 1968, II, 16—17.

gedauert habe, sei dergleichen geschehen, oder aber Dakien bilde eine
Ausnahme. Die hier herausgebildete romanische Bevölkerung soll bloß
aus Kolonisten bestanden haben, welche aus dem ganzen Reich in großer
Anzahl herbeigeströmt seien. Diese neuen Römer hätte Kaiser Aurelian
im Jahre 275 — zusammen mit dem Heere und der Verwaltung — in
das Gebiet südlich der Donau zurückgezogen. Und so hätten die Wandervölker in der entstandenen Leere *(vacuum)*, wie auf einer richtigen terra
deserta, sich ungestört niederlassen können.

Jenseits der römischen Provinzgrenzen, im Gebiet der Moldau, in
Maramureş und Crişana, wo freie Daker lebten, habe keine Romanisierung stattfinden können, während in den Gegenden, in welchen sich
die Slawen niedergelassen hatten, diese die örtliche Bevölkerung slawi-
siert hätten. Auch in der Dobrudscha, wo sich die römische Herrschaft
längere Zeit erhalten hat, hätten wir — während der Völkerwanderung,
insbesondere nach dem Anfang des 7. Jh.s — dieselbe Angleichung
(= Slawisierung) der romanischen Bevölkerung. Folglich gebe es in ganz
Rumänien — der stärksten romanischen Insel (22 Mill.) — keinen Ort,
an dem man die ununterbrochene Kontinuität der romanisierten Bevölkerung beweisen könne. Demzufolge hätten die Rumänen südlich
der Donau gelebt und dort sich als Volk herausgebildet, von wo sie im
9.—13. Jh. (eher später als früher) die Donau überquert und sich nördlich von ihr niedergelassen hätten. Dann hätten sie sich in wunderbarer
Weise vermehrt und hätten das ganze heutige Rumänien besiedelt, wodurch sie von neuem dieselbe Gegend besetzt hätten, welche sie mehrere
Jahrhunderte vorher verlassen hätten[12].

---

[12] Constantin DAICOVICIU, La Transylvanie dans l'Antiquité, Bucarest 1945; IDEM,
Zur Frage der Entstehung der rumänischen Sprache und des rumänischen Volkes,
in Nouvelles Etudes d'Histoire, 1960, II, 541—566 (in Zusammenarbeit mit
E. PETROVICI und Gh. STEFAN) = Die Entstehung des rumänischen Volkes und der
rumänischen Sprache, Bukarest 1964; C. DAICOVICIU, Die menschliche Gesellschaft
an der Unteren Donau in vor- und nachrömischer Zeit. I. Am Vorabend der römischen Eroberung, in Rapports du XIᵉ Congrès international des Sciences Historiques,
Stockholm 1960, 117—128; IDEM, Die Herkunft des rumänischen Volkes im Lichte
der neuesten Forschungen und Ausgrabungen, Südosteuropa-Studien, München 1967,
Bd. 9, 21; IDEM, Der Ursprung des rumänischen Volkes im Lichte der neuesten Forschungen und Ausgrabungen, in Forschungen zur Volks- und Landeskunde (Sibiu),
X 2, 1967, 5—19; Mihail MACREA, Viaţa în Dacia Romană, Bukarest 1969; Emilian
POPESCU, Inscripţiile greceşti şi latine din secolele IV—XIII descoperite în România,
Bukarest 1976; Dumitru PROTASE, La population daco-romaine en Transylvanie
et dans le Banat (Depuis l'abandon de la Dacie jusqu' à la venue des slaves) in
Dacoromania. Jahrbuch für östliche Latinität III 1975/76, 50—56; IDEM, Les rapports

Diese Theorie, deren Unzulänglichkeit nicht nur von rumänischen, sondern auch von fremden Fachkollegen aufgezeigt wurde, widerspricht sowohl der reichen geschichtlichen und archäologischen Dokumentation als auch der geschichtlichen Logik. Sie hat auch nicht die Zustimmung der Geschichtsforscher aus den südlichen Nachbarländern (Bulgarien, Jugoslawien) erlangt, welche die Rumänen nicht auf dem Gebiet ihrer Länder finden konnten. Trotzdem aber existiert das rumänische Volk und deshalb wurde es als „une énigme et un miracle" betrachtet[13].

Selbstverständlich bildet das rumänische Volk kein „Rätsel" und kein „Wunder" für eine sachliche Forschung. Wie auch andere Völker haben die Rumänen sich unter besonderen geschichtlichen Bedingungen in einen breiten Raum beiderseits der Donau entwickelt aus zwei ethnischen Elementen: den Geto-Dakern (als Substrat) und den Römern (als Strat).

Die engen Beziehungen zwischen den Geto-Dakern und den Römern auf dem Gebiete der Sprache, der Kultur und der Wirtschaft haben zur Herausbildung einer romanischen Bevölkerung geführt, welche später im 6. und 7. Jh. n. Chr. eine slawische Komponente (als Adstrat) erhält, um im 8. Jh. bereits als ausgeprägtes rumänisches Volk in die Geschichte zu treten[14].

entre Romains et Daces dans la province de Dacie, in Assimilation et résistance ... 493—500; Vl. ILIESCU, Die Räumung Dakiens und die Anwesenheit der romanischen Bevölkerung nördlich der Donau im Lichte der Schriftquellen, in Dacoromania I 1973, 5—28; Andrei BODOR, Emperor Aurelian and the Abandonment of Dacia, ibidem, 29—40; Radu VULPE, Considérations historiques autour de l'évacuation de la Dacie par Aurélien, ibidem, 41—51; Emilian POPESCU, Das Problem der Kontinuität in Rumänien im Lichte der epigraphischen Entdeckungen, ibidem, 69—77; Dumitru TUDOR, Preuves archéologiques attestant la continuité de la domination romaine au nord du Danube après l'abandon de la Dacie sous Aurélien (IIIe—Ve siècles), ibidem, 149—161; Adolf ARMBRUSTER, La romanité des roumains. Histoire d'une idée, Bukarest 1977; Dumitru TUDOR, Oltenia Romană, Bukarest 41978; Nicolae STOICESCU, Continuitatea Românilor, Bukarest 1980; Emilian POPESCU, Continuitatea daco-romană. Formarera poporului român şi a limbii române. Rolul creştinismului, in Glasul Bisericii. Revista oficială a Sfintei Mitropolii a Ungrovlahiei, 39, 6—9, 1980, 573—587.

[13] G. BRĂTIANU, Une énigme et un miracle historique: le peuple roumain, À propos du livre de M. Ferdinand LOT sur les invasions barbares et de quelques ouvrages récentes sur les origines du peuple roumain, Bucarest 1937.

[14] Gh. STEFAN, Formarea poporului român, Editura Politică, Bukarest 1973; IDEM, Formarea poporului român, in Dicţionar de istorie veche a României, Bukarest 1976, 276—284; Al. GRAUR, Formarea limbii române, ibidem, 271—276; Gh. STEFAN, Le problème de la continuité sur le territoire de la Dacie, in Dacia N. S. 12, 1968, 347—354.

Es ist verständlich, daß die Ethnogenese der Rumänen eine umfangreiche Fachliteratur hervorgebracht hat, in der sich der Autochthonismus
und die Kontinuität einerseits und der Immigrationismus andererseits
einander bekämpften. Die rumänischen Historiker und Archäologen
haben in den letzten 30 Jahren versucht, diese Probleme neu zu beleuchten, und wir können behaupten, daß wir heute über eine reichere geschichtliche und archäologische Dokumentation verfügen als in der Vergangenheit. Zahlreiche archäologische Grabungen wurden im ganzen
Lande vorgenommen, deren Ergebnisse: sowohl das archäologische Fundgut als auch die daraus gezogenen Schlußfolgerungen, in den Zeitschrif-
ten (Dacia, Studii şi cercetări de istorie veche şi arheologie, Materiale
şi cercetări arheologice, Studii şi cercetări de numismatică, Jahrbücher
der verschiedenen Museen) oder als Einzelmonographien publiziert. Auch
die literarischen Quellen hat man einer neuen Überprüfung unterzogen,
wobei auch die neue epigraphische und archäologische Forschung berücksichtigt wurde[15]. Auch ist mit der Herausgabe der Inschriften — unter
Berücksichtigung der neuesten wissenschaftlichen Anforderungen — begonnen. Davon sind bereits sechs Bände erschienen[16], zwei weitere
druckfertig[17]. Die bereits erzielten vielseitigen Ergebnisse gestatten einen
breiteren und wahrheitsgetreueren Überblick über den Fragenkreis der
Ethnogenese, einschließlich der Romanisierung. In diesem Aufsatz werde
ich mich auf die Hauptaspekte beschränken, da eine erschöpfende Behandlung aller Fragen viel mehr Raum benötigen würde.

Damit meine Ausführungen leichter verfolgt werden können, glie-
dere ich das ganze Material nach zeitlichen und örtlichen Grundsätzen
in fünf Abschnitte: 1. Die Voraussetzungen der Romanisierung; 2. Die
Romanisierung in der Dobrudscha im 2. und 3. Jh.; 3. Die Romanisie-

---

[15] S. Anm. 12.
[16] Inscriptiones Daciae Romanae: I. Prolegomena historica et epigraphica, diplomata
   militaria, tabulae ceratae, ed. I. I. Russu, Bukarest 1975; II. Pars meridionalis inter
   Danuvium et Carpatos montes, ediderunt Gr. Florescu et C. C. Petolescu, Bukarest 1977; III 1. Dacia Superior. Pars occidentalis, ediderunt I. I. Russu, Milena
   Dusanić, N. Gudea, Volker Volmann; III 2. Dacia Superior. Ulpia Traiana
   Dacica (Sarmizegethusa), ediderunt I. I. Russu, I. Piso, V. Volmann, Bukarest 1980;
   Inscriptiones Daciae Romanae et Scythiae Minoris antiquae: Inscriptiones intra
   fines Dacoromaniae repertae graecae et latinae anno CCLXXXIV recentiores, ed.
   Emilian Popescu, Bukarest 1976; Inscriptiones Scythiae Minoris antiquae: V. Capi-
   dava, Troesmis, Noviodunum, ed. Emilia Dorutiu-Boilă, Bukarest 1980.
[17] Inscriptiones Scythiae Minoris antiquae: I. Histria, ed. D. M. Pippidi; IV. Tropaeum
   Traiani, Durostorum, Axiopolis, ed. Emilian Popescu.

rung Dakiens im 2. und 3. Jh.; 4. Die Romanisierung der Gebiete außerhalb der Provinzen Dakien und Moesien; 5. Die fortlaufende Romanisierung auf dem Gebiete Rumäniens im 4.—6. Jh. und die Rolle des Christentums.

1. Die Voraussetzungen der Romanisierung

In Rumänien fanden die ersten Kontakte mit den Römern in der Dobrudscha statt. Hier hatten die einheimischen Geto-Daker Verbindungen zu den Griechenstädten der Schwarzmeerküste mit ihrer Zivilisation bereits im 7. und 6. Jh. v. Chr. Die Römer gelangten hierher im ersten Drittel des 1. Jh.s v. Chr. anläßlich des 3. Krieges gegen König Mithradates von Pontos. Im Laufe dieses Kampfes hatte der römische Statthalter von Makedonien, *M. Terentius Varro Lucullus*, die Aufgabe, in den Jahren 73—70 die Griechenstädte der Herrschaft des Mithradates zu entreißen und sie durch Verträge an Rom zu binden. Er unternimmt einen Feldzug gegen die von Mithradates in den Griechenstädten zurückgelassenen Einheiten aufgrund der mit ihnen abgeschlossenen Verträge, wobei es ihm gelingt, sie zu vertreiben. Der Erfolg seiner Handlung wird auch von dem zwischen Rom und Callatis abgeschlossenen *foedus* bezeugt, dessen lateinische Fassung auf einer im Geschichtlichen Museum von Bukarest befindlichen Marmorplatte erhalten ist[18]. Dieses Schutz- und Trutzbündnis, das wahrscheinlich auch mit anderen Städten der westlichen Schwarzmeerküste bestand, hat aber keine bedeutsamen Folgen für die Partner gehabt, denn kurz danach (im Jahre 62 v. Chr.) führten die Mißbräuche des Statthalters von Makedonien, *C. Antonius Hybrida*, zum Aufstand der griechischen Städte und zur Abschüttelung der römischen Herrschaft. Die Griechenstädte werden jetzt vom getischen König Burebista abhängig[19]. Die römische Herrschaft wird erst in den Jahren 29—28 v. Chr. wiederhergestellt, nachdem der Statthalter von Makedonien, *M. Licinius Crassus*, seinen siegreichen Feldzug gegen die Geten aus der Dobrudscha und deren Verbündete durchgeführt hat. Ein ständiges Besatzungsheer scheint aber nicht in der Dobrudscha verblieben

---

[18] D. M. PIPPIDI, I Greci nel Basso Danubio dall' età arcaica alla conquista romana, Milano 1971, 151 sqq.; IDEM, Autour de la date du „foedus" Roma-Callatis, in Polis and Imperium. Studies in Honour of Eduard Togo Salmon, Toronto 1974, 183—200; Radu VULPE, Din istoria Dobrogei, II, Bukarest 1968, 24 sqq.

[19] Über Burebista und sein Reich gibt es eine reiche Literatur; daraus zitieren wir nur das Buch von Ion Horaţiu CRIŞAN, Burebista and his Time, Bukarest 1980.

zu sein. Hierdurch waren auch die Möglichkeiten römischen Einflusses beschränkt. Die Tatsache muß hervorgehoben werden, daß wir keinen sicheren Beweis für den Aufenthalt eines Römers in der Dobrudscha im 1. Jh. v. Chr. haben. Es ist aber anzunehmen, daß die Kaufleute hierher leichter eingedrungen sind nach dem erwähnten römischen Sieg des Jahres 28 v. Chr. Sie haben nicht nur römische Waren mitgebracht, sondern dabei auch ein Stück römischer Lebensweise vermittelt. Übrigens erscheint jetzt — Mitte des 1. Jh.s v. Chr. — die römische Währung auch in der Dobrudscha. Der römische Denar wird gangbare Münze, wie es zahlreiche Einzelfunde oder auch ganze Horte bezeugen. Nach dem Feldzug des *M. Terentius Varro Lucullus* scheint die selbständige Münzprägung der Griechenstädte aufgehört zu haben, um erst unter Augustus in Tomis, unter Nero in Callatis und unter Antoninus Pius in Histria wieder aufgenommen zu werden[20].

Die Römer haben das untere Donauufer nicht auf einmal, sondern allmählich besetzt. Zuerst wurden die Griechenstädte an der Küste, welche sich in der Pontischen Gemeinschaft (Κοινὸν Πόντου) vereinigt hatten, dem Reich einverleibt. Das geschah kurz vor dem Jahre 9 v. Chr., in dem Ovid nach Tomis verbannt wurde. Die Gründung der Konsularprovinz Moesien erfolgte im Jahre 15 n. Chr., 45—46 n. Chr. wurde der thrakische Klientelstaat in eine römische Provinz unter Leitung eines Prokurators umgewandelt und im Jahre 86 Moesien aufgeteilt in *Moesia Superior* und *Moesia Inferior*[21].

Im Zusammenhang mit diesen Ereignissen dürfen wir auch das Eindringen der römischen Armee[22] in die Dobrudscha annehmen sowie die Einführung gewisser administrativer Einrichtungen, welche sich auf den Romanisierungsprozeß auswirken mußten. Manche Forscher vermuten, daß zugleich mit der Angliederung der Griechenstädte unter Augustus

---

[20] B. PICK — K. REGLING, Die antiken Münzen Nord-Griechenlands: I 1. Die Münzen von Dacien und Moesien, Berlin 1898: I 2/1 Die Münzen von Odessos und Tomis, Berlin 1910; C. PREDA — H. NUBAR, Descoperirile monetare de la Histria (1914—1970), Bukarest 1973.

[21] S. die Arbeiten des Colloque Anglo-Roumain d'épigraphie ancienne. Les villes grecques de Scythie Mineure à l'époque romaine, in Dacia N. S. 19, 1975: D. M. PIPPIDI, Histria aux Ier—IIIe siècles, 141—150; Emilia DORUTIU-BOILĂ, Contributions épigraphiques à l'histoire de Tomis à l'époque du Principat, 151—160; Alexandra STEFAN, Callatis à l'époque du Haut-Empire à la lumière des documents épigraphiques, 161—172; Emilian POPESCU, Zur Geschichte der Stadt in Kleinskythien in der Spätantike. Ein epigraphischer Beitrag, 173—182.

[22] A. A. ARICESCU, Armata în Dobrogea romană, Bukarest 1977.

auch eine *praefectura orae maritimae* gegründet wurde[23]. Sie war eher militärisch als administrativ ausgerichtet und sollte gleichzeitig ein Zeichen der römischen Anwesenheit und ein Schutz gegen feindliche Angriffe sein. Der innere Teil der Dobrudscha verblieb bis 45—46 n. Chr. unter thrakischer Obrigkeit, bzw. in Abhängigkeit des Königs der Odrysen, welcher ein römischer Kilent war. Wahrscheinlich aber bildete das Donauufer bereits einen Teil des erst später- unter Domitian — bezeugten militärischen Distrikts der *praefectura classis et ripae Danuvii*, ein Gegenstück für die Donau zu der für das Meer bestimmten *praefectura orae maritimae*. Manche Forscher sind der Meinung, daß die Schaffung des Steuerbezirkes (*portorium ripae Thraciae*) nicht erst im Jahre 45—46 n. Chr. erfolgte — als das soeben erwähnte thrakische Königreich der Odrysen verschwindet und die Dobrudscha an die Provinz Moesien angegliedert wird — sondern bereits auf den Anfang des 1. Jh.s n. Chr. zurückgeht. Dieser Steuerbezirk umfaßte die Gegend von Dimum (zwischen Asamum und Novae in Bulgarien) bis zur Donaumündung und setzte am unteren Teil der Donau jenes *publicum portorium Illyrici utriusque* fort, welches in den letzten Regierungsjahren des Augustus oder in den ersten des Tiberius geschaffen wurde. Ein Teil der Einkünfte aus dem Donauhandel wurde von den römischen Beamten dieses Bezirkes erhoben[24].

Der Integrierungsprozeß der Dobrudscha in das militärische, wirtschaftliche und kulturelle Leben des Reiches, wie ich ihn oben skizziert habe, ist uns wenig bekannt mangels entsprechender Dokumentation. Die frühere Integrierung der Griechenstädte aber ist veranschaulicht durch einige Urkunden, wie jene betreffend die P o n t i s c h e G e - m e i n s c h a f t (Κοινὸν Πόντου bestand aus 6 und später 5 Städten) noch vom Anfang des 1. Jh.s n. Chr.[25]. Dieses politische Gebilde wurde

---

[23] A. von Premerstein, JÖAI I, 1898, Beibl. 155, 193—194; V. Pârvan, Histia IV, Acad. Roum. Mem. Sect. Ist., Ser. II 38, 1915—1916, 556—558, Nr. 15, 558—593, Nr. 16; G. Barbieri, Riv. Fil. clas., N. S. 19, 1941, 268—280; 24, 1946, 166—171; J. H. Oliver, in Greek Roman Byzantine Studies 6, 1955, 146—151; R. Vulpe, Din istoria Dobrogei, II, 45, 51, 55, 67; D. M. Pippidi, I Greci ... 160, 287; Emilia Dorutiu-Boilă, Studii clas. 17, 1977, 95—100 = Der niedermoesische Limes unter Domitian. Zu einer Inschrift aus Ephesos, in Studien zu den Militärgrenzen Roms II. Vorträge des 10. Internationalen Limeskongresses in der Germania Superior, Köln—Bonn 1977, 294—296.

[24] R. Vulpe, op. cit., 54, 151; D. M. Pippidi, op. cit., 173; Emilia Dorutiu-Boilă, op. cit., 89—96 = 289—293.

[25] Emilia Dorutiu-Boilă, in Dacia N. S. 19, 1975, 152—154.

gegründet, um die politischen Bande mit Rom durch die Religion (Feiern des Herrscherkultes) zu stärken. Die frühe Förderung des Herrscherkultes in den Griechenstädten bezeugt auch eine Inschrift aus Istria vom Ende des 1. Jh.s v. Chr. oder Anfang des 1. Jh.s n. Chr., in der die Rede vom Bau eines Tempels (ναός) zu Ehren des Augustus zu dessen Lebenszeiten ist[26]. Andere Urkunden aus der Zeit des frühen römischen Einflusses bezeugen die Ehrung der Kaiser im Rahmen eines Festes: Κεσαρεῖα.

Mit der Eingliederung der ganzen Dobrudscha an die Provinz Moesien im Jahre 45—46 wurde ein weiterer Schritt zur Stärkung der römischen Herrschaft unternommen. Obwohl die griechischen Städte sich des Status von *civitates foederatae* oder *civitates liberae et immunes* (zwischen jenen und diesen ist ein Unterschied mehr dem Namen nach) erfreuten und im Rahmen ihrer Grenzen über innere Autonomie und gewisse Steuerentlastungen verfügten, wie es die berühmte Inschrift aus Histria über die Grenzziehung des gewesenen Konsuls *Laberius Maximus* (Ὁροθεσία Λαβερίου Μαξίμου ὑπατικοῦ) bekundet, verstärkte sich dessen Abhängigkeit vom römischen Staat, da dieser sich die Freiheit nahm, in wichtigen Fragen — einschließlich den außenpolitischen — Entscheidungen zu treffen[27].

Es ist aber seltsam, daß, obwohl die römische Anwesenheit in der Dobrudscha sich bereits am Anfang unserer Zeitrechnung bemerkbar macht, wir erst unter Vespasian Einheiten kennen, welche hier ihren Standort hatten. Dieser Kaiser reorganisiert die Flotte aus Moesien durch die Gründung der *classis Flavia Moesica,* welche starke Stützpunkte auch an einigen Stellen in der Dobrudscha wie in Noviodunum, Barboşi und Aegyssus hatte. Gleichzeitig werden in die Dobrudscha Hilfstruppen gebracht, deren Soldaten sowohl im Inneren als auch an der Küste in den Städten standen. Der Grund der von Vespasian getroffenen Maßnahmen muß die Unruhe sein, welche die Daker vom linken Donauufer aus verursachten. Ihre Einmischung in römische Geschäfte hat nicht aufgehört während der Nachfolger Burebistas bis zur großen Auseinandersetzung mit den Römern in den Tagen des Domitian und Trajan. Könige wie Koson, Cotiso, Dicomes, Diurpaneus und

---

[26] D. M. PIPPIDI, Ein Augustus-Tempel in der Dobrudscha, JÖAI 46, 1959, Beibl. 229—238.

[27] IDEM, Das Stadtgebiet von Histria in römischer Zeit auf Grund der Ὁροθεσία des Laberius Maximus, in Dacia N. S. II, 1958, 227—247; IDEM, I greci . . . 174.

andere lösen in Rom Besorgnis aus und führen die Kaiser dazu, immer strengere Maßnahmen gegen die Daker zu treffen. Der Wunsch nach Sicherheit an der Donau, welche nun zur Grenze des Reiches wird, erklärt die Umsiedlung der 50 000 Geten aus der Walachischen Ebene südlich der Donau durch *Aelius Catus,* den Statthalter von Moesien in den Jahren 11—12 n. Chr.[28]. Später wurden weitere 100 000 Einwohner nördlich der Donau — zusammen mit ihren Kindern und Frauen, samt den Führern und den Königen — in den Süden geführt von *Plautius Silvanus Aelianus,* dem Statthalter derselben Provinz in den Jahren 57—67 n. Chr.[29].

Die Berührung der Donau durch die Römer hatte Folgen auch für die dakischen Gebiete nördlich der Donau, indem die wirtschaftlichen und kulturellen Beziehungen zwischen Dakern und Römern sich nun stärkten. Die Daker werden in immer stärkerem Maße in die wirtschaftliche und kulturelle Tätigkeit Roms einbezogen, während ihr Land einen bedeutenden Markt für römische Waren noch vor der Eroberung darstellt. Wie auch in anderen Gegenden der Welt sind die Kaufleute der militärischen Eroberung vorangegangen und die Handwerker, Bauern, Flüchtlinge, Gefangene und Deserteure aus der römischen Armee fanden Zuflucht und Arbeitsmöglichkeiten am Hofe der dakischen Könige. Bekanntlich erhielt der dakische König nach Abschluß des Friedens zwischen Dekebalus und Domitian im Jahre 89 n. Chr. Gelder und Handwerker für den Bau und Ausbau der Festungen. Der römische Denar ersetzt bereits im 1. Jh. v. Chr. die dakische Münze und die in letzter Zeit gefundenen Prägeformen im vorrömischen Dakien bezeugen, daß es hier regelrechte Münzstätten gab, welche die Weltwährung der damaligen Zeit — den römischen Denar — prägten[30]. Zusammen mit den Fachleuten und den römischen Waren hielten Einzug in Dakien sowohl eine fortgeschrittene Technik und eine neue Mentalität, als auch

---

[28] R. VULPE, op. cit., 41—44, 55.

[29] D. M. PIPPIDI, Tib. Plautius Silvanus Aelianus şi froniera Dunării de jos în sec. I e. n. in Contribuţii la istoria veche a României, Bukarest ²1967, 287—328; R. VULPE, op. cit., 55—59.

[30] N. LUPU, Jahrbuch f. Numismatik und Geldgeschichte 17, 1967, 107—121; Constantin PREDA, Monetele geto-dacilor, Bukarest 1973, 345—352; Maria CHIŢESCU, Numismatic Aspects of the History of Dacian State. The Roman Republican Coinage in Dacia and Geto-Dacian Coins of Roman Type, British Archaeological Reports, International Series 112, Oxford 1981, 46—61, 316—319.

der beschränkte Gebrauch der lateinischen Sprache, zumindest am königlichen Hof, in den Kreisen der Priester und der Aristokratie und bei den Kaufleuten und den wohlhabenden Handwerkern. Das lateinische Alphabet erscheint auf einem Kultgefäß, das in Sarmizegethusa, der Hauptstadt der dakischen Könige aus Transsilvanien, gefunden wurde mit der folgenden Aufschrift: *Decebalus per Scorilo.* Kürzlich erst fand man keramische Fragmente mit lateinischen graffiti in der dakischen Siedlung südlich der Karpaten (in Ocniṭa, Bez. Vîlcea), in Oltenien; wahrscheinlich lag diese — im Lichte der epigraphischen Funde — im Gebiet des dakischen Königs Thiamarkos[31].

Auch muß angenommen werden, daß sowohl die lateinische Sprache, als auch römische Lebensformen ins vorrömische Dakien durch die dakischen Teilnehmer an den römischen Bürgerkriegen gelangt sind. Außerdem waren die Daker zu einem nicht bestimmbaren Zeitpunkt in einem Klientelverhältnis zu Rom gewesen.

All dieses berechtigt uns zu der Behauptung, daß die Romanisierung Dakiens im Laufe von hundert Jahren vorbereitet wurde durch wirtschaftliche, politische und kulturelle Kontakte, welche der Eroberung und Organisierung Dakiens durch Trajan vorangegangen sind. Nach der Eroberung beginnt ein neuer Abschnitt — e n t s c h e i d e n d   f ü r   d i e   R o m a n i s i e r u n g   d e r   e i n h e i m i s c h e n   B e v ö l k e r u n g —, weil jetzt (106—275) das unmittelbare Zusammenleben der Daker mit den Römern, die Annahme der lateinischen Sprache und der römischen Zivilisation durch die Daker, mit einem Wort, ihre Verwandlung in Dako-Romanen stattfand. In dieser Zeit geht die Romanisierung äußerst rasch voran, weil es eine gründlich vorbereitete Handlung der römischen Behörden war. In der Dobrudscha, wo die Römer sowohl politisch als auch verwaltungsmäßig längst vorherrschend waren, hat die Romanisierung entscheidende Fortschritte erst unter der Herrschaft des Kaisers Trajan gemacht. Nach Abschluß der Dakerkriege trifft er umfangreiche militärische und administrative Maßnahmen, die erst jetzt zur vollständigen Einrichtung des Donaulimes in diesem Teil des Reiches führen.

---

[31] I. I. Russu, Die griechische und lateinische Schrift im vorrömischen Dakien, in Epigraphica. Travaux dédiés au VIIe Congrès d'épigraphie grecque et latine (Constantza, 9—15 septembre 1977), recueillis et publiés par D. M. Pippidi et Emilian Popescu, Bukarest 1977, 33—50.

2. Die Romanisierung der Dobrudscha im 2. und 3. Jh.

Der von Trajan geschaffene militärische und administrative Rahmen bestand unverändert ohne bedeutendere Änderungen bis in die Zeit des Diokletian. In diese fällt der Bau zahlreicher Burgen und Lager und die Zusammenziehung von militärischen Einheiten. Trajan verlegt in die Dobrudscha zwei Legionen: *leg. XI Claudia* nach Durostorum und *leg. V Macedonica* nach Troesmis, Auxiliartruppen in Lagern und Burgen. Die Standlager der römischen Armee und die daneben aufgetauchten zivilen Siedlungen haben sich schnell gewandelt und die Lebensweise römischer Städte angenommen. Zwei von ihnen erhalten sogar mit der Zeit den Status eines *municipium*[32]. Die Romanisierung der Dobrudscha wurde mit Hilfe der römischen Einrichtungen durchgeführt, welche ihre Träger mitgebracht hatten, sowohl die öffentlichen Vertreter (Militär und Beamten) als auch die einfachen Kolonisten. Der Urbanisierungsprozeß geht rasch voran insbesondere am rechten Donauufer, er findet aber auch statt im Inneren der Provinz und bildet einen wichtigen Faktor im Romanisierungsprozeß, dessen Anfänge vom Militär markiert wurden. Die ersten Einheiten — Legionen oder Hilfstruppen — sind hierher gekommen, nachdem sie vervollständigt wurden in den westlichen oder östlichen Provinzen: die *leg. XI Claudia* in Germanien, dann für kurze Zeit in Pannonien, die *leg. V Macedonica* in Oescus (*Moesia Inferior*), die Hilfsverbände in Moesien oder im Rheinland[33]. Um die Mitte des 2. Jh.s findet eine Änderung statt; mit der allmählichen Romanisierung an der Donaumündung hat sich das Aushebungsgebiet der Legionen eingeengt auf die eigene Provinz, so daß in der zweiten Hälfte des 2. Jh.s die Mehrzahl der Soldaten örtlich angeworben wurden, wobei viele aus einheimischen oder seit mehreren Generationen angesiedelten Familien stammten. Die Änderung der Aushebung hat wichtige Folgen für die Romanisierung in diesen Gegenden gehabt, da die Armee ein bedeutender Faktor für die Verbreitung des Bürgerrechts unter den Einheimischen gewesen war. Eine wichtige Rolle haben die Veteranen gespielt, die wir in zahlreichen ländlichen Sied-

---

[32] R. Vulpe, Le nombre des colonies et des municipes dans la Mésie Inférieure, in Acta Antiqua Philoppopolitana, Studia Hist. et Philol., Sofia 1963, 149—150; Emilian Popescu, Epigraphische Beiträge zur Geschichte der Stadt Tropaeum Traiani, Studii clasice 6, 1964, 185—203.

[33] S. Anm. 22.

lungen antreffen; diese lebten zusammen mit den örtlichen Thrakern in gemischten Gemeinschaften, welche meistens römische Namen besaßen (*veterani et cives Romani et Bessi consistentes ... vico Quintionis*). Die ländlichen Siedlungen in der Dobrudscha bedienten sich sowohl der Verwaltungs- und Lebensformen der römischen *vici* und *pagi,* als auch der lateinischen Sprache selbst in der Nähe der griechischen Städte. Die römischen Formen haben sich dann weiter verbreitet auch in den Siedlungen der Eingeborenen. Neben dem Militär erwähnen die Inschriften Provinzialbeamte und einfache Kolonisten, welche sowohl in die römischen Siedlungen als auch in die Griechenstädte an der Küste kamen. Zur Zeit Trajans ist die Anwesenheit einer großen Anzahl Römer (Kaufleute und Beamte) bezeugt, die sich zu einem *conventus civium Romanorum* zusammengeschlossen hatten. Das Anwachsen der Zahl der Römer in den griechischen Städten und deren wachsende Öffnung gegenüber dem Reich tritt zutage auch dadurch, daß in zwei von ihnen (Histria und Tomis) neben den alten ionischen Phylen auch eine römische Phyle (φυλὴ 'Ρωμαίων) erwähnt wird, die allerdings keine Verwaltungseinheit mit römischen Bürgern, sondern lediglich einen Ehrennamen darstellte[34].

Bei ihrer Ankunft fanden die Römer in der Dobrudscha eine bodenständige thrakisch-getisch-dakische Bevölkerung und die Griechen vor. Erstere umfaßten sowohl die örtlichen Geto-Daker, als auch die südlichen Thraker, *Bessi, Lai* und *Ausdecenses,* welche unter unbekannten Umständen hierher gekommen sind. Aus den Inschriften ersehen wir, daß sie sowohl in *civitates* (*civitas Ausdecensium*[35]) als auch in *vici* (*vicus Buteridava*[36] und andere) lebten; dieselben haben sich auch unter der römischen Herrschaft erhalten, aber angepaßt an die neuen Lebensbedingungen.

Wie auch in anderen Teilen des römischen Reiches treffen wir hier die örtlichen Führer, welche sich als erste den neuen Gegebenheiten angepaßt hatten, wofür sie das Bürgerrecht und Führungsstellen in der Verwaltung erhielten. So z. B. ist *Caius Iulius Quadratus* ein hiesiger

---

[34] Emilia DORUTIU-BOILĂ, Triburile la Tomis în epoca romană, in Studii clasice 12, 1970, 117—126; D. M. PIPPIDI, Cu privire la triburile histriene în epoca romană, in Stud. cerc. ist. veche şi arh. 26, 1975, 1, 181—187 (= franz. Fassung in Le monde grec. Hommage à Claire Préaux, Bruxelles 1975).

[35] CIL III 14437, 2; D. TUDOR, in Analele Universităţii Bucureşti, Istorie, 1956, 50—57.

[36] I. I. RUSSU, in Stud. cercet. ist. veche 6, 1955, 2, 80.

princeps loci, der das Bürgerrecht und eine wichtige Stelle in der Verwaltung des ländlichen Territoriums erhält. Andere örtliche *principes* erscheinen in den Stadtterritorien von Tomis und Tropaeum Traiani mit römischen Namen oder teilromanisierten Namen (*Antonius Zinenis, Zudecitulp*)[37]. Der Romanisierungsprozeß in den einheimischen Familien wird mitunter von den Inschriften dokumentiert, in denen die Eltern ihren Namen vollständig oder teilweise beibehalten, während ihre Kinder rein römische Namen erhalten. Anhand der ungefähr 3 000 in der Dobrudscha aufgefundenen Inschriften hat man namenkundliche Erfassungen der Einheimischen, der Griechen und der Römer durchgeführt sowie die Proportionen dieser Bevölkerungsgruppen prozentual bestimmt. Hierbei ergab sich, daß die thrakischen Namen — im ganzen 80 — bloß 2,2 % der Gesamtzahl ausmachen. Das kann aber nicht dem tatsächlichen Prozentsatz der bodenständigen Bevölkerung im Verhältnis zu den Griechen und den Römern entsprechen, weil die Autochthonen einerseits unter römischen Namen erscheinen und andererseits viel weniger Inschriften auf dem Land gesetzt wurden, wo die bodenständige Bevölkerung unzweifelhaft überwog.

Die 2 000 griechischen Namen, welche zum größten Teil aus den Küstenstädten stammen, stellen annähernd 70 % des gesamten Namensgutes dar. Die römischen Namen befinden sich — mit Ausnahme der griechischen Städte — in der Mehrzahl im restlichen Teil der Dobrudscha[38].

Die Romanisierung ist in den griechischen Städten, wie überall im griechischen Osten, eigene Wege gegangen[39]. Begünstigt durch ihre innenpolitische Autonomie und im Besitz einer höheren Zivilisation, welche nicht zuletzt den Gebrauch der eigenen Sprache beanspruchte, konnten sich die Griechen nur äußerst langsam romanisieren. Trotzdem beginnt mit ihrer Eingliederung in das römische Reich ein neuer Abschnitt, dessen kennzeichnende Züge sich in den Beziehungen mit den Römern niederschlagen. Anscheinend hat sich das öffentliche Leben der Griechenstädte nicht geändert, in Wirklichkeit aber verschwinden manche Einrichtun-

---

[37] Emilian POPESCU, Aspecte ale colonizării și romanizării în Dacia și Scythia Minor în lumina unor inscripții din muzee bucureștene, in Studii clas. 9, 1967, 163—177.

[38] Emilia DORUTIU-BOILĂ, in Dacia N. S. 19, 1975, 160; Emilian POPESCU, Die Inschriften aus Kleinskythien, in Actes du VIIe Congrès international d'épigraphie grecque et latine (Constantza, 9—15 septembre 1977), Bucarest 1977, 273—292.

[39] S. Anm. 21.

gen, während andere verändert weiterbestehen. Die Eingliederung der griechischen Poleis in das römische Reich wurde innenpolitisch beschleunigt durch die wachsende Anzahl und die größere Rolle der römischen Bürger im öffentlichen Leben. Obwohl das Griechische weiterhin die Sprache der Inschriften bleibt, werden die römischen Namen — das äußere Zeichen der neuen Rechtszustände — mit der Zeit immer häufiger im 2. Jh. Die kaiserlichen Familiennamen sind am zahlreichsten, ein Zeichen, daß das römische Bürgerrecht zur Zeit der betreffenden Kaiser verliehen wurde. Anhand der vorhandenen Urkunden kann man behaupten, daß der Romanisierungsprozeß, der in der Dobrudscha zur Zeit der flavischen Dynastie einen Aufschwung genommen hat, seinen Höhepunkt in der Mitte des 2. Jh.s erreicht. Er wurde ununterbrochen fortgesetzt und hat sich verallgemeinert als Folge der *Constitutio Antoniniana* aus dem Jahre 212 n. Chr.

3. Die Romanisierung Dakiens im 2. und 3. Jh.

Die siegreiche Beendigung der Dakerkriege gestattete es Trajan, militärische und administrative Maßnahmen zu treffen, welche aus Dakien eine römische Provinz machten, damit aber nicht nur eine Gefahrenquelle beseitigen und ein Bollwerk gegen die Barbaren schaffen, sondern zusätzlich eine wichtige Einnahmequelle eröffnen sollten. Er hat dafür zahlreiche Militäreinheiten und viele Beamte für die Verwaltung und die Einnahme der Steuern hierher gebracht. Die Reichtümer der neuen Provinz bewogen den Kaiser, viele Facharbeiter — insbesondere aus Dalmatien (*Pirustae, Baridustae, Sardeates*) — zur Ausbeutung der Goldgruben und der anderen Schätze über und unter der Erde zusammenzuziehen. Auch wurde die Kolonisierung der Provinz nicht der privaten Initiative überlassen, sondern amtlicherseits durchgeführt. Dies wurde im 4. Jh. von Eutropius vermerkt: *Traianus, victa Dacia, ex toto orbe Romano infinitas eo copias hominum transtulerat, ad agros et urbes colendas* (Brev. ab Urbe condita, VIII 6, 1). Von allem Anfang an wurde eine ansehnliche Anzahl von Kolonisten in den Ort Hațeg geschickt, wo die *colonia Ulpia Traiana Sarmizegethusa* gegründet wurde, die das *ius Italicum* erhielt. Den ganzen Boden

Dakiens erklärte man zum *ager publicus* und teilte ihn durch eine *adsignatio* den römischen Bürgern oder den Peregrinen zu. Neben der amtlichen Kolonisierung gab es auch eine private Bewegung. Angezogen von den sprichwörtlichen Reichtümern Dakiens kamen aus allen Gegenden des Reiches Vertreter aller sozialen Schichten mit verschiedenen Berufen. Die Zahl der römischen Neuankömmlinge stieg derart, daß Kaiser Hadrian von seinen Freunden zurückgehalten wurde, die Provinz aufzugeben, damit nicht *multi cives Romani barbaris traderentur* (Eutropius, ibidem).

Der Andrang der Bevölkerung nach Dakien dauerte im Laufe des ganzen 2. Jh.s und in der ersten Hälfte des nächsten fort. Hier trafen zusammen Leute aus westlichen und zentralen Provinzen des Reiches, aus Afrika, dem Orient, aus den griechischen Gebieten und sogar aus Italien. Die meisten Ansiedler kamen aber aus den benachbarten Provinzen: aus Pannonien, den beiden Moesien, Thrakien und Dalmatien. Alle Neuankömmlinge sprachen lateinisch, lebten nach römischer Art und waren ständige Verbreiter des Römertums unter den Einheimischen. Latein war die Staatssprache, die gemeinsame Verständigungssprache zwischen allen Einwohnern der Provinz.

Die gemischte Bevölkerung Dakiens findet ihre Entsprechung im Namensgut der Inschriften. Von den 3 000 aus den Inschriften bekannten Personennamen bestehen 70—75 %/o aus römischen Namen (über 2 200); annähernd 15—16 %/o aus griechisch-orientalischen Namen (über 420); 4 %/o aus illyrischen Namen (124); über 2 %/o aus keltischen Namen (annähernd 70); weniger als 3 %/o aus thrakodakischen Namen (annähernd 65); über 1 %/o aus afrikanischen, ägyptischen und anderen Namen (annähernd 40). Die zahlreichen römischen Namen hatten nicht nur römische oder italische Träger, sondern auch romanisierte Provinzbewohner.

Einen bedeutsamen Teil der Bevölkerung in der Provinz bildeten die V e t e r a n e n , welche in Dakien ansässig waren, wo sie ihren Militärdienst abgeleistet hatten. Die große Anzahl Militärdiplome (27 von den 30 aus Dakien), die in oder neben den Militärlagern gefunden wurden, beweist, daß die Veteranen nicht den Boden der Provinz verlassen haben. Die Ansiedler und alle Neuankömmlinge waren wirtschaftlich mit dem Boden Dakiens verbunden. Diese Bindungen finden ihren Niederschlag in den zahlreichen Denkmälern, welche sowohl von Privatleuten als auch von Vertretern der Provinzbehörden den schützenden Göttern dieser Erde geweiht wurden. Es handelt sich um: *Dacia, Terra Daciae, Terra Mater, Genius Daciarum, Daciae Tres, Deae Daciarum et Terra (Mater)*.

Gleichzeitig mit dem Andrang der neuen Bevölkerung entstanden zahlreiche Siedlungen. In Dakien sind 12 Städte bekannt (Kolonien und Municipien), von denen vier das *ius Italicum* besaßen (*Ulpia Traiana Sarmizegethusa, Apulum, Potaissa, Napoca*), eine ansehnliche Anzahl im Vergleich mit anderen Provinzen (in Pannonien und den beiden Moesien gab es kein *ius Italicum*), was die starke und schnelle Romanisierung und die Verbundenheit der Bevölkerung mit der kaiserlichen Politik bezeugt.

Die Neuansiedler waren nicht die einzigen Bewohner Dakiens. Sie sind nicht in eine terra deserta gekommen, sondern in ein Land, das von der bodenständigen geto-dakischen Bevölkerung bewohnt war. Diese war in der Mehrzahl und bildete überall eine gedrängte Ansammlung mit Ausnahme vielleicht der Städte und deren ländlichen Territorien. Die einheimische Bevölkerung wurde weder ausgetilgt noch vertrieben im Laufe der beiden Eroberungskriege oder nach dem Anschluß eines großen Teils von Dakien an das Reich, sondern hat weitergelebt als untertänige Bevölkerung und sich allmählich dem neuen römischen Leben angepaßt.

Aus den antiken Nachrichten geht nicht die Vernichtung der Geto-Daker als ganzes Volk, wohl aber ein großer Verlust an waffenfähigen Männern hervor, also die Vernichtung ihrer militärischen Kraft und der Anschluß ihres Landes, wie es auch mit anderen eroberten Gebieten geschehen ist. Dieses Bild erscheint auch in einigen Inschriften, in den Münzprägungen des Trajan mit den Aufschriften *Victoria Dacica* oder *victa Dacia, Dacia capta* und in einigen bildlichen Darstellungen.

Ptolemaios (Geograph. III 8, 3) berichtet über das Fortbestehen von Volksstämmen mit dakischen oder dakisch-römischen Namen in den ersten Jahren der neuen Provinz: *Kostobokoi, Buridavenses, Potulatenses, Saldenses* und andere, welche eine Art von *civitates peregrinae* bildeten. Die alten Orts- und Gewässernamen erhalten sich auch unter den Römern, so z. B.: *Ampelum oder Ampeium, Apulum, Arcidava, Berzobis, Napoca, Alutus, Crisus, Marisus, Samus, Tibiscus.* Auch muß daran erinnert werden, daß der dakische Wortschatz im Rumänischen (sichere 150—160 Worte) nur durch das Weiterleben von Dakern unter römischer Herrschaft zu erklären ist, denn er wurde über das Lateinische vererbt und nicht unmittelbar aus dem Dakischen ins Rumänische übernommen[40].

In bezug auf seinen Beitrag zur Stärkung der militärischen Kraft des Reiches im 2. und 3. Jh. zählt Dakien zu den führenden Provinzen. Es hat der römischen Armee mindestens 12 Einheiten Infanterie und Kavalerie gestellt, welche unter dem Namen *Dacorum* in verschiedenen Provinzen epigraphisch bezeugt sind (Kappadokien, Syrien, Britannien, Pannonien und Moesien). Angefangen von der Mitte des 2. Jh.s und insbesondere nach der *Constitutio Antoniniana* sind die Daker infolge der örtlichen Aushebung in die Hilfstruppen Dakiens eingetreten oder wurden zu den Legionen oder den Prätorianern einberufen. Es ist selbstverständlich, daß eine große Anzahl von Soldaten und gar ganze Einheiten nur aus einer zahlreichen Bevölkerung und nicht bloß aus unbedeutenden Splitterelementen ausgehoben werden konnten.

Die Kontinuität der Geto-Daker wird aber überzeugend bewiesen durch die archäologischen Funde. Im Raume der ganzen Provinz wurden durchgehend ländliche Siedlungen aufgefunden, in denen alte Bestattungsbräuche und andere Elemente der materiellen Kultur (Keramik, Bauart der Wohnung) fortbestehen, die den Dakern eigen waren und sich stark von den neuen römischen Formen unterscheiden. Die Daker, die vornehmlich auf dem Land lebten und dort die Mehrzahl der Bevölkerung bildeten, übernahmen schnell die römischen Durchschnittswaren, und so entstand eine Mischkultur, in welcher der römische Anteil bereits einige Jahrzehnte nach der Eroberung überwog. Mit der Zeit haben sich die vollkommeneren römischen Produkte in allen Sparten des Wirtschaftslebens durchgesetzt und in der zweiten Hälfte des 2. Jh.s sind es fast ausschließlich römische Waren, die wir in Dakien finden.

Die Untersuchung der Bestattungsart bei den Geto-Dakern hat ergeben, daß wie auch bei anderen Bevölkerungsgruppen des Reiches, die Grundarten der Beerdigung und gewisse religiöse Bräuche sich erhalten haben, wenn auch gewisse Elemente derselben von den Ansiedlern entlehnt worden sind. Hierzu zählt beispielsweise die Beigabe des Fährlohns, d. h. man schiebt dem Toten einen Obolos zwischen die Zähne zur Entrichtung an den legendären Charon.

Es bereitet große Schwierigkeiten, Beispiele für eine interpretatio Romana der dakischen Religion zu benennen, einen Vorgang, der in der

---

[40] I. I. Russu, Die Sprache der Thrako-Daker, Bukarest 1969.

jeweiligen Entsprechung für andere Provinzen (Gallien, Germanien, Britannien) nachzuweisen ist. Auf jeden Fall gibt es vorläufig keine klaren Belege für die von den Geto-Dakern verehrten Götter aus dieser Zeit. Die Erklärung finden wir in der unterschiedlichen Art, in welcher sich die Geto-Daker vor der Eroberung ihre Götter vorstellten. Alle Versuche, für die römische Zeit einheimische Kulte nachzuweisen, sind wohl deshalb gescheitert, weil diese wahrscheinlich bilderlos waren.

Die materielle Kultur Dakiens ist in ihrer Gesamtheit römisch, während der einheimische Einschlag sich bloß in der Keramik, im Wohnungsbau (bescheiden und althergebracht) wegen der niederen Stellung der Geto-Daker und in der Bestattung auswirkt.

Selbstverständlich war der Romanisierungsprozeß nicht gleichmäßig in allen Teilen der Provinz, es gab Unterschiede von Ort zu Ort, zwischen Stadt und Land, zwischen den Gebieten der Militärlager und des Bergbaus einerseits und den sozial und wirtschaftlich rückständigen Gegenden andererseits. Er wirkte sich stärker aus in Oltenien und der östlichen Hälfte des Banats, in den Zentralgebieten und im Westen von Transsilvanien, war aber schwächer in den östlichen Teilen der dakischen Hochebene, wo die Städte fehlten und die ländlichen Lebensformen fortdauerten.

Entscheidende Bedeutung im Romanisierungsprozeß der einheimischen Bevölkerung kam der lateinischen Sprache zu, deren Gebrauch unvermeidlich war in allen Beziehungen mit den Behörden, mit den neuen Ansiedlern und den Kaufleuten, vor allem aber beim Militär für die eingezogenen Daker. Deshalb spielte sie eine wichtige Rolle beim Verlust des völkischen Charakters der Daker und übertraf bei weitem den Einfluß der materiellen Lebensbedingungen und der geistigen Faktoren.

Die wirtschaftliche und kulturelle Durchdringung des dakischen Lebens vor der römischen Eroberung hat die Romanisierung vorbereitet. Diese selbst erfolgte dann in den 170 Jahren der unmittelbaren Herrschaft. Die günstigen Voraussetzungen für eine rasche und gründliche Romanisierung hängen zusammen mit den Umständen der Eroberung und den Bedingungen, welche den neuen Ansiedlern bei der Errichtung der Provinz geschaffen wurden. Sowohl die lateinische Sprache als auch die römische Kultur und deren Lebensformen konnten sich hier leicht durchsetzen, da die stark angeschlagene Bevölkerung nur geringen Widerstand leisten konnte. Das gleiche galt auch für das in Ermangelung

einer Schriftsprache weniger widerstandsfähige Geistesleben und ebenso
für die althergebrachte Lebensweise. Die große Anzahl der lateinischen
Inschriften, welche in Dakien aufgefunden wurden (über 3 000 in annähernd 210 Ortschaften), besagt viel und übertrifft andere Provinzen,
die längere Zeit unter römischer Herrschaft gestanden haben: *Moesia
Superior* (1 448 in 311 Ortschaften) *Moesia Inferior* (1 673 in 197 Ortschaften)[41].

Zwei Hauptfaktoren haben von allem Anfang an den vollständigen
Erfolg der Romanisierung Dakiens gesichert, nämlich die systematische
und gut organisierte Ansiedlungspolitik aus allen Teilen des Reiches,
und die zahlreichen Truppenteile, die ihre Standorte in Dakien hatten.
Zu diesem ständigen römischen Element der Bevölkerung traten die
vielen Beamten hinzu, welche für die Verwaltung, die Steuern und die
Wirtschaft der Provinz zuständig waren. Alle diese Elemente haben
dazu beigetragen, daß man am Ende der römischen Herrschaft im
Jahre 275 in Dakien eine lateinisch sprechende dakisch-römische Bevölkerung mit einer provinzialrömischen Kultur vorfinden konnte,
welche sich auch während der Zeit der Völkerwanderung erhalten hat[42].

4. Die Romanisierung der Gebiete außerhalb der Provinzen Dakien und Moesien

Nicht das ganze eroberte Gebiet Dakiens wurde der römischen Provinz Dakiens einverleibt oder an *Moesia Inferior* angehängt. So sind
z. B. ein großer Teil der Moldau, der Maramureş im Norden und
Crişana im Westen außerhalb der Grenzen der Provinz Dakien geblieben. Das Gebiet von Muntenien und die südliche Moldau bildeten

---

[41] H. MIHĂESCU, La langue latine dans le sud-est de l'Europe, Bucarest—Paris 1978.
[42] Die Fachliteratur über die Geschichte Dakiens in vorrömischer und römischer Zeit
ist sehr reich; daraus zitieren wir nur die umfangreichen Arbeiten, wo man andere
Hinweise finden kann: C. DAICOVICIU, La Transylvanie dans l'Antiquité, Bucarest
1945; idem, Dacica, Cluj, 1970; Mihail MACREA, Viaţa în Dacia Romană, Bukarest
1969; D. TUDOR, Oraşe, tîrguri şi sate din Dacia Romană, Bukarest 1968; IDEM,
Oltenia Romană, Bukarest 1978; D. PROTASE, Problema continuităţii în Dacia în
lumina arheologiei şi numismaticei, Bukarest 1966; I. I. RUSSU, Auxilia provinciae
Daciae, in Studii cerc. ist. veche 23, 1972, 63—77; D. PROTASE, Der Forschungsstand zur Kontinuität der bodenständigen Bevölkerung im römischen Dazien
2.—3. Jh.), in ANRW II 6 (1977) 990—1015; Istoria României, I, Edit. Acad.
R. S. R., Bukarest (im Druck); s. auch Anm. 12, 16.

einen Teil von *Moesia Inferior,* ohne aber denselben Urbanisierungs-
und Militarisierungsprozeß wie Dakien zu durchlaufen. Hier aber hat
sich der römische Einfluß schon früher fühlbar gemacht, am Anfang des
1. Jh.s, noch bevor der sogenannte Donaulimes errichtet wurde. Was
Zentral- und Nordmoldau anbelangt, haben Händler die römische
Zivilisation vermittelt und die benachbarte römische Bevölkerung aus
Dakien und Moesien hat sie hierher ausgestrahlt. Die dakischen Volks-
stämme aus der Moldau scheinen im Klientelverhältnis zu Rom gestanden zu haben.

Die sogenannten freien Daker an den nördlichen und westlichen
Grenzen Dakiens, in Maramureş und Crişana, hatten zahlreiche Verbindungen zur römischen Provinz bereits im 2. Jh. Die Beziehungen
zwischen den romanisierten dakischen Hirten aus der Provinz haben
mitunter zur Verwandtschaft geführt und gleichzeitig zur Verbreitung
römischer Kultur und Sprache außerhalb den Grenzen des Reiches beigetragen. Bekanntlich haben 12 000 der sogenannten „Rand-Daker"
um die Erlaubnis gebeten, sich auf dem Boden der Provinz niederlassen
zu dürfen. Andererseits hat Kaiser Commodus den Dakern nicht gestattet, ihre Herden bis auf 7 km von der Grenze weiden zu lassen.
Diese Verfügung hat aber den wirtschaftlichen und kulturellen Einfluß
Roms keineswegs unterbunden, um so weniger als er wahrscheinlich
ohnehin weniger aus Dakien als aus Pannonien kam.

Eine andere Gelegenheit zur Ausstrahlung des Römertums in diesen
Gegenden boten Kriegshandlungen, wobei zahlreiche Römer als Gefangene ins Gebiet der Barbaren verschleppt wurden. Selbstverständlich
kann man in diesen Gegenden nicht von einer vollen Romanisierung wie
in der Provinz sprechen, sondern von einem schwächeren und lang-
sameren Prozeß, der erst nach Abschaffung der Grenzen der Provinz
zu Ende geführt wurde[43].

---

[43] I. I. Russu, Les Costoboces, in Dacia N. S. 3, 1959, 341—352; Radu Vulpe, La
Vaiachie et la Basse Moldavie sous les romains, in Dacia N. S. 5, 1961, 366—393;
S. Dumitraşcu — T. Bader, Aşezarea dacilor liberi de la Medieşu Aurit, Satu Mare
1967; M. Macrea, Dacii liberi în epoca romană, in Apulum 7, 1968, 171—200;
Gh. Bichir, Cultura carpică, Bukarest 1973; idem, Archaeology and History of the
Carpi, British Archaeological Reports 1—2, Suppl. 16, Oxford 1976. Virgil Mihai-
lescu-Birliba, La monnaie romaine chez les Dates orientaux, Bukarest 1980; Silviu
Sanie, Civilizaţia romană la est de Carpaţi şi romanitatea pe teritoriul Moldovei
(sec. II î. e. n. — III e. n.), Iaşi 1981.

5. Die Romanisierung im 4.—6. Jh.

In der Dobrudscha kann der Romanisierungsprozeß der Geto-Daker am Ende des 3. Jh.s als abgeschlossen betrachtet werden insofern, als die verschiedenen völkischen Gruppen sich sprachlich sowenig wie rechtlich noch unterscheiden ließen als gleichberechtigte Träger derselben römischen Zivilisation. Die Bewohner der Provinzen werden jetzt alle *provinciales* benannt, im Gegensatz zu den *gentes, gentiles,* den Fremden innerhalb und außerhalb der römischen Grenzen. Dieselbe Benennung umfaßt auch die Griechen aus den Küstenstädten, die zwar Einwohner des Reiches und stark römisch beeinflußt waren, aber ihre eigene Sprache behielten. Jetzt kommen in Frage für die Romanisierung und die Assimilierung bloß die Wandervölker (Goten, Hunnen und andere), welche sich als *foederati* oder infolge von Kriegshandlungen in der Provinz niederlassen. Deren Assimilierungsprozeß war schwieriger und erfolgreich nur im Falle kleiner Gruppen oder einzelner Personen. Die Wege waren verschieden: durch Soldaten, durch Auswirkungen des Wirtschaftslebens und der Verwaltung und insbesondere durch das Christentum. Dieses wirkte entscheidend im Assimilierungsprozeß. Die Inschriften und andere Quellen zeigen uns, wie dieser Prozeß vor sich ging. Man kann behaupten, daß trotz der zahlreichen Einfälle und der Unsicherheit im Laufe des 4.—6. Jh.s viele Barbaren assimiliert wurden von der Mehrzahl der lateinisch sprechenden Bevölkerung der Provinz[44].

In den nördlich der Donau gelegenen Gebieten wurde der Romanisierungsprozeß möglich und hat sich ausgebreitet dank der Abschaffung

[44] Ligia Bîrzu, Continuitatea populaţiei autohtone în Transilvania în secolele IV—V. Cimitirul I de la Bratei, Bukarest 1973; IDEM, Continuitatea creaţiei materiale şi spirituale a poporului român pe teritoriul vechii Dacii, Bukarest 1980; Eug. Zaharia, Données sur l'archéologie des IVe—VIe siècles sur le territoire de la Roumanie. La culture Bratei et la culture Dridu, in Dacia N. S. 15, 1971, 269—278; IDEM, Populaţia românească în Transilvania în secolele VII—VIII. Cimitirul nr. 2 de la Bratei, Bukarest 1977; Emilian Popescu, Inscripţiile...; Dan Gh. Teodor, Teritoriul est-carpatic în veacurile V—XI e. n. Contribuţii arheologice la problema formării poporului român, Iaşi 1978; Radu Vulpe, Romanitate şi creştinism, coordonate ale etnogenezei românilor, in De la Dunăre la Mare. Mărturii istorice şi monumente de artă creştină, Galaţi 1979, 16—22; I. Barnea, Les monuments paléochrétiens de Roumanie, Roma, Città del Vaticano, 1977; IDEM, Christian Art in Romania, Bukarest 1979; Gh. Ivănescu, Istoria limbii române, Iaşi 1980; Dan Gh. Teodor, Romanitatea carpato-dunăreană şi Bizanţul în veacurile V—XI e. n., Iaşi 1981 (mit reicher Bibliographie).

der Grenzen, wodurch die Bevölkerung von beiden Seiten der ehemaligen Grenze frei miteinander verkehren konnte. Auf diese Weise fand die allmähliche Romanisierung aller Einwohner statt ohne Anwesenheit des römischen Staates. Das Vulgärlatein, das Christentum im lateinischen Gewand, jener geistige habitus der Dako-Romanen, waren die Hauptfaktoren dieses Prozesses. Andererseits darf nicht vergessen werden, daß das Oströmische Reich im 4.—6. Jh. auf dem linken Donauufer ständig Brückenköpfe aufrecht erhielt und zuweilen — in den für eine Machtausweitung günstigen Zeitabschnitten — konnte es sogar größere Gebiete nördlich der Donau unter seine Kontrolle bringen. Die südlich der Donau gelegenen Provinzen haben eine bedeutende Rolle im Romanisierungsprozeß gespielt, durch die wirtschaftlichen und kulturellen Beziehungen, die sie mit dem Norden unterhielten. Das entscheidende Moment war aber das Christentum. Als kennzeichnende Ideologie der römischen Welt und geistig höher stehendes Gedankengut, das im Stande war, die Wünsche der Menschen zu erfüllen, hat sich das Christentum bei den Barbaren durchsetzen können. Die lateinische Predigt hat zur völkischen, sprachlichen und geistigen Nivellierung der Bevölkerung beigetragen. Deshalb betrachten die rumänischen Historiker die Romanisierung und das Christentum als die zwei Grundpfeiler der rumänischen Ethnogenese. Infolge der Romanisierung hat sich die bodenständige Bevölkerung die geistigen und materiellen Werte der römischen Zivilisation angeeignet, wodurch sie sich den fremden Völkern, mit denen sie in Berührung kam, überlegen zeigte und auch ihre eigene Widerstandskraft stärkte. Das Christentum hat den Romanisierungsprozeß vertieft und ihm Dauerhaftigkeit verliehen.

Diese waren die Hauptfragen der Romanisierung auf dem Gebiete Rumäniens, der bei den Geto-Dakern noch vor der Eroberung Dakiens durch die Römer begonnen hat; er wurde rasch und systematisch während der römischen Herrschaft fortgeführt; im 4.—6. Jh. kam er zu einen Abschluß, nachdem das Christentum eine entscheidende Rolle gespielt hatte. In der Dobrudscha beginnt der Romanisierungsprozeß früher, aber er wird beschleunigt erst nach der Errichtung des Donaulimes durch Trajan. Im 4.—6. Jh. betrifft die Romanisierung in der Dobrudscha bloß die Wandervölker, während nördlich der Donau auch die „freien Daker" einbezogen werden. Im 6. Jh. fand der Romanisierungsprozeß auf dem Gebiete Rumäniens sein Ende, als sein Ergebnis ist eine romanische Bevölkerung entstanden.

Die Stadt Cástulo (Hispanien) in der römischen Kaiserzeit

von J. M. Blázquez, Madrid

Cástulo in der Vorkaiserzeit

Cástulo ist die Hauptstadt der Bergwerkszone des ehemaligen Gebietes Oretania. Sie liegt am Fluß Guadalimar, einem Nebenfluß des Guadalquivirs, der die gesamte Provinz *Baetica* durchfließt, und sie befindet sich in einer Gegend, die sehr reich an Mineralien ist. In dieser Stadt werden von mir seit zwölf Jahren Ausgrabungen durchgeführt.

Die Stadt gewann an Bedeutung durch die nahegelegenen Silberbergwerke seit dem 8. Jahrhundert v. Chr.[1]; aus dieser Zeit datieren die ersten Zeugnisse über den Handel mit den Phöniziern, die an der Südküste der Halbinsel seßhaft waren, wie z. B. ein Tempel, Bronzegefäße, einige Darstellungen der Astarte, ein Thymiaterion usw.[2]. Seit der zweiten Hälfte des fünften und während der ersten Hälfte des folgenden Jahrhunderts empfing Cástulo große Mengen attischer Keramik, die vermutlich durch die Karthager eingeführt wurden[3], um sie gegen Silber einzutauschen. In diesem 4. Jahrhundert v. Chr. unterhielt Cástulo gute Beziehungen zum Norden Afrikas, wie die Keramik beweist[4]. Während

---

[1] J. M. Blázquez — J. Valiente, Cástulo III, Madrid 1981.

[2] J. M. Blázquez, Tartessos y los orígenes de la colonización fenicia en Occidente, Salamanca 1975, 110 ff.; Arte fenicio y tartésico en el sur de la Península Ibérica, Historia del Arte Hispánico, I, La Antigüedad, I, Madrid 1978, 205, 216 f.

[3] J. M. Blázquez, Cástulo I, Madrid 1974, 228 ff., 305 ff.; R. Olmos, Cástulo, II, Madrid 1979, 429 ff.

[4] A. Blanco, Tarros de cerámica ibérica andaluza, Oretania 14—15, 1963, 87 ff.

des 2. Punischen Krieges war Cástulo Karthago sehr zugeneigt; die Gattin Hannibals war aus Cástulo gebürtig (Liv. XXIV 41, 7). Der Dichter Silius Italicus (III 97 f., 106) gab ihr den Namen Himilce. Während des 2. Punischen Krieges scheint die Stadt sehr wohlhabend gewesen zu sein. Sie lag am *mons argentarius* oder Silbergebirge[5] (Str. III 2, 11). Vermutlich befand sich dort das Silberbergwerk Baebelo und auch die Stollen, welche die Karthager gegraben hatten, die Hannibal 300 Silberpfunde täglich einbrachten (Plin. nat. XXXIII 97. Pol. X 38, 7) und die in der Zeit des Älteren Plinius noch ergiebig waren. Man hat angenommen, daß das Bergwerk *Baebelo* dasjenige von Los Palazuelos wäre, aber dies ist nicht denkbar, da bisher keinerlei punisches Material gefunden wurde. Der griechische Geograph Strabon (III 2, 8) bestätigt über Turdetanien, dem Süden der Iberischen Halbinsel, daß es in keinem Gebiet der Welt solche Mengen Gold, Silber, Kupfer und Eisen gäbe[6]. Dieser Reichtum des Gebietes von Cástulo bewirkte, daß sich das römische Heer im 2. Punischen Krieg, von Anfang an, des Gebietes von Cástulo bemächtigen wollte (Liv. XXII 20, 12), um dem punischen Heer, das in Italien operierte, die Mittel zu seinem Unterhalt zu nehmen, denn Hispanien vermittelte den Karthagern Söldnertruppen und auch das Geld zu deren Bezahlung. Die Römer beuteten diese Bergwerke vom ersten Tag an aus; wie das Buch 1, 8, 3 der Makkabäer aussagt, waren sie der Anlaß der römischen Eroberung Hispaniens.

Wir kennen nicht das Regierungssystem zu Beginn der römischen Herrschaft in Cástulo, aber es war vermutlich eine Erbmonarchie. Wahrscheinlich war Kolichas König dieses Gebietes (Liv. XXVIII 13, 3); er herrschte über 28 Städte und vermittelte 3500 Männer an Scipio, als der römische General, im Jahre 206 v. Chr., von Norden kommend, sich mit ihm in Cástulo vereinigte (Liv. XXVIII 13, 1).

Aus dem Leben der Stadt sind uns einige Daten aus republikanischer Zeit überliefert[7]. Im Jahre 214 ging die Stadt in den Besitz der Römer über (App. Iber. 16. Liv. XXIV 41, 7). Nach dem Tod der Scipionen

---

[5] R. CONTRERAS, El verdadero sentido de los textos clásicos relativos al Monte de la Plata, Oretania 22, 1966, 195 ff.

[6] J. M. BLÁZQUEZ, Economía de la Hispania Romana, Bilbao 1978, 182 ff.; Historia de España Antigua, II, Hispania Romana, Madrid 1978, 225 ff. Über die Ökonomie Turdetaniens in vorrömischer Zeit: J. M. BLÁZQUEZ, Economía de la Hispania Romana, 121 ff.; Historia económica de la Hispania Romana, Madrid 1978, 21 ff.; Historia de España Antigua, I, Hispania Romana, Madrid 1978, 225 ff.

[7] J. M. BLÁZQUEZ, Cástulo en las fuentes histórico-literarias anteriores al Imperio, Oretania 21, 1965, 123 ff.

fiel sie in die Hände der Karthager (Liv. XXVIII 19, 1—2). In Cástulo besiegte P. Scipio ein Heer der Karthager, das unter dem Befehl des Mago stand (Liv. XXVI 20, 6). Im Jahre 208 (Pol. X 38, 7) lagerte Scipio mit seinem Heer in der Nähe von Cástulo, nahe bei der Stadt *Baecula*, wo die entscheidende Schlacht ausgetragen wurde, die zur Eroberung des gesamten Südens durch die Römer führte. Im Jahre 206[8] nahm P. Scipio die Stadt Cástulo ein. Er besaß dort und im gesamten Gebiet eine große Zahl Anhänger, wie einige Inschriften aus dieser Zeit beweisen (CIL II Supl. 1142). Der Name Scipio ist in dieser Gegend häufig vertreten[9]. Zwischen den Jahren 98 und 94 verbrachte Sertorius einen Winter in Cástulo; er war Militärtribun des Praetors Didius (Plut. Sert. 3, 5).

Der Fluß Guadalquivir war zur damaligen Zeit bis Cástulo schiffbar (Str. III 2, 3). Wir fanden bei einer Ausgrabung den Hafen, einen der wenigen Flußhäfen, die Hispanien besaß[10].

Cástulo besaß gute Straßenverbindungen, wie Strabon erwähnt (III 4, 9); eine führte von Valentia über Sucro, Saetabis, Illici, Illurco, Basti, Cástulo, Obulco bis Corduba und Gades. Es ist die gleiche Straße, die Cäsar benutzte, um nach Munda zu gelangen, wo er die berühmte Schlacht des Bürgerkrieges austrug. Die Strecke von Cástulo nach Neu-Karthago wurde während der Regierungszeit des Augustus gebaut (Str. III 4, 9) und zwischen den Jahren 8 und 7 v. Chr. beendet (CIL II 4931, 4936, 4937, 4938). Auf dieser Straße wurde das Metall aus Cástulo und seiner Umgebung nach Neu-Karthago exportiert, das den wichtigsten Hafen der ganzen iberischen Küste besaß (Str. III 4, 6).

Während der Kaiserzeit war Cástulo mit besseren Verbindungen versehen als zur Zeit der römischen Republik, denn es gab zwei Straßen nach Córdoba (Itin. Ant. 402, 6; 403, 4 Geogr. Rav. 315, 4); eine nach Sisapo (CIL II 3278) und eine vierte nach Malaka (Itin. Ant. 404, 2). Zur Zeit des Kaisers Augustus verlief die neue Grenzlinie, nach der letzten Provinzaufteilung (Str. III 4, 2), nahe bei Cástulo, es war die Grenze zu der Provinz *Hispania ulterior* (Caes. BC. I 38). Von Cástulo

---

[8] R. Contreras, La conquista de Cástulo por Publio Cornelio Escipión, Oretania 10, 1962, 125 ff.

[9] A. D'Ors, Los Cornelios y otras familias de Cástulo. El conjunto epigráfico del Museo de Linares (VII), Oretania 11, 1962, 209 ff.

[10] A. García y Bellido, La Península Ibérica en los comienzos de su Historia, Madrid 1953, 426 ff. Über die Straßen Castulos: P. Sillières, Le «Camino de Anibal». Itinaire des gobelets de Vicarello, de Castulo à Saetabis, MCV 13, 1977, 31 ff.

aus wurde die Länge der Baetica gemessen, die Agrippa in seiner Karte aufzeichnete (Plin. nat. III 17. 29). Cástulo gehörte in der Zeit Agrippas zu den *Oppida Latii Veteris* mit dem Namen *Caesarini Iuvenales* (Plin. nat. III 25)[11]. Die *cohors servia iuvenalis* ist für Cástulo dokumentiert (CIL II 3272)[12]. Während des Bürgerkrieges zwischen Cäsar und Pompejus hielten sich im Gebiet von Cástulo Banditen auf, die die Postverbindung zwischen Cástulo und Rom unterbrachen[13].

Der Reichtum Cástulos zeigt sich am deutlichsten in den Münzen. Schon am Ende des 3. Jahrhunderts prägte die Stadt Geldstücke, und dank der Metrologie wurde ein Datum vorgeschlagen, das vor den Jahren 214—212 v. Chr. liegt; die Prägung folgte einem süditalischen, durch die Karthager nach Hispanien eingeführten System. Zweifelhaft ist jedoch, ob die Münzen der Iberer während der karthagischen Regierungszeit oder der römischen geprägt wurden. Vermutlich war es in der römischen Zeit. Nach dem 2. Jahrhundert wurden in Cástulo nach dem römischen System Münzen geprägt. Sie zeigten auf einer Seite einen männlichen Kopf im Profil und auf der anderen Seite eine Sphinx oder einen Stier. Im 1. Jahrhundert stehen die Namen der Magistrate in lateinischer Schrift darauf. In der Sierra Morena sind unzählige Münzen gefunden worden, dagegen in Cástulo nur sehr wenige[14].

Cástulo in der Kaiserzeit

Ökonomie

Die Basis für den Reichtum Cástulos bildeten die Silberbergwerke der Sierra Morena. Während der römischen Republik kontrollierte Cástulo ganz sicherlich den größten Teil aller dortigen Bergwerke, wie

---

[11] Auf den Inschriften aus römischer Kaiserzeit liest man häufig den Namen der Stadt Cástulo (CIL II 3265, 3270, 3278; A. D'ORS, El conjunto epigráfico del Museo de Linares (VI) Oretania 10, 1962, 162 ff.; El conjunto epigráfico del Museo de Linares (VII) 209 ff.; A. CABEZÓN, Basa en honor del emperador Valeriano, Oretania 23—24, 1966, 272 ff.; S. MARINE, in Cástulo II 409 ff.).

[12] J. M. ROLDÁN, Hispania y el ejército romano. Contribución a la Historia social de la España Antigua, Salamanca 1974, 229.

[13] R. CONTRERAS, Bandolerismo hispano y guerra civil en el Salto Castulonense en el año 43 anterior a la Era Cristiana, Oretania 4, 1960, 149 ff.

[14] A. M. DE GUADÁN, Numismática ibérica e ibero-romana, Madrid 1969, 180 ff.; La moneda ibérica. Catálogo de Numismática ibérica e ibero-romana, Madrid 1980, 70 f.; J. UNTERMANN, Monumenta Linguarum Hispanicarum, Wiesbaden 1975, 325 ff.; L. VILLARONGA, Numismática antigua de Hispania, Barcelona 1979, 76, 121, 143 ff., 231, 235.

dies schon zur Zeit der Karthager und Iberer geschehen war. Ein Beispiel dafür ist das Silber- und Bleibergwerk „La Loba" (Fuenteovejuna, Córdoba), in dem wir schon vier Grabungskampagnen in Verbindung mit Prof. DOMERGUE von der Universität Toulouse durchführten; dort wurden viele Münzen aus Cástulo ausgegraben, obwohl das Bergwerk gut 100 km von der Stadt entfernt liegt. Ebenfalls hier fand man in den Vorratsgebäuden eine große Zahl Amphoren DRESSEL I, von denen verschiedene aus Brindisi in Italien stammten, mit griechischen Namen in lateinischer Schrift; ebenso viele kampanische Keramik C wurde entdeckt. Das Bergwerk war vom Ende des 2. Jahrhunderts bis zum Jahre 50 v. Chr. in Betrieb. Vermutlich der Bürgerkrieg verhinderte die weitere Ausbeutung. Cl. DOMERGUE[15] nimmt an, daß alle Bergwerke der Sierra Morena infolge des Bürgerkriegs zwischen Cäsar und Pompejus stillgelegt wurden und erst viele Jahre später die Arbeit dort wieder aufgenommen wurde. Die Bergwerksgesellschaften investierten ihr Kapital in landwirtschaftliche Unternehmen. Strabon spricht über diesen berühmten Reichtum (III 2, 6): „Aus Turdetanien wird Weizen exportiert, viel Wein und Öl; dies aber nicht nur in großen Mengen, sondern auch in unübertrefflicher Qualität. Es werden auch Wachs, Honig und Pech exportiert, außerdem Scharlachbeeren und Mennige, letztere besser als die aus Sinope ... Die Bedeutung Turdetaniens zeigt sich in der Anzahl und Größe der Schiffe; die größten Lastschiffe, die in Puteoli und in Ostia, dem Hafen von Rom, anlegten, stammen von hier und ihre Zahl gleicht der, die von Afrika kommen[16]." Am Ende der römischen Republik oder vermutlich zu Beginn des Kaiserreiches existierte eine bedeutende Handelsgesellschaft, die *publicani,* mit einer Niederlassung in Cástulo, der *societas Castulonensis; SC,* sehr wahrscheinlich deren Abkürzung, erscheint in den Siegeln. Man vermutet, daß diese Siegel zur Kontrolle der Leder- und Espartosäcke dienten, die zum Warentransport nach Rom verwendet wurden. Diese Siegel sind mit Namensabkürzungen, mit Zahlen oder auch mit Köpfen versehen. Die Abkürzungen sind auf einem *pondus* eingraviert. Siegel wurden im Bergwerk von Centenillo, wenige

---

[15] Rapports entre la zone minière de la Sierra Morena et la plaine agricole du Guadalquivir à l'époque romaine. Notes et hypothèses, MCV 8, 1972, 614 ff.

[16] Zur Bedeutung der Ökonomie Südhispaniens für das römische Reich: J. M. BLÁZQUEZ, Economía de la Hispania Romana, 307 ff., 349 ff., 387 ff. Über die Ausbeutung der hispanischen Bergwerke während der römischen Republik: 253 ff. und über die Ökonomie Hispaniens während der römischen Republik: 217 ff.

Kilometer von Cástulo entfernt, gefunden, keine aber in „La Loba"[17]. In El Centenillo[18] wurden mehr als 100 Siegel ausgegraben, und in den anderen Bergwerken der gleichen Gesellschaft, wie in Fuente Spis, Posadas, Mina Santa Eufenia (Córdoba) und in Granada, fand man die gleichen. Bergwerksgesellschaften sind aus Hispanien verschiedene bekannt. Eine dieser Gesellschaften arbeitete in dem Bergwerk von Sisapo (Cic. Phil. II 48) und wurde in einer Inschrift (CIL II 323; X 3964) erwähnt. In Ilucro (Mazarón) förderte die Silberbergwerksgesellschaft *ilucronensis* (CIL XV 7815). Der Geschäftsführer dieser Gesellschaft war P. Turrullius Arco in der Zeit am Ende der römischen Republik; er ist der einzige Hispanier, der dieses Amt innehatte. Es handelte sich nicht um eine öffentliche Gesellschaft, wie diejenige in Sisapo, die Zinnoberrot suchte, sondern um eine Privatgesellschaft, da die Silberbergwerke in Hispanien, wie Strabon erwähnt (III 2, 10), ausschließlich in privater Hand waren. In der Provinz Córdoba war die *societas ba* . . tätig, in Posadas die Gesellschaft *C* . . *C* . . und *S* . . . Die Gesellschaft in Cástulo arbeitete annähernd eineinhalb Jahrhunderte in den Bergwerken, bis in die Mitte des 1. Jahrhunderts. Diese Tatsache widerspricht der Aussage Strabons (III 2, 10), daß zur Zeit der Kaiser Augustus und Tiberius die Silberbergwerke nicht mehr in Privatbesitz waren.

Aus den Bergwerken von El Centenillo sind 60 Bleisilberbarren bekannt, deren Gewicht zwischen 30 und 35 Kilo schwankt. Die Mehrzahl von ihnen trug den Namen des Geschäftsführers, Publius Turrullius Labeo. Strabons Beschreibung über den Abbau in den Bergwerken (III 8—9) folgt derjenigen des Posidonios, der die iberische Halbinsel während des Sertorianischen Krieges besuchte, um die Eigentümlichkeit der Gezeiten in Gades zu studieren; er bezieht sich auf die Bergwerke von Turdetanien, d. h. auf die von Cástulo beaufsichtigten, denn alle Bergwerke der Provinz Huelva wurden durch Rom am Ende der römischen Republik ausgebeutet. Plinius erwähnt sie nicht. In der Zeit vom Ende der römischen Republik bis zur Kaiserzeit änderte sich nicht das Nutzungssystem. Strabon behandelt dieses Thema innerhalb der allgemeinen Beschreibung Turdetaniens und er folgt bei der Beschreibung von Neu-

---

[17] R. CONTRERAS, Precintos de plomo de las minas hispano-romanas de El Centenillo, Oretania 6, 1960, 290 ff.; G. TAMAIN, Los precintos o sellos de plomo del «Cerro del Plomo» de El Centenillo (Jaén), Oretania 8—9, 1961, 104 ff.
[18] G. TAMAIN, Contribución al estudio de la arqueología hispano-romana en la zona de El Centenillo (Jaén), Oretania 13, 1963, 34 ff.

karthago (III 2, 10) Polybios. Strabon bestätigt die Goldgewinnung
durch Waschung in den Bergwerken, die durch Cástulo kontrolliert
waren, und berichtet auch über die Goldwäscherei in den Flüssen. Zur
Zeit Strabons gewann man mehr Gold durch Waschung in Trögen oder
in Brunnen.

Die Silberschmelzöfen waren sehr hoch, um störende Gase zu vermeiden. Posidonios bei Strabon III 2, 9 berichtet über die Turdetaner,
die unterirdische Gänge bauten, um das Wasser mit dem System der
Archimedischen Wasserschraube abzusaugen; eine Bestätigung findet dieser Bericht aus den Bergwerken von El Centenillo. Er besagt, daß die
Besitzer innerhalb von drei Tagen ein euböisches Talent gewannen und
bestätigt auch, daß diese Bergwerke wesentlich ergiebiger waren als die
in Attika, die sich im Rückgang befanden. Posidonios schwelgt bei der
Beschreibung des fabelhaften Reichtums in den Bergwerken der Umgebung Cástulos und der heutigen Provinz Córdoba: „jeder, der diese
Orte besucht hat, muß bekennen, daß es die ewigen Vorratslager der
Natur sind, oder die unerschöpfbaren Schätze eines Reiches. Das Land
ist nicht nur reich in sichtbaren Dingen, sondern auch in denen, die es
verbirgt; die Wahrheit ist, daß das Innere der Erde nicht durch Hades
beherrscht wird, sondern durch Pluto" (Str. III 2, 9).

In den Bergwerken von El Centenillo sind verschiedene rechtwinklige
Räume ausgegraben worden, vor allem im Norden. Diese Räume sind
auf dem Wege nach Westen, der zu einem Luftschacht führt, zahlreicher,
und auch im Süden dieses Schachtes befinden sich einige. Neben einem
dieser Räume, mit einer Größe von 2,50 × 1,65 m, hat man eine Hand-
mühle für Getreide und Ölfrüchte gefunden sowie einfache Keramik.
Auch wurde ein Schmelztiegel zur Bleischmelzung gefunden, ein Beweis,
daß das Blei in nächster Nähe des Bergwerkes bearbeitet wurde, um das
Silber zu gewinnen[19]. Es scheint, daß die Metallgewinnung in Centenillo
durch die Römer verhältnismäßig spät begann, im Vergleich zu den
Bergwerken von Cástulo.

Bei einigen Metalladern, wie namentlich der Filó-Mirador[20], erreichten die Stollen zur Förderung des Erzes eine Länge von 870 m und an
einigen Stellen eine Tiefe von 140 m, 175 m, 190 m und 215 m. Ver-

[19] G. TAMAIN, Contribución al estudio de la antigua metalurgia del plomo en España,
    Oretania 12, 1962, 277 ff.
[20] G. TAMAIN, Las minas antiguas de El Centenillo (Jaén), Oretania 8, 1966, 286 ff.;
    Descubrimiento fortuito en El Centenillo (Jaén), Oretania 16—18, 1964, 148 ff.;

schiedene Schächte führten senkrecht zum Stollen. In der sogenannten Filón-Sur erreichte man eine Tiefe von nur 65 m, aber eine Länge von bis zu 1150 m, mit einer Unterbrechung zwischen 350 und 650 m. Anfangs geschah die Ausbeutung durch Gräben, vermutlich in gleichmäßiger Neigung, direkt im Verlauf der Blei-Silber-Ader. In der sogenannten Filón-Perdiz erstreckte sich die Ader auf eine Länge von 760 m und neigte sich nur bis auf 130 m Tiefe.

Diese Blei-Silber-Adern wurden rationell und systematisch abgebaut. Das Entwässerungssystem dieser Bergwerke war bemerkenswert und bestätigt vollauf die Beschreibung der hispanischen Bergwerke durch Diodoros (V 35—38), der in augusteischer Zeit schrieb. Zu ihrer Entwässerung benutzte man das Archimedische Schneckenrad oder die Wasserschraube. In den Bergwerken des Südens Hispaniens fand man mehrere Schrauben dieser Art, hauptsächlich in Cerro Muriano (Prov. Córdoba), nicht weit von Cástulo, aber das beste Exemplar stammt aus El Centenillo. Das Gewinde befand sich auf einer schrägen Ebene und innerhalb einer Röhre. Dieser Apparat wurde durch einen oder mehrere Sklaven bedient. Das geförderte Wasser ergoß sich in ein Bassin, von dem es wieder mit Hilfe einer weiteren Wasserschraube in das nächste Becken gelangte, und so immer weiter bis zur Oberfläche der Erde. Englische Ingenieure, die im 20. Jahrhundert das Bergwerk von El Centenillo nutzten, berechneten, daß ungefähr 20 Wasserschrauben notwendig waren, um eine Höhe von 30 m zu überwinden. In dem Stollen der Blei-Silber-Ader „Mirador" fanden die Engländer Reste von 5 Wasserschrauben, die das Wasser zu einem Bassin in rechteckiger Form brachten, das eine Höhe von 0,90 bis 0,95 m, eine Länge von 1000 m hatte und geneigt war. Auf dem Berg über dem Stollen fand man mehrere Löcher, die aber auch dazu gedient haben konnten, das Mineral herauszubefördern.

Das Förderungssystem war folgendes:

— Zunächst grub man senkrechte Schächte auf einem Hügel.

— Nachdem sie eine gewisse Tiefe erreicht hatten, erweiterte man sie auf der Sohle erheblich, um das Wasser herauszupumpen.

— Von diesen Hohlräumen legte man die unterirdischen Stollen an.

C. DOMERGUE, G. TAMAIN, Notes sur le district minier de Linares-La Carolina (Jaén) dans l'Antiquité, Mélanges de Préhistoire, Archéocivilisation et Ethnologie offerts à A. Varagnac, Paris 1971, 199 ff.; C. DOMERGUE, El Cerro del Plomo, mina «El Centenillo» (Jaén), NAH 6, 1971, 265 ff.

— Danach wurden weitere Schächte und Hohlräume in gewisser Entfernung gegraben, um das Wasser zu beseitigen.

— Zum Schluß grub man ein großes Loch unterhalb des Berges, im Tal gelegen, welches das gesamte Wasser sammelte. Auf diese Weise, scheint es, wurde die Blei-Silber-Ader „Mirador" abgebaut.

Zur Belüftung wurden vermutlich Wetterschächte angelegt. Sie befanden sich auf der Ostseite der Ader „Mirador" zwischen den Schächten und Hohlräumen und ebenso bei der Blei-Silber-Ader „Sur".

Das Erz wurde vermutlich mit Pickel und Stemmeisen herausgebrochen. Über die Förderung zur Oberfläche ist uns nichts bekannt. Man nimmt an, daß der Transportweg durch die Schächte führte.

In der Nähe der Stollen lagen die Schmelzöfen. Zwei befanden sich im Norden der Ader „Mirador". Der nächstliegende Schmelzofen, La Tejeruela genannt, ist heute nicht mehr erhalten. Er lag in einem Tal und hatte zahlreiche Räume. Die hier gefundenen Lampen stammen aus dem 2. und 1. Jahrhundert v. Chr. In ihm wurde das Blei-Silber-Mineral der ersten römischen Abbaustelle der Ader „Mirador", das aus Schächten und Gräben stammte, verhüttet. Auch der zweite Schmelzofen, „La Fabriquilla", besteht nicht mehr. Er befand sich in großer Entfernung von der Ader „Mirador". Vermutlich wurde er hier erstellt, da beim ersten das als Brennmaterial notwendige Holz zur Neige ging. Er stammte aus späterer Zeit, aber auch hier behandelte man das geförderte Erz. Der dritte Schmelzofen lag im Süden der Mineralader „Mirador" und war unter dem Namen „Cerro del Plomo" bekannt, er gehörte zu Baños de la Encina (Jaén), mitten in der Sierra Morena. Aus diesem Gebiet sind weitere Schmelzöfen bekannt, die von Cástulo abhängig waren, wie Venta Nueva, Cerro Mancebas, aber der von El Centenillo war der bedeutendste und das Silber wurde durch Kupellation gewonnen.

Aus dem Nebenprodukt Blei wurden Bleigewichte hergestellt. Die Bleisilberbarren für den Export wogen 100 römische *librae*. Die aus Fuentes Spis trugen keine Inschrift; einige, wie die in der Nähe von Cástulo gefundenen, stammten aus einem Schmelzofen zweier Gesellschaften: T. Iuventus und M. Lucretius.

In dem Bergwerk „Los Palazuelos", nahe bei Cástulo, wurden zwei Mineraladern, die parallel liefen, durch den sogenannten Vorgang *rafa* abgebaut. In diesem Bergwerk waren vier mit Gewölben versehene Zisternen gebaut in *opus signinum*. Im Nordosten lag ein ungleichmäßiger Raum, durch Türme flankiert, in dem sich die Hütten der Bergleute befanden. In diesem Bergwerk wurde ein Relief gefunden, das acht Bergleute zeigt, die in zwei Reihen marschieren und denen ein Aufseher folgt. Der dritte Bergmann trägt eine Lampe, der vierte einen Pickel und der Aufseher Zangen. Man datiert diese Darstellung in die Zeit der Antoninen, ein Beweis, daß das Bergwerk im 2. Jahrhundert betrieben wurde.

Vermutlich errichteten die Römer Wehrtürme und Befestigungen, wie die von Palazuelos und die von Salas de Galiarda, um die Bergwerke gegen bewaffnete Banden zu schützen; in beiden genannten sind mächtige Türme am Eingang zu den Bergwerken errichtet, um Stollen und Zisternen zu verteidigen. Auch bei der Blei-Silber-Ader Los Escoriales waren entlang des Stollens Wehrbefestigungen angelegt. Zwei Türme bilden einen Teil davon, die den Eingang flankieren. Nach Beurteilung der Scherben und Fragmente der Amphoren ist zu erkennen, daß hier bis zur Mitte des 1. Jahrhunderts gearbeitet wurde.

Während des Sertorianischen Krieges und auch während des Bürgerkrieges war die Silbergewinnung in Gefahr, wie man aus einigen kleinen Münzfunden ableitet, die in der Nähe der Bergwerke von El Centenillo gemacht wurden; einer von ihnen steht in Verbindung zu den Ereignissen, von denen Plutarch (Sert. 3) erzählt, und die sich in Cástulo zutrugen. Der zweite stammt aus den Jahren des Bürgerkrieges, in die auch der große Schmelzofen La Tejeruela, nahe bei dem erwähnten „Mirador", datiert werden muß.

Am Ende des 3. Jahrhunderts erreichten die Bergwerke von Cástulo und der Umgebung die größte Fördermenge an Mineralien. Man baute während der ganzen Zeitspanne der Republik ab und erreichte den Höhepunkt in der Epoche des Augustus und des gesamten 1. Jahrhunderts. Am Ende dieses Jahrhunderts war ein Abfall der Produktion zu bemerken, vermutlich durch die Konkurrenz mit dem Bergwerk von Riotinto (Huelva)[21] in der Baetica und dem in Vipasca[22] in Lusitanien

[21] A. BLANCO, Antigüedades de Riotinto, Zephyrus 13, 1962, 31 ff.; J. M. LUZÓN, Romanización, Huelva: Prehistoria y Antigüedad, Madrid 1975, 315 ff.; F. MAYET, Parois fines et céramique sigillée de Riotinto, Habis 1, 1970, 139 ff.; L. U. SALKIED, Ancient Slags in the South West of the Iberian Peninsula, La minería hispana e ibero-romana, León 1970, 85 ff.
[22] A. D'ORS, Epigrafía jurídica de la España Romana, Madrid 1935, 71 ff.; J. M. LUZÓN, Instrumentos mineros de la España Antigua, La minería hispana e iberoromana, 222 ff.; D. CAPANELLI, Per un riesame delle leges metalli vipascensis, Liborno 1980; C. MAGUEIJO, A lex metallis dicta (117—138 d. C.), O Arqueólogo

ausgelöst, in denen seit Augustus gearbeitet wurde. Ohne Zweifel setzte man die Metallgewinnung in den Bergwerken von Cástulo fort, wie hervorgeht aus dem Relief von Palazuelos[23] und dem Relief eines Kindes, Q. Artulus, das mit Pickel und Lampe ausgestattet war; es wurde in Baños, 20 km von Cástulo entfernt, gefunden und stammt aus der gleichen Zeit[24].

Wir wissen nicht, ob die Konfiszierung der Bergwerke, die von Kaiser Septimius Severus gegen die Anhänger des Albinus durchgeführt wurde, auch die Bewohner von Cástulo betraf (SHA. Vita Sev. 12). Namen von *procuratores metallorum* oder *conductores* aus dem Gebiet von Cástulo sind nicht erhalten, jedoch ist anzunehmen, daß man im 2. Jahrhundert die Gesetzesverordnungen von Vipasca auf die Bergwerke anwandte.

Tatsache ist, daß in den Bergwerken der Sierra Morena bis in die Zeit des Theodosius gearbeitet wurde, wie es die gefundenen Münzen beweisen, wenngleich die Produktion während des ganzen 3. Jahrhunderts stark zurückging, bedingt durch die Krise und die Invasion der Franken in der Zeit Gallienus, bei der die Stadt vollständig zerstört wurde. Die Stadt des 4. Jahrhunderts wurde nur aus wiederbenutztem Material gebaut[25].

Die Bergwerke erklären die große Zahl der Menschen, die aus Kleinasien kamen und in Cástulo und der Umgebung wohnten. Vermutlich hatten sie mit der Verwaltung in den Bergwerken zu tun. Die älteste Inschrift aus Cástulo (CIL II 3294) erwähnt *P. Cornelius P. F. Diphilus.*

In der Nähe von Cástulo lebte *Laelia Graphie Rhodopis*, eine Freigelassene[26]. In Cástulo starb mit 32 Jahren *Epaphroditus*[27]. In Martos, nahe bei Cástulo, wohnte ein Mann mit Namen *Pompeius Epaphroditus*

Português 3, 4, 1970, 125 ff.; A. VIANA et alii, A exploração das minas de Aljustrel pelos Romanos, Arquivo de Beja 13, 1956, 3 ff. In Augusteischer Zeit begann man mit der Ausbeutung der Bergwerke: C. DOMERGUE, R. F. DE ANDRADE, Sondages 1967 et 1969 à Aljustrel (Portugal), Note préliminaire, Conimbriga 10, 1971, 99 ff.; D. FLACH, Die Bergwerksverordnungen von Vipasca, Chiron 9, 1979, 399 ff.

[23] M. TORRES, Historia de España. España Romana, Madrid 1955, Abb. 220.

[24] R. MENÉNDEZ PIDAL, Historia de España. España Romana, 867.

[23] J. M. BLÁZQUEZ, Cástulo II 109 ff.; Economía de la Hispania romana, 461 ff.; Historia social y económica. La España Romana (siglos III—V), Madrid 1975, passim.

[26] A. D'ORS, Lápida funeraria de Laelie Graphie (Museo de Linares), Oretania 3, 1959, 123 ff.

[27] A. CABEZÓN, Lápida de Epafrodito hallada en Cástulo (inédita), Oretania 22, 1966, 192 ff.

(CIL II 1689). Zwei Männer mit Namen Zosimus sind aus Cástulo bekannt; einer von ihnen heißt *Lucius Postumius Zosimus Blandinae,* er war ein Freigelassener und weihte der Göttin Minerva einen Altar. Der andere, *Aurelius Zosimus* (CIL II 3286) war auch ein Freigelassener. Ein Bruder des zweiten *Postumius* (CIL II 3311) war ein Grieche mit Namen *Phileros.* Ein griechischer Freigelassener war *Licius Licinius Abascantio,* der dem Kaiser Antoninus Pius einen Altar weihte[28]. Diese Freigelassenen, auf die wir später noch zurückkommen, waren wohlhabende Leute[29]. Zwei von ihnen, der letztere und *Lucius Postumius Zosimus,* waren *seviri Augustales*[30]. In Asturica Augusta, der Hauptstadt des Bergwerksdistriktes im Nordwesten des Landes, bekleideten die Kleinasiaten und Griechen wichtige Stellen in der Verwaltung[31].

Während des 2. Jahrhunderts emigrierten Bergleute aus dem Norden der Iberischen Halbinsel nach Cástulo, um dort in den Bergwerken zu arbeiten. Sie gehörten zu den *Orgenomesci,* die Plinius (nat. IV 111) und Mela (III 15) erwähnen. Eine Inschrift fand man in dem Ort El Centenillo. Sie war von den Bergleuten einem ihrer Kameraden gewidmet[32]. Auf den Inschriften Cástulos erscheinen verschiedene Namen der *peregrini,* die vielleicht wegen der Bergwerke kamen. Die anwesende *cohors servia iuvenalis* hatte mehr die Funktion einer Bergwerkspolizei als einer Stadtpolizei. Die Gesetze aus Vipasca erwähnen Soldaten im Bergwerksgebiet (Vipasca I 3). Im Nordwesten Hispaniens waren Soldaten nicht nur als Wächter in den Bergwerken eingesetzt, sondern vermutlich auch als Ingenieure[33].

[28] S. MARINE, in Cástulo II 409 ff.; J. M. BLÁZQUEZ, La epigrafía de Cástulo. Consideraciones históricas, Dacia 22, 1978, 255 ff.; R. CONTRERAS, A. D'ORS, Miscelánea epigráfica, Emerita 45, 1977, 9 ff.

[29] Über die Rolle der Freigelassenen in der Wirtschaft Hispaniens: J. MANGAS, Esclavos y libertos en la España Romana, Salamanca 1975, 247 ff.

[30] R. ETIENNE, Le culte imperiale dans la Péninsule Ibérique d'Auguste à Dioclétien, Paris 1958, 251 ff.

[31] A. García y Bellido, Lápidas votivas a deidades exóticas halladas recientemente en Astorga y León, BRAH 163, 1968, 191 ff.; D. NONY, À propos des nouveaux procurateurs d'Astorga, AEspA 43, 1970, 195 ff.; F. ARIAS, P. LE ROUX, A. TRANOY, Inscriptions romaines de la province de Lugo, Paris 1979, 47 f.

[32] J. M. BLÁZQUEZ, La epigrafía de Cástulo, 250 f.; A. D'ORS, El conjunto epigráfico del Museo de Linares (III), Oretania 6, 1960, 275 f.

[33] C. DOMERGUE, Les exploitations aurifères du Nord-Ouest de la Péninsule Ibérique sous l'occupation romaine, La minería hispana e iberromana, 170; J. M. LUZÓN et alii, El Caurel, Madrid 1980, 104. Bei diesen Bergwerken von El Caurel gab es große Befestigungsanlagen in der römischen Kaiserzeit, wie in den Bergwerken von Cástulo.

Landwirtschaft

Die Landwirtschaft blühte, wie aus einigen Erscheinungen zu erkennen ist. Götter wurden auf Keramikarbeiten dargestellt, die in Verbindung zur Landwirtschaft standen[34]; ein Bildnis zeigt Tellus, die personifizierte Erde als Quelle des Reichtums. Ein anderes Beispiel ist der Anfang eines *rescriptum sacrum de re olearia*, das vermutlich aus Hadrianischer Zeit stammt, eine Kopie desjenigen von Athen (IG II 1100). Der Ölexport aus dem Süden Hispaniens nach Rom spielte eine wichtige Rolle[35], darum ist es nicht verwunderlich, daß der Kaiser die Ölwirtschaft ausbaute, ebenso wie er es auch für die Mineralgewinnung durch die Gesetze von Vipasca getan hatte. Hadrian besuchte die Iberische Halbinsel (SHA. Vita Hadr. XII 3) und befaßte sich mit den dortigen Problemen. Es ist merkwürdig, daß das *rescriptum* in Cástulo erschien, in dessen Umgebung man bis heute keine Siegel von Amphoren für den Ölexport nach Rom, wohl aber Ölpressen gefunden hat.

Bedeutende Familien aus Cástulo:
Die *Cornelii*, die *Valerii* und die *Iunii*

Im ersten Jahrhundert setzte sich die lokale Aristokratie aus den Familien der *Cornelii* und der *Valerii*, verbunden mit den *Iunii*, zusammen, häufig durch Heirat untereinander verschwägert; A. D'ORS hat diese Verbindungen aufgezeichnet[36]. Die Bedeutsamkeit dieser Familien

---

[34] A. BLANCO, El aceite en los albores de la Historia des España, Oretania 10, 1962, 138 ff.; J. M. BLÁZQUEZ, La epigrafía de Cástulo, 249 f.; A. D'ORS, El conjunto epigráfico del Museo de Linares (VII) 84 ff. Über die Teilung des Landes in Cástulo besitzen wir bis heute keine Angaben. Die Meinung der Forscher ist, daß das Land stark parzelliert war: J. M. BLÁZQUEZ, Gran latifundio o pequeña propiedad en la Bética (Hispania) en época imperial?, Miscellanea in onore di Eugenio Manni, Roma 1979, 245 ff. Wir wissen nicht, ob Septimius Severus in Cástulo Land konfiszierte, wie in anderen Gebieten der Baetica: A. BALDACCI, Commercio e stato nell' età dei Severi, Rev. Inst. Lomb. 101, 1969, 729 ff.; E. RODRIGUEZ ALMEIDA, Novedades epigráficas anforarias del Monte Testaccio, Recherches sur les amphores romaines, MEFRA Suppl. 10, 1972, 107 ff.; Vicisitudinii nella gestione del commercio dell'olio betico de Vespasiano a Severo Alexandro, MAAR 36, 1980, 282 ff.; R. REMESAL, Reflejos económicos y sociales en la producción de ánforas olearias béticas, Producción y comercio del aceite en la Antigüedad, Primer Congreso Internacional, Madrid 1981, 131 ff.

[35] Bei J. M. BLÁZQUEZ et alii, Producción y comercio del aceite en la Antigüedad, Primer Congreso Internacional, 45 f. befindet sich die letzterschienene Bibliographie über das Thema.

[36] El conjunto arqueológico del Museo de Linares (VI) 164 f.; El conjunto epigráfico del Museo de Linares (VII) 209 ff. Auch R. CONTRERAS in Cástulo II 932 ff.;

geht auf die Zeit der Eroberung Cástulos durch Rom zurück, als Publius
Cornelius Scipio und sein *propraetor* Iunius Silanus eine entscheidende
Rolle spielten; es war das Jahr 206 (App. Iber. 31; Liv. XXVIII 19).
Das älteste in Cástulo aufgefundene Dokument der Familie der *Cornelii* ist die erwähnte Inschrift des Freigelassenen *Diphilus* des *Publius
Cornelius*. Es scheint, daß von den drei Familien die der *Cornelii* die
wichtigste war. Der berühmteste *Cornelius* war Q. *Cornelius Valerius*,
ein Sohn des *Marcus Cornelius*. A. D'ORS nimmt an, daß eine *Valeria*
seine Mutter war. Er bekleidete eine große Zahl militärischer Ämter in
der Julisch-Claudischen Epoche, welche auf einer Inschrift aus Cástulo
(CIL II 3272) aufgezeichnet sind, und wurde zu Lebzeiten sehr geehrt,
wie aus der Inschrift zu erkennen ist, die sein Sohn *Quintus Cornelius*
ihm widmete und die man in Granada (CIL II 2079; ILS 2713) gefunden hat: *donato coron(is) ..... / clipeis. imaginib(us) ... / laudatione . a .
numer(is) ... /*
Ein weiteres Mitglied derselben Familie war der erwähnte *Publius
Cornelius Taurus;* sein Vater trug den gleichen Namen und war der
Sohn eines anderen *Publius Cornelius* und der *Valeria Verecunda*. Ihre
Namen erscheinen auf der dreifachen Inschrift des vermutlichen Amphitheaters, von dem keine sicheren Reste zu bestimmen sind. Sicher ist
aber, daß Cástulo ein Amphitheater besaß, wie die Inschrift des *Antoninus Pius* beweist. Die dreifache Inschrift zeigt die Häufigkeit der Ver-
schwägerung zwischen den *Cornelii* und den *Valerii*. A. D'ORS vermutet,
daß die beiden Valeriae Schwestern waren und beide, P. *Cornelius Taurus* und *Marcus Cornelius*, Söhne des *Publius Cornelius*.
Ein Nachkomme des *Cornelius Taurus* und der *Valeria Verecunda*,
eine bedeutende Persönlichkeit, bekleidete eine große Zahl städtischer
Ämter in seiner Stadt, verbrachte aber sein späteres Leben in der Hauptstadt der Provinz *Tarraconensis* (CIL II 4209) und war ein *flamen* des
Kaiserkults dieser Provinz[37]. Die Inschrift aus Tarraco sagt: *Omnib.
honor in / Re. P. Sua. functo / flam. P. H. C.* Sein Vater, *Marcus Cornelius*, war wahrscheinlich ein Nachkomme des *Cornelius Taurus*. Eine
Cornelia Verecunda (CIL II 3276) gehörte der gleichen Familie an und
widmete die Inschrift ihrem Gatten C. *Cornelius Valentinus*, der *duovir*
und *flamen* der Stadt war.

C. CASTILLO, Prosopographia baetica, Madrid 1965, 389 ff., 410 ff., 462 ff. Über die
Cornelii, die *Valerii* und die *Iunii* in der Baetica: C. CASTILLO, Städte und Personen der Baetica, ANRW II 3, 1975, 638 ff., 644 ff., 648 ff.
[37] G. ALFÖLDI, Die römischen Inschriften von Tarraco, Berlin 1975, 270 ff.

Die Familie der *Cornelii* schloß verschiedene Ehen mit den *Iunii*. *Cornelia Severa* heiratete *M. Iunius Paternus*. Ihre Mutter war, wie aus einer Inschrift hervorgeht, *Iunia Severina* (CIL II 3305). Der Name ihrer Schwiegertochter war *Cornelia Caesiana* (CIL II 3322); vielleicht war sie die Schwester des erwähnten *Publius Cornelius Verecundus*. Ihre Schwiegermutter widmete ihr die Säulenbasis einer Statue.

Andere Familienmitglieder der *Cornelii* heirateten Personen von geringerem Stand, wie es der Fall war bei *Cornelia Marullina*, die die Reichste der Familie war; sie schmückte die Stadt prunkvoll aus. Ihr Nachkomme, *C. Cornelius Bellicus*, war entweder ein Bruder oder ein Sohn eines Bruders. Eine andere Inschrift (CIL II 3296) erwähnt eine *Cornelia Firmilla*, verheiratet mit einem *Siluanus*, einer sonst unbekannten Person.

Einige Mitglieder der Familie *Valerii*, die sich nicht durch Heirat an die *Cornelii* banden, waren von geringerem sozialen Niveau, wie *C. Valerius*, der eine *Valeria Italica* heiratete (CIL II 3309). Die *Valerii Castulonenses*, die beim Heer standen, gehörten in ihrer Geburtsstadt nicht den wohlhabenden Kreisen an, wie z. B. *M. Valerius Licinianus* (CIL II 2641) und *Valerius Festus* (CIL II 3275, 4143).

Die Zeit der größten Wohlhabenheit der drei Familien aus Cástulo, *Cornelii*, *Valerii* und *Iunii*, fiel in die Jahre der Julisch-Claudischen Dynastie, welche allgemein für ganz Hispanien eine Blütezeit war. Mit der Konzession des *Ius Latii*[38] für alle Hispanier durch Vespasian lösten neue Familien und auch Freigelassene die vorherigen in ihrer Position ab. Vespasian schuf im Süden der Halbinsel zahlreiche Munizipien, und der Lebensstandard hob sich erheblich.

Geschenke und Widmungen

Zu den wichtigsten Inschriften auf diesem Gebiet gehört der Stein von *Cornelia Marullina*, von Hübner publiziert (CIL II 3265). Eine

---

[38] A. Montenegro, Problemas y nuevas perspectivas en el estudio de la Hispania de Vespasiano, HA 5, 1975, 7 ff.; A. B. Bosworth, Vespasian and the Provinces, Athenaeum 51, 1973, 49 ff.; H. Braunert, Ius Latii in den Stadtrechten von Salpensa und Malaca, Corolla Memoriae Swoboda dedicata, Graz-Colonia 1966, 68 ff.; Municipal Institutions in Roman Spain, Cahiers d'Histoire Mondiale 9, 1965, 126 ff.; K. Knox Mc Elderry, Vespasian's reconstruction of Spain, JRS 8, 1918, 53 ff.; 9, 1919, 86 ff.; P. Le Roux, A. Tranoy, Rome et les indigènes dans le Nord-Ouest de la Péninsule Ibérique, Problèmes d'épigraphie et d'histoire, MCV 9, 1973, 117 ff.; L. García Iglesias, Sobre los municipios flavios de Lusitania, Homenaje a García y Bellido IV, Madrid 1979, 117 ff.

zweite wurde vor Jahren gefunden[39]. Auf der ersten Inschrift wird ausgesagt, daß *Cornelia Marullina* zur Erinnerung an ihren Sohn *Lucius Cornelius Marullus*, der vermutlich in jungen Jahren starb, da keine Titel von ihm erwähnt werden, den Bewohnern von Cástulo *ordini Castulonensium* ein Standbild aus Silber der *Pietas Augusta* versprach. Ihr Nachkomme *Caius Cornelius Belicus* ließ es aufstellen, *ex arg(enti) libris C.*, und außerdem bezahlte er eine Zirkusvorstellung, *editis circensibus.* Die zweite Inschrift ergänzt den Inhalt der ersten. Durch sie erfuhr man, daß Cornelia Marullina die Stadt Cástulo mit Silberstatuen ausschmückte und Bankette und Spiele gab: *quod civitatem / castulonensium sta/tuis argenteis et epu/lo et circensib(us) decoras / set*, deshalb ordnete der *ordo Castulonensium* an, ihr und ihrem Sohn eine Statue zu errichten: *ei et filio. Cornelia Marullina* nahm die Auszeichnung an und bezahlte die Statue von ihrem Geld, nach ihrem Tode wurde sie dann von ihrem Nachkommen, wie oben erwähnt, errichtet.

Eine Säulenbasis fand man auf dem Grundstück Los Patos, die zu Ehren des *Publius Valerius Valerianus Flacus* errichtet worden war. Sein Vater hatte von der Dekurie die Erlaubnis erhalten, das Monument zu errichten, und er übernahm die Kosten dafür[40]. Die Inschrift, die dem *flamen Romae et Augusti*, Marcus Iunius Paternus, dem Sohn des *Caius*, durch seine Gattin *Cornelia Severa* gewidmet ist[41], bestätigt die Errichtung einer Statue, was jeweils voraussetzte, daß eine Person die Ehre annahm, die Statue bezahlte und die Genehmigung der Dekurie hatte: *statuam decretam ab decurionibus / C(aesariorum) I(uuenalium) Castulonensium / Cornelia P(ublii) f(ilia) Severa / uxor honore 'usa / impensa sua posuit.* Die Statue wurde dann auf öffentlichem Grund errichtet. Die Schenkende gehörte hier der gleichen Familie an wie die erwähnte *Cornelia Marullina.* Eine Inschrift aus Cástulo (CIL II 3305) erwähnt eine dritte *Cornelia*, Tochter des *Iunius*, was an zwei Familien aus Cástulo denken läßt, die untereinander verschwägert waren.

Einer der großzügigsten Geber in Cástulo war *Q. Torius Culleo;* er hatte das Amt des *procurator Augustalis provinciae Baeticae* inne. Die

[39] J. M. BLÁZQUEZ, La epigrafía de Cástulo, 253 ff.; A. D'ORS, El conjunto epigráfico del Museo de Linares (IV), Oretania 7, 1961, 34 ff.
[40] J. M. BLÁZQUEZ, La epigrafía de Cástulo, 253; A. D'ORS, El conjunto epigráfico del Museo de Linares (V), Oretania 8—9, 91 f.
[41] J. M. BLÁZQUEZ, La epigrafía de Cástulo, 253; A. D'ORS, El conjunto epigráfico del Museo de Linares (VI) 162 ff.

Inschrift, die ihn erwähnt, wurde von R. P. Duncan Jones[42], R. Contreras[43] und Pflaum[44] untersucht. Die Bewohner von Cástulo widmeten ihm eine Statue auf Verfügung der Dekurie und feierten zwei Tage lang Zirkusspiele. Die Dienste, die er seiner Stadt leistete, waren folgende:

1. *quod. muros. vetustate / collapsos. d(e) s(ua) pecunia / refecit.*
2. *solum / ad. balineum. aedificandum / dedit.*
3. *Viam. quae. per. Castul(onensem) saltum. Sisaponem. ducit / adsiduis. imbribus. corruptam. munivit.*
4. *Signa. Veneris. Genetricis. et. Cupidinis. ad. theatrum. posuit.*
5. *Hs. centies. quae. illi. summa / publice. debebatur. addito / etiam. epulo. populo. remisit /.*

Das Datum der Inschrift ist umstritten; Pflaum glaubt, sie stamme aus dem 3. Jahrhundert; R. P. Duncan Jones, gestützt auf die Art der Abfassung, setzt sie in die Jahre 20 bis 160; R. Contreras meint, daß Q. Torius Culleo das Amt des *procurator* im ersten Drittel des 1. Jahrhunderts oder wenigstens in der ersten Hälfte bekleidete. Zur Rechtfertigung dieses Datums beruft sich der Autor auf die Tatsache, daß alle Erwähnungen des *saltus Castolonensis* in literarischen Quellen aus früherer Zeit stammen. Wir halten das Datum Pflaums für das richtige, da die Stadtmauer Cástulos, die von uns ausgegraben wurde, deutlich zwei Bauperioden aufweist. Die erste zeigt ein vorrömisches Zyklopenmauerwerk, die zweite, von geringerer Qualität, muß die erneuerte Mauer des Prokurators sein[45].

Cástulo besaß innerhalb der Stadtmauer mehrere große Wasserreservoirs, auch zwei Thermen wurden gefunden, aber sie waren aus Abbruchmaterial erstellt und konnten also nicht die erwähnten der Inschrift sein, sie stammten aus der späten Kaiserzeit.

---

[42] The Procurator as Civic Benefactor, JRS 69, 1974, 79 ff.
[43] R. Contreras, Un gran bienhechor de Cástulo, Quinto Cornelio Culeón, Oretania 10, 1963, 63 ff.
[44] La part prise par les chevaliers romains originaires d'Espagne à l'administration impériale, Les empereurs romains d'Espagne, Paris 1965, 113; J. M. Blázquez, La epigrafía de Cástulo, 251 f. Über Geschenkstatuen in Spanien: G. Alföldi, Bildprogramme in den römischen Städten des *Conventus Tarraconensis*. Das Zeugnis der Statuenportamente, Homenaje a García y Bellido IV 177 ff.; J. Arce, Retratos imperiales tardo-romanos en Hispania: la evidencia epigráfica, AEspA 50, 1977—78, 253 ff. Über weitere Geschenkgaben in Hispanien: A. D'Ors, Epigrafía jurídica en la España Romana, 405 ff.
[45] J. M. Blázquez, Cástulo II, 269 ff.

Das Theater von Cástulo befand sich in der Nähe der Wasserreservoirs; von ihm sind einige bemalte Mauerreste erhalten, aber von den Emporen bestehen nur noch die Fundamente. Wir stimmen mit R. P. DUNCAN JONES überein, daß die Schuld, d. h. die zehn Millionen Sesterzien, aus der Verpachtung der Bergwerke stammte. Ab dem Jahre 160 scheint die *Baetica* und der Süden der Iberischen Halbinsel in eine dekadente Periode gefallen zu sein, und die Schuld könnte somit auch andere Ursachen haben. Eindeutig ist es, daß Cástulo wirtschaftlich eine ungünstige Zeit durchmachte. In *Italica*, in Antoninischer Zeit, war das wohlhabende Stadtviertel von den ursprünglichen Bewohnern verlassen worden[46]. In *Mulva* (Sevilla) begann deutlich der Niedergang mit dem Kaiser Commodus; der Export des baetischen Öls ließ in den Jahren 160 oder 165 bis 200 erheblich nach, ohne daß uns die Ursachen bekannt sind; vielleicht bestehen Zusammenhänge mit dem Aufstand des Maternus im Jahre 188 (Herod. 1, 10, 1), dessen Ausdehnung und Bedeutung unbekannt sind[47], oder auch mit den Maureneinfällen zur Zeit Mark Aurels oder seines Sohnes Commodus (SHA. Vita Marci Ant. XXI 1; XXII 11)[48]; aber wie es scheint, stießen die Mauren nicht bis Cástulo vor.

Außer dem Mäzen Q. Torius Culleo gab es einen weiteren Gönner der Stadt, einen freigelassenen Griechen, L. Licinius Abascantio, der im Jahre 154 dem Kaiser Antoninus Pius einen Altar in Dankbarkeit errichtete, da er den *seviratus* der Stadt Cástulo innehatte: *in republica Castulonensi (se)uiratu functus ex indul/gentia splendidismi ordinis ... ob honorem (se)uiratus.* Die Feste, die er anordnete und als Dank für dieses Amt bezahlte, waren folgende:

1. *editis in amphitheatro gladi/(atoribu)s bis spectaculorum die [N(onis) Iunii]?*
2. *Item in theatro / (sua sponte)? acroamatibus frecuenter editis.*
3. *statuam / [imp(eratoris) Ant]onini Aug(usti) ...*

Auf dieser Inschrift wird zum ersten Mal in Cástulo ein Kaiser der Antoninendynastie erwähnt.

---

[46] J. M. LUZÓN, La Itálica de Adriano, Sevilla 1975, 35 ff. Die oratio des Kaisers Marc Aurel, 177 oder 178, über den Preis der Gladiatoren beweist die schlechte wirtschaftliche Lage Italicas (A. D'ORS, Epigrafía jurídica de la España Romana, 37 ff.). Am Ende der Regierungszeit Marc Aurels beginnt der Verfall des Kaiserkultes, ein Beweis für die religiöse und wirtschaftliche Krise (R. ETIENNE, a. a. O. 493 ff.).

[47] G. ALFÖLDI, Bellum desertorum, BJ 171, 1971, 367 ff.

[48] J. M. BLÁZQUEZ, Economía de la Hispania Romana, 671 ff.

Die Epoche der Antoninen[49] brachte eine große wirtschaftliche und soziale Blüte (Cass. Dio 71, 364). In dieser Zeit war die Ausfuhr von Öl, Wein und *garum* nach Rom am größten, wie aus den Daten des Monte Testaccio der Jahre 140—160 zu erkennen ist.

Die Inschrift aus Cástulo, in den Thermen aus dem 4. Jahrhundert gefunden und auf wiederbenutztem Material ausgeführt, ist ein neuer Beweis für die wirtschaftliche Bedeutung der Freigelassenen in der Verwaltung und der hispanischen Ökonomie; weiterhin dafür, daß viele von ihnen aus dem Osten gekommen waren und in Verbindung zum kaiserlichen Kult standen[50]. Sie vermehrt die Liste der *seuiri Augustales*[51], die von R. ETIENNE aufgestellt wurde, um einen weiteren Namen.

Auf ihr fand man die einzige Erwähnung eines Amphitheaters für Cástulo, und mit diesem steigen die für Hispanien dokumentierten auf zwanzig[52].

Sie ist auch ein weiteres Exemplar der hispanischen Inschriften, welche Gladiatorenspiele erwähnten und die von A. GARCIA Y BELLIDO katalogisiert wurden[53], die einzige in Hispanien bisher gefundene, die über Wettsingen der Chöre im Theater berichtet. Sie enthält auch eine weitere Angabe über die Bezahlung einer Ehrenstatue für den Kaiser oder für Privatpersonen.

Eine Inschrift, die in der Stadtvilla aus dem 4. Jahrhundert gefunden wurde, ist von Bedeutung, da sie Septimius Severus wahrscheinlich aus Anlaß seiner Machtübernahme im Mai 193 gewidmet wurde, denn seine Titel *pater patriae* aus dem Jahre 194 und *Pius, Arabicus* und *Adiabenicus*[54] aus dem Jahre 195 fehlen. Der künftige Kaiser war in Hispanien wohlbekannt, denn er wurde zum *praetor* dieser Provinz ernannt (SHA.

---

[49] J. M. BLÁZQUEZ, Hispania unter den Antoninen und Severern, ANRW II 3, 452 ff.; Historia Antigua de España, II, Hispania Romana, 443 ff.; M. L. SÁNCHEZ, Economía de la Hispania meridional durante la dinastía de los Antoninos, Salamanca 1978. Der Urbanismus in Itálica, der orientalischen Vorbildern gleicht, stammt aus Antoninischer Zeit (J. M. LUZÓN, La Itálica de Adriano, passim). Aus der gleichen Zeit stammen die prächtigen Skulpturen, die griechische Vorbilder hatten (A. GARCÍA Y BELLIDO, Esculturas romanas de España y Portugal, Madrid 1949, 64 ff., 145 ff., 148); In Itálica befinden sich Mosaike aus der gleichen Zeit (A. BLANCO, Mosaicos romanos de Itálica (I), Madrid 1978, passim).

[50] R. ETIENNE, a. O., 252 ff.

[51] R. ETIENNE, a. O., 254 ff.

[52] P. PIERNAVIEJA, Conjunto de inscripciones deportivas en la España Romana, Madrid 1977, 206 ff.

[53] Lápidas funerarias de gladiadores de Hispania, AEspA 33, 1960, 123 ff.

[54] R. CONTRERAS, A. D'ORS, a. O., 8 f.

Vita Sev. II 3). Cástulo war die Stadt, die den Kaiser folgendermaßen
ehrte: *Susc(rip)tion(e sua donandi causa?) | Com(mune)m imp(emsam
sibi sumpsit?).*

Die Epoche des Septimius Severus war durch einen wirtschaftlichen
Aufschwung für Hispanien gekennzeichnet, wie es einige Mosaike beweisen: *Emerita Augusta*[55], *Italica*[56], Córdoba[57]; auch der Ölexport des
baetischen Öls stieg an.

Das großzügigste Geschenk stammt aus dem Anfang der Kaiserzeit,
aus der Zeit des Kaisers Claudius: A. d'Ors[58] gelang es, der bereits behandelten dreifachen Inschrift aus Cástulo, die Hübner publiziert hat
(CIL II 3269), ein neues Fragment hinzuzufügen. Nach Lesung sagt sie:
*T(iberius). Claudius. Caesar. Aug(ustus) Germanicus. p(ater). p(atriae).
et P(ublius) Cornelius P(ublii). f(ilius) gal(eria) Taurus. et. Vale/ria.
P(ublii). f(ilia). Verecunda. Uxor d(e). sua. p(ecunia). f(ecerunt) | P(u-
blius). Cornelius. P(ublii). f(ilius). Gal(eria). Taurus. f(ilius). ludis. impensa. sua factis. dedicavit.*

Es handelte sich, wie A. d'Ors meint, um die Inschrift eines öffentlichen Gebäudes, von *Publius Cornelius Taurus* und seiner Ehefrau *Valeria Verecunda* gestiftet und von ihrem Sohn vollendet und dem Kaiser
gewidmet; dieser Sohn bezahlte auch öffentliche Spiele. Vermutlich war
dieses öffentliche Gebäude ein Amphitheater, wie das in Emerita Augusta, welches auch eine dreifache Inschrift auf den Türstürzen hatte[59].

Kaiser Claudius genoß in Hispanien großes Ansehen; er war dazu
geneigt, allen Hispaniern die römische Staatsbürgerschaft zu verleihen
(Sen. Apoc. 3, 3)[60].

Cástulo wurde durch die Invasion der Franken, in der Regierungszeit
des Gallienus, 12 Jahre lang gebrandschatzt und vollkommen zerstört
(Oros. VII 41, 2). Die Stadt gewann nie wieder ihre großartige Vergangenheit zurück. Etwas erholte sie sich während der Tetrarchie, ebenso

---

[55] A. Blanco, Mosaicos romanos de Mérida, Madrid 1978, passim.

[56] A. Canto, El mosaico del nacimiento de Venus de Itálica, Habis 7, 1976, 293 ff.

[57] J. M. Blázquez, Mosaicos romanos de Córdoba, Jaén y Málaga, Madrid 1981,
passim.

[58] El conjunto epigráfico del Museo de Linares (IX), Oretania 8, 1966, 277 ff.;
A. D'Ors, R. Contreras, M. Fernández, Miscelánea epigráfica, Emérita 26, 1958,
311 ff.

[59] J. Menéndez Pidal, Reconstrucción del texto y dimensiones de las inscripciones
históricas del anfiteatro de Mérida, AEspA 30, 1957, 205.

[60] D. Nony, Sur un passage de «l'Apocoloquintose». Claude et les Espagnols, MCV 4,
1968, 51 ff.

auch die Städte *Emerita Augusta, Clunia, Barcino* usw.[61]. Aus dieser
Zeit stammte die große Stadtvilla, die im Zentrum lag, und auch die
Thermen, die aus benutztem Material erbaut waren[62]. An der Straße
von Cástulo nach Neukarthago über *Mentesa Bastetanorum* fand man
drei Meilensteine der späten Kaiserzeit. Einer war von Maximinus Daza.
Es ist die einzige Inschrift aus Hispanien, die ihm gewidmet wurde. Sie
ist ein Zeugnis für eine Vereinbarung zwischen Constantinus und dem
Kaiser des Ostens, kurz vor den Endkämpfen der Tetrarchie. Die Meilensteine des Constantinus und seines Sohnes Crispus hatten bloß ehren-
vollen Charakter[63]. Die Nekropole der Stadt zeigt große Armut[64]. Die
damalige Situation muß durch Angst geprägt gewesen sein; es fanden
sich drei kleine Münzschätze. Einer von ihnen enthielt Münzen aus den
Jahren 323/395[65]. Der zweite wurde in der Stadtvilla gefunden und
datierte in die Jahre 378/388[66]. Der dritte ist noch nicht veröffentlicht.

Aus der späten Kaiserzeit hat man in Cástulo, außer den erwähnten
Gebäuden, eine Zisterne gefunden, auch ein Pferdegeschirr, das dem aus
Tamuda vollkommen gleicht, eine nicht uninteressante Angabe für die
Beziehungen zur *Baetica,* denn Cástulo gehörte mit Mauritanien zu die-
ser Provinz[67].

Cástulo wurde früh Bistum, sein Gebiet schon zu Beginn des 4. Jahrhunderts christianisiert. Am Konzil von Illiberri, welches Anfang desselben Jahrhunderts stattfand, nahmen die Bischöfe aus Mentesa und

---

[61] J. M. BLÁZQUEZ, Economía de la Hispania Romana, 485 ff.; Historia económica de
la Hispania Romana, 242 ff.; Historia social y económica. La España Romana
(siglos III—V), passim; R. TEJA, Historia de la España Antigua, II, Hispania
Romana, 529 ff.

[62] J. M. BLÁZQUEZ, Cástulo II 109 ff.

[63] P. SILLIÈRES, Un grupo de cuatro miliarios en la Cerradura (Pegalajar, Jaén), Bo-
letín del Instituto de Estudios Gienneses 90, 1976, 3 ff. Pferdegeschirre wurden in
der Nähe von Cástulo gefunden: P. DE PALOL, Dos piezas de arnés con representaciones de caballos, Oretania 5, 1960, 217 ff. Sie gehören zu einem häufig in
Spanien vorkommenden Typ aus der Spätantike: P. DE PALOL, Algunas piezas de
adorno de arnés de época tardorromana e hispanovisigoda, AEspA 25, 1952,
297 ff.; Bronces de arnés con representaciones zoomorfas, Ampurias 15—16, 1953—
54, 279 ff.; Una tumba romana de Toledo y los frenos de caballo hispanorromanos
del Bajo Imperio, Pyrenae 8, 1972, 113 ff.

[64] J. M. BLÁZQUEZ, Cástulo II 9 ff.

[65] M. CALZADO, El tesorillo monetal hallada en Cástulo en 1959, Oretania 6, 1960,
280 ff.

[66] J. ARCE, Cástulo II 283 ff.

[67] J. M. BLÁZQUEZ, J. URRUELA, Excavaciones en Cástulo. Avance de la Campaña de
1975, XIV Congreso Nacional de Arqueología, Zaragoza 1977, 1187 ff.

aus Cástulo und Presbyterier aus Gemella, Iliturgi und Ossigi teil. Das Konzil von Serdica (344) besuchte ein Bischof von Cástulo mit Namen Anianus, das Konzil von Toledo (589) Theodorus; weitere Bischöfe aus Cástulo nahmen am 4. (646), am 8. (653), am 9. (655) und am 10. (656) Konzil in Toledo teil. Diese Daten zeigen, daß Cástulo während der westgotischen Zeit Bistum war. Bis heute hat man allerdings noch nicht die Basilika gefunden und auch keine christliche Inschrift oder ein christliches Symbol.

Am Ende der westgotischen Epoche hatte sich die Stadt in ihrer Ausdehnung erheblich verringert, denn im höhergelegenen Teil der Stadt, zwischen den Häusern aus der Endphase der römischen Republik, befand sich ein westgotischer Friedhof mit Sarkophagen aus der ersten Hälfte des 7. Jahrhunderts[68]. Ein weiterer Friedhof aus der gleichen Zeit wurde in muselmanischer Zeit geplündert[69].

---

[68] J. M. BLÁZQUEZ, Die Rolle der Kirche in Hispanien im 4. und 5. Jahrhundert, Klio 63, 1981, 649 ff.; J. FONTAINE, L'Art préroman hispanique, Paris 1973, passim; P. DE PALOL, Arqueología cristiana de la España romana, Madrid-Valladolid 1967, passim; H. SCHLUNK, Th. HAUSCHILD, Hispania Antiqua. Die Denkmäler der frühchristlichen und westgotischen Zeit, Mainz 1978, passim.

[69] R. CONTRERAS, Historia eclesiástica de Cástulo, Oretania 2, 1959, 51 ff.

Il mito di Dedalo-Icaro nel simbolismo funerario romano

di Salvatore Calderone, Messina

> Neue Symbole und neue Mythen erschafft die
> spätere Zeit keine ... Aber dem Schatze über-
> lieferter Darstellungen weiß das spätere,
> mehr auf sein Inneres gerichtete Menschen-
> geschlecht eine neue, vergeistigte Bedeutung
> unterzulegen. So werden die Mythen, um mit
> Plutarch (de genio Socr. 20, 589 b) zu reden,
> Bilder und Schatten höherer Gedanken, die
> durch das Rätselhafte selbst eine tiefere
> Ehrfurcht einprägen ...
>
> J. J. Bachofen, Versuch üb. die Gräbersymbolik der
> Alten, I 3 (Ges. Werke IV 62).

Può sembrare singolare, a chi scorra opere, sistematiche o non, in cui
si tratti di «Sarcophagi and Symbolism», per usare l'agile titolo pro-
blematico di un notissimo saggio-recensione di A. D. Nock, non trovare
mai che sia stata tentata una qualche esegesi del mito di Dedalo e Icaro
in quanto soggetto di rappresentazione funeraria. Non è che rappresentazioni del mito in ambito sepolcrale manchino; lo vedremo tra poco.
E il mito stesso, bisogna riconoscerlo, si presta di per sè, tanto ad esegesi
«nockiane», quanto ad interpretazioni, diciamo, di tipo «cumontiano»[1].

---

[1] Nel testo si allude a due «classici»: F. Cumont, Recherches sur le symbolisme funér.
des Romains, Paris 1942 (rist. an. Geuthner 1966); A. D. Nock, Sarcophagi and
Symbolism, «AJA» 50 (1946), 140 sgg.

Qualunque sia il motivo di tale silenzio, scopo di queste pagine è colmare, entro i limiti delle mie possibilità, la lacuna.

Prenderò le mosse da un monumento, che si conserva nel Museo Regionale di Messina (inv. 233): si tratta del fronte di un sarcofago, su cui figurano in rilievo, appunto, scene connesse col mito dedalo-icareo[2]. Sebbene sia ritenuto fra i meno usati nell'arte funeraria[3], bisogna tuttavia ricordare, che il modulo iconografico, dedalo-icareo, presente nel sarcofago di Messina sembra aver goduto di una certa circolazione. In un frammento di sarcofago del Johanneum di Graz[4], proveniente da Seggau *(Flavia Solva)*, e in un rilievo (tombale), pure da *Flavia Solva*[5], ritornano con identica rappresentazione la terza e la quarta figura del monumento messinese. Ma Dedalo e Icaro ricorrono ancora come figure

---

[2] C. ROBERT, ASR III 1 (1897); rist. an. Bretschneider (1969), 52, Taf. XI 37; S. REINACH, Rép. de reliefs gr. et rom., III (1912), 58, 4.
   Il sarcofago fu scoperto a Messina nel 1751, nel corso di lavori per la Chiesa di S. Giacomo, in area adiacente al fianco destro del Duomo. L'interpretazione del reperto suscitò subito vivaci discussioni tra «antiquari» del tempo: si veda la lettera del domenicano Giuseppe ALLEGRANZA, dello stesso 1751, all' Arcivescovo di Messina, trascritta integralmente dal benedettino Salvadore M. DI BLASI in una sua lettera dell' 11 luglio 1758 ad Ignazio Paternò, principe di Biscari, il noto antiquario di Catania (pubblicata nella «rivista» Opuscoli di autori siciliani I, Catania 1758, 181—215); lo stesso DI BLASI, in una precedente lettera del 25 aprile 1758, anche essa al Biscari (ibid. 151 sgg.), trascriveva (pp. 156—159) alcune pagine sull' argomento pubblicate dal messinese Aldo LA GRANE (= Andrea Gallo, figlio del più noto Caio Domenico, come m'informa il Dott. Rosario MOSCHEO) in Lettere ad un Amico, Livorno 1757, p. 33. Il DI BLASI, dal canto suo, prendeva parte diretta alla discussione, sia con annotazioni proprie alla lettera dell'ALLEGRANZA, alle quali accompagnava (p. 183) un disegno del sarcofago (del LA GRANE, in Opuscoli cit., tra p. 116 e p. 117), sia con la lettera del 25 aprile 1758. Altre notizie sul rinvenimento, e un fantastico disegno, aveva dato alcuni anni prima C. D. GALLO, Apparato agli Annali della Città di Messina, Napoli 1755, p. 134 e Fig. II. Trenta anni dopo la scoperta il benedettino Isidoro BIANCHI ristampava la lettera sopra ricordata nella raccolta degli scritti dell'Allegranza, Opuscoli eruditi, Cremona 1781, pp. 258—272, nota al ROBERT.
   Il DI BLASI interpretava la scena come «apoteosi», l'ALLEGRANZA come «evocazione» necromantica. Ambedue riconoscevano nella seconda figura Dedalo, non senza incertezza però. Questi scritti, nonostante tutto, possono ancora essere per noi di qualche aiuto (v. infra). Una splendida stampa ne trasse, nel 1784, l'HOUEL, Voyage pittoresque des isles de Sicile, de Malte et de Lipari, II, tav. LXXV.
   Tra i moderni, vedi: E. MAUCERI, Guida al Museo di Messina (1929), 14, fig. 4; G. JACOPI, «Messana» III (1953), 28; V. TUSA, Sarcofagi romani della Sicilia (1957), 81, nr. 34; A. DE FRANCISCIS, EAA, s. v. Icaro (IV, 82 sg.); H. SICHTERMANN, in SICHTERMANN-KOCH, Griech. Mythen auf Sarkophagen (1975), nr. 15, Taf. 31. 32, 2.
[3] Isolato ritiene il sarcofago di Messina il DE FRANCISCIS.
[4] C. ROBERT, ASR III 1, 52, Taf. XI 38.
[5] Infra, nota 9 (Noricum 4).

intercolumniali in «Säulensarkophage» di Beirut[6], Myra[7], Kasaba-Turgutlu (Lidia)[8]: la figura di Icaro vi è ben riconoscibile (Beirut, Myra) per le corregge incrociate sul petto, destinate ad assicurare la tenuta delle ali.

E un gruppo a parte, e cospicuo, di monumenti funebri, è costituito da statuette raffiguranti Icaro alato (distinguibile per gli attacchi artificiali delle ali alle braccia e per le impugnature manuali, oltre che, spesso, per le corregge incrociate sul petto) e destinate a fungere da ‹coronamenti› a monumenti funerari («Grabaufsätze»). I pezzi a me noti provengono in gran numero da località delle due Pannoniae e del Noricum; qualche esemplare dalla Dalmatia[9]. Altre volte, come nel caso di due frammenti di monumento funebre, risp. da Carnuntum e da Aquincum, di Icaro è rappresentato il corpo disteso o il volto di prospetto, in ogni caso di Icaro morto, con ancora un'ala legata al braccio (Carnuntum), o di traverso dietro le spalle (Aquincum)[10].

---

[6] M. Lawrence, Additional Asiatic Sarcoph., «MAAR» 20, 1951, 133 sgg., Fig. 19; H. Wiegartz, Kleinasiat. Säulensarkophage (Istanbuler Forsch., Band 26, 1965), 78, Taf. 18 d.

[7] Wiegartz, 78. 126.

[8] J. Keil — A. v. Premerstein, Bericht üb. eine zweite Reise in Lydien («Denkschr. Wien. Akad., 54 II), 4, Abb. 1; Chr. R. Morey, Sardis V 1 (1924), 33, Abb. 35; Wiegartz, 78.

[9] *Pannonia sup.*: 1) Stein-am-Anger (Savaria): R. v. Schneider, «Arch.-epigr. Mittheil. aus Oesterr.-Ungarn» 1878, 11; A. Schober, Die roem. Grabsteine von Noricum und Pannonien («Sonderschr. Oesterreich. Arch. Inst.», Wien, Band X 1923), 166. 2) Poetovio: M. Abramić, Poetovio (1925), 58, nr. 50; 191, nr. 256; S. Ferri, Arte rom. sul Danubio (1933), 155. 176, Fig. 185. — *Pannonia inf.*: 1) Budapest (Aquincum): J. Ziehen, «Arch.-epigr. Mittheil. aus Oesterr.-Ungarn» 1890, 47 sg., Figg. 2. 3.; S. Reinach, Rép. de la statuaire gr. et rom. III (1904) 145, 1. 7; Schober, 166; Ferri, 155. 177, Fig. 186; altri esemplari sono segnalati dal Ferri, 157, con rinvio ad «Arch. Ertesitö», 1889, 156. 2) Székesfehérvar: E. B. Thomas, «Acta Arch. Hung.» 6 (1955), 97, Tav. 26, 4; Schober, 207. — *Noricum:* 1) Gonovitz: A. Conze, Roem. Bildwerke in Oesterr. II (1875), 8, nota 5 D, che cita, con bibliografia, anche altri frammenti di «Grabkrönungen» icarei del Johanneum di Graz e dello Antiken-Cabinet di Vienna: W. Modrijan — E. Weber, Die Römersteinsamml. im Eggenberger Schloß-Park, I (1965), 57—60, nrr. 133. 129. 137. 135. 3) Grafendorf: Modrijan—Weber, 60, nr. 114. 4) Seggauberg (Flavia Solva): Modrijan—Weber, 61 sg. nr. 185 (certamente, rilievo tombale); su questi reperti, vedi Schober, 166 e E. Diez, artt. citt. alla nota seguente. — *Dalmatia:* 1) Zagabria (Agram): Reinach, Rép. stat. II 2 (1898), 477, 5: la figura vi è identificata come «Éon ou génie de Mithra», ma nell' indice generale (V, del 1924, p. 591) è data come Icaro, certo in seguito a F. Cumont, Die Mysterien des Mithra, 3. ed., K. Latte, 1923, 233 sg.; vedi già «Vjesnik», n. s. VII (1903—4), 229, nr. 33. 2) Sarajevo: Ferri, 155. 177, Fig. 187.

Ma torniamo al sarcofago di Messina, che qui si intende particolarmente illustrare. Eccone una succinta descrizione (vedi Tav.)[11].

Le nove figure dell'intero registro sono disposte in modo da collocarsi quattro alla
sinistra e quattro alla destra di una centrale: figura stante, questa, ignuda, di prospetto,
ma con la gamba sinistra incrociata sulla destra, sicchè l'equilibrio statico è ottenuto
facendo piegare leggermente il corpo verso un pilastro, o colonnina, su cui la figura
poggia l'avambraccio sinistro ravvolto nelle pieghe di un drappo; il braccio destro,
distante dal corpo, è volto in basso; la mano impugna un ramo con foglie (alloro?);
la testa, laureata, è girata verso la sinistra di chi guarda.

A sinistra della figura centrale, e cominciando da sinistra: per prima una figura
femminile, di profilo a destra, con lungo chitone stretto ai fianchi, diademata, distende
il braccio destro sino a sfiorare, appena più in su del gomito, il braccio destro della
seconda figura.

Quest'ultima, che volge le spalle alla prima, è maschile, di profilo a destra;
indossa un' e x o m í s, che scendendo dalla spalla sinistra, ne avvolge i fianchi e le
cosce; lavora, la testa piegata in avanti e intenta, con uno strumento simile ad un
martello, che impugna con la destra, ad una grande ala poggiante per la spalla su uno
sgabello, e tenuta ritta alla punta con la mano sinistra.

Segue una figura femminile, anch' essa a destra, accoccolata su un mucchio di sassi,
con le gambe ripiegate avvolte da un mantello e nudo il rimanente del corpo; tra i
capelli una sorta di tenia, e su di essi delle piccole ali; il braccio destro è levato in
alto; impugna un oggetto, che oggi non si distingue.

Tra quest'ultima e la centrale sta una figura giovanile, fornita di grandi ali, che si
stendono da una parte e dall' altra sulla figura precedente e sulla centrale che segue; le
ali appaiono solidali con le braccia, che la figura distende a sinistra e a destra,
sollevandosi sul corpo interamente nudo; delle due gambe, la destra è ritta e ferma,
la sinistra flessa, come per un inizio di volo, e il movimento della gamba sinistra
sembra accordarsi con la flessione del braccio destro, che sembra indicare il cielo.

Alla destra del nudo centrale, figura alata simile, anche per dimensioni, alla precedente; ma busto e gambe — pieganti, queste ultime, come per una sola comune spinta,
a sinistra — generano una curva lieve, che sembra alludere agli effetti del volo aereo
(anche se, stranamente, il piede sinistro poggia sulla pianta).

Segue, sotto l' ala sinistra della precedente, una figura femminile, che ripete, nel
profilo a destra, nei capelli avvolti da tenia e con piccole ali, nel mantello avvolgente
le gambe, la terza figura già descritta; ma, a differenza di quella, è ritta in piedi, un
lembo del mantello le cade dal braccio destro, e la mano sostiene un *volumen*, nel
quale la figura sembra leggere attenta.

All' estremità destra del sarcofago si leggono due figure sovrapposte. Quella in
basso è di un corpo nudo, riverso, supino, come inerte, su un ammasso roccioso;

---

[10] E. DIEZ, Mythologisches aus Carnuntum, in «Carnuntum Jhb.» (Roem. Forsch.
in Niederoesterreich, Beih. 8, 1963—4), 47, Taf. I 2 (Carnuntum); EAD., Genius
mit gebrochenem Flügel, «ÖJh», Band 50 (1972—75), 8 sgg. (Aquincum).
[11] Vedi, peraltro, le descrizioni di ROBERT, TUSA e SICHTERMANN.

riversi e abbandonati anche il braccio sinistro, sino a terra, e il capo; ma, delle gambe, la sinistra è come rimasta, innaturalmente, sollevata e flessa; dalla spalla destra, in secondo piano, si leva una grande ala, la punta volta in alto. Nell' angolo formato dal corpo giacente e dall' ala, trova posto la figura superiore: personaggio maschile, barbato (altri tratti non è dato cogliere sul viso rovinato), sdraiato su qualcosa di ondoso (acque, nubi?); avvolte le gambe da un mantello; torso nudo; il braccio sinistro ripiegato, sì da dare appoggio al corpo; la mano destra, posata sul ginocchio destro, impugna un ramo con foglie.

Dal ROBERT in poi la figurazione del sarcofago è stata concordemente connessa col mito del volo di Dedalo e Icaro, anche se sui particolari non sono mancate divergenze di vedute; ad es., sull' identificazione della prima figura di sinistra (Minerva, o Ars, o Pasiphae, per diversi motivi ispiranti o sollecitanti Dedalo alla costruzione delle ali[12]). Nelle due figure femminili con teste alate s' è d' accordo nel riconoscere due *Parcae* o Moirai. Il ROBERT sulla base di una discutibile elucubrazione del WISSOWA[13] su due frammenti, risp. di Varrone e di Caesellius Vindex (apd Gell. III, 16, 10. 11), credeva di poter precisare trattarsi della coppia *Parca-Morta* preposte, risp., alla nascita e alla morte (la coppia è ricostruita, per analogia, sulla serie di coppie concettuali bipolari, presenti nella religione romana, come *Panda-Cela, Anna-Perenna, Genita-Mana*, ecc.). In realtà, tutto il discorso di Gellio, e delle fonti da lui citate, Varrone e Caesellius, riguarda soltanto il *tempus humani partus* e dunque anche *Morta*, sia nella triade delle *Parcae* messa insieme da Caesellius (*Nona, Decuma, Morta*), sia nel verso di Livio Andronico (fr. 11 MOREL) da lui citato in appoggio alla sua tesi, deve essere inteso, in quanto *nomen* di *Parca*, come nome di ente ‹fatale› preposto, alla stessa stregua di *Parca* e *Nona* e *Decuma*, alla nascita. Ciò appare evidentissimo dalla divergenza tra il testo omerico (β 99 sg.; γ 237 sg., ecc.) e la traduzione andronichea: all' immagine omerica (ὅτε κέν μιν | μοῖρ' ὀλοὴ καθέλῃσι τανηλεγέος θανάτοιο) Livio sostituisce, per ragioni compositive certamente, l' immagine (*quando dies adveniet*), *quem p r o f a t a Morta est*, di *Morta* cioè, che 'ha predetto', per Laerte, il *dies* della morte. Ma — e l' argomento decisivo non mi pare sia stato mai usato — una modifica così radicale del dettato omerico implica la necessità di collocare *Morta* nell' area religioso-concettuale del nascere: *profata est*, infatti, evidentemente in sul nascere di Laerte[14]. Credo che cogliesse nel vero K. LATTE[15], attribuendole la sfera della ‹tödlich verlaufende Geburt›[16].

---

[12] Il ROBERT escludeva Minerva, incerto sulle due altre identificazioni. SICHTERMANN opta per Ars, mancando gli attributi tipici di Minerva.

[13] Comunicazione privata al ROBERT.

[14] Sul carattere esclusivamente «natalizio» delle Parcae, vedi O. SCHRADER, «N. Jhb. f. klass. Altert.» 43 (1919), 75 sgg. E vedi, da ultima, L. L. TELS DE JONG, Sur quelques divinités rom. de la naissance et de la prophétie, Delft 1959, 67 sgg.

[15] K. LATTE, Röm. Religionsgesch. (1950), 53, e nota 1.

[16] Naturalmente, questo discorso non riguarda il problema dell' etimologia di Morta, su cui vedi le diverse vedute di C. MARSTRANDER, «Symb. Osl.» 6 (1928), 52 sg.; M. LEUMANN, «Glotta» 42 (1964), 113; M. LEJEUNE, «RÉA», 1961, 438.

Il problema è, peraltro, connesso con l'identificazione dell'oggetto in mano alla prima delle due figure. Gli esegeti moderni sembrano concordi nello scorgervi, o supporvi, un *volumen* chiuso: la *Parca* lo sta mostrando ad Icaro (ROBERT)[17]; è chiuso, perchè soltanto la Moira conosce il destino di Icaro (SICHTERMANN). A me pare che questa «lettura» poggi, anzitutto sulla suggestione che viene dal *volumen* aperto in mano alla seconda figura, e, in ultima analisi, sull'autorità del ROBERT. L'autopsia del monumento, per quanto oggi molto corroso in questo punto, la testimonianza del disegno del LA GRANE, di quelli del GALLO e dell'HOUEL, e la descrizione del DI BLASI[18], mi suggeriscono che si possa trattare di una conocchia. Come è noto, con tale attributo si vede rappresentata di sovente, su sarcofagi, una delle Moirai (Clotho), così come il *volumen* aperto è frequente attributo di altra Moira (Atropos)[19].

La figura centrale — il defunto «divinizzato» per la vecchia antiquaria locale — rappresenta, certamente, Apollo. Un dato significativo, per un qualche orientamento sulla cronologia del sarcofago, è emerso dal confronto, istituito dal ROBERT, con una moneta bronzea dei Trokmoi di Tavium (Galazia), di età severiana (193/4)[20]. Il tipo apollineo coniato in essa corrisponde quasi esattamente, per la struttura compositiva, alla figura del sarcofago; evidentemente, ambedue dipendono da un comune modello statuario[21], che doveva essere d'attualità in quegli anni. Va, infatti, ricordato che lo stesso schema compositivo (ma «girato» quasi specularmente, come spesso avviene[22]) si ritrova, nello stesso torno di tempo, nell'Apollo di un *denarius* di Pescennio Nigro,

---

[17] Nel frammento del Johanneum di Graz (supra, nota 4) il ROBERT, piuttosto che un volumen, credette di riconoscere la mano della Parca con l'indice sollevato, in gesto ammonitore, verso Icaro; ma incerto aggiungeva: «doch könnte die zerstörte Linke die Rolle gehalten haben» (?).

[18] Supra, nota 2: lettera del 25 aprile, in Opusc. di aut. sic. cit., p. 260: «... figura di Donna ... con alla destra un non sochè di figura conica».

[19] Sarcofago di Prometeo, al Louvre: ROBERT, ASR III 3, p. 344, nr. 356, Taf. CXVII; sarcofagi di Fetonte: ROBERT, ASR III 3, Taff. CVIII—CXV, nrr. 336—350; F. CUMONT, Recherches cit. 76; sarcofago Kircher, al Museo romano delle Terme: H. I. MARROU, «RA» 1933, I, 163 sgg.; CUMONT, 339. In effetti, la presenza di due sole figure della triade fatale (Clotho con la conocchia e Atropos col rotolo del destino) è, per la tradizione artistica confluita sui sarcofagi romani, «ziemlich konstant» (S. EITREM, RE, s. v. Moira, col. 2490).

[20] T. E. MIONNET, Descr. de méd. IV (1809), 400, nr. 158 (e già il vecchio J. FOY-VAILLANT, Num. graeca, 1698, 102) = W. WROTH, BMC: Galatia, Cappadocia, Syria (1899), 25, nr. 9, Pl. V 7. La moneta è datata al 218° anno dell'èra provinciale della Galazia (dal 25 a. C.: Dio Cass., 53, 26, 3), come vide l'ECKHEL, Doctr. Num². III, 182; e dunque al 194, anno in cui Settimio Severo fu riconosciuto in Asia.

[21] Figura tra i casi di dipendenza di tipi monetali da statue in J. OVERBECK, Griech. Kunstmythol. III, V (Apollon), 302, nr. 60, Taf. IV 14. Va invece escluso dal confronto (OVERBECK, ibid. 280) l'Apollo del rilievo Atlas, Taf. XXII 21 (Atene, Kentr. Museion).

[22] D. RAOUL ROCHETTE, «Mém. Acad. Inscr. et B.-Lettres» 15 (1842), 251. Da ultimo, L. LACROIX, Les reproduct. de statues sur les monn. gr. (Bibl. Fac. Philos. et Lettres, Université de Liège, fasc. 116), 1949, 25 e nota 6.

della zecca di Antiochia[23]. Non si può escludere che la scelta dello schema figurativo da parte dello scultore del sarcofago — o, piuttosto, l'impiego, da parte sua, di un modello d'uso in bottega — stia a indicare, anche per il sarcofago, una cronologia non lontana dall'età delle due monete, diciamo, a metà strada tra la datazione del ROBERT (non prima della metà del 3° secolo) e quella proposta dal SICHTERMANN (subito dopo la metà del 2° secolo). Il fatto che, come il tipo apollineo delle monete ricorre solo in area galato-siriaca, così anche l'ignota opera d'arte, che ne fu modello, sembra ragionevole cercala in area orientale, suggerirebbe l'ipotesi di una provenienza orientale del sarcofago, o che, quanto meno, artigiani di provenienza orientale l'abbiano disegnato e scolpito. E' noto il fiorire del commercio di sarcofagi di fabbricazione greco-orientale, «attici» ed «asiatici» soprattutto, in Occidente[24].

Le due grandi figure alate — «Genii» che incoronano il defunto al centro, per gli esegeti settecenteschi — sono state identificate variamente, ma, ad ogni modo, come l'uno o l'altro dei personaggi del volo dedalo-icareo. La divergenza corre tra chi, come SICHTERMANN e TUSA, scorge Icaro in ambedue le figure, e chi, come il ROBERT, identifica quella di sinistra con Icaro, ma con Dedalo quella di destra. Da una parte si osserva che ambedue le figure hanno viso imberbe e corpo giovanile, caratteri che non si addicono se non ad Icaro. Da parte opposta si soggiace, senza dubbio, alla suggestione di quei dipinti pompeiani, che rappresentano in unica scena Icaro caduto (qui, nel sarcofago, all'estrema destra, in basso) e Dedalo in volo, ignaro della tragedia[25]. E' vero che stando all'iconografia tradizionale Dedalo dovrebbe essere barbato. E' però anche vero, che su questo sarcofago il Dedalo al lavoro dell'ala è imberbe; e il ROBERT, seguito da TUSA, ne traeva argomento per datare il sarcofago, come s'è detto, a non prima della metà del 3° sec. E' stato, d'altra parte, supposto (SICHTERMANN), che il volto del Dedalo artefice, per via della mascella prolungata, possa essere stato lasciato incompiuto. Ipotesi, questa, non improbabile, anche se l'autopsia non sembra sostenerla; per quanto riguarda l'identità della seconda grande figura alata, bisogna dire che troppo diverse tra di loro, per essere «segni» della stessa persona, sono l'immagine di Dedalo intento al lavoro e quella librantesi, a destra, sulle ali: tanto matura d'anni e di fatica appare quella, quanto acerba ancora e leggera questa.

[23] H. MATTINGLY, CREBM V, 74, nr. 297, Pl. 13, 8, tra i non datati del 193—4.
[24] G. FERRARI, Il commercio dei sarcofagi asiatici (Studia archaeol. 7), 1966, spec. 17—23. Per i sarcofagi attici, vedi A. GIULIANO, Il comm. dei sarcof. attici (Studia archaeol. 4), 1962, spec. 16. 19 sg.; non sembra pertinente al mito di Dedalo il frammento ROBERT, ASR, III, I, nr. 36, che invece è dato come tale ivi, al nr. 415 (p. 65, e cfr. l'indice dei soggetti, p. 86, III F): molto incerta anche l'ipotesi del ROBERT (iniziazione di Minosse ai misteri di Zeus ideo).
[25] Il ROBERT, appunto, in uno scritto giovanile («Arch. Zeitung» 1877, 1 sgg.) aveva studiato il dipinto del lato orientale del «vico di Tesmo» (nr. 2 della classificazione del BLANCKENHAGEN, vedi infra), mettendo in evidenza come il pittore intendesse cogliere il momento in cui, come avevano poetato Callimaco e Philostephanos (schol. Hom. B 145), e ancora Ovidio (ars am. 2, 21 sgg.; met. 8, 183 sgg.), Dedalo non s'era ancora accorto che Icaro era già caduto. I quattro dipinti di questo tipo vedi, da ultimo, in P. H. VON BLANCKENHAGEN, «RM» 75 (1968), 106 sgg., nrr. 1—4, Taff. 27; 30, 1; 30, 2; 31, 1.2; 32, 1.2.

Vedere, come pare dunque necessario, Icaro in ambedue le figure alate significa, ovviamente, distinguerle e separarle nella partizione ideale delle «scene»[26]: la prima lega, compositivamente, con la prima delle Moirai; la seconda sta a sè, o, forse (vedi infra) si compone in unica scena con le tre figure estreme.

Di queste ultime, dopo quanto si è detto sopra intorno alle due Moirai, basta dire, del corpo riverso sulle rocce, che l'atteggiamento di questo Icaro caduto ripete molto da vicino lo schema compositivo, ch'aveva seguito l'autore del dipinto del Museo Nazionale di Napoli 9506 (da Pompei IX 6, 45)[27]: in ambedue i casi Icaro giace con le gambe a sinistra e una delle gambe (la destra nel dipinto, la sinistra nel sarcofago) è sollevata e flessa; soltanto il braccio sinistro e l'ala superstite, distesi per lungo sul terreno nella pittura, sono disposti, sul marmo, per evidenti esigenze di spazio, lungo un asse verticale, pendendo il primo inerte verso il basso, drizzandosi la seconda verso l'alto.

Problematica è la figura che occupa l'angolo destro superiore. Non identificata nè dal ROBERT, nè da TUSA, per SICHTERMANN si tratterebbe di divinità locale: starebbero a simboleggiarne la «Örtlichkeit» la roccia, su cui sembra poggiare la figura, e la pianta su cui pure pare che si appoggi. L'identificazione sul marmo di siffatti elementi di «landscape» è, in verità, quanto mai problematica e incerta. A me pare più ragionevole limitarsi a confrontare questa figura, che non ricorre mai nei dipinti pompeiani dedalo-icarei[28], con quella di Oceanus, sì spesso presente in rappresentazioni su sarcofagi[29], nonchè su monumenti del mondo mitraico[30].

C'è un punto, che vale la pena di considerare. Un fatto, che nasce dal confronto delle testimonianze iconografiche dedalo-icaree (limitatamente, s'intende, alle rappresentazioni su piano, dipinti, rilievi, gemme), è che chi ha disegnato il rilievo di questo sarcofago, dalla tradizione relativa, certo nota alla sua pratica d'artista, sembra aver tratto solo alcuni schemi figurativi: giust'appunto, quello di Dedalo al lavoro dell'ala, e quello di Icaro giacente. Di quest'ultimo s'è discorso or ora. Per l'immagine

---

[26] In accordo con la sua identificazione del secondo personaggio alato con Dedalo, il ROBERT lo legava con il primo (Icaro, anche per lui), interpretandone il volto a sinistra come diretto a seguire, con paterna trepidazione, i primi movimenti del figlio.

[27] BLANCKENHAGEN 109, nr. 4, Taf. 32, 1.2.

[28] Nei quali, in funzione «paesaggistica» ricorrono invece sempre, e in vario numero, le Aktai; cfr. BLANCKENHAGEN, il prospetto a p. 115.

[29] Ad es.: nel coperchio del sarcofago di S. Lorenzo fuori le mura, a Roma (CUMONT, Rech. 78, fig. 8 e Pl. II 2); nel frammento di coperchio del Vaticano e nel sarcofago di Mantoca, citati da CUMONT, Rech. 77, nota 1 C. E. Si ricordi che per Noumenios (fr. 33 Des Places) il mare avrebbe simboleggiato, già per Platone, la hylikè systasis: cfr. CUMONT, Rech. 66, nota 1, e «Additions» 500. Una figura «acquea», diversa tanto quanto lo è l'Oceanus dei sarcofagi appena ricordati dal Poseidon di alcuni dipinti pompeiani (BLANCKENHAGEN, nrr. 6. 7. 8), si trova nell'interessante disco bronzeo del museo di Vidy, studiato da Cl. BÉRARD, «Ztschr. f. schweiz. Arch. u. Kunstgesch.» 23 (1963—4), 1 sgg., Pl. 1.

[30] Frequentissima nei registri secondari delle tauroctonie: cfr. M. J. VERMASEREN, CIMRM, nrr. 337 e 478, su cui vedi Leroy A. CAMPBELL, Mithraic Iconogr. and Ideology (ÉPRO 11, 1968), 8 d 2. 3 (p. 287); e ancora nrr. 1083 A. 1128. 1247. 1283. 1292. 1359. 1400. 1430. 1475. 1861. 1975. 2000. 2034. 2038. 2244. 2272 ecc.

Tafel V

Dedalo e Icaro. Sarcofago di Messina (Mus. Regionale, inv. 233)

di Dedalo al lavoro, della preparazione al volo, il nostro scultore disponeva di una cospicua serie di varianti di moduli figurativi, quali vediamo tornar frequenti su gran numero di manufatti antichi d' arte, dalla più ignota delle gemme ai famosissimi rilievi di Villa Albani e della Collezione Baker[31]. Orbene: è possibile ricostruire l' operazione

[31] Una classificazione provvisoria dei moduli figurativi della «preparazione al volo» nell' arte tardorepubblicana e medioimperiale su piano, condotta su quanto è stato pubblicato delle Denkmälerlisten del BROMMER (III, 59—64), potrebbe essere la seguente.

I (Dedalo seduto):
    tipo a (con Icaro):
        1.ª var.: Dipinto di Echzell (D. BAATZ, «Germania» 46, 1968, Beil. 4 Taf. 6).
        Rilievo della Porta Nera di Besançon (É. ESPÉRANDIEU, B.-rel. Gaule rom., VII 5270).
        Rilievo di Arlon (ESPÉRANDIEU, V 4065).
        2.ª var.: Antike Gemmen in Deutsch. Samml. (AGDS) I 3505.
        3.ª var.: A. FURTWAENGLER, Ant. Gemmen (AG), Taf. 25, 2.
    tipo b (con ala in lavorazione e Icaro):
        1.ª var.: Stucco Pompei VII 1, 8 (H. MIELSCH, «RM», Ergzh. 21, 1975, 143, Taf. 50, 2).
        2.ª var.: Terrac. Campana (H. v. ROHDEN—H. WINNEFELD, Architekt. röm. Tonrel., 113, fig. 211—215).
        3.ª var.: Villa Albani — Coll. Baker (Th. SCHREIBER, Hellenist. Reliefbild. I, XIᴬ; D. v. BOTHMER, Anc. Art from N. Y.: Exhib. Metropol. Museum 1959—60, nr. 119, Pl. 38).
        4.ª var.: AGDS III G 271.
    tipo c (con ala in lavorazione):
        1.ª var.: AGDS III G 270; H. B. WALTERS, Gems Brit. Mus. (1926), 3130; G. M. A. RICHTER, Engrav. Gems of the Rom. (1971), nr. 332; J. BOARDMAN, «RA» 1971, 212, fig. 29.
        2.ª var.: AGDS IV 321. 322; WALTERS 4041; S. REINACH, Pierres gravées (1895), Pl. 57, 39²; G. LIPPOLD, Gem. u. Kam. (1922), Taf. 48, 6; P. FOSSING, Cat. engrav. Gems Thorvaldsen Mus. (1929), nr. 889.
        3.ª var.: WALTERS 1863 (pl. XXIV).
II (Dedalo in ginocchio):
    tipo a (con Icaro):
        1.ª var.: WALTERS 1864. 3133 (pl. XXXI); G. SENA CHIESA, Gemme Aquileia (1966), nr. 707; F. HENKEL, Röm. Fingerringe d. Rheinl. (1913), Taf. 78, 357; M. HENIG, Corp. of engrav. Gemstones (1978), nr. 450.
        2.ª var.: AGDS II 469; III G 272; IV 956; WALTERS, 3132; FOSSING, nr. 890.
        3.ª var.: AG 37, 12; 63, 32; WALTERS, 3131 (pl. XXXI); AGDS I 1399. 1400; II 390; G. PESCE, «RINSAA» 5 (1936), nr. 30, Tav. IV = LIPPOLD, Taf. 48, 1 = RICHTER, nr. 330; REINACH, Pl. 57, 39³.
        4.ª var.: AGDS I 3229.
    tipo b (con ala in lavorazione):
        1.ª var.: AGDS III B 21.
        2.ª var.: AGDS I 1401.
III (Dedalo in piedi):
    tipo a
    unica var.: AGDS I 1402; HENIG, nr. 451.

di scelta, e insieme di contaminazione compositiva, come vedremo, compiuta dal progettista del sarcofago, o che, più probabilmente, egli trovava già bell' e compiuta e tradotta in formula figurativa nella tradizione degli «ateliers». La tradizione d' «ateliers» offriva diverse varianti del modulo «Dedalo, seduto, al lavoro dell' ala alla presenza di Icaro» (Ia1; Ib1. 2. 3. 4), o del modulo «Dedalo in ginocchio e Icaro» (IIa1. 2. 3) Il nostro progettista doveva (per una ragione ovvia: l' utilizzazione funeraria della iconografia dedalo-icarea) distaccare le due figure[32]. Preferì, allora, utilizzare, da un lato, un diverso modulo, quello che ho segnato alla nota 31 con IIIa1: Dedalo solo, in piedi, occupato, con uno strumento in mano, a costruire un' ala poggiante su un piedistallo. Dall' altro, impiegò, accanto alla prima, la variante IIa3. Nelle gemme, che testimoniano la circolazione di quest' ultima, Icaro appare proprio come, nel sarcofago di Messina, l' Icaro di sinistra: di fronte, ali spiegate, braccio destro piegato in alto a indicare il cielo. Ma nello schema corrente di quest' ultima variante, il cielo Icaro lo indicava a un Dedalo inginocchiato accanto a lui, sotto una delle ali, con le braccia levate verso il figlio, quasi a ricordargli gli ultimi *praecepta volandi*[33]. Nel sarcofago, diversamente, il posto di Dedalo è occupato, come si vede, dalla Moira, seduta e con braccio levato, ma a tenere la conocchia: una nuova formula, dunque; che godette di una sua circolazione negli «ateliers» di monumenti sepolcrali, come mostrano, oltre al nostro sarcofago, il frammento di Graz e il rilievo di *Flavia Solva* ricordati in principio[34].

Diverso linguaggio parla un secondo divario della rappresentazione da moduli tráditi e usuali. Un topos letterario, che incontriamo tradotto di frequente in immagini figurate, parlava di un Dedalo, che solo tardi si era accorto della sorte funesta toccata al figlio. E come Ovidio aveva poetato di un Dedalo, che la tragedia intuiva solo

Sebbene escluse da questa classificazione, limitata nel tempo (vedi supra), si capisce come tradizioni iconografiche ellenistiche stessero alle spalle delle varianti considerate. Si pensi al relievo di Pergamo, Altert. von Pergamon VII (F. Winter, Die Skulpturen) 2, 285 sg., Beibl. 28, nr. 360, in cui è lecito identificare Dedalo in volo, meglio che Borea; e ancora al Dedalo nel primo stacco del volo sul rilievo Th. Schreiber, Hellenist. Reliefbilder II, Taf. XCIII 3; senza dire dell'influsso certamente esercitato dalla scultura a tutto tondo, superstite per noi, per il tema dedalo-icareo, con alcuni frammenti, quali il torso ellenistico di Amman (J. H. Iliffe, in Stud. Robinson I 705, Taf. 75—80; H. Möbius, «JdI» 68, 1953, 96 sgg., Abb. 1), e il torso d'età adrianea del Museo Nuovo di Roma (D. Mustilli, Mus. Mussolini, 93), e con la testimonianza epigrafica di un gruppo ad Efeso, del 113—114 (J. Keil, in Forsch. in Ephesos III 131, nr. 45; «ÖJh» 39, 1952, 45, Abb. 11).

[32] Per fare spazio, tra di esse, al primo dei due segni «funerari», la Moira che prepara il filo della vita.

[33] La variante II a 3 di questa mia classificazione altro non era che il «pendant» figurativo di un topos della tradizione letteraria (Dedalo che ammaestra Icaro intorno al volo) risalente, quanto meno, ad Euripide: R. Holland, Die Sage von Daidalos u. Ikaros, Gymn.-Progr. Leipz. Thomasschule, 1902, 7 sgg.; Knaack, «Hermes» 1902, 601 sgg.

[34] Supra, note 4.5.

quando *pennas adspexit in undis* [35], così, sui superstiti dipinti pompeiani dedalo-icarei si scorgono, in unica scena, l'ignaro padre in rapido volo verso la libertà insieme ad Icaro a precipizio giù per l'aria[36], o insieme al suo corpo inerte sulla spiaggia, ove il flusso dell'onde l'ha gettato[37]. E lo stesso modulo tematico fu ripreso più tardi (prima metà del 2° sec.) sul disco di Vidy[38]. Ma sul sarcofago, nella parte destra, sono rappresentati insieme, invece, Icaro in volo ed Icaro caduto. Anche in un dipinto pompeiano[39] Icaro appare giacente e, insieme, in aria (e, ancora, Dedalo ignaro); ma l'Icaro in aria sta già precipitando a testa in giù, non si libra sicuro in volo, come fa nel monumento sepolcrale messinese. E' un «unicum» questo modulo figurativo del nostro sarcofago. E un tale divario dalla tradizione, che realizza la rappresentazione siniconica di Icaro in volo e Icaro caduto, racchiude in sè, certamente, un messaggio, che vale la pena di cogliere.

Mirando, ora, questo nostro discorso a reperire un'esegesi capace di dare ragione, con tutta l'evidenza possibile in questi casi, di una rappresentazione connessa col mito dedalo-icareo, che venga impiegata, come nel nostro caso, su un monumento, su un sema di morte, bisognerà passare in rassegna le interpretazioni che, del mito, si possono trarre, esplicite, dalla tradizione letteraria del mondo romano medio-imperiale, al fine di rintracciarvi, se possibile, una chiave esegetica congrua, per il suo contenuto, con la figurazione di cui ci occupiamo.

In vista di ciò, è possibile distinguere i testi in sei gruppi. Un primo gruppo è costituito da testi, che hanno in comune l'assenza di un'esegesi vera e propria. L'interesse di questi scrittori è quasi interamente incentrato sull'opera di Dedalo. Il fatto è visto come oggetto di stupore per la sua straordinarietà (*praepetibus pennis ausus se credere caelo, insuetum per iter* ...)[40], o come vicenda ricca di pathos[41], o nella sua essenzialità mitografica, come racconto di età lontane[42]. La spettacolarità del tragico accadimento finale, la caduta di Icaro, non mancò d'essere sfruttata negli anfiteatri, come veniamo a sapere da un «incidente» capitato a Nerone[43].

---

[35] Ovid. met. 8, 233. Cfr. nota 25.
[36] BLANCKENHAGEN, nrr. 6. 7. 8 (?). 9. 10, Taff. 36, 1.2; 38; 39, 1.2.
[37] BLANCKENHAGEN, nrr. 1. 2. 3. 4.
[38] Supra, nota 29.
[39] BLANCKENHAGEN, nr. 5, Taf. 33. 34. 35, 1.2; fig. 2 (p. 123).
[40] Verg. Aen. 6, 14 sgg.
[41] Ovid. ars am. 2, 21—96; met. 8, 183—235.
[42] Apollod. epit. 1, 12 sgg; Arrian. anab. 7, 5 (forse, qui, non da Aristobulo); Diod. 4, 77, 7—9.
[43] Suet. Nero 12, 2.

In un secondo gruppo possiamo porre quei testi, anch'essi interessati soprattutto all'opera di Dedalo, in cui è negata la storicità della vicenda, o si evemerizza in varia maniera il racconto mitico. Questo filone, per noi oggi rappresentato, tra i primi in ordine di tempo, da Menekrates[44] e Phanodikos[45], comprende inoltre lo scetticismo espresso da Diodoro[46], la traduzione in termini razionali presente in Pausania[47], e ancora in Palaiphatos[48], sino alla citazione del mito in Agostino, a segno del generale rifiuto delle *fabulae*, esplicita[49], o allusiva *(umerisque liberioribus pennas recipiunt)*[50].

Un terzo gruppo di testi non si pone la domanda della verità storica del racconto, anzi sembra crederci. Si insiste, invece, in questi testi, condannandola, sull'empietà dell'impresa dedalea. Con riferimento ad essa *(expertus vacuum Daedalus aera)*, Orazio, in una nota ode[51], appare preoccupato, anzichè esaltarsene, del progresso tecnico dell'uomo: *caelum ipsum petimus stultitia;* Dedalo tentò il vuoto *pennis non homini datis;* così, almeno, ha pensato L. DELATTE[52]. Ma certo Dione Crisostomo

---

[44] FHG II, 344, fr. 7 = FGrHist 769 F 5 (apd Serv. dan. ad Aen. 6, 14): *Icarum filium eius* (Daedali) *ab Atticis pulsum, dum patrem petit, naufragio perisse, unde mari nomen.*

[45] FHG IV, 473, fr. 3 = FGrHist 397 F 3 (apd Serv. dan., ibid.): *Daedalum ... fugientem navem conscendisse et, cum imminerent qui eum sequebantur, intendisse pallium ad adiuvandum ventos, et sic evasisse; illos vero, qui insequebantur, reversos nuntiasse pinnis illum evasisse.*

[46] Diod. 4, 77, 5—6: versione evemerizzante, che precede la paradoxos mythologia di 7—9 (nota 42).

[47] Pausan. 9, 11, 4 sg.: ταῖς ναυσίν, ὃ μήπω τοῖς τότε ἐξεύρητο, ἱστία ἐπιτεχνησάμενος, ὡς τοῦ Μίνω ναυτικοῦ τὴν εἰρεσίαν φθάνοιεν ἐπιφόρῳ τῷ ἀνέμῳ χρώμενοι, τότε αὐτὸς μὲν σώζεται Δαίδαλος, Ἰκάρῳ δὲ κυβερνῶντι ἀμαθέστερον ἀνατραπῆναι τὴν ναῦν λέγουσιν.

[48] Palaephat. π. ἀπιστῶν, 12 (13) p. 19 sg. Festa: i fuggiaschi, poichè soffiava un vento impetuoso, πετόμενοι ἐφαίνοντο. Ma sopravvenne un forte noto: Dedalo si salva, Icaro si perde in mare.

[49] Augustin. solil. 2, 11, 20 (PL 32, 894). Cfr. de ordine 2, 12, 37 (173, 20 KNÖLL): *mendacem illum, qui finxerit (volasse Daedalum);* c. academ. 3, 2, 3 (47, 6 KNÖLL): l'inciso *ne vel ipsum Daedalum timeam,* in un'immagine di attraversamento, *quolibet vehiculo,* dell' Egeo, esprime la repugnanza a considerare, perchè falsa, l'ipotesi del mezzo *(instrumentis)* usato da Dedalo.

[50] Augustin. conf. 8, 7, 18 (185, 11 KNÖLL), detto dei *boni fratres* dei *monasteria,* liberi dall' angoscia, che invece aveva tormentato la sua ricerca di verità.

[51] Hor. carm. 1, 3.

[52] L. DELATTE, «L'Antiqu. class.» 4 (1935), 309 sgg., spec. 335. Cfr. C. SETTIS-FRUGONI, Hist. Alex. elevati per gryphos ad aerem (Stud. stor. Ist. stor. ital. M. E., fasc. 80—82), 1963, 98. Non è però escluso che l'oraziano *caelum ... stultitia* — e dunque anche il cenno al mito — esprima piuttosto, come in carm. 1, 11 e 1, 28,

è esplicito nella condanna della μηχανή di Dedalo, che incolpa della sventura toccata ad Icaro[53]: Dedalo pose mano ad una tecnica preclusa all'uomo (οὐ δυνατὸν τέχνημα), sicchè fu sua colpa avere spinto il figlio ad una βίαιος καὶ παρὰ φύσιν φορά[54].

Motivo secondario, ricorrente a volte in questi testi, con attenzione tendenzialmente spostata sulla figura di Icaro, è l'interpretazione etica del suo volo. La troviamo, commista alla condanna del τέχνημα dedaleo, nel passo di Dione or ora citato: la φορά violenta e contro natura di Icaro assurge a simbolo dei φιλόδοξοι ἄνδρες: il loro demone è, come il mitico Icaro, μετέωρος, sprezzante di ciò che è dappoco, ὑψηλὸς καὶ μετάρσιος e· ἀγαλλόμενος per la fortuna seconda; come quello, spinto da νεότης e ἀλαζονεία ad innalzarsi più in su degli astri; le ali di Icaro, vane sotto i dardi del sole, altro non sono che le lodi effimere degli uomini.

Un'interpretazione a questa coordinata, e tanto diffusa quanto antica, è quella seguita da Ovidio e da Seneca[55]: il mito del volo dedalo-icareo, come quello di Fetonte, insegni che *bene qui latuit bene vixit*, o che *quisquis medium defugit iter, stabili numquam tramite curret*. La si ritrova, naturalmente, in quel cinico razionalista che fu Luciano, nella sua nuda formulazione[56], o applicata alla parodia antifilosofica dell'Icaromenippo.

---

scetticismo riguardo alle speculazioni astrologiche. Per una siffatta interpretazione del volo di Icaro, vedi infra, note 59. 60.

[53] Dion. Chrysost. de philosopho, 71, 6: οὐ γὰρ δυνατὰ ἐμηχανᾶτο πτέρυγας ἀνθρώπῳ προστιθείς· οὐκοῦν διέφθειρε τὸν υἱόν.

[54] Dion. Chrysost. de regno, 117 sgg. (I 75 sg. VON ARNIM). A questi termini si riduceva, nel gran rivolgimento di spiriti, che penetrò la classicità antica, l'esaltazione di Dedalo artefice mirabile (δαίδαλος, appunto), che aveva avuto sua espressione, non solo nella letteratura, sì ancora nelle arti figurative: si ricordi, già per il principio del 5° sec. a. C., la bulla etrusca inscritta di Baltimora, esaltante non solo Dedalo, sì anche Icaro, come eroi della sega e dell'ascia; cfr. G. M. A. HANFMANN, «AJA» 39 (1935), 189 sgg. Questa qualificazione di entrambi, in età arcaica, come artefici, che sembra persistente (vedi la coppa «lucana» con iscr. «Icaro ΔΑΙΔΑΛΟΣ», menzionata da Th. PANOFKA in Hyperbor.-röm. Studien f. Arch. (ed. E. GERHARD) I, 1893, 173, nr. 9), andrebbe ristudiata per le origini e la storia più antica del mito (cfr. E. FIESEL, «AJA» cit., 195 sgg.); ma vedi, ora, F. FRONTISI-DUCROUX, Dédale, Paris, 1975.

[55] Ovid. trist. 3, 4, 21 sgg.; Sen. Herc. Oet. 676 sgg. Per la fortuna di questa esegesi nella tradizione umanistica, vedi, tra l'altro, G. DE TERVARENT, Attributs et symboles dans l'art profane (1450—1600), 1958, 222; H. HUNGER, Lexicon d. griech. u. röm. Mythologie (1953) 93 sg.

[56] Lucian. imag. 21; gall. 23.

C'è poi un *corpusculum* di testi, nei quali i motivi presenti nei testi
sopra analizzati ritornano variamente combinati con un'immagine, in
cui Icaro è decisamente protagonista, se non unico attore, di un fatto,
che trae origine dalla sua personale ἐπιθυμία — naturalmente παράδοξος,
perchè volta a realizzare cose non permesse (οὐκ ἐπιεικτά)[57] all'uomo,
oltre che, in qualche versione, istigata da νεότης e ἀλαζονεία. E'desiderio
di volare, per cui è Icaro a sollecitare le capacità tecniche possedute dal
padre[58]. Ma questo desiderio di volare si trasforma poi, decisamente, in
desiderio di sollevarsi con la mente sino ai movimenti degli astri (ἐς
πόλον ἀερθεὶς τῷ νῷ), per cercarvi la verità[59]: e Icaro finisce per essere
simbolo degli ἀποτελεσματικοί[60]. Nei testi citati, anche la tragica conclusione del mito è presente, come traduzione simbolica della caduta di
Icaro in caduta «giù dalla verità», in «deviazione dal λόγος», giù verso
il «mare d'abisso»[61], il «mare di menzogna»[62]. E pare difficile stabilire,
se il mito icareo sia stato impiegato, ad un dato momento, dalla critica
antiastrologica, a significare l'assurdità di quelle dottrine, o se piuttosto
esso si fosse già inserito in qualche anello della tradizione filoastrolo-
gica, d'ascendenza platonica (Theaet. 173 e) e stoica, del neopitagorismo
e del medio platonismo[63]. Se fosse vera la seconda ipotesi, bisognerebbe

---

[57] Anonym. de incredibil. (Mythogr. graeci III, 2 FESTA) 94, 9, che dipende interamente da ps. Lucian. de astrol. 15 (di cui permette di correggere l'incomprensibile
lez. ἐπικτά).

[58] Sever. narr. 5 (WALZ, Rhet. gr. I 539 = WESTERMANN, Μυθογρ. 373, 28—35). Su
questo tardo sofista, vissuto al tempo di Antemio, appassionato ricercatore di libri
che contenessero ἀπόρρητόν τι, informa la Suda, s. v.; cfr. CHRIST—SCHMID—
STÄHLIN, Gr. Litt.⁶, 1027.

[59] La ἀλήθεια, da cui Icaro alla fine cade giù — nel cit. ps. Luciano — è ripresa da
Eustath. ad Il. B 145 (193, 4—6: I 157 Leipzig 1827 = rist. an. Olms Verl. 1970):
ἄνω δι' εὕρεσιν ἀληθείας.

[60] Nel commento eustaziano (l. cit.) si fondono insieme una più antica tradizione
esegetica del mito icareo, in senso antiapotelesmatico, e l'esperienza dei tempi del-
l'autore (νοηθείη ἂν Ἴκαρος ἅπας ὁστισοῦν τῶν νῦν ἐπιτρίπτων ἀποτελεσματι-
κῶν). Per il problema nell'età di Manuele Comneno, vedi i testi raccolti dal CUMONT
in CCAG V¹, 108 sgg.; dell'indicazione ringrazio il Collega A. GARZYA di Napoli.

[61] Ps. Lucian., l. cit.: ἐξέπεσε τῆς ἀληθείας καὶ παντὸς ἀπεσφάλη τοῦ λόγου, καὶ ἐς
πέλαγος κατηνέχθη ἀβύσσων πρηγμάτων. Gli ἄβυσσα πρήγματα sono quelli della
cosmologia orfica (cfr. Orphic. fragm. 353 KERN) e neoplatonica (cfr. Olimpiod.
in Platon. Alcib., 19, 6—10, p. 15 WESTERINK).

[62] Eustath., l. cit.: εἰς πόντον ψεύδους καταδύονται πίπτοντες (scil., gli apotelesma-
tici, che «con cera si forniscono di ali»).

[63] Mi sono chiesto, se il Severo citato alla nota 58, che fa Icaro protagonista del
mito (πτερωτὸς γὰρ ἐπεθύμησεν αἴρεσθαι), non sia da identificarsi, anzichè con
il sofista romano della fine del 5° secolo ricordato dalla Suda (come si fa sin dai

altresì supporre che, dell'intero mito, nell'esegesi «astrologica», sia stata esaltata l'ansia di volo di Icaro, con esclusione della caduta.

Orbene: riconsiderando le diverse esegesi del mito di sopra elencate, bisogna riconoscere che nessuna di esse, se «letta» su un sarcofago, sì da sostanziare quel «Bildungsbewußtsein», che RODENWALDT chiedeva ad ogni sarcofago, ha tratti collegabili in qualche misura con la realtà tombale, con la vita passata del defunto o col suo destino di morte: non certo il mito concluso in sè, con funzione «dignificante» e decorativa[64]; non la sua evemerizzazione razionalistica; non la condanna dell'où δυνατὸν τέχνημα o della superbia φιλόδοξος; e nemmeno l'esaltazione del *latenter vivere* o della *mediocritas*. Meriterebbe, forse, di esser presa in considerazione l'esaltazione apotelesmatica, in cerca della ἀλήθεια; ma il cadavere di Icaro precipitato ammonisce, dall'angolo destro del sarcofago, ad escluderla[64 bis]. Bisogna dunque cercare altrove il significato tombale del mito.

tempi della Bibl. graeca di FABRICIUS-HARLEIUS, vol. IV, 1798, p. 53), con l'omonimo neoplatonico del 2° (su cui cfr. E. ZELLER, Gesch. d. Philos. 3, 1[4], 841 sgg.).

[64] E' per me impossibile sottoscrivere un' affermazione come questa del NOCK (art. cit. a nota 1, p. 166): «any scene out of the heritage of antiquity ... gave dignity». Un siffatto metro non potrà mai misurare lo spessore semantico delle rappresentazioni funerarie. Del resto, l'«impasse», che dopo NOCK sembrò bloccare la ricerca sul simbolismo dei sarcofagi, si tende oggi a superarlo nel senso chiarito da F. MATZ, Stufen der Sepulkralsymbolik in der Kaiserzeit, in H. WIEGARTZ u. Mitarb., Sympos. üb. die ant. Sarkophagsreliefs («Arch. Anz.» 1971, 102 sgg., spec. 113 sgg.); è vero che la ricerca odierna poggia in pari misura sulle spalle di CUMONT e NOCK; ma è necessario, altresì, operare su una distinzione diacronica (di «Stufen», appunto) delle manifestazioni del simbolismo sepolcrale in età imperiale; e in tale prospettiva, che individua nel passaggio dal 2° al 3° secolo un momento discriminante, l'età di Plotino, a cui appartiene il marmo di Messina, riflette le sue luci sui mitologhemi plastici dei sarcofagi, riplasmando in un senso tutto particolare, non tanto le forme, ma piuttosto i contenuti di quella «cultural inheritance», di cui parlava NOCK, che resta tuttavia al fondo, ma che non può essere indistintamente «massimizzata».

Anche una «lettura» del nostro sarcofago in chiave pessimistica (quasi uno dei tanti esempi mitici de «la grande loi qui pèse sur l'humanité»: NOCK, con rinvio al Man. d'archéol. rom. di CAGNAT e CHAPOT) non soddisfa; con NOCK bisogna riconoscere, che «this must not be pressed too far».

[64 bis] E' inimmaginabile che del defunto, e degli astrologi in genere, potesse essere rappresentato, insieme con l'estasi ‹astrale› (Icaro in alto volo), il cadere ultimo di quella loro illusione, rivelantesi vana, il tragico finale di quella loro nephalios methe (Philo. de op. mundi, 23, 70). Del resto, si ricordi F. CUMONT, Le mystic. astrale («Bull. Acad. royale de Belgique» 1909), 275, nota 1: «D'une façon générale, les espérances eschatologiques n'occupent aucune place chez les astrologues». D'altra parte, ridurre, col SICHTERMANN, il destino di Icaro a simbolo del comune destino umano di morte equivale a chiudere gli occhi dinanzi al dispiegarsi enfatico del-

In un articolo di una quarantina d'anni fa, Pierre COURCELLE[65] riuscì, partendo da un riesame dell'epitafio metrico di Theodorus per la sorella Manlia Daedalia (CIL V 2, 6211. 6240), a raccogliere un gruppetto di testi patristici, che, guardati in controluce, rivelano i lineamenti di una interpretatio neoplatonica del mito dedalo-icareo; essa sembra essere legata a quelle quaestiones vergilianae, un commentario neoplatonico al VI dell'Eneide, di cui il NORDEN ha intuito l'esistenza (nel libro virgiliano il mito è menzionato, come è noto, ai vv. 14—19)[66]; ed è passata, naturalmente, attraverso una sorta di rappresentazione per personas del «testo sacro» del Fedro platonico (246 b—249 a) intorno alle vicende «alari» dell'anima.

Il COURCELLE è convincente, quando va rintracciando in Ambrogio e in Agostino[67] alcuni segni evidenti della lettura di testi, che legavano in qualche modo il virgiliano remigium alarum di Dedalo alle platoniche e neoplatoniche «ali dell'anima». Nell'involucro cristiano di Ambrogio è rimasto un indizio, sfuggito al COURCELLE, di utilizzazione di testi neoplatonici: refluentibus pennis[68], a proposito dei volatus per saeculum, simboleggiati dagli icarei volatus, ricalca direttamente il platonico ἀπορρεῖ (τὰ πτερά)[69] e i platonici e plotiniani πτερορρυεῖν, πτερόρρυησις[70]. Ancora Ambrogio[71]: rivolgendosi ai platonici, scrive: Hinc fortasse et illum Icarum perdidistis, quod persuasionibus vestris inductus adolescens, prius avem se fuisse fortasse crediderat. Qui, se non erro, è lecito scorgere, sotto il tagliente sarcasmo, il riferimento ad una interpretatio neoplatonica del mito: è un Icaro, che è iniziato alla dottrina della trasmigrazione dell'anima nei corpi, che è indotto da quelle persuasiones a

---

l'immagine di lui in volo, e le orecchie al messaggio che essa pur ci invia. Peraltro, la suggestione robertiana («Arch. Zeit.» 1877, 7, nota 19; e cfr. E. DIEZ, «ÖJh» 1972—75, 10), che vede nel mito icareo, e nel suo impiego funerario, il simbolo dell'umano infrenabile ‹Streben› verso i limiti infrangibili della condizione umana, si rivela, per la palese sua matrice romantica, anacronistica.

[65] P. COURCELLE, Quelques symboles funér. du néoplatonisme latin, «RÉA» 46 (1944), 65 sgg.

[66] E. NORDEN, P. Verg. Maro, Aen. VI (1916²), 26, nota 2.

[67] COURCELLE, 68, nota 1.

[68] Ambros. de vergin. 18, 116 (PL 16, 310 B). In Ambrogio confluiscono, con i tratti neoplatonici (refluentibus pennis), l'esegesi moralistica (la iuvenilis levitas, contrapposta alla prudentium maturitas), e quella apotelesmatica (oblivia veritatis).

[69] Plat. Phaedr. 246 d.

[70] Plat. Phaedr. 246 c; 248 c.; Plotin. Enn. (BRÉHIER) II 9, 4, 1; IV 3, 7, 19; 8, 1, 37; 8, 4, 22; VI 9, 9, 24.

[71] Ambros. de excessu fratr. sui Satyri 2, 129 (PL 16, 1412 = 1169 A—B).

credersi, già un tempo, uccello. Possiamo indurne: il mito di Icaro ha vestito panni neoplatonici. Né può essere, ancora, un caso, che nella famiglia di Manlius Theodorus, lettore di Plotino e «attivista» del suo pensiero[72], una donna portasse il singolare *cognomen* di Daedalia[73].

Orbene: se l'ipotesi dell'esistenza (a cominciare da un testo del 2°/3° sec., ad es., diciamo, da Noumenios o Kronios, ma anche da altro dei molti filosofi del medio platonismo) di una interpretatio «platonica» del mito dedalo-icareo coglie nel vero, abbiamo trovato, credo, la chiave di lettura del rilievo di Messina. Sul quale, infatti, l'immagine di Icaro in volo e quella di lui stesso caduto sulla terra potevano rappresentare, insieme e rispettivamente, i dogmata centrali della psicologia neoplatonica: l'anima come ala (τὸ τῆς ψυχῆς πτέρωμα), alata già in principio (τὸ πάλαι πτερωτή), che «perfetta e fornita di ali si leva in alto e abita il cosmo (τελέα … οὖσα καὶ ἐπτερωμένη μετεωροπορεῖ τε καὶ πάντα τὸν κόσμον διοικεῖ)», che ha in sè la δύναμις di «sollevarsi e condurre in alto τὸ ἐμβριθές, là dove abita la stirpe degli dei», con ali che «si nutrono e traggono accrescimento dalla bellezza, dalla sapienza, dalla bontà»[74], essa sola capace di «avere ali verso l'intelligenza (πτεροῦσθαι πρὸς νόησιν)»[75]; ma anche la πτερορρύησις (il *refluxus alarum*), «causa dell'arrivo dell'anima quaggiù», onde quaggiù tutto è ἔκπτωσις καὶ φυγὴ καὶ πτερορρύησις, e tuttavia κάθοδος «destinata al compimento del tutto (εἰς τελείωσιν τοῦ παντός)», alla realizzazione del mondo della «generazione», effetto necessario d'una legge eterna della natura (ἀναγκαῖον ἀιδίῳ φύσεως νόμῳ)[76], e, per usare le parole di É. Bréhier, risultato di una ineffabile «armonia prestabilita tra le disposizioni interiori dell'anima e la legge dell'universo»[77]; e poi l'ἄνοδος, il *regressus* nel mondo divino per l'anima, che si cibi di καλόν, σοφόν, ἀγαθόν, le cose proprie del Dio, e si innalzi verso la νόησις del Bene supremo; e infine il ripetersi di tutto ciò, in un'infinita serie cosmica di cadute e ritorni in alterna vicenda[77 bis]

---

[72] P. Courcelle, Les lettres grecques en Occ., de Macr. à Cassiodore (1943) 122 sgg.

[73] CIL V 2, 6211; 6240.

[74] Plat. Phaedr. 246 c. d. e; 251 b.

[75] Plotin. Enn. V 3, 4, 13.

[76] Plotin. Enn. IV 8, 1, 37; 8, 5, 2. 11; VI 9, 9, 23 sg. Anche la figura di *Oceanus*, in alto a destra nel sarcofago messinese (supra p. 756), interviene nell' allegoria neoplatonica di esso: si ricordi Porphyr. de antro nymph. 10: «le anime che volano verso le acque sono le anime che vanno verso la generazione». Già Plat. resp. 611 d aveva estratto dal mito di Glauco l'immagine dell'anima, che esce, infine, dal mare.

[77] É. Bréhier, Plotin, Ennéades (Belles Lettres) IV 214. Cfr. Plotin. Enn. IV 8, 5, 3—4: ἔχει τὸ ἑκούσιον ἡ ἀνάγκη.

Sarebbe superfluo raccogliere ancora una volta le testimonianze del-
l'ambivalenza di questa dottrina, che in realtà fu sottesa tanto alla
norma etico-psicologica di vita («elevazione del divino che è in noi
verso il divino che è nell'universo», per ripetere la formula dettata da
Plotino sul letto di morte, sino alla suprema estasi), quanto alla con-
templazione del destino delle anime nella vicenda cosmica[78].

D'altronde, sembra chiaro come la rappresentazione dedalo-icarea
del logos neoplatonico, in ambiente permeato di quelle idee, fosse adatta
ad una tomba: vi si potevano scorgere raffigurate la cosmica vicenda
delle anime, a cui anche il defunto prendeva parte, e nella vita e nella
morte, ma anche, a sua lode, la scelta da lui compiuta in vita, di «trarre
nutrimento e accrescimento dal bello, dalla sapienza, dal bene».

E' invece importante richiamare l'attenzione su due fatti significativi
per questa nostra ricerca. Ricordiamo, in primo luogo, la cospicua presenza, archeologicamente attestata[79], di «coronamenti» di stele funerarie
con immagine di Icaro in volo verso l'alto: è un Icaro, cui i legacci
artificiali legano alle ali, e dunque alla tradizione figurativa del mito;
ma, al tempo stesso, un Icaro, che ormai appare sganciato dall'immagine classica della vicenda; un Icaro, nella cui storia non più il momento
della caduta è centrale, sì invece quello del volo verso l'alto: se l'ala
refluxit ed Icaro precipitò ἕως ἂν στερεοῦ τινὸς ἀντιλάβηται (Plat. Phaedr.
246 c), ora ciò può essere solo un ricordo; ora, di Icaro, si esalta la gioia
della ἐπουράνιος πορεία (256 d). Ed è evidente che la figura isolata di
Icaro in volo, su monumenti funebri, illumina e conferma l'interpretazione, che del rilievo di Messina abbiamo proposta.

Osserviamo, per seconda cosa, che tali «coronamenti» appaiono carat-
teristici di certe aree, norico-pannoniche (e dalmate), in cui ricorrono
altresì, dense, le testimonianze della religione mitraica[80]. Difficilmente
sarà un caso. E' ben nota la presenza di elementi neoplatonici nel mondo

---

[77 bis] Da ultimo, J.-M. CHARRUE, Plotin lecteur de Platon, Paris 1978, 157—204, spec.
165 sgg. e 172 sgg.

[78] Basti rinviare a F. CUMONT, Lux Perpetua (1949) 343 sgg. E tra le innumeri
testimonianze, si ricordi quella riassuntiva, e certo riferita ai neoplatonici, del cap.
4 del sermo 240 di Agostino (PL 38, 1132).

[79] Supra, nota 9.

[80] Un rapido controllo, sulla base del Corpus del VERMASEREN, evidenzia le seguenti
coesistenze di documentazione mitraica e «Aufsätze» o monumenti icarei: in Dal-
mazia, Agram; nelle Pannonie, Székesfehérvár, Aquincum, Poetovio, Carnuntum;
nel Norico, Seggauberg. A parte sta Roma, con le sue note testimonianze mitraiche
da un lato e, dall' altro, il rilievo «icareo» (per le corregge, che sostengono le ali

di Mithra[81]. Viene spontanea, dunque, l'ipotesi che l'interpretatio platonica del mito dedalo-icareo, sebbene nata nel chiuso delle scuole filosofiche, si sia, per così dire, «democratizzata» entrando, attraverso i misteri di Mithra, nella cultura di quelle regioni danubiane dell'Impero, i cui abitanti, in perenne tensione per la difesa armata del *limes*, potevano essere particolamente pensosi della «salvezza», che il misterio di Mithra prometteva e il volo di Icaro simboleggiava.

In conclusione. Ci troviamo di fronte a ben altro che un'opera d'arte. Un'opera, anzi, di qualità assai modesta, e per la poca cura nell'esecuzione, e per l'evidente assenza d'invenzione. L'insieme ci si rivela, sul piano formale, come risultato di una meccanica combinazione di moduli figurativi correnti: così il Dedalo in piedi al lavoro dell'ala, così il modulo «Icaro ad ali spiegate con Dedalo in ginocchio» (ripetuto, in sostanza, due volte, con Dedalo sostituito dalla Moira), così l'Apollo, e Icaro giacente, e Oceanus: tutte raffigurazioni, che qualsiasi scultore poteva trovare nel proprio album di modelli.

E tuttavia: a quei moduli d'uso corrente il nostro scultore volle far fare, attraverso una nuova combinazione, un suo discorso, volle far loro esprimere una sua idea, una sua fede (o l'idea e la fede del committente). Ed ecco il mito di Icaro, mediazione fantastico-simbolica della costruzione cosmologica dei platonici, prendere forma nel marmo. Quella cosmologia poteva placare l'«anxiety» dei tempi, con la visione del destino eterno, e divino, dell'anima umana.

Diversamente, sul finire del secolo, che vide riemergere dal buio della terra il bianco sarcofago di Messina, età di diversa, ed eroica, «ansietà», HÖLDERLIN avrebbe pianto su un amaro destino di uomini dolenti, eternamente contrapposto a quello dei «selige Genien» celesti, destino di cieca caduta «von einer Stunde zur andern, wie Wasser von Klippe zu Klippe geworfen, jahrlang ins Ungewisse hinab».

Mi piace dedicare questa, e non altra, umile mia fatica allo Studioso della «Himmelfahrt» del «platonico» Giuliano.

del defunto) delle catacombe di Domitilla: E. LE BLANT, «MEFR» 4 (1884) 379 sgg. e pl. XIII, 1.

[81] W. BOUSSET, Die Himmelsreise der Seele, «ARW» 1901, 165 sgg.; A. DIETERICH, Eine Mithrasliturgie (1923³), 90 sg. Le testimonianze più significative sono: Iulian. or. V, 172 d; Caesar. 336 c; Porphyr. de antro nymph. 5; Tertullian. de praescript. haeret. 40. Leroy A. CAMPBELL, Mithraic Iconogr. and Ideology (ÉPRO 11), 1968, 7 g 4 (p. 262) sottolinea la frequente presenza di ideologia «platonica» in rilievi mitraici del Sud-Est europeo. Vedi, da ultimo, R. TURCAN, Mithra Platonicus (ÉPRO 47), 1975.

Der Tempel der paphischen Aphrodite in der Kaiserzeit

von Franz Georg Maier, Zürich

Titus war der erste und (soweit wir wissen) einzige römische Kaiser, der das Heiligtum der Aphrodite in Paphos selbst besucht hat. Sein Aufenthalt in Cypern fiel freilich noch in die Zeit vor seinem Regierungsantritt. Im Jahre 69 von Vespasian zur Huldigung an Galba abgeordnet, unterbrach Titus auf die Nachricht vom Tode des Kaisers seine Reise in Korinth und kehrte über Rhodos und Cypern nach Ägypten zurück. Von seinem Besuch in Alt-Paphos, dem heutigen Kouklia an der Südwestküste der Insel, kündet ein 1888 im Tempelbereich gefundener runder Marmoraltar mit der Inschrift[1]

$$\text{Ἀφροδείτη [Παφία]}$$
$$\text{[Τίτ]ος Σεβαστο[ῦ υἱός].}$$

Vor allem aber verdanken wir diesem Ereignis einen Bericht des Tacitus über Kult und Tempel der paphischen Aphrodite, der sich im zweiten Buch der Historien an die Nachricht vom Besuch des Titus anschließt: *Atque illum cupido incessit adeundi visendique templum Paphiae Veneris, inclitum per indigenas advenasque*[2]. Nun setzt zwar die auf den ersten Blick recht umfängliche literarische Überlieferung über den bedeutendsten Kultort der Aphrodite im Altertum bereits mit Homer

---

[1] JHS 9 (1888) 253 nr. 115; IGR III 945 und jetzt T. B. Mitford, BSA 42 (1947) 209 nr. 29. Der Altar wurde offensichtlich nicht schon bei Titus' Aufenthalt im Jahre 69 geweiht; er muß nach Vespasians Regierungsantritt im Jahre 70, aber vor Titus' Thronbesteigung (79) aufgestellt worden sein. Die Rückseite trägt eine der damnatio memoriae verfallene Widmung Domitians.

[2] hist. 2, 2—4.

ein. Bei genauerem Zusehen bietet sie freilich fast nur kurze Hinweise auf
die Göttin und ihren Kult, die in der Regel von recht geringer Aussagekraft sind[3]. Der Bericht des Tacitus ist das ausführlichste antike Zeugnis
überhaupt, doch erfahren wir auch hier im Grunde nur wenig Konkretes
über *initia religionis, templi ritum, formam deae.* Offenkundig war für
den römischen Historiker vieles an Kult und Heiligtum bereits schwer
verständliches Erbe dunkler Vorzeit: *Titus spectata opulentia donisque
regum quaeque alia laetum antiquitatibus Graecorum genus incertae
vetustati adfingit....*
Für die Bauten von Alt-Paphos in der Kaiserzeit gibt der Bericht des
Tacitus lediglich zwei Hinweise, die sich zudem nur in weiterem Sinne
auf die Anlage des Heiligtums beziehen. Der Kult war anikonisch. Statt
eines anthropomorphen Kultbildes verehrten die Gläubigen ein kegel-
förmiges Steinsymbol: *Simulacrum deae non effigie humana, continuus
orbis latiore initio tenuem in ambitum metae modo exsurgens, sed ratio
in obscuro.* Das Ungewöhnliche dieses Kultsymbols betont Tacitus bereits
zu Eingang seines Berichtes: *...formam deae (nec enim alibi sic habe-
tur)....* Des weiteren hält Tacitus ein schwer erklärbares architektoni-
sches Detail fest: *Precibus et igne puro altaria adolentur, nec ullis imbribus quamquam in aperto madescunt.* Beides, das anikonische Kultmal
und die unter freiem Himmel stehenden, aber niemals vom Regen benetzten Altäre der Göttin, beschreiben auch andere antike Quellen[4]. Das
kegelförmige Kultsymbol im paphischen Heiligtum bilden zudem zahlreiche Münzen der römischen Kaiserzeit ab.
Ein konkretes Bild vom Heiligtum der paphischen Aphrodite in der
Kaiserzeit gewinnen wir mit solchen Angaben freilich nicht. Hilft die
Archäologie weiter? Der Tempel in Alt-Paphos wurde zum ersten Mal
im Jahre 1888 während einer dreimonatigen Kampagne des Cyprus
Exploration Fund archäologisch untersucht, ohne daß Bauformen und
Baugeschichte des Tempels befriedigend geklärt werden konnten[5]. Erst

---

[3] Zur antiken Überlieferung und zur Forschungsgeschichte vgl. zusammenfassend
F. G. MAIER, Das Heiligtum der Aphrodite in Paphos, in: Neue Forschungen in
griechischen Heiligtümern, 1976, 220 ff. Eingehende Zusammenstellung der antiken
literarischen Belege bei J. MEURSIUS, Creta, Cyprus et Rhodus, 1675; F. MÜNTER,
Der Tempel der himmlischen Göttin zu Paphos, 1824.
[4] Zum Kultsymbol vgl. Maximus Tyr., Dissert. VIII; Servius, ad Aen. I 274; Philo-
stratos, vita Apoll. 3, 58.
Zu den Altären: Plinius, n. h. 2, 210; Eustathius, in Od. VIII 362.
[5] Vgl. den Bericht JHS 9 (1888) 149—171.

im Jahre 1973 konnte die Grabungstätigkeit im Aphrodite-Tempel wieder aufgenommen werden. Im Verlauf von sechs Kampagnen (1973—1979) wurde eine systematische Untersuchung der noch erhaltenen antiken Befunde und Baureste durchgeführt. Topographisch-geologische Situation und nachantike Besiedlung erschwerten allerdings die Erforschung der Baugeschichte beträchtlich. Überall im Tempelbereich liegt der gewachsene Fels so nahe unter der heutigen Oberfläche (0,10—1,10 m), daß schon im Altertum bei Um- und Neubauten erhebliche Teile der früheren Bausubstanz beseitigt wurden. Im Mittelalter entstand während der späteren Lusignan-Zeit (14.—15. Jh.) über den Ruinen des heiligen Bezirks eine ausgedehnte Rohrzucker-Raffinerie. Sie gehörte zur Krondomäne Covocle-Kouklia und wurde mindestens bis zum Ende der venezianischen Herrschaft (1571) betrieben. Diese Rohrzucker-Verarbeitungsanlagen trugen nachhaltig zur Zerstörung des antiken Baubestandes bei. Überdies wurden im Lauf der Jahrhunderte zahlreiche Quader und Werkstücke ins Dorf verschleppt. Schließlich hat die englische Grabung von 1888 die Schichtbefunde im Tempelbereich bis auf geringe Reste zerstört. Diese Voraussetzungen machen verständlich, daß bei einer Rekonstruktion des Aphrodite-Heiligtums in Alt-Paphos zahlreiche Fragen offen bleiben müssen. Andererseits haben die Grabungen der vergangenen Jahre eine Anzahl wichtiger Ergebnisse für Baugeschichte und Bauformen des Heiligtums erbracht[6]. Der heute noch erfaßbare Baubefund besteht aus zwei deutlich unterscheidbaren Anlagen: dem spätbronzezeitlichen Heiligtum I im Süden und dem nördlich daran anschließenden Heiligtum II, das um 100 n. Chr. erbaut wurde (Abb. 1). Im folgenden sollen die Befunde beschrieben werden, die einer Rekonstruktion der Anlage des Heiligtums in der Kaiserzeit zugrunde gelegt werden können. Die zahlreichen ungelösten Probleme der Kultgeschichte müssen in diesem Rahmen außer Betracht bleiben.

Das Aphrodite-Heiligtum bildete in der Kaiserzeit eine komplexe Bautengruppe, die auch Teile des spätbronzezeitlichen Heiligtums einschloß. Dieses Heiligtum I war der erste monumentale Kultbau der Aphrodite, der um 1200 v. Chr. entstand. Seine erhaltenen Reste zeigen trotz starker Zerstörung deutlich zwei Hauptelemente der Anlage: einen offenen Temenos und eine überdeckte Halle. Der Temenos war umschlos-

---

[6] Zu den Grabungsergebnissen vgl. F. G. Maier, Das Heiligtum der Aphrodite, a. a. O., und die Vorberichte über die einzelnen Grabungskampagnen AA 1975, 435 ff.; 1977, 275 ff.; 1978, 309 ff.; 1980, 498 ff.

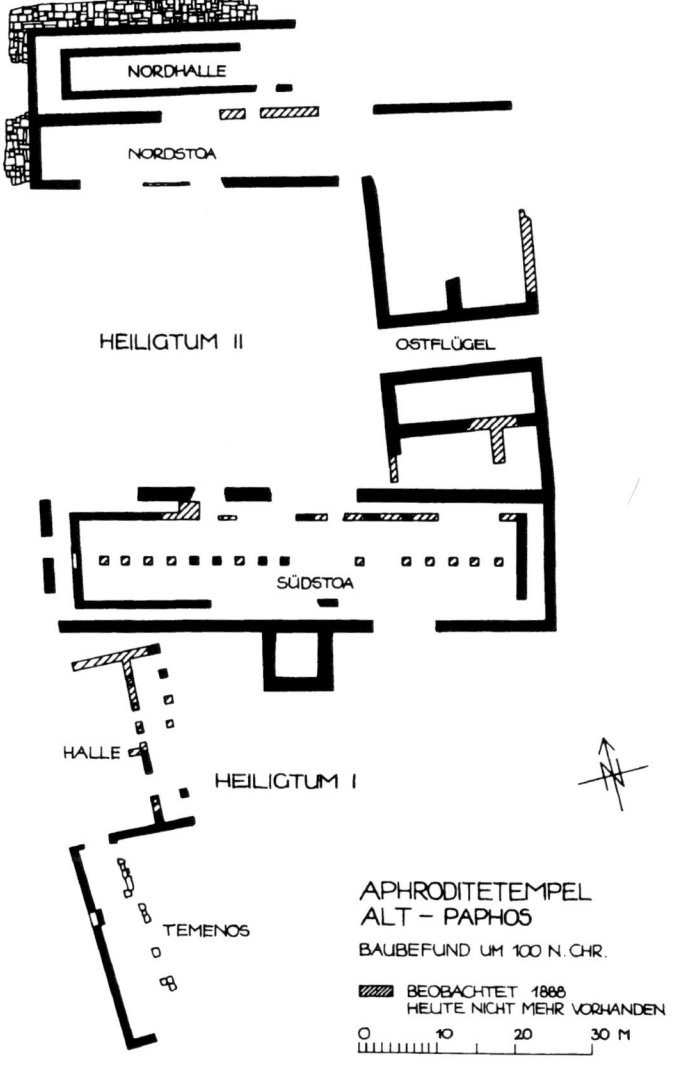

Abb. 1

sen von einer Mauer aus riesigen Kalksteinquadern, von der sich die
Westseite und ein Teil der Südseite erhalten haben. Die Halle barg wahrscheinlich das Allerheiligste des spätbronzezeitlichen Tempels. Zwischen
einer Nord- und einer Südmauer aus vorzüglich bearbeiteten Spiegel-

quadern liegen zwei Reihen von quadratischen Basen, die ebenfalls in Spiegelquadertechnik zugerichtete Pfeiler trugen.

Die Rekonstruktion des spätbronzezeitlichen Heiligtums wirft eine Vielzahl ungelöster Fragen auf[7]. Sicher ist jedoch, daß es noch in der Kaiserzeit einen Teil der Gesamtanlage bildete: das bezeugen Spuren römischer Umbauten in der Halle und Reste eines Bodens aus wiederverwendeten flachen Quadern, der in römischer Zeit im Temenos verlegt wurde.

Heiligtum II schließt direkt nördlich an den spätbronzezeitlichen Bau an, ohne daß heute noch eine strukturelle Verbindung zwischen beiden Baugruppen nachzuweisen wäre. Auch die eine Fläche von 79 × 67 m einnehmende römische Anlage bewahrt den Charakter eines Hofheiligtums. Langrechteckige Hallen im Norden und im Süden sowie ein Ostflügel schließen einen weiten offenen Hof ein. Von Osten führt ein 5,50 m breiter Zugang (der ursprünglich vielleicht überwölbt war) in diesen Hof. Ob (und gegebenenfalls in welcher Form) der Hof nach Westen abgegrenzt war, ist heute nicht mehr festzustellen, da überall in diesem Bereich mittelalterliche oder moderne Schichten und Baureste bis auf den gewachsenen Felsen hinabreichen.

Der Ostflügel des römischen Baues war in mehrere rechteckige Räume unterteilt, deren Funktion sich heute nicht mehr bestimmen läßt. Sein aufgehendes Mauerwerk, das vor allem auf der Ostseite bis zu 2,0 m Höhe erhalten ist, besteht aus grauen Kalksteinblöcken mit gut gearbeiteten Sicht- und Lagerflächen, die im Material und z. T. auch im Format (bis zu 2,10 m lang und 1,35 m hoch) den in Heiligtum I verwendeten Blöcken sehr ähnlich sind. Mit römischem Mörtel versetzte Blöcke begegnen auch in den Mauern von Nordstoa und Südstoa. Sie stellen ohne Zweifel wiederverwendete Werkstücke eines früheren Baues dar. Die auffälligen Abweichungen in den Baufluchten von Ostflügel und Südstoa scheinen zudem darauf hinzuweisen, daß bei der Planung der römischen Anlage auf ältere Baulinien Rücksicht genommen wurde.

Für die Nordstoa lassen sich architektonische Einzelformen nicht mehr bestimmen, da fast nur noch Teile der Grundmauern erhalten sind. Ein kleines Bruchstück des römischen Boden-Mosaiks aus verhältnismäßig groben Tesserae bezeugt das ursprüngliche Niveau dieses Bauteils.

---

[7] Vgl. dazu F. G. MAIER, The Paphian Shrine of Aphrodite and Crete, in: Acts of the International Archaeological Symposium «The Relations between Cyprus and Crete, ca. 2000—500 B. C.», 1979, 228 ff.

Der ursprüngliche Aufbau der römischen Südstoa läßt sich dagegen anhand der Grabungen, des Berichts von 1888 sowie einiger von DÖRPFELD 1890 aufgenommener Fotos zu einem gewissen Grade rekonstruieren. Die Halle bildete einen langrechteckigen Raum ohne Unterteilung. Eine niedrige, ca. 0,60 m hohe Innenmauer umgab einen 56 × 11 m messenden Mosaikboden, dessen Dekor — nach den im Westteil der Stoa erhaltenen Resten zu urteilen — rein geometrisch war. Die Innenseite dieser Mauer war mit Stuck überzogen; in regelmäßigen Abständen wies sie Kragsteine auf, die vermutlich eine Art umlaufender Bank trugen. Vierzehn Säulen in der Mittelachse der Halle ruhten auf quadratischen Basen auf, die aus mehreren kleinen Kalksteinblöcken aufgemauert waren. Der unterste Teil dieser römisch-dorischen Säulen war unkanneliert. Der 3 m breite Raum zwischen Innen- und Außenmauer war aufgefüllt und bildete ein erhöhtes Podium. Stufen, die 1888 in der westlichen Innenmauer beobachtet wurden, führten von diesem Podium hinunter zum Mosaikboden. In der Mitte der Südmauer der Stoa haben sich Fundamente erhalten, die vermutlich zu einer Rampe oder Freitreppe gehörten, durch die die Südstoa mit dem tiefer gelegenen Heiligtum I verbunden war.

Ein Bau von vergleichbarem Typus war die an die Nordstoa anschließende Nordhalle. Auch hier umschloß ein 2,90—3,00 m breites, um ca. 0,50 m erhöhtes Podium einen Mosaikboden, der auf weißem Grund ein einfaches schwarzes Rautenmuster zeigt. Die aus gut behauenen, vermörtelten Kalksteinquadern aufgeführte Außenmauer der Nordhalle bildete den nördlichen Abschluß des Heiligtums-Bezirks. Im Norden und im Westen ist ihr eine mit flachen Kalksteinplatten gepflasterte Straße vorgelagert.

Nordhalle und Südstoa stellen einen Gebäudetypus dar, der enge Beziehungen zum „Nordwest-Bau" und zum „Süd-Bau" des Heiligtums des Apollon Hylates in Curium aufweist. Es besteht die begründete Vermutung, daß es sich bei diesen Bauten um Bankethallen handelte, wie sie neuerdings auch in Pergamon entdeckt wurden: eine Weiterentwicklung der griechischen Bankethalle, bei der an die Stelle der aus Stein gefügten Einzelklinen nun ein durchlaufendes Podium trat[8]. Frei-

---

[8] Zum römischen „Podiensaal" in Pergamon vgl. W. RADT, AA 1977, 307 ff.; 1978, 417 ff. An der Front des Podiums läuft hier ein ca. 40 cm breites, etwas tiefer als die Podienfläche liegendes Bord aus Marmorplatten entlang. Es hatte möglicherweise die gleiche Funktion (Abstellen von Geschirr oder dgl.) wie die von Kragsteinen getragene „Bank" in der Südstoa.

lich fehlen in den uns vorliegenden Nachrichten über den Kult der paphischen Aphrodite Hinweise auf Festmähler, die mit den Feiern der Gottheit verbunden waren.

Der bisher beschriebene Befund des kaiserzeitlichen Tempels, wie ihn der Plan (Abb. 1) wiedergibt, bildete einen einheitlichen Baukomplex. Überall, wo noch Reste von Schichtbefunden erfaßt werden konnten, waren die Fundamente des römischen Baus in der gleichen Schicht harter, hellroter Erde versetzt, die im gesamten Heiligtums-Bereich zum Niveauausgleich direkt auf die unregelmäßige Oberfläche des gewachsenen Felsen aufgebracht wurde[9]. Ein einigermaßen verläßlicher Datierungshinweis ergibt sich aus einer im Fundament der westlichen Innenmauer der Südstoa gefundenen Bronzemünze, die mit großer Wahrscheinlichkeit in die flavisch-trajanische Zeit gehört. Für ein Datum im ausgehenden 1. oder beginnenden 2. Jahrhundert n. Chr. spricht auch die Verwandschaft von Südstoa und Nordhalle mit den Bauten des Apollon Hylates von Curium. Sie sind nach der Zerstörung des dortigen Heiligtums durch das Erdbeben des Jahres 77 n. Chr. entstanden und die Annahme liegt nahe, daß auch Heiligtum II in Alt-Paphos einen Neubau nach den Zerstörungen dieses Erdbebens darstellt[10]. Der einzige spätere Umbau, der sich mit einiger Sicherheit in der römischen Anlage nachweisen läßt, ist der Einbau des Podiums in die Nordhalle.

Das Heiligtum der Kaiserzeit repräsentiert die letzte Stufe in der architektonischen Entwicklung der Kultbauten von Alt-Paphos[11]. Wenn wir auch die aufgehenden Bauten nur im Falle von Südstoa und Nord-

---

Zur Deutung der Bauten in Kurion als Bankettsäle und zu weiteren Bauten dieses Typus vgl. Chr. BÖRKER, Gnomon 42 (1970) 405 f.

[9] Eine einheitliche Bauzeit für das römische Heiligtum II ergibt sich auch aus den noch beobachtbaren Mauerverbänden der einzelnen Bauteile und vor allem aus einer vergleichenden Analyse von Mörtelproben aus verschiedenen Teilen der römischen Anlage (einschließlich des im Temenos von Heiligtum I verlegten Bodens).

[10] Das Erdbeben des Jahres 77 ist sicher bezeugt bei Hieronymus, Chron. Ol. 214, 1 Vesp .9; Orosius 7, 9, 11. Allerdings ist hier überall nur von tres civitates Cypri die Rede. Doch läßt sich Orac. Sibyll. 4, 128 f., wo Salamis und Paphos genannt werden, mit ziemlicher Sicherheit auf dieses Ereignis beziehen; vgl. E. OBERHUMMER, Die Insel Cypern, 1903, 138 f.

[11] Die letzten antiken Nachrichten über das Heiligtum von Alt-Paphos stammen aus dem 4. Jahrhundert. Servius (ad Aen. X 51) spricht noch von friedlicher Blüte der Stadt; unsicher ist, ob das paphische Heiligtum vom Erdbeben des Jahres 356 ebenso nachhaltig beschädigt wurde wie andere cyprische Städte. Eine Stelle der vita S. Hilarionis (cap. 42) des Hieronymus scheint freilich darauf hinzudeuten, daß der Aphrodite-Tempel gegen Ende des 4. Jahrhunderts bereits in Trümmern lag. Der archäologische Befund ist in dieser Hinsicht unergiebig.

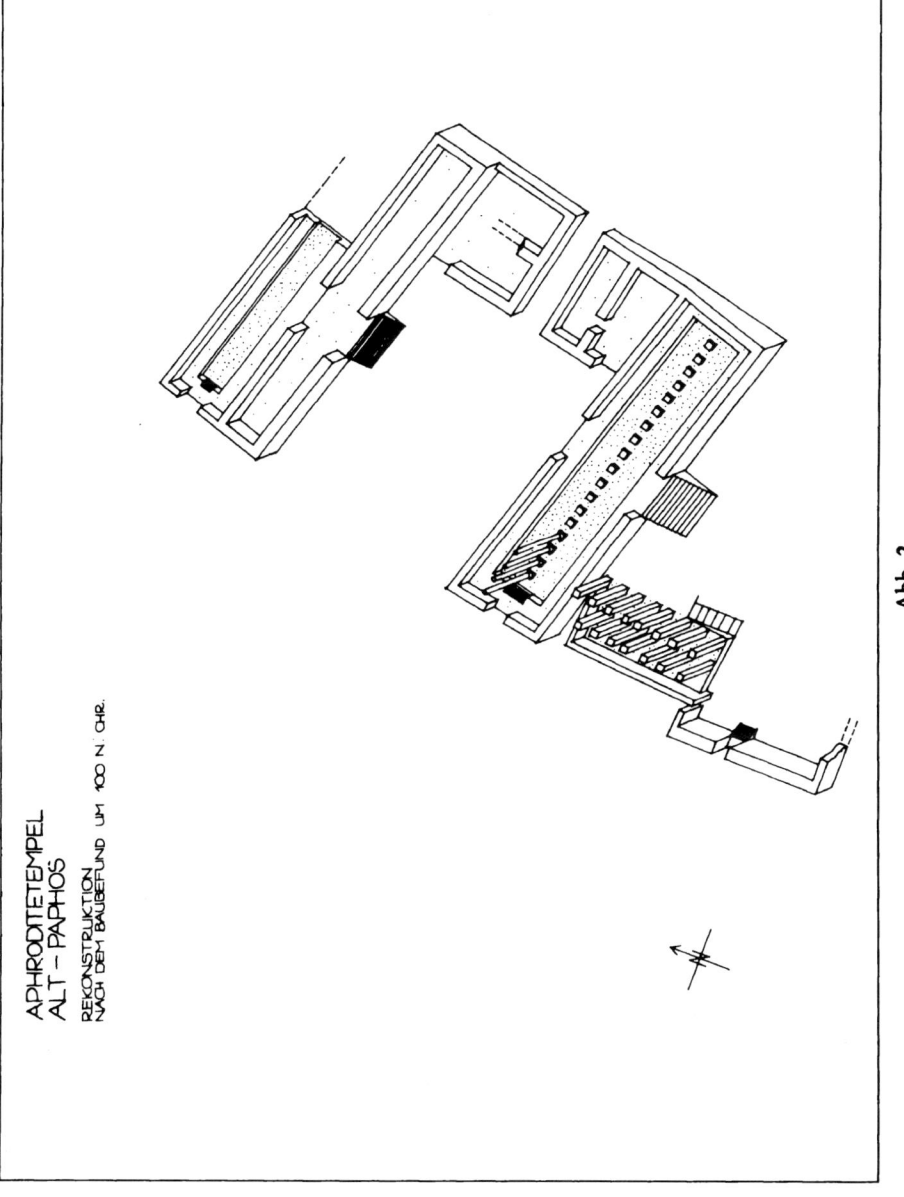

APHRODITETEMPEL
ALT – PAPHOS

REKONSTRUKTION
NACH DEM BAUBEFUND UM 100 N. CHR.

Abb. 2

halle mit einiger Sicherheit rekonstruieren können, so erlauben es die erhaltenen Baubefunde doch, eine allgemeine Vorstellung von Umfang und Gestalt der Kultanlage in römischer Zeit zu gewinnen (Abb. 2). Jetzt ebenso wie in früheren Phasen stand in Alt-Paphos kein Tempel des traditionellen griechisch-römischen Typus. Die Einzelbauten umschlossen, ganz in der Tradition des ostmediterran-orientalischen Hofheiligtums, einen weiten offenen heiligen Bezirk, in dem neben zahlreichen Altären und Weihgeschenken[12] nur ein kleines zentrales Kultgebäude stand. Eine hervorstechende Eigentümlichkeit war sicher die Einbeziehung spätbronzezeitlicher Bauelemente in den kaiserzeitlichen Neubau. Ein weiteres bezeichnendes Element stellte die Abtreppung der gesamten Anlage nach dem Meer dar (wenn man von der Nordhalle absieht). Der Boden des zentralen Hofes liegt ca. 1,00 m unter dem Niveau der Nordstoa, der Mosaikboden der Südstoa wiederum 0,45 m unter dem Hofniveau, der Boden der spätbronzezeitlichen Halle 0,50 m unter dem Boden der Südstoa, der Boden des Temenos schließlich 0,95 m unter dem Bodenniveau der Halle. War diese Abtreppung auch durch die Topographie vorgegeben, so ergab sich doch daraus eine besondere Wirkung des Baus, wie ihn ankommende Pilger vom Meer oder von der Küstenebene her zu Gesicht bekamen.

Ein Problem bleibt für den kaiserzeitlichen ebenso wie für den spätbronzezeitlichen Bau ungelöst. Mittelpunkt des Aphrodite-Heiligtums war seit seinen Anfängen die Kultstätte mit dem Symbol der Fruchtbarkeitsgöttin. Auf kaiserzeitlichen Münzen mit der Darstellung des Aphrodite-Tempels erscheint das kegelförmige Kultsymbol entweder unter einer einfachen Überdachung oder in einem offenbar dreiteiligen Bau[13]. Aus dem Vergleich dieser Münzbilder mit dreiteiligen Schreinen auf minoischen und mykenischen Darstellungen wurde mehrfach eine baugeschichtliche Beziehung zwischen dem Heiligtum von Alt-Paphos und der ägäischen Architektur des 15. Jh. v. Chr. erschlossen. Diese

---

[12] Im Gegensatz zu den mehr als 4 000 Fragmente von Votivterrakotten der archaischen und klassischen Zeit ist der Bestand an erhaltenen Weihgeschenken der römischen Zeit mager: neben einer Anzahl von Terrakotta-Bruchstücken und Miniaturaltären sind lediglich ein Jünglingskopf (JHS 9, 1888, Taf. 10), Hand und Oberschenkel einer überlebensgroßen Marmorstatue (AA 1977, 280 Abb. 4), Teile einer grob ausgeführten weiblichen Gewandstatue und der Finger einer Bronzestatue zu nennen. Auf eine Vielzahl solcher Bronzestatuen im heiligen Bezirk der Kaiserzeit weisen die 41 seit 1888 gefundenen Statuenbasen mit Weihinschriften römischer Kaiser, Beamten und Privatleute hin.

[13] Vgl. F. G. Maier, Das Heiligtum der Aphrodite, a. a. O. 222 f.

Hypothese ist nicht nur deswegen unhaltbar, weil zwischen den ägäischen und den römischen Darstellungen eineinhalb Jahrtausende liegen[14].
Unter dem reichen Material der in Neu-Paphos ausgegrabenen hellenistischen Siegelabdrücke aus Ton (2. Jh. v. Chr.) findet sich eine Serie
von Siegelbildern, die den Tempel der paphischen Aphrodite darstellen
— und zwar in drei verschiedenen Formen: mit dreiteiliger, mit einfacher
und ohne jegliche Überdachung. Im letzten Falle ist das kegelförmige
Steinsymbol lediglich auf jeder Seite von einem freistehenden Kande-
laber flankiert. Die Siegelabdrücke bestätigen so, was bereits eine genaue
Untersuchung des numismatischen Materials nahelegte: die verschiedenen Münztypen bilden nicht verschiedene Bauzustände ab, sondern geben
nur in abweichender und zum Teil vereinfachter Form den gleichen
Baubestand im Hellenismus und in der Kaiserzeit wieder[15].
    Wie dieser Baubestand tatsächlich aussah, läßt sich leider vom archäo-
logischen Befund her nicht mehr sicher klären. Im gesamten Bereich des
Heiligtums fanden sich keine Spuren einer Anlage, die sich als Ort des
Kultsymbols deuten ließe. Das mag sich daraus erklären, daß die eigentliche Kultstätte solcher Hofheiligtümer oft ein verhältnismäßig kleines
Gebäude war. Es ist sogar keineswegs auszuschließen, daß Siegelabdrücke
und Münzen nicht einen Bau mit festen Wänden abbilden, sondern ein
von Pfeilern getragenes baldachinartiges Dach[16]. Eine solche leichte Konstruktion, die entweder im Temenos von Heiligtum I oder im Hof von
Heiligtum II stand, hinterläßt aber kaum nachweisbare Spuren. Ander-
seits würde ein Bau dieser Art die merkwürdige Überlieferung des im
Freien stehenden und doch nicht vom Regen benetzten Altars der Göttin
erklären.

---

[14] Vgl. F. G. MAIER, The Paphian Shrine, a. a. O. 233.
[15] I. NICOLAOU verdanke ich Beschreibung und Fotos dieser Siegel.
[16] Schon G. F. HILL, BMC Cyprus CXXX f. vermutet, das Münzbild lege eine leichte
   Konstruktion der paphischen „Cella" nahe. Die Annahme einer „dreiteiligen Cella"
   beruht möglicherweise, wie mir B. OVERBECK mündlich mitteilt, ohnehin auf einer
   Fehlinterpretation der entsprechenden Münzbilder: die beiden „Seitenschiffe" sind
   eher als Teil der Fassade eines hinter der Kultstätte stehenden Gebäudes (einer der
   Hallen?) zu erklären.

Acta Conciliorum Oecumenicorum

Iussu atque mandato Societatis scientiarum Argentoratensis
Edenda instituit Eduardus Schwartz. Continuauit Johannes Straub

Quart.

Tom. I. Concilium Universale Ephesenum A. 431

VOL. I. ACTA GRAECA. PARS I–VIII.

Pars I. Collectio Vaticana 1–32.
XXVI, 128 S. 1927. Unveränd. Nachdr. 1965. Brosch. DM 81,– ISBN 3 11 000435 6

Pars II. Collectio Vaticana 33–80.
VII, 110 S. 1927. Unveränd. Nachdr. 1959. Brosch. DM 62,– ISBN 3 11 000405 4

Pars III. Collectio Vaticana 81–119.
V, 104 S. 1927. Unveränd. Nachdr. 1959. Brosch. DM 58,– ISBN 3 11 000406 2

Pars IV. Collectio Vaticana 120–139.
XXVIII, 70 S. 1928. Unveränd. Nachdr. 1959. Brosch DM 52,– ISBN 3 11 000407 0

Pars V. Collectio Vaticana 140–164.
V, 142 S. 1927. Unveränd. Nachdr. 1959. Brosch. DM 78,– ISBN 3 11 000408 9

Pars VI. Collectio Vaticana 165–172.
VI, 169 S. 1928. Unveränd. Nachdr. 1960. Brosch. DM 92,– ISBN 3 11 000409 7

Pars VII. Collectio Seguierana Collectio Atheniensis. Collectiones minores.
XI, 180 S. 1929. Unveränd. Nachdr. 1962. Brosch. DM 100,– ISBN 3 11 000414 3

Pars VIII. Indices voluminis primi.
67 S. 1925/26. Unveränd. Nachdr. 1959. Brosch. DM 39,– ISBN 3 11 000415 1

VOL. II. COLLECTIO VERONENSIS.
XII, 128 S. 1925/26. Unveränd. Nachdr. 1959. Brosch. DM 74,– ISBN 3 11 000410 0

VOL. III. COLLECTIONIS CASINENSIS SIVE SYNODICI A RUSTICO DIACONO COMPOSITI. PARS I.
XXI, 255 S. 1929. Unveränd. Nachdr. 1959. Brosch. DM 146,– ISBN 3 11 000411 9

VOL. IV. COLLECTIONIS CASINENSIS SIVE SYNODICI A RUSTICO DIACONO COMPOSITI. PARS II.
XX, 270 S. 1922/23. Unveränd. Nachdr. 1965. Brosch. DM 152,– ISBN 3 11 000436 4

VOL. V. COLLECTIO PALATINA.
XVII, 416 S. 1924/26. Unveränd. Nachdr. 1963. Brosch. DM 228,– ISBN 3 11 000423 2

Preisänderungen vorbehalten

Walter de Gruyter Berlin · New York

Acta Conciliorum Oecumenicorum

Iussu atque mandato Societatis scientiarum Argentoratensis
Edenda instituit Eduardus Schwartz. Continuauit Johannes Straub

Quart.

Tom. II. Concilium Universale Chalcedonense

VOL. I. ACTA GRAECA. PARS I–III.

Pars I. Epistularum collectiones. Actio prima.
XVI, 196 S. 1933. Unveränd. Nachdr. 1962. Brosch. DM 110,– ISBN 3 11 000416 X

Pars II. Actio secunda. Epistularum collectio B. Actiones III–VII.
XIII, 163 S. 1933. Unveränd. Nachdr. 1962. Brosch. DM 94,– ISBN 3 11 000417 9

Pars III. Actiones VIII–XVII. 18–31.
XXX, 154 S. 1935. Unveränd. Nachdr. 1965. Brosch. DM 96,– ISBN 3 11 000437 2

VOL. II. VERSIONES PARTICULARES. PARS I–II.

Pars I. Collectio Novariensis de re Eutychis.
XII, 92 S. 1932. Unveränd. Nachdr. 1962. Brosch. DM 55,– ISBN 3 11 000418 6

Pars II. Rerum Chalcedonensium collectio Vaticana. Canones et Symbolum.
XX, 119 S. 1936. Unveränd. Nachdr. 1962. Brosch. DM 74,– ISBN 3 11 000419 4

VOL. III. VERSIO ANTIQUA A RUSTICO CORRECTA. PARS I–III.

Pars I. Epistularum ante Gesta collecta. Actio prima.
XVIII, 259 S. 1935. Unveränd. Nachdr. 1962. Brosch. DM 146,– ISBN 3 11 000420 8

Pars II. Actiones II–VI.
VIII, 180 S. 1936. Unveränd. Nachdr. 1965. Brosch. DM 98,– ISBN 3 11 000438 0

Pars III. Actiones VII–XVII. Canones. Appendix.
XXIV, 162 S. 1937. Unveränd. Nachdr. 1960. Brosch. DM 98,– ISBN 3 11 000412 7

VOL IV. LEONIS PAPAE I EPISTULARUM COLLECTIONES.
XXXXVII, 192 S. 1932. Unveränd. Nachdr. 1962. Brosch. DM 126,– ISBN 3 11 000421 6

VOL. V. COLLECTIO SANGERMANENSIS.
XXII, 167 S. 1936. Unveränd. Nachdr. 1962. Brosch. DM 100,– ISBN 3 11 000422 4

VOL. VI. PROSOPOGRAPHIA ET TOPOGRAPHIA ACTORUM CHALCEDONENSIUM ET ENCYCLICORUM INDICES.
VI, 159 S. 1938. Unveränd. Nachdr. 1962. Brosch. DM 86,– ISBN 3 11 000434 8

Preisänderungen vorbehalten

Walter de Gruyter　　　Berlin · New York

Acta Conciliorum Oecumenicorum

Iussu atque mandato Societatis scientiarum Argentoratensis
Edenda instituit Eduardus Schwartz. Continuauit Johannes Straub

Quart

Tom. III. Collectio Sabbaitica contra Acephalos et Origenistas destinata
Insunt acta synodorum Constantinopolitanae et Hierosolymitanae a. 536.

XIV, 269 S. 1940. Unveränd. Nachdr. 1965. Brosch. DM 148,– ISBN 3 11 000439 9

Tom. IV. Concilium Universale Constantinopolitanum sub Iustiniano habitum

VOL. I. CONCILII ABTIONES VIII. APPENDICES GRAECAE – INDICES.
Edid. *Johannes Straub*
XXXVII, 286 S. 1971. Kart. DM 280,– ISBN 3 11 006400 6

VOL. II. JOHANNIS MAXENTII LIBELLI – COLLECTIO CODICES NOVARIENSIS XXX – COLLECTIO CODICES PARSINI 1862 – PROCLII TOMUS AD ARMENIOS – JOHANNIS PAPAE II EPISTULA AD VIROS ILLUSTRES.
XXXII, 210 S. 1914. Unveränd. Nachdr. 1959. Brosch. DM 126,– ISBN 3 11 000413 5

VOL. III. INDEX GENERALIS TOMORUM I–IIII. PARS I–III.

Pars I. Index codicum et auctorum
congessit *Rudolfus Schieffer*
X, 579 S. 1974. Kart. DM 320,– ISBN 3 11 004449 8

Pars II. Index prosopographicus. Fasciucili I et II
congessit *Rudolfus Schieffer*
Fasc. I: XII, 272 S. 1982. Kart. DM 380,– ISBN 3 11 008539 9
Fasc. II: S. 273–509. 1982. Kart. DM 380,– ISBN 3 11 009615 3

Preisänderungen vorbehalten

Walter de Gruyter Berlin · New York